Herbert Haslinger
Diakonie zwischen Mensch, Kirche und Gesellschaft

Studien zur Theologie und Praxis der Seelsorge

18

Herausgegeben von
Konrad Baumgartner und Werner Rück
in Verbindung mit
Ludwig Mödl, Josef Müller und Ehrenfried Schulz

Herbert Haslinger

Diakonie zwischen Mensch, Kirche und Gesellschaft

Eine praktisch-theologische Untersuchung der diakonischen Praxis unter dem Kriterium des Subjektseins des Menschen

seelsorge · echter

Die Deutsche Bibliothek – CIP-Einheitsaufnahme

Haslinger, Herbert:
Diakonie zwischen Mensch, Kirche und Gesellschaft : eine praktisch-theologische Untersuchung der diakonischen Praxis unter dem Kriterium des Subjektseins des Menschen / Herbert Haslinger. – Würzburg : Seelsorge Echter, 1996
(Studien zur Theologie und Praxis der Seelsorge ; 18)
Zugl.: Mainz, Univ., Diss., 1994
ISBN 3-429-01791-2
NE: GT

Umschlaggestaltung: Ernst Loew
Druck und Bindung: Echter Würzburg
Fränkische Gesellschaftsdruckerei und Verlag GmbH
ISBN 3-429-01791-2

Meinem Bruder

Helmut Haslinger

VORWORT

Bei einem Theologen erntete ich mit der vorliegenden Untersuchung die Bemerkung, er habe nicht gewußt, daß man über die Diakonie so viel schreiben kann. Vielleicht ist dieses Überraschtsein ein Beleg dafür, daß im Metier konventioneller Theologie die Relevanzreichweite, die Vielschichtigkeit und die Tiefe, welche die Diakonie als *theologisches* (und nicht nur kirchenstrategisches) Thema hat, noch nicht richtig wahrgenommen werden. Ich war mir von Anfang an bewußt, daß ich mich mit dem Thema Diakonie auf ein weites Feld eingelassen habe, angesichts dessen mir jetzt nach dem langen Marsch durch die diakonietheologischen Fragestellungen das, was ich in diesem - zugegeben etwas umfangreichen - Buch dazu sagen kann, doch schon wieder als verhältnismäßig knapper, selektiver und sicher ergänzungsbedürftiger Beitrag erscheint.
Der Augenblick, in dem ich nun zu dieser Untersuchung das Vorwort schreibe und damit den Schlußpunkt setze, läßt mich innehalten. Er weitet sich zu einem Rückblick auf den Werdegang, den das so entstandene und bei aller Unvollkommenheit nun abgeschlossene Werk genommen hat. Was ist davon zu halten, wenn sich bei dem Rückblick herausstellt, daß das Werk mit seinem Autor mehr zu tun hat als von diesem zunächst beabsichtigt war, daß es nicht nur ein beliebiges Arbeitsobjekt geblieben, sondern mit der eigenen Lebensgeschichte verwoben und so in seinem Entstehungsprozeß selbst zu einem Stück Lebensweg geworden ist? Die Antwort darauf muß ambivalent bleiben. Bedenken sind, wenn auch verspätet, sicher für all die Momente anzumelden, in denen die in das Projekt investierten Anstrengungen Lebenszeit und Lebenskraft über Gebühr in Anspruch genommen haben. Keineswegs Klage, sondern vielmehr Zufriedenheit stellt sich jedoch ein, wenn für den Autor erkennbar wird, wie sehr durch die Verwobenheit von wissenschaftlicher Arbeit und eigener Lebensgeschichte das entstandene Werk *sein* Werk geworden ist, welches zwar gerade aufgrund dieser individuellen Prägung um so mehr Widerspruch und Defizitmeldungen auf sich ziehen mag, welches er aber authentisch nur in dieser Weise und als solches hat schreiben können und wollen.
So festigt sich auch in Hinblick auf diese meine Untersuchung der Eindruck, daß sie so, wie sie jetzt vorliegt - mit ihrem Inhalt und ihrer Sprache, mit ihren Problemstellungen und ihren Aussageabsichten, mit ihrer Kritik und ihren Optionen -, der Versuch einer geordneten Zusammenstellung dessen ist, was sich über die gesamte, wenn auch noch relativ kurze Zeit meines Theologietreibens hinweg als *mein* theologisches Denken herauskristallisiert hat und worin ich die für mich grundlegenden, in-

dispensablen Fragestellungen bzw. Richtungsanzeigen einer heutigen, d.h. heute notwendigen und verantwortbaren, (Praktischen) Theologie sehe. Die Untersuchung behandelt das Thema Diakonie. Was ich darin als mein Verständnis von Diakonie, näherhin als meine Sicht der Problemlagen, der theologischen Kriterien und der konzeptionellen Ansätze diakonischer Praxis, (hoffentlich) deutlich machen kann, verdankt sich nicht nur den Erkenntnissen aus den sechs Jahren, in welchen ich ausdrücklich und theologisch-wissenschaftlich daran gearbeitet habe, sondern auch vielen Beobachtungen, Erfahrungen und Fragen, die sich schon seit längerer Zeit in verschiedenen Lebenszusammenhängen gerade auch außerhalb des Milieus universitärer Theologie bei mir eingeprägt haben. Unter anderem die Erfahrungen, welche ich vor nunmehr elf Jahren während meines Zivildienstes in einer Behindertenwerkstatt gemacht hatte, traten bei der Abfassung der Arbeit mit neuer Lebendigkeit vor Augen, füllten für mich viele Gedankengänge mit bestätigender Anschaulichkeit und gingen expressis verbis oder stillschweigend in die Ausführungen ein.

Ich bin der gefestigten Überzeugung, daß dieser lebensgeschichtliche Hintergrund weniger eine Relativierung als vielmehr eine spezifische Qualifizierung dessen darstellt, was die vorliegende Untersuchung auch und zunächst sogar vorrangig ist, nämlich eine wissenschaftliche Qualifikationsleistung. Es handelt sich um meine Dissertation, die im Sommersemester 1994 vom Fachbereich Katholische Theologie der Johannes Gutenberg-Universität Mainz angenommen worden ist. Für die Drucklegung habe ich sie überarbeitet. Die Abfassung des Textes wurde im Sommer 1994 abgeschlossen. Später erschienene Literatur konnte nur noch in Einzelfällen, soweit es der Rahmen der Überarbeitung zuließ bzw. notwendig machte, berücksichtigt werden.

Was oft als die Absolvierung routinierter Höflichkeit erscheinen mag, nämlich die solchen Veröffentlichungen vorangestellte Dankesliste, ist für mich die aufrichtige Bekundung meines Wissens darum, daß ich auf dem gesamten Weg, den die Erstellung dieser Arbeit bis zu ihrer Endgestalt nahm, mit der hilfreichen Unterstützung vieler Personen und Institutionen rechnen mußte und konnte. An erster Stelle danke ich Prof. Dr. Stefan Knobloch. Daß er als "Doktorvater" die Konzeption und die textliche Gestaltwerdung der Untersuchung betreut hat, daß er mir dabei einen denkbar großen Freiraum ließ, mich aber dennoch durch seine konstruktiv-kritischen Hinweise zur ständigen Überprüfung meiner Wege und Ziele veranlaßte, ist nur die eine Seite der Unterstützung, die ich von ihm erfahren durfte. Als sein wissenschaftlicher Mitarbeiter genoß ich zudem seine Ermutigung, seine lehrreiche Art praktisch-theologischen Denkens und die Freiheit eigenständigen Handelns bei dem Unterfangen, mir im unüberschaubaren Land der Praktischen Theologie Orientierung und Positionen zu verschaffen. Mein Dank gilt weiterhin Prof. Dr. Werner Simon, bei dem ich ebenfalls Interesse und wichtige Anregungen fand und der das Zweitgutachten erstellte. Prof. Dr. Konrad Baumgartner und Prof. Dr. Werner Rück bzw. dem Verlag Echter gebührt Dank für die Aufnahme der Untersuchung in die Reihe "Studien zur Theologie und Praxis der Seelsorge". Die Veröffentlichung wäre ohne finanzielle Unterstützung anderer nicht möglich gewesen. So danke ich der "Unser-Stiftung" Freiburg für ihren großzügigen Druckkostenzuschuß. In diesen Dank eingeschlossen sind Frau Lieselotte Reißinger, die

Vorsitzende des Stiftungsrates der "Unser-Stiftung", und der Deutsche Caritasverband e.V. Freiburg, die das Erscheinen des Buches zu ihrem Anliegen gemacht haben. Gleichermaßen bekunde ich meinen Dank für weitere Zuschüsse dem Bischöflichen Ordinariat Mainz, dem Caritasverband für die Diözese Mainz e.V. und dem Bischöflichen Ordinariat Passau.
Herzlich bedanke ich mich bei all jenen, die auf je eigene und verschiedene Weise zum Gelingen des Projekts beigetragen haben: Wolfram Rösch besorgte die nicht unmittelbar zugängliche Literatur. Barbara Wolf-Gröninger erstellte unter anderem das Literaturverzeichnis. Der Großteil des Manuskripts wurde von Elisabeth Boden getippt. Stefanie Boos, Matthias Klöppinger, Hans-Peter Matthes und Nicole Steininger standen mir beim Korrekturlesen zur Seite. Vor allem aber schulde ich Dank Gundelinde Stoltenberg. Mit nicht selbstverständlichem Einsatz begleitete sie die Entstehung der Arbeit und hat sowohl aufgrund ihrer korrigierenden Hinweise auf inhaltliche Ungereimtheiten als auch aufgrund ihrer sicheren einfallsreichen Handhabung des Computers einen wesentlichen Anteil daran, daß ich die Untersuchung zum Abschluß bringen konnte.

Renholding/Mainz, 31. Dezember 1995 *Herbert Haslinger*

INHALTSVERZEICHNIS

EINLEITUNG: DIAKONIE - EINE FRAGE FÜR THEOLOGIE UND KIRCHE?

1 Diakonietheologie zwischen Wissen und Bewußtsein

In einem Cartoon von Borislav Sajtinac[1] ist folgende Szene dargestellt: Auf einer Uferbefestigung, die durch eine Mauer vom Meer getrennt ist, steht ein Maler mit Pinsel, Farbpalette und Staffelei. Aus dem Meerwasser ragt die Hand eines ertrinkenden Menschen. Der Maler, innerhalb der Mauer geschützt vor dem Meer, malt, während er zum Ertrinkenden hinausschaut, einen Rettungsring.

Der Cartoon zielt zwar nicht ausdrücklich auf die kirchliche Diakonie und die Diakonietheologie, aber er enthält eine Anfrage, die ich verspüre, wenn ich mich anschicke, eine praktisch-theologische Reflexion der Diakonie vorzulegen. Wer die Diakonie zum Gegenstand theologischer Reflexion macht, muß sich fragen lassen, ob sein Nachdenken nicht akkurat von jenem Modus geprägt ist, der in der geschilderten Szene zum Ausdruck kommt. Ich sehe das Verhalten von Theologie, Kircheninstitutionen und Gemeindemitgliedern in signifikanter Parallelität zum Verhalten des Malers: Viele Menschen erleiden im "Meer" ihrer Lebenswirklichkeit Not und schreien - ausdrücklich oder im Leiden impliziert - um Hilfe. Viele Theologen und Theologinnen stehen unterdessen abseits der Not auf festem Grund hinter den schützenden Mauern ihrer Strukturen, ihrer Institutionen, ihres Etabliert-Seins, ihres materiellen Wohlstands, ihrer eingefahrenen Verhaltensmuster. Dieser schützende Rahmen bedeutet aber nicht, daß Not grundsätzlich nicht gesehen werden könnte. Er hindert Theologie und Kirche nicht einmal daran, über Not und Beseitigung von Not nachzudenken. Aber dieses Nachdenken bleibt oft genug ohne Wirkung. Theologie und Kirche bringen ihr immenses Potential an Gedanken, Lehrwissen und Praxisformen so ins Spiel, daß sie in vielen Fällen an den Bedürfnissen der Realität vorbeigreifen, ja, daß sie - so wie der gemalte Rettungsring für den Ertrinkenden - für notleidende, benachteiligte Menschen gelegentlich bedrückend zynisch und realitätsfern wirken. Provokant formuliert könnte man sagen: Theologie und Kirche malen "Rettungsringe", aber sie retten nicht. Im Blick auf die Bildszene des Cartoons besteht das eigentliche Problem darin, daß der Maler eben nicht auf den Gedanken kommt, sich in Bewegung zu setzen, dem Ertrinkenden einen Rettungsring zuzuwerfen und ihn so zu retten. Das macht die Szene so erschreckend zynisch. Der Mann hat offenbar nur gelernt, angesichts realer Not das dazugehörige Wissen abzurufen; er verspürt aber keine Motivation, sich in die Notsituation hineinzubegeben und Not spürbar zu beseitigen. Somit liegt hier ein treffender Ausdruck für die fatale Dichotomie zwischen Wissen und Bewußtsein vor, genauer: zwischen der distanzierend-dispensierenden Reproduktion allgemeingültigen Wissens und dem in wirkmächtigen Taten sich auswirkenden Bewußtsein, in der Situation der Not existentiell angesprochen und zu persönlichem verantwortetem Engagement herausgefordert zu sein. Der Maler im

[1] ZEITmagazin, Nr. 15/1991 vom 5. April 1991, 8.

Cartoon müßte merken, daß er sein Wissen um die Rettung des Ertrinkenden schnellstens auf eine andere Art umsetzen müßte, will er nicht eine um so drückendere Schuld auf sich laden. Er müßte wissen, daß die einzig angemessene Form des Einsatzes seines Wissens darin besteht, es nicht in Form seiner distanzierten Vorstellung zu formulieren, sondern einen richtigen Rettungsring zu holen, sich über die schützende Mauer hinauszubegeben und - sich selbst der Gefahr aussetzend - den Menschen vor dem Untergang zu bewahren. Übertragen auf Theologinnen und Theologen, auf kirchliche Institutionen und Funktionsträger, auf Christinnen und Christen allgemein bedeutet dies eine unmißverständliche Mahnung: Sie müssen - wollen sie sich nicht schuldig machen - mit ihrem Denken, Reden und Tun, mit ihren Büchern, Vorträgen, Konzepten und Aktivitäten das Relevanzniveau gemalter Rettungsringe überschreiten. Sie müssen ihr Potential auf eine Art einsetzen, daß sie tatsächlich Leben retten, Not lindern, Benachteiligungen beseitigen. Freilich müßten sie dazu ihre geschützten Räume verlassen, distanzierende Mauern überwinden. Sie müßten sich in die Situation der heutigen Nöte hineinbegeben und aus der eigenen Betroffenheit heraus den Modus dafür bestimmen, wie sie ihr Potential einsetzen. Nur diese "Kompetenz der Betroffenheit"[2] beinhaltet die Chance, Wissen so in handlungsleitendes Bewußtsein umzusetzen, daß daraus eine rettende Wirklichkeit für Menschen wird.

2 Wachsendes Interesse an der Diakonie - Modeerscheinung oder Bewußtseinsbildung?

Die Virulenz der Dichotomie zwischen Wissen und Bewußtsein, zwischen bloßer Wissensproduktion und wirkmächtiger Bewußtseinsbildung wird spürbar in der aktuellen diakonietheologischen Diskussion. Diakonie scheint im Begriff zu sein, als Thema der Theologie entdeckt zu werden.[3] Noch vor wenigen Jahren konnte Rolf Zerfaß eine bedenklich negative Bilanz ziehen: "Doch innerhalb der gigantischen theologischen Buchproduktion deutscher Sprache nehmen die Veröffentlichungen zur kirchlichen Diakonie einen verschwindend kleinen Raum (weniger als 1%?) ein ..."[4] Das hat sich geändert. Das Thema "Diakonie" hat auf dem Literatur-Markt Konjunktur. Genau das aber darf nicht einfach und vorschnell als positive Entwicklung der Diakonietheologie registriert werden, sondern muß vorsichtig machen. Wenn man bedenkt, wie sehr auch

---

2 Vgl. **Ludwig, H.**: Kompetenz der Betroffenheit.

3 Vgl. **Schibilsky, M.**: Vorwort, VII; **Fischer, M.**: Zur gegenwärtigen Diskussion, 13. - Als exemplarischer Beleg für diese Beobachtung mag gelten, daß in dem 1984/85 von Peter Eicher herausgegebenen Standardwerk "Neues Handbuch theologischer Grundbegriffe" weder ein Artikel noch ein Stichwort "Caritas"/"Diakonie" aufgenommen worden ist, obwohl sich der Herausgeber bemüht hat, "den ganzen Bereich der Theologie nach systematischen Grundbegriffen zu ordnen" (**Eicher, P. [Hg.]**: Neues Handbuch theologischer Grundbegriffe, Band 4, 365). Nur sechs Jahre später, in der Neuausgabe dieses Werkes von 1991, wurde dem Thema "Caritas" dagegen der umfangreichste Beitrag gewidmet (vgl. **Ernst, J.** bzw. **Mette, N.**: Caritas).

4 **Zerfaß, R.**: Die Funktion der Caritas, 166.

die theologische Veröffentlichungspraxis von merkantilistischen und wie wenig sie von theologischen Maximen bestimmt ist, dann drängt sich unweigerlich die Frage auf, ob hinter dieser Konjunktur nicht eine Modewelle, eine künstlich erzeugte Nachfrage, ein fremdgesteuertes Interesse steckt. Dieser Modeverdacht wird jedoch erst dort virulent, wo gefragt wird, ob diesem Literatur-Boom ein entsprechendes Anwachsen der Präsenz der Diakonie in der Praxis der Kirche entspricht, ob also z.B. das Gemeindeleben, das Leben der vielen christlichen Bewegungen oder die theologische Ausbildung angemessen diakonisch geprägt sind. Spätestens hier wird man ernüchtert. Dem Boom der Diakonie-Theorie entspricht (noch) keine entsprechende Gewichtung im offiziellen Erscheinungsbild der Gemeinden. Im Gegenteil: Man tut sich innerhalb von Theologie und Kirche mehr als früher, d.h. unter sogenannten christentümlichen Verhältnissen, schwer mit der Diakonie. Sie gilt als schwieriges Praxisfeld, an welches sich "gewöhnliche" Seelsorgerinnen und Seelsorger bzw. Gemeindemitglieder erst gar nicht heranzuwagen brauchen. In der alltäglichen Gemeindepraxis ist nach wie vor eine Mentalität vorherrschend, wonach man sich, bezogen auf die kirchlichen Grundvollzüge, vom diakonischen Handeln am ehesten dispensieren kann, ohne sich bezüglich der eigenen Christlichkeit eines Defizits schuldig zu machen. Immer noch ist die Klage Karl Lehmanns zutreffend: "Aber im Durchschnitt unseres Gemeindelebens ist doch die Bruderliebe nicht ein Hauptthema der vielen Diskussionen und eine ernste Sorge der täglichen Arbeit. Christlichkeit wird sehr oft an ganz anderen Dingen gemessen, die ihren Rang behalten, aber nicht ausschließlich maßgebend sein dürfen: der häufige Sakramentenempfang, der sonntägliche Gottesdienstbesuch, die Teilnahme an der werktäglichen Messe, die bürgerliche Wohlanständigkeit. Wenn man den radikalen Ernst und das Übergewicht der christlichen Bruderliebe im Evangelium zum Maßstab nimmt, dann wird man angesichts des bittenden und sich erbarmenden Herrn eine tiefsitzende Unchristlichkeit in unserer Kirche bekennen müssen."[5]

Der Ausfall der Diakonie in der Gemeindepraxis steht in Wechselwirkung zu der Tatsache, daß die Diakonieproblematik in den theologischen Studiengängen ein auffälliges Randdasein fristet. Während die Frage nach den beiden Grundvollzügen Liturgie und Verkündigung die Reflexionen der gesamten Theologie, sowohl der biblischen wie auch der historischen und systematischen Theologie, durchgehend strukturiert und während der Liturgie und der Verkündigung im praktisch-theologischen Bereich mit Liturgik und Homiletik zwei eigene Disziplinen zugeordnet sind (wobei dieser Hinweis die an sich fragwürdige Einengung des Grundvollzugs Verkündigung auf die Predigttätigkeit freilich nicht bestätigen will, sondern als beobachtbares Faktum aufnimmt), scheint es der Diakonie nach wie vor an Heimatrecht in der Theologie zu mangeln: Als eigenständige Teildisziplin der Praktischen Theologie konnte sich eine Diakonik nicht etablieren.[6] Um so deutlicher zeigt sich ein analoger Mangel in den anderen theologischen Disziplinen. Die Diakonie bildet in ihnen über weite Strecken kein Thema. Schon

5 **Lehmann, K.**: Signale der Zeit, 156 f.

6 Vgl. **Fischer, M.**: Zur gegenwärtigen Diskussion, 13; **Hartung, M.**: Sozialpädagogische Beratung in der Gemeinde, 34.

gar nicht wird im konventionellen theologischen Wissenschaftsbetrieb reflektiert, inwiefern die Theologie in sich diakonisch dimensioniert sein kann, d.h. ob und wie die Theologie über eine separierte Teildisziplin "Diakonik" hinaus als Wissenschaft in und durch ihren gesamten wissenschaftlichen Selbstvollzug vom Anspruch der Diakonie strukturiert und auf diakonische Relevanz hingeordnet sein muß. Speziell in der Priesterausbildung fällt die Diakonie weitgehend der Doktrin der "Weltdienst-Heilsdienst"-Dichotomie (s. 4.1.1) zum Opfer.[7] Die Priesterausbildung wird von einem Priesterbild geleitet, das die Priesterrolle einseitig von der Verkündigung und insbesondere von der Liturgie her definiert und sich tendenziell von der Diakonie dispensiert mit dem Argument, das Diakonische gehöre dem Weltdienst an und sei somit eine Domäne der Laien.[8]
Es läßt sich aber nicht nur eine trotz der literarischen Thematisierung fortbestehende Randlage der Diakonie feststellen. Hinzu kommen schon wieder Stimmen, die sich befleißigen, die intensivere Reflexion auf die Diakonie und das Postulat ihrer stärkeren Berücksichtigung in der kirchlichen Praxis als Irrweg zu deklarieren. Die Betonung der Diakonie wird zum Anlaß genommen, vor einer "Verdiakonisierung der Kirche"[9] zu warnen. Das Konzept eines diakonischen Religionsunterrichts wird verdächtigt, "einen 'Mangel oder gar Verlust katholischer bzw. christlicher Identität' in Kauf zu nehmen"[10]. Unter der Prämisse, daß "Religionsunterricht ohne 'verkündigende Anteile', Religionsunterricht ohne Information, Religionsunterricht ohne die Zumutung von - gegebenenfalls abprüfbaren - Wissensbeständen"[11] nicht denkbar sei, wird die Betonung der Diakonie als Prinzip des Religionsunterrichts in Frage gestellt. Sie vertrage sich "nur schwer, wenn überhaupt, mit dem Selbstverständnis und dem Bildungsauftrag der Schule und den aus ihnen folgenden praktischen Gegebenheiten, an denen Schülerinnen und Schüler alltäglich über die mit Bewertung und Benotung vergebenen Zukunftschancen erfahren, daß 'Hilfe zu gelingendem Leben' eben nicht das primäre Ziel der Schule ist"[12]. Einer Kirchenzeitung, die über politisches Engagement für Außenseiter der Gesellschaft berichtet, wird schließlich entgegengehalten: "Es fällt mir auf, daß die *Kirchenzeitung* zunehmend von Randgruppen und Linksideologen für die Verbreitung ihrer eingefärbten Meinungen mißbraucht wird. Ich gewinne den Eindruck, daß sie als Kampfblatt von 'Pro Asyl' oder Caritas-Randgruppen in Beschlag genommen wird."[13] All diese Aussagen kolportieren die Vorstellung, kirchliche Praxis würde

---

7 Vgl. **Bischofssynode**: Berufung und Sendung der Laien in Kirche und Welt, 22-24.

8 Vgl. dazu die Kritik von **Lehmann, K.**: Signale der Zeit, 163. - Laut einer Umfrage von Gerhard Schmidtchen ist "Hilfe für Randgruppen der Gesellschaft" der Bereich, auf den sich Priesteramtskandidaten, die an Reformen des Theologiestudiums interessiert sind, am wenigsten gut vorbereitet fühlen (vgl. **Schmidtchen, G.**: Umfrage unter Priesteramtskandidaten, 34-36).

9 **Koch, K.**: Menschliche und kirchliche Schönheit der Liturgie, 107 f.

10 **Blasberg-Kuhnke, M.**: Lebensweltliche Kommunikation aus Glauben, 111.

11 Ebd. 112.

12 Ebd.

13 **Sedlatschek, G.**: Leserbrief.

sich mit einer Schwerpunktverlagerung auf die Diakonie tendenziell von ihrem eigentlichen Gehalt entfernen und sich so in eine Dekadenzbewegung begeben.
Diese Beobachtungen veranlassen zu dem Resümee, daß der anwachsenden Präsenz des Diakoniethemas in der theologischen Fachliteratur noch keineswegs eine adäquate Bewußtseinsbildung entspricht, im Zuge deren das Diakonische zu einem prägenden Strukturprinzip kirchlicher Praxis und theologischer Theoriebildung werden könnte. Das denkbare Gegenargument, die Kirche zeige gerade durch ihre caritativen Einrichtungen Profil und Präsenz in der Gesellschaft, ist bei genauerem Hinsehen vielmehr eine Bestätigung des aufgezeigten Defizits. Die institutionalisierte Caritas bzw. Diakonie der Kirche erweist sich nämlich unbeschadet ihrer Notwendigkeit und Kompetenz insofern als problematisch, als sie sich zunehmend zu einer "kirchlichen Zweitstruktur ... neben und außerhalb der Kirche"[14] entwickelte, angesichts der sich christliche Gemeinden berechtigt dünken, den ihnen geltenden diakonischen Auftrag aus dem eigenen Zuständigkeitsbereich hinaus- und an das parallel, aber verbindungslos laufende Sozialsystem "Caritas/Diakonie" wegzudelegieren. Der stereotype Hinweis, für diakonische Belange habe man die "Caritas", erweist sich somit als ein verräterischer Ausdruck eines Denkschemas, wonach man mit dem diakonischen Anspruch, den man gleichwohl aus der Distanz der Unbetroffenheit noch an die Fahnen der eigenen Kirchlichkeit heftet, eben nicht selbst zu tun haben will.

3 Diakonie - Zukunft der Kirche?

Die Behauptung, daß sich Theologie und Kirche die Frage der Diakonie angelegen sein lassen müssen, ist evident und nur um den Preis einer selbsttäuschenden Realitätsferne abzustreiten. Eine Bestätigung dieser Aussage scheinen die Kirchenmitgliedschaftsstudien der beiden großen Konfessionen in der Bundesrepublik Deutschland während der vergangenen zwanzig Jahre zu geben. 86% der Katholiken ab 16 Jahren sagten 1972, daß sich die Kirche um Aufgaben der Sozialarbeit und Fürsorge (Krankenpflege, Waisenhäuser, Behindertenarbeit, Altenhilfe, Gastarbeiterhilfe, Straffälligenhilfe) kümmern soll und diese nicht allein dem Staat überlassen darf (9% meinten, das wäre allein Aufgabe des Staates).[15] Eine ähnliche Erwartungshaltung spiegeln die Ergebnisse der EKD-Umfragen von 1972 bzw. 1982 wider.[16] Bei der Frage, was die evangelische Kirche tun soll bzw. noch stärker tun soll, zeigt sich eine signifikante Präferenz

---

14 **Schmidt, R.K.W.**: Zur Konstruktion von Sozialität durch Diakonie, 9.

15 Vgl. **Schmidtchen, G.**: Zwischen Kirche und Gesellschaft, 30.

16 Vgl. **Hild, H. (Hg.)**: Wie stabil ist die Kirche?, 207-221; **Hanselmann, J./Hild, H./Lohse, E. (Hg.)**: Was wird aus der Kirche?, 121-128. - Zur genaueren Auswertung s. 2.3.3. Von Bedeutung ist, daß diese beiden EKD-Umfragen im Abstand von ca. 10 Jahren mit gleichlautenden Fragestellungen arbeiteten, so daß in ihnen tatsächlich die Veränderungen wie die Konstanten hinsichtlich des Mitgliedschaftsverhaltens evangelischer Kirchenangehöriger (und nicht nur Veränderungen der kirchensoziologischen Erkenntnisinteressen) zu beobachten sind. Vgl. zur Deutung der zweiten EKD-Umfrage von 1982 auch **Matthes, J. (Hg.)**: Kirchenmitgliedschaft im Wandel.

der Erwartungen bezüglich des diakonischen Engagements der Kirche.[17] Wenn man die in den Umfragen von 1972 und 1982 getrennt aufgeführten Werte für eine gewünschte Verstärkung bzw. für eine gewünschte Beibehaltung des Engagements der Kirche zusammenzählt, dann ergeben sich sowohl in der ersten wie in der zweiten Umfrage die höchsten Werte hinsichtlich den der Kirche zugerechneten Aufgaben für die "diakonischen Items": 97% der im Jahr 1982 Befragten (96% aus der ersten Umfrage) betrachten es als Aufgabe der Kirche, Alte und Gebrechliche zu betreuen; 95% sowohl der ersten wie der zweiten Befragung erwarten den Unterhalt von Heimen für geistig und körperlich Behinderte; und 94% (91%) möchten, daß sich die Kirche um die Sorgen und Probleme der einzelnen kümmert. Der Anteil derer, die in den genannten Aufgabenfeldern eine Reduzierung des kirchlichen Handelns fordern, übersteigt nicht die 10%-Marke.[18] Aufgrund der erwähnten Differenzierung zwischen Verstärkungs- und Beibehaltungswünschen zeigt sich zudem, daß trotz der hohen Plausibilitätsquote noch ein Defizit im diakonischen Engagement der Kirche erlebt und eine Intensivierung eingefordert wird.[19]

Es steht außer Zweifel, daß diese Erwartungsäußerungen von den Kirchen sehr ernst genommen werden müssen und das kirchliche Handeln entsprechend zu gestalten ist, da die so eruierten Ansprüche der Menschen an die Kirche - eben weil sie aus dem Volk kommen - eine Dignität haben, die nicht so einfach beiseite geschoben werden darf. Auf der anderen Seite müssen auch die Bedenklichkeiten solcher Erwartungserhebungen im Auge behalten werden. Es ist grundsätzlich problematisch, kirchensoziologische Erkenntnisse nur oder vornehmlich über die Frage nach dem Mitgliederverhalten zu suchen, d.h. primär danach zu fragen, unter welchen Bedingungen und aufgrund welcher Darbietungsweise die institutionalisierten Formen der Kirche die höchste Akzeptanz bzw. die deutlichste Ablehnung bei ihren tatsächlichen und potentiellen Mitgliedern erreichen. Um so bedenklicher wäre es, würden die institutionalisierten Formen der Kirche diese Erwartungen bezüglich der Diakonie nur deswegen aufgreifen, um die Mitgliederzahlen zu erhöhen, d.h. um ihren institutionellen Bestand zu sichern. Das wäre eine egologisch fehlgeleitete Reaktionsweise: Das diakonische Handeln würde nach einer Logik erfolgen, in der die institutionalisierte Kirche primär danach fragt, wie dieser neue oder intensivierte Einsatz ihr selbst zugute kommt, nicht aber danach, wie er den von Not betroffenen, leidenden Menschen hilft bei der Bewältigung ihrer Situation. Insofern sind Schlagworte wie "Diakonie - Zukunft der Kirche" mit äußerster Skepsis zu betrachten. So plausibel und hoffnungsvoll programmatisch solche Äußerungen klingen mögen, in ihnen steckt immer noch das Denkschema, wonach die diakonische Praxis zu dem Zweck erfolge, der weiteren Bestandssicherung der institutionalisierten Kirche zu dienen. Damit wäre die grundlegende Existenzbestimmung der Kirche, nämlich durch die - immer bruchstückhafte, aber dennoch wirkungsvolle - Vergegen-

---

17 Vgl. **Steckhan, V.**: Kirchenmitgliedschaft in der Großstadt, 240.

18 Die Daten sind entnommen aus **Hild, H. (Hg.)**: Wie stabil ist die Kirche?, 210; **Hanselmann, J./ Hild, H./Lohse E. (Hg.)**: Was wird aus der Kirche?, 122.

19 Vgl. **Hanselmann, J./Hild, H./Lohse, E. (Hg.)**: Was wird aus der Kirche?, 123.

wärtigung des Reich-Gottes-Anspruchs den Menschen zu dienen, in ihrem Sinn geradezu pervertiert.

4 Von der "Diakonie der Kirche" zur "diakonischen Kirche"

An ihre wesentlich diakonisch geprägte Identität sind die Kirchen in Deutschland schon früher erinnert worden. Alfred Delp fordert die "Rückkehr der Kirchen in die Diakonie: in den Dienst der Menschheit. Und zwar in einen Dienst, den die Not der Menschheit bestimmt, nicht unser Geschmack oder das Consuetudinarium einer noch so bewährten kirchlichen Gemeinschaft. 'Der Menschensohn ist nicht gekommen, sich bedienen zu lassen, sondern zu dienen' (Mk 10,45). Man muß nur die verschiedenen Realitäten kirchlicher Existenz einmal unter dieses Gesetz rufen und an dieser Aussage messen und weiß eigentlich genug. Es wird kein Mensch an die Botschaft vom Heil und vom Heiland glauben, solange wir uns nicht blutig geschunden haben im Dienste des physisch, psychisch, sozial, wirtschaftlich, sittlich oder sonstwie kranken Menschen ... Rückkehr in die Diakonie habe ich gesagt. Damit meine ich das Sich-Gesellen zum Menschen in all seinen Situationen mit der Absicht, sie ihm meistern zu helfen, ohne anschließend irgendwo eine Spalte oder Sparte auszufüllen. Damit meine ich das Nachgehen und Nachwandern, auch in die äußersten Verlorenheiten und Verstiegenheiten des Menschen, um bei ihm zu sein genau und gerade dann, wenn ihn die Verlorenheit und Verstiegenheit umgeben."[20]

Im August 1944 widmet sich Dietrich Bonhoeffer gleichfalls und mit ähnlich eindringlichen Worten dem Anliegen einer diakonischen Kirche. Im Entwurf zu einer Schrift über den christlichen Glauben folgert er: "Die Kirche ist nur Kirche, wenn sie für andere da ist. Um einen Anfang zu machen, muß sie alles Eigentum den Notleidenden schenken. ... Sie muß an den weltlichen Aufgaben des menschlichen Gemeinschaftslebens teilnehmen, nicht herrschend, sondern helfend und dienend. Sie muß den Menschen aller Berufe sagen, was ein Leben mit Christus ist, was es heißt, 'für andere dazusein'. Speziell wird *unsere* Kirche den Lastern der Hybris, der Anbetung der Kraft und des Neides und des Illusionismus als den Wurzeln alles Übels entgegentreten müssen."[21]

Beide, Delp wie Bonhoeffer, bringen nicht einfach einen beliebigen Strategievorschlag zur Bestandssicherung, sondern plädieren für eine grundlegende kritische Selbstbe-

---

20 **Delp, A.**: Das Schicksal der Kirchen, 319 f.; hier zitiert nach **Knobloch, S.**: Ist die Kirche in Deutschland Anwalt der Armen?, 217.

21 **Bonhoeffer, D.**: Widerstand und Ergebung, 193.

sinnung der Kirche.[22] Sie erinnern die Kirche daran, daß sie sich in einer geradezu radikalen Weise als in den Dienst für den Menschen gestellt betrachten muß und daß sie sich immer dort schuldig macht, wo sie zugunsten egologischer Interessen wie Mitgliederwerbung, Absicherung ihrer institutionellen Macht oder Steigerung ihrer gesellschaftlichen Akzeptanz diesen Anspruch relativiert oder sich gar von ihm dispensiert. Diese Erinnerung muß sich um so tiefer in das kollektive Bewußtsein der Kirche einprägen, als sie aus einer Situation heraus formuliert wird, die sowohl für die Erinnernden wie für die Erinnerten keine selbstrügerischen Illusionen zuläßt und angesichts der eine abschwächende, der bequemen Etabliertheit zugute kommende Interpretation von seiten der Erinnerten dem blanken Zynismus gleichkäme: Bonhoeffer und Delp richten ihren Appell an die Kirche als Inhaftierte des Nazi-Regimes. Diese Entstehungsbedingung verleiht den Aussagen eine Autorität, die ungleich gewichtiger sein dürfte als z.B. die (zweifelhafte) Autorität derjenigen, die im Interesse des eigenen ökonomischen oder gesellschaftlich-politischen Erfolgs die Kirche dadurch in die Schranken weisen wollen, daß sie ihr das Recht auf politisch spürbaren Einsatz für benachteiligte Menschen absprechen und das explizit Religiöse als die vermeintlich eigentliche Aufgabe der Kirche vorhalten. Mit ihren Plädoyers klagen Delp und Bonhoeffer einen Bewußtseinswandel ein, wonach die Diakonie nicht eines von vielen kirchlichen Handlungsfeldern bildet, welches dort nach Belieben ausfallen könnte, wo die mit ihr verbundenen Anforderungen unangenehm sind oder als unzumutbar empfunden werden. Daß "die Kirche nur Kirche ist, wenn sie für andere da ist" (Bonhoeffer) und daß sich die Kirche "in einen Dienst rufen lassen muß, den die Not der Menschheit bestimmt, nicht unser Geschmack" (Delp), besagt vielmehr, daß die Kirche in und durch ihre Existenz, d.h. auch uneingeschränkt in all ihren Dimensionen diakonisch wirken muß.

Insofern ist die Rede von der "Diakonie der Kirche" keineswegs stimmig. Diese Rede suggeriert, Kirche und Diakonie seien zwei verschiedene, voneinander getrennte Größen, von denen zwar die erstere die zweite in Besitz nehmen könne, die zweite aber gerade deshalb kein Konstitutivum der ersten bilde. Diakonie würde unter diesem Denkschema immer nur etwas Beliebiges sein, etwas, das nach dem Belieben der jeweiligen Christen abgelegt werden könnte, wo immer sich für die Kirche ein "passenderes" Genitiv-Objekt anbietet. Bonhoeffer und Delp klagen dagegen die Ernstnahme der für die Essenz und somit für die Existenz der Kirche konstitutiven Bedeutung der Diakonie ein: Die Kirche ist *in* (nicht nur *an* und *für*!) sich diakonisch, oder sie ist überhaupt nicht Kirche.

Die unhintergehbare, konstitutive Bedeutung der Diakonie für die Kirche und somit für die Theologie ist tatsächlich evident, aber aus einem anderen Grund als dem, den die

22 Es wäre eine Betrachtung wert, inwieweit die Tatsache, daß ein evangelischer und ein katholischer Theologe bei der bedrängenden Frage nach der Identität der Kirche die konfessionell getrennten Kirchen gleichzeitig in die ihnen gemeinsame diakonische Pflicht rufen, nicht eine unübersehbare Relativierung all der Argumente bedeutet, die nach wie vor zur Verfestigung der konfessionellen Grenzen herangezogen werden, inwieweit diese gemeinsame diakonische Identität nicht sogar den Anspruch beinhaltet, die konfessionstrennenden Unterschiede mindestens dort hintanzustellen, wo sie der Verwirklichung des diakonischen Anspruchs im Wege stehen. (Vgl. als Gegenbeispiel: **Deufel, K.**: Sozialstaat, 133.)

Kirchenmitgliedschaftsstudien als Denkmuster nahelegen, indem sie in ihren Titeln unter anderem danach fragen, "wie stabil die Kirche ist" und "was aus der Kirche wird".[23] Es bedarf dagegen einer grundlegenden Änderung der Erkenntnisperspektive: Die Kirche soll nicht ihre Diakonie maximieren, damit sie eine Zukunft hat; die Kirche muß sich vielmehr auf ihre Zukunft, auf das ihr im buchstäblichen Sinn Zukommende hin orientieren, damit sie diakonisch sein kann.

5 Zur Fragestellung und Anlage der Untersuchung

Aus diesen assoziativen Vorüberlegungen ergeben sich die Fragestellungen der Untersuchung. Ihr Anliegen ist eine fundamentale Besinnung auf die Diakonie, auf ihre gesellschaftlichen Bedingungen, auf ihre faktisch beobachtbare Praxisgestalt, auf ihren theologischen Kerngehalt und auf ihre praxistheoretischen Postulate. In Anschlag gebracht werden dabei die Richtgrößen, zwischen denen die Diakonie gleichsam als ihrem "Koordinatensystem" eingespannt ist: Gesellschaft, Kirche und notleidender Mensch. In Bezug auf diese drei Komponenten wird gefragt:
Wie gestaltet sich die Präsenz der Diakonie in Gesellschaft und Kirche bzw. das Selbsterleben Notleidender in der Diakonie und welche krisenhaften Problemlagen lassen sich erkennen?
Welche fundamentalen theologischen Überzeugungen müssen das Verständnis der Diakonie bzw. die Konzeption der Diakoniepraxis bestimmen?
Und schließlich: Welche Postulate ergeben sich aus dem theologischen Fundament der Diakonie für ihre praktische Verwirklichung?
Diese Fragestellungen geben bereits die Struktur der Vorgehensweise praktisch-theologischer Reflexion vor, hinsichtlich der sich mittlerweile ein Konsens stabilisiert hat. Sie findet ihre methodische Basis in den drei Schritten 1) der Situationswahrnehmung und -analyse, 2) der Findung theologisch normativer Kriterien und 3) der praxistheoretischen Konzeption eines neuen adäquaten Handelns. Die auf Josef Cardijn zurückgehende Formel "sehen-urteilen-handeln" wurde zur gängigen Kennzeichnung dieses Dreischritts.[24] Andere Beschreibungen des praktisch-theologischen Vorgehens - ob die von Clodovis Boff veranschlagte Trias der sozial-analytischen, der hermeneutischen und der praktischen Vermittlung[25], das Regelkreismodell von Rolf Zerfaß[26] oder die von Paul M. Zulehner zugrundegelegten Phasen "Kriteriologie", "Kairologie" und "Praxeolo-

---

23 Damit soll keineswegs ein abwertendes Urteil über die Umfragen erfolgen. Sie selbst dokumentieren ja zunächst nur die vorfindbare Erwartungshaltung. Es ist gerade ihr anerkennenswerter Verdienst, die Daten des Mitgliederverhaltens eruiert und zugänglich gemacht zu haben. Aber die Erfahrung lehrt auch, daß gerade solche Daten einseitig unter dem Erkenntnisinteresse der Bestandssicherung institutionalisierter Kirchlichkeit ausgewertet und in Handlungsmuster umgesetzt werden.

24 Vgl. **Mette, N.**: Praktische Theologie, 557.

25 Vgl. **Boff, C.**: Theologie und Praxis, 20-23; **Boff, L./ders.**: Wie treibt man Theologie der Befreiung?, 34-55.

26 Vgl. **Zerfaß, R.**: Praktische Theologie als Handlungswissenschaft, 167.

gie"[27] - können als Neuformulierungen oder Weiterführungen dieses Dreischritts gelesen werden.
Auch die hier vorliegende Untersuchung ist im Prinzip nach dieser methodischen Leitlinie aufgebaut. Die Teile 2-6 beinhalten die situationsanalytischen Reflexionen. Dabei geht es zunächst darum, den "Handlungsdruck", der gegeben sein muß, um die praktisch-theologische Reflexion auf eine adäquatere Praxis hin in Gang zu setzen[28], zu veranschaulichen. Hinsichtlich des zu untersuchenden Gegenstandes ergibt sich der treibende "Handlungsdruck" aus der Feststellung eines durch verschiedene gesellschaftliche Entwicklungen bedingten und steigenden Bedarfs an Diakonie (2). In Konsequenz dazu gilt es, die bestehende, faktisch beobachtbare Praxis der Diakonie auf ihre Tauglichkeit und Korrekturbedürftigkeit hin zu analysieren. Da auf eine Verbesserung der Praxis abgezielt ist, bringen die diesbezüglichen Analysen vorwiegend die krisenhaften Problemlagen der Diakoniepraxis zur Sprache, die eben einer konstruktiven Änderung bedürfen. Die Wahrnehmung der faktischen Praxis erfolgt dabei aus drei verschiedenen Perspektiven: Die Diakonie wird untersucht hinsichtlich ihrer Einbindung in die gesellschaftlichen Systemmechanismen (3), hinsichtlich ihrer Präsenz und ihres Stellenwerts innerhalb der Kirche (4) und schließlich hinsichtlich der Frage, wie betroffene notleidende Menschen die Diakoniepraxis und sich selbst in ihr erleben (5). Aus diesen Analysen wird ein Fazit gezogen (6), welches den Anschlußpunkt liefert für die Suche nach einer Neuorientierung in der Diakonie. In Teil 7 erfolgt die Formulierung theologisch normativer Maßgaben der diakonischen Praxis, indem nach den fundamentalen theologischen Annahmen zurückgefragt wird, aus denen sich die Idee der christlichen Diakonie speist und die die Diakonie als Verantwortung unter dem Anspruch Gottes verstehen lassen. Teil 8 ist der Versuch, die in den theologischen Fundamentalkategorien gewonnene Neuorientierung umzusetzen in praxistheoretische Postulate einer Diakonie, die der Situation, in der sie herausgefordert ist, und ihrem theologischen Fundament, unter dessen Maßgabe sie steht, gerecht wird. Bezogen auf diesen bisher dargestellten inhaltlichen Duktus läßt sich die Untersuchung von der methodischen Leitlinie "sehen-urteilen-handeln" führen.
Dazu ergänzend ist allerdings ein Teil 1 vorgeschaltet, in dem wenigstens teilweise versucht werden soll, das mitgebrachte Vorverständnis zu klären. Die dortigen Ausführungen konzentrieren sich auf die drei Begriffe "Praxis", "Subjekt" und "Diakonie". Mit dem Praxisbegriff wird das dieser Untersuchung zugrundeliegende Verständnis von Praxis und ihr damit verbundenes Selbstverständnis als *praktisch-theologische* Untersuchung, mit dem Subjektbegriff das bei der kritischen Wahrnehmung der faktischen Diakoniepraxis angelegte *theologische Kriterium* und mit dem Diakoniebegriff das Verständnis des *Untersuchungsgegenstandes* offengelegt.

27 Vgl. **Zulehner, P.M.**: Pastoraltheologie, Band 1, 32-39.
28 Vgl. **Zerfaß, R.**: Praktische Theologie als Handlungswissenschaft, 167.

1 PRAXIS, SUBJEKT, DIAKONIE - ZUM VORVERSTÄNDNIS DER UNTERSUCHUNG

Die methodische Leitlinie "sehen-urteilen-handeln" ist selbst entwicklungs- und ergänzungsbedürftig. In der plakativen Redewendung des "sehen-urteilen-handeln" entsteht allzu leicht der Eindruck, in der praktisch-theologischen Reflexion würde es sich um einen begrenzten linearen Prozeß handeln, der in der Wahrnehmung der Situation seinen anfanghaften Ausgangspunkt nähme und im erneuerten Handeln seinen abgeschlossenen Zielpunkt finde. Damit würde aber der methodische Dreischritt der Eigenart der für eine Praxiskonzeption notwendigen Reflexionsprozesse nicht gerecht. Diese sind nämlich nicht begrenzt-linear, sondern perpetuierend-zyklisch zu denken. Eine neue Praxis schafft eine neue Situation und fordert somit gleichzeitig mit ihrem Vollzug sofort wieder eine Wahrnehmung der Situation und der Praxis in ihr heraus. Ebenso ist die Situationswahrnehmung nie das absolut erste, "unschuldige", von jedem Vorwissen freie Sehen eines Sachverhalts, sondern ist von Voraussetzungen auf seiten des wahrnehmenden Menschen geprägt, etwa von Erkenntnisinteressen, internalisierten Denk- und Verhaltensschemata, unbewußt wirksamen Vorkenntnissen und ähnlichem. Jede Wahrnehmung ist notwendig subjektiv. Der von Hans-Georg Gadamer in Erinnerung gebrachte hermeneutische Zirkel, wonach Verstehen nicht voraussetzungslos geschieht, sondern immer schon die Anwendung von etwas Verstandenem (in einer Interpretation oder einer Praxis) voraussetzt und davon geprägt ist[1], ist unhintergehbar. Was es mit diesem Vorverständnis einer jeden Wahrnehmung auf sich hat und warum die bewußte Vergegenwärtigung des Vorverständnisses für einen Reflexionsprozeß von konstitutiver Bedeutung ist, hat Medard Kehl in seiner Ekklesiologie dargelegt: Wird ein Phänomen bzw. eine Situation wahrgenommen, dann stellt sich "sofort die Frage: Welchem Beobachter stellt sie sich so dar? Eine absolut 'objektive', voraussetzungslose, für alle Betrachter gleiche Wahrnehmung eines geschichtlich-gesellschaftlichen Phänomens ist eben schlechterdings nicht möglich; sie bleibt ein naiver rationalistischer Traum. Statt dessen ist jede Wahrnehmung einer geschichtlichen Wirklichkeit wie die der Kirche immer schon durch ein ganz bestimmtes *Vorverständnis* geprägt, das in sich eine Menge an Vorentscheidungen, Erkenntnissen, Fragen und Interessen enthält und dadurch die konkrete Erkenntnissituation des jeweiligen Betrachters bestimmt. Natürlich kommt ein solches *Vorverständnis* letztlich von den Erfahrungen mit der gegebenen Wirklichkeit her und baut sich allmählich von daher auf; aber umgekehrt bestimmt es zugleich auch als Perspektive, als Verstehenshorizont ... immer schon jede neue Erfahrung entscheidend mit. Dieser 'hermeneutische Zirkel' zwischen Vorverständnis und Erfahrung ist nun keineswegs ein zwar unvermeidlicher, aber doch bedauerlicher Tribut an die Subjektivität des Erkennenden. Er gehört vielmehr zu der spezifisch menschlichen, von Intersubjektivität, Freiheit, Geschichte, Kultur u.ä. geprägten Weise der Wahrnehmung von Wirklichkeit. Diese Art von Erkenntnis braucht sich darum auch nicht an dem

---

1 Vgl. **Gadamer, H.-G.**: Hermeneutik I. Wahrheit und Methode, 270-312.

Objektivitätsideal eines Mikroskops oder eines Computers messen lassen. Zur Wahrheit findet sie vielmehr dadurch, daß sie aus einer grundlegenden 'Sympathie' zu der ihr begegnenden Wirklichkeit heraus diese 'verstehen' will, um ihr im ganzen gerecht zu werden. Dazu muß sich aber das erkennende Subjekt selbst mit seiner ganzen Individualität einbringen und auf das zu erkennende Objekt wirklich einlassen. Es braucht dabei keineswegs von all seinen subjektiven Voraussetzungen zu abstrahieren, sondern muß sie vielmehr bewußt und selbstkritisch *reflektieren.* Wer um sein Vorverständnis weiß, wer dies zugleich nicht als etwas Starres und Unbewegliches auffaßt, sondern durch die Begegnung mit dem Gegenstand seiner Wahrnehmung in Bewegung bringen, erweitern, vertiefen und korrigieren läßt, der kann ein geschichtliches Phänomen in seinem Wahrheitsgehalt 'verstehen'."[2] Wer bereit ist, sein Vorverständnis in dieser Weise bewußt als *eigenes, subjektives Vorverständnis* zu vergegenwärtigen, der läuft nicht Gefahr, im Fortgang der Reflexion dieses sein Vorverständnis unter der Hand als das objektive, unabänderliche und für andere normierende Wissen auszugeben und gegen die wahrgenommene Realität durchsetzen zu wollen.

1.1 Praxis - wissenschaftstheoretische Vorklärungen zur Praktischen Theologie

Es geht um die praktisch-theologische Reflexion diakonischer Praxis. Diese Absichtserklärung ist nur scheinbar unproblematisch. Die Diakonie als *Praxis* zu bezeichnen reißt eine Fragestellung auf, die im Alltagsbetrieb diakonischen Handelns weithin unberücksichtigt bleibt (und letztlich auch unberücksichtigt bleiben darf), über die vorschnell hinwegzugehen sich aber für eine "grundsätzliche" praktisch-theologische Reflexion der Diakonie verbietet.

Es läßt sich ein Denk- und Redeschema beobachten, auf das man sich bei der theologisch-kirchlichen Verortung der Diakonie eingespielt hat und auf das man sich als unproblematisierte, Handlungssicherheit gebende Konsensformel zu verständigen können glaubt: Die Diakonie gilt als der Bereich des *Tuns.* Vereint mit der Verkündigung wird sie unter der Chiffre "Wort und Tat" eingefordert, um die Doppelstruktur des christlichen Glaubens als Bestand lehrhafter Inhalte *und* Gestalt konkreten Handelns auszudrücken. Vielfach gilt das diakonische Tun - wenigstens in der verbalen Beteuerung - geradezu als Gradmesser, an dem sich die Glaubwürdigkeit der verkündigten Glaubensinhalte erst erweisen müsse.

Dabei darf nicht übersehen werden, daß die Thematisierung der Diakonie über Formeln wie "Wort und Tat" tatsächlich ein wichtiges Anliegen verfolgt: Sie bricht ein einseitig rational und verbal definiertes Glaubensverständnis auf und macht deutlich, daß sich der christliche Glaube nicht nur und nicht einmal primär als Kompendium von Lehren, sondern als konkreter Lebensvollzug, als Handeln konstituiert.

Dennoch wäre es fatal, diese Verortung der Diakonie als das "Tun des Glaubens"

---

2 **Kehl, M.**: Die Kirche, 54 f.

einfach unbedacht zu affirmieren. Derart assoziiert als die "gute Tat", als das "gute Werk", als "Tat der Nächstenliebe" usw. ist die Diakonie ein Hort jener Reduktion des Verständnisses von Praxis auf mechanisches, herstellendes Tun, welche zu überwinden die Praktische Theologie gerade in Hinblick auf die *theologische* Bedeutung von Praxis als ihr Anliegen begreift. Somit ist die Formulierung "diakonische *Praxis*" implizit ein Hinweis darauf, daß das theologische Nachdenken über die Diakonie nicht unversehens auf die engen, eingefahrenen Schienen einer bloßen Einforderung diakonischer Taten geraten darf.

Auf diesem Hintergrund wird erkennbar, daß es keine "Trockenübung" wissenschaftlicher Arbeit ist, wenn im folgenden Abschnitt nach dem Verständnis von Praxis und nach dem Verständnis der theologischen Reflexion der Praxis, der Praktischen Theologie gefragt wird. Wenn sich eine Reflexion diakonischer Praxis des ihr zugrundeliegenden Verständnisses von Praxis vergewissern muß, dann ist es in Konsequenz dazu ebenso unabdingbar, daß bezüglich der Wissenschaft, die diese Reflexion trägt, in diesem Fall also der Praktischen Theologie, eine Klärung vorgenommen und ein Wissenschaftsverständnis gesucht wird, welches dem Reflexionsgegenstand, der Diakonie gerecht wird. Mit dem Selbstverständnis der Praktischen Theologie als Wissenschaft werden nämlich schon Vorentscheidungen getroffen bezüglich des analysierenden, kriteriologischen und konzeptionellen Zugriffs der Praktischen Theologie auf die von ihr zu reflektierende Praxis. Folglich ist die nur scheinbar so theoretische Frage nach dem Wissenschaftsverständnis von unmittelbarer Relevanz für die realistische Wahrnehmung, die kritische Analyse, die normierende Orientierung und die praktische Konzeption auch der Diakonie. Denn mit dem Wissenschaftsverständnis entscheiden sich fundamentale Voraussetzungen: Welche Menschen werden in der praktisch-theologischen Reflexion der Diakonie wahrgenommen? Wie treten diese Menschen in der praktisch-theologischen Reflexion in Erscheinung, als Objekte des Handelns einer bestimmten Gruppe anderer Menschen oder als Subjekte der zu reflektierenden Praxis? In welcher Weise sind die betreffenden Menschen selbst am Prozeß der praktisch-theologischen Reflexion beteiligt? Nach welchen Kriterien bestimmt die Praktische Theologie ihre Ziele, und auf welche Ziele arbeitet sie mit ihrer Reflexion hin? In welchem Verhältnis stehen die Träger der praktisch-theologischen Reflexion zu den in der diakonischen Praxis wahrgenommenen Menschen?

1.1.1 "Praxis" und "Theorie"

1.1.1.1 Die Problematik der theologischen Rede von Praxis

Im Kontext von Kirche und (auch Praktischer) Theologie erweist sich "Praxis" immer noch und immer wieder als problematischer und klärungsbedürftiger Begriff.[3] Motiviert durch eine "traditionelle Hochschätzung der Theorie"[4] stellen sich in der Theologie bis auf den heutigen Tag Ressentiments gegenüber denjenigen Versuchen ein, die der Praxis angesichts der etablierten Theoriefreudigkeit zu ihrem Recht verhelfen wollen. Greifbar wird dies an dem Argwohn, der in folgender Gegenüberstellung zum Ausdruck kommt: Die Hochschätzung der Theorie ist darin begründet, "daß Theorie im aristotelischen Verständnis dem, was ist, dem Unveränderlichen und Göttlichen zugewandt ist, die Praxis dagegen dem veränderlichen, dem Tun des Menschen. Die Selbstgenügsamkeit der Theorie stand in Entsprechung zur Selbstgenügsamkeit des Absoluten. Die Betonung der Praxis in manchen Strömungen der neueren Theologie bedeutet dagegen, daß die Wirklichkeit im letzten im Sinn von E. Bloch und der Frankfurter Schule unfertig und offen und deshalb der gesellschaftlichen Praxis zur Verwirklichung aufgegeben ist. Im Hintergrund einer solchen Theorie-Praxis-Bestimmung steht die marxistische Weltanschauung, wonach sich der Mensch und die menschliche Gesellschaft selbst hervorbringen und sich auch selbst zur Vollendung bringen."[5] Daß eine solche praxisfeindliche Attitüde, welche die Versuche einer "Rehabilitation" der Praxis bzw. ihrer Befreiung aus der Bevormundung durch die Theorie des Ansinnens einer atheistischen, marxistisch ideologisierten Selbsterlösungsphantasie verdächtigt, keineswegs ein durchgängiges Kennzeichen der Theologie ist, zeigt der zum vorliegenden Zitat gegenläufige Versuch von Wolfhart Pannenberg, den Bezug zur Praxis als Konstitutivum der Theologie als ganzer nachzuweisen: "Daß Theologie die göttliche als die alles bestimmende Wirklichkeit *in ihrer Strittigkeit* zum Gegenstand hat, das hängt ja damit zusammen, daß die Wirklichkeit im ganzen noch unabgeschlossen ist. Die Fragen nach der alles bestimmenden Wirklichkeit und nach dem Sinnzusammenhang des Lebens greifen darum über das Vorhandene und theoretisch Feststellbare hinaus auf das noch nicht Vorhandene über, und damit auch auf das durch menschliche Praxis Hervorzubringende."[6]

Daß der theologisch unverzichtbare Gedanke, daß durch das Heilsereignis in Jesus Christus die endgültige Vollendung schon in die gegenwärtige Welt hereinragt und daß die "noch ausstehende Vollendung ... nur die geschichtliche Verwirklichung der von Jesus Christus her schon in der Welt gegenwärtigen und wirksamen Versöhnung"[7] sein kann, in umgekehrter Richtung keinesfalls dazu führen darf, die bedrückende Aus-

---

3 Vgl. **Mette, N.**: Theorie der Praxis, 239-291.

4 **Kasper, W.**: Die Wissenschaftspraxis der Theologie, 248.

5 Ebd.

6 **Pannenberg, W.**: Wissenschaftstheorie, 426.

7 Ebd. 439.

ständigkeit der Verheißung Jesu Christi in der geschichtlichen Welt zu übersehen und die tatsächliche geschichtliche Verwirklichung der Verheißung Jesu Christi bzw. die darin intendierte Praxis zu desavouieren, wird noch nachdrücklicher von Karl Lehmann betont: "Über eines dürfte Klarheit und heute auch ein Konsens bestehen: Solange der biblische Glaube maßgeblich mit Hilfe der reinen Schau griechischer 'Theoria' gedacht wird, die in ihrer Selbstgenügsamkeit und Selbstzwecklichkeit sich im Grunde nur auf immer schon vollendetes, autarkes, 'göttliches' Sein beziehen kann, werden auch Erlösung und Heil in ihrer geschichtlichen Vermittlung durch Jesus Christus allzuleicht als objektiv bereits vollbrachte, nur noch subjektiv anzueignende Versöhnung begriffen. Die biblische Botschaft kann also nicht selbstgenügsam in der Betrachtung gegenwärtigen und vollendeten Seins aufgehen, sondern drängt über sich in die Zukunft ihrer Verheißung hinaus. In der unaufgebbaren, jedoch in ihren einzelnen Momenten durchaus unterscheidbaren Spannung zwischen dem end-gültigen Heilsereignis in Jesus Christus und der faktisch immer noch unerlösten Welt mit ihren Leiden und ihrer Ungerechtigkeit muß der Praxisbezug christlichen Glaubens begründet werden. Deshalb gehört gleichursprünglich zur Botschaft von der christlichen Erlösung das Wort von der Sendung der Kirche in die Fremde, wobei die Kirche das zwar durch die Praxis Jesu Christi Verheißene, aber in der geschichtlichen Welt noch Ungewordene, Unabgegoltene und also Ausstehende zu verwirklichen trachtet. Dies hat zur Konsequenz, daß der reflektierte Glaube nicht von der praktischen Verwirklichung getrennt werden darf und daß die daraus folgende Zukunftsbezogenheit jeder praktisch dimensionierten Theologie der reinen Selbstgenügsamkeit einer im Gegenwärtigen aufgehenden Schau zuwiderläuft. ... Hier liegt denn auch ein Grund, warum das Christentum reaktionär mißbraucht werden kann. Wenn aus der beschriebenen eschatologischen Struktur ein bewußter Verzicht auf reale Veränderung wird, dann löst sich die Erkenntnis völlig von der Lebenspraxis und steht in Gefahr, reine und abstrakte Theorie im schlechten Verstande zu werden. Durch die griechische Prägung des Theoriebegriffs und seine Implikationen ist darum eine problematische Überformung des christlichen Glaubensverständnisses möglich ..."[8] Dieses Zitat macht deutlich, daß sich die Notwendigkeit, die theologische Relevanz der Praxis ernstzunehmen, sogar aufgrund klassisch-theologischer Argumente ergibt.

Vergegenwärtigt man sich jedoch die weit verbreiteten Aversionen gegen die Zuwendung zu den realen Gegebenheiten der menschlichen Welt, also zu der von Pannenberg und Lehmann positiv ins Spiel gebrachten "unabgeschlossenen Wirklichkeit", wie sie z.B. in den Schlagwörtern "Immanentismus" oder "Horizontalismus" ihren Ausdruck finden, dann kommt man dennoch nicht an der Diagnose vorbei, daß die Theologie als ganze nach wie vor durch ein gestörtes Verhältnis zur Praxis der Menschen belastet ist - sei es in Gestalt derjenigen Vertreter, die dieses gestörte Verhältnis von sich aus durch entsprechende Invektiven gegen eine Orientierung an der Praxis kultivieren, sei es in Gestalt derjenigen, die einen nicht unbeträchtlichen Teil ihres Reflexionspotentials zur konstruktiven Beseitigung dieser Störung aufwenden müssen. Die Störung besteht dabei

---

8 **Lehmann, K.**: Das Theorie-Praxis-Problem, 90-92.

darin, daß man in einer monolithisch vorgegebenen Theorie Selbstbestätigung und Stabilität gegenüber einer vielgestaltigen und insofern auch unberechenbaren Praxis sucht, daß man weiterhin das Festhalten an der Theorie ideologisiert, d.h. tendenziell immunisiert gegen kritische Anfragen und folglich ein normativer Primat der Theorie suggeriert wird, demgemäß die Theorie ihre Aufgabe in der Domestizierung der sekundären Praxis zu finden habe.
Die "Praxis" stellt aber auch innerhalb der Praktischen Theologie selbst ein Problem dar. In einem auf den ersten Blick plausibel anmutenden Denkmuster versteht man unter "Praxis" weithin die Tätigkeiten, auf die sich die Theologiestudierenden vorbereiten und für die eben die Praktische Theologie ausbilden soll. Dieser Anspruch an die Praktische Theologie ist tatsächlich auch zu wahren, da die Theologie nicht Selbstzweck sein kann, sondern dazu eingerichtet ist, daß sie Kompetenzen für die verantwortete Reflexion und Gestaltung des Selbstvollzugs der Kirche als geschichtlich-vorläufiger Vergegenwärtigung des Reiches Gottes vermittelt. Aber in der gängigen Verwendung des Begriffs "Praxis" als eines erlernten Tuns ist genau diese praktische Dimensionierung der Theologie als ganzer aufgehoben. Der Praxisbezug wird der Praktischen Theologie zugeschrieben in dem Sinn, daß sie befähigen soll, die in den anderen theologischen Disziplinen vorgefertigten Theorien in der "Praxis", d.h. in der professionellen Tätigkeit, anzuwenden. Praktische Theologie wird als "Anwendungswissenschaft" konzipiert. Je mehr aber der Bezug der Praktischen Theologie auf solche "Praxis" betont wird, um so mehr erfolgt eine Dispensierung der anderen theologischen Disziplinen vom Anspruch ihrer eigenen praktischen Dimensionierung. Es kommt zur Vorstellung eines linear ablaufenden Mechanismus: Die "theoretischen Theologien" geben Theorien vor, welche die Praktische Theologie aufzunehmen und so "praktisch umzusetzen" habe, daß sie in der "Praxis" möglichst effektive Anwendung finden. Der reziproke Vorgang, in dem die bestehende Praxis sich auf die ganze Theologie auswirkt und an diese Ansprüche stellt, wird nicht als Prozeß theologischer Reflexion (an)erkannt.
Eines der durchgängigen Bestreben der zeitgenössischen wissenschaftstheoretischen Reflexionen in der Praktischen Theologie zielt darauf ab, sich dieses Selbstverständnisses als "Anwendungswissenschaft" und insbesondere des auf kirchlich identifizierte und strategisch konzipierte Tätigkeiten reduzierten Praxisbegriffs zu entledigen. Der von den Studierenden selbst immer wieder vorgebrachte Einwand, was die gehörte Theorie nun "für die Praxis bringe", ist zwar angesichts der Theorielastigkeit der Theologie verständlich und sollte im Sinne einer Revision des im gängigen Theologie-Treiben virulenten Theorie-Praxis-Verhältnisses auch ernstgenommen werden. Bezüglich des wissenschaftstheoretischen Problems der Praktischen Theologie repräsentiert er aber genau jenen naiven Begriff von "Praxis" als planvoll ausgeübte Tätigkeit oder Fertigkeit.

1.1.1.2 Poiesis und Praxis

Der Gebrauch des Praxisbegriffs in dieser Arbeit versteht sich in Hinblick auf ein der christlichen Diakonie angemessenes Praxisverständnis in ausdrücklicher Distanzierung zu den beiden beschriebenen Deformationen, der ideologischen Abwertung der Praxis gegenüber der Theorie wie der Reduzierung der Praxis auf technisch erlernbare Tätigkeiten. Das heißt umgekehrt: Die Ausführungen reihen sich ein in das Bemühen, einen neuen, dem allgemeinen wissenschaftstheoretischen Stand angemessenen Praxisbegriff auch in der Theologie zu etablieren. Auf der Suche nach diesem neuen Praxisbegriff wird allenthalben[9] auf die aristotelische Unterscheidung zwischen "Theorie", "Poiesis" und "Praxis"[10] rekurriert. Insbesondere geht es um die Differenz zwischen Poiesis und Praxis. Aristoteles teilt die menschliche Praxis ein in "Bewegungen" und "Verwirklichungen"[11]. Mit ersteren sind Tätigkeiten gemeint, die "auf die Realisierung eines außer ihnen bestehenden Zieles gerichtete Prozesse sind (wie z.B. das Bauen, Lernen oder zielgerichtetes Gehen)"[12]. Letztere bezeichnen dagegen jene Vollzugsformen, "die selbst ihr Ziel sind (wie z.B. der Lebensvollzug, das Glücklichsein, das Sehen, Überlegen, Denken)"[13]. Diese Unterscheidung findet eine Variante in der Differenzierung zwischen Poiesis und Praxis. Poiesis bezeichnet jenes Tun, das sein Ziel und somit seinen Sinn in einem Objekt außerhalb seiner selbst findet. Es geht also um machende, herstellende, behandelnde Tätigkeiten. Praxis im eigentlichen Sinn dagegen bezieht sich auf jene Handlungsformen, die kein Objekt außerhalb ihrer selbst brauchen, um als sinnvoll zu gelten, sondern die in sich selbst das Ziel sind. Praxis beschreibt folglich ein Handeln, in welchem der Mensch nicht *etwas* macht, sondern sich selbst in seiner Existenz vollzieht.

Ausgehend von der aristotelischen Begriffsdifferenzierung wird nun in der aktuellen Wissenschaftstheorie der Praktischen Theologie versucht, zu einem neuen Praxisbegriff vorzustoßen. Demnach gilt es, sich abzusetzen von einer "Praxis", die nicht eigentlich Praxis, sondern Poiesis ist, in der es "nur um eine empirisch erforschbare Technik, also um rein funktionales und instrumentelles Handeln geht"[14], welches durch die Gegenüberstellung von tätigem Subjekt und in irgendeiner Form behandeltem Objekt machtförmig, monologisch strukturiert ist und bei dem die dem Handelnden gegenübergestellte Wirklichkeit, gleich ob Sache oder Mensch, "von vornherein unter dem Gesichtspunkt ihrer möglichen Beherrschung und Unterwerfung wahrgenommen"[15] wird. Im Gegenzug orientiert man sich an einem Begriff von Praxis, in der der Mensch nicht etwas

---

9 Vgl. **Peukert, H.**: Was ist eine praktische Wissenschaft?, 65; **Lehmann, K.**: Das Theorie-Praxis-Problem, 84 f.; **Heinrichs, J.**: Theorie welcher Praxis?, 12 u.v.a.

10 Vgl. **Aristoteles**: Nikomachische Ethik, a 1; vgl. dazu **Bien, G.**: Praxis, 1281.

11 Vgl. **Aristoteles**: Metaphysik IX. Buch/1048b.

12 **Bien, G.**: Praxis, 1280.

13 Ebd. 1280 f.

14 **Peukert, H.**: Was ist eine praktische Wissenschaft?, 65.

15 Ebd. 66.

oder an jemandem etwas macht, sondern sich selbst einbringt; die dialogisch strukturiert ist, d.h. in der alle beteiligten Personen sich gleichermaßen einbringen können; die als Kommunikation gleichberechtigter Subjekte vollzogen wird, d.h. in der alle Beteiligten das Geschehen nach eigener Maßgabe mitgestalten können, aber darin implizit den jeweils anderen in seiner eigenen Maßgabe anerkennen bzw. bei Konflikten eine für alle akzeptable Maßgabe aushandeln. Praktische Theologie mißt sich also am "Begriff einer Praxis, in der es um gemeinsames, befreiendes, innovatorisches, zu gemeinsamer Selbstbestimmung befähigendes und dabei systemische Widerstände und Widersprüche überwindendes Handeln geht"[16]. Oder kurz gesagt: Es geht um die Praxis als einem Ort der Konstitution des Subjektseins von Menschen.
Die Relevanz dieser Unterscheidung von Poiesis und Praxis für die Praxis der Diakonie ist evident. Das belegt bereits die im diakonischen Bereich oft gebrauchte Sprachregelung, die Diakonie sei "Dienst an oder für" den jeweils notleidenden oder benachteiligten Menschen. Damit ist angezeigt, daß die diakonische Praxis in ihrer faktischen Gestalt weitgehend dadurch strukturiert ist, daß sich in ihr Menschen begegnen, von denen die einen in bestimmten Lebensmöglichkeiten eingeschränkt sind, die anderen jedoch nicht oder zumindest in geringerem Maße, und somit der naheliegende Anspruch gestellt ist, daß die letzteren ihre Lebensmöglichkeiten zugunsten der ersteren einsetzen: Wer selbst gehen kann, hilft dem Menschen im Rollstuhl; wer ausreichend viel Geld hat, spendet etwas davon zugunsten dessen, der weniger hat. Mit der Unterscheidung zwischen Poiesis und Praxis steht ein erstes grobes analytisches Raster zu Verfügung, um diese diakonische Praxis danach kritisch zu beurteilen, ob im jeweiligen Fall ein Tun an einem Menschen als dem Objekt des Handelns des anderen vorliegt oder ein subjektkonstitutives, kommunikatives Handeln beider.
Durch die Wiederaufnahme der aristotelischen Unterscheidung zwischen Poiesis und Praxis in Form der Abhebung intersubjektiven Handelns vom macherischen Tun am Objekt - wofür die vor allem von Jürgen Habermas ausformulierte Dichotomie von "zweckrationalem" bzw. "instrumentellem Handeln" einerseits und "kommunikativem Handeln" andererseits[17] den eigentlichen Reflexionshorizont abgibt - ist ein für die Praktische Theologie nicht hintergehbarer Stand erreicht.[18]
Von hier aus kommt in den Blick, daß gerade die binnentheologische Abwertung der Praxis dem Gehalt der Praxis im eigentlichen Sinn nicht gerecht wird, da sie der Praxis eine Theorie entgegensetzt, die monologisch vorgegeben wird, und somit die Bedeutung der Praxis als Ort der Subjektkonstitution nicht erfaßt. Ebenso stellt sich das naive Verständnis der "Praxis" als Anwendung der Theorie in planvollen Tätigkeiten, in denen an oder mit Sachen bzw. Menschen etwas gemacht wird, als obsolet heraus.

---

16 Ebd. 79.

17 Vgl. **Habermas, J.**: Technik und Wissenschaft als "Ideologie", 62 f.; **ders.**: Theorie des kommunikativen Handelns, Band 1, 126-151; vgl. dazu **Gripp, H.**: Jürgen Habermas, 24 f.

18 Für die diesbezüglichen wissenschaftstheoretischen Überlegungen ist in cumulo zu verweisen auf **Peukert, H.**: Wissenschaftstheorie-Handlungstheorie-Fundamentale Theologie. Eine erste, aber intensive Annäherung vermittelt Peukert in seinem Aufsatz: Was ist eine praktische Wissenschaft?.

So verdienstvoll diese Bestimmung von Praxis ist, bedarf sie dennoch einer kritischen Weiterführung. Das Problem besteht zunächst darin, daß hier "Praxis" bereits von vornherein über normative Vorstellungen definiert wird, d.h. Praxis wird in ihrem erstrebenswerten Idealtyp beschrieben. Nun hat es aber die Praktische Theologie nicht nur mit solcher idealen Praxis zu tun. Auch das, was in der dargelegten Unterscheidung im Gegensatz zum instrumentellen Tun als eigentliche Praxis aufgeführt wird, kann Formen annehmen (und tut es eben zur Genüge), die dem Idealtyp widersprechen. Nicht alle Praxisformen, in denen sich der Mensch selbst in seiner Existenz vollzieht, sind per se innovatorisch, befreiend oder intersubjektiv. Man kann nicht darüber hinwegsehen, daß Menschen z.B. ihre Bedürfnisse befriedigen oder ihre Emotionen ausleben und dabei in Kauf nehmen, daß sie dabei Gemeinschaft mit anderen Menschen zerstören oder systemische Zwänge verfestigen. Und es würde keinen Sinn machen, letzteres nicht als Praxis zu bezeichnen, wenn doch auch hier z.B. im "Befriedigt-Sein", "Sich-Durchsetzen" oder auch "Aggressiv-Sein" nicht anders als beim idealtypischen "Leben", "Glücklich-Sein" oder "Denken" die jeweiligen Vollzugsformen ihr Ziel in sich selbst haben. Die Praktische Theologie braucht vielmehr einen Praxisbegriff, mit dem sie auch solche nichtideale Praxis erfassen kann, nicht zuletzt um sie kritisch zu analysieren und sich im Sinne der jeweils als ideal anzustrebenden Praxis davon abzusetzen.
Weiterhin zeigt die dargelegte Unterscheidung zwischen Poiesis und Praxis die problematische Tendenz, daß von der idealtypischen Praxis das instrumentelle, zweckrationale Handeln automatisch pejorativ abgegrenzt wird. Instrumentelles Handeln ist jedoch nicht in sich verwerflich, sondern ist grundsätzlich notwendig für den Existenzvollzug des Menschen. Es zeigt sich sogar, daß instrumentelles, zweckrationales Handeln häufig mit kommunikativem Handeln in einem Bedingungszusammenhang steht. So ist z.B. die Arbeit an einer gerechten Sozialgesetzgebung ein zweckrationales Tun an dem "Gegenstand" Gesetz. Es erweist sich aber als eine wichtige Komponente der Ermöglichung kommunikativer Praxis für die davon betroffenen Menschen, insofern die Benachteiligten unter ihnen dadurch weniger den Interessen der Bevorteilten unter ihnen ausgesetzt sind.[19]
Als Zwischenfazit ist festzuhalten, daß die Unterscheidung zwischen instrumentellem Tun und intersubjektiver, kommunikativer Praxis für die Frage, um welche Praxis es eigentlich in der Praktischen Theologie geht, noch keine endgültige und vollständige Lösung bringt. Offensichtlich muß auch noch unterschieden werden zwischen der faktisch gegebenen Praxis im Allgemeinen und einer spezifischen, von normativen Implikaten gesteuerten Idealvorstellung von Praxis.

---

[19] Vgl. die kritischen Bemerkungen zu Jürgen Habermas bei **Füssel, K.**: Der imaginäre Andere, 108-111.

1.1.1.3 Allgemeine und spezifische Praxis (Johannes Heinrichs)

Johannes Heinrichs nahm einige für die Frage, um welche Praxis es in der Praktischen Theologie geht, wichtige und bedenkenswerte Differenzierungen vor.[20] Ebenfalls von der aristotelischen Poiesis-Praxis-Unterscheidung ausgehend, diese aber überschreitend entwickelt Heinrichs eine differenziertere Sicht von "Praxis". In einer ersten Begriffsbestimmung bedeutet Praxis zunächst die Tätigkeit, die es mit der Wirklichkeit zu tun hat oder in einer allgemein üblich gewordenen Sprachregelung formuliert: Praxis ist "tätige Auseinandersetzung mit der Wirklichkeit"[21] bzw. "Gestaltung von Wirklichkeit"[22]. Noch vor jeder eingehenderen Analyse des Praxisbegriffs postuliert Heinrichs "Sinn" als grundlegende Kategorie von Praxis. Will man einen Begriff von Praxis bilden, dann geschieht das über die Analyse von wahrnehmbaren Abläufen, in denen ein von Menschen gesetzter, also subjektiver Sinn vollzogen wird.[23] Sinn manifestiert sich in den Intentionen, welche ein Subjekt von sich aus seinem Tun oder Verhalten zugrundelegt: die Herbeiführung eines bestimmten Zweckes beim Anderen, das Provozieren eines erwarteten Verhaltens beim Anderen oder auch der bewußte Versuch, den an das Selbst gestellten Erwartungen zu genügen.[24] Sinn als Kriterium von Praxis bedeutet somit, daß Praxis "gegen ein bloß ... reaktives, mit einem subjektiv gemeinten Sinn nicht verbundenes, Sichverhalten"[25] abzugrenzen ist. So sind z.B. die von einem Schrecken ausgelösten Körperbewegungen keine Praxis, da in ihnen keine Intention als Sinnträger mitgegeben ist. Ebenso verhält es sich bei allem "Versehentlichen". Selbst die dabei eventuell mittransportierten unbewußten Intentionen können nicht als Sinn des betreffenden Tuns oder Verhaltens vergegenwärtigt werden, da es per definitionem zum Versehentlichen gehört, daß keine bewußt gesetzte Intention damit verbunden ist, daß es also "nicht sinnvoll" ist. Praxis als *Auseinandersetzung mit* (nicht nur als ein Sich-Verhalten gegenüber) Wirklichkeit impliziert dagegen ein Bewußtsein bezüglich des jeweiligen Geschehens, also Vergegenwärtigung von Sinn beim Subjekt.

---

20 Vgl. **Heinrichs, J.**: Theorie welcher Praxis?, 9-25. - Zum Verständnis der im folgenden dargelegten Gedanken von Heinrichs mag es nützlich sein, darauf hinzuweisen, daß er hauptsächlich mit den begrifflichen Größen "Selbst" und "der Andere" bzw. "Anderes" arbeitet. "Selbst" ist dabei der Mensch als Subjekt, aus dessen Perspektive danach gefragt wird, inwiefern sein Selbst-Vollzug Praxis ist. Das bzw. der Andere (an dieser Stelle noch nicht zu assoziieren mit dem Verständnis des "Anderen" bei Emmanuel Lévinas - s. 7.1) ist die dem Menschen gegenübergestellte sachlich-gegenständliche Wirklichkeit bzw. der in die jeweilige Praxissituation eingebundene andere Beziehungspartner, auf die bzw. den der Mensch einwirkt und von welcher bzw. von welchem er Einwirkungen auf sich erfährt. Grundlegend ist also die Polarität zwischen dem Menschen als Subjekt bzw. als Selbst und dem Anderen, d.h. der anderen Wirklichkeit, wobei letztere entweder ein Mensch, eine Vielheit von Menschen, ein Vorgang oder eine Sache ist. Der Einfachheit halber wird diese andere Wirklichkeit als "das Andere" bezeichnet. Im Raum der Polarität zwischen dem Selbst und dem Anderen wird nach dem gesucht, was "Praxis" ist.

21 Ebd. 16.

22 **Endruweit, G.**: Theorie - Empirie - Praxis, 12.

23 Vgl. **Heinrichs, J.**: Theorie welcher Praxis?, 15.

24 Vgl. **Arbeitsgruppe Soziologie**: Denkweisen, 127.

25 **Weber, M.**: Soziologische Grundbegriffe, 19.

In diesem allgemeinen Begriff von Praxis ist nun aber auch die Theorie als eine Art der Tätigkeiten des Menschen enthalten, da der Mensch seinem Denken und Aussprechen von Theorien Intentionen mitgibt, letztere also Sinn (bei sich) haben. Auf der Suche nach einem spezifischen Praxisbegriff, der sich von der Theorie abhebt, läßt sich Heinrichs von Paul Tillich anregen und teilt die erwähnte *"Praxis im weitesten, generischen Sinn = tätige Auseinandersetzung mit der Wirklichkeit [ein in] I. Praxis im spezifischen Sinn = Vollzug des Selbst ins Andere [und] II. Theorie = Vollzug des Anderen im Selbst"*[26]. Praxis (im Gegensatz zu Theorie) wäre demnach das Geschehen, in dem ein Subjekt Akte setzt, mit denen es einen Sinn verbindet und über die es sich in die aktive Gestaltung von anderer, außerhalb des Selbst liegender Wirklichkeit hineinbegibt, so daß eine Veränderung vonstatten geht. Die so spezifizierte Praxis ist also gekennzeichnet von den Elementen Aktivität, Bewußtsein (als Vergegenwärtigung von Sinn) und Veränderung. Umgekehrt wird Theorie als das Aufnehmen, das Erfassen von anderer Wirklichkeit beschrieben, welches vom Bewußtsein geleitet ist. Heinrichs differenziert die spezifische Praxis auf einer weiteren Stufe aus in *"1. physische Praxis (technisch), 2. geistig-kommunikative Praxis (Sinnmitteilung) ... 3. physisch-geistiges Ausdruckshandeln (körperlicher und künstlerischer Ausdruck)"*[27]. "Physische Praxis" meint das auf einseitiger Aktivität eines Subjekts beruhende Einwirken auf ein gegenständliches, materielles Objekt, so daß dieses verändert wird.[28] Da solche physische Praxis jedoch dort, wo der Mensch in seiner Praxis nicht auf ein herrschaftsförmig veränderbares Objekt, sondern auf eine andere Freiheit, also auf einen anderen Menschen als Person stößt, auch auf ihre Grenzen trifft, nämlich auf die Grenze der Freiheit des jeweils Anderen, muß darüber hinaus eine Praxis konstatiert werden, mit der das Zusammenkommen von zwei agierenden Subjekten, d.h. von zwei Freiheiten beschreibbar ist. Diese nennt Heinrichs die "geistig-kommunikative Praxis". Da das Einwirken eines Subjekts auf ein anderes Subjekt nicht als physische Änderung begriffen werden kann, muß für die "geistig-kommunikative Praxis" etwas anderes kennzeichnend sein. Heinrichs nennt als Spezifikum der Praxis zwischen zwei Subjekten die "freie Sinnmitteilung"[29]. Diese setzt voraus, daß die Partner solcher Praxis diese gleichermaßen durch freies Agieren konstituieren, d.h. daß der Adressat einer Einwirkung diese Einwirkung erst in einem eigenen freien Agieren annehmen muß und daß der Sinn solcher Praxis erst im Zusammenwirken, im gegenseitigen Anerkennen und im gegenseitigen Voraussetzen zweier Freiheiten konstituiert wird. Im Gegensatz zur monologisch strukturierten "physischen Praxis" zeichnet sich "geistig-kommunikative Praxis" durch ihre dialogische Struktur aus.[30] "Physisch-geistiges Ausdruckshandeln" bezeichnet schließlich jene Praxisformen, in denen die physische Veränderung bzw. das Produkt nicht selbst der Zweck der Praxis ist, den mitgeteilten Sinn der Praxis aber so

---

[26] **Heinrichs, J.**: Theorie welcher Praxis?, 17.

[27] Ebd. 21 f.

[28] Vgl. ebd. 18 f.

[29] Ebd. 20.

[30] Vgl. ebd. 19-21.

in sich trägt, daß die Vergegenwärtigung des Sinns anders nicht denkbar ist.[31]
Für den in der vorliegenden Untersuchung gebrauchten Praxisbegriff erweist sich die bislang dargestellte Differenzierung Heinrichs' als fruchtbar, insofern Praxis so umfassend beschrieben wird, daß damit - zumindest in einem größeren Maße als beim idealtypischen, bereits normativ spezifizierten Praxisbegriff - das Gesamt dessen, was in dem Terminus "diakonische Praxis" enthalten ist, d.h. auch die gegenüber den jeweiligen normativen Vorstellungen noch defiziente Diakoniepraxis, angezielt werden kann. Eine wichtige Komponente des Praxisbegriffs ergibt sich jedoch erst durch eine weitere von Heinrichs vorgenommene Differenzierung. Die "geistig-kommunikative Praxis" zeigt sich als "a) theoretische Praxis (Wünschen, Meinen, Intendieren) [und] b) dialogische Praxis (Interaktion)"[32]. Erstere meint jene Akte, die der Mensch nur "meint", die also gleichsam Theorie bleiben, weil - aus welchen Gründen auch immer - die "erdachte" Sinnmitteilung den Anderen nicht erreicht; hier findet nur einseitig in dem einen "theoretisch handelnden" Subjekt durch dessen eigene subjektimmanente Praxis (Denken, Planen, Wünschen) eine Veränderung statt.[33] "Theoretische Praxis" ist also eigentlich nichts anderes als das Theoretisieren.[34] Die "dialogische Praxis" hingegen repräsentiert jenes Geschehen, in dem sich die in Interaktion vollzogene Mitteilung zwischen verschiedenen Partnern beim je einzelnen Partner sowohl als ein aktives Auslösen von Veränderung beim Anderen als auch als ein passives Aufnehmen der vom Anderen ausgehenden Veränderung zeigt. "Das Dialogische besteht darin, daß das Sprechen zugleich ein Hören wie umgekehrt ist, daß also die Mitteilung an den Anderen zugleich Mitteilung vom Anderen her darstellt. Die innere Gegenläufigkeit des dialogischen Wirkens ist somit Einheit von Vollzug des Selbst in den Anderen (Praxis der Mitteilung) und Vollzug des Anderen im Selbst (theoretisches Aufnehmen, das vom Anderen her zugleich Praxis ist)."[35] Der Erkenntnisfortschritt dieser Differenzierung gegenüber der allgemeinen Beschreibung der "geistig-kommunikativen Praxis", in der die dialogische Struktur durch den Verweis auf die Freiheit beider Beziehungspartner schon angesprochen worden ist, besteht nun darin, daß die Freiheit des Anderen nicht nur anzuerkennen ist, sondern die Konsequenz nach sich zieht, daß jeder Partner mit der auf ihn einwirkenden freien Praxis des Anderen auch irgendwie umgehen muß. Es ist eine passive Dimension der Praxis in Anschlag zu bringen. Praxis zeigt sich nicht nur als eine vom Menschen ausgehende Aktivität, sondern auch als Gestaltung der erlittenen Aktivität des Anderen, gleichsam als "aktive Passivität".
Gerade in diesem Punkt wurde Heinrichs von Paul Weß kritisiert.[36] Ausgehend von

---

[31] Vgl. ebd. 22.

[32] Ebd. 21 f.

[33] Vgl. ebd. 23.

[34] Die von Paul Weß angemahnte Unterscheidung zwischen "Theorie" und "Theoretisieren" (vgl. **Weß, P.**: Gemeindekirche, 509) wäre tatsächlich einer Präzisierung der Heinrichsschen Differenzierungen dienlich.

[35] **Heinrichs, J.**: Theorie welcher Praxis?, 23.

[36] Vgl. **Weß, P.**: Gemeindekirche, 509-511.

dem zutreffenden Hinweis, daß mit der in der Theorie gegebenen Praxis, welche Heinrichs als "Vollzug des Anderen im Selbst"[37] bezeichnet, "gerade nicht das Andere in seinem Sein, sondern in seinem [vom Selbst vorgefertigten - H.H.] Begriff oder Bild im Selbst vollzogen wird"[38], fordert Weß für den Praxisbegriff ein "Sich-Öffnen für Beziehung"[39] als passive Dimension ein, so daß das Andere tatsächlich in seinem realen Sein ins Selbst aufgenommen werden könne.[40] Praxis ist für Weß - in beabsichtigter Korrektur gegenüber Heinrichs - "'Vollzug des Selbst ins Andere *und* des Anderen ins (nicht: im) Selbst' bzw. 'Hineingestaltung des Subjekts in andere Wirklichkeit *und* Hineingestalten-Lassen der anderen Wirklichkeit ins Subjekt'"[41].
Allerdings erscheint hier die Kritik von Weß hyperkorrekt. Zum einen ist das passive Element einer "in sich gegenläufigen (zugleich aktiven und passiven) Beziehung"[42], um die er Heinrichs ergänzen will, bei Heinrichs in dessen Beschreibung der "dialogischen Praxis" als "innere Gegenläufigkeit des dialogischen Wirkens"[43] durchaus präsent. Zum anderen erscheint die von Weß vorgeschlagene Formulierung "Vollzug ... des Anderen ins (nicht: im) Selbst" selbst als fragwürdig. Die entscheidende Frage besteht darin, ob "des Anderen" in der Formulierung von Weß ein Genitivus subjectivus oder ein Genitivus objectivus ist. Ist nämlich das Andere - ein anderer Mensch oder etwas anderes - Träger dieses "Vollzugs des Anderen ins [eigene] Selbst", dann wäre dieser Vollzug lediglich die reziproke Beschreibung derjenigen Praxis, in der - von der anderen Seite her betrachtet - das Andere von sich aus auf ihr Anderes einwirkt. Das oder der Andere wäre aus seiner Perspektive das Selbst, das als Subjekt seiner Praxis auf Anderes einwirkt. Hier wäre also lediglich ein Perspektivenwechsel hinsichtlich desselben Praxisgeschehens vollzogen, nicht aber eine neue Dimension von Praxis ausgedrückt. Aber auch für den Fall, daß das Subjekt des "Vollzugs des Anderen ins Selbst" das Selbst ist, bleibt die Fragwürdigkeit bestehen. Nach Weß geht es ja darum, daß das Andere in seinem Sein und nicht nur in dem im Selbst vorhandenen Begriff vollzogen wird. Es ist jedoch kaum sinnvoll zu sagen, das Selbst, also ein Mensch, würde das Sein einer anderen Wirklichkeit vollziehen, da ja der Mensch diese andere Wirklichkeit nicht selbst sein kann. Deutlich wird diese Unstimmigkeit vor allem dann, wenn das Andere als eine andere Freiheit, also als eine andere Person gedacht wird: Daß das Selbst diesen anderen Menschen in seinem *Sein* vollziehen soll, wäre ein gewaltförmiger Akt, der die andere Freiheit und somit dialogische Praxis an sich verneint. Demgegenüber wäre vielmehr zu akzeptieren, daß der Mensch als Selbst schlichtweg nicht anders kann, als das Andere nur über die Begriffe und Bilder, die er von ihm hat und immer neu bilden muß, aufzunehmen. Damit wäre ausgedrückt, was mit "aktiver

---

37 **Heinrichs, J.**: Theorie welcher Praxis?, 17.

38 **Weß, P.**: Gemeindekirche, 510.

39 Ebd.

40 Vgl. ebd.

41 Ebd. 511.

42 Ebd. 511.

43 **Heinrichs, J.**: Theorie welcher Praxis?, 23.

Passivität" angeklungen ist: Der Mensch muß mit dem, was er durch das Einwirken des Anderen auf sich erleidet, auf eine ihm eigene Weise umgehen. Angenommen, das Andere würde - wie Weß postuliert - tatsächlich in seinem realen Sein, d.h. eben unabhängig von den Begriffen und Bildern des Selbst, im Selbst vollzogen, dann müßte in der Begegnung zwischen Menschen der eine Mensch bei gleichbleibender Form seines Selbstvollzugs bei den vielen anderen Menschen, also in deren Selbst, immer die gleiche Wirkung auslösen. Die Erfahrung lehrt jedoch das Gegenteil. Menschen lösen mit gleichbleibendem Handeln, Verhalten, Reden, also mit durchaus gleicher Form der Selbst-Äußerung bei ihren Mitmenschen verschiedene Reaktionen aus. Wie ein Mensch von einem anderen Menschen aufgenommen wird, hängt immer in erheblichem Maße von den individuellen Vorstellungen dieses anderen Menschen, gleichsam von dessen Aufnahmeraster (Erwartungen, Wünsche, Bilder, Begriffe, Plausibilitäten, ...) ab. Weß selbst verleiht dem Ausdruck, indem er vom "Hineingestalten-Lassen" spricht. Das Hineinwirken des Anderen ins Selbst hängt ab von einem Zulassen auf seiten des Selbst, d.h. es hängt davon ab, welche Räume und Zugangsmöglichkeiten im Selbst für das Andere vorhanden sind. Das passive Element der Praxis ist also nicht einfach die Praxis des Anderen, insofern es oder er auf das Selbst einwirken würde, sondern die eigene Praxis des Selbst, in der dieses die Einwirkung vom Anderen her aufnimmt und in sich zur Auswirkung kommen läßt.[44]

Es bleibt noch ein letzter Aspekt zu klären, der in den Differenzierungen Heinrichs' zwar nicht explizit angesprochen, aber implizit enthalten ist. Es handelt sich um die Frage, wer oder was eigentlich dieses "Selbst" als Träger von Praxis sein kann. Oben wurde bereits festgestellt, daß Praxis das Setzen von Akten ist, mit denen ein Subjekt, ein Selbst auf andere Wirklichkeit - andere Menschen oder gegenständliche Objekte - so einwirkt, daß damit ein Sinn vollzogen wird. Dies ist aber nur möglich, wenn ein Mensch die Freiheit hat, einen bestimmten Sinn zu setzen und ihn in einer bestimmten Praxis zu vergegenwärtigen.[45] Praxis impliziert also Freiheit. Sinnsetzung und Freiheit

---

44 Vgl. **Metz, J.B.**: Glaube in Geschichte und Gesellschaft, 54 f.

45 An dieser Stelle ist auf die Gefahr des Idealismus solcher Bestimmungen hinzuweisen. Die vorliegende Bestimmung, die die Freiheit des Menschen als Konstitutivum von Praxis einfordert, läuft Gefahr, die vielfältigen Situationen der Unfreiheit von Menschen aus dem Blick zu verlieren und Praxis somit für eine nur ideale Situation des Fehlens von Unfreiheiten zu bestimmen. Dieser Gefahr kann begegnet werden, indem der Praxisbegriff bewußt als kritische Instanz der Korrektur von Unfreiheitssituationen eingebracht wird. Es kann an ihm deutlich werden, daß ein durch Unfreiheit erzwungenes Verhalten (wie es z.B. in der Arbeit von KZ-Häftlingen gegeben war) eben keine Praxis ist, da es keinen subjektiven Sinn des betroffenen Menschen transportiert, so daß die Verursacher von Unfreiheit auch Sinn verunmöglichen. Im Übrigen muß - ohne daß dadurch die Situation der Unfreiheit verharmlost wird - für das Tun und Verhalten, in dem der unfreie Mensch seine Situation zu bewältigen versucht und dem er somit einen Sinn verleiht (etwa - um beim erwähnten Beispiel zu bleiben - für die Maßnahmen der KZ-Häftlinge, die Zwangssituation für sich selbst und andere wenigstens für kurze Zeit erträglicher zu machen), ein "Rest" an Freiheit behauptet werden, die ihm die Entscheidung für den Versuch der Überwindung der Unfreiheit ermöglicht. Wäre dieser minimale Freiraum, in dem subjektiver, eigenbestimmter Sinn vollzogen wird, nicht mehr gegeben, dann wäre auch nicht mehr von Praxis zu reden. Insofern ist der Idealismus-Verdacht abzuwehren; denn es geht nicht um die Ausblendung von Unfreiheit, sondern um

sind aber sinnvoll nur dem Menschen als Person zuzuschreiben. Das bedeutet wiederum: Praxis verlangt den Menschen als ihren Träger. Anschaulich wird dies an der bei Heinrichs gefundenen Unterscheidung zwischen "physischer" und "geistig-kommunikativer" Praxis.[46] Physische Praxis ist monologisch strukturiert, da eine Freiheit, d.h. das Subjekt auf einen Gegenstand, also auf Unfreies einwirkt. Praxis ist hier nur auf seiten des Subjekts gegeben. Der Prozeß der Veränderung als solcher, die an einem Gegenstand geschieht, kann dagegen nicht als Praxis bezeichnet werden. Anders verhält es sich im Fall der geistig-kommunikativen Praxis. Hier begegnen einander zwei Freiheiten, die aufeinander einwirken und durch ihr freies Agieren eine dialogische, auf beiden Seiten bestehende Praxis konstituieren. Bedeutsam wird die Feststellung, daß Träger von Praxis nur der Mensch sein kann, bezüglich des Einwirkens von Anderem auf den Menschen. Daß der Umgang des Menschen mit dem erlittenen Einwirken Praxis ist, bereitet keine Probleme, da dieser Umgang mit dem Einwirken vom Anderen her die für ihn notwendige Sinnsetzung und Freiheit des Selbst verlangt, auch wenn das Einwirken an sich freiheitszerstörend ist. Die wichtige Unterscheidung ergibt sich erst im Blick auf das oder den Anderen, von dem die Einwirkung auf das Selbst ausgeht. Das Einwirken ist nur dort sinnvoll als Praxis zu bezeichnen, wo es von einem Menschen als dessen freier Akt ausgeht, nicht dagegen, wo eine gegenständliche Wirklichkeit oder ein apersonaler Vorgang auf den Menschen einwirkt. So kann man z.B. im Fall einer Krankheit nicht sagen, die natürlichen Prozesse, die die Krankheit verursachen und somit auf den Menschen einwirken, seien Praxis. Wohl aber ist der Umgang des Menschen mit dieser Krankheit Praxis. Als Träger von Praxis kann sicher auch ein kollektives Gebilde in Erscheinung treten, dessen Angehörige zunächst nicht als konkrete einzelne Personen gekannt sind, das aber dennoch Wirkung zeitigt. Aber selbst hier beruht die vom kollektiven Gebilde ausgehende Wirkung auf dem freien Agieren der in ihm eingeschlossenen Menschen. Die Wirkung wäre auch hier nicht gegeben ohne die dazugehörige, mit Sinn belegte, also intendierte Praxis konkreter Menschen. So sind z.B. die Mechanismen der Weltwirtschaftsordnung durchaus eine Praxis, aber gerade deshalb, weil sie nicht einfach hinzunehmendes natürliches Schicksal sind, sondern auf den Intentionen bestimmter Menschen beruhen. Daraus ergibt sich als Konsequenz, daß man bezüglich kollektiver Gebilde höchstens in analogem Sinn von "Subjekt" reden kann. Subjekte der Praxis kollektiver Gebilde sind immer die einzelnen konkreten Personen dieser Kollektive.

Als Fazit bleibt festzuhalten: Von Praxis ist nur dort zu sprechen, wo ein Mensch Träger und Ausgangspunkt des damit bezeichneten Geschehens ist.

---

die Frage, wo Praxis gegeben ist, und gerade darin um ein Instrumentarium, Freiheit von Unfreiheit zu unterscheiden bzw. Mechanismen der Unfreiheit aufzudecken.

[46] Vgl. **Heinrichs, J.**: Theorie welcher Praxis?, 21.

1.1.1.4 Der Praxisbegriff

Aus diesen Vorgaben ergibt sich das dieser Arbeit zugrundeliegende Praxis-Verständnis, welches sich zusammenfassend so formulieren läßt:
Praxis ist der umfassende Geschehenskomplex der auf Freiheit beruhenden und mit subjektivem Sinn ausgestatteten Gestaltung von Wirklichkeit, insofern sie von Menschen (Subjekten) ausgeht bzw. insofern Menschen in ihr mit einem erlittenen Einwirken von anderer Wirklichkeit her umgehen, so daß sich im Zusammenhang von Subjekt (Selbst) und anderer Wirklichkeit eine Veränderung vollzieht.
Die ausführliche Herleitung dieses Praxisbegriffs war unumgänglich, um den vielen Deformationen und Defiziten des Verständnisses von "Praxis" im allgemeinen und fachtheologischen Sprachgebrauch zu entgehen. Weiterhin ist der so gewonnene umfassende Begriff von Praxis gerade für eine Reflexion auf die diakonische Praxis relevant. Wenn von "diakonischer Praxis" die Rede ist, dann soll dabei bereits im Gebrauch des Praxisbegriffs deutlich werden, daß der damit angezielte Sachverhalt einen umfassenden Geschehenskomplex meint, der zwar auch das helfende Handeln bzw. das Kommunikationsgeschehen zwischen Helfern und Hilfsbedürftigen beinhaltet, darauf jedoch keineswegs eingeschränkt werden darf. Einzubeziehen in die Frage nach der diakonischen Praxis sind z.B. auch gesellschaftliche Mechanismen und Strukturzusammenhänge, die nicht als augenscheinliches, konkretes Tun von Menschen erkennbar sind, die aber gleichwohl auf dem Handeln von Menschen beruhen, auf Menschen einwirken und Menschen zu bestimmtem Handeln veranlassen. Auch solche Geschehenszusammenhänge sind Gegenstand der Reflexion diakonischer Praxis, insofern gefragt werden muß, ob und wie Menschen in ihnen ihr Menschsein gestalten können.

1.1.1.5 Handeln

Es mag nicht von selbst einsichtig sein, neben dem Begriff "Praxis" einen eigenen Begriff "Handeln" oder "Handlung" anzusetzen. "Handeln" gilt als deutsche Übersetzung des griechischen "Praxis", so daß die beiden Begriffe im allgemeinen wie im fachwissenschaftlichen Sprachgebrauch weithin synonym verwendet werden. Gerade auch im (praktisch-)theologischen Bereich läßt sich ein diffuser Gebrauch der Begriffe "Praxis" und "Handeln" beobachten, und Versuche, sie je für sich zu definieren, weisen eher verwirrende Divergenzen auf. Neben einem meist unreflektiert synonymen Gebrauch[47] finden sich Bestimmungen, die das Handeln als Unterbegriff von Praxis fassen, wie etwa bei Henning Luther, der Praxis unterteilt in "*Handeln* der Subjekte [und] *Deuten*, mit dem die Subjekte ihrem Leben, d.h. ihrem Handeln *und* ihrem Erleben und Erleiden, einen Sinn geben"[48]. Hier erhält das Handeln eine deutlich zu Aktivität neigende Sinntendenz. Eine gegenläufige Unterscheidung läßt Matthew L. Lamb vermuten, wenn

---

47 Vgl. exemplarisch **Rössler, D.**: Grundriß, 10-18.

48 **Luther, H.**: Religion, 289.

er sagt: "Ich spreche lieber von kommunikativer Praxis als von kommunikativem Handeln, um anzuzeigen, daß normatives 'Handeln' niemals völlig vergegenständlicht oder zum Ausdruck gebracht wird."[49] Diese Ungeklärtheit macht den Versuch, dort, wo "Praxis" und "Handeln" als Kernbegriffe gebraucht werden, diese beiden Begriffe nach eigener (und damit sicher auch subjektiver) Maßgabe in ihrer Unterschiedenheit zu bestimmen, nicht nur legitim, sondern sogar notwendig. Wenn aber zwischen beiden unterschieden wird, dann bedarf es auch des *Aufzeigens* eines Unterschiedes.
Klassisch sind die Begriffsbestimmungen Max Webers: "'Handeln' soll... ein menschliches Verhalten (einerlei ob äußeres oder innerliches Tun, Unterlassen oder Dulden) heißen, wenn und insofern als der oder die Handelnden mit ihm einen subjektiven *Sinn* verbinden."[50] "Sinn" will besagen, "daß das Tun in der gegenwärtigen Situation vom Subjekt in eine sinnvolle Beziehung zu einem späteren Zustand gesetzt wird. 'Sinnvoll' heißt hier: das jetzige Tun soll so sein, daß der beabsichtigte Zustand verwirklicht wird (bzw. ein gefürchteter Zustand nicht eintritt)."[51] Handeln im allgemeinen ist also ein Akt des Menschen, der auf eine andere Wirklichkeit - Mensch, gegenständliche Sache oder Sachverhalt - gerichtet ist und mit einem vom Menschen gesetzten Sinn belegt ist. Ebenso gibt es für diesen allgemeinen Handlungsbegriff Differenzierungen. Handeln zeigt sich als zweckrationales Handeln[52], bei welchem das handelnde Subjekt eine bewußte Unterscheidung zwischen den Mitteln bzw. dem Vollzug der Handlung selbst und andererseits dem angezielten, von ihm selbst gesetzten Zweck so deutlich vornimmt, daß das Handeln bewußt und rational an einem Zweck oder an einer Hierarchie von Zwecken ausgerichtet und die Mittel dementsprechend abgewogen werden. Handeln hat hier also nicht (oder nicht primär) einen Wert in sich. Der Wert der Handlung besteht in der durch die Mittel erreichten Veränderung bei der anderen Wirklichkeit.[53] Eine weitere Differenzierung liegt im "sozialen Handeln"[54] vor, "welches seinem von dem oder den Handelnden gemeinten Sinn nach auf das Verhalten *anderer* bezogen wird und daran in seinem Ablauf orientiert ist"[55]. Soziales Handeln kann zwar zugleich zweckrational sein[56], insofern dort, wo das Verhalten des anderen Menschen einkalkuliert wird, ein bestimmter Zweck verfolgt werden kann bzw. dieser andere Mensch und sein Verhalten selbst Zweck sein können. Das Spezifikum sozialen Handelns liegt im Gegensatz zur Zweckrationalität, die sich auf andere Menschen wie auf

---

49 **Lamb, M.L.**: Kommunikative Praxis, 249.

50 **Weber, M.**: Soziologische Grundbegriffe, 19.

51 **Bahrdt, H.P.**: Schlüsselbegriffe, 31 f.

52 Vgl. **Weber, M.**: Soziologische Grundbegriffe, 44 f.; **Bahrdt, H.P.**: Schlüsselbegriffe, 32-34.

53 Dabei kann diese "andere" Wirklichkeit auch einmal das handelnde Subjekt selbst sein, insofern das Subjekt sich ja selbst bzw. einzelne Dimensionen seines Selbst im Selbst-Bewußtsein transzendieren und zum Gegenstand des eigenen Tuns machen kann.

54 Vgl. **Weber, M.**: Soziologische Grundbegriffe, 19, 41-46; **Bahrdt, H.P.**: Schlüsselbegriffe, 65 f.

55 **Weber, M.**: Soziologische Grundbegriffe, 19.

56 Max Weber subsumiert zweckrationales Handeln sogar als eine Form des sozialen Handelns (vgl. **Weber, M.**: Soziologische Grundbegriffe, 44-46).

Gegenstände der Außenwelt beziehen kann, darin, daß es konstitutiv an anderen Menschen bzw. deren Verhalten ausgerichtet ist, d.h. daß das Subjekt bei der Setzung des Sinns seines Handelns die Frage, inwiefern der andere Mensch von diesem Handeln betroffen ist, als Faktor (zumindest als einen von mehreren Faktoren) einbezieht. Handeln ist demnach dann nicht sozial, wenn der Bezug auf den anderen Menschen nur "zufällig", absichtslos erfolgt bzw. sofern es nur ein von monologischer Beeinflussung von außen ausgelöstes Reagieren oder ein Nachahmen ist.[57]
Schließlich kann sich soziales Handeln zur Interaktion entwickeln. "Als Interaktion bezeichnen wir ein wechselseitiges soziales Handeln von zwei oder mehr Personen, wobei jeder der Partner sich in seinem Handeln daran orientiert, daß der andere sich in seinem Handeln auf das vergangene, gegenwärtige oder zukünftige Handeln des ersteren bezieht."[58] Soziales Handeln als Interaktion impliziert also eine dialogische Struktur, die es allen Beteiligten ermöglicht, sich über Kommunikation in die Gestaltung des aufeinander abgestimmten Handelns einzubringen, und die zugleich von jedem Partner die Bereitschaft erfordert, die vom jeweils anderen Partner ausgehende Bedingtheit des eigenen Handelns anzunehmen. Damit ist also durchaus ein Pendant zu der von Johannes Heinrichs erwähnten "dialogischen Praxis" im Blick, die dort selbst als Interaktion bezeichnet wird.[59]
Die offensichtlich gewordenen Deckungsgleichheiten zeigen, daß "Handeln" die gleichen Selbstvollzugsformen wie "Praxis" bezeichnet und daß somit der gesuchte Unterschied zwischen Praxis und Handeln nicht in einem unterschiedlichen materialen Inhalt zu finden ist. Handeln ist Praxis.
Die Antwort auf die Frage nach dem Spezifikum des Handelns ist also woanders zu suchen. Dazu sei auf eine zunächst unscheinbare Beobachtung im alltäglichen Sprachgebrauch verwiesen. In der wissenschaftstheoretischen Terminologie findet "Praxis" ihr Gegenstück in der "Theorie"; man spricht von "Theorie und Praxis", nicht aber eigentlich von "Theorie und Handeln". "Handeln" findet sein Pendant im "Denken". Denken ist aber der dem Menschen zugeschriebene Akt, in dem dieser eine Theorie vollzieht. Das Denken ist auf anthropologischer Ebene angesiedelt. Es ist eine Begriffsgröße der Selbstreflexion des Menschen. Entsprechend kann auch das Handeln als die anthropologisch gewendete Ausdrucksform der Praxis verstanden werden. Von Handeln ist dort die Rede, wo ein Subjekt eine Praxis dezidiert als eine von ihm selbst oder von einem anderen Subjekt vollzogene Praxis begreift. *Handeln ist Praxis aus der Perspektive des Menschen.*
Dieses Spezifikum, der Wechsel zur Beschreibung des Praxisvollzugs aus der Perspektive des Menschen, mag unwesentlich oder ungenau erscheinen. Der alltägliche

---

57 Vgl. ebd. 41 f.

58 **Bahrdt, H.P.**: Schlüsselbegriffe, 37.

59 Vgl. **Heinrichs, J.**: Theorie welcher Praxis?, 22; vgl. zum Handlungsbegriff auch **Habermas, J.**: Theorie des kommunikativen Handelns, Band 1, 126-151. - Die dort vorgenommenen Differenzierungen sind zwar etwas anders angelegt und insbesondere mit einer anderen Terminologie versehen, die Breite ihres Spektrums bestätigt aber die hier angedeutete Weite des Handlungsbegriffs.

Sprachgebrauch vermag es dagegen zumindest zu veranschaulichen:
Wir sagen, um den von uns getragenen Praxisvollzug auszudrücken, nicht: "ich praktiziere" oder "ich vollziehe eine Praxis", sondern eben: "ich handle" oder "ich vollziehe eine Handlung". Umgekehrt spricht man bezüglich des Praxisgeschehens in einem kollektiven Gebilde, z.B. einer christlichen Gemeinde, nicht von "Handlung", solange nicht die konkreten handelnden Subjekte damit in den Blick genommen sind. Man spricht von der "Praxis der Gemeinde", nicht aber von der "Handlung der Gemeinde". Erst wenn die Gemeindepraxis aus der Perspektive der damit gemeinten Menschen formuliert wird, heißt es: "Diese und jene Menschen handeln in der Gemeinde".
Das so formulierte Spezifikum des Handelns bringt aber noch eine weitere, wesentliche Folgeunterscheidung mit sich. Wenn Handeln Praxis ist, insofern sie ein Subjekt als *seine* Praxis begreift, dann ist Handeln die Ausdrucksform von Praxis, über die die Praxis mit normativen Vorstellungen belegt werden kann. Die Wahrnehmung von Praxis kann prinzipiell und zunächst wertindifferent erfolgen, indem der Ablauf von Praxis analysiert und als solcher zur Kenntnis genommen wird. Soll sich jedoch Praxis an bestimmten Werten und Normen ausrichten, dann verlangt das die Überlegung, inwiefern die die Praxis tragenden Menschen ihr Handeln, welches eben die Praxis bildet, an diesen Werten und Normen ausrichten.
Damit ist auch klar, daß diese Unterscheidung nach der Wahrnehmungsperspektive die obige Bestimmung, daß Praxis ihrem Wesen nach den Menschen zum Träger hat, nicht aufhebt. Der Unterschied lautet nicht: Handeln hat den Menschen zum Subjekt, Praxis dagegen den Menschen und auch etwas anderes. Der Unterschied lautet vielmehr: Wenn ein Mensch "Handeln" statt "Praxis" sagt, dann drückt er aus, daß er dabei zugleich sich oder andere Menschen als Subjekt der Praxis, die im Handeln besteht, begreift.

1.1.1.6 Theorie

Friedrich Schleiermachers vielzitiertes Wort: "... denn praktische Theologie ist nicht die Praxis, sondern die Theorie der Praxis"[60] gilt (vorläufig) auch für die vorliegende Abhandlung. Sie ist eine Theorie der Praxis. Was damit gemeint ist, sei wiederum in Bezugnahme auf Johannes Heinrichs dargelegt. Reziprok zu Praxis definiert Heinrichs Theorie als "Vollzug des Anderen im Selbst"[61] bzw. als "Aufnahme der Wirklichkeit ins Subjekt"[62]. Die Bildung von Theorie, das Theoretisieren[63], ist also ein Vorgang, in dem eine vom Menschen vor-gefundene, d.h. andere Wirklichkeit von der Konkretheit, in der sie faktisch gegeben ist, abstrahiert und in vorgegebene, von der konkreten Situation unabhängige bzw. immer neu zu bildende Vorstellungen und Begriffe gefaßt wird. Über diese Vorstellungen und Begriffe, eben über die Theorie kann sich

---

60 **Schleiermacher, F.**: Die praktische Theologie, 12.

61 **Heinrichs, J.**: Theorie welcher Praxis?, 17.

62 Ebd. 26; zur Problematik dieser doppelten Definition vgl. **Weß, P.**: Gemeindekirche, 510.

63 Zum Unterschied zwischen "Theorie" und "Theoretisieren" vgl. **Weß, P.**: Gemeindekirche, 509 f.

der Mensch (als Subjekt der Theoriebildung) die gemeinte Wirklichkeit vergegenwärtigen[64], auch wenn diese Wirklichkeit in der je jetzt gegebenen Situation nicht in Form einer verändernden Praxis angegangen werden kann oder erfahrbar ist.
Diese Bestimmung von Theorie setzt für die Bildung von Theorie, auch wenn darin (vielleicht sogar primär) eine neue Erkenntnis bzw. ein Wissenszuwachs intendiert ist, voraus, daß ein gewisses Wissen von der gemeinten Wirklichkeit schon gegeben ist, denn anders könnte diese Wirklichkeit, über die theoretisiert werden soll, gar nicht als solche erfaßt, in Begriffe gefaßt und über die anstehende Theoriebildung einem neuen Verständnis zugeführt werden.[65]
Unabhängig davon ist gleichermaßen für die Praxis und die Theorie konstitutiv, daß sie von Menschen getragen sind, d.h. daß sie der Mensch als ihr Subjekt vollzieht. Es ist aber auch schon deutlich, daß sich Theorie insofern von Praxis unterscheidet, als sie selbst an der anderen Wirklichkeit (noch) nichts verändert. Sie ist nur im Menschen oder in den Menschen in Form von Wissen und Gedanken gegeben.[66] In der Theorie denkt der Mensch darüber nach und weiß, wie eine bestimmte andere Wirklichkeit ist oder sein könnte, ohne daß sie für ihn aktuell gegeben ist.
Daß in der vorliegenden Untersuchung eine *Theorie* der Diakoniepraxis formuliert wird, will somit lediglich besagen, daß hier abstrahiert, d.h. in einem gewissen Abstand zum faktisch-konkreten Vollzug, die tatsächlich gegebene und seinsollende Diakoniepraxis in Form von Vorstellungen und Begriffen bedacht werden soll. Darin zeigt sich auch der "Vorteil" der Theorie: Durch die Abstraktion der gemeinten Wirklichkeit von ihrer konkreten Situation wird zwar vieles in der Wahrnehmung der Wirklichkeit vereinfacht, es wird aber auch möglich, die Wirklichkeit als gedachte Wirklichkeit in weitere Zusammenhänge zu stellen, die im engen Horizont der konkreten Situation nicht erkennbar wären, und dadurch neue Erkenntnisse zu gewinnen, die ihrerseits in die konkrete Situation des Geschehens zwischen Subjekt und anderer Wirklichkeit eingehen können. In diesem Wechselspiel zwischen konkreter Situation und Theorie ist eine weitere klärungsbedürftige Frage angemeldet: Wie verhält sich die konkrete Praxis zur abstrahierenden Theorie?

---

64 Zu diesem Theoriebegriff vgl. **Peukert, H.**: Kritische Theorie und Pädagogik, 201. - Die dort von Peukert angezeigte Möglichkeit, daß Theorie als Abstraktion vom Konkreten ins Allgemeine auch zu Manipulation und Herrschaft entarten kann, ist auch hier mitbedacht.

65 Damit ist ein deutlicher Unterschied z.B. zu Hans-Dieter Bastians Auffassung gegeben, der Theorie als Versuch der Qualifizierung von Nicht-Wissen verstehen will (vgl. **Bastian, H.-D.**: Praktische Theologie, 86) und folglich die Theorie Praktischer Theologie als "die Feststellung von notwendigem Regelwissen unter den Bedingungen des Nicht-Wissens kirchlich-christlichen Handelns [, als] Regelwissen ... nicht in Begriffen oder Begriffsketten, sondern in hypothetischen Sätzen" (ebd. 87) beschreibt.

66 So verstanden beruft sich das vorliegende Theorieverständnis auf die Ausführungen von Johannes Heinrichs. Auf eine eingehendere Darlegung der dort getroffenen Differenzierungen des Theoriebegriffs wird hier verzichtet, zumal sie doch - im Gegensatz zu den Bestimmungen des Praxisbegriffs - etwas unausgereift erscheinen und viele Anfragen erst bewältigt werden müßten. Es wäre etwa zu fragen, inwiefern von einer "theoretischen Theorie" (**Heinrichs, J.**: Theorie welcher Praxis?, 27), einer Theorie also, die weder in irgendeiner Weise von Praxis herkommt noch auf sie hingeordnet ist, sinnvoll geredet werden kann.

1.1.1.7 Das Theorie-Praxis-Verhältnis

Theorie ist nicht einfachhin das Gegenteil von Praxis. Die Begriffsbestimmungen von Johannes Heinrichs verdeutlichten, daß Theorie, genauer: die Bildung von und der Umgang mit Theorie als eine Art von Tätigkeit selbst Praxis im allgemeinen Sinn des Begriffs ist. Friedrich Schleiermacher hat also nur zur Hälfte Recht: Eine praktisch-theologische Theorie ist zwar nicht selbst die Praxis, die in ihr bedacht wird; sie ist jedoch selbst in sich eine Praxis. Folglich kann man durchaus von einem "systematischen" Primat der Praxis sprechen, insofern es Theorie nur als gebildete, gedachte bzw. mitgeteilte, also nur als "praktizierte" Theorie gibt. Wichtiger als dies ist jedoch eine andere Komponente des Verhältnisses zwischen Theorie und Praxis. Wie bereits eingangs dieses Kapitels zu "Praxis und Theorie" erwähnt, tut sich die Theologie immer noch schwer, zu einem unbefangenen Verhältnis zur Praxis zu finden. Nach wie vor leidet die Theologie unter einer vom tradierten Wissenschaftsverständnis der Theologie transportierten Hypertrophie des Theoretischen, gemäß der die Theorie in hermeneutischer wie zeitlicher Hinsicht der entsprechenden Praxis vorgeordnet wird. In linearer Anordnung wird nach diesem Verständnis Theorie deduktiv gebildet und Praxis bildet nur noch den sekundären Anwendungsfall der Theorie. Dieses Verständnis ruft nicht so sehr deshalb nach Ablösung durch eine andere Verhältnisbestimmung, weil es der vermeintlichen Betonung der Praxis in heutiger Zeit nicht mehr angemessen wäre. Das beschriebene Verhältnis ist in sich defizitär. Theorie wird in ihm als in sich stehender Fixpunkt erachtet, nach dem sich einseitig die Praxis zu richten hätte. Diese Sicht realisiert nicht, daß Theorie schon immer von Menschen gebildet ist und die Menschen bei der Bildung ihrer Theorie - gewollt oder ungewollt, bewußt oder unbewußt - von ihren jeweiligen Erfahrungen, Denkhorizonten, Lebenssituationen, Beziehungen, Bedürfnissen, Verhaltensschemata usw. geprägt sind.[67] Theorie wird immer im Horizont schon bestehender Praxis gebildet, so daß auch für die Theologie gilt, daß sie "*als Ganze* durch einen grundlegenden Bezug zur menschlichen und christlichen Lebenspraxis konstituiert wird"[68]. Damit ist nicht gesagt, daß die Praxis der Beliebigkeit anheim gegeben und dem normativen Einfluß der Theorie entzogen sein soll. Es muß sogar ausdrücklich vor einer pejorativen Sicht des Theoretischen gewarnt und daran erinnert werden, "daß das Perhorreszieren von Theorie noch keine Praxis schafft"[69]. Daß eine konstruktive Bestimmung des Verhältnisses zwischen Theorie und Praxis nicht gefunden werden kann, wenn man hinsichtlich der Theorie den gleichen Fehler machen würde, wie er in reziproker Form hinsichtlich der Praxis gegeben ist, d.h. wenn man die Theorie in ideologisierender Weise als negativen Gegenpol der Praxis tendenziell ausblenden würde, wird daran ersichtlich, daß in jeder Praxis bereits eine Theorie - ein Vorverständnis von der zu vollziehenden Praxis oder eine in tradiertes Wissen geronne-

---

67 Vgl. **Boff, C.**: Theologie und Praxis, 265-267, 330 f.; **Gadamer, H.-G.**: Wahrheit und Methode, 329.

68 **Lehmann, K.**: Das Theorie-Praxis-Problem, 82; vgl. **Pannenberg, W.**: Wissenschaftstheorie, 426.

69 **Lehmann, K.**: Das Theorie-Praxis-Problem, 99.

ne Erfahrung bezüglich des Praxisinhalts - mitgegeben ist. Praxis ist immer schon mit einer Vorstellung, die sich der Mensch über den Vollzug seiner Praxis macht, also mit Theorie unterlegt. Das heißt aber auch: Praxis ist von Theorie prägbar und somit kontingent. Gerade daß es "gute" und "schlechte" Praxis gibt und daß die Anforderung der permanenten situationsgerechten Optimierung von Praxis besteht, verlangt nach der Theorie als Reflexions- und Korrekturinstanz. So kann man mit Clodovis Boff behaupten: "In Wirklichkeit gibt es nichts Praktischeres als eine gute Theorie."[70]

Die Behauptung, daß Theorie ihrerseits immer im Horizont bereits bestehender Praxis gebildet wird, soll die ihr angemessene Relation zur Praxis in Erinnerung rufen. Theorie kann und muß sich zwar, gerade um radikal praxiskritisch und praxiskonstruktiv sein zu können, von den Zwängen der Praxis unabhängig machen. Aber sie darf nie sich selbst genügen. Auch Theorie muß immer eine Theorie für den Menschen sein. Als solche ist an sie der Anspruch gerichtet, daß sie Relevanz für (was nicht heißt: Anpassung an) die Praxis aufweist. Damit Theorie praxisrelevant sein kann, muß sie sich selbst an bestehender Praxis orientieren. Wie die Praxis darf auch die Theorie nicht beliebig sein. An sie ist der Anspruch gestellt, der jeweiligen Praxissituation gerecht zu werden. Der erste Schritt einer Theoriebildung ist folglich der Blick auf die Praxis, näherhin auf das jeder Praxis schon mitgegebene Wissen, auf die strukturellen Bedingungen, auf die menschlichen Bedürfnisse, auf die augenblicklichen Erfordernisse, wie sie sich in der jeweils gegebenen Praxis nach Maßgabe der angelegten Kriterien ergeben. In Hinblick auf die Praktische Theologie heißt das: "Als Theorie einer Praxis muß die Praktische Theologie zunächst einmal die Lebensäußerungen der Kirche und die Handlungen des christlichen Glaubens voraussetzen. Dies bedeutet noch nicht, daß diese Lebenspraxis in ihren Motiven, ihrem Verlauf und in ihren Ergebnissen von vornherein und schlechthin bejaht wird. ... In der Praxis wird sichtbar, was in der Theorie ausgearbeitet, verbessert und vielleicht über die bisherige Form hinaus neu angestoßen werden muß."[71] Somit ist Theorie nicht der im Vergleich zur Praxis unabänderliche Fixpunkt; sie muß sich mit den sich ändernden Gegebenheiten der Praxis selbst ständig ändern. Nur dann ist sie relevante Theorie. Will die Theorie die Praxis bestimmen, muß sie sich zunächst selbst von der Praxis bestimmen lassen. Die beiden Aussagen, daß Theorie immer schon im Horizont bereits bestehender Praxis gebildet wird und daß Praxis immer schon von Theorie unterlegt ist, heben sich ja nicht als gleichsam zwei gegenläufige Primatsbehauptungen zu einer neuen Beliebigkeit auf. Praxis ist auch dann noch Praxis, wenn die ihr unterlegte Theorie nicht aktuell realisiert wird. Theorie hingegen ist nicht mehr Theorie, wenn sie ihren Praxiskontext ausblendet. Sie muß sich selbst immer im Horizont schon gegebener Praxis stehend begreifen. *Theorie steht unter einem hermeneutischen Primat der Praxis.*

Mit der Bestimmung "hermeneutischer Primat der Praxis vor der Theorie" sind auch andere Bestimmungen eines Primats verneint. So ist kein "ethischer" Primat der Praxis in dem Sinne behauptet, daß die Praxis die gegenüber der Theorie wertvollere Dimen-

---

70 **Boff, C.**: Theologie und Praxis, 334, Anm. 17.

71 **Lehmann, K.**: Das Theorie-Praxis-Problem, 93.

sion wäre und es somit edler oder ehrenvoller wäre, sich der Praxis zu- und von der Theorie abzuwenden. Ebenso ist ein mechanischer Primat der Praxis in dem Sinne ausgeschlossen, daß die Praxis die Theorie in einem monokausalen und einlinearen Vorgang produzieren und als solches Produkt in Form eines Wissens, das für den weiteren Verlauf der Praxis nicht mehr von Bedeutung ist, deponieren würde. Und schließlich ist kein normativer Primat der Praxis in dem Sinne insinuiert, daß ausschließlich die Praxis die Theorie, nicht aber die Theorie die Praxis normieren würde. Als Kriterium der Bestimmung eines Primats ergibt sich aufgrund der oben dargestellten Zusammenhänge das Prinzip, das Gefüge der gegenseitigen Bedingtheit zwischen Praxis und Theorie auszudrücken. Dieses Prinzip ist in der Behauptung eines hermeneutischen Primats der Praxis gewahrt. Die anderen Primatsbestimmungen - "ethisch", mechanisch und normativ - erfüllen dieses Kriterium nicht, da sie das Gefüge von Praxis und Theorie destruieren, indem sie eines gegen das andere ausspielen.[72]
Diese Hinweise sind deshalb wichtig, weil es speziell im Kontext der Theologie durchaus Vorstellungen eines "ethischen", mechanischen oder normativen Primats der theologischen Theorie gegenüber der Praxis gibt. Die Vorstellung eines "ethischen" Primats der Theorie gegenüber der Praxis ist dort im Spiel, wo im Alltagsjargon z.B. die "theoretische" Disziplin Dogmatik als die "Königin der Theologie" bezeichnet wird und wo im Gegenzug von den "Niederungen der Praxis" die Rede ist. Ein mechanischer Primat der Theorie ist dort behauptet, wo die "theoretische" Systematische Theologie als die alleinige Instanz der Wahrheitsfindung und -formulierung betrachtet wird[73] und die Praxis bzw. die Praktische Theologie danach bewertet wird, inwiefern sie für die Akzeptanz der in der Systematischen Theologie formulierten Inhalte sorgt. Die Vorstellung eines normativen Primats der Theorie liegt dort vor, wo gesagt wird: "Die Praxis bedarf also der Theorie, der Erkenntnis dessen, was ist; die Theorie aber muß sich in der Praxis, d.h. in der Stiftung von Intersubjektivität bewähren."[74] Was hier von Walter Kasper als Ausdruck der gegenseitigen Verwiesenheit von Theorie und Praxis gemeint ist, ist im Grunde Ausdruck einer ideologisierten Geringachtung der

---

72 Die Behauptung eines hermeneutischen Primats der Praxis befindet sich in augenscheinlicher Nähe zum - vor allem im nordamerikanischen Kontext entstandenen - Programm einer "Fundamentalen Praktischen Theologie" (vgl. **Browning, D.**: Auf dem Wege zu einer Fundamentalen und Strategischen Praktischen Theologie). In Anregung durch die These Hans-Georg Gadamers, daß jeder Verstehensprozeß bereits von vornherein durch eine Vorstellung von der praktischen Verwirklichung des zu Verstehenden geprägt ist (vgl. **Gadamer, H.-G.**: Wahrheit und Methode, 329), propagiert dieses vornehmlich von Don Browning formulierte Verständnis von Praktischer Theologie einen Wechsel vom "Theorie-Praxis-(Text-Anwendungs-)Modell des humanistischen Lernens [zu einem] Praxis-Theorie-Praxis-Modell des Verstehens, das dem gesamten Unternehmen von Theologie einen zutiefst praktischen Zug verleiht" (**Browning, D.**: Auf dem Wege zu einer Fundamentalen und Strategischen Praktischen Theologie, 24). Es geht von der "Beschreibung lebensweltlicher theoriegeladener religiöser und kultureller Handlungen" (ebd. 27) als seinem ersten Arbeitsschritt aus und führt hin zur Frage nach dem Verständnis und der Gestaltung der Praxis in einer konkret gegebenen Situation (vgl. ebd. 30).

73 Vgl. z.B. **Scheffczyk, L.**: Die Theologie und die Wissenschaften, 334: "Die Erfassung und Interpretation dieser göttlichen Wirklichkeit kann nur von einem systematischen Denken geleistet werden ..."

74 **Kasper, W.**: Die Wissenschaftspraxis der Theologie, 249.

Praxis. Praxis und Theorie werden hier nämlich so zugeordnet, daß die Praxis als einseitig von der Theorie abhängig gedacht ist, insofern sie nur bei der Theorie die normativen Vorgaben, "das, was ist", finden könne. Umgekehrt gilt die Theorie jedoch nicht als von der Praxis abhängig. Der Modus ihres Verhältnisses zur Praxis ist Bewährung, also Durchsetzung ihrer selbst in der, gegebenenfalls gegen die Praxis, nicht aber Aufnahme der Praxis in sich selbst. Aufgrund dieses Denkschemas gilt es im theologischen Wissenschaftsbetrieb noch weitgehend als selbstverständlich, daß Systematische Theologen für ihre Disziplin einen Vorrang gegenüber der Praktischen Theologie beanspruchen und eine Ausrichtung der praktisch-theologischen Reflexion nach ihren Plausibilitäten verlangen. Kaum jedoch gilt es als denkbar, daß die Praktische Theologie im Zuge ihrer Analyse, Reflexion und Konzeption von Praxis zu wahrheitsrelevanten Erkenntnissen kommen und die "Systematiker" zu einer dementsprechend kritisch-korrigierenden Revision der Reflexion und Thematisierung ihrer Inhalte veranlassen könnte.

Es ist offensichtlich, daß bei diesen Bestimmungen eines Primats der Theorie vor der Praxis die Praxis nur als eine sekundäre Ableitung, nämlich als Anwendung der Theorie gedacht ist, nicht aber in dem oben entwickelten Verständnis als Vollzugsform menschlicher Existenz, die auf Freiheit beruht, Sinn transportiert, Wirklichkeit gestaltet und somit selbst ein generativer Ort für wahrheitsrelevante Erkenntnisse ist. Um also die Zuordnung von Praxis und Theorie in einer stimmigen Verhältnisformel auszudrücken, d.h. um auszudrücken, daß Theorie nicht Selbstzweck ist, sondern von Praxis ausgehen und wieder in Praxis übergehen muß, und daß die Praxis ihrerseits nicht beliebig sein darf, sondern sich der kritisch-korrigierenden Kompetenz der Theorie stellen muß, bleibt es bei der Formulierung: *Theorie steht unter dem hermeneutischen Primat der Praxis.*

1.1.2 Praktische Theologie

Die hier vorliegende Untersuchung der diakonischen Praxis versteht sich als *Praktische Theologie*. Das bestimmt die Eigenart der Untersuchung. Ihre Konzeption wie ihr Verständnis setzen deshalb eine Vergewisserung darüber voraus, welches Verständnis von Praktischer Theologie zugrunde liegt.

1.1.2.1 Praktische Theologie in der Krise?

Eine solche Vergewisserung gestaltet sich solange schwierig, als das Verständnis, was Praktische Theologie ist, innerhalb der Praktischen Theologie selbst nicht geklärt ist. Die Praktischen Theologinnen und Theologen auf evangelischer wie auf katholischer Seite tun sich mit dem Selbstverständnis ihrer Disziplin schwer. Sie erleben eine Krise ihrer Disziplin. Symptomatisch dafür mag sein, daß in beiden Konfessionen die wissenschaftstheoretische Grundlegung der Disziplin den Eindruck macht, auf der Stelle zu treten. So konnte evangelischerseits der erste, wissenschaftstheoretisch grundlegende

Band des "Handbuchs der Praktischen Theologie"[75] über zehn Jahre nach dem Erscheinen des (chronologisch ersten) Bandes 2 immer noch nicht vorgelegt werden. Katholischerseits gibt es seit dem 25 Jahre zurückliegenden Rahnerschen "Handbuch der Pastoraltheologie"[76] keine adäquate Leistung der Selbstverständnisklärung und systematischen Darstellung Praktischer Theologie. Der mittlerweile dominante handlungstheoretische Ansatz hat sich zwar in der praktisch-theologischen Rezeption bewährt[77], weist aber selbst eine Vielfalt heterogener Facetten auf und harrt immer noch seiner von einem relativen Konsens getragenen Ausgestaltung zu einer stabilen Konzeption Praktischer Theologie.

Nach wie vor ist die wissenschaftstheoretische Reflexion auf die Praktische Theologie eingespannt - wenn nicht gar verfangen - in eine Polarität, die sie seit ihrer universitären Institutionalisierung im 18. Jahrhundert prägt. Schon 1841 sah sich der katholische Praktische Theologe Anton Graf zu der Anmahnung veranlaßt: "Zwar besitzen wir insbesondere - aus alter und neuer Zeit eine sehr große Zahl ausdrücklicher und umfassender Anweisungen für die Verwaltung einzelner Zweige des geistlichen Amtes und seines ganzen Umfanges, Anweisungen, welche bis zu einem gewissen Grade dem praktischen Bedürfnisse, angehende Geistliche in die Verwaltung des Amtes einzuführen und alle in derselben zu leiten, vollkommen genügen ... Aber was der für die Wissenschaft und das Wohl der Kirche in gleich hohem Grade besorgte Geist dringend fordern muß, *die praktische Theologie als Wissenschaft ist bis heute in hohem Grade noch etwas Gesuchtes.*"[78] Ein anderer, aktueller Ansatz der Praktischen Theologie versteht sich als "Versuch..., das kirchlich eingeschränkte Praxisverständnis zu durchbrechen und den gestörten Theorie-Praxis-Zusammenhang wiederherzustellen, damit die Praktische Theorie aus ihrer Rolle einer Hilfswissenschaft herauskommt, die Handwerkslehren für angehende Pfarrer zu vermitteln hat."[79] Das wissenschaftstheoretische Selbstverständnis der Praktischen Theologie ist also eingespannt in die Polarität zwischen "Anweisungskurs" und Wissenschaft, zwischen Anwendung der Erkenntnisse anderer theologischer Disziplinen und eigenständiger theologischer Reflexion, zwischen "Handwerkslehre für angehende Pfarrer" und einer wissenschaftlich qualifizierten Reflexion einer umfassend verstandenen Praxis. Die Spannung zieht sich wie der Cantus firmus durch die verschiedenen Epochen der wissenschaftstheoretischen Selbstverständnisreflexion der Praktischen Theologie.[80] Das Pendel der Theoriebildung schlug dabei von den Anfängen der universitären Praktischen Theologie an abwechselnd und mit wechselnder

---

75 **Bloth, P.C. u.a. (Hg.)**: Handbuch der Praktischen Theologie.

76 **Arnold, F.X. u.a. (Hg.)**: Handbuch der Pastoraltheologie.

77 Vgl. **Fuchs, O. (Hg.)**: Theologie und Handeln.

78 **Graf, A.**: Kritische Darstellung des gegenwärtigen Zustandes der Praktischen Theologie, 41 f.

79 **Otto, G.**: Grundlegung, 70.

80 Vgl. die umfassende Darstellung bei **Mette, N.**: Theorie der Praxis.

Heftigkeit in Richtung der beiden Pole aus.[81] Das Bestreben, die Konzeption der Praktischen Theologie als schematisch arbeitende Fertigkeitsvermittlungsinstitution abzulösen, zeitigte auf der anderen Seite verschiedene und verschieden tragfähige Ansätze der Fundierung der Praktischen Theologie als *eigenständiger theologischer Wissenschaft*.[82] Seine semantische Variante erfuhr die Spannung in der wechselnden Verwendung der Begriffe "Pastoraltheologie" und "Praktische Theologie", wobei erstere eher mit der Intention der Anweisung für *"Pastoren"* und letztere eher mit der Wissenschaftlichkeit einer umfassenden Praxisreflexion konnotiert wurde (und wird). In der aktuellen wissenschaftstheoretischen Diskussion hat sich ein - zumindest rationaltheoretisch akzeptierter - Konsens dahingehend stabilisiert, daß die "Handwerks"- und Anweisungslehrekonzeption keine ernstlich in Erwägung zu ziehende Alternative des praktisch-theologischen Selbstverständnisses mehr ist. Die Entwürfe auf evangelischer wie katholischer Seite seit rund zwanzig Jahren versammeln sich unter der programmatischen Formel "Praktische Theologie als Handlungswissenschaft"[83]. Als Handlungswissenschaft will die Praktische Theologie zunächst induktiv von der bestehenden Praxis ausgehen, diese unter Verwendung humanwissenschaftlicher Methoden analysieren, den so erhobenen "Ist-Stand" mit dem "Soll-Stand" der theologisch formulierten christlichen Lehre konfrontieren, so zu Vorstellungen einer erneuerten, "besseren" Praxis gelangen und damit Praxisorientierungen geben.[84] Indem nicht mehr von der Theologie auf das Tun der Pfarrer hin gedacht, sondern "konsequent von der Praxis her und auf die Praxis hin Theologie betrieben wird"[85], wird Theologie nicht mehr auf einen Gegenstand angewendet, sondern eingerahmt von ihren Bezügen zu der ihr voraufgehenden und der ihr folgenden Praxis der Christen bzw. der Menschen überhaupt. So zeigt sich ein wesentlicher Impetus des handlungswissenschaftlichen Ansatzes in dem Bestreben, nicht nur den "Pfarrer", d.h. nicht nur die institutionalisierten Funktionsträger der Kirche, sondern alle an der kirchlichen bzw. christlichen Praxis Beteiligten als deren Subjekte zu begreifen.

Allerdings hat es den Anschein, daß sich die Praktische Theologie auf dem Weg "von der Anwendungs- zur Handlungswissenschaft"[86] zwar von der Anwendungswissenschaft endgültig verabschiedet hat, daß sie aber noch auf dem Weg ist und das Ziel einer neuen, langfristig gültigen, umfassend akzeptierten Selbstkonzeption noch lange nicht erreicht hat. Auf diesem Weg sind am Horizont immer wieder - verschieden lang

---

[81] Klassische Konzepte einer Anwendungslehre liegen vor z.B. bei **Rautenstrauch, F.S.**: Tabellarischer Grundriß; **Schüch, I.**: Handbuch der Pastoraltheologie und auch noch in gewissem Sinn bei **Pfliegler, M.**: Pastoraltheologie.

[82] Vgl. z.B. die Ansätze von **Schleiermacher, F.**: Die praktische Theologie; **ders.**: Kurze Darstellung des theologischen Studiums; **Graf, A.**: Kritische Darstellung des gegenwärtigen Zustandes der Praktischen Theologie; **Noppel, C.**: Aedificatio corporis Christi; **Haendler, O.**: Grundriß der Praktischen Theologie.

[83] Vgl. dazu den Initialaufsatz von **Zerfaß, R.**: Praktische Theologie als Handlungswissenschaft.

[84] Vgl. **Mette, N.**: Von der Anwendungs- zur Handlungswissenschaft, 59.

[85] Ebd.

[86] Vgl. ebd.

und verschieden intensiv nachleuchtende - Lichter zu sehen, die sich aber noch nicht zu einem scharf konturierten, stabil bleibenden Bild der Wissenschaftskonzeption verfestigen. Innerhalb der neuen und allenthalben proklamierten Programmatik der Handlungswissenschaft lassen sich noch einmal vielfältige, teils auch divergierende Konzepte beobachten[87], doch eine erneute umfassende und allgemein anerkannte Systematisierung der Disziplin hat sich noch nicht eingestellt. Jüngste Anfragen, Impulse und Orientierungspunkte ergeben sich aus der Perspektive der christlichen Praxis unter den Bedingungen von Armut und Unterdrückung und werden - vor allem von der lateinamerikanischen Befreiungstheologie ausgehend im deutschsprachigen Kontext z.B. unter dem Titel "Sozialpastoral"[88] thematisiert. Ebenso veranlaßt die Einsicht in die vom Modernisierungsprozeß hervorgerufenen Krisen der Menschheit und der Umwelt zu einer Neubesinnung der Praktischen Theologie dahingehend, daß von der in der lähmenden Klage über die vermeintliche "Säkularisierung" zum Ausdruck kommenden Frontstellung der Kirche zur Welt Abschied genommen und unter dem Leitbegriff "Evangelisierung" ein positives konstruktives Interesse am "Weltlich-Humanen" bekundet wird. Freilich ist gerade an dieser Stelle gleich wieder die Divergenz der vielen Ansätze zu spüren, wenn man bedenkt, wie sehr inzwischen der Gedanke der Evangelisierung überlagert wird von dem etwas deutlich anderes intendierenden Schlagwort der "Neuevangelisierung". Schließlich sind von einer auch in dieser Untersuchung propagierten konsequenteren Berücksichtigung der Diakonie in Praxis und Selbstverständnis der Kirche ebenfalls Rückwirkungen auf das Verständnis der Praktischen Theologie als Wissenschaft zu erwarten.[89]

Daß diese und andere Ansätze auf je ihre Weise von den Realitäten des Lebens des Menschen in der heutigen Gesellschaft diktiert sind, läßt es allerdings zunehmend fraglich erscheinen, ob die Praktische Theologie sich überhaupt noch eine "Bleibe" in Form einer alles umfassenden, Sicherheit gebenden, Einheitlichkeit vermittelnden Systematik suchen und sich dort im Vertrauen, die Dinge seien geklärt, für längere Zeit "einrichten" sollte. Ist es für sie nicht ratsamer, daß sie sich durch den Verzicht auf eine geschlossene Systematik eine Vielgestaltigkeit und Offenheit bewahrt, dadurch aber auch ständig bereit bleibt, auf neue Situationen zu reagieren und sich auf neue Wege zu machen? Der Zustand der Krise wäre dann nicht ein defizitäres Übergangsstadium, sondern ein im Interesse der Menschen aufrechtzuerhaltender Wesenszug der Disziplin.

---

87 Vgl. **Henke, T.**: Ein Fach zwischen den Stühlen, 198.

88 Vgl. **Steinkamp, H.**: Sozialpastoral; **Mette, N.**: Sozialpastoral.

89 Vgl. **Fuchs, O.**: "Wie verändert sich das Verständnis von Pastoraltheologie und Theologie überhaupt, wenn die Diakonik zum Zug kommt?".

1.1.2.2 Zu Ort und Funktion der Praktischen Theologie in der Theologie als ganzer

Das oben beschriebene Problem des Stellenwertes der Praxis und das wissenschaftstheoretische Problem der Selbstverständnisklärung der Disziplin finden in der Frage nach dem Stellenwert der Praktischen Theologie im Gesamt der theologischen Disziplinen ihren Fokus. Praktische Theologie gilt im Komplex der theologischen Disziplinen als "Anwältin" der Praxis. Ihr wird gleichsam die Funktion eines Bindegliedes zwischen theologischer Theorie und kirchlicher bzw. christlicher Praxis zugewiesen. Damit ist ein unseliges Konkurrenzverhältnis zwischen der Praktischen Theologie und den anderen theologischen Disziplinen vorprogrammiert, in welchem von seiten einer vermeintlich "eigentlichen" Theologie immer die Versuchung besteht, der Praktischen Theologie das Gewicht einer authentischen Theologie abzusprechen und sich so den von der Praktischen Theologie formulierten Anfragen zu entziehen, und in welchem die Praktische Theologie sich ständig genötigt sieht, ihre Authentizität apologetisch nachzuweisen, und zu einer verkrampften, manchmal sogar komplexartigen Haltung gegenüber den anderen Disziplinen verleitet wird. Dieses Verhältnis wird dem hier dargestellten und zugrundegelegten Verständnis von Praxis, von Theorie und vom Verhältnis beider zueinander nicht gerecht, ist aber im faktischen Wissenschaftsbetrieb der Theologie vorherrschend. Eine harmonisierende, nur scheinbar eingängige Lösung für das Verhältnis der theologischen Disziplinen zueinander legte *Eberhard Jüngel* mit dem "Prinzip gegenseitiger Entlastung"[90] vor: "Die Praktische Theologie entlastet die übrigen theologischen Disziplinen von der speziellen geschichtlichen Verantwortung gegenwärtiger Wiederholung des Wortes Gottes... [bzw.] von der Notwendigkeit, selber praktisch werden zu müssen, indem sie das Praktisch-Werden-*Können* der Theologie verantwortet."[91] Auch Jüngels vorangehende Beteuerung, daß die Theologie als ganze praktisch sei[92], kann den Verdacht, daß es sich hier um eine konkurrenzhafte Gegenüberstellung der Praktischen Theologie zu den anderen theologischen Disziplinen handelt, nicht überzeugend ausräumen. Das Praktischsein der ganzen Theologie besteht nämlich nach Jüngel in der Aufgabe, daß "sie Gottes Wort als Ereignis ernst nimmt"[93] und daß sie darin "der Welt Gott zu verstehen"[94] gibt. Wenn die Theologie praktisch ist, indem sie der Welt etwas gibt, dann ist dieses Praktischsein gerade nicht ein Verwurzeltsein der Theologie *in* der Welt, *in* der Praxis der Gläubigen bzw. aller Menschen, dann geschieht es gerade nicht im *Ausgang von* der Realität der menschlichen Praxis. Es verbleibt in dem Schema, daß die Theologie in Gegenüberstellung zur Welt etwas vorgibt und daß die Praxis, um die es in der Praktischen Theologie geht, demgegenüber immer etwas ist, das - und zwar nachdem das Vorgegebene aufgenommen worden ist - erst "werden"

---

90 **Jüngel, E.**: Das Verhältnis der theologischen Disziplinen untereinander, 41.

91 Ebd. 44.

92 Vgl. ebd. 40.

93 Ebd. 38.

94 Ebd.

muß, also etwas Nachgeordnetes. Die Jüngelsche Formel "Praktische Theologie ist ... die Pointe der Theologie. Theologische Wissenschaft ohne Praktische Theologie ist wie ein Witz ohne Pointe"[95] mag dabei zwar als Ausdruck der Anerkennung des Praktischen gemeint sein, zementiert jedoch eher seine nachgeordnete Bedeutung gegenüber dem Theoretischen. Denn die Analogie zu "Pointe" würde auch bedeuten, die Praktische Theologie und die von ihr gemeinte Praxis wären - so wie die Pointe ja nicht den im Witz geschilderten Sachverhalt selbst bezeichnet, sondern ihm lediglich durch die besondere Konstellation der Informationen Aufmerksamkeit verleiht - nur etwas, das zum eigentlichen Inhalt der Theologie erst hinzukommt. Das heißt, Praktische Theologie und Praxis wären gleichsam im Ernstfall, wenn die Sache der Theologie nicht als "Witz", sondern als nüchterne Aussage zu formulieren ist, wenn es um die Botschaft des christlichen Glaubens als solche und nicht nur um eine Aufmerksamkeit erregende Ausgestaltung derselben gehen soll, für diese "eigentliche" Sache der Theologie letztendlich verzichtbar. In diesem Verdacht fühlt man sich bestätigt, wenn Jüngel aus der Perspektive der Systematischen Theologie formuliert: "Die Systematische Theologie entlastet die übrigen theologischen Disziplinen davon, selbständige und damit nichttheologische Wissenschaften werden zu müssen, indem sie alle theologischen Disziplinen in der Einheit des einen Denkgeschehens des Glaubens bedenkt. ... Die Kritik der theologischen Disziplinen untereinander geschieht im Besonderen ... in der Praktischen Theologie: als Kritik der existierenden Kirche, in der Systematischen Theologie: als Selbstkritik der Theologie ..."[96] In dieser Verhältnisbestimmung bekommt die Systematische Theologie die Rolle einer Art Über-Disziplin zugewiesen, in der allein die Selbständigkeit der Theologie so konstituiert wäre, daß sie das Fehlen dieser Selbständigkeit den anderen theologischen Disziplinen lehrmeisterhaft als deren Signatur zuschreiben zu können glaubt. Wenn die Systematische Theologie die Praktische Theologie davon entlastet, "selbständig und damit nichttheologisch" zu werden, dann sagt Jüngel nichts anderes als: Die Systematische Theologie ist selbständig, sonst könnte sie die anderen Disziplinen nicht davon entlasten; wenn die anderen Disziplinen von der Selbständigkeit entlastet sind, dann sind sie nicht selbständig; neben der Systematischen Theologie gibt es folglich keine selbständige Praktische Theologie; die Praktische Theologie ist entweder gegenüber der Systematischen unselbständig und somit theologisch, oder sie ist gleichermaßen wie die Systematische Theologie selbständig und dann aber nicht mehr theologisch. Die Unselbständigkeit gegenüber der Systematischen Theologie konstituiere, so ist Jüngel zu interpretieren, erst die Authentizität der Praktischen Theologie als Theologie; in der Systematischen Theologie als "quasi-eigentlicher" Theologie komme die Theologie so zu sich selbst, daß nur sie, nicht aber auch z.B. die Praktische Theologie die Aufgabe der Selbstkritik der Theologie als ganzer hat.

Angesichts solcher und ähnlicher Aussagen fällt es schwer, nicht von Anmaßung und Bevormundung der Systematischen gegenüber der Praktischen Theologie zu sprechen. Jüngel, für den das Verhältnis der theologischen Disziplinen zueinander so selbstver-

---

95 Ebd. 40.

96 Ebd. 44 f.

ständlich als Arbeitsteilung beschreibbar ist, daß ihm eine weitere Problematisierung des Verhältnisses als unverständlich erscheint[97], gibt mit seinem sicher anzuerkennenden Versuch, einen identifizierbaren Ort von Praxis und Praktischer Theologie im Gesamt der Theologie zu beschreiben, gerade ein Beispiel für die problematische marginalisierte, gelegentlich auf Nichternstnahme hinauslaufende Stellung der Praktischen Theologie im Gesamt der Theologie.[98]
Daß die Praktische Theologie nicht die "Pointe", sondern geradezu der Ernstfall der Theologie als ganzer ist, versuchte *Karl Rahner* aufzuzeigen. Für ihn ist Praktische Theologie "eine eigene, selbständige und in ihrem Wesen trotz ihrer Rückbezogenheit auf andere theologische Disziplinen ursprüngliche Wissenschaft, weil die Reflexion, die sie in wissenschaftlich kritischer und systematischer Weise betreibt, eine eigene Größe und unableitbarer Natur ist"[99]. Als derart selbständige Wissenschaft kann die Praktische Theologie nicht mehr das "Sammelsurium von praktischen Konsequenzen"[100] sein, mit welchen die Erkenntnisse der anderen Disziplinen lediglich anzuwenden wären. Als eigener Größe kommt der Praktischen Theologie von sich aus Raum zu, und zwar nicht bloß insoweit, als die anderen Disziplinen für sie Raum übriglassen. Unter diesen Prämissen wird das überkommene monologische Verhältnis, in dem sich die Praktische Theologie einseitig an den Vorgaben der anderen Disziplinen zu orientieren hätte, aufgebrochen. Die Praktische Theologie wird ihrerseits zum Prüfstein dafür, ob "*die übrigen theologischen Disziplinen das Moment von praktischer Theologie, das in ihnen selbst ist und sein muß, erkennen und wirklich wahren*"[101]. Für Rahner ist es undenkbar, daß theologische Disziplinen es als Element ihres Selbstverständnisses begreifen, sich über der Praxis der Menschen erhaben zu dünken bzw. sich von der Dienstfunktion für die Praxis der Kirche zu dispensieren. Theologie insgesamt und die einzelnen Disziplinen sind in ihrer Authentizität als Theologie erst durch den Bezug zur Praxis der Kirche konstituiert. Negiert die Theologie ihre wesentliche Ausrichtung auf die Praxis, ihr "Praktischwerden-Müssen", dann wird sie ihrer Verantwortung nicht gerecht. Das bedeutet umgekehrt: "Die praktische Theologie als eigene Disziplin kann den anderen Disziplinen ihre Bezogenheit auf den Selbstvollzug der Kirche, also auf ihren Glauben, auf ihre Verkündigung, auf ihre Sakramentenspendung, auf das kirchliche Leben, auf ihre werktätige Liebe und auf ihre kritische Dienstfunktion gegenüber

---

97 Vgl. ebd. 11.

98 Vgl. dazu die Kritik von **Otto, G.**: Grundlegung, 26 f. - Freilich scheint eine Lösung dieses Problems im Sinne einer fraglosen Anerkennung und faktischen Gestaltung der Praktischen Theologie als einer authentischen und gleichwertigen Disziplin der Theologie so lange nicht möglich zu sein, als sie im Studienverlauf organisatorisch an das Ende gerückt wird, so daß in ihr nicht, wie Friedrich Schleiermacher es wollte, "die Krone des theologischen Studiums" (**Schleiermacher, F.**: Kurze Darstellung des theologischen Studiums, 10, Anm. 2) oder gemäß Joseph Amberger der "Schlußstein" (**Amberger, J.**: Pastoraltheologie. Erster Band, 16) der Theologie, sondern ihr Schlußlicht gesehen wird.

99 **Rahner, K.**: Die praktische Theologie im Ganzen der theologischen Disziplinen, 135; vgl. auch **Greinacher, N.**: Praktische Theologie, 285 f.

100 **Rahner, K.**: Die praktische Theologie im Ganzen der theologischen Disziplinen, 139.

101 Ebd. 140.

der Welt in allen deren Dimensionen nicht abnehmen, wenn sie auch immer in dieser Hinsicht eine stimulierende und kritische Funktion gegenüber den anderen Disziplinen auszuüben hat."[102] "Diese [sc. die systematischen, biblischen und historischen Disziplinen - H.H.] müssen sich heute den Horizont ihrer Aufgaben, *soweit* sie ihnen von der Kirche und ihrer Zukunft her gestellt werden, von einer anderen Disziplin vorgeben lassen, eben von der praktischen Theologie."[103]
Rahner liefert hier geradezu die Umkehrung der Jüngelschen Verhältnisbestimmung. Ohne die Frage, wie nun nach Rahner das Verhältnis der einzelnen theologischen Disziplinen untereinander konkreter zu beschreiben ist, weiter zu verfolgen, lassen sich seine Positionen dahingehend verstehen, daß sowohl das Denkmodell, welches die Praktische Theologie als sekundäre Anwendungsinstanz insbesondere der Systematischen Theologie auffaßt, als auch dasjenige, welches durch das Konzept der gegenseitigen Entlastung ein vermeintlich problemloses Nebeneinanderexistieren der theologischen Disziplinen suggeriert, den Anforderungen einer Positionsbestimmung Praktischer Theologie heute nicht mehr gerecht werden. Positiv gewendet heißt dies: Die Praktische Theologie hat das Recht und die Aufgabe, ihr Selbstverständnis eigenständig zu definieren, und sie hat dieses Recht und diese Aufgabe auch gerade dort, wo das Selbstverständnis der Praktischen Theologie Auswirkungen auf die anderen theologischen Disziplinen zeitigt, selbst wenn letztere diese Auswirkungen nicht freudig affirmieren. Die Praktische Theologie muß ihr Selbstverständnis eigenständig klären, damit von da aus die gesamte Theologie auf ihren Praxisbezug hin überprüft werden kann. Gerade deshalb, in ihrer Eigenschaft als Instanz der Selbstkritik und als Faktor des Wandels der Theologie insgesamt, bleibt der Stand der Praktischen Theologie selbst unter der idealen Annahme ihrer Anerkennung als authentische und gleichwertige Disziplin wissenschaftlicher Theologie schwierig.

1.1.2.3 Das Selbstverständnis der Praktischen Theologie

Natürlich reiht sich die vorliegende Arbeit durch ihre Selbstdefinition als Untersuchung einer bestimmten gegebenen Praxis in den wissenschaftstheoretischen Versuch der Praktischen Theologie ein, sich vom Image einer konventionellen "*Pastoral*theologie" zu befreien.[104] Insbesondere geht es darum, die enge Fixierung dieser Wissenschaft

---

102 Ebd.

103 Ebd. 141.

104 Vgl. **Krause, G.**: Hat die Praktische Theologie wirklich die Konkurrenz der Pastoraltheologie überwunden?. - Krause zeichnet in diesem Aufsatz nach, wie sich die kritische Abhebung der praktisch-theologischen Wissenschaft von der "Pastoraltheologie" auf evangelischer Seite seit Friedrich Schleiermacher vollzogen hat. Katholischerseits wurde die Wissenschaftsbezeichnung "Praktische Theologie" vor allem vom Rahnerschen "Handbuch der Pastoraltheologie" propagiert (vgl. die kurzen programmatischen Angaben in **Arnold, F.X. u.a.**: Vorwort), konnte sich aber im allgemeinen Sprachgebrauch des wissenschaftlichen Alltagsbetriebs bislang nicht durchsetzen. So nannte auch Paul M. Zulehner seinen Entwurf dieser Wissenschaft wieder "Pastoraltheologie" (vgl. **Zulehner, P.M.**: Pastoraltheologie).

auf die Fähigkeiten des "Pastors" oder allgemein der kirchlich-amtlichen Funktionsträger zu überwinden.[105] Über die oben (s. 1.1.2.1) dargelegte Abgrenzung vom Anwendungsparadigma hinaus sieht eine *Praktische Theologie* nicht mehr in den "Pastoren", also in den amtlich institutionalisierten Funktionsträgern der Kirche die alleinigen Träger kirchlicher Praxis. Weiterhin reflektiert sie nicht mehr nur auf "Pastorales", nicht mehr nur auf das in der individuellen Beziehung zwischen Seelsorgern bzw. Seelsorgerinnen und ihrem jeweiligen beseelsorgten Gegenüber gegebene Handeln. Daß diese enge "pastorale" Perspektive gerade in einer theologischen Reflexion der Diakoniepraxis überwunden werden muß, ist evident, wenn man bedenkt, daß dieser Praxisbereich zum deutlich überwiegenden Teil von sogenannten "Laien", kaum aber von den - im gängigen Sinn - zum pastoralen Dienst Beauftragten, also Priestern, Pastoralreferenten und -referentinnen, Bischöfen, getragen ist.
Der Begriff "Praktische Theologie" bedarf freilich über die Abgrenzung von "Pastoraltheologie" hinaus einer positiven Bestimmung. In dem dieser Arbeit zugrundegelegten Verständnis ist *Praktische Theologie die kritische Theorie christlich identifizierter und identifizierbarer Praxis der Menschen.* Die einzelnen Elemente dieser Bestimmung sollen im folgenden erläutert werden.

1.1.2.3.1 Theologie und Praxis

Zunächst ist der Blick noch einmal auf den Begriff "Praktische Theologie" selbst zu lenken. "Theologie" einerseits und "Praxis" andererseits bilden die begrifflichen Fixpunkte. Als *Theologie* ist die Praktische Theologie auf die Wahrheit des christlichen Glaubens, auf das immer nur annäherungsweise gelingende Erfassen dessen, wer Gott ist, wie Gott handelt und was der Mensch vor Gott ist, bezogen. In ihrem Bezug auf die *Praxis* reflektiert sie auf eine erst näher zu bestimmende Praxis von Menschen.[106] Dieser spezifische Bezug der Praktischen Theologie auf die Praxis wird oft als ein gewisses "Sich-Entfernen" bzw. "Weggeschickt-Werden" vom Zentrum der Theologie hinein in ein "anderes", in etwas von der Theologie Abgesondertes verstanden.
Eine gegenläufige, theologisch angemessene Qualifizierung des Praxisbezugs der Praktischen Theologie ergibt sich im Blick auf das Offenbarungsverständnis des II. Vatikanums. Im Artikel 2 der Offenbarungskonstitution "Dei verbum"[107] wird das Wesen christlicher Offenbarung bestimmt: "Gott hat in seiner Güte und Weisheit beschlossen, sich selbst zu offenbaren und das Geheimnis seines Willens kundzutun ... Das Offenbarungsgeschehen ereignet sich in Tat und Wort, die innerlich miteinander verknüpft sind: die Werke nämlich, die Gott im Verlauf der Heilsgeschichte wirkt, offenbaren und bekräftigen die Lehre und die durch die Worte bezeichneten Wirklich-

105 Vgl. **Rahner, K.**: Die praktische Theologie im Ganzen der theologischen Disziplinen, 134, 137.

106 Vgl. **Mette, N.**: Praktische Theologie, 556.

107 **Dogmatische Konstitution über die göttliche Offenbarung** (im weiteren Fortgang nur noch im Text zitiert mit dem Kürzel "DV" und der Artikelnummer).

keiten; die Worte verkündigen die Werke und lassen das Geheimnis, das sie enthalten, ans Licht treten." (DV 2) Eine Interpretation dieses vom II. Vatikanum vorgelegten Offenbarungsverständnisses ergibt, daß Offenbarung und ihre Weitervermittlung nicht einfach und nicht nur, wie das im gängigen kirchlich-theologischen Betrieb weitgehend der Fall ist, als ein Wortgeschehen, als verbaler Ausdruck eines Inhalts verstanden werden dürfen. Vom Konzil wird Offenbarung "nicht als eine verbale sachliche Mitteilung, nicht als eine göttliche Belehrung über uns sonst unzugängliche Sachverhalte beschrieben, sondern als die *reale personale Selbstmitteilung Gottes*"[108]. Als solche wird sie in der Heiligen Schrift und in der Überlieferung der Kirche weitergegeben (vgl. DV 7). Und von der Überlieferung sagt das Konzil weiter: "Was von den Aposteln überliefert wurde, umfaßt alles, was dem Volk Gottes hilft, ein heiliges Leben zu führen und den Glauben zu mehren. So führt die Kirche in Lehre, Leben und Kult durch die Zeiten weiter und übermittelt allen Geschlechtern alles, was sie selber ist, alles, was sie glaubt." (DV 8) Das bedeutet, "daß Gott gerade in der lebendigen Weitergabe des im Christusereignis zur innergeschichtlichen Vollkommenheit gelangten Offenbarungsgeschehens weiter zu den Menschen 'spricht'. Wie die Offenbarung in Christus nicht nur ein lehrhaftes Sprechen, sondern ein reales erlösendes Geschehen ist, so geschieht auch ihr Weiterwirken und Weitergeben nicht nur in der Form von Lehre, vielmehr wirken dabei 'Lehre, Leben und Kult der Kirche' zusammen."[109] Ähnlich erläutert Joseph Ratzinger in seinem Kommentar zur Offenbarungskonstitution: "Mit ihr [sc. der Überlieferung - H.H.] ist zunächst schlicht die vielschichtig-eine Gegenwart des die Zeiten durchschreitenden Christusmysteriums gemeint; sie besagt das Ganze der Gegenwart des Christlichen in dieser Welt. ... Lehre - Leben - Kult werden als die drei Vollzugsweisen der Überlieferung benannt. Sie hat ihren Ort nicht nur in den ausdrücklich tradierten Bekundungen kirchlicher Lehre, sondern in dem Ungesagten und oft auch Unaussagbaren des ganzen Dienstes der christlichen Gottesverehrung und des Lebensvollzuges der Kirche."[110] Die Formulierung, daß die geschichtliche Weitervermittlung der Offenbarung ihr Medium in "Lehre, Leben und Kult *der Kirche*" finde, kann freilich nicht so interpretiert werden, daß das Leben nur insoweit Ort der Offenbarungsvermittlung, Ort des Sprechens Gottes zu den Menschen sei, als es innerhalb des Rahmens der institutionalisierten Kirche stattfindet. Wenn es sich, wie in der Offenbarungskonstitution grundlegend erklärt wird, in der Offenbarung nur um das Sich-selbst-Offenbaren Gottes handeln kann, dann ist damit implizit gesagt, daß diese Offenbarung nicht nur auf einen Teil der Menschen, nämlich auf die Menschen mit institutionalisierter Kirchenmitgliedschaft, zielt, sondern auf alle Menschen, insofern alle Menschen Beziehungspartner Gottes sind. Die Bestimmung des Lebens als Ort der Offenbarungsvermittlung kann folglich nur in der Richtung interpretiert werden, daß damit das Leben der Menschen insgesamt gemeint ist. Damit ist indirekt eine erste Implikation des Offenbarungsverständnisses des II. Vatikanums für die (Praktische) Theologie angezeigt:

---

108 **Schmitz, J.**: Das Christentum als Offenbarungsreligion, 23; vgl. DV 2.

109 **Schmitz, J.**: Das Christentum als Offenbarungsreligion, 25.

110 **Ratzinger, J.**: Kommentar, 519.

Eine Ausrichtung der Theologie an der Offenbarung verlangt zugleich ihre Hinordnung auf die Gesamtheit der Menschen.
In der Auslegung der Konzilsaussagen zur Offenbarung wird zudem betont, daß das Weitergeben der Offenbarung nicht nur in Lehre, sondern auch in Leben und Kult der Kirche geschieht. Konstitutiv für das Offenbarungsverständnis des II. Vatikanums ist, daß die Offenbarung *auch* im "Lebensvollzug" der Kirche wahrgenommen werden kann und muß, mithin in etwas, das nicht immer gesagt oder sagbar, d.h. auch nicht immer gelehrt oder lehrbar ist. Mit "Leben und Kult", mit dem "Ungesagten und Unaussagbaren des *ganzen* Dienstes der christlichen Gottesverehrung" steht das vor Augen, was "christliche Praxis der Menschen" genannt wird. Wenn nun die Praktische Theologie als theologische Wissenschaft "aus einer theol. Reflexion u. Deutung der je jetzt gegebenen Situation der Kirche heraus auf den je jetzt fälligen Selbstvollzug der Kirche (als gegebenen u. seinsollenden) reflektiert"[111], wenn sie also auf die *Praxis* reflektiert, dann reflektiert sie auf ein Medium der Offenbarungsüberlieferung. Das Eigentliche der Praktischen Theologie besteht folglich nicht darin, daß sie das, was an anderen Orten außerhalb dieser Praxis (also in der Heiligen Schrift und den sie auslegenden biblischen Wissenschaften bzw. in der Lehre der Kirche und den sie darlegenden systematisch-theologischen Wissenschaften) als Überlieferung festgestellt wird, durch diverse Vermittlungsvorgänge in die Praxis erst hineintransportieren würde. Indem sie sich auf die Praxis (freilich nie naiv verstanden als das instrumentelle Tun der kirchlichen Funktionsträger, sondern im oben dargelegten umfassenden Sinn) bezieht, bezieht sie sich auf einen Gegenstand, der *in sich* Ort der Überlieferung der Offenbarung Gottes ist.[112]
Die Hinwendung zur Praxis führt die Praktische Theologie keineswegs vom "Eigentlichen" der Theo-logie, dem reflektierenden Ertasten dessen, wer Gott ist und wie Gott handelt, weg. Praktische Theologie wird durch ihren spezifischen Bezug zur Praxis nicht zum Bindeglied zwischen einem vermeintlich von der Praxis abgehobenen Ort der Offenbarungsüberlieferung und der Praxis als deren Anwendungsgebiet. Vielmehr ist festzuhalten: Nicht nur im Wort, sondern - wie DV 2 betont - auch in der Tat offenbart sich Gott selbst und tut das Geheimnis seines Willens kund. Wenn somit Wort- und Tatgeschehen, also Praxis im umfassenden Sinn, Ort der Überlieferung der Offenbarung ist, dann ist die Praxis eine Quelle theologischer Erkenntnis. Die Praxis als solche ist ein theologiegenerativer Ort. Das heißt: Gerade der Bezug auf die Praxis konstituiert die Authentizität der Praktischen Theologie als *Theologie*.

[111] **Rahner, K.**: Pastoraltheologie, 394.

[112] Zu diesem "pastoralen Prinzip" des im II. Vatikanum formulierten Offenbarungsverständnisses vgl. **Sauer, H.**: Erfahrung und Glaube, bes. 584-607.

1.1.2.3.2 "Praxis der Menschen"

Daß die "Praxis", mit der es die Praktische Theologie zu tun hat, nicht jenes instrumentelle Tun kirchlicher Funktionsträger meint, in dem letztere bestimmten strategischen Überlegungen folgend bei ihren Adressaten einen wie auch immer gearteten Zustand herzustellen versuchen, muß nach den ausführlichen Darlegungen zum Praxisbegriff (s. 1.1.1) nicht mehr näher ausgeführt werden. Praktische Theologie reflektiert auf die Praxis als ein umfassendes Geschehen der Gestaltung von Wirklichkeit, insofern sie in einer bestimmten Situation in einer bestimmten Gestalt gegeben ist und insofern sie in einer bestimmten Situation gemäß jeweils erst näher zu bestimmender Kriterien "besser" werden sollte. In diesem Rahmen bedenkt die Praktische Theologie selbstverständlich auch, wie in der jeweiligen Praxissituation das planvolle Handeln der kirchlichen Funktionsträger zu gestalten ist. Es muß also durchaus ihr erklärtes Ziel sein, im Blick auf die Praxis Handlungskompetenz zu vermitteln.[113] Aber in dieser Absicht muß sie der Inkommensurabilität der unüberschaubar vielfältigen Praxissituationen Rechnung tragen, indem sie darauf verzichtet, pauschale, situationsunabhängige Techniken und Kunstregeln zu propagieren, und indem sie versucht, die in der kirchlichen Praxis Handelnden zu befähigen, ihr Handeln eigenständig und in einer der jeweiligen Situation angemessenen Weise zu konzipieren. Praktische Theologie lehrt also nicht, wie etwas in der Praxis geht; vielmehr lehrt sie, *darüber nachzudenken*, wie etwas geht. Insofern ist es auch nicht Absicht dieser Arbeit zu sagen, wie die diakonische Praxis in den einzelnen Feldern aussehen soll. Sie will Orientierungen geben, auf deren Grundlage die Diakonie nach den jeweils gegebenen Erfordernissen konzipiert werden kann.
Trotz dieser Erinnerung an die Aufgabe der Kompetenzvermittlung muß auch hier nachdrücklich betont werden, daß die Praxis der kirchlichen Funktionsträger nicht die ganze von der Praktischen Theologie zu reflektierende Praxis ist. Die Praxis, um die es geht, wird im hier vorgegebenen Verständnis von Praktischer Theologie näher bestimmt als *Praxis der Menschen*. Dabei handelt es sich im Grunde um eine Tautologie: Gemäß Definition ist Praxis nur Praxis, wenn sie den Menschen zu ihrem Träger hat. Dennoch erscheint diese nähere Bestimmung sinnvoll. "Praxis der Menschen" besagt, daß es in der Praktischen Theologie nicht nur und nicht in erster Hinsicht um die institutionell geregelte Praxis der Amts- und Funktionsträger der Kirche geht, sondern primär um die Praxis, deren Subjekte die Menschen im allgemeinen und die einzelnen Menschen in jeweils individueller Form sind. Das heißt: Jeder Mensch, der im Kontext des von der Praktischen Theologie überblickten Praxisfeldes wahrgenommen wird, fungiert nicht als Objekt der Rekrutierung, der Betreuung oder anderer Behandlungen durch die Kirche, sondern kommt als unhintergehbares Subjekt seiner Lebenspraxis und (darin impliziert)

113 An dieser Stelle kann nicht näher ausgeführt, sondern nur darauf hingewiesen werden, daß die Praktische Theologie im Zuge ihrer Verabschiedung von der "pastoralen" Reduktion ihres Selbstverständnisses nicht immer der Gefahr entgangen ist, mit der Ablehnung des Images einer bloßen Handwerkslehre gleichzeitig die Aufgabe der Kompetenzvermittlung für kirchliche Funktionsträger als solche aus den Augen zu verlieren, und daß dadurch eine gewisse Verunsicherung bezüglich ihrer Funktion als Vorbereitung auf die berufliche Praxis in der Kirche eingetreten ist.

seiner Glaubenspraxis in den Blick.
Weiterhin versteht sich die Bestimmung "Praxis der Menschen" als eine umfassendere und gerade darin präzisierende Angabe des potentiellen Gegenstandsfeldes praktisch-theologischer Reflexion. Vielfach wird versucht, den Gegenstand Praktischer Theologie über die Formulierung "Praxis in der Gesellschaft" anzugeben. So beschreibt Norbert Greinacher "Praktische Theologie als kritische Theorie kirchlicher Praxis in der Gesellschaft"[114]; Gert Otto definiert sie "als kritische Theorie religiös vermittelter Praxis in der Gesellschaft"[115]. Diese Versuche der Selbstverständnisklärung sind motiviert von dem zweifellos notwendigen Impetus, die binnenkirchliche Perspektive aufzusprengen und damit der Gefahr zu entgehen, die Wahrnehmung von Praxis auf binnenkirchlich etablierte Praxismuster zu verengen oder solche Praxismuster ständig nur zu reproduzieren. Am Horizont dieser gesamtgesellschaftlichen Perspektive zeichnet sich jedoch die Möglichkeit der reziproken Reduktion ab. Zwar versichert Gert Otto, daß es in der Praktischen Theologie unter anderem auch "um 'Religion' in den Lebensgeschichten der Subjekte"[116] gehe. Dennoch zeigt sich die Formulierung "Praxis in der Gesellschaft" anfällig für eine gewisse Ausblendung der Lebenspraxis des einzelnen Menschen als einer Praxis, die dieser - durchaus im Bewußtsein seiner gesellschaftlichen Verflochtenheit - als seine eigene, individuell gefärbte Praxis erlebt. So will Norbert Greinacher mit der Formulierung "kirchliche Praxis in der Gesellschaft" das "intensive Hineingewobensein der Kirche in das Netz sozialer Beziehung und die permanente Interdependenz zwischen Kirche und Gesellschaft"[117] zum Ausdruck bringen. Daß dieses Anliegen gerade angesichts aktueller ekklesiozentrisch verengender Tendenzen mit Nachdruck verteidigt werden muß, steht außer Frage. Fragwürdig wird die gesamtgesellschaftliche Orientierung jedoch dort (aber nur dort), wo sie über die individuelle Lebenspraxis hinwegsieht. Dieses geschieht z.B., wenn Norbert Greinacher es als interesseleitende Frage der Praktischen Theologie bezeichnet, "wie die Kirche heute und morgen so verwirklicht werden kann, daß sie sowohl der Sache Jesu wie den Erfordernissen unserer heutigen gesellschaftlichen Situation am besten entsprechen kann"[118]. Um bei dieser Aufgabenbeschreibung ohne den Faktor "individueller Mensch" auszukommen, formuliert er vorher: "Hingegen würde das individuelle und soziale Leben unter den Bedingungen des Christentums jene Praxis betreffen, welche von der theologischen Ethik zu reflektieren ist."[119] Unter dieser Voraussetzung würden z.B. viele Bereiche der Seelsorge aus dem Reflexionshorizont der Praktischen Theologie herausfallen.

---

114 **Greinacher, N.**: Praktische Theologie.

115 **Otto, G.**: Grundlegung, 77; vgl. **ders.**: Praktische Theologie als kritische Theorie religiös vermittelter Praxis in der Gesellschaft. Zur Einleitung und Standortbestimmung; **ders.**: Praktische Theologie als Kritische Theorie religiös vermittelter Praxis - Thesen zum Verständnis einer Formel; **ders.**: Selbstverständnis.

116 **Otto, G.**: Grundlegung, 78.

117 **Greinacher, N.**: Praktische Theologie, 293.

118 Ebd. 294.

119 Ebd. 292.

Letztere könnte etwa die in Seelsorgegesprächen auftauchenden persönlichen Probleme zwar in ihren gesellschaftlichen Zusammenhängen und in ihrer Relevanz für das Leben der Kirche reflektieren, nicht aber den Umgang des betroffenen Menschen mit seinen Problemen als dessen eigene individuelle Lebenspraxis erfassen. Besteht dagegen unter den Bedingungen der Kolonialisierung der Lebenswelten durch die Subsysteme der Gesellschaft[120] (s. 2.2.2) und der neuen Unübersichtlichkeit gesellschaftlicher Lebensverhältnisse[121] für die Praktische Theologie nicht eine Herausforderung gerade darin, die je eigene Lebensgeschichte als Feld einer individuell geformten und verantworteten Lebenspraxis zu vermitteln?
Auf diesem Hintergrund wird versucht, mit der Formulierung "Praxis der Menschen" zum Ausdruck zu bringen, daß die von der Praktischen Theologie zu reflektierende Praxis sowohl die im Raum gesellschaftlicher und speziell kirchlicher Öffentlichkeit stattfindende Praxis als auch die vom einzelnen Menschen als eigenes und individuelles Handeln erlebte Praxis umfaßt. Darin wird auch schon ersichtlich, daß mit der Wahl dieser Formulierung keineswegs - wie vielleicht ein erster Blick und insbesondere die Abhebung vom "Praxis-in-der-Gesellschaft"-Theorem vermuten lassen könnte - eine Individualisierung intendiert ist. Abgesehen davon, daß die Betonung von Individualität gerade nicht die Tendenz der Individualisierung im Sinn von Vereinzelung bestätigen soll (s. 2.2.1.5), kann ja jedwede Praxis in der Gesellschaft auch nur eine Praxis von Menschen sein und als solche wahrgenommen werden. Umgekehrt geschieht die Bestimmung "Praxis der Menschen" bewußt in der pluralen Formulierung und will damit unvermindert zum Ausdruck bringen, daß jede individuell erlebte Praxis des einzelnen Menschen in gesamtgesellschaftlichen, von den vielen Menschen getragenen Bedingungszusammenhängen steht und diese auch von einer Praktischen Theologie analysiert bzw. kritisch reflektiert werden müssen. Über diesen Blick auf den gesellschaftlichen Kontext hinaus versucht sie aber durchaus, eine Ernstnahme des Menschen in seiner Individualität einzufordern.

1.1.2.3.3 "Christlich identifizierte und identifizierbare Praxis"

Wenn hier Praktische Theologie als kritische Theorie *christlich identifizierter und identifizierbarer Praxis* der Menschen beschrieben wird, dann ist die Parallelität zu Gert Ottos Bestimmung "Praktische Theologie als kritische Theorie religiös vermittelter Praxis in der Gesellschaft"[122] augenscheinlich. Otto erntete mit seiner Formel Kritik unter anderem deswegen, weil man mit dem Bezug nicht nur auf die kirchlich organisierten, sondern auf grundsätzlich alle im gesellschaftlichen Kontext beobachtbaren Formen der Religiosität das Feld der Praktischen Theologie sich ins Unübersehbare weiten sah, im Gegensatz dazu aber die Definition eines Praxisbereiches als notwendig

120 Vgl. **Habermas, J.**: Theorie des kommunikativen Handelns, Band 2, 539.

121 Vgl. **Habermas, J.**: Die Neue Unübersichtlichkeit.

122 **Otto, G.**: Grundlegung, 77.

erachtet wurde, der von einer Teilwissenschaft wie der Praktischen Theologie auch zu bewältigen sei.[123]
Diese Kritik an Otto bzw. das darin artikulierte Anliegen, sich in der praktisch-theologischen Reflexion auf einen überschaubaren Bereich zu beschränken, scheint - wenn nicht bereits damals, so doch mindestens in heutiger Zeit - obsolet geworden zu sein. Die Lebensfelder, Beziehungszusammenhänge, Dimensionen des Selbsterlebens von Menschen und darin implizit die potentiellen Situationen und Ausdrucksformen religiöser, auch speziell christlicher Praxis sind derart vielschichtig geworden, daß jeder Versuch, den Bezugsbereich Praktischer Theologie systematisch zu überschauen, illusionär erscheint, sofern die Überschaubarkeit nicht durch eine beliebige und mutwillige Beschränkung auf einen tatsächlich überschaubaren regionalen, personellen oder institutionellen Bereich bewerkstelligt werden soll. Diesem Faktum versucht Otto gerecht zu werden, indem er sich vom Anspruch der systematischen, vollständigen Erfassung des Gegenstandsbereichs der Praktischen Theologie verabschiedet und statt der bisherigen sektoralen, lückenlosen Gliederung der Praktischen Theologie für eine perspektivische Gliederung plädiert, die nicht vollständig sein will, dafür aber offen ist für die komplexen Zusammenhänge und für "das vielschichtige Vorkommen von *Religion* und *Kirche* in der *Gesellschaft*"[124].
In dieser Hinsicht wird mit der Formel "christlich identifizierte und identifizierbare Praxis" dieselbe Intention verfolgt. Es soll damit eine dezidierte Distanzierung von einer kirchenzentrierten Verengung der Perspektive praktisch-theologischer Reflexion zum Ausdruck kommen. Daß eine solche ekklesiozentrische Reduktion keineswegs überwunden ist, zeigen jüngste Veröffentlichungen zum Selbstverständnis der Praktischen Theologie. Dietrich Rössler z.B. betrachtet Praktische Theologie als "*die Verbindung von Grundsätzen der christlichen Überlieferung mit Einsichten der gegenwärtigen Erfahrung zu der wissenschaftlichen Theorie, die die Grundlage der Verantwortung für die geschichtliche Gestalt der Kirche und für das gemeinsame Leben der Christen in der Kirche bildet.*"[125] In dieser Formulierung erscheinen die Gestalt der Kirche bzw. das Leben in der Kirche als zentrales Anliegen. Die kirchenfixierte Sicht von Praktischer Theologie wird untermauert, wenn Rössler weiterhin bei der Frage nach dem Subjekt der Praxis zwar eine "allgemeine(n) kirchliche(n) oder religiöse(n) Praxis im weiteren Sinn"[126] annimmt, davon aber eine "Praxis im engeren Sinn"[127], nämlich die kirchenleitende Tätigkeit unterscheidet und definiert: "Die Praxis, deren Theorie ... die Praktische Theologie sein soll, ist ... als die Tätigkeit zu bestimmen, die im Auftrag der Kirche - exemplarisch durch den Inhaber eines kirchlichen Amtes - ausgeübt wird."[128]

---

[123] Vgl. stellvertretend für viele **Zerfaß, R.**: Kirchliche Praxis im Horizont der Gottesherrschaft, 269.

[124] **Otto, G.**: Grundlegung, 70; vgl. ebd. 69-74.

[125] **Rössler, D.**: Grundriß, 3, 21.

[126] Ebd. 10.

[127] Ebd.

[128] Ebd. 14.

Immer noch auf die Kirche als gesellschaftliches Gebilde fixiert präsentiert sich die Selbstverständnisformulierung der Praktischen Theologie bei Norbert Greinacher, auch wenn dieser die kirchenamtliche Tätigkeit nicht mehr im gleichen Maße wie Dietrich Rössler hervorhebt.[129] Zunächst versteht sich Greinacher durchaus als Anwalt der Überwindung jeglicher kirchlicher Introvertiertheit und versucht, dies durch die Formulierung "Praxis in der Gesellschaft" auszudrücken. Mit Vehemenz weist er darauf hin: "Es gibt nicht nur faktisch christlichen Glauben und christliches Heil, die sich außerhalb der institutionell verfaßten Kirchen vollziehen, es gibt auch konkrete Kirche ohne Glauben."[130] Und er schärft der Praktischen Theologie ein, daß es ihr "nie nur um die Kirche und ihre Praxis, sondern um das Heil und das Glück und die Freiheit der Menschen"[131] gehen müsse. Diese Impulse wirken sich dann aber nicht auf die von ihm vorgenommene Beschreibung des Reflexionsfeldes der Praktischen Theologie aus. Hier bildet wiederum die sichtbare Kirche den eingrenzenden Rahmen: "Von der Praktischen Theologie sind alle Einstellungen und Handlungs- und Verhaltensweisen zu bedenken, die von einzelnen Christinnen und Christen oder christlichen Gruppen entweder in der innerkirchlichen Öffentlichkeit oder im Namen der Kirche oder einfach als Kirche in der Gesamtöffentlichkeit vollzogen werden."[132] Alles, was nicht in der "innerkirchlichen Öffentlichkeit", "als Kirche in der Gesamtöffentlichkeit" oder "im Namen der Kirche" geschieht, also z.B. die Art, wie unverheiratete oder verheiratete Paare (auch in christlichem Bewußtsein) ihre Beziehung gestalten, die Pflege eines kranken oder behinderten Familienangehörigen, das Zusammenleben von Kindern und Jugendlichen mit Freunden und Freundinnen, der Umgang mit eigenen seelischen Problemen, wäre demnach für die Praktische Theologie nicht von Relevanz bzw. nur insoweit von Relevanz, als eine im Namen der Kirche handelnde Person mit den von ihr vertretenen Funktionen und Interessen daran beteiligt ist.

Die ekklesiozentrische Dimensionierung der Praktischen Theologie ist schließlich in überraschend deutlicher Weise bei Paul M. Zulehner zu beobachten. Für ihn ist das Thema der wissenschaftlichen Pastoraltheologie "die *'Praxis der Kirche(n)'*, das also, was die Kirche 'tut', wie sie handelt, arbeitet und ihre Arbeit organisiert"[133], und reflektiert die Pastoraltheologie die Praxis der Kirche, "um zu deren Weiterentwicklung beizutragen"[134].

Entgegen dieser nach wie vor virulenten ekklesiozentrischen Reduktion gilt es, die Forderung einzulösen, daß die Praktische Theologie über den Horizont des kirchlich-institutionalisierten Handelns hinaus blicken muß (was nicht heißt, daß sie letzteres aus dem Blick verlieren dürfe). Dieses Postulat ergibt sich aus zwei fundamentalen Voraussetzungen. Zum einen muß die mittlerweile zum Allgemeingut avancierte, aber nicht

---

129 Vgl. **Greinacher, N.**: Praktische Theologie.

130 Ebd. 290.

131 Ebd.

132 Ebd. 292.

133 **Zulehner, P.M.**: Pastoraltheologie, Band 1, 32.

134 Ebd. 305.

minder zutreffende Rede der Religions- und Kirchensoziologen von der Pluralisierung religiöser Lebensformen auch bei Christinnen und Christen ernstgenommen werden.[135] Zum andern gilt die Prämisse, daß im christlichen Kontext jeder Mensch als Subjekt seiner (auch religiösen) Praxis anerkannt werden muß und daß niemand lediglich als Objekt von anderen Handelnden bzw. von Institutionen verrechnet werden darf. Und das heißt schließlich, daß zumindest in christlicher Perspektive die Praxis eines jeden Menschen Wert in sich und folglich ein grundsätzliches Recht auf Wahrnehmung und Reflexion hat. Die Praktische Theologie hat die Praxis zu reflektieren, die von Menschen als christliche Praxis im Raum der gesellschaftlichen und binnenkirchlichen Öffentlichkeit wie auch im Raum der je eigenen Individualität vollzogen wird. Sie findet ihren Gegenstand sicherlich in den institutionalisierten Handlungen der Kirche wie z.B. in der Sakramentenspendung, im Religionsunterricht oder in der Diakonie; sie findet ihn aber auch in den Riten, Bräuchen und Konventionen der Christinnen und Christen; und sie findet ihn in den Formen der privaten, individuellen Ausübung christlicher Religiosität wie auch in allen anderen Praxisformen, die schon als christliche Praxis identifiziert sind. Dies ist der Hintergrund der Formel "christlich identifizierte Praxis". Und bislang deckt sich die darin enthaltene Aussageintention mit der Intention der Formel "religiös vermittelte Praxis" von Gert Otto.
In der hier zugrundegelegten Bestimmung ist jedoch auch eine Unterscheidung gegenüber der Ottoschen Formel enthalten; sie zeigt sich im Vergleich zu dieser sowohl als eine Einschränkung als auch als eine Erweiterung. Zum einen scheint es im Kontext moderner Gesellschaften nicht mehr angemessen zu sein, die Praktische Theologie allgemein auf *religiöse* Praxis zu beziehen. Religiöse Praxis in modernen Gesellschaften wird von einer Vielzahl an Religionen und religiösen Bewegungen gleichzeitig und nebeneinander konstituiert. Auch die Vollzugsformen anderer, nicht christlicher Religionen sind religiöse Praxis, und es ist klar, daß die von den christlichen Kirchen getragene Praktische Theologie nicht beanspruchen kann, deren Reflexionsinstanz zu sein. Der Bezug Praktischer Theologie zu der von ihr gemeinten Praxis steht in dieser Untersuchung also in einem - im Unterschied zur Formel Gert Ottos - engeren, ausdrücklich *christlichen* Deutungsrahmen. Das heißt: Praktische Theologie, wie sie *hier* zur Klärung ansteht, verbleibt bei der Bestimmung ihres Gegenstandes im Rahmen *christlicher* Glaubenspraxis. Sie beansprucht nicht, die Religionspraxis z.B. von Muslimen, insofern sie als muslimische Religionspraxis verstanden ist, zu beurteilen. Praktische Theologie reflektiert *christlich identifizierte* Praxis.
Eine Erweiterung ist andererseits mit der Formulierung "christlich *identifizierbare* Praxis" versucht. Obwohl schon Gert Otto zum Vorwurf gemacht worden ist, er hätte den Gegenstandsbereich der Praktischen Theologie ins Unüberschaubare ausgeweitet, wird hier eine nochmalige Ausweitung vorgeschlagen. Neben der bereits christlich identifizierten Praxis hat die Praktische Theologie auch jene Praxis der Menschen zu

[135] Vgl. dazu etwa **Kaufmann, F.X.**: Religion und Modernität, 215; **Ebertz, M.**: Vom Schicksal zur Wahl; **Gabriel, K.**: Lebenswelten, 101-105; **ders.**: Christentum zwischen Tradition und Postmoderne; und als "Klassiker" **Berger, P.L.**: Der Zwang zur Häresie.

reflektieren, die zunächst nicht (zumindest nicht bewußt) christlich motiviert und gedeutet ist, der aber gleichwohl eine christliche Qualität eignet, die also christlich identifizierbar ist. Im Blick sind dabei all jene Lebensvollzüge, in denen Menschen einer von ihnen verspürten Verantwortung gerecht zu werden versuchen, in denen sie nach ethischen Prinzipien handeln oder in denen sie "einfach nur" die alltäglichen Anforderungen ihres Lebens zu bewältigen trachten, die aber trotzdem oder vielmehr gerade deshalb von solcher Art sind, daß die darin erfüllten Verantwortungen, Prinzipien und Anforderungen auch als christliche Ansprüche gelesen werden können - falls dazu Anlaß besteht. Solche mit Karl Rahner als "anonym-christlich" zu bezeichnende Lebensvollzüge sind weniger in aufsehenerregenden Ereignissen als im Alltag der Menschen gegeben. Keineswegs soll mit diesem Blick auf die grundsätzlich christlich identifizierbare Praxis der Anspruch erhoben sein, solche Praxis müsse immer und unter allen Umständen der bewußten christlichen Identifizierung zugeführt werden. Es kann nicht darum gehen, diesen Praxisformen gleichsam durch ihre Einspannung in die von Theologie und Kirche vorgegebenen Deutungsmuster erst einen Wert zusprechen zu wollen. Diese Praxis hat, insofern sie von Menschen vollzogen wird, einen Wert in sich. Aber die christliche Identifizierung, d.h. die ausdrückliche Anerkennung der in der Praxis selbst gegebenen christlichen Qualität, soll überall dort nicht versagt werden, wo eine solche Identifizierung im Dienst der betroffenen Menschen steht, näherhin wo die Menschen das selber wünschen, wo damit das in der ursprünglichen Beziehung zu Gott begründete Subjektsein der Menschen anerkannt und diesen Menschen ein diesbezügliches Selbstbewußtsein vermittelt wird.

Schließlich bleibt zu klären, daß mit der Bestimmung "christlich identifizierte und identifizierbare Praxis" nicht nur die Praxis gemeint ist, die in einem positiven, bestätigenden Sinn als christlich zu identifizieren ist. Eingeschlossen sind auch solche Praxisformen, die christlichen Maximen widersprechen, die also insofern theologisch relevant und auf eine negative Weise christlich identifizierbar sind, als sie eine christliche Sicht der Wirklichkeit zu kritischer Analyse, zur konträren Stellungnahme und zum Gegenengagement herausfordern.

Wenn nun die Praktische Theologie im dargestellten Sinn auch die Theorie solcher "anonym-christlichen", christlich identifizierbaren Praxis sein soll, dann bedeutet das freilich eine Ausweitung auf die Praxis potentiell aller Menschen bzw. auf die menschliche Praxis insgesamt, weil jeder Mensch als Beziehungspartner Gottes zugleich als Wesen ernstgenommen werden muß, in dessen Leben sich etwas von der Beziehung zwischen Gott und den Menschen niederschlagen kann und auch niederschlägt. Vor dieser in der Tat ins Unüberschaubare ausgeweiteten Bestimmung der Praxis als potentiellem (d.h. in der Realität freilich nie auch nur annähernd zur Gänze erfaßtem) Gegenstandsfeld der Praktischen Theologie mag man zurückschrecken und abermals den Vorwurf erheben, eine solche Praktische Theologie sei schon allein wissenschaftsorganisatorisch nicht zu bewältigen. Aber selbst wenn man den Aspekt der wissenschaftsorganisatorischen Realisierbarkeit zugrundelegt, erscheint die Forderung des Gegenteils, der Abgrenzung eines überschaubaren Praxisbereichs, nur scheinbar realitätsgerechter. Die Realität besteht ja gerade darin, daß die vom Menschen in seinen verschiedenen Lebenskontexten erlebte und vollzogene Praxis samt ihren Zusammenhängen einfach nicht mehr zur Gänze überschaubar ist. Auch wenn man eine Eingrenzung auf den von vornherein als "kirchlich" definierten Praxisbereich vornehmen würde, wären selbst innerhalb dieses Bereichs unüberschaubar viele Zusammenhänge mit anderen Praxisbereichen in ihrer Virulenz für die sogenannte "nur kirchliche" Praxis zu bedenken, so daß man der Tatsache der Unüberschaubarkeit der Praxis und ihrer Zusammenhänge in keinem Fall entweichen könnte. Es kommt also der Realität näher, diese Unhintergehbarkeit der nicht begrenzbaren Vielgestaltigkeit von Praxis zu akzeptieren und konstruktiv in die Klärung des Selbstverständnisses der Praktischen Theologie mit aufzunehmen.

Noch wichtiger aber ist, daß die Praktische Theologie bei der Bestimmung ihres Gegenstandes ihre eigenen fundamentalen theologischen Prämissen nicht einfach durch - ansonsten berechtigte - Überlegungen der Praktikabilität außer Kraft setzen lassen darf. Die Praktische Theologie versteht sich als *Theologie*, weil sie nicht die Anwendung des Wissens anderer Theologiedisziplinen ist, sondern weil sie die Praxis der Menschen als Ort der Offenbarung Gottes begreift. Sie sieht ihre Aufgabe darin, bestehende Praxis der Menschen wahrzunehmen, sie zu deuten als Ort, an dem die liebende Zuwendung Gottes zum Menschen erfahren werden kann, sie zu kritisieren, wo sie dem Anspruch der Beziehung zwischen Gott und Mensch und der darin konstituierten Menschenwürde nicht gerecht wird, und sie so zu gestalten, daß in ihr Gott als Wirklichkeit des Menschen erfahren werden kann. Dann aber darf die Praxis als Gegenstand der Praktischen Theologie aus grundlegenden theologischen Erwägungen heraus gar nicht auf einen bestimmten Bereich eingegrenzt werden, weil auch Gott als der Unendliche in seiner Beziehung zu Menschen und in seinem Wirken bei Menschen nicht eingegrenzt werden kann. Will sich die Praktische Theologie als Theologie und gerade auch als kritische Instanz der kirchlichen Praxis und der anderen theologischen Disziplinen verstehen[136], dann steht sie unter dem indispensablen Anspruch, "daß sie die bedrängenden *Probleme menschlicher Praxis insgesamt* im Blick hat, also die Praxis, in der Menschen als einzelne oder gemeinsam versuchen, aus einer bedrängenden Not heraus ein humanes Überleben zu sichern und den Sinn ihrer Existenz zu bestimmen. ... Wenn Theologie nicht diese Herausforderungen menschlicher Praxis insgesamt mit ihren Bedrohungen, Widersprüchen und Pathologien im Blick behält, dann ... verfehlt sie im Ansatz ihren Gegenstand, weil Theologie sich nicht von vornherein nur ein Segment oder eine Region menschlicher Praxis gesellschaftlich verordnen lassen oder selbst als Rückzugsgebiet wählen darf. Die Universalität einer praktisch-theologischen Fragestellung darf nicht hinter dem alltäglichen Problembewußtsein eines normalen Zeitungslesers zurückbleiben."[137] Der Anspruch einer Praktischen Theologie, die alle für sie relevante Praxis umfassend und systematisch bearbeiten möchte, müßte dann konsequenterweise aufgegeben und vom Prinzip der perspektivischen Exemplarität abgelöst werden.

---

136 Vgl. **Browning, D.**: Auf dem Wege zu einer Fundamentalen und Strategischen Praktischen Theologie, 26-31.

137 **Peukert, H.**: Was ist eine praktische Wissenschaft?, 77.

Statt aller möglichen wären bewußt und gezielt exemplarische Inhalte zu bearbeiten, die wiederum Perspektiven auf andere Inhalte eröffnen. Andernfalls wären diejenigen, die eine Ausweitung des praktisch-theologischen Reflexionsgegenstandes im dargelegten Sinn verneinen, zu fragen: Welcher qualitative Unterschied zwischen der dezidiert christlichen oder dezidiert kirchlichen Praxis einerseits und der allgemeinen, christlich identifizierbaren Praxis andererseits wäre überhaupt zu benennen, der es rechtfertigen würde, letztere als theologisch nicht relevant, d.h. nicht als potentiellen Ort der Verwirklichung der Verantwortung des Menschen vor Gott zu erachten?
Wiederum ist darauf hinzuweisen, daß eine derartige Perspektivenerweiterung in der Umschreibung des Gegenstandsfeldes Praktischer Theologie gerade dort angezeigt ist, wo es um Diakonie geht, geschieht doch ein Großteil diakonischer Praxis außerhalb des Rahmens institutionalisierter Kirchlichkeit, unabhängig von einem kirchlichen Auftrag, nicht selten ohne bewußte Vergegenwärtigung der christlichen Identität dieses Handelns und dennoch im Ankämpfen gegen nichtchristliche Muster gesellschaftlicher Praxis, bzw. gilt es doch, diese "inoffiziellen" Formen der Diakonie aus ihrer nicht zuletzt von einer kircheninstitutionellen Fixiertheit der Theologie verursachten Vergessenheit zu holen.

1.1.2.3.4 "Kritische Theorie"

Nach wie vor ist im Kontext von Theologie und Kirche ein unbefangenes Reden von der "Kritischen Theorie" nicht möglich, da sie bzw. ihre wissenschaftsgeschichtliche Geburtsstätte, die "Frankfurter Schule" mit ihren Hauptvertretern wie z.B. Max Horkheimer, Theodor W. Adorno, Erich Fromm, Herbert Marcuse und in deren Nachfolge Jürgen Habermas, im binnenkirchlichen Raum als Kohorte der Religionskritik und folglich als kirchenfeindliche Kraft wahrgenommen wird.[138] Daß der Terminus "kritische Theorie" mittlerweile in nicht wenigen Selbstdefinitionen der Praktischen Theologie Eingang gefunden hat[139], dispensiert nicht von der Notwendigkeit zu klären, welche Implikationen transportiert werden, wenn aus theologischem Interesse heraus von

---

[138] Hier kann nicht darauf eingegangen werden, inwiefern diese Befangenheit von seiten der Kirche gegenüber der Kritischen Theorie auf fundierter Kenntnis der Inhalte dieser Denkrichtung oder eher auf ungeordneten Assoziationen mit "Marxismus" und "Kommunismus" beruht. Jedenfalls aber ist die pauschale Kennzeichnung der Kritischen Theorie als eine für das christlich-kirchliche Glaubensverständnis destruktive Kraft abwegig. Zur differenzierten Darstellung von Religionsverständnis und Religionskritik in der Frankfurter Schule vgl. **Kessler, M.**: Das Versprechen der Schlange.

[139] Vgl. **Otto, G.**: Grundlegung, 77; **Päschke, B.**: Praktische Theologie als kritische Handlungswissenschaft; **Greinacher, N.**: Praktische Theologie als kritische Theorie kirchlicher Praxis in der Gesellschaft; implizit **Spiegel, Y.**: Praktische Theologie als empirische Theologie; vgl. zu diesen Ansätzen **Mette, N.**: Theorie der Praxis, 175-183; vgl. zur Bedeutung der Kritischen Theorie für die Praktische Theologie **Heyl, A.v.**: Praktische Theologie und Kritische Theorie, bes. 232-247.

"kritischer Theorie"[140] die Rede ist.
Es ist im Grunde nur ein Aspekt, aber ein hinreichender Aspekt, der dazu veranlaßt, Praktische Theologie als *kritische Theorie* zu verstehen. Er ist darin gegeben, daß es der Kritischen Theorie "nicht nur um Zwecke, wie sie durch die vorhandenen Lebensformen vorgezeichnet sind, sondern um die Menschen mit allen ihren Möglichkeiten"[141] geht und daß "sie nirgends bloß auf Vermehrung des Wissens als solchen ..., sondern auf die Emanzipation des Menschen aus versklavenden Verhältnissen"[142] abzielt. Daß es um den Menschen geht, daß also der Mensch und sein ihm entsprechendes, von Unterdrückung freies Menschsein der Zweck allen Denkens und Handelns ist, bildet andererseits auch die Maxime für eine Theologie, die die anthropologische Wende vollzogen und verstanden hat, daß sie "unbefangen beim Menschen, bei seiner Selbsterfahrung, bei seiner Existenz anfangen und, richtig verstanden, auch bei ihm enden darf"[143]. Diese Orientierung der Kritischen Theorie am Menschen läßt sich mit Helmut Peukert[144] in drei Stufen beschreiben.
Angeregt von der Überlegung, in welchem ursächlichen Zusammenhang sich Fehlentwicklungen der Gesellschaft als Mängel und Leiden des Individuums auswirken, wählt sich die Kritische Theorie "die Menschen als die Produzenten ihrer gesamten historischen Lebensformen zum Gegenstand. Die Verhältnisse der Wirklichkeit, von denen die Wissenschaft ausgeht, erscheinen ihr nicht als Gegebenheiten, die bloß festzustellen und nach den Gesetzen der Wahrscheinlichkeit vorauszuberechnen wären. Was jeweils gegeben ist, hängt nicht allein von der Natur ab, sondern auch davon, was der Mensch über sie vermag."[145] Unabhängig davon, wie die Betrachtung des Menschen als "Produzent seiner historischen Lebensformen" aus christlich-theologischer Sicht zu bewerten ist, und unabhängig von der Frage, ob hier der eventuell zu erwartende Vorwurf eines unchristlichen Selbstmächtigkeits- bzw. Selbsterlösungsstrebens tatsächlich zutreffend wäre, gilt es für eine Praktische Theologie, das Kernanliegen dieser Aussage aufzugreifen: Im Gegensatz zur Theorie nach traditionellem Verständnis, in der der Mensch Gegebenes feststellt und es immer wieder reproduziert, werden hier die Verhältnisse der menschlichen Lebenssituationen, also der Wirklichkeit nicht einfach fatalistisch als vorgegeben hingenommen. Vielmehr kommt in der Sicht der Kritischen Theorie dem Menschen die Rolle dessen zu, der mit diesen Gegebenheiten (nach erst zu bestimmenden Kriterien) produktiv-kreativ umgehen kann. Der Mensch ist hier - dem

140 Die unterschiedliche Schreibweise, in der mit Bezug auf die Praktische Theologie von der - kleingeschriebenen - "kritischen Theorie" die Rede ist und der - großgeschriebene - Terminus technicus "Kritische Theorie" der sozialphilosophischen Schule vorbehalten bleibt, soll anzeigen, daß die Praktische Theologie selbst nicht als Variante der Schule zu verstehen ist, sondern Elemente der Kritischen Theorie rezipiert bzw. sich selbst deren Urteil aussetzt und dadurch als Theorie "kritisch" wird.

141 **Horkheimer, M.**: Nachtrag, 262.

142 Ebd. 263.

143 **Rahner, K.**: Die theologische Dimension der Frage nach dem Menschen, 402.

144 Vgl. **Peukert, H.**: Kritische Theorie und Pädagogik, 196-206.

145 **Horkheimer, M.**: Nachtrag, 261.

Ideal nach - nicht mehr der Erleider, sondern der Gestalter seines Lebens. Der Kritischen Theorie geht es um eine Praxis, "in der Menschen sich in Auseinandersetzung mit der Natur zu einer gemeinsamen Lebensform heraufzuarbeiten suchen, die vernünftig ist, also Unterdrückung und Ausbeutung überwindet und aus zwangloser Übereinstimmung hervorgeht. Ihr Vorschein erlaubt die Kritik bestehender gesellschaftlicher Verhältnisse ebenso wie deformierter psychischer Strukturen und intersubjektiver Verhaltensweisen."[146] Ist es verfehlt, das, was Theologie und Kirche gegenwärtig zu halten haben, die Botschaft Jesu Christi und dessen sich real auswirkende Ansage des Reiches Gottes, ebenso als einen "Vorschein" zu identifizieren, der solche Kritik ermöglicht? Die Kritische Theorie versteht sich jedenfalls laut Horkheimer als "ein unlösbares Moment der historischen Anstrengung, eine Welt zu schaffen, die den Bedürfnissen und Kräften der Menschen genügt"[147]. Binnenkirchlich und -theologisch findet man das christlich-analoge Postulat dort, wo gesagt wird: "Der Sabbat ist für den Menschen da, nicht der Mensch für den Sabbat" (Mk 2,27).[148]

Freilich meldet sich aus heutiger Sicht, d.h. angesichts globaler, von Menschen und deren unkontrollierter Bedürfnisbefriedigung verursachter Krisen, Katastrophen und Ungerechtigkeiten, sogleich deutlicher Widerspruch gegen eine solche euphorische Programmatik der Weltgestaltung nach den Bedürfnissen des Menschen. Genau diese Paradoxie ist nun das Movens für die zweite Reflexionsstufe des von der Kritischen Theorie verfolgten Anliegens, der Ermöglichung des Menschseins der Menschen. Sie zielt "nirgends bloß auf Vermehrung des Wissens als solchen ab, sondern auf die Emanzipation des Menschen aus versklavenden Verhältnissen"[149]. Was damit gemeint ist, kann am Titel eines von Horkheimer und Adorno verfaßten Hauptwerkes der Kritischen Theorie, der "Dialektik der Aufklärung"[150] abgelesen werden. Angesichts der historischen Gegebenheiten verlor man gegenüber dem Programm der Aufklärung das Vertrauen darauf, daß es allein das war, was zu sein es vorgab, nämlich die Befreiung des Menschen aus entwürdigenden Gebundenheiten und die Ermöglichung von Mündigkeit und Subjektsein durch das alleinige Vertrauen auf die Leistungen der Vernunft. Die Geschichte lehrt, daß dieses Programm auch das Gegenteil seiner selbst auslöste, nämlich neue Unfreiheiten, neue Bevormundung, neue Ungerechtigkeiten und neue Zerstörungen unter der Vorherrschaft einer verabsolutierten Rationalität. Darin besteht die Spannung, welche die Protagonisten der Kritischen Theorie mit dem Titel "Dialektik der Aufklärung" zum Ausdruck bringen wollten: "Die Aporie, der wir uns bei unserer Arbeit gegenüber fanden, erwies sich somit als der erste Gegenstand, den wir zu untersuchen hatten: die Selbstzerstörung der Aufklärung. Wir hegen keinen Zweifel ..., daß die Freiheit in der Gesellschaft vom aufklärenden Denken unabtrennbar ist. Jedoch glauben wir, genauso deutlich erkannt zu haben, daß der Begriff eben dieses

[146] **Peukert, H.**: Kritische Theorie und Pädagogik, 198.

[147] **Horkheimer, M.**: Nachtrag, 263.

[148] Vgl. **Peukert, H.**: Was ist eine praktische Wissenschaft?, 78.

[149] **Horkheimer, M.**: Nachtrag, 263

[150] **Horkheimer, M./Adorno, Th.W.**: Dialektik der Aufklärung.

Denkens, nicht weniger als die konkreten historischen Formen, die Institutionen der Gesellschaft, in die es verflochten ist, schon den Keim zu jenem Rückschritt enthalten, der heute überall sich ereignet."[151] Der konstatierte Rückschritt besteht darin, daß die entscheidende Größe der Aufklärung, die Vernunft, sich als Quelle des Willens "zur Selbstbehauptung und Herrschaft [erwies], der schließlich Wille zur Vernichtung anderer und damit zur Selbstvernichtung werden mußte"[152]. Die Tatsache, daß der Mensch nicht nur selbst Natur ist, sondern über seine Vernunft gleichzeitig auch die Natur als ein distanziertes Gegenüber erfährt, ist für Horkheimer und Adorno der Grund der Möglichkeit, daß der Mensch die Natur zu seinem Herrschaftsobjekt degradiert. Eine Ausdrucksform dieses Herrschaftsstrebens ist die Theorie. In ihr versucht der Mensch, konkrete Wirklichkeit über Begriffe zu abstrahieren und sie dadurch mit vorgegebenen Vorstellungen zu identifizieren, so daß Wirklichkeit unabhängig vom konkreten, besonderen Fall so vergegenwärtigt wird, als sei sie eine allgemeine, immer wieder abrufbereite Gegebenheit. Dieser Vorgang ist ungeschützt vor Manipulationen, da in diesen Prozeß der theoretischen Abstraktion auch Vorstellungen des Menschen Eingang finden, die nicht von der konkret gegebenen Wirklichkeit gedeckt sind. Wirklichkeit kann also manipuliert werden, und Theorie kann zum Medium werden, mit dem der Mensch diese Manipulation systematisch betreibt und seine Herrschaft über die Wirklichkeit ausbaut. Da nun dieser Wille zur Herrschaft als Kehrseite die Angst vor der Herrschaft anderer in sich trägt, läuft er zwangsläufig auf den Willen zur Herrschaft über diese anderen Menschen hinaus. Anschaulich haben Horkheimer und Adorno diesen Zusammenhang an der Vereinnahmung der Individualität durch die Logik der Industriegesellschaft beschrieben: "In der Kulturindustrie ist das Individuum illusionär nicht bloß wegen der Standardisierung ihrer Produktionsweise. Es wird nur so weit geduldet, wie seine rückhaltlose Identität mit dem Allgemeinen außer Frage steht. Von der genormten Improvisation im Jazz bis zur originellen Filmpersönlichkeit, der die Locke übers Auge hängen muß, damit man sie als solche erkennt, herrscht Pseudoindividualität. Das Individuelle reduziert sich auf die Fähigkeit des Allgemeinen, das Zufällige so ohne Rest zu stempeln, daß es als dasselbe festgehalten werden kann."[153] Gegen den hier beschriebenen Mechanismus, in dem der Mensch sein Streben nach Mündigkeit zum Willen zur Herrschaft über andere pervertiert und somit im Rückstoß gegen sich selbst richtet, in dem also der Mensch zum disponierbaren Objekt von Herrschaft verkommt, richtet sich die Kritik der Kritischen Theorie.[154]

Ihre dritte Reflexionsstufe erreicht die Kritische Theorie nach Helmut Peukert in der von Jürgen Habermas formulierten "Theorie kommunikativen Handelns".[155] Gleichsam im Gegenzug zur beschriebenen Aufdeckung des herrschaftsförmigen Charakters

---

151 Ebd. 3.

152 **Peukert, H.**: Kritische Theorie und Pädagogik, 201; vgl. zum folgenden ebd.

153 **Horkheimer, M./Adorno, Th.W.**: Dialektik der Aufklärung, 163.

154 Vgl. **Peukert, H.**: Kritische Theorie und Pädagogik, 201 f.

155 Vgl. **Habermas, J.**: Theorie des kommunikativen Handelns, Band 1 und 2; vgl. zum folgenden **Peukert, H.**: Kritische Theorie und Pädagogik, 206-209.

moderner Gesellschaften geht es hier darum, das gesellschaftliche Zusammenleben der Menschen unter den beiden fundamentalen Kategorien Herrschaftsfreiheit und Intersubjektivität zu erfassen. Ausgehend von der Unterscheidung zwischen traditioneller und kritischer Theorie setzt Habermas zunächst die wichtige weitere "Unterscheidung zwischen Arbeit und Interaktion, zwischen zweckrationalem, *instrumentalem Handeln* und *kommunikativem Handeln*"[156]. Das instrumentelle Handeln bezeichnet jene menschlichen Praxisformen, die auf die Herstellung von etwas abzielen, und ist folglich die Operationalisierung des Verfügens über ein Objekt, der Herrschaft. Grundintention des kommunikativen Handelns dagegen ist die Aufhebung des Subjekt-Objekt-Gefälles zwischen Menschen, die auf die Konstitution der Mündigkeit aller am Geschehen beteiligten Menschen hinauslaufen soll. Letztere wird nach Habermas erreicht durch eine Verständigung der Kommunikationspartner über ihre Ziele, die frei von Herrschaft vonstatten geht und mit einem für alle akzeptablen Konsens abgeschlossen wird. Mit Habermas findet also die Kritische Theorie in der Interaktion zwischen den Menschen den Verwirklichungsraum ihres kritisch-revolutionären Potentials und in der "Anerkennung des andern als gleichberechtigten Interaktionspartner die Grundnorm menschlichen Handelns"[157] wie auch die Grundorientierung wissenschaftlicher Forschungsprozesse, die sich auf das menschliche Handeln beziehen, da der Fortgang der Reflexion nicht konträr zum Inhalt der Reflexion laufen kann.[158]
Diese drei Impulse, die In-Blick-Nahme des Menschen als Gestalter seiner ihm vorgegebenen Wirklichkeit, der vehemente Einspruch gegen die Verzweckung des Menschen als Objekt der Herrschaft anderer Menschen und der Gedanke der Konstitution von Subjektsein durch eine herrschaftsfreie Gestaltung menschlicher Interaktion, sind es, die dazu veranlassen, die Anliegen der "Kritischen Theorie" in die Praktische Theologie aufzunehmen und diese dann als "kritische Theorie" zu beschreiben, auch wenn sich dabei die Praktische Theologie selbst noch einmal eine kritische Distanz zur "Kritischen Theorie" als philosophischer Denkrichtung bewahren muß und nicht einfach als eine von deren Spielarten auftreten kann. Einer derart angelegten Praktischen Theologie ist die Bereitschaft zur kritischen Revision ihres wissenschaftlichen Selbstvollzugs abverlangt. Gerade in Abgrenzung von der Logik instrumentellen herrschaftsförmigen Handelns ist es unmöglich, diese Wissenschaft als Anweisungsinstanz für ein Tun zu konzipieren, das auf ein Herstellen und Bewirken von Zuständen ausgerichtet ist, welche von einseitig definierten Interessen bestimmt werden. Praktische Theologie muß sich zunächst als eine Instanz verstehen, die die Zustände des politisch-gesellschaftlichen Lebens, des zwischenmenschlichen Zusammenlebens, der Bedingungen des individuellen Selbsterlebens und der mit all dem in Zusammenhang stehenden kirchlichen Praxis einer Kritik unterzieht. Entsprechend den drei genannten Impulsen der Kritischen Theorie bildet das Kriterium ihrer Kritik die Frage, ob die Menschen in ihren

156 **Peukert, H.**: Kritische Theorie und Pädagogik, 206.

157 Ebd. 209.

158 Eine anders angelegte, aber instruktive Charakterisierung der Kritischen Theorie findet sich bei **Salamun, K. (Hg)**.: Was ist Philosophie?, 110-118.

Lebenszusammenhängen Subjekt sein können bzw. inwiefern sie daran gehindert werden. In Übereinstimmung damit bildet das Subjektsein des Menschen die Leitkategorie beim Unterfangen der Praktischen Theologie, Praxis "besser" zu gestalten. Mit ihrem Selbstverständnis, Instanz der Kritik subjektdestruktiver Verhältnisse und der Konzeption subjektkonstitutiver Praxis zu sein, mit dem ständigen Fragen danach also, was der Mensch ist und sein soll, entfernt sich die Praktische Theologie nicht vom wesentlichen Inhalt der Theologie, sondern stößt in ihren Kern vor. Denn Theologie ist nicht einfach "Lehre von Gott", sondern - die Sicht der Theologie als transzendentaler Anthropologie bei Karl Rahner aufgreifend - Lehre vom Menschen, insofern er als Mensch vor Gott steht.

1.2 Subjektsein - das theologische Kriterium

Daß das Subjektsein des Menschen das theologische Kriterium für Analyse, Beurteilung und Konzeption einer christlichen Praxis sein soll, versteht sich nicht von selbst. Es kann für die christliche Praxis nur dann ein - im wörtlichen Sinn - maß-gebendes Kriterium sein, wenn sich zeigen läßt, daß in diesem Subjektsein etwas ausgedrückt ist, was in theologischer Sicht wesentlich zum Menschen gehört und was folglich für die Theologie als Lehre vom Menschen, insofern er als Mensch vor Gott steht, ein Konstitutivum darstellt.

Um den diesbezüglichen Nachweis zu führen, werden im folgenden die theologischen Subjekttheorien von Karl Rahner, Johann Baptist Metz und Helmut Peukert herangezogen. Diese drei Ansätze scheinen für die anstehende Fragestellung in besonderer Weise geeignet zu sein. Alle drei Theologen entwickeln ihre Gedanken auf der Basis eines Theologieverständnisses, in dem sie die "Lehre von Gott" ausdrücklich als Frage nach dem Menschen und nach den Bedingungen eines menschenwürdigen Menschseins betreiben. Die Frage nach dem Subjektsein hat also in diesen drei Theologien einen prädestinierten Ort. Die Trias Rahner-Metz-Peukert legt sich zudem deshalb nahe, weil mit den biographischen Zusammenhängen zwischen ihnen auch ihre Theologien in einem inhaltlichen Zusammenhang stehen. Trotz einiger Absetzbewegungen, insbesondere von Metz gegenüber Rahner, ist deutlich erkennbar, wie sehr Metz und Peukert in der Kontinuität zu Rahner stehen und Metz und Peukert sich untereinander inspirieren. Auf der anderen Seite - und das ist der dritte Grund für die Auswahl der drei - sind diese Theologien doch wieder so unterschiedlich, daß mit ihnen die Frage nach dem Subjektsein nicht nur eine zufällige theologische Verortung erfährt, sondern über ein weites Spektrum theologischer Paradigmen gespannt wird: von der "transzendentalen Anthropologie" Rahners über die "politische Theologie" von Metz bis zu den wissenschaftstheoretischen Reflexionen Peukerts.[159] Was hier an Subjektverständnis zutage tritt, kann Signifikanz für das theologische Verständnis des Subjektseins des Menschen überhaupt beanspruchen.

Die angekündigte Rekonstruktion eines theologischen Verständnisses des Subjektseins des Menschen geschieht jedoch nicht voraussetzungslos. Auch hier ist der theologischen Reflexion des Begriffs eine aus dem Sprachgebrauch und den Verwendungszusammenhängen erwachsende Vorprägung des Begriffs schon mitgegeben. Es zeigt sich, daß der Subjektbegriff in den gängigen Verwendungszusammenhängen mit einem Hof bestimmter Konnotationen versehen ist. Und es zeigt sich, daß die Bedeutungsgehalte des Subjektbegriffs nicht unwesentlich durch die konträre Abhebung vom Objektbegriff konturiert werden. Bevor also die genannten drei Konzepte einer theologischen Subjekttheorie im einzelnen dargestellt werden, bedarf es einer Vergewisserung dieser Vorprägungen des Subjektbegriffs.

---

159 Vgl. zu den genannten Subjekttheorien auch **Brachel, H.-U.v.**: Subjekt werden, 26-31, 95-123.

1.2.1 Das Vorverständnis des Begriffs "Subjekt"

1.2.1.1 Die Rede vom Subjekt zwischen Selbstverständlichkeit und Fragwürdigkeit

Wer es unternimmt, das Subjektsein des Menschen als praktisch-theologische Kategorie zu manifestieren, findet sich in einem eigentümlichen Spannungsfeld vor. Mit dem Subjektsein des Menschen wird etwas eingefordert, was in seiner Bedeutung keineswegs unumstritten ist. Während auf der einen Seite der Subjektgedanke einen derart hohen Grad der Selbstverständlichkeit erreicht, daß die Behauptung des Subjektseins als praxisanalytisches und -konzeptionelles Kriterium geradezu den Charakter eines Allgemeinplatzes annimmt, wird auf der anderen Seite darin der naive Nachklang einer idealistischen anthropologischen Fiktion gesehen. Selbst die philosophisch-sozialwissenschaftliche Diskussion des Subjektbegriffs weist eine weite Spannbreite mit divergierenden Ansätzen auf: von Immanual Kants aufklärerischem Postulat der Mündigkeit, in dem sich der Mensch zum überragenden Vernunftsubjekt aufschwingt, bis zur Konstatierung des Todes des Subjekts bei den Strukturalisten, die wie Michel Foucault den Menschen als das Ergebnis eines Ensembles von Strukturen, nicht aber als deren Souverän sehen.[160]

Dabei erfreut sich die Forderung nach Ermöglichung des Subjektseins des Menschen im Binnenbereich der Praktischen Theologie einer uneingeschränkten Plausibilität. Fast alle praktisch-theologischen Theorieentwürfe der jüngeren Zeit beanspruchen das Subjektsein als einen ihrer entscheidenden Leitbegriffe. Schon 1964 erachtet es Karl Rahner als selbstverständlich, daß "alle Getauften ... tätige Glieder der Kirche, also Träger des Selbstvollzugs der Kirche, sind. Der Begriff des Gliedes an einem Leib, der von der Heiligen Schrift zur Kennzeichnung jedes Christen verwendet wird, verlöre seinen Sinn, gäbe es Glieder der Kirche, die solche nur insofern wären, als sie Objekt des heilsvermittelnden Tuns anderer Glieder, besonders nur der Hierarchie, wären. Was die Kirche ist und tut, ist sie durch all das, was alle ihre Glieder zusammen sind und tun."[161] Dementsprechend formuliert er für das Verständnis des Selbstvollzugs der Kirche die "fundamentale These ..., daß jedes Glied der Kirche in seinem ganzen Tun als dem eines solchen Gliedes für das Heil aller anderen Glieder der Kirche, und insofern und insoweit die Kirche selbst für das Heil der Welt von Bedeutung ist, auch für das aller Menschen wirksam ist. Jedes Glied der Kirche ist also nicht nur Mitträger der Konstitution der Kirche als Heilsfrucht, sondern auch (und in gleichem Maße) Mitträger der Konstitution der Kirche als Heilsvermittlung."[162]

---

160 Vgl. den instruktiven, exemplarischen Überblick bei **Meueler, E.**: Die Türen des Käfigs, 15-45.

161 **Rahner, K.**: Die Träger des Selbstvollzugs der Kirche, 151.

162 Ebd. - An dieser fundamentalen These wird ersichtlich, daß die Kritik, die sich Karl Rahner dadurch einhandelte, daß er den "Selbstvollzug der Kirche" zum Schlüsselbegriff des hauptsächlich von ihm konzipierten Handbuchs der Pastoraltheologie (vgl. **Arnold, F.X. u.a [Hg.]**: Handbuch der Pastoraltheologie, Bände I-V) machte, eigentlich nicht zutreffend ist. Günter Biemer und Pius Siller warfen der Rahnerschen

Die zentrale Stellung des Anspruchs, das Subjektsein des Menschen zu ermöglichen, zeigt sich noch deutlicher in den seit den 70er Jahren immer wieder in verschiedenen Varianten vorgelegten handlungstheoretischen Ansätzen der Praktischen Theologie[163], die die kirchlich-christliche Praxis als ein kommunikatives Handeln konzipieren wollen, deren Partner sich gegenseitig als grundsätzlich gleichberechtigte Subjekte dieses Handelns anerkennen. Henning Luther will die Praktische Theologie - sogar in kritischer Absetzung vom handlungstheoretischen Ansatz - ausdrücklich als "Subjekttheorie"[164] anlegen in dem Sinn, "daß der (Rück-)Bezug auf das Subjekt zum kritischen Maßstab aller praktisch-theologischen Reflexionen wird"[165]. Dieser subjekttheoretische Ansatz wird schließlich auch von Gert Otto mit Blick auf die "Praktische Theologie als kritische Theorie religiös vermittelter Praxis in der Gesellschaft"[166] zustimmend aufgegriffen.[167]

Das Subjektsein des Menschen bildet also eine durchgängige, sogar einander widersprüchliche Ansätze verbindende Basiskategorie heutiger Praktischer Theologie.[168] Und trotzdem erntet die Rede vom Subjektsein des Menschen nicht selten Befremden sowohl innerhalb der theologischen Wissenschaften als auch von verschiedenen Seiten der Human- bzw. Sozialwissenschaften.

Im binnentheologischen Bereich wird der Subjektanspruch zunächst natürlich von all jenen Vertretern beargwöhnt, für die die "Wende zum Subjekt" eine Ausdrucksform der anthropozentrischen Wende darstellt und somit als vermeintliche Preisgabe der unmittelbaren Frage nach Gott, als Vergessenheit des Eigentlichen der Theologie, als Humanisierung der Gottesfrage oder als Egozentrik des Menschen nicht akzeptabel ist.[169] Aber auch für eine anthropologisch dimensionierte Theologie aufgeschlossene

---

Formel vor, sie würde "ein übergebührliches Interesse der Kirche an sich selber" suggerieren, den Verdacht der "Selbstrechtfertigung" und "Ideologie" nahelegen und die Perspektive der kirchlichen Praxis auf "Selbstbespiegelung" und "Binnenfunktion" einengen (**Biemer, G./Siller, P.**: Grundfragen der Praktischen Theologie, 136). Diese Kritik übersieht, daß das "Selbstvollzug"-Theorem im Horizont von Rahners gnadentheologischer Grundthese der "ungeschuldeten Selbstmitteilung Gottes als übernatürliches Existential des Menschen" (vgl. **Rahner, K.**: Grundkurs, 122-133) verstanden werden muß und somit den Blick der Kirche gerade von ihrer institutionellen Gestalt weg hin zum Menschen wendet, das in der Beziehung Gottes zum Menschen grundgelegte Subjektsein des Menschen einklagt und folglich einen deutlich institutionskritischen Zug aufweist (vgl. **Mette, N.**: Theorie der Praxis, 348, Anm. 25).

163 Vgl. exemplarisch **Zerfaß, R.**: Praktische Theologie als Handlungswissenschaft; **Mette, N.**: Praktische Theologie als Handlungswissenschaft; **Peukert, H.**: Was ist eine praktische Wissenschaft; **Daiber, K.-F.**: Grundriß der Praktischen Theologie als Handlungswissenschaft.

164 **Luther, H.**: Religion, Subjekt, Erziehung, 292; vgl. **ders.**: Religion und Alltag, passim.

165 **Luther, H.**: Religion, Subjekt, Erziehung, 292.

166 **Otto, G.**: Grundlegung der Praktischen Theologie, 77.

167 Vgl. ebd. 61-64.

168 Bei dieser Feststellung ist jedoch noch nicht zugleich die Frage beantwortet, ob der Subjektbegriff überall dort, wo er gebraucht wird, auch geklärt ist.

169 Vgl. **Auer, J.**: Die Welt-Gottes Schöpfung, 208; **Scheffczyk, L.**: Gottloser Gottesglaube?, 26-47, 90-128,154-168, hier zitiert nach **Pesch, O.H.**: Frei sein aus Gnade, 28, Anm. 16; vgl. die diesbezüglich kritischen Ausführungen bei **Pesch, O.H.**: Frei sein aus Gnade, 23-38.

Theologen haben Schwierigkeiten mit dem Subjektbegriff. Wolfhart Pannenberg sieht sich veranlaßt, ausgehend von dem klassischen trinitätstheologischen Problem, die Begriffe "Person", "Substanz", "Hypostase" und "Subjekt" voneinander abzugrenzen und zu bestimmen, die Absolutsetzung des Subjekts als die für die Moderne kennzeichnende Position des Menschen zu bezeichnen. Das Subjektsein des Menschen konnotiert er dabei mit einem Herrschaftsanspruch über alles Gegebene, mit der Verneinung von Autorität und Ordnung, mit inhaltsloser Subjektivität, mit der Verabsolutierung der Selbstbestimmung, mit Beliebigkeit, mit "sittlichem Atheismus" und mit dem "Tod Gottes".[170] Ein weiterer Verdacht gegenüber der Rede vom Subjekt kommt aus einer Richtung, in der man dies zunächst nicht vermutet. Gerade dort, wo versucht wird, das gesellschaftskritische Potential christlicher Rede von Gott zugunsten des Menschen einzubringen und im Kampf gegen identitätsdestruktive Zwänge bzw. gegen Unterdrükkungen jeglicher Art die Freiheit des Menschen zu Selbstbestimmung, zu Individualität und zu Kreativität einzuklagen, erscheint die Behauptung, der Mensch sei Subjekt, als eine realitätsferne, ideologische und somit zur Befreiung der Menschen kontraproduktive Formel, die einer künstlichen Situation entstamme und durch ihre idealisierende Wirkung die tatsächliche Beseitigung des Nicht-Subjekt-sein-Könnens geradezu verhindere.[171]

Prekär wird die Lage für die praktisch-theologische Leitkategorie "Subjektsein" vor allem dadurch, daß sich die binnentheologischen Vorbehalte in einer eigenartigen Koalition mit der Kritik des Subjektbegriffs aus dem sozialwissenschaftlichen Bereich vorfinden. So ist z.B. in der dezidierten Systemtheorie eines Niklas Luhmann, in der "jeder soziale Kontakt ... als System begriffen"[172] und folglich menschliches "Handeln" nur im Rahmen des Funktionierens von Systemen beschrieben wird, der Subjektbegriff schlichtweg "unbrauchbar"[173] geworden. Aber auch für nicht wenige derjenigen soziologischen und sozialpsychologischen Denkrichtungen, die der konsequenten Systemtheorie Niklas Luhmanns nicht anhangen, bildet die Einforderung des Subjektseins eine idealistische Rede, die die Prägung des Menschen durch seine soziale Eingebundenheit, durch seine unbewußten Motivationen oder durch reale Zwänge ausblende. Der Individualismusverdacht mancher Theologinnen und Theologen gegenüber dem

---

170 Vgl. **Pannenberg, W.:** Person und Subjekt, 136 f. - Noch unabhängig von einer Stellungnahme zu Pannenbergs Darstellung des Subjektanspruchs wäre hier natürlich gegenzufragen, ob die Problematik des trinitätstheologischen Subjektbegriffs tatsächlich so fraglos, wie es Pannenberg tut, auf den Subjektseinsanspruch des modernen Menschen übertragen und diesem als seine Problematik bzw. Mangelhaftigkeit angelastet werden darf. Allerdings ist hier keineswegs gesagt, daß Pannenberg den Subjektbegriff undifferenziert negativ belegt. Die Tatsache der von ihm vorgenommenen Konnotationen, die doch deutlich pejorativ sind, verdeutlicht allerdings die Ambivalenz, mit der der Subjektbegriff gebraucht und verstanden wird.

171 Vgl. z.B. **Füssel, K.:** Der imaginäre Andere.

172 **Luhmann, N.:** Soziale Systeme, 33.

173 Ebd. 595.

Subjektbegriff wiederholt sich also auch im sozialwissenschaftlichen Bereich.[174] Norbert Elias kritisiert die als selbstverständlich erachtete Vorstellung, der Mensch sei Subjekt, da man sich dabei unreflektiert die Gesellschaft als Objekt dem Individuum gegenübergestellt denke und mit diesem Subjektseins-Anspruch fraglos ein Anspruch des Individuums auf Herrschaft über die Objekt-Welt verknüpft werde.[175] "So spricht man etwa von dem einzelnen Menschen und seiner Umwelt, von dem einzelnen Kind und seiner Familie, vom Individuum und von der Gesellschaft, von dem Subjekt und den Objekten, ohne sich immer wieder klarzumachen, daß der einzelne selbst auch zugleich zu seiner 'Umwelt', das Kind zu seiner Familie, das Individuum zur Gesellschaft, das Subjekt zu den Objekten gehört."[176]
Angesichts dieser Ambivalenz in der Bewertung des Subjektbegriffs ist es durchaus fragwürdig, den Subjektbegriff zu einer Leitkategorie der Theoriebildung zu machen, d.h. es ist durchaus eine Frage wert, ob man im Subjektsein der Menschen eine durchgängige, grundlegende Zielformulierung einer praktisch-theologischen Praxistheorie sehen kann. Wenn diese Frage wie hier bejaht wird, dann bedarf es zunächst der Rechenschaft darüber, wie der Begriff gebraucht wird und wie er nicht gebraucht wird.

1.2.1.2 Aspekte des Subjektseins des Menschen

Gerade beim hier zugrundeliegenden Subjektbegriff trifft der oben genannte Vorbehalt zu, daß sich eine genaue Klärung erst im Fortgang dieser Arbeit herauskristallisieren und auch argumentativ verteidigen lassen wird. Die folgenden Aspekte sind also Aspekte eines vorläufigen, für weitere Bestimmungen offenen, noch nicht definierten Begriffs. Als Vor-klärungen können sie aber dazu dienen, unnötige Belastungen der Gedankenentwicklung durch Fehlinterpretationen, unbeabsichtigte Konnotationen bzw. Assoziationen oder auch unberechtigte Stereotypisierungen zu vermeiden.

1.2.1.2.1 Kreativität

Der Mensch lebt nicht nur in einer Welt, er begreift die jeweilige Welt, in der er lebt, auch als je *seine* Welt. Das heißt: Er ist nicht instinkthaft verfangen in der Welt, so daß er das und nur das tun könnte, was die Faktoren seiner Umwelt bedingen. Er geht vielmehr mit der Welt gestalterisch um, verwirklicht seine Vorstellungen von sich selbst und dem eigenen Sein in der Welt, so daß er in der Welt nach seinen Bedürfnissen leben kann und die Welt eben *seine* Welt ist. Daß der Mensch über die Bedingtheiten seiner Situation hier und jetzt hinausgehen kann, daß er Entwürfe von seiner Welt

---

174 Vgl. z.B. **Geulen, D.:** Sozialisationstheorie, 971; **Dewe B./Ferchoff W./Sünker H.**: Alltagstheorien, 63.

175 Vgl. **Elias, N.:** Was ist Soziologie?, 9.

176 Ebd.

macht und daß er grundsätzlich fähig ist, diese Entwürfe Realität werden zu lassen, macht seine *Kreativität* aus. Träger schöpferischer Aktivitäten - und nicht nur Gegenstand anderweitig gesteuerter Prozesse - zu sein, ist die anthropologische Konstante, die im Blick ist, wenn der Mensch als Subjekt bezeichnet wird. Das heißt: Die eigenen Lebensvollzüge nach eigener Maßgabe bestimmen zu können, selbst Träger der in diesen Lebensvollzügen gegebenen Praxis - und in diesem Sinn "Sub-jekt", "Untersteller", nämlich der die eigene Praxis "Tragende" - zu sein, bildet den Kerngehalt des Subjektseins des Menschen, von dem dann weitere Aspekte als Konsequenz abzuleiten sind. Zunächst aber ist das Subjektsein des Menschen wesentlich mit dem Anspruch verbunden, daß er der Träger von Intentionen, Willensbekundungen, Handlungen oder Verhaltensweisen ist. Dieses Träger-Sein manifestiert sich dort deutlich, wo der Mensch in einen kreativen, nach bestimmten Kriterien zu gestaltenden Umgang mit den Mechanismen seiner Lebenszusammenhänge, insbesondere seiner Beziehungen, eintritt. Dementsprechend impliziert dieser Aspekt des Subjektseins, die Kreativität, auch den Anspruch des Menschen, die eigene Funktionalisierung zum Objekt fremdsteuernder Interessen anderer Menschen oder Mechanismen bei sich wie bei den Mitmenschen abzuwehren.[177]

1.2.1.2.2 Freiheit - Verantwortung - Autonomie

Das Träger-Sein verlangt nach *Freiheit*. Nur ein freier bzw. ein um Freiheit wissender Mensch kann seinem Bedürfnis, Träger der eigenen Handlungen zu sein, tatkräftigen und wirkmächtigen Ausdruck verleihen. Mit diesem oder vielmehr noch vor diesem Postulat der Freiheit ist das Postulat der Befreiung gegeben. Eine Situation, in der der Mensch durch Zwang und Unterdrückung am freien Träger-Sein seiner Handlungen gehindert wird, wird dem Menschen nicht gerecht. Die Rede vom Menschen als Subjekt impliziert die Initiation von Prozessen der Befreiung dieses Menschen aus freiheit- und somit subjektdestruierenden Zwängen.

Die Befreiung und Freiheit des jeweils anderen Menschen ist das Kriterium der eigenen Freiheit. Freiheit stößt, da auch sie die Würde des Menschen als Mensch nicht verletzen darf, an der Freiheit des anderen an ihre Grenze. Wenn also für das Subjekt das freie Träger-Sein kennzeichnend ist, dann beinhaltet das Subjektsein die *Verantwortung*, für die Freiheit des anderen einzutreten. Egozentrik bzw. Herrschafts- und Gewaltförmigkeit können keine Signaturen des Subjekts sein.[178]

Die Verantwortung setzt das Postulat der *Autonomie*, der Selbstbestimmung voraus. Ein Mensch, der über sein Handeln nicht selbst entscheiden kann, ist für dieses Handeln nicht verantwortlich zu machen. Analog zum Befreiungsanspruch eignet dem Postulat der Selbständigkeit eine vorrangige Option, die Selbständigkeit derjenigen zu ermöglichen, denen die Möglichkeit der Selbstbestimmung ihres Lebens vorenthalten wird.

177 Vgl. **Werbick, J.:** System und Subjekt, 136.

178 Vgl. **Luther, H.:** "Ich ist ein Anderer", 233.

Diese indispensable Verknüpfung von Autonomie und Verantwortung erlaubt es nicht, dem Selbstbestimmungsanspruch des Subjekts naive Beliebigkeit zu unterstellen.[179] Subjektsein als Autonomie meint die Kompetenz, in den Entscheidungen über das eigene Leben sich selbst und den auf sich selbst zukommenden Ansprüchen gerecht zu werden.[180]

1.2.1.2.3 Personalität - Individualität - Subjektivität

Die Autonomie des Subjekts ist zunächst nicht Ausdruck der Entgegenstellung des Menschen gegenüber einem anderen, sondern ist Ausdruck der je eigenen *Personalität*, gemäß der der Mensch sein Eigensein zu entfalten und zu erfüllen sucht.[181] Person-Sein ist das je eigene Selbst-Sein des Menschen. Es gibt schlechterdings keine einander identischen Menschen. Selbst dort, wo versucht wird, Eigenheiten der Menschen unter Zwang einzuebnen, oder wo Menschen selbst sich möglichst weit einander anzugleichen bestrebt sind, da ist diese Angleichung nie ohne einen letzten Rest einer Eigen-heit des einzelnen Menschen möglich. Wenigstens die Art und Weise, wie ein Mensch diese Angleichung und sich selbst darin erfährt, wäre ihm eigen. Das Eigen- bzw. Selbst-Sein des Menschen ist ihm nicht zu nehmen. Diese prinzipielle Unverrechenbarkeit und Irreduzibilität machen den Menschen zur Person. Die Autonomie des Subjekts ist somit nicht Ausdruck seiner Absolutheit gegenüber anderen und anderem, sondern die Einforderung der Würde, die dem Menschen als Person zukommt und die ihn grundsätzlich unverfügbar macht.
Der Mensch sagt "ich" und nicht nur "wir". Das Bedürfnis, "ich" zu sein und sich als "ich" wahrnehmen zu können, bildet das Movens, aufgrund dessen sich der Mensch gegen seine Einebnung in eine Sozialität sperrt, so sehr er auf die bewußte Wahrnehmung und Gestaltung der Sozialität angewiesen ist, um sich in Absetzung davon überhaupt als "ich" erleben zu können. "Weil der Mensch immer schon Person ist"[182], hat der Mensch, der nach seinem Subjektsein strebt und darin sich selbst als Person gerecht zu werden versucht, Anspruch darauf, als Individuum ernstgenommen zu werden. Das Subjektsein des Menschen impliziert die Bewahrung seiner *Individualität* in dem Sinn, daß er seine Lebensvollzüge individuell gestalten, sich selbst darin als Individuum erleben und sich als Individuum wahrgenommen bzw. anerkannt fühlen kann. Auf diesem Hintergrund kommt auch dem "transzendentalphilosophischen Begriff des Subjekts als Selbstbewußtsein"[183] seine Bedeutung zu: Subjektsein verlangt, sich selbst des Eigenseins, der Individualität bewußt zu sein und sie auch zu leben. Selbstfindung ist demnach eine Dimension des Subjektseins.

---

179 Vgl. **Pannenberg, W.:** Person und Subjekt, 136.

180 Vgl. **Werbick, J.:** System und Subjekt, 135.

181 Vgl. **Auer, A.:** Der Mensch als Subjekt, 7.

182 **Dalferth, I.U./Jüngel, E.:** Person und Gottebenbildlichkeit, 91.

183 **Pannenberg, W.:** Person und Subjekt, 135.

Durch die ideologisierte Einordnung in verobjektivierte Denk- und Handlungsmuster würde hingegen die Individualität erstickt. Kommunikation und Beziehung sind nur zu haben um den Preis, daß die beteiligten Menschen sich in ihrer Individualität in Kommunikation und Beziehung einbringen, daß folglich Kommunikation und Beziehung in den in ihnen vollzogenen Denk-, Empfindungs- und Handlungsmustern notwendig *subjektiv* geprägt sind und die Partner ihre Subjektivitäten aufeinander abstimmen. Das Subjekt lebt nicht als Monade, sondern als immer schon und notwendig in Beziehung stehendes Wesen. Aber gerade als solches bewährt sich das Subjekt in seinen subjektiven Einstellungen, Verhaltensweisen und Handlungsformen und nicht in uniformierten Schemata. Vom Wesen der Beziehung zwischen Menschen selbst her hat der Mensch ein Recht darauf, in seiner Subjektivität belassen und wahrgenommen zu werden. Damit ist auch gesagt, daß Subjektivität eine Kategorie der subjektkonstitutiven Gestaltung von Kommunikation mit anderen Menschen, nicht aber der ideologisierten Selbstbezogenheit des Menschen ist. Dies und die oben dargelegte Unverträglichkeit des Subjektseins mit Beliebigkeit erklärt, warum das Selbstverständnis des Menschen als Subjekt nicht als Subjektivismus desavouiert werden darf.[184]

1.2.1.2.4 Sozialität - Identität - Intersubjektivität

In all dem, was bisher an Aspekten des Subjektseins aufgeführt worden ist, wird deutlich, daß das Subjektsein des Menschen wesentlich in *Sozialität*, im Beziehungsgeflecht des Menschen mit seiner Mit- und Umwelt verwirklicht wird. Der Mensch, der sich als Subjekt erlebt bzw. nach seinem Subjektsein strebt, ist sich darin seiner Individualität bewußt. Er erlebt sich als "ich" und realisiert damit immer schon zugleich das "wir", in das er eingebunden ist, da er sich nur absetzend von einem "wir" als "ich" erleben kann. Die Sozialität ist die Bedingung dafür, daß der Mensch ein Selbst-Sein profiliert (s. 2.2.1.5).

Die Polarität zwischen Individualität und Sozialität bewirkt aber nun nicht einfach, daß der Mensch sich situativ wechselnd als Einzelwesen oder als Gemeinschaftswesen erlebt. Er versucht sich gerade als "ich", mit seinem Eigen-Sein in der Sozialität und als Angehöriger einer Sozialität zu bewähren. Das Verhältnis zwischen seiner Individualität und seiner Sozialität versucht er in eine Form zu bringen, die ihn in Stimmigkeit zu sich selbst leben läßt, die ihn zugleich aber auch für die anderen Angehörigen der Sozialität "berechenbar", d.h. einschätzbar und identifizierbar macht, so daß letztere ihn gerade als diesen einen bestimmten Menschen (wieder-)erkennen und mit ihm kommunizieren können. Diese Form der stimmigen Vereinbarung von Ich-Sein und Wir-Sein ist die *Identität* des Menschen. Sie bildet einen konstitutiven Aspekt des Sub-

---

184 Einen Beleg für diese bedenkliche Konnotation liefert trotz der Herausgeberschaft von Karl Rahner, der ein theologisch-fundiertes Subjekt-Verständnis propagiert, das Lexikon "Sacramentum Mundi" bzw. "Herders Theologisches Taschenlexikon". Dort kommt der Subjektbegriff nur im Rahmen des Artikels "Subjektivismus" zur Sprache (vgl. **Haeffner, G.**: Subjektivismus).

jektseins, da sie die Verarbeitung der Polarität zwischen Individualität und Sozialität darstellt, der Mensch aber nur aufgrund der konstruktiven Gestaltung dieser Polarität sich als Träger seines Lebensvollzugs konstituieren kann, d.h. nur in bewußter Vergegenwärtigung seiner Sozialität sich als Individuum und nur in bewußter Vergegenwärtigung seiner Individualität sich als in einer Sozialität stehend erfahren kann.
Da also Identität nicht anders als in Beziehung zu anderen Menschen ausgebildet gedacht werden kann, ist das Subjektsein per se eine Größe der Interkommunikation zwischen den Menschen. Subjekt ist der Mensch nur, wenn er dazu in Beziehung zu anderen Menschen geworden ist, d.h. wenn er sich gegenüber anderen als Subjekt bewährt und von diesen als Subjekt anerkannt ist. Subjektsein vollzieht sich folglich prinzipiell in *Intersubjektivität*, da Bewährung und Anerkennung als Subjekt per definitionem nur als reziproker Akt zwischen den Beziehungspartnern sinnvoll gedacht werden können.[185] Die Anerkennung als Subjekt durch andere impliziert nämlich auch, daß diese anderen auf ein eigenes Selbstverständnis als Subjekt zurückgreifen können. Das eigene Subjektsein verlangt die Anerkennung und Ermöglichung des Subjektseins des anderen. In negativer Abgrenzung heißt das: Das Streben nach Subjektsein ist gerade nicht Individualismus oder eine überhebliche Isolation gegenüber Welt, Geschichte oder Menschen.[186]

1.2.1.2.5 Implikationen für eine angemessene Rede vom Subjektsein

Subjektsein ist die Form des Selbstvollzugs des Individuums in seiner Beziehung zu anderen Wirklichkeiten, insbesondere zu anderen Menschen. Subjektsein ist nur zu bestimmen in dem polaren Eingespannt-Sein des Menschen zwischen seiner Individualität und Sozialität und ist folglich nur aussagbar über den je einzelnen Menschen hinsichtlich seiner Stellung zur Mit- und Umwelt. Konstitutiv für das Subjektsein ist die Konkretheit des einzelnen Menschen. Deshalb ist es - streng genommen - keine Bestimmung, die bezüglich kollektiver Gebilde wie Gruppen, Gemeinden, Kirche oder Gesellschaft vorgenommen werden könnte.
Schließlich gilt es, einem naiven Idealismus zu wehren. Das Subjektsein des Menschen kann nicht einfach behauptet werden. Mit der Rede vom Subjektsein ist das Subjektsein nicht auch schon gegeben. Das Subjektsein ist ein weitgehend noch ausstehendes Subjektsein, sowohl für die, die daran unter Zwang gehindert werden, als auch für die, die sich - gleich einer Lebensaufgabe - darin immer neu zu bewähren haben. Die vielfältigen Mechanismen der Ausübung von Herrschaft, der Unterdrückung, der ideologisierten Autorität oder der Manipulation zeigen, wie sehr Menschen zeit ihres Lebens immer wieder neu gegen ihre Würde an der Verwirklichung ihres Subjektseins gehindert werden können. Gerade dies macht den Einsatz für und somit die Rede vom Subjektsein nötig, freilich so, daß die vielfältigen Subjektdestruktionen nicht durch eine

---

185 Vgl. **Luther, H.**: Religion, Subjekt, Erziehung, 295; **Werbick, J.**: System und Subjekt, 136.

186 Vgl. **Metz, J.B.**: Subjekt, 1136.

idealistische Behauptung des Subjektseins überdeckt werden. Die Rede vom Subjektsein muß sich also vornehmlich als Kampf um die Ermöglichung des Subjektseins erweisen.

1.2.1.3 Der Komplementärbegriff "Objekt"

1.2.1.3.1 Zur Problematik des Objektbegriffs

"Objekt" im gängigen Sprachgebrauch ist der komplementäre Begriff zu "Subjekt". Als solcher unterliegt er gleichermaßen wie der Subjektbegriff mehrfachen Verständnisdifferenzen und der Notwendigkeit, das Verständnis seines jeweiligen Kontextes zu klären. Objekt ist nicht einfach das Gegenteil von Subjekt. Denn daß jemand Objekt von etwas oder jemand anderem ist, schließt nicht aus, daß er gleichzeitig in anderer Hinsicht Subjekt ist. Gleichwohl sind "Subjekt" und "Objekt" nicht als je in sich stehende Größen zu definieren, sondern nur in ihrem jeweiligen Bezug zueinander.

Das Verständnis dieses Verhältnisses zueinander erfuhr im Laufe der geistesgeschichtlichen Entwicklung mehrere Modifikationen. Zum Problem wurde es nicht erst durch das cartesische "cogito", sondern bereits durch die Wende vom Mythos zum Logos, im Zuge deren sich der antike Mensch seiner selbst als eines Wesens bewußt wurde, welches in seine Welt nicht einfach eingebunden ist, sondern dieser Welt auch gegenüber steht und in ihr den Gegenstand seiner kreativen Akte, seiner Entscheidungen und seines Reflektierens findet.

Dabei ist zu berücksichtigen, daß die Begriffe "Subjekt" und "Objekt" in früheren Epochen andere Bedeutungen hatten als heute. Dies bringt z.B. mit sich, daß hinsichtlich der aristotelischen Unterscheidung zwischen "Substanz" und "Akzidens" "Subjekt" zwar synonym zu "Substanz" als "das selbständige(n) Sein(s), das gewissermaßen 'in sich selbst steht' (ens in se) und sich im Wandel der Bestimmungen durchhält und gleichbleibt"[187], zu verstehen ist, diese Analogie aber bezüglich "Objekt" und "Akzidens" nicht mehr durchzuhalten ist. Bei Aristoteles ist das Objekt als lateinische Übersetzung des griechischen "antikeimenon" das Gegensätzliche, wobei es sowohl das Gegensätzliche sein kann, das in Sprache und Reflexion durch den Verstand als Gegensatz erkannt wird, als auch das dem Menschen Gegenüberstehende, welches mit den Sinnen wahrgenommen wird.[188]

Erst der mittelalterlich-scholastische Subjektbegriff, der sich weitgehend aus dem aristotelischen Substanzbegriff herleitet und das von äußeren Bestimmungen und Erkenntnisakten unabhängige, in sich selbst stehende Seiende meint[189], zog auch eine Reflexion des Objektbegriffs nach sich. Das lateinische Wort "objectum" wurde ins Deutsche übersetzt mit "Gegenwurf".[190] Demnach ist "Objekt" das, was dem Subjekt

---

187 **Anzenbacher, A.**: Einführung in die Philosophie, 97.

188 Vgl. **Kobusch, Th.**: Objekt, 1026.

189 Vgl. **Oehler, K.**: Subjekt und Objekt, 449.

190 Vgl. **Kobusch, Th.**: Objekt, 1026.

als Eindruck, Vorstellung, Wahrnehmung oder Begriff bezüglich einer Sache entgegenkommt.[191] "Objekt" ist hier also noch nicht der für das Subjekt vor-handene Gegenstand selbst, sondern die Vorstellung davon.
Erst im 18. Jahrhundert wurde der Gegenstand selbst, die dem Subjekt gegenübergestellte "Sache", der Bedeutungsgehalt von "Objekt": Es "ist die Gesamtheit dessen, worauf sich die intentionalen Akte des Subjekts richten"[192].
Diese Definition kommt dem dieser Arbeit zugrundeliegenden Begriffsverständnis recht nahe, wobei letzteres nicht in Richtung einer noch komplexeren Differenzierung, sondern in Richtung des umgangssprachlich ausgeweiteten Begriffsgebrauchs zu suchen ist.[193] Objekt ist in der hier gebrauchten Bedeutung alles (Menschen, Lebewesen, Dinge, Sachverhalte, Institutionen usw.), d.h. die Gesamtheit dessen, was ein Mensch vorfindet und worüber er verfügen kann, alles also, insofern der Mensch das Vorgefundene zugunsten eigener Interessen instrumentalisieren, es nach eigenen Vorstellungen verändern bzw. zur Veränderung veranlassen, es in seiner Wirkung oder Aktivität einengen, es zum eigenen Handeln gebrauchen oder schließlich es vernichten kann. Es liegt in der Natur des hier gegebenen Inhalts, daß der damit angezeigte Objektbegriff in seiner ganzen Brisanz erst dort deutlich wird, wo das Objektsein eine Signatur des Verhältnisses zwischen Menschen ist.

1.2.1.3.2 Aspekte des Objektseins des Menschen

Analog zum Subjektsein lassen sich nun Aspekte benennen, die den Objektstatus des Menschen beschreiben. Hier jedoch ergeben sich Aspekte aus zwei unterschiedlichen Perspektiven: aus der Perspektive dessen, der andere Menschen zum Objekt macht, und aus der Perspektive dessen, der zum Objekt gemacht wird.
Das Objektverhältnis beinhaltet eine *Intention.* Ein Mensch macht andere Menschen dann zu seinen Objekten, wenn er an ihnen oder durch sie eine bestimmte Intention verfolgt. Diese Intention kann sowohl dem Objekt wie auch dem am Objekt Handelnden selbst unbewußt oder bewußt sein.
Das Objektverhältnis ist von *Egologik* gekennzeichnet. Das Behandeln eines anderen

---

191 Vgl. **Oehler, K.**: Subjekt und Objekt, 449.

192 Ebd. 450. - In diesem Verständnisstadium wirkte sich vor allem Descartes prägend aus. (Vgl. zur Begriffsgeschichte ausführlich: **Kobusch, Th.**: Objekt.)

193 Hier scheinen zwei Bemerkungen angebracht. Zum einen glaube ich, daß der Begriff "Objekt" neben den spezifischen Bedeutungen wie "Satzglied" oder "Wert-" bzw. "Geschäftsgegenstand" mittlerweile auch im allgemeinen Sinn des Gegenstandes eines menschlichen Handelns in die Alltagssprache Eingang gefunden hat. Zum anderen könnte die ausdrückliche Orientierung am umgangssprachlichen Begriffsverständnis befremden, da sich nach gängiger Meinung die wissenschaftliche Begrifflichkeit von diesem abzuheben habe. Letzteres ist aber nur plausibel, sofern man dem - überholten - Wissenschaftsideal anhängt, nach dem im möglichst hohen Grad der Abstraktion etwas Erstrebenswertes gesehen wird. Dem steht das Wissenschaftsideal der Realitätsrelevanz gegenüber, welches eben nach Nähe zum Selbsterleben und Alltagsbewußtsein der Menschen trachtet. Dieses Wissenschaftsideal vorausgesetzt ist die Annäherung an die Umgangssprache nicht ein Niveaumangel, sondern ein Anspruch.

Menschen als Objekt ist entweder ausschließlich oder neben anderen Komponenten von der Logik bestimmt, die das Ego des Handelnden ins Zentrum des Interesses stellt. Das Handeln am Objekt richtet sich danach aus, inwiefern es den Handelnden stabilisiert, seiner Individualität entspricht bzw. seine Bedürfnisse befriedigt.
Das Objektverhältnis setzt voraus, daß ein Mensch über die Mittel verfügt, die es ihm ermöglichen, im Handeln am anderen die eigenen Interessen unabhängig von den Interessen des letzteren durchzusetzen. Das heißt: Ein Objektverhältnis bedeutet, daß ein Mensch *Macht* über einen anderen hat. Wo diese Macht so ausgeübt werden kann, daß von dem anderen Menschen Gehorsam zwingend eingefordert wird, handelt es sich um ein Objektverhältnis, das die Form der *Herrschaft* angenommen hat.[194]
Wechselt man nun aus der Perspektive des Handelnden in die Perspektive des Behandelten, dann ergeben sich weitere Aspekte des Objektseins.
Der Mensch ist Objekt, insofern ihm bestehende *Freiheiten genommen* bzw. er an seiner Befreiung aus Zwängen gehindert wird. Der Herrschaft des Handelnden steht auf seiten des Objekts der Status gegenüber, die notwendigen Mittel einer selbstbestimmten Lebensgestaltung entweder gar nicht zu erhalten oder nicht so einsetzen zu können, daß sie wirkmächtig werden.
Dem Menschen, der als Objekt den Intentionen anderer ausgesetzt ist, wird die eigene *Kreativität verweigert.* Dem Faktum ausgeliefert, daß der andere seinen Willen gerade an ihm und durch ihn durchzusetzen vermag, kann dieser Mensch, bezogen auf den Bereich, in dem er Objekt ist, nur auf die Impulse des anderen reagieren, nicht aber eigene schöpferische Akte setzen, zumindest nicht solche, die die eigene Person authentisch repräsentieren.
Im Objektstatus wird der Mensch in seiner *Individualität verneint.* Das Objekt findet nur insofern Anerkennung, als es der Stabilisierung des anderen dient. Da diese Egologik bei der Anerkennung der Individualität des Objekts nicht mehr gegeben wäre - weil dann Individualität gegen Individualität stünde -, wird das Objekt gerade in denjenigen Komponenten seiner Person, welche seine Individualität ausmachen würden, destruiert. Letztendlich ist in dem so beschriebenen Objektstatus des Menschen die Verneinung seiner Würde als Person zu sehen.

1.2.2 Der Mensch in ursprünglicher Beziehung zu Gott (Karl Rahner)

1.2.2.1 Der Ausgangspunkt: "reditio subjecti in se ipsum"

Der Gedankengang zur Entwicklung des Subjektverständnisses bei Rahner setzt an bei einer Frage aus der Summa Theologiae des Thomas von Aquin: "Utrum intellectus possit actu intelligere per species intelligibiles quas penes se habet, non convertendo se ad phantasmata"[195]. In der Übersetzung Rahners lautet diese Frage: "Kann der Intel-

---

194 Vgl. **Weber, M.**: Soziologische Grundbegriffe, 89.

195 **Thomas von Aquin**: Summa Theologiae I q.84 a.7.

lekt aktuell etwas erkennen durch die intelligiblen species, die er bei sich hat, ohne sich den phantasmata zuzukehren?"[196]. Mit den "intelligiblen species" ist das menschliche Vermögen des Erkennens gemeint; "phantasmata" sind die Erscheinungen, die "Dinge" der Welt. Gefragt ist in diesem Thomas-Artikel also nach dem menschlichen Erkenntnisvermögen. Ausgangspunkt dafür ist die Prämisse, daß menschliches Erkennen nur *in der Welt* geschieht.[197] Das Erkenntnisvermögen zeichnet sich aber auch dadurch aus, daß es die erkannten *Dinge der Welt übersteigen* kann, nicht einfach an sie gebunden ist. Die Erkenntnis bezüglich einer Erscheinung kann z.B. auch dann noch gegeben sein, wenn die jeweilige Erscheinung selbst nicht mehr gegeben ist. Von diesen beiden Prämissen aus ergibt sich die Frage, ob menschliches Erkennen, um die Dinge der Welt überschreiten zu können, sich vorher immer erst einem Ding, einer konkreten Erscheinung ("phantasma") zugewendet haben muß, um von diesem ausgehend den Überstieg zu erreichen, oder ob ein solcher Überstieg des Erkennens auch ohne vorherige Zuwendung zu einer konkreten Erscheinung geschehen kann.[198] Das ist die Frage, von der sich Rahner zu seiner erkenntnismetaphysischen Abhandlung "Geist in Welt" anregen läßt.

1.2.2.1.1 Die metaphysische Frage

Rahners Ausgangspunkt für die Entwicklung seiner Auslegung der Thomas-Frage ist die *metaphysische Frage*.[199] Der Mensch ist ein Wesen, das fragt. Er fragt aber nicht nur nach einzelnen Erscheinungen, nach Seienden, sondern auch nach dem Ganzen, was ihn und seine Welt ausmacht, nach dem Sein im Ganzen. Er fragt nach dem Sinn seines Lebens; er fragt, was sein Dasein und sein Sosein ausmacht. Er fragt danach, warum und wie alles ist. Dieses Fragen ist metaphysisch, weil in ihm der Mensch über die einzelnen natürlichen Gegebenheiten hinausgeht und von einer Warte jenseits der Einbindung in die Welt aus nach diesen Gegebenheiten in ihrer Gesamtheit, nach dem über die Erscheinungen Hinausgehenden und nach dem Sinn des Ganzen fragt. Die Frage zeigt sich in Formulierungen wie: Wer bin ich? Warum bin ich überhaupt? Was ist der Mensch? Warum gibt es die Welt? usw. Das Fragen des Menschen nach sich und seiner Welt ist das letzte, irreduzible Faktum. Damit ist gemeint: Während einzelne Akte des Lebensvollzugs wie Wahrnehmen oder Handeln immer noch einen Ausgangspunkt als Voraussetzung haben, von dem sie ihren Anfang nehmen, also selbst noch

---

[196] **Rahner, K.**: Geist in Welt, 21.- Ich zitiere hier nach der zweiten, von Johann Baptist Metz überarbeiteten und ergänzten Auflage, die 1957 erschien. Die erste Auflage erschien 1939.

[197] Vgl. ebd. 15.

[198] Vgl. ebd. 35.

[199] Vgl. ebd. 71-84. - Die folgenden Darlegungen stellen eine referierende Wiedergabe der dortigen Gedankengänge Rahners dar, wobei zugleich versucht wird, die Sprache von "Geist in Welt" interpretierend zu übersetzen in Formulierungen, die dem heutigen Reden und Denken angemessener, dem Verständnis somit auch dienlicher sind.

nicht das Letzte im Sinne des Grundlegendsten im Seinsvollzug des Menschen sind, ist das Fragen nach dem Sein im Ganzen auch dort noch gegeben, wo es keine Voraussetzung mehr gibt, auf die das Fragen zurückgeführt werden könnte. Selbst dort, wo noch einmal nach etwaigen Bedingungen des Fragens gefragt wird, ist dieser Versuch, Voraussetzungen des Fragens zu eruieren, immer schon selbst wieder eine Frage des Menschen nach sich. Egal wie weit oder tief der Mensch im Erforschen seines Wesens zurückgeht, immer ist als Letztes die Möglichkeit des Fragens gegeben, d.h. die Möglichkeit, das Erkannte in Frage zu stellen. Das Fragen-Können und somit das Fragen als solches sind die einzige Fraglosigkeit des Menschen. Dieses Fragen nach dem Sein im Ganzen ist folglich für den Menschen unhintergehbar, weil es kein letztes Dahinter hinter diesem Fragen gibt. Der Mensch kann diesem Fragen nicht ausweichen. Will er sein Leben, sein Sein bewältigen, stößt er unweigerlich darauf, daß er das Sein - sein Leben und seine Art zu existieren - in Frage stellen kann. Fragen und Existieren fallen somit zusammen. Weil die metaphysische Frage die Frage nach dem Ganzen ist, stellt in ihr der Mensch noch einmal die Frage selbst und sogar sich selbst als Fragenden in Frage. Er fragt nach den Möglichkeitsbedingungen dafür, daß es das Fragen und ihn als Fragenden gibt. Es handelt sich also um transzendentales Fragen.
Nun weist die metaphysische Frage eine eigentümliche Paradoxie auf. Sie fragt nach allem und stellt alles in Frage. Somit kann sie keinen partikularen Ausgangspunkt haben, etwa einen bestimmten Wissensinhalt; denn der wäre dann "vor" der Frage gegeben und nicht in Frage gestellt. Auf der anderen Seite besteht aber unweigerlich auch die Frage, woher die metaphysische Frage kommt, worauf sie gründet. Die Eigenart der metaphysischen Frage, unhintergehbar zu sein - selbst die hier gestellte Frage nach ihrem Woher ist schon wieder eine Frage -, läßt nur die Antwort zu, daß der Grund und der Anfang dieses Fragens allein im metaphysischen Fragen selbst gegeben sein muß. Es ist die wesenskonstitutive Notwendigkeit des Menschen zu fragen, welche den Grund für das Fragen abgibt. "Die Metaphysik nimmt das Woher und Wohin ihres Fragens nach dem Sein im Ganzen aus eben diesem Fragen selbst als jenem ursprünglich herrschenden Müssen, das der fragende Mensch selber ist und von dem her alles aktuelle Fragen und Befragen erst erregt und so in seinem Aufgang ermöglicht ist."[200]

1.2.2.1.2 Sinnlichkeit und Denken

Eine weitere Paradoxie ergibt sich daraus, daß der Mensch aufgrund der Wendung der Frage gegen sich selbst sich seiner selbst gewahr wird. Die Frage birgt in sich ein Wissen des Menschen um sich. Andererseits jedoch belegt die Tatsache, daß die Zuwendung des Menschen zu sich selbst in Form der Frage geschieht, sein Nicht-Wissen. Diese Paradoxie läßt nun genauer nach dem Menschen fragen. Was macht ihn als das Wesen aus, das die metaphysische Frage stellen kann und muß?

---

200 Ebd. 73 f.

Der Mensch findet sich, wenn er danach fragt, wer und warum er ist, immer schon in einer Welt, in *seiner* Welt vor, konfrontiert bzw. verbunden mit den Dingen seiner Welt. Daß sich der Mensch bei der metaphysischen Frage immer schon in der Welt vorfindet und daß er dort auf Dinge stößt, daß aber andererseits die metaphysische Frage gemäß ihrer Eigenart keine bestimmte Gegebenheit als Voraussetzung haben kann, läßt nur folgenden Schluß zu: Die Dinge der Welt sind es, die den Menschen zur metaphysischen Frage aufrufen. Wichtig dabei ist, daß die Dinge nicht der Ausgangspunkt der Frage im Sinne einer fraglos gültigen Voraussetzung sind. Sie provozieren gleichsam nur die Frage und werden in ihr mit dem Sein im Ganzen zugleich selbst in Frage gestellt. Der Mensch kann diese seine Welt mit ihren Dingen nicht verlassen. Mensch sein kann er nur in der Welt. Folglich provozieren die Dinge der Welt nicht nur die metaphysische Frage, die Welt ist auch der Ort, an dem der Mensch diese Frage stellt. Mit der metaphysischen Frage wendet sich der Mensch nicht von der Welt ab, sondern die metaphysische Frage findet im In-der-Welt-Sein ihren Raum. Die Welt ist der Ort der Metaphysik.

Dadurch zeigt sich die Paradoxie in einer neuen Variante: Die einzelnen Dinge kann der Mensch nur dann als Teil der ganzen Welt erkennen, wenn er sich ihnen gegenübergestellt sieht, wenn er also vom Ganzen her die Welt betrachtet. Die Frage nach dem Sein im Ganzen kann er aber nur stellen, wenn er *in* der Welt, d.h. bei den Dingen ist. Sein in der Welt und Erkennen des Seins im Ganzen, Zuwendung zu den einzelnen Dingen und Zuwendung zum Ganzen sind ineinander verwoben. Damit stellt sich die Frage des Thomas von Aquin erneut: Kann alles, das Ganze, nur erkannt werden dadurch, daß der Erkennende sich bei einem hier und jetzt Seienden befindet, also durch "conversio ad phantasma"? Zumindest ist ein irgendwie gearteter Konnex des Erkennens von einzelnen Seienden und der Frage nach dem Sein im Ganzen gegeben. Rahner nennt das Sein bei einem Ding, d.h. die erkennende Zuwendung zu einem Seienden, *Sinnlichkeit*. Die Vergegenwärtigung des Seins im Ganzen in der metaphysischen Frage nennt er *Intellekt* bzw. *Denken*. Diese Polarität zwischen Sinnlichkeit und Denken, die durch ihre unlösbare Verknüpfung zugleich eine untrennbare Einheit bilden, ist für Rahner die fundamentale Verfaßtheit des Menschen, an der dieser als Subjekt zu bestimmen ist.[201]

Immer wenn der Mensch die metaphysische Frage nach dem Sein im Ganzen stellt, wird er sich dessen bewußt, daß er mit seinem sinnlichen Erfassen und seinem Tun den einzelnen Dingen zugewendet ist. Die Frage nach dem Sein im Ganzen kann er nur als Frage nach dem Sein im *Ganzen* begreifen, wenn er sich darin bewußt von den einzelnen Dingen abheben kann, und das heißt implizit: wenn er zugleich seine Stellung inmitten der Einzeldinge der Welt wahrnimmt. Mit der Frage nach dem Sein im Ganzen unterscheidet sich der Mensch aber auch von den Dingen, er stellt sich ihnen gegenüber. Dem Menschen sind somit zwei Signaturen seiner Existenz eigen, die Bindung an die Welt und die Gegenüberstellung zur Welt, wobei diese beiden Verfaßtheiten nicht zeitlich nacheinandergeschaltete Stadien darstellen, sondern die Existenz des Menschen

---

[201] Vgl. ebd. 129-137. - Beim folgenden handelt es sich wieder um ein "übersetzendes" Referat der Ausführungen Rahners.

immer zugleich kennzeichnen. Mit der trennenden Absetzung des Menschen von den Dingen werden letztere für ihn Gegen-stände. Damit ist es ihm möglich, nicht nur das einzelne Ding, sondern den Zusammenhang der vielen Dinge zu sehen. Potentiell alle Seienden und das gemeinsame Sein aller Seienden werden für ihn anfragbar. Daraus ergibt sich die Konsequenz: Das Sich-absetzen-von-den-Dingen, das Objektivieren ist der Ort, an dem sich der Mensch als Nicht-Gegenstand erweist, als jemand, der *über* die Gegenstände nachdenkt. Daß der Mensch im Unterschied zu den vielen einzelnen Dingen zu dieser objektivierenden Absetzung von den Gegenständen fähig ist, erweist ihn als *Subjekt*. "Die Fähigkeit der einen menschlichen Erkenntnis, das in der Sinnlichkeit gegebene andere von sich weg in Frage zu stellen, es zu beurteilen, es zu vergegenständlichen und damit den Erkennenden erst zum Subjekt, d.h. zu einem zu machen, der bei sich selber und nicht beim andern ist, der wissend in sich selbst steht, nennen wir *Denken*, Intellekt. ... Erst durch das Denken wird die in der Sinnlichkeit gehabte ungeschiedene Einheit von Sinnlichkeit und sinnlichem Gegenstand, von Subjekt und Objekt wirklich zum Subjekt, das in seiner Insichselberständigkeit eine Welt sich gegenüber hat ..."[202]

Damit läßt sich für die Bestimmung des Subjektverständnisses bei Rahner ein erstes Zwischenergebnis auf dem bisher dargestellten Reflexionsstand formulieren: Das Subjektsein des Menschen wird konstituiert durch seine Fähigkeit zu denken. Subjektsein heißt, daß der Mensch sich von den Dingen absetzen, über die Dinge und über das Ganze der Welt nachdenken und in diesem Nachdenken die Dinge als *seine* Gegenstände erkennen kann.

1.2.2.1.3 Die "abstractio" in den Allgemeinbegriffen

In den bisherigen Ausführungen wurde schon erkennbar, daß für die Gewinnung des Subjektbegriffs bei Rahner die Annahme einer "coincidentia oppositorum", eines Ineins-Fallens zweier gegensätzlicher Bewegungen, von fundamentaler Bedeutung ist, nämlich die Koinzidenz von Bindung an die Dinge der Welt und denkerischem Sich-Absetzen von den einzelnen seienden Gegenständen. Insofern der Mensch sich von den Dingen absetzen, sie als seine Gegenstände erfahren, nach dem Sein nicht nur eines Seienden, sondern aller Seienden und so nach dem Sein im Ganzen fragen kann, sich also über das Gegenständliche hinausgehend offen zeigt für das denkerische Erkennen des Metaphysischen, ist er *Geist*. "... die menschliche Erkenntnis ist als vorgreifende auf das schlechthin Unendliche ausgerichtet, und darum ist der Mensch Geist. ... Der Mensch ist Geist, weil er sich vor das an sich unendliche Sein im Ganzen gestellt findet."[203] Auf der anderen Seite kann der Mensch die Frage nach dem Sein im Ganzen nur im Konnex mit der Realisierung der ihm gegenübergestellten Gegenstände, nämlich nur als Abhebung von diesen, stellen. Er kann das Sein im Ganzen selbst nicht

[202] Ebd. 130.

[203] Ebd. 195.

noch einmal überschreiten und kann es nicht zu seinem Gegenstand machen. Er kann den umfassenden Horizont des Seins im Ganzen nur in der Form vergegenwärtigen, daß er sich von diesem herkommend der Welt und ihren Dingen zuwendet. Insofern ist der Mensch *in* der Welt, endlich, also Geist *in Welt.*[204] In der thomanischen Terminologie wird die denkerische Absetzung von den Dingen als "abstractio", die Zuwendung zu den Dingen als "conversio ad phantasmata" bezeichnet.[205] Mit diesen beiden Begriffen operiert nun Rahner, um seinem Subjektbegriff weitere Konturen zu verleihen.
Die Bewegung der "abstractio" zeigt der Mensch unter anderem in der Bildung von *Allgemeinbegriffen.*[206] Allgemeinbegriffe sind Vorstellungen des Menschen, die er auf viele Einzeldinge beziehen kann und mit deren Inhalt er viele Dinge kennzeichnen bzw. beschreiben kann. Mit dem Allgemeinbegriff kann der Mensch also eine Vorstellung von einem einzelnen Ding abstrahieren und auch auf andere Dinge beziehen. "Es wird in ihm ein Sein ... als solches von vielen möglichen Seienden (Subjekten) erfaßt."[207] Wiederum aber ist in der "abstractio" des Allgemeinbegriffs zugleich die Gegenbewegung der Hinordnung zu den Dingen enthalten. Ein Allgemeinbegriff wird als solcher nur erkannt, wenn er sich tatsächlich auf einzelne, konkrete Dinge beziehen läßt. Der Gebrauch eines Allgemeinbegriffs ist immer das Erfassen eines "Diesda". Bedingung der "abstractio" im Allgemeinbegriff ist, daß es in ihr eine "conversio ad phantasma" gibt.[208]
Das ist der Rahmen, in dem das erkennbar wird, was Rahner in Anlehnung an Thomas "reditio subjecti in se ipsum" nennt und was den systematischen Ort des Subjektbegriffs bei Rahner (zumindest in "Geist in Welt") noch genauer bestimmt. Das einzelne Konkrete ist der Bezugspunkt, auf den der erkennende Mensch seinen Allgemeinbegriff bezieht. Damit ist ein Abstand zwischen erkennendem Menschen und erkanntem Konkreten ausgedrückt. Die Bildung und Anwendung eines Allgemeinbegriffs ist die Form, in der der Mensch seine Gegenüberstellung als Subjekt zu den Dingen als seinen Objekten alltäglich operationalisiert. Dadurch, daß der Mensch aus den vielen gegenständlichen Dingen einen Allgemeinbegriff gewinnt, daß er einen Vorstellungsinhalt loslöst vom konkreten Ding, realisiert er seine Gegenüberstellung zu und Abhebung von den Dingen als seinen Gegenständen. Er kehrt von den Objekten zurück zu sich als dem Subjekt und bestimmt sich selbst als das Seiende, das ein in sich selbst stehendes Subjekt gegenüber gegenständlichen Seienden ist. Den Menschen zeichnet gegenüber den vielen Seienden eine Subjektivität aus, in der er sich selbst, sein eigenes Sein zum

---

204 Vgl. **Neuhaus, G.**: Transzendentale Erfahrung als Geschichtsverlust?, 72.

205 Vgl. **Rahner, K.**: Geist in Welt, 130.

206 Vgl. ebd. 132.

207 Ebd. - Überraschenderweise bezeichnet Rahner hier einzelne Seiende als Subjekte, während er unmittelbar vorher noch das Subjektsein als die Auszeichnung des Menschen dargestellt hat, der sich im Unterschied zu den einzelnen seienden Dingen im denkerischen Erkennen von diesen absetzen kann. Der uneinheitliche Begriffsgebrauch zeigt, daß Rahner in "Geist in Welt" noch Reste des überkommenen aristotelischen Subjektbegriffs mittransportiert, in dem "Subjekt" im Sinne von Substanz als Träger einer Eigenschaft begriffen worden ist.

208 Vgl. ebd. 132 f.

Gegenstand seines Begreifens machen kann. Das Subjektsein des Menschen als "'Seinshabe' manifestiert sich in dem Grad, in dem das betreffende Seiende zu sich selbst zurückzukehren vermag, in dem es ihm möglich ist, in sich selber reflektiert, für sich selbst gelichtet zu sein und sich in diesem Sinne vor sich selbst zu haben."[209] Subjektsein verstanden in diesem Sinn als "Selbstgelichtetheit"[210] ist dann Ausdruck der Fähigkeit des Menschen zur Selbstreflexion. "So ist der Allgemeinbegriff tatsächlich die erste Anzeige für die eine gegenständliche Erfahrung erst ermöglichende oppositio zwischen Subjekt und Objekt. *Abstractio als Gewinnung des Allgemeinbegriffs ist demnach der Vollzug dieser reditio (reflexio) subjecti in seipsum.*"[211]
Resümierend läßt sich festhalten: In seinem ersten Hauptwerk "Geist in Welt" versteht Rahner unter Subjekt den Menschen, insofern er sich durch sein Denken von den Dingen der Welt absetzen, nach dem Sein im Ganzen fragen und die einzelnen Seienden als seine Gegenstände erkennen kann, wobei er in dieser Polarität von Absetzung von und Zuwendung zu den Dingen der Welt sich seiner selbst als in sich selbst stehendes Wesen bewußt wird.

1.2.2.2 Die theologische Wendung: Offenheit des Menschen auf Gott hin

In seinem zweiten Hauptwerk "Hörer des Wortes"[212] macht es sich Rahner zum Anliegen, den in "Geist in Welt" gewonnenen Bestimmungen eine theologische Wendung zu geben - nicht im Sinne einer Korrektur, sondern einer Ausrichtung an der nun explizit theologischen Fragestellung, wie das Sein des Menschen erfaßt werden kann in Hinblick "auf dessen Vermögen, das Wort Gottes zu vernehmen, das als Offenbarung des unbekannten Gottes im Aufgehenlassen der Geschichte des Menschen ergeht"[213]. Es geht um die Frage, wie der Mensch "Hörer des Wortes" sein kann. Dabei nimmt Rahner zunächst noch einmal ausführlich und mit einigen Nuancierungen - so wird jetzt z.B. neben dem denkenden Erkennen der Aspekt des Handelns und der auch darin gegebenen In-sich-selber-Ständigkeit des Menschen betont[214] - die Gedankenführung von "Geist in Welt" zur metaphysischen Frage des Menschen nach dem Sein im Ganzen

---

[209] **Rahner, K.**: Hörer des Wortes, 65.

[210] Ebd.

[211] **Rahner, K.**: Geist in Welt, 134. - Neben dem Allgemeinbegriff führt Rahner noch zwei weitere Anzeigen für die Gegenüberstellung von Subjekt und Objekt an, das Urteil und die Wahrheit (vgl. ebd. 134-137). Auf ihre Darstellung wird hier verzichtet, weil sie speziell für das Subjektverständnis keinen Zugewinn mehr brächten. (Vgl. zur Sicht des Menschen als Subjekt in "Geist in Welt" **Neuhaus, G.**: Transzendentale Erfahrung als Geschichtsverlust?, 69-79.)

[212] **Rahner, K.**: Hörer des Wortes. - Ich zitiere hier ebenfalls nach der zweiten, von Johann Baptist Metz neubearbeiteten Ausgabe, die 1963 (in der zweiten Auflage 1969) erschien. Die erste Ausgabe erschien 1941.

[213] Ebd. 48.

[214] Vgl. ebd. 67 f., 73 f.

auf.[215] Das Neue der Fragestellung in "Hörer des Wortes" tritt nun dort ein, wo gefragt wird, was den fundamentaleren Grund für die in "Geist in Welt" herausgearbeitete Konstante des Menschseins, für die Koinzidenz von reflektierender Absetzung von den Dingen und erkennender Zuwendung zu den Dingen, für die Dualität und Einheit von "abstractio" und "conversio ad phantasma", und das heißt nichts anderes als: für das Subjektsein des Menschen abgibt. Es handelt sich um die "Frage nach dem letzten Grund der Möglichkeit des Menschen, den Dingen, mit denen er wissend-urteilend und frei handelnd umgeht, mit dieser In-sich-selber-Ständigkeit gegenüberzutreten"[216].
Diese Frage entzündet sich an der Struktur und Eigenart des vom Menschen vorgenommenen Bezugs von Allgemeinbegriffen auf einzelne Dinge. Darin wird ein "was", d.h. eine allgemeine, potentiell für unüberschaubar viele Dinge geltende Vorstellung darüber, wie Dinge sein können oder sollen, auf ein "etwas", d.h. auf ein einzelnes Ding bezogen. Umgekehrt gewinnt der Mensch den Allgemeinbegriff nur von einzelnen Dingen her, d.h. dadurch, daß er die allgemeine Vorstellung an konkreten einzelnen Dingen verwirklicht sieht. Mit dem Gewinn vom einzelnen Ding her und mit dem Bezug auf ein einzelnes Ding ist nun aber dieses "was" einer Begrenzung unterworfen. Es ist im Augenblick der Verwendung des Allgemeinbegriffs auf den Bereich der Erkenntnis des je einzelnen Dings eingegrenzt. Das "was", der Allgemeinbegriff, wird zunächst nur im Rahmen der Sinnlichkeit, also der Zuwendung zu abgegrenzten einzelnen Dingen, d.h. nur in der begrenzten Form, in der es an einzelnen Dingen verwirklicht ist, erfahren. Zugleich aber zeichnet es den Menschen aus, daß er das "was" des Allgemeinbegriffs eben als *allgemeines*, d.h. für potentiell unüberschaubar viele Dinge gültiges, und somit als ein *unbegrenztes* "was" erfahren kann. Der Mensch kann einen einmal gewonnenen Allgemeinbegriff im weiteren Fortgang auch unabhängig von der Gegebenheit einzelner damit bezeichenbarer Dinge haben und kann bewußt realisieren, daß am Einzelding der Allgemeinbegriff nur in begrenzter Form, nicht in seiner ganzen Weite verwirklicht ist. Er gestaltet seine Begriffe sogar bewußt als *Allgemein*begriffe, d.h. mit der Intention, sie von der Begrenzung auf einzelne Dinge zu lösen und für den Bezug auf möglichst viele Dinge geeignet zu machen.
Im Erkennen eines einzelnen konkreten Dings zeigt der Mensch, daß er die dabei verwendete Vorstellung als ein prinzipiell unbegrenztes "was" erkennt und daß er somit im erkennenden Erfassen eines einzelnen Dings immer schon über dieses begrenzte Einzelding hinausgreift und mehr erfaßt, als mit dem Einzelding vor Augen steht. In der unnachahmlichen Manier der Rahnerschen Sprache lautet dieser Sachverhalt: "Die Gegrenztheit der in der Sinnlichkeit erfahrenen Washeit in dem sinnlich gegebenen Diesen und durch es, welche Gegrenztheit als erfaßte die der Washeit an sich zukommende Ungegrenztheit erkennen läßt, wird dadurch bewußt, daß der Akt, der dieses sinnlich gegebene Dieses erfaßt, a priori zu dieser Erfassung schon über dieses Einzelne hinausgreift auf mehr, als dieses Einzelne ist."[217]

---

215 Vgl. ebd. 48-76.

216 Ebd. 74.

217 Ebd. 77.

Die anstehende Frage ist also die: Wie kann der Mensch die Unbegrenztheit des in seinen Allgemeinbegriffen enthaltenen "was" erkennen, obwohl er sie nur am begrenzten Material der einzelnen Dinge gewinnen kann? Was ist die Bedingung dafür, daß das Subjekt zur Abstraktion und zur Einzelerkenntnis zugleich fähig ist? Was gibt noch einmal den vorgängigen, fundamentalen, umfassenden Grund für diese Doppelbewegung ab, die den Menschen als Subjekt ausweist?

Das Erkennen der Unbegrenztheit ist auf alle Fälle ein Vorgriff des Menschen auf ein "mehr", d.h. auf mehr, als in den begrenzten Dingen verwirklicht ist und erkannt werden kann. Dieses "mehr" kann nur das Sein im Ganzen sein, der umfassende Horizont, in dem einzelne Seiende erkannt werden können. Der "*Vorgriff* ... ist ein a priori mit dem menschlichen Wesen gegebenes 'Vermögen' der dynamischen Selbstbewegung des Geistes auf die absolute Weite aller möglichen Gegenstände, ... die *be*wußte Eröffnung des Horizontes, innerhalb dessen das einzelne Objekt der menschlichen Erkenntnis *ge*wußt wird"[218]. Folglich kann das, worauf sich der Vorgriff des Menschen richtet, nicht selbst ein einzelnes Objekt seiner Erkenntnis sein. Andererseits gilt: Wenn der Mensch sich dieses seines Vorgriffs bewußt sein kann, dann stellt er auch die Frage nach dem Ziel des Vorgriffs und nach dessen eigentümlicher Gestalt. Das Woraufhin des Vorgriffs ist das, was alle Abgegrenztheiten umfaßt, das unbegrenzte Sein. Mit dem Vorgriff greift der Mensch über alle endlichen Gegebenheiten hinaus auf das unendliche, von allen Begrenztheiten losgelöste, auf das absolute Sein aus.[219]

Hier nun ist ein entscheidender Punkt erreicht. In Hinblick auf den Vorgriff des Menschen auf das unbegrenzte, absolute Sein sagt nämlich Rahner: "Mit der Notwendigkeit, mit der dieser Vorgriff gesetzt wird, ist auch Gott als das Seiende absoluter 'Seinshabe' mitbejaht. ... in diesem Vorgriff als notwendiger und immer schon vollzogener Bedingung jeder menschlichen Erkenntnis und jedes menschlichen Handelns ist doch auch schon die Existenz eines Seienden von absoluter 'Seinshabe', also Gottes mitbejaht, wenn auch nicht vorgestellt. Denn im Vorgriff ist der Grund seiner eigenen Möglichkeit unthematisch mitbejaht. ... Deshalb läßt sich sagen: der Vorgriff zielt auf - Gott."[220] Der Vorgriff auf das Sein im Ganzen und das Bewußtsein des Menschen für die Unendlichkeit, auf die er sich darin hinbewegt, ist demnach als die implizite Bejahung zu betrachten, mit der der Mensch die Realität des Unendlichen, des absoluten Seins, dessen, was er "Gott" nennt, behauptet.

Damit ist freilich ein geradezu atemberaubender Schritt vollzogen, der zunächst innehalten und an Rahner selbst Rückfragen stellen läßt. Im Zuge einer philosophischen Reflexion über das Wesen des Menschen wird ein bestimmter Punkt erreicht und dieser Punkt dann als der Ort gefaßt, an dem die Annahme der Existenz Gottes als möglich oder nötig bzw. die Rede von "Gott" als plausibel erscheint. Trotz der Beteuerung, daß hier "durchaus kein rein apriorischer Gottesbeweis"[221] vorliegt, muß man die Gegen-

218 Ebd. 78 f.

219 Vgl. ebd. 82 f.

220 Ebd. 83.

221 Ebd. 84.

frage stellen, ob hier Gott so selbstverständlich eingeführt und in die "Leerstelle" des unendlichen Seins gesetzt werden kann, auf das der Mensch vorgreifen, das er aber nicht selbst begreifen kann. In der Tat ist dieser Schritt von der transzendentalen Erfahrung zur Erfahrung der Transzendenz der Punkt, an dem sich die Stimmigkeit des gesamten Rahnerschen Konzepts der Theologie als einer "transzendentalen Anthropologie"[222] entscheidet, und er wird so zu dem Punkt, an dem die Rahnersche Theologie anfällig wird für Kritik von seiten derer, die diesen Schritt nicht nachvollziehen wollen oder können.[223] Allerdings ist hier auch das Moment der Rahnerschen Theologie gegeben, mit dem diese eben die alte Kategorientheologie und ein unangemessenes gegenständliches Gottesverständnis überwinden möchte. Rahner verlangt mit seiner Argumentation zumindest die Bereitschaft, sich zunächst von allen begrifflichen, lehrmäßig erfaßten, anthropomorphen Vorstellungen Gottes zu verabschieden und die im Wesen des Menschen selbst angelegte Erfahrung oder besser: Erahnung einer Unendlichkeit als den Ansatzpunkt eines angemessenen Gottesverständnisses zu erkennen. Erst dann ist es möglich, die weiteren Gedankengänge Rahners mitzuvollziehen und gegebenenfalls zu kritisieren. Und es ist jetzt wieder erlaubt, zur Darstellung der Gedanken Rahners zurückzukehren.

Von dem erreichten Stand des Gedankengangs aus läßt sich die für "Hörer des Wortes" leitende Frage beantworten, wie der Mensch der Empfänger der Offenbarung Gottes sein kann. Die bisherigen Ausführungen haben den Menschen als das Wesen gezeichnet, das nicht nur punktuell und situativ, gleichsam in glücklichen "Sternstunden" seiner Existenz, über sich und die endlichen Dinge auf das unendliche Sein ausgreifen kann. Es macht vielmehr die Existenz des Menschen als menschliche Existenz aus, daß sie durchgehend von dieser koinzidenten Dualität zwischen der Abhebung von den endlichen Dingen zum unendlichen Sein hin und der Zuwendung zu den endlichen Dingen vom unendlichen Sein her getragen ist. Der Mensch ist also in sich die Offenheit auf das unendliche Sein und zwar in allen Augenblicken seiner Existenz, nicht nur dort, wo er sich dessen bewußt ist, sondern auch dort, wo er seine Existenz als selbstverständlich hinnimmt, nicht nur in den aufsehenerregenden, sondern auch in den banalen, alltäglichen Erfahrungen. "Der Mensch ... lebt sein Leben in einem dauernden Sichausstrecken nach dem Absoluten, in einer Offenheit zu Gott. ... Er ist dadurch allein Mensch, daß er immer schon auf dem Weg zu Gott ist, ob er es ausdrücklich weiß oder nicht, ob er es will oder nicht, denn er ist immer die unendliche Geöffnetheit des Endlichen für Gott."[224] Und genau darin erweist sich der Mensch als das Wesen, das für die Offenbarung Gottes empfänglich ist. Die Offenbarung Gottes, die Gott in seiner Unfaßbarkeit und Unendlichkeit offenbaren soll, setzt bei ihrem Empfänger einen entsprechend unbegrenzten Horizont voraus, in den hinein die Offenbarung des Unendlichen geschehen kann, ohne sogleich von Endlichkeiten und Begrenztheiten absorbiert zu werden.

---

222 Vgl. **Rahner, K.**: Theologie und Anthropologie, 43-51.

223 Vgl. **Neuhaus, G.**: Transzendentale Erfahrung als Geschichtsverlust?, 81, Anm. 103.

224 **Rahner, K.**: Hörer des Wortes, 86.

Die Offenheit des Menschen auf das unendliche Sein ist diese "potentia oboedientialis"[225], die Fähigkeit des aufnehmenden Hörens, des Empfangens der Offenbarung vom unendlichen Gott her.[226]
Für die Bestimmung des Subjektbegriffs bei Rahner läßt sich daraus folgender Extrakt ziehen: Wenn mit der Offenheit des Menschen auf das unendliche Sein die Verfaßtheit des Menschen bezeichnet ist, die sein Subjektsein ausmacht, dann ergibt sich auf dem Hintergrund des Gedankengangs in "Hörer des Wortes" eine theologisch gewendete Bestimmung des Subjektbegriffs. Mit der Aussage, daß der Mensch Subjekt ist, ist eine Wesensaussage über den Menschen getroffen, die ihn als jemanden beschreibt, der qua Existenz auf Gott hin offen und für die Offenbarung von Gott her empfänglich ist.

1.2.2.3 Die Beziehung zwischen Gott und Mensch als Geheimnis

Aus den Analysen von "Geist in Welt" und "Hörer des Wortes" ergeben sich entscheidende Implikationen für die theologische Rede von Gott, vom Menschen und von der Beziehung zwischen beiden wie auch für die Gestalt christlicher Praxis, die sich als das Leben der Beziehung zwischen Mensch und Gott zu bewähren hat.

1.2.2.3.1 Transzendentale Erfahrung als Erfahrung der Transzendenz

Wird das Subjektsein des Menschen als seine Offenheit für das unendliche Sein und somit als Empfänglichkeit für die Offenbarung des Unendlichen begriffen, dann ergibt sich daraus als Konsequenz die Einsicht, daß das, was das Subjekt in seiner Offenheit erkennt, also die Offenbarung Gottes, nicht wie andere Erkenntnisinhalte als thematischer Gegenstand von außen an den Menschen herangebracht werden kann. Die Vermittlung der Offenbarung ist zu konzipieren als ein Erkenntnisprozeß, in dem das Subjekt sich selbst in seinem Subjektsein erfährt. Dabei ist diese Selbstgegebenheit des Subjekts vor und unabhängig von ihrer ausdrücklichen, thematisierenden Reflexion darüber gegeben. Selbstgegebenheit des Subjekts im Sinne von Selbsterfahrung des Menschen als Subjekt ist schon und primär in all jenen Akten gegeben, in denen der Mensch die einzelnen Dinge der Welt und sich selbst bewußt als endliche Seiende begreift, gerade in dieser Bewußtmachung der Endlichkeit diese aber bereits überschreitet und seine Offenheit auf das Unendliche erweist.[227]
Die Selbsterfahrung des Menschen als Subjekt ist eine transzendentale Erfahrung, weil der Mensch darin sich der Struktur bewußt wird, die alle seine anderen einzelnen Erkenntnisakte trägt und die ihn als Menschen auszeichnet, und sie ist weiterhin

225 Vgl. **Rahner, K.**: potentia oboedientialis.

226 Vgl. **Rahner, K.**: Hörer des Wortes, 86-88.

227 Vgl. **Rahner, K.**: Grundkurs des Glaubens, 28-31.

transzendental, weil der Mensch in ihr die einzelnen Erkenntnisgegenstände übersteigt.[228] Wenn aber - was in den bisherigen Interpretationen als Quintessenz von "Geist in Welt" und "Hörer des Wortes" erkennbar geworden ist - das Subjektsein des Menschen die Offenheit auf das Unendliche und die Empfänglichkeit für die Erfahrung des Unendlichen ausmacht, dann gilt in Hinblick auf die Selbsterfahrung des Menschen als Subjekt: "Die transzendentale Erfahrung ist die Erfahrung der *Transzendenz*, ..."[229] Daraus ergibt sich für die theologische Rede von Gott und für die Gestalt der Praxis unter dem Anspruch Gottes die fundamentale Prämisse, daß in jedem Menschen aufgrund seiner Fähigkeit zur transzendentalen Erfahrung "ein gleichsam *anonymes und unthematisches Wissen von Gott* gegeben ist, ..."[230] Erkenntnis Gottes ist nicht in der Art eines gegenständlichen Wissensbestandes, d.h. nicht in der Gestalt lehrhafter Aussagen von außen an den Menschen heranzutragen, so als ob der Mensch bis dahin nichts von dieser Gotteserkenntnis bei sich hätte. Gotteserkenntnis ist als transzendentale Erfahrung, als Erfahrung des Menschen seiner selbst als Subjekt zu verstehen und - wo sich eine Praxis um Gotteserkenntnis bemüht - als solche zu konzipieren. Gotteserkenntnis kann, will sie tatsächlich Gott als den Unendlichen erahnen, nur auf den über die einzelnen, endlichen Dinge hinausgehenden Raum des unendlichen Seins zielen. Der Ort bzw. der Modus dieser Erfahrung des Hinausgehens über die endlichen Dinge ist das Subjektsein des Menschen. Das bedeutet aber dann: Religiös im Sinne von "offen für die Offenbarung Gottes" ist der Mensch nicht dort, wo er begriffliches, thematisiertes Wissen über Gott sich aneignet und akzeptiert, sondern dort, wo er "sich der Frage nach dem Fragen, dem Denken des Denkens, dem Raum der Erkenntnis und nicht nur den Gegenständen der Erkenntnis, der Transzendenz und nicht nur dem in dieser Transzendenz kategorial raumzeitlich Erfaßten"[231], kurz: wo er sich dem Menschsein des Menschen als Subjekt zuwendet.

In diesen fundamentalen Bestimmungen findet Rahner die Basis dafür, die Frage der Rede von Gott und der christlichen Praxis unter dem Anspruch Gottes in einer modernen entmythologisierten Welt, in der die Selbstverständlichkeit des Wissens um und des Glaubens an Gott verlorengegangen ist, in einer dieser Situation der Moderne angemessenen Weise anzugehen. Er hält es für notwendig, den Bezug des Menschen zu Gott bzw. Gotteserfahrung auf eine neue, andere Weise zu erschließen. Die Notwendigkeit einer solchen "neuen Mystagogie"[232] ergibt sich für ihn ausdrücklich angesichts der Situation einer weltlichen Welt, in der scheinbar Gott keinen Platz mehr hat, in der Gott nicht mehr so selbstverständlich als numinose, über den Menschen waltende Macht erfahren wird, in der der Gedanke "Gott" nicht einfach mythisch fest verankert, sondern rational hinterfragt und kritisiert ist, in der ein Reden über Gott nicht mehr in der Art vorgegebener Glaubensformeln geschehen kann, sondern - sollte es überhaupt für die

---

228 Vgl. ebd. 31.

229 Ebd.

230 Ebd. 32.

231 Ebd. 33.

232 **Rahner, K.**: Die grundlegenden Imperative für den Selbstvollzug der Kirche, 269.

Erfahrungswelt des Menschen Bedeutung erlangen - auf die Erfahrungswirklichkeiten des Menschen hin ausgelegt werden muß. "Es kann und muß in der Theologie über Gott und seine Geheimnisse so geredet werden, daß der Mensch von heute immer die Rückbindung der Einzelsätze des Dogmas in jenes ursprüngliche Geheimnis versteht, das auch er in seinem rationalen Weltverständnis immer noch erfährt und anzuerkennen bereit ist. ... Bei der geistigen Situation von heute ... kommt aber alles darauf an ..., daß die transzendentale Voraussetzung für eine solche Gotteserkenntnis nicht nur theoretisch expliziert, sondern auch dem Menschen als in seiner konkreten Daseinserfahrung erfahrbar und miterfahren nahe gebracht wird; jene transzendentale Erfahrung, in der der Mensch es immer schon mit dem absoluten Geheimnis, Gott genannt, zu tun hat, bevor er in reflexer Weise diese Gotteserfahrung in den sogenannten Gottesbeweisen abstrakt thematisiert. Überhaupt bedarf es in dieser Situation der Weltlosigkeit Gottes und der Gottlosigkeit der Welt einer viel reflexer durchdachten und immer neu erprobten und eingeübten *Mystagogie* in die eigentliche religiöse Erfahrung."[233]

1.2.2.3.2 Theologie als transzendentale Anthropologie

Angesichts der aufgezeigten Notwendigkeit, den christlichen Glauben heute so nahezubringen, daß der Mensch spürt, was dieser Gott und dieser Glaube an Gott mit der je eigenen Person und dem je eigenen Alltag zu tun haben, daß also der Mensch merkt, daß es bei der Rede von Gott zunächst und vorrangig um ihn selbst geht, kommt Rahner zu der Forderung, daß die Theologie und die kirchliche Praxis eine "anthropozentrische Wendung"[234] vollziehen müssen. Die erste Frage der Theologie und der kirchlichen Praxis darf nicht mehr lauten: Was alles an Glaubensinhalten kann den Menschen indoktriniert werden? Es geht nicht mehr um die "schulmäßige Eintrichterung eines Katechismuswissens"[235]. Vielmehr muß zuerst darüber nachgedacht werden: Warum kann der Mensch überhaupt denken, daß es "Gott" gibt? So lautet die erste Frage der Theologie nicht: *Was ist Gott, Kirche, Glaube?*, sondern: *Wer ist der Mensch?* Theologie muß Anthropologie sein. Die theologischen Aussagen über Gott müssen so gewonnen und so formuliert werden, daß sie als Antwort auf die Frage empfunden werden können, die der Mensch sich selber ist.[236] Nur so besteht die Chance, daß der christliche Glaube als etwas erkannt wird, was den Menschen unmittelbar in seiner Existenz betrifft. *Im Zentrum von Theologie und Kirche steht nicht der*

233 Ebd. - Im folgenden werden einige der für dieses praktisch-theologische Postulat der Mystagogie grundlegenden Gedanken der Theologie Rahners referiert, soweit sie für das Verständnis des Menschen als Subjekt relevant sind. Eine ausführlichere Darstellung der theologischen Prämissen und praktisch-konzeptionellen Ansätze einer "neuen Mystagogie" findet sich in **Haslinger, H.**: Was ist Mystagogie?; **ders.**: Sich selbst entdecken -Gott erfahren, 41-62; **Knobloch, S.**: Wieviel ist ein Mensch wert?, 41-100.

234 **Rahner, K.**: Theologie und Anthropologie, 43.

235 **Rahner, K.**: Die grundlegenden Imperative für den Selbstvollzug der Kirche, 270.

236 Vgl. **Rahner, K.**: Grundkurs des Glaubens, 23.

Bestand der institutionellen Kirche oder der dogmatischen Lehre, sondern der Mensch mit seinem alltäglichen Leben. Also muß die Theologie heute beim Menschen anfangen[237] bzw. bei der Frage: Was ist die Bedingung der Möglichkeit, daß der Mensch überhaupt Gott und sich selbst denken kann? Theologie muß in diesem Sinn transzendentale Anthropologie sein, d.h. Anthropologie, die nach den Möglichkeitsbedingungen fragt, die beim Menschen gegeben sind, daß dieser überhaupt nach sich und nach Gott fragen kann. Das ist in den Analysen von "Geist in Welt" und "Hörer des Wortes" geschehen. In diesem transzendentalen Akt der Frage nach sich selbst erweist sich der Mensch aber nicht nur als offen auf Gott hin, sondern er findet auch zu Erkenntnissen über sich selbst als einem Seienden. Es wird ihm möglich, Aussagen über sich selbst zu treffen. Rahner selbst kommt dabei zu folgenden anthropologischen Selbstbestimmungen des Menschen bezüglich seines Wesens:

1) Der Mensch geht mit sich selbst und seiner Umwelt um. Er ist nicht einfach von der Natur festgelegt bzw. instinktgeleitet, sondern sich selbst überantwortet. Er ist nicht einfach Objekt der Bestimmungen anderer Menschen, sondern strebt - gegen vielerlei Widerstände und Destruktionen - danach, in eigenständiger Bestimmung verantwortlicher Träger des eigenen Lebens zu sein. Er ist zwar auch Produkt der Einflüsse, die von seiner Um- und Mitwelt auf ihn einwirken. Aber er ist nicht nur Produkt. Die empirischen Wissenschaften können zwar je einzelne Bereiche des Menschen untersuchen und sie durch Verknüpfung mit anderen Realitäten erklären. Aber sie können nie den Menschen als solchen und als ganzen erklären und ableiten. Er ist mehr als die von außen analysierbaren Komponenten seiner Wirklichkeit. Er ist auch "Ergebnis seiner selbst". Er ist in seiner Unverfügbarkeit und Unverplanbarkeit immer der je einmalige Mensch und zwar aus sich heraus. Das "Sich-zu-sich-selber-verhalten-Können, das Mit-sich-selber-zu-tun-Haben"[238] erweist den Menschen als *Person und Subjekt.*[239]

2) Die Fähigkeit des Menschen, mit sich selber umzugehen, sich selbst und die umgebende Welt zu gestalten, bedeutet zugleich ein Überantwortetsein des Menschen an sich selbst. Von seinem Wesen her ist der Mensch folglich auf Freiheit angelegt, darauf also, daß er die Entscheidungen bezüglich seiner selbst eigenständig trifft. Dieses Angelegt-Sein auf Freiheit, die ursprüngliche Potenz zur Freiheit aufgrund der wesentlichen Verfaßtheit des Menschen als Person, muß sich als konkrete Freiheit in den alltäglichen Lebensrealitäten auszeitigen, um vom Menschen überhaupt als Freiheit erkannt werden zu können. Die Behauptung der Freiheit als Wesenskonstitutivum des Menschen ist somit kein Idealismus, sondern ein kritisches Prinzip dafür, daß Freiheit in der konkreten Wirklichkeit des Menschen raum-zeitlich, leiblich und geschichtlich verwirklicht wird. Freiheit ist dann weiterhin nicht Beliebigkeit, sondern Verantwortlichkeit. Die eigene Freiheit findet ihre Grenze dort, wo sie zur Unfreiheit des anderen wird. Die Verantwortung gilt dem anderen Menschen, insofern die eigene Freiheit der

---

[237] Vgl. **Rahner, K.**: Die theologische Dimension der Frage nach dem Menschen, 402.

[238] **Rahner, K.**: Grundkurs des Glaubens, 41.

[239] Vgl. ebd. 37-42. - An dieser Stelle wird bei Rahner leider nicht deutlich erkennbar, wie und inwieweit er "Person" und "Subjekt" voneinander unterscheidet.

Möglichkeitsgrund dafür ist, für die Freiheit des anderen Menschen einzustehen, und insofern der je andere vom eigenen freien Handeln betroffen ist. Der frei handelnde Mensch ist für das, was er tut, rechenschaftspflichtig. Innerhalb dieser gegenseitigen Bedingtheit von Freiheit und Verantwortung bedeutet Freiheit aber auch Verantwortung des Menschen für sich selbst, da der Mensch sich selbst aufgebürdet, d.h. für sein Sein verantwortlich ist. Der Mensch ist im Vollzug seines Seins, das immer zugleich ein In-Beziehung-Sein mit anderen Menschen ist, ein Wesen der *Verantwortung und Freiheit.*[240]

3) Im Lebensvollzug stößt der Mensch auf Grenzen. Wenn der Mensch in sogenannten Grenzerfahrungen sich der Bedingtheit und Endlichkeit seiner Existenz bewußt wird, dann erreicht er nicht einfach ein Ende. Er erreicht die Grenze seiner Existenz. Eine Grenze hat aber immer zwei Seiten: ein Diesseits und ein Jenseits. Sie ist also auch der Ort, an dem wahrgenommen, gespürt oder erahnt wird, daß es ein Jenseits gibt. Die Erfahrungen, in denen ein Mensch seine Grenzen erreicht, sind folglich die Erfahrungen, in denen er sich dessen bewußt wird, daß etwas über seine Grenzen hinausreicht. Dieses Bewußtsein bedeutet freilich noch nicht ein Wissen darüber, *was* das Jenseitige ist; es ist vielmehr ein Ahnen, *daß* es ist. Aber gerade damit erweist sich der Mensch als derjenige, der das Vorgegebene auf etwas anderes hin übersteigt und damit auf einen nicht endlich absteckbaren, d.h. unendlichen Horizont vorgreift. Der Mensch ist somit ein Wesen der *Transzendenz.*[241]

4) Die Transzendenzfähigkeit des Menschen besagt zugleich, daß der Mensch sich selbst nicht als das Letzte, Unhintergehbare erfährt. Indem er sich selbst erfährt, erfährt er seine Offenheit über sich selbst hinaus. Er ist nicht das absolute Subjekt, sondern ein Subjekt, das von einem noch umfassenderen Horizont getragen ist und sein Sein von woanders her empfängt. So kann er nicht in absoluter Weise frei über sich verfügen. Eingespannt in die Dualität von Endlichkeit und Unendlichkeit muß er erkennen, daß sein eigenes Freisein nicht alles ist. Es gibt eine Hinordnung seiner selbst auf etwas ihn Übersteigendes. Diesen Bezug zum umfassenderen Horizont kann er nicht von sich aus in Freiheit und Selbstherrlichkeit herstellen oder zunichte machen. Dieser Bezug ist ihm vorgegeben und er erfährt sich gerade als in den Raum zwischen Endlichkeit und Unendlichkeit hineingestellt und aufgrund der Hinordnung auf den übersteigenden Horizont als abgehoben von den gegenständlichen Dingen der Welt, eben als Subjekt. So ist der Mensch der *Verfügte* und darin ein Wesen der *Verwiesenheit* über sich selbst hinaus.[242]

5) Der Mensch erlebt sich umgekehrt selbst als ein einzelnes Seiendes, als Geschöpf und als solches eingebettet in den übersteigenden Horizont. Als Geschöpf ist der Mensch von dieser umfassenden Transzendenz, die er "Gott" nennt, radikal abhängig. Nicht aber ist Gott von ihm abhängig. Gott ist kein Gegenstand des Menschen, mit dem er beliebig umgehen könnte. Wann immer der Mensch "Gott" denkt, denkt er, daß Gott

240 Vgl. ebd. 46-50; **ders.**: Die Freiheit des Kranken in theologischer Sicht, 440-443.

241 Vgl. **Rahner, K.**: Grundkurs des Glaubens, 42-46.

242 Vgl. ebd. 52 f.

unfaßbar ist, er selbst hingegen endlich. Gott als der Unendliche ist derjenige, der sich radikal vom Menschen unterscheidet, weil es schlechterdings nichts gibt, was von Gott losgelöst, was absolut wäre. Der Mensch dagegen erfährt sich als der vielfältig abhängige Mensch. Wann immer der Mensch "Gott" denkt, denkt er, daß er als endliches Wesen vom unendlichen Gott geschaffen ist. Der Mensch ist ein Wesen der *Kreatürlichkeit.*[243]

6) Der Mensch findet seine Bestimmung als Subjekt, als Wesen der Freiheit und der Transzendenz nur im Zusammensein mit anderen Menschen. Der Ort des transzendentalen Verhältnisses des Menschen zu Gott ist seine Zwischenmenschlichkeit. Nur im Gegenüber und Miteinander mehrerer Menschen erfährt der Mensch sich selbst als dieser eine bestimmte Mensch. Der Mensch ist ein Wesen der *Interkommunikation.*[244]

7) Der Mensch ist unweigerlich in die Geschichte, in den Verlauf von Welt und Zeit eingebunden. Er muß mit den Zwängen des Verlaufs von Natur und Geschichte umgehen. Am "Material" der Geschichte, an dem, was ihm in Zeit und Welt begegnet, erfährt sich der Mensch in seinem Subjektsein: Er gestaltet Zeit und Welt als *seine* Zeit und *seine* Welt. Der Mensch ist ein Wesen der *Geschichtlichkeit, Zeitlichkeit und Weltlichkeit.*[245]

8) Der Mensch lebt auf Zukunft hin. Er gestaltet sein Leben mit der Aussicht und in der Hoffnung, daß er das auf ihn Zukommende bewältigt. In seinen Zukunftserwartungen entwirft er seine Zukunft und sich selbst so, wie er sich erfahren möchte. Der Mensch lebt davon und ist angetrieben von dem Impetus, daß das Leben gemäß seinen Bedürfnissen verläuft. Er muß aber auch aufgrund seiner Endlichkeit seine Begrenztheiten erfahren, wenn Pläne scheitern. Es gibt für ihn einen nie restlos überwindbaren Spalt zwischen Entwurf und Wirklichkeit. Die Spannung zwischen Scheitern und Gelingen wie auch die Möglichkeit, Scheitern anzunehmen, es zu verarbeiten und gegebenenfalls gegen die Zwänge der Realität neu anzufangen, läßt ihn hoffen. Der Mensch ist so ein Wesen der *Zukünftigkeit, des Scheiterns und des Hoffens.*[246]

1.2.2.3.3 Gott als das Woraufhin und Wovonher der Transzendenz des Menschen

Wenn der Mensch dies alles von sich aussagen kann, diese Wesensbestimmungen sich in der Reflexion vergegenwärtigen kann, sich seiner selbst bewußt wird, dann muß er in dieser Bewegung der Transzendenz, in der er ja über sich selbst hinausgeht, von einer umfassenderen Wirklichkeit getragen sein. Dieser Vorgriff auf das Unendliche, Transzendente kann nicht einfach vom Nichts bewegt sein; es muß etwas geben, das den Vorgriff als Transzendenzbewegung in Gang setzt und ermöglicht. Zum anderen

---

243 Vgl. ebd. 83-88.

244 Vgl. **Rahner, K.**: Grundentwurf einer theologischen Anthropologie, 31 f.

245 Vgl. **Rahner, K.**: Grundkurs des Glaubens, 51 f.

246 Vgl. **Rahner, K.**: Grundentwurf einer theologischen Anthropologie, 33-38.

kann die Transzendenzbewegung nicht vom Menschen selbstmächtig bewerkstelligt sein. Der Mensch kann als derjenige, der sich auf das Transzendente zubewegt, den unendlichen Raum der Transzendenz nicht selbst konstituieren. Folglich ist der Mensch seines Seins nicht absolut mächtig, er fühlt sich von etwas anderem, einem absoluten Sein, getragen.[247] Die Frage nach dem Menschen führt also notwendig zu der Annahme, daß es einen umfassenderen Grund und Horizont gibt, der den Menschen übersteigt und ihn in seiner Existenz und Transzendenz trägt. Damit ist das Geheimnis ausgedrückt, das wir "Gott" nennen. Gott ist nicht eine von vielen Wirklichkeiten. Er ist kein bestimmter Gegenstand, von dem sich Menschen in ihrem objektiven, rationalen Wissen einen Begriff machen und den sie feststellen, nachweisen könnten. Er ist vielmehr der umfassende Horizont, auf dem die Existenz des Menschen gründet und der die spezifische Fähigkeit des Menschen, sich in der Frage nach sich selbst zu übersteigen, die Fähigkeit zur Transzendenz - das also, was nach Rahner den Menschen zum Subjekt macht - erst ermöglicht. Gott ist "das Woraufhin und Wovonher der Transzendenz, durch die der Mensch als solcher existiert und die sein ursprüngliches Wesen als Subjekt und Person ausmacht"[248]. Die Beziehung zwischen Mensch und Gott darf nicht nach einem Modus gedacht werden, in dem der Mensch sich erst in einem thematisierenden Begreifen Gott zuwenden müßte, um mit Gott zu tun zu bekommen, und auch nicht derart, daß Gott der unnahbar und schlechthin unerreichbar Jenseitige wäre. Der Zuwendung des Menschen zu Gott kommt immer schon eine zuwendende Bewegung Gottes zum Menschen hin zuvor. So erweist sich Gott als der den Menschen nahe Gott. Es geht in der Beziehung zwischen Mensch und Gott nicht vorrangig um ein Begreifen Gottes, sondern um "ein Sich-ergreifen-Lassen von einem anwesenden und sich immer entziehenden Geheimnis"[249]. Dieser Gott kann nicht begriffen und somit auch nicht angelernt bzw. angelehrt werden; er kann nur erfahren werden.

1.2.2.3.4 Ungeschuldete Selbstmitteilung Gottes als übernatürliches Existential des Menschen

Diese Vorgaben, daß der Mensch in seinen Akten von Anbeginn an vom umfassenden Horizont Gott getragen ist, daß der Mensch offensichtlich aus sich selbst heraus und nicht erst durch Theologie und Kirche mit Gott zu tun hat, veranlassen Rahner zu seiner Kernthese: *Der Mensch ist das Ereignis einer "ungeschuldeten Selbstmitteilung" Gottes als übernatürliches Existential und hat somit eine ursprüngliche, unverfügbare Beziehung zu Gott.* Daß der Mensch offen ist für Gott, ist nicht seine eigene Leistung. Gotteserfahrung ist möglich, weil Gott sich selbst grundsätzlich jedem Menschen mitteilt, noch bevor andere Menschen oder die Kirche etwas dazu tun könnten. Gott will von sich aus mit radikal jedem Menschen zu tun haben, insofern er jeden Menschen als

247 Vgl. **Rahner, K.**: Grundkurs des Glaubens, 42-46.

248 Ebd. 32.

249 Ebd. 63.

sein Geschöpf annimmt. Jeder Mensch steht folglich in einer *ursprünglichen Beziehung zu Gott*. Der Mensch kann dieses Angebot der Selbstmitteilung Gottes annehmen oder ablehnen, sich dessen bewußt sein oder nicht, aber es gehört - da jeder Mensch Geschöpf Gottes ist - unweigerlich zur Existenz des Menschen, es ist etwas, das wesentlich zum Menschen gehört. Die Beziehung zu Gott ist folglich ein *Existential* des Menschen. Die Selbstmitteilung ist Gnade, d.h. sie ist unabhängig von menschlicher Leistung oder Befindlichkeit, sie ist *ungeschuldet*. Als solche ist die Selbstmitteilung Gottes etwas, das sich der Verfügung durch den Menschen entzieht. Sie ist unabhängig von den natürlichen Möglichkeiten des Menschen, also *übernatürlich*, und damit unabhängig von den natürlichen, geschichtlichen Verfaßtheiten des Menschen. Somit muß sie radikal für jeden Menschen angenommen werden, auch für Menschen außerhalb der Kirche und für Nichtchristen. Durch die Selbstmitteilung Gottes und die dadurch begründete Beziehung zu Gott kommt jedem Menschen ein *unschätzbarer und unverlierbarer Wert* zu. Kein Mensch kann sich zum Richter über den Wert eines anderen Menschen machen. Christen und Christinnen müssen allen Menschen so begegnen, daß sie diesen ihren Wert vor Gott bedingungslos respektieren. Weil die Beziehung zwischen Mensch und Gott vom Menschen selbst nicht annähernd begrifflich erfaßt werden kann, weil sie sich der Erklärung, dem Zugriff oder der Bewertung durch andere entzieht, weil sie radikal unverfügbar ist, ist sie selbst ein *Geheimnis*.
Bei allem, was im Leben der Kirche und des einzelnen Menschen als Ort der Gnade bezeichnet wird, kann es sich nur um eine besondere Realisation dieser Selbstmitteilung Gottes handeln, um einen Ort, an dem der Mensch sich der Selbstmitteilung Gottes bewußt wird und sich dafür empfänglich zeigt. Bei allen Versuchen, in der kirchlichen Praxis dem Menschen etwas von der Beziehung zwischen ihm und Gott zu vermitteln, kann es sich nur darum handeln, daß dem Menschen durch eine Deutung seiner Lebensrealität und durch die Gestaltung seiner Lebensrealitäten entsprechend seiner Würde vor Gott geholfen wird, sich seines eigenen Selbstverständnisses und der immer schon gegebenen Beziehung von Gott her bewußt zu werden.[250]

1.2.2.3.5 Ermöglichung von Subjektsein als Prinzip kirchlicher Praxis

Wenn alle Menschen gleichermaßen und gleich wertvoll Beziehungspartner Gottes sind, dann muß darauf hingewirkt werden, daß auch alle Menschen dort, wo sie sich in irgendeiner Form begegnen, insbesondere im Raum der Kirche, gleichberechtigte Partner und Subjekte dieses Begegnungsgeschehens sind. Die Beziehung eines jeden Menschen zu Gott ist die Basis des Beziehungsgeschehens in der Kirche; nicht aber ist das In-der-Kirche-Sein Basis für die Beziehung zu Gott. Der Sinn der Kirche ist der Mensch und seine Beziehung zu Gott, nicht umgekehrt. Folglich müssen die Institutionen und Funktionsträger der Kirche in ihrer Praxis das in der Gottesbeziehung zugrundegelegte Subjektsein aller Menschen ernst nehmen und alle Menschen als

[250] Vgl. ebd. 132-139.

Subjekte ihrer Lebenspraxis anerkennen. Das impliziert zwar speziell, daß alle Menschen in der Kirche, d.h. alle Menschen, die sich der Kirche zugehörig fühlen oder im Raum der Kirche wirken und leben wollen, als Subjekte kirchlicher Praxis respektiert werden müssen.[251] Die Basisaussage jedoch, daß "jeder, wirklich radikal *jeder* Mensch als das Ereignis einer übernatürlichen Selbstmitteilung Gottes verstanden werden"[252] muß, daß jeder Mensch von Gott her als Subjekt angenommen ist und daß somit unterschiedslos das Subjektsein eines "wirklich radikal jeden Menschen" von verpflichtender Relevanz ist für eine Kirche unter dem Anspruch Gottes, läßt nur die eine Konsequenz zu, daß die Kirche die Ermöglichung des Subjektseins *aller* Menschen als ihr Kernanliegen verstehen muß. "Die Kirche ... müßte eine Kirche sein, der es nicht um sich, sondern um die Menschen, um alle Menschen geht."[253]

1.2.2.4 Resümee: Subjektsein - Sein vor Gott

Das "Subjektsein des Menschen" ist bei Rahner eine Aussage über die Beziehung zwischen Mensch und Gott.
Subjekt ist der Mensch, insofern er fähig ist, sich von den endlichen Dingen abzuheben, diese als Gegen-stände vor sich zu bringen und darüber hinausgehend nach dem Sein im Ganzen zu fragen.
Subjekt ist der Mensch, insofern er sich in der Frage nach dem Sein im Ganzen als offen auf das unendliche, absolute Sein hin zeigt und damit empfänglich ist für die Selbstoffenbarung Gottes als des unendlichen Seins.
Subjekt ist der Mensch, insofern er von Gott als dieses für die Transzendenz offene Wesen geschaffen und angenommen ist, von Gott her also immer schon eine ursprüngliche, unverfügbare Beziehung zwischen Mensch und Gott besteht und diese Beziehung dem Menschen, und zwar *jedem* Menschen, einen radikal unbedingten Wert verleiht, den es einzulösen gilt in Form der Ermöglichung eines eigenständigen und freien Lebens aller Menschen.
Zusammenfassend ließe sich auch sagen: Bei Rahner ist das Subjektsein Ausdruck des Seins des Menschen vor Gott.

---

251 Vgl. **Rahner, K.**: Die Träger des Selbstvollzugs der Kirche, 151 f.

252 **Rahner, K.**: Grundkurs des Glaubens, 133.

253 **Rahner, K.**: Strukturwandel der Kirche, 66.

1.2.3 Solidarisches Subjektsein und Subjektwerden aller Menschen (Johann Baptist Metz)

1.2.3.1 Absetzung von Karl Rahner

Das Subjektverständnis von Karl Rahner bleibt anfragbar. Wenn Gott als das absolute Sein gedacht wird, das unveränderlich und unendlich den Horizont des endlichen Seins und aller Seienden bildet, dann erscheint es nicht anders denkbar, als daß das Zeugnis von diesem Gott als Wahrheit des christlichen Glaubens als ebenso unveränderliche Wahrheit gedacht wird. Daß sich der Mensch in seiner Beziehung zu Gott verändert, daß es eine Entwicklung in der Lebensgeschichte des Menschen gibt, daß sich folglich der Glaube analog entwickeln muß, weil er koexistent mit der Lebensgeschichte des Menschen wie auch der Menschheit insgesamt ist, daß also der Glaube von einem Anfangspunkt ausgeht und die prinzipiell unberechenbare Lebensgeschichte des Menschen mitgeht und daß sich der Glaube so gerade in seinem Charakter des lebensgeschichtlichen Experimentes, d.h. als sich wandelnder Glaube, in seiner Wahrheit bewähren muß[254], wird von Karl Rahners Verständnis Gottes als des absoluten Seins zwar nicht negiert, aber auch nicht deutlich genug berücksichtigt.[255] Wichtig ist diese Fragwürdigkeit vor allem in Hinblick auf das Subjektverständnis. Wenn das Subjektsein des Menschen als Offenheit auf das absolute Sein gedacht ist, dann besteht zumindest die Gefahr, daß das Subjektsein des Menschen ebenfalls als unveränderlich gegeben, als den im endlichen Dasein gegebenen Bedingungen entrückt vorgestellt wird. In der Tat handelt es sich bei Karl Rahners Subjektverständnis noch um einen ziemlich idealistischen Begriff. Das Subjektsein wird als anthropologische Gegebenheit und damit als Realität eines jeden Menschen behauptet. Die Frage nach den geschichtlich-gesellschaftlichen Bedingungen der Verwirklichung des Subjektseins im je konkreten Leben, nach den Situationen der gewaltförmigen Unterdrückung von Subjektsein und der Befreiung daraus bzw. nach den Möglichkeiten und Schwierigkeiten eines gemeinsamen Subjektseins aller Menschen wird noch nicht oder zumindest zu wenig gestellt.

Das ist der Grund, warum Johann Baptist Metz das Konzept Karl Rahners unter den "subjektlosen Subjekttheologien"[256] einreiht. Subjektlos ist für Metz diese Subjekttheologie, weil sie zwar den Menschen als Subjekt behauptet, Geschichte und Gesellschaft als Orte der Verwirklichung des Subjektseins bzw. des Kampfes um das Subjektsein-Können jedoch ausblendet und aufgrund dieser privatistischen Tendenz Gefahr

---

254 Vgl. **Siebenrock, R.**: Umgang mit der Wirklichkeit angesichts der Gottesfrage, 4.

255 Dabei ist es unzweifelhaft, daß Karl Rahners Verständnis der Beziehung zwischen Gott und Mensch das Wissen um einen lebensgeschichtlich verwurzelten Glauben und um eine sich wandelnde Wahrheit des Glaubens geradezu in sich birgt. Karl Rahners fundamentale Annahme besagt ja, daß sich Gott in die Lebensgeschichte des Menschen hinein selbst mitteilt und daß folglich der Glaube als die Annahme der Selbstmitteilung Gottes eine lebensgeschichtliche, d.h. individuelle und wandelbare Gestalt hat.

256 **Metz, J.B.**: Glaube in Geschichte und Gesellschaft, 59.

läuft, "den von ihr angerufenen einzelnen in seiner Existenz zu verfehlen"[257]. So ist die Frage nach dem Subjekt eine Schiene der Absetzbewegung von Metz gegenüber Karl Rahner, die sich ausdrückt in der Kritik: "Stellt diese transzendentale Anthropologie [sc. Karl Rahners - H.H.] in Rechnung, daß der vorgreifende Mensch als Ganzer geschichtlich existiert? Der in der transzendentalen Subjekttheologie ausgearbeitete Begriff der Erfahrung hat nicht die Struktur geschichtlicher Erfahrung. Er bringt nämlich jene gesellschaftlichen Widersprüche und Antagonismen, aus denen geschichtliche Erfahrung leidvoll lebt und in denen das geschichtliche Subjekt sich konstituiert, zum Verschwinden in der Ungegenständlichkeit einer vorgewußten 'transzendentalen Erfahrung', in der diese Widersprüche bereits undialektisch versöhnt sind. Die transzendentale Subjekttheologie wirkt deshalb wie eine Überlegitimation der Identität des religiösen Subjekts angesichts der geschichtlichen Leiden der Menschen."[258] Auf der Kontrastfolie einer solchermaßen "subjektlosen Subjekttheologie" entwickelt Metz sein Verständnis vom Subjektsein des Menschen.

1.2.3.2 Der Ausgangspunkt: Die Krise des bürgerlichen "Subjekts"

Das Subjektsein des Menschen ist eines der wichtigsten Motive, mit denen die Postulate der Aufklärung transportiert wurden, und es ist zugleich das Motiv, in dessen Gestalt die Anliegen der Aufklärung eine mit dem christlichen Glauben offensichtlich verträgliche Rezeption innerhalb der Theologie erfahren konnten. Die Theologie erkannte im Subjektsein ein Prinzip, mit welchem sie selbst zentrale Aspekte ihres Verständnisses vom Wesen des Menschen ausdrücken konnte. Allerdings blieb die theologische Reformulierung des Subjekts als eines religiösen Subjekts für Metz unbefriedigend und sogar kontraproduktiv zum Anliegen der Befreiung des Menschen zu seinem wirklichen Subjektsein. Die theologische Rede vom Subjekt blieb weithin abstrakt, fragte nicht nach dem geschichtlich-gesellschaftlichen Kontext des Subjektseins und auch nicht nach dem konkreten Menschen als dem Träger dessen, was als Subjektsein behauptet wurde. So erwies sich die theologische Rede vom Subjekt weithin als idealistische Behauptung einer Freiheit, einer Selbstbestimmung oder eines Vernunftgebrauchs des Menschen, deren reale Bedingungen und Verwirklichungsformen jedoch nicht reflektiert wurden. Bestätigt und verstärkt wird dadurch bis in die aktuelle Theologie und Kirchenpraxis hinein ein Sozialisationstyp, den Metz "Bürger"[259] nennt. Gemeint ist damit der Mensch, der bereits auf der Basis der aufklärerischen Plausibilitäten wie Mündigkeit oder Vernunftgebrauch sozialisiert worden ist, der sich aufgrund seines Willens und seiner Macht zur Selbstbestimmung als in sich selbst stehend und sich selbst genügend erlebt, der sich mit dem Zug des Elitären selbst behauptet gegen und über die Lebenssituationen anderer Menschen hinweg, bei denen Wille und Macht zur Selbstbestim-

[257] Ebd.

[258] Ebd. 62.

[259] Ebd. 30.

mung nicht so einfach gegeben sind oder gar unterdrückt werden. Dieser selbstgenügsame Bürger kann in Konsequenz dazu die Religion nur als etwas erleben, was nachträglich zu seiner "selbstgemachten" Identität hinzutritt - etwa als ästhetisch-kulturelle Ausschmückung seines bürgerlich-privaten Lebensrahmens -, aber nicht selbst konstitutiv für seine Identität ist. An diesem Sozialisationstyp des Bürgers sind die Aufklärung, speziell das aufklärerische Motiv des Subjektseins und notwendig auch eine Theologie, die die aus der Aufklärung erwachsene bürgerliche Subjektvorstellung unkritisch übernahm, in ihre Krise geraten.[260] Dieser krisenhafte Prozeß zeigt sich in fünf Komponenten.

Erstens verschob sich die Lebensform und die Regulierung des Zusammenlebens weg von der Bindung an kollektiv geltende und auch gemeinschaftsbildende Traditionen hin zum Sozialprinzip des Tausches, welches besagt, daß die Regulierung des Zusammenlebens über den Austausch einander verrechenbarer Güter (z.B. Geld gegen eine bestimmte Erlebnisform der Freizeitgestaltung) erfolgt. Was als unverrechenbare Größe, als "wertloser", nicht eintauschbarer Wert darüber hinausgeht, d.h. unter anderem die Religiosität des Menschen, wird in den Bereich des Privaten abgedrängt. Religion unterliegt demnach einer Privatisierung.[261]

Zweitens trat an die Stelle der früheren Lebensorientierung durch Traditionszwänge nicht die von der Aufklärung eigentlich intendierte neue Lebensorientierung in Form der Maxime der praktischen Verwirklichung von Freiheit, sondern vielmehr ein Mangel an Handlungs- und Lebensorientierung. Außerhalb des sich nach eigenem Gutdünken zu vollziehenden Tauschmechanismus gibt es keine orientierende Instanz. Die Tradition als konventionelle Orientierungsinstanz wird vom Tauschprinzip als "wertlos" außer Kraft gesetzt und dem Belieben und der Unverbindlichkeit des einzelnen anheimgegeben. Es kommt zur Traditionskrise.[262]

Drittens wurde mit der Tradition auch die Autorität aufgelöst und zwar nicht nur in ihrer unterdrückerischen, herrschaftsförmigen Komponente, sondern auch in ihrer orientierenden, befreienden, Leben ermöglichenden Kraft. Auch dort, wo Autorität eingesetzt werden kann und soll, um andere Menschen zu ihrem Subjektsein zu befreien, verliert sie ihre Akzeptanz als hilfreicher Maßstab. Wo man das Autoritätsprinzip zu bewahren versucht, etwa in der Kirche, wird es als anonymes, scheinbar personenunabhängiges Autoritätsgehabe gegen das Lebensgefühl durchgesetzt und verliert selbst da seine Plausibilität, wo es in Abgrenzung zum Modus des Autorität-Habens als Autorität-Sein, also als stimmiges, für alle Menschen konstruktives Selbstkonzept des Menschen

260 Vgl. ebd. 29-31.

261 Vgl. ebd. 31 f. - Legt man diese geschichtliche Sichtweise von Metz zugrunde, dann kann man sagen, daß mittlerweile auch die Religiosität nicht mehr ins Private abgeschoben, sondern verwickelt ist in das, was man "Postmoderne" nennt: das öffentlich gezeigte Lebensgefühl des Menschen *nach* der Epoche des modernen, aufklärerischen Menschen. Indiz dafür ist die Tatsache, daß auch Religion in die Struktur des Tausches eingebunden wird, indem man religiöses Erleben zunehmend als etwas versteht, das von jemandem angeboten, gegen andere konkurrierende Formen profiliert und für Gegenleistung "zu haben" ist.

262 Vgl. ebd. 33-35.

gezeigt wird.[263]
Viertens zeigt sich das Krisenhafte der Lebensform des Bürgers im Nachgang zur Aufklärung darin, daß sich die aufklärerische Kernforderung, das von Immanuel Kant propagierte Mündigwerden durch Vernunftgebrauch, nicht selbstverständlich erfüllte. Es kam eben nicht zur konkreten Befreiung der wirklich Unmündigen bzw. der als unmündig behandelten und der ihrer Eigenständigkeit beraubten Menschen. Der allgemein befreiende Impetus der Aufklärung verkehrte sich in eine elitäre, die Realität von Subjektdestruktion ausblendende Vorstellung des Bürgers von seinem Lebensziel. Man begnügte sich mit der Vorstellung, der Bürger, der bereits potentiell mündig und zum Vernunftgebrauch fähig ist, müsse lediglich seine Lethargie, die "selbstverschuldete Unmündigkeit", überwinden und seine Mündigkeit und Rationalität lebenspraktisch verwirklichen. Die Idee der Befreiung durch Vernunft wandelte sich in eine Krise der Vernunft, weil sich "in der emphatischen Rede von 'Mündigkeit' und 'Subjekt' letztlich eine neue Elite, eine neue Aristokratie, d.h. im spiegelverkehrten Gleichnis genau das, wogegen man kämpfte"[264], behauptete.
Fünftens ist eine Religion, die sich in die Lebensform des Bürgerlichen einpaßt, nicht nur durch die Privatisierungstendenz von der Krise betroffen, sondern erweist sich selbst als Krisenfaktor. Eine Religion, die sich privatisieren, für elitäre Selbstbehauptungsbestrebungen des etablierten Bürgertums vereinnahmen, auf einen dubiosen Raum erbaulicher Innerlichkeit reduzieren läßt, bleibt für die Konstitution des Subjektseins der Menschen nicht folgenlos. Sie verliert ihr Potential, gegen subjektdestruktive Kräfte anzugehen. Derart harmlos und scheinneutral wirkt sie beruhigend für die Protagonisten des Status quo und wird darin zum Agenten derer, die das Subjektsein der Menschen verhindern statt ermöglichen.[265]
Diese Verfaßtheit des aufgeklärten Bürgers als des nichtsolidarischen, elitären "Subjekts" ist für Metz der Ausgangspunkt und zugleich die Herausforderung für eine Theologie, die sich als Theologie des Subjekts versteht. Einer solchen Theologie muß es darum gehen, über die Aufklärung und deren Subjektideal, das aufgrund seiner privatistischen und verbürgerlichten Tendenz in sich subjektdestruktiv wirkt, selbst noch einmal aufzuklären[266], anstatt sie unkritisch zu affirmieren. Die Theologie des Subjekts kann im bürgerlichen "Subjekt" nicht das Subjekt erkennen, um das es ihr gehen muß. Für Metz ist der privatisierte Bürger als "Subjekt" die Schwundform seiner theologisch definierten Vorstellung vom Subjektsein. Metz hat eine theologisch profilierte und kritisch-politisch motivierte Vorstellung vom Subjektsein des Menschen, die er als normative, idealtypische Größe zugrundelegt und von der ausgehend er die Lebenssituation des Menschen kritisch beurteilt und das Selbstverständnis des Bürgers als sogenanntes "Subjekt" als Defizitform dechiffriert. Er übernimmt seinen normativen Subjektbegriff gerade nicht von der Aufklärung, sondern versucht ihn als *theologischen*

---

263 Vgl. ebd. 36-38.

264 Ebd. 40; vgl. zum ganzen ebd. 38-40.

265 Vgl. ebd. 40-42.

266 Vgl. ebd. 30 f.

Begriff gegen die für das Leitbild des Subjektseins aller Menschen kontraproduktiven "dialektischen" Folgeerscheinungen der Aufklärung zu retten. Es geht ihm um die "Rettung des Subjekts"[267]. Die Theologie hat das Subjektsein des Menschen zu proklamieren als ein "Subjektsein vor Gott"[268] und darin - weil die gleichberechtigte Beziehung eines jeden Menschen zu Gott unhintergehbar ist - als "solidarisches Subjektsein aller"[269]. Dabei kann eine solche Theologie das Subjektsein des Menschen nicht einfach abstrakt behaupten und damit die faktische und schmerzhafte Realität der vielfachen Unterdrückung von Subjektsein idealistisch überspringen. Sie darf die Augen nicht davor verschließen, daß es nicht nur eine - im Kantschen Sinne - "selbstverschuldete", sondern - was entscheidender ist - vor allem auch eine aufgezwungene Unmündigkeit im Sinne der Verhinderung von Eigenständigkeit gibt. Deren Überwindung ist nicht einfach Sache der sittlichen Entscheidung des einzelnen, sondern der gesellschaftlich-politischen Veränderung von Strukturen. Eine Theologie des Subjekts findet so ihre Aufgabe nicht nur und nicht primär in der Konstatierung des Subjektseins des Menschen, sondern in der Suche nach und Reflexion von Möglichkeiten, Menschen, die als Objekte der Herrschaft anderer unterdrückt sind, zu ihrem Subjektsein zu befreien und zu befähigen, als Subjekte zu leben.[270]

1.2.3.3 Subjektsein vor Gott: Subjektsein des konkreten Menschen und Subjektsein aller Menschen

"Die Geschichte der biblischen Religion ist eine Geschichte der Subjektwerdung eines Volkes und des einzelnen in ihm, im Angesichte seines Gottes."[271] Zweierlei ist in diesem für Metz' Subjektverständnis zentralen Satz ausgesagt.

Das *Sein des Menschen vor Gott* ist *Subjektsein* bzw. dazu bestimmt, als ein Subjektsein verwirklicht zu werden. Der Mensch ist von Gott dazu berufen, sich aus den durch Zwänge und Ängste bedingten Unterdrückungen des Lebens zu befreien und in diesem Sinne Subjekt zu werden. Der Ort der Subjektwerdung ist die je eigene Lebensgeschich-

---

[267] **Metz, J.B.**: Jenseits bürgerlicher Religion, 97. - Hans-Ulrich von Brachel verkennt also den Subjektbegriff bei Metz, wenn er sagt, dieser hätte "zwei Subjektbegriffe: (1) Einen eher *deskriptiven*, soziologisch klingenden, wenn von 'bürgerlichem Subjekt' die Rede ist, und (2) einen eher *normativen*, der wohl für intaktes Menschsein steht (z.B. Subjektsein vor Gott), für Ideen, die aus der Aufklärung übernommen und radikalisiert sind" (**Brachel, H.-U.v.**: Subjekt werden, 26).

[268] **Metz, J.B.**: Glaube in Geschichte und Gesellschaft, 42.

[269] Ebd. - Angesichts vielfältiger Versuche gerade im Raum sozial oder politisch orientierter Theologien, das Postulat des Subjektseins aller und den politischen Kampf dafür zum Anlaß zu nehmen, eine Orientierung am Individuum als antisolidarisch und unpolitisch zu desavouieren, ist darauf hinzuweisen, daß Metz das Individuum keineswegs ausblenden oder es als weniger maßgebend erachten will. Er kritisiert die Privatisierungstendenz des Bürgers als desolidarisierende Verschließung des einzelnen Menschen auf sich selbst. Ausdrücklich aber wehrt er sich gegen eine "Negation des Individuums ... ebenso wie gegen die Karikatur von Solidarität in gewaltsamer Vermassung" (ebd. 43).

[270] Vgl. ebd. 51.

[271] Ebd. 57.

te des einzelnen innerhalb der Geschichte der Menschengemeinschaft, in die der einzelne eingebunden ist. Die Lebensgeschichte fordert den konkreten Menschen durch Gefährdungen wie Hoffnungen heraus. Dadurch ist er beansprucht, sich als je individuelle Persönlichkeit in der Verantwortung für die Führung der Lebensgeschichte zu bewähren. Deshalb "hält politische Theologie des Subjekts ... die Rede von 'dem Menschen' und 'dem Subjekt' aufrecht. Denn es kann ihr nicht um die schlichte Identifizierung mit irgendeinem geschichtlichen Klassensubjekt gehen. Politische Theologie des Subjekts, die im Namen der von ihr vertretenen Erinnerungen das bürgerliche Subjekt nicht einfach es selbst sein lassen kann, wird auch den Genossen nicht einfach Genossen sein lassen können, d.h. sie wird auch die sozialistisch erstrebte Persönlichkeit nicht einfach identifizieren können mit dem von ihr vertretenen Subjekt."[272] Was Metz hier als Verteidigung des Subjekts gegen sozialistisch-ideologische Vereinnahmungen formuliert, kann bei der Frage nach dem Subjektsein des Menschen im Kollektiv der Kirche nicht einfach außer Kraft gesetzt sein und liest sich dann in Hinblick auf die Kirche etwa folgendermaßen: Eine Theologie des Subjekts kann den Menschen nicht nur als eine in das Kollektiv "Kirche" oder "Gemeinde" eingefügte oder einfügbare Größe wahrnehmen. Theologisch gesehen verwirklicht der Mensch sein Subjektsein in mehr als der Einbindung in ein Kollektiv. Wird das Subjektsein so verstanden als Prozeß, zu dem der Mensch unter den Augen Gottes berufen ist, dann demaskiert dieses Subjektverständnis die bürgerliche abstrakte Rede vom Menschen als Subjekt zwar als idealistische Fiktion, die die realen gesellschaftlich-geschichtlichen Bedingungen des Subjekt-sein-Könnens konkreter Menschen ausblendet. Das von Gott her definierte und erstrebte Subjektsein meint aber nach wie vor den konkreten und je einzelnen (nicht: vereinzelten!) Menschen, der gemäß dem an ihn persönlich ergangenen Ruf Gottes zur Verwirklichung seiner ihm individuell zukommenden Gestalt des Subjektseins in seiner konkreten, unaustauschbaren Lebensgeschichte aufgerufen ist. Eine nachbürgerliche, nachidealistische und somit antiindividualistische Rede vom Menschen als Subjekt darf das Subjektsein des Menschen nicht auflösen in die Behauptung eines irgendwie gearteten Kollektivsubjekts. Letzteres ist der Fall, wenn z.B. nur noch von einer geschichtlichen Klasse oder nur noch von einer christlichen Gemeinde, nicht aber von einem je konkreten Menschen als Subjekt gesprochen wird. Die Annahme eines Kollektivsubjekts hebt das Subjektsein ab vom einzelnen Menschen. Dadurch kann aber der einzelne Mensch sich nicht als solches Subjekt gemeint fühlen und das Subjektsein nicht als seine ihm zukommende Lebenswirklichkeit erleben. Gerade mit der Behauptung eines Kollektivsubjekts würde also der Mensch erneut in seinem konkreten Subjektsein verfehlt, und es käme erneut zu einer abstrakten, idealistischen Sicht des Subjektseins. Zudem würde die Konzeption des Subjektseins als Selbstvollzugsform eines Kollektivs noch keine Abwehr des individualistischen Selbsterlebens des bürgerlichen "Subjekts" bedeuten. Das jeweilige Kollektiv wäre als in sich stehend und unabhängig vom Individuum gedacht, so daß gerade nicht erkennbar würde, daß es bei der Rettung und Ermöglichung eines befreiten Subjektseins der Menschen darum geht, wie

[272] Ebd. 65.

der je einzelne sich selbst versteht, wie er die anderen versteht, wie er sich in die Beziehung zu anderen einbringt und wie die Angehörigen des Kollektivs in gegenseitiger Anerkennung gemeinsam zu einem je eigenständigen Subjektsein kommen können. Hinter der abstrakten Behauptung des gemeinsamen Subjektseins könnte sich die Selbstabschließung des einzelnen um so unreflektierter fortsetzen. Ein von Gott her definiertes Subjektsein sperrt sich sowohl gegen eine Privatisierung des Individuums als auch gegen dessen Einebnung in eine individuenfreie Kollektivität. Gott ruft und kennt den Menschen bei seinem Namen (Gen 5,2). Gott ruft den Menschen als Menschen an. So kann ein von Gott her verstandenes Subjektsein den Menschen nur in seiner je unverwechselbaren Identität meinen. Versteht der Mensch sich als ein Subjekt *vor Gott*, dann erhält das Subjektsein eine neue Qualität jenseits der Alternative von Individualismus und Kollektivismus. Es bedeutet das Aufbrechen der Selbstabschließung des Menschen und *darin* die Bewahrung des Menschen als Individuum.[273]

Insofern aber das Subjektsein des Menschen als ein Subjektsein vor Gott zu verstehen ist, ist es - und das ist die zweite Aussage des einleitenden Zitats - immer schon als *solidarisches Subjektsein* zu verwirklichen. Die Menschen stehen gemeinsam vor Gott. Kein Mensch kann einem anderen das Sein vor Gott und das In-Beziehung-sein-mit-Gott absprechen. In Konsequenz dazu bedeutet das eigene Streben nach dem Subjektsein zugleich den Anspruch, den von Gott ergehenden Ruf *aller* Menschen zum Subjektsein ernstzunehmen und sich für die Verwirklichung des Subjektseins *aller* einzusetzen. Die Behauptung des eigenen Subjektseins verlangt in sich die Solidarität mit anderen beim Kampf um deren Subjektsein. Diese Solidarität ist, da von Gott vorgegeben, auch nach dessen "Maß" zu bemessen. Es muß eine unbegrenzte, allen Menschen geltende *universale* Solidarität sein. Denn "der Kampf um Gott und der Kampf um das freie Subjektseinkönnen aller verläuft nicht gegensinnig, sondern gleichsinnig proportional"[274]. Mit der Definition von Gott her bekommt das Kriterium des Subjektseins des Menschen einen unweigerlich politischen Gehalt: Es verlangt das Engagement gegen die gesellschaftlichen Strukturen, die das Subjektsein von Menschen unterdrücken.[275]

Hier zeigt sich nun das Profil einer wirklich religiösen Reformulierung des Subjektseins. Sie muß Abschied nehmen von einer billigen und realitätsvergessenen Wiederholung des selbstgenügsamen Subjektgefühls des "Bürgers". Gott darf nicht mißbraucht werden als weltanschauliche Ausschmückung einer Welt, in der sich der Mensch gerade durch das Vergessen der unterdrückerischen Lebensrealitäten bequem einrichtet, in der die Behauptung Gottes eingesetzt wird zur beruhigenden Bestätigung des gesellschaftlichen Status quo, in der sich etablierte "Subjekte" zynisch über die Realität der leidenden, am Subjektsein gehinderten Menschen hinweg- bzw. in ihrem eigenen "Subjekt"-Sein durchsetzen und die sich in alledem als bürgerliche Welt erweist. Wird das Subjektsein wirklich religiös begriffen als ein Subjektsein vor Gott,

---

273 Vgl. ebd. 64 f.

274 Ebd. 59.

275 Vgl. ebd. 65.

dann wirkt die Bestimmung des Menschen als Subjekt "beunruhigend". Denn sie zielt darauf, Formen der Subjektdestruktion aufzubrechen. Vor Gott ist die Behauptung des eigenen Subjektseins zunächst ein Einklagen des Subjektwerdens der anderen, unter Zwang lebenden Menschen. Das Subjektsein in Zusammenhang mit Gott bringen heißt, die "Option für das solidarische Subjektseinkönnen aller Menschen"[276] treffen. Damit wird die religiöse Reformulierung des Subjektseins nicht nur zu einer möglichen, sondern zu der heute notwendigen Neuformulierung des Subjektseins. Angesichts der zerstörerischen Kräfte in der Welt ist das religiöse, von Gott her verstandene Subjekt gefragt, "wenn es endlich das praktische Interesse am Subjektwerden der anderen, derer, die in Unterdrückung und kollektiver Verfinsterung leben, als eine jedenfalls notwendige, wenn auch nicht ausreichende Bedingung seines eigenen Subjektseins vor Gott begreift. Wenn es also realisiert, daß das Evangelium der Christen schon allein dadurch politisch ist und politisch verpflichtet, daß es das Subjektsein *aller* Menschen vor Gott proklamiert und daß es keinen geringeren Preis für dieses Subjektsein vor Gott gibt als den Kampf gegen jede Menschenfeindlichkeit und Unterdrückung, die die massenhafte Bevölkerung ganzer Weltregionen nicht zu Subjekten werden läßt."[277]

1.2.3.4 "Erinnerung"

Die Erinnerung des Menschen ist ein Faktor seines Subjekt-sein-Könnens, weil sich die Verhinderung und Ausblendung von Erinnerung als gewaltförmige Verhinderung von Identität erwiesen hat. Letzeres wird deutlich an unterdrückten und versklavten Völkern. Die Vertreibung von Völkern mit einer eigenständigen Kultur aus ihren angestammten Lebensorten oder die Deportation von Sklaven waren gewaltsame Eingriffe in die Lebensgeschichten dieser Menschen. Sie hatten den Effekt bzw. das Ziel, daß die Bindungen der Menschen an ihren Ursprung abgeschnitten wurden. Die Vertriebenen und Deportierten verloren die Basis ihres Selbstverständnisses und wurden der Möglichkeit beraubt, ihre Identität eigenständig zu definieren. Ihr Selbstverständnis mußten sie sich in Abhängigkeit von ihren jeweiligen Unterdrückern vorgeben lassen: Die Afrikaner wurden "Haussklaven", Untergebene im Haus eines anderen; die Indianer wurden "Reservatbewohner", Bewohner, die von anderen Bewohnern abgegrenzt sind. Auf der Gegenfolie dieser gewaltsamen Ausblendung von Erinnerung ist evident, daß das Erinnern ein Sich-Berufen auf das Eigene und so ein Faktor des Subjektseins im Widerstand gegen Vereinnahmungen ist.
Speziell für den Leitgedanken eines solidarischen Subjektseins ist die Erinnerung eine unverzichtbare Kategorie. Die Mächtigen der Geschichte schreiben die Geschichte als *ihre* Geschichte, nämlich als eine Geschichte der Erfolge, als "Siegergeschichte". Um "Siegergeschichte" sein zu können, muß eine solche Geschichte ihre "Verlierer", d.h. die Unterdrückten und diejenigen, die als Unterdrückte gestorben sind, ausblenden. Gegen

[276] Ebd. 69.
[277] Ebd. 68.

eine derart "halbierte" Geschichte klagt die Erinnerung auch die Geschichte der Unterdrückten ein. Gott selbst fordert die "memoria passionis" ein, wenn er sich als ein Gott der Lebenden *und* der Toten offenbart. Ein Vergessen der Toten und ihrer Leiden wäre nicht nur die Halbierung der Geschichte, sondern auch die "Halbierung" Gottes, welche ausblendet, daß Gott sich selbst in Jesus Christus erniedrigte, sich darin selbst (und nicht nur etwas von sich) offenbarte, durch den Tod ging und den Toten die Auferstehung brachte.

Die Erinnerung kann zwar das Subjektsein der verstorbenen Unterdrückten nicht nachträglich ermöglichen. Aber sie holt die Unterdrückten herein in die Geschichte und somit in die Lebensrealität und das Bewußtsein der jetzt Lebenden. Erinnerung an die verstorbenen Unterdrückten ist vergegenwärtigende Erinnerung der Leiden. Als solche ist sie ein Akt der letzten, weil aussichtslosen, aber gerade darin radikalen Solidarisierung, eine "Solidarität nach rückwärts"[278]. Als Erinnerung, die Leiden spürbar werden läßt, ist sie aber auch ein Akt des Aufrufs zum Kampf gegen Leiden und für das Subjektsein der Menschen *jetzt*. Die Erzählungen von den verstorbenen Unterdrückten werden zu "gefährlichen Geschichten"[279], da sie den leidvergessenen, gegenwärtigen Status quo der Etablierten aufbrechen. Denn "die wesentliche Dynamik der Geschichte ist demnach das Gedächtnis des Leidens als negatives Bewußtsein von künftiger Freiheit und als Stimulans, im Horizont dieser Freiheit leidüberwindend zu handeln"[280]. Die Universalität des solidarischen Subjektseins erstreckt sich demnach nicht nur in der jeweiligen Gegenwart auf alle je jetzt Lebenden. Das solidarische Subjektsein ist universal auch in zeitlicher Erstreckung in die Vergangenheit hinein zugunsten aller Leidenden der Geschichte.[281]

Angesichts einer Weltsituation, in der die Menschen Leiden nicht nur als vergangene und je aktuell erlittene erleben, sondern in der Bedrohungen sich unausweichlich in die Zukunft hinein verlängern und vermehren, so daß Leid und leidende Menschen bereits jetzt für die Zukunft erwartet werden müssen, wäre - Metz weiterführend - das Postulat der Erinnerung zu ergänzen um das der Voraussicht. Die Universalität des solidarischen Subjektseins müßte auch die zukünftigen Leidenden umfassen. Solidarisches Subjektsein würde dann heißen: Wer für sich Subjektsein erstrebt, steht in der Verantwortung, das eigene Subjektsein in der Gegenwart so zu gestalten, daß das Subjektsein der Menschen künftiger Generationen ermöglicht wird.

---

278 Ebd. 54.

279 Ebd.

280 **Metz, J.B.**: Zukunft aus dem Gedächtnis des Leidens, 403; vgl. zum ganzen **ders.**: Glaube in Geschichte und Gesellschaft, 53-55, 63 f.

281 Vgl. **Metz, J.B.**: Glaube in Geschichte und Gesellschaft, 69. - Mit dem Motiv der Erinnerung an die Unterdrückten der Geschichte gegen die Leidvergessenheit derjenigen, die in der Geschichte nur die "Sieger" wahrnehmen, nimmt Metz ohne ausdrückliche Nennung Gedanken Walter Benjamins auf (vgl. **Benjamin, W.**: Über den Begriff der Geschichte).

1.2.3.5 Resümee: Subjektsein und Verantwortung für das Subjektsein anderer

Metz hebt sich ab von einem "bürgerlichen Subjekt", das sich in seiner Subjektivität - im doppelten Sinn verstanden als Beliebigkeit und Selbstgenügsamkeit - selbst verschließt. Das Subjektsein des Menschen ist für ihn nicht etwas, das selbstverständlich behauptet werden könnte, vielmehr etwas, das angesichts der vielfältigen Unterdrükkungsvorgänge erst ermöglicht werden muß. Das Subjektsein religiös zu formulieren heißt, es ausdrücklich als ein Subjektsein vor Gott zu verstehen. Dadurch bekommt die Bestimmung des Menschen als Subjekt eine neue Qualität und Ausrichtung. Gegen jede kollektivistische Einebnung wird die Überzeugung aufrechterhalten, daß Gott mit seiner Berufung des Menschen zum Subjektsein den konkreten, je einzelnen Menschen meint und daß folglich das Subjektsein eine Bestimmung ist, die vom je einzelnen Menschen und nicht von einem Kollektiv auszusagen ist. Gegen eine individualistische Selbstabschließung des Subjekts wird bewußt gemacht, daß der Mensch sein Subjektsein vor Gott nur dann konstituieren kann, wenn er sich nicht privatisiert, sondern in die Gemeinschaft mit anderen Menschen einbinden läßt. Versteht er nämlich seine Existenz als ein Subjektsein vor Gott, dann muß er implizit anerkennen, daß auch die anderen Menschen von Gott her zu diesem Subjektsein gerufen sind. Das eigene Subjektsein beinhaltet immer schon den Anspruch, das Subjektsein anderer anzuerkennen bzw. für das Subjektsein derjenigen zu kämpfen, die unterdrückt sind. Es ist solidarisches Subjektsein. Von diesem kann kein Mensch ausgeschlossen werden. Folglich muß sich das Subjektsein als universale Solidarität erweisen, sowohl gegenüber allen jetzt Leidenden in Form des Kampfes für ihr Subjektsein als auch gegenüber den Unterdrückten der Geschichte in Form der gefährlichen, weil beunruhigenden Erinnerung ihrer Leiden.

1.2.4 Intersubjektivität und universale Solidarität (Helmut Peukert)

Helmut Peukerts theologische Theorie des Subjektseins[282] zeichnet sich zunächst dadurch aus, daß er nicht von einer vorhergehenden Theologie sich absetzend und innerhalb des theologischen Referenzrahmens verbleibend einen neuen theologischen Denkansatz entwickelt, sondern daß er bisherige theologische Ansätze aufgreift und sie auf die Ebene der wissenschaftstheoretischen Diskussion holt mit dem Ziel, dort die Theologie der Bewährung gegenüber anderen Wissenschaften auszusetzen. Dabei werden auch die beiden vorhergehenden Subjekttheorien von Karl Rahner und Johann Baptist Metz aufgenommen[283] und zu einer neuen Fragestellung integriert. Mit Karl Rahner verbindet Peukert das transzendentale Motiv des "schon immer", in dem der

[282] Die diesbezüglichen Gedankenführungen finden sich in ausführlicher Form in **Peukert, H.**: Wissenschaftstheorie-Handlungstheorie-Fundamentale Theologie, bes. 229-355. In konzentrierter Form ist die Argumentation Peukerts formuliert in **Peukert, H.**: Was ist eine praktische Wissenschaft?.

[283] Vgl. **Peukert, H.**: Wissenschaftstheorie-Handlungstheorie-Fundamentale Theologie, 47-71.

Mensch nach Karl Rahner als immer schon in der Beziehung zu Gott stehend begriffen und nach Peukert immer schon als gleichberechtigter Partner anerkannt werden muß. So sieht er selbst in seinen Überlegungen eine Argumentationsweise, "die an die klassische transzendentale Argumentation erinnert"[284] und für die er in Karl Rahners These über die Einheit von Gottes- und Nächstenliebe[285] einen geeigneten Anschlußpunkt findet.[286] Mit Johann Baptist Metz verbindet Peukert die Kritik an einer gesellschaftsvergessenen und geschichtslosen Theologie, die die realen Bedingungen des Menschseins ausblendet, wie auch die Aufnahme des bei Walter Benjamin formulierten Motivs der Erinnerung an die Toten als die Verlierer der Geschichte und das daraus erwachsende Postulat einer universalen Solidarität. Daß die Frage nach dem Subjektsein des Menschen und nach dessen Möglichkeitsbedingungen bei Peukert auf wissenschaftstheoretischer Ebene und in Auseinandersetzung mit anderen Wissenschaften zu einem Versuch der Neubegründung nicht nur der Möglichkeit, sondern auch der Notwendigkeit der Theologie als einer heutigen, d.h. der heutigen Lebensrealität des Menschen gerecht werdenden, Wissenschaft führt, macht die Originalität dieses Ansatzes aus.

1.2.4.1 Der Ausgangspunkt: Das Orientierungsdefizit der Wissenschaften

Peukert ist motiviert von dem Anliegen, "die Möglichkeit von Theologie als kommunikabler Vernunftreflexion unter Beweis zu stellen"[287], die Theologie also bewußt mit anderen, vor allem den sich "empirisch" nennenden Wissenschaften zu konfrontieren. Dabei will er aufzeigen, daß ein Minderwertigkeitskomplex der Theologie als einer Wissenschaft mit nicht rational nachweisbarem oder technisch meßbarem Inhalt wie auch eine Nicht-Ernstnahme der Theologie als einer unexakt arbeitenden Quasi-Wissenschaft von seiten der "empirischen" Wissenschaften die entscheidenden Probleme, vor die die Wissenschaften insgesamt heute gestellt sind, gerade verfehlen. Angesichts der destruktiven Auswirkungen der Mechanismen gesellschaftlichen Lebens auf den einzelnen Menschen und angesichts der Bedrohung der Menschheit insgesamt besteht das entscheidende Problem für alle Wissenschaften in der "Frage, was überhaupt *humanes*, genauer noch: menschliches Leben und Zusammenleben förderndes *Handeln* sei und woran es sich orientieren könne"[288]. Dabei zeigt sich, daß sowohl die Theologie als auch die anderen Wissenschaften in ihrer konventionellen Form diese Orientierungsleistung nicht erbringen. Die konventionelle Theologie sperrt sich selbst gegen ihre orientierende Relevanz für das menschliche Zusammenleben aufgrund ihrer Ausgangslage, daß sie die Frage des Ziels menschlicher Existenz allein als die Frage nach dem

---

284 **Peukert, H.**: Was ist eine praktische Wissenschaft?, 68.

285 Vgl. **Rahner, K.**: Über die Einheit von Nächsten- und Gottesliebe.

286 Vgl. **Peukert, H.**: Wissenschaftstheorie-Handlungstheorie-Fundamentale Theologie, 17; **ders.**: Kommunikative Freiheit und absolut befreiende Freiheit.

287 **Füssel, K.**: Der imaginäre Andere, 101.

288 **Peukert, H.**: Was ist eine praktische Wissenschaft?, 64.

Erreichen eines Jenseits stellt und so einengt auf die Frage, wie der je einzelne Mensch auf seinen eigenen Tod zugeht. Eine solche Theologie ist in ihren Aussagen fixiert auf die je einzelne Entscheidung des Menschen, mit der dieser die Existentialität seiner Existenz, d.h. das Hinausgreifen über die irdische Existenz auf die Transzendenz Gottes, für sich selbst zu verifizieren versucht. Das macht sie im Gegenzug ungeeignet für die Anforderung, Menschen Orientierung in der Gestaltung nicht nur ihrer privaten Existenz, sondern ihres Zusammenlebens mit anderen Menschen zu geben. Denn eine solche Theologie unterliegt der Tendenz, die konkreten geschichtlichen Gegebenheiten auszublenden, den Glauben an Gott als eine weltlose Entscheidung bzw. als Privatsache zu konzipieren, sich selbst und den Glauben aus dem geschichtlichen Prozeß auszugliedern und die Frage der Lebensorientierung in die von den geschichtlich-gesellschaftlichen Bezügen separierte Existenz des einzelnen zu verlegen. Die Herausforderung der Theologie hinsichtlich der von ihr erwarteten Orientierungsleistung besteht folglich darin, ob und wie es ihr gelingt, geschichtliche Gegebenheiten als konstitutiven, nicht abweisbaren Horizont ihrer theologischen Aussagen und so notwendig als Bestandteil ihrer eigenen Sache zu begreifen. Sie muß lernen, ihr eigenes theologisches Verstehen als eine Hermeneutik zu erkennen, die immer schon von den gesellschaftlich-geschichtlichen Bedingungen geprägt ist. Das Subjektsein des Menschen darf sie nicht einfach behaupten, sondern muß es als etwas begreifen, was durch das gleichzeitige Subjektsein der anderen Menschen, also durch Intersubjektivität, ermöglicht ist und von den gesellschaftlichen Strukturen und geschichtlichen Prozessen bestimmt wird. Sie ist mit der Frage konfrontiert, ob sie bereit ist, das Subjektsein des Menschen gerade dadurch voranzutreiben, daß sie die Ermöglichung von Intersubjektivität durch die Bearbeitung der gesellschaftlich-geschichtlichen Gegebenheiten zu ihrem eigenen Anliegen macht.[289]

Gleichermaßen problematisch erweist sich die Ausgangslage der empirischen Natur- und Humanwissenschaften. Sie verstehen sich, gerade auch in Abgrenzung zu den Geisteswissenschaften im allgemeinen und zur Theologie im besonderen, als "exakte" Wissenschaften, die die Wirklichkeit des Menschen und der Welt eindeutig abzubilden versuchen[290] und für sich in Anspruch nehmen, diese umfassende Wirklichkeit durch Feststellung von Gesetzmäßigkeiten objektiv, also frei von Einfärbungen des Subjekts, erklären, damit aber auch gestalten zu können. Sie verstehen sich als Produzenten eines Verfügungswissens, welches ermöglichen soll, die Lebenswirklichkeit der Menschen immer genauer zu erklären und immer effektiver zu lenken. Geradc mit dieser strengen Fixierung auf das Wissenschaftsideal einer rationalen Unterwerfung der Welt sind die empirischen Wissenschaften in eine Krise geraten. Es hat sich schmerzlich gezeigt, daß das von ihnen produzierte Verfügungswissen und die daraus erwachsenden Handlungsmöglichkeiten noch keineswegs per se ihre richtige Umsetzung in eine menschlichere Gestaltung des Zusammenlebens der Menschen bedeuten. Der Zuwachs an wissenschaftlichen Erkenntnissen über die Welt wird auch in einer für die Menschen zer-

---

289 Vgl. **Peukert, H.**: Wissenschaftstheorie-Handlungstheorie-Fundamentale Theologie, 64 f., 229 f.

290 Vgl. ebd. 230.

störerischen Weise eingesetzt. Für die adäquate Nutzung der Erkenntnisse der empirischen bzw. technisch-produktiv orientierten Wissenschaften im Sinne einer humaneren Gestaltung des Zusammenlebens der Menschen und des Lebens der Menschen in der Welt liefern also diese selbst noch keine orientierenden Maßstäbe.[291]
Das Ungenügen der empirischen Wissenschaften als orientierende Kraft tritt nun nach Peukert vollends dort zutage, wo dieser Wissenschaftstyp die Wahrnehmung des Menschen prägt, also in den Humanwissenschaften. Richten diese sich am Anspruch der empirischen Naturwissenschaften aus, die Wirklichkeit nach ihren Gesetzmäßigkeiten aufzudecken und zu gestalten, dann arbeiten sie nach einem Wissenschaftsmuster, wonach der erkennende Mensch bestimmten anderen Menschen als seinen Erkenntnisgegenständen gegenübersteht, diese als seine zu bearbeitende Objekte versteht und die Prozesse der einzelnen Menschen wie der Menschen untereinander durch Feststellung, versuchende Anwendung und immer differenziertere Formulierung von Gesetzmäßigkeiten zu bestimmen versucht. Dabei gilt es als Wissenschaftsideal, subjektive Faktoren der beteiligten Personen, z.B. deren Erkenntnisinteressen, Verfaßtheiten oder Intentionen auszublenden, um so den gewonnenen Erkenntnissen den Charakter der Allgemeingültigkeit zu verleihen. Es wird also Wissenschaft betrieben unter der Annahme, daß man die Wirklichkeit der Menschen umfassend durch die Feststellung und Anwendung von Gesetzmäßigkeiten im Wissen einfangen und gestaltend beeinflussen könne. Dieses Muster macht das Wissenschaftstreiben zu einem machtförmigen Geschehen. Die Wirklichkeit, mithin die Wirklichkeit des Menschen, wird nämlich zum einen vornehmlich unter der Intention ihrer Unterwerfung unter die herrschende Verfügung des Wissenschaftlers wahrgenommen. Zum andern werden die Erkenntnisse, versehen mit dem Anspruch der Objektivität, so vermittelt, daß nicht nur eine Beteiligung der von ihnen betroffenen Menschen an ihrer Gewinnung verunmöglicht, sondern auch ein Widerspruch dagegen bzw. eine Ablehnung der Gültigkeit für die eigene Person auf seiten der betroffenen Menschen ausgeschlossen ist. Die Erkenntnisse werden also unabhängig von den betroffenen Menschen und eventuell gegen sie durchgesetzt.
Dieses wissenschaftliche Muster birgt jedoch in sich einen gravierenden Widerspruch. Der Wissenschaftler arbeitet unter der Voraussetzung, daß die Praxis der Menschen in Form von Gesetzmäßigkeiten erfaßbar, d.h. als zwangsläufig festgelegtes Geschehen beschreibbar sei, welches unabhängig von den subjektiven Bedingtheiten oder Intentionen des Menschen vonstatten ginge. Damit ist eine Paradoxie konstruiert: Der Wissenschaftler schließt eine kreative, d.h. nicht gesetzmäßig festgelegte Gestaltung der untersuchten Wirklichkeit durch den darin wahrgenommenen Menschen aus, nimmt aber genau diese Kreativität für sich in Anspruch, wenn er die Hypothese der gesetzmäßigen Erfaßbarkeit aufstellt, Gesetzmäßigkeiten formuliert und anwendet und dabei immer implizit voraussetzt, daß er darin nicht selbst gesetzmäßig festgelegt sei, sondern eine schöpferische Leistung vollbringen würde. Der Wissenschaftler behauptet für sich das Recht und die Möglichkeit der freien, von ihm ausgehenden, innovativen Entscheidung für die grundlegende Hypothese, daß die Wirklichkeit und darin das Handeln der

291 Vgl. **Peukert, H.**: Was ist eine praktische Wissenschaft?, 64.

Menschen als Ablauf von subjektunabhängigen Gesetzmäßigkeiten beschreibbar sei. Eben darin spricht er den anderen Menschen Recht und Möglichkeit der freien Entscheidung für oder gegen die von ihm aufgestellte Hypothese ab.
Bereits diese Selbstwidersprüchlichkeit als solche läßt bei Wissenschaften, die nach dem Prinzip einer strengen rationalen Exaktheit und mit dem Ziel einer vollständigen gesetzmäßigen Erfassung der Wirklichkeit arbeiten, die Autorität und Relevanz als Orientierungsinstanz für die Gestaltung menschlichen Zusammenlebens brüchig werden. Wichtig an dieser Paradoxie ist aber vor allem: Mit ihr "wird dieses Vorgehen, sofern es verabsolutiert wird, als monologisches, machtförmiges Unterwerfungshandeln entlarvt"[292]. Auf dem Hintergrund der aristotelischen Unterscheidung zwischen "poiesis" und "praxis" erweisen sich die derart arbeitenden Wissenschaften eher als "poiesis", als instrumentelles Tun, in dem sich der Handelnde die jeweiligen Wirklichkeiten, auch Menschen, als Objekte der Herstellung von etwas anderem unterwirft. Ein Wissen jedoch, welches nach der Logik des Unterwerfungshandelns gewonnen ist und unter der Intention der Herrschaft über andere Menschen steht, kann nicht die letzte Orientierungsinstanz sein, an der sich die menschlichere Gestaltung des Lebens und des Zusammenlebens ausrichten könnte.
Damit ist auch das Orientierungsdefizit der empirischen Wissenschaften evident. Hinsichtlich der von ihnen erwarteten Orientierungsleistung finden sich die empirisch orientierten Humanwissenschaften analog zur Theologie vor die Herausforderung einer selbstkritischen Revision gestellt. Sie müssen ihren Erkenntnisprozeß so anlegen, daß darin der oder die Wissenschaftstreibende den anderen Menschen als jemanden anerkennt, "der - ebenso wie ich - aus seinen Erfahrungen über die Wirklichkeit kreativ Hypothesen bildet und dadurch Situationen, ihre mögliche oder wünschbare Veränderung und dazu geeignete Handlungen selbst beurteilt und der mir auf Grund seiner Erfahrungen und seines Urteilsvermögens widersprechen kann"[293]. Auch die empirisch orientierten Humanwissenschaften sind also aufgefordert, den Menschen nicht einfach als Objekt gesetzmäßiger Abläufe und der wissenschaftlichen Erkenntnisse darüber, sondern als Subjekt seiner eigenen Wirklichkeitsgestaltung zu begreifen, das sich in die Gewinnung, Formulierung und Anwendung der Erkenntnisse über diese seine Wirklichkeit gleichberechtigt einbringen können soll. Es geht um die Ernstnahme der Erkenntnis, daß "das methodische Instrumentarium der Wissenschaften an die kommunikative Praxis von Subjekten gebunden ist"[294] und nicht umgekehrt.
Beide Seiten, Theologie und empirisch orientierte Humanwissenschaften, konvergieren somit in einer gemeinsamen Anforderung. Sie müssen den Menschen begreifen als Subjekt, durch dessen subjektive Bedingtheiten jedwede Erkenntnis seiner Lebenswirklichkeit immer schon geprägt ist, das selbst fähig und auch aufgefordert ist, seine Wirklichkeit in Kommunikation und Konfrontation mit anderen Subjekten zu definieren und das sein Subjektsein in Intersubjektivität konstituiert. Theologie und empirisch

[292] Ebd. 67; vgl. dazu insgesamt ebd. 66 f.

[293] Ebd. 68.

[294] **Peukert, H.**: Wissenschaftstheorie-Handlungstheorie-Fundamentale Theologie, 230.

arbeitende Humanwissenschaften konvergieren demnach in der Herausforderung, die Praxis der Menschen als kommunikative Praxis zu verstehen und zu konzipieren bzw. sich selbst als kommunikative Praxis gleichberechtigter Subjekte zu vollziehen. Auf der wissenschaftstheoretischen Ebene wird dieser Konvergenzpunkt repräsentiert durch eine *Theorie kommunikativen Handelns*, die den Menschen in einer Weise als Subjekt wahrnimmt, daß sie die gesellschaftlich-geschichtlichen Gegebenheiten, welche eine Kommunikation zwischen gleichberechtigten Subjekten verhindern, kritisch aufdeckt und daß sie Gesellschaft und Geschichte als Raum der Konstitution von Subjektsein in Intersubjektivität erschließt.[295]
Die hier als notwendig erkannte Theorie kommunikativen Handelns zeichnet sich nach Peukert durch folgende Komponenten aus: Das von Intentionen geleitete Handeln und Verhalten des Menschen wird als eine Praxis verstanden, in der sich der Mensch auf den anderen Menschen bezieht und sich an ihm ausrichtet. Für ihre Praxis verwenden die dabei in Beziehung zueinander tretenden Menschen das vorgegebene Repertoire an symbolischen, näherhin sprachlichen Zeichen, um ihre gemeinsame Situation zu verstehen und zu verändern. Indem Menschen ihr Handeln aufeinander beziehen, konstituieren sie eine gemeinsame Welt, die im Handeln zum Ausdruck kommt. Kommunikatives Handeln ist in die Struktur der Zeit eingespannt, so daß es durch die Bildung von biographischen Zusammenhängen zwischen den Handelnden deren Identität als Subjekte zum Vorschein bringt. Das so wechselseitig laufende und aufeinander abgestimmte Handeln zwischen den Menschen ist noch einmal geprägt von Vorgaben, die von den beteiligten Personen im Laufe ihrer Sozialisation internalisiert worden sind. Da das kommunikative Handeln zeitlich strukturiert ist und über sprachliche Mittel gesteuert wird, besteht für die handelnden Subjekte die Möglichkeit, ihre internalisierten Vorgaben wie auch entmenschlichende Prozesse beim Individuum und auf gesellschaftlicher Ebene zu reflektieren und gegebenenfalls zu verändern. Daß Menschen ihr Handeln als gemeinsames wechselseitig relevantes Handeln reflektieren und gestalten, zielt im Ideal darauf ab, sich gegenseitig neue Lebensmöglichkeiten zu eröffnen. Im kommunikativen Handeln gestehen und muten die Menschen dem jeweils anderen Freiheit zu und erkennen sich gegenseitig als solidarische Subjekte an.[296]

1.2.4.2 Die Grundnorm: Interaktion in Intersubjektivität und universaler Solidarität

Auf der Suche nach Orientierung für die Gestaltung eines menschlicheren Zusammenlebens und nach Abwehr entmenschlichender Bedrohungen steht für Peukert die Theologie gemeinsam mit den anderen Wissenschaften, die nach dem Menschen und seiner Praxis fragen, unter dem Anspruch, das Schema des manipulierenden Anwendens von Erkenntnissen auf die Menschen, des instrumentellen, herstellenden Tuns am

[295] Vgl. ebd.
[296] Vgl. ebd. 259.

Menschen und der Behandlung der Menschen als Objekte vorgegebener Interessen zu überwinden. Gesucht ist ein Wissenschaftsverständnis, das die Menschen, die in der jeweiligen Wissenschaft wahrgenommen werden, grundsätzlich und durchgehend als eigenständig, kreativ handelnde Menschen und das Handeln dieser Menschen als Interaktion, als Handeln zwischen derart gleichberechtigt-selbständigen Subjekten beschreibt. Theologinnen und Theologen, die sich unter diesem Anspruch selbst als Humanwissenschaftlerinnen und -wissenschaftler verstehen müssen, finden dann gemeinsam mit den Trägern anderer Humanwissenschaften im folgenden Verständnis von Interaktion ihre Grundnorm: "In meinem Handeln auf den anderen zu muß ich ihn schon immer als gleichberechtigten Partner anerkennen, wenn ich nicht entweder ihn als Handelnden verfehlen oder ich mich in den Ansprüchen meines Handelns durch mein Handeln selbst negieren soll. ... Wenn ich überhaupt mit einem anderen in Interaktion eintrete, so akzeptiere ich ihn grundsätzlich als gleichberechtigten Partner, der mir widersprechen kann, und setze mich in dem, was ich sage, seiner Kritik und Gegenrede so aus, daß ich mich verpflichte zu versuchen, in Auseinandersetzung mit ihm zu einer Übereinstimmung über die Wahrheit von Behauptungen oder die Richtigkeit von Normen zu kommen. In der Praxis von Interaktion sind also elementare, in der Interaktion selbst notwendig bejahte Postulate enthalten, die sich als unausweichlich erweisen und die es ermöglichen, diese primäre Anerkennung in gemeinsam zu findende konkrete Handlungsanweisungen umzusetzen."[297] Peukert plädiert hier in deutlicher Anlehnung an Karl-Otto Apel und Jürgen Habermas dafür, die Praxis der Interaktion so zu konzipieren, daß darin das dem Gedanken der Interaktion selbst innewohnende Postulat bewahrt wird, daß die beteiligten Menschen sich als gleichberechtigte Subjekte anerkennen und bereit sind, in Kommunikation ihre Geltungsansprüche auszuhandeln. Interaktion steht unter dem Postulat der *Intersubjektivität.*

Es stellt sich dann aber die Frage des Geltungsbereichs dieser Grundnorm. Es gibt keinen Grund, der es rechtfertigen könnte, die Grundnorm der Anerkennung des anderen als gleichberechtigten Partner bei bestimmten Menschen außer Kraft zu setzen. Damit wären diese Menschen ja wieder der herrschaftsförmigen Verfügung durch andere Menschen ausgesetzt und das paradoxe Schema des manipulierenden Umgangs mit Menschen als Objekten einseitig definierter Interessen reaktiviert. Der Mensch beansprucht die Anerkennung als Subjekt der eigenen Wirklichkeitsgestaltung und als gleichberechtigter Partner der Interaktion nicht aufgrund einer von anderen Menschen festgesetzten bzw. einforderbaren Bedingung, sondern aufgrund seines Menschseins. Deshalb gilt: "Diese notwendig immer schon vorausgesetzte gegenseitige Anerkennung kann im Prinzip keinen Kommunikationspartner ausschließen, sie zielt vielmehr auf eine unbegrenzte Kommunikationsgemeinschaft. Sobald ich beginne zu sprechen, trete ich in ein universales Gespräch ein. Handlungsanweisungen können dann nur im Horizont dieser unbegrenzten Kommunikationsgemeinschaft begründet und verantwortet werden. Universale Solidarität ist dann das Grundprinzip von Ethik."[298] Die Anerkennung des

---

[297] **Peukert, H.**: Was ist eine praktische Wissenschaft?, 68 f.

[298] Ebd. 69.

anderen als gleichberechtigtes Subjekt bedeutet das Verlassen einer jeglichen Stellung der Überordnung über den anderen und die Bereitschaft, sich an die Seite des anderen zu stellen auch um den Preis eventueller Nachteile für die eigene Person. Das ist Solidarität. Von ihr darf prinzipiell kein Mensch ausgeschlossen sein, sie hat einen unbegrenzten Geltungsbereich. Insofern steht die Interaktion unter dem Postulat der *universalen Solidarität.*

1.2.4.3 Vorrangige Option für die im Subjektsein Unterdrückten

Die von Peukert formulierte Grundnorm der Interaktion in Intersubjektivität und universaler Solidarität erntete Widerspruch, der aber nicht zu ihrer Widerlegung, sondern zu ihrer schärferen Konturierung führte. Dem Postulat der universalen Solidarität könnte entgegengehalten werden, es sei ein Verrat an den konkret und wirklich Unterdrückten bzw. am Wesen der Solidarität selbst.[299] Solidarität, so das Argument, besage das Sich-Gesellen mit den konkreten Unterdrückten *gegen* die Unterdrückenden, um deren Gewalt zu brechen. Sollte die Solidarität *universal* sein, dann wäre die entscheidende Struktur, für bestimmte Menschen einzustehen gegen andere, aufgehoben. Die universale Solidarität gerät dadurch in den Verdacht der Vergessenheit gegenüber den real gegebenen Ungleichverteilungen und Ungerechtigkeiten zwischen Menschen[300] und "scheint damit als Schwärmerei entlarvt, die vom Einstehen für andere hier und jetzt entbinden soll"[301].

Dieser Verdacht wird schnell entkräftet, wenn eine für das Wesen der Solidarität konstitutive Komponente in Anschlag gebracht wird. Solidarität bedeutet in sich gerade nicht die gleich-gültige Hinwendung zu allem und allen. Solidarität ist nicht Indifferenz. Solidarität meint die Verteidigung der Grundrechte des anderen Menschen gegen die Mechanismen der Verweigerung von Grundrechten. Somit enthält das Postulat der Solidarität per se die "Verpflichtung ..., die Rechte des anderen gerade dann durchzusetzen, wenn er selbst dazu nicht in der Lage ist"[302]. Die Bestimmung der Solidarität als "universal" kann also die für die Solidarität wesentliche Vorrangigkeit, mit der sie Entrechteten, Notleidenden gilt, nicht außer Kraft setzen. Vielmehr bedeutet sie eine Radikalisierung der Solidarität. Als universale Solidarität kann das darin behauptete vorrangige Einstehen für Menschen, denen Grundrechte verweigert sind, die an der kreativen und eigenständigen Gestaltung ihrer Lebenswirklichkeit gehindert werden, die sich von der gleichberechtigten Teilhabe an der Interaktion zwischen Menschen ausgeschlossen fühlen müssen, für Menschen also, die in ihrem Subjektsein bedroht oder unterdrückt sind, nicht auf bestimmte Notleidende eingeschränkt und anderen vorenthalten werden. Solidarität ist die vorrangige Option für Menschen, die in ihrem

299 Vgl. **Peukert, H.**: Universale Solidarität - Verrat an Bedrohten und Wehrlosen?

300 Vgl. **Peukert, H.**: Was ist eine praktische Wissenschaft?, 69.

301 **Peukert, H.**: Universale Solidarität - Verrat an Bedrohten und Wehrlosen?, 4.

302 **Peukert, H.**: Was ist eine praktische Wissenschaft?, 69.

Subjektsein unterdrückt sind. Als universale Solidarität ist sie eine Option, die radikal für jeden Menschen gilt, der in seinem Subjektsein eingeschränkt ist.
Dieses Verständnis der universalen Solidarität ergibt sich insbesondere aus der von Peukert (in der Nachfolge zu Johann Baptist Metz) mit Nachdruck vorgenommenen Bestimmung der Universalität als einer regionalen *und zeitlichen* Universalität, die auch die Toten als die Verlierer der Geschichte umfaßt und durch die Erinnerung an sie die Leiden der in der Vergangenheit Unterdrückten in die Gegenwart hereinholt. Die Erinnerung der Leiden der Vergangenheit bedeutet die Mahnung zum Kampf gegen die Leiden der Gegenwart und Zukunft. Das Profil der universalen Solidarität als der radikalisierten, d.h. nicht verfügbaren und nicht eingrenzbaren vorrangigen Option für die in ihrem Subjektsein unterdrückten Menschen bekommt zusätzliche Evidenz dadurch, "daß, wer sich verbietet, die Toten, die Vernichteten, zu vergessen, sich erst recht verbietet, die jetzt Hungernden, die Unterdrückten und Gefolterten zu vergessen"[303].
Daß das Postulat der universalen Solidarität keine irritierende oder nivellierende, sondern orientierende Wirkung hat, verdeutlicht Peukert am Beispiel der pädagogischen bzw. therapeutischen Praxis, die scheinbar unausweichlich von der Ungleichverteilung von Lebensmöglichkeiten zwischen den Interaktionspartnern gekennzeichnet ist. Die Erziehung von Kindern bzw. die therapeutische Arbeit mit kranken oder behinderten Menschen verläuft notwendig unter der Struktur, daß die Erziehenden bzw. Therapierenden einen Vorsprung an Möglichkeiten haben und umgekehrt die zu erziehenden Kinder bzw. Kranke und Behinderte von diesen abhängig sind, insofern sie an Lebenschancen, Wissen, lebenspraktischem Können oder Macht zur Durchsetzung eigener Interessen unterlegen sind. Ziel der Interaktion zwischen den Beziehungspartnern ist hier die Vermehrung bzw. Sicherung der Lebensmöglichkeiten für die einen durch den Einsatz des Möglichkeitenvorsprungs der anderen. Damit ist der Sachverhalt des "pädagogischen Paradox" beschrieben: "Es soll also ein Verhältnis vollständiger Gegenseitigkeit angezielt und hergestellt werden unter Bedingungen äußerster Ungleichheit."[304] Aufgrund dieser paradoxen Struktur laufen pädagogische und therapeutische Beziehungen nicht per se auf die Konstituierung von Subjektsein bei den unterlegenen Beziehungspartnern hinaus. Sie sind im Gegenteil höchst anfällig für manipulative Vereinnahmungen der Unterlegenen durch die Überlegenen, wie am Problem des "Helfer-Syndroms" (s. 4.2.6.3) oder an pathologischen Eltern-Kind-Bindungen erkennbar wird. Hier kann das Postulat der universalen Solidarität orientierend gegensteuern, insofern es das Subjcktsein des unterlegenen Menschen nicht nur als fernes Ziel einfordert, sondern verdeutlicht, daß bereits die pädagogischen bzw. therapeutischen Beziehungen als solche radikal, d.h. von Anfang an und bei jedem Menschen, von dem Prinzip der Anerkennung des anderen (noch) unterlegenen Beziehungspartners als gleichberechtigtes Subjekt und als kreativer Gestalter seines Lebens getragen sein müssen.[305]

---

303 Ebd. 74.

304 Ebd. 70. - Vgl. zum "pädagogischen Paradox" auch 4.2.6.2.

305 Vgl. **Peukert, H.**: Was ist ein praktische Wissenschaft?, 70.

1.2.4.4 Das systemkritische Potential

Der zweite Einwand, den Peukert auf sein Postulat des Handelns in Intersubjektivität zukommen sieht, ist der Vorwurf der Naivität.[306] Die Annahme eines intersubjektiven Handelns, d.h. eines Handelns, in dem die Handelnden ihr eigenes Subjektsein und in gegenseitiger Anerkennung das Subjektsein des anderen behaupten, könnte naiv erscheinen angesichts der nicht leugbaren Tatsache, daß der Mensch in komplexe Systemzusammenhänge eingebunden ist und in seinem Handeln von den Mechanismen der Systeme gelenkt ist. Die hier erkennbare Spannung ist im Grunde Ausdruck der Differenz zwischen einer systemtheoretischen und einer handlungstheoretischen Sicht der Lebenswirklichkeit des Menschen. Versteht man die Vollzugsformen des Menschen als Bestandteil des Funktionierens in und zwischen den Systemen unter systembedingten, zwangvollen Vorgaben, dann wird natürlich die Wahrnehmung des Menschen als Subjekt, d.h. als eine nach eigener Maßgabe handelnde Person, fragwürdig bzw. sogar unmöglich. Der Mensch wird vielmehr gedacht als "Spielball" der Systemmechanismen, die unabhängig von einem menschlichen Willen ablaufen. Niklas Luhmann hat folglich in seiner Systemtheorie "keine Verwendung für den Subjektbegriff"[307]. Aber auch hier will sich Peukert nicht damit abfinden, daß die Wahrnehmung einer faktischen Gegebenheit, nämlich des Einwirkens von Systemmechanismen auf den Menschen, bereits ein schlagendes Gegenargument sein soll gegen die Einforderung eines Postulats, mit dessen Erfüllung auf die humanere Gestaltung der Lebensrealität des Menschen, d.h. eben dieser Systemmechanismen, abgezielt ist. Er sieht im Postulat der Intersubjektivität und universalen Solidarität einen Orientierungspunkt, in Blick auf welchen die Menschen zu ihren systemischen Einbindungen reflektierend Abstand nehmen, sich ihrer Fähigkeit zur Selbstreflexion und zur Selbstbestimmung bewußt werden, die systemischen Zusammenhänge verstehen und wenigstens ansatzweise einer Veränderung nach der von ihnen selbst gesetzten Maßgabe zuführen können. Allein die Tatsache, daß der Mensch Prinzipien wie Intersubjektivität und universale Solidarität formulieren kann, daß er sie von zwangvoll erlebten Systemmechanismen als Zielformulierung einer humaneren Gestaltung des Zusammenlebens abheben und anstreben kann, zeigt, daß dem Subjekt die Systemstrukturen nicht einfach unausweichlich vorgegeben sind und daß der Mensch nicht einfach das den Systemmechanismen ausgelieferte Objekt ist.[308] Selbst dezidierte Systemtheoretiker wie Niklas Luhmann kommen nicht um die Paradoxie herum, daß sie mit ihrer rigorosen Rückführung aller Wirklichkeiten auf das Geschehen von Systemzusammenhängen sich selbst noch einmal über diese erheben und sich als Subjekte systemtheoretischer Hypothesenbildung bewähren. Die Prinzipien der Intersubjektivität und universalen Solidarität sehen also nicht naiv über die Tatsache der Einbindung des Menschen in Systeme hinweg, doch sie klagen auch die andere Seite des Menschseins in Systemen ein, daß nämlich der Mensch reflektierenden oder emotio-

306 Vgl. ebd. 71.

307 **Luhmann, N.**: Soziale Systeme, 51.

308 Vgl. **Peukert, H.**: Was ist eine praktische Wissenschaft?, 72 f.

nalen Abstand zu einem System nehmen kann und daß ihm folglich - mit welchen Einschränkungen und Deformationen auch immer - Systemzusammenhänge grundsätzlich zur Gestaltung und Entscheidung aufgegeben sind. Praxis als das Handeln von Subjekten in gegenseitiger Anerkennung ihres Subjektseins "heißt dann, unter erfahrenen und erlittenen, die eigene Lebenswelt deformierenden systemischen Widersprüchen und damit unter Entfremdung auf eine nicht entfremdete Lebensform hin verändernd zu handeln, eine Lebensform, in der Identitäten gemeinsam gefunden werden, so daß mit den Verhältnissen sich Subjekte verändern können und umgekehrt"[309]. Dem analytisch-deskriptiven Potential der Beschreibung systemischer Zusammenhänge stellt Peukert mit seiner Vorstellung, daß Menschen als Subjekte handeln, daß sie sich in diesem Handeln gegenseitig als Subjekte anerkennen und daß sie darin Intersubjektivität und universale Solidarität konstituieren, ein betont systemkritisches (und nicht systemvergessenes) Potential gegenüber.

1.2.4.5 Gemeinsames Zugehen auf den Tod - Ort der Erfahrung Gottes

Peukerts Grundnorm der Intersubjektivität und universalen Solidarität ist getragen von der Überzeugung, daß das Subjektsein des Menschen nur als gemeinsames Subjektsein der Menschen konstituiert werden kann, daß also Subjektsein, Identität und freie Kreativität des je anderen Voraussetzungen für das eigene Existieren als freies, kreatives Subjekt sind. Nun kommt diese Überzeugung in eine erschütternde Aporie angesichts der Erfahrung, daß Menschen beim Versuch einer solidarischen Existenz und der Ermöglichung des Subjektseins anderer vernichtet worden sind. Wo solidarische Existenz gerade wegen der Solidarität im Tod endet, bricht die Frage nach Möglichkeit und Sinn von Solidarität überhaupt auf. Wer diese aporetische Situation erfährt, kann sie selbst nicht noch einmal überspringen und in einer rationalen Beurteilung bzw. Bearbeitung gleichsam erträglich machen, indem er von außen kommend außerhalb dieser Situation gewonnene Einsichten erklärend auf die Situation anwendet. Für jemanden, der im Tod vernichtet wird, gibt es nämlich keinen hinter dem Tod liegenden Standpunkt, von dem aus dieses Schicksal für die Zurückgebliebenen erklärt und damit auf eine sachliche Gegebenheit reduziert werden könnte. Das letzte, unhintergehbare Faktum eines Handelns, in dem ein Mensch die Solidarität mit anderen austrägt bis zu seinem Tod, ist das dabei gegebene kommunikative Handeln selbst. Es gibt keinen hinter diesem Handeln selbst stehenden Grund, von dem aus die Solidarität bis in den Tod als logisches oder notwendiges Verhalten einsichtig gemacht werden könnte. Die Wirklichkeit, die die Verknüpfung von Solidarität und Vernichtung im Tod trägt und erträglich macht, d.h. die Wirklichkeit, angesichts der die Erfahrung der unschuldigen Vernichtung wegen Solidarität nicht als fundamentale Erschütterung einer jeden menschlichen Existenz erfahren werden muß, kann folglich nur im kommunikativen Handeln selbst gegeben sein, welches als solche Solidarität gewagt worden ist. Die in der Solidarität

[309] Ebd. 73.

vollzogene kommunikative Praxis verweist also aus sich selbst heraus auf eine Wirklichkeit, die verhindert, daß die Erfahrung der Vernichtung selbst vernichtend wirkt auf die Existenz der noch Lebenden, die aber der Mensch nicht macherisch herstellen oder von außen an das Geschehen der kommunikativen Praxis herantragen kann, die sich also der Verfügung durch den Menschen entzieht.[310]
Hier ist der Punkt erreicht, an dem Peukert einen ähnlich atemberaubenden Schritt unternimmt wie Karl Rahner mit seiner Identifikation von transzendentaler Erfahrung und Erfahrung der Transzendenz. In der Aporie der Vernichtung unschuldiger solidarischer Existenz, in welcher sich die Wissenschaften mit ihrem Postulat der Intersubjektivität und universalen Solidarität vorfinden, sieht Peukert die Theologie herausgefordert, *ihr* Verständnis von Wirklichkeit in den Umgang mit der aporetischen Situation einzubringen. Er sieht eine neue tragfähige Rolle der Theologie innerhalb der Wissenschaften darin konstituiert, daß sie mit ihrem Deutungsrepertoire diese Aporie zwar nicht in eine unproblematische Einsicht auflösen, aber mit ihr umgehen lassen und über sie hinausweisen kann. Mit der Wirklichkeit, die sich in den Fundamentalerfahrungen der in der Solidarität bis zum Tod gegebenen kommunikativen Praxis erschließt, tritt nach Peukert nämlich das vor Augen, worum es auch in der Theologie der jüdisch-christlichen Tradition geht[311], und er fragt: "Wenn irgendwo, stellt sich dann nicht hier von einer Theorie kommunikativen Handelns aus die Frage nach der in der Theologie gemeinten Wirklichkeit, einer Wirklichkeit, die für den anderen im Handeln angesichts seines Todes bezeugt wird?"[312] Das kommunikative Handeln, das als Solidarität angesichts der Möglichkeit des Todes gewagt wird, ist der Ort der Erfahrung jener Wirklichkeit, die in der Theologie "Gott" genannt wird. Die Erfahrung der Vernichtung solidarischer Existenz *wegen* ihrer Solidarität wird nicht mehr als in sich stehendes Faktum betrachtet. Als solches würde sie jede Existenz erschüttern und jede bewußte, anstrengungsvolle Gestaltung der Existenz bis zum Tod unsinnig machen. Wäre die Vernichtung unschuldiger Existenz im Tod das unwiderruflich letzte Faktum, dann wäre gleichsam von diesem vernichtenden Zielpunkt her auch die Existenz vor dem Tod zur Disposition gestellt. Wenn am Ende der Existenz nur Vernichtung wäre und wenn die Existenz sich nicht auf etwas über den Tod Hinausgehendes "ausstrecken" könnte, dann wäre es gleichgültig, wann diese Vernichtung die Existenz enden läßt.
Peukert will dagegen die solidarische Existenz bis zum Tod nicht als in sich stehend, sondern als vor Gott stehend verstehen und im Horizont dieser Wirklichkeit des jüdisch-christlich bezeugten Gottes deuten. Die geschilderte Aporie wird dadurch erträglich, weil über sie hinaus verwiesen und erkennbar wird, daß der vernichtende Tod nicht das letzte Datum der Solidarität zwischen Menschen ist. Freilich ist hier die Grenze zwischen rationaler Argumentation und gläubiger Annahme der Wirklichkeit Gottes als einer Wirklichkeit des eigenen Lebens überschritten. Unter der Voraussetzung, daß Gott

---

310 Vgl. **Peukert, H.**: Wissenschaftstheorie-Handlungstheorie-Fundamentale Theologie, 312 f.; **ders.**: Was ist eine praktische Wissenschaft?, 75.

311 Vgl. **Peukert, H.**: Wissenschaftstheorie-Handlungstheorie-Fundamentale Theologie, 315 f.

312 Ebd. 315.

als Wirklichkeit geglaubt wird, läßt die Selbstoffenbarung Gottes jedoch nur die Deutung Gottes als einer über den Tod hinausgehenden, rettenden Wirklichkeit zu. Der jüdisch-christliche Gott wird bezeugt auf dem Hintergrund der Erfahrung der Befreiung aus Knechtschaft "als rettend zuwendende Macht absoluter Freiheit"[313]. Er wird bezeugt als *befreiende* Freiheit, d.h. als Macht einer Freiheit, die zunächst als Anspruch der Befreiung anderer zu Freiheit verstanden und gegenseitig zugestanden werden muß. Er wird bezeugt als ein Gott, der sich allen Menschen zuwendet und der seine Zuwendung zum Menschen folglich verbindet mit dem Anspruch, den anderen unbedingt als gleichberechtigten Partner anzuerkennen. Der jüdisch-christliche Gott wird so schließlich als einer bezeugt, der den solidarisch Leidenden in seinem Tod nicht verloren sein läßt, der im solidarisch Leidenden keine lächerlich-absurde Gestalt, sondern die extreme Verwirklichung menschlicher Existenz erkennen läßt und der sich als eine Wirklichkeit erweist, die nicht gegen den solidarisch Handelnden angeführt werden kann, sondern die von vornherein beim solidarisch Handelnden ist und von diesem her die Verweigerung von Solidarität und Intersubjektivität in Frage stellt.[314]
Seinen Höhepunkt erlangte das Offenbarwerden der Wirklichkeit Gottes in der Selbstoffenbarung Gottes in Jesus Christus. In Jesus wurde das Zeugnis von Gott als einer Wirklichkeit der Solidarität mit dem anderen seiner endgültigen Bewährung ausgesetzt. Er schien der im Tod Vernichtete zu sein, dessen Solidarität mit Menschen im Tod nichtig geworden ist. Dem hält das Zeugnis vom jüdisch-christlichen Gott seinen Kerngehalt entgegen: "Gott hat Jesus vom Tod auferweckt, und er hat ihn als gerettet, als lebend, als *nicht* vernichtet erwiesen. ... In ihr [sc. der Auferweckung - H.H.] erweist sich (1) die Gottheit Gottes, d.h. Gott zeigt sich als die Macht, die im Tod einen Menschen rettet. In der Auferweckung wird (2) Jesus als der, der für die anderen bis zum Tod existierte und für sie Gott als die rettende Wirklichkeit setzte, endgültig gerettet und bestätigt. Die Erfahrung der Auferweckung Jesu bedeutet (3) für die anderen nun die Eröffnung der Möglichkeit, im Rückgriff auf seinen Tod und seine Auferstehung ihrerseits auf Gott in Solidarität zu existieren."[315] Der Gott, der sich im Schicksal Jesu als rettende Wirklichkeit erweist, läßt den Tod nicht das letzte Datum sein, nach dem Menschen ihre Existenz ausrichten müssen. Er setzt die Menschen frei, in Solidarität mit anderen auf den eigenen Tod hin zu leben, weil sich der Mensch im Tod nicht als vernichtet und seine Solidarität nicht als nichtig erleben muß.
Auf dem Hintergrund dieses Verständnisses von Solidarität, welche als Zugehen auf den Tod Ort der Erfahrung der rettenden Wirklichkeit Gottes ist, bekommt die Intersubjektivität, das Postulat der Konstitution eigenen Subjektseins *in* der Anerkennung des Subjektseins des anderen, eine neue theologische Wertigkeit. Der Mensch als Subjekt lebt nicht mehr einfach auf seinen eigenen Tod hin und versucht nicht mehr einfach, von diesem her die eigene Existenz zu retten. Die in der Intersubjektivität grundgelegte Solidarität ist vielmehr das gemeinsame Zugehen der Subjekte auf den Tod; sie läßt den

313 Ebd. 319.
314 Vgl. ebd. 319-323.
315 Ebd. 330.

Tod des anderen nicht gleichgültig sein. Die Solidarität behauptet nicht nur die eigene Rettung, sondern auch die Rettung des anderen im Tod, so daß die je eigene Existenz von der Rettung des anderen her bestimmt ist und sich als faktische Rettung des anderen in dessen Existenz hier und jetzt bewähren muß. Die unbedingte Anerkennung des anderen als Subjekt erhält eine theologische Qualität, weil sie "zugleich die *praktische Behauptung Gottes* als der Wirklichkeit darstellt, die den anderen im Tod nicht vernichtet sein läßt und die deshalb Hoffnung gewährt, auch selbst im Tod bejaht zu sein"[316]. Sein letztes zwingendes Gewicht bekommt das Postulat der Intersubjektivität und universalen Solidarität also nicht durch den Nachweis einer rational belegbaren Notwendigkeit, sondern aufgrund des Glaubens, daß allein in der unbedingten Anerkennung des anderen als Subjekt und in der solidarischen Ermöglichung des Subjektseins für den anderen die angemessene Praxis des Menschen besteht, mit der dieser auf die Wirklichkeit Gottes antwortet und von der Wirklichkeit Gottes Zeugnis gibt. "Erst aus so strukturierter intersubjektiver Praxis wird Gott als Wirklichkeit identifizierbar und benennbar."[317] Für die Handlungspartner heißt das, daß sie in ihrer intersubjektiven Praxis gegenseitig eine Identität konstituieren, "die sich der unbedingten Zuwendung Gottes an die Handlungspartner verdankt, einer Zuwendung, die *im* Handeln für den anderen jeweils schon immer vorausgesetzt und praktisch realisiert werden muß ... [so daß] die unbedingte gegenseitige Anerkennung Bedingung der eigenen Identität und Ort der Erfahrung jener absoluten befreienden Freiheit ist, die in der christlichen Tradition Gott genannt wird"[318].

Intersubjektivität und universale Solidarität, die Konstitution des eigenen Subjektseins in unbedingter Anerkennung des Subjektseins des anderen und die radikal allen Menschen geltende Bereitschaft zum Kampf um ihr Subjektsein, müssen geradezu als Inbegriff christlicher Glaubenspraxis verstanden werden. Ob ein Mensch glaubt, d.h. ob ein Mensch die Wirklichkeit Gottes als Wirklichkeit seines eigenen Lebens realisiert, muß sich daran erweisen, daß er zur unbedingten Anerkennung des Subjektseins bzw. zum solidarischen Kampf um das Subjektsein des anderen gegen unterdrückerische Mächte bereit ist. "Der Glaube ist in sich selbst eine Praxis, die als Praxis, also im konkreten kommunikativen Handeln, Gott für die anderen behauptet und diese Behauptung im Handeln zu bewähren versucht. ... Als anamnetische Solidarität mit Jesus, die durch sein Leben und das Handeln Gottes in ihm und an ihm ermöglicht ist, ist der Glaube an die Auferweckung Jesu zugleich Solidarität mit allen anderen. Er ist als anamnetische Solidarität universale Solidarität im Horizont der einen Menschheit und der einen Geschichte; er konstituiert die eine Menschheit in der unbedingten Solidarität kommunikativen Handelns, das auf die Vollendung des Heils für alle vorgreift. Diese universale Solidarität muß sich im konkreten Handeln dem einzelnen gegenüber realisieren. Interaktion aus der Erfahrung der möglichen Solidarität mit dem gekreuzigten Jesus bedeutet, Gott als die Wirklichkeit zu behaupten, die den anderen unbedingt will. Die

---

316 **Peukert, H.**: Was ist eine praktische Wissenschaft?, 75 f.

317 Ebd. 76.

318 Ebd. 76 f.

Radikalität, mit der der andere bejaht wird, ist die praktische Grundforderung, an der sich die Struktur einer Gesellschaft messen lassen muß: Die Bejahung des anderen in der Weise, Gott als die absolute Wirklichkeit für ihn im Tod zu behaupten, schließt seine Unterdrückung aus."[319]

1.2.4.6 Resümee: Vom Orientierungsdefizit zur Behauptung der Wirklichkeit Gottes

Peukert kommt zu seiner Bestimmung des Subjektseins ausgehend von der Feststellung eines fundamentalen Orientierungsdefizits der Wissenschaften. Sowohl eine jenseitsfixierte, gesellschafts- und geschichtsvergessene Theologie als auch die im Modus des instrumentellen Handelns am Erkenntnisobjekt "Mensch" arbeitenden Humanwissenschaften können nicht die Orientierungsleistung vollbringen, die angesichts der Bedrohungen der Menschheit für eine humanere Gestaltung des Zusammenlebens der Menschen erforderlich wäre. Wollen Theologie und Humanwissenschaften jedoch ihren indispensablen Orientierungsauftrag erfüllen, sind sie zu einer Selbstrevision herausgefordert, in der sie den Menschen als freies, kreatives Subjekt wahrnehmen und das Handeln der Menschen als Zusammenhandeln von Subjekten konzipieren. Theologie und Humanwissenschaften konvergieren in der Theorie kommunikativen Handelns als ihrem gemeinsamen Paradigma. Dessen Grundnorm ist Intersubjektivität und universale Solidarität, d.h. die Konstitution des eigenen Subjektseins *in* der unbedingten Anerkennung des Subjektseins des anderen und die Bereitschaft zur solidarischen Ermöglichung des Subjektseins radikal aller Menschen. Die Grundnorm gilt vor allem gegenüber den Menschen, die in ihrem Subjektsein unterdrückt sind und der Solidarität bedürfen, also mit einer vorrangigen Option für Notleidende. Sie ist nicht die idealistische Behauptung einer bereits verwirklichten Intersubjektivität und Solidarität, sondern ein kritisches Prinzip, welches reale, subjektdestruktive Systemzusammenhänge bewußt wahrnehmen und auf Subjektsein hin verändernd gestalten läßt. Die Zugrundelegung von Intersubjektivität und universaler Solidarität als Norm bringt jedoch eine erneute Aporie mit sich. Die Norm scheint nichtig angesichts der Erfahrung, daß solidarische Existenz gerade wegen ihrer Solidarität im Tod enden kann und dort vernichtet wird. So stellt sich die grundlegende Frage, ob und wie Solidarität überhaupt sinnvoll postuliert werden kann. Hier erhält die Theologie nach Peukert eine erneuerte Relevanz und Rolle. Mit ihrer zentralen Deutungskategorie des Gottes, der den im Tod vernichteten Jesus auferweckt, kann sie die solidarische Existenz des Menschen als eine Existenz deuten, die im Tod nicht vernichtet ist und deren Solidarität im Tod nicht ad absurdum geführt ist, sondern die über den Tod hinausgehend auf eine Wirklichkeit verweist, die dem solidarischen Existieren bis zum Tod einen Sinn verleiht. Intersubjektivität als gegenseitiges unbedingtes Anerkennen des Subjektseins ist ein gemeinsames Zugehen auf den Tod, in dem sich die Subjekte als gerettet erfahren dürfen. Von diesem Glauben an die

---

[319] **Peukert, H.**: Wissenschaftstheorie-Handlungstheorie-Fundamentale Theologie, 331 f.

Rettung im Tod durch Gott her ergibt sich der Anspruch, in der eigenen Existenz hier und jetzt nicht nur die Rettung für sich, sondern auch die Rettung des anderen in *seiner* Existenz zu erfüllen. Die Anerkennung des anderen als Subjekt bzw. der Einsatz für sein Subjektsein ist implizit die Behauptung Gottes als einer rettenden Wirklichkeit für den anderen. Oder anders gesagt: Anerkennung des anderen als Subjekt und solidarischer Einsatz dafür können in letzter Konsequenz nur als plausibel erlebt werden, wenn in jeder Zuwendung zum anderen immer schon vorausgesetzt wird, daß Gott als rettende Wirklichkeit bei diesem anderen ist. Intersubjektivität und universale Solidarität sind so das Zeugnis von Gott schlechthin, der Inbegriff von Glaubenspraxis.

1.2.5 Postulate einer subjektkonstitutiven Praxis

In den drei Subjekttheorien von Karl Rahner, Johann Baptist Metz und Helmut Peukert kamen die Grundlagen zur Sprache, welche das Subjektsein des Menschen als *theologisches* Kriterium verstehen lassen. Eine Reflexion und Konzeption christlicher Praxis hat demnach zu realisieren:
- daß der Mensch aufgrund seiner ursprünglichen Beziehung zu Gott zum Subjektsein bestimmt ist (Karl Rahner);
- daß der Mensch als geschichtliches Wesen sein authentisches Subjektsein nur findet in seinem solidarischen Einsatz für das Subjektsein aller, insbesondere der Leidenden (Johann Baptist Metz);
- daß in der bewußten Verwirklichung von Intersubjektivität und universaler Solidarität, die sich auf radikal alle Menschen bezieht, ein Zugang zur Wirklichkeit Gottes erschlossen ist (Helmut Peukert).

Wenn nun versucht wird, in einer praktisch-theologischen Theorie der Diakonie eine - und wie sich zeigen wird: die entscheidende - Dimension christlicher Praxis unter dem Kriterium des Subjektseins des Menschen zu beschreiben, dann stellt sich die Frage, welche konkretisierenden Maximen bzw. Postulate benannt werden können, von denen sich Wahrnehmung, Kritik, Konzeption und Operationalisierungsansätze dieser Praxis leiten lassen müssen. Es geht also darum, welche Handlungsprinzipien sich aus dem theologischen Kriterium des Subjektseins ableiten lassen.

1) Wertschätzung

Wenn sich Gott jedem Menschen mitteilt, wenn dadurch von Anfang an eine ursprüngliche Beziehung zwischen Gott und dem Menschen besteht und wenn somit die Lebensgeschichte eines jeden Menschen die Geschichte Gottes mit diesem Menschen ist, dann verleiht dies dem Menschen einen unschätzbar hohen Wert, der von keinem anderen Menschen und keiner anderen Instanz in irgendeiner Weise relativiert oder verneint werden könnte. Dieser Wert des Menschen muß das Kommunikationsgeschehen der christlichen Praxis prägen. An die Subjekte dieser Praxis ist der Anspruch gestellt, dem jeweils anderen Menschen in einer radikalen Wertschätzung zu begegnen. Die Wertschätzung muß unabhängig von sozialer Position, rationalem Vermögen, institutioneller

Einbindung in die Kirche oder anderen von Menschen gesetzten Kriterien gegeben sein. Folglich besteht der Anspruch, daß jeder Mensch in seiner Individualität, seinen eigenen Meinungen, seinem persönlichen Lebenskonzept, seiner individuellen Form der Glaubenspraxis usw. ernstgenommen wird und nicht ein Konzept der Lebensgestaltung von außen aufgezwungen bekommt. Insbesondere den institutionalisierten Funktionsträgern der Kirche steht es nicht zu, sich gegenüber den Menschen - die im Grunde keine "Laien", sondern Fachleute ihres eigenen Lebens sind - überlegen zu fühlen; sie müssen sich vielmehr bemühen, als Begleiter bzw. Begleiterinnen die Fähigkeiten, Kräfte und Eigenarten des Menschen zu entdecken und konstruktiv zur Wirkung kommen zu lassen.

2) Befreiung

Der Wert des Menschen vor Gott zieht die Konsequenz nach sich, daß der Mensch so weit wie möglich aus entwürdigenden Abhängigkeiten und Unterdrückungen befreit werden muß. Die Schöpfung des Menschen als Gottes Ebenbild besagt gerade, daß der Mensch in Freiheit, d.h. in Übernahme von Verantwortung für sein jeweiliges Handeln, als Subjekt sein Leben schöpferisch in die Hand nehmen soll. Wenn der Mensch Objekt von gesellschaftlichen Systemmechanismen oder von Interessen anderer Menschen ist, dann verletzten diejenigen, die daran Schuld tragen, den Wert des Menschen vor Gott, auch dann, wenn solche Mechanismen innerhalb des verfaßten Christentums stattfinden. Christliche Praxis versteht es als ihren genuinen Anspruch, Selbst- und Gotteserfahrung so zu vermitteln, daß sich der Mensch seiner Identität als Subjekt bewußt werden und dieses Subjektsein in sein Leben umsetzen kann. Christliche Praxis ist folglich der Ort, an dem die Selbstverwirklichung des Menschen angestrebt wird. Diese Selbstverwirklichung ist keine Entfernung von Gott. Wenn Gott den Menschen gerade in seiner Individualität als sein Ebenbild schafft und als Beziehungspartner annimmt, dann ist die Selbstverwirklichung des Menschen die Verwirklichung dessen, wozu der Mensch von Gott berufen ist. In der christlichen Praxis geht es nicht um eine dubiose, pseudomystische Innerlichkeit, sondern um eine letztendlich höchst politisch-kritische Veränderung all jener Strukturen, welche die Verwirklichung von Lebensmöglichkeiten verhindern. Christliche Praxis ist wesentlich subjektkonstitutive Praxis. Das heißt zum einen: Der Mensch selbst muß seinen individuellen Fähigkeiten gemäß Subjekt dieser Praxis werden. Vorrangig die Menschen mit ihren Lebensgeschichten bestimmen den Inhalt der christlichen Praxis und erst dann die institutionalisierten Funktionsträgerinnen und -träger des verfaßten Christentums mit ihren Deutungen. Vorrangig die Menschen mit ihren alltäglichen Erfahrungen sollen die Gestaltung christlicher Praxis prägen und erst dann die fachtheologisch Kompetenten mit ihrem Wissen. Subjektkonstitutive Praxis heißt aber auch, daß speziell die ausdrückliche Konzeption christlicher Praxis durch Theologinnen und Theologen dem Menschen Perspektiven eröffnen soll, wie er dieses sein Subjektsein im konkreten Leben des Alltags verwirklichen kann, z.B. im Arbeitsleben, in der Vertretung seiner Interessen gegen die, die in der Gesellschaft Herrschaft ausüben, oder auch im Verhältnis zwischen Mann und Frau.

3) Universale Solidarität

Der Anspruch der Subjektkonstitution gilt vorrangig jenen, die in ihrem Subjektsein unterdrückt sind, also den benachteiligten, diskriminierten, armen Menschen. In jedweder christlichen Praxis muß etwas von Solidarität mit den benachteiligten Menschen spürbar werden; und umgekehrt muß diese Praxis so gestaltet werden, daß die benachteiligten Menschen merken: Hier werde ich akzeptiert, hier bin ich etwas wert, die Menschen hier stehen zu mir, hier darf ich ohne Angst, so wie ich bin und mit dem, was ich habe, sein. Daß diese Solidarität universal sein soll, heißt, daß sie radikal für jeden Menschen gilt und daß es nichts gibt, was den Ausschluß eines bestimmten Menschen aus dieser Solidarität rechtfertigen würde. Sie muß offen sein, sie muß ausbrechen aus der einseitigen Solidarität mit denen, die ohnehin ihren angestammten, etablierten oder gar privilegierten Platz im Sozialgefüge haben. Speziell die strukturierte kirchliche Praxis in den Gemeinden darf nicht von der Logik bestimmt sein, in ihr müsse man vor allem den Vorstellungen der sogenannten treuen Gläubigen, der Kerngemeinde, der aktiven Gemeindeglieder entsprechen, etwa aufgrund des Arguments, letztere dürften nicht enttäuscht, nicht irritiert und nicht aus den Gemeinden vertrieben werden. Wenn diese sogenannten "treuen Gemeindeglieder" sich daran stören sollten, daß in der Kirche Solidarität mit den sozial Ausgeschlossenen und Benachteiligten gezeigt wird und daß gerade diesen Menschen Platz geboten wird, und wenn diese "treuen Gemeindeglieder" sich dadurch aus der Gemeinde vertrieben fühlen, dann ist etwas an ihrem "Glauben" und ihrer "Treue" falsch, nicht aber an der Solidarität mit den betroffenen Menschen. Die Konzeption christlicher Praxis ist aus dem Wesen dieser Praxis heraus darauf hingeordnet, daß die Lebenserfahrungen und Fähigkeiten der benachteiligten Menschen in sie Eingang finden können, daß sie sich nach deren geistigen und materiellen Möglichkeiten ausrichtet und daß sie Wege aus ihrer Benachteiligung aufzeigt. Verlangt ist die *vorrangige* Option für die Notleidenden, laut der es im Konfliktfall wichtiger ist, den Erwartungen der Armen zu entsprechen als denen der Etablierten.

4) Echtheit

Die Prinzipien Wertschätzung, Befreiung, Solidarität beinhalten weiterhin die Konsequenz, daß die bewußt als christlich konzipierte Praxis echt sein muß in dem Sinn, daß in ihr die Echtheit der Sorge um den Menschen bewahrt ist. Das Beziehungsgeschehen der christlichen Praxis darf nicht für Zwecke mißbraucht werden, die unabhängig von den betroffenen Menschen oder sogar gegen deren Willen definiert sind. So ist dieses christlich konzipierte Praxisgeschehen nicht dazu da, daß sich in ihm die institutionalisierten Funktionsträgerinnen und -träger mit ihrer Rolle profilieren. Es darf um nichts anderes als um den Menschen gehen. Die betroffenen Menschen müssen spüren können, daß das angebahnte Kommunikationsgeschehen ehrlich und echt und nicht nur vorgetäuscht, künstlich gespielt oder anderen Zwecken untergeordnet ist. Das Postulat der Echtheit hat aber noch eine weitere Komponente. Echtheit heißt auch, daß die in einer ausdrücklichen Funktion Handelnden als Personen echt bleiben. Es besteht der Anspruch, daß sich z.B. Seelsorgerinnen und Seelsorger in ihrer Seelsorgepraxis mit dem eigenen Denken und Fühlen, mit den eigenen Intentionen und Wünschen, mit den eigenen Hoffnungen und Ängsten und auch mit den eigenen Grenzen zeigen. Dazu gehört auch, daß man nicht Qualitäten vortäuscht, die man in Wirklichkeit nicht hat. Würde man die Rolle des seelsorgerlich Begleitenden von der individuellen Persönlichkeit abkoppeln, würde man also diese Rolle nur spielen, dann wäre die Seelsorge zu einer künstlichen Technik entartet, die den Menschen doch wieder zum Objekt macht. Diese Echtheit meint folglich, daß das eigene Sein und das eigene Handeln übereinstimmen müssen. Von denen, die christliche Praxis in einer konzeptionellen Form ausüben, ist also Selbstkongruenz verlangt. Selbstkongruenz erweist sich als eine wichtige Komponente der Kompetenz zu einer Praxis, die vorrangig durch die Begegnung zwischen Menschen geprägt ist, da nur dann, wenn diejenigen, die eine solche Begegnung anbahnen, sich als in sich stimmige, täuschungsfreie Persönlichkeiten erweisen, die jeweils anderen Menschen zu diesen Personen Vertrauen aufbauen und eine Beziehung entwickeln können.

5) Empathie

Damit eine Praxis in einem Menschen wirklich etwas verändert, damit Prozesse der Selbsterfahrung und der Subjektkonstitution in Gang kommen, die zu einem heilvolleren Zustand, zu einem stimmigen Leben führen, muß der Mensch spüren können, im eigenen wirklichen Befinden und Erleben, in der Tiefe der eigenen Person, zumindest ansatzweise verstanden worden zu sein. Seitens derer, die christliche Praxis konzipieren, bedarf es also der Fähigkeit der Einfühlung, der Empathie. Für Prozesse, in denen auf die Konstitution des Subjektseins abgezielt ist, ist es wichtig, daß der betreffende Mensch den Eindruck hat: Die Menschen, die mir zu einem eigenständigen Leben verhelfen wollen und die sich mit mir solidarisieren, haben eine Ahnung von meiner alltäglichen Lebenswirklichkeit, können sich in meine Vorstellungswelt hineindenken, haben ähnliche Lebenserfahrungen wie ich gemacht, kennen aus eigenen ähnlichen Erfahrungen mein Leiden unter persönlichen oder gesellschaftlich-systemischen Zwängen, zeigen ein Gespür für meine echten Gefühle und wollen mir gerade in meiner konkreten, oft banalen Alltagswelt begegnen, so daß ich mich in dieser Begegnung nicht künstlich verhalten und so noch einmal selbst entfremden muß. Die subjektkonstitutive Gestaltung von Beziehungen meint das Bemühen, in der Begegnung mit den Menschen das, was sie in Worten und Gesten artikulieren, in seiner tieferen, eigentlichen und oft verschütteten Bedeutung zu erfassen und das eigene Handeln - auch unter Absehen von eigenen Bedürfnissen oder vorgefertigten Schemata - daran auszurichten.

1.3 Diakonie - der Gegenstand der Untersuchung

1.3.1 "Diakonie" oder "Caritas"?

1.3.1.1 Die Notwendigkeit und Möglichkeit eines einheitlichen Begriffs

Die beiden Diakonie-Verbände "Diakonisches Werk" und "Deutscher Caritasverband", respektive die alltagssprachlich gebrauchten Kurztitel der beiden, nämlich "die Diakonie" und "die Caritas", lassen deutlich zutage treten, was in der aktuellen Diakonietheologie noch auf eine klärende Reflexion wartet: die Diffusität der Verwendung der beiden Begriffe Diakonie und Caritas. Eine Klärung wird jedoch erschwert, solange beide Begriffe jenseits ihrer theologischen Bedeutung auch als Differenzierungschiffren gebraucht werden. Bedingt durch die konfessionelle Aufspaltung und die parallele Ausbildung analog konfessioneller Wohlfahrtsverbände kristallisierte sich im Laufe der Geschichte eine von theologischen Interessen und Profilierungsbedürfnissen motivierte gegenseitige Abgrenzung heraus, welche "Caritas" als eine Größe der katholischen Kirche und "Diakonie" als eine Größe der evangelischen Kirche definierte.[320] Diese Abgrenzung kann heute nicht mehr unreflektiert hingenommen werden. Zum einen bezeichnen "Caritas" und "Diakonie" mittlerweile "die gleiche *empirische* Realität bzw. Praxis beider großer Konfessionen"[321]. Ein weiteres Festhalten an der ideologischen Trennung der beiden Begriffe könnte also von der Sache selbst her nicht mehr mit Plausibilität erklärt werden. Es wäre lediglich die Instrumentalisierung der Sache für das Zementieren oder gar Legitimieren eines sekundären, d.h. außerhalb des eigentlichen Inhalts der Begriffe angesiedelten Unterschieds der Konfessionen, der theologisch konstatiert bzw. kultiviert wird, dem aber gerade im Bereich der Diakoniepraxis keine für die Menschen signifikant erfahrbare Realität mehr entspricht. Als sekundär muß in diesem Fall die theologisch-konfessionelle Spaltung zwischen Caritas und Diakonie deshalb gelten, da sie vom Ursprung der damit bezeichneten Sache her nicht mitgegeben ist, sondern erst nachträglich als praktischer Ausdruck der trennenden Unterscheidung der Konfessionen eingefordert worden ist. Gefordert ist folglich ein Begriffsverständnis und ein Begriffsgebrauch von "Caritas" und "Diakonie", welche das mit den Begriffen Gemeinte wieder als die eine gemeinsame Sache von Christinnen und Christen erleben und praktizieren lassen. Bewußtseinsbildender Ausdruck der Gemeinsamkeit der Sache wäre die alltags- und fachsprachliche Verwendung eines gemeinsamen, einheitlichen Begriffs.

Dabei gestaltet sich die Entscheidung für einen der beiden Begriffe im Sinne einer

---

320 Zur Geschichte der Caritas vgl. **Brandt, H.J.**: Grundzüge der Caritasgeschichte; **Philippi, P.**: Diakonie. I. Geschichte der Diakonie; **Krimm, H.**: Das diakonische Amt der Kirche; **Uhlhorn, G.**: Die christliche Liebestätigkeit; **Liese, W.**: Geschichte der Caritas, Band I und II; **Ratzinger, G.**: Geschichte der Kirchlichen Armenpflege; vgl. auch den kurzen, aber gehaltvollen Überblick bei **Mette, N.**: Caritas B., 258-266.

321 **Steinkamp, H.**: Diakonie - Kennzeichen der Gemeinde, 12.

einheitlichen, gemeinsamen Sprachregelung als schwierig. "Caritas" und "Diakonie" sind nicht einfach Synonyme. Wenn "Caritas" mit "Liebe" und Diakonie" mit "Dienst" übersetzt wird, dann repräsentieren die beiden Begriffe zwei fundamentale Kategorien des Christlichen, von denen die eine nicht zugunsten der anderen zur Disposition gestellt werden kann. Eine Entscheidung für einen Begriff erweist sich dennoch als möglich, wenn man bedenkt, daß die beiden Kategorien Liebe und Dienst, sofern man sie im Deutungskontext des christlichen Glaubens definiert, sich jeweils gegenseitig als Konstitutivum implizieren. Der christliche Dienst kann keinen Dienst beschreiben, in welchem, etwa aufgrund von herrschaftsförmig durchgesetzten Über- und Unterordnungsstrukturen, einer der Beteiligten in irgendeiner Weise negiert, abgewertet oder allgemein in seinen Lebensmöglichkeiten unterdrückt würde. Christlicher Dienst postuliert die unbedingte Bejahung des jeweiligen Beziehungspartners. Die unbedingte Bejahung des Dienenden durch den Bedienten setzt den ersteren aber frei, sein Verhältnis zu dem von ihm Bedienten nach eigener Maßgabe zu definieren und darin umgekehrt der eigenen Verantwortung gerecht zu werden, den anderen unbedingt zu bejahen. Dienst wie Annahme eines Dienstes müssen sich als Liebe zum anderen vollziehen. Andererseits kann christliche Liebe keine Liebe beschreiben, in der die Gestaltung des Liebesverhältnisses, etwa über die verabsolutierte Frage nach dem Nutzen für die eigene Person, durch eine egologische Selbstbehauptung gegen den jeweils anderen Menschen strukturiert würde. Christliche Liebe ist unbedingte Bejahung des anderen Menschen, also Ausrichtung des Ich am anderen, so daß sich die liebende Person grundsätzlich in einem Für-den-anderen-da-Sein, also im Dienst für den anderen vorfindet. Gleich welcher Begriff also bevorzugt wird, immer müßte die Vorgabe Berücksichtigung finden, daß der gemeinte Sachverhalt um die Fixpunkte "Liebe" und "Dienst" kreist und daß sich ein jedwedes Begriffsverständnis um diese beiden Pole ansiedeln muß.
Bei der Entscheidung darüber, welcher der beiden Begriffe bei der hier zu verhandelnden Sache der geeignetere ist, gibt es im Grunde zwei Kriterien: die Implikationen, die im alltäglichen bzw. im allgemeinen theologischen Sprachgebrauch mit dem jeweiligen Begriff mitgegeben sind, und der (nur annäherungsweise zu eruierende) Ursprungssinn, wie er am neutestamentlichen Vorkommen der analogen griechischen Begriffe "agape" und "diakonia" abzulesen ist.

1.3.1.2 Implikationen der aktuellen Begriffsverwendung

"Caritas" und "Diakonie" sind auf der umgangssprachlichen Ebene zunächst damit belastet, daß sie jeweils als Kurzbezeichnungen für die verbandlichen Hilfswerke der Kirchen, Deutscher Caritasverband und Diakonisches Werk, dienen. Unabhängig davon zeichnet sich im allgemeinen theologischen und speziell im diakonietheoretischen Sprachgebrauch für die Bezeichnung des christlich motivierten Hilfehandelns gegenüber Notleidenden auf katholischer wie auf evangelischer Seite eine Präferenz für den Begriff "Diakonie" ab. Zwar steht "Caritas" als "Liebe" für eine Größe, der im christlichen

Kontext ungefragte Plausibilität eignet. Im Laufe der Geschichte und aufgrund vielfältiger Erkenntnisinteressen hat der Begriff jedoch Konnotationen erhalten, die ihn in ein zum Teil pejoratives Verständnis abgleiten ließen. So ist der Caritasbegriff - je nach theologisch-politischer Ausrichtung des Beurteilenden - mit dem Anspruch oder mit dem Verdacht belegt, mit ihm würde mehr auf die bloße Linderung von Not und auf eine am Individuum orientierte Hilfe, weniger jedoch auf ein gesellschaftlich-politisches Engagement und auf die Beseitigung struktureller Ursachen abgezielt. Dementsprechend assoziieren die Kritiker des Caritasbegriffs eine individualisierende Tendenz, gelegentlich auch mit dem Anklang der Frömmelei. Manche seiner Protagonisten dagegen verwenden ihn als ideologische Programmformel zur Negation des christlich motivierten gesellschaftspolitischen, systemverändernden Einsatzes für gerechte Lebensbedingungen.[322] Die gängige Gegenüberstellung von "politischer" und "caritativer Diakonie"[323] ist dafür bezeichnend. Aufgrund der kontroverstheologischen Vereinnahmung der beiden Begriffe zur gegenseitigen Abgrenzung der Konfessionen geriet "Caritas" gelegentlich auch in den Verdacht der Werkgerechtigkeit und des Heilsegoismus.[324] Auf diesem Hintergrund ist also die Frage der Eignung des Caritasbegriffs durchaus berechtigt. Freilich gilt es hier zu überlegen, ob all diese Vorbehalte gegenüber dem Caritasbegriff es rechtfertigen, einem anderen Begriff den Vorzug zu geben. Denn mit den erwähnten Konnotationen liegen eben defizitäre und mißbräuchliche Deutungen christlicher Caritas vor, die nicht Maßstab eines sachgerechten Begriffsgebrauchs sein dürfen. Aber es muß in Anschlag gebracht werden, daß der Begriff einer Sache mit seiner theoretischen Bestimmung nicht einfach schon feststeht, sondern erst mit dem allgemeinen, alltäglichen Gebrauch seine inhaltliche Füllung erhält. Diese Prägung darf auch hinsichtlich des Caritasbegriffs nicht unterschätzt werden. Die geschilderten Konnotationen sind ja nicht Nebenerscheinungen, denen gegenüber sich ein allgemein verständlicher, "reiner" Caritasbegriff erhalten hätte. Sie sind vielmehr bereits in den Begriff eingegangen. Somit wäre es bei dem Versuch der "Rettung" des Caritasbegriffs mit einer bloßen theologischen Reformulierung eines "gereinigten" Caritasbegriffs nicht getan.

Ob allerdings deshalb "Diakonie" der geeignetere Begriff ist, ist trotz seiner Bevorzugung in der aktuellen Diakonie-Diskussion nicht von vornherein klar. Auch seine Fragwürdigkeiten müssen gegenüber einer allzu selbstverständlichen Verwendung in Erinnerung gebracht werden. Zunächst dürfte der konfessionell geprägte Diakoniebegriff im evangelischen Bereich den gleichen Ambivalenzen unterliegen, wie der Caritasbegriff im katholischen. Die Tendenz zur Individualisierung oder zur Systemanpassung läßt sich auch in der diakonischen Praxis der evangelischen Kirche nicht leugnen.[325] Reziprok zum Verdacht der Werkfrömmigkeit gegenüber der "Caritas" läßt sich beobachten, daß die "Diakonie" zur Kultivierung einer protestantischen "Wortfrömmigkeit"

---

322 Vgl. **Völkl, R.**: Zur Terminologie der Diakonie, 10; **ders.**: Nächstenliebe, 158 f.

323 Vgl. **Steinkamp, H.**: Diakonie - Kennzeichen der Gemeinde, 103.

324 Vgl. **Völkl, R.**: Nächstenliebe, 159.

325 Vgl. **Turre, R.**: Diakonik, 109-122.

herangezogen wird. Diese Begriffstendenz zeigt sich in dem vor allem in der evangelischen Diakonietheologie kolportierten Theorem der "missionarischen Diakonie"[326]. Für eine solche Sicht der Diakonie "gibt es einen relativen Vorrang des Wortzeugnisses vor dem Tatzeugnis, weil Diakonie als Diakonie im Namen Jesu nur kenntlich wird im Zusammenhang der ausdrücklichen Anrufung und Verkündigung des Namens Jesu Christi"[327]. Darüber hinaus zeigt sich bezüglich des Diakoniebegriffs eine bedenkliche Interpretationstendenz. Die deutsche Übersetzung "Dienst" veranlaßt manche Kräfte der Kirche, ausgehend von einem (unbiblischen) Verständnis des Dienstes als Unterordnung den Dienstcharakter der diakonischen Tätigkeit anzumahnen und von den diakonisch Tätigen, insbesondere von den hauptberuflichen Mitarbeiterinnen und Mitarbeitern der Diakonie, Selbstlosigkeit, Kritiklosigkeit und Anpassung an die gegebenen Verhältnisse und Bedingungen einzufordern. Fatal ist dieses Denkmuster vor allem deshalb, weil damit die in der Diakonie Tätigen gegenüber anderen Trägern kirchlicher Praxis abgewertet und domestiziert werden (s. 4.2.4.3.6).
Der kurze Blick auf den alltäglichen und gängigen fachtheologischen Begriffsgebrauch läßt sowohl für die "Caritas" wie für die "Diakonie" deutliche Ambivalenzen konstatieren. Eine Entscheidung zugunsten der einheitlichen Verwendung eines Begriffs läßt sich auf dieser Basis noch nicht treffen. Zu irritierend sind noch die mittransportierten Konnotationen beider Begriffe.

1.3.1.3 Der neutestamentliche Ursprungssinn

Die Frage nach dem Ursprungssinn von "Caritas" und "Diakonie" muß sich am neutestamentlichen Vorkommen der Wortfelder "agape/agapao"[328] und "diakonia/ diakoneo" orientieren.[329]
Mit "Liebe" ist zweifelsohne ein Begriff gegeben, der einen Kerngehalt des christlichen Glaubens beschreibt und so zentral ist, daß Gott und die Liebe sogar identifiziert werden (1 Joh 4,8). Vorwiegend im Horizont des Verhältnisses zwischen Gott und Mensch angesiedelt meint "agape" die von Gott selbst gezeigte Liebe, die umgekehrt die Liebe des Menschen zu Gott und zu anderen Menschen provoziert.[330] Allerdings

326 Vgl. **Weth, R.**: Diakonie, 118; zur kritischen Beurteilung vgl. **Meurer, S.**: Motivation, 58.

327 **Weth, R.**: Diakonie, 119.

328 Daß "Caritas" nicht vom griechischen "charis" (Gnade), sondern vom lateinischen "carus" (lieb, teuer) abzuleiten ist (vgl. **Borgmann, K.**: Caritas, 941; **Schaub, F.**: Die katholische Caritas und ihre Gegner, 1-6) und folglich der Sinngehalt über die Bedeutung "Liebe" zu suchen ist, wird praktisch nicht mehr bezweifelt. Weiterhin scheint die Zurückführung der "Caritas" auf das griechische "agape" außer Frage zu stehen, da die beiden anderen neutestamentlich belegten Wörter für "Liebe" - "philia" als allgemeine Zuneigung vor allem zu Verwandten und Freunden bzw. "eros" als strebende, aneignende Liebe (vgl. **Günther, W./Link, H.-G.**: Liebe, 895) - eine andere Aussagetendenz aufweisen.

329 Zum neutestamentlichen Befund vgl. **Völkl, R.**: Caritas der Gemeinde im Neuen Testament; **ders.**: Caritas der Gemeinde - Neutestamentliche Grundlegung; **Ernst, J.**: Caritas A.

330 Vgl. **Günther, W./Link, H.-G.**: Liebe, 898.

bleibt diese Liebe nicht konturenlos. Das neue Programm Jesu verlangt Liebe als Nächstenliebe und als Liebe zu sich selbst (Mk 12,31; Mt 22,39 und öfter). Die zwei markantesten Stellen, an denen Jesus die Nächstenliebe einfordert, nämlich die Aufforderung zur Feindesliebe (Mt 5,44; Lk 6,27-29) und das Gleichnis vom barmherzigen Samariter (Lk 10,25-37), verdeutlichen das Profil des neuen Gebotes. Es handelt sich um eine Liebe, die überkommene Normen und Ordnungsverhältnisse umstürzt, so daß nicht mehr die Liebe im Gebot, sondern das Gebot in der Liebe ihr Kriterium findet.[331] Und es ist eine Liebe, in der sich der Mensch über die übliche Zuneigung gegenüber den Nahestehenden hinaus den Hilflosen, Nichtbeachteten, den "Problematischen" zuwendet.[332] Somit ist die neutestamentliche "agape" durch den Impuls der Hinwendung zum wirklich - und nicht nur den eigenen Erwartungen entsprechenden - anderen um dieses anderen willen[333] charakterisiert.

Dieses Profil läßt sich jedoch nicht einheitlich belegen. Bereits Paulus präsentiert sich zwar mit seinem Hohen Lied (1 Kor 13) als Anwalt der Liebe, vollzieht aber auch bezeichnende Nuancierungen: Bei der Hinwendung zum anderen Menschen deutet er einen gewissen Vorrang der Glaubensgenossen an (Gal 6,10), und ähnlich wie in den johanneischen Schriften läßt sich bei ihm auch eine "Theologisierung" der "agape" beobachten, die den Schwerpunkt der Liebe deutlicher auf das Verhältnis zwischen Gott und Mensch verlagert.[334]

Diese Begriffsdivergenzen können aber nicht darüber hinwegtäuschen, daß mit dem neutestamentlichen Liebesbegriff keineswegs die Vorstellung eines individualistischen, harmlosen Liebesgefühls vorliegt. Vielmehr stellt sich die "agape" als eine Größe dar, die aufgrund ihrer unübersehbaren Komponente der umstürzlerischen Ausrichtung sozialer Verhältnisse am Menschen und an dessen Bedürfnis nach einem befreiten Leben den hier verhandelten Sachverhalt der Caritas/Diakonie adäquat beschreiben könnte.[335]

Wie in der "Liebe" liegt auch in der mit "Dienst" zu übersetzenden "diakonia"[336] eine fundamentale Idee des Neuen Testamentes vor. Während im profangriechischen Bereich die "diakonia", vor allem verstanden als Dienst bei Tisch, etwas Minderwertiges bezeichnet, bildet sie im neutestamentlichen Kontext den Leitbegriff für die Haltung der Jünger, die Jesus nachfolgen. Der Dienstbegriff ist für Jesus eine Chiffre für die Umstürzung überkommener Vorstellungen und Wertungen. Jesus postuliert einen Vorrang der dienenden Lebenshaltung gegenüber der herrschenden (Mt 20,24-28 parr.) und somit

---

331 Vgl. **Stauffer, E.**: agapáo/agapé/agapetós, 45.

332 Vgl. ebd. 46.

333 Vgl. **Günther, W./Link, H.-G.**: Liebe, 896.

334 Vgl. ebd. 900 f.

335 Vgl. **Zerfaß, R.**: Organisierte Caritas, 342 f.

336 Hermann Steinkamp betont zurecht, daß die Übersetzung "Dienst" problematisch ist (vgl. **Steinkamp, H.**: Diakonie - Kennzeichen der Gemeinde, 13, Anm. 1); dennoch gibt es, auch in Hinblick auf die profangriechische Bedeutung von "diakonia", keine Alternative in der Übersetzung (vgl. **Beyer, H.W.**: diakonéo/diakonía/diákonos, 81).

eine neue Gestaltung aller Beziehungen zwischen Menschen.[337] Um falschen Assoziationen und Erwartungen in heutiger Zeit entgegenzuwirken, ist auf den spezifischen Gehalt des mit dem neutestamentlichen "diakonia" bezeichneten Dienstes hinzuweisen. Er beschreibt gerade nicht ein Abhängigkeits- oder Unterwerfungsverhältnis zu einem herrschenden Gegenüber. Ein solch unterwürfiges Dienen wird in einer anderen neutestamentlichen Vokabel, nämlich "douleuo" bzw. "doulos" ausgedrückt[338]. Da nun das Neue Testament beide Vokabeln kennt, bedeutet der ausdrückliche Gebrauch des Wortes "diakonia" bzw. "diakoneo" eine bewußte Abgrenzung gegenüber herrschaftsförmigen Dienstverhältnissen und eine neue inhaltliche Füllung des Dienstgedankens als eines Verhältnisses, in dem man zugunsten eines anderen dient und sich freiwillig dessen Ansprüchen unterstellt, so daß der andere nicht unterwürfig gefürchtet, sondern liebend akzeptiert ist. Ähnlich wie bei der "agape" zeigt sich bei der "diakonia" die theologische Struktur, daß Jesus sein gesamtes Reden und Wirken als Dienst verstand, dem der Mensch seinerseits mit einem Dienen antwortet, wobei dieser "Dienst für den Herrn" sich gerade als "Dienst für den geringsten Mitmenschen" zeigen und bewähren muß (Mt 25,40). Analog zur Einheit von Gottes- und Nächstenliebe in der "agape" bilden auch der Dienst für den Nächsten und der Dienst für Gott im Neuen Testament eine Einheit.[339] Als weitere Komponente prägt die Hinwendung zum und die Ausrichtung am anderen Menschen den Dienstbegriff. "Diakonia" ist als Träger des "Vollsinn[s] christlicher Liebesbetätigung gegenüber dem Nächsten ... eins jener Worte, die ein Du voraussetzen, nun nicht ein Du zu dem ich mein Verhältnis beliebig bestimmen könnte, sondern ein Du, unter das ich mich gestellt habe als ein diakonon"[340]. Die Herrschaftsfreiheit des Dienstverhältnisses setzt also ein persönlich motiviertes Für-den-anderen-da-Sein frei, in dem es nicht wie im Herrschaftsverhältnis um die Stabilisierung der Über- und Unterordnung, sondern um die liebende Bejahung des anderen Menschen in seiner Existenz geht. Die authentische Bereitschaft zu dieser Hinwendung um des anderen willen macht die Größe christlicher Existenz aus und unterscheidet sie von den Beziehungsmustern der irdischen Herrscher (Mt 20,25-28).[341] Dieser Dienstcharakter christlicher Existenz scheint im Neuen Testament als so wesentlich erachtet worden zu sein, daß er zunächst zur Beschreibung aller Funktionen und Ämter der im Entstehen begriffenen Gemeinden, insbesondere auch der Führungsämter, herangezogen worden ist.[342]

Die entscheidende Dimension erhält der neutestamentliche Dienstgedanke jedoch durch seine vorrangige Orientierung an denjenigen Menschen, die nach den konventionellen Vorstellungen von Ordnung, Rang und sozialer Anerkennung die Geringsten und

---

337 Vgl. **Beyer, H.W.**: diakonéo/diakonía/diákonos, 81-84.

338 Vgl. **Weiser, A.**: diakonéo/diakonía/diákonos, 726 f.; **Heß, K.**: Dienen, 188.

339 Vgl. **Beyer, H.W.**: diakonéo/diakonía/diákonos, 85 f.; **Heß, K.**: Dienen, 187.

340 **Beyer, H.W.**: diakonéo/diakonía/diákonos, 85 (dort in Anlehnung an Brandt, W.: Dienst und Dienen im Neuen Testament).

341 Vgl. ebd.

342 Vgl. **Heß, K.**: Dienen, 188; **Weiser, A.**: diakonéo/diakonía/diákonos, 730.

Benachteiligten sind. Wenn Gott in Jesus Christus Mensch geworden ist, um zu dienen (Mt 20,28), und wenn Jesus sich in seinem gesamten Wirken durch die bevorzugende Hinwendung zu den (in vielfältigem Sinn) Armen von den etablierten Verhaltensmustern abgrenzt, dann bildet die vorrangige Sorge um Notleidende das entscheidende Spezifikum der "diakonia". Eine solche vorrangige Option des christlichen Dienstes für Benachteiligte ist sowohl von dem einzelnen hinsichtlich seiner vor Gott zu verantwortenden Existenz (Mt 25, 31-46) als auch von der Gemeinde hinsichtlich der Integration Notleidender (Apg 6,1-7; Röm 12,7-17) gefordert. Da nun offensichtlich das Dienen keineswegs auf separierte Felder oder Zeiten eingeschränkt ist, sondern eine durchgängige Signatur "gottgewollten Menschentums"[343] bildet, wird die "diakonia" zu einem Ausdruck dafür, daß die christliche Existenz in ihrer Gesamtheit durch die bevorzugende Hinwendung zu denen, die nach den Standards der gesellschaftlichen Ordnung die Geringsten sind, gekennzeichnet sein muß, wenn sie ihr Wesen nicht verfehlen will.
Interessanterweise hält sich die Parallelität von "agape" und "diakonia" sogar dahingehend durch, daß das Neue Testament auch hinsichtlich des Dienstbegriffs in sich selbst Ambivalenzen aufweist. So gibt es z.B. bezeichnende Relativierungen des Dienstes als helfende Tat gegenüber der Verkündigung des Evangeliums durch das Wort. In Apg 6,1-7 etwa vollzieht sich die "Verbeamtung" der Träger des Dienstes in der Gemeinde als eine Nachordnung der Hilfe für Notleidende gegenüber der höher bewerteten Wortverkündigung (s. 4.2.1.1).
Als Fazit bleibt festzuhalten, daß auch der Blick auf den Gehalt des Caritas- bzw. Diakoniebegriffs im Neuen Testament die Entscheidung für einen der beiden Begriffe kaum erleichtert. Zumindest ist deutlich geworden, daß die Bevorzugung des Begriffs "Diakonie" gegenüber dem Begriff "Caritas" keineswegs so selbstverständlich gerechtfertigt ist, wie es der faktische Sprachgebrauch in der aktuellen theologischen Diskussion nahelegen mag. Für "Caritas" wie für "Diakonie" lassen sich folgende gemeinsame Wesenselemente ihres neutestamentlichen Ursprungssinns ausmachen:

1) eine sakramentale Struktur, nach der ein Handeln Gottes gegenüber den Menschen durch ein entsprechendes Handeln der Menschen untereinander wirkmächtig vergegenwärtigt wird;
2) die Umkehrung gesellschaftlich etablierter Ordnungs- und Wertvorstellungen und darin implizit die Kritik gesellschaftlicher Strukturen, die den Menschen in seinen Lebensmöglichkeiten unterdrücken;
3) der andere Mensch als Kriterium der Zuwendung, d.h. die Gestaltung der Beziehung zum anderen nicht nach egologischen Interessen, sondern zugunsten des anderen und seines Andersseins;
4) die vorrangige Option für Benachteiligte;
5) die fundamentale Relevanz der dienenden und bejahenden Zuwendung zum anderen Menschen als durchgehende Dimensionierung christlicher Existenz.

Wenn in der vorliegenden Untersuchung dennoch durchgehend von "Diakonie" gespro-

343 **Heß, K.**: Dienen, 187.

chen wird, dann steht zum einen die Intention dahinter, sich in die aktuelle theologische wie auch außertheologische Sprachregelung einzuordnen. Zum anderen veranlaßt dazu die inhaltliche Überlegung, daß - nach meiner subjektiven Einschätzung - im neutestamentlichen Begriff der "diakonia" das Motiv der vorrangigen Option für Arme schärfer konturiert zu sein scheint als im Begriff der "agape" und somit ein deutlicherer Ansatzpunkt für die "Option für die Armen" als Basistheorem eines heutigen Diakonieverständnisses gegeben ist. Aber es sei zugleich betont, daß damit keine Relativierung des Begriffs "Liebe" bzw. "Caritas" vollzogen wird, eben weil man sich mit gewichtigen Argumenten auch für den Caritasbegriff entscheiden könnte, zumal beide Begriffe sich gegenseitig implizieren.

1.3.2 Was ist "Diakonie"?

Nach der Problematisierung und Klärung des Begriffsgebrauchs stellt sich die Frage, was nun eigentlich in Augenschein genommen ist, wenn im weiteren Fortgang von "Diakonie" gesprochen wird. Die Dominanz, mit der die beiden Diakonie-Verbände "Diakonisches Werk" und "Deutscher Caritasverband" als Verwirklichungsformen christlich-kirchlicher Diakonie in Erscheinung treten, mag dazu verleiten, auch bei der Frage nach der "Diakonie zwischen Mensch, Kirche und Gesellschaft" vornehmlich diese verbandlich verfaßte Diakonie zu assoziieren. Damit wäre gleichzeitig und gleichsam auf der Negativfolie des allseits diagnostizierten Defizits der Gemeinden bezüglich ihrer diakonischen Praxis indirekt auch die sogenannte Gemeindediakonie als Thema der Praktischen Theologie in Erinnerung gerufen. Bei genauerem Hinsehen erweisen sich diese beiden Konnotationen als ungenügend. Das mit dem Begriff "Diakonie" Gemeinte ist ein Phänomen, welches sich in vielfältigen Phänotypen auszeitigt.
Ohne nähere Erläuterungen seien exemplarisch einige solcher Phänotypen der Diakonie benannt, um die Weite des Spektrums diakonischer Praxisformen zu veranschaulichen, welche mit dem Begriff "Diakonie" zur Reflexion aufgerufen sind. Zur Betonung der Vielschichtigkeit werden dabei jeweils zwei in Polarität zueinander stehende Phänotypen kombiniert und mit je einem Beispiel belegt.[344] Selbstverständlich zeigen sich diese Phänotypen in der konkreten Diakoniepraxis nicht isoliert als je für sich stehende Verwirklichungsformen der Diakonie. Jede diakonische Praxisform bildet vielmehr eine Kombination mehrerer, in ihrem Gewicht wechselnder Phänotypen.

1) Diakonie zeigt sich als institutionalisierte und als spontane Diakonie. Institutionalisiert ist die Diakonie z.B. in Form der Wohlfahrtsverbände oder auch der kirchlichen Hilfswerke. Spontan ist sie etwa bei der Hilfe in einer akuten Notsituation.

2) Diakonie zeigt sich als hauptamtliche bzw. hauptberufliche und als ehrenamtliche Diakonie. Die Tätigkeit etwa einer Pflegerin im Krankenhaus ist hauptamtlich im Gegensatz zur ehrenamtlichen Mitarbeit beim Altenbesuchsdienst einer Gemeinde.

---

[344] Vgl. die ähnlich angelegte, aber inhaltlich differierende Auflistung bei **Ruhfus, M.**: Diakonie-Lernen der Gemeinde, 22-25.

3) Diakonie zeigt sich als offiziöse und als private Diakonie. Offiziös wird sie z.B. in der Gestalt eines Asylantenbeauftragten einer Diözese, eher privaten Charakter hat sie als Pflege eines kranken Familienmitglieds.
4) Diakonie ist im gesellschaftlichen Macro- wie auch Microbereich angesiedelt. Das Engagement für die sogenannte "Dritte Welt" bewegt sich im Macrobereich weltweiter Zusammenhänge; ein Beratungsgespräch hingegen ist, wenn auch Faktoren der sozialen Umwelt hineinwirken bzw. berücksichtigt werden müssen, im Microbereich der persönlichen Beziehung angesiedelt.
5) Diakonie zeigt sich als kirchliche und als außerkirchliche Diakonie. Als die von einer Gemeinde organisierte Lebenshilfe für finanziell Arme ist sie kirchlich; als die christlich motivierte Mitarbeit bei "amnesty international" ist sie außerkirchlich.
6) Diakonie kann bewußt und unbewußt geschehen. Die Sozialarbeit bei Nichtseßhaften bedarf einer bewußten Entscheidung und Konzeption; die alltägliche Kinderbetreuung der Eltern dagegen wird meist nicht bewußt als Diakonie identifiziert.
7) Diakonie zeigt sich als individuelle und politische Diakonie. Die Hilfe für Behinderte in lebenspraktischen Angelegenheiten ist an den Bedürfnissen des Individuums orientiert; als Einsatz für eine behindertenfreundliche Arbeitspolitik ist die Diakonie politisch.
8) Diakonie kann schließlich die Gestalt einer dezidiert christlichen und einer "anonym-christlichen" Diakonie annehmen. Die Unterscheidung dieser beiden Phänotypen verlangt eine ausführlichere Erläuterung. Mit ihr ist natürlich Bezug genommen auf Karl Rahners These vom "anonymen Christentum"[345], wonach aufgrund der ursprünglichen Beziehung zu Gott keinem Menschen abgesprochen werden kann, daß er in seinem Leben mit dem Gott Jesu Christi zu tun hat, wonach jedes menschliche Leben unabhängig von der Integration in die Kirche vor Gott gleichermaßen wertvoll ist, wonach auch ein nichtchristlicher Mensch sein Leben so führen kann, daß es dem gerecht wird, was wir Christen für uns als Verantwortung vor Gott deuten. So kann der Einsatz eines Menschen für notleidende Mitmenschen die Qualität christlicher Diakonie haben, auch wenn dieser Mensch nicht Christ ist und er selbst somit sein Handeln weder christlich motiviert noch christlich identifiziert. Zu denken ist etwa an die Situation politischer Ungerechtigkeit, in der die verspürte Herausforderung, sich für die Befreiung aus Unterdrückung einzusetzen, von Christinnen und Christen ausdrücklich christlich, aus nichtchristlicher Perspektive hingegen als Verantwortung für ein humanes zwischenmenschliches Leben gedeutet wird. Wie bei Karl Rahners Motiv des "anonymen Christentums", das ja weniger eine Aussage über die "anonymen Christen" als vielmehr über uns Christinnen und Christen bzw. über unseren wertschätzenden Umgang mit Nichtchristen darstellt, geht es bei dem Gedanken der "anonym-christlichen" Diakonie nicht darum, diese und ihre nichtchristlichen Träger für unsere Diakonie zu vereinnahmen. Es

---

[345] Vgl. **Rahner, K.**: Das Christentum und die nichtchristlichen Religionen, 154-156; **ders.**: Die anonymen Christen; vgl. zur Diskussion **Klinger, E. (Hg.)**: Christentum innerhalb und außerhalb der Kirchen. - Karl Rahner selbst deutet den Gedanken einer "anonymen Diakonie" an in **Rahner, K.**: Praktische Theologie und kirchliche Sozialarbeit, 675.

geht im Gegenteil darum, außerchristliche Formen der Solidarität in Not und der zwischenmenschlichen Hilfe zu einem menschenwürdigen Leben auch aus einer christlichen Position heraus in ihrem authentischen Wert zu schätzen, ohne dafür eine irgendwie geartete Verchristlichung oder Verkirchlichung zur Bedingung zu machen.
Bereits mit diesem Spektrum von Phänotypen diakonischer Praxis kündigt sich die Notwendigkeit eines grundsätzlichen Umdenkens in der Rede von Diakonie an. Mit der Diakonie ist weniger ein abgegrenztes, überschaubares Feld kirchlicher Praxis als vielmehr eine Dimension der Praxis von Christinnen und Christen bzw. von christlichen Kirchen gemeint, die sich in verschiedenen, sich wandelnden Gestaltwerdungen ausfaltet. Diese vielgestaltige diakonische Dimension der gesamten christlich-kirchlichen Praxis ist - gemäß dem hier zugrundeliegenden Selbstverständnis der Praktischen Theologie als einer kritischen Theorie christlich identifizierter und identifizierbarer Praxis der Menschen - grundsätzlich (d.h. wenn nicht ausdrücklich anders vermerkt oder aus dem Kontext ersichtlich) gemeint, wenn in dieser Untersuchung von "Diakonie" gesprochen wird. In einer vorläufigen inhaltlichen Bestimmung werden dabei unter *Diakonie* all jene christlich motivierten und christlich deutbaren Praxisformen verstanden, in denen Notleidende durch Solidarität, durch Leidminderung oder Notüberwindung und durch Bekämpfung der Ursachen ihrer Not Hilfe in bzw. Befreiung aus ihrer Not erfahren. Mit den *Notleidenden* oder *Armen* - beide Begriffe werden je nach Kontext und Bezug abwechselnd, aber grundsätzlich synonym gebraucht - sind schließlich die Menschen gemeint, die unter einer aufgezwungenen Einschränkung von Lebensmöglichkeiten leiden, welche die Erfüllung von Lebensbedürfnissen bzw. eine in Bezug auf den jeweils relevanten Lebenskontext gleichberechtigte Teilnahme am sozialen Geschehen erschwert oder verhindert.

2 DER DIAKONIEBEDARF IM KONTEXT MODERNER GESELLSCHAFT

Wenn Diakonie als die Dimension der christlichen Praxis verstanden wird, deren Spezifikum die vorrangige Option für Menschen ist, die in irgendeiner Weise benachteiligt sind, dann scheint die forcierte Reflexion auf die Diakonie auf den ersten Blick hinsichtlich der Verhältnisse in Deutschland nicht auf der Höhe der Zeit zu sein. Gängige Plausibilitäten der etablierten politisch-gesellschaftlichen Kräfte, vor allem auch der jeweils amtierenden Regierungen lauten nämlich: Die Bundesrepublik Deutschland sei eine vorbildhafte Demokratie, angesichts welcher es zunehmend abwegig wäre, von Unterdrückung, mangelnder Fürsorge für Kranke, Armut oder anderen Notlagen zu reden. Die Rechtsstaatlichkeit und die Einbindung in das Sozialwesen seien so abgesichert, daß es Ungerechtigkeit und ungleiche Verteilungen von Lebenschancen eigentlich nur noch als unglückliche Ausnahme, nicht mehr aber als strukturelle Bedingtheit gäbe. Und schließlich treffe der Staat qua Sozialstaat derart viele Vorkehrungen speziell der sozialen Absicherung, im Extremfall in Form der "Sozialhilfe", daß niemand in seiner Existenz bedroht sei und es somit eigentlich keine Armut mehr gäbe.[1]

Dieses Denken erwies sich als "Mythos"[2], und die Ergebnisse der neueren Armutsforschung[3] bzw. der Untersuchungen zur "sozialen Ungleichheit"[4] wirken dementsprechend wie eine "Entmythologisierung". Es gibt auch in der Gesellschaft der Bundesrepublik Deutschland eine nachhaltige und sogar erhöhte Disposition einzelner Gesellschaftsmitglieder und bestimmter Gesellschaftsgruppen zu einem Abdriften in Lebenssituationen, die von gravierender Benachteiligung gekennzeichnet sind. In Konsequenz dazu besteht Bedarf an Instanzen und Leistungen, die auf die Beseitigung bzw. Verarbeitung der Benachteiligungen hinarbeiten. Der Bedarf findet in der Diakonie der Kirchen und einzelner Christen als etablierter Form der Hilfeleistung einen seiner vornehmlichen Adressaten. Dies soll in diesem Teil 2 auf drei Ebenen nachgewiesen werden: erstens auf der Ebene der empirisch objektivierbaren Fakten der Armutsentwicklung in der Bundesrepublik Deutschland, wobei Armut nicht als alleinige diakonierelevante Notlage, sondern als ein Beispiel gesehen wird, an dem die Brisanz der Entwicklung sozialer Randständigkeit besonders deutlich sichtbar wird; zweitens auf der

---

1 Vgl. **Iben, G.**: Strukturelle Armut, 170; **Glatzer, W./Hübinger, W.**: Lebenslagen und Armut, 31.

2 **Caritasverband für die Diözese Münster (Hg.)**: Arme haben keine Lobby, 12; vgl. dazu auch **Noormann, H.**: Armut in Deutschland.

3 Vgl. **Hauser, R./Hübinger, W.**: Arme unter uns, Teil 1; **Hauser, R.**: "Armut hat meist ein ganzes Bündel an Ursachen"; **Hübinger, W.**: Armut in der Bundesrepublik Deutschland; **Zentralvorstand des Deutschen Caritasverbandes**: Arme unter uns; **Döring, D./Hanesch, W./ Huster, E.-U. (Hg.)**: Armut im Wohlstand; **Huster, E.-U.**: Neuer Reichtum und alte Armut; **Leibfried, S./Voges, W. (Hg.)**: Armut im modernen Wohlfahrtsstaat; **Hanesch, W. u.a.**: Armut in Deutschland; **Hanesch, W. (Hg.)**: Sozialpolitische Strategien gegen Armut.

4 Vgl. **Bolte, K.M./Hradil, S.**: Soziale Ungleichheit; **Kreckel, R. (Hg.)**: Soziale Ungleichheiten; **ders.**: Politische Soziologie der sozialen Ungleichheit.

Ebene der theoretisch-sozialwissenschaftlich diskutierten Globaltrends der Gesellschaft; drittens auf der Ebene der von seiten der Gesellschaftsmitglieder geäußerten Erwartungshaltungen gegenüber dem diakonischen Engagement der Kirchen in der Gesellschaft.

2.1 Beispiel: Materielle Armut

2.1.1 Vorbemerkungen zur Problematik der Bestimmung von Armut

Die Frage, wer arm ist und wieviele Angehörige einer Gesellschaft unter Armut leiden, ist nicht mehr selbstverständlich und eindeutig beantwortbar. Komplexität der Gesellschaft bedeutet auch Komplexität der Folgeerscheinungen gesellschaftlicher Mechanismen. Die traditionellen Konzepte der Feststellung von Armut durch Unterscheidung von festen, durch gegenseitige Abschottung gekennzeichneten Gesellschaftsgruppen haben sich als nicht ausreichend für die Analyse heutiger gesellschaftlicher Verhältnisse erwiesen.

Als unzureichend gilt heute z.B. das Konzept "Klasse". Die Unterscheidung zweier Klassen bei Karl Marx, der Produktionsmittelbesitzer und der von ihnen ausgebeuteten Arbeiter, wird für die Feststellung von Armut als nicht geeignet empfunden, weil die Lebenssituation der Menschen von mehr Faktoren als der Lohnabhängigkeit bzw. -unabhängigkeit bestimmt wird und folglich Benachteiligung nicht einfach auf die Abhängigkeit von einem produktionsmittelbesitzenden Lohnzahler zurückgeführt werden kann.[5] Ebenso unzureichend erscheint das Klassenkonzept von Max Weber. Weber unterscheidet zwischen Besitzenden und auf Erwerb angewiesenen Besitzlosen, wobei erstere ihre Existenzsicherung aus eigenem Besitz, letztere auf dem Weg des Erwerbs von Zuwendungen von seiten der Besitzenden bewerkstelligen. Obwohl das Webersche Konzept einen größeren Bedingungsrahmen als nur das Arbeitsverhältnis im Auge hat, kann auch die Unterscheidung zwischen Besitz und Erwerbstätigkeit heute nicht mehr einfach mit der Unterscheidung zwischen Privilegierung und Benachteiligung parallel gesetzt werden.[6] Auch die aktualisierte Variante der "Versorgungsklassen", die Gesellschaftsgruppen differenziert nach ihren Zugangsmöglichkeiten zu Versorgungsleistungen des sozialstaatlichen Verteilungssystems, wird in Frage gestellt, weil auch diese nur die materielle Faktorenkomponente der Prägung von Lebensbedingungen zugrundelegt.[7] Insgesamt wird das Klassenkonzept als überholt betrachtet, da sich die Gesellschaftsmitglieder selbst nicht als Klassen erleben und definieren würden, damit aber eine entscheidende Dimension der Klassenbildung und -bindung, nämlich "ein spezifisches Zusammengehörigkeitsgefühl und das Bewußtsein über einen historischen politischen

---

5 Vgl. **Glatzer, W./Hübinger, W.**: Lebenslagen und Armut, 32.

6 Vgl. ebd.

7 Vgl. ebd.

'Auftrag' zu verfügen"[8], nicht mehr gegeben sei. Nicht der Sieg der einen Klasse über die andere Klasse, sondern die Auflösung der Klassengrenzen und die Bildung von klassenübergreifenden wie auch klassenintern separierenden Sozialzusammenhängen hätten das Klassenkonzept erledigt.[9] Eine Gesellschaft aber, "die nicht mehr in sozial wahrnehmbaren Klassenkategorien handelt, befindet sich *auf der Suche nach einer anderen Sozialstruktur* und kann nicht ohne Strafe eines gefährlichen Wirklichkeits- und Relevanzverlustes immer wieder gegen ihren Strich in die Kategorie der Klasse zurückgebürstet werden"[10].

Auch das differenziertere Konzept der "Schicht", das Lebensbedingungen nach mehreren Kriterien wie Einkommen, Berufsstatus, Bildung, Kleidung u.ä. zu beschreiben und zu unterscheiden versucht, konnte sich nicht durchhalten. Für die Komplexität der modernen Gesellschaft wird es immer noch als zu vereinfachend empfunden.[11] "Schicht" firmiert lediglich als "*liberalisierter* Klassenbegriff, ein Klassenbegriff *im Abschiedszustand*"[12].

Um diesen Schwierigkeiten zu entgehen, wurde in der sozialwissenschaftlichen Diskussion zu den sozialen Ungleichheiten das Konzept der "Lebenslage" eingeführt. Es "stellt den Versuch dar, die komplexer gewordene Realität in feineren Abstufungen zu erfassen"[13]. Nach mehreren Stadien der Entwicklung des Begriffsverständnisses, in denen "Lebenslage" als der jeweils gegebene Spielraum und Ressourcenbestand zur Erfüllung der eigenen Lebensinteressen gefaßt worden ist[14], wird dieses Konzept heute so verwendet, daß einerseits eine der gesellschaftlichen Komplexität angemessene Vielfalt an Bestimmungsfaktoren wie Einkommen, Wohnung, Gesundheit, Bildung, soziale Beziehungen, Teilnahme am kulturellen Leben u.s.w. berücksichtigt werden[15], andererseits jedoch das Haushaltseinkommen als ein die anderen Faktoren mitbestimmender Faktor eine zentrale Rolle spielt. Das Lebenslagekonzept geht von der Grundannahme aus, daß vorgegebene, sozialpolitisch beeinflußte Strukturen die individuellen Handlungsspielräume der Menschen festlegen und somit die Analyse und Gestaltung von Lebenslagen über Fragen des gesellschaftlichen Strukturwandels und der staatlichen Steuerung, d.h. also nicht (nur) über Fragen der privat-individuellen Lebensführung, angegangen werden müssen. Die Lebenslage ist danach zu bestimmen, ob und in welchem Maße für den bzw. die jeweiligen Menschen gegeben sind:

- Einkommen bzw. Versorgung mit materiellen Gütern, die für eine angemessene Lebensführung notwendig sind (Ernährung, Wohnung, Kleidung usw.);

---

8 **Thieme, F.**: Kaste, Stand, Klasse, 137.

9 Vgl. **Glatzer, W./Hübinger, W.**: Lebenslagen und Armut, 33.

10 **Beck, U.**: Risikogesellschaft, 140.

11 Vgl. **Glatzer, W./Hübinger, W.**: Lebenslagen und Armut, 33.

12 **Beck, U.**: Risikogesellschaft, 140.

13 **Glatzer, W./Hübinger, W.**: Lebenslagen und Armut, 34.

14 Vgl. ebd. 35.

15 Vgl. **Döring, D./Hanesch, W./Huster, E.-U.**: Armut als Lebenslage, 11; **Schott-Winterer, A.**: Wohlfahrtsdefizite und Unterversorgung, 58.

- Möglichkeiten, mit anderen Menschen in Interaktion zu treten, Beziehungen aufzubauen oder in Kooperationen zur Erfüllung gemeinsamer Interessen einzutreten;
- Chancen, Erfahrungen zu sammeln bzw. sich zu bilden und die dadurch gewonnene Kompetenz zugunsten der eigenen Lebensinteressen einzusetzen;
- Möglichkeiten zu regenerieren, d.h. psychische und physische Belastungen zu bearbeiten, abzubauen oder auszugleichen;
- Möglichkeiten, an der Gestaltung von Lebensbereichen entscheidungsmächtig mitzuwirken.[16]

Die Antwort darauf, wie die Lebensmöglichkeiten verteilt sind und wer als arm zu gelten hat, muß also, so legt es das Lebenslagekonzept nahe, unter Berücksichtigung vielfältiger Faktoren erfolgen. Dennoch behält der Faktor Einkommen bzw. materielle Versorgung als derjenige Faktor, von dem auch der Verwirklichungsgrad der anderen Lebenslagekomponenten abhängt, seine zentrale Bedeutung. Auch "jenseits von Klasse und Schicht"[17], d.h. ohne die vorentscheidende Zugrundelegung eines vertikal angeordneten, wertenden Wahrnehmungsrasters, kommt man anhand der Beobachtung der Einkommens- und Versorgungssituationen zur Feststellung von Lebenslagen, die als Armut zu kennzeichnen sind. Unter Armut sind dann zu verstehen "inferiore Lebenslagen, die hinsichtlich ihrer materiellen und immateriellen Dimensionen unterhalb von Minimalstandards zu finden sind; diese Minimalstandards sind in Relation zu den durchschnittlichen Versorgungsniveaus in der Gesellschaft zu bestimmen und zu begründen. Das Einkommen ist unter den gegebenen gesellschaftlichen Bedingungen die wichtigste Dimension von Armut. Aber Armut besteht nicht nur aus Einkommensdefiziten, sondern ist mit anderen Aspekten der Unterversorgung und Benachteiligung der Lebenslage verbunden"[18]. Für die (alte) Bundesrepublik Deutschland stellte man auf der Grundlage dieses Armutsverständnisses die in Graphik 1 (s. nächste Seite) dargestellte Lebenslageverteilung fest.

Demnach erleben sich 26 % der Haushalte[19] gemäß der subjektiven Einschätzung ihrer Mitglieder (gestrichelte Linie) als arm. 14 % der Haushalte sind gemäß einer nach objektiven Kriterien (z.B. tatsächliche Einkommensentwicklung) korrigierten Einschätzung (durchgezogene Linie) als arm zu bezeichnen. Von dieser Unterscheidung unabhängig sind in der Lebenslage Armut Mehrpersonenhaushalte, Arbeiter und Arbeiterinnen und Personen ohne ausreichende berufliche Ausbildung überdurchschnittlich stark vertreten.[20]

---

16 Vgl. **Glatzer, W./Hübinger, W.**: Lebenslagen und Armut, 36 f.

17 **Krause, D./Schäuble, G.**: Jenseits von Klasse und Schicht; vgl. **Beck, U.**: Jenseits von Stand und Klasse?.

18 **Glatzer, W./Hübinger, W.**: Lebenslagen und Armut, 44.

19 Diese und alle weiteren Werte in diesem Abschnitt zur Armutsentwicklung beziehen sich in Ermangelung neuerer Daten noch auf den Bereich der alten Bundesländer der Bundesrepublik Deutschland.

20 Vgl. **Glatzer, W./Hübinger, W.**: Lebenslagen und Armut, 38 f.

Graphik 1: Lebenslageverteilung in der Bundesrepublik Deutschland auf der Basis des personengewichteten Haushaltseinkommens

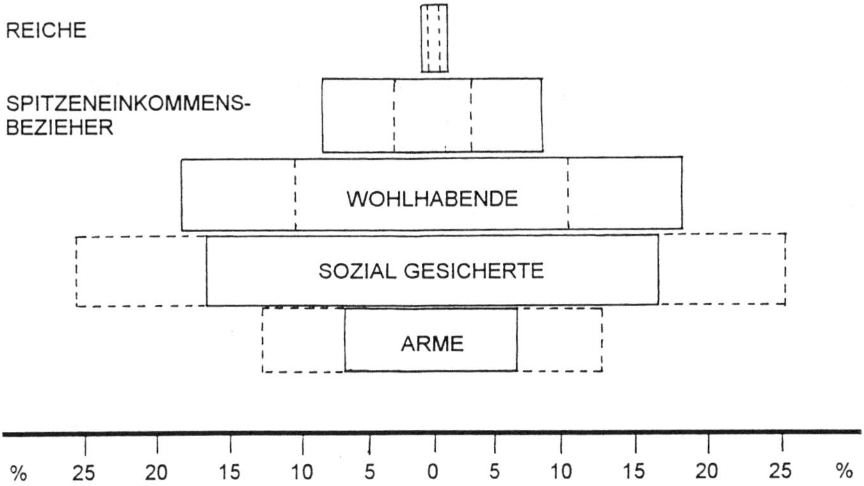

Quelle: Krause, D./Schäuble, G.: Jenseits von Klasse und Schicht, 105. Datengrundlage dort: Allgemeine Bevölkerungsumfrage der Sozialwissenschaften (ALLBUS) 1984.

Rückfragen an diese Entwicklung der Konzeptualisierung von Armut sind weiter unten in Punkt 2.1.3 zu stellen. Hier dient der Hinweis auf das Lebenslagekonzept neben einer ersten Veranschaulichung der Armutsentwicklung zunächst auch als Legitimation, im weiteren Fortgang bei der Frage nach der Armutsentwicklung im Kontext der Gesellschaft der Bundesrepublik Deutschland trotz des differenzierteren Faktorenkomplexes von Daten zur Einkommens- bzw. Versorgungslage auszugehen und das heißt konkret, Einkommensrelationen bzw. Sozialhilfeempfang als Bemessungsgrundlage zur Feststellung der Armutsentwicklung heranzuziehen. Die Möglichkeit, deren Quoten quantitativ in Zahlenwerten auszudrücken, bringt den Vorteil mit sich, daß Vergleiche angestellt und Entwicklungstendenzen abgelesen werden können.

2.1.2 Der Befund zur Armutsentwicklung in der Bundesrepublik Deutschland

2.1.2.1 Sozialhilfeempfang

Graphik 2: Sozialhilfeempfängerinnen und -empfänger in der Bundesrepublik Deutschland zwischen 1963 und 1992

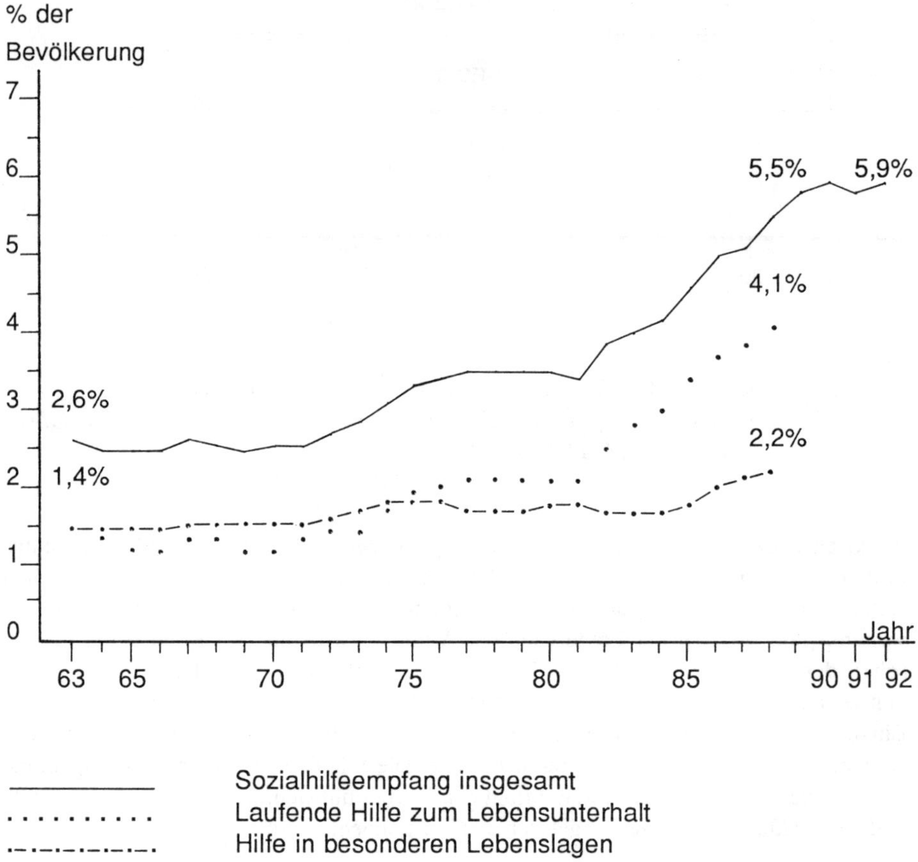

Quellen: *Hübinger, W.: Armut in der Bundesrepublik Deutschland, 62; Hanesch, W. u.a.: Armut in Deutschland, 219; Statistisches Bundesamt (Hg.): Statistisches Jahrbuch 1994, 498. Das Schaubild wurde nach den dortigen Daten erstellt.*

Auf den ersten Blick ist eine deutliche Zunahme an Sozialhilfeempfängern und -empfängerinnen insgesamt erkennbar, wobei der sprunghafte Anstieg seit 1981 von 3,4 % auf 5,9 % der Bevölkerung besonders signifikant ist. Dieser allgemeine Wachstumstrend wird in seiner Brisanz aber erst dann deutlich, wenn verschiedene differenzierende Auswertungen vorgenommen werden. Unterscheidet man die zwei Arten des Sozialhilfeempfangs - die Hilfe in besonderen Lebenslagen, also punktuelle Leistungen in einzelnen akuten Notlagen, und die laufende Hilfe zum Lebensunterhalt, also regelmäßige, über einen längeren Zeitraum hinweg gewährte Leistungen -, dann läßt sich feststellen: Im gesamten Zeitraum zwischen 1963 (Einführung des Sozialhilfesystems in der jetzigen Form) und 1988 hat sich der Anteil derer, die laufende Hilfe zum Lebensunterhalt beziehen, von 1,4 % auf 4,1 % annähernd verdreifacht. Der Anteil derjenigen jedoch, die punktuelle Hilfe in besonderen Lebenslagen erhielten, nahm bei gleichem Ausgangswert von 1,4 % nur auf 2,2 % der Bevölkerung zu und weist insbesondere in der Anstiegsphase seit 1981 einen nur unterdurchschnittlichen Anstieg um 0,4 % auf, während der Anteil der Empfängerinnen und Empfänger von laufender Hilfe zum Lebensunterhalt sich in dieser Phase praktisch verdoppelte und von 2,1 % (absolut: 1,3 Millionen) auf 4,1 % (2,5 Millionen) anwuchs. Dieser Trend hält an. Im Jahr 1990 erhielten 4,5 % der Bevölkerung (2,8 Millionen) laufende Hilfe zum Lebensunterhalt[21], und für 1991 wurde mit einem nochmaligen Anstieg um 1,9 % gerechnet.[22]
Demnach zeigt sich nicht nur ein quantitativer Trend der Zunahme an Sozialhilfeempfangenden, sondern auch ein qualitativer Trend zur Verfestigung und Perpetuierung von prekären Lebenslagen, die unter anderem von der anhaltend hohen Langzeitarbeitslosigkeit verursacht sind[23] und zu langfristiger Sozialhilfeabhängigkeit führen. Noch nachdenklicher stimmen die Beobachtungen bei einer Differenzierung der Daten nach Altersgruppen. Die Anteile beim Sozialhilfeempfang verschieben sich nämlich von den alten zu den jungen Altersgruppen hin (s. Graphik 3 auf der nächsten Seite).
Die Graphik macht die eklatante Wende in der Armutsstruktur deutlich. Die Linie der Empfängerquoten (Anteil der Hilfeempfangenden an der Gesamtheit einer Gesellschaftsgruppe) für das Jahr 1970 zeigt aufs Ganze gesehen noch einen Anstieg von den jungen Altersgruppen hin zu den alten. Etwa 1,3 % der Kinder unter 7 Jahren waren damals aufgrund ihrer Einbindung in einen sozialhilfebedürftigen Haushalt Empfänger von laufender Hilfe. In der Phase zwischen 18 und 21 Jahren zeigte sich zunächst ein für jeden Berechnungszeitraum typisches Absinken der Empfängerquote, welches vermutlich durch die in dieser Zeit angesiedelte berufliche Stabilisierung bzw. Versorgung eines Großteils der Männer im Rahmen der Ableistung ihres Wehr- oder Ersatzdienstes zu erklären ist. Dann jedoch nahm zur damaligen Zeit die Empfängerquote mit dem Alter kontinuierlich zu und betrug in der Altersgruppe derer, die 65 Jahre und älter waren, ca. 3 %. Im Laufe der letzten 20 Jahre bis 1990 hat sich ein dazu genau reziprokes Verhältnis eingestellt. Kinder unter 7 Jahren weisen jetzt eine Empfängerquote

21 Vgl. **Hauser, R./Hübinger, W.**: Arme unter uns, 49.

22 Vgl. ebd. 50; vgl. dazu insgesamt ebd. 47-52.

23 Vgl. ebd. 62.

Graphik 3: Empfängerinnen und Empfänger von laufender Hilfe zum Lebensunterhalt nach Altersgruppen - je 1000 Einwohner

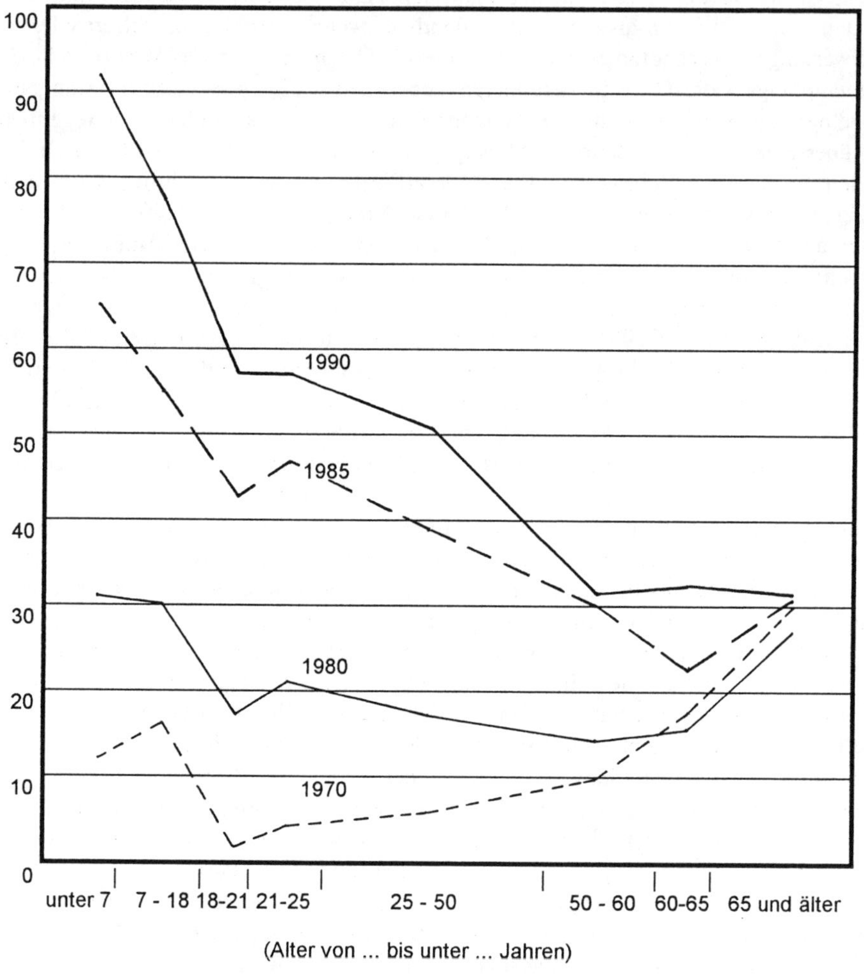

Anmerkung: Die Linie für 1965 verläuft weitgehend deckungsgleich mit der Linie für 1970.

Quelle: Hauser, R./Hübinger, W.: Arme unter uns, 60.

von etwa 9,2 % auf. Der Anteil der Empfangenden von laufender Hilfe hat sich also bei ihnen um das Siebenfache erhöht. Die Quotenlinie fällt dann aber zu den älteren Empfängergruppen hin stark ab und zeigt für Personen ab 65 Jahren einen kaum hö-

heren Anteil an als in den früheren Jahren.
Analog dazu haben sich die Empfängeranteile (Anteile verschiedener Gesellschaftsgruppen an der Gesamtheit der Sozialhilfeempfangenden) und speziell die Altersstruktur der Sozialhilfeklientel verändert. Vor allem bei den Beziehern von laufender Hilfe dominieren nicht mehr die Alten, sondern die Angehörigen der ersten drei Lebensdekaden. 45 % aller Empfängerinnen und Empfänger (absolut: 1,13 Millionen) sind unter 25 Jahre alt und bilden damit den größten Anteil. Die 25- bis 50jährigen stellen 36,3 % (absolut: 910 000) der Hilfeempfangenden, während der Anteil der 50- bis 65jährigen und der über 65jährigen Personen an der Gesamtheit der Empfängerinnen und Empfänger von laufender Hilfe 10 % bzw. 8,7 % beträgt.[24]
Die Armutsforscher Richard Hauser und Werner Hübinger sprechen angesichts dessen von einem dramatischen und "sozialpolitisch äußerst bedenklichen Trend zu einer 'Infantilisierung' der Armut"[25], von dem insbesondere die Kinder von Arbeitslosen und die arbeitslosen Jugendlichen betroffen sind[26].

2.1.2.2 Verdeckte Armut

"Verdeckte Armut" ist eine Armutsklassifikation, die sich als notwendig für eine realistische Wahrnehmung der Armutsentwicklung erweist, da die Quoten der Sozialhilfeempfangenden nicht alle Menschen erfassen, die sich in ihrer finanziellen Ausstattung auf Sozialhilfeniveau oder darunter bewegen. Mit der Klassifikation der verdeckten Armut wird also die Zahl derjenigen Menschen in Anschlag gebracht, die zwar aufgrund ihrer Notlage sozialhilfeempfangsberechtigt wären, die Leistungen jedoch aus bestimmten Gründen, z.B. Angst vor Prestigeverlust oder Scheu vor dem bürokratischen Verfahren, nicht in Anspruch nehmen. Auch viele Nichtseßhafte zählen dazu. Da diese Gruppe durch ihr "Verdeckt-Sein" definiert ist, sie sich also nicht zu erkennen gibt, lassen sich nur schwer Zahlenwerte benennen. Nach vorsichtigen Schätzungen hat es im Zeitraum der vergangenen 20 Jahre (1973-1993) verdeckt arme Menschen gegeben in der Größenordnung von 60-100 % der jeweils gegebenen Anzahl der Sozialhilfeempfangenden. Demnach ist mit einer Dunkelziffer von etwa einem Drittel bis zur Hälfte aller Sozialhilfebedürftigen zu rechnen. 1983 waren ca. 700 000 Personen oder 1,3 % der Bevölkerung "verdeckt arm", womit ein verhältnismäßig günstiger Ausschöpfungsgrad bezüglich der Sozialhilfe bzw. ein verhältnismäßig niedriger Anteil (ca. 25 %) verdeckt armer Personen an der Gesamtzahl der Sozialhilfebedürftigen gegeben war.[27] Die Quote stieg aber bereits 1986 wieder auf 47-50 % der Bedürftigen an.[28]

---

24 Vgl. **Hübinger, W.**: Armut in der Bundesrepublik Deutschland, 61.

25 **Hauser, R./Hübinger, W.**: Arme unter uns, 58; vgl. **Hübinger, W.**: Armut in der Bundesrepublik Deutschland, 61.

26 Vgl. **Hauser, R.**: "Armut hat meist ein ganzes Bündel an Ursachen", 119.

27 Vgl. **Semrau, P.**: Entwicklung der Einkommensarmut, 118.

28 Vgl. **Hauser, R./Hübinger, W.**: Arme unter uns, 54.

Die steigende Zahl der Nichtseßhaften läßt trotz mangelnder Zahlenbasis auch für diese Armutsgruppe einen aktuell anhaltenden Wachstumstrend vermuten.[29]

2.1.2.3 Relative Armut

Sozialhilfeempfang bzw. Sozialhilfeberechtigung sind allerdings keine ausreichenden Indikatoren von Armut. Nicht einmal Mangel an Geldmitteln läßt sich mit ihnen hinreichend definieren. Armut darf nicht mit Sozialhilfebedürftigkeit gleichgesetzt werden, und die materielle Zuwendung der Sozialhilfe bedeutet nicht schon automatisch auch die Abwendung von Armut. Eine Schlüsselfrage hinsichtlich einer genaueren Analyse der Armutsentwicklung ist also in der Definition von Armut zu suchen. Dazu bedarf auch das ohnehin schon eingeengte Verständnis von Armut als Einkommensarmut, d.h. als Mangel an zur Verfügung stehenden und zufließenden materiellen, insbesondere finanziellen Mitteln, einer genaueren Bestimmung. Offizielle Gültigkeit kommt dabei der Definition des Rates der Europäischen Gemeinschaft zu: In Armut leben demnach solche "Einzelpersonen oder Familien, die über so geringe Mittel verfügen, daß sie von der Lebensweise ausgeschlossen sind, die in dem Mitgliedsstaat als Minimum annehmbar ist, in dem sie leben"[30]. Gemäß dieser Definition wird versucht, Armut über relative Armutsgrenzen zu bemessen. Das heißt: Wer arm ist, wird im Vergleich mit einem für den jeweiligen Gesellschaftsbereich durchschnittlichen Einkommen, dem sogenannten "Äquivalenzeinkommen", festgelegt.[31] Diese *relative* Armut ist also abhängig vom jeweiligen Standard des Einkommens in der Gesellschaft. Als Armutsgrenze werden, je nach Armutskonzept und je nach Erkenntnisinteresse, 60, 50 oder 40 % des durchschnittlichen Nettoeinkommens angesetzt.[32] Aber auch die Armutsquoten auf der Grundlage dieses weiteren Armutsbegriffs bestätigen, daß sich die Armutssituation in der Bundesrepublik Deutschland in den vergangenen zehn Jahren, also seit ca. 1982 verschärft hat (s. Tabelle 1 auf der nächsten Seite).

Die Entwicklung der relativen Armut im Zeitraum zwischen 1963 und 1983 ist sehr bewegt. Sowohl auf der Basis der 40 %- als auch auf der Basis der 50 %-Grenze läßt sich zunächst für die ersten 10 Jahre bis 1973 ein auffälliges Absinken der Armutsquote um etwa drei Viertel (5,7 % auf 1,4 % bei der 40 %-Grenze) bzw. um knapp zwei Drittel (14,8 % auf 5,5 % bei der 50 %-Grenze) des ursprünglichen Wertes feststellen. In der zweiten Hälfte des Bemessungszeitraums schwenkt der Trend um. Bis 1983 steigen die Quoten wieder leicht an.

Daß diese ansteigende Tendenz eine gewisse Stabilität aufweist, zeigt der Blick auf die Entwicklung der Jahre 1983 bis 1986 (s. Tabelle 2 auf der nächsten Seite).

---

29 Vgl. ebd. 52-54.

30 Deutscher Bundestag-Drucksache 10/6055, Seite 11; hier zitiert nach **Caritasverband für die Diözese Münster (Hg.)**: Arme haben keine Lobby, 15.

31 Vgl. **Hübinger, W.**: Armut in der Bundesrepublik Deutschland, 64.

32 Vgl. **Hauser, R./Hübinger W.**: Arme unter uns, 53.

Tabelle 1: *Anzahl der armen Personen und Armutsquoten für die Bundesrepublik Deutschland von 1963 bis 1983*

	1963	1969	1973	1978	1983
40 % des Äquivalenzeinkommens					
Anzahl (in 1000)	3252	1481	881	876	1093
Armutsquote (in %)	5,7	2,7	1,4	1,6	2,1
50 % des Äquivalenzeinkommens					
Anzahl (in 1000)	8449	5092	3093	3393	3678
Armutsquote (in %)	14,8	9,1	5,5	6,2	7,0

Quelle: *Hübinger, W.: Armut in der Bundesrepublik Deutschland, 64; dort entnommen aus Hauser, R./Semrau, P.: Zur Entwicklung der Einkommensarmut von 1963 bis 1986, in: Sozialer Fortschritt 39(1990), H.2, 27-36.*

Tabelle 2: *Anzahl der armen Personen und Armutsquoten für die Bundesrepublik Deutschland von 1983 bis 1986 (deutsche und ausländische Haushalte)*

	1983	1984	1985	1986
40 % des Äquivalenzeinkommens				
Anzahl (in 1000)	3810	4230	4710	5338
Armutsquote (in %)	6,4	7,1	7,9	8,9
in deutschen Haushalten	5,7	6,5	7,0	8,0
in ausländ. Haushalten	15,6	15,9	19,4	21,6
50 % des Äquivalenzeinkommens				
Anzahl (in 1000)	8822	9342	10045	11294
Armutsquote (in %)	14,8	15,7	16,8	18,8
in deutschen Haushalten	13,6	14,5	15,4	17,4
in ausländ. Haushalten	30,3	32,6	36,2	38,2

Quelle: *Hübinger, W.: Armut in der Bundesrepublik Deutschland, 65; dort entnommen aus Hauser, R./Semrau, P.: Zur Entwicklung der Einkommensarmut von 1963 bis 1986, in: Sozialer Fortschritt 39(1990), H.2, 27-36.*

Für beide Grenzwerte zeigen die Quoten innerhalb der kurzen Zeit von 1983 bis 1986 einen deutlichen Anstieg.[33] Während die relative Armut zwischen 1973 und 1983 bei der 40 %-Grenze in zwei 5-Jahres-Sprüngen um ein Siebtel (1,4 % auf 1,6 %) bzw. um knapp ein Drittel (1,6 % auf 2,1 %) des jeweiligen Ausgangswertes anstieg, wuchs die analoge Quote für deutsche Haushalte innerhalb der drei Jahre zwischen 1983 und 1986 um ca. 40 % des Ausgangswertes (5,7 % auf 8,0 % bei der 40 %-Grenze).
Neben dem allgemeinen, angesichts des kurzen Bemessungszeitraums bedenklichen Anstieg der Armutsquote veranschaulichen diese Werte aufgrund der gesonderten exemplarischen Berücksichtigung der Ausländer-Haushalte, daß die Verschärfung der Armutssituation bei ohnehin benachteiligten Randgruppen offensichtlich in potenzierter Form durchschlägt. Bei der 50 %-Grenze übersteigt die Quote der "relativ armen" ausländischen Haushalte durchgehend die 30 %-Marke.
Dies belegen auch die nach Haushaltstypen und Altersgruppen differenzierten Armutsquoten (s. Tabelle 3 auf der nächsten Seite). Betrachtet man die Angaben für das Jahr 1983, in dem 2,1 % der Bevölkerung "relativ arm" waren, dann sind die Quoten bei Kindern und Jugendlichen beiderlei Geschlechts bis 18 Jahre, bei Frauen und Männern bis 25 Jahre, bei Einpersonenhaushalten von Männern, bei Ehepaaren mit zwei und mehr Kindern und mit großem Abstand bei den Alleinerziehenden - sowohl bei denen mit einem Kind als auch natürlich und in eklatantem Ausmaß bei denen mit zwei und mehr Kindern - überdurchschnittlich hoch.

---

[33] Die Werte in der Tabelle 2 sind durchgehend und augenfällig höher als die der Tabelle 1, da sie auf einer anderen Datengrundlage beruhen. Die beiden unterschiedlichen von Hauser und Hübinger verwendeten Datengrundlagen, die "Einkommens- und Verbrauchsstichprobe" und das "Sozio-ökonomische Panel", beschreiben eine "untere" und eine "obere" Bemessungslinie der relativen Armut. Daraus erklären sich auch die divergierenden Angaben für 1983 von 2,1% und 5,7%. (Vgl. **Hübinger, W.**: Armut in der Bundesrepublik Deutschland, 64). Ausschlaggebend für die Bewertung der Entwicklung sind also nicht die Prozentwerte selbst, sondern die Relationen zwischen den Prozentwerten der einzelnen Jahre. Für den Vergleich mit der Entwicklung zwischen 1963 und 1983 sind hier nur die Werte für die deutschen Haushalte heranzuziehen.

Tabelle 3: Die Entwicklung der relativen Armut (40 %-Grenze) nach Alter und Haushaltstyp von 1963 bis 1983

	1963	1969	1973	1978	1983
Armutsgrenze pro Jahr	2048	2983	4221	6106	7746
arme Personen in 1000	3252	1481	881	876	1063
arme Personen in %	5,7	2,7	1,4	1,6	2,1
Alter					
Frauen	-	2,8	1,5	1,7	2,0
bis 18	-	4,1	1,6	2,2	3,0
18 - 25	-	0,8	(0,6)	1,3	3,3
25 - 50	-	1,8	0,9	1,2	2,0
50 - 65	-	1,8	1,3	1,2	1,0
über 65	-	4,8	3,2	2,9	1,7
Männer	-	2,5	1,4	1,5	2,1
bis 18	-	3,9	1,8	2,1	3,6
18 - 25	-	1,0	1,2	1,4	2,5
25 - 50	-	1,5	0,7	1,0	1,6
50 - 65	-	1,7	1,0	0,7	1,2
über 65	-	3,4	2,8	2,8	1,9
Haushaltstyp					
Ein-Personen-Haushalt	6,8	3,7	2,2	1,9	1,8
Frau	8,1	4,0	2,2	2,0	1,4
Mann	(2,5)	(2,3)	(2,1)	(1,9)	2,7
Ehepaare	5,5	2,3	1,1	1,4	1,6
ohne Kinder	4,7	1,8	1,5	1,6	1,1
1 Kind	0,9	0,5	0,2	0,5	1,1
2 und mehr Kinder	8,3	3,4	1,7	1,6	2,3
Ein-Elternteil-Haushalt	17,2	5,4	2,9	6,7	10,9
1 Kind	6,3	2,0	(1,8)	(2,8)	4,1
2 und mehr Kinder	27,7	9,5	4,9	10,5	19,0
Sonstige	4,9	3,6	2,9	1,6	2,4

Quelle: Semrau, P.: Entwicklung der Einkommensarmut, 120.

2.1.2.4 Weltweite Armut

Die weltweite Armut unter dem Thema der Armutsentwicklung in der Bundesrepublik Deutschland aufzuführen mag überraschen, ist aber deshalb geboten, weil die Armutsentwicklung hierzulande nicht einfach nur die Entwicklung der Armut *in* der Bundesrepublik Deutschland, sondern eine Armutsentwicklung im Kontext globaler Armutsstrukturen ist. Nicht zuletzt der hohe Ausländerzustrom verdeutlicht den Zusammenhang

der Armut hierzulande mit der Armut in anderen Ländern und Kontinenten: Menschen aus sogenannten "unterentwickelten" Ländern werden einerseits durch "Druck-Faktoren" an ihrem Herkunftsort wie z.B. politische Unterdrückung, Arbeitslosigkeit, wirtschaftliche Instabilität, Kriege, gesundheitliche Unterversorgung, kulturell-religiöse Spannungen oder Zerstörung der natürlichen Lebensressourcen angetrieben, ihre angestammte Heimat zu verlassen; auf der anderen Seite, in den sogenannten "entwickelten", reichen Ländern, sind dazu komplementäre "Sog-Faktoren" gegeben wie etwa die begründete oder auch illusionäre Aussicht auf ausreichende Lebensversorgung, Arbeitsmöglichkeiten, politische Freiheit oder auch soziales Prestige, aufgrund deren sich Menschen aus Not- oder Krisengebieten von den reichen Ländern angezogen fühlen.[34] Dem steht die Tatsache gegenüber, daß Ausländerinnen und Ausländer eine der Bevölkerungsgruppen in der Bundesrepublik Deutschland sind, die in deutlich überproportionalem Maße von Armut betroffen sind. Bei ihnen bündeln sich die Armutsfaktoren Arbeitslosigkeit, hohe Kinderzahl und kulturell-lebensweltliche Entwurzelung in besonders brisanter Weise, so daß sich der Trend der Verschärfung von Armut hier in potenzierter Form zeigt. Zwischen 1966 und 1990 haben sich sowohl die Empfängeranteile von Deutschen und Ausländern an der Gesamtzahl der Sozialhilfeempfangenden als auch die Empfängerquoten (die Anteile von deutschen und ausländischen Sozialhilfeempfangenden an der Gesamtbevölkerung) gegenläufig zuungunsten der Ausländer entwickelt: Während der Anteil der Deutschen an den Sozialhilfeempfangenden (laufende Hilfe zum Lebensunterhalt) zwischen 1966 und 1990 von 98,6 % auf 73,8 % sank, stieg der Anteil der Ausländer im selben Zeitraum von 1,4 % auf 26,2 % an. In noch eklatanterer Form drückt sich die Armutsbetroffenheit der Ausländer in den Quoten der Sozialhilfeempfangenden (laufende Hilfe zum Lebensunterhalt) aus: 1969 machten die deutschen Empfängerinnen und Empfänger 1,1 % der deutschen Gesamtbevölkerung aus, von der ausländischen Bevölkerung dagegen empfingen nur 0,5 % Sozialhilfe. Innerhalb einer auf beiden Seiten kontinuierlich ansteigenden Entwicklung hat sich jedoch zwischen 1969 und 1990 das Quotenverhältnis genau umgekehrt, so daß 1990 3,5 % der deutschen und 13,9 % der ausländischen Bevölkerung Sozialhilfe empfingen.[35]
Die von der Armut in den Herkunftsländern vertriebenen und vom hohen Lebensstandard in der Bundesrepublik Deutschland angezogenen Menschen müssen also erfahren, daß sie nicht selbstverständlich gleichermaßen Anteil an den erhofften Lebensgütern und -möglichkeiten bekommen. Die besondere Brisanz dieser Beobachtung wird erkennbar, wenn zudem bedacht wird, daß nicht wenige derjenigen Kräfte aus dem politisch-ökonomischen Komplex, welche durch eine zunehmende Konzentration von Kapital und Kaufkraft in der Hand der privilegierten Bevölkerungsschicht die sich verschärfende Abspaltung einer Armutsschicht innerhalb der Bundesrepublik Deutschland forcieren, umgekehrt auch durch ihre aktive, entscheidungsmächtige Beteiligung an der Gestaltung weltwirtschaftlicher Zusammenhänge die Verschärfung der Armutslage in den "unterentwickelten" Ländern mittragen.

---

34 Vgl. **Müller, J.**: Weltweite Armutswanderungen, 173 f.

35 Vgl. **Hauser, R./Hübinger, W.**: Arme unter uns, 62 f.

Die Bestimmung und Bemessung der weltweiten Armut selbst stellt sich allerdings noch schwieriger dar als im regionalen Kontext, da die Zusammenhänge und die Differenzierungen verschiedener Armutsphänomene zum einen ungleich unübersichtlicher sind und da zum anderen die Datengrundlage äußerst dürftig und divergent ist. Ein erstes Indiz der Verschärfung weltweiter Armut ist die Tatsache, daß 1990 die Einkommenskluft zwischen reichen und armen Ländern doppelt so weit auseinanderklaffte wie 1960: 82,7 % des Welteinkommens waren 1990 bei den wohlhabendsten 20 % der Weltbevölkerung konzentriert; demgegenüber standen 1,4 % des Einkommens für die ärmsten 20 % der Weltbevölkerung zur Verfügung.[36] Wichtig für die Beurteilung der weltweiten Armut ist die differenzierte Veranschlagung von Armutsindikatoren, die Armut als umfassende Lebenslage der sogenannten "Entwicklungsländer" im Unterschied zu den privilegierten Industrieländern ausweisen, und von Indikatoren einer absoluten Armut, die als spezifische Armutsklassifikation innerhalb der "Entwicklungsländer" einen definierten Armutsgrad beschreibt und so die Feststellung von Unterschieden zwischen einzelnen Menschen oder Menschengruppen bzw. von Entwicklungstrends der Armut innerhalb der "Entwicklungsländer" selbst ermöglicht. Armut als umfassende Lebenslage der "Entwicklungsländer" zeigt sich in Form von flächendeckender Unterversorgung und Lebensbenachteiligung. Indikatoren dafür sind eine hohe Kindersterblichkeit, eine geringe Lebenserwartung oder auch ein Mangel an Bildungsmöglichkeiten.[37] Die Entwicklung der Einkommensverteilung im weltweiten Vergleich läßt erwarten, daß sich diese Armutsindikatoren der "Entwicklungsländer" zunehmend verfestigen. 1989 war das Pro-Kopf-Einkommen in den OECD-Ländern[38] zehnmal so hoch wie in Lateinamerika und ca. sechzigmal so hoch wie in der Ländergruppe mit niedrigem Einkommen, zu der neben China und Indien viele süd- und ostasiatische Länder und der Teil Afrikas südlich der Sahara zählen und die 57 % der Weltbevölkerung repräsentiert. Die OECD-Länder mit einem Bevölkerungsanteil von 15 % konnten so 71 % des Weltsozialprodukts an sich binden. Hier wird deutlich, daß die Erhöhung von Wachstums- oder Entwicklungshilferaten allein die Verarmung der Entwicklungsländer nicht beseitigen würde, da dies an der Kluft des proportionalen Verhältnisses nichts änderte, vielmehr aufgrund der Machtkonzentration bei den bevorteilten Ländern eine Verwendung des Wachstums zur Stabilisierung der Verteilungsverhältnisse zu ihren Gunsten vermutet werden müßte.[39]

Signalwirkung für die Entwicklung der weltweiten Armut hat aber in besonderer Weise die Quote der *absolut Armen*. Nach einer legendären Definition des Weltbankpräsidenten Robert McNamara aus dem Jahr 1973 ist absolute Armut "durch einen Zustand

---

[36] Vgl. **Müller, J.**: Weltweite Armutswanderungen, 175.

[37] Vgl. **Nohlen, D.**: Armut, 58 f.

[38] "OECD" steht für "Organization for Economic Cooperation and Development" und bezeichnet einen Zusammenschluß von Ländern hauptsächlich der nördlichen Hemisphäre mit stabiler bzw. hoher Wirtschaftskraft zum Zweck der Koordination des wirtschaftlichen Verkehrs zwischen diesen Ländern selbst und der von ihnen geleisteten Entwicklungshilfe für andere Länder.

[39] Vgl. **Nissen, H.-P.**: Einkommensverteilung und Armut, 213 f.

solch entwürdigender Lebensbedingungen wie Krankheit, Analphabetentum, Unterernährung und Verwahrlosung charakterisiert, daß die Opfer dieser Armut nicht einmal die grundlegendsten menschlichen Existenzbedürfnisse befriedigen können"[40]. Im Sinne einer analytisch verwendbaren Definition bestimmt man die absolute Armut über quantitative Indikatoren. So gilt nach einem Armutskonzept der Internationalen Entwicklungsorganisation (IDA) als absolut arm, wer weniger als 150 US-Dollar im Jahr verdient, täglich weniger als 2160 bis 2670 Kalorien (je nach Land) an Nahrung erhält und in Verhältnissen mit einer Lebenserwartung unter 55 Jahren bzw. einer Kindersterblichkeitsrate von über 33 ‰ lebt. Nach einem anderen Konzept definiert sich absolute Armut als eine Lebenslage, in der Menschen mehr als 70 % des Einkommens für die Ernährung ausgeben müssen.[41] Die konkreten Quotenwerte für die absolute Armut weisen allerdings große Divergenzen auf. Im Weltentwicklungsbericht 1990 wird die Anzahl der Betroffenen auf 630 Millionen beziffert.[42] Die Weltbank nennt einen aktuellen Wert von 700-1000 Millionen[43], und im Human Development Report nimmt man für 1993 an, daß 1,3 Milliarden Menschen in absoluter Armut lebten[44]. Die Divergenzen der hier angegebenen Quantitäten werden aber im Grunde unbedeutend angesichts der Größenordnung, innerhalb der sich die Werte bewegen. Sie signalisiert neben der quantitativen Ausweitung vor allem eine qualitative Verfestigung der Armut als Lebenslage nicht nur einer marginalen Schicht, sondern von ganzen Populationen auf weltweiter Ebene.

2.1.3 Die Tendenz der Armutsentwicklung: Verfestigung der gesellschaftlichen Schichtung

Das Abrücken von einem eindimensionalen Armutsverständnis, welches Armut nur als Abhängigkeit von einem Geldgeber oder als Mangel an Geldmitteln begreift, erweist sich angesichts der dargestellten Armutsentwicklung tatsächlich als notwendig. Armut hat vielerlei Dimensionen, zeigt sich in vielerlei Formen und "hat meist ein ganzes Bündel an Ursachen"[45]. Die Einkommensarmut ist verknüpft mit anderen Defiziten, z.B. an Gesundheit, sozialen Beziehungen, Bildung oder kulturellem Leben. Auch die jeweiligen sozialen Konstellationen wie Kinderreichtum, Wohnungsabhängigkeit oder Einsamkeit bestimmen Armut. Diese Auffächerung des Armutsstatus und seine differenziertere Wahrnehmung konnten jedoch den Sachverhalt der Armut als Faktum gesellschaftlichen Lebens nicht relativieren, sondern verdeutlichten um so mehr die Brisanz der Armut als einer Lebenslage, in der ein nicht geringfügiger und eher anwachsender

40 Hier zitiert nach **Nohlen, D.**: Armut, 58.

41 Vgl. **Nohlen, D.**: Armut, 59.

42 Vgl. **Nissen, H.-P.**: Einkommensverteilung und Armut, 214.

43 Vgl. **Nohlen, D.**: Armut, 59.

44 Vgl. **Herkenrath, N.**: Menschengemachte Armut, 177.

45 **Hauser, R.**: "Armut hat meist ein ganzes Bündel an Ursachen".

Teil der Bevölkerung verfangen ist.

2.1.3.1 Krisenhafte Tendenzen

1) Anders als etwa im Kontext des Arbeitermilieus im vergangenen Jahrhundert, als Armut als kollektive, verbindende Lebenslage erlebt worden ist, hat die Auffächerung der Armutsfaktoren heute zur Folge, daß Armut entsprechend der je individuellen Konstellation ihrer Komponenten zunehmend dem einzelnen betroffenen Menschen als seine individuelle Situation, als selbstverschuldete Konsequenz seines persönlichen Versagens zugeschrieben wird und ihre Überwindung als eine Angelegenheit der privaten Risikoverarbeitung, nicht aber der gesellschaftlichen Systemveränderung gilt.[46] Armut unterliegt demnach einer *Individualisierung.*

2) Armut verlagert sich in zunehmendem Maße in die Altersstufen der Kinder und Jugendlichen. Die *"Infantilisierung der Armut"* bedeutet zugleich, daß "Armutskarrieren" immer öfter so früh beginnen, daß sich nicht nur die Dauer des Verbleibs im Armutsstatus verlängert, sondern auch die Aneignung von psychischen und materiellen Ressourcen zur Verarbeitung bzw. Überwindung von Armutslagen verunmöglicht wird, und daß folglich Armutssituationen auf *intrafamiliale lebensgeschichtliche Perpetuierung* angelegt sind.[47]

3) Die Infantilisierung bedeutet, daß Familien mit mehreren Kindern eine signifikant hohe Armutsquote aufweisen. Falls nicht mit gesellschaftspolitischen Maßnahmen gegengesteuert wird, führt dies notwendig zu einer Minimierung der Kinderzahl, damit aber auch zu einer Verschiebung der Altersstruktur der Gesellschaft, die wiederum - allerdings mit einem Zeitabstand, der von vielen Gesellschaftskräften und -mitgliedern bei der Durchsetzung ihrer Interessen in der Gestaltung gesellschaftlichen Lebens nicht überblickt wird - ein erhöhtes Armutsrisiko zur Folge haben kann, etwa in Hinblick auf

---

[46] Vgl. **Beck, U.**: Risikogesellschaft, 218.

[47] Angesichts der "Infantilisierung der Armut" erweist sich die vielzitierte These von der "Feminisierung der Armut" (vgl. **Sorensen, A.**: Zur geschlechtsspezifischen Struktur von Armut, 345 f.; **Pfaff, A.B.**: Feminisierung der Armut durch den Sozialstaat?), mit der die Frauen als die Hauptbetroffenen der Armutsentwicklung behauptet werden, einer Überprüfung bedürftig. Der Hinweis darauf, daß in den letzten Jahren die Armutsbetroffenheit von Männern, zumindest von bestimmten Gruppen von Männern, überproportional zu der der Frauen gewachsen ist und daß die Entwicklung etwa im Sozialhilfeempfang zu einem Gleichstand der Geschlechter hintendiert (vgl. **Hauser, R./Hübinger, W.**: Arme unter uns, 57 f.), kann und darf sicher nicht die insgesamt überdurchschnittliche Armutsbetroffenheit von Frauen in Abrede stellen. Allein der hohe Anteil der Alleinerziehenden bedeutet, da nun einmal die meisten Alleinerziehenden Frauen sind, einen hohen Frauenanteil an der gesamten Armutsquote. Durch ihre Lebensbedingungen, z.B. durch die gegenüber den Männern höhere Belastung in der Kindererziehung oder durch die nach wie vor übliche Unterbezahlung ihrer Berufstätigkeit, weisen Frauen eine höhere Disposition dafür auf, in die Situation von Armut zu kommen. Entgegen einer bloßen Verneinung der These von der "Feminisierung der Armut" ist also durchaus noch von einer gewissen Korrelation von Frau-Sein und Arm-Sein auszugehen. Diese Korrelation gilt allerdings nur unter der Einschränkung, daß bestimmte andere Faktoren mitgegeben sein müssen. Frauen sind noch nicht - und da ist die Skepsis gegenüber der Feminisierungsthese zutreffend - qua Frau-Sein arm.

die zukünftige Rentenversorgung eines gegenüber der reduzierten Zahl der produktiv Tätigen übergroßen Anteils von alten Menschen. Armut unterliegt folglich auch einer "Verzukünftigung", einer *generationenübergreifenden Verlängerung in die Zukunft* hinein.
4) Überdurchschnittlich hoch sind Ausländerinnen und Ausländer, Arbeitslose und Alleinstehende von Armut betroffen. Daran wird ersichtlich, daß Armut meist in Verknüpfung mit anderen Notlagen (gesellschaftliche Stigmatisierung, kulturelle Entfremdung, Mangel an sozialer Anerkennung, Einsamkeit, Partnerverlust u.s.w.) auftritt. Es muß von einer *gegenseitigen Potenzierung der Notlagen* ausgegangen werden, die vom einzelnen nur schwer unter Kontrolle zu halten ist.
5) Die Struktur der Sozialhilfeempfangenden weist Veränderungen auf, die, z.B. in Form der relativen Zunahme von Beziehern laufender Hilfe, eine zeitliche Verlängerung der einzelnen Armutsbetroffenheiten anzeigen. Über lange Fristen hinweg arm zu sein wird von betroffenen Menschen als Verfangenheit in der Armutslage erlebt und führt zu ihrer *Stigmatisierung als Unterschicht*[48].
6) Es zeichnet sich ab, daß die Grenze zwischen Armen und Mittelschicht immer durchlässiger wird. Neben einer unteren Schicht langfristig Armer bildet sich eine Übergangszone, innerhalb der aufgrund der Vervielfältigung der Armutsfaktoren das Risiko, zumindest zeitweise in Armut abzudriften, zunächst für Angehörige der unteren Mittelschicht, unter bestimmten Umständen (z.B. plötzliche Arbeitslosigkeit) aber auch für Personen und Familien mit bisher gesichertem Wohlstand wächst.[49] Armut weist also eine *Tendenz zu sozialer Ausweitung* auf.
7) Schließlich läßt eine Betrachtung der sich ebenfalls verschärfenden Schichtung zwischen reichen und armen Ländern auf weltweiter Ebene erkennen, daß die regionale Armutsentwicklung in der Bundesrepublik Deutschland kein isoliertes Phänomen darstellt, sondern mit den Prozessen der umfassenden Verarmung ganzer Populationen in den "Entwicklungsländern" wenigstens teilweise in einem Bedingungszusammenhang steht. Armut unterliegt demnach der Tendenz der *Globalisierung.*

2.1.3.2 Ungleichverteilungen

Es gibt also durchaus eine "neue Armut", insofern andere und größere Bevölkerungsgruppen von Armut und Armutsrisiko betroffen sind.[50] Und die dafür angeführten Gründe sind überraschend augenscheinlich: "anhaltende Arbeitslosigkeit und Lücken im System der sozialen Sicherung"[51], "ein schlecht funktionierender Wohnungsmarkt"[52],

---

48 Vgl. **Hauser, R./Hübinger, W.**: Arme unter uns, 64.

49 Vgl. ebd. 65.

50 Vgl. **Caritasverband für die Diözese Münster (Hg.)**: Arme haben keine Lobby, 13.

51 **Hauser, R.**: "Armut hat meist ein ganzes Bündel an Ursachen", 120; vgl. auch **Semrau, P.**: Entwicklung der Einkommensarmut, 122-125.

52 **Hauser, R.**: "Armut hat meist ein ganzes Bündel an Ursachen", 123.

"die 'neue Instabilität' der Familie"[53] oder grundsätzlich "das Problem eines prinzipiellen Staatsversagens hinsichtlich der Grundlagen sozialstaatlicher Integration"[54]. Diese negative Bilanz erscheint unrealistisch angesichts des zweifelsohne deutlich gewachsenen Wohlstands in der Bundesrepublik Deutschland. Aber dieses Wohlstandswachstum gilt nur als Durchschnittstrend, innerhalb dessen sich eine deutlich ungleiche Verteilung der hinzugewachsenen Lebensmöglichkeiten beobachten läßt. "Während also auf volkswirtschaftlichem Niveau ein Mehr an Einkommen, Vermögen, Bildung, Wohnungen etc. verfügbar ist, wird die Verteilung dieser Güter und Chancen durch eine Logik bestimmt, als deren Ergebnis einer verbesserten Ressourcenausstattung und einer immer aufwendigeren Lebensführung auf der einen Seite zunehmend krassere Formen der Ausgrenzung und Unterversorgung auf der anderen Seite gegenüberstehen. Insofern zeichnet sich in der Bundesrepublik eine sich vertiefende Segmentierung und Polarisierung der materiellen Lebensbedingungen ab ..."[55] Ein entscheidender Grund für die hier angezeigte Schichtung innerhalb einer allgemeinen volkswirtschaftlichen Niveausteigerung bzw. für die zunehmende Abspaltung einer unterprivilegierten Schicht vom ökonomischen Hauptstrom des Zugewinns an Lebensgütern ist die enge Verknüpfung der sozialen Versorgung mit der Gegebenheit und dem Umfang eines Erwerbseinkommens. Aufgrund dessen ist das Schicksal zwischen ausreichender Lebensversorgung und Armut vorrangig dominiert von der Frage, ob und in welchem Maße Arbeitsmöglichkeiten zur Verfügung stehen, bzw. von den Interessen, mit welchen die entscheidungsmächtigen Kräfte der Gesellschaft Arbeitsmöglichkeiten bereitstellen, den real gegebenen Arbeitsmarkt organisieren und die aus der Arbeit gewonnenen volkswirtschaftlichen Ressourcen verteilen. Diesbezüglich belegen nun empirische Daten die Verschärfung der Ungleichverteilung des ökonomischen Zuwachses der Gesellschaft und die in Konsequenz dazu stehende zunehmende Schichtung zwischen ausreichender und mangelhafter Versorgung mit Lebensgütern, also zwischen "arm" und "nichtarm", wobei dieser Trend an verschiedenen Indikatoren abzulesen ist.[56]

Bei den Erwerbseinkommen ist zu beobachten, daß die abhängig Beschäftigten zwischen 1981 und 1991 ihren Anteil am Gesamtbruttoeinkommen der Erwerbsbevölkerung real von 72,4 % auf 66,2 % reduzieren mußten und daß auf der anderen Seite die selbständig Tätigen ihren Anteil offensichtlich ausbauen konnten, da ihr persönliches Bruttoeinkommen ebenfalls in den 80er Jahren um durchschnittlich 65,9 %, das Nettoeinkommen aufgrund von Steuervergünstigungen sogar um 75 % gestiegen ist. Beim verfügbaren Haushaltseinkommen, d.h. bei der nach Abzug von Steuern und Sozialabgaben verbleibenden Summe aller Einkünfte eines Haushalts einschließlich sozialer

---

[53] **Hübinger, W.**: Armut in der Bundesrepublik Deutschland, 67.

[54] **Gabriel, K.**: Optionen der verbandlichen Caritas, 254.

[55] **Döring, D./Hanesch, W./Huster, E.-U.**: Armut als Lebenslage, 7 f.

[56] Die im folgenden referierten Daten stammen aus Berechnungen des Deutschen Instituts für Wirtschaftsforschung (DIW) und beziehen sich auf das Gebiet der alten Bundesrepublik Deutschland. Sie sind entnommen aus **Huster, E.-U.**: Lebenslänglich arm oder reich, 68-72 und **ders.**: Neuer Reichtum und alte Armut, 20-26.

Leistungen, erlitten die Arbeitnehmerhaushalte in den 80er Jahren aufgrund der ungünstigen Entwicklung von Lohn- und Belastungszuwächsen zunächst Verluste und konnten dann in der zweiten Hälfte der Dekade ihr Niveau halten. Die Haushalte von Selbständigen dagegen konnten dieses verfügbare Haushaltseinkommen zwischen 1979 und 1989 um 47 % steigern, so daß im Jahr 1988 mit durchschnittlich 44.055 DM jedem Mitglied eines Selbständigenhaushalts fast so viel zur Verfügung stand wie durchschnittlich einem ganzen Arbeitnehmerhaushalt. Diese Ungleichverteilung zwischen selbständig und unselbständig Beschäftigten ist jedoch ein typisches Durchschnittsphänomen und darf nicht pauschalisiert werden. Quer zu ihr gibt es nämlich, wenn auch entsprechend geringfügig, reiche Unselbständigenhaushalte und - gerade bei kleineren Unternehmen - Selbständigenhaushalte mit prekärer oder durchschnittlicher Lebensversorgung. Hinzu kommen bei den Selbständigen höhere Belastungen in Form der eigenständig zu tragenden Lebensvorsorge. Diese Relativierung verneint aber nicht die grundsätzliche Tendenz der Ungleichverteilung. Denn unabhängig vom Berufsstand betrachtet konzentriert aktuell das reichere Drittel der privaten Haushalte 57 % des gesamten verfügbaren Haushaltseinkommens bei sich; die übrigen 43 % verteilen sich auf die zwei unteren Drittel. Nach dem Kriterium des Durchschnittseinkommens ergibt sich dann hinsichtlich der Verteilung der Haushalte in der Spanne zwischen arm und reich folgendes Bild (s. Graphik 4 auf der nächsten Seite):
Von den insgesamt 26,2 Millionen Haushalten in den alten Bundesländern ist ein verhältnismäßig kleiner Ausschnitt (4,5 Millionen) mit einem durchschnittlichen Einkommen versorgt. Die entscheidenden Gewichtungen ergeben sich erst in den vom Durchschnittswert abweichenden Bereichen. In einem ungefähren Verhältnis 2:3 stehen 8,9 Millionen überdurchschnittlich versorgte Haushalte 12,8 Millionen unterdurchschnittlich versorgten gegenüber. Bei genauerem Hinsehen zeigt sich die Ungleichverteilung jedoch keineswegs als balancierte Verteilung. Die mit Abstand größte Haushaltsgruppe (10,7 Millionen) befindet sich im Grenzbereich von Durchschnittsversorgung und Armut. In ihr darf ein großes Potential von Armut akut bedrohter Personen vermutet werden, also von Personen, die aufgrund einer instabilen Versorgungslage schnell unter die 50 %-Marke des Durchschnittseinkommens fallen können. Gravierender noch stellt sich das Ungleichgewicht dar, wenn nicht die Haushaltszahlen, sondern die Zahlen der darin erfaßten Einzelpersonen zugrundegelegt werden. Die tendenziell höhere Kinderzahl bei ärmeren Haushalten wirkt sich dahingehend aus, daß 16,8 Millionen überdurchschnittlich versorgte oder reiche Personen und 32,8 Millionen unterdurchschnittlich versorgte oder arme Personen in einem ungefähren Verhältnis von 1:2 zueinander stehen.

Graphik 4: "Wie geht's den Deutschen finanziell?"

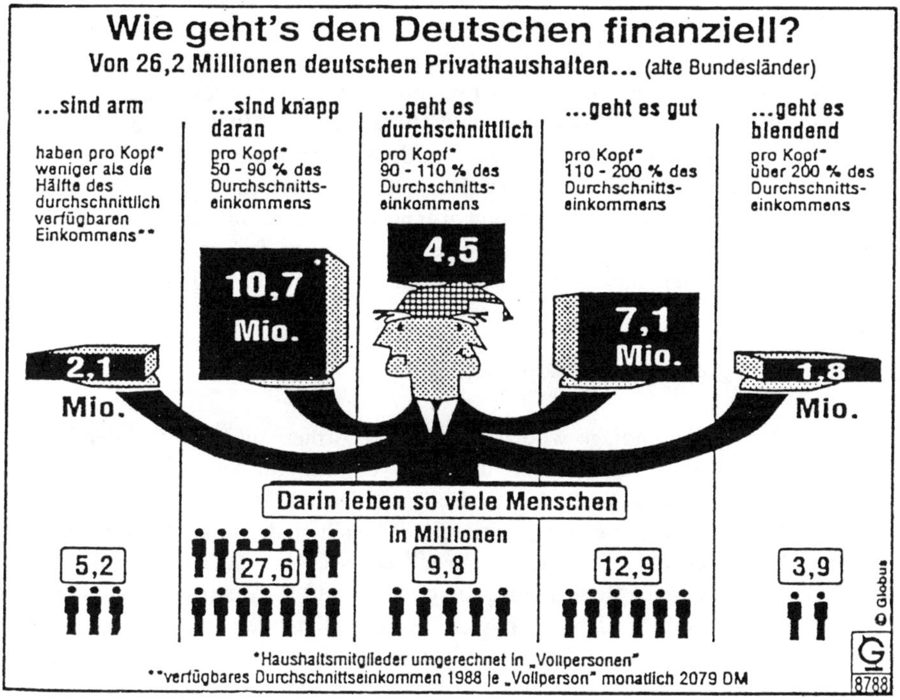

Quelle: Huster, E.-U.: Neuer Reichtum und alte Armut, 25.

Zusätzlich zu berücksichtigen sind bei der Verteilung der Ressourcen zur Lebensversorgung verdeckte Formen der Begünstigung bzw. Benachteiligung. Zur Zeit müssen die ärmeren 10 % der Haushalte ca. 38 % ihres verfügbaren Einkommens für die Erhaltung des Wohnraums aufwenden, die reicheren 10 % hingegen, bei zudem privilegierten Wohnverhältnissen, nur 15 %. Ebenso zeigt sich, daß mit steigendem Einkommen die Möglichkeit, die finanziellen Belastungen zu reduzieren, überproportional wächst, da steuerliche Vergünstigungen (z.B. Werbungskosten), fachliche Steuerberatung oder Vorteile bei der Vermögensanlage effektiver eingesetzt werden können bzw. oftmals indirekte Zuwendungen wie Dienstwohnungen oder die private Nutzung des Dienstautos gewährt werden.[57] Das bedeutet aber auch, daß die Chance auf seiten der Reicheren, durch Sparrücklagen das Vermögen wachsen zu lassen, bei den Ärmeren um so weniger

[57] Vgl. **Lang, O.**: Die Reichen und ihre Steueroasen.

gegeben ist und so in Form der Stagnation bzw. des Aufbrauchs des Vermögens und der folgenden Verschuldung ein weiterer Faktor der Verfestigung von Armutslagen gegeben ist.
Unter diesen Rahmenbedingungen zeichnet sich eine zunehmende Verdichtung des Gesamtvermögens in der Bundesrepublik Deutschland in der Hand der privilegierten Schicht ab. So "nimmt z.B. der Anteil der reichsten 10 % der bundesdeutschen Haushalte am Gesamtvermögen der Republik seit 1949 ständig zu. 1969 besaßen diese 10 % rund 48 % des Gesamtvermögens, 1983 wurde es bereits auf über 60 % geschätzt. Umgekehrt teilten sich 1989 64 % aller Haushalte 10 % des Gesamtvermögens."[58] Die Brisanz der Armutsentwicklung bekommt also noch einmal deutlichere Konturen, wenn man nicht nur die Zunahme der Armutsquoten als solche betrachtet, sondern wenn man sie im Konnex mit der Entwicklung bei den reicheren Bevölkerungsschichten sieht.

2.1.3.3 "Zwei-Drittel-Gesellschaft"?

Je nach Bemessungsgrundlage wird der Anteil der Armen auf ca. 10 % der Gesamtbevölkerung geschätzt.[59] Gewiß ohne die Lage verharmlosen zu wollen, läßt Richard Hauser angesichts dessen die Rede von der "Zwei-Drittel-Gesellschaft", wonach zwei Drittel der Gesellschaft ausreichend versorgt oder reich sind, das andere Drittel jedoch arm ist, im arithmetischen Sinn nicht gelten.[60] Dennoch hat das Theorem der "Zwei-Drittel-Gesellschaft" seine Berechtigung. Im genannten 10 %-Anteil der Gesamtbevölkerung, der als arm gilt, sind nämlich viele benachteiligte Personengruppen wie z.B. Behinderte oder Insassen von Anstalten nicht erfaßt, da sie die üblichen Kriterien der Armutsberechnung nicht erfüllen. Aber auch eine Armutsquote von 10 % der Gesamtbevölkerung und von 20 oder 30 % in bestimmten Bevölkerungsgruppen kann nicht als eine diffuse, in jeder Gesellschaft als "sozialer Bodensatz" in Kauf zu nehmende Menge mehr oder weniger armer Gesellschaftsmitglieder abgetan werden. Die Armen bilden unabhängig von der arithmetischen Richtigkeit "ein Drittel", eine bei realistischer Betrachtung überall präsente Lebenslage, einen gesellschaftlichen Block. Die Rede von der "Zwei-Drittel-Gesellschaft" wird also durch die empirischen Daten bestätigt in dem Sinn, daß ein gewisser Anteil der Bevölkerung in einer keineswegs zu vernachlässigenden und bedenklich anwachsenden Größenordnung gegenüber einem größeren Bevölkerungsteil mit ausreichenden bzw. privilegierten Versorgungsbedingungen insofern benachteiligt ist, als die materiellen sowie sozialen Lebensmöglichkeiten massiv eingeschränkt sind, die davon betroffenen Menschen sich also im Status der Armut befinden und dieser Status durch Diskriminierung, gegenseitige Potenzierung der Armuts-

---

[58] **Ambaum, H./Thien, U.**: Ein Zeugnis für die Caritas, 2.

[59] Vgl. **Iben, G.**: Strukturelle Armut, 171; **Hauser, R.**: "Armut hat meist ein ganzes Bündel an Ursachen", 119.

[60] Vgl. **Hauser, R.**: "Armut hat meist ein ganzes Bündel an Ursachen", 119; zur Problematisierung des Begriffs vgl. **Noormann, H.**: Armut in Deutschland, 80 f.

faktoren und "Vererbung" auf die Kinder zunehmend verfestigt wird. Kurt Biedenkopf sieht das Charakteristikum der "Zwei-Drittel-Gesellschaft" darin gegeben, daß "die wohlhabende Mehrheit nicht nur ihren Status verteidigt, sondern auch die Dynamisierung des Status quo im Zuge des Wirtschaftswachstums. Sie erwartet von der Politik, daß die durch Wirtschaftswachstum erzielten zusätzlichen Verteilungsspielräume nicht Dritten, sondern wiederum denen zur Verfügung gestellt werden, die nach ihrer Ansicht für dieses Wirtschaftswachstum in erster Linie verantwortlich sind: eben die wohlhabende Mehrheit. Dies läßt kaum Raum für eine wirkliche Überwindung der sozialen Benachteiligungen der Unterschicht. Das knappe Drittel der Bevölkerung, in dem sich arme Alte, Kinderreiche, Arbeitslose, Behinderte und andere versammeln, die ihre Interessen nicht in organisierter Form vertreten können, bleibt hinter dieser Entwicklung zurück."[61]

2.1.3.4 Alte Schichten statt neuen Solidaritäten

Ulrich Beck meint, feststellen zu können, daß die Relationen sozialer Ungleichheit relativ konstant geblieben seien[62], daß als Folge des Heraustretens aus traditionalen Sozialgebilden und Lebensformen "für das Handeln der Menschen die Bindung an soziale Klassen eigentümlich in den Hintergrund"[63] trete, daß "die Isolation der gegeneinander verselbständigten Privathaushalte überwunden ... und neue, nichttraditionale, sehr unterschiedliche Einkommens- und Qualifikationsstufen *übergreifende* 'Klassenlagen' sichtbar gemacht und entsprechende Solidaritäten gezielt hergestellt"[64] würden. Diese optimistischen Schlußfolgerungen und Prognosen, welche Beck in Zusammenhang mit seiner - ansonsten überzeugenden und im folgenden Punkt 2.2.1 näher darzulegenden - These der *"'Individualisierung' von Lebenslagen und Lebenswegen"*[65] treffen zu können glaubte, können hier nicht geteilt werden. Er will keineswegs die Brisanz der Armutsentwicklung leugnen.[66] Aber er behauptet, diese Entwicklung sei nicht mehr in Form der Unterscheidung von Schichten der Gesellschaft beschreibbar, weil sich die Menschen selbst nicht als Schichtzugehörige, sondern als Individuen, und speziell nicht als Angehörige einer armen Schicht, sondern als arme Individuen erleben würden. Arme wie nicht arme Individuen könnten sich derart frei von einem abgrenzenden Schicht-

---

61 Hier zitiert nach **Noormann, H.**: Armut in Deutschland, 80 f. - Der Begriff der "Zwei-Drittel-Gesellschaft" stellt zudem die Frage nach der Armut in der Bundesrepublik Deutschland indirekt in den größeren Zusammenhang weltweiter Armutsverhältnisse, für die das gleiche, freilich reziproke Verhältnis gilt, daß zwei Drittel der Weltbevölkerung arm sind. (Vgl. **Steinkamp, H.**: Sozialpastoral, 40.) Damit ist gleichzeitig angezeigt, daß eine kritische Beurteilung der Armutssituation hierzulande nicht mehr ohne Blick auf die strukturellen Bedingungen weltweiter Armut erfolgen kann (s. 2.1.2.4).

62 Vgl. **Beck, U.**: Jenseits von Stand und Klasse?, 36.

63 **Beck, U.**: Risikogesellschaft, 116.

64 **Beck, U.**: Jenseits von Stand und Klasse?, 42; vgl. **ders.**: Risikogesellschaft, 154.

65 **Beck, U.**: Jenseits von Stand und Klasse?, 38.

66 Vgl. ebd.

bewußtsein zu neuen Solidaritäten zusammenfinden.
Aber diese Offenheit für schichtenübergreifende Verbindungen entspricht - wenn überhaupt - nur der einen Hälfte der Wirklichkeit, genauer genommen: nur der Wirklichkeit derjenigen Menschen, die sich auf der Seite der zwei "angenehmeren Drittel" der Gesellschaft befinden. Der Befund zur Armutsentwicklung hat gezeigt, daß nicht einfach eine Vielzahl von Individuen arm wird, sondern vornehmlich ganz bestimmte Gruppen der Gesellschaft, und daß den betroffenen Menschen es schwer fällt, sich aus der Armutslage zu befreien - nicht nur weil sie dazu nicht die nötigen Ressourcen haben, sondern auch deswegen, weil sie als einer typischen Armutsgruppe zugehörig gelten. Alltagssprachlich zeigt sich diese individuumsunabhängige, schichtbezogene Armutszuschreibung etwa dort, wo sich Angehörige eines - nach ihrer eigenen Ansicht - gehobenen Milieus mit der deklassierenden Vokabel "Proleten" von einer Gruppe abgrenzen, deren Lebensstandard sie für ihre Bedürfnisse als ungenügend betrachten, oder wo Angehörige sozial nicht angesehener Gruppen zu bestimmten Figurationen gesellschaftlichen Lebens, z.B. "Szenediscotheken", nicht zugelassen werden.[67] Die so bezeichneten und behandelten Personen erleben sich aber nicht als zufällig so gekennzeichnete Individuen, sondern als einer Gruppe zugeordnet, die in der Hierarchie der Lebensmöglichkeiten sich mit den unteren Plätzen zufriedengeben muß. Die Betroffenen erfahren sich als *Schicht* und zwar als *untere.* Daran ist ersichtlich, daß entgegen der Beckschen Annahme eines potentiellen "Jeder-versteht-sich-mit-Jedem" die Gesellschaft eben doch noch nach wahrnehmbaren Klassenkategorien handelt.
Für die Frage, ob es auch heute noch Schichtungen gibt und ob das Armutsproblem neben anderen Komponenten über Schichtungsstrukturen zu beschreiben ist, ist schließlich nicht nur entscheidend, ob nach objektiven Kriterien der Sozialanalyse Schichten feststellbar sind oder ob die Gesellschaft bestimmten Gruppen in ihr die Merkmale einer Schicht zuordnet. Entscheidend ist vielmehr auch, wie sich die von Armut betroffenen Menschen aus ihrer Perspektive wahrnehmen, ob sie sich subjektiv als eine abgegrenzte Schicht erleben und ob sich bei ihnen Verhaltensweisen zeigen, die - obwohl zur Situationsbewältigung gedacht - den Prozeß ihrer Marginalisierung als Schicht verstärken, etwa Rückzug aus sozialen Einbindungen oder kriminelle Aktivität. Interessanterweise wird man in dieser Annahme von keinem anderen als Ulrich Beck bestätigt, dessen These gerade noch kritisiert worden ist, der aber mittlerweile seine Position offensichtlich modifiziert hat. In einer jüngeren Veröffentlichung rückt er in seiner Interpretation des Selbsterlebens Armer nicht mehr die schichtenübergreifenden Solidaritäten in den Mittelpunkt, sondern betont die Verdrängung des Armutsproblems in den privaten Bereich der individuellen Lebensbewältigung und die damit verbundene Verschärfung der Ohnmachts- und Marginalitätsgefühle, mit denen sich der so isolierte, einzelne Arme der Realität seiner Armut gegenübergestellt sieht: "Ein ganz offensichtlich strukturell bedingtes Massenschicksal verwandelt sich in der Optik des eigenen Lebens in Schuld. *Eigenes Leben = eigene Armut: Das ist der Kreuzigungsweg des Selbstbewußtseins.* So wird Arbeitslosigkeit - etwas Äußerliches - in die Person hineingedrückt, ihr zur

[67] Vgl. **Lebert, S.**: Keine Chance für "Dödelköpfe, Schnurrbärte und Trevirahosen".

Eigenschaft. Die neue Armut verschwindet in ihrer Stummheit *und* wächst in ihr. Dies ist ein ebenso skandalöser wie prekärer Zustand, der der politischen Anwaltschaft dringend bedarf. Denn Armut, die sich aus den sozialstrukturellen Auffangbecken der Klassen und politischen Organisationen herausentwickelt, in den Brechungen des eigenen Lebens verschwindet und sich verschärft, ist dadurch noch lange nicht verschwunden. Im Gegenteil: sie wird zum Ausdruck einer *massenhaften Labilisierung* der Existenzbedingungen bis in die äußerlich wohlhabende Mitte hinein ..."[68]
Der im Zuge von Individualisierung und Lebenschancenmehrung möglichen und notwendigen Loslösung von traditionalen Bindungen ist also eine Schichtung der Gesellschaft vorgängig, derzufolge das weniger gut gestellte "Drittel" verhältnismäßig unabhängig von den möglicherweise in den anderen Gesellschaftsschichten ablaufenden Solidarisierungsprozessen tendenziell im Status seiner Armut bzw. Benachteiligung verhaftet bleibt. Feststellbar ist eine "Gerinnung" der Armutsverhältnisse, die sich in zunehmend neu auftretenden Situationen bzw. Formen der Armut zeigt.[69] Die großen gesellschaftlichen Trends sind nämlich nicht von der Art, daß sie von Armut Betroffene mittragen würden. Für sie gibt es Einlaßbedingungen in Form von kollektiv definierten und akzeptierten Leistungen. Das heißt: "In unserer Gesellschaft kommen die Menschen zur Geltung, die etwas zu bieten haben. Ein Einzelner, der nichts bietet, ist ohnmächtig. Sich mit anderen zusammenzuschließen, um etwas durchzusetzen, setzt schon eine Leistung voraus. ... Armut heißt somit im weitesten Sinn, gesellschaftlich nicht existent zu sein."[70] Es mag also durchaus neue Solidarisierungen geben. Aber es sind offenbar solche Solidarisierungen, welche die grundlegende Schichtung in Arme und Nicht-Arme nicht aufsprengen. Dabei fällt auf, daß sich eine solche "exklusive Solidarität" gerade auch bei den Solidarisierungsbewegungen beobachten läßt, die ansonsten die Attitüde des Gesellschaftskritischen durchaus für sich beanspruchen. So gibt es eine breite Umweltschutzbewegung, in die aber z.B. Arbeiterinnen und Arbeiter und gerade auch Arbeitslose nur unter erschwerten Bedingungen Eingang finden. Da sich die Bewegung vor allem im intellektuellen Milieu etabliert und eine nach wie vor mit höherem finanziellen Aufwand verbundene umweltschonende Lebenshaltung per sozialem Druck einfordert, fühlt sich die angesprochene benachteiligte Schicht in dieser Bewegung nicht beheimatet. In ihren gegenüber dem Umweltschutz subjektiv bedrängenderen Sorgen um den Verbleib in einem bzw. Wiedereinstieg in ein Arbeitsverhältnis erfahren Lohnabhängige und Arbeitslose in der Bewegung gerade keine Solidarität. Ähnliches läßt sich bei der Frauenbewegung beobachten. Denjenigen Frauenschichten, die signifikant überdurchschnittlich von Armut betroffen sind - Arbeitslose, Frauen mit mehreren

---

[68] **Beck, U.**: Eigenes Leben - eigene Armut, 51.

[69] Zur eingehenderen Problematisierung der strukturellen Bedingungen von Armut im bundesdeutschen Kontext vgl. **Iben, G.**: Strukturelle Armut; der mit "Gerinnung von Armutsverhältnissen" angedeutete Sachverhalt begegnet auch unter dem Terminus "Segregationsgesellschaft", womit die sozialstaatliche Tendenz der zunehmenden Verfestigung sozialer Parzellierungen statt ihrer Beseitigung beschrieben ist (vgl. **Weth, R.**: Diakonie, 121).

[70] **Caritasverband für die Diözese Münster (Hg.)**: Arme haben keine Lobby, 16.

Kindern, vom Ehemann finanziell abhängige Frauen - wird es tendenziell verunmöglicht, in der Frauenbewegung ein Medium der an eigenen Bedürfnissen orientierten Überwindung ihrer Armutssituation zu erhoffen. Sie repräsentieren nämlich Lebenssituationen, welche die Frauenbewegung nicht nur nach außen bekämpft, sondern deren Nicht-vorhanden-Sein, zumindest aber deren faktischer Abbau bewegungsintern als soziale Norm kultiviert wird. Der auch hier gegebene soziale Druck gegenüber benachteiligten Frauen geschieht unter anderem aufgrund einer höheren Definitionsmacht derjenigen Frauen in der Bewegung, die sich nicht in den typischen Armutssituationen befinden, sondern sich aufgrund von hinreichenden Bildungsmöglichkeiten und Freiräumen in der Lebensführung als Protagonistinnen der Bewegung profilieren konnten und somit über privilegierende Mittel der alltagsweltlichen Umsetzung ihrer Lebensplausibilitäten verfügen. Frauen, die ihre Armutslage nicht überwinden können, die folglich gezwungen sind, sich damit zumindest teilweise oder zeitweise zu arrangieren, erfahren dagegen gerade durch die "Binnen-Solidarisierung" der Bewegung eine zusätzliche Marginalisierung und die Zementierung ihrer Armutssituation, so daß Frauen selbst mittlerweile die Kritik äußern: "Die angeblich alle Frauen umfassende und vertretende Frauenbewegung hat, den Grünen vergleichbar, nur ihren Funktionärinnen nennenswert genützt."[71]

Bezogen auf die Spannung zwischen Armut einerseits und ausreichenden Erwerbs- und somit Lebenschancen andererseits ist der gesellschaftliche Kontext eher gekennzeichnet von der "'Schließung sozialer Beziehungen' ..., der Verschärfung alter und Entstehung neuer sozialer Ungleichheiten ... [und einem] erhöhten Bedarf an Legitimation dieser Ungleichheit und Ausgrenzung"[72]. Es bedarf also einer kritischen Rückfrage gegenüber den oben (s. 2.1.1) zitierten Stimmen, die die Verwendung des "Schichten"- oder "Klassen"-Konzepts für einen analytischen Zugriff auf die Verhältnisse gesellschaftlichen Lebens ablehnen. Es ist sicher zutreffend, daß bei der Analyse und Beurteilung der Lebenssituation des Menschen mehr Faktoren und ein breiteres Variationsspektrum der Gruppenbildung in der Gesellschaft berücksichtigt werden müssen. Aber, so lautet die Gegenfrage, kann die Ausdifferenzierung der Schichtenbildung zugleich bedeuten, daß von Schichten nicht mehr gesprochen werden darf? Der Begriff "Schicht" transportiert sicher wertende Konnotationen mit sich. Schicht ist kein neutraler Begriff. Er zeigt an, daß es eine Schichtung von oben-unten, reich-arm, angenehm-belastend, angesehen-diskriminiert usw. gibt. Mit der Verwendung des "Schicht"-Begriffs wird von vornherein kritisch auf solche Ungleichverteilungen hingewiesen. So stellt sich die Frage, ob nicht - unbeabsichtigt - mit der Vermeidung der Rede von "Schichten" die nach wie vor virulenten Schichtungsprozesse bewußtseinsmäßig ausgeblendet werden. Dient nicht ein unverfänglicher und von kritischen Wertungen freier Begriff wie "Lebenslage" oder "Individuallage"[73], insbesondere wenn er von privilegierten Gesellschaftsmitgliedern ins Feld geführt wird, unbewußt auch dazu, sich auf einem unverdächtigen, weil wissen-

---

71 **Stephan, C.**: Emma in den Wechseljahren, 26.

72 **Gabriel, K.**: Christliche Diakonie im gesellschaftlichen Kontext, 4 f.

73 Vgl. **Beck, U.**: Risikogesellschaft, 209.

schaftlich legitimierten Weg eines kritischen Begriffs wie "Schicht" zu entledigen, dessen radikale Ernstnahme den Status quo aufdecken, Veränderungen anzeigen und die je eigene Position anfragen würde?
Wenn auch die von materieller Armut betroffenen Menschen nicht deckungsgleich sind mit dem Spektrum aller benachteiligten Menschen, die im breiten Horizont der christlichen Diakonie auftauchen, so ist Armut doch die Kristallisations- und Kulminationsfigur der Beeinträchtigung von Lebensmöglichkeiten und somit ein zentraler Indikator für die Relevanz der Diakonie im jeweiligen gesellschaftlichen Kontext. Dabei ist die Vermutung berechtigt, daß der Blick auf andere diakonierelevante Notlagen, z.B. Krankheit, Behinderung, politische Unterdrückung usw., ohnehin den Eindruck der Verschärfung von Notlagen nicht korrigieren würde. Auch die für diese Notlagen maßgeblichen Rahmenbedingungen - Zustand der natürlichen Umwelt, psychische und physische Belastungen in der alltäglichen Lebensführung, Systeme staatlich-politischer Herrschaft - weisen zunehmend bedenkliche Entwicklungen auf.
Das Ergebnis hinsichtlich des Diakoniebedarfs im Kontext moderner Gesellschaften ist deutlich geworden: Der die christliche Diakonie herausfordernde Sachverhalt der Not ist nicht im Schwinden, sondern im Wachsen.[74]

[74] Vgl. **Mette, N.**: Gemeinde werden durch Diakonie, 201 f.

2.2 Diakonie im Trend der Gesellschaft?

2.2.1 Individualisierung

2.2.1.1 Die These

"Individualisierung" ist, meist gepaart mit Begriffen wie "Pluralisierung" und "Differenzierung", zu einer allenthalben verbreiteten Chiffre der Beschreibung der modernen Gesellschaft geworden. Unter "Individualisierung" ist die Tendenz gesellschaftlicher Entwicklung zu verstehen, in der der einzelne Mensch zunehmend aus seinen traditionalen, kollektiv gültigen Lebensformen, Sozialbindungen und Verhaltens- bzw. Denkmustern herausgelöst und hinsichtlich der Anforderungen und Risiken der Lebensgestaltung auf sich selbst gestellt wird.[75] Individualisierung bedeutet also, daß sich der Mensch immer weniger als Angehöriger einer Sozialität, sondern als ein auf sich gestelltes Individuum erlebt. Ulrich Beck hat diesen umfassenden Gesellschaftstrend in Verknüpfung mit seiner Problematisierung der sozialen Ungleichheiten unter den Bedingungen moderner Gesellschaften beschrieben.[76] Auch wenn, wie im unmittelbar vorhergehenden Punkt dargelegt worden ist, die Annahme Becks nicht geteilt werden kann, die Individualisierung hätte "das Hierarchiemodell sozialer Klassen und Schichten unterlaufen"[77], d.h. sie hätte in ihrer spezifischen Spielart der individuellen Ausgestaltung von Unterprivilegierung bzw. Armut auch zu einer Aufhebung des Bewußtseins, einer benachteiligten Schicht zuzugehören, und zur Solidarisierungsbereitschaft über die Markierungen sozialer Ungleichheiten hinweg geführt, so scheint die Individualisierungsthese doch eine Rahmentheorie abzugeben, innerhalb der eine Vielfalt von Phänomenen gesellschaftlicher Prozesse einer Deutung zugeführt werden können.
Nach Beck zeigt sich die Individualisierung in drei Dimensionen als "*Herauslösung* aus historisch vorgegebenen Sozialformen und -bindungen im Sinne traditionaler Herrschafts- und Versorgungszusammenhänge ('Freisetzungsdimension'), *Verlust von traditionalen Sicherheiten* im Hinblick auf Handlungswissen, Glauben und leitende Normen ('Entzauberungsdimension') und - womit die Bedeutung des Begriffes gleichsam in ihr Gegenteil verkehrt wird - eine *neue Art der sozialen Einbindung* ('Kontroll- bzw. Reintegrationsdimension')."[78] Mit der Herauslösung aus Bindungen und dem Verlust von Sicherheiten sind dabei eher Faktoren der Individualisierung, mit der "neuen Art der sozialen Einbindung" eher ihre Folgen angezeigt.

---

[75] Vgl. **Beck, U.**: Jenseits von Stand und Klasse?, 41.

[76] Vgl. **Beck, U.**: Jenseits von Stand und Klasse?; **ders.**: Risikogesellschaft, 115-160, 205-219.

[77] **Beck, U.**: Jenseits von Stand und Klasse?, 36.

[78] **Beck, U.**: Risikogesellschaft, 206.

2.2.1.2 Faktoren der Individualisierung

Beck sieht zehn hauptsächliche Faktoren gegeben, die den Individualisierungsprozeß vorantreiben.

1) Im Zuge des Wiederaufbaus nach dem Krieg stellt sich eine überraschende *Steigerung des Wohlstands* ein. Das Niveau des materiellen Lebensstandards wird auf breiter (wenn auch nicht lückenloser) Ebene der Gesellschaft angehoben. Diese Niveauverschiebung in der materiellen Ausstattung bringt Veränderungen in Lebensstil, Lebensbedingungen und Lebenszielen mit sich, welche sich vor allem daran zeigen, daß die nun besser ausgestatteten Menschen ihre bislang nur insgeheim unter dem Deckmantel kollektiv geteilter Lebenseinschränkungen gehegten Wünsche der Lebensgestaltung umzusetzen beginnen. Die zur Verfügung stehenden Mittel müssen nicht mehr gänzlich für das Nötige und somit nicht mehr für eine bei allen Angehörigen einer Gesellschaftsgruppe gleiche Lebensgestaltung verwendet werden. Zumindest zum Teil können die zur Verfügung stehenden Güter zur Erfüllung individueller Vorstellungen eingesetzt werden. Es kommt zur Individualisierung der Verwendungsart materieller Ressourcen.[79]

2) Die Niveauanhebung erfolgt vor allem in den 70er Jahren auch auf dem Feld der berufsqualifizierenden Bildung. Bildungschancen werden ausgeweitet und Bildungsprozesse ausgebreitet mit dem Ziel, möglichst vielen unter gleichen Chancen den Zugang zur Berufstätigkeit und Lebensform ihrer Wahl zu ermöglichen. Die *Expansion gesellschaftlich gesteuerter Bildung* in Form verlängerter Schulzeiten und vermehrter Hochschulausbildung bedeutet zugleich eine Relativierung, Schwächung oder gar Elimination traditionaler, in den angestammten Sozialgebilden angeeigneter Lebensorientierungen, Denkmuster und Verhaltensweisen. Der Wissens- und Bewußtseinsstand verliert seine Sozialmilieugebundenheit und wird individuell angeeignet.[80]

3) Die *erhöhte regionale und soziale Mobilität* - die sich sowohl als ein Anwachsen der persönlichen Freiheit als auch als eine vor allem im Berufsleben eingeforderte Sozialisationsbedingung präsentiert - veranlaßt die Menschen, ihre Lebenswege zunehmend aus den biografischen Mustern der Herkunftsmilieus und aus den familial vorgegebenen Lebensfeldern herauszulösen. Es entsteht die Anforderung, sich von Bindungen zu lösen, neue Bindungen eingehen zu können, sich von diesen aber wiederum nicht zu sehr festlegen zu lassen.[81]

4) *Sozialstaatliche Sicherungsmaßnahmen* und ein auf breiter Basis gehobener Lebensstandard machen diejenigen Situationen seltener, die zu "Klassensolidarisierungen" führen könnten. Je mehr Risiken durch staatliche Steuerung aufgehoben werden, um so weniger Gelegenheit besteht zur Ausbildung des Bewußtseins, etwas gemeinsam erreichen oder etwas gemeinsam Stand halten zu müssen. Sozialstaatliche Sicherungsmaßnahmen werden bei Entgegennahme nicht als eine Sicherheit erlebt, die von anderen Menschen kommt oder auch anderen Menschen gilt, sondern als "Sicherheit für mich",

---

[79] Vgl. **Beck, U.**: Jenseits von Stand und Klasse?, 37.

[80] Vgl. ebd. 45.

[81] Vgl. ebd. 38, 46.

eben individuell.[82]

5) Je mehr Lebensmöglichkeiten den Menschen als *für sie* erreichbare Lebensmöglichkeiten vor Augen stehen, um so mehr sind ihre Beziehungen von der *Logik der Konkurrenz* bestimmt. Auch Lebensbereiche, in denen dazu eigentlich keine von außen vorgegebene Notwendigkeit besteht (Freizeit, Autobesitz, Sexualität usw.) werden von dieser Logik vereinnahmt. Lebensführung wird zum Leistungskampf. Dadurch verliert sie den Charakter eines Gemeinschaftsunternehmens. Lebensführung geschieht neben- und gegeneinander.[83]

6) Verstärkt wird konsequenterweise dieses Leistungsdenken in den Feldern kultiviert, in denen es von außen aufgedrängt wird, also in Schule, Ausbildung und Beruf. Dort schafft sich die Konkurrenzmentalität Raum, indem die Gestaltung der Beziehungen als Konkurrenzbeziehungen in zeitlicher Hinsicht auf frühere Lebensaltersstufen und in sozialer Hinsicht auf mehr Kooperationspartner ausgedehnt wird. Die *individuelle Aufstiegsorientierung* setzt früh an und läuft breit aus.[84]

7) Die Suche nach Verwirklichungsmöglichkeiten der erhöhten Lebensansprüche treibt viele Menschen in Großstädte, zumindest in Form von befristeten Arbeitsaufenthalten. Lebensorte, die Individualität prägten und in denen die jeweilige Person als individuelle Person gekannt, damit aber sozial eingebunden und getragen war, werden durch *anonyme Siedlungs- und Wohnformen* ersetzt, die die Person nicht in ein übergreifendes Gefüge einbinden, sondern - mit allen Vor- und Nachteilen - Individuum sein lassen.[85]

8) Die Veränderung in der Landschaft der Berufsarbeit besteht vor allem in der Abnahme selbständiger Arbeit und der *Zunahme von Lohnarbeitsverhältnissen.* Dieses Expandieren der Lohnabhängigkeit bringt die Notwendigkeit mit sich, im Gesamtkomplex der Leistungsbewährung, d.h. im Erwerb, in der Darstellung und in der produktiven Umsetzung von Kompetenzen, die eigenen individuellen Möglichkeiten zum Zug kommen zu lassen.[86]

9) Die Verkürzung der Erwerbsarbeitszeit bringt notwendig die *Verlängerung von "Frei"-Zeit* und somit - zumindest potentiell - die Vermehrung von Möglichkeiten, aber auch den Anspruch individueller Lebensgestaltung mit sich.[87]

10) Die Faktoren des Individualisierungsschubs kulminieren in der *Auflösung der Lebenswelten.* Mit "Lebenswelten" - hier noch nicht im spezifischen Sinn des Theorems bei Alfred Schütz und Thomas Luckmann[88] oder Jürgen Habermas[89] gebraucht - hat

82 Vgl. ebd. 38, 52.

83 Vgl. ebd. 39.

84 Vgl. ebd.

85 Vgl. ebd.

86 Vgl. ebd. 39, 45.

87 Vgl. ebd. 39 f.

88 Vgl. **Schütz A./Luckmann, T.**: Strukturen der Lebenswelt, Bd. 1.

89 Vgl. **Habermas, J.**: Theorie des kommunikativen Handelns, Band 2, 171-293.

Beck "sozialmoralische Milieus"[90] vor Augen, die als Quasi-Schicksalsgemeinschaft jeweils einen Lebensraum bilden, in dem ein Mensch kontinuierlich, im relativ festen Verbund mit anderen gleichförmig sozialisierten Menschen und normiert, aber auch unterstützt von gemeinsamen Lebensmustern lebt.[91] Er umschreibt solche Milieus als den für eine Gesellschaftsgruppe geltenden, "gemeinsame[n], in Traditionen eingebundenen, Leben und Arbeit übergreifenden Erfahrungs- und Deutungszusammenhang"[92]. Die Auflösung dieser den Menschen tragenden sozial-kulturellen Gefüge resultiert aus der Vervielfältigung potentieller Lebensmöglichkeiten, denen gegenüber soziale Herkünfte und Bindungen für das Lebenskonzept eines Menschen immer weniger Bedeutung haben. Nicht nur einzelne Lebensbereiche, sondern die Gestaltung des Lebens insgesamt wird an individuellen Vorstellungen und Bedürfnissen ausgerichtet. Lebenswelten werden dergestalt privatisiert, daß sie zersplittern und die so entstehenden Lebenssektoren zu vielfältigen, je eigenen Lebenswelten werden, die dann eigentlich keine Lebenswelten mehr sind, da sich innerhalb der Lebenszusammenhänge eines einzelnen Menschen nochmals wechselnde, austauschbare, aber nicht mehr umfassend prägende Lebenszusammenhänge verselbständigen.[93] Damit ist der zur Individualisierung oft parallel genannte Sachverhalt der "Pluralisierung" formuliert, demzufolge mit den Lebenswelten auch die geltenden Sinndeutungen zerbrechen. Der Mensch lebt in mehreren, pluralisierten Lebenszusammenhängen, die ihn mit jeweils verschiedenen, auch widersprechenden Handlungs- und Denkmustern bzw. Plausibilitäten konfrontieren, aus denen er kritisch auswählen kann oder mit denen er sich wechselnd arrangiert. Auf alle Fälle bedingt diese Pluralisierung, daß ein Mensch sein Leben nicht mehr über die Fixierung auf eine vorgegebene Sinndeutung bewältigen kann und muß.

2.2.1.3 Individualitätsdestruktive Folgen der Individualisierung

Gemeinhin gilt die Freisetzung aus überkommenen sozialen, moralischen, religiösen, regionalen, lebenspraktischen, kulturellen und anderen Bindungen und die Ermöglichung einer freien, individuellen, persönlichkeitsgerechten Lebensgestaltung als Folge der Individualisierung. Sie ist also zunächst positiv konnotiert. Paradoxerweise läßt sich aber nun beobachten, daß die Individualisierung auch Komponenten aufweist, die gerade nicht zur Ausbildung und Stabilisierung von Individualität führen. Sie zeigt sich ambivalent[94] und "janusköpfig"[95]. "In der fortgeschrittenen Moderne vollzieht sich Individualisierung unter den Rahmenbedingungen eines Vergesellschaftungsprozesses, der individuelle Verselbständigungen gerade in zunehmendem Maße unmöglich macht: Der

---

90 **Beck, U.**: Jenseits von Stand und Klasse?, 40.

91 Vgl. ebd. 54.

92 Ebd. 57.

93 Vgl. ebd. 54.

94 Vgl. **Simon, W.**: Religiöse Erziehung, 2.

95 Vgl. **Knobloch, S.**: Wieviel ist ein Mensch wert?, 10.

einzelne wird zwar aus traditionalen Bindungen und Versorgungsbezügen herausgelöst, tauscht dafür aber die Zwänge des Arbeitsmarktes und der Konsumexistenz und der in ihnen enthaltenen Standardisierungen und Kontrollen ein. An die Stelle *traditionaler* Bindungen und Sozialformen (soziale Klasse, Kleinfamilie) treten *sekundäre* Instanzen und Institutionen, die den Lebenslauf des einzelnen prägen und ihn gegenläufig zu der individuellen Verfügung, die sich als Bewußtseinsform durchsetzt, zum Spielball von Moden, Verhältnissen, Konjunkturen und Märkten machen. So wird gerade die individualisierte Privatexistenz immer nachdrücklicher und offensichtlicher von Verhältnissen und Bedingungen abhängig, die sich ihrem Zugriff vollständig entziehen. Parallel entstehen Konflikt-, Risiko- und Problemlagen, die sich ihrem Ursprung und Zuschnitt nach gegen jede individuelle Bearbeitung sperren. ... Die Individualisierung greift also gerade unter gesellschaftlichen Rahmenbedingungen, die eine individuelle verselbständigte Existenzführung weniger denn je zulassen."[96]

Diese paradoxe Konsequenz der Destruktion von Individualität veranschaulicht Beck anhand mehrerer Aspekte.

1) Die Auflösung der traditionalen Lebenswelten und der in ihnen virulenten Lebensregulierungen bedeutet nicht, daß es keinen Bedarf mehr an Reglements gäbe, mit denen das Leben der vielen "Individuen" aufeinander abgestimmt und gesteuert wird. Das Schwinden solcher steuernder Reglements in Form von Übereinkünften überschaubarer Lebensverbände wird ausgeglichen durch gesellschaftsweit geltende, von (schein-)anonymen Instanzen definierte und *institutionalisierte Lebenslaufmuster*. Wo Bildungskarrieren, Freizeitgestaltung und Berufsausübung nicht mehr durch lebensweltliche Plausibilitäten vorstrukturiert sind, müssen sie durch politische oder wirtschaftliche Steuerungsmechanismen gelenkt werden. Ausbildungsgänge und -zeiten, Arbeitszeiten, Berufsqualifikationen und Berufsausübung, Kinderbetreuung und Altersvorsorge, Wohnungsbeschaffung bzw. -sicherung und Reisetätigkeit bedürfen mit wachsenden Variationsmöglichkeiten zunehmender Regulierungen, die dann zwar eine Vielfalt an Lebensmöglichkeiten zulassen und fördern, aber eben nur, weil die Vielfalt aufeinander abgestimmt sein muß, als institutionell reglementierte Vielfalt.[97]

2) Die Auflösung der Lebenswelten bedeutet, daß Lebensausstattung und -versorgung unabhängig gemacht werden von den bisherigen lebenswelttypischen oder lebensweltintern produzierten Lebensgütern. Die Menge dessen, was zum Leben gebraucht wird, wächst nicht nur, sondern wird von denjenigen gesellschaftlichen Systemen geholt, die sich im Zuge der Ausdifferenzierung der gesellschaftlichen Funktionen auf die Versorgung nicht mehr nur überschaubarer Gesellschaftsbereiche (z.B. Dorf oder Stadtteil), sondern der ganzen Masse der "Individuen" spezialisiert haben. Selbst in ländlichen Gebieten besteht die Versorgungsbasis nicht mehr in den selbstangebauten Früchten und im selbstgezüchteten Vieh, sondern in der infrastrukturell geplanten Ausstattung der näheren Umgebung mit Supermärkten. Es kommt zur Abhängigkeit von den Einrichtungen des Massenkonsums - von den Großmärkten, die eine reiche Auswahl an Lebens-

---

[96] **Beck, U.**: Risikogesellschaft, 211.

[97] Vgl. ebd. 211 f.

mittel anbieten, bis zu den Medien, die eine ebenso reiche Auswahl an Meinungen offerieren. Das heißt aber, daß Lebensausstattung und -versorgung nicht individuell geprägt, sondern *durch Marktmechanismen von außen gesteuert* sind.[98]
3) Wenn die Individualisierung vorangetrieben wird durch das Ausbrechen aus bisher relativ geschlossenen Lebenswelten und folglich durch eine Öffnung des Menschen auf viele Lebensformen hin, dann bedeutet Individualisierung umgekehrt, daß die Lebensführung des "Individuums" um so zugänglicher für Maßnahmen der politischen Kräfte wird. Nicht zuletzt auf dem Weg der außensteuernden Versorgungsmärkte versuchen sie mit ihrem Anspruch der Gestaltung gesellschaftlichen Lebens bis in die privaten Lebensbereiche einzudringen. Da aber Gestaltungsmaßnahmen die Tendenz eigen ist, möglichst nach einheitlichen oder nur geringfügig abweichenden Mustern zu gestalten, um überhaupt in der Größenordnung einer ganzen Gesellschaft durchführbar zu sein, kommt es zur *Vereinheitlichung und Standardisierung der Existenzformen.*[99]
4) Aus dem Vorhergehenden ergibt sich notwendig, daß die Individualisierung auch eine *Zunahme an Kontrollchancen* für überindividuelle Instanzen gegenüber dem Individuum bedeutet. Daß alles mögliche regelmäßig gemessen wird - von den Fernseheinschaltquoten über den Pro-Kopf-Wasser-Verbrauch bis zu den Ausbildungszeiten - ist erst dadurch möglich geworden, daß das individuelle Leben weniger in für sich stehenden, selbstregulativen Milieus und mehr in Abhängigkeit von gesellschaftsweiten Versorgungs- und Steuerungsmaßnahmen geschieht. Die Chance der kontrollierenden Beobachtung ist aber auch Voraussetzung für die Chance kontrollierender Eingriffe - ob in Form der verstärkten Ausrichtung des Fernsehprogramms auf die Zuschauerbedürfnisse oder in Form von Regelstudienzeiten.[100]
5) Die Individualisierung, die den Menschen in seiner Lebensführung auf sich selbst stellt, bedeutet, daß es zunehmend von dem Menschen allein abhängt, ob er über die für seine Lebensführung nötigen Mittel verfügen kann. Da diese Ressourcen immer weniger selbst hergestellt, sondern als "Fertigware" von den Instanzen des Massenkonsums gekauft werden müssen, hat sich die Frage der Lebensführungsressourcen verengt und zugespitzt auf die Frage nach Möglichkeit und Umfang des Gelderwerbs, also auf die Frage, ob, wie und auf welchem finanziellen Niveau Berufstätigkeit gegeben ist. Ob ein Individuum die Anforderungen der Lebenssicherung erfüllen kann, hängt in zunehmendem Maße von seiner Arbeitsmarkttauglichkeit und vom Angebot des Arbeitsmarktes ab. Die Bedingungen des Arbeitsmarktes entziehen sich aber der Gestaltungskompetenz des Individuums. Ausgleichsmaßnahmen von seiten des Individuums selbst werden erschwert. Das individualisierte Leben wird *krisenanfälliger.*[101]
6) In ihren Gestaltungsmaßnahmen richten sich die gesellschaftlichen Institutionen an vordefinierten Standards des Lebensverlaufs, an "Normalbiographien" aus. Individualisierte Lebensformen ändern sich jedoch aufgrund ihrer Empfänglichkeit für neue

---

98 Vgl. ebd. 212.

99 Vgl. ebd. 212 f.

100 Vgl. ebd. 213 f.

101 Vgl. ebd. 214.

Möglichkeiten und neue Einflüsse ständig. Die tatsächliche Gestalt individualisierten Lebens, die "aktuelle Normalbiographie", und die den gesellschaftlich-staatlichen Gestaltungsmaßnahmen zugrundeliegenden Annahmen über den Lebenslauf, die "standardisierte Normalbiographie", sind nicht deckungsgleich. Letztere hat jedoch Definitionsrelevanz. Was der "standardisierten Normalbiographie" nicht entspricht, wird im kollektiven Bewußtsein als Abweichung wahrgenommen und über disziplinierende Reaktionen möglichst wieder an den Standard angeglichen. Jugendliche etwa, die aufgrund ihrer Suche nach individuellen Lebensformen bewußt einen Handwerksberuf anstreben, müssen ihre Absicht rechtfertigen und mit der kollektiv disziplinierenden Reduzierung sozialer Anerkennung bezahlen, weil eine "Gymnasium-Hochschul-Laufbahn" weitgehend als Standard unterstellt wird. Entwachsen den vielfältigen Lebensmöglichkeiten also tatsächlich Ansätze der Individualität, werden sie tendenziell von der *"standardisierten Normalbiographie"* negiert.[102]

7) Individualisierung bedeutet schließlich, daß Beziehungen zu Menschen, mit denen früher ein lebensweltlicher Sozialverbund gebildet worden ist - Eltern, Großeltern, Verwandte, Nachbarn, Berufskolleginnen und -kollegen - , unverbindlicher und, je nach Variationsbedarf in der Lebensführung, ganz abgebrochen werden können. Die Einbindung in Sozialzusammenhänge mit gegenwärtigen Gefährten und mit "historischen" Vorgängern in der Lebensführung geht verloren, damit aber auch ein sozialer Nährboden der Identitätsbildung, die für eine authentische Individualität Voraussetzung wäre.[103]

Die Individualisierung präsentiert sich nach den hier aufgezählten Aspekten weitgehend und paradoxerweise auch als "Individualitätsverhinderungsmechanismus". Dabei ist jedoch einem Mißverständnis zu wehren. Die geschilderten Standardisierungen und Institutionalisierungen fungieren nicht als hinreichender Ersatz der verlorenen lebensweltlichen Sicherheiten bezüglich der Lebensführung. Dem individualisierten Individuum bleibt es nicht erspart, die vielfältigen Lebensmöglichkeiten, auch wenn sie vereinheitlicht und kollektiv gesteuert sind, als je eigene zu suchen und sich anzueignen. Der Mensch muß sich zur Verwirklichung seiner Lebensmöglichkeiten entscheiden. "Individualisierung bedeutet in diesem Sinne, daß die Biographie der Menschen aus vorgegebenen Fixierungen herausgelöst, offen, entscheidungsabhängig und als Aufgabe in das Handeln jedes einzelnen gelegt wird. Die Anteile der prinzipiellen entscheidungsverschlossenen Lebensmöglichkeiten nehmen ab, und die Anteile der entscheidungsoffenen, selbst herzustellenden Biographie nehmen zu. ... durch institutionelle und lebensgeschichtliche Vorgaben entstehen gleichsam *Bausätze biographischer Kombinationsmöglichkeiten* ... In der individualisierten Gesellschaft muß der einzelne entsprechend bei Strafe seiner permanenten Benachteiligung lernen, sich selbst als Handlungszentrum, als Planungsbüro in bezug auf seinen eigenen Lebenslauf, seine Fähigkeiten, Orientierungen, Partnerschaften usw. zu begreifen. 'Gesellschaft' *muß* unter den Bedingungen

102 Vgl. ebd. 214 f.

103 Vgl. ebd. 216.

des herzustellenden Lebenslaufes als eine 'Variable' individuell gehandhabt werden."[104] Biographie ist trotz oder gerade wegen standardisierter Normalbiographien - die es zu übernehmen oder abzuwehren gilt - nicht mehr Schicksal, sondern Aufgabe des einzelnen Menschen. Dadurch ist eine "neue Unmittelbarkeit von Individuum und Gesellschaft"[105] gegeben. Da die bergenden Lebenswelten fehlen, schlagen gesellschaftliche Risiken ungefiltert auf das Individuum durch. Kollektive Schicksale werden als private Schicksale und soziostrukturell verursachte Krisen werden als individuelle, persönlich zu verantwortende Lebenskrisen erlebt[106] und - da sich die gesellschaftlichen Mechanismen umgekehrt dem Gestaltungswillen des Individuums entziehen[107] - als persönliches Versagen erlitten.[108]

2.2.1.4 Gefährdung des Subjektseins

Individualisierung erweist sich als höchst paradoxer Prozeß der Vergesellschaftung: Sie vollzieht sich nicht nur unter den Bedingungen der Gesellschaft, vor allem des Arbeitsmarktes, sondern ist auch Produkt der gesellschaftlichen Verhältnisse, da gesellschaftliche Kräfte bestimmen, wie individualisiert wird.[109] Das heißt nichts anderes, als daß der Mensch gerade im Unterfangen der individuellen Gestaltung seines Lebens an authentischer Individualität, am Subjektsein gehindert wird. Einflüsse bzw. Reglementierungen wirken auf ihn ein, über die er gerade nicht individuell bestimmen kann und die ihn immer mehr in die Schablone eines "Marketing-Ich"[110] hineinpressen. Im Zuge dessen bekommt er auch Risiken und Fehlentwicklungen zu spüren, die er zwar als individuelle Problemlagen erlebt, nicht aber individuell lösen kann.[111] Individualisierung bringt also nicht einfach nur zusätzlichen Freiraum der Lebensgestaltung, sondern - und dies vielleicht in einem gravierenderen Maße - zusätzliche kollektive Manipulationen, Risiken, Pathologien und somit die Gefahr des Lebensscheiterns mit sich. "... noch nie war die individuelle Existenz so wenig individuell-autonom zu führen wie heute, wo die Individualisierung am weitesten fortgeschritten ist."[112]
Mit dieser Argumentation bestätigt Beck selbst indirekt das, was im vorhergehenden Punkt zu der Skepsis gegenüber der in seiner Individualisierungsthese mitenthaltenen These der Aufhebung von Schichtengrenzen geführt hat. Die Individualisierung bedeutet sicher, daß bezogen auf die Gesamtgesellschaft die Lebenswelten aufbrechen und als

---

104 Ebd. 216 f.
105 **Beck, U.**: Jenseits von Stand und Klasse?, 59.
106 Vgl. ebd. 57, 59.
107 Vgl. ebd. 55.
108 Vgl. **Beck, U.**: Risikogesellschaft, 218.
109 Vgl. **Beck, U.**: Jenseits von Stand und Klasse?, 42.
110 Vgl. **Steinkamp, H.**: Sozialpastoral, 46; Steinkamp ordnet diesen Begriff Erich Fromm zu.
111 Vgl. **Beck, U.**: Jenseits von Stand und Klasse?, 55.
112 Ebd.

gesellschaftsstrukturierende Sozialgefüge tendenziell unbedeutend werden. Aber die Individualisierung bedeutet nicht, daß alle Menschen gleichermaßen - quasi mit gleichen Startbedingungen und gleichen Gewinnchancen - sich an der Eroberung zusätzlicher Freiheitsräume beteiligen können. Vermehrung der Lebenschancen bedeutet auch Vermehrung der Möglichkeiten, diese Chancen gegenüber anderen Menschen zu eigenen Gunsten durchzusetzen. Die Individualisierung wirkt sich dergestalt aus, daß die ohnehin privilegierten Menschen in den neuen Lebensmöglichkeiten lediglich zusätzliche Gelegenheiten sehen, sich im Kampf der Stärkeren gegen die Schwächeren abermals als die Stärkeren zu erweisen und Widersacher einem gesellschaftlichen "Unten" zuzuordnen. Daß die Vermehrung von Lebensmöglichkeiten befreiend bzw. subjektkonstituierend wirken kann, würde voraussetzen, daß die benachteiligten Menschen über die dazu nötigen Mittel verfügen (Chancen auf dem Arbeitsmarkt, Zugang zu den Bildungsgängen, gesellschaftliche Anerkennung usw.). Je weniger diese Mittel gegeben sind, um so mehr sind die betroffenen Menschen von der Überwindung gesellschaftlicher Grenzen, der Bildung neuer Solidaritäten und den Projekten eigenbestimmter Lebensgestaltung ausgeschlossen. Der Status ihrer Marginalisierung wird vielmehr verfestigt. Eher ist damit zu rechnen, daß diese stabilisierte Schicht von Benachteiligten sich vergrößert, indem Einzelpersonen oder Familien, die bisher im Schutz ihrer Lebenswelt einer etablierten Schicht angehörten, an den plötzlich auf sie einbrechenden Risiken scheitern. Es ist also zu überlegen, ob nicht die eigenartige Unstimmigkeit zwischen der diagnostizierten Verfestigung der Schichtung von armen und nicht armen Menschen einerseits und der von Beck in seiner - ansonsten hilfreichen und plausiblen - Individualisierungsthese mittransportierten These von der Aufhebung der Schichten andererseits darauf zurückzuführen ist, daß Beck zu wenig zwischen Lebenswelt und Schicht unterscheidet und folglich die durchaus beobachtbare Auflösung der Lebenswelten auch als Auflösung der Schichten verstehen muß.

2.2.1.5 Individualisierung und Individualitätsorientierung

Auf eine dieser paradoxen, sowohl Freisetzung als auch Beschädigung von Individualität mit sich bringenden Wirkungen der Individualisierung macht Norbert Elias aufmerksam.[113] Er geht aus von der anthropologischen Bestimmung, daß Menschen immer Merkmale dessen, "wodurch sich Menschen voneinander unterscheiden, ihrer Ich-Identität ... [mit] dem, was sie miteinander gemein haben, ihrer Wir-Identität"[114] in einem bestimmten Verhältnis in sich vereinigen. Idealtypisch bildet dieses Verhältnis eine "Wir-Ich-Balance"[115]. Ein Kennzeichen individualisierter Gesellschaften ist es nun nach Elias, daß die Balance zwischen Ich und Wir zugunsten des "Ich" und zuungunsten des "Wir" verschoben ist. Damit ist eine ambivalente Wirkung gegeben. Das

113 Vgl. **Elias, N.**: Die Gesellschaft der Individuen, 207-315.

114 Ebd. 210.

115 Ebd.

Individuum wird freigesetzt aus beengenden sozialen Einbindungen, es zeigt sich aber auch zunehmend als "Wir-loses Ich"[116], das seine Beziehungen frei bestimmen kann, das aber gerade deshalb gezwungen ist, seine Beziehungen ständig zur Disposition zu stellen und zu überprüfen. Sie bekommen "den Charakter einer freiwilligen Verbindung auf Widerruf"[117], so daß die Ausbildung der Fähigkeit zu emotional stabilen und verbindlichen Beziehungen tendenziell verkümmert. Allerdings bedeutet das nicht, daß damit auch das Bedürfnis nach emotionaler Nähe und tragfähiger Beziehung verschwindet. Es kommt nach Elias zu dem "Grundkonflikt des wir-losen Ichs: ein Verlangen nach Gefühlswärme, nach affektiver Bejahung anderer Personen und durch andere Personen, gepaart mit dem Unvermögen, spontane Gefühlswärme überhaupt zu geben"[118].

Die Thesen von Elias sind an dieser Stelle hilfreich, weil sie Perspektiven eröffnen hinsichtlich des Problems, wie auf Individualisierungsprozesse zu reagieren ist. Das Ideal der "Wir-Ich-Balance" signalisiert einen Zusammenhang zwischen "Wir" und "Ich", zwischen sozialer Einbindung und Individualität. Der Zusammenhang hat aber nicht den Charakter einander widerstreitender Pole, von denen der eine gestärkt würde, wenn der andere geschwächt wird. Die Individualisierungsprozesse zeigen vielmehr, daß ein aus sozialen Einbindungen entlassenes Individuum Destruktionen ausgesetzt wird oder, in Anlehnung an Elias formuliert, daß die Schwächung der "Wir"-Bindung das "Ich" pathologisiert. Der Zusammenhang zwischen beiden ist folglich eher als Korrelation zu denken, in der sich beide Pole gegenseitig stabilisieren. Ein "Ich" braucht nach der These von Elias die soziale Einbindung in ein "Wir", um ein gefestigtes "Ich" sein und werden zu können. Ein "Wir", ein soziales Gefüge, braucht seinerseits gefestigte "Ichs", mit authentischer Individualität ausgestattete Individuen, welche ihre Beziehungen konstruktiv gestalten können.

Daraus ist zu folgern, daß Versuche, bedenkliche Individualisierungsprozesse zu korrigieren, nicht gegen die Individualität gerichtet sein dürfen. Das "Wir" kann nicht durch die Schwächung des "Ich" gestärkt werden. Anstrengungen zur Korrektur von Individualisierungs- im Sinne von Vereinzelungstendenzen durch Stabilisierung sozialer Zusammenhänge und durch Solidarisierung zu gemeinsamen Projekten der Lebensführung dürfen nicht darauf hinauslaufen, Individualität zu negieren bzw. das Streben danach zu desavouieren. Die "Wir-Ich-Balance"-These von Elias zeigt, daß zwischen *Individualisierung* und *Bemühen um Individualität* zu unterscheiden ist. Individualisierung, verstanden als Vereinzelung, zeitigt destruktive Wirkungen, weil sie den Menschen aus sozialen Bezügen herauslöst und ihn unfähig macht für ein Leben in sozialen Bezügen. Das Bemühen um und die Orientierung an Individualität hingegen zielen auf konstruktive Wirkungen, weil sie den Menschen als je einzelnen und je eigenartigen

116 Ebd. 263.

117 Ebd. 272.

118 Ebd. 273; vgl. dazu auch **Steinkamp, H.**: Sozialpastoral, 44-46. - Steinkamp veranschaulicht den beschriebenen Sachverhalt am "Narzißmus" als neuem Sozialisationstrend (vgl. **Steinkamp, H.**: Sozialpastoral, 46-48).

Menschen angesichts seiner sozialen Bezüge stabilisieren und somit für das Leben in sozialen Bezügen befähigen wollen. Individualität erweist sich so als die auf der Seite der jeweiligen Person angesiedelte Komponente der beziehungskonstitutiven Identität. "Dort, wo die Bezogenheit zu sich selbst gelebt, dort, wo das 'principium individuationis' ... existenziell und sozial als 'principium communitatis' ... verstanden und verwirklicht wird, werden das Zusammen-sein und das Zusammen-spiel der Menschen miteinander und untereinander menschlicher. Je mehr die eigene Individualität eines jeden Menschen von ihm selbst und von allen anderen geachtet wird, desto intensiver, kreativer und umfassender wird die Nächstenliebe"[119] - hier verstanden im Sinne der sozialen Offenheit für andere Menschen.

An dieser Stelle können (vorgezogene) kritische Rückfragen an die in Kirche und Theologie beobachtbaren Reaktionsmuster gegenüber den Individualisierungsprozessen gestellt werden. Hier fallen insbesondere zwei Formen der Reaktion auf, die beide die Bedenklichkeiten der Individualisierung zum Anlaß nehmen, Vorbehalte gegenüber dem Bemühen um Individualität und der Orientierung an der individuellen Person zu äußern, was auch deshalb bemerkenswert ist, weil beide Reaktionsformen gänzlich verschiedenen theologisch-kirchlichen Anliegen entstammen.

In dem einen Fall wird die Individualitätsorientierung beargwöhnt aus der Erfahrung heraus, daß im Zuge der Individualisierung auch die selbstverständliche, loyale Einbindung in das Sozialgefüge der Kirche zerbricht. Das Streben nach individuellen Lebensformen, die Suche nach einem persönlich bejahten und frei gewählten Selbstkonzept oder die Vorordnung der Bedürfnisse der einzelnen Person vor kollektiven Erwartungshaltungen werden etwa von Roman Bleistein als Loslösung "aus überkommenen sittlichen und sozialen Vorgaben", "Beliebigkeit", "Willkür", "Subjektivismus", "Rücksichtslosigkeit", "Entsolidarisierung", "Hedonismus", "lustorientierte 'Selbstverwirklichung'"[120] gekennzeichnet. Damit wird man jedoch dem Problem und den betroffenen Menschen nicht gerecht. Letztere werden nämlich zu Trägern einer dekadenten Lebenspraxis stereotypisiert, während die eigentliche Brisanz der Individualisierung vielmehr darin zu sehen ist, daß Menschen die Opfer der herrschenden Zustände einer individualisierenden Gesellschaft werden.[121]

Im anderen Fall wird aus dem Impetus heraus, das gesellschaftskritische Potential des christlichen Glaubens zur Wirkung kommen zu lassen, die Orientierung am einzelnen Menschen bzw. die Beschäftigung mit individuellen Problemlagen des einzelnen Menschen des unkritischen Absehens von gesellschaftlichen, systemischen Zusammenhängen verdächtigt. So ist für Hermann Steinkamp bei der Erläuterung seines Entwurfs einer gesellschaftskritischen "Sozialpastoral" die Reflexion auf die Telefonseelsorge als eine Form der seelsorglichen Zuwendung zu jeweils einzelnen Menschen Anlaß zu der Bemerkung, daß "die Wahrnehmung des einzelnen Menschen, seiner Biographie und seines je einzigartigen Schicksals auf den ersten Blick allen Orientierungen der Sozial-

---

119 **Spijker, A.M.J.M.H. van de**: Narzißtische Kompetenz, 21.

120 Für alle Zitate: **Bleistein, R.**: Individualisierung, 361 f.

121 Vgl. **Steinkamp, H.**: Sozialpastoral, 45.

pastoral entgegenzustehen, ein Paradebeispiel geradezu für jene Vereinzelungs-Pastoral zu sein scheint, die sie kritisch überwinden möchte, ..."[122]. Auch hier zeigt sich, freilich aus einer völlig anderen Motivation als bei Bleistein, eine deutlich anti-individuelle (und nicht nur anti-individualistische) Attitüde.
Beiden Reaktionsmustern ist entgegenzuhalten: Werden hier nicht Individualisierung und Individualitätskonstitution vermischt? Damit wäre aber die Bedeutung verkannt, welche der Zuwendung zum einzelnen Menschen und der seelsorglichen Thematisierung seiner individuellen Problemlagen mit dem Ziel einer identitätsrelevanten Konstitution von Individualität bei der Bearbeitung von Individualisierungsfolgen und der Abwehr der darin virulenten Destruktionen zukommt.[123]
Als Fazit bleibt festzuhalten: Die Individualisierung der Gesellschaft bedeutet nicht nur Freisetzung zum Subjektsein, sondern auch seine Bedrohung. Insgesamt gesehen enthält sie nicht die Tendenz eines Abbaus von Benachteiligungen und einer Befreiung aus Lebensbehinderungen. Die Disposition dafür, daß Notsituationen entstehen bzw. verfestigt werden, erhöht sich durch die Individualisierung.

2.2.2 Kolonialisierung der Lebenswelt

In engem Konnex mit der Individualisierungsthese wird die These von der "Kolonialisierung der Lebenswelt" zur Beschreibung der gesellschaftlichen Entwicklung herangezogen. Beide zusammen, "Individualisierung" der Lebensführung und "Kolonialisierung der Lebenswelt" bilden ein zum Standard sozialwissenschaftlicher Diskussion avanciertes Zwillingstheorem.

2.2.2.1 Die These

Eingeführt wurde die These von der "Kolonialisierung der Lebenswelt" von Jürgen Habermas[124]. Er formuliert ihren Kern folgendermaßen: "... die Rationalisierung der Lebenswelt ermöglicht eine Steigerung der Systemkomplexität, die so hypertrophiert, daß die losgelassenen Systemimperative die Fassungskraft der Lebenswelt, die von ihnen instrumentalisiert wird, sprengen ..."[125]. "Am Ende verdrängen systemische Mechanismen Formen der sozialen Integration auch in jenen Bereichen, wo die konsensabhängige Handlungskoordinierung nicht substituiert werden kann ... Dann nimmt die *Mediatisierung* der Lebenswelt die Gestalt einer *Kolonialisierung* an."[126]
Diese beiden Zitate bedürfen der erläuternden Übersetzung, bei der sich folgende

122 Ebd. 87.

123 Vgl. **Knobloch, S.**: Wieviel ist ein Mensch wert?, 14 f.

124 Vgl. **Habermas, J.**: Theorie des kommunikativen Handelns, Band 2, 171-293.

125 Ebd. 232 f.

126 Ebd. 293.

Annahmen als Eckdaten der These benennen lassen: Es gibt einen persönlich geprägten Wirklichkeitsbereich des Menschen, der als *Lebenswelt* zu bezeichnen ist. Davon zu unterscheiden sind *Systeme*, die sich als Subsysteme der Gesellschaft bilden. Die gesellschaftliche Entwicklung verläuft so, daß in beiden, in der Lebenswelt wie in den Systemen, Veränderungen eintreten, so daß sich auch das *Verhältnis von Lebenswelt und System ändert.* Die Veränderungen zeigen sich vor allem darin, daß der Mensch seine Lebenswelt immer mehr zum *Gegenstand rationaler Überlegungen* machen muß und daß die *Systeme immer komplexer* werden, d.h. für den einzelnen Menschen immer unüberschaubarere Gestalt annehmen. Dadurch steigt die Wirkmächtigkeit der Systeme, die die Oberhand über die Lebenswelt gewinnen. Die Veränderung des Verhältnisses zwischen Systemen und Lebenswelt besteht darin, daß die Systeme die Lebenswelt für sich vereinnahmen, die Herrschaft der Systemmechanismen sich also auf die Lebenswelt ausweitet. Die Lebenswelt wird *kolonialisiert.*
Diese Eckdaten und ihr theoretischer Hintergrund sind im folgenden zu erläutern.

2.2.2.2 Bedingungen sozialer Integration in der modernen Gesellschaft

Die Erläuterung des Theorems bedarf zunächst der Klärung, auf welchem Hintergrund Habermas das Lebensweltkonzept einführt. Lebenswelt ist ja nicht einfach in einem trivialen Sinn der regionale Ort des Lebens. Habermas ist in der Entfaltung seiner Argumentation zur Lebenswelt provoziert von der Beobachtung, daß im Gegensatz zu den Bedingungen früherer oder primitiver Gesellschaften die sozialen Beziehungen in modernen Gesellschaften nicht mehr von einem normativen Grundeinverständnis getragen sind. An dessen Stelle ist der "*systemische(n) Zusammenhang funktional spezifizierter Handlungsbereiche*"[127] getreten. Damit ist gemeint: In das soziale Gefüge moderner Gesellschaften ist der Mensch nicht mehr nur aufgrund eines als Norm empfundenen grundlegenden Zusammengehörigkeitsgefühls und Solidaritätsanspruchs bzw. aufgrund eines den gemeinsam akzeptierten Normen entsprechenden Verhaltens und der dadurch erreichten Akzeptanz seiner Person als solcher und ganzer integriert. Zur Gemeinschaft der Gesellschaft gehört jemand nicht mehr einfach deshalb, weil das Dazugehören und Aufnehmen als solche Normen der Gesellschaft wären. Die Integration in modernen Gesellschaften erfolgt auch aufgrund der verschiedenen Rollen und Funktionen, die der Mensch für verschiedene und voneinander getrennte, d.h. ausdifferenzierte Lebens- und Handlungsbereiche erfüllt. Soziale Beziehungen werden also nicht mehr nur über die beteiligten Personen selbst, ihre Motive, Bedürfnisse, Eigenarten definiert, sondern auch über deren Funktionen, die von scheinbar anonymen, personenübergreifenden Mechanismen der Gesellschaft abgerufen werden. Der Mensch wird nicht mehr so sehr als dieser einzelne, unverwechselbare, mit all seinen Dimensionen eine Ganzheit bildende Mensch in Lebensbereiche wie Staat, Wirtschaft, Kirche, Bürokratie usw. integriert. Er hat sich vielmehr in diesen ausdifferenzierten Subsyste-

[127] Ebd. 175.

men mit wechselnden Rollen als Bürger, Konsument, Kirchenmitglied, Verwaltungseinheit, Meinungsempfänger usw. in den analog wechselnden Funktionen *für* die Subsysteme zu bewähren, d.h. loyal zum Staat zu stehen, Wirtschaftsgüter zu verbrauchen, kirchliche Maßgaben zu befolgen, sich in Verwaltungsabläufe einzufügen, Meinungen zu übernehmen und zu vertreten usw. Sozialbeziehungen werden anonymisiert in dem Sinn, daß sie vom Subjekt und seinen unmittelbaren Beziehungspartnern abgekoppelt und von Großorganisationen wie Medien, Politik und Wirtschaft bestimmt werden[128], so daß sie "normenkonforme Einstellungen und identitätsbildende soziale Zugehörigkeiten nicht mehr zulassen, diese vielmehr an die Peripherie verweisen"[129].
Um den dadurch bedingten "sozialpathologischen Phänomenen"[130] gerecht zu werden, versucht Habermas, eine Gesellschaftstheorie zu entwerfen, die die bislang kontradiktorischen Paradigmen der Gesellschaftstheorie, Handlungstheorie und Systemtheorie, zusammenführt.[131] Diese Zusammenführung setzt aber zunächst einmal die entsprechende Unterscheidung voraus. Unterschieden werden muß zwischen einerseits denjenigen (handlungstheoretisch erfaßten) Vorgängen, in denen Subjekte über ihre Verständigung untereinander ihre Handlungsorientierungen aufeinander abstimmen, und andererseits denjenigen (systemtheoretisch erfaßten) Vorgängen, in denen Systeme die von den Subjekten nicht beabsichtigten oder kontrollierten Zusammenhänge ihrer Handlungen dadurch für sich instrumentalisieren, daß sie die von den Subjekten gesetzten Handlungen mit dem Ziel steuern, die Handlungsfolgen als ihnen (den Systemen) selbst zugute kommende Funktionen einander zuordnen zu können.[132] In Konsequenz dazu unterscheidet Habermas zwischen zwei Modi der Integration des Menschen in die Gesellschaft: der *sozialen Integration*, die sich bei ihrem Vollzug an den Handlungsorientierungen (Optionen, Erwartungen, Bedürfnisse) der Subjekte selbst ausrichtet und auf einem Konsens beruht, der durch Verständigung der betroffenen Subjekte erzielt und von allen als Norm anerkannt worden ist, und der *systemischen Integration*, welche, die Handlungsorientierungen der Subjekte hinter sich lassend, nach der Funktion des Integrierten für das System fragt und auf Regelungen beruht, die sich der Entscheidung durch die beteiligten Subjekte entziehen.[133] Folglich ist auch die Gesellschaft selbst auf zweifache Weise wahrnehmbar: Für das integrierte handelnde Subjekt ist sie ein Raum des Rückhalts in und des Getragenseins von sozialen Beziehungen, in denen verständigungsorientiertes Handeln, d.h. Konsensgewinnung durch Kommunikation möglich ist. Für den außenstehenden Beobachter dagegen ist sie ein System funktional relevanter Handlungen, d.h. ein Gefüge von Handlungen, die danach zu bewerten sind,

---

128 Vgl. **Kuhnke, U.**: Koinonia, 23.

129 **Habermas, J.**: Theorie des kommunikativen Handelns, Band 2, 231.

130 **Habermas, J.**: Dialektik der Rationalisierung, 180.

131 Vgl. ebd.; **ders.**: Theorie des kommunikativen Handelns, Band 2, 173; vgl. zur Kontroverse zwischen den beiden Protagonisten von Handlungs- bzw. Systemtheorie **Habermas, J./Luhmann, N.**: Theorie der Gesellschaft oder Sozialtechnologie.

132 Vgl. **Habermas, J.**: Theorie des kommunikativen Handelns, Band 2, 179.

133 Vgl. ebd.

inwiefern sie zur Erhaltung der Gesellschaft beitragen.[134]
Die Bedingungen der Integration des Menschen in die moderne Gesellschaft können also vereinfacht als eine Dichotomie beschrieben werden: Zum einen wird der Mensch als Subjekt betrachtet, das sich durch seine Kommunikation mit anderen Subjekten an der Gestaltung des Gesellschaftslebens beteiligt. Zum andern gilt er als Teil des Systems, dem ohne eigene Entscheidung eine Funktion in diesem System zugewiesen wird und der zum System gehört, weil - d.h. auch: nur dann, wenn - er die Funktion zugunsten des Systems erfüllt.

2.2.2.3 "Lebenswelt"

Um die Gesellschaft als Raum des verständigungsorientierten, kommunikativen Handelns von Subjekten begrifflich zu fassen, führt Habermas den Begriff der "*Lebenswelt*" ein und "möchte deshalb vorschlagen, Gesellschaften *gleichzeitig* als System und Lebenswelt zu konzipieren"[135], wobei er "Lebenswelt" als "Komplementärbegriff zum kommunikativen Handeln"[136] versteht und vorläufig beschreibt als den "Horizont, in dem sich die kommunikativ Handelnden 'immer schon' bewegen"[137].
Für den Zusammenhang zwischen dem Horizont "Lebenswelt" und dem kommunikativen Handeln ist von Bedeutung, welche Beziehungen im kommunikativen Handeln zur Welt aufgenommen werden. Nach Habermas kann ein Subjekt in seinem Handeln einen dreifachen Bezug zur Welt aufweisen. Es kann in Beziehung treten "zu etwas, das in der einen, objektiven Welt entweder statthat oder herbeigeführt werden kann; zu etwas, das in der von allen Angehörigen eines Kollektivs geteilten sozialen Welt als gesollt anerkannt wird; oder zu etwas, das andere Aktoren der eigenen, dem Sprecher privilegiert zugänglichen subjektiven Welt zurechnen"[138]. Diese drei Komponenten, die objektive Welt, also die Gesamtheit dessen, was als tatsächlich gegeben behauptet werden kann, die soziale Welt, also die Gesamtheit der wahrgenommenen interpersonalen Beziehungen, und die subjektive Welt, also die Gesamtheit der Erlebnisse und Erfahrungen, die einem einzelnen Menschen und nur ihm zugänglich sind, bilden den Interpretationsrahmen, in dem die Subjekte die Definition ihrer Handlungssituation aushandeln, sich also über die Gültigkeit von Aussagen, über Inhalt und Ziel des jeweiligen Handelns verständigen.[139] Objektive, soziale und subjektive Welt sind auch der Rahmen, innerhalb dessen nach der Bedeutung der Lebenswelt gesucht werden muß.
Die Voraussetzung, daß sich bei gelingendem kommunikativem Handeln die von den beteiligten Subjekten vorgenommenen Situationsdefinitionen in genügendem Maße

134 Vgl. ebd. 179.
135 Ebd. 180.
136 Ebd. 182.
137 Ebd.
138 Ebd. 183; vgl. **ders.**: Theorie des kommunikativen Handelns, Band 1, 129-149.
139 Vgl. **ders.**: Theorie des kommunikativen Handelns, Band 2, 184.

decken müssen[140], verweist implizit darauf, daß mehrere Situationsdefinitionen als prinzipiell möglich gedacht werden müssen und daß folglich jede Handlungssituation nur ein Ausschnitt aus einem umfassenderen Zusammenhang ist, auf den die Subjekte durch ihre Definition der aktuellen Handlungssituation und ihren gleichzeitigen Ausschluß anderer potentieller Definitionen nicht aktueller Situationen verweisen.
Was mit diesen abstrakten Begrifflichkeiten theoretisch ausgesagt ist, läßt sich am konkreten Beispiel einer alltäglichen Situation veranschaulichen. So ist z.B. eine Prüfung eine Situation, in der verschiedene Personen - der Prüfende, eine protokollierende Person und die zu prüfende Person - zusammentreffen und ihre Definitionen der Situation so vornehmen, daß sie zueinander passen und das in der Situation geplante Unternehmen gelingen kann. Jede Person weiß, daß es um Fragen zu einem bestimmten Wissensgebiet geht. Der Prüfende berücksichtigt dies in seiner Definition der Situation, indem er entsprechende Fragen vorbereitet und stellt. Die zu prüfende Person tut das gleiche, indem sie sich auf Fragen vorbereitet und die gestellten Fragen zu beantworten versucht. Und ebenso fügt sich die protokollierende Person in die Situation ein, indem sie die gestellten Fragen und die Antworten darauf niederschreibt. Alle drei haben sich vorher über Zeit und Ort, eventuell auch über benötigte Materialien verständigt. Schließlich sind auch allen Beteiligten die Ziele in dieser Situation klar: Die zu prüfende Person will bestehen und sich eine Qualifikation erwerben; der Prüfende will Kenntnisse überprüfen und Qualifikationen feststellen; der Protokollant will seinen Protokollauftrag sorgfältig erfüllen. Indem sich die Personen auf diese und andere Komponenten verständigen bzw. für sich darauf vertrauen, daß die jeweils anderen ihren Part bei der Prüfung in der vorgesehenen Form übernehmen, definieren sie die Situation. Sie sagen sich einander, daß die Prüfungssituation weitgehend so aussehen muß. Und nur wenn diese Definition vorgenommen worden ist, kann die in der Situation intendierte Sache gelingen. In der Situationsdefinition sind für alle drei beteiligten Personen Elemente der objektiven, der sozialen und der subjektiven Welt enthalten. Für alle drei gehören die Tatsache, daß die Prüfung im Studienplan vorgesehen ist, wie auch die Ausstattung des Prüfungszimmers zu den objektiven Gegebenheiten. Sie gehören zur objektiven Welt. Das Gefühl der zu prüfenden Person - sie kann Angst vor dem Durchfallen haben, sie kann sich aber auch selbstsicher auf eine gute Note freuen - ist nur ihr zugänglich. Es gehört zu ihrer subjektiven Welt. Schließlich erkennt die zu prüfende Person an, daß sie zur prüfenden wie zur protokollierenden Person nicht unverschämt sein darf, da diese über die Note bestimmen und ihr damit übergeordnet sind. Das ist ein Element der sozialen Welt. Gleichwohl sind all die erwähnten, von den Personen berücksichtigten Aspekte nicht die Gesamtheit dessen, was an dem besagten Ort-Zeit-Punkt, der als Prüfung definiert ist, die drei Personen potentiell auch beschäftigen oder das Geschehen potentiell auch beeinflussen könnte. Neben dem gelernten Stoff sind im Leben der zu prüfenden Person noch andere Dinge von Belang. Das können z.B. sein: Überlegungen zur Lebensplanung; Zweifel über die Berufswahl; die Frage, ob es gut ist, jetzt schon zu heiraten; Erinnerungen an die Kindheit; die Überzeugung, den Mitstudierenden

---

140 Vgl. ebd. 185.

gegenüber solidarisch und grundsätzlich hilfsbereit sein zu müssen; aber auch banale Dinge wie der anstehende Auszug aus der Wohngemeinschaft oder die für das Wochenende geplante Radtour und vieles - unüberschaubar vieles - mehr. Im Hintergrund des Prüfenden stehen ebenfalls weitere Lebensinhalte, allerdings ganz andere: berufliche Aufgaben, Hobby, neue Forschungsthemen, die Sympathie für eine politische Partei; Ärger mit den Kindern, anstehender Arztbesuch usw.. Ähnliches ließe sich für den Protokollanten benennen. Aber all das ist für die Situation der Prüfung nicht relevant und wird von den Beteiligten nicht, zumindest nicht bewußt, eingebracht. Durch ihre Definition der Situation als Prüfungssituation und durch die Übernahme der jeweiligen Rollen haben sie aus all dem, was ihr Leben ausmacht, was sie potentiell beschäftigen könnte, einen relevanten Ausschnitt ausgewählt. Wird jedoch etwas anderes aus diesem umfassenderen Hintergrund in die Situationsdefinition eingebracht oder geschieht etwas Unvorhergesehenes, z.B. ein Schwächeanfall des Prüfenden, dann handelt es sich um eine andere Situation. Im letzteren Fall definieren die zu prüfende und die protokollierende Person die Situation als Hilfesituation und bringen ihre Erste-Hilfe-Erfahrungen statt des Prüfungswissens ein. Andere Elemente der objektiven, sozialen bzw. subjektiven Welt werden relevant. An die Stelle der Studienplanvorschrift tritt das Ereignis "Schwächeanfall"; statt der sozialen Norm, nicht unverschämt zu sein, wird die zwischenmenschliche Verpflichtung zur Hilfe wichtig; und das Aufgeregtsein vor der Prüfung weicht der Sorge, die richtige Hilfe zu leisten.[141]
Dieser Verweisungshorizont, der potentiell zugänglich, aber immer nur entsprechend den aktuellen Verständigungsbedürfnissen angegangen wird, ist - nach Habermas - die *Lebenswelt* der beteiligten Subjekte. "Die Handlungssituation bildet für die Beteiligten jeweils das Zentrum ihrer Lebenswelt; sie hat einen beweglichen Horizont, weil sie auf die Komplexität der Lebenswelt *verweist.* In gewisser Weise ist die Lebenswelt, der die Kommunikationsteilnehmer angehören, stets präsent; aber doch nur so, daß sie den *Hintergrund* für eine aktuelle Szene bildet. Sobald ein solcher *Verweisungszusammenhang* in eine Situation einbezogen, zum Bestandteil einer Situation [und ihrer Definition - H.H.] wird, verliert er seine Trivialität und fraglose Solidität. ... Der Sachverhalt kann, sobald er zum Situationsbestandteil geworden ist, als Tatsache, als Norminhalt, als Erlebnisinhalt gewußt und problematisiert werden. Bevor er Situationsrelevanz erlangt, ist derselbe Umstand nur im Modus einer *lebensweltlichen Selbstverständlichkeit* gegeben, mit der der Betroffene intuitiv vertraut ist, ohne mit der Möglichkeit einer Problematisierung zu rechnen. Er wird nicht einmal im strikten Sinne 'gewußt', wenn Wissen dadurch charakterisiert ist, daß es begründet und bestritten werden kann. ... Aus der situationszugewandten Perspektive erscheint die Lebenswelt als ein Reservoir von Selbstverständlichkeiten oder unerschütterten Überzeugungen, welche die Kommunikationsteilnehmer für kooperative Deutungsprozesse benutzen. Einzelne Elemente, bestimmte *Selbstverständlichkeiten* werden aber erst *in der Form eines konsentierten und zugleich problematisierbaren Wissens* mobilisiert, wenn sie *für eine Situation relevant*

141 Vgl. ebd. 185 f. - Dort veranschaulicht Habermas den Sachverhalt am analogen Beispiel einer Baustellen-Szene.

werden."[142]
Lebenswelt im Verständnis von Habermas ist der im Laufe des Lebens durch Erfahrung, Erziehung, Internalisierung, Lernen, soziale Praxis usw. abgelagerte Vorrat an Wissens- bzw. Überzeugungsinhalten, individuellen Fertigkeiten und sozial eingenisteten Praktiken[143], die nicht problematisiert sind, also nicht erklärt oder bewiesen werden müssen, die vielmehr in Form von Plausibilitäten Eingang finden in die Bewältigung von Situationen und in die dazu angestellten Kommunikationen zwischen den beteiligten Personen. Dadurch erhält das Subjekt Sicherheit im Verhalten und Handeln, da ja das Spezifikum lebensweltlicher Kompetenz darin besteht, daß sie fraglos gilt, daß sie (noch) nicht selbst ein Problem ist.
Damit ist auch die der Lebenswelt immanente Paradoxie formuliert: Die Lebenswelt ist ein Wissensrepertoire, aber sie wird selbst nicht noch einmal - im Sinne einer bewußten Reflexion - gewußt. In dem Moment, in dem lebensweltliche Plausibilitäten zum Gegenstand einer Reflexion gemacht werden, hören sie auf, zur Lebenswelt zu gehören, da sie ja dann problematisiert sind, also selbst Element einer zu definierenden und zu bewältigenden Situation werden. Lebenswelt nach Habermas ist demnach nicht etwas den Menschen Begegnendes, sondern der "im Rücken" tragende Horizont, der aus fraglos gültigen Basisüberzeugungen zusammengesetzt ist.[144]
Dieses Repertoire an Hintergrundüberzeugungen wird über Sprache und kulturelle Überlieferung vergegenwärtigt. Sie bilden gleichsam die "Vehikel" der Bewahrung und Aktualisierung der Lebenswelt. Dies bedeutet: "Sprache und Kultur sind für die Lebenswelt selbst konstitutiv."[145] Somit können Sprache und Kultur für die Kommunikationsteilnehmer nicht in gleicher Weise thematisch vergegenwärtigt, zum Reflexionsinhalt gemacht und ausgehandelt bzw. verändert werden wie die Elemente der Handlungssituationen, also der objektiven, sozialen oder subjektiven Welt. Die Kommunikationsteilnehmer bewegen sich bei ihrem Kommunizieren vielmehr *innerhalb* ihrer Sprache und Kultur, so daß letztere eher den Ermöglichungsgrund der Aktualisierung von lebensweltlichen Vorräten abgeben, also transzendentalen Charakter haben. Dieses unausweichliche Eingebundensein in die Lebenswelt, aufgrund dessen die kommunikativ handelnden Subjekte nicht in einem "Fundamentalakt" aus der Lebenswelt heraustreten und sie übersteigen, somit aber auch die Lebenswelt nicht als Ganze zum Gegenstand der Reflexion machen können wie einen beliebigen einzelnen Sachverhalt, erweist die Lebenswelt als etwas *Transzendentales.*[146]
An diesem Punkt wird erkennbar, daß mit dem Theorem der Lebenswelt im Bezugsrahmen der Habermasschen Theorie der Ermöglichungsgrund für Kommunikation schlechthin thematisiert ist. Vergegenwärtigt man sich weiterhin, daß sich das Subjektsein eines Menschen daran entscheidet, inwiefern ihm die Möglichkeiten gegeben

---

142 Ebd. 188 f.
143 Vgl. ebd. 205.
144 Vgl. ebd. 205.
145 Ebd. 190.
146 Vgl. ebd. 192.

sind, sich als Person und gleichberechtigter Partner im Kommunikationsprozeß zu beteiligen, dann erweist sich die Erhaltung der Lebenswelt bzw. die Bewahrung der Fähigkeit, lebensweltliche Kompetenzen zur Situationsbewältigung abzurufen, als fundamentaler Faktor der Subjektkonstitution.[147]

2.2.2.4 Lebenswelt und Intersubjektivität

Mit dem Lebenswelt-Konzept greift Habermas auf das Verständnis von Lebenswelt bei Alfred Schütz und Thomas Luckmann zurück, die diese bestimmen als jenen "Wirklichkeitsbereich ..., den der wache und normale Erwachsene in der Einstellung des gesunden Menschenverstandes als schlicht gegeben vorfindet. Mit schlicht gegeben bezeichnen wir alles, was wir als fraglos erleben, jeden Sachverhalt, der uns bis auf weiteres unproblematisch ist"[148]. Schütz und Luckmann befinden sich damit ihrerseits in der Tradition von Edmund Husserl, dem ersten Vertreter des Lebenswelt-Theorems, welches von diesem als "das in allem menschlichen Leben immer schon Selbstverständliche"[149] bestimmt wird. Im Gegensatz zu dieser Tradition, bei der er eine Fixierung auf das egologische Bewußtsein ausmacht, welche die Lebenswelt nur als subjektive Bedingung der Erfahrung der konkreten Lebenssituation durch einen einzelnen erfaßt, will Habermas die Konstitution von Lebenswelt als einen *Prozeß der Intersubjektivität* verstehen. Lebenswelt ist folglich kein statischer Bestand, sondern Voraussetzung, Inhalt und Ergebnis ihrer permanenten Reproduktion über intersubjektive Interaktionsprozesse.[150] Ihre Konstitution ist ein Prozeß, in dem Subjekte bei der Bewältigung ihrer Handlungssituationen lebensweltliche Orientierungen abrufen, so daß mit jeweils neuen Situationen auch die Lebenswelt neu "aktiviert" wird.
Um diese "Reproduktion der Lebenswelt"[151] in ihren Konturen zu veranschaulichen, greift Habermas auf die von ihm eingeführte Unterscheidung zwischen drei Aktor-Welt-Beziehungen zurück, wonach sich Subjekte in ihrem Handeln auf eine objektive, soziale und subjektive Welt beziehen können (s. 2.2.2.3). Analog dazu nimmt er entsprechende Reproduktionsvorgänge hinsichtlich der Lebenswelt an.
Wenn sich erstens Interaktionsteilnehmer auf die *objektive Welt* beziehen und sich über die damit gegebene Situation verständigen, dann stehen sie mit ihrem Wissen in einer Wissenstradition, welche in ihrer Kultur in Bezug auf den jeweiligen objektiven Sachverhalt ausgebildet worden ist, und sie benützen und erneuern dieses überlieferte kulturelle Wissen. Es kommt zur "*kulturellen Reproduktion* der Lebenswelt", in der neu auftretende Situationen auf dem Weg der sprachlichen Kommunikation für die vorgegebenen lebensweltlichen Muster definierbar werden. Die Kontinuität der Überlieferung

---

147 Vgl. **Kuhnke, U.**: Koinonia, 25.

148 **Schütz, A./Luckmann, T.**: Strukturen der Lebenswelt, Band 1, 25.

149 **Husserl, E.**: Die Krisis der europäischen Wissenschaften, 126.

150 Vgl. **Habermas, J.**: Theorie des kommunikativen Handelns, Band 2, 196, 198.

151 Ebd. 208.

des als gültig akzeptierten Wissens wird über den Aufweis des Relevanzzusammenhangs dieses Wissens mit der zu verarbeitenden Situation stabilisiert.
Wenn sich zweitens Interaktionsteilnehmer dadurch auf die *soziale Welt* beziehen, daß sie ihre Handlungen durch gegenseitige Kritik und Anerkennung koordinieren, dann berufen sie sich auf die Normen der sozialen Integration und Solidarität in der jeweiligen Gruppe und stabilisieren gleichzeitig diese Integrations- und Solidaritätsnormen. Es kommt zur "*sozialen Integration* durch die Lebenswelt", in der neu auftretende Situationen aufgrund der in ihnen bestätigten intersubjektiven Akzeptanz die Zugehörigkeit zur sozialen Gruppe erneut als plausibel erkennen und erleben lassen. Dadurch werden diese neuen Situationen für die vorgegebenen lebensweltlichen Muster definierbar. Die Koordinierung von Handlungen, die diesbezüglich in interpersonalen Beziehungen ausgehandelten und akzeptierten Vereinbarungen und die dadurch konstituierte Identität von Gruppen werden stabilisiert.
Wenn sich drittens Interaktionsteilnehmer auf die *subjektive Welt* beziehen, indem sie die ihnen eigentümlichen Wissens-, Erfahrungs- und Erlebnisgehalte in das Interaktionsgeschehen einbringen und sie mit den Erwartungen der sozialen Gruppen abstimmen, dann übernehmen sie deren Wertorientierungen und erwerben die Kompetenz zur weiteren Beteiligung am Interaktionsgeschehen der Gruppen. Es kommt zur "*Sozialisation* der Angehörigen einer Lebenswelt", in der neu auftretende Situationen für die mitgebrachten lebensweltichen Muster definierbar werden, weil Handlungskompetenz an hinzukommende oder heranwachsende Menschen weitervermittelt bzw. für zukünftige Interaktionen gesichert wird. Personale Identität, das Vermögen, sich mit der eigenen, individuellen Lebensgeschichte in kollektiven Lebensformen auf eine stimmige Weise zu verhalten, wird ausgebildet.[152]
"Diesen Vorgängen der *kulturellen Reproduktion*, der *sozialen Integration* und der *Sozialisation* entsprechen die *strukturellen Komponenten* der Lebenswelt Kultur, Gesellschaft und Person. *Kultur* nenne ich den Wissensvorrat, aus dem sich die Kommunikationsteilnehmer, indem sie sich über etwas in einer Welt verständigen, mit Interpretationen versorgen. *Gesellschaft* nenne ich die legitimen Ordnungen, über die die Kommunikationsteilnehmer ihre Zugehörigkeit zu sozialen Gruppen regeln und damit Solidarität sichern. Unter *Persönlichkeit* verstehe ich die Kompetenzen, die ein Subjekt sprach- und handlungsfähig machen, also instandsetzen, an Verständigungsprozessen teilzunehmen und dabei die eigene Identität zu behaupten."[153]
Damit ist deutlich geworden, daß die Lebenswelt nicht nur die Möglichkeitsbedingung subjektkonstitutiven,' kommunikativen Handelns darstellt, sondern daß ihre eigene Konstitution und Reproduktion auf verständigungsorientiertes Handeln, also auf subjektkonstitutive Kommunikation angewiesen ist. Lebenswelt zeigt sich so - im Sinne von Habermas - als die Basis der Subjektkonstitution durch Intersubjektivität. Sie bildet den Kontext für die Kommunikationsprozesse, "in denen die jeweiligen Handlungssubjekte

152 Vgl. ebd. 208 f., 212 f.

153 Ebd. 209.

sich verständigen, Normen und Geltungsansprüche aushandeln"[154] können.

2.2.2.5 Rationalität der Lebenswelt und Komplexität des Systems

Die Lebenswelt als Basis der Subjektkonstitution ist bedroht. Lebenswelt ist nicht einfach nur eine aus der Binnenperspektive der handelnden Subjekte wahrgenommene Orientierungsinstanz. Sie steht auch - wie oben schon angedeutet - unter den Einflüssen der Gesellschaft, die nicht mit ihr identisch und nicht nur Raum für kommunikatives Handeln zwischen Subjekten ist. Die Gesellschaft wirkt auch als ein System, das sich aus funktionalen Wechselwirkungen zwischen den Subsystemen bzw. zwischen Subsystemen und Menschen zusammensetzt und dadurch für die Angehörigen einer Lebenswelt Folgen zeitigt, die nicht von deren Absichten bzw. den lebensweltlichen Plausibilitäten gedeckt sind. Menschen werden nicht nur über soziale Kompetenz und Akzeptanz, sondern auch über systemische Funktionen in die Gesellschaft integriert.[155]

Mit dem Hinweis auf die Systemintegration ist nach der Lebenswelt das zweite Eckdatum der Kolonialisierungsthese formuliert. Habermas rezipiert dabei Elemente der Systemtheorie Niklas Luhmanns und versucht eine Vermittlung seines handlungstheoretischen Ansatzes mit derselben.[156]

In beiden, in der Lebenswelt wie im System, sind Veränderungen zu beobachten, die sich als *Rationalisierung der Lebenswelt* und *Komplexitätssteigerung des Systems* beschreiben lassen.[157]

Die Lebenswelt ist, wie beschrieben, als Vorrat unproblematisierter, Sicherheit gebender Hintergrundüberzeugungen zu verstehen, die den alltäglichen Kommunikationen der Menschen eine Konsensbasis bieten. In der modernen Gesellschaft zeichnet sich nun ab, daß unter anderem im Zuge der Individualisierung der Lebensformen, der Pluralisierung der Lebensorientierungen und der erhöhten regionalen wie sozialen Mobilität dieser Vorrat an lebensweltlichem Wissen schrumpft. Aufgrund der Notwendigkeit, sich flexibel auf immer neue Lebenssituationen einstellen zu müssen, kommen viele unproblematisierte Verhaltens- und Denkmuster aus dem lebensweltlichen "Hintergrund" in den bewußten "Vordergrund". Bisher Unproblematisches wird zum Problem, weil abgewogen und entschieden werden muß, welche Verhaltens- und Denkmuster situationsangemessen sind. Der Bedarf an einem rationalen Überdenken der Lebenswelt-Muster wächst. *Die Lebenswelt wird "rationalisiert"*[158].

---

[154] **Steinkamp, H.**: Sozialpastoral, 51.

[155] Vgl. **Habermas, J.**: Theorie des kommunikativen Handelns, Band 2, 225 f. (s. 2.2.2.2).

[156] Die Grundzüge der hier relevanten Ausformulierung der Luhmannschen Systemtheorie sind in Punkt 3.1.2 dargestellt. Zum Verständnis der folgenden Gedankengänge Habermas' ist auf die dortigen Ausführungen zu verweisen.

[157] Vgl. **Habermas, J.**: Theorie des kommunikativen Handelns, Band 2, 232.

[158] Vgl. ebd.

"Der wachsende Rationalitätsdruck, den eine problematisierte Lebenswelt auf den Verständigungsmechanismus ausübt, erhöht den Verständigungsbedarf, und damit nehmen der Interpretationsaufwand und das (mit der Inanspruchnahme von Kritikfähigkeiten steigende) Dissensrisiko zu."[159] Die Menschen in einer modernen Gesellschaft sind folglich in ihrer lebensweltlichen Verständigung überfordert. Das, was ihnen im Verhalten und Handeln gegenüber bzw. mit anderen Menschen Sicherheit gibt, nämlich die unbefragte Gültigkeit der lebensweltlichen Vorgaben, schwindet. Sie sind darauf angewiesen, ihr gesellschaftliches Leben bewußter und differenzierter zu regeln. Das gesellschaftliche Leben muß zunehmend umgestellt werden von lebensweltlicher auf systemische Regulierung.[160] Die Ansprüche an die Gesellschaft und ihre Teilsysteme, regulierende Mechanismen auszubilden, werden höher. Es kommt zur *Komplexitätssteigerung des Systems.*
Die Veränderungen gehen nun aber nicht nur im jeweiligen Binnenbereich von System und Lebenswelt vonstatten. Sie bringen auch eine Veränderung im Verhältnis *zwischen* System und Lebenswelt mit sich, "beide differenzieren sich gleichzeitig auch voneinander"[161]. Es kommt zu einer *"Entkoppelung von System und Lebenswelt"*[162]. Auf der einen Seite macht sich der ganze, zunehmend unüberschaubare Gesamtkomplex von Gesellschaftssystem und -subsystemen von der Lebenswelt unabhängig. Die Menschen sind immer weniger imstande, anhand ihrer lebensweltlichen Kompetenzen die Systemmechanismen zu lenken und für sich zu instrumentalisieren. Die Systeme werden autonom.[163] Auf der anderen Seite degeneriert die Lebenswelt immer mehr zu einem bloßen "Reservat" neben den sich vermehrenden und komplexer werdenden Teilsystemen; sie bekommt "provinziellen" Charakter.[164]

2.2.2.6 Systemische Kolonialisierung

Die hier dargestellten Zusammenhänge führen nun zur These der *"Kolonialisierung der Lebenswelten"*. Die Mechanismen der verselbständigten Systeme sperren sich gegen eine Steuerung durch die lebensweltlichen Ressourcen der Menschen. Die von den Systemen getragenen Lebenszusammenhänge werden den lebensweltlichen, in der gemeinsamen Alltagspraxis gebildeten und von der individuellen Person akzeptierten Normen entzogen und unterliegen einer "Versachlichung: das Gesellschaftssystem sprengt definitiv den lebensweltlichen Horizont, entzieht sich dem Vorverständnis der kommunikativen Alltagspraxis"[165]. Auch die zur Konsensbildung vollzogene sprachliche Kommunika-

159 Ebd. 272.
160 Vgl. ebd. 232.
161 Ebd. 230.
162 Ebd.
163 Vgl. ebd.
164 Vgl. ebd. 258.
165 Ebd.

tion im speziellen Sinn ist für die Steuerung der systemischen Mechanismen nicht mehr ausreichend. Die Systeme bilden ihrerseits eigene entsprachlichte Kommunikationsmedien (Geld, Macht, Angebot-Nachfrage usw.), so daß sie bei der Steuerung gesellschaftlichen Lebens vom lebensweltlich getragenen, verständigungsorientierten Handeln der Menschen unabhängig werden und umgekehrt identitätsbildende, sozialintegrative Kommunikationsformen verdrängen. Die entsprachlichten Kommunikationsmedien, also die Mittel der gegenseitigen Regulierung von Verhalten und Handeln ohne sprachliche Kommunikation, werden vor allem von den Kräften der wirtschaftlichen und staatlich-bürokratischen Subsysteme eingesetzt. Es entstehen Kommunikationsstrukturen, die von den Ansprüchen der lebensweltlich ausgebildeten Normen, Werte und Plausibilitäten frei sind. Diese "Umstellung der Handlungskoordinierung von Sprache auf Steuerungsmedien bedeutet eine Abkoppelung der Interaktion von lebensweltlichen Kontexten. ... die Lebenswelt wird für die Koordinierung von Handlungen nicht länger benötigt."[166] Dadurch kehrt sich das Verhältnis der Steuerung um: Menschen gestalten nicht mehr systemische Mechanismen nach der Maßgabe ihrer Sozialbeziehungen, sondern systemischen Mechanismen wird es ermöglicht, Sozialbeziehungen nach externen Interessen über Medien zu steuern.[167]
Problematisch wird diese Entwicklung vor allem dadurch, daß System und Lebenswelt nicht einfach als zwei voneinander unabhängige Instanzen stehen bleiben, sondern daß das System mit seinen Mechanismen in die Lebenswelt selbst eingreift, um diese im Sinne der jeweiligen Funktionen zugunsten der systemisch intendierten Effekte zu instrumentalisieren. "Heute dringen die über die Medien Geld und Macht vermittelten Imperative von Wirtschaft und Verwaltung in Bereiche ein, die irgendwie kaputt gehen, wenn man sie vom verständigungsorientierten Handeln abkoppelt und auf solche mediengesteuerten Interaktionen umstellt."[168] Dieses "Eindringen von Formen ökonomischer und administrativer Rationalität in Handlungsbereiche, die sich der Umstellung auf die Medien Geld und Macht widersetzen, weil sie auf kulturelle Überlieferung, soziale Integration und Erziehung spezialisiert sind und auf Verständigung als Mechanismus der Handlungskoordinierung angewiesen bleiben"[169], der Vorgang also, in dem sich das System gleich einer Kolonialmacht der eingestammten Lebensformen der Menschen zu eigenen Gunsten bemächtigt, ist der Bedeutungsgehalt des Theorems "Kolonialisierung der Lebenswelten".
Als mustergültiges Anschauungsbeispiel dieses Sachverhalts dient nach wie vor der Lebenskomplex Konsum und Konsumwerbung. Was und wie konsumiert wird, ist nicht so sehr das Ergebnis eines Entscheidungsprozesses, in dessen Verlauf das handelnde Subjekt auf dem Hintergrund der lebensweltlichen Plausibilitäten und in Abstimmung seiner Ansprüche mit anderen Kommunikationspartnern über die jeweils anstehende Möglichkeit des Konsums befinden würde. Es ist vielmehr das Ergebnis eines Me-

---

[166] Ebd. 273.

[167] Vgl. ebd. 230 f.

[168] **Habermas, J.**: Dialektik der Rationalisierung, 189.

[169] **Habermas, J.**: Theorie des kommunikativen Handelns, Band 2, 488.

chanismus, in dem das Subsystem Wirtschaft über das Medium Angebot-Nachfrage beim Adressaten eine Überzeugung suggeriert, welche seine lebensweltlichen, d.h. im Laufe des Lebens authentisch angeeigneten Überzeugungen außer Kraft setzen und den Konsum des angepriesenen Produkts als plausibel erscheinen lassen soll. So ist es denkbar, daß ein Werbespot für eine Zeitschrift, der mit dem Ausruf: "Die muß ich haben!" endet, bei einem Menschen tatsächlich die Überzeugung auslöst, er müsse *diese* Zeitschrift haben, während sich bei einer auf dem Hintergrund des lebensweltlichen Wissens vorgenommenen Abwägung der eigenen Bedürfnisse und Möglichkeiten vielleicht herausstellen würde, daß eine andere Zeitschrift dem betreffenden Menschen einen besseren Dienst erweisen könnte. Fatal wirkt sich dieser Steuerungsmechanismus dadurch aus, daß dabei eine Kommunikation zwischen Anbieter und Konsument als scheinbar gleichgeordneten Partnern vorgetäuscht wird, während die Kommunikation jedoch einseitig zugunsten des ersteren strukturiert ist: Das anbietende Subsystem, im genannten Beispiel der Zeitschriftenverlag, vereinnahmt, "kolonialisiert" das lebensweltliche Wissen des Konsumenten, daß es gut ist, eine Zeitschrift zu lesen, und instrumentalisiert es für sich in Form der suggerierten Überzeugung, daß es gut sei, *seine* Zeitschrift zu lesen.
Solche Kolonialisierung der Lebenswelten hat destruktive Qualität, da sie an die Stelle der Orientierung an der Subjektkonstitution durch kommunikatives Handeln die Orientierung am systemstabilisierenden Erfolg durch Steigerung der Handlungseffekte setzt. Der Mensch ist hier als eine Variable der Durchsetzung von Systeminteressen verrechnet. Sein Subjektsein ist dagegen nicht nur irrelevant, sondern muß als störender Widerstand tendenziell eliminiert werden. Somit zeigt sich die Kolonialisierung der Lebenswelten als "*strukturelle Gewalt*, die ... über eine systematische Einschränkung von Kommunikation ausgeübt"[170] wird. Die Gewaltförmigkeit des so beschriebenen Mechanismus wird am Beispiel der Arbeitswelt anschaulich. Die in ihr vorherrschenden Mechanismen der Kapazitäts- und Gewinnsteigerung brachten unter anderem eine überregionale Strukturierung der Arbeitsprozesse mit sich. Dementsprechend gelten Flexibilität, Mobilität und personale Ungebundenheit als Bedingungen eines erfolgreichen Einstiegs in das Arbeitsleben. Letzteres bedeutet aber nichts anderes, als daß jemand, der eine ihm entsprechende Arbeitsstelle sucht, zunehmend bereit sein muß, sich von Kontexten zu lösen, in denen er bislang seine identitätskonstitutiven Sozialbeziehungen aufbaute.

2.2.2.7 Die Tendenz: Verschärfung von Benachteiligungen

Natürlich bleibt auch die Behandlung der Theoreme "System" und "Lebenswelt" durch Jürgen Habermas anfragbar. So verleiht Habermas' Rede von "System" den Gesellschaftssystemen eher die Züge ominöser Mächte, deren Einwirken auf die Lebenswelt des Menschen als ein unausweichliches, unabwendbares Schicksal erscheint und die

[170] Ebd. 278.

dem kritischen Zugriff des Menschen entzogen bleiben.
Demgegenüber wäre zunächst darauf hinzuwirken, daß die Rede von "System und Lebenswelt" nicht in den Stil einer "Schwarz-weiß-Malerei" abfällt. Daß sich die Gesellschaft in Systeme ausdifferenziert, ist nicht pauschal als eine Fehlentwicklung zu deklarieren. Die Verbesserung der Lebensqualität und viele neue Lebensmöglichkeiten verdanken sich der effektvolleren Steuerung des gesellschaftlichen Lebens durch Ausbildung spezifizierter Leistungen in entsprechend spezialisierten Systemen. So bietet z.B. das ausgebaute Konsumsystem etwa hinsichtlich der Lebensmittel nicht nur erhöhten Druck, solche zu konsumieren, sondern auch zusätzliche Möglichkeiten, den Lebensmittelkonsum differenzierter und somit auch gesünder zu gestalten. Umgekehrt darf die Lebenswelt und die Einbettung des Menschen in sie nicht sozialnostalgisch verklärt werden. Die Kehrseite der Stabilisierung durch die Lebenswelt war eben auch die Bindung an und Abhängigkeit von der Lebenswelt, wodurch sich z.B. die Chancen, benachteiligende Lebensbedingungen zu überwinden, in Grenzen hielten.[171]
Weiterhin stellt sich "die Frage nach der Möglichkeit einer gestaltenden und umgestaltenden Einflußnahme auf das System von Seiten der Lebenswelt. Wir kommen hinter die Differenzierung von System und Lebenswelt nicht zurück. Die Frage ist nur, ob das System so mächtig wird, daß es kolonialisierend über die Lebenswelt hinweggeht oder ob ... und inwiefern die Möglichkeit der Stärkung von Lebenswelten besteht. Ob sogar darüber hinaus noch ... humanisierend auf Gestaltung von Systemen Einfluß genommen werden kann".[172] Da die Systemmechanismen ihrerseits ja auch von Menschen geplant, in Gang gesetzt und gesteuert sind, wären Habermas' Analysen zum System-Lebenswelt-Zusammenhang vielleicht dahingehend weiterzuentwickeln, daß die Subjekte, welche die Systemmechanismen initiieren oder tragen, d.h. auch verantworten, als eben solche Subjekte wahrgenommen werden. Dadurch wäre die Einwirkung des Systems auf die Lebenswelt nicht als anonyme Macht, sondern als machtförmiger Interaktionsprozeß zwischen Menschen dechiffrierbar. Dies wiederum würde Ansatzpunkte für eine Kritik und Korrektur der Systemmechanismen offenlegen, wo aus der Perspektive der vom System betroffenen Menschen dazu Anlaß besteht.
Erst unter dieser Perspektive stellt sich auch heraus, daß der Globaltrend der "Kolonialisierung der Lebenswelten" diakonierelevanten Charakter hat. Die Ausdifferenzierung von komplexen Systemen einerseits und von Lebenswelten andererseits zieht auch eine Differenzierung gesellschaftlicher Gruppen mit sich. Gruppen, denen die Systemmechanismen zugute kommen, stehen denjenigen Gruppen gegenüber, die darunter leiden. Die Systemmechanismen so zu gestalten, daß sie Vorteile bringen, vermögen diejenigen, die die dazu nötigen Mittel, also insbesondere Macht und Geld, haben. Unter den Systemmechanismen leiden müssen dagegen solche Personen, denen derartige Mittel nicht, zumindest nicht in ausreichendem Maße zur Verfügung stehen, gegen die sich Systemmechanismen als Objekte der Vereinnahmung richten und die sich aufgrund destabilisierter Lebenswelten immer weniger dagegen wehren können.

---

171 Vgl. **Mette, N.**: Was bedeutet das Konzept von "System und Lebenswelt", 41.
172 Ebd.

Die "Kolonialisierung der Lebenswelten" ist also nicht einfach die Beschreibung von Abläufen zwischen System und Lebenswelt als abstrakten Größen, sondern ein Mechanismus der Divergenz von Privilegierung und Benachteiligung von Menschen. Da nun Systemen die Tendenz der Selbsterhaltung, d.h. der Stabilisierung und Expansion der Systemmechanismen, eignet, ist mit der "Kolonialisierung der Lebenswelten durch Systeme" ein Prozeß beschrieben, in dessen Verlauf sich Benachteiligungen von Menschen verschärfen. Die These veranschaulicht, daß Systemmechanismen, gesteuert von den Interessen der über sie herrschenden Menschen, die Lebensmöglichkeiten von anderen Menschen einschränken und folglich letztere durch Deformierungen und Benachteiligungen zu Opfern ihrer Zwänge machen können. Die "Kolonialisierung der Lebenswelten" zeigt sich so als Vorgang der Subjektdestruktion.
Analog zum Individualisierungstheorem veranlaßt auch die Analyse des Wirkzusammenhangs zwischen System und Lebenswelt in Gestalt der These der "Kolonialisierung der Lebenswelten" zu dem Fazit, daß gerade aufgrund der Trends der modernen Gesellschaft die kollektive Disposition dieser Gesellschaft zur Erzeugung und zum Erleiden von Notsituationen zunimmt. Damit ist auch hinreichend evident, was bislang nur als implizite Behauptung mitgetragen wurde: Die Frage der Individualisierung und der Kolonialisierung der Lebenswelten ist eine Frage der Diakonie.

2.2.3 Fazit: Die Frage nach der Diakonie im Trend der Gesellschaft

Allem Anschein nach liegt also die Diakonie im Sinne der helfenden Zuwendung zu notleidenden Menschen tatsächlich im Trend der Gesellschaft. Es gibt vermehrten Bedarf an Diakonie, weil es vermehrt Opfer gesellschaftlicher Prozesse gibt, wie sie anhand der Armutsentwicklung, der Individualisierung und der Kolonialisierung der Lebenswelten exemplarisch beschrieben worden sind.[173] Diese Formulierung ist freilich gefährlich. Sie könnte den Eindruck erwecken, als würden die Zunahme von Armut bzw. die gesellschaftlichen Trends der Individualisierung und Kolonialisierung der Lebenswelten begrüßt, weil durch die von ihnen mitverursachten Sozialpathologien die "Leistungsangebote" der Diakonie auf eine erhöhte Nachfrage stoßen. Es ist offensichtlich, daß dieses Denken nicht hinter der Frage stehen darf, ob sich die Diakonie im Trend der Gesellschaft befinde. Es fragt in egologischer Denkrichtung nach den dem eigenen Interesse zugute kommenden Effekten der Notsituation, bewirkt somit eher deren Stabilisierung als deren Beseitigung und bleibt dadurch in der Perspektive der betroffenen Menschen zynisch. Die Feststellung, daß der Diakonie in den momentan beobachtbaren Trends der Gesellschaft erhöhte Aktualität zukommt, kann aber darüber hinaus noch zu anderen Überlegungen Anlaß geben. Insbesondere kann und muß überlegt werden, ob und inwiefern die Diakonie mit ihren gegenwärtigen Praxisformen selbst diese gesellschaftlichen Trends mitträgt, d.h. ob sie selbst durch ihre Praxismuster und Strukturen, etwa durch die Ausgliederung diakonischer Hilfepraxis aus den ange-

---

173 Vgl. ebd.

stammten Lebenszusammenhängen, die in ihr in Erscheinung tretenden Menschen individualisiert, ob sie sich selbst gelegentlich als kolonialisierendes System gebärdet[174] und ob sie so die Notlagen mitverursacht, die zu beseitigen sie vorgibt. Im Gegenzug gilt es zu überlegen, ob die Diakonie ihre erhöhte Aktualität als erhöhte Herausforderung begreift, diese Trends der Gesellschaft kritisch zu analysieren, ihre pathologischen Wirkungen aufzudecken und an der Beseitigung ihrer systemischen Ursachen mitzuwirken. Dabei verbietet sich allerdings eine vorurteilsbehaftete Schematisierung, wonach die institutionalisierte Diakonie, vor allem der Wohlfahrtsverbände, die systemkonforme und die institutionenungebundene, Diakonie der Gemeinden und privaten Initiativen, die systemkritische Diakonie wäre.
In diesem Sinn ist die Aussage, die Diakonie befinde sich im Trend der Gesellschaft, zunächst und vor allem Anlaß zur kritischen Selbstreflexion der gegebenen diakonischen Praxis. Die mit der Überschrift formulierte Frage "Diakonie im Trend der Gesellschaft?" ist also differenzierter zu beantworten. Besser, weil die selbstkritische Reflexion der diakonieeigenen Funktion in der Gesellschaft mitanzeigend, wäre die Formulierung, daß sich die *Frage nach der Diakonie* im Trend der Gesellschaft befindet.

174 Vgl. ebd.

2.3 Erwartungen an die Kirche

Der Feststellung, daß sich die Frage nach der Diakonie im Trend der Gesellschaft befindet, entsprechen auch die Ergebnisse der kirchensoziologischen Studien der letzten zwanzig Jahre. Eine Quintessenz dieser Erhebungen kann darin gesehen werden, daß sowohl bei Kirchenmitgliedern wie bei Kirchendistanzierten bzw. Nichtmitgliedern, sowohl im katholischen wie im evangelischen Bereich die diakonische Praxis der Kirche[175] eine signifikante, d.h. durchgehende und im Vergleich zu anderen Praxisdimensionen überdurchschnittlich hohe Anerkennung erfährt. Weiterhin wird praktisch unterschiedslos von allen Gruppen der Befragten die Aufrechterhaltung und sogar Ausweitung des diakonischen Engagements der Kirche für die Zukunft erwartet.

2.3.1 Vorbemerkungen zum problematischen Verhältnis zwischen Diakonie und empirischer Kirchensoziologie

Im folgenden sollen die Erwartungshaltungen in Hinblick auf das diakonische Engagement der Kirche anhand der Ergebnisse empirischer Untersuchungen veranschaulicht werden. Allerdings haben manche kirchensoziologischen Studien bezüglich der Diakoniethematik nur begrenzten Aussagewert. Ihre Problematik besteht nämlich darin, daß sie theologische Vorentscheidungen mittransportieren, die viele der zwar gängigen, aber oft bedenklichen kirchlichen und theologischen Denkmuster hinsichtlich der Diakonie reproduzieren und somit die Aussagen der Befragten im Sinne dieser Denkmuster lenken. So wird z.B. in den Formulierungen der Erhebungsfragen noch weitgehend der diakonische Einsatz für Benachteiligte vom politischen Engagement getrennt.[176] Ein anderes ergebnisleitendes Muster besteht darin, daß die diakonische Praxis überhaupt nicht als kirchlich-religiös identifiziert wird und im Frageinstrumentarium nur in "profanisierter" Form als "Sozialarbeit" oder als Brückeninstanz zwischen Kirche und Gesellschaft auftaucht, Angaben über die Beteiligung am kirchlichen Leben bzw. über die christliche Glaubenspraxis dagegen nur über Fragen nach den sogenannten "explizit religiösen"

175 Im folgenden Abschnitt wird bewußt undifferenziert von *der Kirche* im Singular gesprochen. Damit soll keineswegs übersehen oder verneint werden, daß gerade in Form der Diakonie-Verbände die diakonische Praxis die Kirche in ihren verschiedenen konfessionellen Denominationen in Erscheinung treten läßt. Es lassen sich aber in den darzustellenden Untersuchungsergebnissen keine nennenswerten Unterschiede zwischen den Erwartungen der katholischen und der evangelischen Befragten erkennen. Weiterhin muß berücksichtigt werden, daß, abgesehen von einem geringfügigen Anteil eng kirchengebundener, extrem konfessionsspezifisch sozialisierter Kirchenmitglieder, die Befragten die Kirche eben nicht dezidiert in ihren konfessionellen Verfaßtheiten wahrnehmen und somit ihre Erwartungen nicht bewußt an die jeweilige Konfession richten, sondern selbst in ihren alltagsweltlichen Denkmustern und Artikulationen, gerade auch in ihren Erwartungs- bzw. Distanzierungsäußerungen, unspezifisch von "der Kirche" sprechen.

176 Vgl. stellvertretend **Schmidtchen, G.**: Zwischen Kirche und Gesellschaft, 6, 209 f.

Vollzügen, vor allem dem Gottesdienstbesuch und der Gebetspraxis, erhoben werden.[177] Freilich stellen sich die Studien damit auf eine Praxis ein, die bereits von diesen Mustern geprägt ist und als solche auch wahrzunehmen ist. Allerdings muß man sich bewußt sein, daß die so arbeitende traditionelle Kirchensoziologie immer weniger geeignet ist, das anwachsende Spektrum derjenigen kirchlichen und religiösen Vollzugsformen zu erfassen, die nicht den etablierten Mustern entsprechen.

Darüber hinaus ist es bedauerlich, daß gerade jene beiden Veröffentlichungen empirischer Untersuchungsergebnisse zur Bedeutung von Religion und Kirche in der modernen Gesellschaft, welche zum einen Daten aus jüngerer Zeit liefern würden und zum anderen auch öffentliche Aufmerksamkeit erreichten, hinsichtlich der Diakonie ohne Aussagewert bleiben. In der von Renate Köcher unter dem Gesichtspunkt Religiosität vorgenommenen Auswertung der vom "Institut für Demoskopie Allensbach" durchgeführten internationalen Wertestudie[178] kommt der Aspekt "Diakonie" nicht vor. Selbst der dort gewählte fragwürdige Modus, die kirchlich-religiösen Orientierungen über die zehn Gebote "abzufragen", wurde nicht zum Anlaß genommen, die Diakonie wenigstens über das Doppelgebot der Gottes- und Nächstenliebe zu thematisieren. Die Ergebnisse der Untersuchung "Religion im Leben der Österreicher 1970-1990", veröffentlicht von einer Forschungsgruppe um Paul Michael Zulehner[179], bringen zwar diakonische Aspekte zur Sprache, aber nur in Form der Angabe von Defiziten unter der Fragestellung, welche Folgen es hätte, wenn es keine Kirche mehr gäbe[180]. Die bloße "via-negativa"-Thematisierung der Diakonie stellt hier den Verlust der Diakonie lediglich als bedauerlichen Nebeneffekt dar und suggeriert somit die Diakonie als eine Nebensache. Auf die positiv formulierte Frage nämlich, welche Aufgaben der Kirche wichtig und somit für das Kirchesein konstitutiv seien, findet man nur Antworten aus den Bereichen Verkündigung, Gottesdienst, Sakramente, Religionsunterricht, Beerdigung und Kirchenbau[181], was aber dadurch bedingt ist, daß Zulehner selbst in seinem Frageinstrumentarium zur Erhebung der positiven Erwartungen keine anderen Items vorgesehen hatte[182]. Die Diakonie wurde also bereits in der Anlage der Untersuchung ausgeblendet.

Speziell für die Bildung einer der gesellschaftlichen Situation wie auch den theologischen Kriterien angemessenen Diakonietheorie scheint also die konventionelle Kirchensoziologie ungeeignet zu sein. Viele der einschlägigen Untersuchungen erweisen sich als eigentümlich diakonievergessen oder reproduzieren ein überholtes Diakonieverständnis, das gerade Bestandteil jener Problematik ist, die zu überwinden das Ziel der diakonietheologischen Rezeption solcher soziologischen Untersuchungen sein sollte.

---

177 Vgl. stellvertretend **Köcher, R.**: Religiös in einer säkularisierten Welt, 173-184. - Dort findet sich die Identifizierung von christlicher Glaubenspraxis mit dem Vollzug christlicher Rituale bzw. von Kirchlichkeit mit der Bereitschaft zum Gottesdienstbesuch in einer überdeutlichen Weise.

178 Vgl. **Köcher, R.**: Religiös in einer säkularisierten Welt.

179 Vgl. **Zulehner, P.M. u.a.**: Vom Untertan zum Freiheitskünstler.

180 Vgl. ebd. 147.

181 Vgl. ebd. 140 f.

182 Vgl. ebd. 294.

2.3.2 Diakonie als Glaubwürdigkeitsindiz der Kirche - Die Untersuchungen von Gerhard Schmidtchen

Die Akzeptanz des diakonischen Engagements der Kirche belegen bereits die in den 70er Jahren von Gerhard Schmidtchen durchgeführten Untersuchungen.[183] Deren erste[184], die zur Vorbereitung der in Würzburg tagenden Gemeinsamen Synode der Bistümer in der Bundesrepublik Deutschland diente, zeitigt zunächst ein ziemlich eindeutiges Ergebnis. Sowohl kirchennahe wie auch kirchendistanzierte[185] Katholiken und Katholikinnen erwarteten von der Kirche ein Engagement vor allem in den Bereichen, die - ohne daß im Frageinstrumentarium der Begriff "Diakonie" verwendet worden ist - als diakonisch identifizierbar sind.
Auf die Frage, wozu die Kirche da sei (s. Tabelle 4 auf der nächsten Seite), erhielten von neun Antwortmöglichkeiten die vier diakonierelevanten Erwartungshaltungen unabhängig vom Grad der Kirchenbindung die höchste Zustimmung: 55 % aller katholischen Kirchenmitglieder hielten es für wichtig, daß die Kirche die Politiker zu Gerechtigkeit und Frieden auffordert; 49 % erwarteten Beistand in seelischer Not; 48 % wünschten sich den Einsatz für ein menschenwürdiges Leben aller bzw. für soziale Gerechtigkeit und 37 % hielten es für einen Auftrag der Kirche, sich für einen brüderlicheren Umgang der Menschen einzusetzen. Bestätigt wurde diese Erwartungshaltung dadurch, daß damals 86 % der Befragten der Meinung waren, die Kirche dürfe Aufgaben der Sozialarbeit und der Fürsorge (als Beispiele wurden genannt: Krankenpflege, Waisenhäuser, Kindergärten, Altenhilfe, Gastarbeiterhilfe, Straffälligenhilfe und Behindertenarbeit) nicht allein dem Staat überlassen[186], oder daß ein beträchtlicher Teil (39 %) ein stärkeres Engagement der Kirche in der Entwicklungshilfe erwartete.[187]

183 Vgl. **Schmidtchen, G.**: Zwischen Kirche und Gesellschaft; **ders.**: Umfrage unter Priesteramtskandidaten; **ders.**: Was den Deutschen heilig ist.

184 Vgl. **Schmidtchen, G.**: Zwischen Kirche und Gesellschaft. - Bei dieser Untersuchung wurden zum einen in der Zeit vom 1.5. bis 30.6. 1970 alle Katholiken und Katholikinnen der Bundesrepublik Deutschland ab 16 Jahre befragt. Zum anderen fanden in der Zeit vom 14.4. bis 6.5. 1970 und vom 25.11.1970 bis 31.3.1971 Kontrollerhebungen bei 4000 Katholikinnen und Katholiken statt.

185 Als Indikator für Kirchennähe und -distanz diente bei den Untersuchungen von Schmidtchen die Häufigkeit des Gottesdienstbesuchs.

186 Vgl. **Schmidtchen, G.**: Zwischen Kirche und Gesellschaft, 30.

187 Vgl. ebd. 33.

Tabelle 4: "Äußerungen über den Auftrag der Kirche"

FRAGE: „*Unter Katholiken gibt es unterschiedliche Meinungen darüber, wozu die Kirche da ist. Könnten Sie im folgenden bitte immer ankreuzen, ob die Kirche da für Sie ganz besonders wichtig ist, oder wichtig ist oder nicht wichtig.*"
(Angaben in %)

	Katholiken insgesamt	Katholiken mit folgenden Gewohnheiten des Kirchenbesuchs				
		jeden Sonntag	fast jeden Sonnt.	ab und zu	selten	nie
Daß die Kirche die Staatsmänner und Politiker in der Welt zu Gerechtigkeit und Frieden auffordert	55	61	53	55	47	37
Daß die Kirche Menschen in seelischer Not Beistand und Hilfe gibt	49	56	49	47	37	30
Daß die Kirche sich für ein menschenwürdiges Leben aller einsetzt, für soziale Gerechtigkeit	48	52	48	46	44	38
Daß sich die Kirche für einen brüderlicheren Umgang der Menschen miteinander einsetzt	37	43	37	35	31	25
Daß die Kirche die Botschaft Gottes in aller Welt verkündet	36	49	35	26	18	9
Daß die Kirche unter den Christen das Wort Gottes lebendig werden läßt	31	43	30	22	13	9
Daß die Kirche der Verherrlichung und Lobpreisung Gottes dient	25	36	24	19	11	6
Daß die Kirche mich anleitet, das Gute zu tun und das Böse zu lassen	24	32	26	15	10	10
Daß die Kirche für mein persönliches Heil Sorge trägt	14	19	14	9	5	6

Quelle: Schmidtchen, G.: Zwischen Kirche und Gesellschaft, 25.

Schmidtchen selbst fügte diesem Ergebnis Interpretationen an. Er deutete die Präferenz für das diakonische Engagement als "Säkularisierungsanspruch" gegenüber der Kirche[188], stellte Glaubenswirklichkeit und soziale Wohltätigkeit der Kirche einander gegenüber[189] und registrierte die mit hohen Erwartungshaltungen belegte diakonische Praxis nur als die "gesellschaftliche(n) utilitaristische Funktion"[190] der Kirche gegenüber Fernstehenden. In Konsequenz dazu zog er aus der Beobachtung, daß Erwartungen an die Kirche hinsichtlich ihrer diakonischen Tätigkeit unabhängig von der - von ihm so genannten - "spirituellen" Orientierung (Betonung der Bibel, des Gottesdienstbesuches und des Sakramentenempfanges) gegeben waren, den Schluß, daß durch "utilitaristische Anpassung [sc. die Diakonie] ... die Kirche nichts gewinnen könne"[191], da ja - so seine implizite Prämisse - nur die sogenannten "explizit religiösen" Orientierungen die Nähe zur Kirche bestimmen würden. Damit gab Schmidtchen ein bezeichnendes Beispiel dafür, daß die Anlage und Auswertung einer solchen empirischen Untersuchung in hohem Maße von den jeweils mittransportierten Vorentscheidungen abhängt. Die Interpretationsaussagen zu diesen Ergebnissen hätten nämlich deutlich anders lauten müssen, wäre Schmidtchen nicht von der theologischen Prämisse einer Dichotomie zwischen der Diakonie und einer "eigentlichen" Kirchlichkeit oder Religiosität ausgegangen.

Interessant werden solche allgemeinen Erwartungshaltungen aber vor allem durch die in ihnen mitgegebenen Differenzierungen und Nuancierungen. Dabei zeigten sich bereits in der damaligen Umfrage Trends, die auch in der heutigen Diakoniediskussion problematisiert werden. So stellte sich heraus, daß die Akzeptanz der Diakonie überproportional hoch war bei den Kirchenfernen. Auf die Frage: "Was gefällt Ihnen an der Kirche?" erhielt die Antwortmöglichkeit: "Sie ist ein Anwalt für die Schwachen und Unterdrückten" von den sonntäglichen Kirchgängern mit 33 % die zweitniedrigste Zustimmung, von den Kirchenfernen dagegen mit 13 % die höchste Zustimmung.[192] Auch bei der schon erwähnten Frage nach dem Auftrag der Kirche waren die Erwartungen der "Kirchenfernen" bezüglich des diakonischen Engagements zwar an sich niedriger als bei den "Kirchennahen". Setzt man aber bei "Kirchennahen" wie "-fernen" die diakonierelevanten Erwartungen in Proportion zu den anderen Items (Verkündigung, Verlebendigung des Wortes Gottes, Verherrlichung Gottes, Anleitung zum Guten, Heilssorge), dann klaffen bei den Kirchenfernen weiter als bei den Kirchennahen die Erwartungen zugunsten der Diakonie auseinander: Bei den sonntäglichen Gottesdienstbesuchern wies die Erwartungshaltung bezüglich eines Engagements für Frieden und Gerechtigkeit mit 61 % einen etwa dreimal höheren Wert auf als die Erwartung bezüglich der persönlichen Heilssorge, die mit 19 % am niedrigsten angesetzt wurde. Bei denen, die nie den Gottesdienst besuchen, unterschieden sich dagegen die beiden analogen Werte um das

188 Vgl. ebd. 25.

189 Vgl. ebd. 26.

190 Ebd.

191 Ebd. 30.

192 Vgl. ebd. 6.

Sechsfache (37 % und 6 %).[193] Eine weitere Differenzierung besteht darin, daß diese hohen Erwartungen bezüglich der Diakonie nicht in gleichem Maße den Priestern galten. 53 % der Katholiken und Katholikinnen sahen damals die wesentliche Aufgabe des Priesters in der Feier der Messe und in der Sakramentenspendung, aber nur (oder immerhin?) 35 % in der Fürsorge und Caritas.[194] Noch deutlicher ist das Ergebnis bei der Frage, welche Aufgaben dem Priester vorbehalten bleiben sollten: 11 % gaben hier die Caritas an, aber 77 % die Messe und 87 % die Beichte.[195]
Allerdings bedeuten die Erwartungen an die Kirche nicht zugleich die Bereitschaft der befragten Kirchenmitglieder, sich selbst für die Verwirklichung dieser Anliegen einzusetzen: "Verständnis für andere werde durch die Kirche gefördert, erklären 65 Prozent, aber nur 40 Prozent streben das an. 79 Prozent empfinden, daß der Wert, Menschen zu helfen, die in Not geraten, durch die Kirche gefördert werde, aber nur 43 Prozent räumen dem eine große Bedeutung ein. 68 Prozent sagen, für die Gemeinschaft tätig sein, das werde durch die Kirche gefördert, aber nur 17 Prozent wollen das. Für andere Menschen da sein - eine ebenso große Diskrepanz: 73 Prozent meinen, die Kirche sei hier sehr förderlich, 26 Prozent betrachten das als persönliches Ziel."[196] Hier ist ein Anzeichen dafür gegeben, daß sich die Funktionalisierung der Kirche für humanitäre Aufgaben, die von der Gesellschaft nicht bewältigt oder nicht angegangen werden, und die entsprechende Delegationsmentalität im Bewußtsein der Kirchenmitglieder erkennbar niederschlagen.
Den damaligen Erwartungen an die Kirche lag offenbar ein tendenziell apolitisches Verständnis der Diakonie zugrunde. Bei der Erhebung des Wertsystems der deutschen Katholiken und Katholikinnen wurde altruistischen Werten eine signifikant hohe Bedeutung beigemessen. So hielten es jeweils 92 % für wichtig bzw. sehr wichtig, "Menschen zu helfen, die in Not geraten" und "Verständnis für andere zu haben", aber nur 80 % erachteten "soziale Gerechtigkeit" als wichtig. 68 % meinten, es sei wichtig, "für die Gemeinschaft tätig zu sein", aber nur für 58 % war es wichtig, "für eine neue, menschlichere Gesellschaft zu arbeiten".[197] Zwar waren die Akzeptanzwerte für "soziale Gerechtigkeit" und "neue, menschlichere Gesellschaft" nicht gering, aber es fällt auf, daß sie als Forderungen mit politischer Qualität gegenüber den eher individualistisch orientierten Formulierungen wie "Menschen in Not helfen", "Verständnis für andere haben" und "für die Gemeinschaft tätig sein" jeweils um mindestens 10 %-Punkte zurückfielen.
Diese Differenzierungen ändern aber nichts an dem allgemeinen Fazit, daß sowohl bei den Kirchennahen wie bei den Kirchenfernen die Erwartungen an die Kirche bezüglich ihres diakonischen Engagements hoch waren[198] und sich die Intensität der Erwar-

193 Vgl. Tabelle 4: "Äußerungen über den Auftrag der Kirche".
194 Vgl. **Schmidtchen, G.**: Zwischen Kirche und Gesellschaft, 36.
195 Vgl. ebd. 141.
196 Ebd. 57; vgl. ebd 58.
197 Vgl. ebd. 42.
198 Vgl. **Schmidtchen, G.**: Katholiken im Konflikt, 178.

tungshaltung bei zunehmender Kirchenferne zugunsten der Diakonie verschob.[199] Dieser Befund der Umfrage von 1970 bestätigte sich in einer weiteren Untersuchung, die Schmidtchen 1974/75 in Zusammenarbeit mit dem Institut für Demoskopie Allensbach durchführte.[200] In einer Frage dieser Erhebung (s. Graphik 5 auf der nächsten Seite) wurden Anliegen und Trends der Gesellschaft zusammengestellt und nach ihrer allgemeinen Zustimmungswürdigkeit bemessen. Daran wurde als Parallelaspekt die Einschätzung dieser Anliegen und Trends hinsichtlich ihrer spezifisch *christlichen* Zustimmungswürdigkeit angelegt. Die Graphik verdeutlicht zunächst, daß das, was als christlich identifiziert wurde, keineswegs mit dem, was allgemein als typisch, zeitgemäß und gut galt, deckungsgleich ist. Deutlich wird aber auch, daß, abgesehen von der Orientierung an der Bibel und vom Beten (die vom kulturellen Kontext als christlich vordefinierten Spezifika "Kirchenbau" und "Glockengeläut" können hier ausgeblendet werden), den diakonischen Ansprüchen - Entwicklungshilfe, Achtung vor Menschen anderer Rassen, Rehabilitation von Straffälligen, soziale Gerechtigkeit, Mitgefühl für andere Menschen, uneigennütziger Einsatz für andere und einfacher Lebensstil - eine besondere Gewichtung zuteil wurde. Sie lösen sich aus der Skala der als zeitgemäß und gut erkannten Trends in dem Sinn, daß sie von noch mehr Befragten als spezifisch christlich identifiziert wurden. Bei vier der diakonischen Ansprüche (Entwicklungshilfe, Achtung vor Menschen anderer Rassen, Mitgefühl und uneigennütziger Einsatz für andere) war der Grad der christlichen Identifikation sogar noch höher als bei den Ansprüchen Bibelorientierung und Gebet. Demnach eignete den diakonischen Anliegen zumindest Plausibilität als spezifisch christliche Werthaltungen.

---

[199] Zur diakoniespezifischen Auswertung dieser Umfrage vor der Würzburger Synode vgl. auch **Roos, L.**: Kirchlichkeit und gesellschaftliche Diakonie der Kirche. - Ähnlich wie Schmidtchen bereits bei seinen Erläuterungen verbleibt auch Roos nicht nur in einem binnenkirchlichen, sondern sogar innerhalb eines binneninstitutionellen Bezugsrahmens und befragt den Aussagewert der diakonierelevanten Untersuchungsergebnisse nur hinsichtlich der Funktionalität der Diakonie für die Stabilisierung der institutionellen Präsenz- und Vollzugsformen der Kirche (vgl. **Roos, L.**: Kirchlichkeit und gesellschaftliche Diakonie der Kirche, 223, 226). Zur allgemeinen Auswertung der "Synodenumfrage" vgl. **Schmidtchen, G.**: Katholiken im Konflikt.

[200] Vgl. **Schmidtchen, G.**: Was den Deutschen heilig ist. - Diese Untersuchung war allerdings keine Fortsetzung der Erhebung von 1970. Erhebungsinhalte wie Frageinstrumentarium waren verschieden. Ebenso richtete sich die Untersuchung von 1974/75 nicht an alle katholischen Kirchenmitglieder, sondern an 1000 Personen repräsentativ für alle Erwachsenen der damaligen Bundesrepublik Deutschland. Es kann hier also nicht um die Feststellung von Kontinuitäten und Wandlungen gehen.

Graphik 5: "Was ist christlich - was ist zeitgemäß und gut?"

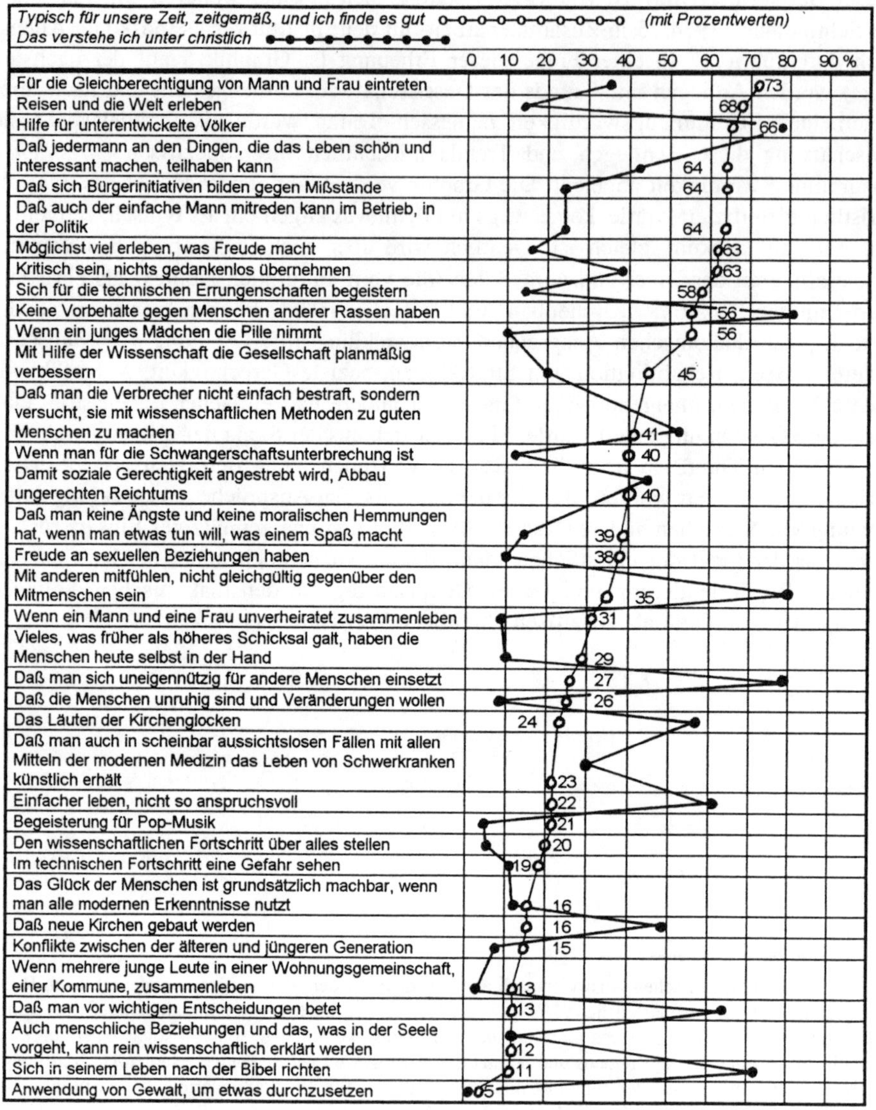

Quelle: Schmidtchen, G.: Was den Deutschen heilig ist, 57.

In einer weiteren Frage dieser Untersuchung versuchte man zu erkunden, in welchem Verhältnis religiöse Verhaltensweisen zu allgemein ethischen Postulaten stünden.

Graphik 6: "Was ist religiös - was ist gut?"

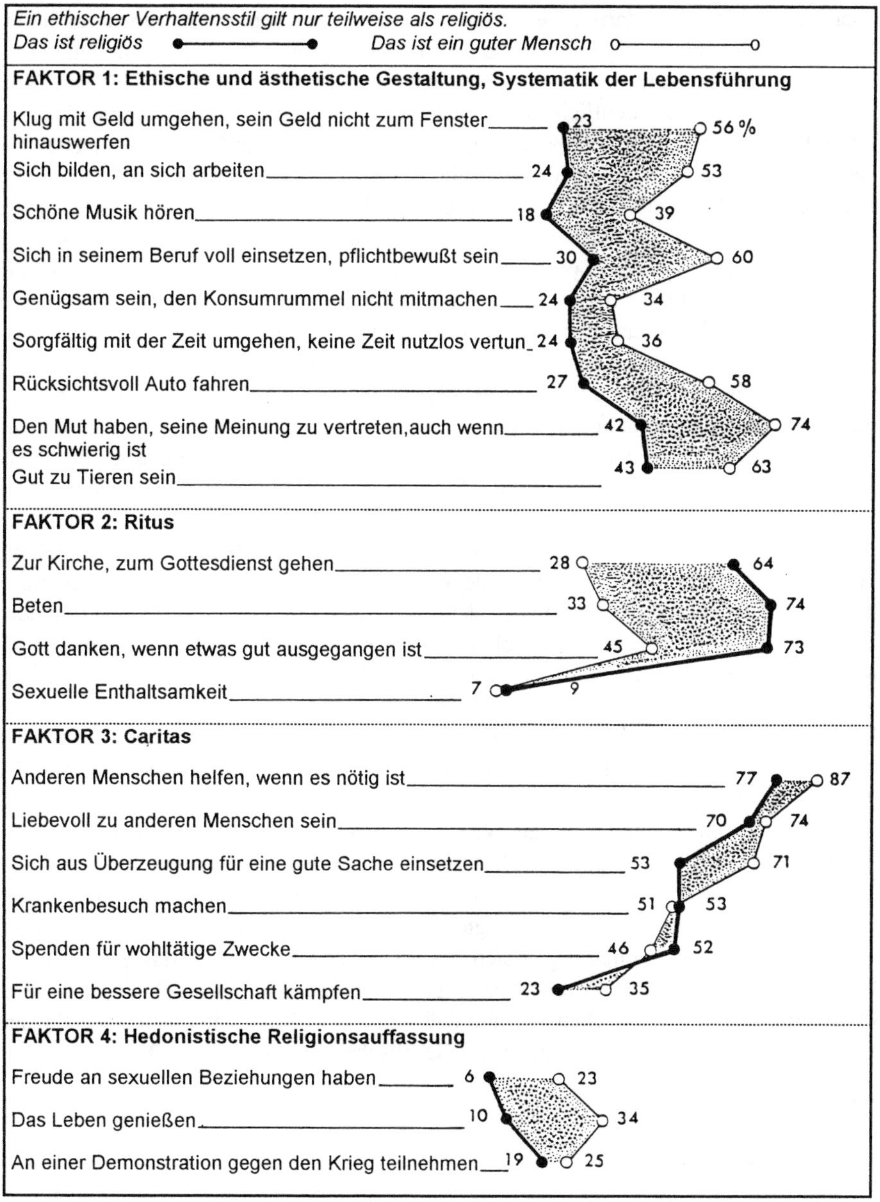

Quelle: Schmidtchen, G.: Was den Deutschen heilig ist, 61.

Dabei stellte sich heraus, daß die Vorstellungen davon, was religiös sei, und davon, was einen guten Menschen kennzeichne, erheblich voneinander abwichen. Eine auffallende Ausnahme bildeten wiederum die diakonischen Praxisformen, aufgeführt unter "Faktor 3: Caritas". Bei ihnen zeigte sich eine deutliche Kongruenz zu den Vorstellungen von einer allgemein-ethisch guten Lebensführung; die beiden Linien -"religiös" und "guter Mensch" - liegen hier deutlich näher beisammen als bei den drei anderen Faktoren. Schmidtchen selbst zog daraus den sicher richtigen Schluß, daß hier, in der Diakonie, "der Alltagsethik noch ein evidenter religiöser Charakter zugeschrieben"[201] wird. Es fragt sich allerdings, ob nicht die Interpretation dieses Ergebnisses auch in reziproker Logik vorgenommen werden müßte, so daß man zu der Folgerung kommt, daß zumindest in den diakonischen Praxisformen der christlichen Religiosität auch heute noch Evidenz für eine allgemein akzeptierte Alltagsethik zukommt. Entsprechend wurden zu den Problemen der in unserer Gesellschaft benachteiligten Gruppen (z.B. der Alten, Alleinstehenden, Behinderten) am ehesten (von 56 % der katholischen und von 64 % der protestantischen Kirchenmitglieder) Stellungnahmen der Kirche erwartet.[202]
Diese Plausibilität des diakonischen Engagements der Kirche zeigte sich aber - wenigstens in der Umfrage von 1974/75 - nicht nur in Gestalt von Erwartungen an die Kirche, sondern auch von Aussagen über die Kirche: Sie wurde als gesellschaftliche Kraft gesehen, die sich mit deutlicher Präferenz für die Interessen der benachteiligten Bevölkerungsgruppen einsetzt. So glaubten 51 % der Befragten, daß die katholische Kirche Anwalt der Alten ist. Der entsprechende Wert für die evangelische Kirche war mit 50 % praktisch gleich hoch. Die Liste der nächstfolgenden Gruppen, welche eine besondere Zuwendung genießen, nennt in Hinblick auf die katholische Kirche (in Klammern die Werte für die evangelische Kirche) mit 46 % (42 %) die Kranken und Behinderten, mit 41 % (35 %) die Armen, mit 40 % (33 %) die kinderreichen Familien, mit 37 % (33 %) die Kinder, mit 27 % (27 %) die Jugendlichen, mit 25 % (27 %) die Strafgefangenen, mit 20 % (20 %) die Geisteskranken, mit 19 % (22 %) die Suchtkranken und mit 17 % (17 %) die ledigen Mütter. Die Gastarbeiter bekamen als Klientel der Kirche mit 15 % (12 %) immer noch einen höheren Wert zugesprochen als die gehobenen Kreise der Gesellschaft mit 10 % (3 %). Die Eindeutigkeit der Anwaltsfunktion der Kirche für Benachteiligte relativierte sich jedoch dadurch, daß politisch Verfolgte, Arbeiter und Geschiedene nur von 6-8 % der Befragten als bevorzugte Klientel der Kirche erachtet wurden.[203] Für Schmidtchen ergab sich aus diesen Daten trotzdem das Resümee, daß der Kirche in humanitären Problembereichen hohe Glaubwürdigkeit eignet, daß sie als Vertreterinstanz der Schwachen gilt und daß von ihr auch ein entsprechendes Engagement für die stigmatisierten Gruppen der Gesellschaft erwartet wird.[204]

201 Ebd. 62.

202 Vgl. ebd. 111.

203 Vgl. ebd. 114.

204 Vgl. ebd. 109, 113, 191.

2.3.3 Bedarfspräferenz der Diakonie - Die Kirchenmitgliedschaftsstudien der EKD

Ein ähnliches Bild von den Erwartungshaltungen bezüglich des diakonischen Engagements der Kirchen liefern die sogenannten "Mitgliedschaftsstudien" der Evangelischen Kirche Deutschlands (EKD) aus den Jahren 1972, 1982 und 1992.[205] Als allgemeiner Aussagetrend dieser Untersuchungen läßt sich zunächst festhalten: Die Diakonie gilt - neben Lehre und Verkündigung, Gebet und Besinnung bzw. neben der Seelsorge für den einzelnen Menschen - als klassischer und mit Vorrang erwarteter Aufgabenbereich der Kirche.[206] In der Umfrage von 1982 läßt sich zudem als Grobtendenz eine Intensivierung der Erwartungen im diakonischen Bereich gegenüber der vorhergehenden Umfrage ausmachen: Während sich nämlich 1982 das Verhältnis der Mehrheit der befragten Mitglieder zu ihrer Kirche allgemein als unbestimmt erwies[207], zeigten sich die Befragten um so entschiedener in den diakonischen Postulaten. Die Kirche sollte demnach christlich sein im Sinne von "Nächstenliebe und anderen helfen, Rücksichtnahme, Zuwendung zu den Schwachen und denen, die sich selbst nicht helfen können. Genau dies wird von der Kirche erwartet. Sie soll Alte und Gebrechliche betreuen, sich um Behinderte, Kranke, um Randständige kümmern."[208] Hinzu kommt, daß gegenüber 1972 speziell die Erwartungen in Hinblick auf ein Engagement der Kirche in den Bereichen "Dritte Welt", Arbeitslosigkeit und Gemeinwesenarbeit gewachsen sind.[209] Allerdings bildete die Diakonie kein alleiniges Postulat. Sie galt neben der Darstellung der christlichen Glaubenslehre nur als ein, freilich zumindest gleichgewichtiger Indikator für die Christlichkeit der Kirche.[210] Die Umfrageergebnisse von 1992 bieten bezüglich dieses Erwartungstrends zunächst kein anderes Bild: Die Betreuung Alter, Kranker und Behinderter bzw. die Sorge um Probleme von Menschen in sozialen Notlagen werden mit Nachdruck als Aufgaben der Kirche eingefordert.[211] Eine interessante, von den früheren Untersuchungen abweichende Beobachtung ergibt sich allerdings aus

---

205 Vgl. **Hild, H. (Hg.)**: Wie stabil ist die Kirche?; **Hanselmann, J./Hild, H./Lohse, E. (Hg.)**: Was wird aus der Kirche?; **Fremde Heimat Kirche**. - Die Untersuchungen beziehen sich auf Mitglieder der Evangelischen Kirche in den westlichen Bundesländern und stützen sich auf eine repräsentative Auswahl von 2000 (1972), 1523 (1982) und 1585 (1992) befragten Personen. In der Untersuchung von 1992 wurden erstmals auch Mitglieder der östlichen Landeskirchen einbezogen und dafür repräsentativ 370 zusätzliche Personen befragt.
Von Bedeutung ist, daß die drei Umfragen jeweils im Abstand von 10 Jahren stattfanden und neben aktuellen, zeitspezifischen Themen konstante Fragestellungen enthalten bzw. - da auch in der 1992er Untersuchung die West-Mitglieder separat aufgeführt sind - sich auf eine konstante Befragtengruppe beziehen. Dadurch lassen sich an ihnen über eine längere Frist hinweg Entwicklungstendenzen des Mitgliederverhaltens erkennen.

206 Vgl. **Hanselmann, J./Hild, H./ Lohse, E. (Hg.)**: Was wird aus der Kirche?, 26.

207 Vgl. ebd. 39.

208 Ebd. 43 f.

209 Vgl. ebd. 27.

210 Vgl. ebd. 44.

211 Vgl. **Fremde Heimat Kirche**, 27.

einer Spezifität dieser dritten Umfrage: Erstmals wurden Konfessionslose befragt - 295 in den westlichen und 559 in den östlichen Bundesländern.[212] Vergleicht man die Soll-Erwartungen von Konfessionslosen und Kirchenmitgliedern[213], dann läßt sich feststellen, daß die Erwartungen der Konfessionslosen zwar durchwegs um 5-20 %-Punkte niedriger angesetzt sind, daß aber beider Erwartungslinien auffallend parallel verlaufen. Demnach gibt es zwischen Kirchenmitgliedern und Konfessionslosen praktisch keine Unterschiede in den Erwartungs*tendenzen*. Beide Gruppen halten - pauschal formuliert - die gleichen Praxisbereiche der Kirche für wichtig bzw. für unwichtig.
Nimmt man die Ergebnisse unter verschiedenen Hinsichten in Augenschein, lassen sich differenziertere Erkenntnisse bezüglich des Stellenwerts der Diakonie herausfiltern. Als Auswertungsaspekte dienen deshalb im folgenden der der Kirche zugeschriebene Ist-Stand ihrer Funktionen, die an die Kirche gerichteten Soll-Erwartungen, die Mitgliedschaftsgründe und die Beteiligung an kirchlichen Praxisformen.
Bei der Frage, welche Aufgaben und Funktionen die Kirche de facto erfüllt, ergibt sich ein markantes Ergebnis: Dir Kirche tritt für die Befragten bereits als eine vorrangig diakonisch tätige Kirche in Erscheinung. 1972 konnten 32 % bestätigen, daß die Kirche Alte und Gebrechliche betreut. Damit nahm dieser diakonische Bereich die erste Stelle ein gegenüber der zeitnahen und modernen Verdeutlichung der christlichen Lehre (21 %), politischen Stellungnahmen (26 %) und dem Bau von Kirchen (29 %).[214]
Auf die Frage, wo die Kirche bereits heute tätig sei (s. Tabelle 5 auf der nächsten Seite), wurden 1982 in einer Liste von 15 Funktionsbereichen die vier - wenn die Unterstützung der Friedensbewegung dazugezählt wird, die fünf - höchsten Werte diakonischen Aufgaben der Kirche zugeschrieben: Altenbetreuung, Entwicklungshilfe, Behindertenheime, Krankenhäuser und Friedensbewegung.
Freilich spiegeln diese Werte nicht auch schon die tatsächliche Praxis der Kirche wider. Sie zeigen die Wahrnehmung der Kirche durch die Befragten an, und die ist vermutlich auch von der Aktualität, dem individuellen Blickfeld oder der öffentlich erkennbaren Wirkung einer Praxis beeinflußt. Aber immerhin ist daraus zu schließen, daß die diakonische Praxis der Kirche mit Aufmerksamkeit wahrgenommen wird und zwar gleichermaßen von engagierten wie nichtengagierten Kirchenmitgliedern.[215]

---

212 Vgl. ebd. 5.

213 Vgl. ebd. 27, 61.

214 Vgl. **Hild, H. (Hg.)**: Wie stabil ist die Kirche?, 215.

215 Vgl. **Hanselmann, J./Hild, H./Lohse, E. (Hg.)**: Was wird aus der Kirche?, 98.

Tabelle 5: *"Funktionen - Ist-Zuschreibung"*

Funktionen Ist-Zuschreibung Die evangelische Kirche ...	Mittelwerte auf Skala 1-7	Trifft heute zu	Trifft heute nicht zu
betreut Alte und Gebrechliche	5,7	64%	3%
leistet Entwicklungshilfe	5,5	55%	4%
unterhält Heime für geistig und körperlich Behinderte	5,4	51%	4%
unterhält Krankenhäuser	5,2	46%	8%
unterstützt die Friedensbewegung	5,1	46%	8%
arbeitet mit anderen Kirchen zusammen	4,8	38%	12%
bemüht sich um die Erziehung der Kinder	4,8	33%	10%
bemüht sich, die christliche Lehre zeitnah und modern zu verdeutlichen	4,6	34%	14%
nimmt Stellung zu aktuellen politischen Fragen	4,6	31%	13%
hat eigene Eheberatungsstellen	4,1	25%	24%
kümmert sich um die Sorgen und Probleme der Einzelnen	3,9	21%	26%
hilft zur Urteilsbildung in wicht. Gegenwartsfragen durch Ausarbeitungen/Denkschriften/Handreichungen	3,9	18%	22%
unterstützt das Engagement von Bürgern, z.B. für verkehrsberuhigte Straßen oder Kinderspielplätze	3,7	16%	30%
kümmert sich um das Problem der Arbeitslosigkeit	3,0	10%	44%
kümmert sich um Arbeitsalltag und Berufsleben	3,0	10%	45%

Quelle: *Hanselmann, J./Hild, H./Lohse, E. (Hg.): Was wird aus der Kirche?, 95.*

Die explizite Frage der EKD-Studien nach den Erwartungen an die Kirche vermittelt ein differenzierteres Bild der Nachfrage bezüglich kirchlicher Praxisformen. Wie bereits bei Gerhard Schmidtchen ist hier festzustellen, daß die Erwartungen an die Kirche gerade im Bereich der Diakonie auffallend hoch waren. Sowohl 1972 als auch 1982 wurde gefragt, welche Tätigkeiten die Kirche verstärken, beibehalten oder verringern soll (s. Tabellen 6 und 7).

Tabelle 6: "Änderungen oder Beibehalten von Aktivitäten" (1972)

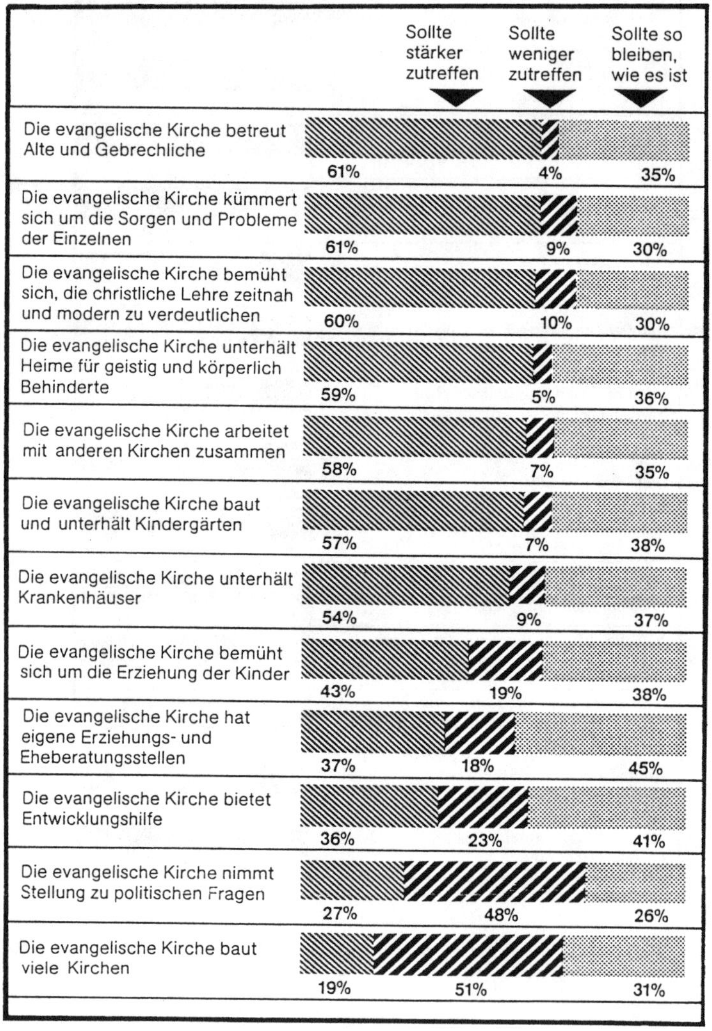

Quelle: Hild, H. (Hg.): Wie stabil ist die Kirche?, 210.

Tabelle 7: Änderungen oder Beibehalten von Aktivitäten (1982)

Die evangelische Kirche ...	sollte stärker	sollte gleich bleiben	sollte weniger
kümmert sich um das Problem der Arbeitslosigkeit	71 %	21 %	6 %
kümmert sich um die Sorgen und Probleme der Einzelnen	69 %	25 %	5 %
unterstützt das Engagement von Bürgern, z. B. für verkehrsberuhigte Straßen oder Kinderspielplätze	60 %	31 %	8 %
kümmert sich um Arbeitsalltag und Berufsleben	57 %	34 %	8 %
bemüht sich, die christliche Lehre zeitnah und modern zu verdeutlichen	56 %	34 %	9 %
hilft zur Urteilsbildung in wichtigen Gegenwartsfragen durch Ausarbeitungen/Denkschriften/Handreichungen	50 %	37 %	11 %
arbeitet mit anderen Kirchen zusammen	50 %	43 %	6 %
unterstützt die Friedensbewegung	47 %	41 %	11 %
unterhält Heime für geistig und körperlich Behinderte	45 %	50 %	4 %
betreut Alte und Gebrechliche	45 %	52 %	2 %
hat eigene Eheberatungsstellen	43 %	45 %	12 %
bemüht sich um die Erziehung der Kinder	40 %	43 %	16 %
leistet Entwicklungshilfe	39 %	50 %	10 %
unterhält Krankenhäuser	37 %	50 %	11 %
nimmt Stellung zu aktuellen politischen Fragen	33 %	29 %	37 %

Quelle: Hanselmann, J./Hild, H./Lohse, E. (Hg.): Was wird aus der Kirche?, 122.

Nimmt man die Prozentzahlen der Befragten, die für eine Verstärkung bzw. für eine Beibehaltung einer Tätigkeit plädierten, zusammen als Wert, der die positive Erwartung der jeweiligen Praxis ausdrückt, dann zeigt sich, daß in den klassischen Diakoniefeldern (Altenbetreuung, Sorge um Probleme einzelner, Behindertenhilfe, Kindergärten, Krankenhäuser) 1972 jeweils über 90 % ein Engagement der Kirche erwarteten. Zehn Jahre später zeigte sich die gleiche Gesamttendenz: 95 % oder mehr forderten die Altenbetreuung, die Behindertenhilfe und die Sorge um Probleme einzelner als Aufgaben der Kirche ein. Diese hohe Akzeptanz der diakonischen Praxisfelder hielt sich demnach bis 1982 durch. Es stellten sich aber zwischen 1972 und 1982 auch interessante Verschiebungen ein. Die Arbeitslosigkeit, 1972 offensichtlich noch nicht Gegenstand dieser Fragestellung, nimmt als Feld, in dem eine Verstärkung des kirchlichen Engagements gewünscht wird, 1982 den ersten Rang ein. Während 1972 noch 23 % für eine Verringerung der Entwicklungshilfe der Kirche votierten, waren es 1982 nur noch 10 %. Ebenso reduzierte sich der deutliche Vorbehalt gegenüber politischen Stellungnahmen der Kirche im Laufe der zehn Jahre von 48 % auf 37 %. In der Veröffentlichung der Studie wurde dies als Horizonterweiterung interpretiert, insofern die traditionelle Zuständigkeit der Kirche für individuelle Notlagen ausgeweitet worden sei auf die strukturell angelegten Probleme der Gesellschaft.[216] Es wäre jedoch verfehlt, aus diesen Angaben bereits eine eindeutige Präferenz für das diakonische Engagement abzuleiten. Von 90 bzw. 95 % wurden nämlich auch Verstärkungs- bzw. Beibehaltungsforderungen auf die Darstellung der christlichen Glaubenslehre und die Ökumene bezogen. Insbesondere die Tabelle von 1982 veranschaulicht, daß mit Ausnahme von zwei Items in jedem Bereich die Anzahl derer, die positive Erwartungen hegen, kaum unter die 90 %-Marke fällt. Das bedeutet, daß die Ansprüche der Befragten bezüglich der Diakonie eingebettet sind in ein breites Spektrum nach wie vor hoher Erwartungen hinsichtlich der traditionellen Praxisformen der Kirche insgesamt.[217]

Dabei ist zu berücksichtigen, daß die Ergebnisse der Verstärkungs-, Beibehaltungs- und Verringerungserwartungen noch keine Rückschlüsse auf die Präferenzen zwischen den einzelnen positiv erwarteten Praxisformen zulassen, da die Tabellen nur den quantitativen Prozentsatz aller Befragten widerspiegeln, die jeweils grundsätzlich für Verstärkung, Beibehaltung oder Verringerung votierten, nicht aber die Gewichtung der jeweiligen Voten. Um diese Gewichtung der positiven Erwartungen zu eruieren, wurden die Ist-Werte, also das Maß, in dem eine Aktivität der Kirche als bereits gegeben betrachtet wird, mit den Soll-Werten, also dem Maß, in dem eine Verstärkung einer Aktivität gewünscht wird, verknüpft. Ist- wie Soll-Werte differenzierte man dabei nach einer Intensitätsskala von 7 ("sehr zutreffend" bzw. "sehr wichtig") bis 1 ("nicht zutreffend" bzw. "unwichtig"). Die Veranschaulichung der Grade der Verstärkungs- bzw. Beibehal-

216 Vgl. ebd. 123.

217 Unklar ist, warum bei der Erhebung der Erwartungshaltungen sowohl 1972 wie auch 1982 der rituell-liturgische Bereich (Gottesdienste, Feiern der Lebenswenden) ausgeblendet blieb.

tungserwartungen erfolgte in den Veröffentlichungen der Studien auf verschiedene Weise. Für die Angaben von 1972 wurden die Werte für das diakonische Item "Die evangelische Kirche betreut Alte und Gebrechliche" unter anderem mit denen des Items "Darstellung der Lehre" verglichen (s. Tabellen 8 und 9).

Tabelle 8: *"Differenz von Ist und Soll bei kirchlichen Aktivitäten - Die evangelische Kirche betreut Alte und Gebrechliche"*

		Beurteilung des IST-Zustandes Befragte mit Urteil						
		Trifft heute zu						Trifft heute nicht zu
SOLL-Zustand	Skalenwerte	7	6	5	4	3	2	1
Wäre wichtig und richtig		%	%	%	%	%	%	%
	7	96	49	54	39	33	32	-
	6	2	46	21	24	26	26	-
	5	1	2	20	18	24	19	-
	4	1	0	2	16	11	10	-
	3	0	2	1	2	5	7	-
Wäre nicht	2	0	1	0	1	0	5	-
wichtig	1	1	0	1	0	1	1	-
Basis: %		100	100	100	100	100	100	
absolut		386	266	504	450	230	100	35

Lese-Beispiel: 96 % der Befragten, die meinen, es trifft heute genau zu (Skalenwert 7), daß die evangelische Kirche Alte und Gebrechliche betreut, meinen gleichzeitig, daß dies auch genau so sein *sollte* (Skalenwert 7).

Quelle: *Hild, H. (Hg.): Wie stabil ist die Kirche?, 217.*

Tabelle 9: *"Differenz von Ist und Soll bei kirchlichen Aktivitäten - Die evangelische Kirche bemüht sich, die christliche Lehre zeitnah und modern zu verdeutlichen"*

		Beurteilung des IST-Zustandes Befragte mit Urteil						
		Trifft heute zu						Trifft heute nicht zu
SOLL-Zustand	Skalenwerte	7	6	5	4	3	2	1
Wäre wichtig		%	%	%	%	%	%	%
und richtig	7	77	37	36	28	25	30	50
	6	2	41	22	22	22	20	7
	5	5	6	28	18	24	18	7
	4	3	6	7	26	11	13	6
	3	3	4	3	3	12	4	7
Wäre nicht	2	3	5	3	2	2	11	1
wichtig	1	5	3	2	1	3	4	21
Basis: %		100	100	100	100	100	100	100
absolut		221	199	384	558	297	196	107

Quelle: *Hild, H. (Hg.): Wie stabil ist die Kirche?, 218.*

Im Vergleich der beiden Tabellen, näherhin der Prozentzahlen auf den Stufen 7 und 6 der Soll-Skalen, wird erkennbar, daß die Werte für eine Verstärkung hinsichtlich des diakonischen Praxisfeldes Altenbetreuung allgemein höher ausfielen als hinsichtlich der zeitnahen Darstellung der Lehre. Diejenigen, die Altenbetreuung als in der evangelischen Kirche in hohem Maße gegeben ansahen (Ist-Stufe 7 und 6), waren auch fast ausschließlich, d.h. zu 98 und 95 %, der Meinung, daß die Altenbetreuung auf diesem hohen Niveau (Soll-Stufen 7 und 6) erhalten bleiben soll. Zudem erwarteten diejenigen, die hinsichtlich der faktischen Altenbetreuung durch die Kirche nicht so sicher waren (Ist-Stufen 5 und 4) bzw. Defizite feststellten (Ist-Stufen 3 und 2), durchwegs zum überwiegenden Teil, d.h. zu jeweils mehr als 50 %, eine Verstärkung der Altenbetreuung auf das Maß der Soll-Stufen 6 und 7.
Die Werte bezüglich der zeitnahen Darstellung der Lehre bieten demgegenüber ein anderes Bild. Diejenigen, welche die zeitnahe Darstellung der Lehre als bereits in hohem Maße erfüllt betrachteten (Ist-Stufen 7 und 6), waren zwar noch zum überwiegenden Teil, aber mit deutlich geringeren Prozentwerten, nämlich 79 und 78 %, für eine Beibehaltung dieses Niveaus (Soll-Stufen 7 und 6). So plädierten z.B. nur noch 37 % derjenigen, die die zeitnahe Darstellung der Lehre mit der Ist-Stufe 6 als eingelöst betrachteten, für eine Verstärkung auf die Soll-Stufe 7. Ebenso waren die Prozentwerte derer, die eine zeitnahe Darstellung der Lehre nur in geringerem bzw. defizitärem Maße

feststellten (Ist-Stufen 5 und 4 bzw. 3 und 2)[218], die sich aber gleichzeitig für ihre Verstärkung auf die Soll-Stufen 7 und 6 aussprachen, durchwegs geringer als die entsprechenden Werte in der Tabelle zur Altenbetreuung und sinken in der letzten Gruppe (Ist-Stufen 3 und 2) sogar unter die 50 %-Marke. Analog waren die Prozentwerte derer, die eine zeitnahe Darstellung der Lehre für weniger wichtig erachteten (Soll-Stufen 1 - 3) gegenüber den entsprechenden Prozentwerten in der Altenbetreuungstabelle erhöht.

Der hier ausführlich dargestellte exemplarische Vergleich der Erwartungshaltungen bezüglich der Altenbetreuung und der zeitnahen Darstellung der christlichen Lehre ist repräsentativ für die in der Studie von 1972 beobachtbare Erwartungstendenz: Die diakonische Praxis wurde zwar nicht ausschließlich, aber mit höherer Intensität erwartet als andere Praxisformen.

Dieser Präferenztrend bestätigte sich in der Studie von 1982. Hier wurden in der Auswertung die in der allgemeinen Erfragung der Erwartungshaltungen aufgeführten Felder (s. Tabelle 7: Änderungen oder Beibehalten von Aktivitäten [1982]) nach dem Grad ihres Soll-Wertes verglichen (s. Tabelle 10 auf der nächsten Seite). Gegenüber der Frage, *was* verstärkt werden soll, ergaben sich nun bei der Frage, *wie sehr* etwas verstärkt werden soll, Verschiebungen. Die vier höchsten Soll-Werte wurden von den diakonischen Praxisfeldern Altenbetreuung, Behindertenbetreuung, Entwicklungshilfe und Friedensbewegung belegt. Diese Nachdrücklichkeit (nicht Ausschließlichkeit!) in der Erwartung diakonischen Engagements der Kirche muß durch die scheinbar abweichende Plazierung des Unterhalts von Krankenhäusern und der Hilfe für Arbeitslose nicht als widerlegt angesehen werden. Der Unterhalt von Krankenhäusern wurde nämlich in einem gegenüber den anderen Diakoniebereichen hohen Maße (von 45 % der Befragten) als alleinige oder vorrangige Aufgabe des Staates betrachtet[219], so daß in diesem Feld die Soll-Erwartung mehr als in vielen anderen Feldern nicht nur an die Kirche, sondern auch an den Staat gerichtet war. Ähnliches gilt für die Hilfe bei Arbeitslosigkeit. Bei letzterer kommt noch hinzu, daß der Soll-Wert, mit dem diese Erwartung an die Kirche gerichtet wurde, an sich im Mittelfeld angesiedelt ist, sich aber im Vergleich zu den anderen Feldern am gravierendsten vom Ist-Wert (3,0) abhebt und somit über diese Diskrepanz eine Nachdrücklichkeit der Erwartungshaltung erkennbar wird.

---

[218] Laut Auswertung der Studie muß die Ist-Stufe 1 mit dem auffallend hohen Prozentwert 50 auf der Soll-Stufe 7 hier vernachlässigt werden, da er in einer für eine statistische Auswertung zu geringen Häufigkeit belegt worden ist (vgl. **Hild, H. (Hg.)**: Wie stabil ist die Kirche?, 216).

[219] Vgl. **Hanselmann, J./Hild, H./Lohse, E. (Hg.)**: Was wird aus der Kirche?, 134.

Tabelle 10: "Soll-Erwartung" 1982

Funktionen Soll-Erwartung Die evangelische Kirche...	Mittelwerte Soll	Ist ( ) = Rangfolge	Wäre richtig und wichtig	Wäre nicht wichtig
betreut Alte und Gebrechliche	6,6	5,7 (1)	90 %	1 %
unterhält Heime für geistig und körperlich Behinderte	6,2	5,4 (3)	77 %	1 %
leistet Entwicklungshilfe	6,0	5,5 (2)	73 %	4 %
unterstützt die Friedensbewegung	5,9	5,1 (5)	72 %	7 %
bemüht sich, die christliche Lehre zeitnah und modern zu verdeutlichen	5,9	4,6 (8)	70 %	5 %
arbeitet mit anderen Kirchen zusammen	5,9	4,8 (6)	69 %	4 %
kümmert sich um die Sorgen und Probleme der Einzelnen	5,7	3,9 (11)	64 %	6 %
unterhält Krankenhäuser	5,7	5,2 (4)	63 %	6 %
bemüht sich um die Erziehung der Kinder	5,3	4,8 (7)	52 %	10 %
kümmert sich um das Problem der Arbeitslosigkeit	5,2	3,0 (14)	54 %	13 %
unterstützt das Engagement von Bürgern, z. B. für verkehrsberuhigte Straßen oder Kinderspielplätze	5,1	3,7 (13)	49 %	13 %
hilft zur Urteilsbildung in wichtigen Gegenwartsfragen durch Ausarbeitungen/Denkschriften/Handreichungen	4,8	3,9 (12)	41 %	14 %
hat eigene Eheberatungsstellen	4,7	4,1 (10)	41 %	17 %
kümmert sich um Arbeitsalltag und Berufsleben	4,4	3,0 (15)	35 %	21 %
nimmt Stellung zu aktuellen politischen Fragen	4,2	4,6 (9)	35 %	27 %

Quelle: *Hanselmann, J./Hild, H./Lohse, E. (Hg.): Was wird aus der Kirche?, 127.*

Für die 1992er Untersuchung liegen zwar noch keine derart differenzierten Auswertungen vor. Der auf die Diakonie gerichtete generelle Erwartungstrend erfährt jedoch eine Bestätigung.[220] Auf einer siebenstufigen Skala mit dem Wert 1 für die Aussage "sollte überhaupt nicht so sein" und 7 für die Aussage "sollte genau so sein" markierten die Befragten unter 21 ausgewählten Praxisbereichen ihre Erwartungen. Legt man die zwei höchsten Werte 6 und 7 dabei als Indikatoren für eine dezidierte Zustimmung zugrunde, dann nehmen wiederum die zwei diakonischen Praxisbereiche die Spitzenplätze ein: 81 % meinen, daß die Kirche Alte, Kranke und Behinderte betreuen sollte. 78 % behaupten das in Bezug auf die Sorge um Probleme von Menschen in sozialen Notlagen. Hinzu kommt, daß es 71 % der Kirche als Aufgabe zuweisen, sich um die Sorgen der einzelnen Menschen zu kümmern, und daß 72 % von der Kirche das Engagement gegen Fremdenhaß und Ausländerfeindlichkeit einfordern. Damit befinden sich vier diakonische Praxisbereiche im oberen Bereich der Erwartungsliste.
Diese Erwartungspräferenz für die Diakonie gilt jedoch nicht so eindeutig und absolut, wie es mit den vier genannten Aufgaben erscheinen mag. So finden unter den neu aufgenommenen Aufgabenbeschreibungen - die folglich keinen Vergleich mit den früheren Untersuchungen zulassen, aber durchaus einen aktuellen Trend beschreiben können - die signifikant kirchlich-religiösen Praxisformen eine ähnlich hohe Zustimmung wie die diakonischen: 76 % erwarten die Verkündigung der christlichen Botschaft, ebenfalls 76 % einen Raum für Gebet, Stille und inneres Zwiegespräch und 74 % eine ansprechende Gestaltung der Gottesdienste. Die Vermutung, daß sich dahinter eine Tendenz verbirgt, wird genährt vom Blick auf das andere Ende der Aufgabenskala, das politische Engagement. Nach wie vor gehen die Erwartungen an das diakonische Engagement der Kirche nicht mit einer entsprechenden Einforderung von Stellungnahmen zu aktuellen politischen Fragen einher. Letztere werden zwar von 10 % mehr als 1982, nämlich von 45 % der Befragten erwartet, befinden sich damit aber immer noch am unteren Ende der Skala. Bei der Leistung von Entwicklungshilfe ist sogar ein Rückgang des Erwartungsgrades zu verzeichnen. 1982 noch an dritter Stelle nimmt sie 1992 mit 69 % nur noch den achten Platz in der Rangfolge kirchlicher Aufgaben ein.
Angesichts dieser Werte legt sich für das Umfrageergebnis hinsichtlich der 1992 geäußerten Erwartungshaltungen folgende Deutung nahe: Wie 1972 und 1982 erweist sich die Kirche mit ihren diakonischen Praxisformen als Adressatin hoher Erwartungen. Der diesbezügliche Bedarf wird mit einer erkennbaren Präferenz vor anderen Aufgaben der Kirche angemeldet. Ebenso stabil bleibt aber auch das offenkundig apolitische Verständnis der Diakonie, welches dieser Bedarfspräferenz zugrundeliegt. Weiterhin gibt es Anzeichen, die auf eine gewisse Individualisierung bzw. Privatisierung des Interesses am diakonischen Engagement der Kirche hinweisen. Eine auf makrogesellschaftlicher Ebene relevante Praxisform wie die Entwicklungshilfe kann nämlich im Gesamtspektrum der Aufgaben offensichtlich relativ leicht zur Disposition gestellt werden, während Elementen der weltanschaulichen Zurüstung, der rituellen Ästhetik, der persönlichen Erbauung bzw. des Rückbezugs auf die eigene Person ein erhebliches Gewicht zu-

---

220 Vgl. **Fremde Heimat Kirche**, 27.

gesprochen wird.
Bereits bei einer genaueren Analyse der an die Kirche gerichteten Soll-Erwartungen stellt sich also heraus, daß die auf den ersten Blick so eindeutige und quantitativ gesehen auch wirklich gegebene Bedarfspräferenz bezüglich der Diakonie deutlichen Relativierungen unterliegt. Zudem ist zu beachten, daß sich der Stellenwert der Diakonie nicht allein nach den geäußerten Erwartungen bemißt, welche weitgehend an die Kirche als eine mehr oder weniger abstrakte kollektive Größe der Gesellschaft gerichtet werden. Indikatoren des Stellenwerts der Diakonie liefern die EKD-Studien auch mit ihren Fragen danach, inwiefern die Diakonie ein Motiv für die je eigene Kirchenmitgliedschaft bildet und ob die Kirchenmitglieder ihre Beteiligung am kirchlichen Leben selbst in diakonischen Praxisformen operationalisieren.
Die Frage nach den Mitgliedschaftsgründen wurde in allen drei Untersuchungen gestellt.[221] Der Blick auf eine Synopse der diesbezüglichen Ergebnisse wirkt ernüchternd (s. Tabelle 11 auf der nächsten Seite). Die ausdrücklich auf die Diakonie bezogene Begründung "weil die Kirche etwas für Arme, Alte und Kranke tut" gilt im Jahr 1992 nur noch für 30 % und weist zudem innerhalb der 20 Jahre des Untersuchungszeitraums eine fallende Tendenz auf. Der Bruch gegenüber den oben eruierten Erwartungshaltungen ist gravierend: Der Unterschied zwischen denjenigen, welche die Diakonie einfordern, und denjenigen, für die sie die Identifizierungsbasis in der Kirche bildet, beträgt 50-60 %. Eine Erklärung dieser Divergenz ist wohl in dem dahinter sich verbergenden Relevanzrahmen der Diakonie zu suchen. Der angemeldete hohe Bedarf an Diakonie ist undifferenziert auf die generelle Selbstvollzugsform und das Erscheinungsbild der Kirche bezogen, so daß zu vermuten ist, daß die Relevanz der Diakonie vor allem in dem mit ihr gegebenen gesellschaftsberuhigenden und soziale Gegensätze dämpfenden Wirken der Kirche gesehen wird. Die je eigene Existenz dagegen wird als möglicher Rahmen, in dem die Diakonie Relevanz erlangen könnte, weniger in Betracht gezogen. Pointierter ausgedrückt könnte die Erklärung auch lauten: Die Diakonie gilt als etwas, mit dem Lebensprobleme bei *anderen* Gesellschaftsgruppen behoben werden, mit dem man aber selber kaum zu tun hat.
Im Gegenüber zu dieser Reduzierung des Stellenwerts der Diakonie ist auffallend, worin nun eigentlich die hauptsächliche Begründung der Kirchenmitgliedschaft gesucht wird: Es sind dies vor allem die traditions- und konventionsbezogenen Bindungen an die Kirche. Die meisten Befragten - und dies mit steigender Tendenz - gründen ihre Mitgliedschaft in der Tatsache, daß sie Christ sind, in ihrer Zustimmung zur christlichen Lehre, in der Möglichkeit kirchlicher Trauung und Beerdigung und in der Fortführung der Mitgliedschaft der Eltern. Das überrascht zwar angesichts der generell brüchigen Akzeptanz kirchlicher Traditionen und Normen. Und daß 51 % ihre Mitgliedschaft mit der Bindung an die Eltern erklären, ist angesichts der allenthalben konstatierten Emphase im lebensgeschichtlichen Selbständigkeitsstreben geradezu frappierend. Vor moralisierend-negativen Deutungen etwa in dem Sinne, daß die Kirchenmitgliedschaft nur aus

---

221 Vgl. **Hild, H. (Hg.)**: Wie stabil ist die Kirche?, 136-148; **Hanselmann, J./Hild, H./Lohse, E. (Hg.)**: Was wird aus der Kirche?, 154-163; **Fremde Heimat Kirche**, 16 f.

Tabelle 11: Mitgliedschaftsgründe

Mitgliedschaftsgründe *Ich bin in der Kirche, weil ...*	*Werte 6 und 7 auf 7-stufiger Skala* *1 = trifft überhaupt nicht zu* *7 = trifft genau zu (Angaben in %)*		
	1972	1982	1992
sie viel Gutes tut	28	24	25
sie etwas für Arme, Alte und Kranke tut	35	33	30
ich Christ bin	51	52	51
ich der christlichen Lehre zustimme	-	45	46
ich an das denke, was nach dem Tode kommt	26	22	33
sie sich für Gerechtigkeit in der Welt und die Zukunft der Menschen einsetzt	-	26	28
sie mir die Möglichkeit zu sinnvoller Mitarbeit gibt	13	13	15
ich an meine Kinder denke	-	25	24
ich die Gemeinschaft brauche	14	17	17
sie mir Trost und Hilfe in schweren Stunden gibt	23	26	29
sich das so gehört	21	15	28
ich auf kirchliche Trauung und Beerdigung nicht verzichten möchte	45	41	49
ich religiös bin	-	27	34
sie mir einen inneren Halt gibt	28	28	30
sie mir Antwort auf die Frage nach dem Sinn des Lebens gibt	25	22	28
meine Eltern auch in der Kirche sind bzw. waren	34	39	51

Quelle: Fremde Heimat Kirche, 17.

Bequemlichkeit und aus dem Bedürfnis nach folkloristischer Lebensausschmückung aufrecht erhalten werde, ist dennoch zu warnen. Der Bedarf an weltanschaulichen Identifizierungsangeboten, symbolisch-ritueller Gestaltung der Lebenswenden und Einordnung in familiäre Traditionszusammenhänge ist zunächst zu deuten als Suche nach stabilisierenden Elementen des eigenen Lebenskonzepts inmitten destabilisierender gesellschaftlicher Lebensbedingungen, welche die Ausbildung eines individuellen Lebenskonzepts immer nötiger, aber auch immer schwieriger machen. Somit können die angegebenen Mitgliedschaftsbegründungen selbst wieder als indirekte Anmeldung eines

Bedarfs an Diakonie gesehen werden.
Eine noch deutlichere Relativierung des Stellenwerts der Diakonie gegenüber den hohen Erwartungswerten zeitigt die Frage nach der eigenen aktiven Beteiligung an den kirchlichen Vollzugsformen (s. Graphik 7).

Graphik 7: Beteiligung am kirchlichen Leben (1992)

Beteiligung am kirchlichen Leben (1992)	*Evangelische in den westlichen Bundesländern*
Nein, überhaupt nicht	72 %
Ja, und zwar als Teilnehmer/in an kirchlichen Veranstaltungen (Seminare, Vorträge) und Gemeindewahlen	10 %
Ja, und zwar durch Besuch von kirchenmusikalischen Veranstaltungen	12 %
Ja, und zwar bei Gemeindefesten	18 %
Ja, und zwar in Chören, Gruppen und Kreisen	6 %
Ja, und zwar im Gemeindedienst (Besuchsdienst, Schularbeitenhilfe, Altenbetreuung)	2 %
Ja, und zwar durch Gestaltung - als Gruppenleiter(in), Kindergottesdiensthelfer(in), Lektor(in)	2 %
Ja, und zwar im Kirchenvorstand/Presbyterium, in der Synode	1 %

Quelle: Fremde Heimat Kirche, 31.

Ein gegenüber 72 % "nicht aktiver" Kirchenmitglieder verschwindend geringer Prozentsatz von 2 % konnte 1992 in Bezug auf die diakonischen Praxisformen eine aktive Beteiligung annoncieren. 1982 stellten sich die Proportionen nicht viel anders dar: 62 % gaben damals an, sich am kirchlichen Leben überhaupt nicht zu beteiligen, und 5 %

gaben eine Beteiligung an diakonischen Praxisformen an.[222] Was die Diakonie betrifft, sind mehrere Interpretationen dieses Ergebnisses denkbar: Für den weitaus größten Teil der Kirchenmitglieder hat die diakonische Praxis neben der Leitung von Gruppen und gottesdienstlichen Aufgaben die geringste konstitutive Relevanz hinsichtlich der Gemeindeintegration und dem Selbstverständnis als Kirchenmitglied, so daß er sich von einer eigenen aktiven Beteiligung an dem von den Gemeinden getragenen diakonischen Engagement am ehesten dispensiert sieht. Eine andere Lesart könnte lauten: Für die ohnehin geringe Anzahl derer, die ihre Kirchenmitgliedschaft über eine aktive Beteiligung am Leben der Gemeinde operationalisieren, spielen die diakonischen Aktivitäten der Gemeinde die geringste Rolle. Schließlich könnte man aus den Werten auch herauslesen: Wenn auch die Diakonie als eine wesentliche Selbstvollzugsform kirchlicher Gemeinden präsent ist, so ist sie im Gesamtspektrum der Praxisbereiche einer der am wenigsten attraktiven, so daß der überwiegende Teil der Mitglieder andere Beteiligungsformen für die Realisierung der Kirchenzugehörigkeit wählt.

Um eine Deutung kommt man allerdings angesichts der eklatanten Divergenz zwischen Erwartung und aktiver Beteiligung nicht herum: Hinter den auf die Diakonie gerichteten hohen Erwartungshaltungen verbirgt sich eine Delegations- bzw. Mäzenenmentalität[223], wonach die Kirchenmitglieder diakonische Aufgaben der Kirche als institutionellem Gebilde und gesellschaftlichem System zuweisen und auch bereit sind, die kirchlichen Instanzen bei der Erfüllung dieser Aufgaben, z.B. durch Spenden, zu unterstützen, für sich selbst aber diakonische Anforderungen auf Distanz halten.

Allerdings muß an dieser Stelle das scheinbar so eindeutige Ergebnis, daß die Kirchenmitglieder nur in äußerst geringem Maße zu diakonischem Engagement bereit seien, selbst noch einmal auf seine Stichhaltigkeit hin befragt werden. Die Frage nach der Beteiligungsbereitschaft vermittelt nämlich nicht nur ein Bild von der Bereitschaft zu eigenen diakonischen Praxisformen, sondern auch ein Bild davon, wie im kirchlich-theologischen Referenzrahmen Diakonie üblicherweise wahrgenommen wird und welche Erscheinungsformen der Diakonie für deren innerkirchliche Gewichtung in Anschlag gebracht werden. Gefragt wurde nämlich nach der Beteiligung am "Gemeindedienst", also nach den Diakonieformen, als deren Trägerin ausdrücklich die Gemeinde auftritt, in denen sich die Gemeinde als Gemeinde präsentiert und die in der allgemeinen Wahrnehmung auch der Gemeinde zugeschrieben werden. Unter dieser Fragestellung konnten die Befragten freilich nicht auf ihr sicher gegebenes diakonisches Handeln in den alltäglichen Lebenszusammenhängen verweisen - sei es als pflegende Hilfe bei Familienangehörigen, als Nachbarschaftssolidarität, als Engagement für menschliche Bedingungen in der Arbeitswelt oder als politischer Einsatz in außerkirchlichen Gruppierungen. Hier ist also das grundsätzliche Problem virulent, daß die Frage nach der Diakonie der Gemeinde weitgehend und unbedacht mit dem Interesse gestellt wird, inwiefern die Diakonie ein Feld abgibt, auf dem sich die Gemeinde *als Gemeinde* präsentieren kann und auf dem die Menschen sich *als Gemeindemitglieder* ausweisen

---

222 Vgl. **Hanselmann, J./Hild, H./Lohse, E. (Hg.)**: Was wird aus der Kirche?, 218.

223 Vgl. **Steinkamp, H.**: Sozialpastoral, 68.

bzw. durch ihre Aktivität zur vielbeschworenen "Lebendigkeit der Gemeinde" beitragen können. Das Problematische dieses Frageinteresses besteht darin, daß sich hier allzu schnell das Ideal der Lebendigkeit der Gemeinde verselbständigt, das Bestehen und die Gestaltung der Gemeinde als Sozialform unter der Hand zum Selbstzweck werden und so die Diakonie auf subtile Weise für die Interessen der stabilisierenden Gemeindeaktivität und der domestizierenden Gemeindeeinbindung verzweckt, nicht aber als Diakonie in ihrer ekklesiologischen Dignität gewichtet wird. Hinter dieser Programmatik der "lebendigen Gemeinde" - die sich oft genug nur als verbrämter Aktivismus erweist - wird dann vergessen, daß es in der Diakonie nicht um die Lebendigkeit der Sozialform Gemeinde geht, sondern um das Leben-Können der Menschen.
Auf diesem Hintergrund stellt sich die Frage nach der Beteiligung der Kirchenmitglieder am Gemeindedienst, an der "Diakonie der Gemeinde", wie auch das Ergebnis der geringen Beteiligung in einem anderen Licht dar. Mit der Frage bestätigen die EKD-Studien tatsächlich ihr Image als "Stabil-Umfragen", d.h. als Erhebungen, die vom Erkenntnisinteresse der Stabilisierung kirchlicher Strukturen und Präsenzformen geleitet sind. Das Ergebnis seinerseits kann als Indiz dafür gewertet werden, daß die weit verbreitete, unbedachte Fixierung auf die Gemeinde Kirchenmitglieder tendenziell daran hindert, ihre alltägliche, nicht auf die Gemeinde bezogene und für die Selbstpräsentation der Gemeinde nicht verwertbare Diakonie dennoch als Ausdruck ihres Christseins und für die Gewichtung ihrer Kirchenmitgliedschaft in Anschlag zu bringen.
Sicher verbietet sich beim Blick auf diese nicht gemeindebezogene Diakonie ein naiver Optimismus. Dem 2 %-Ergebnis der 1992er Umfrage stehen nicht große Massen gegenüber, die andere Erscheinungsformen der Diakonie verwirklichen würden. Der Verdacht einer ausgeprägten Delegationsmentalität bleibt bestehen. Aber es ist zu vermuten, daß das Ergebnis anders, d.h. weniger negativ aussähe, wenn die Beteiligung am kirchlichen Leben auf die Grundlage eines breiteren Spektrums an Phänotypen bzw. Orten der Diakonie gestellt worden wäre.

2.3.4 Akzeptanz auf Distanz - Umfrage "Was die Menschen wirklich glauben" des Instituts für Religionssoziologie der Kirchlichen Hochschule Berlin

Bemerkenswert an den bisher dargestellten empirischen Daten ist die Beobachtung, daß über die Zeitspanne der 70er, 80er und 90er Jahre und somit über entscheidende politische, gesellschaftliche und kulturelle Wandlungen hinweg eine signifikante und überdurchschnittliche Akzeptanz der Diakonie als Praxisbereich der Kirche zu verzeichnen ist. Dies wird nochmals untermauert durch eine Umfrage, die im Juni 1992, also nach dem gravierenden Einschnitt der deutschen Wiedervereinigung, in Berlin-Luisenstadt, einem ehemals östliche und westliche Gebiete umfassenden Stadtteil, und in zwei Dörfern im Hunsrück, also mit der Möglichkeit des Ost-West-Vergleichs wie auch des

Stadt-Land-Vergleichs, durchgeführt worden ist.[224]
Für die Fragestellung "Was erwarten Sie zuerst von einer Religionsgemeinschaft?" wurden die vier Praxisbereiche Verkündigung, diakonische Arbeit, öffentliche Stellungnahmen und Seelsorge zugrundegelegt (s. Graphik 8).

Graphik 8: "Was erwarten Sie von einer Religionsgemeinschaft?"

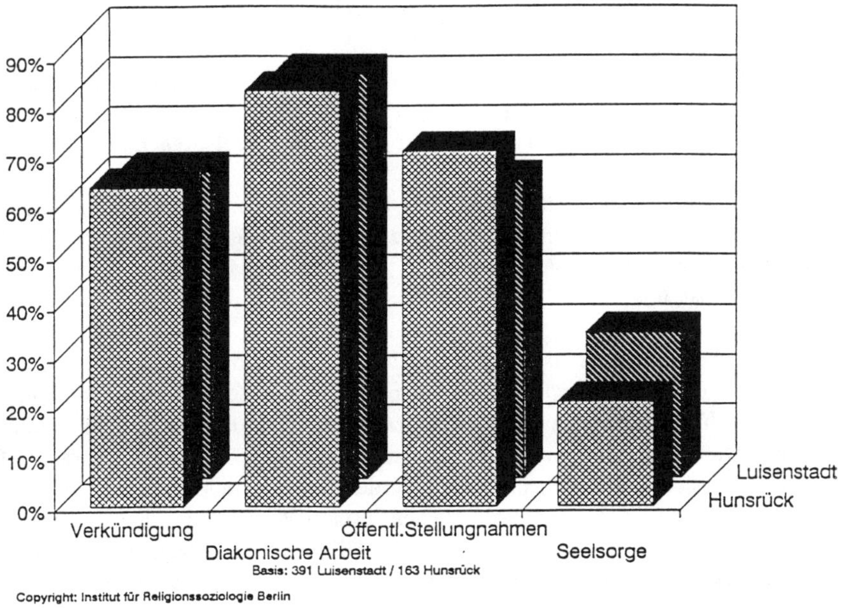

Quelle: Institut für Religionssoziologie der Kirchlichen Hochschule Berlin: Was die Menschen wirklich glauben.

Den Befragten stellte man diese Praxisbereiche zur Auswahl anhand der Präferenzformulierungen:
- "Sie soll sich um Glaubensdinge kümmern" (Verkündigung);
- "Sie soll sich um Alte, Kranke und Notleidende kümmern" (Diakonische Arbeit);
- "Sie soll öffentlich zu Problemen Stellung nehmen, die die Menschen bewegen

[224] Vgl. **Institut für Religionssoziologie der Kirchlichen Hochschule Berlin**: Was die Menschen wirklich glauben. - Die Erhebung wurde als allgemeine Bevölkerungsumfrage durchgeführt und wertete eine Stichprobe von 1924 Fragebögen aus. Altersangaben und andere Informationen über die Sozialverteilung der Befragten sind im vorliegenden Material nicht enthalten. An dieser Stelle sei dem Institut für Religionssoziologie der Theologischen Fakultät der Humboldt-Universität Berlin für die Überlassung der noch unveröffentlichten Auswertungsmaterialien gedankt.

(und zu denen auch Politiker sich äußern)" (Öffentliche Stellungnahmen);
- "Sie soll mir in meinen Problemen helfen" (Seelsorge).

Bezüglich der hier erfragten Erwartungshaltungen stellte sich folgendes Ergebnis ein: "Verkündigung" und "öffentliche Stellungnahmen" wurden in Berlin von ca. 60 % bzw. 59 % und im Hunsrück von ca. 60 % bzw. 65 % der Befragten erwartet. Die entscheidenden Erwartungstendenzen zeigen sich jedoch bei den Bereichen "Diakonische Arbeit" und "Seelsorge". Die Diakonie wurde in Berlin von 81,3 % und im Hunsrück von 83,4 % der Befragten an die erste Stelle der Anforderungen an eine Religionsgemeinschaft[225] gesetzt. Damit kommt der Diakonie wiederum eine eindeutige Präferenz in den Erwartungshaltungen zu.

Um so markanter ist dagegen die geringe Erwartung, daß die Religionsgemeinschaft bei den eigenen Lebensproblemen helfen soll. Nur 29,2 % der Befragten in Berlin und 20,9 % derjenigen im Hunsrück[226] erwarteten für sich selbst Seelsorge bei eigenen Problemen.

Damit bestätigt diese Untersuchung endgültig das, was Hermann Steinkamp bereits in Hinblick auf die Bedarfspräferenz der Diakonie in den EKD-Studien vermutete, nämlich eine Mäzenen- bzw. Delegationsmentalität.[227] Die Berliner Untersuchung veranschaulicht eine offenbar über lange Zeit internalisierte, aktuelle und weit verbreitete Einstellung: Man erwartet mit hoher Plausibilität und in großem Umfang die Diakonie als Praxis der Kirche, aber eben als eine Praxis *für andere*. Diakonie wird erwartet als die Bearbeitung von Notlagen anderer Menschen. Bezüglich der eigenen Problemlagen präsentieren sich die Befragten um so weniger empfänglich für das helfende Handeln der Kirche. Damit ist eine zweifache Distanzierung zum Ausdruck gebracht. Die Befragten sehen sich tendenziell in Distanz zu den notleidenden "anderen" Menschen, deren Notbearbeitung sie der gesellschaftlichen Instanz "Kirche" zuordnen, während sie sich selbst nicht als Adressaten einer solchen Hilfeleistung sehen. Vor allem aber drücken die Befragten eine Distanz zur Kirche aus. Für die Bewältigung ihrer alltäglichen Lebensrealitäten sehen sie in ihr in nur geringem Maße eine Orientierungs- bzw. Unterstützungsinstanz. Die Relevanz der Kirche für den je einzelnen und sein Leben wird laut diesen Daten brüchig. Die hohe Akzeptanz der Diakonie ist also eine *Akzeptanz auf Distanz*.

---

225 Die Unterscheidung zwischen Kirche und Religionsgemeinschaft wird von den Auswertungsberichten der Untersuchung nicht problematisiert. Da jedoch die genannten Praxisbereiche eindeutig kirchlichen Bezug haben, wird im folgenden undifferenziert auch von der Kirche als der Adressatin der eruierten Erwartungshaltungen gesprochen.

226 Die Graphik ist bezüglich der Prozentwerte ungenau. Alle hier angegebenen Werte sind deshalb den von Frank W. Löwe und Klaus-Peter Jörns erstellten Auswertungsberichten entnommen.

227 Vgl. **Steinkamp, H.**: Sozialpastoral, 68.

2.3.5 Interpretationen und Schlußfolgerungen

Nach diesem Durchgang durch einige empirische Untersuchungen lassen sich in Hinblick auf die Erwartungen, welche in einer modernen Gesellschaft an die Kirche gerichtet werden, folgende Interpretationen formulieren.

1) Nach wie vor und entgegen den gängigen Klagen über eine vermeintlich kirchenfeindliche Gesellschaft sind an die Kirche auf allen ihren konventionellen Aufgabengebieten - Seelsorge bzw. Diakonie, weltanschauliche Definition und Darstellung der christlichen Glaubenslehre, rituelle Feiern der Lebenswenden - hohe Erwartungen gestellt.

2) Die Diakonie ist eines von mehreren Praxisfeldern der Kirche, bei denen sogar ein umfangreicheres oder intensiveres Engagement erwartet wird. Die Erwartung der Verstärkung des Engagements wird aber bei der Diakonie nachdrücklicher ausgesprochen als bei anderen Aufgaben der Kirche.

3) Vergleicht man die Erwartungshaltungen von Kirchennahen und Kirchenfernen hinsichtlich der verschiedenen Praxisformen der Kirche, dann stellt sich heraus, daß die Akzeptanz des diakonischen Engagements bzw. der Bedarf daran bei den Kirchenfernen überproportional hoch ist. Die Diakonie verschafft der Kirche bei den Kirchenfernen und nicht kirchlich Gebundenen eine Restplausibilität.

4) Die Erwartungen hinsichtlich der Diakonie sind zwar nicht ausschließlich, aber über weite Strecken von einem apolitischen, auf die Hilfsbedürfnisse der einzelnen Person fixierten Diakonieverständnis geleitet.

5) Die hohe Plausibilität, welche die Diakonie durchgehend bei nahezu allen Gesellschaftsgruppen genießt, und die Nachdrücklichkeit, mit der sie als Engagement der Kirche erwartet wird, bedeuten nicht, daß damit zugleich auf seiten der Menschen selbst, die diese Erwartungen hegen, eine entsprechende Bereitschaft zu eigenem diakonischen Engagement gegeben wäre. Die Untersuchungsergebnisse geben eher Anlaß, sie als Ausdruck einer Delegationsmentalität zu interpretieren, in der der kirchlichen Diakonie die Bearbeitung von Not als eine - zudem wachsende - Anforderung zugeordnet wird, damit aber gleichzeitig für die eigene Person eine Distanz zu Not und Notleidenden und eine Nichtzuständigkeit für die Bearbeitung von Not ausgedrückt werden.

6) Die Diakonie wird vor allem als eine Hilfeleistung erwartet, die *für andere* notwendig ist, der aber für die eigene Existenz kaum eine Relevanz eignet.

Bei einer Bewertung dieser signifikanten Erwartungshaltungen bezüglich der Diakonie darf zunächst nicht übersehen werden, daß sie einen bestimmten sozialgeschichtlichen Hintergrund haben. Da die Diakonie "unter den gegenwärtigen gesellschaftlichen Bedingungen eines der wichtigsten Zentren im Zwischenraum von Kirche und Gesellschaft"[228] bildet, ist auch evident, daß der Ort der Diakonie in Gesellschaft und Kirche "in wesentlichen Aspekten von der jeweiligen Form der Verflechtung von Kirche und Gesellschaft abhängt"[229]. Diese Form der Verflechtung zwischen Kirche und

---

[228] **Gabriel, K.**: Die verbandliche Caritas im Spannungsfeld von Kirche und Gesellschaft, 43.

[229] Ebd. 44.

Gesellschaft hat sich nun aber im Laufe der Entwicklung der modernen Gesellschaft entscheidend geändert. Es gibt nicht mehr, wie etwa gerade zur Zeit der Entstehung der Diakonieverbände im 19. Jahrhundert, die einheitlichen kirchlichen Milieus, in denen die Kirchenmitgliedschaft und -loyalität vom kollektiven Bewußtsein eines Gruppenzusammenhangs in Gestalt eines sich abgrenzenden "Schutzbündnisses" gegenüber anderen Milieus oder gesellschaftlichen Kräften getragen war. Die Sozialform des kirchlichen Christentums, also das Sozialgefüge, in dem man das Bewußtsein der Zugehörigkeit zu einem kirchlichen Milieu kultivierte und in dem man über diese Zugehörigkeit zu einer bestimmten konfessionellen Kirche sowohl den eigenen gesellschaftlichen Ort als auch die eigene Christlichkeit definierte, ist unter den Bedingungen der entfalteten, zum vollen Durchbruch gekommenen Moderne, wie sie sich im Laufe der vergangenen vier Jahrzehnte in der Bundesrepublik Deutschland eingestellt hat, abgelöst worden. Die Kirche wurde zu einem System neben vielen anderen Systemen der Gesellschaft, das seinen gesellschaftlichen Platz in Konkurrenz zu und in Zusammenhang mit anderen Gesellschaftssystemen bestimmen muß und zu diesem Zweck sich zunehmend in der Sozialform der institutionalisierten Organisation gebärdet. Die Menschen, genötigt, flexibel zwischen den verschiedenen Systemen als ihren divergenten Lebensbereichen hin und her zu wechseln, erleben ihre Mitgliedschaft in der "Organisation" Kirche nicht mehr als selbstverständlich, sondern müssen sie für sich selbst als plausibel nachweisen und im Zuge dessen in eine je individuelle Gestalt bringen. Das bedeutet: Die Form der Kirchenmitgliedschaft differenziert sich, nimmt plurale - nicht mehr milieugebunden-einheitliche - Gestalt an. Es taucht das Phänomen des gleichgültigen Nebeneinander-Stehens eines engen und eines distanzierten Kirchenbezugs auf. "Gerade weil Motiv und Sinn der Mitgliedschaft locker und prekär sind, entwickelt der distanzierte Teil der Mitgliedschaft hohe Erwartungen an die Kernorganisation und die interaktiven [sc. eng gebundenen - H.H.] Mitglieder, den Sinn der Organisation exemplarisch zu verdeutlichen und in der Gesellschaft wach zu halten. Ebenso deutlich verschließt sich dieser Teil der Mitgliedschaft aber dem Ansinnen, diese Erwartungen auch auf sich zu beziehen und für sich selbst aus ihnen Konsequenzen zu ziehen."[230]
Auf dem Hintergrund dieser sozialgeschichtlichen Wende in der gesellschaftlichen Positionierung der Kirche wird es möglich, die signifikant hohen Erwartungen bezüglich der Diakonie der Kirche nicht nur festzustellen, sondern auch einer Deutung zuzuführen: Die Diakonie ist der auch und gerade in einer modernen Gesellschaft plausible, gegenüber anderen legitimierbare und für die je eigene Person akzeptable Zielpunkt von Erwartungen, die für Kirchenferne wie für Kirchennahe einer Mitgliedschaft in der Kirche noch einen Sinn verleihen, welcher speziell für Kirchenferne ohne die gesellschaftlich plausible Komponente "Diakonie" nicht mehr einsichtig gemacht werden könnte. Die Diakonie als Adressat von Erwartungen, die aus den Lebensbedingungen einer modernen Gesellschaft erwachsen, "hält die stets prekäre Sinnhaftigkeit distanzierter Kirchenmitgliedschaft aufrecht"[231], obwohl genau dieselben Lebensbedingungen

[230] Ebd. 49.

[231] Ebd. 51.

einer modernen Gesellschaft die Sinnhaftigkeit der Kirchenmitgliedschaft brüchig werden lassen.
Nun sind diese Erwartungshaltungen natürlich nicht einfachhin eine "Arbeitsanweisung" an Theologie und Kirche. Sie sind nicht die schematisch anzuwendende Norm dafür, wie die kirchliche und speziell diakonische Praxis zu gestalten sei. Wie die erkennbare Delegationsmentalität und die von eigenen Veränderungsansprüchen dispensierende Zuordnung des Diakoniebedarfs *an andere* gezeigt haben, sind solche Erwartungsäußerungen - zumal wenn sie als statistisch erhobene Durchschnittswerte in Erscheinung treten - zu anfällig für Tendenzen, Vorstellungen oder Ansprüche, die ihrerseits wieder der kritischen Bewertung, der Korrektur und gegebenenfalls auch der Ablehnung bedürften.
Auf der anderen Seite dürfen solche Erwartungshaltungen keinesfalls als irrelevant beiseite geschoben werden, auch dann nicht, wenn sie sich gegen die vorgegebenen Handlungsmuster von Theologie und Kirche sperren. Sie haben ihren eigenen, nicht geringfügigen Wert, gerade weil sie aus den "breiten Massen" der Gesellschaft kommen. Diese "breiten Massen" der Gesellschaft sind aber nichts anderes als die Menschen, die in der theologischen Terminologie als Subjekte ihres Lebens identifiziert und als solche ernstgenommen werden müssen. In den Menschen als den Subjekten ihres Lebens aber finden die Theologie und die Konzeption kirchlicher Praxis ihre Autorität. Auch hier muß man sich von dem Denkschema verabschieden, die Kirche sei die gesellschaftliche Größe, die diesen Erwartungshaltungen gegenübersteht und in beliebiger Form darauf reagieren kann. Die Erwartungshaltungen sind durchaus von normierender Relevanz für die Theologie und für die institutionalisierten Instanzen kirchlicher Praxis und zwar in dem Sinn, daß letztere jene nicht nur zur Kenntnis nehmen, sondern so aufgreifen müssen, daß sie zugunsten der Lebensmöglichkeiten der Menschen zur Auswirkung kommen.

2.4 Resümee: Diakonie, die an der Zeit ist

Es wurde in diesem zweiten Teil versucht, den Bedarf an Diakonie und somit die Aktualität der Frage nach der Diakoniepraxis im Kontext einer modernen Gesellschaft wie der Bundesrepublik Deutschland aufzuweisen.
Die Veranschaulichung der Entwicklung der exemplarischen Notlage "materielle Armut" hat gezeigt, daß die Divergenz zwischen armen und nicht-armen, benachteiligten und privilegierten, unterdrückten und herrschenden, marginalisierten und etablierten Schichten der Gesellschaft einen zunehmend brisanten und zunehmend verfestigten Faktor der gesamtgesellschaftlichen Mechanismen bildet. Der die Diakonie herausfordernde Sachverhalt, nämlich kollektive wie individuelle Lebenssituationen, in denen Menschen ihre Existenz unter aufgezwungener Not führen müssen, wächst quantitativ an und wird qualitativ zementiert.
Die Schilderung der globalen Gesellschaftstrends "Individualisierung" und "Kolonialisierung der Lebenswelten" brachte den Aufweis, daß die Disposition zur Produktion von Notlagen in einer modernen Gesellschaft erhöht ist, daß diese moderne Gesellschaft die ihr immanenten destruktiven Potentiale in Form der Marginalisierung eines Teils ihrer selbst entlädt und daß folglich die Menschen eines bestimmten, sich verfestigenden Teils der Gesellschaft in ihrem Subjektsein unterdrückt bzw. gefährdet sind.
Die Zusammenstellung empirisch gewonnener Daten hinsichtlich der Erwartungen, welche Menschen, die in einer modernen Gesellschaft sozialisiert worden sind, an die Kirche richten, ließ eine überdurchschnittliche Akzeptanz und nachdrückliche Einforderung der Diakonie erkennen.
Auf diesem Hintergrund läßt sich das Resümee formulieren: Die forcierte theologische Frage nach der Diakonie ist an der Zeit, weil die diakonische Praxis als solche an der Zeit ist.

3 DIAKONIE IN DER "AUSSENPERSPEKTIVE" DER GESELLSCHAFT

Die vorangegangenen Ausführungen haben gezeigt, daß auch und gerade in einer modernen Gesellschaft der Diakonie der Kirchen eine nicht geringe Bedeutung zugeschrieben wird und dies nicht nur aus dem binnenkirchlichen Milieu heraus. Diakonie wird wahrgenommen und beansprucht. Allerdings gestaltet sich die Wahrnehmung nicht einheitlich. Es gibt verschiedene Perspektiven dieser Wahrnehmung von Diakonie je nach Betroffenheit der beteiligten Personen und je nach der Konstellation der Verknüpfung der Diakonie mit ihrem gesellschaftlich-kirchlichen Rahmen. Die Differenzierung der Wahrnehmungsperspektiven beinhaltet aber auch den Anspruch, eine kritische Wahrnehmungsperspektive einzunehmen. Die Äußerung von Erwartungen an die Diakonie bedeutet nicht, daß sie auch in ihrer faktischen aktuellen Gestalt uneingeschränkte Akzeptanz genießen würde. Die "Krise des Wohlfahrtsstaates" und die Ernüchterung hinsichtlich der sozialen Leistungsfähigkeit der Gesellschaft[1] bringen auch eine Verunsicherung der Diakonie hinsichtlich ihres Ortes in der Gesellschaft mit sich.[2] Um so mehr legt es die oben dargelegte Aktualität der Frage nach der Diakonie im gesellschaftlichen Kontext nahe, zunächst danach zu fragen, wie Diakonie überhaupt in der Gesellschaft präsent ist, wie sie also gleichsam in der "Außenperspektive" der Kirche unabhängig noch von binnenkirchlichen und theologischen Deutungen wahrgenommen wird.

---

1 Vgl. **Habermas, J.**: Die Krise des Wohlfahrtsstaates.

2 Vgl. **Gabriel, K.**: Die verbandliche Caritas im Spannungsfeld, 44.

3.1 Das soziologische Konzept: Diakonie - Dienstleistung für die Gesellschaftssysteme (Niklas Luhmann)

3.1.1 Vorbemerkungen zur theologischen Luhmann-Rezeption

Es gibt viele Gründe, die Systemtheorie Niklas Luhmanns[3] für die Theologie zu rezipieren. Mit der These, "daß Religion für Gesellschaft eine zugleich zentrale und sehr spezifische Funktion erfüllt"[4] und mit der vielzitierten Beteuerung, daß er hoffe, "auf seiten der Theologie mehr als bloße Immunreaktionen und mehr als bloße Wortübernahmen auszulösen"[5], gibt Luhmann selbst ein Gesprächsangebot, wie es zwischen Soziologie und Theologie nicht allzu häufig der Fall sein dürfte und das um so mehr von theologischer Seite auch tatsächlich angenommen werden sollte. Eine Herausforderung an die Theologie ist Luhmanns Theorie auch deswegen, weil sie Religion nicht als separates Spezialfeld der Soziologie, sondern als systematisch integrierten Bestandteil ihrer selbst als einer Basistheorie der Gesellschaft verhandelt, und somit die Theologinnen und Theologen, die sich mit Luhmanns Sicht der Religion beschäftigen, vor dem Anspruch stehen, theologische Inhalte so zur Sprache zu bringen, daß sie auch in den Kommunikationszusammenhang einer allgemeinen Soziologie nachvollziehbar eingebracht werden können.[6] Dabei kann die Tatsache, daß die Systemtheorie Luhmannscher Provenienz auf seiten der Theologie eine zunehmend lebhafte Rezeption, sowohl affirmativ als auch kontrovers-distanzierend, auslöst[7], nur Anlaß zu einer weiteren theologisch ambitionierten Beschäftigung mit ihr sein.
Von seiten einer Theologie, die sich als "kritische Theorie christlich identifizierter und identifizierbarer Praxis der Menschen" (s. 1.1.2.3) versteht, muß aber das Gespräch mit Luhmann nicht nur deshalb gesucht werden, weil er als Soziologe die Religion thematisiert, sondern weil er seine gesamte Theorie sozialer Systeme so formuliert, daß sie Implikationen für das Verständnis menschlicher Praxis als solcher zeitigt und gerade

---

[3] Von den Primärwerken Luhmanns speziell zur ersten Theoriephase unter dem Paradigma der System-Umwelt-Differenz ist maßgebend: **Luhmann, N.**: Soziologische Aufklärung, Bände 1-3; **ders.**: Sinn als Grundbegriff der Soziologie; **ders.**: Systemtheoretische Argumentationen; **ders.**: Moderne Systemtheorien; **ders.**: Funktion der Religion. Zur zweiten Theoriephase unter dem Paradigma autopoietischer Systeme ist zu verweisen auf: **Luhmann, N.**: Soziale Systeme. Als einführende Literatur zur Theorie Luhmanns sei exemplarisch genannt: **Treibel, A.**: Einführung in soziologische Theorien der Gegenwart, 19-39; **Kiss G.**: Grundzüge und Entwicklungen der Luhmannschen Systemtheorie; **Reese-Schäfer, W.**: Luhmann zur Einführung. Speziell zur Religionstheorie Luhmanns ist heranzuziehen: **Welker, M. (Hg.)**: Theologie und funktionale Systemtheorie; **Pollack, D.**: Religiöse Chiffrierung und soziologische Aufklärung; **Höhn, H.-J.**: Religion und funktionale Systemtheorie.

[4] **Luhmann, N.**: Funktion der Religion, 8.

[5] Ebd.

[6] Vgl. **Höhn, H.-J.**: Religion und funktionale Systemtheorie, 38 f.

[7] Der Rezeptionsstand ist dargestellt bei **Höhn, H.-J.**: Religion und funktionale Systemtheorie, 48-52 und bei **Pollack, D.**: Religiöse Chiffrierung und soziologische Aufklärung, 25-27.

somit als ganze theologisch relevant ist.[8]
Für die vorliegende Untersuchung besteht der primäre Anreiz einer Beschäftigung mit der Luhmannschen Theorie darin, daß im Rahmen ihrer religionstheoretischen Ausführungen die Diakonie explizit thematisiert wird und eine definitive Einordnung in die mit dieser Theorie zur Veranschaulichung gebrachten gesellschaftlichen Zusammenhänge erfährt. Folglich bietet sich die "funktional-strukturelle Systemtheorie"[9] Luhmanns zumindest als heuristisches Instrumentarium an für die Frage, in welchen Präsentations- und Wirkungsformen die Diakonie in der "Außenperspektive" der Gesellschaft wahrgenommen wird.[10] Das heißt: Die Ausgangsvermutung der hier vorzunehmenden Luhmann-Rezeption besteht in der Annahme, daß die Systemtheorie Luhmanns zu einer Wahrnehmung der Gesellschaft verhilft, welche die unabhängig von kirchlicher Einbindung oder theologischer Deutung gegebene Rolle der Diakonie in der Gesellschaft erkennen läßt. Da sich die Problematisierung der Diakonie durch Luhmann vor allem in "Funktion der Religion"[11] findet, wird sich das folgende Referat vor allem auf dieses religionstheoretische Hauptwerk stützen. Dies erscheint nicht nur berechtigt, sondern sogar geboten zu sein, wenn man bedenkt, daß Luhmanns Theorie eine Theorie im Werden ist und somit zeitverschiedene Theoriestadien Veränderungen aufweisen, die bei der Darstellung eines einzelnen Aspektes aus *einem* bestimmten Theoriestadium - wie in diesem Fall des Aspektes der Diakonie - nur schwer und wohl auch nur unter eigenwilligen Interpretationen des Rezipienten verarbeitet werden könnten. Damit ist auch schon festgelegt, daß sich die Ausführungen auf das Stadium der Luhmannschen Theorie beziehen, in dem diese noch in der System-Umwelt-Differenz ihre entscheidende Kategorie sah und noch nicht im Theorem der "selbstreferentiellen Systeme".[12]
Schließlich bleibt noch anzumerken, daß der Einsatz der Luhmannschen Theorie als heuristisches Instrumentarium zur Wahrnehmung des gesellschaftlichen Stellenwertes der Diakonie nicht zugleich eine umfassende Kritik dieser Theorie leisten kann. Al-

---

[8] Vgl. **Scholz, F.**: Freiheit als Indifferenz, 40.

[9] In Abhebung vom "Strukturfunktionalismus" seines soziologischen Vorfahrens Talcott Parsons nennt Luhmann seine Systemtheorie *funktional-strukturell*. Zum Sinn dieser terminologischen Umkehrung s. 3.1.2.1 und vgl. **Kiss, G.**: Einführung in die soziologischen Theorien II, 321-325; **Treibel, A.**: Einführung in soziologische Theorien der Gegenwart, 25 f.

[10] Die Auseinandersetzung mit Luhmanns Diakonie-Verständnis in der theologischen Theoriebildung zur Diakonie kommt erst zögerlich in Gang. Ansätze einer Auseinandersetzung sind gegeben bei **Daiber, K.-F.**: Diakonie und kirchliche Identität, bes. 22-27, 131-141; **Steinkamp, H.**: Diakonie - Kennzeichen der Gemeinde, 18-21; **Knobloch, S.**: Ist die Kirche in Deutschland Anwalt der Armen?, 229 f.; **Fuchs, O.**: Heilen und befreien, 135-139; **Manderscheid, H.**: Kirchliche und gesellschaftliche Interessen im Kindergarten, 36-42; **Steinkamp, H.**: Sozialpastoral, 67 f.; **Luther, H.**: Diakonische Seelsorge, 477-480; **Ruhfus, M.**: Diakonie-Lernen in der Gemeinde, 16 f.; **Schäfer, G.K.**: Gottes Bund entsprechen, 232, 286 f.

[11] Vgl. **Luhmann, N.**: Funktion der Religion, 54-60, 261-271.

[12] Vgl. **Pollack, D.**: Religiöse Chiffrierung und soziologische Aufklärung, 30. - Luhmann selbst zeigt den Paradigmenwechsel von der Theorie der System-Umwelt-Differenz zur Theorie der selbstreferentiellen Systeme in seinem Hauptwerk "Soziale Systeme" aus dem Jahr 1984 an (vgl. **Luhmann, N.**: Soziale Systeme, 22-28).

lerdings sind Ansätze einer solchen Kritik der Theorie durchaus im Blickfeld der Ausführungen. Kritisch beurteilt werden etwa die Übernahme fragwürdiger theologischer Prämissen wie z.B. die Trennung von Diakonie und Seelsorge[13], die Annahme einer Ausnahmesituation der Wissenschaft als Teilsystem der Gesellschaft einerseits und zugleich als Beobachter der auf die Gesellschaft bezogenen System-Umwelt-Relation andererseits[14] oder die für eine Theorie sozialer Systeme tautologische Voraussetzung, "daß es Systeme gibt"[15].

3.1.2 Grundzüge der Systemtheorie Niklas Luhmanns in ihrer ersten Phase

3.1.2.1 Der Ausgangspunkt: Welt als Problem

Luhmanns Theorie sozialer Systeme ist ein Versuch, die Welt zu erklären. Diese pointierte Formulierung annonciert einen hohen Anspruch. Und in der Tat will Luhmann eine "universelle Theorie" in dem Sinn vorlegen, "daß die Theorie der Einheit des Faches Rechnung zu tragen sucht, also den Vorschlag eines einheitlichen Forschungsansatzes für die gesamte Soziologie unterbreitet"[16], so wie z.B. Evolution einen allgemein anerkannten und verwendeten Forschungsansatz im biologischen Bereich darstellt. Solche universellen Theorien sind "Supertheorien" und "Systemtheorie ist eine besonders eindrucksvolle Supertheorie"[17].
Auf der anderen Seite ist der Anspruch, die Welt "erklären" zu wollen, auch Ausdruck der Bescheidenheit. Karl Marx's vielzitierte "elfte These über Feuerbach" lautete noch: "Die Philosophen haben die Welt nur verschieden *interpretiert*, es kömmt darauf an, sie zu verändern"[18]. Ein solches Ansinnen der Weltveränderung ist in den Augen Luhmanns angesichts der modernen Welt sinnlos geworden. Für ihn kann es "nur" noch um die Frage gehen, wie in einer Welt, die für einzelne Menschen wie für kollektive Gebilde zunehmend unüberschaubar und unkontrollierbar geworden ist, überhaupt noch sinnhafte Orientierung und soziale Ordnung möglich sind. Der Zugang zur Welt erfolgt nicht mehr über alles umfassende Normen, Werte, Ideen oder Lebensvorstellungen, von denen aus die Welt zu gestalten wäre.[19] Es kann nicht mehr gesagt werden, *daß* die Welt so sein muß oder *daß* sie anders werden muß. Es kann höchstens noch gesagt

---

13 Vgl. **Luhmann, N.**: Funktion der Religion, 58.

14 Vgl. ebd. 68.

15 **Luhmann, N.**: Soziale Systeme, 30.

16 **Luhmann, N.**: Soziologie als Theorie sozialer Systeme, 113.

17 **Luhmann, N.**: Soziale Systeme, 19.

18 Marx, K.: Die Frühschriften, hg. von S. Landshut, 341; hier zitiert nach **Lehmann, K.**: Das Theorie-Praxis-Problem, 86.

19 Vgl. **Höhn, H.-J.**: Religion und funktionale Systemtheorie, 40; **ders.**: Kirche und kommunikatives Handeln, 309 f.

werden, *warum* die Welt so ist und *warum* sie eventuell auch anders sein könnte. Gefragt ist also nicht mehr nach einem letzten, universal geltenden Wert, von dem ausgehend die Welt gestaltet oder verändert werden müßte. Solche universalen, normierenden Vorgaben würden sich angesichts einer eben unüberschaubaren, unkontrollierbaren Welt selbst ad absurdum führen, da mit jeder Anmeldung eines universal normierenden Anspruchs gleichzeitig all das in Erscheinung tritt, was von diesem Anspruch nicht abgedeckt sein kann. Gefragt ist vielmehr nach einem letzten, alles betreffenden Problem, zu dem die Dinge der Welt so in Beziehung gesetzt werden können, daß beobachtbar wird, warum die Dinge sich so verhalten oder sich nicht so verhalten. Damit ist ein Wechsel von einem normativen zu einem analytischen Zugriff zur Welt angesagt. Luhmanns Systemtheorie "sucht ihre Grundlagen in letzterreichbaren 'Bezugsproblemen', die Vergleiche mit anderen Möglichkeiten erschließen, nicht in einem Axiomensystem, aus dem sich deduzieren ließe, daß die Welt in einem bestimmten Zustand ist und nicht in einem anderen. Sie ermöglicht deshalb auch keine eindeutigen Prognosen bestimmter Ereignisse. Bescheidung in diesen letztlich noch ontologisch inspirierten Erwartungen ist in der Tat ihr Konstruktionsprinzip, ..."[20].
Das "Bezugsproblem", von dem eine Systemtheorie auszugehen hat, findet Luhmann in kritischer Abgrenzung zu seinem "Theorie-Ahnen" Talcott Parsons. Dessen "*strukturell*-funktionale Theorie"[21] "ordnet den Strukturbegriff dem Funktionsbegriff *vor*. Sie setzt [bei dem Versuch, soziologische Sachverhalte zu erklären - H.H.] soziale Systeme mit bestimmten Strukturen voraus und fragt dann nach den funktionalen Leistungen, die erbracht werden müssen, damit die Systeme erhalten bleiben."[22] Das Bezugsproblem der Systemtheorie Parsons' ist also noch das System selbst, näherhin die Erhaltung seiner Struktur. Indem sie die bestehende Systemstruktur zum Ausgangspunkt nimmt, kann sie nur noch danach fragen, wie deren Bestand durch Erfüllung von Funktionen erhalten werden kann, nicht aber danach, welchen Sinn Strukturen und die Bildung von Systemen überhaupt haben. Es ist ihr also nicht möglich, Systeme selbst zu problematisieren.[23] Dieser Aporie versucht Luhmann dadurch zu entgehen, daß er in seiner "*funktional*-strukturellen Theorie" die Funktion der Systemstruktur vorordnet. Damit ist gemeint: Luhmann sucht einen Bezugspunkt, von dem aus er zuerst nach der Funktion von Systemstrukturen (Differenzierungen, Hierarchien usw.) fragen kann, ohne bereits dafür eine bestimmte Systemstruktur voraussetzen zu müssen.[24] Daß der Ausgangspunkt der soziologischen Theorie, also ihr Bezugsproblem, keine systemstrukturellen Voraussetzungen mehr implizieren darf, heißt, daß er nicht selbst ein System sein darf, das sich gebildet hat, um eine Problemlage in seiner Umwelt zu bewältigen. Damit wäre (und das ist die Aporie der Systemtheorie Parsons') das betreffende System selbst der

[20] **Luhmann, N.**: Soziologie als Theorie sozialer Systeme, 128.

[21] Vgl. **Parsons, T.**: Das System moderner Gesellschaften; **Korte, H.**: Einführung in die Geschichte der Soziologie, 176-190.

[22] **Luhmann, N.**: Soziologie als Theorie sozialer Systeme, 113.

[23] Vgl. **Luhmann, N.**: Moderne Systemtheorien, 14.

[24] Vgl. **Luhmann, N.**: Soziologie als Theorie sozialer Systeme, 114 f.

funktionalen Analyse entzogen. Den entscheidenden Anspruch der Entwicklung einer Systemtheorie sieht Luhmann also darin, daß eine Systemtheorie Systeme nach ihren Funktionen analysieren will. Es gilt aber: "Alle funktionale Analyse setzt einen Bezugspunkt voraus, auf den hin eine Funktion erfüllt wird."[25] Der Punkt, von dem ausgehend die Systemtheorie nach Funktionen und ihrer Erfüllung fragt, muß so gewählt sein, daß man erst nach dem Ausgang von diesem Punkt auf Systeme stößt. Luhmann sucht also nach einem Bezugspunkt, der nicht selbst System ist. Wenn nun das Eigentümliche eines Systems darin besteht, daß es sich nicht ins Unendliche ausweitet, sondern daß es sich beschreiben, abgrenzen läßt - d.h. abgrenzen von etwas, das nicht zum System gehört, das außen ist -, dann ist mit dem Bezugspunkt etwas gesucht, was nicht mehr innerhalb von Grenzen festzulegen ist, was kein "außen" mehr hat. Dieser Bezugspunkt ist die Welt. Sie hat keine weitere Umwelt, sie ist das Letzte, Unhintergehbare. Auf sie wirkt nicht mehr etwas von außen ein und somit ist sie von Problemen ihrer Bestandssicherung gegen Einflüsse von außen frei. Sie ist selbst nur noch Problem für das, was *in* ihr ist.[26]

3.1.2.2 Die Komplexität der Welt

Die Welt präsentiert sich deshalb als Problem für das, was in ihr ist, weil sie komplex ist. Damit ist gemeint, daß die Welt "die Gesamtheit der möglichen Ereignisse"[27] - und das heißt immer auch: mehr Möglichkeiten, als in einem einzelnen System realisiert oder verarbeitet werden können - in sich birgt. Diese Gesamtheit ist aber etwas, was nur von dem in der Welt Bestehenden als Komplexität wahrgenommen wird. Nur dort, wo ein in der Welt bestehendes System "auf die Welt schaut", erscheint von seiner - des Systems - Warte aus die Gesamtheit der Welt als komplex, d.h. die begrenzten Möglichkeiten des Systems übersteigend zu einer unüberschaubaren, unbestimmbaren Menge von Möglichkeiten.
Wenn nun die Welt nur insofern komplex ist, als sie von einem System in ihr als Komplexität wahrgenommen wird, dann ist die Komplexität etwas, das von den Systemen und deren Strukturen abhängig ist. Komplexität der Welt ist nicht etwas, das einfachhin und an sich existiert. Komplexität ist der Modus, in dem die Welt von Systemen wahrgenommen wird, und es hängt von der jeweiligen Struktur des Systems ab, in welcher Form Komplexität wahrgenommen wird. Somit drückt Komplexität "eine Relation zwischen System und Welt, nie einen Seinszustand"[28] der Welt an sich aus. Komplexität festzustellen wird also erst dadurch möglich, daß es Systeme gibt und diese sich in ihrer Relation zur Welt wahrnehmen. Komplexität ist kein statischer Zustand, sondern eher ein "Ereignis" zwischen einem System und seiner Umwelt. Komplexität

---

25 Ebd. 114.

26 Vgl. **Scholz, F.**: Freiheit als Indifferenz, 46.

27 **Luhmann, N.**: Soziologie als Theorie sozialer Systeme, 115.

28 Ebd.

ereignet sich vor den Augen des jeweiligen Systems, welches gewahr wird, daß sein Umgang mit der Umwelt bestimmt ist von der Vielschichtigkeit, d.h. der Differenziertheit des eigenen Binnenraums wie auch der Umwelt, von der Vernetzung, d.h. von der Abhängigkeit des Systems von anderen Systemen und dem Gesamtsystem, und von der Folgelastigkeit, d.h. von den Konsequenzen, die die Entscheidung für einen bestimmten Umgang mit der Umwelt mit sich bringt.[29]
Umgekehrt wird die Welt gerade als Komplexität zum Problem, weil sie als solche die Möglichkeiten der einzelnen Systeme übersteigt und darin von den Systemen als Bedrohung ihres Bestandes empfunden wird. Zur Lösung dieses Problems müssen wiederum Systeme gebildet werden, die die Komplexität dadurch "erträglich" machen, daß sie sich als abgegrenzter Bereich konstituieren und aus der Komplexität der vielen Möglichkeiten nur eine begrenzte Anzahl von Möglichkeiten in sich realisieren.[30] Diese zirkulär anmutende Argumentation Luhmanns veranlaßt Frithard Scholz zu der zugespitzten Formulierung: "Komplexität ist das 'durch System Mögliche', System das wegen Komplexität Notwendige."[31]

3.1.2.3 Sinn und Reduktion von Komplexität

Die Welt als Komplexität ist deshalb ein Problem für Systeme, weil sie mehr Möglichkeiten der Ereignisse repräsentiert als die Systeme selbst. Der problemlösende Umgang der Systeme mit der komplexen Welt besteht darin, daß sie nach Maßgabe ihrer jeweiligen Struktur und Funktion aus den vielen Möglichkeiten der Welt bestimmte auswählen und verarbeiten bzw. realisieren. Systeme manifestieren sich also als Systeme, indem sie sich als ein Binnenbereich von einem Außenbereich abgrenzen, im Binnenbereich nur eine bestimmte Auswahl aller Möglichkeiten zulassen und so Komplexität reduzieren. Die Reduktion von Komplexität dient "der Vermittlung zwischen der äußersten Komplexität der Welt und der sehr geringen, aus anthropologischen Gründen kaum veränderbaren Fähigkeit des Menschen zu bewußter Erlebnisverarbeitung"[32]. Der Vorgang der "Reduktion von Komplexität" bildet einen Kernbegriff der Systemtheorie Luhmanns. Reduktion von Komplexität ist die Basisformel, um zu erklären, wie Welt und einzelne Systeme zueinander stehen, wie Welt bewältigt wird, warum sich Systeme bilden und wonach die Funktion von Systemen zu bestimmen ist.
Die Auswahl bestimmter Möglichkeiten aus der Weltkomplexität, die Verarbeitung der möglichen Ereignisse, d.h. die Vereinfachung der Komplexität erfolgt nach einer dem

---

[29] Vgl. **Willke, H.**: Systemtheorie, 16.

[30] Vgl. **Luhmann, N.**: Soziologie als Theorie sozialer Systeme, 115.

[31] **Scholz, F.**: Freiheit als Indifferenz, 47.

[32] **Luhmann, N.**: Soziologie als Theorie sozialer Systeme, 116.

System adäquaten Regel und Struktur.[33] Diese bestimmte Strukturiertheit der Reduktion von Komplexität nennt Luhmann *Sinn*. "Sinn ist eine bestimmte Strategie des selektiven Verhaltens unter der Bedingung hoher Komplexität. Durch sinnhafte Identifikationen ist es möglich, eine im einzelnen unübersehbare Fülle von Verweisungen auf andere Erlebnismöglichkeiten zusammenzufassen und zusammenzuhalten, Einheit in der Fülle des Möglichen zu schaffen und sich von da aus dann selektiv an einzelnen Aspekten des Verweisungszusammenhangs zu orientieren."[34] Sinn so verstanden als "Selektion aus anderen Möglichkeiten [und als] Orientierung des Erlebens und Handelns"[35] ist das Raster, unter dem ein System das, was zu ihm gehört, von dem, was nicht zu ihm gehört, unterscheidet. Sinn-gebung ist dann der Vorgang, in dem ein System sich die Welt als je eigene Welt aneignet und das, was nicht zur eigenen Welt gehört, ausschließt.

Das Besondere der Sinnverwendung, also der Konstitution der je eigenen Welt eines Systems, besteht nach Luhmann nun darin, daß die bei der Reduktion von Komplexität ausgeschlossenen Möglichkeiten nicht verschwinden. Sie bleiben als denkbare, potentiell abrufbare Möglichkeiten erhalten. Gerade dadurch, daß ein System betimmte Möglichkeiten auswählt, werden auch die nicht ausgewählten Möglichkeiten auf eine gewisse Weise, wenn auch negativ, gegenwärtig, nämlich als *nicht* ausgewählte Möglichkeiten, aber eben immer noch als mögliche Möglichkeiten. Die Auswahl von Möglichkeiten durch Sinnverwendung verweist auf die nicht ausgewählten Möglichkeiten, die im Erleben und Handeln nicht aktualisiert werden können, die aber gerade als Horizont weiterer Formen des Erlebens und Handelns erhalten bleiben. Im Gegensatz zur Repräsentation der ausgewählten Möglichkeiten im System nennt Luhmann die Erhaltung der ausgeschlossenen Möglichkeiten "Appräsentation".[36] Damit bezeichnet er - um es noch einmal mit seinen eigenen Worten zu sagen - die eigentümliche Wirkung der Sinnverwendung, "daß die Selektion einer spezifischen Sinnverwendung andere Möglichkeiten zwar vorläufig neutralisiert oder auch negiert, sie aber als Möglichkeiten nicht definitiv ausmerzt. Die Welt zieht sich nicht durch Akte der Selektion auf den jeweils gewählten Aufmerksamkeitsbereich zusammen, sondern bleibt als Horizont der Verweisung auf andere Möglichkeiten und damit als Bereich für anschließende weitere Selektionen erhalten"[37]. Sinnverwendung in Gestalt der Reduktion von Komplexität bedeutet aufgrund dieser Zusammenhänge zugleich und paradoxerweise auch Erhaltung der Komplexität. Die Komplexität der Welt bleibt durch Sinnverwendung zugänglich. Das "Woraus der Selektion, die reduzierte Komplexität, bleibt im Sinn erhalten"[38].

---

33 Vgl. zum folgenden auch **Höhn, H.-J.**: Kirche und kommunikatives Handeln, 31; **ders.**: Religion und funktionale Systemtheorie, 41; **Pollack, D.**: Religiöse Chiffrierung und soziologische Aufklärung, 40; **Scholz, F.**: Freiheit als Indifferenz, 47.

34 **Luhmann, N.**: Moderne Systemtheorien, 12.

35 **Luhmann, N.**: Soziologie als Theorie sozialer Systeme, 116.

36 **Luhmann, N.**: Funktion der Religion, 22.

37 **Luhmann, N.**: Moderne Systemtheorien, 12.

38 **Luhmann, N.**: Soziologie als Theorie sozialer Systeme, 116.

Damit wird erkennbar, daß die Reduktion von Komplexität für ein System nicht eine Einschränkung, sondern vielmehr die Eröffnung und Ausweitung seiner Aktionsformen mit sich bringt. Unterbliebe die Reduktion von Komplexität, bliebe sie die überwältigende, alles überfordernde Komplexität der Welt, angesichts der ein Erleben, Verhalten und Handeln, mithin die Erfüllung der Funktion eines Systems keine konkrete Gestalt gewinnen könnte bzw. letztendlich gar nicht möglich wäre.

3.1.2.4 System und Umwelt

Bisher war schon ständig zur Darlegung der Luhmannschen Argumentation ein Begriff herangezogen worden, der selbst noch nicht erläutert ist: *System*. Der Grund dieser "Inkonsistenz" liegt in der Theorie Luhmanns selbst verborgen. Ihre Eigenart wehrt sich gegen die deduktive Form einer Darstellung, die von einem alles umfassenden und tragenden Prinzip ausgehend die einzelnen Theorieelemente in einem logischen Nacheinander als eines aus dem anderen hervorgehend entwickeln möchte. Luhmanns Theorie ist keine Darstellung einer bestimmten Kausalkette, deren Anfang, Reihung und Ende nur erkannt werden müßte, um den gemeinten Sachverhalt zu erfassen. Sie gleicht eher einem Kreis, in dem die einzelnen Elemente durchaus durch gegenseitige Bedingtheiten und Zusammenhänge miteinander verknüpft sind, in dem aber kein Anfang, kein Prinzip zu erkennen ist, in dem sich vielmehr jeder Punkt nach einem Durchgang im Kreis, d.h. nach Hinzunahme anderer Theorieelemente, bei einer erneuten Betrachtung in einer gegenüber früheren Betrachtungen veränderten Form zeigt.[39] Es bleibt also nichts anderes übrig, als bei der Darstellung der Theorie an einem bestimmten Punkt des "Kreises" anzusetzen und dadurch notgedrungen das im "Kreis" Vorhergehende bereits mitzutransportieren. Die bisherige Rede von "System" war sozusagen das so vorausgesetzte Segment des Theoriekreises.[40]
Systeme werden gebildet, um die Komplexität der Welt zu reduzieren, d.h. erträglich, umgänglich zu machen. Systeme bilden sich als Bereiche, in denen eine geringere Komplexität herrscht, in denen somit eine im Vergleich zu den unüberschaubar vielen Möglichkeiten der Welt geringere Anzahl von Möglichkeiten realisiert ist. Systembildung ist gleichsam eine Strategie, mit der erreicht wird, einen Ausschnitt aus allen

---

[39] Zur Problematik der Darstellung der Theorie Luhmanns vgl. **Scholz, F.**: Freiheit als Indifferenz, 35-40.

[40] Die hier aufscheinende Widersprüchlichkeit in Bezug auf die oben erwähnte Kritik Luhmanns an Parsons - dieser würde in seiner Theorie das Bestehen bestimmter Systemstrukturen voraussetzen und somit der In-Frage-Stellung entziehen - ist nur mit Mühe, bei Wohlwollen gegenüber Luhmann aber vielleicht doch mit einer feinen Unterscheidung aus dem Weg zu räumen: Luhmann sieht in Parsons' Theorie schon bestimmte Systemstrukturen vorausgesetzt, die dadurch unveränderlich wirken. Er selbst hingegen spricht zunächst allgemein vom Bestehen von Systemen, um seine sich zirkulär entwickelnde Theorie darzustellen, die gerade darauf abzielt, dann, wenn die Theorie an dem Punkt "System" angelangt ist, dieses zu analysieren und auf seine Funktion hin zu befragen, mithin seine je konkrete Struktur auch in Frage zu stellen.

"möglichen Möglichkeiten" der Welt so abzugrenzen, daß er kontrollierbar wird und daß man mit ihm umgehen kann. Wollte dagegen ein System alle Möglichkeiten der Welt in sich aufnehmen, würde es gleichsam davon überflutet; es könnte nicht koordiniert darauf reagieren, weil eben nicht bestimmte Möglichkeiten ausgewählt und der diesen Möglichkeiten adäquate Umgang nicht vorgesehen bzw. eingeübt werden konnte. Systembildung heißt somit, daß eine Differenz zwischen einem komplexen Außenbereich und einem erkennbar weniger komplexen Innenbereich aufgebaut wird.[41] Vom System wird ein Bereich, der zu ihm gehört, eingegrenzt und ein Bereich, der nicht zum System gehört, ausgegrenzt. Diese Definition einer Grenze zwischen einem Innen und einem Außen geschieht durch die Bildung einer Systemstruktur, die situationsunabhängig in einem System gegeben ist und ein "der Bewußtseinskapazität des Menschen angepaßtes Volumen von Möglichkeiten definiert"[42]. Erreicht wird diese situationsunabhängige Struktur des Systems, indem Erwartungen für ein systemzugehöriges Verhalten generalisiert, d.h. entgegen möglichen Veränderungen als für das jeweilige System typisch festgelegt werden.[43]

Der ausgegrenzte Bereich ist die *Umwelt* des Systems. Umwelt ist alles, was nicht zum System gehört. Mit dieser System-Umwelt-Differenz ist die fundamentale Kategorie der Theorie Luhmanns (zumindest in ihrem hier zugrundegelegten Entwicklungsstadium) formuliert. Was Umwelt ist, hängt folglich vom jeweiligen System ab. Zwar überlappen sich die Umwelten der verschiedenen Systeme über weite Strecken, weil sie Komplexität auf ähnliche Weise reduzieren, aber die Umwelten sind nie ganz deckungsgleich, weil das je einzelne System zwar zur Umwelt aller anderen Systeme gehört, zur eigenen Umwelt jedoch nicht. "Mit der Tatsache, daß jede Systembildung die Umwelten vieler anderer Systeme betrifft und umgekehrt in der Umwelt eines jeden Systems sich viele andere Systeme bilden und ändern können, hängt es zusammen, daß die Umwelt immer komplexer ist als das System."[44] Notwendig für die Gestaltung der Beziehung zwischen System und Umwelt sind "Kontaktverengungen", da es aufgrund des Komplexitätsgefälles von der Umwelt zum System für das System unmöglich ist, zu jedem Punkt der Umwelt gleichzeitig und gleichermaßen Kontakt aufzunehmen. Diese begrenzte Kapazität des Systems macht eine Selektion der Umweltkontakte notwendig, aufgrund deren es erst möglich wird, daß das System in einer gleichsam "trainierten", koordinierten Weise auf die Einflüsse aus seiner Umwelt reagiert. Träfe das System keine derartige Selektion, könnte es sich nicht auf bestimmte Möglichkeiten einstellen und wäre reaktionsunfähig, damit aber auch der immer höheren, d.h. unbestimmbaren Komplexität schutzlos ausgesetzt und in seinem Bestand bedroht. Das Verhältnis System-Umwelt gestaltet sich demnach vor allem als ein Vorgang der Reduktion von unbestimmbarer Weltkomplexität in eine bestimmbare Systemkomplexität. Die jeweilige Umwelt ist für das System insofern ein Problem, als es Strategien entwickeln muß, mit

41 Vgl. zum folgenden **Luhmann, N.**: Funktion der Religion, 13 f.

42 **Luhmann, N.**: Soziologie als Theorie sozialer Systeme, 120.

43 Vgl. ebd. 121.

44 **Luhmann, N.**: Funktion der Religion, 14.

den Gegebenheiten der Umwelt so umzugehen, daß es über deren Auswirkungen im eigenen Binnenbereich selbst bestimmen kann. Jürgen Werbick veranschaulicht das Gemeinte in einem treffenden Bild[45]: Das System gleicht einem Schiff. Es besteht aus vielen Teilbereichen (Kommandobrücke, Küche, Maschinenraum, ...), also aus Teilsystemen, und es hat eine Umwelt, das Meer, das für das Schiff unüberschaubarer, unkontrollierbarer, also komplexer als es selbst ist. Aus diesem Meer können unendlich viele Einflüsse auf das Schiff einwirken: Witterung, andere Schiffe, Felsengrund, Wasser usw.. Das System Schiff kann überleben, weil sich die Mannschaft auf bestimmte, ausgewählte, typisierbare Einflüsse, z.B. Wind oder hoher Seegang, vorbereitet hat, so daß diese kontrolliert und geregelt werden können. Hat das System Schiff dagegen aus dem "Meer" der unbestimmbar vielen Umweltkontakte nicht bestimmte, überschaubare Kontakte ausgewählt und trainiert, kann die Mannschaft den Bestand des Schiffes nicht sichern. Das System Schiff geht unter.

Die Reduktion der Komplexität der Umwelt ist also "eine auf Systemkapazität abgestimmte Simplifizierung"[46]. Das System legt an seine Umwelt einen Raster an, durch den es die Umwelt nur insofern wahrnimmt, als sie für das System relevant ist. Ob und wie die Umwelt für das System relevant ist, bemißt sich nach der eigenen Komplexität des Systems. Ein System ist dann komplex, wenn es mehr als einen Zustand annehmen kann, also in sich mehrere Möglichkeiten als eine realisieren kann, die mit der Systemstruktur verträglich sind.[47] Und ein System ist um so komplexer, je mehr Möglichkeiten in ihm vorgesehen sind. Je mehr Möglichkeiten im System vorgesehen sind, um so mehr Gegebenheiten der Umwelt werden für das System relevant und um so komplexer wird die Umwelt aus der Wahrnehmungsperspektive des Systems. Das heißt nichts anderes, als daß die Komplexität der Umwelt mit der Komplexität des Systems wächst. Damit ist der paradoxe Zirkel erneut formuliert: Komplexität wird durch das System möglich und das System wird durch Komplexität notwendig.[48] Gesagt ist damit aber auch, daß jedes System seine Beziehung zu sich selbst und seine Identität nur dadurch konstituieren kann, daß es sich in Beziehung zu seiner komplexeren Umwelt setzt, nicht jedoch dadurch, daß es sich von seiner Umwelt abschirmt.[49]

3.1.2.5 Soziale bzw. sinnverwendende Systeme

Für das Verständnis der Luhmannschen Systemtheorie ist weiterhin wichtig, daß mit dem Begriff System *sinnverwendende Systeme*, also soziale Gebilde aus mehreren Personen bzw. einzelne Personen im Blick sind. Zwar erachtet es Luhmann als möglich, auch Maschinen oder biologische Organismen als Systeme zu begreifen. Aber für den

---

[45] Vgl. **Werbick, J.**: System und Subjekt, 126.

[46] **Luhmann, N.**: Funktion der Religion, 16.

[47] Vgl. **Luhmann, N.**: Soziologie als Theorie sozialer Systeme, 116.

[48] Vgl. **Luhmann, N.**: Funktion der Religion, 15-17.

[49] Vgl. **Höhn, H.-J.**: Religion und funktionale Systemtheorie, 41.

Versuch, Gesellschaftstheorie als Systemtheorie zu konzipieren, sind diese nicht von Belang[50], da ihre statisch gegebene Eigenkomplexität einfachhin Einflüsse der Umwelt zu verarbeiten hat, sich also nur anpassen, nicht aber das Verhältnis zwischen System und Umwelt variieren kann.[51] Die für die systemtheoretische Analyse relevanten Prozesse zwischen System und Umwelt lassen sich folglich an organischen und mechanischen Systemen gerade nicht ablesen.
Sinn wurde als die Strategie der Selektion bestimmt, mit der ein System die ihm je eigene Welt konstituiert und die für das eigene Innen nicht ausgewählten Möglichkeiten als Horizont erhält. Sinn ist die bestimmte Strukturiertheit von Handlungen, mit der die Handlungsträger eines Systems ihre Handlungen einander zuordnen, sie als "sinnvoll" erleben können. Der Anspruch, Handlungen als sinnvoll zu erleben, impliziert nun, daß mit sich wandelnden Situationen sich auch die Strategie der Reduktion von Komplexität ändern kann, so daß ein in einer veränderten Situation veränderter Sinn das Handeln im System nach wie vor als sinnvoll erleben läßt. Maschinen als Systeme sind in ihrer Differenz zur Umwelt festgelegt. Ihre Differenzgrenzen zwischen System-Innen und Umwelt-Außen lassen sich nicht verschieben. Ihr "Sinn", die Form des Austauschprozesses zwischen System und Umwelt, also ihre Reduktion von Komplexität läßt sich nicht verändern. Systeme aber, die ihre Kontakte zur Umwelt je nach Situation verändern können, die ihren Umweltentwurf, also ihre Reduktion von Komplexität in Form ihrer Auswahl von relevanten Möglichkeiten der Welt so variieren können, daß sie auch unter veränderten Bedingungen, d.h. bei wechselnden Umwelteinflüssen stabil bleiben, nennt Luhmann "sinnverwendende Systeme"[52]. Deren Systemgrenze blockt Kontakte zwischen System und Umwelt, die zunächst nicht vorgesehen sind, nicht einfach ab. Grenze ist hier keine Art Mauer, die unverschiebbar wäre. Vielmehr können solche Systeme relativ autonom den Austauschprozeß nach eigenen Regeln steuern. Sie gestalten die Auswahl der Möglichkeiten ihrer Umwelt, erreichen dadurch einen sinnvollen Zusammenhang ihrer Handlungen und halten sich gerade so über wechselnde Situationen der Umwelt hinweg stabil. Diese freie bzw. kreative Gestaltung der Selektionsstrategie ist gemeint mit der Aussage, daß Systeme Sinn *verwenden* und nicht nur haben.[53] Und nur solche sinnverwendenden Systeme liefern das Theorie-Material für den Entwurf einer Gesellschaftstheorie als Systemtheorie.[54]
Bei sinnverwendenden Systemen unterscheidet Luhmann wiederum zwischen zwei Arten: Personen bzw. Individuen als "personale Systeme" und "soziale Systeme".[55]

---

50 Vgl. **Luhmann, N.**: Moderne Systemtheorien, 11.

51 Vgl. **Luhmann, N.**: Soziologie als Theorie sozialer Systeme, 116.

52 Ebd. 117.

53 Vgl. ebd.; **Scholz, F.**: Freiheit als Indifferenz, 48.

54 Vgl. **Luhmann, N.**: Moderne Systemtheorien, 11.

55 Vgl. **Luhmann, N.**: Funktion der Religion, 30 f. - Die Terminologie Luhmanns hinsichtlich der Bezeichnung von Personen als Systeme ist offensichtlich nicht einheitlich. Neben der Formulierung "personales System" findet sich auch der Ausdruck "psychisches System" in einem Kontext, in dem damit nur einzelne Personen gemeint sein können, nämlich im Zusammenhang der Beschreibung sinnkon-

Letztere, die sozialen Systeme, werden schließlich unterschieden als "Gesellschaftssysteme, organisierte Sozialsysteme und einfache Sozialsysteme elementarer Interaktion"[56]. Diese Unterscheidung ist keine Gliederung in dem Sinn, daß das Gesellschaftssystem in Organisationen und diese wiederum in Interaktionen eingeteilt werden könnten. Unterschieden werden diese Arten sozialer Systeme vielmehr nach der *Form*, in der in ihnen die Grenzziehung zwischen System und Umwelt, also die Selektion der Umweltmöglichkeiten vorgenommen wird.

Gesellschaftssysteme sind Systembildungen gleichsam auf der letzten, umfassendsten Ebene. "Gesellschaft umfaßt also nicht nur alle faktischen Kommunikationen und Handlungen, sondern auch alle möglichen Kommunikationen und alle kommunikativ füreinander erreichbaren Handlungen."[57] Gesellschaft ist der ganze Bereich der für einen Menschen denkbaren Möglichkeiten, sein Zusammenleben mit Mitmenschen in sozialer Ordnung zu gestalten. Sie ist diejenige Ebene, auf der die grundlegendsten Reduktionen im Sinne von Auswahlmodi vorgenommen werden, um soziales Leben zu organisieren. Solche fundamentalen Reduktionen sind Sprache oder Wertmuster. Gesellschaft beschreibt somit den jeweils weitest denkbaren Horizont, welchen Menschen als den Horizont ihres Zusammenlebens begreifen können. Angesichts der Situation, daß die Kommunikationsmöglichkeiten des Menschen sich mittlerweile auf die ganze Welt beziehen und daß das Zusammenleben von Menschen - ob in belastendem, gefährdendem oder konstruktiv-stabilisierendem Sinn - als Zusammenleben der ganzen Menschheit wahrgenommen wird, kann eigentlich nur mehr von *einem* Gesellschaftssystem, der Weltgesellschaft geredet werden.[58] Im Gesellschaftssystem zeigen sich vielfältige Teilsysteme als Untergliederungen. Teilsysteme des Gesellschaftssystems sind z.B. Staaten, Familien, Religionen, Wirtschaft, Bildungswesen usw.[59]

Eine andere Form der Bildung sozialer Systeme sind *Interaktionen*. Sie sind im Gegensatz zur Gesellschaft auf einem engen, scharf begrenzten Bereich der Kommunikationsmöglichkeiten angesiedelt. Ihre Form der Reduktion von Komplexität beschreibt nicht einen äußersten denkbaren Horizont von Möglichkeiten, sondern besteht in "wechselseitiger Wahrnehmung unter Anwesenden"[60]. Die Selektion bei Interaktionssystemen erfolgt also nach den Kriterien, welche Kommunikationspartner anwesend sind, ob sie sich gegenseitig wahrnehmen und über welchen gemeinsamen Gegenstand (z.B. Thema) sie in Interaktion treten. Solche Interaktionssysteme können z.B. sein: eine Demonstration, ein Gesprächskreis, eine Party oder - auf den religiös-kirchlichen Bereich bezogen - ein Gottesdienst, eine Sakramentenspendung oder eine Katechesegruppe.

Zwischen Gesellschaft und Interaktion siedelt Luhmann eine dritte Form der Systembildung an, die *Organisation*. Sie ist gleichsam ein System "mittlerer Reichweite".

---

stituierender Systeme (vgl. ebd. 20 f).

56 **Luhmann, N.**: Die Organisierbarkeit von Religionen und Kirchen, 245.

57 **Pollack, D.**: Religiöse Chiffrierung und soziologische Aufklärung, 51.

58 Vgl. **Luhmann, N.**: Die Organisierbarkeit von Religionen und Kirchen, 247.

59 Vgl. ebd.

60 Ebd.

Während die Gesellschaft einen denkbar weiten Horizont beschreibt, die Interaktion umgekehrt einen zeitlich, räumlich und personell relativ begrenzten Horizont, ist die Organisation ein System, das zwar nicht alle Menschen, aber immerhin mehr als nur die jeweils aktuell Anwesenden umfaßt und das relative Beständigkeit über längere Zeit erlangen kann. Ihre Eigenart ist bedingt durch ihre Reduktionsform, also ihr Auswahlprinzip. Dieses besteht charakteristischerweise darin, daß zwei für sich kontingente Sachverhalte zu einem nicht kontingenten, d.h. keine Alternativen vorsehenden Zustand verknüpft werden. Die zwei kontingenten, d.h. auch anders denkbaren Sachverhalte bei Organisationen sind zum einen die Entscheidung für oder gegen die Mitgliedschaft in der jeweiligen Organisation und zum anderen die Festlegung der Merkmale der jeweiligen Organisation, z.B. Zweck, Kompetenzverteilung, Arbeitsformen. Werden nun beide Sachverhalte, die je für sich auch anders denkbar sind, miteinander verknüpft, d.h. werden mit einer Entscheidung für die Mitgliedschaft die jeweils gegebenen Organisationsmerkmale akzeptiert, dann ist das System Organisation abgegrenzt, definiert. Die Mitglieder erkennen die Organisationsmerkmale als verbindlich an und es ist nicht mehr statthaft, beliebig andere Personen, welche die Merkmale nicht anerkennen, in die Organisation aufzunehmen. Umgekehrt können die Merkmale nicht beliebig verändert werden, da die Erwartungen der Mitglieder sich darauf eingestellt haben und mit verbindlicher Erfüllung der Merkmale rechnen. Der typische Auswahlmodus ist vollzogen und damit das System stabilisiert. Die Organisation ist gebildet und damit ein Zustand erreicht, der als solcher nicht mehr in anderer Form denkbar ist, der nicht kontingent ist und der nur noch dadurch verändert werden könnte, daß durch Wechsel der Mitglieder oder bzw. und durch Veränderung der Strukturmerkmale eine eben neue Organisation als System entsteht. Exemplarisch kann man sich Vereine, Parteien und auch Kirchen als Organisationssysteme Luhmannscher Provenienz vorstellen.[61]
Für alle sinnverwendenden Systeme, für personale wie für die verschiedenen sozialen Systeme, bleibt als gemeinsame Bestimmung, daß sie "aus konkreten Handlungen eines oder mehrerer Menschen gebildet sind und sich durch Sinnbeziehungen zwischen diesen Handlungen von einer Umwelt abgrenzen"[62].

3.1.2.6 Funktionale Differenzierung

Die Gesellschaft als das soziale System schlechthin kann in ihrer Eigenkomplexität nicht unbegrenzt wachsen, um die Komplexität der Umwelt zu verarbeiten. Ab einem bestimmten Stadium der Eigenkomplexität sind Gesellschaften auf eine besondere Strategie der Komplexitätsreduktion angewiesen, die darin besteht, daß sich das soziale System in sich selbst noch einmal differenziert.[63] Mit dieser "internen Differenzie-

---

[61] Vgl. ebd. 247 f.

[62] **Luhmann, N.**: Zweckbegriff und Systemrationalität, 8.

[63] Vgl. **Luhmann, N.**: Soziologie als Theorie sozialer Systeme, 123 f.; **ders.**: Funktion der Religion, 50, 229 f., 236, 243-245.

rung"[64] ist gemeint, daß innerhalb des Systems weitere Handlungseinheiten ausgebildet werden, "die ebenfalls Systemcharakter haben, also eigene Grenzen stabil halten und in diesen Grenzen eine gewisse Autonomie besitzen"[65]. Es handelt sich also um Systembildungen im System, so daß innerhalb des Systems selbst die Abgrenzung eines Systems von der Umwelt wiederholt wird, wobei die Umwelt des so entstandenen Teilsystems das Gesamtsystem mit den in ihm enthaltenen anderen Teilsystemen ist. Diese Differenzierung ist insofern eine zusätzliche Strategie der Komplexitätsreduktion, als die Umwelteinwirkungen auf die Teilsysteme verteilt und im jeweiligen Teilsystem so verarbeitet werden, daß die anderen Teilsysteme weniger belastet sind.
Grundsätzlich ist die Differenzierung eines Systems in drei verschiedenen Formen möglich: als *segmentierende* Differenzierung, die das System in quantitativ (territorial, personell oder ähnlich) abmeßbare Segmente aufteilt; als *stratifizierende* Differenzierung, die das System über die hierarchische Über- und Unterordnung von ungleichen Schichten ihrer Mitglieder oder ihrer Teile gliedert; und als *funktionale* Differenzierung, bei der sich die Teilsysteme dadurch bilden, daß sich jedes von ihnen auf eine der vielen Funktionen des Gesamtsystems spezialisiert und sie für das Gesamtsystem erfüllt.[66] Während die segmentierende und die stratifizierende Differenzierungsform früheren Epochen der Gesellschaft zuzurechnen sind, sieht Luhmann die funktionale als die in moderner Gesellschaft dominierende Differenzierungsform an.[67]
"Funktionale Differenzierung besagt, daß eine Funktion, die im *Gesamtsystem* zu erfüllen ist, in einem eigens dafür ausdifferenzierten *Teilsystem* einen Orientierungsprimat erhält. Für das Gesamtsystem ist die Einzelfunktion nur eine unter anderen."[68]
Solche Teilsysteme sind z.B. Politik, Familie, Wirtschaft, Wissenschaft, Justiz, Religion, Erziehung, Kunst.[69] Diese funktionalen Teilsysteme existieren aber nicht einfach nebeneinander oder sind nicht etwa nur auf den eigenen Bestand fixiert. Sie sind auf das Gesamtsystem hin orientiert, insofern sich jedes Teilsystem in dem zunehmend komplexer werdenden System-Umwelt-Verhältnis auf einen bestimmten Kontakt zwischen Umwelt und Gesamtsystem spezialisiert, die darin gegebenen Umwelteinwirkungen für das Gesamtsystem verarbeitet und somit zu dessen Bestandssicherung beiträgt. Sie sind aber auch auf die anderen Teilsysteme hin orientiert, insofern sich diese aufgrund der Erfüllung einer Funktion im jeweils spezialisierten Teilsystem bezüglich dieser Funktion

64 **Luhmann, N.**: Soziologie als Theorie sozialer Systeme, 123.

65 Ebd.

66 Vgl. ebd. 124; **ders.**: Funktion der Religion, 38, 229. - Wiederum ist die Terminologie Luhmanns uneinheitlich. Im programmatischen Aufsatz "Soziologie als Theorie sozialer Systeme" unterscheidet er nur zwischen segmentärer und funktionaler Differenzierung. Später, vor allem in "Funktion der Religion", spricht er auch von stratifizierender bzw. schichtenmäßiger Differenzierung, so daß eben von diesen drei Differenzierungsformen auszugehen ist (vgl. **Pollack, D.**: Religiöse Chiffrierung und soziologische Aufklärung, 54).

67 Vgl. **Luhmann, N.**: Funktion der Religion, 229.

68 Ebd. 50.

69 Vgl. ebd. 229; vgl. dazu **Schöfthaler, T.**: Religion paradox, 140.

entlastet fühlen können.[70] Die Wirtschaft kann sich so z.B. auf die Justiz verlassen, daß diese ihre Funktion erfüllt und im Wirtschaftssystem selbst kein eigenes Rechtswesen ausgebildet werden muß. Und in analoger Weise braucht "das Religionssystem nicht selbst für hinreichende wirtschaftliche Produktion, für Forschung in allen denkbaren Wissensbereichen, für Rechtsgewähr oder für Erziehung zu sorgen"[71]. Funktionale Differenzierung ist also eine Strategie der Arbeitsteilung. In segmentären Gesellschaften erfüllte noch jedes Segment in und für sich alle anfallenden Funktionen. Angesichts der angestiegenen Komplexität der Welt bedeutete dies heute für das einzelne System eine Überforderung. Folglich spezialisieren sich die Teilsysteme auf bestimmte Funktionen, wobei sie nach wie vor andere Funktionen gleichsam nebenbei erfüllen können, und stellen ihre durch die Spezialisierung erhöhte Kapazität dem Gesamtsystem zur Verfügung. Die funktionale Differenzierung ist damit ein Mechanismus der Leistungssteigerung eines Gesamtsystems.

Diese funktionale Differenzierung impliziert zwei wichtige Konsequenzen. Erstens kann der Mensch nicht mehr - im Gegensatz zu früheren segmentären bzw. stratifizierten, nach Schichten strukturierten Gesellschaften - einem einzelnen Teilsystem ausschließlich zugeordnet werden. Funktionale Teilsysteme beschreiben nämlich nicht mehr einen alle Lebensfunktionen umfassenden Teilbereich, sondern erfüllen jeweils nur spezifische Funktionen des Gesamtsystems. Der Mensch muß folglich grundsätzlich Zugang zu allen Funktionen der Gesellschaft haben, die sein umfassender, aber auch einziger Lebensraum geworden ist.[72] Zweitens kann weiterhin nicht mehr erwartet werden, daß alle Teilsysteme gleich strukturiert sind und nach einheitlichen Normen ihre Operationen gestalten. Die Integration der Teilsysteme in das Gesamtsystem muß über ihre Ausrichtung an der im Gesamtsystem gegebenen Umwelt vorgenommen werden. Diese Umwelt bildet aber Systeme gerade aufgrund ihrer Spezifikation auf jeweils verschiedene Funktionen aus. Teilsysteme existieren, weil und damit sie untereinander verschieden sind. Die Integration von Teilsystemen in die Gesellschaft als Gesamtsystem beruht also nicht auf ihrer Vereinheitlichung, sondern auf der Profilierung ihrer Verschiedenheit im Sinne ihrer spezifischen Funktionsorientierung.[73]

In dem beschriebenen Gefüge von Gesamtsystem und mehreren Teilsystemen ist nun jedes Teilsystem im Hinblick auf drei Beziehungen zu analysieren: "(1) die Beziehung zum Gesamtsystem, dem es angehört; (2) die Beziehungen zu anderen Systemen der systeminternen Umwelt; und (3) die Beziehung zu sich selbst"[74]. Entsprechend werden weiterhin drei Vollzugsformen der Beziehungen eines Teilsystems unterschieden: Der Vollzug der Beziehung zum Gesamtsystem bzw. zum übergeordneten System ist die *Funktion* des Teilsystems; der Vollzug der Beziehung zu anderen gleichgeordneten

---

[70] Vgl. **Luhmann, N.**: Soziologie als Theorie sozialer Systeme, 124; **Höhn, H.J.**: Kirche und kommunikatives Handeln, 33.

[71] **Luhmann, N.**: Funktion der Religion, 244.

[72] Vgl. ebd. 236.

[73] Vgl. ebd. 243 f.

[74] Ebd. 54 f.

Teilsystemen ist die *Leistung* des Teilsystems; und der Vollzug der Beziehung des Teilsystems zu sich selbst ist die *Reflexion* auf sich selbst.[75]
Mit den bisher behandelten Aspekten *Welt als Problem, Komplexität, Sinn, Reduktion von Komplexität, System, Umwelt, sinnverwendende Systeme* und *Differenzierung* ist der Rahmen der Systemtheorie Luhmanns so weit abgesteckt, wie es für die Einordnung von Religion und Diakonie in diesen Rahmen notwendig erscheint.

3.1.3 Die systemtheoretische Bedeutung der Religion: Kontingenzbewältigung

In systemtheoretischer Perspektive ist die Welt komplex. Komplex ist die Welt, weil sie die Gesamtheit dessen ist, was ist und geschieht, die Gesamtheit der Erscheinungsformen, wie etwas ist und geschieht, die Gesamtheit dessen, was sein und geschehen könnte, die Gesamtheit der Erscheinungsformen, wie etwas sein und geschehen könnte, und weil diese Gesamtheit für den Menschen unüberschaubar ist. Angesichts dessen bilden sich einzelne Systeme, die aus der Gesamtheit einen Bereich so ausgrenzen, daß er weniger Möglichkeiten enthält, wie etwas ist und geschieht, und somit für den Menschen überschaubarer, umgänglicher und kontrollierbarer wird, so daß der Mensch darin handeln und existieren kann. Diese *Reduktion von Komplexität* ist das Kernproblem der Systemtheorie (in ihrem oben dargestellten Stadium). Und es ist auch genau das Problem, aufgrund dessen Religion für die Gesellschaft eine Bedeutung hat - oder anders formuliert: Es ist das gesellschaftliche Bezugsproblem, aufgrund dessen sich Religion als Teilsystem der Gesellschaft herausbildet.[76]
Die vom gesellschaftlichen Gesamtsystem wie von den vielen Teilsystemen vorgenommenen Reduktionen, d.h. die Formen der Auswahl aus den vielen Möglichkeiten, sind grundsätzlich immer auch anders möglich und denkbar. Obwohl die jeweilige Auswahl als sinnvoll erlebt wird, wissen die im System integrierten Menschen, daß sie so sein kann, aber nicht so sein muß, und daß sie auch anders sein könnte, aber nicht anders sein muß. Das jeweils als sinnvoll Erlebte wird also vom Bewußtsein des Anders-sein-Könnens ständig in Frage gestellt. Dieser Zustand des gleichzeitigen So-Seins, Nicht-notwendig-so-Seins und Auch-anders-möglich-Seins beschreibt den Sachverhalt der *Kontingenz*.[77] Das System hat nur begrenzte Kapazität, etwas in sich zu realisieren. Das, was als anders möglich erahnt, aber als nicht verwirklicht erfahren wird, also das *Appräsentierte* (s. 3.1.2.3), ist jenseits der Grenze und bildet als das Darüber-Hinaus einen Horizont, der aber im Bereich des Unbestimmbaren verbleibt.[78] Da nun aber jedes System durch die ständige Erfahrung, daß die "Dinge" auch ganz anders möglich wären, in seiner Struktur und Sinngebung in Frage gestellt wird, bedeutet diese Kontin-

---

75 Vgl. ebd. 56.

76 Vgl. zu den folgenden Ausführungen **Höhn, H.-J.**: Kirche und kommunikatives Handeln, 246-251.

77 Vgl. **Luhmann, N.**: Soziale Systeme, 152.

78 Vgl. **Luhmann, N.**: Die Organisierbarkeit von Religionen und Kirchen, 250.

genz eine Bedrohung für das System in Form von ständiger Verunsicherung über die jeweilige Sinngebung, mit der zugleich das System als solches zur Disposition gestellt wäre. Damit die systemspezifische Reduktion der Umweltkomplexität und der darin manifest werdende Sinn dessen, was ein System als die je eigene Welt konstituiert, nicht in Beliebigkeit aufgelöst werden und damit nicht systemtragende Grundentscheidungen privaten Vorlieben anheimfallen, ist es notwendig, die Kontingenz, die Erfahrung des Auch-anders-möglich-Seins für die Menschen tragbar zu machen. Das Kontingente muß durch die Angabe bestimmter Motive, z.B. Werte, begründet, d.h. in seinem Da-und So-Sein bestimmbar gemacht werden; es muß einsichtig gemacht werden, daß es Sinn hat, daß etwas so und nicht anders ist.

Diese *Bewältigung von Kontingenz*[79] ist die spezifische Funktion der Religion im Gesamtsystem Gesellschaft. So kann die Religion mit ihrer Bindung an das Kernproblem des Systems, die Reduktion von Komplexität, "zentrale Bedeutung"[80] für sich beanspruchen. "Religion hat ... für das Gesellschaftssystem die Funktion, die unbestimmbare, weil nach außen (Umwelt) und nach innen (System) hin unabschließbare Welt in eine bestimmbare zu transformieren, in der System und Umwelt in Beziehungen stehen können, die auf beiden Seiten Beliebigkeit der Veränderung ausschließen. Sie hat, mit anderen Worten, zu verantworten und tragbar zu machen, daß alle Typisierungen, alle Selbst-Identifikationen, alle Kategorisierungen, alle Erwartungsbildungen reduktiv verfahren müssen und widerlegbar bleiben."[81] Die Religion stellt mit ihrem Deutungsrepertoire Motive zur Verfügung, die etwas als richtig, sinnvoll, benennbar usw. erleben lassen, was ansonsten für den Menschen unbestimmbar bliebe. Durch sie erhält der Mensch die Möglichkeit, Widerfahrnisse oder Gegebenheiten, die in ihrem Sinn zumindest fragwürdig wären - Tod, Angst, Leid, aber auch Liebesgefühle, Dankbarkeit, altruistische Lebensformen -, in seinem Leben als sinnvoll einzuordnen, sie zu bestimmen. Um diese ihre Funktion zu erfüllen, verwendet die Religion die "*Kontingenzformel ... Gott*"[82]. Das ansonsten kontingent Erscheinende wird durch die Religion mit Gott in Zusammenhang gebracht und so als notwendig, einzig sinnvoll, von Gott gewollt oder vom Menschen gesollt gedeutet. Religion gewährleistet so, "daß die Frage nach dem Sinn des Lebens mit dem Hinweis auf den Schöpfergott oder das ewige Leben beantwortet wird, daß das Problem des unschuldigen Leidens mit einer Theodizee absorbiert wird, daß eine politische oder ökonomische Krise als Aufruf zu Buße und Umkehr angesehen wird oder daß die Unterschiede zwischen sozialen Schichten einerseits als zu überwindend, andererseits aber für die Stellung des Menschen vor Gott als irrelevant erklärt und damit für die Betroffenen erträglich gemacht werden sollen"[83]. "Die Formel Gott besagt zuletzt Kompatibilität jeglicher Kontingenz mit einer Art

---

79 Vgl. **Mette, N.**: Kirchliches Handeln als "Kontingenzbewältigungspraxis"?; **Müller, A.**: Religion als Kontingenzbewältigungspraxis?.

80 **Luhmann, N.**: Funktion der Religion, 182.

81 Ebd. 26 f.

82 Ebd. 126; vgl. ebd. 204.

83 **Höhn, H.-J.**: Kirche und kommunikatives Handeln, 249.

supramodaler Notwendigkeit ... *Alle* Kontingenz einer zunehmend komplexen Welt, was Böses und Zufälliges einschließt, muß *einem* Gott zugeschrieben und daher *innerhalb* des religiösen Systems interpretiert werden."[84] An anderer Stelle verwendet Luhmann zur Bezeichnung desselben Sachverhaltes den Begriff "Chiffre" bzw. "Chiffrierung". Chiffren wie "Gott" sind nicht Symbol für etwas, sondern sind - im Luhmannschen Sinn - das Gemeinte selbst. "Sie konstituieren Wissen, indem sie das Bestimmte an den Platz des Unbestimmten setzen und dieses dadurch verdecken."[85] Den Vollzug dieser Deutungen nennt Luhmann "geistliche Kommunikation"[86].
Mit der Funktion der Kontingenzbewältigung vollzieht die Religion - entsprechend den oben angeführten Systembeziehungen - ihre Beziehung zum Gesamtsystem Gesellschaft. Und genau diese Beziehung impliziert, daß sich die Veränderungen in der Gesellschaft als Veränderungen der Religion, näherhin ihrer Art und Weise der Funktionserfüllung, auswirken.[87] Die zunehmende Komplexität der Gesellschaft und die dadurch bedingte zunehmende Ausdifferenzierung von Teilsystemen bedeuten für die Religion, daß sie im Gegensatz zu ihrer gesellschaftstragenden Bedeutung früherer, d.h. antiker oder mittelalterlicher Gesellschaften in der modernen Gesellschaft nur noch eine erheblich und zunehmend relativierte Relevanz besitzt. Sie ist neben Wirtschaft, Medien, Bildungswesen, Wissenschaft usw. eben nur noch *ein* Teilsystem. Im Zuge der Differenzierung haben sich zudem viele Äquivalente zur Religion ausgebildet. Damit ist gemeint: Es sind Teilsysteme entstanden, welche auch die Funktion der Religion, eventuell sogar der Situation angemessener, erfüllen können. Auf diese Entwicklung mußte die Religion unter anderem mit der Strategie reagieren, ihre Funktionserfüllung dadurch zu stabilisieren, daß sie auf die Basis einer Institution, d.h. der *Kirche* gestellt wird. Durch die Absicherung der Funktionserfüllung in Form ihrer Institutionalisierung als Kirche wird sie weniger anfällig für zusätzliche Relativierungen oder destruktive Einflüsse aus anderen Teilsystemen.[88] "Die *Funktion* des Religionssystems wird unmittelbar durch das System geistlicher Kommunikation erfüllt, das man *Kirche* nennt. Insofern trägt die Kirche die Ausdifferenzierung des Religionssystems. ... Die Funktion der Religion wird nicht in der Kirche, sie wird als Kirche erfüllt."[89]
Während die Kontingenzbewältigung die Vollzugsform ist, in der das Teilsystem Religion seine Beziehung zum Gesamtsystem gestaltet und in der folglich die Funktion des Teilsystems Religion für das Gesamtsystem besteht, ist die Vollzugsform, in der das Religionssystem Bezug auf sich selbst nimmt, die *Theologie*. Sie ist die "*Reflexion des Religionssystems*"[90].

---

84 **Luhmann, N.**: Funktion der Religion, 130.

85 Ebd. 33.

86 Ebd. 56.

87 Vgl. ebd. 79.

88 Vgl. **Höhn, H.-J.**: Kirche und kommunikatives Handeln, 248.

89 **Luhmann, N.**: Funktion der Religion, 56.

90 Ebd. 59.

3.1.4 Diakonie im Rahmen des systemtheoretischen Religionskonzepts

3.1.4.1 Diakonie als Leistung des Religionssystems

Die dritte Systemreferenz neben Funktion und Reflexion ist die Leistung des einen Teilsystems für die anderen Teilsysteme bzw. für einzelne Menschen als personale Systeme. Diese Leistung kann gemäß der Logik der Luhmannschen Theorie nicht identisch sein mit der Funktion des jeweiligen Teilsystems, da sich ja die Funktion auf das Gesamtsystem, die Leistung hingegen auf die Teilsysteme bezieht.[91] Die Leistung des Religionssystems ist die *Diakonie*. Die in der Diakonie gegebene Leistung des Religionssystems für andere Systeme besteht darin, "Zuständigkeiten für 'Restprobleme' oder Personbelastungen und Schicksale in Anspruch zu nehmen, die in anderen Funktionssystemen erzeugt, aber nicht behandelt werden"[92]. Es handelt sich also gleichsam um eine Übernahme der "Entsorgung" von Problemlagen. Kennzeichnend für die Leistungserfüllung in der Diakonie ist, "daß *sozialstrukturelle* Probleme in *personalisierter Form*, also an Personen wahrgenommen werden (und das heißt natürlich in gewisser Weise auch: nicht als sozial*strukturelle* Probleme wahrgenommen werden)."[93] Diese Bestimmung enthält zwei Implikationen für das Selbstverständnis des Religionssystems: Es kann für sich den Anspruch erheben, daß es zuständig ist für die Bearbeitung von Problemen und Belastungen, die in anderen Teilsystemen, also sozialstrukturell verursacht, dort aber nicht bearbeitet, sondern als Restposten des je eigenen Systembetriebs zurückgelassen werden. Das Religionssystem kann aber andererseits nicht den Anspruch erheben bzw. - je nach Perspektive - kann sich von dem Anspruch dispensiert sehen, mit seiner Diakonie in andere Teilsysteme, z.B. Wirtschaft, Medien oder Wissenschaft, einzuwirken, um etwa deren Funktionserfüllung nach religiösen Normen zu beeinflussen.

Innerhalb der Bestimmung der Diakonie als Leistung des Religionssystems für andere Teilsysteme trifft Luhmann eine weitere Entscheidung. Das Spezifikum der Diakonie ist demnach, daß die von ihr behandelten Probleme sozialstrukturell verursacht sind und daß die in ihr erbrachte Leistung auf *soziale* Systeme bezogen ist. Die Bearbeitung individueller Problemlagen des einzelnen Menschen, also die Leistung für *personale* Systeme, sieht er hingegen in der *Seelsorge* gegeben. Beides zusammen, Seelsorge und Diakonie, bezeichnet er als *Dienst*.[94]

Konstitutives Element einer Leistung ist, daß sie von den anderen Teilsystemen, für die sie bestimmt ist, auch tatsächlich angenommen und dort weiter bearbeitet wird. Bedingung für das Gelingen einer Leistung ist also, daß sich die Empfängersysteme durch die Leistung nicht in Frage gestellt, bedroht oder gar destruiert fühlen. Mit der Leistung müssen folglich die Empfängersysteme, genauer: ihre Strukturen, Normen, Ziele,

---

91 Vgl. ebd. 57 f.

92 Ebd. 58.

93 Ebd. 58.

94 Vgl. ebd.

Kapazitäten usw. anerkannt werden. Diakonie untersteht so einer Fremdnormierung. Diese Fremdnormierung wächst mit der zunehmenden Differenzierung des gesellschaftlichen Gesamtsystems, da eine zunehmende Anzahl von Teilsystemen eine zunehmende Ausrichtung der Diakonie-Leistung an anderen Teilsystemen und somit eine zunehmende Anzahl von Normierungen bedeutet, die dem Religionssystem fremd sind. Zunächst legen sich angesichts dessen für das Religionssystem zwei Reaktionsformen nahe: Es kann seine eigenen Identitätsanspüche minimieren, um die eigene Leistung als stimmig mit sich selbst zu erleben. Es kann aber auch die Diskrepanz zwischen Selbstverständnis und fremdorientierter Diakonie bewußt bestehen lassen, muß dann jedoch in Kauf nehmen, daß seine Identitätsdefinitionen nach außen als Fassade, nicht als Substanz erscheinen.[95]

3.1.4.2 Diakonie als Bedrohung des Spezifikums der Religion

Unter den Bedingungen der Fremdorientierung wird die Abstimmung von Funktion, Reflexion und Leistung des Religionssystems aufeinander schwierig. Diakonie wird nämlich als etwas empfunden, was die Identität des Religionssystems kompromittiert, d.h. als etwas, das das Religionssystem in seinem Selbstverständnis verunsichert und vor den anderen Teilsystemen nicht mehr als stimmig erscheinen läßt, so daß ihm auf Dauer die Anerkennung verloren geht.[96] Die Diakonie bedroht demnach die Identität der Religion. Damit ist die Diakonie innerhalb des Religionssystems die Antipode zu dessen identitätskonstitutiver Funktion und zur identitätsbildenden Reflexion.

Die Überlegung, ob dieses Problem dadurch gelöst werden könnte, daß sich das Religionssystem selbst noch einmal segmentär differenziert und jedes Segment dann seine eigene Spezialdiakonie ausbildet, so daß zumindest in Bezug auf das Segment eine höhere Kongruenz von Funktion, Reflexion und Leistung erreicht werden könnte[97], zerschlägt sich durch die systemtheoretischen Prämissen selbst. Die erhöhte Komplexität verlangte ja den Übergang von der segmentären zur funktionalen Differenzierung der Gesellschaft. Diese Notwendigkeit schlägt auf das Religionssystem selbst durch. Um den Anforderungen seiner komplexer werdenden Umwelt, also der Gesamtgesellschaft, und der anderen Teilsysteme gerecht zu werden, muß sich das Religionssystem in seinem eigenen Binnenbereich funktional differenzieren, d.h. Funktionsbereiche ausbilden, die nicht abgegrenzt werden, sondern gerade über eine Funktion auf das ganze Teilsystem Religion bezogen werden.[98] Aber auch diese Überlegung löst das Problem hinsichtlich der Diakonie nicht, sie macht es vielmehr noch deutlicher erkennbar.

Eine funktionale Differenzierung, über welche die Identität der Religion stabilisiert werden muß, verlagert das Interesse besonders auf den Funktionsbereich, der für die

---

95 Vgl. ebd. 58 f.

96 Vgl. ebd. 62.

97 Vgl. ebd. 65.

98 Vgl. ebd. 106.

permanente Vergewisserung der Identität der Religion sorgen soll, auf die Theologie. Ihr kommt es zu, die für die identitätskonstitutive Funktion der Kontingenzbewältigung notwendigen Deutungsmuster in einer situationsadäquaten Form zur Verfügung zu stellen bzw. in Erinnerung zu halten.[99] Als weiterer Funktionsbereich stabilisiert sich die amtskirchliche Schiene der Religion, in der die geistliche Kommunikation im Sinne der Bestimmung von Unbestimmtem über den Gebrauch von Kontingenzformeln stattfindet. Als solcher, d.h. als Ort der Erfüllung der spezifischen Funktion des Teilsystems Religion im Gesamtsystem, beansprucht dieser Funktionsbereich der amtskirchlich verantworteten geistlichen Kommunikation das Spezifikum der Religion für sich. Zwischen diesen beiden, zwischen Theologie und amtskirchlich getragener geistlicher Kommunikation, kristallisiert sich die Diakonie als dritter Funktionsbereich innerhalb des Religionssystems heraus. In ihm ist die Religion bzw. ihr Trägersystem Kirche mit den anderen Teilsystemen verbunden. Sie bewerkstelligt das Spezifikum der Religion, nämlich - binnentheologisch formuliert - Gnadenvermittlung, gerade *nicht*. Dieses "Proprium" der Religion muß vielmehr von der Theologie gegen das zunehmende Engagement der Diakonie für die anderen Teilsysteme der innergesellschaftlichen Umwelt verteidigt werden.[100]
Nun zeigt sich das Bezugsproblem der Religion, die Transformation unbestimmter in bestimmte bzw. bestimmbare Komplexität, in verschiedenen Teilsystemen der Gesellschaft auch in Form systemspezifischer Anforderungen. Entsprechend nimmt die Funktionserfüllung jeweils spezifizierte Gestalt an. Eine dieser konkretisierten Formen der Funktionserfüllung besteht darin, daß die Religion dazu beiträgt, die Werte, die in den Erwartungen des jeweils gegebenen gesellschaftlichen Systems zugrundegelegt sind, zu stabilisieren. Diese Funktion vor Augen erscheint die Diakonie erneut als Problembereich bzw. als fragwürdige Dimension des Religiösen. "Man fragt sich, ob jener organisierte Okkasionalismus der Zuwendung zu den Armen und Benachteiligten, ob Caritas und Diakonie in dieser spezifischen Hinsicht ausreichende Gegengewichte sind. Denn in der Distanz zwischen Wertbestätigung einerseits und karitativer Behandlung von Problemfällen (Funktionen, die je für sich auch nicht-religiös erfüllt werden könnten) geht die alte Einheit der Bestimmung des Unbestimmten verloren."[101] Als ein solcher "Okkasionalismus", das heißt als Vollzugsform, die sich nicht an der vordefinierten Funktion ausrichtet, sondern situationsabhängig auf die jeweils gegebene Bedürfnislage eingeht, destruiert die Diakonie die spezifische Funktionserfüllung der Religion, nämlich die Bestimmung des Unbestimmten durch Kontingenzbewältigung. Diakonie so betrachtet, als "Imitation weltlicher Erfolgsmuster"[102], läßt sich zwar als Problem nicht aus der Welt schaffen, aber sie hat zumindest als sekundär zu gelten gegenüber der primären Funktion der geistlichen Kommunikation.[103]

---

99 Vgl. ebd. 108

100 Vgl. ebd. 112.

101 Ebd. 120.

102 Ebd. 241.

103 Vgl. ebd.

3.1.4.3 Diakonie als Säkularisierungsphänomen

Die Bedeutung der Diakonie im und für das Religionssystem versucht Luhmann schließlich über das Theorem der "Säkularisierung" zu erläutern. Dabei ist sich Luhmann der Problematik des Säkularisierungsbegriffs als "Kampfbegriff der Kirche im Gegenüber zur Gesellschaft"[104] durchaus bewußt. Für ihn ist mit dem Begriff weder ein "Funktionsverlust oder auch nur ein Bedeutungsverlust der Religion [noch] die zu allen Zeiten vorkommende und beklagte 'Weltlichkeit' von Einstellungen und Verhaltensweisen gemeint"[105]. Er warnt sogar davor, "Säkularisierung als Profanierung des Sakralen oder als stärkeres Eindringen 'weltlichen' Gedankenguts und 'weltlicher' Motive in das Religionssystem zu begreifen"[106]. Säkularisierung nach Luhmann ist "die *gesellschaftsstrukturelle* Relevanz der *Privatisierung* religiösen Entscheidens"[107]. Sie beschreibt demnach den Sachverhalt, daß sich durch den Übergang der Religion von einer flächendeckenden, dominierenden Dimension des gesellschaftlichen Lebens zu *einem* von vielen Funktionssystemen auch die Entscheidung hinsichtlich der Anbindung an die Religion vom einheitlichen Normenkomplex des Gesellschaftssystems weg in die Entscheidungskompetenz des einzelnen Menschen verlagert hat und daß diese Verlagerung wiederum Konsequenzen für die Struktur der Gesellschaft zeitigt. Säkularisierung ist so verstanden ein auf die Gesellschaft und ihr Verhältnis zur Religion, *nicht* ein auf die Religion bezogener Diagnosebegriff.[108] "Säkularisierung ist eine der Konsequenzen des Umbaus der Gesellschaft in Richtung auf ein primär funktional differenziertes System, in dem jeder Funktionsbereich höhere Eigenständigkeit und Autonomie gewinnt, aber auch abhängiger wird davon, daß und wie die anderen Funktionen erfüllt werden."[109]

Mit der Annahme einer säkularisierten Gesellschaft entsteht die Frage nach den Auswirkungen derselben auf das Gefüge von Funktion, Leistung und Reflexion des Religionssystems.[110] Die primäre Funktion der Religion, die von der Kirche getragene und über geistliche Kommunikation bewerkstelligte Kontingenzbewältigung, erfährt eine Krise. Sie motiviert nicht mehr selbstverständlich und per se die Menschen zur Mitgliedschaft und verspürt einen Druck, ihre Vollzugsformen so zu ändern, daß sie die in der Privatheit latent gegebenen Ansprechbarkeiten der Menschen entdeckt. Dies wird versucht, indem man kirchliche Aktivitäten aus dem primären in den sekundären Bereich verlagert. Das heißt: Die Schwäche in der Funktionserfüllung versucht man durch Erhöhung der Leistungen für andere Teilsysteme, also durch Vermehrung der

---

104 **Gabriel, K.**: Lebenswelten unter den Bedingungen entfalteter Modernität, 101. - In diesem Aufsatz findet sich eine bedenkenswerte Kritik des binnenkirchlichen Gebrauchs des Säkularisierungsbegriffs.

105 **Luhmann, N.**: Funktion der Religion 232.

106 Ebd. 269.

107 Ebd. 232.

108 Vgl. ebd. 233.

109 Ebd. 255.

110 Vgl. zum folgenden ebd. 262-268.

sozialen Aktivität, auszugleichen. In dieser Intensivierung oder Vermehrung der Diakonie sieht Luhmann "die wohl wichtigste Einzelfolge der Säkularisierung"[111]. Diakonie wird so zum Säkularisierungsphänomen. Bei einer - wohl oder übel - so zu akzeptierenden Diakonie zeigt sich das Problem der Fremdnormierung der Religion bzw. der Kirche in um so schärferer Form. Gerade wenn sie den erhofften Erfolg für die Kirche bringen soll, muß die Diakonie sich an den Normen und Erwartungen der Empfängersysteme ausrichten. Ihre spezifisch religiöse Qualität geht verloren. Damit ist die paradoxe Wirkung gegeben, daß das, was der Stabilisierung des Religiösen dienen soll, eine Relativierung desselben bedeutet. "Die Frage, worin eigentlich der speziell christliche Charakter von Entwicklungshilfe bestehe, erzeugt in den dafür zuständigen Ausschüssen der kirchlichen Organisation ratlose Verlegenheit. Letztlich reduziert sich der religiöse Gehalt solcher Aktivitäten nach dem Auswaschen aller expressiv-religiösen Symbolik auf die Bereitstellung des Motivs, überhaupt etwas zu tun. Wie die Leistung zu erfolgen hat, richtet sich dagegen nach Erfordernissen und Auffassungen der Umwelt."[112]

Diakonie wird gerade unter den geschilderten Bedingungen innerhalb des Gefüges von Funktion, Leistung und Reflexion auch zur anderen Seite hin, zur Theologie, als Belastung empfunden. Für die Theologie ist es leichter zu reflektieren, was Kirche ist und sein soll, da sich die Kirche als Trägersystem der Funktionserfüllung auf die Gesellschaft als Gesamtheit bezieht. Diesbezügliche Lehraussagen haben also vereinheitlichende Wirkung in dem Sinn, daß Gesellschaft, religiöse Funktion und Kirche als Kräfte eines immer gleichbleibend-einheitlichen Zusammenspiels konzipiert sind. Die eine Einheit formulierenden Lehraussagen fallen der Theologie relativ leicht. Die Diakonie als Leistung bezieht sich dagegen auf Teilsysteme, also auf komplexe, divergierende Verhältnisse. Die diesbezüglichen Selbstverständnisklärungen sind schwieriger zu treffen. Dies hat zur Folge, daß die Theologie die Kirche bereitwilliger, intensiver reflektiert als die Diakonie und daß sie sich zu einer Funktion der Kirche, nicht aber zu einer Funktion der Diakonie entwickelt.

Die Frage nach den Auswirkungen der Säkularisierung auf das Gefüge von Funktion, Leistung und Reflexion des Religionssystems führt also nach Luhmann zu der Erkenntnis, daß die Theologie die Identität der Religion eher über eine Reflexion der von der Kirche repräsentierten Funktionserfüllung formulieren kann und daß sie bei der Identitätsvergewisserung von der Diakonie eher irritiert wird. Diakonie erscheint so nicht als ein Thema der Theologie, das diese bearbeitet, als vielmehr als Problem für die Theologie, das von dieser domestiziert werden muß.

---

[111] Ebd. 264.

[112] Ebd. 264 f.

3.1.5 Zusammenfassung der systemtheoretischen Sicht von Diakonie

Im folgenden soll die Darstellung der Systemtheorie Luhmanns und der systemtheoretischen Verortung der Diakonie zusammengefaßt werden. Dabei mag die graphische - und damit stark vereinfachende - Darstellung der Zusammenhänge (s. Graphik 9 auf der nächsten Seite) der Veranschaulichung dienen.
Grundlegend ist die Unterscheidung bzw. Abgrenzung eines Systems (S) von einer Umwelt (U). Die äußerst denkbare Umwelt ist die Welt als solche. Die Umwelt enthält eine für den Menschen unüberschaubare Menge an Möglichkeiten, d.h. sie hat die Eigenschaft der unbestimmten Komplexität (uK). Um gesellschaftliches Leben zu ermöglichen, grenzt sich das System ab und realisiert in sich nur eine bestimmte Auswahl der Möglichkeiten, d.h. es reduziert bzw. bestimmt die unbestimmte Komplexität (r/bK). Das so abgegrenzte, de-finierte System ist die jeweilige Gesellschaft. Das Gesellschaftssystem (Gs) bildet die Gesamtheit aller den Menschen zugänglichen Kommunikationsmöglichkeiten. Die systeminterne, reduzierte Komplexität ist überschaubar und somit bestimmbar, d.h. der Mensch kann mit den Möglichkeiten umgehen. Je mehr Möglichkeiten im System realisiert sind, um so mehr Möglichkeiten der Umwelt können verarbeitet werden. Innen- und Außenkomplexität (r/bK und uK) wachsen also korrelativ. Um die wachsende Komplexität wieder verarbeiten zu können, muß sich das System selbst in sich differenzieren. In modernen Gesellschaften differenziert sich das System funktional, d.h. es bildet in sich noch einmal Teilsysteme (Ts). Von diesen spezialisiert sich jedes auf einen bestimmten Kontakt zwischen System und Umwelt, läßt in diesem Kontakt nur bestimmte Möglichkeiten zu und betreibt so die Reduktion von Komplexität unter einer speziellen Hinsicht. Da diese Reduktion durch ein Teilsystem dem ganzen Gesellschaftssystem zugute kommt, ist sie eine Funktion. Nach der Ausdifferenzierung von Teilsystemen ist das Gesellschaftssystem für diese selbst Umwelt geworden. Auch die Teilsysteme können und müssen dann in sich die Ausdifferenzierung von Teilsystemen wiederholen (Ts^2). Mit der funktionalen Differenzierung ist ein vielschichtiges Gefüge von Beziehungen zwischen den Systemen entstanden. Die Beziehung eines Teilsystems zum Gesamtsystem wird in der Erfüllung der Funktion verwirklicht. Die Beziehung eines Teilsystems zu anderen Teilsystemen zeigt sich in der Leistung, die es für diese anderen Teilsysteme erbringt. Und die Beziehung zu sich selbst vollzieht ein Teilsystem in der Reflexion.
Diese grundlegenden Analysen lassen sich auf das Teilsystem Religion (R) anwenden. Die Funktion der Religion steht im Zusammenhang des fundamentalen Problems der System-Umwelt-Beziehung, also der Reduktion von Komplexität. Da die im System realisierten und realisierbaren Möglichkeiten immer nur eine Auswahl aus einer immer höheren Umweltkomplexität sind, steht dem System immer ein Horizont (H) der nicht ausgewählten Möglichkeiten gegenüber. Das, was im System verwirklicht ist, die jeweilige Reduktion, wird immer grundsätzlich als *so* nicht notwendig und auch anders möglich erlebt. Die Wirklichkeiten, d.h. die realisierten Möglichkeiten des Systems, sind kontingent. Damit aber das gesellschaftliche Leben im System gelingt, ist eine verläßliche Übereinkunft bezüglich der systemspezifischen Reduktion nötig. Was als kon-

Graphik 9: Systemtheoretische Verortung der Diakonie nach Niklas Luhmann

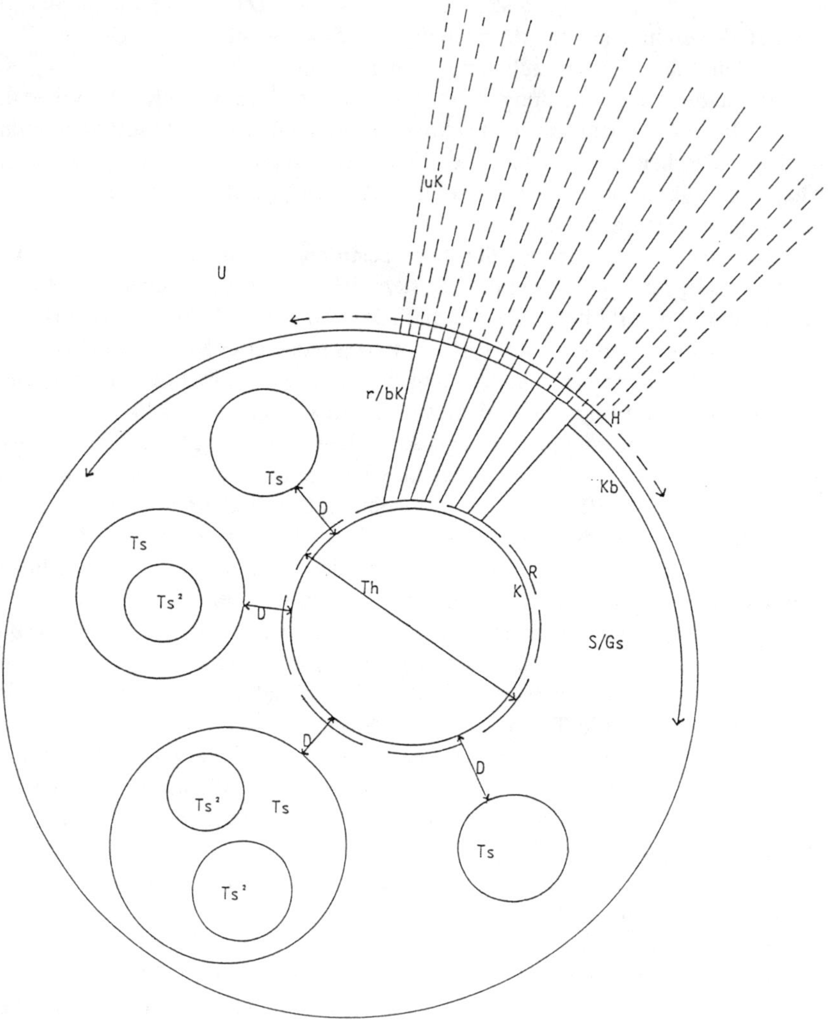

S/Gs	=	System/Gesamtsystem	R	=	Religionssystem
U	=	Umwelt	K	=	Kirche
uK	=	unbestimmte Komplexität	Kb	=	Kontingenzbewältigung
r/bK	=	reduzierte/bestimmte Komplexität	Th	=	Theologie
Ts	=	Teilsystem	D	=	Diakonie
Ts²	=	Teilsystem im Teilsystem	H	=	Horizont

tingent erlebt wird, muß als nichtkontingent nachgewiesen werden. Das ist die Funktion der Religion. Mit ihren Deutungsmustern (Gott, Gnade, Buße...) weist sie nach, daß das, was im System verwirklicht ist, so und nicht anders sinnvoll, notwendig, richtig oder gut, allgemein gesagt: von Gott so gewollt ist. Sie transformiert Unbestimmtes in Bestimmtes, betreibt so Kontingenzbewältigung (Kb) und stellt diese dem ganzen Gesellschaftssystem zur Verfügung. Angesichts systeminterner Komplexitätssteigerung und Differenzierung benötigt die Religion eine stabilisierte, institutionelle Gestalt. Das ist das System Kirche (K). Sie trägt die Funktionserfüllung der Religion. Die Beziehung des Religionssystems zu sich selbst, die Reflexion, wird durch die Theologie (Th) bewerkstelligt. Die Leistung des Religionssystems für andere Teilsysteme ist schließlich die Diakonie (D). Mit ihr hat die Religion eine Beziehung zu anderen Teilsystemen. Damit die Diakonie aber bei diesen ankommt bzw. von diesen angenommen wird, muß sie sich an deren Struktur ausrichten. Damit unterliegt sie einer Fremdnormierung und entfremdet sich vom Ausgangssystem Religion. Als so entfremdete, der religiösen Spezifikation verlustig gegangene Diakonie wirkt sie auf das Religionssystem zurück und bedroht dieses in seiner Identität.[113]

3.1.6 Der Stellenwert der Diakonietheorie Niklas Luhmanns

3.1.6.1 Die heuristische Funktion

Für eine vorbehaltlose Übernahme in die Theologie bzw. Praxiskonzeption der Kirche sind die religionstheoretischen Implikate der Systemtheorie Luhmanns nicht geeignet. Die von Luhmann gesetzten Prämissen sind aus theologischer Perspektive zu fragwürdig[114], um seine Theorie zur normierenden Orientierungsinstanz der Konzeption kirchlicher Praxis zu erheben. Luhmann selbst wehrt einen diesbezüglichen Anspruch ab: "Für die Diagnose, nicht ohne weiteres auch für die Entscheidung über Eingriffe, vermag die systemtheoretische Analyse auch ohne spezifisches Engagement für Religion eine ausbaufähige Grundlage anzubieten."[115] Die Bedeutung der Luhmannschen Theorie für die Theologie ist also darin zu suchen, inwieweit sie zur Erhellung der bestehenden Situation kirchlicher Praxis beiträgt. Man ist versucht, sie als Instrumentarium für die Analyse dieser Situation zu betrachten. Wenn man jedoch Analyse versteht als die hinreichende Aufdeckung von Zusammenhängen, d.h. wenn Analyse den Anspruch in sich birgt, einen Sachverhalt so auf seine Komponenten hin zu untersuchen, daß eine weitere förderliche Gestaltung des Sachverhalts ermöglicht wird, dann muß das verwendete Analyseinstrumentarium der Struktur des Sachverhalts gerecht werden. Damit

---

113 Der Doppelpfeil in der Graphik symbolisiert also keinen Austausch von Leistung und Gegenleistung zwischen der Religion und den anderen Teilsystemen, sondern die fremdnormierende Ausrichtung der Diakonie und ihre Rückwirkung auf das Religionssystem.

114 Vgl. **Höhn, H.-J.**: Kirche und kommunikatives Handeln, 252.

115 **Luhmann, N.**: Funktion der Religion, 271.

ist keineswegs gesagt, daß eine Analyse ihren Gegenstand nur stabilisieren dürfe. Vielmehr ist beansprucht, daß das Instrumentarium umfassend genug ist, damit keine Komponenten von vornherein ausgeblendet sind, und daß es offen genug ist, damit nicht Ergebnisse von vornherein durch Vorentscheidungen festgeschrieben sind. Genau letzteres aber scheint - wie die im nachfolgenden Punkt dargelegten theorieimmanenten Unklarheiten zeigen sollen - in der Diakonietheorie Luhmanns nicht erfüllt zu sein. Die Diakonietheorie Luhmanns hat aber dennoch eine nicht unwesentliche Funktion für die Sichtung der diakonischen Praxis der Kirche: Sie hat *heuristische Funktion.* Sie dient als - außertheologische - Theorie, die nicht neue Erkenntnisse vorgibt, sondern die hilft, neue Erkenntnisse zu finden. Sie gleicht einem Raster, den man an ein Bild anlegt, um dieses in kleinere Ausschnitte aufzuteilen und so genauer wahrnehmen zu können. Als heuristisches Instrumentarium dient die Diakonietheorie Luhmanns als vorläufige Annahme, welche hilft, die Problemlagen der Diakoniepraxis in der Gesellschaft ausfindig zu machen. Dabei ist berücksichtigt, daß es viele Komponenten der gesellschaftlichen Präsenz der Diakonie geben mag, die von dem heuristischen Raster nicht erfaßt werden. Dennoch gilt für die speziell diakonietheoretischen Elemente, was Norbert Mette für Luhmanns Religionstheorie insgesamt feststellt: "Aus ihnen läßt sich eindrucksvoll entnehmen, wie weit Theologie und Kirchen - wenn auch unbewußt - die ihnen von der Gesellschaft zudiktierten Funktionen bereitwillig erfüllen."[116]

3.1.6.2 Problematische Grundannahmen

Ein Grundproblem der Diakonietheorie Luhmanns besteht darin, daß er - durchaus zutreffende - Beobachtungen der Praxis in den Rang normierender Vorgaben erhebt. Etwas, das in der diakonischen Praxis als Faktum beobachtet ist, wird von ihm, ohne nach der Stimmigkeit der jeweiligen Praxis zu fragen, umgemünzt in Voraussetzungen, die für die Folgeannahmen Gültigkeit haben und auch konzeptionelle Vorstellungen bestimmen sollen. Dadurch wird die Diakonietheorie Luhmanns fragwürdig, da "die schlechte Faktizität eo ipso auch als Normativität fügsam hingenommen wird"[117]. Andere Annahmen, etwa ein davon abweichendes theologisches Verständnis der Diakonie, haben folglich keine Chance, in die systemtheoretische Konzeption der Diakonie Eingang zu finden und sich dort auszuwirken. So kann Luhmann z.B. von der durchaus richtigen Beobachtung, daß die Diakonie dazu tendiert, sozialstrukturelle Probleme individualisiert am einzelnen Menschen wahrzunehmen und zu bearbeiten, die Folgerung ableiten, daß darin ein Spezifikum der Diakonie bestünde, und die konzeptionelle Entscheidung treffen, daß Seelsorge als Versorgung individueller Probleme etwas anderes sei als Diakonie.[118]

Damit ist eine weitere problematische Prämisse angesprochen: die Unterscheidung

---

116 **Mette, N.**: Luhmann, 207.

117 **Bahr, H.-E.**: Kontingenz im Koffer, 223.

118 Vgl. **Luhmann, N.**: Funktion der Religion, 58.

zwischen systemorientierter Diakonie und individuumorientierter Seelsorge. Diese Unterscheidung ist für den Kontext der systemtheoretischen Diakonietheorie nicht so sehr deshalb fragwürdig, weil sie theologisch nicht stimmt. Sie ist deshalb problematisch, weil sie suggeriert, zwischen sozialstrukturellen und individuellen Problemlagen könne eindeutig unterschieden werden. Tatsächlich aber erweisen sich bei genauem Hinsehen viele der individuell erlebten Belastungen als sozialstrukturell bedingt. Krankheiten können ihre Ursachen in sozialen Defiziten der Gesundheitsvorsorge oder des Umweltschutzes haben. Einsamkeit steht im Zusammenhang mit den globalen Gesellschaftstrends der Individualisierung und Pluralisierung. Umgekehrt erweckt die Unterscheidung zwischen Seelsorge und Diakonie den Eindruck, Diakonie als Leistung für Teilsysteme würde im Gegensatz zur Seelsorge nicht individuelle Betroffenheiten, sondern Schwierigkeiten von Systemen angehen. Soziale Strukturen und Systeme erleiden aber nicht Not; es sind die je individuellen Menschen, die die Probleme der Systeme als ihre Not erleiden. Insofern erscheint eine Diakonie, die auf Systeme, nicht aber auf Personen bezogen wird, als theoretisches Konstrukt, nicht aber als Ausdruck der Realität oder gar als geeignete konzeptionelle Grundlage.
Der Zusammenhang zwischen Diakonie und "Säkularisierung" ist nicht so eindeutig, wie Luhmann es darstellt, gegeben und dort, wo er gegeben ist, nicht so eindeutig nur in der von ihm konstatierten Richtung. Der Versuch der Stabilisierung des Religionssystems in einer funktional differenzierten Gesellschaft - das ist der von Luhmann angeführte Begründungsaspekt - zeigt sich innerhalb des Religions- bzw. Kirchensystems vor allem als eine Beschäftigung mit der eigenen Identität, als intensivierte Selbstreflexion der Kirche, als forcierte Darstellung dessen, was als Spezifikum gilt, als betonte Einforderung des Propriums des Religionssystems bzw. der Kirche. Diese Reaktionsformen sind so vehement angelegt, daß sie sich z.B. in Form fundamentalistischer Vereinigungen als bewußt akzeptierte Tendenzen der Gettoisierung der Religion bzw. der Kirche gegenüber der Gesellschaft zeigen. Die mit "Säkularisierung" angezeigte Entwicklung brachte also zunächst und vielleicht in höherem Maße eine Intensivierung des von Luhmann als primäre Funktion[119] bezeichneten Bereichs, d.h. der spezifisch religiösen geistlichen Kommunikation. Freilich ist Luhmann zuzustimmen, wenn er feststellt, daß parallel zum Prozeß der funktionalen Differenzierung des Gesellschaftssystems ein deutlich erkennbarer Ausbau der diakonischen Aktivitäten der Kirchen stattgefunden hat und stattfindet. Aber es ist in Frage zu stellen, ob lezteres eine bewußt angelegte und systemintern akzeptierte Reaktionsform der Kirche ist. Vielmehr ist zu beobachten, daß das Anwachsen der Diakonie sich vor allem als ein ständiges Aufgreifen und Bearbeiten neu entstandener Problemlagen der Gesellschaft unter Beibehaltung der bisherigen Aktivitätsbereiche zeigt. Es legt sich also die Überlegung nahe, ob nicht der Zusammenhang zwischen der "Säkularisierung" und der Intensivierung des "sekundären" Bereichs der Diakonie in unmittelbarerer Form, nämlich als direkte Reaktion des für sich bereits ausdifferenzierten Diakoniesystems auf die Entwicklungen in der gesellschaftlichen Umwelt, zu begreifen ist und weniger als mittelbar bewirktes und bewußt beabsichtigtes

119 Vgl. **Luhmann, N.**: Funktion der Religion, 241.

Symptom der Stabilisierungsinteressen der Kirche (auch wenn die ausgebaute Diakonie im Nachhinein als Stabilisierung der Kirche empfunden und von der Kirche selbst zur argumentativen Legitimation ihrer gesellschaftlichen Präsenz herangezogen wird).
Problematisch ist weiterhin die Selbstverständlichkeit, mit der Luhmann die von ihm ausgemachte gesellschaftliche Funktion der Religion, nämlich die über die Bestimmung des Unbestimmten laufende Kontingenzbewältigung, als primäre Funktion und als Spezifikum des Religiösen feststellt. Es bleibt zu fragen, woher diese Annahme kommt. Theologische Grundlagen dafür werden nicht angeführt. Die Konsequenz dieser Annahme jedoch ist entscheidend: Die Diakonie wird fraglos aus der Identitätsdefinition der Kirche bzw. der Religion ausgeschlossen. Es wäre hingegen gerade im Rahmen des systemtheoretischen Grundaxioms, der Reduktion von Komplexität, theoretisch auch denkbar, die diakonische Tätigkeit der Kirche als deren primäre Funktion und somit als Verwirklichungsort des spezifisch Religiösen zu behaupten. So ist gegenüber Luhmann anzufragen, ob seine Diakonietheorie wirklich nur Ergebnis der Beobachtung von Realität ist oder ob sie nicht auch zum Teil seinem persönlichen Empfinden, den eingefahrenen, gesellschaftlich wie kirchlich kultivierten und unkritisch übernommenen Denkmustern oder auch dem Bedürfnis der stimmigen Übertragung systemtheoretischer Motive auf die Praxis der Kirche entspringt.[120]
Schließlich ist gegenüber Luhmann anzufragen, ob seine Wahrnehmung von Religion und Kirche wirklich eine ausreichende Wahrnehmung ist. Religion und Kirche werden von ihm ausschließlich unter funktionalen Gesichtspunkten in ihrer für das System bestandssichernden Wirkung thematisiert.[121] Es ist nun aber nicht nur ideale Theorie, sondern beobachtbare Praxis, daß Religion und Kirche gerade in ihrer Diakonie dysfunktional, d.h. systemkritisch und somit für die anderen Teilsysteme gefährlich wirken. Wenn mit "Kontingenzformeln", also mit christlichen Glaubensinhalten, nicht nur Kontingenzen bewältigt, sondern auch Kontingenzen bewußt gemacht werden, wenn in diakonischem Handeln ungerechte Verhältnisse aufgedeckt und Maßnahmen dagegen unternommen werden und wenn in all dem erkennbar wird, daß eine systemische Gegebenheit *nicht so* sein muß, dann muß auch eine soziologische Konzeption, die Religion bzw. Kirche ausschließlich über deren systemstabilisierende Funktion zu fassen versucht, als unzureichend gelten. Die Tatsache z.B., daß die Brisanz der Armutssituation in Deutschland unter anderem auch durch Untersuchungen und Stellungnahmen des Caritasverbandes öffentlich gemacht worden ist[122], ist mit dem Luhmannschen Diakoniekonzept nur schwerlich zu erklären. So kommt man nicht um die Frage herum, ob nicht in der funktional-strukturellen Systemtheorie Luhmanns "nur die Zerrform organisierte[r] Religion [und Diakonie - H.H.] erscheint"[123].

---

120 Zur Kritik der Luhmannschen Religionstheorie vgl. auch **Höhn, H.-J.**: Kirche und kommunikatives Handeln, 252-258; **Bahr, H.-E.**: Kontingenz im Koffer.

121 Vgl. **Bahr, H.-E.**: Kontingenz im Koffer, 220.

122 Vgl. **Caritasverband für die Diözese Münster (Hg.)**: Arme haben keine Lobby; **Hauser, R./ Hübinger, W.**: Arme unter uns.

123 **Bahr, H.-E.**: Kontingenz im Koffer, 223.

3.2 Problemlagen der Verortung der Diakonie in der Gesellschaft

Die Bedeutung der Diakonie der Kirchen für das Gesellschaftsleben steht außer Frage. In die Regelung des sozialen Lebens, insbesondere in die Bearbeitung von Notlagen der Gesellschaft ist die Diakonie mittlerweile so stark involviert, daß man durchaus von einer Abhängigkeit des Staates von der Diakonie der Kirchen reden kann. Die Nennung quantitativer Werte, wie etwa die 24 033 Einrichtungen des Deutschen Caritasverbandes mit ihren 1 136 830 Klientenplätzen und 407 561 hauptberuflichen Mitarbeiterinnen und Mitarbeitern[124], mag die gesellschaftliche Rolle der Diakonie zwar nicht vollends beschreiben, aber zumindest andeuten. Einer praktisch-theologischen Reflexion der Diakonie ist allerdings mit einer allzu leicht zur Selbstbestätigung neigenden Reprodukion dieses Stellenwerts der Diakonie nicht gedient. Wenn eine "krisenhafte Störung eingespielter Interaktionsmuster Handlungsdruck ('Es muß etwas geschehen!') und damit Reflexionsbereitschaft"[125] erzeugt, dann kommt es speziell auch in einer praktisch-theologischen Reflexion zunächst darauf an, solche krisenhaften Erscheinungen in der jeweils zu reflektierenden Praxis wahrzunehmen.
Der Raster der Diakonietheorie Niklas Luhmanns soll nun dazu dienen, solche Bereiche der Diakoniepraxis, die problematisch geworden sind, ausfindig zu machen und zu benennen. Daß also im folgenden die gesellschaftliche Präsenz der Diakonie weniger anhand ihrer Leistungen als vielmehr anhand ihrer Defizite und Fehlentwicklungen geschildet wird und eine dementsprechend kritische Beurteilung erfährt, ist die Konsequenz des Versuchs, sich die Diakonie zum praktisch-theologischen Anliegen zu machen und zu ihrer Fundierung (nicht Destruktion!) beizutragen.

3.2.1 Wohlfahrtsstaatliche Einbindung

Es wäre eine Illusion zu meinen, die Problematik der gesellschaftlichen Präsenz der Diakonie würde nur hinsichtlich der beiden kirchlichen Diakonieverbände "Diakonisches Werk" und "Deutscher Caritasverband" virulent. In der Tat jedoch ist die diakonische Praxis als ganze, auch in ihren anderen Phänotypen den Mechanismen der Einflußnahme von seiten gesellschaftlicher Kräfte ausgesetzt, auch dann oder gerade dann, wenn das Zusammenwirken von Interessen anderer gesellschaftlicher Systeme und der verschiedenen Träger der Diakonie nicht bewußt geplant ist. Die Tatsache, daß in Zusammenhang mit der beobachtbaren Rezession in der Bundesrepublik Deutschland die gerade von den Angehörigen der sogenannten "Wirtschaftslobby" vorgebrachte Forderung nach Abbau der Sozialleistungen kombiniert wird mit dem Appell an die Bürger und Bürgerinnen, verstärkt Eigeninitiative und Solidarität bei der Bewältigung von Notlagen zu zeigen, ist

124 Vgl. **Speckert, M./Batkiewicz, R.**: Geld für Diakonie und Caritas, 126.

125 **Zerfaß, R.**: Praktische Theologie als Handlungswissenschaft, 167.

Indiz dafür, daß z.B. auch private Hilfe gegenüber Notleidenden zugunsten gesellschaftlicher Mechanismen verrechnet, wenn nicht gar instrumentalisiert wird.[126] Anhaltspunkte für den Verdacht der Vereinnahmung privater Hilfe zugunsten gesellschaftlich dominierender Kräfte und ihrer Interessen gibt zum Beispiel der Streit um die Pflegeversicherung. In ihm wehren sich Wirtschafts- und Arbeitgeberseite, durch Arbeitgeberanteile an einer Versicherung das Risiko mitzutragen. Das Pflegerisiko wird als ein rein privates und somit auch privat zu tragendes Risiko deklariert, obwohl dieses Risiko in unmittelbarem Zusammenhang mit der Stabilisierung bzw. Expansion des Wirtschaftssystems steht. Das Pflegerisiko erhöht sich nämlich analog mit den Anforderungen, die das Wirtschaftssystem an die Leistungsfähigkeit des Menschen stellt, bzw. mit den Gefährdungen, die das Wirtschaftssystem etwa in Form von Gesundheitsschädigungen für den einzelnen Menschen zeitigt. Die private Diakonie ist also durchaus Objekt der Verrechnung durch gesellschaftliche Kräfte und somit ein potentieller Ort, an dem Problemlagen der gesellschaftlichen Präsenz der Diakonie virulent werden. Gleichwohl mindern diese Beobachtungen nicht den Eindruck, daß die Problemlagen der gesellschaftlichen Präsenz der Diakonie besonders deutlich in Zusammenhang mit der institutionalisierten Diakonie und hier wiederum in besonders signifikanter Weise bei den genannten Diakonie-Verbänden "Deutscher Caritasverband" und "Diakonisches Werk" zutage treten. Letztere bilden "zur Zeit die komplexeste Vermittlungsebene zwischen Kirche und Gesellschaft"[127] und Karl Gabriel sieht in ihnen einen "einmalig hohen Grad der Verflechtung zwischen Kirchen und Gesellschaft"[128] gegeben. Mit diesen Charakterisierungen ist auf den Sachverhalt abgezielt, daß die kirchliche Diakonie in Gestalt der Diakonie-Verbände in die wohlfahrtsstaatliche Struktur des Staates eingebunden ist, da die Diakonie-Verbände sich zugleich als Wohlfahrtsverbände des Staates etablieren konnten.

Die politisch-rechtliche Basis dieser Einbindung sind das Grundgesetz der Bundesrepublik Deutschland (GG) und die Sozialgesetzgebung, insbesondere das Bundessozialhilfegesetz (BSHG) und das Jugendwohlfahrtsgesetz (JWG) bzw. dessen Neufassung, das Kinder- und Jugendhilfegesetz (KJHG). Bestimmt wird diese wohlfahrtsstaatliche Einbindung der Diakonie durch die drei Prinzipien *Sozialstaatlichkeit, Pluralität der Trägerschaft* und *Subsidiarität.*[129]

Im Horizont der in Art. 1 - 3 GG verankerten Grundrechte Menschenwürde, Freiheit der Person, Gleichberechtigung und der damit eingegangenen Verpflichtung zum Schutz dieser Grundrechte wird in Art. 20 (1) GG formuliert: "Die Bundesrepublik Deutschland ist ein demokratischer und sozialer Bundesstaat." Damit definiert sich der Staat als Sozialstaat und verpflichtet sich, dort, wo die Grundrechte gefährdet bzw. nicht verwirk-

[126] Dabei ist nicht von Belang, ob die jeweiligen politischen Kräfte diese private Hilfe auch als Diakonie identifizieren.

[127] **Degen, J.**: Diakonie als Agentur im Wohlfahrtsstaat, 320; vgl. **ders.**: Diakonie im Sozialstaat, 238-242.

[128] **Gabriel, K.**: Optionen der verbandlichen Caritas, 253.

[129] Vgl. **Rückert, M.**: Diakonie und Ökonomie, 61-63.

licht sind, den Bürgerinnen und Bürgern im Rahmen der sozialen Gerechtigkeit so weit und so gleichmäßig wie möglich eine soziale Absicherung zu ermöglichen. Der Sozialstaat ist also gehalten, soziale Dienste nach Bedarf in ausreichendem Maße zur Verfügung zu stellen. Allerdings ist der Sozialstaat nur für das Vorhandensein der sozialen Leistungen verantwortlich. Er muß sie nicht selbst erbringen. Die Sozialpflicht des Staates wird folglich weitgehend über nichtstaatliche Institutionen und Strukturen erfüllt. Der Staat seinerseits hat die Aufgabe, diese zu ermöglichen und zu koordinieren.

Damit ist das zweite Prinzip angedeutet: Der Staat läßt eine grundsätzliche Pluralität der Träger sozialer Leistungen zu. Er bewerkstelligt die politischen und sozialgesetzlichen Voraussetzungen dafür, daß verschiedene Träger dort, wo sie gebraucht werden, in ausreichendem Maße wirken können.

Das sozialstaatliche Wirken ist drittens bestimmt vom Prinzip der Subsidiarität. Dieses Prinzip besagt, daß die jeweils kleinere soziale Einheit bei der Bewältigung ihrer Aufgaben den Vorrang vor der jeweils größeren sozialen Einheit hat und daß die jeweils größere soziale Einheit der jeweils kleineren sozialen Einheit gegenüber zur Unterstützung verpflichtet ist, wenn diese mit der Erfüllung ihrer Aufgaben überfordert ist. "In der Praxis des Sozialstaates folgt aus diesem Prinzip, daß öffentliche Träger als Anbieter sozialer Leistungen zurückstehen, wenn kleinere, nichtstaatliche Einheiten entsprechende Einrichtungen bereitzustellen in der Lage sind."[130] Grundlegend für dieses Prinzip ist die Verpflichtung der Gemeinschaft, ihren Gliedgemeinschaften oder einzelnen Personen gegenüber ausschließlich *hilfreichen* Beistand zu leisten, d.h. die Gemeinschaft darf ihre Hilfe nicht so gestalten, daß sie die Eigenständigkeit der Gliedgemeinschaften und der einzelnen Personen beeinträchtigt.[131]

Entsprechend diesem unter anderem in der Sozialenzyklika "Quadragesimo anno" von Papst Pius XI.[132] formulierten Subsidiaritätsprinzip stimmte der Staat die Gesetzgebung zur Sozialstaatlichkeit auch auf die Träger der freien Wohlfahrtspflege ab. §10 des Bundessozialhilfegesetzes enthält die diesbezüglichen Ausführungen:

"(1) Die Stellung der Kirchen und Religionsgesellschaften des öffentlichen Rechts sowie der Verbände der freien Wohlfahrtspflege als Träger eigener sozialer Aufgaben und ihre Tätigkeit zur Erfüllung dieser Aufgaben werden durch dieses Gesetz nicht berührt.

(2) Die Träger der Sozialhilfe sollen bei der Durchführung dieses Gesetzes mit den Kirchen und Religionsgesellschaften des öffentlichen Rechts sowie den Verbänden der freien Wohlfahrtspflege zusammenarbeiten und dabei deren Selbständigkeit in Zielsetzung und Durchführung ihrer Aufgaben achten.

(3) Die Zusammenarbeit soll darauf gerichtet sein, daß sich die Sozialhilfe und die Tätigkeit der freien Wohlfahrtspflege zum Wohle des Hilfesuchenden wirksam ergänzen. Die Träger der Sozialhilfe sollen die Verbände der freien Wohlfahrtspflege in ihrer Tätigkeit auf dem Gebiet der Sozialhilfe angemessen unterstützen.

---

130 Ebd. 63.

131 Vgl. **Nell-Breuning, O.v.**: Baugesetze der Gesellschaft, 79, 86; vgl. auch **Lehmann, K.**: Anmerkungen zu Sinn und Gebrauch des Subsidiaritätsprinzips.

132 Vgl. dort Nr. 790.

(4) Wird die Hilfe im Einzelfalle durch die freie Wohlfahrtspflege gewährleistet, sollen die Träger der Sozialhilfe von der Durchführung eigener Maßnahmen absehen; dies gilt nicht für die Gewährung von Geldleistungen.
(5) Die Träger der Sozialhilfe können allgemein an der Durchführung ihrer Aufgaben nach diesem Gesetz die Verbände der freien Wohlfahrtspflege beteiligen oder ihnen die Durchführung solcher Aufgaben übertragen, wenn die Verbände mit der Beteiligung oder Übertragung einverstanden sind. Die Träger der Sozialhilfe bleiben dem Hilfesuchenden gegenüber verantwortlich."[133]

Diakonisches Werk und Deutscher Caritasverband sind solche Träger der freien Wohlfahrtspflege, denen der Staat, wo sie soziale Aufgaben erfüllen können und wollen, den Vorrang überläßt.[134] In ihnen hat der Staat die von ihm zu leistende soziale Hilfe institutionell ausdifferenziert. Als Gegenleistung dafür, daß diese freien Wohlfahrtsverbände dem Staat einen großen Anteil der sozialen Hilfsmaßnahmen abnehmen, wird ein Großteil ihrer Kosten mit öffentlichen Mitteln bestritten, wobei man als Faustregel von einem 80/20- bzw. 90/10-Verhältnis ausgehen kann. Damit ist gemeint: Ca. 80-90% der Kosten übernimmt jeweils die öffentliche Hand, ca. 10-20% der Mittel bringen die Wohlfahrtsverbände selbst auf.[135]

Graphisch läßt sich dann die Ausdifferenzierung der sozialen Hilfe durch den Staat in Form der Wohlfahrtsverbände bzw. die wohlfahrtsstaatliche Einbindung der Diakonie in den Staat darstellen als Ausgliederung eines selbständigen Strukturschenkels (s. Graphik 10 auf der nächsten Seite).

Ein nicht unerheblicher Anreiz für die Delegation eines Aufgabenbereichs des Staates an die Kirchen besteht für die staatslenkenden Kräfte in der Vermeidung zusätzlicher Kosten, die entstünden, wenn die Kirchen mit ihren diakonischen Verbänden aus dem Sozialbereich ausgeschlossen würden und der Staat ihre Tätigkeiten übernehmen müßte.[136] So bedeuten z.B. die in den diakonischen Einrichtungen arbeitenden Ordensleute und ehrenamtlichen Mitarbeiterinnen und Mitarbeiter, welche aufgrund ihres

---

133 Hier zitiert nach **Deufel, K.**: Sozialstaat und christliche Diakonie, 136 f.

134 Neben Diakonischem Werk und Deutschem Caritasverband gibt es als weitere Verbände der freien Wohlfahrtspflege das Deutsche Rote Kreuz, die Arbeiterwohlfahrt, den Paritätischen Wohlfahrtsverband und die Zentralwohlfahrtsstelle der Juden, wobei Diakonisches Werk und Deutscher Caritasverband hinsichtlich ihrer quantitativ meßbaren Präsenz die bedeutendsten sind (vgl. **Ebertz, M.N.**: Schwerpunkt: Wohlfahrtsverbände im Gesundheitswesen; **ders./Schmied, J.**: Zum Stand der Wohlfahrtsverbände-Forschung). Die dominante Stellung des Diakonischen Werks und des Deutschen Caritasverbandes veranlaßt manche, von einem "Oligopol" dieser beiden zu sprechen (vgl. **Spiegel, Y.**: Diakonie im Sozialstaat, 103).

135 Vgl. **Zerfaß, R.**: Organisierte Caritas, 328; **Degen, J.**: Diakonie als soziale Dienstleistung, 79; vgl. zur Finanzierung der Diakonie auch **Speckert, M./Batkiewicz, R.**: Geld für Diakonie und Caritas; **Rückert, M.**: Diakonie und Ökonomie, 60-88; **Deufel, K.**: Sozialstaat und christliche Diakonie, 170-172. - Deufels spürbares Bemühen, die finanzielle Eigenkapazität bzw. -belastung der diakonischen Verbände in den Vordergrund zu stellen, erscheint in sich als ein mittelbarer paradoxer Hinweis auf den hohen Anteil der staatlichen Finanzierung diakonischer Arbeit, gegenüber der die Eigenfinanzierung der Diakonie offenbar um so mehr betont werden muß, je unausgewogener das Verhältnis zwischen beiden ist.

136 Vgl. **Spiegel, Y.**: Diakonie im Sozialstaat, 102.

Graphik 10: Wohlfahrtsstaatliche Einbindung der Diakonie

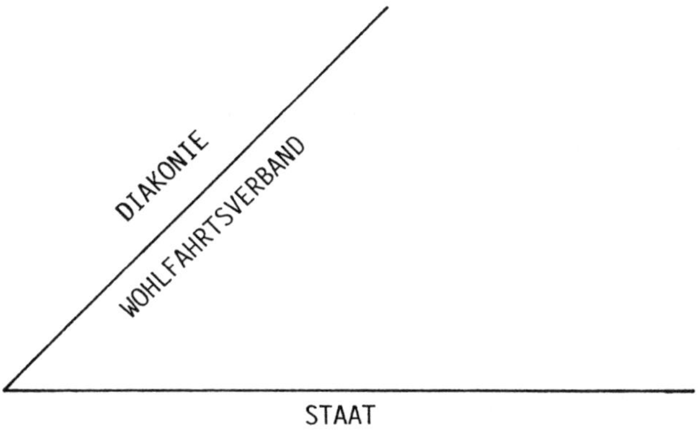

christlichen Überzeugungshintergrunds und nicht, zumindest nicht ausschließlich, durch finanzielle Entlohnung zur diakonischen Arbeit motiviert sind, de facto eine Einsparung an Personalkosten und Motivationsanstrengungen.[137] Da der Staat Aufwendungen organisatorischer oder personeller Art einspart, durch die Finanzierung der freien Wohlfahrt die finanziellen Folgekosten für destruktive Prozesse des Gesellschaftssystems wenigstens dem Grundsatz nach übernimmt und dadurch den Kirchen ihren "sozialen Besitzstand" garantiert, ist in dieser Konstellation ein "Interessenausgleich zwischen Staat und Kirche"[138] gegeben.
Diese Ausdifferenzierung bedeutet hingegen nicht, daß die Arbeit der Wohlfahrtsverbände unabhängig vom Staat bzw. dessen leitenden Instanzen vonstatten ginge. Der Staat ist nach wie vor daran interessiert, daß die Sozialarbeit für ihn stabilisierende und nicht destruktive Wirkung hat. Sozialarbeit bleibt nach wie vor den staatlichen Vorgaben und Rahmenbedingungen untergeordnet. Über vielerlei Verknüpfungen struktureller, organisatorischer, finanzieller, personeller und rechtlicher Art verbleibt dem Staat die "Planungshoheit"[139]. Der Staat als Wohlfahrtsstaat präsentiert sich somit "als eine bestimmte Form gesellschaftlicher Organisation, die gekennzeichnet ist durch die *Verbindung von demokratischer Staatsform und privatkapitalistischer Wirtschaftsform mit einem ausgebauten, zentralstaatlich regulierten Sozialsektor, auf dessen Leistungen ein staatlich verbürgter Anspruch nach rechtlich definierten Bedarfskriterien für jedermann besteht.*"[140]

---

137 Vgl. ebd. 108.

138 für beide Zitate: **Spiegel, Y.**: Einleitung, 26.

139 **Weth, R.**: Diakonie, 119.

140 **Kaufmann, F.X.**: Christentum und Wohlfahrtsstaat, 94.

Auf dem Hintergrund dieser Beschreibung der wohlfahrtsstaatlichen Einbindung der Diakonie in Gestalt der Diakonie-Verbände lassen sich nun die Problemlagen der gesellschaftlichen Präsenz der Diakonie genauer bestimmen.

3.2.2 Institutionalisierung I

Der Anspruch der gesellschaftlichen Präsenz bedeutet für die Diakonie zunächst, daß sie einer zunehmenden *Institutionalisierung* unterliegt. Damit die Diakonie einerseits den staatlichen Vorgaben und andererseits den gesellschaftlich erwarteten fachlichen Anforderungen genügt, bedarf es ihrer Fundierung durch institutionelle Elemente - Personal, Gebäude, Konzepte, Rechtssicherheiten, Entscheidungsstrukturen usw. -, die sie stabil, berechenbar und auch kontrollierbar machen. Dabei erweist sich dieser Trend der Institutionalisierung als in hohem Maße ambivalent.

3.2.2.1 Institutionalisierungsbedarf

Die Zuweisung einer staatlichen Aufgabe an die kirchliche Diakonie, die mit einem Anspruch der Bürgerinnen und Bürger auf Erfüllung dieser Aufgabe verknüpft ist, bedingt, daß die Diakonie auf Formen ihrer Institutionalisierung angewiesen ist, um ihre Aufgaben überhaupt fachgerecht, verantwortungsgerecht, einklagbar und kontrollierbar ausüben zu können. Es bedarf z.B. eines ausreichend ausgebildeten Personals, das kompetent genug ist, um die in der Diakonie anstehenden Aufgaben tatsächlich problemlösend bewältigen zu können. Für dieses qualifizierte Personal ist eine entsprechende Struktur ihrer hauptberuflichen Beschäftigung und eine angemessene Ausstattung mit Sachmitteln vonnöten. Für Personal und für Sachmittel bedarf es wiederum eines verläßlichen Finanzzuflusses. Daß der Staat nicht nur Rahmenbedingungen vorgibt, sondern durch die Übernahme eines Großteils der Kosten der wohlfahrtsverbandlichen Sozialarbeit auch die finanzielle Garantie für den größten Bereich kirchlicher Diakonie darstellt, zeigt, "daß die Diakonie der Kirchen im Ensemble der gegebenen sozialstaatlichen Verhältnisse eine dauerhafte Ermöglichung und zukunftorientierte Sicherung erlangt hat, die die Kirchen aus sich heraus nicht garantieren können"[141]. Wo immer also auf die durch die gesellschaftliche Präsenz bedingte und in den Wohlfahrtsverbänden zum vornehmlichen Ausdruck kommende Institutionalisierung der Diakonie reflektiert wird, muß ihre faktische Unausweichlichkeit mitbedacht werden. Die Institutionalisierung stellt eine - nicht die einzige, aber eine wichtige - Schiene der Ermöglichung der Diakonie im heutigen gesellschaftlichen Kontext dar. Folglich ist der Staat, der in seinen Strukturen die Institutionalisierung der Diakonie zu großen Teilen bedingt wie auch ermöglicht, nicht einfach nur die Interessensantipode zur Kirche. Er trägt auch dazu bei, daß die Kirche überhaupt Kirche sein kann, insofern er, unter

[141] **Degen, J.**: Diakonie als Agentur im Wohlfahrtsstaat, 321.

anderem mit seiner Finanzkraft und seinem rechtlich-strukturellen Rahmen, eine entscheidende Voraussetzung für die Realisierung der Diakonie als einer wesentlich zum Sein der Kirche gehörigen Dimension bildet.[142]
Zum anderen sind mit der Institutionalisierung Implikationen verbunden, die sich nicht selten als abträglich erweisen für die Verwirklichung einer Diakonie, die den von Notlagen betroffenen Menschen gerecht werden will. Sie sollen im folgenden problematisiert werden.

3.2.2.2 Professionalisierung

Die Institutionalisierung bedeutet zunächst eine *Professionalisierung* der Diakonie. Diakonie wird zunehmend zur Sache professionell arbeitender Experten. Diese Professionalisierung ist mehrfach bedingt. Auf dem Hintergrund der beschriebenen globalen Gesellschaftstrends wie Pluralisierung, Individualisierung und Kolonialisierung der Lebenswelten (s. 2.2) werden auch die jeweiligen Notlagen komplexer. Es wird schwieriger, die Zusammenhänge der Notlagen zu durchschauen und die Lösungsprozesse zu konzipieren. Notbearbeitung verlangt also in sich nach erhöhter Kompetenz. Dieser Kompetenzbedarf verschafft mit vorrangiger Tendenz jenen Eingang in die diakonischen Institutionen, die sich durch professionelle Ausbildung auf die jeweilige Kompetenz spezialisieren konnten und somit einen unzweifelhaften Vorteil gegenüber ehrenamtlichen, nicht ausgebildeten oder privaten Helfern aufweisen. Der Trend zur Professionalisierung wird aber auch genährt von Veränderungen im je eigenen Lebenskontext der Notleidenden. Die erwähnten Gesellschaftstrends machen das soziale Gefüge brüchig, in dem aufgrund einer "Geschlossenheit von Arbeit und Feier, Fürsorge und Gemeinschaft innerhalb des Ortsgemeinderahmens"[143], d.h. aufgrund einer lebensweltlichen Plausibilität gegenseitiger Hilfe, das diakonische Engagement als Notbearbeitung zwischen Verwandten oder Nachbarn noch selbstverständlich war. Es kommt zur "Aufhebung traditioneller Solidaritätsverbände"[144]. Mit den Lebenswelten löst sich auch das Verpflichtungsgefühl gegenüber den Angehörigen der bisherigen Lebenswelten auf, mit dem sozialen Wandel ändern sich auch die Formen des Helfens[145]. An die Stelle der "archaisch-symbiotische[n]"[146] Formen des Helfens, wie sie in den freiwilligen Leistungen und Gegenleistungen auf privater, d.h. familialer oder nachbarschaftlicher Ebene gegeben waren, treten organisierte Formen des Helfens in Gestalt strukturierter Institutionen. So "hat sich die Organisation als dominante Form des helfenden Bedarfsausgleichs durchgesetzt"[147]. "... Mit dem Pathos des Helfens ist es vorbei. Man kann

---

[142] Vgl. ebd. 321 f.

[143] **Degen, J.**: Diakonie im Widerspruch, 18.

[144] **Spiegel, Y.**: Diakonie im Sozialstaat, 97.

[145] Vgl. **Luhmann, N.**: Formen des Helfens im Wandel gesellschaftlicher Bedingungen.

[146] Ebd. 144.

[147] Ebd.

es tun oder man kann es lassen, wenn man gerade anderen Zielen nachjagt."[148] Wo diese Plausibilität privater Hilfe schwindet, verstärkt sich reziprok der Bedarf an professionellen Hilfeeinrichtungen, an welche die bislang private Zuständigkeit für nichtprofessionelle Hilfe, zudem mit der legitimierenden Begründung der qualitativen Verbesserung der Hilfe aufgrund spezialisierter Kompetenz, delegiert werden kann.[149] Dabei kommt es zu einem zirkulären Bedingungszusammenhang, da das Angebot professioneller Hilfe seinerseits die Nachfrage nach ihr erhöht und die Bereitschaft zu privater Hilfe um so mehr in Frage stellt.

Hier wird nun die bedenkliche Seite der Professionalisierung sichtbar. Sie ist anfällig für die Gegenprofilierungsambition, private bzw. nichtprofessionelle Hilfe als dilettantisch zu diskreditieren[150] und somit die "'normale' Kompetenz aller Menschen in Bezug auf alltagsbezogene, nahbereichszentrierte Probleme und ihre Lösung (ein diakonisch weiterentwickeltes 'Priestertum aller Gläubigen')"[151] aus dem Bewußtsein dieser Menschen zu eleminieren. Angesichts einer so bevormundenden professionellen Diakonie erscheint es verständlich, wenn sich die Menschen angewöhnen, vor allem ihre Nichtzuständigkeit für soziale Probleme ins Feld zu führen. In dieser Hinsicht wird der Phänotyp der privaten bzw. ehrenamtlichen Diakonie vom Phänotyp der institutionalisierten Diakonie destruktiv beeinflußt.[152]

Dies wiegt um so mehr, als auch die Grenzen der professionellen Diakonie zunehmend erkennbar werden. Die ihr eigene arbeitsteilige Spezialisierung auf bestimmte Notlagen führt zu einer Atomisierung des jeweiligen Hilfevollzugs, im Zuge deren die umfassenden Zusammenhänge der jeweiligen Notlage, z.B. die sozialen Hintergründe von Krankheiten, immer weniger wahrgenommen werden können. Die Professionalisierung birgt also die Gefahr in sich, daß der notleidende Mensch nicht in seiner Individualität und als solcher, sondern nur in seiner Bezogenheit auf die jeweils angebotene oder angefragte professionelle Leistung wahrgenommen wird. Dies beinhaltet die Gefahr einer bedenklichen Verdrehung des Hilfezusammenhangs: Hilfe wird nicht mehr nach Maßgabe ihrer Relevanz für den jeweiligen Menschen, sondern der Mensch wird nach Maßgabe seiner "Relevanz" für die Denk- und Handlungsmuster der vorgegebenen Profession wahrgenommen. Die Professionalisierungskritik von Wolfgang Schmidbauer ist deshalb, auch wenn sie überzogen sein mag, nicht ganz von der Hand zu weisen: "Ein professionelles, auf die Person des akademisch geschulten Fachmannes abgestelltes Vorgehen, das sich über bestimmte Grenzen hinaus entwickelt, macht aus drei Gründen die Übel schlimmer, die es zu bekämpfen vorgibt. Es erzeugt technische Schäden, die seine Wohltaten überwiegen; es begünstigt zerstörerische gesellschaftliche Verhältnisse und verschleiert ihre Bedeutung für das individuelle Leid; es behindert und entfernt die

---

148 Ebd. 145; vgl. auch **Bauer, R./Dießenbacher, H.**: Einführung, XII.

149 Vgl. **Degen, J.**: Diakonie im Widerspruch, 18 f.

150 Vgl. **Daiber, K.F.**: Diakonie und kirchliche Identität, 133.

151 **Degen, J.**: Diakonie im Widerspruch, 19.

152 Vgl. zu diesem Fragekomplex die Beiträge in **Bauer, R./Dießenbacher, H.** (Hg.): Organisierte Nächstenliebe.

Betroffenen von ihren Möglichkeiten, ihr Leben zu gestalten, selbst zu gesunden und die krankmachenden Umweltfaktoren anzugehen."[153]
Diese Hinweise dürfen nicht als typisierende Kennzeichnung der professionellen Hilfe insgesamt mißverstanden werden. Aber sie benennen eine sicher mit der Professionalisierung verbundene Gefahr und mögen vielleicht erklären, warum mit steigender Profession der Hilfe nicht unbedingt auch die Effizienz und Akzeptanz der Hilfeleistung in analoger Weise wachsen.

3.2.2.3 Bürokratisierung und Verrechtlichung

Die Institutionalisierung der Diakonie verlangt entsprechenden Aufwand zur Selbsterhaltung und -organisation der Institution. Je mehr Personal in einer Institution integriert ist, je differenziertere Zuständigkeiten dieses Personal hat, je mehr Sachmittel dieses Personal einsetzt und schließlich je mehr Adressaten in der institutionalisierten Tätigkeit erreicht werden, um so höher ist der Bedarf an Verwaltung dieses Komplexes. Es kommt zur *Bürokratisierung* der Diakonie, welche diese auf seiten ihrer Klientel als "bürokratisierte Quasibehörde"[154] erleben läßt.
Eng verknüpft mit der Bürokratisierung ist die *Verrechtlichung* der Diakonie. Gerade der Staat verbindet die Etablierung der kirchlichen Diakonie im Wohlfahrtsverbandsbereich mit der Erwartung, daß die Diakonie sich einpaßt in das Ordnungsgefüge des Staates und die rechtlichen Bestimmungen des Staates in Form von Gesetzen, Statuten, Verwaltungsvorschriften und ähnlichem zur Anwendung bringt. Eine weitere Schiene der rechtlichen Bindung der Diakonie ist in der Kirche selbst gegeben. Zwar beansprucht das Kirchenrecht für alle kirchlichen Vollzüge Gültigkeit, seine Relevanz verdichtet sich jedoch bei den institutionalisierten Vollzügen, da hier die Kirche "offiziell" wird. Damit ist gemeint, daß in den Institutionen die kirchliche Praxis dem Verfügungsbereich einzelner Personen entzogen, damit aber auch nicht mehr der Entscheidungskompetenz des einzelnen anheimgegeben ist. Es besteht - z.B. in bezug auf die Gestaltung von Arbeitsverhältnissen - die Notwendigkeit personenübergreifender Klärungs- und Entscheidungsinstanzen, die Handlungssicherheit verleihen. Diese Sicherheit sucht man im Rückgriff auf die rechtlichen Bestimmungen der Kirche.
Die Institutionalisierung der Diakonie bedeutet zudem, daß diese in eine komplexe, tendenziell unüberschaubare strukturelle Verknüpfung mit anderen Institutionen eintritt, in der eine Vielfalt an Personen, Organisationen oder rechtlichen Instanzen ihre Erwartungen und Kompetenzen gegenseitig abklären müssen und dafür Rechtssicherheit benötigen. Das heißt konkret: Die Interessen der staatlichen und der kirchlichen Leitungsinstanzen, die Interessen der mit der Diakonie in Zusammenarbeit stehenden Anrainerinstanzen bzw. Versorgungsbetriebe und auch die Interessen der Notleidenden selbst müssen in einem rechtlichen Rahmen annäherungsweise in Einklang gebracht

[153] **Schmidbauer, W.**: Helfen als Beruf, 23.
[154] **Bauer, R./Dießenbacher, H.**: Einführung, XIII.

werden. Die beobachtbare Praxis lehrt weiterhin, daß mit einmal vollzogener Institutionalisierung diese Verknüpfung in ihren Strukturen nicht durchsichtiger, sondern umfassender und komplexer wird und jeweils neue, angepaßte und differenziertere rechtliche Bestimmungen verlangt. Eine institutionalisierte Diakonie unterliegt also einer *zunehmenden* Verrechtlichung.
Die Problematik besteht darin, daß auch die Bürokratisierungs- und Verrechtlichungstendenz zuungunsten der Notleidenden durchschlagen kann. Wahrnehmungs-, Reflexions- und Verarbeitungskapazitäten der in der institutionalisierten Diakonie Handelnden sind nicht unbegrenzt. Zusätzliche bürokratische und rechtliche Anforderungen absorbieren solche Kapazitäten. Sie werden erfahrungsgemäß dort abgezogen, wo der geringste Widerstand zu erwarten ist. Und das ist im Strukturgefüge von Institutionen meist der einzelne Mensch, der als solcher einzelner ohne ausreichende eigene Kompetenz zur Mitgestaltung der jeweiligen Institution mit dieser Institution zu tun hat.

3.2.2.4 Technisierung

Daß die Situation des Menschen in der institutionalisierten Diakonie prekär werden kann, läßt sich schließlich an der *Technisierung* der diakonischen Praxis ablesen. Dabei kommt der Technisierung in besonders auffallender Weise die gleiche Ambivalenz zu wie der Institutionalisierung als ganzer. Technisierung bedeutet zum einen natürlich fachliche Verbesserung der Hilfe, sofern sie auch tatsächlich dem Kriterium der menschengerechten Optimierung der jeweils notwendigen Hilfeleistungen unterstellt wird. Ihre Kehrseite ist jedoch die jeder Technisierung immanente Versuchung, den Menschen als handelndes Subjekt zu ersetzen. Allein der alltägliche Sprachgebrauch, daß Technik "eingesetzt" wird, verrät zum einen das der Technisierung bewußt oder unbewußt zugrundeliegende Denkmuster, nämlich daß jemand der Zielgegenstand, das Objekt dieses Einsatzes sein muß. Der Begriff "Technikeinsatz" ist aber auch Ausdruck dafür, daß etwas in die Beziehung zwischen den beteiligten Menschen "eingesetzt" wird. Technik wird oft zum Bindeglied zwischen Notleidenden und Helfenden. Als solches steht sie aber gerade zwischen den beiden Seiten und kann sich somit geradezu als ein Faktor der Auflösung persönlich getragener Beziehungen erweisen. Aus der diakonischen Praxis wird dann eine "diakonische Poiesis", in der nicht zwei Partner kommunikativ, sondern ein Mensch am anderen instrumentell handelt.[155]
Als Fazit läßt sich festhalten, daß es keinen Rückschritt hinter die Institutionalisierung der Diakonie geben kann. Sie ist ein wichtiger Faktor dafür, daß die Diakonie ihrer Aufgabe der effektiven Bearbeitung von Notlagen in einer komplexen Gesellschaft gerecht wird. Um so bewußter muß man sich die problematischen Tendenzen der Institutionalisierung gegenwärtig halten. In Form ihrer Komponenten Professionalisierung, Bürokratisierung, Verrechtlichung und Technisierung, mit denen sie sich als

[155] Vgl. zum Unterschied zwischen Praxis und Poiesis 1.1.1.2.

Spielart der modernen Rationalisierungsschübe zeigt[156], trägt sie dazu bei, daß die einzelnen Notleidenden in ihrem Objektstatus verfestigt und die psychosoziale Basis der diakonischen Praxis, nämlich die persönlich getragene und individuell gestaltete Beziehung, in einer für beide Seiten, für Notleidende wie für Helfer, belastenden Weise paralysiert werden.

3.2.3 Funktionalisierung der Diakonie

Daß die Kirche und speziell die Diakonie in der Gesellschaft eine Funktion bzw. Leistung erfüllt, darf nicht von vornherein negativ, etwa als ethisch verwerflich, bewertet werden. Insofern die Kirche durch die Erfüllung einer bestimmten Funktion oder auch mehrerer Funktionen zum Gelingen gesellschaftlichen Lebens beitragen kann und wenn (freilich nur dann, wenn) sie darin den Menschen Lebensräume schafft, ist die funktionale Einbindung von Kirche und Diakonie in die staatliche Steuerung des Gesellschaftslebens durchaus zu bejahen.[157] Es bedeutet noch nicht in sich eine Verfehlung des eigenen Auftrags, wenn sich die Diakonie an gesamtgesellschaftlichen Ordnungsvorstellungen orientiert und sich an deren Verwirklichung beteiligt. "'Lücken', die gefüllt werden müssen, verdanken sich gesamtgesellschaftlichem Gemäuer und ihre Auffüllung kann jene zu menschenwürdigen Wohnungen werden lassen."[158] Dieses Zitat von Heinrich Ludwig gibt aber auch - unscheinbar und doch unmißverständlich - das Kriterium der funktionalen Einbindung der Diakonie an: Es geht darum, daß durch das gesellschaftliche Wirken der Diakonie diese Gesellschaft zu einer "menschenwürdigen Wohnung" wird. Das Maß des Engagements der Diakonie ist also nicht die Gesellschaft oder der Staat, sondern der Mensch. Entscheidend für die Bewertung der funktionalen Einbindung der Diakonie in die Gesellschaft ist folglich die Frage, ob die Diakonie eine Funktion für die Gesellschaft *hat*, oder ob sie eine Funktion *ist*.[159] *Hat* die Diakonie eine Funktion, dann bedeutet dies, daß die Funktion etwas der Diakonie, genauer: den in der Diakonie handelnden Menschen Zuhandenes ist, mit dem sie nach eigener Maßgabe umgehen und das sie den im eigenen Selbstverständnis zugrundegelegten Vorgaben gemäß - und das heißt eben auch: unabhängig von exogenen Manipulationen -

---

156 Vgl. **Steinkamp, H.**: "Das Andere" der Institutionen, 185. - Als weitere Komponenten der Institutionalisierung der Diakonie wäre auf ihre Monetarisierung (vgl. **Spiegel, Y.**: Diakonie im Sozialstaat, 99) bzw. auf ihre Ausrichtung an betriebswirtschaftlichen Prinzipien (vgl. **Jäger, A.**: Modernes Management in der Diakonie; **ders.**: Diakonie als christliches Unternehmen; **ders.**: Diakonische Unternehmenspolitik; **Rückert, M.**: Diakonie und Ökonomie) zu verweisen. Diese werden jedoch unter dem Aspekt der "Ökonomisierung" (s. 3.2.4.4) gesondert behandelt.

157 Vgl. **Degen, J.**: Diakonie im Widerspruch, 99.

158 **Ludwig, H.**: Überlegungen zur Notwendigkeit einer Caritas, 389.

159 Die begriffliche Abweichung gegenüber Niklas Luhmann, der ja die Diakonie nicht als "Funktion", sondern als "Leistung" bezeichnet, kann hier übergangen werden, da die Unterscheidung zwischen Funktion und Leistung eine theorieimmanente terminologische Festlegung Luhmanns darstellt, die nicht ausschließt, daß außerhalb des Theoriekontextes die Erfüllung der Leistung als Funktion bezeichnet wird.

eigenständig und kreativ gestalten können. *Hat* also die Diakonie eine gesellschaftliche Funktion, dann liegt es in ihren Händen, wie sie diese gestaltet.
Der gegenteilige Modus ist dann gegeben, wenn die Diakonie eine Funktion der Gesellschaft oder des Staates *ist*. Letzeres würde bedeuten, daß die Diakonie selbst etwas den in der Gesellschaft mächtigen Kräften Zuhandenes ist und daß diese mit der Diakonie nach ihren Maßgaben umgehen bzw. sie so gestalten, daß sie ihnen zugute kommt. Genau genommen kann man von einer solchen Diakonie nicht mehr sagen, daß sie eine Funktion erfüllt, sondern nur noch, daß sie funktioniert.[160]
Der diagnostische Erkenntnisgewinn der Luhmannschen Diakonietheorie besteht nun darin, daß sich die Diakonie in ihrer faktisch beobachtbaren Praxis tatsächlich oft im zweiten Modus verwirklicht, daß sie also ihre Eigenständigkeit gegenüber gesellschaftlichen Kräften zu verlieren droht, daß diese sie nach ihren, der Diakonie oft konträr gegenüberstehenden Interessen einzusetzen versuchen und daß die Diakonie selbst Gefahr läuft, aufgrund der damit durchaus gegebenen Akzeptanz in der Öffentlichkeit diese ihre Funktionalisierung (nicht: Funktionserfüllung!) zu affirmieren. Damit wird in dem, was Luhmann nüchtern als funktionalen und funkionierenden Zusammenhang zu beschreiben versucht, eine Problemlage der gesellschaftlichen Präsenz der Diakonie erkennbar: "Einzelne Lebensäußerungen und Handlungen werden nicht konkreten Subjekten zugeschrieben, sondern dem Systemzusammenhang der Kirche als ganzer und der sie umgebenden Gesellschaft funktional zugeordnet. Das leitende Interesse ist dabei an der Bestandserhaltung orientiert. Daran wird der objektive Funktionswert des Beitrags der Einzelnen bemessen."[161] Die so angezeigte Funktionalisierung der Diakonie läßt sich anhand verschiedener Aspekte veranschaulichen.

3.2.3.1 Fremdsteuerung

Im "systemtheoretischen Kontext liegen Leistungen [und damit ist unter anderem gemeint: Diakonie - H.H.] nur vor, wenn sie von anderen Systemen angenommen und verarbeitet werden. Das setzt Übereinstimmung mit den normativen Strukturen und Kapazitätsschranken der aufnehmenden Systeme voraus..."[162] Das Erbringen von Leistung "erfordert, daß man sich den Sachgesetzlichkeiten des Erfolgs und den Wünschen und Normen des Empfängers unterstellt; sonst kommt man nicht an. Diese Bedingung entzieht dem helfenden Handeln jedoch seinen spezifisch religiösen Charakter"[163]. Was Niklas Luhmann hier auf theoretischer Ebene als theoriebedingte Annahme formuliert, ist auf der Ebene diakonischer Praxis eine brisante Realität. Die Normierung der

[160] Zur Typisierung der Modi, in denen die Diakonie eine Funktion des Staates ist bzw. eine Funktion gegenüber dem Staat hat vgl. **Kleinert, U.**: Zur Rolle der Kirche zwischen Bürgerinitiativen und Staatsautorität.

[161] **Luther, H.**: Religion, Subjekt, Erziehung, 285.

[162] **Luhmann, N.**: Funktion der Religion, 58.

[163] Ebd. 264.

Diakonie durch die Erwartungen und Maximen der Empfängersysteme wird ja erst akut, wenn diese die Möglichkeit haben, die Normierung durchzusetzen. Unter den Bedingungen der wohlfahrtsstaatlichen Einbindung bzw. der Institutionalisierung der Diakonie ergibt sich für die etablierten gesellschaftlichen Kräfte allgemein und für den Staat im besonderen die Möglichkeit zur Normierung der Diakonie vor allem aufgrund der Tatsache, daß die Diakonie in hohem Maße von der öffentlichen Finanzierung mit staatlichen Mitteln abhängig ist.[164] Diese Tatsache erscheint um so bedenklicher, je weniger sie im Bewußtsein der Kirchenmitglieder und auch Kirchenleitungen präsent ist. Da die Normierung durch staatliche Instanzen bzw. gesellschaftliche Kräfte nicht dem Selbstverständnis der Diakonie entspringt, muß man hier von *Fremdsteuerung* reden. Natürlich gestaltet sich diese Fremdsteuerung nicht - etwa nach dem Popularprinzip: "wer zahlt, schafft an" - als unmittelbarer Eingriff staatlicher Stellen in die konkreten Praxisformen der Diakonie. Der rechtsstaatliche Boden der Wohlfahrtsverbände und das Subsidiaritätsprinzip verbieten solche Eingriffe. "Für die kirchliche Diakonie sind Freiheitsräume garantiert. Als eingetragene Vereine können die kirchlichen Wohlfahrtsverbände völlig frei entscheiden, welche Aufgaben sie übernehmen und durchführen wollen."[165] In der Praxis jedoch werden diese Freiheitsräume durch die strukturelle Einbindung der Diakonie in das Kräftespiel der Gesellschaft enorm eingeschränkt. Durch die Etablierung der Diakonie im Bereich der staatlich zu verantwortenden, öffentlichen Hilfen "greifen Bindungen Platz, die mit Recht/Verwaltung, Finanzen/ Nachweisen, Kooperation/Planung, Fachlichkeit/Professionalisierung und Bürokratie nur angedeutet werden können. Kontrollrechte von Seiten des Staates bzw. der Kommune werden legitim, sobald sich der Verband [sc. die Diakonie als Wohlfahrtsverband - H.H.] über den Rahmen seiner selbst gesetzten Ziele hinaus engagiert und mit der kommunalen Sozialverwaltung arrangiert"[166]. Läßt sich also die Diakonie auf öffentliche Finanzierung ein, muß sie umgekehrt dem Staat und den anderen öffentlichen Instanzen zugestehen, daß diese sich die Möglichkeit sichern, die aus ihrer Perspektive definierte Angemessenheit und Verträglichkeit der von ihnen finanzierten Sozialarbeit zu kontrollieren. Hejo Manderscheid hat diese Situation "multizentrischer Steuerung"[167] exemplarisch für den katholischen Kindergarten aufgezeigt. Mit Bundesregierung, Landesregierung, Kommune/Kreis, Landesjugendamt und Jugendamt gibt es hier fünf rein staatliche Instanzen, die über ökonomische oder juristische Interventionen steuernd auf die Kindergartenpraxis einwirken.[168] Welche deformierenden Implikationen der Fremd-

---

164 Vgl. **Zerfaß, R.**: Die Funktion der Caritas, 154; **Degen, J.**: Diakonie als Agentur im Wohlfahrtsstaat, 321.

165 **Manderscheid, H.**: Diakonie im Sozialstaat, 30.

166 Gernert, W.: Wie frei sind die freien Träger?, 84, in: Mühlfeld, C. u.a. (Hg.): Sozialarbeit und Wohlfahrtsverbände - Hilfe mit beschränkter Haftung? Frankfurt 1987, 64-86; hier zitiert nach **Manderscheid, H.**: Diakonie im Sozialstaat, 31.

167 **Manderscheid, H.**: Diakonie im Sozialstaat, 28.

168 Vgl. **Manderscheid, H.**: Diakonie im Sozialstaat, 28 f.; **ders.**: Kirchliche und gesellschaftliche Interessen im Kindergarten, 174.

steuerungsmechanismus für die Diakonie enthält, wird jedoch erst dort deutlich erkennbar, wo die öffentliche Finanzierung nicht mehr im gewohnten und gewünschten Maße gegeben ist und folglich die Abhängigkeit der Diakonie davon in Form von Bedrohung ins Bewußtsein rückt bzw. Reaktionen erfordert. Im bundesrepublikanischen Kontext ist seit geraumer Zeit in Form einer forcierten Programmatik der dem freien Spiel der Kräfte überlassenen, kapitalistisch orientierten Marktwirtschaft und in Form eines damit verbundenen Abbaus sozialer Leistungen die Situation gegeben, daß Finanzierungsleistungen von öffentlicher Hand verringert werden. Zusätzlich zu diesen finanziellen Einschränkungen kommen auf den wohlfahrtsverbandlichen Engagementbereich in Form der Bearbeitung von Restproblemen der rigiden Wirtschaftspolitik neue Anforderungen zu, z.B. in Zusammenhang mit Langzeitarbeitslosigkeit, Sozialisationsschwierigkeiten Jugendlicher und damit verbundenen Familienkonflikten. Für eine Diakonie, die in hohem Maße von wirtschaftspolitischen Rahmenbedingungen abhängig ist, zeitigt dies notwendig Folgen. Mit Johannes Degen lassen sich drei entscheidende Konsequenzen für die gesellschaftliche Präsenz und Funktion der Diakonie benennen.[169]

1) Die Diakonie wird in Zukunft, sofern sich die vom Staat wie von der Kirche vorgegebenen Bedingungen nicht ändern, vermehrte Anforderungen mit geringeren Mitteln zu bewältigen haben bzw. dort, wo Sachmittel nicht beliebig reduziert und "kostengünstige" Hilfen, d.h. ehrenamtliche Kräfte und Selbsthilfemaßnahmen, nicht beliebig ausgeweitet werden können, bestimmte Aufgaben nicht (mehr) wahrnehmen können.

2) Je mehr die finanziellen Mittel zum Problem der Diakonie werden, um so mehr ist sie notgedrungen mit sich, ihren Institutionen und der Sicherung des Bestandes dieser Institutionen beschäftigt. Kapazitäten werden binneninstitutionell für die Gewährleistung des bestehenden Hilferepertoires aufgebraucht. Folglich besteht die Gefahr, daß die Diakonie ihrer Funktion, neu entstandene Notlagen der Gesellschaft aufzudecken, zu analysieren und der Bearbeitung zuzuführen, verlustig geht, da die Kapazität für eine Orientierung nach "außen" bzw. für eine (noch) nicht institutionalisierte, nicht standardisierte und somit anstrengendere Praxisform der Notbewältigung vermindert wird.

3) Da der Ausgleich zwischen den wirtschaftlich-finanziell starken und schwachen Schichten der Gesellschaft gedrosselt wird, ist damit zu rechnen, daß sich der Unterschied dieser Schichten noch mehr verfestigt. Die eine Schicht wird vermutlich ihre finanzielle Konsolidierung noch deutlicher ausbauen können. Die andere Schicht wird immer weniger Chancen erhalten, den Status der "sozial Schwachen" zu überwinden. Operationalisiert zeigt sich diese Unterscheidung dann auch in den jeweiligen Zugangsbedingungen für die Leistungen der Hilfeeinrichtungen. Die privilegierte Schicht hat höhere Erwartungen und kann sich eine "bessere" Hilfe, z.B. Einzelzimmer im Krankenhaus mit Chefarztbehandlung, leisten. Angehörige der benachteiligten Schicht erfahren soziale Hilfeleistung als zusätzlichen Ort ihrer sozialen Benachteiligung, indem sie z.B. als sozialhilfeabhängige, nicht selbst zahlende Bewohner eines Altenheims das Stigma der Bedürftigkeit auferlegt bekommen. Die Abhängigkeit der Diakonie vom Staat in wirtschaftlich-finanzieller Hinsicht kann also die Diakonie in die fatale, paradoxe

---

169 Vgl. **Degen, J.**: Diakonie als Agentur im Wohlfahrtsstaat, 320 f.

Situation führen, daß innerhalb ihrer selbst noch einmal manifestiert wird, was zu überwinden sie gemäß ihrem Selbstverständnis eigentlich angetreten ist, nämlich die soziale Benachteiligung von Menschen gegenüber anderen Menschen aufgrund struktureller Mechanismen und der dahinter verborgenen Interessen der machtbesitzenden Kräfte.

Damit ist der Wirkzusammenhang und Tatbestand der Fremdsteuerung der Diakonie in exemplarischen Aspekten beschrieben. Sie bildet eine Komponente der Funktionalisierung der Diakonie durch gesellschaftliche Kräfte, da sie einen Zusammenhang darstellt, in dem der Diakonie die eigenständige Gestaltung ihrer Funktion in der Gesellschaft entzogen wird und in dem die Diakonie selbst zu einer Funktion der gesellschaftlichen Kräfte gemacht wird, die aufgrund des Abhängigkeitsverhältnisses nach Maßgabe diakoniefremder Interessen eingesetzt bzw. in ihrer Wirkkraft beschnitten werden kann.

In extremer Form zeigt sich die Fremdsteuerungssituation und die damit verbundene Logik der sozialen Statusverbesserung der ohnehin Privilegierten in einer bei Ulrich Bach zitierten Dissertation aus dem Jahre 1980, in der vorgeschlagen wird, angesichts der Verknappung der öffentlichen Finanzen das Leben behinderter Kinder zu verhindern, da dies billiger sei als deren Unterhalt und dadurch der private Wohlstand steige.[170] Spätestens hier wird deutlich, daß der Zusammenhang der Fremdsteuerung zwischen gesellschaftlichen Kräften und Diakonie ein Mechanismus ist, der gegen den notleidenden Menschen selbst gerichtet ist. Er ist von denjenigen Interessenträgern in Beschlag genommen, denen eher an einer Stabilisierung der Position der Privilegierten und somit an einer Aufrechterhaltung des Status quo gelegen ist und die sich konsequenterweise, dezidiert oder latent, gegen eine Veränderung der Benachteiligungsstrukturen wenden, da Aufhebung von Benachteiligung auch Aufhebung von Privilegierung bedeuten würde. Zwar ist es keineswegs angebracht, über das Fremdsteuerungstheorem den Staat bzw. die gesellschaftlichen Kräfte allgemein zu perhorreszieren. Es bleibt jedoch festzuhalten, daß die steuernde Einflußnahme auf die Diakonie durch die gesellschaftlich etablierten Kräfte forcierend dazu beiträgt, die benachteiligten Menschen als Klientel der Diakonie im Objektstatus zu behalten und ihre Subjektwerdung zu unterbinden.

Bedenklich ist schließlich, daß die finanzielle Abhängigkeit der Diakonie sich unter den erwähnten Bedingungen finanzieller Einschränkungen dahingehend auswirkt, daß sich auch aus dem binnenkirchlichen Kontext Beeinträchtigungen der Diakoniepraxis ergeben, die sich nicht selten einseitig zuungunsten der Notleidenden auswirken. So ist zu beobachten, daß bei ausreichender Finanzierung die Offenheit der Diakonieeinrichtungen auch für Kirchendistanzierte und Nichtchristen kaum als Problem empfunden worden ist. Die Reduzierung finanzieller Mittel bringt nun für die Diakonieeinrichtungen Entscheidungsbedarf mit sich, da sie z.B. Umstrukturierungen vornehmen, Kompetenzen abgeben oder Prioritäten setzen müssen. Dabei kommen bislang latente, uneingestandene oder unbewußte Zielsetzungen zum Vorschein, die erst jetzt in dieser Situation der Entscheidung zwischen "Notwendigerem" und "weniger Notwendigem" in ihrer eigentlichen

170 Vgl. **Bach, U.**: Heilende Gemeinde?, 60.

Gewichtung erkennbar werden. Und oft genug stellt sich dabei heraus, daß in der Rekrutierung von Kirchenmitgliedern oder in der Maximierung der Verkündigungseffektivität, nicht aber in der unabhängig von der religiösen Bindung des betroffenen Menschen anzugehenden Bearbeitung von Notlagen die "eigentliche" Zielsetzung diakonischer Praxis gesehen wird. Diese Zielsetzung vorausgesetzt muß unter den Bedingungen der finanziellen Einschränkung die Offenheit der Diakonie zum Problem werden. Tatsächlich suchen manche die scheinbar naheliegende "Lösung" dieses Problems in der kirchlich abgeschlossenen Gestaltung der Diakonie. Diejenigen, die für die derart verschärfte Zielsetzung als nicht ansprechbar erscheinen, werden als Klientel der Diakonie zur Disposition gestellt. Diese für die kirchliche Diakonie angeblich an erster Stelle verzichtbare Klientel findet sich z.B. unter den Ausländern mit anderer Religionszugehörigkeit, also einer signifikant benachteiligten Gesellschaftsgruppe. Rolf Zerfaß veranschaulicht den Sachverhalt am Beispiel des katholischen Kindergartens: "... seit man nun stärker in die eigene Geldbörse greifen muß, entwickelt man ... großräumige Pläne zur Reduktion der katholischen Kindergärten. Die Maßzahl ist dabei nicht mehr der gesellschaftliche Bedarf, sondern der Katholikenanteil der Bevölkerung und dies begründet man theologisch mit dem Verkündigungsauftrag des Kindergartens. Die Türkenkinder müssen jetzt draußen bleiben oder von einem neu zu gründenden kommunalen Kindergarten aufgefangen werden, weil sie nicht missionierbar sind. Nun sind sie aber die Kinder der Armen in Deutschland, die am stärksten den Kindergarten als sozialtherapeutisches Milieu, als Hilfe zur Eingliederung in die deutsche Gesellschaft benötigten ... So hört mit dem Geld die Freundschaft auf."[171] Daran zeigt sich, daß eine über finanzielle Abhängigkeit fremdgesteuerte Diakonie nicht nur subjektdestruktiven Mechanismen von außen ausgesetzt ist, sondern unter bestimmten Bedingungen, wie etwa einer diffusen Zielsetzung, Gefahr läuft, diese subjektdestruktiven Benachteiligungsstrukturen im eigenen Binnenraum aus eigener Motivation heraus zu wiederholen.

3.2.3.2 Kritiklosigkeit

"Die Daseinsvorsorge wird von der Wirtschaft und ihrem Geldmechanismus besorgt; sie ist ein zentraler Antriebsfaktor gesellschaftlichen Wandels. Den Organisationen sozialer Hilfe obliegt eher eine 'Daseinsnachsorge'. Sie arbeiten an der Beseitigung von Problemfällen, die sich aus der Verwirklichung der vorherrschenden Strukturen und Verteilungsmuster immer neu ergeben. Es ist nicht ihre Sache und überhaupt nicht Sache von Hilfe, sich eine Änderung der Strukturen zu überlegen, die konkrete Formen der Hilfsbedürftigkeit erzeugen."[172] Deutlicher könnte Niklas Luhmann nicht zum Ausdruck bringen, welchen gesellschaftlichen Stellenwert die Diakonie als eine Form sozialer Hilfe für ihn hat: Sie ist dazu da, die von den gesellschaftlichen Mechanismen

---

171 **Zerfaß, R.**: Organisierte Caritas, 330.

172 **Luhmann, N.**: Formen des Helfens, 143 f.

als Restposten zurückgelassenen Problemlagen gleichsam zu entsorgen. Ihr kommt es nicht zu, gegen die den Menschen gefährdenden Mechanismen und Strukturen anzugehen und so die Entstehung von Problemlagen bereits im Ansatz zu vermeiden. Ihr bleibt nur übrig, die Hilfsbedürftigkeiten abzuarbeiten, Ungerechtigkeiten bzw. Benachteiligungen erträglicher zu machen, letztere aber gerade dadurch indirekt zu bestätigen. Hier zeigt sich der "eigentümlich unkritische, stabilisierende Grundtenor"[173] des systemtheoretischen Ansatzes. In einem Interview zu seinem 65. Geburtstag benennt Niklas Luhmann selbst diese Kritikabstinenz seines Denkens: Als sein Hauptziel bezeichnet er "die Verbesserung der soziologischen Beschreibung der Gesellschaft und nicht die Verbesserung der Gesellschaft"[174]. Da es demnach nicht um eine Veränderung der Gesellschaft geht, sieht er die Lösung der Daseinsbewältigung in einer pluralisierten Gesellschaft in einer ausreichenden Flexibilität des Menschen gegeben, aufgrund der dieser zwischen verschiedenen Lebensbereichen hin und her wechseln kann, ohne deren unterschiedliche, konträre Ansprüche als irritierenden Konflikt erleben zu müssen. "Man muß eine Art innere Elastizität haben, um nicht z.B. die politischen Engagements in die Wissenschaft oder die künstlerischen Engagements in die Politik mit rüberzunehmen."[175] Es entspricht der Logik einer solchen Vorstellung vom Funktionieren gesellschaftlichen Lebens, daß diakonisches Engagement nicht in die Politik und politisches Engagement nicht in die Diakonie Eingang finden soll. Im System der Luhmannschen Theorie ist die Diakonie also zur Kritiklosigkeit verdammt.

Damit ist eine Problemlage der gesellschaftlichen Präsenz der Diakonie formuliert, die sich bereits in den vorangegangenen Ausführungen abzeichnete. Die in vielerlei Dimensionen gegebene Einbindung der Diakonie in staatliche Strukturen und gesellschaftliche Mechanismen zeitigt eine bedenkliche Abhängigkeit der Diakonie von ihren gesellschaftlich-politischen Rahmenbedingungen. Wenn nun der Bestand der Diakonie weitgehend durch die von den gesellschaftlichen Kräften ihr vorgegebenen Strukturen, z.B. Gesetzgebung, infrastrukturelle Ausstattung oder öffentliche Reputation, abgesichert wird, dann erscheint es als eine unabdingbare Konsequenz, daß die diakonischen Instanzen und Handlungsträger vor einer Kritik dieser Strukturen zurückweichen. Das Anliegen der Wahrung des eigenen Besitzstandes erschwert das Ansinnen, die offensive Analyse und Bearbeitung der strukturellen Ursachen von Notlagen als authentische Aufgabe der Diakonie zu vermitteln, da unter den gegebenen Bedingungen eine Infragestellung der noterzeugenden Gesellschaftsstrukturen immer auch eine Infragestellung des strukturellen Hintergrundes der Diakonie implizieren würde.[176] Als eine der wichtigsten Schienen, auf denen dieser Bedingungszusammenhang von Abhängigkeit und Kritiklosigkeit transportiert wird, muß die überwiegend durch die öffentliche Hand gewährleistete Finanzierung der Diakonie angesehen werden. Die darin zur Verfügung gestellten Mittel ermöglichten es insbesondere den diakonischen Verbänden der Kirchen,

---

173 **Luther, H.**: Religion, Subjekt, Erziehung, 286.

174 **Luhmann, N./Breuer, I.**: Die Selbstbeobachtung des Systems.

175 Ebd.

176 Vgl. **Spiegel, Y.**: Diakonie im Sozialstaat, 96.

sich zu dem mittlerweile in der Tat beeindruckenden Umfang ihrer Einrichtungen und zu dem hohen Niveau ihrer fachlichen Kompetenz auszubauen. Die finanzielle Absicherung durch den Staat wird also zugleich als Quelle von Profilierungschancen und selbstbestätigender Präsenz in der Öffentlichkeit der Gesellschaft erlebt. So herrscht "in Kirche und Diakonie eine ziemlich unkritische Faszination für alle jene Arbeit vor, die sich irgendwie mit öffentlichen Mitteln finanzieren läßt"[177]. Um so schwerer fällt es der Diakonie, den in den gegebenen Strukturen etablierten Praxisformen alternative und somit den Status quo kritisierende Handlungsmodelle entgegenzusetzen. Es fällt auf, "wie wenig die kirchlichen Einrichtungen insgesamt ein Alternativprogramm zur Gesellschaft sind, vielmehr die Standards und Maßstäbe der Gesellschaft fast ohne kritische Nuancierungen zur Geltung bringen. Modellprojekte, die die Sozialpolitik des Staates anregen oder herausfordern würden, sind in den kirchlichen Einrichtungen kaum zu finden. Innovationen finden eher draußen, 'außerhalb der Mauern' (vgl. Hebr 13,11!) statt."[178] Diese wären jedoch notwendig angesichts der Tatsache, daß die gesellschaftlichen Strukturen sowohl die Tendenz aufweisen, sich im Status quo, d.h. auch in den jeweiligen Notlagen, ständig zu reproduzieren, als auch ständig neuartige, vom eingefahrenen Hilferepertoire nicht abgedeckte Notlagen hervorbringen.

Ein weiterer Faktor, der die Diakonie zur Kritiklosigkeit tendieren läßt, ist die damit gegebene Annehmlichkeit. Eine konfliktfreie Kooperation mit staatlich-gesellschaftlichen Instanzen erspart der Diakonie den Einsatz der für die Konfliktaustragung notwendigen Kapazitäten an Personal, Arbeitszeit und konzeptionellen Selbstverständnisplausibilitäten. Zudem wird dadurch vermieden, daß eine die Loyalität der diakonischen Handlungsträger relativierende und somit das Sozialgefüge beunruhigende Kritik in die diakonischen Einrichtungen selbst wieder beunruhigend zurückwirkt und dort praxisstörende Irritationen auslöst. Angesichts dessen drängt sich die Frage auf, ob nicht mit dem an sich respektablen Anspruch der Zuverlässigkeit der Diakonie gelegentlich auch die Tendenz zu einer unkritischen Anpassung der Diakonie an die gesellschaftlich etablierten Praxismuster kaschiert wird. Johannes Degen diagnostiziert für die Diakonie zumindest die "Gefahr, sich stromlinienförmig als sogenannte 'Pflegesatzdiakonie' in das öffentliche Sozialwesen einzufügen und die Christlichkeit der Diakonie auf die letztlich privat bleibende Motivation ihrer Mitarbeiter beschränkt sein zu lassen"[179].

Mit dem Hinweis auf die durch eine Konfliktvermeidung erreichte Kapazitätseinsparung kündigte sich bereits eine Argumentationsfigur an, in der die Notwendigkeit der Kritik struktureller Verhältnisse relativiert oder gar in Frage gestellt wird, indem man auf die Notwendigkeit verweist, dem einzelnen Menschen unabhängig vom strukturellen Hintergrund in seiner Notlage Hilfe zukommen zu lassen. In der Tat bricht hier ein Dilemma auf. Auch die Kapazitäten der Diakonie sind nicht unbegrenzt. Insofern bedarf es immer der Abwägung, wie und wofür Kapazitäten eingesetzt werden. Der Anspruch der Entwicklung kritisch-emanzipatorischer Konzepte diakonischer Praxis bzw. des systemkriti-

---

[177] **Degen, J.**: Diakonie im Widerspruch, 86.

[178] **Zerfaß, R.**: Die Funktion der Caritas, 163.

[179] **Degen, J.**: Diakonie im Widerspruch, 89.

schen, politischen Engagements der Diakonie kann nicht bedeuten, die Diakonie könne darauf verzichten, ihre Praxis so zu gestalten, daß sie für den einzelnen, notleidenden Menschen als persönliche, individuell orientierte Hilfe erfahrbar wird. Ideologisch wird das Argument der Notwendigkeit individueller Hilfe jedoch dort, wo mit ihm eine Dispens vom Anspruch einer individuumübergreifenden, politisch ambitionierten Kritik und der Beseitigung strukturell bedingter Notzusammenhänge intendiert ist.[180] Dieses Argument ergreift nämlich nur scheinbar Partei für den einzelnen notleidenden Menschen. Weniger denn je ist dieser notleidende Mensch selbst in der Lage, die gesamtgesellschaftlichen Zusammenhänge zu durchschauen und die darin gegebenen Strukturen eigenständig gemäß seinen Bedürfnissen zu gestalten. Zur Bearbeitung der strukturellen Mechanismen bedarf es selbst wieder einer gesellschaftlichen Instanz, die durch eigene Strukturen unter fachlicher Kompetenz genügend stabilisiert ist. "Genau hier liegt die Chance der Wohlfahrtsverbände, indem sie als durchaus nicht ohnmächtige Interessensysteme diese inhaltlichen Erkenntnisse und Solidarisierungen offensiv an die anderen Systeme weitergeben, mit der Einklage, daß letztere die Anliegen der Benachteiligten in ihre Zielbestimmung aufnehmen."[181] Versagt sich die Diakonie, die hier die positive Seite der Ambivalenz ihrer Institutionalisierung zur konstruktiven Auswirkung kommen lassen könnte, durch den Verzicht auf eine Kritik der strukturellen Ursachen von Not dieser Aufgabe, dann bestätigt sie die Tendenz, daß der einzelne Notleidende immer mehr in den Status des Objekts gesellschaftlicher Wirkzusammenhänge gedrängt wird. Das Argument der Beschränkung auf Hilfe in individueller Not ist damit selbst ein Argument gegen die Hilfe für den einzelnen notleidenden Menschen. Es veranlaßt Johannes Degen zu der These, "daß die Diakonie diese 'politische und gesellschaftliche 'Großwetterlage'' nicht als strukturelle Pathologie anerkennt, sie damit auch nicht - mit guten diakonisch-theologischen Gründen - als Herausforderung an ihr therapeutisches Konzept im weitesten Sinne aufgreift, sondern sich mit reduzierten Therapie-Modellen zufrieden gibt und somit ernste Zweifel an der im christlichen Glauben doch auch vorhandenen Humanität aufkommen läßt"[182]. Ob die Gründe für diese politische Enthaltsamkeit gut diakonisch-theologisch sind, bleibt freilich auch gegenüber Johannes Degen anzufragen.

Als Fazit ist festzuhalten, daß die genannten Faktoren der gesellschaftlichen Einbindung der faktisch beobachtbaren Diakonie - strukturelle Absicherung und finanzielle Ausstattung gepaart mit dem (verständlichen) Hang zur Konfliktvermeidung und der Ideologisierung der Individualhilfe - die Gefahr mit sich bringen, daß Kritiklosigkeit zu einem inoffiziellen, unbewußten, nicht eingestandenen Kennzeichen christlicher Diakonie wird und daß die Diakonie durch diese Abstinenz den Objektstatus des notleidenden Menschen gegenüber den von den etablierten gesellschaftlichen Machthabern und Instanzen gesteuerten Systemmechanismen verfestigt.

---

180 Vgl. **Degen, J.**: Diakonie und Restauration, 197.

181 **Fuchs, O.**: Heilen und befreien, 136.

182 **Degen, J.**: Diakonie und Restauration, 191 f.

3.2.3.3 Kompensation

Nochmals sei die bekannte und viel zitierte Diakonie-Definition Niklas Luhmanns in Erinnerung gebracht, um eine weitere Komponente der Funktionalisierung der Diakonie in der Gesellschaft zu veranschaulichen: "Für Diakonie ist bezeichnend, daß *sozialstrukturelle* Probleme in *personalisierter Form*, also an Personen wahrgenommen werden (und das heißt natürlich in gewisser Weise auch: nicht als sozial*strukturelle* Probleme wahrgenommen werden). Diese Wahrnehmungsweise ermöglicht es dem Religionssystem, Zuständigkeiten für 'Restprobleme' oder Personbelastungen und Schicksale in Anspruch zu nehmen, die in anderen Funktionssystemen erzeugt, aber nicht behandelt werden."[183] Die entscheidende Aussage findet sich hier in dem Teilsatz "aber nicht behandelt werden". Ein Spezifikum der Diakonie sei demnach darin gegeben, daß in ihr die Kirche Probleme löst, die gesellschaftlich, z.B. von den Systemen Wirtschaft, Medien, Bildung oder Freizeitmarkt, verursacht sind, für die die gesellschaftlichen Systeme, also die Verursacher, selbst jedoch keine Lösung anbieten bzw. anbieten wollen.

Wiederum tritt hier in der konkretisierten Form der Diakonietheorie ein Denkmuster auf, welches in der allgemeinen Gesellschaftstheorie Niklas Luhmanns grundgelegt ist. Die komplexe, differenzierte Gesellschaft kennzeichnet er als ein Gebilde, in dem "für alle Eventualitäten des Lebens spezialisierte Organisationen bereitstehen, in dem Sinne, daß das Versagen des einen Leistungsgefüges zur Aufgabe des anderen wird"[184]. Demnach hätte die Diakonie als die Leistungsinstanz der Verarbeitung sozialstruktureller Probleme die "Funktion einer 'sozialen Feuerwehr', einer Art 'Erste-Hilfe-Station für die Schäden des sozialen Wandels'"[185]. Der Diakonie wird die Aufgabe zugewiesen, gesellschaftliche Defizite zu *kompensieren.*

Dabei kann sich diese "Aufgabenteilung" auf einen Interessenausgleich berufen, den Kirche und Staat unter anderem in Zusammenhang mit der Entstehung der beiden diakonischen Verbände "Diakonisches Werk" und "Deutscher Caritasverband" getroffen haben: Der Kirche wurde in der neu entstandenen Industriegesellschaft die Legitimation ihrer weiteren gesellschaftlichen Präsenz und auch die Nutznießung der industriegesellschaftlichen Errungenschaften zugesprochen. Im Gegenzug erwartete man von ihr die Versorgung der Opfer, die die Industriegesellschaft in vermehrter Zahl zurückließ.[186] Dieses Arrangement hält sich bis heute durch. "Es ist das Problem eines prinzipiellen Staatsversagens hinsichtlich der Grundlagen sozialstaatlicher Integration, das den Staat kompensierend auf das soziale Engagement der Kirchen zurückgreifen läßt."[187] Was Karl Gabriel hier in deutlich kritischer Diktion formuliert, erhält unter veränderter Perspektive und Interessenlage den Anschein einer unproblematischen Plausibilität. So

[183] **Luhmann, N.**: Funktion der Religion, 58.

[184] **Luhmann, N.**: Gesellschaft, 148.

[185] **Steinkamp, H.**: Zwischen Service-Kirche und Samariter-Funktion, 294.

[186] Vgl. **Zerfaß, R.**: Die Funktion der Caritas, 162.

[187] **Gabriel, K.**: Optionen der verbandlichen Caritas, 254.

nimmt z.B. Diether Deneke aus der Perspektive des Politikers kritisch Stellung zu der in der Tat problematischen Fixierung diakonischer Einrichtungen auf die staatliche Finanzierung. Sein Appell an die Eigeninitiative und Eigenkräfte der Diakonie zielt jedoch nicht auf eine kritische, von gesellschaftlichen Interessen unabhängige Analyse der Notsituationen und eine strukturell ansetzende Beseitigung der Ursachen derjenigen Nöte, für die die Diakonie ohnehin schon Hilfe anbietet. Vielmehr intendiert er die Perfektionierung der Kompensationsleistung der Diakonie gegenüber dem Staat, indem er fordert, "daß die Diakonie sich vor allem stärker als bisher den Bereichen widmen sollte, in denen die Diakonie noch nicht zu 80 bis 90% oder gar vollständig finanziell 'verstaatlicht' worden ist. Es gibt daneben und dazwischen leider eine ganze Menge materieller Hilfsbedürftigkeit, bei der auch dann finanziell geholfen werden muß, wenn es keinen oder *noch* keinen Kostenträger gibt. ... Ich bin sicher, daß sich noch mancherlei soziale Probleme aufspüren lassen, wo Hilfsbedürftigkeit sich nicht in das Raster behördlich erfaßbarer Notsituationen einpassen läßt oder bei denen die materielle Hilfe des Steuerzahlers an Voraussetzungen gebunden ist, die nicht erfüllt werden können. ... denn schon von alters her setzt die Diakonie ja dort ein, wo erstens andere Hilfen vorerst nicht erreichbar sind und wo zweitens gesellschaftliche Konventionen oder Vorurteile menschliche Not so diskriminiert haben, daß die Öffentlichkeit solche Notsituationen entweder ignoriert oder gar ihre Behebung mit den Mitteln der staatlichen Ordnung verhindert. Mit anderen Worten: Die Diakonie sollte sich dort als Avantgarde engagieren, wo die staatlichen Räder der Nächstenliebe nicht oder noch nicht greifen. Sie sollte dabei die Chance nutzen, daß sie sich freimachen kann von einer gesellschaftlichen Bewertung oder gar Klassifizierung von Notfällen, wie sie im politischen Raum wohl nie ganz vermeidbar sein wird."[188]

Dieses Zitat ist aufschlußreich. Es verrät in zweierlei Hinsicht die Bedenklichkeit der Kompensationsfunktion. Zum einen wird ersichtlich, daß die Zuschreibung der Kompensationsfunktion an die Diakonie auch eine Delegation der Verantwortung für Notlagen von der Gesellschaft an die Diakonie bedeutet. Während hier nämlich ganz selbstverständlich davon ausgegangen wird, daß die Gesellschaft Notsituationen erzeugt und in zunehmendem Maße noch neue und neuartige Notsituationen erzeugen wird, ist an keiner Stelle von der Verantwortung der Gesellschaft und der gesellschaftsleitenden Instanzen für diese Notsituationen die Rede. Als Kriterium für die Abwendung von Hilfsbedürftigkeit durch den Staat wird nicht etwa dessen tatsächliche Verantwortung genannt, sondern die formale Überlegung, ob die Hilfsbedürftigkeit sich "in das Raster behördlich erfaßbarer Notsituationen einpassen läßt", womit die Definition der staatlichen Verpflichtung zur Hilfe dem Belieben derjenigen Instanzen preisgegeben wird, die sie erfüllen sollten. Darüberhinaus wird erkennbar, in welche prekäre Rolle sich die Diakonie begibt, wenn sie sich auf die Kompensationsfunktion fraglos einläßt. Die hier vorgelegte Funktionszuweisung an die Diakonie ist von Denkmustern motiviert, die dem Anliegen der Diakonie diametral entgegenstehen, insofern sie den notleidenden Menschen der diskriminierenden Bewertung durch die etablierten Kräfte der Gesellschaft

---

188 **Deneke, D.**: Forderungen und Erwartungen eines Politikers an die Diakonie, 144 f.

aussetzen: Daß in der Situation der Hilfsbedürftigkeit Hilfe durch die soziale Gemeinschaft erfolgt, gilt nach Diether Deneke nicht als selbstverständlich, sondern wird von Voraussetzungen abhängig gemacht. Daß die Öffentlichkeit bestimmte Notlagen diskriminiert und die politischen Kräfte ihre Behebung eventuell verhindern, wird als "wohl nie ganz vermeidbar" in Kauf genommen und als Grund anerkannt, daß Öffentlichkeit und Politik vom Anspruch der Beseitigung dieser Notlagen dispensiert werden und den Anspruch auf die Diakonie umlenken. Übernimmt also die Diakonie unbedacht und ohne Bereitschaft zu kritischer Auseinandersetzung die Kompensationsfunktion, läuft sie Gefahr, diese Denkmuster zu sanktionieren und sich so zum Agenten derjenigen gesellschaftlichen Kräfte zu machen, die sie vertreten.

Unter den Bedingungen der Programmatik des Abbaus von Sozialleistungen des Staates, die unter der Vorherrschaft neokonservativ-"liberaler" Politik betrieben wird, ist schließlich zu beobachten, daß die Strategie der Kompensation oft über das Stadium ideologisierender Beschwichtigung nicht hinauskommt. Damit ist gemeint, daß den als Kompensationsinstanzen gedachten Hilfeeinrichtungen, z. B. Sozialhilfe oder Arbeitslosenversicherung, die finanziellen Ressourcen beschnitten werden und an ihre Stelle eine intensivere Betonung ethisch identifizierbarer Postulate wie Eigenverantwortung und Solidarität gesetzt wird. Defizite in der realen Behebung von Notlagen werden durch ethische Beteuerungen kompensiert.[189] Diese Postulate bleiben aber ideologisch, wenn und solange die Mittel zur Beseitigung derjenigen Ursachen, durch die sie provoziert sind, beschnitten werden. Übernimmt also die Diakonie die ethischen Postulate in der beschriebenen ideologisierten Form, d.h. frei von einer kritischen Beurteilung der ihnen zugrundeliegenden Interessen, dann kompensiert sie ein Defizit, dessen Behebung die Politik nicht einfach nur delegiert, sondern an dessen struktureller Veränderung die verursachenden etablierten Kräfte der Gesellschaft im Grunde nicht interessiert sind.[190] Diakonie wird so funktionalisiert als Produzent eines humanen Images für einen tendenziell enthumanisierten Lebenskontext und sie bleibt ohne Kompetenz, das in diesem Lebenskontext kultivierte Gemenge an Werten und Strukturen in ihrem Sinn zu beeinflussen.[191]

Die Gefahr, daß die kirchliche Diakonie die ihr zugewiesene Funktion, "die private Lebenswelt für die persönlichen Belastungen zu entschädigen und gegen den Druck von Konkurrenzgesellschaft und beschleunigter Modernisierung abzufedern"[192], von sich aus affirmiert, wird genährt durch zwei theologisch bzw. kirchlich bedingte Antriebe. Zum einen erhält die Kompensationsfunktion der Diakonie eine theologische Quasilegitimation durch rudimentäre, aber wirkmächtige Überreste einer apokalyptischen bzw. gnostisch-dualistischen Sicht der Welt als eines "Jammertals", das sich gerade durch unausweichliches Leiden der Menschen auszeichne, dessen Überwindung aber nur in einem Jenseits zu erwarten sei. "Sie [sc. die Diakonie - H.H.] wird dann soziale Leiden

---

189 Vgl. **Degen, J.**: Diakonie im Widerspruch, 95.

190 Vgl. **Fuchs, O.**: Heilen und befreien, 132.

191 Vgl. ebd. 134.

192 **Habermas, J.**: Die Krise des Wohlfahrtsstaates, 154.

nur lindern, aber keineswegs verhindern. Theologisch wurde und wird Diakonie als Kompensation ... und Notlinderung mit einer 'apokalyptischen Anschauung der Welt' legitimiert: In dieser Welt des Bösen kann man nur das Schlimmste verhindern, aber nichts bleibend Gutes tun. In der Hoffnung auf den 'Christus, der aller Not ein Ende machen wird'... muß man in dieser vergehenden Welt die Not lindern, wo man kann. Bis zum Jüngsten Tag aber bleibt die Welt ein 'Lazarett'. Das geht zurück auf die Augsburgische Konfession (Confessio Augustana), Art. XVI, wonach das Evangelium die politische und ökonomische Ordnung nicht auflöst, sondern vielmehr verlangt, sie als Gottesordnung zu bewahren und 'in solchen Ordnungen Liebe zu üben'. Nach Melanchthons Apologie der Augsburgischen Konfession soll der Christ diesen Ordnungen unterworfen sein und sie hinnehmen wie den 'Lauf der Natur, Winter und Sommer'."[193]

Die Gefahr der kirchenendogenen Verstärkung der Kompensationsfunktion wächst zum anderen mit dem Eindruck, daß die Kirche die angestammte Plausibilität ihrer Präsenz in einer (post-)modernen Gesellschaft zu verlieren droht. Die Funktionszuweisung der Kompensation gesellschaftlicher Defizite wird nämlich kirchlicherseits ratifiziert insbesondere auch von denjenigen Mitgliedern und Instanzen, die sich davon einen Rückgewinn an Plausibilität erhoffen (s. 4.2.5.2). Erneut zeigt sich eine Ideologisierung der Dispensierung der gesellschaftslenkenden Instanzen vom Anspruch der Behebung von Notlagen einerseits und der Kompensationsfunktion kirchlicher Diakonie andererseits. Diakonie wird als authentisch kirchlich-religiöse Aufgabe identifiziert und im Gegenzug die Nichtzuständigkeit des Staates für soziale Hilfe mit dem Hinweis auf das Neutralitäts- oder Subsidiaritätsprinzip argumentativ ausgestattet.[194]

Allerdings ist auch hinsichtlich der Kompensationsfunktion der Diakonie eine Ambivalenz auszumachen, die sich auf seiten der Diakonie als Dilemma ihrer Aufgabendefinition auswirkt. Auf der einen Seite hat die Diakonie aufgrund der geschilderten Bedenklichkeiten die Kompensationsfunktion abzulehnen. Auf der anderen Seite ist die Tatsache, daß die Diakonie Ausfälle in der Sozialversorgung der Gesellschaft kompensiert, nicht von vornherein pejorativ zu bewerten. Die Kompensationsfunktion ist zunächst strukturell bedingt. Die Diakonie ist zwar gesellschaftlich eingebunden, sie ist aber den Organisationsformen des Staates nicht gänzlich einverleibt. Sie hat sich noch ein gewisses Maß an organisatorischer Eigenständigkeit bewahrt. Aufgrund dessen eignet ihr die Möglichkeit, Notlagen unmittelbarer wahrzunehmen und auch kurzfristiger, flexibler als der schwerfällige Staatsapparat darauf zu reagieren.[195] Dadurch bietet die

---

193 **Moltmann, J.**: Diakonie im Horizont des Reiches Gottes, 19.

194 Diese Argumentationsfigur findet sich u.a. bei **Völkl, R.**: Nächstenliebe, 117: "Diese sozial-caritative Hilfe kann die Kirche nicht 'den anderen' überlassen, auch nicht dem Staat, denn dieser kann, auf Grund der Verfassung zu strenger Neutralität verpflichetet [sic!], namentlich jene personal-religiöse Hilfe nicht leisten und will das, wie die Gesetzgebung zeigt, auch gar nicht tun, will überhaupt die Tätigkeit der freien Zusammenschlüsse nicht 'ersetzen'."

195 Vgl. **Spiegel, Y.**: Diakonie im Sozialstaat, 105.

Diakonie eine zumindest höhere "Erwartungssicherheit der Hilfe"[196], als der Staat allein es vermöchte. Weiterhin kann die Einsicht in diese Bedenklichkeiten kein Grund sein, auf tatsächliche Hilfsbedürftigkeiten nicht einzugehen, nur weil die Diakonie darin verweigertes Engagement anderer kompensieren würde. Die Auflösung z.B. ursprünglicher lebensweltlicher Solidaritätsstrukturen in Familie und Nachbarschaft bringt einen Kompensationsbedarf mit sich, der nicht mit einer - in sich selbst wieder ideologisierten - Abwehr der Kompensationsfunktion übergangen werden kann.[197] Die Frage, wie die Diakonie zu ihrer Kompensationsfunktion stehen soll, erweist sich dann als Frage, welche Position sie in der Konstellation der noterzeugenden Mechanismen einnimmt. Übernimmt sie die Kompensationsfunktion im Sinne derjenigen Personen und Institutionen, die sie ihr zurechnen, und ohne den Impetus einer kritischen Analyse bzw. Beseitigung der strukturellen Ursachen der von ihr zu bearbeitenden Notlagen, dann sanktioniert sie mit ihrer kompensierenden Praxis die Interessen derer, denen an einer Änderung des Notentstehungszusammenhangs nicht gelegen ist. Kompensation richtet sich dann gegen den notleidenden Menschen selbst. Johannes Degen hat die hier angezeigte Verfestigung des Objektstatus benachteiligter Menschen durch ein allein kompensatorisches Wirken der Diakonie am Beispiel der Gastarbeiter beobachtet: Die diakonische Betreuung von Gastarbeitern läuft Gefahr, im Interesse der Wirtschaftssysteme zu wirken, wenn sie die Belastungen der Gastarbeiter in Stellvertretung für die Arbeitgeber bzw. die ökonomischen Instanzen bearbeitet, mit ihrer Hilfe diese Belastungen aber lediglich abfedert, ohne die Arbeits- und Lebensbedingungen der Gastarbeiter auf politischer Ebene zu kritisieren, und so diese Menschen als loyale Arbeitskräfte für den wirtschaftlichen Einsatz rüstet.[198]

3.2.3.4 Systemstabilisierung

"Die Religion aber sagt, es geschehe alles nach Gottes Willen, ..."[199] Das ist nach Niklas Luhmann die Formel, mit der die der Religion zugedachte Funktion der Kontingenzbewältigung zu beschreiben ist. Kontingenz bedeutet, daß die Dinge so sind, aber nicht so sein müssen, daß sie auch anders sein können, aber nicht anders sein müssen. Kontingenzen bedeuten somit für das Gesellschaftssystem Destabilisierung, da die Dinge nicht als festgelegt, notwendig, verläßlich erscheinen (s. 3.1.3). Bewältigt nun die Religion diese Kontingenz, indem sie sagt, die Dinge seien notwendig so und nicht anders, weil Gott es so will, dann wirkt sie damit auf das System stabilisierend. Stellen sich die Kirchen in ihrer Praxis auf diese Kontingenzbewältigungsfunktion ein, dann spielen sie "eine Art Deckmäntelchen-Rolle"[200]: Sie liefern mit ihren "Kontingenzformeln" die

196 **Gabriel, K.**: Christliche Diakonie im gesellschaftlichen Kontext, 8.

197 Vgl. **Degen, J.**: Diakonie im Widerspruch, 20.

198 Vgl. **Degen, J.**: Diakonie und Restauration, 182.

199 **Luhmann, N.**: Institutionalisierte Religion gemäß funktionaler Soziologie, 20.

200 **Bach, U.**: Boden unter den Füßen, 115.

Plausibilität der Verhältnisse und legen über Not und Notursachen den Deckmantel der Unanfechtbarkeit. Damit akzeptieren sie indirekt auch die gesellschaftsprägenden Normen, durch die die Notleidenden marginalisiert werden, und verleihen durch die religiöse Identifikation dieser Praxis den "inhumanen Normen mindestens scheinbar eine gewissermaßen metaphysische Sanktionierung"[201]. Es stellt sich nun die Frage, inwiefern die Diakonie als "Leistung" des Religionssystems für die gesellschaftlichen Teilsysteme an diesem Verblendungsvorgang und der daraus erwachsenden systemstabilisierenden Wirkung teilhat.
Daß der sozial restaurative und für das gesellschaftliche System affirmative Charakter der Sozialarbeit und speziell die Aufgabe der Eingliederung einzelner in die bestehenden gesellschaftlichen Ordnungen seit Entstehen der diakonischen Einrichtungen in der Selbstverständnisklärung der Diakonie zumindest als denkbare Aspekte eine Rolle spielten, veranschaulicht eine Eigendarstellung von Johann Hinrich Wichern[202]. Im Hinblick auf das "Rauhe Haus", einer von ihm gegründeten Betreuungseinrichtung für sogenannte verwahrloste Kinder und Jugendliche in Hamburg, sagte er: "Die Anstalt trachtet danach, dem Wohle des Staates in Umbildung solcher Personen, welche ihm ohne diese Hilfe wie ein Krebsschaden würde [sic!] eingewohnt haben, förderlich zu sein, ohne ihm je lästig werden zu wollen."[203]

3.2.3.4.1 "Rehabilitation"

In der von Johann Hinrich Wichern intendierten "Umbildung von Personen zum Wohle des Staates" ist ein Selbstverständnisaspekt diakonischer Praxis benannt, der in heutiger Zeit unter der Zielformulierung der *Rehabilitation* bzw. *Resozialisation* firmiert. Weitgehend selbstverständlich zählen es soziale und somit auch diakonische Einrichtungen zu ihren Aufgaben, notleidende oder geschädigte Menschen zu rehabilitieren in dem Sinn, daß ihre Not oder Schädigung soweit behoben wird, daß sie wieder im möglichst umfangreichen Maße am sozialen Leben der Gesellschaft, insbesondere an Arbeit und Beruf partizipieren können.[204] Kriterium der (gelungenen) Rehabilitation ist dabei über weite Strecken der in der jeweiligen Gesellschaft geltende und von den "normalen", d.h. nicht beeinträchtigten Gesellschaftsmitgliedern definierte Standard an Maß und Form der Beteiligung am gesellschaftlichen Leben.
Ulrich Bach hat dieses Rehabilitationsideal einer engagierten Kritik unterzogen.[205] Wenn nämlich notleidende Menschen immer am Standard der nichtnotleidenden Men-

[201] Ebd.

[202] Wichern war Begründer der "Inneren Mission" und lebte von 1808 - 1881 (vgl. **Helbich, P./Seibert, H./Thiele, F.**: Die soziale Arbeit der Kirche, 174-176).

[203] Wichern, J.H.: Sämtliche Werke, Band IV, Teil 1 (herausgegeben von Peter Meinhold), Berlin 1958, 107; hier zitiert nach **Degen, J.**: Diakonie im Widerpsruch, 83.

[204] Vgl. **Helbich, P./Seibert, H./Thiele, F.**: Die soziale Arbeit der Kirche, 141.

[205] Vgl. **Bach, U.**: Boden unter den Füßen, 98-118.

schen gemessen werden, dann wird auch nie die Trennung zwischen beiden überwunden. Denn immerzu wird es dabei zur Feststellung eines Defizits kommen. Was als Standard definiert wird, ist immer auch einer Idealisierung ausgesetzt, da eine Gesellschaft bei ihrer Selbstwahrnehmung immer auch geneigt ist, Defizitäres auszublenden. Defiziterscheinungen werden nur als Abweichung vom "Normalen" erfaßt, und Rehabilitation gilt als eine Annäherung an das "Normale". Entsprechend bleiben notleidende und geschädigte Menschen immer mit dem Stigma des Defizitären behaftet. Sie bleiben "Menschen zweiter Wahl"[206].

Das hier kritisch beschriebene Rehabilitationsideal hat für das Gesellschaftssystem eine stabilisierende Wirkung. Vom Gesellschaftssystem wird nämlich der Anspruch ferngehalten, sich selbst zu ändern, um den Notleidenden die ihnen zustehenden Lebensmöglichkeiten zu eröffnen. Wenn die Rehabilitation es als ein Ideal vermittelt, sich auf einen Standard der Gesellschaft hin zu entwickeln, dann wird die Gesellschaft im Umkehrschluß im Status quo dieses ihres Standards bestätigt und zum Festhalten daran ermutigt. Das Gesellschaftssystem selbst wird für eine kritische Analyse um so unzugänglicher. Notlagen werden nicht als Defizite der Gesellschaft, sondern als Defizite der einzelnen Person vermittelt[207]. Folglich lastet der Veränderungsdruck nicht auf den Systemen der Gesellschaft, sondern auf dem einzelnen Menschen.

Für die Diakonie stellt sich auf diesem Hintergrund die Frage, welche Ziele sie mit ihren Rehabilitationsanstrengungen eigentlich verfolgt.[208] Definiert sie sich im Verhältnis zur Gesellschaft ausschließlich über ihre "sozialintegrative Kraft"[209], die ihre Klientel lediglich in die bestehende Gesellschaft "hinein-rehabilitiert" und dadurch zur "Etablierung einer bürgerlichen Normalität"[210] beiträgt, oder versteht sie sich auch als sozialkritische Kraft, die die Gesellschaft auffordert, sich so zu verändern, daß die strukturellen Ursachen von Notlagen beseitigt werden bzw. daß notleidende und geschädigte Menschen gerade auch in bewußter Akzeptanz ihrer Defizite als gleichberechtigte und -geachtete Teilhaber des Soziallebens integriert sind? Verbleibt die Diakonie im ersteren Verhältnismodus, bestätigt sie die marginalisierende Stereotypisierung Notleidender als abweichende Defiziterscheinungen und beteiligt sich, indem sie sich in ihren Rehabilitationsanstrengungen dem Kriterium der standardisierten Normalität unterstellt, an der Stabilisierung des Systems.

---

206 Ebd. 100.

207 Vgl. ebd. 107.

208 Vgl. **Fuchs, O.**: Heilen und befreien, 157 f.

209 **Spiegel, Y.**: Diakonie im Sozialstaat, 104.

210 **Gabriel, K.**: Christliche Diakonie im gesellschaftlichen Kontext, 8.

3.2.3.4.2 "Ruhigstellung"

Wenn das kollektive Bewußtsein von diesem Schema der Rehabilitation als Standardangleichung geprägt ist, bedeutet dies auch eine *Ruhigstellung* der notleidenden Menschen. Wer Benachteiligung und Beeinträchtigung von Lebensmöglichkeiten als persönlich angerechnetes Defizit, als eigene Schwäche, als eigenes Versagen oder als eigene Schuld erleben muß, wird tendenziell davon abgehalten, die Ursachen für seine Notlage an anderer Stelle, eben im System der Gesellschaft, zu suchen; denn der betroffene Mensch wie auch andere Menschen um ihn herum haben scheinbar ihr Recht verwirkt, gegen das System aufzubegehren, es ihrer Kritik zu unterziehen und auf seine Änderung hinzuwirken. Im Interesse der staatlichen Sozialpolitik liegt es natürlich, die soziale Versorgung soweit zu gewährleisten, daß die Unzufriedenheit der Menschen mit ihrem sozialen Status nicht umschlägt und in Form von Illoyalität oder revolutionären Maßnahmen gegen das Gesellschaftssystem und folglich gegen den Staat gerichtet wird. Als privat zu bearbeitende Probleme vermittelt und in einem kontrollierbaren Rahmen gehalten wirken Notlagen also einschüchternd. Diese Strategie wird auch auf die Diakonie übertragen. Es wird erwartet, daß sie mit ihrem sozialen Engagement "für die bürgerlich-kapitalistische Gesellschaft eine konservierende Funktion erfüllt, die sie zwar nicht beabsichtigt, die ihr aber dennoch zugeschoben wird. Denn die Leistung des kirchlichen Christentums, den Einzelnen mit seinem Leiden zu versöhnen, das Glück für alle aber hintanzustellen, kann einer Gesellschaft nur willkommen sein, die sich auf allen ihren Ebenen gegen eine strukturelle Therapie immun macht."[211]
Offensichtlich wird dieser Zusammenhang am Problem der Arbeitslosigkeit. Mittlerweile ist in der Bundesrepublik Deutschland eine Arbeitslosenzahl von 4 Millionen erreicht. Zählt man davon den durch die Wiedervereinigung bedingten außerordentlichen Arbeitslosigkeitsschub ab und berücksichtigt man, daß der sicher bestehende Anteil der Pseudoarbeitslosigkeit durch die mittels Arbeitsbeschaffungs- und Umschulungsmaßnahmen verdeckte Arbeitslosigkeit wieder aufgewogen wird, dann bleibt immer noch - vorsichtig geschätzt - eine Arbeitslosenzahl von etwa 2 - 2,5 Millionen. In den vergangenen 15 Jahren ist die Notlage Arbeitslosigkeit in der Bundesrepublik also kontinuierlich gewachsen. In aller Nüchternheit muß festgestellt werden, daß die etablierten Kräfte der Systeme Wirtschaft und Politik einschließlich Gewerkschaften sich auffallend wenig von dieser Entwicklung irritieren ließen und insbesondere ihre Denk- und Handlungsmuster nicht korrigierten. Teils liegt das daran, daß Lösungen tatsächlich schwierig sind und immer schwieriger werden. Es ist aber auch kein Geheimnis, daß bestimmte Kräfte der genannten Systeme hier keine bzw. keine ausreichende Lösung anbieten wollen und ein gewisses Niveau der Arbeitslosenzahlen bewußt in Kauf nehmen. In begrenztem Ausmaß gehalten wirkt sich die Arbeitslosigkeit nämlich zu ihren Gunsten aus. Solange sie die soziale Stabilität nicht bedroht, aber doch deutlich sichtbar in der Gesellschaft präsent ist, hat sie einen einschüchternden, ruhigstellenden Effekt. Diejenigen, welche noch Arbeit haben, halten sich tendenziell ruhig, um sie nicht zu verlieren. Diejenigen,

---

211 Ebd. 199.

welche nicht mehr oder noch nicht Arbeit haben, verhalten sich gegenüber den gesellschaftlichen Kräften und Instanzen eher loyal, um Arbeit zu bekommen. Mit der Bedrohung der Arbeitslosigkeit kann die Bevölkerung in gewissem Sinne in Schach gehalten werden. Von der Diakonie erwarten Betroffene wie auch Verursacher dieser Mechanismen, daß sie die durch die Arbeitslosigkeit unmittelbar entstehenden Notlagen wie Verschuldung oder Wohnungsnot und auch die damit mittelbar verbundenen Notlagen wie Alkoholsucht, Familienstörungen, psychosoziale Fehlentwicklungen bei Kindern bearbeitet. Läßt sich die Diakonie in diesen Zusammenhang einspannen, fungiert sie als Sozialraum, in dem die Auswirkungen der Notlage Arbeitslosigkeit abgefedert werden und so weniger auf die Verursachersysteme zurückschlagen.
Die oben dargestellten Mechanismen der Fremdsteuerung der Diakonie durch die etablierten Kräfte des Gesellschaftssystems erklären, warum die Diakonie unter dem Druck steht, tatsächlich im sozialintegrativen Modus zu agieren. Unter anderem aufgrund der Tatsache, daß die Kirche als gesellschaftliche Großorganisation noch Mitglieder aus dem ganzen Spektrum der Gesellschaftsschichten erfaßt, wird ihr von der Gesellschaft im Bereich ihrer sozialen Betätigung, der Diakonie, die Aufgabe zugeteilt, diese Schichten im Sinne des ungestörten Ablaufs der gesellschaftlichen Systemmechanismen und somit im Sinne der Bestandssicherung zusammenzuhalten.[212] Im Unterschied zu Selbsthilfegruppen, Projekten der Gemeinwesenarbeit oder privaten Solidaritätsverbänden, die je für sich immer nur eine verhältnismäßig kleine Klientel erreichen, erwartet man von der kirchlichen Diakonie Loyalität gegenüber dem Gesellschaftssystem und eine Praxisgestaltung, die die Klienten den Bindungen des Systems zuführt.[213] Was bereits im speziellen Hinblick auf die Rehabilitationsanstrengungen gesagt worden ist, gilt für die Leistungen der Diakonie allgemein: Sie sind zu einem nicht geringen Teil mit der Forderung belegt, daß damit Benachteiligte und somit Unzufriedene, für Veränderungsvorstellungen empfängliche Bevölkerungsgruppen beruhigt werden. Dadurch soll der Bestand des Gesellschaftssystems stabil bzw. die Weiterentwicklung des Systems gemäß den Interessen seiner dominanten Teilsysteme, insbesondere der Wirtschaft und der Politik, von Störungen frei bleiben.[214]

3.2.3.4.3 "Soziale Kontrolle"

Der konservierende, systemstabilisierende Effekt der Diakonie stellt sich nicht zuletzt deshalb ein, weil sie auch als Instanz der *sozialen Kontrolle* fungiert. Die Kontrollfunktion bezieht sich dabei nicht nur auf die institutionalisierte, wohlfahrtsstaatlich eingebundene Diakonie, sondern ebenso auf die im Nahbereich privater Beziehungen angesiedelte Diakonie. Analog dazu präsentiert sie sich auch in zwei Variationen: als Disziplinierung und als Überwachung.

---

212 Vgl. **Spiegel, Y.**: Diakonie im Sozialstaat, 104 f.

213 Vgl. **Gabriel, K.**: Optionen der verbandlichen Caritas, 254.

214 Vgl. **Degen, J.**: Diakonie und Restauration, 158.

So wie die staatlichen Sozialleistungen an die Erfüllung von Grundnormen gebunden sind, so sind auch die Hilfeleistungen diakonischer Einrichtungen nicht nur mit christlich-moralischen Verhaltensnormen verknüpft, wie es etwa der Fall ist in einer vom Caritasverband getragenen Einrichtung für AIDS-kranke Menschen, in der die Aufrechterhaltung homosexueller Beziehungen untersagt ist. Die Diakonie ist vielmehr auch belegt mit gesellschaftlichen Verhaltenserwartungen. So ist z.B. ein Krankenhaus in Trägerschaft des Caritasverbandes nicht weniger als ein kommunales auf der Grundlage der gesellschaftlichen Norm konzipiert, daß die Patienten krankenversichert sind und daß sie bereit sind zu einer Behandlung, in deren Verlauf sie mit dem Ziel der Wiedereingliederung in den normalen gesellschaftlichen Leistungszusammenhang einer vordefinierten Form der Heilung zugeführt werden. Durch die Einordnung in gesellschaftliche Rahmenbedingungen hat die Diakonie also notwendigerweise disziplinierende Wirkung auf diejenigen, die sich ihren Hilfeleistungen unterstellen. Menschen, die Hilfeleistungen der Diakonie in Anspruch nehmen wollen, werden bewußt oder unbewußt an die Erfüllung von Grundnormen des gesellschaftlichen Zusammenlebens erinnert.
Im Bereich privater Diakonie innerhalb überschaubarer Sozialgefüge nimmt die soziale Kontrolle die Gestalt der Überwachung an. Dadurch, daß der notleidende Mensch zum Klienten oder zum Adressaten der Hilfeleistung anderer Menschen aus seinem sozialen Umfeld wird, wird seine Notlage für diejenigen einsehbar, mit denen er auch andere Lebensbereiche teilt. Damit wird für diese anderen Menschen kontrollierbar, welche Lebenssituation die jeweilige Notlage zum Hintergrund hat und wie sie sich auf die weitere Lebensgestaltung des betroffenen Menschen auswirkt. Es liegt nahe, daß der sozial Schwache dann auch einer bewertenden Beurteilung durch seine Mitmenschen ausgesetzt ist. Angesichts dessen kann sich die anonymere Diakonie in Großeinrichtungen gelegentlich sogar als die humanere erweisen.[215]

3.2.3.4.4 "Kontrastwelt"

Die Diakonie kann schließlich stabilisierend für das Gesellschaftssystem dadurch wirken, daß sie eine *"Kontrastwelt"* definiert.[216] Der oben geschilderte Wirkzusammenhang, in dem von seiten der etablierten gesellschaftlichen Kräfte Verhaltens- und Leistungsanforderungen als Standard definiert werden, dem gegenüber Randgruppen bzw. Notleidende ihre Unfähigkeit, diese Anforderungen zu erfüllen, als persönliches Versagen und die Überwindung des Randdaseins als persönliches Problem erleben, hat auch eine bewußtseinsbildende Wirkung bei den etablierten, "normalen" Mitgliedern des Gesellschaftssystems. Letztere können sich um so mehr in ihrem Normalitätsstandard bestätigt, stabilisiert fühlen, je mehr sie auf Randexistenzen als die Verwirklichung des Abweichenden verweisen und je mehr sie das Nicht-zu-ihnen-Gehören pejorativ als Defizit, als schuldhaften Mangel deklarieren können. "Die anderen", die Randexistenzen

---

215 Vgl. **Gabriel, K.**: Christliche Diakonie im gesellschaftlichen Kontext, 7-9.

216 Vgl. **Richter, H.E.**: Lernziel Solidarität, 222-232.

werden zu Trägern dessen gestempelt, was man für sich selbst nicht verwirklichen will. Je mehr man für sich "Normalität", Defizitlosigkeit beanspruchen und sich so als Gesellschaftsmitglied stabilisieren will, um so mehr muß man "nur" das Defizitäre von sich abspalten, den "anderen", also den Notleidenden zuschreiben und diese dann als die negative Kontrastwelt ab- bzw. ausgrenzen. Psychologisch ist dann ein übergroßes Interesse an oder eine übergroße Empörung über abweichende Lebensmuster als "Angst um die eigene bedrohte Integrität"[217] bzw. als Ausblendung eigener Schwächen zu interpretieren, die den Blick von sich weg hin zu einer um so kräftiger gezeichneten, stigmatisierten Kontrastwelt braucht. "Wenn in den verschiedenen Theorien zur Randgruppenbildung von normal und anormal oder abnormal die Rede ist, dann entbehrt diese Unterscheidung jedweder qualitativen humanen Wertung. Sie ist der Ausdruck einer reinen Machtstrategie, durch die eine Mehrheit eine Minderheit an den Rand des gesellschaftlichen Lebens drückt. So entsteht für die 'Normalgesellschaft' eine Kontrastwelt. Das eben skizzierte verengte, auf partikulare Interessen ausgerichtete Bewußtsein schafft sich ein Projektionsventil, durch das die Bedrohung der eigenen Sicherheit und des eigenen Selbstwertgefühls abgewehrt werden kann."[218] Die Diakonie bestätigt diesen Mechanismus der Stabilisierung des Systems überall dort, wo sie sich dem Muster "Normalität" - "Kontrast" unterwirft, etwa wenn diakonische Einrichtungen in Distanz zu Siedlungsgebieten gebaut werden, wenn Leistungsfähigkeit zum alleinigen Ziel diakonischer Anstrengungen verabsolutiert wird oder wenn die theologische Reflexion auf das Wesen der Diakonie mit einem idealistischen Menschenbild operiert.
Zusammenfassend bleibt festzuhalten, daß der Kirche über den Begriff der Kontingenzbewältigung theoretisch die Aufgabe zugeteilt wird, zur Stabilisierung der Verhältnisse im Gesellschaftssystem beizutragen, und daß ihr vor allem auf dem Sektor ihres sozialen Engagements, der Diakonie, tatsächlich die Tendenz eignet, die Funktion der Systemstabilisierung auch praktisch und wirkungsvoll zu erfüllen. Durch die Einbindung der Diakonie in die gesellschaftlichen Rahmenbedingungen werden entgegen ihrem eigenen Selbstverständnis und sicher auch entgegen vielerlei Widerstände von seiten der Träger diakonischer Praxis selbst die Erwartungen der sozialintegrativen Rehabilitation, der sozialen Beruhigung gesellschaftlicher Randzonen, der sozialen Kontrolle und der Definition einer "Kontrastwelt" an sie herangetragen. Affirmiert die Diakonie diese gesellschaftlichen Erwartungshaltungen, erweist sich die Kirche in ihr tatsächlich "als eine der Gesellschaft 'dienende Kirche'"[219]. Auch der Aspekt der Systemstabilisierung veranlaßt also zu der Feststellung, daß die Diakoniepraxis Gefahr läuft, ihren Bezug zum notleidenden Menschen ungewollt den Interessen gesellschaftlicher Kräfte unterzuordnen, durch ihren Beitrag zur Bestandssicherung der Gesellschaft die strukturellen Ursachen von Notlagen zu stabilisieren und so den Menschen im Status des Objekts systemischer Mechanismen wie auch assistentialistischer Hilfe zu belassen.

---

217 Ebd. 223.

218 **Dreier, W.**: Caritasarbeit, 12.

219 **Völkl, R.**: Nächstenliebe, 121.

3.2.3.5 Domestizierung

Dort, wo Niklas Luhmann die Diakonie thematisiert, wird er nicht müde, ihren - aus systemtheoretischer Perspektive betrachtet - nachgeordneten Rang zu betonen: Sie hat keinen spezifisch religiösen Charakter[220] und bildet lediglich in Form sozialer Aktivitäten sekundäre Funktionen[221]. Diese Unterordnung der Diakonie unter die primäre Funktion der Kirche, nämlich unter die durch geistliche Kommunikation bewerkstelligte Kontingenzbewältigung, ist in den Augen Niklas Luhmanns deswegen notwendig, weil eine Position der Diakonie, die ihr im Teilsystem Religion zu viel Eigenwert zugestehen würde, zugleich eine Gefährdung des Teilsystems Religion selbst bedeutete. Es ist nämlich im systemtheoretischen Konzept von Religion problematisch, "wenn etwa der Klerus in soziale oder politische Aktivität abwandert und sich dort Verhaltensbedingungen unterstellt, die ihn für das diskreditieren, was die Laien als geistliche Kommunikation erwarten. Wenn in dieser oder anderer Weise die Differenz der Bereiche für Kirche, Diakonie und Theologie mit anderen Strukturlinien des Systems konvergiert, können die Interdependenzen des Systems so stark gestört werden, daß sich daraus soziale Konflikte oder Orientierungs- und Motivationsprobleme für die einzelnen Mitglieder ergeben."[222] Eine andere Strukturlinie des Systems wäre in diesem Sinne die Linie zwischen kirchlichem Binnenbereich und politischem Außenbereich. Und die Differenz zwischen Kirche und Diakonie würde mit dieser Strukturlinie konvergieren, wenn die Diakonie im politischen Außenbereich agieren würde. Damit wäre eine dem Religionssystem zugehörige Dimension auch in einem anderen System angesiedelt, was dann eben die systemgefährdenden, näherhin identitätsdestruktiven Irritationen auslösen würde. Niklas Luhmann selbst konzediert durch diese Bedenken implizit, daß die Diakonie aufgrund der in ihr anstehenden Sachverhalte zu einer solchen Strukturlinienüberschreitung angelegt ist. Aber sie könnte dies in seinen Augen ohnehin nur, wenn sie genügend Selbstand und Eigenwert hätte, um sich auf diesem Terrain zu behaupten. Auch wenn Niklas Luhmann das nicht ausdrücklich sagt, kann man seine Invektiven gegen die Diakonie so interpretieren, daß es gemäß systemtheoretischer Logik zur Vermeidung systemgefährdender Irritationen für die Religion "nur" erforderlich sei, die Diakonie in ihrem Eigenwert zu begrenzen, indem man sie einer anderen, primären Funktion als sekundär nachordnet, und ihre Selbständigkeit zu verhindern, indem man sie von der Erfüllung der primären Funktion abhängig macht.

Nach diesem theoretischen Konzept wird die Diakonie in ihre Schranken verwiesen, sie wird *domestiziert*. Es handelt sich dabei aber um ein Konzept, das auch in der Praxis greift. Überall dort, wo von seiten politischer Kräfte ein politisch-kritisches Engagement der Diakonie, von dem sie ihre Interessen in Frage gestellt sehen, zurückgewiesen wird mit dem Argument, aus dem kirchlichen Raum heraus solle oder dürfe man sich nicht um politische Belange kümmern, erfährt dieses Konzept seine Operationalisierung. Ein

---

220 Vgl. **Luhmann, N.**: Funktion der Religion, 264 f.

221 Vgl. ebd. 241.

222 Ebd. 270.

anschauliches Beispiel dafür lieferte Bundeskanzler Helmut Kohl im Frühjahr 1992 in Zusammenhang mit der wirtschaftlichen Lage in den neuen Bundesländern: Das Plädoyer der deutschen Bischöfe, bei der Regelung der Eigentumsverhältnisse in den neuen Bundesländern vom Prinzip "Rückgabe vor Entschädigung" abzurücken und so einen Impuls zur wirtschaftlichen Verbesserung der dortigen Lebensverhältnisse zu setzen, wies er als ungerechtfertigte Einmischung der Kirche in politische Angelegenheiten zurück. Er "sprach den Bischöfen schlichtweg das Recht ab, zu einer solchen Frage überhaupt Stellung zu nehmen. Die Bischöfe - so Helmut Kohl sinngemäß - sollten gefälligst bei ihren kirchlichen Leisten bleiben; schließlich - so Kohl wörtlich - beschäftige man sich im CDU-Bundesvorstand auch nicht mit dem Zölibat"[223].
Diese Entpolitisierung der Diakonie mag durch die geschichtliche Entwicklung eine Erklärung finden.[224] Unter industriegesellschaftlichen Verhältnissen hatte die katholische Kirche, ausgelöst durch die soziale Frage, im politischen und sozialen Katholizismus (Partei, Verbände, Gewerkschaften) eine ausgeprägte Schiene ihrer politischen Betätigung. Diese Schiene hat sich mit der Bedeutung des Katholizismus als kollektive Lebensform aufgelöst oder in Sozialreservate zurückgezogen. Entsprechend erscheint die diakonische Einrichtung "Caritas" als Restform der gesellschaftlichen Präsenz der Kirche ohne politische Kompetenz.[225] Aber diese historische Erklärung ist keine konzeptionelle Rechtfertigung. Abermals zeigt sich unter dem Aspekt der entpolitisierenden Domestizierung der Diakonie, daß letztere Tendenzen ausgesetzt ist, die sie auf die individualisierende Dämpfung von Notlagen unter Absehen von den strukturellen Notentstehungsbedingungen beschränken wollen. Und nochmals ist darauf zu verweisen, daß sich die Diakonie bei einer unbedachten Erfüllung dieser Aufgabe an der Verfestigung der noterzeugenden Ungerechtigkeits- oder Ungleichheitsstrukturen beteiligen würde. Letztere Gefahr ist unter anderem deshalb gegeben, weil manche binnenkirchliche Kräfte dieses entpolitisierte Verständnis der Diakonie bekräftigen, indem sie auf einen Verkündigungsauftrag der Diakonie oder auf ein christliches Proprium insistieren und im Zuge dessen ein politisches, systemkritisches Engagement der Diakonie relativieren oder gar negieren.
Eine weitere Quelle für das Ansinnen der Vertreter des politischen und des wirtschaftlichen Systems, die Diakonie domestizierend einzugrenzen, mag sich schließlich daraus ergeben, daß die Diakonie in ihrer Praxis von Strukturbedingungen und Rechtsbestimmungen geprägt ist, die kirchenstrukturell oder theologisch begründet werden, die aber zum Teil erheblich vom Standard der Organisation gesellschaftlichen Zusammenlebens abweichen. Forderungen z.B. nach einer demokratischeren Gestaltung kirchlicher und speziell diakonischer Praxis werden von den etablierten Kräften der Kirche mit dem Argument der hierarchischen Verfaßtheit der Kirche abgelehnt. Eine rigidere Gestaltung

[223] **Seeber, D.**: Verlegenheiten, 200.

[224] Vgl. **Gabriel, K.**: Hat der Caritasverband in der Kirche einen politischen Auftrag als Anwalt der Armen?, 103 f.

[225] Im Bereich der evangelischen Kirche dürfte zwar der historische Kontext anders gelagert gewesen sein; der Effekt hinsichtlich der evangelischen "Diakonie" hingegen ist offensichtlich der gleiche.

arbeitsrechtlicher Bestimmungen wird mit der Notwendigkeit, die kirchliche Identität zu wahren, begründet. Diese Argumente sind theologisch möglich, aber sie können nicht verhindern, daß diese Bedingtheiten der Diakonie gegenüber den etablierten Kräften der Gesellschaft befremdend wirken, die selbst ja weniger von derartigen binnenkirchlichen Gegebenheiten geleitet sind, die aber notwendig die Adressaten eines kritischen, politischen Engagements der Diakonie wären. Je mehr nun aber diese Bedingtheiten von seiten der Kirche betont werden, um so mehr gibt man den Instanzen des politisch-ökonomischen Bereichs Anlaß dazu, die Diakonie nicht als kompatibles Gegenüber zu betrachten, ihre Forderungen nicht ernst zu nehmen und ihre Aktivität hinsichtlich ihrer Wirkung zu domestizieren.

3.2.4 Verschärfung der sozialen Situation

Die vorangegangenen Ausführungen haben gezeigt, daß die Diakonie durch ihre gesellschaftliche Einbindung Bestrebungen ausgesetzt ist, sie unter verschiedenen Aspekten für die Erfüllung gesellschaftlicher Interessen zu funktionalisieren. Diese Bestrebungen gehen - nicht ausschließlich, aber vorrangig - von den gesellschaftlich etablierten Personengruppen und Kräften aus, denn nur diese haben die finanziellen Ressourcen und stukturellen Zugriffsmöglichkeiten, den Bestand des Gesellschaftssystems und das Zusammenspiel der gesellschaftlichen Teilsysteme nach ihren Interessen zu lenken. Nun stehen aber gesellschaftliche Etablierung einerseits und Entstehung von Notsituationen andererseits in einem gegenseitigen Bedingungsverhältnis. Der Ausbau etablierter Positionen in Form der Erhöhung des Lebensstandards geschieht nicht nur über den absoluten Zugewinn an wirtschaftlichen Erträgen, sondern auch über den Abzug von Ressourcen aus anderen Bereichen der Gesellschaft. So war z.B. im Bundesland Bayern der Wechsel von der bäuerlichen zur industriell und technologisch orientierten Wirtschaft und in dessen Folge die Entstehung von Wirtschaftszentren mit auf hohem finanziellen Niveau angesiedelten Lebensformen nur möglich, weil gleichzeitig unter anderem die ökonomische Gefährdung der bäuerlichen Betriebe kleiner und mittlerer Größenordnung in Kauf genommen worden ist. Etablierten Positionen eignet nun aber per se der Drang, sich zu stabilisieren bzw. sich auszuweiten, was wiederum nur über die weitere Verlagerung von Ressourcen möglich ist. Dadurch stabilisieren und erweitern sich auf der anderen Seite auch Lebenssituationen mit prekärer Versorgungslage. Seinen empirischen Ausdruck findet dieser Bedingungszusammenhang im zunehmenden Auseinanderklaffen der "Armuts-Schere": Auf der einen Seite beobachtet man die Kultivierung eines Lebensstandards auf einem bislang nicht gekannten Niveau; auf der anderen Seite zeigt sich die Entwicklung der sogenannten "neuen Armut" in immer brisanterem Maße (s. 2.1). Es steht zu vermuten, daß viele der von seiten der gesellschaftlichen Machtinstanzen ausgehenden Versuche der Funktionalisierung der Diakonie in dem geschilderten Bedingungszusammenhang der Verschärfung von Notsituationen stehen. Deshalb muß wider allen paradoxen Anschein der Fragestellung gerade auch hinsichtlich der Diakonie selbst die Überlegung angestellt werden, inwiefern und wo sie durch ein frageloses Sich-Einlassen auf diese Funktionalisierung die Tendenz der Verschärfung der sozialen Situation verstärkt.

3.2.4.1 Privatisierung der Not und der Notbearbeitung

Nach Niklas Luhmann ist es für die Diakonie kennzeichnend, daß in ihr "*sozialstrukturelle* Probleme in *personalisierter Form*, also an Personen wahrgenommen werden (und das heißt natürlich in gewisser Weise auch: nicht als sozial*strukturelle* Probleme wahrgenommen werden)"[226]. Die Diakonie sorgt demnach im systemtheoretischen Konzept dafür, daß Notlagen, die in den Strukturen des Sozialen, also im gesellschaftlichen Raum, angesiedelt sind und dort auch bearbeitet werden müßten, in den Privatraum des einzelnen notleidenden Menschen abgedrängt und dort als Privatproblem bearbeitet werden. Die im Bereich diakonischer Praxis wahrnehmbaren Denkmuster zeigen, daß die Diakonie tatsächlich für diese Wirkweise der Privatisierung von Not anfällig ist. Formen des Helfens, die auf eine augenscheinliche Hilfe für bestimmte Personen oder Personengruppen abzielen, wie z.B. Wohltätigkeitsveranstaltungen, bei denen etwa über attraktive Aktionsformen Geld gesammelt wird mit dem Zweck, den Erlös für den Kauf von notlindernden Gütern zu verwenden (Lebensmittel, Kleidung, Therapiegeräte, Freizeitmaßnahmen usw.), sind in ihrer Unterstützungswürdigkeit und ihrem Nutzen gesellschaftlich fraglos anerkannt und erhalten etwa über Medienberichte öffentliche Aufmerksamkeit. Formen des Helfens hingegen, die nicht so sehr oder nicht nur sichtbare Notausgleichsmaßnahmen für konkrete Personen intendieren, sondern die, gleichsam in einem "Marsch durch die Instanzen" z.B. über Behördenvorgänge, Gesetzgebungsverfahren oder Eingriffe in die Wohnungs- und Arbeitsmarktgestaltung, auf eine Änderung der notverursachenden Strukturen hinwirken wollen, sind in ihrer Unterstützungswürdigkeit für die breiten Schichten der Gesellschaft weniger plausibel. Sie werden bei Angehörigen der breiten Bevölkerungsschichten mitunter dem Argwohn der Dissidenz ausgesetzt, da sie ja von den als kollektiv gültige Plausibilitäten wirkmächtig suggerierten, letztlich aber den Interessen der ökonomisch-politischen Machtinhaber entsprechenden Strukturgegebenheiten abweichen. Und sie erhalten aufgrund ihrer geringen Attraktivität wenig öffentliche Aufmerksamkeit. Ein Faktor dieses Akzeptanzmangels mag auch noch in der Virulenz des "Helfer-Syndroms"[227] (s. 4.2.6.3) gegeben sein. Die notwendigerweise langfristig angelegte strukturelle Hilfe zeitigt nicht so sehr solche Hilfseffekte, die schon kurzfristig nach dem Hilfsengagement feststellbar bzw. sichtbar sind. Für das Erlebnis der Selbstzufriedenheit mit der eigenen Hilfeleistung sind strukturverändernde Maßnahmen folglich weniger geeignet. Am Beispiel der Behindertenhilfeaktionen läßt sich die Vorliebe für Einzelhilfen besonders deutlich ablesen. Es erscheint z.B. als plausibel, daß Behinderte nicht als Arbeitskräfte am gesellschaftstragenden Arbeitsmarkt teilnehmen können. Sie kommen vielmehr als solche Menschen in den Blick, für die

---

[226] **Luhmann, N.**: Funktion der Religion, 58.

[227] Vgl. **Schmidbauer, W.**: Hilflose Helfer; **ders.**: Helfen als Beruf.

Sondersituationen einzurichten sind, in denen sie als Adressaten der Unterstützungsmaßnahmen der Gesellschaft leben. Notausgleichsmaßnahmen für den je einzelnen Behinderten, z.B. Beschäftigungstherapien, Freizeitmaßnahmen, Heimunterbringung, Anschaffung von lebenspraktischer Ausstattung (Rollstühle und ähnliches), erscheinen dann selbst dort einsichtiger als strukturelle, behindertengerechte Veränderungen der Arbeitsmarktbedingungen, wo der Grad der Behinderung bei entsprechender Umstrukturierungsbereitschaft noch eine Beteiligung am normalen Arbeitsleben und somit einen Zuwachs an Eigenständigkeit des Behinderten erlauben würde.
An einem anderen Beispiel aus der diakonischen Praxis wird ersichtlich, daß die Privatisierung der Not nicht nur vom individualisierenden Bedürfnis mancher Helfer an Helfererlebnissen ausgeht, sondern auch von den systembedingten Interessen der Gesellschaft gesteuert ist: Die Diakonie hat sich mit Schuldenberatungsstellen, Existenzsicherungsreferaten, Arbeitslosenprojekten und ähnlichem auf die lang andauernde und verfestigte Arbeitslosigkeit in der Bundesrepublik Deutschland eingestellt. Sie bearbeitet damit ein strukturell verursachtes Problem der Gesellschaft und vor allem der Teilsysteme Politik und Wirtschaft mit und an einzelnen betroffenen Menschen. Die politischen Kräfte haben sich ihrerseits auf die individuelle Abdämpfung des Problems durch die Diakonie eingestellt. Arbeitslosigkeit und insbesondere ihre Folgeprobleme werden von den Regierungsinstanzen bei der Beschreibung der gesellschaftlichen Situation nicht in dem Maße thematisiert, wie es ihre Brisanz erfordern würde. Man weiß das Problem versorgt und die vom Problem betroffenen Personen ruhiggestellt. Auf der anderen Seite werden durchaus vorhandene Versuche der Kirche, ihr diakonisches Engagement auf eine strukturelle Problembearbeitung auszuweiten, abgewehrt. Fachleute der diakonischen Arbeitslosenbetreuung und Schuldenberatung fordern vergeblich politische Verbesserungen der Lebenssituationen von arbeitslosen Personen. Ihre Forderungen, eine Grundsicherung für Einkommensschwache einzuführen, Arbeitszeiten und -löhne konsequenter zu teilen oder den Bau von Sozialwohnungen zu forcieren[228], haben kaum Chancen auf Erfolg, nicht zuletzt deswegen, weil es für Arbeitslose im politischen System keine Lobby gibt.
Es zeichnet sich also zwischen manchen (nicht allen) Trägern diakonischer Praxis und politischen Kräften eine Interessenallianz ab, wonach der vorrangige Adressat der sozialen Sicherung wie der persönlichen Hilfsbereitschaft das Individuum, die einzelne Person ist.[229] Die Favorisierung von Hilfemodellen, die von den gesellschaftlichen Bedingungen der Notlagen und Hilfeleistungen absehen, wird zudem durch den Eindruck genährt, daß unter den Bedingungen einer pluralisierten, in den Strukturen sich auflösenden, unkontrollierbar werdenden Gesellschaft nur noch der einzelne Mensch einen geeigneten Ansatzpunkt für Hilfe abgebe.[230]
Eine weitere Quelle der Anfälligkeit diakonischer Praxis für die Privatisierung von Not ergibt sich aus ihrem christlich-theologischen Deutungshintergrund, genauer gesagt: aus

[228] Vgl. **Caritasverband für die Diözese Münster (Hg.)**: Arme haben keine Lobby, 25-28.

[229] Vgl. **Spiegel, Y.**: Diakonie im Sozialstaat, 103 f.

[230] Vgl. **Degen, J.**: Diakonie und Restauration, 156.

einer bestimmten Lesart dieses Deutungshintergrunds. Hermann Steinkamp benennt diesbezüglich drei Aspekte[231]: Die biblisch-theologischen Diakonie-Motive des "barmherzigen Samariters" (Lk 10,25-37) und des "geringsten Bruders" (Mt 25,31-46) bringen den Notleidenden jeweils als einzelnen hilfsbedürftigen Menschen zur Sprache. Der darin enthaltene Anspruch der Hilfeleistung wird im christlichen Deutungssystem weitgehend als Aufforderung zu vorbehaltloser Hilfe interpretiert, der gegenüber die innehaltende Frage nach den strukturellen Hintergründen der Not schon als Relativierung der Hilfsbereitschaft erscheinen kann. Zweitens läßt sich im christlichen Deutungssystem ein Hang zur selektiven Notwahrnehmung ausmachen. Gemäß dem Denkschema, daß die christliche Religion vor allem für Sinnfragen, weniger für politische Aktivitäten zuständig sei, wird auch die Diakonie verknüpft mit der Vermittlung christlicher Glaubensinhalte und eher als Sinngebungsdienst für den einzelnen Menschen konzipiert. Drittens wirkt immer noch aus der weltanschaulichen Kontroverse zwischen Christentum und Marxismus die apolitische Attitüde nach, die eine an den sozialen Verhältnissen ansetzende Ursachenanalyse und -beseitigung als einen nicht genuin christlichen Ansatz eher zu vermeiden geneigt ist.

Die Privatisierungstendenz zeigt sich schließlich in der spezifischen Spielart, daß die Hilfe in Not als solche noch einmal in den privaten Raum abgedrängt wird. Wie schon im Zusammenhang der Funktionalisierung der Diakonie angedeutet, brachte der in den 70er Jahren einsetzende Rückgang der wirtschaftlichen Zuwachsrate den Abbau von Sozialleistungen als mehr oder weniger offen eingestandenes Programm der Politik mit sich. Insbesondere die Wende von der sozial-liberalen zur konservativ-liberalen Regierung in der Bundesrepublik Deutschland erwies sich als Durchbruch einer Programmatik, die staatliche Stützungsmaßnahmen zum Ausgleich oder zur Behebung von sozialen Problemsituationen zu verringern und den Ausbau bzw. die Stabilisierung des Wirtschaftssystems zu fördern sucht.[232] Die Erfordernisse sozialer Problemlösung werden an die betroffenen einzelnen Personen und ihr nächstes Umfeld zurückgeleitet und zwar in einem Umfang, in dem auf der anderen Seite staatliche Kapazitäten, etwa wirtschaftliche Erträge, aus dem sozialen Engagementbereich abgezogen und stattdessen wieder dem Wirtschaftsbereich zugeführt werden. Folglich sind die etablierten politischen Kräfte nicht nur daran interessiert, Notlagen als solche als private Probleme zu deklarieren, sondern auch die soziale Hilfe in diesen Notlagen zu privatisieren. Die Strategie wurde und wird unter der Vorherrschaft neokonservativ-"liberaler" Kräfte in der Leitung des Staates mit der euphemistischen Formel "weniger Staat - mehr Eigenverantwortlichkeit" zum Ausdruck gebracht[233]. Die Verwendung dieser Formel durch Politiker macht gelegentlich auch expressis verbis deutlich, welchen Part die Diakonie in der hier

---

231 Vgl. **Steinkamp, H.:** Diakonie - Kennzeichen der Gemeinde, 67-70.

232 Einen maßgeblichen, Orientierung gebenden Ausdruck fand diese Politik im sogenannten "Lambsdorff-Memorandum", in dem der damalige Wirtschaftsminister Otto Graf Lambsdorff nicht zuletzt als Vertreter der FDP als Wirtschaftslobby-Partei seine Vorstellung von Maßnahmen zur Steigerung des wirtschaftlichen Wachstums darlegte (vgl. **Degen, J.:** Diakonie im Sozialstaat, 243).

233 Vgl. **Degen, J.:** Diakonie im Sozialstaat, 243.

angezeigten Wende übernehmen soll. Der CDU-Politiker Bernhard Worms spricht von "einem Wendepunkt, an dem weniger Staat und mehr Eigenverantwortung, Nächstenliebe und Diakonie gefragt sind"[234] und kann sich dabei auf die Regierungserklärung von Bundeskanzler Helmut Kohl vom 4. Mai 1983 berufen, der für sich folgendes Programm in Anspruch nimmt: "Wir wollen die Gesellschaft mit menschlichem Gesicht. Mitmenschlichkeit ist praktizierter Bürgersinn. Das gehört zu der geistigen Erneuerung, die wir wollen. Deshalb ermutigen wir die Bürger, nicht nur zu fragen: 'Wer hilft mir?', sondern auch: 'Wem helfe ich?'. Eine Gesellschaft - unsere Gesellschaft - beweist ihre Humanität, wenn viele ihren Dienst am Nächsten leisten, wenn viele für andere da sind - nicht nur jeder für sich selbst. ... Was der einzelne für sich entscheiden kann, darf der Staat nicht an sich ziehen. Menschen in Not brauchen nicht nur staatliche Hilfe. Sie brauchen vor allem Menschen, die ihnen helfen; nicht nur Sachbearbeiter, die Fälle verwalten. Freiwillige soziale Dienste und ehrenamtliche Tätigkeit werden wir fördern, wo wir können."[235] Der mit der Formel "weniger Staat - mehr Eigenverantwortlichkeit" eingeschlagene Kurs tritt in diesen Ausführungen markant zutage: Von der Frage, ob der Sozialstaat einem Menschen in Not hilft und sich als Instanz der sozialen Sicherung erweist, wird abgelenkt mit der Berufung auf das Subsidiaritätsprinzip und mit dem scheinbar sozial-sensiblen Appell an die Humanität des einzelnen Menschen. Die Bereitschaft des politischen Systems zum sozialen Engagement wird beteuert in Hinblick auf ehrenamtliche, freiwillige Tätigkeiten, die dem Staat keine oder wenig Kosten verursachen. Der Diakonie kommt die Rolle zu, dieser privatisierten Humanität und der kostengünstigen Hilfepraxis eine Plattform zu bieten. Die Formel ist deswegen euphemistisch, weil mit dem in ihr enthaltenen Appell an die Humanität der einzelnen Gesellschaftsmitglieder eine faktische kollektive Enthumanisierung in Form einer Entsolidarisierung durch die herrschenden ökonomisch-politischen Kräfte kaschiert werden soll. Abgezielt ist nämlich nicht eigentlich auf eine förderliche Umorientierung im System sozialer Hilfe durch Betonung von Verantwortlichkeit. Eigentliche Intention ist, wie die offenkundige Verknüpfung der Schlagworte "Sozialabbau" und "Konjunktursteigerung" erkennen läßt, die Stabilisierung des Wirtschaftssystems einschließlich seiner noterzeugenden Strukturen auf dem Wege der Entpflichtung der politischen und ökonomischen Machtinhaber von Anforderungen im Sozialbereich, d.h. letztendlich auf dem Wege der Negation von Verantwortlichkeit für Notleidende. Es ist also eine doppelte Umverteilung im Gange. Verlagert werden Verantwortlichkeiten und Kostenbelastungen von der öffentlichen in die private Hand des einzelnen Bürgers und zwar bezogen auf breite Bevölkerungsschichten.[236] In umgekehrter Richtung werden Res-

---

[234] **Worms, B.:** Das Verhältnis zwischen dem Handeln des Staates und der Diakonie der Kirche unter sich wandelnden Bedingungen, 120.

[235] Zitiert nach: ebd. 121.

[236] Damit zeigt sich die Habermassche These von der "Kolonialisierung der Lebenswelten" in einer neuen Verständnisvariante. Die Analogie zum Kolonialwesen besteht nicht nur darin, daß die Systeme die Lebenswelten hinsichtlich ihrer Ressourcen ausbeuten und ihnen die eigenen Muster aufzwingen. So wie Kolonialmächte unangenehme Mitglieder ihrer Gesellschaft in die Kolonien deportierten oder unattraktive

sourcen, z.B. in Form von Steuerentlastungen, verlagert vom Sozialbereich auf den Wirtschaftsbereich, wo sie so eingesetzt werden, daß sie vorrangig der Schicht derjenigen zugute kommen, die in ihrer wirtschaftlichen Ausstattung bereits privilegiert sind[237], denn "die 'Investitionsneigung' der Unternehmer stellt die entscheidende Steuerungsgröße der auf den materiellen Lebensprozeß bezogenen Staatsaktivität dar"[238].

Die Bedenklichkeit der Privatisierungstendenz ist evident: Durch den Verzicht auf eine an den systemischen Ursachen orientierte Bearbeitung von Notentstehungszusammenhängen und durch die Wahrnehmung von Notlagen als private Probleme der einzelnen Menschen werden die Notstrukturen nicht beseitigt. Die statt dessen propagierte private Einzelhilfe soll die Auswirkungen der systemischen Notstrukturen auf den einzelnen Menschen abdämpfen. Letzterer bleibt jedoch nach wie vor den Mechanismen seiner Benachteiligung ausgesetzt und wird durch den Surrogatcharakter privater Hilfeleistungen in der Bearbeitung der strukturellen Notursachen eher gelähmt. Zudem nimmt die Privatisierung in Form der Aussonderung von sozialen Verantwortlichkeiten aus dem Kompetenzbereich der gesellschaftlich dominierenden Systeme Politik und Wirtschaft bzw. in Form der Zurückweisung an den je einzelnen Menschen eine zusätzliche Belastung der Notleidenden selbst und in Konsequenz dazu eine Zementierung von Notlagen in Kauf.

3.2.4.2 Stigmatisierung der Notleidenden

"Die Gesellschaft schafft die Mittel zur Kategorisierung von Personen und den kompletten Satz von Attributen, die man für die Mitglieder jeder dieser Kategorien als gewöhnlich und natürlich empfindet. ... Während der Fremde vor uns anwesend ist, kann es evident werden, daß er eine Eigenschaft besitzt, die ihn von anderen in der Personenkategorie, die für ihn zur Verfügung steht, unterscheidet; und diese Eigenschaft kann von weniger wünschenswerter Art sein - im Extrem handelt es sich um eine Person, die durch und durch schlecht ist oder gefährlich oder schwach. In unserer Vorstellung wird sie so von einer ganzen und gewöhnlichen Person zu einer befleckten, beeinträchtigten herabgemindert. Ein solches Attribut ist ein Stigma, besonders dann, wenn seine diskreditierende Wirkung sehr extensiv ist; manchmal wird es auch ein Fehler genannt, eine Unzulänglichkeit, ein Handikap."[239] Was der Sozialwissenschaftler Erving Goffman hier in theoretischer Distanz nüchtern als logisch ablaufenden Vorgang beschreibt, besitzt für die diakonische Praxis und Reflexion eine problemati-

---

Produktionsvorgänge dorthin auslagerten, so lagern auch die dominanten gesellschaftlichen Systeme die unangenehme Angelegenheit der Verantwortung und der Kosten für die Notbewältigung in die Lebenswelten der einzelnen Menschen aus.

[237] Vgl. **Degen, J.:** Diakonie im Sozialstaat, 244.

[238] **Spiegel, Y.**: Einleitung, 12.

[239] **Goffman, E.**: Stigma, 9-11.

sche Brisanz: Die *Stigmatisierung Notleidender in und durch die Gesellschaft*[240]. Das Erleiden von Not ist in unserer Gesellschaft ein Stigma. Das Attribut "leiden", ob unter Krankheit, materieller Not, Ungerechtigkeit, Beziehungsarmut oder anderen Nöten, ist aus den für unsere Gesellschaft gültigen Standards menschlichen Lebens ausgeblendet. Leiden gilt nicht als eine Kategorie, die für die Mitglieder dieser Gesellschaft als "gewöhnlich" oder "natürlich" angesehen wird. Es ist vielmehr ein Attribut der Abweichung, des Nicht-erwünscht-Seins. Als solches bringt das Leiden für die von ihm beeinträchtigten Menschen die Erfahrung der Minderwertigkeit mit sich. In einer Gesellschaft, in der Integration nach den vorrangigen Kriterien Leistung und Wohlstand bemessen wird, erscheint Leiden, verstanden als Einschränkung der Leistungskraft und der Lebensmöglichkeiten, als Wertminderung. Es vermittelt das Image der Schwäche und zeitigt so diskreditierende Wirkung, da es die betroffenen Menschen dem abwertenden Urteil der anderen, mit "normalen" Attributen belegten Menschen aussetzt. Und es ist schließlich ein extensives Stigma in dem Sinn, daß die Vorstellung einer Minderwertigkeit der betroffenen Personen von breiten Schichten der Gesellschaft und von vielfältigen Wirkzusammenhängen kultiviert wird. Die Stigmatisierung überträgt sich sukzessive auch auf die Beziehungspartner Notleidender und zwar gleichermaßen auf solche, die Notleidenden aus persönlichen Gründen verbunden sind, wie auch auf solche, die funktional, z.B. beruflich, mit ihnen zu tun haben. So fällt es Eltern von behinderten Kindern schwerer als anderen Eltern, Eingang in die "normalen" Räume sozialen Lebens zu finden, da ihr Lebenskonzept, etwa in Form von behinderungsspezifischen Belastungen, durch Attribute gekennzeichnet ist, die in der gesellschaftlich standardisierten Normalitätsvorstellung nicht vorgesehen sind und somit im gegebenen Fall erst als "gesellschaftsfähig" nachgewiesen werden müßten. Als Konsequenz dessen erfahren sich Angehörige sozialarbeiterischer Berufe in ihrem gesellschaftlichen Status und in ihrer Entlohnung anderen Berufszweigen, insbesondere aus den leistungsorientierten Bereichen Wirtschaft und Technik, nachgeordnet.

Notleidende und von Not geprägte Lebenskontexte werden im Rahmen eines derartigen gesellschaftlichen Standards als Ballast empfunden, dessen Auswirkungen auf das gesellschaftliche Leben man einzugrenzen bemüht ist. Da jedoch die Entstehung von Notlagen und der Ausbau von etablierten Lebenssituationen in unmittelbarem Zusammenhang stehen, versucht man die Beschränkung der Auswirkungen von Not nicht in einer Begrenzung noterzeugender Mechanismen, sondern in der Abschiebung der Notleidenden und ihrer Lebenskontexte auf einschlägige Institutionen, Organisationen oder Lebensorte. Es kommt also weniger zu einer quantitativen und qualitativen Begrenzung von Not, als vielmehr zu einer sozialen und regionalen Abgrenzung von Notleidenden. Exemplarisch dafür ist der Wandel in der Lebensform alter Menschen. Während ihnen früher, z.B. in der Sozialform des bäuerlichen Austrags, ein Verbleib in der Familie und in den vertrauten Lebenswelten bzw. -orten als Normalfall möglich war, entwickelt sich unter den aktuellen gesellschaftlichen Verhältnissen der Wechsel alter Menschen in die abgegrenzte und institutionalisierte Lebenswelt "Altenheim" immer mehr zum Normal-

240 Vgl. dazu ausführlicher **Fuchs, O.**: Im Brennpunkt: Stigma.

fall. Die Stigmatisierung benachteiligter Gesellschaftsmitglieder wirkt sich so über die beeinträchtigende Eingrenzung ihrer Lebensfelder als Abbruch sozialer Kontakte und folglich als Gettoisierung aus.[241]
Nach Karl Gabriel befindet sich der Stigmatisierungsprozeß, zumindest bezogen auf die Verhältnisse der Bundesrepublik Deutschland, in einer Phase der Verschärfung.[242] Die Retardation wirtschaftlichen Wachstums und die damit gegebene als ökonomische Einschränkung empfundene Verlangsamung der Wohlstandsaneignung führen dazu, daß die Mechanismen gesellschaftlicher Selektion verschärft werden. Unter anderem über Bildungs-, Arbeits- und Konsumsysteme werden die Integrations- und Teilnahmechancen ökonomisch und sozial schwacher Gesellschaftsmitglieder verringert, um so die Verlangsamung des Wachstums an Wirtschaftskraft durch eine konsequentere Kanalisierung der ökonomischen Ausstattung zugunsten der gesellschaftlich starken und etablierten Kräfte zu kompensieren. So führt die Selektion als "'Schließung sozialer Beziehungen' ... zur Verschärfung alter und Entstehung neuer sozialer Ungleichheiten"[243], die ihrerseits einen "erhöhten Bedarf an Legitimation dieser Ungleichheit und Ausgrenzung"[244] hervorbringen (s. 2.1.3.4). Diese intensivierten Legitimationsanstrengungen bedeuten aber wiederum eine bewußtseinsmäßige Stabilisierung der Ungleichheitsverhältnisse. Gesellschaftsintegrierende Attribute wie Leistung müssen betont werden, so daß sich im Gegenzug das Stigma Leiden bzw. Not um so deutlicher ausprägt. Karl Gabriel diagnostiziert angesichts dessen die Desavouierung des sozialintegrativen Anspruchs durch "ein Wiederaufleben von sozial-darwinistischem Gedankengut"[245].
Die Problemlage, die sich in Zusammenhang mit der Stigmatisierung Notleidender für die Diakonie abzeichnet, besteht nun freilich nicht darin, daß sich letztere an ersterer bewußt beteiligen würde. Es ist hingegen vorstellbar, daß bestimmte Formen diakonischer Praxis durch die in ihnen operationalisierte Sicht von notleidenden Menschen deren anderswo betriebene Stigmatisierung unbeabsichtigt bestätigen. Eine assistentialistische Helfermentalität etwa, die zur Profilierung der Helferrolle vor allem auf die Wahrnehmung des Notleidenden als eines defizitären und somit hilfsbedürftigen Wesens angewiesen ist, das durch die Aktivität des Helfers in einen von diesem vordefinierten besseren Status versetzt werden müsse, trägt dazu bei, daß das Attribut der Not und des Leidens der einzelnen Person als Wertminderung ihrer selbst angerechnet wird. Im Unterschied dazu wären aber auch diakonische Praxisformen denkbar, in denen die Not eines einzelnen als Symptom eines gesellschaftlichen Defizits wahrgenommen wird. So kann man z.B. das Drogenproblem "als individuelles, womöglich moralisches Versagen, als psychisches Defizit, als massenweise Folge zunehmender Atomisierung der Menschen, als Konsequenz eines immer sinnloser erlebten Arbeitslebens, als bewußt in Kauf

[241] Vgl. **Fuchs, O.**: Heilen und befreien, 133-135.
[242] Vgl. **Gabriel, K.**: Christliche Diakonie im gesellschaftlichen Kontext, 4 f.
[243] Ebd. 5.
[244] Ebd.
[245] Ebd.; vgl. zum ganzen Abschnitt auch **Habermas, J.**: Die Krise des Wohlfahrtsstaates, 153 f.

genommene Folge organisierten Drogenhandels etc."[246] betrachten. Die entscheidende Frage in Zusammenhang mit der Stigmatisierungsproblematik besteht für die Diakonie also in der Überlegung, welcher Modus der Wahrnehmung von Not in ihr verwirklicht ist. Nimmt sie Not lediglich aus der Perspektive der gesellschaftlich standardisierten Normalitätsvorstellung wahr als Minderung des Lebensstandards, die in Richtung des "normalen" Standards korrigiert werden müßte, oder nimmt sie Not aus der Perspektive der Notleidenden wahr, deren Lebenssituation so zu verändern ist, daß sich der noterzeugende gesellschaftliche Kontext mit verändert und die Notleidenden in ihrer individuellen Persönlichkeit, also in den Attributen ihrer Identität, gefestigt, nicht jedoch nivelliert werden?

3.2.4.3 Kommerzialisierung der Hilfe

Der oben dargelegte Trend der Institutionalisierung der Diakonie bringt mit sich, daß die Erfüllung diakonischer Aufgaben zunehmend an das Vorhandensein entsprechender finanzieller Mittel geknüpft ist. Professionelles Personal, technische Ausstattung und Verwaltungsaufwand verlangen einen erhöhten finanziellen Zufluß. Dementsprechend wird die diakonische Praxis immer mehr auch von der Überlegung begleitet und geprägt, wie diese finanzielle Ausstattung erreicht wird und auf welche Instanzen bzw. Personen der Finanzaufwand verteilt werden kann. In diese Überlegungen werden mit wachsendem Bedarf zunehmend auch die Hilfeempfangenden selbst als potentielle Geldgeber einbezogen. Das führt zwar nicht dazu, daß Notleidenden ohne eigene Finanzkraft jegliche Hilfe versagt wird. Es führt aber durchaus dazu, daß die Hilfeleistungen auch in diakonischen Einrichtungen nach dem jeweils notwendigen Finanzaufwand bzw. nach dem Umfang der zur Verfügung stehenden Finanzmittel differenziert werden. Differenzierungen sind möglich hinsichtlich Ausbildungsqualität und Anzahl des professionellen Personals, räumlicher Ausstattung, täglicher Versorgungleistungen, Attraktivität der sozialen und natürlichen Umwelt usw.. So gibt es z.B. erhebliche Unterschiede bei den Heimen für Kinder und Jugendliche: Billige und somit für finanziell schwache Eltern erschwingliche Heime sind oft gekennzeichnet durch geringe Wohnqualität, ungünstige Personalschlüssel oder auch durch ihre Ansiedlung in problematischen Regionen (z.B. Randzonen). Im Unterschied dazu konnten sich auch sogenannte "Nobel-Internate" etablieren, die ein sozial hochstehendes Image und Ambiente vermitteln, dafür aber nur bei entsprechender finanzieller Gegenleistung zugänglich sind. Ähnliches läßt sich bei den Altenheimen beobachten. Sie weisen erhebliche Unterschiede etwa in der räumlichen Ausstattung auf. Wohnlichen Appartements stehen Zimmer im Krankenhausstil mit Gemeinschaftstoiletten und -bädern gegenüber. Die analogen Preisunterschiede wirken trotz des Sozialhilfeanspruchs aller sozial-selektiv. Alte Menschen, die nur über ein geringes oder durchschnittliches Vermögen verfügen, die auch wenig Rückhalt bei ihren Kindern haben und deren Bedürftigkeit nicht selten auch mit einer Scheu vor der

246 **Steinkamp, H.**: Diakonie - Kennzeichen der Gemeinde, 66 f.

Inanspruchnahme von Sozialhilfeleistungen verbunden ist, wählen tendenziell billige Altenheime. Unter diesen Bedingungen hat die diakonische Hilfe stellenweise durchaus den Charakter einer Dienstleistung angenommen, deren Gewährung - nicht nur, aber auch - von der Finanzkraft des Hilfebedürftigen abhängt. Die Hilfe ist *kommerzialisiert.*[247]

Forciert wird die Kommerzialisierung der Hilfe aber nicht nur von den Bedingungen der Hilfeeinrichtungen, sondern auch von den Hilfeempfangenden selbst. Aufgrund erhöhter Kaufkraft und der nachhaltigen Beeinflussung nahezu aller Lebensbereiche durch die Logik des Angebot-Konsum-Mechanismus hat sich in manchen Schichten der Gesellschaft eine Mentalität breitgemacht, wonach Hilfe käuflich und um so besser ist, je mehr sie kostet. Ablesbar ist dies besonders gut an der erhöhten, mit Zahlungswilligkeit gekoppelten Nachfrage hinsichtlich des therapeutischen Angebots jeglicher psychologischer Provenienz und an der daran ansetzenden Verfolgung wirtschaftlicher Interessen.[248] "Aus der Zuwendung für die Seele ist ein Dienstleistungsberuf geworden. Nach Minuten, Mark und Pfennig abrechenbar. Wer sich langweilt, sich nicht geliebt fühlt, der kauft sich einen Therapeuten ... Der Kauf seelischen Trostes auf der einen und die Erbringung professionellen Mitgefühls auf der anderen Seite haben sich zum einfachen Warenverhältnis entwickelt."[249] Die Verschärfung der sozialen Situation ergibt sich nicht nur aus den Rahmenbedingungen des Gesellschaftssystems, sondern auch aus dem sich verändernden Charakter der Hilfeleistungen. Je mehr sich diese als luxuriöse, mit Geld aufzuwiegende "Waren"[250] präsentieren, um so mehr muß die soziale Hilfe von den Notleidenden als Feld erfahren werden, in dem von neuem ihre Stigmatisierung bestätigt und ihre Notlage verfestigt werden kann.

3.2.4.4 Ökonomisierung

Vor dem Hintergrund der diagnostizierten Kommerzialisierungstendenz in der Diakonie ist es unumgänglich, die seit geraumer Zeit vorgelegten Ansätze einer ökonomischen Konzeption der Diakonie[251] kritisch auf ihre Implikationen hin zu überprüfen. Natürlich dürfen diese Ansätze nicht mit der Kommerzialisierungstendenz als solcher gleichgesetzt werden. Ihre Intention ist es keineswegs, die Diakonie einfachhin dem freien Spiel der Finanzkräfte auszusetzen und sie mit dem Ziel der marktwirtschaftlichen

---

247 Vgl. **Degen, J.**: Diakonie als Agentur im Wohlfahrtsstaat, 321.

248 Vgl. **Steinkamp, H.**: Christliche Diakonie angesichts der "Krise des Helfens", 10 f.

249 Wesel, B.: Der Preis der Seele, 8, in: Kursbuch 82: "Die Therapie-Gesellschaft", Berlin 1985, 1-8; hier zitiert nach **Steinkamp, H.**: Christliche Diakonie angesichts der "Krise des Helfens", 11.

250 Vgl. **Steinkamp, H.**: Christliche Diakonie angesichts der "Krise des Helfens", 11; vgl. dazu auch **Heller, A.**: Warenbeziehungen und wahre Beziehungen.

251 Vgl. **Jäger, A.**: Diakonie als christliches Unternehmen; **ders.**: Diakonische Unternehmenspolitik; **ders.**: Modernes Management in der Diakonie; **Rückert, M.**: Diakonie und Ökonomie; **Degen, J.**: Diakonie als soziale Dienstleistung; **Oppl, H.**: Mehr Markt für soziale Dienstleistungen; dazu kritisch: **Lehmann, K.**: Der Markt löst die Probleme nicht.

Gewinnmaximierung zu betreiben. Ihr Anliegen ist es vielmehr, der bereits faktisch gegebenen Situation der Diakonie vor allem in den Institutionen Rechnung zu tragen. Diese Situation ist nun einmal gerade aufgrund der oben beschriebenen Zusammenhänge der wohlfahrtsstaatlichen Einbindung, der zunehmenden Institutionalisierung, Professionalisierung, Bürokratisierung und Technisierung und des damit verbundenen ansteigenden Finanzbedarfs davon gekennzeichnet, daß in der Gestaltung der alltäglichen Diakoniepraxis wirtschaftliche Überlegungen bezüglich der materiell-finanziellen Absicherung des Angebots an Hilfeleistungen einen großen Raum einnehmen. Diakonie-Institutionen sind de facto, ob bewußt oder unbewußt, ob gewollt oder ungewollt, in vielen ihrer Vollzugsformen nach dem Modus eines Unternehmens verfaßt. "Ein Zurück gibt es wohl nicht mehr - mit der gesamten sozialen Arbeit befindet sich auch die Diakonie in einem epochalen Wandel: die Grenze zwischen 'dem Sozialen' und 'dem Wirtschaftlichen' ist tendenziell ganz aufgehoben. Beratungsdienste und Krankenhäuser, ambulante pflegerische Dienste und Heime, große Anstalten und Hilfsdienste aller Art - sie werden immer deutlicher Teil eines wachsenden Marktsegments der Dienstleistungsgesellschaft, in der Erwerbsinteresse, Markt und Konkurrenz, Qualität und Leistung zählen. Unternehmerisches Handeln in der Diakonie ist angesichts dieser einschneidenden Veränderungen zu einer unbedingten Notwendigkeit geworden."[252]

Aufgrund überkommener Denkmuster, wonach sich christliches Handeln und finanzielles Kalkül einander ausschließen, herrscht in den Diakonie-Institutionen jedoch nicht selten eine gewisse Befangenheit und Verkrampfung im Umgang mit Geld und sonstigen Fragen der Wirtschaftlichkeit. Aus Angst vor dem Verdacht, man würde mit einer bewußten und offenen Diskussion ökonomischer Aspekte das christlich-theologische Selbstverständnis der Diakonie dem Verrat preisgeben, werden von Trägern diakonischer Einrichtungen wie auch von Außenstehenden, etwa von den zuständigen kirchlichen Amtsinstanzen, die unternehmerischen Komponenten der Diakonie tabuisiert und nur als interne "Verschlußsache" verhandelt.[253] So gibt es z.B. immer noch keine wirklich zuverlässigen, offengelegten Angaben über die Zusammensetzung der Finanzierung von diakonischen Einrichtungen, näherhin über den genauen und realen Umfang der staatlichen Finanzierung der wohlfahrtsverbandlich verfaßten Diakonie. Dadurch werden nicht nur - unter diesen Umständen verständliche - Verdächtigungen über ein unlauteres Finanzgebaren der Kirche unter dem Deckmantel der Diakonie genährt.[254] Es werden auch die Mitarbeiterinnen und Mitarbeiter der Diakonie in ein erneutes belastendes Dilemma hineingetrieben: Sie müssen, gerade wenn sie ihre diakonische Praxis kompetent und effektiv vollziehen wollen, für die dazu nötige ökonomische Basis sorgen und bekommen dabei gleichzeitig das Gefühl vermittelt, sich auf einem vom ursprünglichen Auftrag abweichenden, beargwöhnten Terrain zu bewegen.

Die Ansätze der ökonomischen Konzeption der Diakonie wollen die alte lähmende binnenkirchliche Verlegenheit im Umgang mit wirtschaftlichen Prozessen überwinden und

---

252 **Degen, J.**: Diakonie als soziale Dienstleistung, 9.

253 Vgl. **Jäger, A.**: Diakonie als christliches Unternehmen, 22 f.

254 Vgl. **Herrmann, H.**: Die Caritas-Legende; **ders.**: Die Kirche und unser Geld, 191-196.

zu einer realistischen, nüchternen Wahrnehmung der ökonomischen Komponenten der Diakonie, zu einer bewußten und verantworteten Gestaltung derselben und damit letztendlich zu einer um so authentischeren Ausrichtung der ökonomischen Abläufe an theologischen Kriterien verhelfen. Für Alfred Jäger, einen Protagonisten der ökonomischen Orientierung der Diakonie, geht es um "eine *Neujustierung der theologischen Achse* eines diakonischen Unternehmens unter veränderten Rahmenbedingungen"[255]. "Zielpunkt nach außen ist die Gewinnung einer neuen, sachkundigen - diesfalls vor allem ökonomischen - *Kompetenz.* Der Zielpunkt nach innen ist die Erarbeitung einer neuen *christlichen Identität und Authentizität* diakonischen Seins und Tuns."[256] Seine treibende Vision ist die Vorstellung von einem integrativen Lösungsmodell, bei dem in der Gestalt des Verwalters bzw. Leiters einer diakonischen Einrichtung als einem "*diakonischen Manager*"[257] ökonomische Kompetenz und Aufgeschlossenheit für theologische Wertfragen zu einem stimmigen Konzept der Unternehmensführung integriert sind und "eine diakonische *'Management-Theologie'*"[258] entwickeln lassen.
Nicht zuletzt sind die Ansätze einer ökonomischen Konzeption der Diakonie motiviert von der Einsicht in eine Problemlage der gesellschaftlichen Präsenz der Diakonie, die auch in dieser Untersuchung bereits eine ausführliche, kritische Thematisierung erfahren hat, nämlich die finanzielle Abhängigkeit der Diakonie von gesellschaftlich-staatlichen Instanzen und die damit gegebene Gefahr der Funktionalisierung der Diakonie für deren Interessen (s. 3.2.3). Was unter den Bedingungen einer ausreichenden staatlichen Finanzierung sozialer Leistungen nicht immer deutlich genug als Problem gesehen worden ist, weil der eben ausreichende Finanzspielraum auf beiden Seiten, auf seiten des Staates wie der Diakonie, um so weniger dazu nötigte, beim Einsatz von Finanzmitteln die Wahrung der je eigenen Interessen zu überprüfen, wird unter den Bedingungen zunehmender Einschränkung öffentlicher Gelder auch für die Diakonie um so virulenter spürbar: Die Diakonie ist aufgrund ihrer wohlfahrtsstaatlichen Einbindung in einem erheblichen Maße vom Staat und in Konsequenz dazu von den staatstragenden Wirtschaftskräften abhängig. "Eine abhängige Diakonie aber ohne eigenen Bewegungsspielraum ist Erfüllungsgehilfe politischer Zielvorgaben und fremder Werthaltungen."[259] Die Problematik der Fremdfinanzierung der Diakonie, nochmals verschärft durch deren Verknappung, ist also, wenn nicht der konzeptionelle Inhalt, so doch wenigstens ein entscheidender Anlaß zur Entwicklung von Ansätzen einer ökonomisch orientierten Diakonietheorie: "Wo dem Staat der lange Atem ausgeht, ist freie, spontan christlich-humanitäre diakonische Hilfe und Liebe neu gefordert. Das ruft nach diakonischer Hellsicht für alte und neue Not, erfordert diakonische Phantasie und Innovationskraft mit neuen Lösungen, diakonisches Management, das nicht selten Krisenmanagement sein dürfte, mit rationellstem Einsatz der Mittel. Kurz: Gefordert ist ein neuer,

---

255 **Jäger, A.**: Diakonie als christliches Unternehmen, 15.

256 Ebd. 16.

257 Ebd. 31.

258 Ebd. 32; vgl. dazu insgesamt ebd. 29-33.

259 **Rückert, M.**: Diakonie und Ökonomie, 11.

diakonischer Mut und Unternehmergeist."[260] Für die ökonomische Basis der Diakonie bedeutet dies konkret: In einer bewußt unternehmerisch geführten Diakonie-Institution "sollte die Finanzierung auf andere Füße gestellt werden, als es derzeit der Fall ist - auf eigene diakonische Füße nämlich. Ziel der vorliegenden Ausführungen [sc. der Vorschläge Markus Rückerts zu einer ökonomischen Ausrichtung der Diakonie - H.H.] ist es, für mehr Elemente der Selbstfinanzierung in der Diakonie zu werben, für interne Subventionierung aus dem eigenen Bereich ebenso wie für Finanzierung aus einem zu schaffenden diakonieeigenen gewerblichen Umfeld."[261]

Angesichts dieser offensichtlichen Unausweichlichkeit der bewußt unternehmerischen Gestaltung der Diakonie, insbesondere angesichts der damit verbundenen Hoffnung auf eine Befreiung der Diakonie aus ihren Funktionalisierungen, mag es verwundern, daß die Ausrichtung der Diakonie an Maßgaben der Ökonomie hier dennoch unter den Problemlagen (und nicht unter den Postulaten) diakonischer Praxis aufgeführt, daß sie in Form des Begriffs der "*Ökonomisierung*" parallel zu den anderen "-isierungs"-Tendenzen mit dem Anhauch des Bedenklichen belegt und daß sie zudem unter den Problemlagen der Verschärfung der sozialen Situation subsumiert wird. Die Erklärung dafür liefert eine genauere, kritische Betrachtung einiger Implikationen des Ansinnens, die Diakonie bewußt ökonomischen Gesetzmäßigkeiten zu unterstellen. In der Tat nämlich besteht Anlaß zu kritischen Rückfragen gegenüber diesem Diakoniekonzept bzw. zum Hinweis auf einige problematische Tendenzen. Dabei sind die im folgenden aufgeführten Rückfragen und Hinweise nicht als naive Ablehnung dieser konzeptionellen Überlegungen zu verstehen. Intendiert ist aber durchaus die Warnung vor einer allzu freudig-affirmativen Rezeption ökonomischer Gesetzmäßigkeiten in der Diakonie bzw. der Hinweis auf die Notwendigkeit, die ökonomischen Praxismuster selbst und speziell auch die Interessen ihrer Rezeption auf seiten der "Diakonietheoretiker" und "-praktiker" einer kritischen Prüfung zu unterziehen.

Zunächst ist darauf hinzuweisen, daß die Ausrichtung der Diakonie an ökonomischen Rationalitäten keineswegs indifferent ist gegenüber denjenigen Maßgaben, welchen die Diakonie aufgrund ihres Selbstverständnisses und ihrer theologischen Grundlagen unterstellt ist. Nicht zuletzt die geradezu inflationäre Aufnahme des ursprünglich betriebswirtschaftlichen Theorems der "Corporate Identity" zeigt, daß mit ökonomischen Konzepten ganz bestimmte Tendenzen und Vorentscheidungen hinsichtlich des theologischen Verständnisses der Diakonie verbunden sein können. Besagtes Theorem der "Corporate Identity" wird nämlich von bestimmten kirchlichen Kräften und Richtungen der Diakonietheologie willig aufgegriffen, um unter dem Anschein der Aufgeschlossenheit gegenüber aktuellen, hier: ökonomischen Erfordernissen mit neuer Verve von der Diakonie und insbesondere von den Mitarbeiterinnen und Mitarbeitern der Diakonie eine besondere christlich-kirchliche "Identität", eine zusätzliche, additive Signatur des Christlichen bzw. Kirchlichen, ein sogenanntes christliches "Spezifikum" oder "Propri-

[260] **Jäger, A.**: Diakonie als christliches Unternehmen, 21 f.

[261] **Rückert, M.**: Diakonie und Ökonomie, 11 f.

um" einzufordern.[262] Am *ökonomischen* Theorem der "Corporate Identity" bzw. an dessen Gebrauch in der Diakonietheorie hängt also die fundamentale diakonie*theologische* Frage, ob der Diakonie aus sich christliche Identität zukommt oder ob ihr diese erst durch eine Verknüpfung mit einer zusätzlichen, als unzweifelhaft christlich vordefinierten Komponente zuteil werden muß (s. 4.2.4). Es genügt also nicht, ökonomische und theologische Kompetenzen in der Figur eines "diakonischen Managers" integrativ vereinigt zu sehen und idealistisch zu konstatieren, daß mit dieser Integration ökonomischer und theologischer Orientierungen in einer Person auch schon der Ansatzpunkt für eine Auflösung der Spannungen zwischen den beiden Orientierungen gegeben sei.[263] Es bleibt immer noch zu klären, welche Orientierung grundsätzlich bzw. in einer konkreten Situation im Konfliktfall den Vorrang hat und welche Kriterien mit welchem Gewicht speziell bei der Bearbeitung einer etwaigen Divergenz, grundsätzlich aber bei jeder Vergewisserung der ökonomischen und theologischen Orientierungen angelegt werden müssen. Die gleichzeitige Realisierung ökonomischer und theologischer Kompetenzen in der von Alfred Jäger idealtypisch gezeichneten Figur des "diakonischen Managers" bedeutet als solche noch keineswegs eine wirkliche Integration der beiden Orientierungen zu einem stimmigen Konzept. Vielmehr ist zu vermuten, daß die Spannungen zwischen beiden Orientierungen dadurch erst ihre wirkliche Virulenz erlangen, weil sie von einer Person bewußt gespürt und ausgetragen werden müssen.

Die Überlegungen zur ökonomischen Konzeption der Diakonie werden geleitet von der Maxime, daß "der Betreute als Kriterium des diakonischen Handelns"[264] zu betrachten ist. Demnach geschieht in der diakonischen Handlungssituation "*eine personale Begegnung zwischen einem Ich und einem Du, in der sich der Betreute nicht als Objekt und Es, sondern, gemessen an seinen bisherigen Erfahrungen in der Gesellschaft, exemplarisch als Person dialogisch angesprochen und akzeptiert erfährt*"[265]. Daß hier jedoch die in der Diakonie begegnende notleidende Person eben als "der Betreute" firmiert, veranlaßt zu der Rückfrage, ob nicht die ökonomische Konzeption der Diakonie für das Gegenteil dieser Maxime, für die Verfestigung des Objektstatus der Notleidenden anfällig ist. Treten nicht gerade hier die Mitarbeitenden der Diakonie-Institutionen, allen voran die Leitungspersonen, die "diakonischen Manager", als die alleinigen Handlungs- und Entscheidungsträger in Erscheinung? In der Leitungsperson scheinen die ökonomischen Konzepte ihren zentralen Handlungsträger (zudem und bezeichnenderweise nur in maskulinen Formulierungen) zu finden: Der Leiter ist nach Alfred Jäger der von "Unternehmergeist" beseelte "Manager". "Sein Schreibtisch ist der Ort in jedem diakonischen Unternehmen, wo dieses schwierige Verhältnis [sc. zwischen Theologie und Ökonomie - H.H.] praktisch und alltäglich immer wieder neu ansteht und entschieden werden muß. Sämtliche anderen Stellen des Unternehmens können von ihrer

---

262 Vgl. exemplarisch **Pompey, H.**: Das Profil der Caritas; **Plaschke, J.**: Corporate Identity als Konzept nondirektiver Personalführung.

263 Vgl. **Jäger, A.**: Diakonie als christliches Unternehmen, 29-33.

264 Ebd. 285.

265 Ebd.

Position und Sicht her dieses Verhältnis auf ihre Weise lösen, ohne daß dies sogleich zum Tragen käme."[266] Mit anderen Worten: Der verantwortliche Leiter ist - demnach - der einzige, dessen Handeln und Entscheiden "tragende", d.h. verbindliche, konzeptionsrelevante Wirkung hat. Folgerichtig erscheint das hier projektierte diakonische Management als "Sache des ganzen Führungsorgans, zu dem auch er [sc. der diakonische Manager - H.H.] als ökonomischer Leiter gehört"[267]. "Entscheidende Impulse können und müssen dafür aus der Verwaltung kommen."[268] Angesichts solcher Bestimmungen bedarf es eines besonderen Augenmerks darauf, welche Position den Notleidenden selbst im ökonomischen Konzept der Diakonie zukommt. Es ist signifikant, in welcher Fixierung das Konzept die diakonische Praxis auf den "diakonischen Manager" bzw. auf den "diakonischen Unternehmer" als ihren entscheidungsmächtigen Handlungsträger, d.h. als ihr Subjekt, konzentriert. So kommt z.B. Johannes Degen bei seiner Charakteristik der Diakonie als Unternehmen ohne jegliche Berücksichtigung der Hilfeempfangenden und ihres Befindens aus.[269] Ist diese Ausblendung der Notleidenden als entscheidungsmächtige Subjekte der Diakoniepraxis auf der Theorieebene nicht der Spiegel einer Praxis, in der den Notleidenden lediglich der Status der Objekte eines nach dem "Unternehmergeist" des "Unternehmers" durchgeführten "Unternehmens", also der Status der Objekte eines Praxisgeschehens bleibt, dessen Maßgaben, Inhalte und Ziele unabhängig von ihnen und geleitet von Interessen anderer vordefiniert werden? Wird unter einer solchen Programmatik die Diakonie nicht erneut zu einer Diakonie der "Macher"?

Weiterhin wirft die Idee der Selbstfinanzierung der Diakonie Fragen auf. Die Intention der Loslösung von Bindungen ist einsichtig. Es stellt sich jedoch die Frage, ob nicht der Zufluß aus anderen, neuen Finanzquellen ebenso andere und neue Abhängigkeiten schafft. Bei ihrem hohen Finanzbedarf wäre es illusorisch anzunehmen, die Diakonie könnte sich aus diakonieeigenen gewerblichen Aktivitäten tragen. Das Beispiel der Behindertenwerkstätten, die in der Konkurrenz mit anderen Anbietern eine schwache Position haben, die nur mühsam Auftraggeber und Kooperationspartner in der Wirtschaft finden und die mit den erarbeiteten Einkünften gerade noch die dürftigen Löhne der behinderten Mitarbeiterinnen und Mitarbeiter (etwa zwischen 100.- und 800.- DM monatlich) zahlen können, für die Personalkosten und die Betriebshaltung jedoch auf Zuschüsse angewiesen sind, belegen die prekäre Lage. Will man das bisherige Kontingent und das bisherige Spektrum diakonischer Praxis auch nur annähernd aufrechterhalten, d.h. will man die diakonischen Leistungen nicht rigoros auf wenige ausgewählte, finanziell lohnende Formen, damit aber auch auf wenige ausgewählte, "kostensparende" Notleidende einschränken, dann ist evident, daß das Gros der Diakoniefinanzierung externen, d.h. außerhalb der Diakonie-Institutionen liegenden Quellen entspringen muß. Entsprechend ratlos lassen folglich Markus Rückerts "Alternativen zur derzeitigen

---

266 Ebd. 26.

267 Ebd. 30.

268 Ebd. 32.

269 Vgl. **Degen, J.**: Diakonie als soziale Dienstleistung, 60-63.

Finanzierung diakonischer Arbeit"[270] den Leser zurück. Sie bestehen in Spenden, in Schenkungen, in Einsparungen bei den Personalkosten und in der Vermögensanlageform der "Sozialpfandbriefe". Für Spenden sieht er als Variationsmöglichkeiten die Erhöhung des Anreizes zu allgemeinen Geldspenden durch steuerliche Vergünstigungen, die Verwendung von polizeilich oder gerichtlich verhängten Bußgeldern, Lotterien wie "Der große Preis" der Aktion Sorgenkind, "Ein Platz an der Sonne" und "Glücksspirale" und schließlich Mitgliedsbeiträge. Schenkungen könnten der Diakonie zugute kommen in Form von Erbschaften, Leibrenten und Stiftungen, wobei nach Rückert die Aussichten zur Zeit besonders günstig seien, da der hohe Altenanteil an der Bevölkerung und die zunehmenden kinderlosen Ehepaare erwarten ließen, daß in Zukunft viele Erbschaften anfallen, die bei entsprechender Überzeugungsarbeit für die Diakonie gewonnen werden könnten. Möglichkeiten der Einsparung von Personalkosten sind nach Rückert in der staatlichen Personalkostenhilfe durch die Zuteilung von Arbeitsbeschaffungsmaßnahmen (ABM) oder Zivildienstleistenden und im individuellen Lohnverzicht der Mitarbeitenden bzw. im vermehrten Einsatz Ehrenamtlicher gegeben.[271] Abgesehen von der mangelnden sozialen Sensibilität dieser alternativen Finanzierungsideen und ohne sie im einzelnen, etwa hinsichtlich der Problematik des Ersatzes hauptamtlichen Personals durch Ehrenamtliche, Zivildienstleistende und ABM-Kräfte, kritisieren zu können, sei hier nur festgestellt, daß sie weniger die Lösung, sondern eher ein Ausdruck des Problems der finanziellen Anhängigkeit sind. Statt der staatlichen Abhängigkeit wird hier die Abhängigkeit der Diakonie von der Spendenwilligkeit, von der Fähigkeit und Bereitschaft zur Vermögensanlage, von der steuerlichen Raffinesse und von der Bereitschaft zu entgeltloser Arbeit auf seiten eines gutwilligen, nie zu berechnenden Bevölkerungsanteils konstruiert. Hier würden die klassischen Probleme der Diakoniepraxis nicht beseitigt, sondern perpetuiert. Die Diakonie wäre geprägt von einer assistentialistischen Helfermentalität. Das Mäzenatentum würde Form, Inhalt, Ort und Intention der diakonischen Praxis um so abhängiger machen von den persönlichen Interessen des Zuwendenden. Die Delegation der Notbearbeitung an separierte Institutionen wäre durch die Hofierung der kontextfernen, distanzierenden Spenden-"Diakonie" verfestigt. Und auch die grundlegenden gesellschaftlichen Ungerechtigkeitsstrukturen wie die Verdichtung von Kapital und Bevorteilung auf der einen Seite und von Armut und Benachteiligung auf der anderen Seite blieben unangetastet und würden sogar bestätigend in das Kalkül der Diakonieökonomie einbezogen.

Unabhängig von solchen Finanzierungsvorschlägen ist gegenüber dem Ideal der Selbstfinanzierung und der damit verbundenen gewerblichen Konzeptionierung der Diakonie anzufragen, ob damit nicht eine Rationalität in der Diakonie dominant würde, die letztere schlußendlich in ihrem eigenen Selbstverständnis konterkariert. Sicher kann der ökonomischen Konzeption der Diakonie nicht das Ziel der Gewinnmaximierung für die jeweilige Diakonie-Institution selbst unterstellt werden. Der Anspruch eines "Non-Profit-Unternehmens" bleibt bewahrt. Aber bleibt deshalb die ökonomische Konzeption davor

270 **Rückert, M.**: Diakonie und Ökonomie, 116.

271 Vgl. ebd. 116-138.

gefeit, daß sie die Diakonie nachhaltig an der Logik der Frage ausrichtet, wie im Zuge der Diakoniepraxis ein finanzieller Zuwachs erreicht werden kann? Die Einführung der Pflegeversicherung lehrt das Gegenteil: Die verschiedenen Träger der Sozialarbeit, darunter nicht minder die kirchlichen Wohlfahrtsverbände, befinden sich in einem Konkurrenzkampf, in dem sie ihre Arbeit als Dienstleistung definieren und unter die Maxime der möglichst günstigen Ausnützung der Pflegekostenkontingente stellen müssen. Die Notleidenden selbst degenerieren unter diesen Bedingungen tendenziell zu bloßen Marktanteilen. Ihre Inanspruchnahme des Dienstes - wie in der Autowerkstatt abgerechnet im Minutentakt - muß auf ein rentables Maß gebracht werden. Bekommt auf diese Weise die Logik des Geldes ein derartiges Übergewicht, daß sie nicht mehr durch andere Kriterien des diakonischen Selbstverständnisses relativiert oder außer Kraft gesetzt werden kann, dann wird noch mehr zum Problem, was bereits unter den gegebenen Bedingungen zum Unbehagen der staatlichen und kommunalen Träger sozialer Leistungen gegenüber den freien Wohlfahrtsverbänden führt, nämlich daß sich letztere aufgrund des im Subsidiaritätsprinzip verbürgten Rechts der freien Wahl ihre Engagementfelder und ihre Klientel "aussuchen" können und die unangenehmen Notlagen den anderen überlassen. Dann bekommt die Frage der Diakonie, wo sie sich engagieren soll und welcher Gesellschaftsgruppe Anwalt sie sein soll, unweigerlich die Komponente des Kalküls, wo sie ihre ökonomische Basis ausbauen kann, zumindest nicht gefährden muß. Dann werden noch mehr als in den bisherigen Formen der Unterscheidung, z.B. zwischen Privat- und Kassenpatienten in Krankenhäusern oder zwischen Selbstzahlern und Sozialhilfeempfangenden in Altenheimen, von der Diakonie selbst die Notleidenden in zwei Klassen eingeteilt: in die, die Geld bringen, und die, die Geld kosten. Ob eine derart auf ökonomische Selbststabilisierung angelegte Diakonie-Institution wirklich fähig und bereit ist, wie Alfred Jäger es schildert, zu "Hellsicht für neue Not" und zu Innovationen, also dazu, mit Sensibilität und Flexibilität neu auftauchende Notlagen bzw. Notleidende wahrzunehmen und sich darauf einzulassen und zwar nach Maßgabe der Notleidenden selbst bzw. der Dringlichkeit der jeweiligen Notlage, muß bezweifelt werden. Angesichts dessen besteht bei aller Problematik ein gewisser Vorzug der staatlichen Finanzierung der Diakonie darin, daß durch sie die ökonomische Logik des Finanzzuwachses in diakonischen Einrichtungen wenigstens entspannt, wenn auch keineswegs aufgehoben, und der Einsatz der Finanzmittel durch die Träger diakonischer Institutionen von den unmittelbaren, persönlichen Interessen der vielen einzelnen Geldgeber freigehalten wird, so daß erst dadurch eine von Einzelinteressen und Einzelfällen unabhängige, langfristige und systemisch-strukturelle Bearbeitung von Notlagen möglich wird. Ebenso erscheint es nicht angemessen, den Tendenzen des Sozialabbaus durch Finanzeinsparungen des Staates vorschnell entgegenzukommen mit der Propagierung einer weitgehenden Selbstfinanzierung der Diakonie. Bliebe es allein bei dieser Reaktion, wären nämlich die gesellschaftlichen, von den dominanten Systemen Wirtschaft und Politik ausgehenden Entsolidarisierungsprozesse indirekt sanktioniert. Auch wenn die Suche nach Möglichkeiten der selbständigeren Finanzierung der Diakonie angesichts der geschilderten Funktionalisierungen ein richtiger Ansatzpunkt ist, kann die Lösung nicht darin liegen, daß die Diakonie bei ihrer ohnehin problematischen Aufgabe,

die zum großen Teil gesellschaftsstrukturell bedingten Notlagen zu bearbeiten, die Finanzierungslast möglichst weit auf diejenigen verlagert, die den geringeren Widerstand zeigen, nämlich auf Geldspender, Beitragszahler, Ehrenamtliche, geringbezahlte Mitarbeitende und schließlich auf die Notleidenden selbst, und daß sie dadurch die Entlastung der dominanten und oft eben auch notverursachenden Systeme bestätigt.
Von hier aus läßt sich die Frage beantworten, warum die Ökonomisierung der Diakonie hier als Problemlage der Verschärfung der sozialen Situation verstanden wird: Ausgelöst von den Tendenzen des staatlichen Sozialabbaus ist die Ökonomisierung als solche zunächst eine Folge der Verschärfung der sozialen Situation. Die geschilderten Bedenklichkeiten der Ökonomisierung hinsichtlich ihrer direkten und indirekten Implikationen für die Notleidenden zeigen jedoch, daß sie Gefahr läuft, selbst zu einem bewußt oder unbewußt eingesetzten Wirkmechanismus dieses Prozesses zu entarten.
Es kann hier nur noch einmal beteuert werden: Diese kritischen Anfragen an die Ansätze der ökonomischen Konzeption der Diakonie bedeuten nicht die Absage an die Intention, die ökonomischen Komponenten der Diakonie bewußt wahrzunehmen und bewußt als *ökonomische* Komponenten zu gestalten. Dies gilt um so mehr, als in der vorliegenden Untersuchung eben auch keine Alternative zur Lösung dieses Problems geboten werden kann. Aber es hat den Anschein, daß die Idee der Ausrichtung der Diakonie an ökonomischem Know-how manchmal zu unbedacht-unkritisch, bisweilen sogar euphorisch erfolgt. So werden etwa die ökonomischen Gesetzmäßigkeiten geradezu zum Selbstverständnisprinzip der Diakonie erhoben, wenn es heißt: "Was die Diakonie hinsichtlich ihrer Ziele und Werte in Besonderheit zu sein beansprucht, muß sie daran orientieren, daß soziale Dienste mehr und mehr Teil einer dienstleistungsbezogenen Marktwirtschaft werden."[272] Wichtig wäre demgegenüber, die Berücksichtigung bzw. den bewußten Einsatz ökonomischer Wirkmechanismen in der Diakonie einer kritischen Prüfung hinsichtlich der in ihnen mittransportierten Interessen, ihrer Implikationen für das Selbstverständnis der Diakonie und ihrer Konsequenzen für die an der Diakoniepraxis beteiligten Personen, vor allem für die Notleidenden selbst, zu unterziehen. Als Richtungsanzeige für eine angemessene Einordnung des Aspekts der Ökonomie in den Praxiszusammenhang der Diakonie läßt sich deshalb formulieren: So unhintergehbar wie die Institutionalisierung ist für die Diakonie auch ihre Ökonomisierung im Sinne der bewußten Gestaltung ihrer ökonomischen Bedingungen. Wie die Institutionalisierung bringt aber auch die Ökonomisierung problematische Konsequenzen für die Diakonie mit sich. Die ohnehin vor sich gehende Ökonomisierung darf nicht unnötig vorangetrieben und beliebig maximiert, sondern muß gestaltet werden. Das heißt aber auch: Ihr müssen Grenzen gesetzt werden. Die Ökonomisierung ist nicht die Lösung von Problemen der Diakonie, sondern ist selbst ein Problem der Diakonie, mit dem nach Maßgabe bestimmter, vom ökonomischen Kalkül selbst nicht noch einmal überspringbarer Kriterien umzugehen ist.

---

[272] **Degen, J.**: Diakonie als soziale Dienstleistung, 153.

3.3 Resümee: Diakonie als Systemstabilisierung in der Gesellschaft

Die Erkenntnisse, zu denen die Wahrnehmung der Diakonie in der "Außenperspektive" der Gesellschaft führte, lassen sich in dem Resümee zusammenfassen, daß die Diakonie verschiedensten Interessenlagen, Einflüssen und Manipulationen ausgesetzt ist, die sie als Faktor der Systemstabilisierung in der Gesellschaft verrechnen wollen. Die Kehrseite dieser Problemlage bildet die Beobachtung, daß die Träger diakonischer Praxis, individuelle gleichermaßen wie institutionelle, sich als anfällig für die systemstabilisierende Funktionalisierung erweisen, da sie selbst darin Anerkennung für sich und eine Stabilisierung ihrer Einbindung in das soziale Gefüge erfahren.

Bereits das systemtheoretische Diakoniekonzept Niklas Luhmanns sieht in der Diakonie eine systemstabilisierende Größe, insofern sie sich als Leistung des Religionssystems für andere Teilsysteme den Vorgaben dieser Teilsysteme unterwirft, sie dadurch in ihren Erwartungen befriedigt und auf diesem Wege dem eigenen System Anerkennung verschafft. Der systemtheoretischen Grundthese gemäß, daß es um die Stabilisierung eines Systems gegenüber seiner Umwelt geht, werden in diesem soziologischen Konzept der Diakonie die notleidenden Menschen selbst, sowohl einzeln wie auch kollektiv, nicht als relevant erachtet. Unter dem heuristischen Raster des systemtheoretischen Diakoniekonzepts lassen sich tatsächlich verschiedene systemstabilisierende Momente in der faktisch beobachtbaren Diakoniepraxis ausmachen.

Aufgrund der wohlfahrtsstaatlichen Einbindung hat sich die Diakonie zwar Handlungsmöglichkeiten und institutionell-strukturellen Rückhalt angeeignet. Sie begab sich damit jedoch auch in erhebliche Abhängigkeiten finanzieller, struktureller, rechtlicher oder ähnlicher Art, die sie dem Zugriff und der Beanspruchung durch die etablierten Kräfte der Gesellschaft, insbesondere durch das politische und das wirtschaftliche System, aussetzen. An der wohlfahrtsstaatlich organisierten Diakonie werden so diejenigen Implikationen der gesellschaftlichen Präsenz erkennbar, die in signifikanter Weise für die institutionalisierte Diakonie selbst, aber im Grunde für alle diakonischen Phänotypen ihre Wirkungen zeitigen.

Die Diakonie unterliegt einer zunehmenden Institutionalisierung, als deren spezifische Momente sich gleichfalls zunehmende Professionalisierungen, Bürokratisierungen, Verrechtlichungen und Technisierungen feststellen lassen. In allen vier Momenten ist die Neigung enthalten, die jeweilige Praxis an vorgegebenen Standards und weniger an den beteiligten Personen auszurichten. Für die Diakonie bedeutet dies, daß unter den Bedingungen der Institutionalisierung die notleidenden Menschen zunehmend als Adressaten oder Objekte schematisierter Handlungsmuster, nicht aber als Subjekte ihrer eigenen Praxis in den Blick kommen. Die Abhängigkeit der Diakonie von Bedingungen ihres strukturellen Rahmens setzt sie einer Fremdsteuerung aus. Die Diakonie ist gezwungen, ihre Praxis nicht nur nach Maßgabe des eigenen Selbstverständnisses und nach den Prinzipien des eigenen weltanschaulichen Hintergrundes, sondern auch nach den Gesetzmäßigkeiten derjenigen Instanzen und Kräfte auszurichten, die ihr die gesellschaftliche Präsenz in dem mittlerweile gegebenen Umfang ermöglichen. Damit

befindet sich die Diakonie in einem fundamentalen Konflikt, da sie sich unter anderem als Träger von Interessen vorfindet, die in einem unmittelbaren oder mittelbaren kausalen Zusammenhang mit den Notlagen derjenigen Menschen stehen, als deren Anwalt sie sich selbst definiert. In diesem Interessenkonflikt erweisen sich die fremdsteuernden Systeme bzw. Kräfte als die im Vergleich zu den Notleidenden stärkere Partei. Sie haben die Mittel, ihre Interessen durchzusetzen. Dadurch entsteht für die Diakonie der Druck, auf eine Kritik an den dominanten Systemen zu verzichten und durch diese Kritiklosigkeit sowohl den eigenen Bestand zu sichern als auch die eigene Praxis störungsfreier zu gestalten.
Daraus erwächst als weitere Implikation die Erwartung an die Diakonie, Aufgaben zu übernehmen, die der Staat nicht mehr erfüllen kann oder will und die er deshalb an die unter seiner Planungshoheit stehende Diakonie zur Kompensation weiterreicht. Ebenso ist es eine Erwartung der gesellschaftlich etablierten Kräfte an die Diakonie, daß sie durch ihre Praxis die von ihr erreichten Personen dazu veranlaßt, sich möglichst störungsfrei in das gesellschaftliche Leben einzufügen. Assimilierende Rehabilitationsanstrengungen, sozialintegrative Maßnahmen und soziale Kontrolle sind Kanäle, auf denen die Diakonie auch entgegen der eigenen Absicht durch die Elimination von Stör- und Kritikpotential die Adaption ihrer Klientel an die gesellschaftlichen Verhaltenserwartungen und die Stabilisierung des Gesellschaftssystems vorantreibt. Um die systemstabilisierende Wirkung der diakonischen Praxis sicherzustellen, sieht man sich von seiten derer, die an der Beibehaltung der Strukturen gesellschaftlichen Lebens interessiert sind, veranlaßt, das diakonische Engagement dort abzublocken, wo es sich gegen diesen Status quo richtet, und es auf den Raum individueller Notversorgung einzugrenzen. Die systemstabilisierende Domestizierung der Diakonie auf den Aktionsraum privater Hilfe fördert zugleich ein Denkmuster, wonach Not nicht als Problem der Gesellschaft, sondern des einzelnen Menschen zu betrachten sei, und bringt eine Verschärfung der sozialen Situation mit sich, da betroffene Menschen sich mit ihrer Not als Privatangelegenheit alleingelassen vorfinden. Diese Verschärfung der Lebenssituation steigert sich schließlich aufgrund der Stigmatisierung, die für den betroffenen Menschen mit seiner Marginalisierung in eine Zone privat zu bewältigender Not gegeben ist, und aufgrund der teilweisen Bindung der Hilfeleistung an finanzielle Gegenleistungen des Notleidenden.
Das gemeinsame Kennzeichen all dieser Problemlagen der gesellschaftlichen Präsenz der Diakonie besteht darin, daß in ihnen die Notleidenden selbst nicht als bestimmende Subjekte im Praxisgefüge der Diakonie in Erscheinung treten. Als bestimmender Faktor zeigt sich durchgängig die Überlegung, wie der Status quo der dominanten gesellschaftlichen Systeme und Positionsträger aufrechterhalten bzw. ausgebaut werden kann und ob bzw. wie sich die Diakonie mit dieser Tendenz arrangiert. Die notleidenden Menschen fungieren als Objekte dieser systemstabilisierenden Mechanismen. Dabei kann nicht behauptet werden, daß die Träger diakonischer Praxis die Systemstabilisierung in der Gesellschaft von sich aus als ihre Funktion betrachten und betreiben würden. Allein der Bedarf an Domestizierungsmaßnahmen von seiten der etablierten Gesellschaftsmächte belegt, daß die bestehende Diakonie ihre Praxis durchaus auch

systemkritisch anzulegen versucht. Aber die Realitätswahrnehmung erlaubt es nicht, sich darüber hinwegzutäuschen, daß aufgrund der faktisch gegebenen Konstellation der Einbindung der Diakonie in die gesellschaftlich-politischen Strukturen die systemstabilisierenden Interessen insbesondere der Systeme Wirtschaft und Politik nachhaltig auf die diakonische Praxis einwirken. Dadurch sind Deformationen der Diakonie insofern mitgegeben, als gerade durch das Gemenge von Interessen, Mechanismen und Gegenreaktionen, in dem sich die Diakonie vorfindet, die notverursachenden Strukturen zementiert und die Notleidenden in ihrem Objektstatus festgehalten zu werden drohen.

4 DIAKONIE IN DER "INNENPERSPEKTIVE" DER KIRCHE

Mit diesem vierten Teil wird bei dem Versuch der kritischen Wahrnehmung und Beurteilung der faktischen diakonischen Praxis die Perspektive gewechselt. Ist im vorhergehenden Teil danach gefragt worden, wie die Diakonie überhaupt in der Gesellschaft präsent ist, wie sie noch unabhängig von kirchenstruktureller Einordnung und theologischer Deutung, also gleichsam aus einer "externen" Perspektive, wahrgenommen wird, so ist es das Anliegen der folgenden Ausführungen, die Diakonie aus der "Innenperspektive"[1] der Kirche wahrzunehmen. Aus einer fiktiven kirchen-"internen" Postition des Betrachters wird danach gefragt, welchen Ort die Diakonie gemäß den gängigen Denkschemata, Strukturen, Handlungsformen, theologischen Deutungen, Integrationsmustern, normativen Lehrmeinungen usw. innerhalb des Gesamtgefüges der Kirche einnimmt.

Dabei ist darauf aufmerksam zu machen, daß es auch und gerade bei der kirchen-"internen" Wahrnehmungsperspektive der Diakonie entsprechend dem dieser Untersuchung zugrundeliegenden Selbstverständnis der Praktischen Theologie als einer kritischen Theorie (s. 1.1.2.3.4) darum geht, bestehende Zustände der kirchlichen Praxis zu kritisieren unter der Fragestellung, inwiefern diese bestehende Praxis das Subjektsein der betroffenen Menschen konstituiert oder destruiert. Wenn die wahrgenommene Praxis im folgenden nicht "positiv gewürdigt" wird, sondern vor allem Problemlagen zur Sprache kommen und Defizite bzw. Veränderungsbedürftigkeiten aufscheinen, dann entspringt das nicht einem destruktiven Anliegen, sondern einem konstruktiven Interesse an einer Verbesserung bestehender Praxis, für die jedoch die bewußte kritische Vergegenwärtigung von Problemlagen eine effektivere Voraussetzung ist als die selbstbestätigende Rekapitulation wahrgenommener "Erfolge".

4.1 Ekklesiologische Konzepte der Verortung der Diakonie in der Kirche

4.1.1 Diakonie - "Weltdienst der Laien"?

Analog zur Systemtheorie Niklas Luhmanns läßt sich auch aus der binnenkirchlichen Wahrnehmungsperspektive eine Denkfigur ausmachen, mit der die Diakonie in einen umfassenden theoretischen Komplex eingeordnet wird und die sich über die ihr eigen-

---

[1] Wie schon bei der Überschrift zu Teil 3 die Formulierung "Außenperspektive" ist auch die Kennzeichnung "Innenperspektive" bewußt in Anführungszeichen gesetzt, um die Fragwürdigkeit des Unterfangens zu signalisieren, hinsichtlich der Kirche einen Innen- bzw. Außenbereich abzugrenzen. Im Zusammenhang dieser Untersuchung dient die Kennzeichnung lediglich als terminologische Hilfskonstruktion zur Beschreibung verschiedener Wahrnehmungsperspektiven.

tümlichen Plausibilitäten prägend auf die Diakoniepraxis auswirkt. Es handelt sich um das Konzept der *Dichotomie von "Weltdienst" und "Heilsdienst".*[2] Ebenfalls in Analogie zu Niklas Luhmanns Diakonieverständnis dient dieses Theorem hier lediglich als heuristischer Raster, unter dem binnenkirchlich bedingte Problemlagen der Diakoniepraxis erkennbar werden, ohne daß es die gesamte Diakoniepraxis analytisch beschreiben könnte.

4.1.1.1 Das Konzept der "Weltdienst-Heilsdienst"-Dichotomie

4.1.1.1.1 Die Unterscheidung zweier Sphären kirchlicher Praxis

Die Unterscheidung zwischen Weltdienst und Heilsdienst ist eine in der theologischen Diskussion oft begegnende theoretische Figur, mit der versucht wird, in das komplexe Gefüge der kirchlichen Praxis eine Struktur zu bringen. Mit *Weltdienst* sind dabei - im Verständnis der Protagonistinnen und Protagonisten des Konzepts - alle jene Praxisformen gemeint, die zwar christlich motiviert oder zumindest gedeutet sind, die sich jedoch auf "weltliche" Belange beziehen. Es handelt sich um jene Praxisbereiche, in denen Christen und Christinnen im Deutungshorizont und unter den normativen Vorgaben ihres Glaubens die im gesellschaftlichen wie privaten Bereich erwachsenden Anforderungen des "profanen" Lebens zu bewältigen versuchen. Weltdienst ist "die Mitgestaltung der Gesellschaft"[3]. Der *Heilsdienst* dient dagegen als Bezeichnung für die Praxisformen, die auf die Vermittlung des von Gott geschenkten Heils abzielen und sich somit im Gegensatz zum Weltdienst auf den Bereich des Sakralen oder Überirdischen beziehen. In einer vorläufigen und entsprechend unkonturierten Formulierung könnte man die Dichotomie zwischen Welt- und Heilsdienst dahingehend bestimmen, daß es im Weltdienst um die Beziehung zwischen dem Menschen und seiner profanen Mit- bzw. Umwelt geht, im Heilsdienst hingegen um die Beziehung zwischen Mensch und Gott. In beiden Fällen jedoch sind die entsprechenden Praxisformen motiviert durch den Anspruch, dem Willen Gottes entsprechend zu handeln und ihn vor anderen Menschen zu bezeugen.

Parallelisiert wird die Unterscheidung zwischen Welt- und Heilsdienst mit derjenigen

---

[2] Der Gebrauch dieses Konzepts in der kirchlich-theologischen Diskussion ist unüberschaubar. Für den affirmativen Gebrauch seien exemplarisch genannt: **Sekretariat der Deutschen Bischofskonferenz (Hg.)**: Zur Ordnung der pastoralen Dienste; **dass. (Hg.)**: Nachsynodales Apostolisches Schreiben CHRISTIFIDELES LAICI; **Maier, H.**: Politische Theologie?; **Bischofssynode**: Berufung und Sendung der Laien; **Forster, K.**: Das Apostolat der katholischen Laien; **ders.**: Die Sendung des Laien; **Internationale Theologenkommission/Lehmann K.**: Theologie der Befreiung, 175-195. - Bei der folgenden Darstellung des Konzepts der Weltdienst-Heilsdienst-Dichotomie ist es unumgänglich, auch eine Terminologie zu verwenden, die durch die Denkschemata des Konzepts bedingt ist. Deshalb sind im weiteren Fortgang dieses Abschnitts Begriffe wie "Laie" oder "Weltdienst" nicht in Anführungszeichen gesetzt, auch wenn ihre Fragwürdigkeit immer vor Augen steht.

[3] **Festing, H.**: Neue (vergessene) Felder des Apostolats, 59.

zwischen *Laien* und *Klerikern*. Demnach sind die Laien die - zumindest vorrangigen - Träger des Weltdienstes und die geweihten Amtsträger der Kirche die - zumindest vorrangigen - Träger des Heilsdienstes.
Welche Implikationen diese Gegenüberstellung von Weltdienst und Heilsdienst im einzelnen und konkret für die Strukturierung und Konzeption kirchlicher Praxis mit sich bringt, ist trotz der Geläufigkeit der Unterscheidung nicht geklärt und läßt sich nur aus dem jeweiligen Verwendungszusammenhang rekonstruieren. Wird der Begriff "Weltdienst" noch mit der gelegentlichen Nennung von typischen Tätigkeitsfeldern aus dem gesellschaftlich-profanen Leben bzw. aus einem gedachten Zwischenfeld zwischen Kirche und Gesellschaft erläutert, so bleibt ein ähnlicher inhaltlicher Umriß für den Begriff "Heilsdienst" weitgehend aus. Der jeweilige Verwendungskontext veranlaßt jedoch zu der Interpretation, daß "Heilsdienst" Praxisformen bezeichnet, die im allgemeinen Bewußtsein im Binnenraum von Kirche und Gemeinde als deren konstitutive und genuine Selbstvollzugsformen angesiedelt werden. Die Parallelisierung des Heilsdienstes mit den geweihten Amtsträgern läßt ihn noch präziser umreißen als diejenigen Praxisformen, die den Klerikern aufgrund ihres theologischen Selbstverständnisses vornehmlich oder ausschließlich zugesprochen werden, also z.B. Sakramentenspendung, Vorsteherfunktion bei der Eucharistiefeier, Gemeindeleitung, Verkündigung.[4] Eine indirekte inhaltliche Füllung des Begriffs Heilsdienst bietet ein Dokument der Internationalen Theologenkommission "Zum Verhältnis zwischen menschlichem Wohl und christlichem Heil". Dort wird Heil im Gegensatz zum weltlichen Wohl der Menschen mit Kult, Gebet, Eucharistie und den übrigen Sakramenten konnotiert.[5]

4.1.1.1.2 Erste theologische Kritik des Konzepts

Bereits hier kann angedeutet werden, daß die Unterscheidung zwischen Weltdienst und Heilsdienst höchst problematische Grundannahmen impliziert. Es wird damit die Vorstellung genährt, es könnten Orte des Heils von der Welt als dem sogenannten "profanen" Bereich getrennt werden. Welt- und Heilsgeschichte werden nach dem Stil einer überholten Theologie nicht als Einheit, sondern als zwei parallele, sich nie treffende, eher auseinandertendierende Stränge aufgefaßt. Es wird abermals - trotz gegenteiliger Beteuerungen - die Abwertung des Weltlichen als die der Kirche antagonistisch gegenüberstehende Domäne kultiviert. Hier wirkt eine Sicht der Welt nach, die sich in drastischer Formulierung im Ersten Vatikanum findet. Dieses sah sich zu der Situationsbeschreibung veranlaßt: "Von Tag zu Tag stürmen die Pforten der Unterwelt mit größerem Haß von allen Seiten gegen die von Gott gelegte Grundmauer der Kirche, um sie, wenn es möglich wäre, zu zerstören."[6] Vor dem Hintergrund der das Erste Vatika-

4 Vgl. **Sekretariat der Deutschen Bischofskonferenz (Hg.)**: Zur Ordnung der pastoralen Dienste, 12 f.

5 Vgl. **Internationale Theologenkommission/Lehmann, K.**: Theologie der Befreiung, 191.

6 **Neuner, J./Roos, H.**: Der Glaube der Kirche in den Urkunden der Lehrverkündigung, Nr. 437.

num prägenden Selbstbehauptungsbestrebungen der Kirche gegenüber der Gesellschaft kann man nur zu der Deutung kommen, daß hier Welt und Unterwelt als Sphäre der "bösen Mächte" identifiziert werden.[7] Die Welt als der Ort, an dem eben nicht Heil ist, kann nach diesem Denkschema nicht als der Ort erscheinen, in den hinein sich Gott den Menschen selbst mitteilt und so Heil konstituiert. Gott wird nicht als ein Gott wahrgenommen, der die Geschichte des Menschen gerade auch in den Verstiegenheiten des alltäglichen, irdischen Lebens mitgeht.[8] Vielmehr wird das Bild eines Gottes vermittelt, der in Heilsreservaten wartet und den Menschen eine Verneinung ihrer Weltlichkeit abverlangt. Erhebliche Bedenken bringt deshalb auch Max Keller gegenüber der Weltdienst-Heilsdienst-Dichotomie vor:

"Was heißt es, wenn gesagt wird, der Laie habe eine innerweltliche Aufgabe, eine besondere Beziehung zur Säkularität, er habe seine Heiligkeit in der Arbeit an der Welt und durch diese Arbeit zu verwirklichen, er habe in normalen weltlichen, menschlichen Situationen Christ zu sein? Solche Aussagen wurzeln in einem statischen Kirchenbegriff, in dem eine Grenzziehung zwischen Kirche und Welt gradlinig möglich ist. In einer solchen in sich ruhenden Kirchenvorstellung gelingt die Rollenaufteilung. Der Klerus übt die amtlichen Geschäfte des Priester-, des Lehrer- und Hirte-Seins in der Kirche aus. Die Laien sind zwar Glieder dieser Kirche, bleiben aber Objekte der Heilssorge und Heilstätigkeit des Klerus. Sie können in der Kirche 'per participationem' am Tun der hierarchischen Amtsträger mitwirken. Ihr eigentliches Arbeitsfeld ist aber die Welt. Dort haben sie ohne direkte Beziehung zum Missionsauftrag der Kirche (an dem sie aber wiederum in besonderen Fällen partizipieren können) eine Aufgabe im christlichen Umgang mit der weltlichen Wirklichkeit.

In dieser Sicht stellen sich noch einige weitere Fragen. Wird hier nicht immer noch zu sehr mit einem Kirchenbild gearbeitet, das vor allem das Amt als Kirche versteht, während die Nicht-Amtsträger zwar auch dazugehören, aber eigentlich erst an zweiter Stelle? Versteht man die Kirche zwar nicht mehr einseitig als Kirche des Klerus, aber immer noch als Kirche, in der die Amtsträger das Zentrum bilden, während die Laien am Rande stehen?

Ist diese Trennung zwischen weltlichem Leben und kirchlichem Leben nicht eine Fiktion? Wirkt sich hier nicht die alte Vorstellung der Kirche als societas perfecta neben dem Staat aus? Wird nicht von solchen Modellen her vom In-der-Kirche-Sein und In-der-Welt-Sein gesprochen? Verbirgt sich dahinter nicht die alte Selbstverteidigungsmentalität der Kirche, die sich einen souveränen Freiheitsraum erhalten möchte? Gibt es ein anderes Christsein als in normalen, weltlichen, menschlichen Situationen?"[9]

Angesichts dieser massiven Bedenken gegenüber der Trennung zwischen einem weltlichen und einem kirchlichen Bereich und in Konsequenz dazu zwischen einem marginalen Weltdienst der Laien und einem dem gegenübergestellten zentralen Heilsdienst des Klerus erscheint es tatsächlich geboten, den Begriff "Laie" im Sinne der Kenn-

---

7 Vgl. **Gabriel, K.**: Christentum zwischen Tradition und Postmoderne, 92.

8 Vgl. **Rahner, K.**: Grundkurs des Glaubens, 132-138, 147-157.

9 **Keller, M.**: Theologie des Laientums, 395 f.

zeichnung aller nichtklerikalen Gläubigen als inadäquate abwertende Standesbeschreibung fallen zu lassen und statt dessen von "Christinnen" bzw. "Christen" zu sprechen[10]. Gleichfalls ist die in den Begriffen "Weltdienst" und "Heilsdienst" ausgedrückte Unterscheidung einer scharfen Kritik zu unterziehen; denn "ihr paralleler Gebrauch läßt den Eindruck entstehen, 'Heil' sei auch ein Raum, der dann von 'Welt' abgesetzt ist. Der Dienst der Kirche dient dem Heil der Welt, Welt ist nicht heillos. Heil kann sich nur in Welt verwirklichen. Weltdienst ist Heilsdienst. Der Eindruck entstand, daß Laien vom wesentlichen Tun der Kirche, die dem Heil der Welt dient, abgedrängt werden sollten, daß ihnen das rein Profane und weniger Wesentliche überlassen werden sollte."[11]

Nach wie vor wird jedoch dieses Begriffspaar im kirchlich-theologischen Diskurs verwendet und zwar mit verschiedenen Verständnisnuancen, Aussageintentionen und bewußtseinsbildenden Auswirkungen. Es gilt nun, diesen Implikationen der Verwendung des Begriffspaares nachzugehen.

4.1.1.1.3 Die Ambivalenz im Gebrauch des Konzepts

Einen wichtigen Anhaltspunkt für die inhaltliche Füllung des Begriffs "Weltdienst" liefert die *Gemeinsame Synode der Bistümer in der Bundesrepublik Deutschland* in ihrem *Beschluß "Die pastoralen Dienste in der Gemeinde"*[12]. Hinsichtlich der Bestimmung der Sendung der Laien greift die Synode auf die Kirchenkonstitution des Zweiten Vatikanums zurück und sieht im "Weltcharakter" die besondere Eigentümlichkeit der Laien. Aufgrund dessen bestehe die Aufgabe der Laien in der und für die Welt darin, "das soziale Milieu, Beruf und Freizeit, Mentalität und Sitte, Gesetz und Strukturen der Gesellschaft durch Wort und Tat mit dem Geist Jesu Christi zu durchdringen"[13]. Den Auftrag der Laien in der Welt charakterisiere aber auch, daß er zurückwirkt auf die Gemeinde als Dienst an deren Gestaltung, insofern die Laien die von ihnen in profanen Lebensbereichen gesammelten Erfahrungen und Fragen in die Gemeinde einbrächten. Die theologische Qualifikation des Weltdienstes bestehe darin, daß in ihm eine Form des Glaubenszeugnisses im jeweiligen Lebensbereich des Menschen gegeben ist, weshalb Walter Kasper in der Einleitung zu diesem Beschluß den Weltdienst der Laien als "Mission nach außen"[14] bezeichnen kann. So werden in diesem Synodendokument Familienkreise, Verbände, Nachbarschaften oder ähnliche Zusammenschlüsse aus dem alltäglichen Leben als vornehmliche strukturelle Schienen des speziell in pastoralen Berufen von Laien ausgeübten Weltdienstes angegeben.[15]

---

[10] Vgl. **Klostermann, F.**: Kommentar zu: Dekret über das Apostolat der Laien, 611.

[11] **Hammans, H.**: Weltdienst und Heilsdienst, 412.

[12] Vgl. **Gemeinsame Synode** I, 597-636.

[13] Ebd. 609.

[14] **Kasper, W.**: Einleitung, 587.

[15] Vgl. **Gemeinsame Synode** I, 610.

Viele Gedanken des Synodenbeschlusses aufgreifend operieren auch die von den deutschen Bischöfen formulierten *"Grundsätze zur Ordnung der pastoralen Dienste"*[16] mit dem Weltdienst-Heilsdienst-Konzept. Auch sie sehen im Rahmen der für alle Glieder des Gottesvolkes geltenden Sendung Christi im Weltdienst den primären Dienst der Laien. Als vornehmliche Felder dafür gelten der weltliche Beruf, die Familie und die anderen Bereiche des Lebens. Ähnlich wie im Synodenbeschluß dient dieser für alle Laien als Eigentümlichkeit festgestellte Weltdienstauftrag den deutschen Bischöfen als Ansatzpunkt für die Bestimmung der Tätigkeit von Laien in pastoralen Berufen: "Der primäre Dienst der Laien ist der Weltdienst. ... Dieses theologische Proprium der Laien ist auch maßgebend für den theologischen Ort der Laien im pastoralen Dienst. Es kommt ihnen insbesondere zu, innerhalb des pastoralen Dienstes bestimmte Sachgebiete bzw. bestimmte Lebensbereiche des christlichen Weltzeugnisses zu betreuen."[17]
Beide Dokumente, der Synodenbeschluß und die Ordnung der pastoralen Dienste, scheinen sich also in Hinblick auf das Weltdienst-Verständnis zu gleichen. Tatsächlich jedoch zeigt sich ein gravierender Unterschied zwischen beiden.[18]
Der *Synodenbeschluß "Die pastoralen Dienste in der Gemeinde"* nimmt für die Bestimmung der pastoralen Dienste und zwar *aller* Dienste, einschließlich derjenigen der geweihten Amtsträger, zunächst eine Grundlegung vor in Form einer eingehenden Darlegung der fundamentalen Gleichheit aller Christen und somit der Gleichrangigkeit aller Dienste. Ausgangspunkt ist dabei Jesus Christus als "Grund und Maß des gesamten Lebens und Wirkens der Kirche und aller ihrer Dienste"[19]. Durch Taufe und Firmung werden alle Christinnen und Christen zu Trägern der Sendung Jesu Christi. Die Verbindung mit und die Sendung durch Jesus Christus ist der Grund für alles, was in der Kirche geschieht und getan wird. Die *eine* Sendung der Kirche gilt der Anstrengung, das Heil in der Geschichte der Menschen, in ihren Nöten zu vergegenwärtigen[20], und diese *eine* Sendung ist der *ganzen* Kirche aufgegeben, da sie als Ganze und nicht nur in Teilen das priesterliche Volk Gottes ist, das berufen ist, durch Verkündigung, Sakramente und Dienst für die Menschen Jesus Christus zu bezeugen[21]. Innerhalb dieses einen Dienstes gibt es zwei Dimensionen, die sich bei einzelnen Diensträgern oder in bestimmten Situationen zu Schwerpunkten entwickeln können: Die Hinordnung des Dienstes zur Gemeinde und die Hinordnung zur Gesellschaft. Aber beide Dimensionen durchziehen den ganzen Dienst. Von diesem einen Dienst sind manche Teildienste "unmittelbar auf den Aufbau der Gemeinde, andere unmittelbar auf den Dienst in der Gesellschaft bezogen. Dennoch lassen sich Gottesdienst und Dienst am Menschen,

---

16 Vgl. **Sekretariat der Deutschen Bischofskonferenz (Hg.)**: Zur Ordnung der pastoralen Dienste, 5-20.

17 Ebd. 16 f.

18 Einen ausführlichen Vergleich der beiden Dokumente und einen Dechiffrierungsversuch ihrer Aussageintentionen hat Christoph Kohl vorgenommen (vgl. **Kohl, C.**: Amtsträger oder Laie?, 99-142).

19 **Gemeinsame Synode** I, 602.

20 Vgl. ebd. 603.

21 Vgl. ebd. 604.

Heilsdienst und Weltdienst nicht voneinander trennen; alle Dienste sind Gottesdienst, alle Dienste bauen Gemeinde auf, alle Dienste sind Dienst am Menschen."[22] Daß der Bezug zu Welt, Gesellschaft und profanem Leben eine durchgängige Dimension des einen Dienstes der Kirche bildet, betont der Synodenbeschluß nachdrücklich durch die diakonische Charakterisierung dieses Dienstes der Kirche. Demnach gehört zur Sendung der Gemeinde "wesentlich"[23], also nicht als eine mögliche, sondern als eine das Wesen des kirchlichen Dienstes konstituierende Bestimmung, "ihre Sorge um die einzelnen in ihrer vielgestaltigen Not wie der Einsatz für Frieden, Gerechtigkeit und Freiheit. Die Gemeinde darf nicht neben den Problemen der Gesellschaft herleben, sondern muß mitten in ihr präsent sein. Sie muß sich verantwortlich wissen für die gesellschaftlich an den Rand Gedrängten und Zurückgesetzten, für die Entrechteten und alle Menschen in Not."[24] Erst nach dieser Fundierung und mit einer nochmaligen Betonung, daß alle Christinnen und Christen an der Sendung Jesu Christi zum Aufbau der Kirche in (nicht neben) der Welt teilhaben, daß alle das priesterliche Volk Gottes bilden, daß alle das Heilswerk Jesu Christi in der Gesellschaft und im alltäglichen, menschlichen Leben zu vergegenwärtigen haben und daß der Auftrag zum Dienst in der Welt allen gilt, wird den Laien dieser Bezug zur Welt als Spezifikum zugeordnet.[25] Die Spezifizierung der Laien besteht also nicht etwa darin, daß sie mit der Welt oder der Gesellschaft einen vornehmlich für sie freigehaltenen Teilbereich als Ort ihrer Aktivität bekämen. Der Synodenbeschluß spricht den Laien vielmehr zu, daß sie eine bestimmte Dimension des ganzen Dienstes der Kirche, die sich somit auch auf alle Teildienste bezieht, repräsentieren. Die Rede vom "Weltcharakter" oder "Weltdienst" ist also im Synodenbeschluß nicht nur in den umfassenden Deutungsrahmen der Teilhabe aller an der einen Sendung der Kirche eingebunden, sie fungiert auch als Ausdruck der Einheit des kirchlichen Dienstes: Wer den Weltbezug als Charakteristikum zugesprochen bekommt, wird potentiell mit dem ganzen Dienst der Kirche betraut, weil der Weltbezug den ganzen Dienst und alle Dienste der Kirche strukturiert. Der Weltbezug des Christen und der Christin fundiert seine und ihre Zuständigkeitskompetenz für das ganze Spektrum kirchlicher Dienste.

Gänzlich anders präsentiert sich dagegen die Argumentation in den *Grundsätzen zur Ordnung der pastoralen Dienste*. Statt der für die ganze Kirche geltenden Sendung betonen sie von Beginn an die Unterschiedenheit der einzelnen pastoralen Dienste und geben als fundamentale Prämisse für eine Bestimmung der pastoralen Dienste "die theologische Unterscheidung zwischen den in Taufe und Firmung begründeten Diensten und dem im Weihesakrament begründeten kirchlichen Amt"[26] an. Zwar wollen die deutschen Bischöfe wohl in Orientierung am oben dargestellten Synodenbeschluß die Ausschließlichkeit der Unterscheidung negieren, indem sie versichern, man dürfe

[22] Ebd. 606.

[23] Ebd.

[24] Ebd.

[25] Vgl. ebd. 609.

[26] **Sekretariat der Deutschen Bischofskonferenz (Hg.)**: Zur Ordnung der pastoralen Dienste, 9.

keineswegs folgern, "der Dienst an der Gemeinde sei ausschließlich Aufgabe des Amtes, der Dienst an der Gesellschaft ausschließlich Aufgabe der Laien"[27]. Gerade in dieser Aussage verrät jedoch der Wortgebrauch den Wechsel in der Aussageintention gegenüber dem Synodenbeschluß. Während dieser vom "Dienst *in* der Gesellschaft"[28] spricht, ist in dem eben zitierten Abschnitt der Grundsätze zur Ordnung der pastoralen Dienste vom "Dienst *an* der Gesellschaft bzw. *an* der Gemeinde" die Rede. Gesellschaft und Gemeinde erscheinen als zwei verschiedene, nebeneinander angesiedelte Bereiche, die den jeweiligen Dienstträgern als Objekte gegenüberstehen und *an* denen etwas getan wird. Weiterhin sprechen die Bischöfe von der "Aufgabe" des Amtes bzw. der Laien. Gemeinde und Gesellschaft werden hier offensichtlich nicht als Lebensorte verstanden, auf die jeweils der ganze Dienst der Kirche hingeordnet ist, sondern eben als Aufgabenfelder, die die kirchlichen Dienste gliedern. Deshalb muß man die Relativierungen, es gäbe "*auch* eine dem kirchlichen Amt eigene Verantwortung für Welt und Gesellschaft ...[und] *auch* eine dem Laien eigene Verantwortung für Gemeinde und Kirche"[29], so interpretieren, "daß der 'Dienst an der Gemeinde' in erster Linie das ordinierte Amt angeht und nur sekundär die Laien und daß umgekehrt der 'Dienst an der Gesellschaft' vor allem Sache der Laien ist und nur bedingt das ordinierte Amt berührt"[30]. Diese Abgrenzungsintention wird nochmals nachdrücklich belegt durch die theologische Behauptung: "Nicht ableitbar aus der in Taufe und Firmung begründeten Teilhabe aller Glieder des Gottesvolkes an der Sendung der Kirche ist die besondere Sendung des *kirchlichen Amtes*, ..."[31] und durch die dagegengesetzte Bestimmung, die Laien nähmen ihre Verantwortung für das Leben der Gemeinden vor allem in ehrenamtlichen pastoralen Diensten wahr[32]. Unterstrichen wird dabei die Aufspaltung des kirchlichen Dienstes in Arbeitsbereiche nicht nur durch die einseitige Konnotation von Laientätigkeit und Ehrenamtlichkeit, sondern auch durch die konsequente Verwendung des Begriffs "Amt" für die Rolle der Kleriker und des Begriffs "Dienst" für die Rolle der Laien.[33] Auf dem Hintergrund dieser von der Abgrenzungsintention geprägten Bestimmung der kirchlichen Aufgabenbereiche erfolgt die ausdrückliche Spezifizierung der Sendung der Laien: "Der primäre Dienst der Laien ist der Weltdienst."[34] Aufgrund dieses Propriums komme es den Laien im pastoralen Dienst zu, "bestimmte Sachgebiete bzw. bestimmte Lebensbereiche des christlichen Weltzeugnisses zu betreuen"[35]. Diese

---

27 Ebd.

28 **Gemeinsame Synode** I, 606.

29 **Sekretariat der Deutschen Bischofskonferenz (Hg.)**: Zur Ordnung der pastoralen Dienste, 9 f.

30 **Kohl, C.**: Amtsträger oder Laie?, 105 f.

31 **Sekretariat der Deutschen Bischofskonferenz (Hg.)**: Zur Ordnung der pastoralen Dienste, 10.

32 Vgl. ebd.

33 Vgl. zur Problematik der Tendenz, den Laien die Bezeichnung *Amt* vorzuenthalten **Rahner, K.**: Pastorale Dienste und Gemeindeleitung, 142-145; **Klostermann, F.**: Zur neuen "Ordnung der pastoralen Dienste", 27-37; **Kohl, C.**: Amtsträger oder Laie?, 108-112.

34 **Sekretariat der Deutschen Bischofskonferenz (Hg.)**: Zur Ordnung der pastoralen Dienste, 16.

35 Ebd. 17.

spezifische Zuständigkeit der Laien für Sachgebiete des Weltdienstes könne dann als Ausgangspunkt dafür dienen, daß sie in ihren pastoralen Diensten zur "*Mitwirkung an der einen oder anderen kirchenamtlichen Aufgabe* ... [oder zur] *Unterstützung des Dienstes kirchlicher Amtsträger*"[36] herangezogen werden.
Die Abweichung der "Grundsätze zur Ordnung der pastoralen Dienste" gegenüber dem Synodenbeschluß hinsichtlich der Aussageintention des Theorems "Weltdienst" ist offensichtlich: War die Rede von "Weltdienst" oder "Weltcharakter" im Synodenbeschluß eine Integrationsformel, so zeigt sie sich in der Ordnung der pastoralen Dienste als Separationsformel. Wurde der Weltbezug im Synodenbeschluß als eine konstitutive Dimension aller Dienste der Kirche gesehen und wurde der explizite Begriff "Weltdienst" im Synodenbeschluß nur einmal verwendet und zwar bezogen auf alle Dienste, so daß der Synodenbeschluß, wenn überhaupt, nur die Formulierung "Weltdienst der Kirche" nahelegt, so sehen die deutschen Bischöfe in ihrer Ordnung der pastoralen Dienste im Weltdienst ein primär den Laien zukommendes Aufgabengebiet und verwenden den Begriff "Weltdienst" ausdrücklich zur Kennzeichnung der Laien. Analog dazu hält der Synodenbeschluß für die Laien vielfältige, aus ihrer Berufung zur Vergegenwärtigung des Heilswerkes Jesu Christi erwachsende Dienste offen, in denen sie zum Aufbau der Gemeinde beitragen und "am amtlichen Auftrag der Kirche teil[-nehmen]"[37], während die Ordnung der pastoralen Dienste den Laien nur eine aus ihrem separaten Zuständigkeitsbereich des Weltdienstes erwachsende Mitwirkung bzw. Unterstützung für kirchliche Amtsträger bei deren Erfüllung des amtlichen Auftrags der Kirche zuschreibt und auf eine Reservierung der amtlichen Qualifikation für die Tätigkeit der geweihten Amtsträger bedacht ist[38]. Im Sinne der Separationsintention der "Grundsätze zur Ordnung der pastoralen Dienste" ist die Unterscheidung zwischen Heils- und Weltdienst zum programmatischen, theologischen Legitimationstheorem für die Unterscheidung zwischen Praxisbereichen der geweihten Amtsträger einerseits und der Laien andererseits geworden.

---

36 Ebd. 18.

37 **Gemeinsame Synode** I, 610.

38 Vgl. **Kohl, C.**: Amtsträger oder Laie?, 115-119. - Es ist allerdings irritierend, daß Kohl, nachdem er diese Bedeutungsverschiebung des Begriffs "Weltdienst" in einem ausführlichen, mühsamen Vergleich zwischen dem Synodenbeschluß und den "Grundsätzen zur Ordnung der pastoralen Dienste" und die Abgrenzungsintention der letzteren nachgewiesen hat, sich veranlaßt sieht, die Ordnung der pastoralen Dienste später gegen die Kritik, daß in ihr eine theologisch fragwürdige Separation zwischen Heils- und Weltdienst vorgenommen wird (vgl. **Hochstaffl, J.**: Praktisch-theologische These, 114-116; **Roman, K.**: Thesen zur Frage der Ämter in der Kirche, 133; **Hammans, H.**: Weltdienst und Heilsdienst, 412 f.), zu verteidigen und in einer ebenso mühsamen Interpretation ihre Abgrenzungsintention zu relativieren.

4.1.1.1.4 Ideologisierungen des Konzepts

Teils schon vor der Veröffentlichung der "Grundsätze zur Ordnung der pastoralen Dienste", teils durch diese forciert, wurde die Unterscheidung zwischen Heils- und Weltdienst genau in dieser Bedeutung einer Dichotomie eingesetzt und zur Legitimation von Aufspaltungsmaßnahmen bezüglich kirchlicher Gruppen, Inhalte, Strukturen oder Praxisformen instrumentalisiert. So dient die Weltdienst-Heilsdienst-Dichotomie als eine vor allem im Verbandskatholizismus beliebte und verbreitete Argumentationsfigur für das Ansinnen, die Präsenz von Laien in der Kirche strukturell zu institutionalisieren und gegenüber den Amtsträgern zu profilieren.[39] Gerade das Zentralkomitee der deutschen Katholiken mit den entsprechenden Einrichtungen auf Landes- und Diözesanebene gebraucht das Konzept der Weltdienst-Heilsdienst-Dichotomie laufend dazu, einen den sogenannten "Laien" zukommenden Aufgabenbereich im Übergangsfeld zwischen Kirche und Gesellschaft zu proklamieren und so die Existenz einer zweiten kirchlichen Strukturschiene neben der Struktur der kirchlichen Hierarchie bzw. die jeweils eigene Position in dieser "Laienschiene" zu rechtfertigen. So erläutert Walter Bayerlein die Funktion katholischer Laien-Verbände dadurch, daß er sie als "Brücke zwischen Kirche und Welt"[40] darstellt. Erkauft wird diese Legitimation der Organisationen des Laienkatholizismus durch einen "Burgfrieden", bei dem den Laien eine eigenständige Kompetenz in der Gestaltung "weltlicher Dinge" zugesprochen, umgekehrt aber die alleinige Entscheidungshoheit der kirchlichen Amtshierarchie für den sogenannten "binnenkirchlichen" Bereich um so weniger angetastet, vielmehr sogar betont wird. Dadurch wird eine Mentalität genährt, in der sich Laien als eine für sich stehende Gruppe innerhalb des übergeordneten Gefüges der Kirche, nicht aber selbst als Kirche begreifen.[41] Das Anliegen, allen Gläubigen eine Entscheidungskompetenz für kirchliche Belange einzuräumen oder Laien den Zugang zu kirchlichen Ämtern zu ermöglichen, wird von diesen "Laienvertretungsorganisationen" selbst als Reklerikalisierungstendenz desavouiert.[42] "Seltsam klingt es dann, wenn das noch mit der Schutz- und Stützungsbedürftigkeit der Identität des Laien begründet wird."[43]

Angesichts dessen läßt sich das Fazit ziehen: Durch die programmatische Übernahme und argumentative Verwendung des Weltdienst-Theorems verschärft der organisierte Laienkatholizismus, vor allem repräsentiert durch das Zentralkomitee der deutschen Katholiken, lediglich zusätzlich ein Problem, welches er eigentlich zu lösen versucht, nämlich die ekklesiologische Abwertung der nichtgeweihten Gläubigen, also der sogenannten "Laien", gegenüber den geweihten Amtsträgern der Kirche. Der Gebrauch des Weltdienst-Theorems im organisierten Laienkatholizismus zeitigt gerade keinen Effekt

---

39 Vgl. dazu die diversen Selbstverständniserklärungen und Veröffentlichungen des Zentralkomitees der deutschen Katholiken zum Beispiel in dessen Organ "Berichte und Dokumente".

40 **Bayerlein, W.**: Spannung zwischen Kirche und Welt.

41 Vgl. **Klinger, E.**: Der Laienkatholizismus, 16.

42 Vgl. **Maier, H.**: Politische Theologie?, 88.

43 **Klostermann, F.**: Zur neuen "Ordnung der pastoralen Dienste", 40.

hinsichtlich der Beschreibung eines authentischen Ortes nichtgeweihter Christinnen und Christen *in* der Kirche. Als einziger Effekt der geschilderten Argumentationsfigur bleibt die quasitheologische Legitimation der Organisationsformen des Laienkatholizismus als zweite Strukturschiene der Kirche übrig. Dadurch erweist sich die Rede vom Weltdienst als Proprium der Laien nicht mehr als eine - wie skeptisch auch immer zu beurteilende - theologische Formel, sondern als ideologische Formel.
Diese Ideologisierung der Weltdienst-Heilsdienst-Dichotomie zeigte sich in nochmals forcierter Form im Vorfeld der 1986 stattgefundenen Bischofssynode zur Frage der Laien in der Kirche. In den zur Vorbereitung dieser Synode bestimmten Lineamenta[44] wird das Bestreben der Laien, zu entscheidungsrelevanten kirchlichen Ämtern Zugang zu erhalten, sogar als eine drohende Gefahr abgewehrt. Man befürchtet, eine deutlichere Beteiligung von Laien an den kirchlichen Ämtern und somit die Übergabe von binnenkirchlich relevanten Entscheidungskompetenzen könnte eine "Unklarheit über das rechte Verhältnis heraufbeschwören, das in der Kirche zwischen Klerus und Laienschaft herrschen muß, und dadurch könnte die Heilssendung der Kirche geschmälert werden, die sich - besonders durch die Laien - in der Welt der zeitlichen und irdischen Wirklichkeiten und für sie verwirklichen soll"[45]. Dabei stützen sich die Lineamenta auf das apostolische Schreiben "Evangelii nuntiandi" Papst Pauls VI. und beziehen sich auf die dortige Aussage, daß es weniger Aufgabe der Laien sei, am Aufbau der Kirche mitzuwirken, als vielmehr das Evangelium in der Welt zu verwirklichen[46]. Erklärt wird die Zuweisung dieses Aufgabenbereichs wiederum mit dem besonderen Weltcharakter der Laien[47], wobei die Argumentation hier aufschlußreiche Nuancierungen aufweist: In dem Streben der Laien nach mehr binnenkirchlicher Kompetenz durch Zugangsmöglichkeiten zu verschiedenen Ämtern und Funktionen wird eine "Klerikalisierung der Laien" gesehen, die es vor allem aus zwei Gründen abzulehnen gelte. Zum einen seien viele Laien aufgrund ihres besonderen Weltcharakters bzw. ihres Lebens in den Verhältnissen der Welt von der Säkularisierung derart ergriffen, daß sie in der Identität ihres christlichen Glaubens gefährdet seien; die Bestrebungen der "Klerikalisierung der Laien" seien ausdrücklich auf dem Hintergrund ihrer glaubensgefährdenden "Säkularisierung" zu sehen und zu bewerten und folglich als Gefährdung der Identität der Kirche abzuwehren. Zum anderen sei mit dem Bemühen um mehr binnenkirchliche Präsenz der Laien die Tendenz verbunden, daß sie damit lediglich aus der Welt fliehen wollten.[48] Dies sei jedoch unstatthaft, da die Berufung der Laien zur Ausübung von Aufgaben im weltlichen Bereich nicht nur eine soziologische Beobachtung, sondern eine "theologi-

---

[44] Vgl. **Bischofssynode**: Berufung und Sendung der Laien.

[45] Ebd. 9.

[46] Vgl. **Sekretariat der Deutschen Bischofskonferenz (Hg.)**: Apostolisches Schreiben "Evangelii nuntiandi", 56.

[47] Vgl. **Bischofssynode**: Berufung und Sendung der Laien, 22.

[48] Vgl. ebd. 10 f.

sche und kirchliche Gegebenheit"[49] sei und der Laie seine Identität nicht nur in der Kirche, sondern auch in der Welt fände[50]. Aufgrund dieser Zwischenstellung hätten im Gegensatz zu den Klerikern die Laien einen vornehmlichen Aufgabenbereich in der "zeitlichen Ordnung". Auf der anderen Seite sei ihre Zugehörigkeit zur Kirche Grundlage dafür, daß sie auch einen "Dienst an der Kirche leisten können und müssen"[51].
Mit diesen Aussagen der Lineamenta zur Vorbereitung der Bischofssynode von 1986 hat die Vorstellung eines vorrangigen Weltbezugs der Laien eine neue Qualität angenommen, nämlich die Qualität als unseriösen Herrschaftsmittels zur theologischen Diffamierung der Gläubigen. Die Thematisierung des "Weltcharakters" der Laien erfolgt tendenziell in Form perhorreszierender Bedenken: Laien werden hinsichtlich ihres Strebens nach kirchlicher Entscheidungskompetenz als Quelle einer potentiellen Gefahr für die Identität der Kirche deklariert. Sie gelten als Kräfte, die eben aufgrund des Weltbezugs in besonderer Weise für Säkularismen anfällig und somit in einer gewissen Distanz zu den zentralen Positionen der Kirche zu halten seien, um glaubensgefährdende Infiltrationen zu vermeiden.
Auf dem Hintergrund dieser Intention bekommen weitere Formulierungen der Lineamenta, die für sich genommen unproblematisch klingen mögen, eine bezeichnende Aussagetendenz. Der Hinweis, daß alle Berufungen der Kirche eine grundsätzliche, aber "nicht alle auch eine *institutionelle amtliche* Anerkennung und Förderung von seiten der Hierarchie"[52] erfordern, wirkt nicht wie eine Anerkennung institutionsunabhängiger, spontaner Praxis der Gläubigen, sondern muß hier als Versuch gewertet werden, die institutionell-amtliche Verankerung der Ausübung offiziös-kirchlicher Funktionen durch Laien zu unterbinden. In der Konsequenz dieses Denkens liegt es dann, daß zwar eine "Stellung der Laien in der Kirche"[53] konstatiert wird, daß die Dienste der Laien aber als "anvertraut" bzw. als von der Kirche "organisiert" gelten, daß sie der Heilssendung der Kirche insofern dienen könnten, als die Laien "zu unmittelbarerer Mitarbeit mit dem Apostolat der Hierarchie berufen werden"[54], und daß sie nicht, wie etwa der Synodenbeschluß "Die pastoralen Dienste in der Gemeinde" formuliert, Dienste *der Kirche* oder *in* der Kirche sind, sondern ein "*Dienst an der Kirche*"[55]. Damit ist offensichtlich, daß die Lineamenta die Träger der Heilssendung der Kirche bzw. die Kirche als solche mit

[49] Ebd. 22. - Mit diesem Hinweis wollen die Lineamenta sich vermutlich gegen die auf breiter Basis der theologischen Diskussion anerkannte Interpretation wenden, daß die in der Kirchenkonstitution des Zweiten Vatikanums "Lumen gentium" getroffene Aussage bezüglich des Weltcharakters der Laien nur eine soziologisch-beschreibende, funktionelle bzw. technisch-behelfsmäßige Bestimmung, nicht aber eine theologische Wesensdefinition ist (vgl. **Schillebeeckx, E.**: Die typologische Definition des christlichen Laien, 269; **Kaiser, M.**: Die Laien, 185 f.).

[50] Vgl. **Bischofssynode**: Berufung und Sendung der Laien, 22.

[51] Ebd. 30.

[52] Ebd. 25.

[53] Ebd. 21.

[54] Ebd. 25. - Mit diesem Hinweis greifen die Lineamenta wieder auf die Kirchenkonstitution "Lumen gentium" Nr. 33 zurück.

[55] Ebd. 29.

der Hierarchie identifizieren und die Laien bzw. den ihnen zukommenden "Weltdienst" eher als eine der Kirche gegenübergestellte Größe denken.
Das Theorem eines vornehmlichen Bezugs der Laien zur Welt[56] erfährt demnach in den Lineamenta eine neue Stufe seiner ideologischen Verwendung. Während im Fall des institutionalisierten Laienkatholizismus Laien selbst das Weltdienst-Theorem als Formel der Abgrenzung von der klerikal-hierarchischen Kirchenstruktur und der vermeintlichen Etablierung eines eigenständigen Laienbereichs im fiktiven Übergangsfeld zwischen Kirche und Welt einsetzen, dient die Behauptung eines besonderen Weltbezugs der Laien in den Lineamenta als Abgrenzungsformel in den Händen der geweihten Amtsträger, mit der diese herrschaftsförmig eine Distanz zwischen den als potentielle Quellen problematischer Bestrebungen wahrgenommenen Laien und dem durch die Kleriker repräsentierten Kernbereich der Kirche stabilisieren wollen.
Daß die Vorstellung eines vorrangigen Standes der Laien in der Welt, der sie von den Klerikern als den vermeintlich nur dem Binnenbereich der Kirche zugehörigen Amtsträgern unterscheiden würde, gelegentlich die Gestalt theologischer Absurditäten annehmen kann, sei abschließend kurz an zwei Beispielen veranschaulicht. In Zusammenhang mit seiner Invektive gegen die "politische Theologie" von Johann Baptist Metz sieht sich Hans Maier[57] veranlaßt, politische Aktivitäten katholischer Laien - in scheinbar laienfreundlicher Diktion - als freien Bereich zu deklarieren, der nicht für die Vollzugsformen der Kirche vereinnahmt werden dürfe. Die Laien hätten sich im politisch-sozialen Bereich von der Amtskirche freigekämpft und dadurch ihre Autonomie im Politischen erreicht. Deshalb sei es nicht sinnvoll, die katholischen Verbände, das Zentralkomitee der deutschen Katholiken und ähnliche Organisationen etwa als synodale Gremien mit Mitbestimmungskompetenz in die offiziellen Strukturen der katholischen Kirche integrieren zu wollen, da damit eben die kirchenunabhängige, selbständige Position des Laienkatholizismus liquidiert würde.[58] Die Vorstellung der Integration des Laienkatholizismus in die Kirche sei eine "Einheitsschwärmerei"[59]. Von diesem Anliegen geleitet, kann Hans Maier dann auch eine Auffassung kultivieren, nach der der Katholizismus als Organisationsform der Laien und die Kirche als solche (nicht nur die sogenannte "Amtskirche") als verschiedene Größen zu denken seien. So ist für ihn die Katholische Arbeiterbewegung (KAB) "selbstverständlich nicht die Kirche, aber sie ist ein Teil des deutschen Katholizismus"[60]. Damit ist dezidiert behauptet, daß dort, wo nichtgeweihte Gläubige öffentlich und in eigenständiger christlicher Sendung handeln und dieses Handeln als ein gemeinsames Handeln im Auftrag Jesu Christi deuten, *nicht* Kirche verwirklicht sei, und zwar allein aus dem Grund, weil es sich um "Laien" handelt.

---

[56] Der Begriff "Weltdienst" wird in den Lineamenta nicht explizit, wohl aber dem Sinn nach verwendet.

[57] Vgl. **Maier, H.**: Politische Theologie?.

[58] Vgl. ebd. 88.

[59] Ebd. 89.

[60] **Maier, H.**: Probleme der Neuverfassung des deutschen Katholizismus, 175.

Die gleiche Spaltung zwischen Laien und Kirche reproduziert Kurt Krenn, wenn er eine Erklärung von Laien, in der diese unter anderem Solidarität mit den unter der Kirche leidenden Menschen, das Recht auf freie Meinungsäußerung und Mitbestimmung innerhalb der Kirche und einen menschengerechten Umgang zwischen Amtsträgern und Laien fordern, abweist mit dem Argument, den Laien stünde es nicht zu, sich in binnenkirchliche Angelegenheiten einzumischen.[61]
Wenn man nun berücksichtigt, daß sich im allgmein-kirchlichen und theologischen Diskurs nicht das im Synodenbeschluß "Die pastoralen Dienste in der Gemeinde" gegebene Verständnis von Weltdienst bzw. Weltcharakter durchgesetzt hat, sondern die von den "Grundsätzen zur Ordnung der pastoralen Dienste" bzw. vom organisierten Laienkatholizismus propagierte Verständnisvariante, dann läßt sich resümierend festhalten: Mit der Rede vom "Weltdienst" oder "Weltcharakter" bzw. vom Unterschied zwischen einem Heilsdienst und einem Weltdienst wird ein die sogenannten "Laien" und die ihnen zugeordneten Praxisformen separierendes, ausgrenzendes und - weil authentische Kirchlichkeit versagendes - abwertendes Interesse transportiert.

4.1.1.2 Die Identifizierung diakonischer Praxis als "Weltdienst"

Betrachtet man nun die Verwendungszusammenhänge des Konzepts der Weltdienst-Heilsdienst-Dichotomie, dann stellt sich heraus, daß neben manch anderem speziell die diakonische Praxis konsequent und ausschließlich als Weltdienst identifiziert wird.
Einen ersten Beleg dafür liefern bereits die *Texte des Zweiten Vatikanums*. In Artikel 36 der Kirchenkonstitution "Lumen gentium"[62] heißt es: "So soll die Welt vom Geist Christi erfüllt werden und in Gerechtigkeit, Liebe und Frieden ihr Ziel wirksamer erreichen. In der Erfüllung dieser allgemeinen Pflicht haben die Laien einen besonderen Platz. Sie sollen also durch ihre Zuständigkeit in den profanen Bereichen und durch ihre innerlich von der Gnade Christi erhöhte Tätigkeit einen gültigen Beitrag leisten, daß die geschaffenen Güter gemäß der Ordnung des Schöpfers und im Lichte seines Wortes durch menschliche Arbeit, Technik und Kultur zum Nutzen wirklich aller Menschen entwickelt und besser unter ihnen verteilt werden und in menschlicher und christlicher Freiheit auf ihre Weise dem allgemeinen Fortschritt dienen. ... Außerdem sollen die Laien, auch in Zusammenarbeit, die Einrichtungen und Verhältnisse der Welt, da wo Gewohnheiten zur Sünde aufreizen, so zu heilen suchen, daß dies alles nach der Norm der Gerechtigkeit umgestaltet wird und der Ausübung der Tugenden eher förderlich als schädlich ist." (LG 36). Der Einsatz für Gerechtigkeit, die Verwirklichung von Liebe unter den Menschen, das Schaffen von Frieden, die gerechte Verteilung der Lebensgüter und -möglichkeiten unter allen Menschen, die Ermöglichung von Freiheit und die

---

[61] Die Aussage Kurt Krenns ist referiert in dem Bericht von **Csoklich, F.**: Ein kirchlicher Flächenbrand, 215.

[62] **Dogmatische Konstitution über die Kirche** (im weiteren Fortgang nur noch im Text zitiert mit dem Kürzel "LG" und der Artikelnummer).

heilende Umgestaltung ungerechter, sündhafter Verhältnisse - und mit all dem sind Postulate genannt, die die Kirche in ihrer diakonischen Praxis beanspruchen - werden dem Zuständigkeitsfeld der Laien im profanen Bereich zugeordnet. Im dritten Kapitel des Laiendekrets "Apostolicam actuositatem"[63] werden in ähnlicher Weise die diakonierelevanten Felder Familie, Jugend, soziale Milieus und das nationale und internationale Leben den Laien als ihre spezifischen Apostolatsbereiche zugewiesen (AA 9-14). Allerdings vermeidet man hier eine einseitige Identifizierung mit dem Bereich des Weltlichen und bezieht diese Apostolatsbereiche ausdrücklich auf das Wirken der Laien "sowohl in der Kirche als auch in der Welt" (AA 9). An anderer Stelle dieses Konzilsdekrets hingegen wird der Weltdienst in spezifischer Weise und ausdrücklicher auf die diakonische Praxis der Laien bezogen: "Die Laien aber müssen den Aufbau der zeitlichen Ordnung als die gerade ihnen zukommende Aufgabe auf sich nehmen ... unter den Werken dieses Apostolates ist die soziale Tätigkeit der Christen von besonderer Bedeutung" (AA 7). Das Konzil selbst also provoziert dazu, in ausdrücklicher Berufung auf seine Texte den "Weltdienst" konkretisiert zu sehen "im Einsatz für die Freiheit des Menschen, in der Arbeit für Gerechtigkeit, Frieden und Versöhnung unter den Menschen, in der Förderung menschlichen Glücks und in der Linderung menschlicher Leiden, im Kampf gegen Armut und Unterdrückung, insbesondere im Eintreten für die 'Schwachen' in der Gesellschaft"[64].

Lothar Roos unterscheidet zunächst zwischen den sozial-caritativen Unternehmungen der Kirche und der gesellschaftlichen Diakonie und identifiziert beide als Weltdienst, betont dann aber, daß auch die anderen Grundvollzüge der Kirche, Verkündigung, Gottesdienst und Sakramente, die den Heilsdienst ausmachten, Weltdienst sein könnten insofern, als sie dem Menschen zu einem menschlicheren Leben verhelfen.[65] Der beabsichtigte Nachweis der "Identität von 'Heilsdienst' und 'Weltdienst'"[66] wird hier also zum Beleg dafür, daß speziell die Diakonie ausschließlich als "Weltdienst" konnotiert wird, da nur die diakonische Dimension der anderen "heilsdienstlichen" Grundvollzüge, als "Weltdienst" charakterisiert wird, umgekehrt aber nicht die Diakonie als Komponente des Heilsdienstes erscheint.

In der Erörterung des Verhältnisses zwischen christlichem Heil und menschlichem Wohl bestimmt die *Internationale Theologenkommission* die Sorge der Kirche um das menschliche Wohl näher, indem sie ebenfalls auf die Diakonie der Kirche hinweist. "Die Solidarität und wirksame Hilfe gegenüber den Armen (in allen Bedeutungen dieses Wortes, z.B.: alle, die sich in einer geistigen, psychologischen oder materiellen Notlage befinden) gehört von alters her zu den vornehmsten Aufgaben der Kirche und aller ihrer Mitglieder."[67] Daß die Theologenkommission mit diesen Ausführungen den "Welt-

---

[63] **Dekret über das Apostolat der Laien** (im weiteren Fortgang nur noch im Text zitiert mit dem Kürzel "AA" und der Artikelnummer).

[64] **Gutachten des Beirats für Kultur des ZdK**, 18 f.

[65] Vgl. **Roos, L.**: Die gesellschaftliche Diakonie der Kirche, 107.

[66] Ebd.

[67] **Internationale Theologenkommission/Lehmann, K.**: Theologie der Befreiung, 192.

dienst" im Blick hat, ist daran ersichtlich, daß sie unmittelbar anschließend unter Berufung auf Stellen der Konzilsdokumente, welche die Zuständigkeit der Laien für die weltlichen Belange betonen, erklärt: "Der Aufbau und die Gestaltung der gesellschaftlich-politischen Ordnung ist in besonderer Weise den Laien aufgetragen"[68].
Eine ähnliche Argumentation zeigt *Karl Lehmann*[69]. In seiner Kritik der Abspaltung der Caritas von der Gemeinde versucht er, Perspektiven für deren Integration auch über die Frage nach dem "Verhältnis zwischen menschlichem Wohl und christlichem Heil ... [bzw. zwischen] geschichtlicher Weltverantwortung und eschatologischer Vollendung"[70] zu eröffnen. Dabei unterscheidet er die Diakonie als "gesellschaftskritische Praxis im politischen Sinne ... [und] die eigentliche Caritas als Grundfunktion der Kirche"[71]. Auf der Grundlage dieser Dualität von "gesellschaftlicher Diakonie" und "eigentlicher Caritas" bzw. der parallelen Unterscheidung zwischen menschlichem Wohl und christlichem Heil betont er es als ein Kriterium für das Zueinander von Pastoral und Caritas, "daß es zwischen der Weltverantwortung und dem eschatologischen Heil, zwischen humaner Aktivität und christlicher Hoffnung weder eine vermischende Identifizierung noch eine gleichgültige Trennung geben kann"[72]. Dieses "unvermischt und ungetrennt" von menschlichem Wohl und christlichem Heil erhält seine Plausibilität durchaus auf dem Hintergrund des immer geltenden "eschatologischen Vorbehalts". Es ist jedoch auch augenscheinlich mit der Tendenz belegt, den diakonischen Einsatz, der Heil-Erfahrungen über die Umgestaltung des gesellschaftlichen wie individuellen "weltlichen" Lebens zum Wohle des Menschen vermittelt, unter der Dichotomie von "Welt-" und "Heilsdienst" einseitig dem "Weltdienst" zuzuordnen, ihn als nicht-eigentliche Grundfunktion der Kirche eher am Rand des Kirchlichen oder Christlichen anzusiedeln und als nur bedingt heilsrelevante Praxis abzuwerten.
Einer der dezidiertesten Vertreter der Unterscheidung des "Weltdienstes der Laien" vom "Heilsdienst der geweihten Amtsträger", *Karl Forster*, stellt Familie, Berufswelt und Diakonie einerseits und Gemeinde bzw. Kirche andererseits als die beiden Felder der Sendung der Laien gegenüber.[73] Auf dem Hintergrund der von Forster ansonsten mit Vehemenz vertretenen Dichotomie zwischen "Heils-" und "Weltdienst" kann diese Aufteilung auch hier nur als Identifikation von "Weltdienst" und Diakonie interpretiert werden.
Analog beschreiben auch die *Lineamenta zur Bischofssynode "Berufung und Sendung der Laien"* die den Laien aufgetragene Sorge für die zeitliche Ordnung überwiegend anhand diakonischer Praxisformen und nennen als Beispiele die Verteidigung der Personwürde aller Menschen gegen Manipulation und Sklaverei, die Hilfe im Bereich des Sozialen und Politischen, die gerechte Verteilung der irdischen Güter und die

---

68 Ebd.

69 Vgl. **Lehmann, K.**: Theologische Reflexionen zur Integration, 244 f.

70 Ebd. 244.

71 Ebd. 245.

72 Ebd.

73 Vgl. **Forster, K.**: Die Sendung des Laien, 495.

Entwicklung einer menschlichen Kultur.[74] Aufschlußreich ist dann aber ein Vergleich dieser Lineamenta mit dem *Apostolischen Schreiben "Christifideles laici"*[75] von Papst Johannes Paul II. Dieses Schreiben, hervorgegangen aus der besagten Bischofssynode, korrigiert durchaus manche bedenklichen Aussagetendenzen der vorher heftig diskutierten und kritisierten Lineamenta, indem es z.B. die perhorreszierende Sicht der Laien als potentielle Quelle kirchenfeindlicher Säkularismen hinter sich läßt und "die Würde der Laien im Geheimnis der Kirche"[76] zum Ausgangspunkt nimmt. Hinsichtlich der inhaltlichen Füllung des "Weltdienst"-Theorems übernimmt jedoch das Schreiben die von den Lineamenta vorformulierte Gleichsetzung mit diakonischen Praxisformen bzw. -bereichen. Auch Papst Johannes Paul II. bekräftigt die Vorstellung, daß den Laien aufgrund ihres "Weltcharakters" hinsichtlich des Dienstes am Menschen und an der Gesellschaft ein Vorrang zukäme[77] und füllt diese Aufgabe dann unter anderem mit den Postulaten: Bewahrung der Würde eines jeden Menschen als Person; Solidarität der Menschen untereinander; Verteidigung der Menschenrechte; Verteidigung des Rechts auf Leben; soziales Engagement; Nächstenliebe; Dienst am Wohl der Menschen, vor allem der bedürftigen und der vergessenen Menschen; Einsatz, auch in politischer Form, für Gerechtigkeit, Friede und Solidarität mit den Armen; gerechte Verteilung der wirtschaftlichen Ressourcen und Produkte.[78]

Die Identifikation von Diakonie und "Weltdienst" erweist sich angesichts dieses Befundes in kirchlich-offiziösen Aussagen als nachhaltig propagierter und auffallend wenig problematisierter Aspekt der Annahme einer Dichotomie zwischen "Weltdienst" und "Heilsdienst". Mit einer unbefragten Selbstverständlichkeit wird die Diakonie als "Weltdienst" identifiziert. Damit ist sie aber gleichermaßen den Tendenzen ausgesetzt, die mit der Rede vom "Weltdienst" als solchem verbunden sind. Die Ansiedlung im "weltlichen" Bereich und somit im fiktiven Gegenüber zur Kirche läßt auch die Diakonie als etwas erscheinen, das nicht eigentlich in den Bereich des authentischen Selbstvollzugs der Kirche gehöre, sondern eher in einem irgendwie gearteten Übergangsfeld zwischen Kirche und Welt bzw. Gesellschaft gesucht werden müsse. Die Diakonie gilt als etwas, das vornehmlich den Laien zukomme und von dem sich somit die geweihten Amtsträger dispensiert fühlen dürften. Und die Diakonie wird schließlich als etwas betrachtet, das als nicht oder zumindest weniger heilsrelevante Praxis gegenüber den als "Heilsdienst" identifizierten Praxisformen einen Status minderen Wertes einnehme.[79]

Mit der Identifizierung von "Weltdienst" und Diakonie wird letztere aber auch auf ein deutliches Subjekt-Objekt-Gefälle zwischen den an ihr beteiligten Personen hin struktu-

---

[74] Vgl. **Bischofssynode**: Berufung und Sendung der Laien, 30-33.

[75] Vgl. **Sekretariat der Deutschen Bischofskonferenz (Hg.)**: Nachsynodales Apostolisches Schreiben CHRISTIFIDELES LAICI.

[76] Ebd. 16.

[77] Vgl. ebd. 56 f.

[78] Vgl. ebd. 57-72.

[79] Vgl. dazu kritisch **Zerfaß, R.**: Organisierte Caritas, 336 f.; **ders.**: Der Beitrag des Caritasverbandes, 19 f.; vgl. zur Konnotation von Diakonie und Weltlichkeit auch **Rich, A.**: Die Weltlichkeit des Glaubens.

riert. Der Durchgang durch die Verwendungszusammenhänge des Konzepts ließ unter anderem eine verräterische Veränderung in der Sprachregelung zutage treten. Wo der "Weltdienst", wie im Synodenbeschluß "Die pastoralen Dienste in der Gemeinde", als Integrationsformel verwendet wird, also mit der Intention, über dieses Konzept die Laien als authentische Träger kirchlicher Praxis in die Kirche einzubinden, wird von einem Dienst der Kirche *in* der Welt gesprochen. In den vielen anderen Verwendungszusammenhängen hingegen, wo der "Weltdienst" als Separationsformel dient, also mit der Intention verwendet wird, die "Laien" einerseits und die geweihten Amtsträger der Kirche andererseits bzw. deren Tätigkeits- und Kompetenzbereiche voneinander abzugrenzen, ist vom Dienst der Kirche *an* der Welt die Rede. Mit letzterer Formulierung ist eine Gegenüberstellung programmiert, in der die Menschen, für die der "Weltdienst" geleistet wird - und das sind im Grunde alle Menschen, insofern sie in der Welt und in der Gesellschaft leben -, nur als Objekte der jeweiligen Träger des "Weltdienstes" in Erscheinung treten. Diese Objekt-Struktur verdoppelt sich noch einmal dadurch, daß diejenigen, die das "Weltdienst"-Konzept zur Separation von "Laien" und geweihten Amtsträgern einsetzen, unausgesprochen, aber selbstverständlich davon ausgehen, daß die als vornehmliche Träger des "Heilsdienstes" gedachten klerikalen Amtsträger der Kirche zugleich die Instanzen seien, welche die Definitionsmacht innehaben zur Bestimmung dessen, was jeweils "Heilsdienst" und "Weltdienst" ist bzw. wer was von beiden ausführen darf.

4.1.1.3 Der "Weltcharakter" im Zweiten Vatikanum - eine Widerlegung des Konzepts der "Weltdienst-Heilsdienst"-Dichotomie

Die bedenklichen Implikationen, welche das Konzept der Weltdienst-Heilsdienst-Dichotomie für die Verortung der Diakonie in der Kirche zeitigt, geben Anlaß dazu, nach der theologischen Grundlage und somit nach Stimmigkeit und Legitimität des Konzepts zu fragen. Auf die Frage nach der theologischen Basis verweisen Protagonisten des Konzepts fast durchwegs auf das Zweite Vatikanum. Dieses gilt als die Gewährsquelle für die Rede vom "Weltdienst der Laien", da in seinen Texten das Leben in der Welt, der "Weltcharakter" als Ansatzpunkt der damals neu im Problembewußtsein aufgetauchten Bestimmung des ekklesiologischen Ortes der Laien firmiert. Gebrauch wie auch Kritik des Konzepts der Weltdienst-Heilsdienst-Dichotomie müssen sich folglich sowohl ausrichten an als auch selbst befragen lassen von der Bedeutung, welche die Behauptung eines "Weltcharakters" im Kontext des Zweiten Vatikanums hat. Es geht also im folgenden eigentlich nicht um eine Darstellung des Weltcharakter-Theorems in den Texten des Konzils in Form etwa der Interpretation aller Belegstellen des Begriffs. Die Überschrift formuliert absichtlich "Weltcharakter *im* Zweiten Vatikanum". Es geht darum, welche Bedeutung dem Begriff "Weltcharakter" legitimerweise zugesprochen werden kann, wenn er eingebettet im umfassenden Aussagekontext des Konzils wahrgenommen und verstanden wird, und welche Konsequenzen sich daraus für die Bewertung des Konzepts der Weltdienst-Heilsdienst-Dichotomie ergeben.

4.1.1.3.1 Die Aussage des Konzils: "Weltcharakter der Laien"

Im Jahr 1952 veröffentlichte Yves Congar ein Buch, dessen Erscheinen zu diesem Zeitpunkt als problemgeschichtliches Ereignis der Theologie gewertet werden muß. Gemeint ist Congars umfangreicher "Entwurf einer Theologie des Laientums"[80]. Es war zu diesem Zeitpunkt noch keineswegs selbstverständlich, in derart ausführlicher Weise nach dem Laien in der Kirche zu fragen und dies zumal als *Theologie des Laientums*, also mit der Intention, den Laien eine eigenständige theologische Würdigkeit zuzusprechen. Trotz aller Anzeichen eines Aufbruchs unter den Gläubigen in Gestalt z.B. der liturgischen Bewegung war nämlich bis dahin in der offiziellen, etablierten Theologie und in den amtskirchlichen Instanzen ein Denken vorherrschend, wonach durch eine theologische Klärung der jeweiligen Position und Funktion der geweihten kirchlichen Amtsträger zugleich auch schon das, was zur Wesensbestimmung der Kirche als solcher gehört, hinreichend gesagt sei. Ein Verständnis des "Laie-Seins" konnte in Konsequenz dazu nur als Ableitung des "Kleriker-Seins", vor allem als Beschreibung des "*Nicht*-Kleriker-Seins" der Laien zum Ausdruck kommen. Aussagekräftiges Beispiel für die damals "gültige" Sicht des Laien ist das, "was der *Codex Iuris Canonici* von 1917 über die Laien - also über das Volk Gottes! - zu sagen weiß. Nur *ein* grundlegender canon (682) bestimmt ihren theologischen Ort in der Kirche: Die Laien haben das Recht, von den Klerikern geistliche Güter und die Mittel zum Heil (die Sakramente) zu empfangen. ... Laien dürfen keine Klerikerkleidung tragen, das Amt des Predigers nicht 'usurpieren'; sie haben den Klerikern je nach ihrem Rang die gebührende Ehrfurcht zu erweisen, dürfen Mitglieder von Bruderschaften werden und zuweilen an der Verwaltung der Kirchengüter teilnehmen."[81] Auf dem Hintergrund dieser theologischen Stimmungslage muß Congars Werk "Der Laie" in sich und als ganzes verstanden werden als der Versuch, gegen ein klerusfixiertes Kirchenverständnis eine positiv formulierte und theologisch fundierte Identität der nichtgeweihten Gläubigen als authentische Glieder der Kirche zu behaupten. In dessen Rahmen spricht Congar ausdrücklich vom "Dienst der Laien an der Welt"[82]. Ausgangspunkt der diesbezüglichen Argumentation ist die theologische Annahme, daß die Kirche in ihrer Sendung die Sendung Jesu Christi fortführt und bis zu dessen Wiederkunft den Menschen das Heil mitteilt, die Sendung der Kirche und die Sendung Jesu Christi ihrem Inhalt nach also gleich sind. "Während dieser Zeit, in welcher der Erlöser bis zum Tage seiner Wiederkunft in Macht und Herrlichkeit im Himmel weilt und die genau die Zeit der Kirche ist, besteht eine Dualität zwischen Kirche und Welt."[83] Eingespannt in die Dualität ist es Aufgabe der Kirche, die Erneuerung der Welt auf das kommende Reich Gottes hin bereits ansatzhaft zu verwirklichen. "Das geschieht insbesondere auf zwei Weisen. Einmal durch vorübergehendes, oft wunderbares In-Erscheinungtreten und vorübergehendes Aufleuch-

---

80 **Congar, Y.**: Der Laie. - Das Zitat gibt den Untertitel dieses Werkes wieder.

81 **Pesch, O.H.**: Das Zweite Vatikanische Konzil, 137.

82 **Congar, Y.**: Der Laie, 573.

83 Ebd. 575 f.

ten des vollkommenen Reiches Gottes, wenn buchstäblich die Blinden sehen und die Menschen von dem, was sie bedrückt, befreit werden. Zum anderen, weniger ungewöhnlich, durch eine Gesundung, irgendeine Wiederherstellung zeitlicher Dinge des menschlichen Lebens, vor allem solcher, die den Menschen sehr nahe angehen und die man unter dem Begriff der Zivilisation fassen kann."[84] Bei der Bestimmung der Kräfte, von denen die Fortsetzung der Sendung Jesu Christi in der Kirche getragen ist, ist nun nach Congar ebenfalls von einer Dualität auszugehen. "Die Sendung des Apostolates oder des Amtes, die durch den historischen Christus *einigen* gegeben wurde, zielt hin auf das Werk der Heilsvermittlung durch die Begründung der kirchlichen *Institution*, als der Gesamtheit der *Gnadenmittel*. Diese Sendung ist hierarchisch, nicht nur weil sie nur wenigen gegeben ist, sondern weil zu ihr 'heilige Vollmachten' in der geistlichen Ordnung und im Hinblick auf das Heil gehören"[85]. Auf der anderen Seite gilt, "daß alle Gläubigen durch den gleichen Geist getränkt und geleitet, von ihm mit mannigfachen geistigen Gaben begnadet werden. ... Auf ihre Weise empfangen sie die Sendung zum Aufbau des Leibes Christi und zur Gewinnung neuer Glieder. ... Sie [sc. die Sendung aller Gläubigen - H.H.] ist persönlich und geistlich im Gegensatz zu sozial und rechtlich, denn sie ist nicht gegeben in einem öffentlichen Amt, *ex officio*, sie hat keine Vollmachten oder Kompetenzen geltend zu machen, die zu einem Amt gehören."[86] Aus dieser ihrer eigenen Sendung erwächst den Laien eine Aufgabe, die sich in "einer christlichen Verpflichtung gegenüber einer besser erkannten Profanität der Dinge"[87] manifestiert.

Unabhängig von manchem aus heutiger Perspektive fremd anmutenden Denkmuster wird hier deutlich, wo Congar den Ansatzpunkt für die Bestimmung einer eigenständigen ekklesiologischen Identität der Laien gegeben sieht: in der Tatsache, daß alle Gläubigen aufgrund ihrer Geistbegabung Träger der Sendung der Kirche in der Nachfolge Jesu Christi sind. Gleichwohl wird aber auch das prägende Denkmuster dieser theologischen Bestimmung der ekklesiologischen Position des Laien erkennbar, nämlich die Annahme einer "Dualität zwischen Kirche und Welt", eines Unterschieds zwischen wunderbaren Erscheinungen und zeitlichen Dingen, einer Ungleichheit zwischen den hierarchischen Trägern des Apostolates und den geistbegabten Gläubigen ohne Vollmacht, einer Spannung zwischen der auf die Heilsvermittlung hinzielenden Aufgabe der Amtsträger und der auf die Profanität hinzielenden Aufgabe der Laien.

Freilich war Yves Congar nicht der erste, der die separierende Zuschreibung des weltlichen Engagements an die Laien und des kirchlich-heilsvermittelnden Amtes an die Kleriker propagierte. Sie war bereits gegeben z.B. in "den 'zwei Arten von Christen', von denen schon das Decretum Gratiani spricht, den kirchlichen und weltlichen, den geistlichen und fleischlichen, den vollkommenen und unvollkommenen"[88]. Dennoch

---

84 Ebd. 576 f.

85 Ebd. 579 f.

86 Ebd. 581.

87 Ebd. 594.

88 **Klostermann, F.**: Kommentar zu: Dekret über das Apostolat der Laien, 607.

dürfte in diesen und ähnlichen Versuchen einer positiven theologischen Beschreibung des Laien als Träger der Sendung der Kirche die Rede des Zweiten Vatikanums vom "Weltcharakter der Laien" ausdrücklich oder unausgesprochen ihren Nährboden gefunden haben. Die entscheidenden Aussagen finden sich in Artikel 31 der Kirchenkonstitution "Lumen gentium" und in Artikel 2 des Laiendekrets "Apostolicam actuositatem"[89].

In der Kirchenkonstitution heißt es: *"Unter der Bezeichnung Laien sind hier alle Christgläubigen verstanden mit Ausnahme der Glieder des Weihestandes und des in der Kirche anerkannten Ordensstandes, das heißt die Christgläubigen, die, durch die Taufe Christus einverleibt, zum Volk Gottes gemacht und des priesterlichen, prophetischen und königlichen Amtes Christi auf ihre Weise teilhaftig, zu ihrem Teil die Sendung des ganzen christlichen Volkes in der Kirche und in der Welt ausüben.*

Den Laien ist der Weltcharakter in besonderer Weise eigen. Die Glieder des geweihten Standes können zwar bisweilen mit weltlichen Dingen zu tun haben, sogar in Ausübung eines weltlichen Berufes. Aufgrund ihrer besonderen Erwählung aber sind sie vor allem und von Berufs wegen dem heiligen Dienstamt zugeordnet; und die Ordensleute geben durch ihren Stand ein deutliches und hervorragendes Zeugnis dafür, daß die Welt nicht ohne den Geist der Seligpreisungen verwandelt und Gott dargebracht werden kann. Sache der Laien ist es, kraft der ihnen eigenen Berufung in der Verwaltung und gottgemäßen Regelung der zeitlichen Dinge das Reich Gottes zu suchen. Sie leben in der Welt, das heißt in all den einzelnen irdischen Aufgaben und Werken und den normalen Verhältnissen des Familien- und Gesellschaftslebens, aus denen ihre Existenz gleichsam zusammengewoben ist. Dort sind sie von Gott gerufen, ihre eigentümliche Aufgabe, vom Geist des Evangeliums geleitet, auszuüben und so wie ein Sauerteig zur Heiligung der Welt gewissermaßen von innen her beizutragen und vor allem durch das Zeugnis ihres Lebens, im Glanz von Glaube, Hoffnung und Liebe Christus den anderen kund zu machen. Ihre Aufgabe ist es also in besonderer Weise, alle zeitlichen Dinge, mit denen sie eng verbunden sind, so zu durchleuchten und zu ordnen, daß sie immer Christus entsprechend geschehen und sich entwickeln und zum Lob des Schöpfers und Erlösers gereichen." (LG 31)

Auch wenn man der uneingeschränkt negativen Bilanz, die Knut Walf bezüglich dieser Aussagen der Kirchenkonstitution zieht, daß nämlich die Laien nur als Lückenbüßer der Kleriker betrachtet würden und ihre Teilhabe am priesterlichen, prophetischen und königlichen Amt Jesu Christi nicht zur Sprache käme[90], nicht zustimmen mag, so kommt man doch nicht an dem Eindruck vorbei, daß dieser Konzilstext in einem erheb-

[89] Für die Frage nach der Aussageintention, die die Konzilsväter bei der Behauptung des "Weltcharakters" als ekklesiologischer Eigentümlichkeit des Laien verfolgten, dürfte wohl "Lumen gentium" eine höhere Relevanz aufweisen, da hier die Verknüpfung von Laie und Welt nicht (wie in "Apostolicam actuositatem") in einer ohnehin auf die Laien abgestellten Würdigung ihrer Präsenz in der Kirche, sondern im Kontext der umfassenden Ekklesiologie des Zweiten Vatikanums erfolgt und somit Gewichtung und Verortung des sogenannten "Weltcharakters" der Laien auch in ihren Proportionen zu den anderen ekklesiologischen Determinanten wahrgenommen werden können.

[90] Vgl. **Walf, K.**: Lakunen und Zweideutigkeiten in der Ekklesiologie des II. Vatikanums, 203.

lichen Maße vom Denkschema einer Dichotomie zwischen Heilsdienst und Weltdienst, zwischen einem sakralen und einem profanen Bereich und von der parallelen Trennung zwischen geweihten Amtsträgern und Laien geprägt ist. Trotz oder gerade wegen des wohlwollenden Tons eines Zugeständnisses gegenüber den Laien drückt diese ekklesiologische Bestimmung de facto eine Nachordnung der "gewöhnlichen" Gläubigen gegenüber dem "geweihten Stand" und eine domestizierende Eingrenzung ihres Kompetenzbereichs aus. Hier wird die mühsam aufgewiesene und im folgenden Artikel 32 der Kirchenkonstitution abermals beteuerte "wahre Gleichheit in der allen Gläubigen gemeinsamen Würde und Tätigkeit zum Aufbau des Leibes Christi" (LG 32) wieder in Frage gestellt. In der Tat ist die vom Zweiten Vatikanum intendierte theologische Rehabilitation des Laien gegenüber der kirchenstrukturellen Vorherrschaft des Klerus in der Spannung zwischen einer aufgeschlossenen Revision des Kirchenverständnisses und einer kleruszentrierten Kirchenstabilisierung steckengeblieben. Die theologische Spezifizierung des Laien über seinen "besonderen Weltcharakter" bleibt ob seiner Diffusität unbefriedigend. Eine tragfähige, authentische Identität stiftende Bestimmung des Laien wird verdeckt von einem immer noch virulenten monarchisch-hierarchischen Kirchenbild, in dem sich die geweihten Amtsträger als Mittelpunkt der Kirche verstehen und von sich als diesem Kirchenzentrum aus eine mehr oder weniger umfangreiche Teilhabe der Laien am Sein und an der Praxis der Kirche zugestehen. Die im "Volk Gottes"-Begriff und in der Teilhabe am dreifachen Amt Jesu Christi angemeldete theologische Dignität und kirchenkonstitutive Stellung der Laien wird nicht konsequent als Grundprinzip ihrer spezifizierenden Bestimmung durchgehalten, sondern durch die nachdrückliche Behauptung einer Sonder- bzw. Vorrangstellung des Klerus eingeebnet. Dadurch kommen die Aussagen des Artikel 31 von "Lumen gentium" kaum über die Logik der "Verhandlungen um Bastionen"[91] hinaus.

Diese Bedenken gegenüber der Bestimmung der Stellung von Laien in der Kirche werden genährt durch eine analoge Aussagetendenz im Laiendekret "Apostolicam actuositatem":

"Es besteht in der Kirche eine Verschiedenheit des Dienstes, aber eine Einheit der Sendung. Den Aposteln und ihren Nachfolgern wurde von Christus das Amt übertragen, in seinem Namen und in seiner Vollmacht zu lehren, zu heiligen und zu leiten. Die Laien hingegen, die auch am priesterlichen, prophetischen und königlichen Amt Christi teilhaben, verwirklichen in Kirche und Welt ihren eigenen Anteil an der Sendung des ganzen Volkes Gottes. Durch ihr Bemühen um die Evangelisierung und Heiligung der Menschen und um die Durchdringung und Vervollkommnung der zeitlichen Ordnung mit dem Geist des Evangeliums üben sie tatsächlich ein Apostolat aus. So legt ihr Tun in dieser Ordnung offen für Christus Zeugnis ab und dient dem Heil der Menschen. Da es aber dem Stand der Laien eigen ist, inmitten der Welt und der weltlichen Aufgaben zu leben, sind sie von Gott berufen, vom Geist Christi beseelt nach Art des Sauerteigs ihr Apostolat in der Welt auszuüben." (AA 2)

Hier wird zwar zunächst noch betont, daß alle Glieder der Kirche Träger des Apo-

[91] **Keller, M.**: Theologie des Laientums, 401; vgl. dazu insgesamt ebd. 400 f.

stolates sind. In der Spezifizierung der Position der Laien erfolgt dann jedoch wieder eine deutliche Separation zwischen geweihten Amtsträgern und Laien. Während die "Vollmacht zu lehren, zu heiligen und zu leiten" als ein "den Aposteln und ihren Nachfolgern", also den Bischöfen und über diese den Priestern, übertragenes Amt gilt, werden die Laien mit der trennenden und einen Gegensatz signalisierenden Vokabel "hingegen" (lateinisch "at") vom dreifachen Amt Jesu Christi distanzierend abgesetzt und bekommen mit dem relativierenden "auch" eine sekundäre "Teilhabe" am dreifachen Amt Jesu Christi zugesprochen. Dabei ist signifikant, daß für die Feststellung dieser Teilhabe der Laien am dreifachen Amt Christi im Unterschied zu den Geweihten der ausdrückliche Hinweis auf die Übertragung durch Christus selbst fehlt und dadurch noch einmal ein zusätzlicher Unterschied zwischen Klerikern und Laien hinsichtlich der Unmittelbarkeit zu Jesus Christus insinuiert ist.
Damit ist die Eigentümlichkeit, welche nach anderen Konzilsaussagen die *gleichberechtigte, gemeinsame* Identität aller Christgläubigen ausmacht, nämlich die Teilhabe am priesterlichen, prophetischen und königlichen Amt Jesu Christi (vgl. LG 31), den Klerikern als deren spezifische, konstituierende Bestimmung zugesprochen, für die Laien jedoch nur noch in der sekundären Ableitung des "Auch-Teilhabens" vorgesehen. Dem Artikel 2 von "Apostolicam actuositatem" "liegt im letzten doch eine Konzeption zugrunde, die nur von der Hierarchie ausgeht und alles von ihr aus sieht, beurteilt und ordnet"[92].
Innerhalb der Logik dieser Konstruktion eines Gegensatzes zwischen Klerikern und Laien ist es dann zwar folgerichtig, daß das primäre konstituierende Prinzip für die Sendung der Laien nicht in deren Teilhabe am dreifachen Amt Jesu Christi, sondern in einer anderen Bestimmung gesucht wird, eben in ihrem Leben "inmitten der Welt und der weltlichen Aufgaben". Allerdings muß man sich sogleich vor Augen halten, daß akkurat diese Konstruktion eines Gegensatzes zwischen Klerikern und Laien und in dessen Konsequenz die vornehmliche Zuschreibung eines "Weltcharakters" an die Laien bzw. die Annahme einer Dichotomie zwischen Weltdienst und Heilsdienst auf einer Logik beruhen, die einer allgemein als umfassend und fundamental konstatierten Intention des Konzils entgegenläuft. Dieses nämlich ist getragen von der Idee der grundlegenden Gleichwürdigkeit aller Gläubigen als Träger der Kirche, der, wenn auch unterschiedlichen, so doch gleichberechtigten Teilhabe des gemeinsamen Priestertums der Gläubigen wie des besonderen Priestertums am Priestertum Christi und der authentischen, unmittelbaren Berufung aller Gläubigen durch Jesus Christus zur Fortführung seiner Sendung (LG 10). Die Gleichwürdigkeit aller Gläubigen als Prinzip des Kirchenverständnisses des Zweiten Vatikanums ist fundiert in dessen Basiskategorie *Volk Gottes*, dessen Gliedern ausnahmslos und ohne Unterschied "die Würde und die Freiheit der Kinder Gottes" eignet (LG 9). Es herrscht ein weitgehender Konsens dahingehend, daß die vom Konzil in der Kirchenkonstitution vorgenommene Anordnung, in welcher vor der differenzierenden Behandlung der hierarchischen Verfassung der Kirche (drittes Kapitel) und der Laien (viertes Kapitel) die Bedeutung des Volkes Gottes als

[92] **Klostermann, F.**, Kommentar zu: Dekret über das Apostolat der Laien, 610.

ganzes (zweites Kapitel) reflektiert wird, nicht eine beliebige Reihung, sondern eine inhaltliche Gewichtung ausdrückt.[93] Das Konzil traf eine grundlegende Entscheidung, indem es mit dem Begriff "Volk Gottes" die Gesamtheit der Gläubigen, die sogenannten "Laien", die geweihten Amtsträger und die Ordensleute, primär als eine Gemeinschaft kennzeichnete und für alle Glieder dieser Gemeinschaft eine fundamentale, von der Gotteskindschaft herrührende Gleichheit in Würde und Recht proklamierte. Eine jede Differenzierung der Glieder des Volkes Gottes, die sich in dessen alltäglichem, konkretem Lebensvollzug als notwendig erweisen mag, kann sich nur im Rahmen ihrer Gemeinschaft abspielen und darf ihre Gleichheit in Würde und Recht als Träger der Sendung Jesu Christi nicht außer Kraft setzen oder auch nur relativieren. Bereits an dieser Stelle wird also eine Rückführung des Konzepts der Weltdienst-Heilsdienst-Dichotomie auf das Zweite Vatikanum unhaltbar, da mit der Verwendung dieses Konzepts ja eben versucht wird, eine theologisch-prinzipielle Trennung - und nicht nur eine situative bzw. funktionale Unterscheidung - zwischen den Gliedern des Volkes Gottes, deren Separation in der Ausübung der Sendung Jesu Christi und eine Divergenz zwischen der vermeintlich höheren Würde der Geweihten und der vermeintlich geringeren Würde von Nichtgeweihten zu betreiben.

Die allgemeine kritische Bewertung der zwei Konzilsaussagen veranlaßt nun auch, speziell das "Weltcharakter"-Motiv als solches ins Auge zu fassen. Das Konzept der Spaltung zwischen einem "Weltdienst der Laien" und einem "Heilsdienst der Geweihten" ist, so läßt sich die (augenscheinliche) Aussage des Konzils resümieren, getragen von der Vorstellung einer Dualität zwischen Kirche und Welt, zwischen der Vermittlung des Heils einerseits und dem Leben des Menschen in den profanen, geschichtlichen Zusammenhängen der Welt andererseits. Der Versuch, über dieses Konzept die Bestimmung eines eigenständigen ekklesiologischen Ortes der Laien vorzunehmen, läuft darauf hinaus, daß im Rahmen der umfassenden Sendung der Kirche den Laien, "die an der Nahtstelle zwischen Kirche und Welt stehen"[94], eine Präferenz für das Wirken in weltlichen Lebenszusammenhängen und den Geweihten eine Präferenz für das heilsvermittelnde Wirken in der Kirche zugesprochen wird. Selbst wenn man dieses Konzept als solches noch unangetastet läßt und zunächst innerhalb der Logik einer Dualität zwischen Kirche und Welt, Heilsvermittlung und Profanität verbleibt, ergibt sich ein schwerwiegender Einwand dagegen. Die einschlägigen Aussagen, daß den Laien der Weltcharakter in besonderer Weise zukomme (LG 31) und daß den Laien das Leben inmitten der Welt eigen sei (AA 2), werden in den Texten lapidar und unvermittelt eingeführt, als solche Behauptungen stehengelassen und als ungefragt gültige Prämissen zur Grundlage weiterführender Argumentationen genommen. Die Behauptung als solche jedoch, daß speziell den Laien der besondere Weltcharakter eigne, wird nicht durch Argumentationen in ihrer Stimmigkeit belegt. Will man sich nicht mit dem Hinweis begnügen, der Kleriker würde durch seine Weihe der Welt enthoben, dann bleiben nicht unerhebliche Fragwür-

---

[93] Vgl. **Keller, M.**: Theologie des Laientums, 402; **Wiedenhofer, S.**: Ekklesiologie, 107; **Kehl, M.**: Die Kirche, 106 f.

[94] **Congar, Y.**: Der Laie, 777.

digkeiten. Wieso sollen Kleriker nur "bisweilen" mit weltlichen Dingen zu tun haben, wenn sie doch gleichermaßen wie die Laien *in* dieser Welt leben und aus dieser Welt ihre Lebensgrundlage gewinnen? Wieso und inwiefern sollen die Lebensverhältnisse der Kleriker anders sein als die "normalen Verhältnisse" der Laien? Wieso sollen Laien, wiewohl aufgrund eigener Geistbegabung mit der Sendung der Kirche betraut, in der Regelung der "zeitlichen Dinge", also der weltlichen Lebenszusammenhänge, und nicht ebenso auch in den kirchlichen Dingen, d.h. in der eigenständigen Gestaltung des Lebens *in* der Kirche, das Reich Gottes suchen? Auf die Fragen danach, was nun eigentlich die Zuordnung speziell der Laien zur Welt und die komplementäre Distanzierung der Kleriker von der Welt begründet, auf die Frage also, warum es eigentlich so ist, geben die Konzilstexte keine Antwort.

Spätere Versuche der theologisch-argumentativen Begründung können nicht überzeugen, machen die diesbezügliche Verlegenheit vielmehr noch deutlicher. Karl Forster argumentierte mit der Schöpfungsordnung: "Aus der Ordnung der Schöpfung leitet sich ein eigenständiger Bereich des christlichen Weltdienstes ab. In ihm ist jedes Glied der Kirche auf seine vernünftige Einsicht in die gegebenen Sachverhalte, auf deren Analyse und auf das eigene, im Gewissen verantwortete und an der Seinsordnung orientierte Urteil verwiesen. Die Vollmacht der kirchlichen Amtsträger findet an diesem eigenständigen Bereich ihre Grenze. Klerikalismus ist dann gegeben, wenn kirchliche Amtsträger im Mißbrauch der ihnen für die Heilsordnung verliehenen Gewalt auch für den eigenständigen Bereich des Weltdienstes Autorität über die Glieder der Kirche in Anspruch nehmen. Umgekehrt: Laizismus ist dann gegeben, wenn Glieder der Kirche unter mißbräuchlicher Berufung auf die Freiheit ihres Gewissensentscheides und die Eigenständigkeit ihrer weltgestaltenden Aufgabe den Trägern des kirchlichen Amtes die Autorität in den Fragen der Heilsordnung bestreiten oder beschränken. Die hierarchische Struktur der kirchlichen Heilsgemeinschaft und die Eigenständigkeit des christlichen Weltdienstes stehen nebeneinander."[95] Die hierarchische Kirche als Heilsgemeinschaft mit den Vertretern der Hierarchie als ihren verantwortlichen Trägern und die Welt als "eigenständiger", d.h. davon getrennter Ort des Weltdienstes mit den Laien als dessen ausschließlichen Trägern wären demnach von der Schöpfung nebeneinander angesiedelt. Diese Argumentationsfigur ist deshalb abwegig, weil sie die präjudizierende Vorstellung einer Dualität zwischen Kirche und Welt lediglich in die Schöpfung zurückprojiziert bzw. in den Schöpferwillen Gottes hineininterpretiert. Hier werden im Grunde zwei Schöpfungswirklichkeiten oder Schöpfungsräume konstruiert: Auf der einen Seite steht die Welt, an der die hierarchischen Amtsträger an eine Grenze stoßen und die der Raum der Laien ist. Dem steht auf der anderen Seite als weitere Schöpfungswirklichkeit die Kirche als Raum der geweihten Amtsträger gegenüber. Diese Vorstellung ist absurd. Gott hat die Welt geschaffen, und im Laufe der dadurch initialisierten Heilsgeschichte hat sich die Kirche als geschichtliche, d.h. *in der Welt* existierende Gemeinschaft der an Gott Glaubenden herausgebildet. Gott hat nicht die Welt und daneben die Kirche geschaffen.

95 **Forster, K.**: Klerikalismus und Eigenständigkeit des Weltdienstes in katholischer Sicht, 285 f.

In einer anderen Argumentation leitet die Internationale Theologenkommission aus der Differenz zwischen Reich Gottes und den realen irdischen Verhältnissen eine parallele Differenz zwischen dem Einsatz für das eschatologische Heil und dem Einsatz für das Wohl der Menschen in der Welt und daran anschließend eine Differenzierung zwischen dem im Raum der Kirche stattfindenden Heilsdienst und dem in den irdischen Angelegenheiten geleisteten Weltdienst ab.[96] Der entscheidende Mangel dieser Argumentation liegt darin, daß sie die eschatologische Spannung zwischen dem Reich Gottes und den irdisch-geschichtlichen Verhältnissen parallelisiert mit einer angenommenen Dualität von Kirche und Welt, folglich in einer theologisch bedenklichen Tendenz zur Identifizierung von Reich Gottes und Kirche den binnenkirchlichen Heilsdienst als vornehmliche Verwirklichung von Reich-Gottes-Zuständen darstellt und gerade dadurch den eigentlichen Impetus der Reich-Gottes-Botschaft verdeckt, nämlich die ansatzhafte Verwirklichung der Reich-Gottes-Zustände in der geschichtlich-irdischen (und nicht nur binnenkirchlichen) Existenz des Menschen.
Damit erlebt die Legitimität des Konzepts der Weltdienst-Heilsdienst-Dichotomie eine erneute Erschütterung. Es erweist sich als Konzept, das innerhalb seines eigenen logischen Systems der argumentativen Grundlage entbehrt.

4.1.1.3.2 Die Gegenthese und ihre Legitimität

Die bisher dargestellten Mängel bzw. Widersprüche des Konzepts fordern zu folgender Gegenthese heraus: Wer zwischen einem "Weltdienst" und einem "Heilsdienst" unterscheidet, wer diese Unterscheidung mit der Trennung von Laien und Klerikern parallelisiert, wer daraus verschiedene Lebens- und Tätigkeitsbereiche von Laien und Klerikern, die Existenz einer separaten Strukturschiene der Laien neben der "eigentlichen" Kirche oder gar eine Domestizierungsbedürftigkeit der Laien als kirchendestruktives Potential ableitet und wer schließlich auf diesem Hintergrund die geschichtlich-gesellschaftlichen, die alltäglichen, "profanen", leiblich-psychischen oder sozialen Dimensionen der menschlichen Existenz bzw. die darauf abgestellten Praxisformen abwertet gegenüber einer davon getrennten fiktiven Sphäre des Sakralen, der Heilsvermittlung und der diesbezüglichen Praxisformen, kann sich *nicht* auf das Zweite Vatikanum und dessen Sicht von Kirche und Welt berufen.
Die Berechtigung für diesen offensichtlichen Widerspruch gegenüber der augenscheinlichen Aussage des Konzils ergibt sich aus der Eigenart der Konzilstexte selbst, die sich in vielen einzelnen Aussagen, aber auch hinsichtlich mancher durchgängigen Intentionen durch den "Kompromiß des 'kontradiktorischen Pluralismus'"[97] auszeichnen. Gemeint ist damit, daß, geleitet von dem Anliegen der möglichst einmütigen Beschlußfassung,

---

[96] Vgl. **Internationale Theologenkommission/Lehmann, K.**: Theologie der Befreiung, 188-191.

[97] **Pesch, O.H.**: Das Zweite Vatikanische Konzil, 151, dort unter Bezugnahme auf Seckler, Max: Über den Kompromiß in Sachen der Lehre; in: ders.: Im Spannungsfeld von Wissenschaft und Kirche. Theologie als schöpferische Auslegung der Wirklichkeit, Freiburg i.Br. 1980, 99-103, 212-215.

in die Konzilstexte widersprüchliche Aussagen bzw. Intentionen der opponierenden Konzilsfraktionen aufgenommen worden sind. Das Konzil erreichte demnach in vielen Punkten dadurch einen Kompromiß, daß vielfältige Aussagen in den Stand einer authentischen Konzilsaussage erhoben worden sind, die kontradiktorisch einander gegenüberstehen, die es aber den Konzilsvätern ermöglichten, "fraktionsübergreifend" zuzustimmen, weil ja jeder sein Anliegen gewahrt sehen konnte. Einer der wohl schwerwiegendsten dieser "Kompromisse des kontradiktorischen Pluralismus" ist darin zu sehen, daß die Konzilstexte durchgehend zwei verschiedene, gegenläufige Ekklesiologien transportieren: zum einen noch den überkommenen Ansatz der Ekklesiologie des Ersten Vatikanums, welches in seinem betonten Interesse am Jurisdiktions- und Lehrprimat des Papstes nur letzteren und, in Ableitung von ihm, die Bischöfe und Priester als Subjekte der Kirche betrachtete, und zum anderen schon "neue" Ansätze einer "communio"- bzw. "Volk Gottes"-Ekklesiologie[98], in der alle Gläubigen und somit zum ersten Mal ausdrücklich auch die Laien als tragende Subjekte der Kirche gelten und die hierarchiezentrierte Betrachtungsweise der Kirche aufgebrochen wird.[99] Aus diesem Grund besteht nicht nur die Legitimität, sondern die Notwendigkeit, die Konzilstexte nicht schematisch, sondern textkritisch und nach sachgerechten Interpretationsregeln zu lesen, um eine Annäherung an den hinter den augenscheinlichen Aussagen oft verborgenen vorrangigen oder entscheidenden Aussagegehalt zu erreichen. Die Aufstellung einer Gegenthese zu einer augenscheinlichen Aussage des Konzils ist also keineswegs schon eine Abweichung vom Konzil, sondern wird von diesem selbst provoziert.

Die aufgedeckten Widersprüche bezüglich des "Weltcharakter"-Theorems können im Grunde als eine Spielart des kontradiktorischen Nebeneinanders der ekklesiologischen Ansätze des Konzils gelesen werden. So ist z.B. die Aussage, daß die Laien ihre Aufgaben bezüglich der "Sendung des ganzen christlichen Volkes *in der Kirche und in der Welt* ausüben" (LG 31), eine Kompromißformel zwischen zwei Tendenzen des Konzils, von denen die eine die weltliche Aktivität und die andere die religiös-kirchliche Aktivität der Laien betont sehen wollte.[100] Welche Aussageintention die Rede vom besonderen Weltcharakter der Laien in sich birgt und welche Intentionen nicht in sie hineingelesen werden dürfen, ergibt sich folglich erst im Zuge einer nicht nur wörtlichen,

---

98 Darüber, mit welcher Kategorie die ekklesiologische Neuorientierung des Zweiten Vatikanums zutreffend ausgedrückt ist, ob mit "communio" oder mit "Volk Gottes", herrscht kein Konsens. Hermann Josef Pottmeyer spricht hinsichtlich der innovativen Elemente der Ekklesiologie des Zweiten Vatikanums von "communio-Ekklesiologie" (**Pottmeyer, H.J.**: Kontinuität und Innovation, 89 u.ö.). Elmar Klinger bezeichnet Aussagen, welche die "communio" als zentrales ekklesiologisches Motiv des Konzils nennen, schlichtweg als falsch. Für ihn ist "Volk Gottes" die Basiskategorie des Zweiten Vatikanums (vgl. **Klinger, E.**: Kirchenbildung, 204). Aus Gründen, die hier nicht dargestellt werden können, aber in Zusammenhang mit der im folgenden zu eruierenden Grundintention des Konzils stehen, wird in der vorliegenden Untersuchung mit Elmar Klinger "Volk Gottes" als die ekklesiologische Basiskategorie des Zweiten Vatikanums zugrundegelegt.

99 Vgl. dazu ausführlich **Pottmeyer, H.J.**: Kontinuität und Innovation.

100 Vgl. **Schillebeeckx, E.**: Die typologische Definition des christlichen Laien, 275.

sondern interpretierenden Lektüre. Dabei stellt sich die entscheidende Frage: In welchen umfassenden Kontext bzw. in welches die Einzelaussage bestimmende Grundanliegen, in welchen "Geist des Konzils", ist die Rede vom "Weltcharakter der Laien" einzuordnen?[101]

4.1.1.3.3 Der "Geist des Konzils": Bejahung der Welt

Allenthalben wird darauf hingewiesen, daß es bei einer Interpretation des Konzils nicht einfach darum geht, dessen Aussagen in ihrem wörtlichen Sinn zu erkennen und darzulegen, sondern sie im grundlegenden "Geist des Konzils" zu deuten, und daß es bei der Rezeption des Konzils nicht einfach um eine wörtlich-schematische Anwendung der Aussagen, sondern um eine "Durchsetzung des *Geistes* dieses Konzils"[102] geht. Der "Geist des Konzils" diente von Anfang an, d.h. beginnend bereits mit der Ankündigung und den Vorbereitungen[103], als Auslegungskriterium des Zweiten Vatikanums. Was aber ist dieser vielbeschworene "Geist des Konzils"? Es gibt ja sehr verschiedene Meinungen darüber, was dieser "Geist" beinhaltet bzw. was man von ihm zu halten habe, bis hin zu der Behauptung, es gäbe einen "Konzils-Ungeist"[104].
"Der 'Geist des Konzils' ist der aus den Akten und im Blick auf die Vorgeschichte des Konzils hervortretende Wille der überwältigenden Mehrheit der Konzilsväter, auch dort, wo er durch Einsprüche und manchmal auch unfaire Tricks einer kleinen Minderheit im einzelnen verwässert und abgeschwächt wurde"[105]. Nun wäre es ein fragwürdiges, banalisierendes Unterfangen, den so als Wille der überwältigenden Mehrheit der Konzilsväter beschriebenen "Geist des Konzils" lediglich quantitativ zu verstehen und durch eine Sichtung der Abstimmungsergebnisse zu den Konzilsdokumenten eruieren zu wollen. Zu verstehen ist darunter vielmehr jene durchgängige, grundlegende Intention, welche das Konzilsgeschehen trotz vieler Gegentendenzen getragen hat und welche die Konzilsteilnehmer trotz vieler Gegenkräfte angetrieben hat, den Konzilsprozeß so zu gestalten, daß das Zweite Vatikanum das wurde, als was es jetzt - ob unter Zustimmung oder unter Ablehnung - ihren Platz in der Kirchengeschichte eingenommen hat. Was aber ist, so muß man abermals fragen, diese durchgängige, grundlegende Intention, die die Konzilsväter in ihrer Mehrheit angetrieben und die Konzilsaussagen geprägt hat? Die Standardantwort darauf besteht in dem Hinweis auf das von Papst Johannes XXIII. ausgerufene "aggiornamento"[106], das, verstanden als eine "Verheutigung" der Kirche,

---

[101] Vgl. dazu die Interpretationsregeln für Konzilstexte bei **Pesch, O.H.**: Das Zweite Vatikanische Konzil, 148-160.

[102] **Amoroso Lima, A.**: Gesamtblick über die Pastoralkonstitution "Gaudium et Spes", 42.

[103] Vgl. **Vorgrimler, H.**: Vom "Geist des Konzils".

[104] **Ratzinger, J.**: Zur Lage des Glaubens, 32.

[105] **Pesch, O.H.**: Das Zweite Vatikanische Konzil, 160.

[106] **Ansprache Papst Johannes' XXIII.** zur Eröffnung des Zweiten Vatikanischen Konzils (11. Oktober 1962), Nr. 6.

dem Konzil als Aufgabe gestellt war[107]. Mit der Erzählung, der Papst hätte auf die Frage nach seiner Absicht mit dem Konzil die Fenster geöffnet und dieses "aggiornamento", dieses "Auf-den-aktuellen-Stand-Bringen" der Kirche gefordert, wird immer wieder bildlich veranschaulicht, was der durchgängige, tragende und entscheidende Antrieb des Papstes wie der Mehrheit der Konzilsväter gewesen sei: frischen Wind in die Kirche hereinzulassen, die Kirche zu verlebendigen und so den christlichen Glauben wieder als eine auch heute stimmige "Sache" zu erweisen.[108] Damit wäre aber das grundlegende Anliegen des Zweiten Vatikanum nur zur Hälfte, zumal zur weniger entscheidenden Hälfte, ausgedrückt. Darum, daß die Kirche auf Herausforderungen der Zeit reagiert und sich selbst bzw. ihr Selbstverständnis "auf den Stand bringt", ging es auch in früheren Konzilien.[109] Auch in früheren Konzilien hat sich die Kirche selbst zum Thema der theologischen Auseinandersetzungen gemacht. Sowohl das Konzil von Trient wie auch das Erste Vatikanum waren in je spezifischer Hinsicht Versuche, auf eine eingetretene neue Situation zu reagieren und die Kirche auf einen neuen Stand, d.h. vor allem auf einen neuen *stabilen* Stand, zu bringen.[110] Allerdings war die vor dem Zweiten Vatikanum gegebene Beschäftigung der Kirche mit sich selbst von einem kontinuierlichen Denkmuster geprägt: Es ging um eine Stabilisierung der Kirche vor allem *gegen* die (moderne) Welt außerhalb der (römisch-katholischen) Kirche.[111] "Nach dem Ablauf der sogenannten konstantinischen Epoche, während der die Kirche versucht hat, die Welt zu durchdringen, ja, die Verantwortung für sie zu übernehmen, machte sich eine Art Rückzugstendenz der Kirche von der Welt geltend; die Welt wurde gewissermaßen als der Ort, in dem die Mächte des Bösen herrschen, angesehen und verurteilt. Dieser 'Jansenismus' oder 'Pietismus', dessen erste Spuren im 16. Jahrhundert zu erkennen sind, trachtete danach, die geistige und heilige Kirche von der materiellen und sündigen Welt zu trennen."[112]

Gegenüber diesem Denkmuster läßt sich nun der entscheidende Fokus des fundamentalen Anliegens des Konzils, des "Geistes des Konzils" abgrenzen. Die These lautet hier zunächst: Gerade die mit den Theoremen "Weltcharakter" und "Weltdienst" auftauchende Frage nach dem Verhältnis zwischen Kirche und Welt ist der Kristallisationspunkt, an dem der "Geist des Konzils" zu erkennen ist. Es wird immer wieder darauf verwiesen, daß das Zweite Vatikanum jenes Konzil war, in dem sich die Kirche der Welt öffnete, in dem die Kirche eine positive, bejahende, von Hochachtung und Sympathie geprägte Sicht der Welt suchte und formulierte.[113] Das Zweite Vatikanum definierte "die Stellung der Kirche nicht *angesichts* der Welt (und viel weniger noch: im Gegensatz zur Welt), sondern *inmitten* der Welt, teilnehmend am modernen Leben in all

---

[107] Vgl. **Stockmeier, P.**: Kirche unter den Herausforderungen der Geschichte, 150.

[108] Vgl. **Pesch, O.H.**: Das Zweite Vatikanische Konzil, 61.

[109] Vgl. **Stockmeier, P.**: Kirche unter den Herausforderungen der Geschichte, 151.

[110] Vgl. ebd. 148 f.

[111] Vgl. **Amoroso Lima, A.**: Gesamtblick über die Pastoralkonstitution "Gaudium et Spes", 33.

[112] **Schutz, R./Thurian, M.**: Die Kirche für die Welt, 531.

[113] Vgl. **Amoroso Lima, A.**: Gesamtblick über die Pastoralkonstitution "Gaudium et Spes", 33 f.

seinen Aspekten"[114]. Das ist eine Kennzeichnung des Konzils, die durch oftmaliges Bereden mittlerweile schon so abgeschliffen und matt geworden ist, daß ihr eigentlicher tiefer Gehalt, ihr inhaltliches Profil und ihre theologische Sprengkraft weithin übersehen werden und nur bei bewußtem und genauem Hinsehen zum Vorschein kommen.
Der systematische Ort dieser freilich in allen Konzilsdokumenten virulenten Willensbekundung des Konzils ist die Pastoralkonstitution "Gaudium et spes", die sich eben als "Konstitution über die Kirche in der Welt von heute"[115] versteht. Diesem Dokument kommt auf der Suche nach dem "Geist des Konzils" aus verschiedenen Gründen besonderes Gewicht zu. Ein erster Grund liegt darin, daß die Pastoralkonstitution eben nicht vorgesehen, nicht geplant war. Somit war auch ihre Genese nicht so sehr, wie das etwa noch bei vielen Vorlagen der anderen Dokumente der Fall gewesen ist, von den vorkonziliaren Denkmustern belastet. Die Pastoralkonstitution, chronologisch eines der letzten Dokumente des Konzils, ging aus dem Konzilsprozeß selbst hervor und muß folglich um so mehr als authentischer Ausdruck dessen, was das Konzil vorangetrieben und ihm Gestalt gegeben hat, als authentischer Ausdruck des "Geistes" des Zweiten Vatikanum gewertet werden.[116] "Sie hat das Programm direkt aufgegriffen, das dem Konzil zugrunde liegt, und ist nach dessen Maßgabe nicht nur formal gegliedert, sondern auch inhaltlich gestaltet. In ihr findet jener Sprung nach vorne statt, durch den Kirche ihre Treue zur Tradition erweist, ..."[117] Deshalb entspricht es einer sachgerechten Interpretation, im Grunde das ganze Konzil gleichsam "von hinten her" im Licht von "Gaudium et spes" auszulegen. Mit der Pastoralkonstitution gab sich das Konzil selbst "den hermeneutischen Schlüssel zur angemessenen Würdigung aller Texte, die es verabschiedet hat"[118]. Selbst chronologisch frühere Aussagen des Konzils, die dazu Gegenläufiges enthalten, "darf man und muß man umdeuten im Sinn der späteren Pastoralkonstitution"[119]. Ein zweiter Grund für die Verortung des "Geistes des Konzils" in der Pastoralkonstitution ergibt sich - in Analogie zu der von der Exegese vorgenommenen historischen Rückfrage nach Jesus - aus dem Kriterium der "Unähnlichkeit". Dieses Kriterium besagt, daß der "Geist des Konzils" vorrangig in dem zu suchen ist, was nicht aus dem vorkonziliaren Bestand der theologischen Lehre und des kirchlichen Selbstverständnisses ableitbar, diesem also "unähnlich" ist bzw. woran sich im Nachhinein die Gegner des Konzils am meisten ereifern. Die Pastoralkonstitution ist nun das Dokument, gegen welches sich mit die schärfsten Stimmen vorkonziliarer Orientierung wenden. Der Generalobere der Priesterbruderschaft Pius X. lehnt "Gaudium et spes" ab mit der Begründung: "Wie sich die Kirche zur Welt zu verhalten hat, ist vom Glauben her

---

114 Ebd. 35.

115 Vgl. **Pastorale Konstitution über die Kirche in der Welt von heute** (im weiteren Fortgang nur noch im Text zitiert mit dem Kürzel "GS" und der Artikelnummer).

116 Vgl. **Fries, H.**: Wandel des Kirchenbildes und dogmengeschichtliche Entfaltung, 277; **Weismayer, J.**: Weltoffenheit und Weltverantwortung, 105.

117 **Klinger, E.**: Armut: Eine Herausforderung Gottes, 119.

118 **Zerfaß, R.**: Volk Gottes unterwegs - die Vision des II. Vatikanum, 25.

119 **Galli, M. v./Moosbrugger, B.**: Das Konzil und seine Folgen, 8.

festgelegt. Und Christus hat die Welt verurteilt, wohlgemerkt nicht die Welt als Schöpfung, sondern die Welt in ihrer Verderbnis, weil sie unter dem Fluch der Erbsünde steht. ... Auf jeden Fall vermittelt 'Gaudium et spes' den Eindruck, es könne bezüglich des Heils der Welt alles nur noch besser gehen, und alles gehe nur noch vorwärts. Es gibt ein paar Störfaktoren, aber im Grunde ist ein unendlicher Fortschritt der Menschen zum Frieden und zur Vollendung feststellbar. Über das Böse, über das Dämonische, über das Sündhafte wird so gut wie überhaupt nicht gesprochen ... 'Gaudium et spes' ist ein glatte Unterschlagung der Erbsünde."[120] Das, was den hier zitierten vorkonziliaren bzw. konzilsfeindlichen Vorstellungen unähnlich ist - und das ist die Pastoralkonstitution in ihrer ganzen Ausrichtung - darf mit einem Vorrecht als in der Tendenz des "Konzilsgeistes" liegend erachtet werden. Drittens und schließlich repräsentiert "Gaudium et spes" als *Pastoral*konstitution jene Signatur, welche dem Zweiten Vatikanum als *pastoralem* Konzil in seiner Gänze zugeschrieben wird. Ein Zitat aus der Eröffnungsansprache Papst Johannes' XXIII. belegt, daß das fundamentale Anliegen der Pastoralkonstitution bereits von Anfang an zur Grundlage der Idee und Programmatik des Konzils gehörte: "Um unsere Freude zu vergrössern, wollen wir vor dieser grossen Versammlung die günstigen und ermutigenden Umstände hervorheben, unter denen dieses Ökumenische Konzil beginnt. In der täglichen Ausübung unseres Hirtenamtes verletzt es uns, wenn wir manchmal Vorhaltungen von Leuten anhören müssen, die zwar voll Eifer, aber nicht gerade mit einem sehr grossen Sinn für Differenzierung und Takt begabt sind. In der jüngsten Vergangenheit bis zur Gegenwart nehmen sie nur Missstände und Fehlentwicklungen zur Kenntnis. Sie sagen, dass unsere Zeit sich im Vergleich zur Vergangenheit nur zum Schlechteren hin entwickle. Sie tun so, als ob sie nichts aus der Geschichte gelernt hätten, die doch eine Lehrmeisterin des Lebens ist, und als ob bei den vorausgegangenen Ökumenischen Konzilien Sinn und Geist des Christentums, gelebter Glaube und eine gerechte Anwendung der Freiheit der Religion sich in allem hätten durchsetzen können. Wir müssen diesen Unglückspropheten widersprechen, die immer nur Unheil voraussagen, als ob der Untergang der Welt unmittelbar bevorstehen würde. In der gegenwärtigen Situation werden wir von der göttlichen Vorsehung zu einer allmählichen Neuordnung der menschlichen Beziehungen geführt."[121]

Eine zusammenfassende, paraphrasierende Wiedergabe zentraler Aussagen aus dem ersten grundlegenden Teil dieser Konstitution soll dem Anspruch des oben geforderten genaueren Hinsehens Genüge leisten und Konturen des "Geistes des Konzils" erkennen lassen.

Die Gemeinschaft der Jüngerinnen und Jünger Christi teilt mit den Menschen von heute, insbesondere mit den notleidenden, Freude und Hoffnung, Trauer und Angst. Alles wahrhaft Menschliche, alles, was die Menschen in ihrer Existenz angeht, ist ihnen wichtig. So ist diese Gemeinschaft der Jüngerinnen und Jünger Christi "mit der Mensch-

---

120 **Schmidberger, F.**: "Es geht ganz zentral um Lehrfragen", 421 f.

121 **Ansprache Papst Johannes'XXIII.** zur Eröffnung des Zweiten Vatikanischen Konzils (11. Oktober 1962), 124-126.

heit und ihrer Geschichte wirklich engstens verbunden". (GS 1) Das Konzil hat deshalb nicht mehr nur die Mitglieder der verfaßten Kirche, sondern alle Menschen mit all ihren Lebenswirklichkeiten vor Augen und will vor allem diesen Menschen Rechenschaft darüber ablegen, "wie es Gegenwart und Wirken der Kirche in der Welt von heute versteht". (GS 2) Grundlegend für das Wirken der Kirche ist deren "Verbundenheit, Achtung und Liebe gegenüber der ganzen Menschheitsfamilie" und das Konzil ist sich dessen bewußt, daß die Kirche dieser Gemeinschaft der Menschen nicht gegenübersteht, sondern selbst in sie eingebettet ist und folglich die Herausforderungen der Menschen von heute als ihre eigenen Herausforderungen begreifen muß. "Es geht um die Rettung der menschlichen Person, es geht um den rechten Aufbau der menschlichen Gesellschaft. Der Mensch also, der eine und ganze Mensch, mit Leib und Seele, Herz und Gewissen, Vernunft und Willen, steht im Mittelpunkt" dessen, was das Konzil als Bestimmung der Kirche sieht. Leitend ist dabei "kein irdischer Machtwille", kein Interesse der Selbstbehauptung oder Selbststabilisierung der institutionell verfaßten Kirche gegen die Realitäten der Welt, sondern allein die Fortführung des Werkes Jesu Christi, "der in die Welt kam, um ... zu retten, nicht zu richten; zu dienen, nicht sich bedienen zu lassen". (GS 3) Zur Erfüllung dieses Auftrags ist die Kirche verpflichtet (nicht nur berechtigt), "nach den Zeichen der Zeit zu forschen und sie im Licht des Evangeliums zu deuten", also die Wirklichkeiten des menschlichen Lebens bewußt wahrzunehmen, sie zu verstehen und unter der Maßgabe der Botschaft Jesu Christi kritisch zu beurteilen. (GS 4) Die Lebensrealitäten des Menschen von heute sind auf eine vielfältige Weise bedrohlich, verunsichernd, beunruhigend und spannungsvoll, so daß die Menschen immer dringlicher die Frage nach sich selbst, nach dem Sinn ihres Lebens stellen. Auftrag der Kirche ist es, bei der Lösung dieser Fragen des Menschen von heute mitzuwirken, Antwort zu geben auf die Frage, die der Mensch sich selber ist. (GS 4-10) Geleitet ist die Kirche dabei von der Überlegung, welche Lebenswirklichkeiten Zeichen der Gegenwart Gottes sind, ob die Realitäten des Lebens in der Gesellschaft dem Wesen und der Berufung des Menschen gerecht werden. Die Sendung der Kirche erweist sich so "als eine religiöse und gerade dadurch [nicht daneben oder zusätzlich!] höchst humane". (GS 11) Will die Menschheit die Herausforderungen der Welt von heute bewältigen, dann setzt das Beziehungen zwischen den Menschen voraus, die von der unbedingten gegenseitigen Achtung der Würde des Mitmenschen als Person getragen sind. (GS 23-25) "Es muß also alles dem Menschen zugänglich gemacht werden, was er für ein wirklich menschliches Leben braucht ... Die gesellschaftliche Ordnung und ihre Entwicklung müssen sich dauernd am Wohl der Personen orientieren; denn die Ordnung der Dinge muß der Ordnung der Personen dienstbar werden und nicht umgekehrt." (GS 26) Diese unbedingte, nicht durch etwas anderes relativierbare Achtung vor dem Menschen als "anderes Ich" bewußt zu machen ist das Anliegen des Konzils. Es sieht eine Pflicht der Christinnen und Christen darin, sich "zum Nächsten schlechthin eines jeden Menschen zu machen", "vor allem auf sein Leben und die notwendigen Voraussetzungen eines menschenwürdigen Lebens bedacht" - und nicht auf eigene Interessen. (GS 27) Diese Achtung ist unbedingt gefordert, auch bei Menschen mit einer anderen politischen oder religiösen Orientierung. Die Anerkennung Gottes als Richter verbietet es, daß sich irgend jemand, gerade auch in der Kirche, zum Richter über eine andere Person und über deren Schuld vor Gott erhebt. (GS 28) Da alle Menschen als Ebenbild Gottes geschaffen sind, ist "die grundlegende Gleichheit aller Menschen" das fundamentale Prinzip des menschlichen Zusammenlebens. Lebensrealitäten, die diese in den Grundrechten ausgedrückte Gleichheit aller Menschen verletzen, wie Diskriminierungen, politische Unterdrückungen oder soziale und wirtschaftliche Ungerechtigkeiten, insbesondere auch die Benachteiligung der Frauen, widersprechen dem Plan Gottes und müssen beseitigt werden. (GS 29) So sieht es das Konzil als Pflicht aller Menschen an, daß sie in Solidarität mit den Mitmenschen von heute wie auch mit der zukünftigen Menschheit dazu beitragen, die Herausforderungen, welche sich aus der gesellschaftlichen Verflechtung der Menschen untereinander ergeben, im Sinne eines menschenwürdigen Lebens aller zu bewältigen, d.h. "mit der notwendigen Hilfe der göttlichen Gnade wahrhaft neue Menschen und Erbauer einer neuen Menschheit" zu werden. (GS 30-32). Die Aufgabe der Kirche bei der Gestaltung einer neuen Menschheit sieht das Konzil darin, daß sie zwar nicht immer fertige Antworten bereit hat, daß sie aber das ihr geoffenbarte Wissen von dem Gott Jesu Christi und das Wissen aller Menschen von ihren Lebenswirklichkeiten so zusammenbringt, daß die Menschen, der einzelne Mensch wie auch die ganze Menschheit, auf ihrem Weg vorankommen. (GS 33) Es handelt sich dabei um eine "Aufgabe der Kirche in [nicht: gegenüber] der Welt von heute" (GS 4. Kapitel). Die Anerkennung der Würde der menschlichen Person und die gemeinsame Verpflichtung aller zur menschlicheren Gestaltung des gesellschaftlichen Zusammenlebens, nicht jedoch die Abgrenzung der Kirche von der Welt, sind die Maßgabe für die Beziehung zwischen Kirche und Welt. Beide stehen in einem "gegenseitigen Dialog", nicht als zwei getrennte, gegenüberstehende Größen, sondern derart, daß die Kirche "gerade in dieser Welt besteht und mit ihr lebt und wirkt", also in der Art des Dialogs zwischen Teil und Ganzem, in dem, so wie das Ganze den Teil, auch der Teil das Ganze prägen, eventuell auch verändern, niemals aber außerhalb des Ganzen existieren kann. (GS 40) Im Rahmen dieses Dialogs will die Kirche die ihr möglichen Hilfen zu einer menschenwürdigen Gestaltung der Welt leisten. Dem einzelnen Menschen will sie helfen, indem sie ihn zu einem besseren Verständnis seiner selbst heranführt, die Würde des Menschen der Beliebigkeit entzieht und unter Berufung auf das Evangelium die Rechte des Menschen einklagt. (GS 41) Beim Aufbau der menschlichen Gemeinschaft will die Kirche helfen, indem sie aus ihrer religiösen Sendung heraus sich mit den vielen anderen Gemeinschaften und Institutionen mit gleicher Zielsetzung verbündet und dem Wohl aller, vor allem der Armen, dient. (GS 42) Umgekehrt erkennt die Kirche mit Dankbarkeit, daß sie selbst von der heutigen Welt mit ihren Errungenschaften, Kulturgütern und Werten Hilfe erfährt und bei der angemessenen und situationsgerechten Verkündigung ihrer Botschaft dieser Hilfe auch wirklich bedarf, "gleichgültig, ob es sich um Gläubige oder Ungläubige handelt". (GS 44) So "strebt die Kirche nach dem einen Ziel, nach der Ankunft des Reiches Gottes und der Verwirklichung des Heiles der ganzen Menschheit". In dem, was die Kirche der Menschenfamilie, d.h. der Welt, an Gutem mitteilt, offenbart sie die Liebe Gottes zu den Menschen und erweist sich so als das "allumfassende Sakrament des Heiles". (GS 45) Verwirklichung des Reiches Gottes und Verwirklichung des Heils für alle Menschen unabhängig von deren Verhältnis zur institutionell verfaßten Kirche bilden das *eine* Ziel der Kirche, fallen in eins. All dies zusammenfassend konnte das Konzil selbst sein durchgängiges, grundlegendes Anliegen, seinen "Geist" formulieren: "Was diese Heilige Synode aus dem Schatz der kirchlichen Lehre vorlegt [d.h. auch alles, was in den anderen Konzilsdokumenten ausgesagt ist - H.H.], will allen Menschen unserer Zeit helfen, ob sie an Gott glauben oder ihn nicht ausdrücklich anerkennen, klarer ihre Berufung unter jeder Hinsicht zu erkennen, die Welt mehr entsprechend der hohen Würde des Menschen zu gestalten, eine weltweite und tiefer begründete Brüderlichkeit zu erstreben und aus dem Antrieb der Liebe in hochherzigem, gemeinsamem Bemühen den dringenden Erfordernissen unserer Zeit gerecht zu werden." (GS 91)

"Hier hat sich im Selbstverständnis der Kirche Entscheidendes geändert."[122] Was hier in der Selbstverständnisklärung der Kirche geschehen ist, ist von umstürzender Bedeutung. Es war nicht nur die Verschiebung der Gewichte und auch nicht nur die Änderung von einzelnen Teilen im Ganzen des bisherigen Selbstverständnisses. Es war die "Änderung des Vorzeichens vor der Klammer", das die Zeichen innerhalb der Klammer und deren Gesamtwert umkehrt: War bis dahin das Vorzeichen vor der kirchlichen Sicht der Welt negativ, so daß trotz aller positiven Zeichen in der Welt nur eine negative Bewertung der Welt durch die Kirche das Ergebnis sein konnte, so ist das Zeichen der Wahrnehmung der Welt durch die Kirche von da an positiv, so daß bei allem Bedenklichen in der Welt eine Anerkennung und Wertschätzung der Welt von seiten der Kirche geboten ist.[123] Es ereignete sich eine "kopernikanische Wende" in der Zuordnung von Kirche und Welt, welche die ganze Logik des Geschehens zwischen Kirche und Welt umdreht: Die Welt wird nicht mehr als die der Kirche gegenübergestellte, feindlich gesinnte und vom Bösen beherrschte Domäne verurteilt, die nur insofern eine Zuwendung der Kirche verdiente, als sie sich der Kirche unter- und einordnet. Die Welt wird nun vielmehr als der Raum verstanden, in den die Kirche selbst hineingestellt ist, dem sie sich zwar nicht gänzlich angleicht, gerade um seine bedenklichen, unmenschlichen Zustände kritisch beurteilen und dagegen ankämpfen zu können, den sie aber in sich als einen "guten", d.h. von Gott gewollten, Lebensraum bejaht und in dessen Erhaltung und menschlicher Gestaltung sie aufgrund ihrer eigenen Sendung von Gott her ihre Aufgabe sehen muß. Die Kirche des Zweiten Vatikanum sieht ihre Aufgabe nicht mehr darin, die Welt als dem Bösen verfallen darzustellen und möglichst alle Menschen zu einer Distanzierung von der Welt bzw. zur unbedingten Einbindung in die Kirche zu bewegen.[124] Sie zeigt sich als gemeinsam mit anderen sozialen Formationen in der Welt stehend, geprägt von einem "absolut anti-triumphalistischen und nicht-apologetischen Charakter"[125]. Sie sieht ihre vorrangige, humane und gerade darin ureigene religiöse, weil von Gott her kommende Aufgabe darin, den Menschen, und zwar *allen* Menschen,

---

[122] **Zirker, H.**: Ekklesiologie, 99.

[123] Vgl. **Amoroso Lima, A.**: Gesamtblick über die Pastoralkonstitution "Gaudium et Spes", 34.

[124] Vgl. ebd. 32-38.

[125] Ebd. 47.

zu helfen, ihr gemeinsames Leben *in der Welt* besser, d.h. gemäß der Würde der menschlichen Person, zu gestalten.
Hier wird deutlich, was die zweite, entscheidendere Hälfte des Bildes der geöffneten Fenster für die Intention des Konzils aussagt: Mit dem "aggiornamento" ging es dem Konzil nicht nur darum, die Fenster zu öffnen, frische Luft in die Räume der Kirche zu lassen und sich dann wieder um so behaglicher in diesen Räumen - abgeschirmt von der Außenwelt - einzurichten. Es ging vor allem darum, aus dem Fenster hinauszuschauen, sich auch aus dem Fenster hinauszulehnen, sich gleichsam aus dem Raum der Kirche hinauszubegeben, um aus einer Position *in* der Welt auf die Kirche zu schauen, um sich zu vergegenwärtigen, daß die Kirche in der Welt als ihrem eigenen Lebensraum steht, und um zu erkennen, was diese Welt als Raum der Kirche kennzeichnet bzw. was und wie die Kirche in der Welt als ihrem Existenzraum wirkt und wirken soll. In dieser durchgängigen, grundlegenden Intention muß der "Geist des Konzils" gesehen werden: Sein Anliegen war es nicht, die Kirche durch neue Lehr-"definitionen" - im buchstäblichen Sinn des Wortes - von der Welt abzugrenzen oder gar die Welt als Raum des Bösen zu verurteilen. Sein Anliegen war es, bewußt zu machen, daß die Kirche in der Welt steht, die Welt mit Wertschätzung wahrzunehmen und einzuklagen, daß die Kirche als Ganze in der Gestaltung dieser Welt nach der Maßgabe der Würde der menschlichen Person ihre ureigene Aufgabe findet.
Denk- und Handlungsmuster, welche Kirche und Welt als zwei verschiedene Lebensbereiche deklarieren, welche eine desavouierende Sicht der Welt als die gegenüber der Kirche defizitäre oder dekadente Domäne kultivieren oder die in Kirche und Welt zwei voneinander abgesonderte Tätigkeitsbereiche sehen, von denen die "Laien" die Welt als ein Feld außerhalb der Kirche zugewiesen bekommen, lassen sich nicht vereinbaren mit der fundamentalen Intention, mit dem "Geist" des Konzils, die Gegenüberstellung der Kirche zur Welt aufzubrechen, die Welt in Wertschätzung als Lebensraum der Kirche zu bejahen und die Kirche sogar in den Dienst für die Welt zu stellen.[126] Aussagen des Zweiten Vatikanum über den "Weltcharakter der Laien" und einen ausschließlichen heilsvermittelnden Dienst der Geweihten sind - sollten sie wirklich die Bedeutung einer Separation von Welt und Kirche als die je spezifischen Tätigkeits- und Lebensbereiche der "Laien" und der Geweihten haben - als Abschwächungsversuche und Kompromißformeln zu bewerten, die keinesfalls den Rang einer eigentlichen Konzilsaussage haben.[127]

---

126 Vgl. **Neuner, P.**: Der Laie und das Gottesvolk, 131.

127 Vgl. **Pesch, O.H.**: Das Zweite Vatikanische Konzil, 160. - Edward Schillebeeckx hat versucht, auch die ausdrückliche ekklesiologische Positionierung der Laien über die Veranschlagung eines "Weltcharakters" nicht im Sinne einer Separation zwischen Laien und Klerikern, sondern als Ausdruck ihrer Gemeinsamkeit zu deuten. Demnach wäre der "Weltcharakter der Laien" nicht als spezifischer Unterschied der Laien gegenüber den Klerikern zu verstehen, sondern als Artikulation einer das ganze Volk Gottes kennzeichnenden Signatur, die in die ekklesiologische Bestimmung des Laien aufgenommen worden ist, unbeschadet der Tatsache, daß sie nicht minder für Geweihte gilt. (Vgl. **Schillebeeckx, E.**: Die typologische Definition des christlichen Laien, 275 f.) Allerdings wäre dagegen anzufragen, ob diese Deutung - so begrüßenswert sie ist - nicht doch eine faktisch gegebene Intention der Separation zwischen Laien- und Klerikerposition in den einschlägigen Konzilsaussagen überblendet und ob es nicht angemessener wäre,

Gerade die in Verknüpfung mit dem "Weltdienst"-Theorem auftauchende Erwähnung der vom Konzil anerkannten "Autonomie der irdischen Wirklichkeiten" (GS 36) kann nicht als Ausdruck der Trennung von Kirche und Welt gelesen werden. Ausgedrückt wird mit "Autonomie der irdischen Wirklichkeiten" nicht die Trennung von Kirche und Welt als je eigenständige Felder, sondern vielmehr die Erkenntnis, daß die irdischen Wirklichkeiten ihren Wert und ihre Würde aufgrund ihrer Einbindung in die Schöpfung Gottes, d.h. durch ihre Kongruenz mit dem Willen des Schöpfers, nicht aber erst durch die Kongruenz mit der geschichtlichen Kirche erhalten. "Durch ihr Geschaffensein selber nämlich haben alle Einzelwirklichkeiten ihren festen Eigenstand, ihre eigene Wahrheit, ihre eigene Gutheit sowie ihre Eigengesetzlichkeit und ihre eigenen Ordnungen" (GS 36). Das Anliegen des Artikels 36 von "Gaudium et spes" ist also keineswegs eine erneute Separation von Kirche und Welt, sondern ihre Integration unter dem Maßstab des Willens Gottes. Eine konträre Trennung von Kirche und Welt ist gerade mit der "Autonomie der irdischen Wirklichkeiten" nicht zu rechtfertigen, weil mit letzterer das Konzil um so deutlicher bewußt machen wollte, daß "die Wirklichkeiten des profanen Bereichs und die des Glaubens in demselben Gott ihren Ursprung haben" (GS 36).

4.1.1.4 Fazit: Die Notwendigkeit, von dem Konzept abzusehen

Für die ekklesiologische Verortung der Diakonie erweist sich das Konzept der "Weltdienst-Heilsdienst"-Dichotomie als gänzlich ungeeignet. Die Identifizierung der Diakonie als "Weltdienst" ist zunächst schon deshalb abzulehnen, weil sie die Diakonie den gleichen Marginalisierungs- und Abwertungstendenzen aussetzt, die dem vermeintlichen "Weltdienst" als Domäne der Laien in Gegenüberstellung zum "Heilsdienst" der geweihten Amtsträger überhaupt gelten. Dadurch wird die Diakonie lediglich als ein zupaßkommendes Randphänomen für das systemstabilisierende Interesse der Selbstbehauptung geweihter Amtsträger in Abgrenzung zu den nichtgeweihten Gläubigen verzweckt. Nach dem ekklesiologischen Gehalt und Ort der Diakonie wird dabei gerade nicht gefragt, geschweige denn, daß im Konzept der "Weltdienst-Heilsdienst"-Dichotomie etwas von der ekklesiologischen Bedeutung der Diakonie wirklich erkennbar würde.
Die Identifizierung der Diakonie als "Weltdienst der Laien" ist aber vor allem deshalb abzulehnen, weil sich in einer Erkundung der grundlegenden Aussageintention des Zweiten Vatikanums das Konzept der "Weltdienst-Heilsdienst"-Dichotomie als solches und als ganzes schlichtweg als nichtig erwiesen hat. Die Konstatierung eines Weltbezugs in den Konzilstexten kann nicht einen abgegrenzten Tätigkeits- und Lebensbereich der "Laien" in einem Übergangsfeld zwischen Kirche und Welt und die damit verbunde-

---

diese Intention bewußt als Ausdruck eben jener divergierenden ekklesiologischen Tendenzen wahrzunehmen, um sie dann um so dezidierter mit der grundlegenderen Intention des Konzils, der Bejahung der Welt als Raum und ureigener Aufgabenbereich der ganzen Kirche bzw. der Gleichwürdigkeit aller Menschen, zu konfrontieren und dementsprechend in ihrem Gewicht zu relativieren.

ne Relativierung ihrer Stellung in der Kirche bedeuten. Das "Stehen-in-der-Welt" und das "Im-Dienst-stehen-für-die-Welt" wird im Konzil der Kirche als ganzer zugesprochen. Die Behauptung eines "Weltdienstes" im Sinne der Veranschlagung eines bestimmten Tätigkeits- oder Lebensbereichs *neben* der Kirche widerspricht der vom Konzil vorgenommenen Verhältnisbestimmung zwischen Kirche und Welt, weil sie die Gegenüberstellung von Kirche und Welt reproduziert.[128] Das Konzept der "Weltdienst-Heilsdienst"-Dichotomie, das sich auf die Behauptung eines von der kirchlichen Heilssendung unterschiedenen "Weltcharakters der Laien" stützt, kann sich also gerade *nicht* auf die Sicht des Verhältnisses zwischen Kirche und Welt im Zweiten Vatikanum berufen. Damit fehlt ihm aber jegliche theologische Grundlage und Legitimität. Das Konzept ist - einschließlich des parallel gebrauchten Begriffs "Laie", der als separierende ekklesiologische Kennzeichnung der Gläubigen in Gegenüberstellung zu den geweihten Amtsträgern eben wegen der Nichtigkeit einer solchen Separation sinnlos geworden ist[129] - aus dem theologischen Diskurs restlos zu streichen.[130]

4.1.2 Diakonie - "Grundvollzug der Kirche"

4.1.2.1 Das Konzept der "Grundvollzüge"

Es hat sich in der theologischen Diskussion - und nicht nur in der praktisch-theologischen - mittlerweile durchgesetzt, die Praxis der Kirche, näherhin die ihr gestellten Aufgaben und die an sie gerichteten Erwartungen nach dem strukturierenden Schema der *Grundvollzüge* zu systematisieren. Dabei ging man zunächst meist von der Trias *Verkündigung* (Martyria, Kerygma, Zeugnis), *Liturgie* (Leiturgia, Gottesdienst, Sakramente) und *Diakonie* (Diakonia, Caritas, Bruderliebe) aus.[131] In jüngster Zeit zeichnet

---

128 Vgl. **Kehl, M.**: Die Kirche, 121-123. - Deshalb muß es als eine irreführende Argumentation gewertet werden, wenn Karl Forster unter Berufung auf GS 36 behauptet: "In der Eigenständigkeit und Eigenverantwortung der Laien ... konvergieren die den weltlichen Sachbereichen zukommende Eigenständigkeit und die Eigenverantwortung der je eigenen Teilhabe an der einen Sendung der Kirche." (**Forster, K.**: Das Apostolat der katholischen Laien, 62). Mit einem Kunstgriff wird hier die Eigenständigkeit der Einzelwirklichkeiten der Welt, von der "Gaudium et spes" spricht, verknüpft mit der im "Weltdienst"-Theorem behaupteten primären Ansiedlung des Laien in der Welt, wofür jedoch der Text von Artikel 36 nicht den geringsten Anhaltspunkt enthält.

129 Vgl. **Kehl, M.**: Die Kirche, 123 f.

130 Es wäre nun interessant, diese "negativ", d.h. als Widerlegung eines Konzepts, motivierte Lektüre von "Gaudium et spes" zu ergänzen mit einer positiv motivierten Lektüre, die nach dem unmittelbaren Ertrag der Aussagen von "Gaudium et spes" für ein theologisches Verständnis der Diakonie fragt. Sicher zeichnet sich hier eine Sicht der Kirche ab, die die Diakonie als identitätskonstitutives Element der Kirche in deren Zentrum ansiedelt. (Vgl. dazu ausführlicher **Steinkamp, H.**: Die Bedeutung der Konstitution "Gaudium et spes" für Praxis und Theologie christlich-kirchlicher Diakonie.)

131 Vgl. exemplarisch **Lehmann, K.**: Gemeinde, 25-31; **Kasper, W./Lehmann, K.**: Die Heilssendung der Kirche, 69-89; **Fischer, H./Greinacher, N./Klostermann, F.**: Die Gemeinde, 45-73; **Möhler, W.**: Handlungsfelder, 251.

sich ein Trend dahingehend ab, die *Koinonia* (Gemeinschaft, Gemeindebildung) als vierten Grundvollzug aufzuführen.[132] Dabei werden als Verkündigung insbesondere diejenigen Praxisformen identifiziert, die auf die kognitive, verbale, schriftliche oder auch symbolische Erfassung und Vermittlung von Wissens- und Bewußtseinsinhalten des christlichen Glaubens abzielen. Als exemplarisch-klassische Formen der Verkündigung gelten Predigt, Katechese, amtliche Lehräußerungen, Bildungsveranstaltungen oder auch das theologische Schrifttum. Liturgie bezeichnet all jene Praxisformen, in denen das Wissen bzw. Erahnen Gottes als einer Wirklichkeit des Menschen bzw. einer Gemeinschaft von Menschen symbolisch zum Ausdruck gebracht wird. In den rituell-kultischen Vorgängen wie Gottesdiensten und Sakramenten, aber auch in den weniger fest institutionalisierten rituellen Praktiken wie Gebeten, Weihen oder bestimmten Formen des religiösen Brauchtums findet die Liturgie ihre vornehmlichen Orte. Welche Praxisformen mit der Diakonie in Blick genommen sind, wurde bereits dargelegt (vgl. 1.3.2). Mit der Koinonia schließlich sind Praxisformen gemeint, in denen Christinnen und Christen ihre Zusammengehörigkeit als Gemeinschaft realisieren. So gelten - zumindest dem Ideal nach - die christlichen Gemeinden als solche als Verwirklichungsformen der Koinonia. Aber auch die Konstitution und Gestaltung anderer Gemeinschaftsgebilde, ob kurzfristig oder langfristig angelegt, ob wenige oder viele Menschen umfassend, ob also z.B. eine Kindergruppe, ein Jugendverband, ein Gemeindefest, ein Initiativkreis, Kirchen- und Katholikentage, eine Solidaritätsaktion oder auch Orden, werden als Formen der Koinonia-Praxis verstanden.

Aber bereits hier, bei der inhaltlichen Füllung, gegenseitigen Zuordnung und Abgrenzung der Grundvollzüge, zeichnen sich nicht unerhebliche Unklarheiten des Konzepts ab. Die Selbstverständlichkeit, mit der in der theologischen Diskussion mit diesen Grundvollzügen hantiert wird, trügt. Theologische Grundlagen und theologiegeschichtliche Herkunft des Grundvollzüge-Theorems liegen weithin im Dunkeln und sind weniger geklärt, als die breite Verwendung vermuten läßt. Nicht einmal hinsichtlich der Anzahl der Grundvollzüge läßt sich eine Einheitlichkeit erkennen. Mal wird von der erwähnten Dreizahl, mal von der Vierzahl ausgegangen. Ottmar Fuchs kennt gar "'nur'zwei fundamentale Dimensionen kirchlicher Existenz, die Martyria und die Diakonia"[133] und ordnet die Liturgie der Martyria und die Koinonia der Diakonia zu[134]. Casiano Floristán wiederum versteht die Grundvollzüge als Systematik einer speziellen Praktischen Theologie und veranschlagt derer fünf: Mission (Kerygma), Katechese (Didaskalia), Liturgie (Leiturgia), Gemeinschaft (Koinonia) und Dienst (Diakonia).[135] Mal steht die Koinonia als gleichgeordneter Grundvollzug neben Ver-

[132] Vgl. exemplarisch **Stoltenberg, G.**: Ekklesiogenese, 80-85; **Höhn, H.J.**: Kirche und kommunikatives Handeln, 184-211; **Rösch, W.**: Geschwisterliche Gemeinschaft; **Kuhnke, U.**: Koinonia; **Schulz, E.**: Koinonia: Sammlung der Zerstreuten.

[133] **Fuchs, O.**: Heilen und befreien, 104.

[134] Vgl. **Fuchs, O.**: Ämter für eine Kirche der Zukunft, 34 f.

[135] Vgl. **Floristán, C.**: Teología práctica, 8, 357-722.

kündigung, Liturgie und Diakonie[136], mal bildet sie deren integrierende Klammer[137]. Rolf Zerfaß vertrat ursprünglich den Standpunkt, "daß begrifflich die drei Grunddimensionen, die uns von Jesus als Grundstrukturen kirchlichen Lebens überliefert sind, lauten: Martyria, Koinonia, Diakonia"[138], erweiterte aber später sein Konzept um die Liturgie[139].
In den Texten des Zweiten Vatikanums finden sich die genannten Grundvollzüge zumindest als ausdrückliches Strukturierungsschema noch nicht. Dort dominieren als ekklesiologische Kategorien die drei christologischen Ämter Prophetentum (Lehramt), Königtum (Hirtenamt) und Priestertum (Priesteramt), denen man die Handlungsbereiche Zeugnis, Leitung und Sakramente zuordnet. (LG 10-12, 18, 31) Mit den genannten Grundvollzügen ist jedoch dieses Drei-Ämter-Schema, abgesehen von der unterschiedlichen Anzahl, deswegen nicht zu parallelisieren, da es - will man keine gequälte Interpretation vornehmen - den Grundvollzug der Diakonie nicht erfaßt und so lediglich "dokumentiert ..., wie zum Zeitpunkt der Entwicklung dieser Ämter-Lehre (16. Jahrhundert) die Caritas bereits abgehängt ist und nicht mehr in der Verantwortung des Amtes steht"[140]. Erwähnenswert ist der Vorschlag von Markus Lehner, gleichsam aus der Not der Unstimmigkeit zwischen den beiden Systematisierungskonzepten der Drei-Ämter-Lehre und der Grundvollzüge eine Tugend in Form der gegenseitigen Korrektur dieser Konzepte zu machen. Auch Lehner sieht in der Drei-Ämter-Lehre eine Diakonievergessenheit gegeben. Umgekehrt diagnostiziert er für die Grundvollzüge eine Ausblendung der Leitungsfunktion, die in der Drei-Ämter-Lehre mit dem Hirtenamt bzw. Königtum fest verankert ist. Angesichts dessen schlägt er vor, beide Konzepte zu integrieren, indem man die Grundvollzüge-Trias Verkündigung, Liturgie und Diakonie um den Leitungsdienst erweitert.[141] Für die Bewertung dieser Systematisierungskonzepte scheint aber noch ein anderer Sachverhalt von Bedeutung zu sein. Zerfaß wie Lehner machen darauf aufmerksam, daß die Drei-Ämter-Lehre erst relativ spät, im 16. Jahrhundert, vor allem von Calvin in der reformatorischen Theologie etabliert und nochmals später erst, im Übergang vom 18. zum 19. Jahrhundert, in der katholischen Theologie rezipiert worden ist.[142] So legt sich der Verdacht nahe, daß mit den drei christologisch interpretierten Ämtern Hirte, Priester und Lehrer eigentlich keine in Jesu Praxis vorgegebene Struktur ausgedrückt ist, sondern eine geschichtlich gewordene Gestalt der kirchlichen Amtsstruktur nachträglich mit einer theologischen Legitimation

136 Vgl. **Frisch, H.-J.**: Leitfaden Gemeindepastoral, 161 f.

137 Vgl. **Baumgartner, I.**: Pastoralpsychologie, 124; **Wiederkehr, D.**: Grundvollzüge christlicher Gemeinde.

138 **Zerfaß, R.**: [Diskussionsbeitrag], 34.

139 Vgl. **Zerfaß, R.**: Lebensnerv Caritas, 86-88.

140 **Zerfaß, R.**: [Diskussionsbeitrag], 34; vgl. auch **Zirker, H.**: Caritas, 536; **Knobloch, S.**: Ist die Kirche in Deutschland Anwalt der Armen?, 222.

141 Vgl. **Lehner, M.**: Das Bett des Prokrustes, 43-45.

142 Vgl. **Zerfaß, R.**: Lebensnerv Caritas, 212, Anmerkung zu Kapitel 6 Nr. 5; **Lehner, M.**: Das Bett des Prokrustes, 41.

versehen wird, die durch die Rückprojektion auf Jesus ebendiese Amtsstruktur der Kirche der theologischen Kontingenz entheben[143] und "die Perpetuierung einer kirchlichen Zwei-Klassen-Gesellschaft, in der die Laien vorrangig zum Dienen, zur Diakonie, bestimmt sind, der Klerus aber zur Leitung"[144], gewährleisten soll.
Auf eine sehr frühe Belegstelle für die Trias Verkündigung-Liturgie-Diakonie verweist Hans Zirker. Er bringt das Konzept der Grundvollzüge in Zusammenhang mit einem Hinweis in den jüdischen "Sprüchen der Väter", deren Sammlung aus dem 3. Jahrhundert nach Christus stammt. Dort heißt es, daß die Welt auf drei Dingen, auf dem Gesetz, auf dem Gottesdienst und auf Liebeserweisungen beruhe.[145] Dieses Motiv taucht in etwas abgewandelter Form in den "Erzählungen der Chassidim" auf. Dort wird ein Rabbi Mendel zitiert mit der Vorhersage: "Von den drei Säulen, auf denen die Welt steht, Lehre, Dienst und Guttun, werden um die Zeit des Endes die zwei ersten zusammenschrumpfen, nur die Guttaten werden sich mehren, und dann wird wahr werden, was geschrieben steht: 'Zion wird erlöst durch Rechttun.'"[146]. Ob freilich darin tatsächlich der Ursprung der Rede von den Grundvollzügen gesehen werden kann, ist fraglich. Zumindest müßte, wenn auch kein unmittelbarer Traditionszusammenhang, so doch eine bewußte Bezugnahme auf diese jüdische Weisheit ausweisbar sein. Auch wäre zu fragen, wie die Überlieferung vom jüdischen in den christlichen Kontext vonstatten gegangen ist und wie das Wissen um diese Trias über die nicht unbeträchtliche Zeitspanne zwischen dem 3. nachchristlichen Jahrhundert und heute, in der sie in der theologischen Reflexion offensichtlich in Vergessenheit geraten war, bewahrt werden konnte.
Etwas sichereren Boden erreicht man mit Hinweisen aus der evangelischen Theologie. Hans-Christoph Schmidt-Lauber siedelt den Ursprung des Grundvollzüge-Konzepts im Umkreis der Evangelischen Michaelsbruderschaft an. Nach ihm ist es deren Stifter, Oskar Planck, "gewesen, der die drei neutestamentlichen Begriffe Martyria-Leiturgia-Diakonia zur Kennzeichnung der dreifaltigen Einheit alles kirchlichen Denkens und Handelns zusammengestellt und - wohl im Jahr 1935 ... - erstmals verwendet hat."[147] Hans Jochen Margull hingegen sieht in Johannes Christiaan Hoekendijk denjenigen, der in der Zeit unmittelbar nach dem Zweiten Weltkrieg "das Schema [sc. der Grundvollzüge - H.H.] in die oekumenische Diskussion über die missionarische Verkündigung eingeführt und in ihr behauptet hat"[148]. Und tatsächlich läßt sich bei Hoekendijk bereits eine profilierte und theologisch fundierte Ausformulierung des Konzepts feststellen. Zentraler Ausgangspunkt ist für ihn der messianische Schalom. Diese Prämisse ergibt sich im Gedankengang Hoekendijks aus seinem Verständnis der Kirche als einer *apostolischen* Kirche. Er versteht das Theologumenon der Apostolizität als Ausdruck

---

143 Vgl. **Zerfaß, R.**: Lebensnerv Caritas, 212, Anmerkung zu Kapitel 6 Nr. 5.

144 **Lehner, M.**: Das Bett des Prokrustes, 45.

145 Vgl. **Zirker, H.**: Caritas, 535.

146 **Buber, M.**: Die Erzählungen der Chassidim, 799.

147 **Schmidt-Lauber, H.-C.**: Die Zukunft des Gottesdienstes, 39 f.

148 **Margull, H.J.**: Theologie der missionarischen Verkündigung, 191.

dafür, daß die Kirche nicht nur eine apostolische Funktion hat, sondern selbst als ganze eine Funktion des Apostolats ist, daß sie also nicht selbst der alleinige und ganze Raum der Verwirklichung des Evangeliums ist, sondern daß sie sich als ein Instrument im Dienste des erlösenden Handelns Gottes in der Welt erweisen muß, als "ein Mittel in Gottes Händen ..., den Schalom in dieser Welt aufzurichten"[149]. Die inhaltliche Füllung des Schalom Gottes, also des zu verwirklichenden Reiches Gottes, findet er in Jesu Antwort auf die Täuferanfrage in Mt 11,3, wo in der Deutung Hoekendijks nach dem Messias als dem "Schalom-Bringer" gefragt ist und Jesus darauf antwortet: "Geht und berichtet Johannes, was ihr hört und seht: Blinde sehen wieder, und Lahme gehen; Aussätzige werden rein, und Taube hören; Tote stehen auf, und den Armen wird das Evangelium verkündet." (Mt 11,4 f) Aus dem Anspruch, den hier beschriebenen Zustand des Schalom in der Welt zu verwirklichen und missionarisch zu verbreiten, ergeben sich nun nach Hoekendijk die drei Grundvollzüge Kerygma, Koinonia und Diakonia als die Formen der evangelisatorischen Anstrengung der Verwirklichung des Schalom. "Dieser Schalom wird *proklamiert*, er wird repräsentiert, gegenwärtig gemacht im Kerygma ... Dieser Schalom wird *gelebt*, in der *Koinonia* ... Dieser Schalom wird *demonstriert* in bescheidenem Dienste, in der *Diakonia*."[150] Das Konzept der Grundvollzüge hat hier also als ganzes einen deutlich missionarisch-evangelisatorischen Charakter.

In den Jahren unmittelbar nach dem Zweiten Vatikanum konnten sich die Grundvollzüge auch im katholischen Bereich als praktisch-ekklesiologisches Systematisierungskonzept durchsetzen. So diente die Trias Verkündigung, Gottesdienst/Sakramente und Dienst christlicher Liebe dem von der Konferenz der deutschsprachigen Pastoraltheologen herausgegebenen *Pastorale* als Gliederungsprinzip.[151] Man sah darin die drei wesentlichen Aufgaben der Kirche gegeben, die in dieser Reihenfolge - Verkündigung, Gottesdienst/Sakramente und Dienst christlicher Liebe - auch ein Konzeptionsprinzip kirchlicher Praxis darstellen: "Der Glaube ist Wurzel und Fundament des christlichen Heils; deshalb muß die Verkündigung des Wortes an erster Stelle stehen. Die Sakramente sind als 'Sacramenta fidei' nur sinnvoll auf dem Fundament des Glaubens. Schließlich ist es nicht erlaubt, 'das Wort Gottes zurückzustellen', um sich dem 'Dienst des Tisches' zu widmen (Apg 6,2). ... Gegenüber den Suchenden, Fragenden, Skeptischen und der Kirche Entfremdeten kann ... die durch die konkrete Tat der Liebe bewährte Wahrheit des Glaubens einen echten und neuen Zugang zur Verkündigung und zu den Sakramenten eröffnen."[152]

Auch wenn die Themen der endgültigen Beschlüsse der *Gemeinsamen Synode der Bistümer in der Bundesrepublik Deutschland*[153] kaum mehr erkennen lassen, daß auch

---

149 **Hoekendijk, J.C.**: Die Zukunft der Kirche, 100.

150 Ebd. 100 f.

151 Vgl. **Kasper, W./Lehmann, K.**: Die Heilssendung der Kirche, 69-89; **Fischer, H./Greinacher, N./Klostermann, F.**: Die Gemeinde, 45-73.

152 **Kasper, W./Lehmann, K.**: Die Heilssendung der Kirche, 70.

153 Vgl. **Gemeinsame Synode.**

ihnen die Trias der Grundvollzüge als strukturierendes Prinzip zugrunde liegt, ging die Konzeption der Synode von Anfang an davon aus, daß die Verkündigung des Glaubens, der Gottesdienst und der Bruderdienst die "grundlegenden Lebensäußerungen und Dienste der Kirche"[154] bilden. Die Diakonie wurde dabei nicht nur als eine der wesentlichen Lebensäußerungen der Kirche, sondern auch als durchgehende Perspektive der Synode, d.h. auch als eine für die anderen Lebensvollzüge der Kirche relevante Dimension, veranschlagt.[155]

4.1.2.2 Die diakonieaufwertende Intention des Konzepts der Grundvollzüge

Mit der Verwendung des Konzepts der Grundvollzüge wurde ein Theologumenon etabliert, das in der katholischen Pastoraltheologie dann im weiteren Fortgang nicht nur als allgemeines Systematisierungsschema der kirchlichen bzw. gemeindlichen Praxis, sondern vor allem auch dazu herangezogen wurde, eine ekklesiologische und gemeindetheologische Ortung bzw. Aufwertung speziell der Diakonie vorzunehmen.[156]

4.1.2.2.1 Karl Rahner

Im Bereich der katholischen Pastoraltheologie wird das Konzept der Grundvollzüge erstmals in ausführlicher und reflektierter Weise 1964 von *Karl Rahner* in dem maßgeblich von ihm konzipierten "Handbuch der Pastoraltheologie"[157] als strukturierendes Schema zur Umschreibung des Spektrums kirchlicher Praxis verwendet. In diesem Rahmen erfahren die Grundvollzüge zugleich eine Problematisierung ihrer ekklesiologischen Bedeutung wie auch ihrer Zuordnung.[158] Die Grundvollzüge[159] werden dabei

---

154 **Erster Themenvorschlag**, 11; vgl. auch **Themenvorschlag für die konstituierende Vollversammlung.**

155 Vgl. **Hirschmann, J.**: Diakonie, 21; **Themenvorschlag für die konstituierende Vollversammlung**, 4. - Mit der Behauptung, die Diakonie stünde "in unlösbarem Zusammenhang mit der Verkündigung und dem Gottesdienst" (**Grundsätze zur christlichen Diakonie**, 45), blieb die ausdrückliche Zuordnung der Grundvollzüge im Vorfeld der Synode allerdings etwas konturenlos.

156 Vgl. **Knobloch, S.**: Ist die Kirche in Deutschland Anwalt der Armen?, 222 f.

157 Vgl. **Arnold, F.X. u.a. (Hg.)**: Handbuch der Pastoraltheologie, Bände I - V.

158 Vgl. **Rahner, K.**: Theologische und pastoraltheologische Vorüberlegung.

159 Die Termini "Grundvollzug" und "Grundfunktion" wechseln in der theologischen Diskussion, werden aber synonym gebraucht. Rahner bzw. das Handbuch der Pastoraltheologie spricht von "Grundfunktionen". Ungeachtet dessen wird hier an der Bezeichnung "Grundvollzug" festgehalten. Damit soll bereits im semantischen Ansatz eine funktional-technische Sicht vermieden werden, laut der die diesbezüglichen Tätigkeiten *Funktionen* der kirchlich-institutionalisierten Funktionsträger darstellten, die zur Durchsetzung von Effekten bei den Menschen als den Objekten der jeweiligen Praxis eingesetzt werden. Demgegenüber soll die Bezeichnung "Grund*vollzug*" - gerade auch in Berufung auf Rahners eigenes Verständnis der kirchlichen Praxis (vgl. **Rahner, K.**: Ekklesiologische Grundlegung; **ders.**: Die Träger des Selbstvollzugs der Kirche) - in Erinnerung halten, daß es bei jeglicher kirchlichen Praxis eben um einen *Selbstvollzug*

schlichtweg verstanden als Beschreibung dessen, was die Kirche bei ihrem Selbstvollzug tut und welche Bereiche dieses Selbstvollzugs es gibt.[160] Die Reflexion darüber, was als Grundvollzug zu bezeichnen ist und wie sich das Verhältnis der Grundvollzüge zueinander gestaltet, wird als Thema einer von der Praktischen Theologie selbst zu bewerkstelligenden "essentialen Ekklesiologie" verstanden, die als Voraussetzung für die Praktische Theologie als "existentiale Ekklesiologie" benötigt wird, aber "von einer an pastoraltheologischen Fragestellungen nicht unmittelbar interessierten Dogmatik der Kirche nicht ohne weiteres erwartet werden kann"[161]. Es überrascht dann zunächst, daß Rahner nicht von drei oder vier, sondern von sechs solcher Grundvollzüge ausgeht: Verkündigung des Wortes, Feier des Mysteriums (Kult), Sakramentenspendung, Kirchendisziplin (Recht), christlicher Lebensvollzug und Caritas.[162] Diese werden aber zu drei Grundgruppen von Vollzügen zusammengefaßt, indem "man den Abschnitt über die Sakramente als mehr praktische Ausgliederung von 'Kult und Eucharistie' ansieht, ähnlich die 'Caritas' als Ausgliederung des 'christlichen Lebensvollzuges'. Dann ergeben sich zunächst drei große Einheiten: Wortverkündigung - Eucharistie - Leben der Liebe (vorausgesetzt nur, daß man das Recht als gesellschaftliche Ordnung der Liebe der Gemeinschaft der Kirche sieht)."[163]

Trotz Rahners Bemühen um die Klärung der ekklesiologischen Bedeutung und Zuordnung der Grundvollzüge handelt es sich bei seinem Vorschlag lediglich um eine pragmatische, im nachhinein vorgenommene und kontingente Einteilung der sich in der augenblicklichen, geschichtlichen Situation ergebenden Praxis der Kirche, eine Einteilung, die "ja zu praktischen Zwecken gerade auf die Funktionen der Kirche hinblicken [will], die im Leben der Kirche faktisch unterschieden werden"[164]. Eine theologische Fundierung, welche die hier vorgenommene Auflistung und Zuordnung der Grundvollzüge nicht nur als für die jeweils faktische Kirchengestalt situativ praktikabel, sondern als auf theologischen Grundannahmen basierend und somit als für die Kirche normierend aufweisen würde, ist hier jedoch noch nicht gegeben. Von Bedeutung ist die Rahnersche Formulierung des Grundvollzüge-Konzepts aber dennoch, weil damit die Praktische Theologie zumindest auf katholischer Seite hinsichtlich der Thematisierung der Diakonie eine Korrektur erfuhr. Von der Einführung der Pastoraltheologie als Universitätsdisziplin 1774/1777 bis ins Vorfeld des Zweiten Vatikanums war nämlich die Pastoraltheologie gekennzeichnet von einer markanten Vernachlässigung der Diakonie als Gegenstand der pastoraltheologischen Reflexion. Integriert im Konzept der Grundvollzüge erfährt sie nun im Handbuch der Pastoraltheologie eine Berücksichtigung als kirchenkonstitutive Größe.

---

der Kirche und somit um eine Praxis der Menschen in der Kirche geht.

160 Vgl. **Rahner, K.**: Theologische und pastoraltheologische Vorüberlegung, 216.

161 **Rahner, K.**: Ekklesiologische Grundlegung, 118.

162 Vgl. **Rahner, K.**: Theologische und pastoraltheologische Vorüberlegung, 216.

163 Ebd. 219.

164 Ebd. 217.

4.1.2.2.2 Ferdinand Klostermann

Fast zur gleichen Zeit wie Karl Rahner, 1965, stellt *Ferdinand Klostermann* in seiner Darstellung der "Gemeinde als Prinzip des kirchlichen Lebens"[165] ein Konzept der Grundvollzüge vor, das sich nicht nur durch die unterschiedliche Anzahl, sondern vor allem durch seinen Charakter als theologisch normierende Nennung der für eine christliche Gemeinde konstitutiven Elemente vom Vorschlag Karl Rahners abhebt. Ausgangspunkt ist dabei die theologische Fundamentalannahme, daß der Geist Christi "das Gemeinde schaffende und Gemeinde grundlegende Urelement ist"[166]. Durch den Geist will Gott eine Gemeinschaft zwischen sich und den Menschen aufrichten, und erst auf dieser Basis konstituiert sich die kirchliche Gemeinde als eine Gemeinschaft auch der Menschen untereinander. Klostermann sieht die Grundvollzüge als Elemente, die aus diesem Fundament der Gemeinde erwachsen[167], so daß eine Gemeinde erst dann als christliche Gemeinde firmieren kann, wenn die Grundvollzüge in ihr als Komponenten der geistgewirkten Gemeinschaft Gottes mit den Menschen und der Menschen untereinander verwirklicht sind. Er veranschlagt dafür die Trias Verkündigung des Wortes, Kult und Bruderliebe. Die Verkündigung wird noch einmal differenziert als Kerygma bzw. Missionspredigt, die zum Glauben und zum Anschluß an die Gemeinde führen soll, und als Didaskalia bzw. Gemeindepredigt, die sich an eine bereits bestehende Gemeinde von Glaubenden richtet und diese in ihrem Glauben bestärken will. Die zur Gemeinde führende und in der Gemeinde gegebene Verkündigung ist an die Schrift gebunden und ist so die Überlieferung des Wortes Gottes selbst. Ihr eignet die Autorität der Beauftragung durch Jesus Christus und der Beistand des Geistes aufgrund der Verheißung Jesu Christi an seine Gemeinde.[168] Eine ähnliche Differenzierung wird dem Kult mit der Eucharistie als seinem Zentrum zuteil. Der theologische Gehalt des Kultes als Zusammenkunft im Namen Jesu besteht in der Überzeugung, daß in ihm "eine eigene geistig-mystische Gegenwart des Herrn"[169] selbst gegeben ist. Die Sakramente sind als die dem einzelnen Menschen geltenden Selbstvollzüge der Gemeinde, die "in ihrer ganzen Wirklichkeit Da-sein der Gnade Gottes ist"[170], Zeichen der Präsenz des Herrn. In der Eucharistie findet nach Klostermann diese Bestimmung der Gemeinde als Leib des Herrn, d.h. als Ort des in den Gliedern fortlebenden und bei den Glaubenden daseienden Christus, seinen intensivsten Ausdruck.[171] Die Bruderliebe schließlich gilt innerhalb der geistgewirkten Gemeinde als "höchste dieser Geistesgaben ..., die als die uns in Christus geschenkte Bruderliebe eine besondere Gemeinde bildende und auf-

---

165 **Klostermann, F.**: Prinzip Gemeinde. - Das Zitat gibt einen Teil des Untertitels dieses Werkes wieder.

166 Ebd. 40.

167 Vgl. ebd. 42 f.

168 Vgl. ebd. 43-48.

169 Ebd. 49.

170 Ebd. 50.

171 Vgl. ebd. 48-53.

bauende, ja diesen Aufbau vollendende und krönende Funktion innehat"[172]. Die Bruderliebe zwischen den Gemeindegliedern ist die Antwort auf die zuvorkommende Liebe Gottes zu den Gemeindegliedern. Zwar erstreckt sich die allgemeine Verpflichtung zur liebenden Antwort auf die Liebe Gottes auf alle Menschen, insofern alle Menschen Nächste sein können. Aber in der Liebe zwischen den Gemeindegliedern selbst - so schränkt Klostermann ein - findet die Bruderliebe ihre spezifische Qualität. Sie ist Ausdruck dafür, daß sich die Gemeindeglieder in einer Schicksals- und Lebensgemeinschaft untereinander und mit Christus zusammengebunden fühlen. Innerhalb der so die Gemeinde zusammenhaltenden Bruderliebe zeigt sich die Notwendigkeit speziell der Diakonie, des helfenden Dienstes für notleidende Gemeindeglieder, die der besonderen Zuwendung bedürfen. Die Bruderliebe als solche hat sich aber gegenüber jedwedem Gemeindeglied zu bewähren und findet ihre Bestimmung wiederum nur im Aufbau der Gemeinde, im Christ-Werden und im Christ-Sein.[173]
Die Diakonie erfährt zwar in Klostermanns Konzept der Grundvollzüge eine nur spärliche ekklesiologische Identifizierung, nämlich lediglich als *eine* Komponente der Bruderliebe, dennoch läßt sich auch hier ein Ansatz zu einer diakonieaufwertenden Intention erkennen. Integriert im allgemeinen Postulat der Bruderliebe, kommt der Diakonie eine nicht nur pragmatische, sondern theologisch fundierte, gemeindekonstitutive Bedeutung zu. Als eine Verwirklichungsform der "höchsten Geistesgabe", die der Gemeinde gegeben ist, der Liebe, ist sie nicht am Rand oder im Vorfeld von Gemeindebildung und -leben angesiedelt, sondern in deren Mitte. In der Diakonie findet "das den Aufbau der Gemeinde Jesu vollendende und krönende Element"[174], die Bruderliebe, einen spezifischen Ausdruck.

4.1.2.2.3 Wilhelm Zauner

Wilhelm Zauner greift das Konzept der Grundvollzüge, vor allem in Hinblick auf die theologische Ausbildung, mit der Intention einer Rehabilitation der Diakonie als eines gleichberechtigten Praxisbereichs neben Verkündigung und Liturgie auf.[175] Angesichts einer deutlichen Vernachlässigung der Diakonie, die sich zum einen als Defizit in der Theoriebildung und theologischen Ausbildung zur Diakonie, auf der anderen Seite als Diakonievergessenheit der Gemeinden bzw. speziell der Amtsträger zeigt, fordert er eine Integration der Grundvollzüge. Diese Integration kann jedoch nach Zauner nicht in einer bloßen Addition der jeweiligen Tätigkeiten bestehen, sondern muß eine Gestalt annehmen, in der sich alle drei Grundvollzüge gegenseitig bedingen und in der folglich die Diakonie als authentisch pastorale, d.h. als konstitutiv zur Gemeinde

[172] Ebd. 53.

[173] Vgl. ebd. 53-57.

[174] Ebd. 57.

[175] Vgl. **Zauner, W.**: Diakonie als pastorale Tätigkeit; **ders.**: Caritas - Diakonie - Pastoral.

gehörende Praxis mit Eigenwert erkennbar wird.[176] Die Integration und gegenseitige Abhängigkeit der Grundvollzüge veranschaulicht er in Analogie zum paulinischen Gemeindebild, wonach die Kirche als Leib mit Christus als Haupt und den Gläubigen als Gliedern vorzustellen ist. Parallel dazu "könnte man das Verhältnis der drei Grundvorgänge zueinander so beschreiben: Die Verkündigung ist der Kopf, die Liturgie das Herz, die Diakonie sind Hände und Füße des 'Leibes' Gemeinde ... Es ist unschwer zu erkennen, daß eine Verkümmerung der Arme und Beine der Kirche und der einzelnen Gemeinden, also eine Vernachlässigung der Diakonie, den Hauptanteil an der Pathologie der Kirche von heute - und vielleicht schon einiger Jahrhunderte vorher - darstellt."[177] Die Aussageintention, die Zauner mit diesem Bild verfolgt, richtet sich deutlich erkennbar darauf, die Zentrierung der gemeindlichen Praxis auf die Verkündigung und die Liturgie zu durchbrechen und zu zeigen, daß nur dann von einer authentisch christlichen Gemeinde gesprochen werden kann, wenn alle drei Grundvollzüge verwirklicht sind, und daß für keinen eine Priorität beansprucht werden kann.

4.1.2.2.4 Karl Lehmann

Ein ähnliches Anliegen verfolgt *Karl Lehmann*. Auch er geht von der Trias Verkündigung, Liturgie und Diakonie aus und sieht in der unterschiedslos allen Menschen geltenden Bruderliebe Jesu Christi den Anspruch grundgelegt, daß die Diakonie ein bleibender Grundvollzug der christlichen Gemeinde sein bzw. werden muß, da nur durch den Nachvollzug der vorbehaltlosen Liebe Jesu Christi zu allen Menschen eine Gemeinde ihre Identität als *christliche* Gemeinde erreicht.[178] Deshalb erachtet er es als Erfordernis einer heutigen Pastoral, die Marginalität bzw. das Defizit der Diakonie in den Gemeinden auszugleichen und die Verkündigung bzw. den Gottesdienst einerseits mit der Diakonie andererseits zu vermitteln und die Diakonie in die bislang einseitig von Verkündigung und Liturgie geprägte Pastoral zu integrieren.[179] Lehmanns programmatische Formel für diese beabsichtigte Integration ist die "Gleichursprünglichkeit und gegenseitige Vollendung der Grundfunktionen"[180]. Damit will er einerseits die unterschiedslose Unaufgebbarkeit eines jeden Grundvollzugs zum Ausdruck bringen, insofern sowohl Verkündigung als auch Liturgie als auch Diakonie in Jesus Christus ihren Ursprung und somit eine gemeindekonstitutive Bedeutung haben. Auf der anderen Seite soll mit der "Gleichursprünglichkeit" der Grundvollzüge ein Freiraum für die Gemeinden signalisiert sein, je nach situativen Erfordernissen bestimmte Akzentsetzun-

---

176 Vgl. **Zauner, W.**: Diakonie als pastorale Tätigkeit, 147-155.

177 Ebd. 148.

178 Vgl. **Lehmann, K.**: Gemeinde, 29.

179 Vgl. ebd. 30; **ders.**: Theologische Reflexionen.

180 **Lehmann, K.**: Gemeinde, 31; vgl. **ders.**: Theologische Reflexionen, 243; **ders.**: Signale der Zeit, 156.

gen zwischen den drei Grundvollzügen vorzunehmen.[181] Daß allerdings die drei Grundvollzüge einen gemeinsamen Praxiskomplex bilden, in dem kein Element gänzlich ausfallen darf, erachtet Lehmann als Kriterium für die Verwirklichung eines christlichen Gemeindelebens: "Wenn die Verkündigung des Evangeliums nicht in der Anbetung gründet, wird sie leicht unglaubwürdig; wo sie sich nicht in der Liebe bewährt, erstarrt sie zu Formeln; ein Gottesdienst, der nicht mehr vom aufschließenden und belebenden Wort Gottes getragen wird, schrumpft zu einem steifen Ritus ein; eine Liturgie, welche nicht neu in die Weltverantwortung ruft, wird leicht ästhetischer Selbstzweck der Gemeinde; ohne stetige Umkehr vom Evangelium her läßt der Mut zur Torheit der Liebe Jesu Christi nach; ohne die Beheimatung im Gottesdienst wird Caritas rasch zu einem geschäftigen Tun oder zu einem bürokratischen Betrieb."[182] Lehmann konstatiert hier also - seiner Intention und dem Augenschein nach - eine prinzipielle Gleichgewichtigkeit der drei Grundvollzüge, die keine Primatsbehauptung für einen einzelnen davon zuläßt.

4.1.2.2.5 Rolf Zerfaß

Eine deutlich anders angelegte Gestalt nimmt das Konzept zunächst bei Rolf Zerfaß an.[183] Er distanziert sich von der geläufigen Trias Verkündigung-Liturgie-Diakonie, da darin die Unstimmigkeit gegeben ist, "daß wir unter Diakonie nicht trennscharf die selbstlose Liebe gegenüber jeder Not und die Bruderliebe (d.h. die freundschaftliche Verbundenheit innerhalb der Gemeinde) unterscheiden. Die binnenkirchliche Brüderlichkeit, die ihre Wurzeln darin hat, daß wir alle Glieder am Leib Christi sind, heißt im NT Koinonia und ist zu unterscheiden von der Diakonia als der Bereitschaft, sich interesselos von jedweder Not betreffen zu lassen. Darum vertrete ich den Standpunkt, daß begrifflich die drei Grunddimensionen, die uns von Jesus als Grundstrukturen kirchlichen Lebens überliefert sind, lauten: Martyria, Koinonia, Diakonia."[184] Damit sind zwei wichtige Bestimmungen vorgenommen: Koinonia als Gemeinschaftsbildung aller Gemeindeglieder unter dem Ruf Gottes ist als eigener Grundvollzug des Christlichen zu veranschlagen, und die Diakonie erhält ihr spezifisches Profil aufgrund ihrer dezidierten Hinordnung auf die Menschen in Not. Diese Sicht der Diakonie schließt eine Beliebigkeit im Verhalten gegenüber Mitmenschen - die im allgemeinen und deshalb diffusen Ruf nach liebevoller Gemeinschaft mit allen Menschen immer noch mitschwingen könnte - aus und schließt eine vorrangige Option für Notleidende ein. Den Grund für diese Unterscheidung zwischen Diakonia und Koinonia sieht Zerfaß darin gegeben, daß

---

181 Vgl. **Lehmann, K.**: Theologische Reflexionen, 243; **ders.**: Gemeinde, 32.

182 **Lehmann, K.**: Theologische Reflexionen, 243. - Diese Formulierung findet sich in ähnlicher Weise in **ders.**: Gemeinde, 31 f. und **ders.**: Signale der Zeit, 151 f.

183 Vgl. **Zerfaß, R.**: [Diskussionsbeitrag]; **ders.**: Die Diakonie als inneres Moment der Verkündigung; **ders.**: Der Selbstvollzug der Kirche, 139-143; **ders./Roos, K.**: Predigt/Verkündigung, 362-365.

184 **Zerfaß, R.**: [Diskussionsbeitrag], 34 f.

ein notleidender Mensch nicht als potentieller Mitchrist, als potentieller Zuwachs für die eigene Gemeinschaft eine Herausforderung der Christen ist, sondern daß ein notleidender Mensch qua Not Christinnen und Christen in ihre Verantwortung eben als Christinnen und Christen ruft und daß die Erfüllung dieser Verantwortung - gerade um authentisch zu bleiben - mit keiner anderen zusätzlichen Absicht verknüpft werden darf.[185]

Der Dimensionierung der kirchlichen Praxis anhand der Trias Verkündigung-Koinonia-Diakonie wurde Widerspruch entgegengebracht, weil hier offensichtlich die Liturgie als Grundvollzug nicht aufgeführt ist.[186] Zerfaß sieht sich jedoch zur Annahme dieser Trias gerade wegen der von ihm zugrundegelegten theologischen Basis, des Handelns Jesu, veranlaßt. "Kirche ist Kirche, wenn sie das Wort und das Werk Christi fortführt, d.h. (in den Begriffen des Neuen Testamentes gesprochen) wenn sie in der Nachfolge Jesu (1) die frohe Botschaft immer neu entdeckt, verkündet und feiert (Martyria), (2) den einzelnen Menschen in seiner Bedürftigkeit ernstnimmt als den, dem das Heil Gottes gilt (Diakonia), (3) brüderliche Gemeinschaft unter den Menschen stiftet und damit dem Reich Gottes in dieser Welt Raum gibt (Koinonia)."[187] Die Koinonia als Gemeinschaft derer, die Gott zusammenführt, enthält die Liturgie in sich, da das Volk Gottes ja im Gottesdienst sich selbst als Gemeinschaft feiert und die Feier des Volkes erst "dann möglich ist, wenn Gott dieses Volk zusammengeführt hat"[188], die Liturgie also nie außerhalb der Koinonia gedacht werden kann. Demgegenüber würde eine separate Veranschlagung der Liturgie als Grundvollzug einen Trend bestärken, im Zuge dessen "eine bestimmte katholische Aufmerksamkeit auf den gottesdienstlichen Bereich faktisch eine Vorherrschaft schafft, die theologisch so nicht durchtragbar ist"[189]. Bestätigt wird Zerfaß in diesem Verständnis von Joachim Gnilka. Auch dieser bevorzugt den Begriff "Koinonia anstelle von Leiturgia ..., weil er ein neutestamentlicher Begriff ist und den Gedanken der sakramentalen Gemeinschaft primär miteinschließt, ... die Gemeinschaft mit dem Leib und Blut Christi, wo aber gleichzeitig auch zum Ausdruck kommt, daß durch diese Feier eben nicht nur die Gemeinschaft der Mahlteilnehmer mit Christus hergestellt wird, sondern gleichzeitig auch die Gemeinschaft der Mahlteilnehmer untereinander, weil sie ein Leib ist. ... In diesem Zusammenhang wäre auch daran zu erinnern, daß diese Abendmahlgesellschaft, was man näher als Leiturgia bezeichnet, nicht allein auf der Stiftung dessen beruht, was Jesus uns bei seinem letzten Zusammensein mit seinen Jüngern hinterlassen hat, sondern auch eine Fortsetzung seiner Nähe mit den Sündern und Ausgestoßenen ist."[190]

Die Grundlegung der Grundvollzüge im Handeln Jesu veranlaßt Zerfaß aber auch dazu, das Verhältnis der Grundvollzüge zueinander nicht über eine sektorale Gliederung als

---

[185] Vgl. ebd 34.

[186] Vgl. **Bertsch, L.**: [Diskussionsbeitrag], 41.

[187] **Zerfaß, R.**: [Diskussionsbeitrag], 35.

[188] Ebd. 43.

[189] Ebd. 44.

[190] **Gnilka, J.**: [Diskussionsbeitrag], 42.

Handlungs*felder*, sondern über eine dimensionale Gliederung als Koordinaten eines Handlungs*raumes* zu beschreiben. Da Jesus nie nur über Gott redete, sondern ihn in seinem Tun erfahren ließ, da also Jesu Zuwendung zum Notleidenden, sein Leben in Gemeinschaft und sein Reden von Gott sich gegenseitig deuteten und so einen Raum der Erfahrung von Heil eröffneten, müssen auch in Hinblick auf die kirchliche Praxis in der Nachfolge Jesu Verkündigung, Koinonia und Diakonie als die "drei Seiten der selben Sache"[191] verstanden werden.

Graphik 11: Zuordnung der Grundvollzüge nach Rolf Zerfaß I

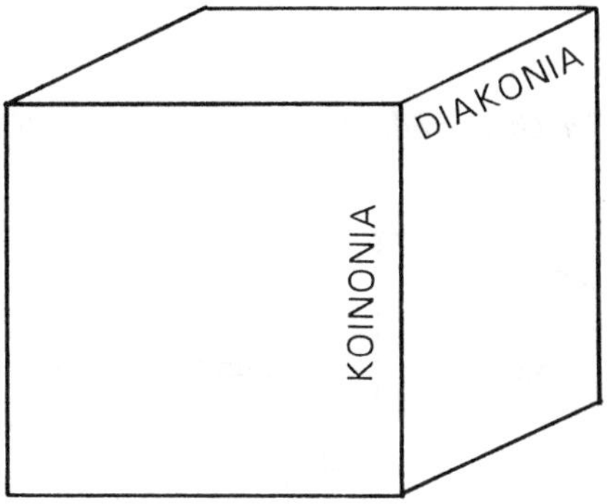

Quelle: Zerfaß, R.: [Diskussionsbeitrag], 37.

Zur genaueren Identifizierung der kirchlichen Praxis anhand dieses Wahrnehmungsmodells differenziert Zerfaß die Grundvollzüge in jeweils zwei faktisch beobachtbare Praxisbereiche: Die Martyria (Verkündigung) zeigt sich in der Verkündigungspraxis im engeren Sinn (Predigt usw.) und in der Bildungsarbeit; die Koinonia umfaßt die Feier von Gemeinschaft (Eucharistie) und den Gemeindeaufbau als die Konstitution eines sozialen Beziehungsgeflechts; die Diakonie wird schließlich unterschieden als die am Menschen orientierte Seelsorge und die an den strukturellen Bedingungen von Not ansetzende Sozialarbeit.[192]

Hier liegt ein Gebrauch des Grundvollzüge-Konzepts vor, der deutliche Konturen aufweist sowohl aufgrund der Spezifizierung der Diakonie in Form ihrer dezidierten

[191] **Zerfaß, R.**: [Diskussionsbeitrag], 37.

[192] Vgl. ebd. 39 f.

Hinordnung auf Notleidende als auch aufgrund der theologischen Fundierung des Konzepts durch den Rückbezug auf das Handeln Jesu und der darin mitgegebenen Klärung des Verhältnisses zwischen Koinonia und Liturgie.
Um so mehr überrascht es, daß Zerfaß in einer späteren Veröffentlichung seine Zuordnung der Grundvollzüge revidiert[193] und vorschlägt, "von einer Vierzahl kirchlicher Grundvollzüge auszugehen:
Martyria: Dienst am Wort (Verkündigung und Bildungsarbeit)
Diakonia: Dienst an den Armen (Caritas und Seelsorge)
Koinonia: Dienst an der Einheit (Communio, Gemeindeaufbau)
Leiturgia: Gottesdienst (Feier des Glaubens und der Sakramente)"[194].
Martyria und Diakonia werden dabei als die zwei Dimensionen des eher extrovertierten Sendungsauftrags der Kirche identifiziert, denen Koinonia und Leiturgia als zentrierende Dimensionen der Sammlung innerhalb der Gemeinde entsprechen.

Graphik 12: Zuordnung der Grundvollzüge nach Rolf Zerfaß II

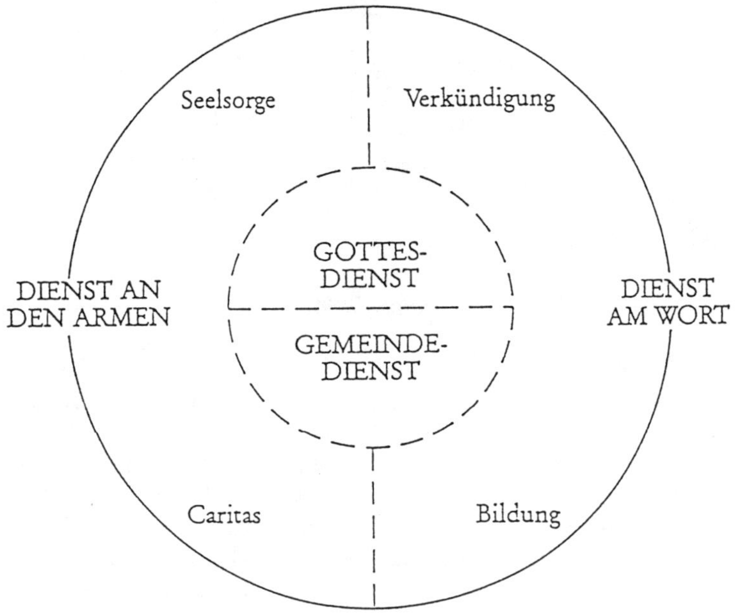

Quelle: Zerfaß, R.: Lebensnerv Caritas, 87.

193 Vgl. **Zerfaß, R.**: Lebensnerv Caritas, 82-95.
194 Ebd. 86.

Diese Zuordnung ist nach Zerfaß einleuchtend, insofern der Verkündigung und Diakonie als Aufgaben der "Sendung der Kirche ebenso kraftvolle Kräfte der Sammlung entsprechen müssen, soll nicht ein zentrifugales Übergewicht entstehen, das die Einheit der Kirche zerreißt. Diese einenden, sammelnden Kräfte sind das Bemühen um die Einheit innerhalb und zwischen den Gemeinden (Communio, Gemeindeaufbau) und die Feier des Lebens inmitten aller Bedrängnis (der Gottesdienst, die Sakramente)."[195] Überraschend ist dieses Zuordnungsmodell nicht so sehr deswegen, weil hier auch Zerfaß die Liturgie als eigens zu veranschlagenden Grundvollzug versteht, sondern vielmehr deshalb, weil ihm ein "Innen-Außen-Schema", genauer gesagt: eine Unterscheidung nach eher extrovertierten ("zentrifugalen") und eher introvertierten ("sammelnden") Praxisformen zugrunde liegt, wovon sich Zerfaß in Zusammenhang mit seinem ersten Zuordnungsmodell noch ausdrücklich distanzierte.[196]

4.1.2.2.6 Hermann Steinkamp

Wieder eine andere Variante des Versuchs, über das Konzept der Grundvollzüge eine Positionsklärung der Diakonie vorzunehmen, findet sich bei *Hermann Steinkamp*.[197] Eine von Leonardo Boff vorgenommene Differenzierung des Basisbegriffs, die die Orientierung an der "Basis" vierfach als Ausrichtung an den "kleinen", untergeordneten Gesellschaftsmitgliedern, als Solidarität mit bzw. Option für die Armen, als Bewußtseinsbildung und als Bildung kleiner Gemeinschaften versteht[198], veranlaßt Steinkamp, das Grundvollzüge-Konzept zu problematisieren. Dazu stellt er dem von Anonymität und Individualisierung geprägten sozialen Klima der modernen Gesellschaften, in dem auch von christlichen Gemeinden kaum mehr Gemeinschaftserfahrungen vermittelt werden könnten[199], die "Erfahrung einer Gemeinschaft brüderlich-schwesterlicher Nähe, des Teilens und der gegenseitigen Hilfe ...: die erinnernde Wiederentdeckung der urchristlichen Koinonia-Praxis"[200] in den Basisgemeinden vor allem Lateinamerikas gegenüber. Die Koinonia der Basisgemeinden, in der die Gemeindemitglieder gegenseitige Solidarität und gegenseitiges Teilen der Güter wie der Lasten als Überlebensstrategie entwickelten und in der dies alles in dem Bewußtsein geschehe, daß jeder Beteiligte ein gleichberechtigtes, gleichermaßen konstitutives Glied der Gemeinschaft

---

195 Ebd. 88.

196 Vgl. **Zerfaß, R.**: [Diskussionsbeitrag], 43. - Allerdings muß auch berücksichtigt werden, daß Zerfaß mit seiner Unterscheidung zwischen Sendung und Sammlung keineswegs die Vorstellung bestärken möchte, die Diakonie sei außerhalb der Gemeinde angesiedelt, und ausdrücklich solche "Vorfeld"-Phantasien verneint (vgl. **Zerfaß, R.**: Lebensnerv Caritas, 92-95).

197 Vgl. **Steinkamp, H.**: Diakonie - Kennzeichen der Gemeinde, 84-100; **ders.**: Diakonie in der Kirche der Reichen, 299 f.

198 Vgl. **Boff, L.**: Basisgemeinden, 185.

199 Vgl. **Steinkamp, H.**: Diakonie - Kennzeichen der Gemeinde, 90, 94.

200 Ebd. 90.

ist, ist nach Steinkamp *in sich* Diakonie. Dagegen hat die Diakonie, in der diese koinonische Struktur nicht verwirklicht ist, einen Zustand der Deformation, nämlich der Über- und Unterordnung zwischen Helfenden und Hilfsbedürftigen, angenommen. Deshalb kann Steinkamp fragen, ob nicht die Koinonia überhaupt fungieren könnte "als neue Bezeichnung für das, was bisher Diakonie hieß? Wird in der Praxis der Basisgemeinden die Trennung der gemeindlichen Grundfunktionen obsolet? Ist die 'alte' Diakonie nicht in einem Verständnis von Koinonia 'aufgehoben', in dem das 'Teilen' das 'Helfen' überflüssig macht?"[201] Zumindest aber konstatiert er auf dem Hintergrund der für Jesu Praxis typischen Verschränkung von Handeln und Reich-Gottes-Verkündigung die Notwendigkeit, von der gängigen, eventuell sogar mit dem Gegensatz von "sakral" und "profan" unterlegten Nebeneinanderstellung der Grundvollzüge Verkündigung, Liturgie und Diakonie abzurücken und sie gemäß der Identität von Jesu Reich-Gottes-Verkündigung und Jesu heilendem Handeln als einen integrierten Praxiskomplex zu konzipieren, wobei die Koinonia die umfassende Integrationsfunktion bildet, so daß das Kriterium der Grundvollzüge darin besteht, ob in ihnen allen Koinonia erfahrbar ist.[202] In diesem Sinn kann Steinkamp auch von einem "Primat der Koinonia"[203] sprechen.

Damit ist ein weiterer Impuls für die Profilierung der Diakonie innerhalb der Grundvollzüge gegeben. Durch die Vorordnung der Koinonia wird deutlich, daß Diakonie wie auch Verkündigung und Liturgie die Aufhebung eines assistentialistischen Gefälles zwischen über- und untergeordneten Gliedern bzw. die Anerkennung aller als gleichermaßen konstitutive Glieder der jeweils zu bildenden Gemeinschaft implizieren müßten.

4.1.2.2.7 Ottmar Fuchs

Ottmar Fuchs legte Vorschläge zur Zuordnung der Grundvollzüge vor, die sich zum einen von den bislang dargestellten erheblich unterscheiden, die aber zum anderen in ihrer diffizilen Konzeption auch ein Ausdruck dafür sein mögen, daß sich das Grundvollzüge-Konzept mit anhaltender Thematisierung weniger einem Konsens denn einem Dissens annähert, weil um so mehr die dahinter verborgenen, nicht unerheblichen theologischen Fragestellungen aufbrechen.[204] Fuchs veranschlagt - wie bereits oben erwähnt - "'nur' zwei fundamentale Dimensionen kirchlicher Existenz, die Martyria und die Diakonia"[205]. Ihre theologische, näherhin christologische Basis sieht er in der in Jesus Christus unvermischten Einheit von göttlicher und menschlicher Natur und der daraus erwachsenden Einheit von Gottes- und Nächstenliebe gegeben. Entsprechend läßt

---

201 Ebd.

202 Vgl. ebd. 94.

203 **Steinkamp, H.**: Diakonie in der Kirche der Reichen, 299.

204 Vgl. **Fuchs, O.**: Heilen und befreien, 103-109, 209-223; **ders.**: Ämter für eine Kirche der Zukunft, 33-37; **ders.**: Kirche für andere, 286 f.

205 **Fuchs, O.**: Heilen und befreien, 104.

sich die in der Nachfolge Jesu Christi stehende Kirche auf die "Verkündigung der Liebe Gottes (als Zuspruch der Liebe Gottes den Menschen gegenüber wie auch als entsprechende Antwort der Menschen Gott gegenüber) und auf den (dadurch ermöglichten) Anspruch der Liebe den Menschen gegenüber"[206] als ihre beiden wesenskonstitutiven Dimensionen zurückführen. Das christologische Prinzip der Perichorese von göttlicher und menschlicher Natur beinhaltet die Beanspruchung zur Behauptung der Liebe Gottes zu den Menschen und zur Verwirklichung der Liebe der Menschen untereinander und findet so in der "unvermischten Einheit" von Martyria, der Verkündigung der Heilstaten Gottes, und Diakonie, der Praxis zwischenmenschlichen Heilens und Befreiens, ihre praktisch-ekklesiologisch transformierte Gestalt.[207] Die Koinonia ist für Fuchs nicht ein in sich stehender Grundvollzug als vielmehr der soziale Raum, in dem das Geschehen der Martyria und der Diakonia als Ausdrucksformen von Orthodoxie und Orthopraxie bzw. von Gottesdienst und Menschendienst vonstatten geht.[208] Dadurch entsteht ein bestimmtes Bedingungsverhältnis zwischen Martyria und Diakonia einerseits und Koinonia andererseits. Soll die Koinonia Raum der beiden anderen sein, dann findet sie in ihnen auch ihr Kriterium: Sie ist nur Koinonia, wenn sich in ihr Martyria als die Botschaft vom Reich Gottes und Diakonia als befreiende und auf das Reich Gottes verweisende Menschenliebe ereignen. Umgekehrt bildet die Koinonia den Maßstab von Martyria und Diakonia, da diese sich in ihrer christlichen Authentizität dadurch bewähren müssen, daß die in ihnen realisierten Beziehungen die Gleichwertigkeit aller Menschen und die gegenseitige Akzeptanz der Mitbestimmungskompetenz aller Beteiligten zur Grundlage haben.[209] Graphisch versucht Fuchs, seine Zuordnung der Grundvollzüge anhand des Modells zweier sich überschneidender Kreise zu veranschaulichen (s. Graphik 13 auf der nächsten Seite).

Danach ist sowohl von jeweils eigenständigen Bereichen der Diakonie bzw. der Martyria (1 und 2) als auch von einem Feld der Überschneidung beider (3) auszugehen. Für den eigenständigen Bereich der Diakonie wäre nach Fuchs z.B. die Verarbeitung humanwissenschaftlicher Erkenntnisse zur Qualifizierung diakonischer Praxis zu assoziieren. Der spezifische Bereich der Martyria würde dagegen Praxisformen wie Glaubensgespräche, Predigten, Liturgien oder die wissenschaftliche Theologie beinhalten. Entsprechend ist das Überschneidungsfeld Symbol für die Praxisformen, die sowohl Diakonie- als auch Verkündigungs-Elemente aufweisen, so etwa diejenigen Situationen diakonischer Praxis, in denen der christliche Deutungshorizont der Diakonie von den Beteiligten ausdrücklich thematisiert wird. Das beide Grundvollzüge umfassende Band (4) ist Symbol dafür, daß die jeweils vornehmlichen Träger der Grundvollzüge miteinander in Kommunikation z.B. über ihre spezifischen Erfahrungen treten und so den Zusammenhang der Grundvollzüge bewußt machen, insbesondere aber auch die eigene Verantwortung für den je anderen Grundvollzug gegenwärtig halten. Die Koinonia

---

206 **Fuchs, O.**: Ämter für eine Kirche der Zukunft, 34.

207 Vgl. ebd.; **ders.**: Heilen und befreien, 106 f., Anm. 2.

208 Vgl. **Fuchs, O.**: Heilen und befreien, 103.

209 Vgl. ebd. 104.

Graphik 13: Zuordnung der Grundvollzüge nach Ottmar Fuchs

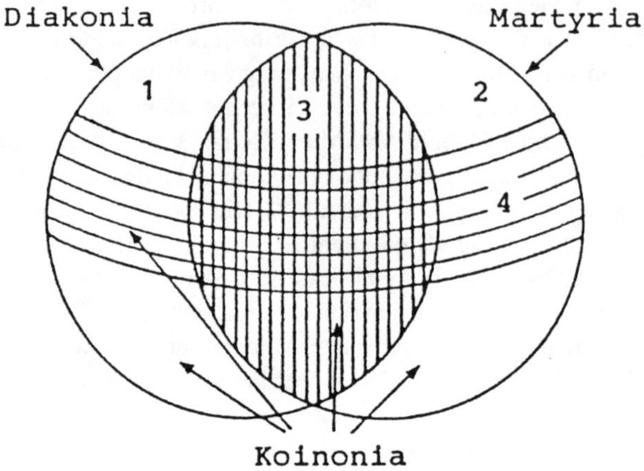

Quelle: Fuchs, O.: Heilen und befreien, 105.

beschreibt die Sozialform, in der alle vier Bereiche ihr Strukturprinzip finden.
In einer späteren Veröffentlichung verlagert Fuchs die Zuordnung der Koinonia stärker auf ihren Zusammenhang mit der Diakonie. Die Koinonia stellt demnach ein Element der Diakonie dar, da die in ihr vollzogene Kommunikation nur unter der Voraussetzung der Aufhebung von Ungerechtigkeiten gelingen kann und so - ähnlich wie bei Steinkamp - nur *in sich* Diakonie sein kann oder eben nicht Koinonia ist.[210]
Wie Rolf Zerfaß sieht sich auch Fuchs veranlaßt, sein Modell einer korrigierenden Variation zu unterziehen und die Liturgie in das Konzept aufzunehmen. Dabei bleibt es dabei, daß Martyria und Diakonie die identitätskonstitutiven, nicht hintergehbaren, d.h. nicht mehr auf etwas anderes zurückzuführenden, Grunddimensionen der Kirche bilden. Liturgie und Koinonia bilden eine zusätzliche Achse der Strukturierung kirchlicher Praxis, allerdings nur mit nachgeordnetem Stellenwert, da Liturgie und Koinonia nicht Selbstzweck, sondern als Vollzugsweise bzw. Vollzugsraum den beiden ersten zugeordnet sind.[211] Koinonia wie Liturgie finden ihr Kriterium in der Diakonie und in der Martyria, d.h. sie sind nur dann christliche Koinonia und Liturgie, wenn sich in ihnen Martyria und Diakonie ereignen.[212] Speziell für das Verhältnis von Liturgie und Diakonie bedeutet dies, daß erstere als eine besondere Vollzugsform der letzteren zu ver-

210 Vgl. **Fuchs, O.**: Ämter für eine Kirche der Zukunft, 34 f.

211 Vgl. **Fuchs, O.**: Heilen und befreien, 209.

212 Vgl. ebd. 210.

stehen und zu konzipieren ist. "Die Diakonie Jesu kommt in der Liturgie nicht zuerst als Imperativ, sondern als Indikativ auf die Menschen zu, insofern sie darauf vertrauen dürfen, daß Gott selbst ihnen genauso begegnet, wie Jesus den Menschen begegnet ist. Diese Erfahrung in Wort und Sakrament zu vermitteln und zu vergewissern, das markiert den Profilkern der Liturgie."[213] Die Liturgie und die Koinonia firmieren hier folglich nicht als separat zu veranschlagende Grundvollzüge, sondern sind der Martyria und der Diakonie funktional zugeordnet: Koinonia ist der christlich spezifizierte Vollzugs*raum* und die Liturgie eine christlich spezifizierte Vollzugs*weise* von Diakonie und Martyria. Das Spezifikum der Liturgie gegenüber der Koinonia liegt nach Fuchs schließlich darin, daß sie den Vollzug von Martyria und Diakonie mit einer gewissen "Symboldramatik"[214] versieht und symbolträchtig nicht nur die Gemeinschaft der Menschen untereinander, sondern vor allem die Gemeinschaft der Menschen mit Gott realisiert[215].

Das Konzept der Grundvollzüge erfährt bei Fuchs wohl eine der intensivsten Reflexionen hinsichtlich der gegenseitigen Zuordnung. Eine beliebige Schwerpunktsetzung zugunsten eines der vier Grundvollzüge ist nach ihm nicht mehr möglich, da die Grundvollzüge nicht mehr nebeneinander gestellt, sondern nach ihrer identitätsstiftenden und funktionalen Bedeutung differenziert werden. Hinsichtlich der Diakonie enthält die Reflexion eine deutlich aufwertende Tendenz: Sie gilt neben der Martyria als Fundamentalkategorie des Christlichen, die das Kriterium bildet für die Praxis der Kirche insgesamt.

4.1.2.2.8 Urs Eigenmann

Auf eine intensive und ausführliche Weise hat auch *Urs Eigenmann* die Grundvollzüge und deren Zuordnung reflektiert.[216] Sein biblisch-theologischer Ausgangspunkt ist die Gemeindebeschreibung in der Apostelgeschichte:

"Sie hielten an der Lehre der Apostel fest und an der Gemeinschaft, am Brechen des Brotes und an den Gebeten. Alle wurden von Furcht ergriffen; denn durch die Apostel geschahen viele Wunder und Zeichen. Und alle, die gläubig geworden waren, bildeten eine Gemeinschaft und hatten alles gemeinsam. Sie verkauften Hab und Gut und gaben davon allen, jedem so viel, wie er nötig hatte. Tag für Tag verharrten sie einmütig im Tempel, brachen in ihren Häusern das Brot und hielten miteinander Mahl in Freude und Einfalt des Herzens. Sie lobten Gott und waren beim ganzen Volk beliebt. Und der Herr fügte täglich ihrer Gemeinschaft die hinzu, die gerettet werden sollten." (Apg 2,42-47)

Vier markante Elemente des Gemeindelebens lassen sich hier erkennen: Gemeinschaft, Beten bzw. Brechen des Brotes, Lehre der Apostel und Hilfe für Bedürftige. In Orien-

---

213 Ebd. 215 f.

214 Ebd. 212.

215 Vgl. ebd. 213.

216 Vgl. **Eigenmann, U.**: Am Rand die Mitte suchen, 69-121.

tierung daran nennt Eigenmann vier Grundvollzüge als Konstitutiva einer jeglichen christlichen Sozialform:

"- Koinonie - Stiftung von Gemeinschaft und Aufbau von Gemeinde
- Liturgie und Verkündigung - Symbolischer Ausdruck des Glaubens
- Katechese und Bildung - Einüben und Reflektieren des Glaubens
- Diakonie - Einsatz für ein erfülltes Leben aller Menschen"[217].

Ins Auge fällt dabei die Vereinigung von Liturgie und Verkündigung zu einem Grundvollzug der Glaubenssymbolisierung und die Gewichtung der theologischen Reflexion als eines eigenständigen Grundvollzugs.

Die Koinonia ergibt sich aus dem gemeinschaftsstiftenden Wirken Jesu, welches gerade benachteiligte und stigmatisierte Menschen integrierte. In den christlichen Sozialformen, ob in der Kirche als ganzer, in Gemeinden oder anderen Gruppierungen, muß sich dies fortsetzen in Form eines Gemeinschaftslebens, das von Solidarität in der Versorgung mit materiellen Lebensgrundlagen, Offenheit nach außen, Konstitution der Mündigkeit aller Beteiligten, Vergebungsbereitschaft, Herrschaftsfreiheit nach innen und Anerkennung der Menschen in ihrem Anders-Sein gekennzeichnet ist. "Koinonia als Grundfunktion von christlichen Gemeinden und Kirchen meint, dass der Glaube an den Messias Jesus Gemeinschaft stiftet und dass eine befreiende Praxis in seiner Nachfolge nur zusammen mit andern realisiert werden kann."[218]

Entscheidend für den (Doppel-)Grundvollzug der Liturgie und Verkündigung ist der Gedanke der Symbolisierung des Glaubens in Zeichen und in Worten. Inhalt der Symbolisierung ist die Erinnerung an Leben, Tod und Auferstehung Jesu Christi, die in der Liturgie gefeiert und in der Verkündigung sprachlich vermittelt wird. Drei inhaltliche Komponenten tragen die liturgisch-verkündigende Symbolisierung: In ihr wird erstens die Reich-Gottes-Praxis Jesu vergegenwärtigt, was eine "gefährliche Erinnerung" bedeutet, da damit die Solidarität mit Notleidenden bzw. die Befreiung aller Menschen zu einem erfüllten Leben eingeklagt wird und folglich die Symbolisierung des Glaubens zugleich die Aufhebung des Status quo gegenwärtiger Herrschaftsverhältnisse symbolisiert. In der liturgisch-verkündigenden Symbolisierung wird zweitens der Glaube der einzelnen Christinnen und Christen selbst zum Ausdruck gebracht gerade durch das bildliche und verbale Artikulieren der je eigenen Erfahrungen, wobei diese Erfahrungen die Doppelstruktur des Zuspruchs des Glaubens in Form der liebenden Zuwendung Gottes zu allen Menschen und des Anspruchs des Glaubens in Form der Beanspruchung zur Lebenspraxis in der Nachfolge Jesu aufweisen. In der liturgisch-verkündigenden Symbolisierung des Glaubens wird drittens das in der Ankündigung des Reiches Gottes allen Menschen zugesagte, aber noch nicht voll realisierte wahre, heile und erfüllte Leben antizipierend ausgedrückt, was notwendig auch die kritische Funktion hat, Kräfte und Strukturen der Verhinderung eines befreiten, heilen Lebens in den je jetzt gegebenen Verhältnissen des menschlichen (Zusammen-)Lebens aufzudecken und die Menschen zur Umkehr in Form einer für alle befreienden Praxis aufzurufen. So verstanden

217 Ebd. 70.

218 Ebd. 77.

"sind das liturgische Feiern und das religiöse Reden nicht mehr folgenlos von der Welt isoliert, sondern stehen dieser in der Weise als kritische Instanz gegenüber, dass jene, die die Liturgie feiern und sich der religiösen Rede bedienen, in Pflicht genommen werden, die Welt auf das hin zu verändern, was an erfülltem Leben für alle Menschen in der Liturgie gefeiert und in der Verkündigung angesagt wird. ... Den Glauben symbolisch ausdrücken meint als Grundfunktion einer christlichen Gemeinde, dass die Reich-Gottes-Vision wahren, heilen und erfüllten Lebens für alle Menschen in religiöser Rede zur Sprache gebracht und liturgisch-sakramental gefeiert wird, und zwar als Verpflichtung zur Umkehr der Herzen und zur Veränderung der Strukturen hin auf die Vollendung des in Jesus Christus angebrochenen Reiches Gottes als Reich der Gerechtigkeit, der Liebe und des Friedens."[219]

Die für Eigenmann spezifische Veranschlagung eines eigenen Grundvollzugs Katechese und Bildung ist motiviert von der Einsicht, daß zu einem bewußten Verständnis der Reich-Gottes-Botschaft und deren Option für benachteiligte, beherrschte Menschen hingeführt werden muß, um sie in eine entsprechende Lebenspraxis als Praxis der Nachfolge Jesu umsetzen zu können. "Das Grundanliegen der Bildung als Grundfunktion einer Gemeinde besteht vor diesem Hintergrund darin, die Glieder der Gemeinde zu befähigen, die wirtschaftlichen, politischen und kulturell-weltanschaulich-religiösen Verhältnisse und Praktiken aufgrund der Option für die Armen, Ohnmächtigen und Unmündigen aus deren Optik zu analysieren und im Licht des Evangeliums zu beurteilen, um zu einer Veränderungspraxis hin auf das Reich Gottes zu gelangen."[220]

Die Diakonie als Grundvollzug christlicher Gemeinden schließlich basiert nach Eigenmann auf der Überzeugung, daß die heilende und befreiende Zuwendung zu den Armen und Unterdrückten das zentrale Anliegen Jesu ausmacht und daß es folglich eine wesenskonstitutive Aufgabe von Christinnen und Christen wie aller christlichen Sozialformen ist, an der förderlichen Gestaltung der Welt als Lebensraum aller Menschen durch Verringerung und Beseitigung von Not aller Art mitzuwirken. Die Diakonie als das "In-Dienst-Stehen" der christlichen Gemeinden für die Schaffung gerechter und gleicher Lebensmöglichkeiten aller Menschen zeigt sich in vielfältigen Gestalten, auf privater wie auf politischer Ebene, in persönlichen Krisensituationen wie in entwicklungs-, friedens- oder wirtschaftspolitischen Herausforderungen und beinhaltet als Einsatz für Gleichberechtigung und Gerechtigkeit die parteiische Solidarität für die jeweils Armen, für die entrechteten und benachteiligten Menschen. Weil die Kirche nur in dieser Option für die Armen Jesus in seiner Reich-Gottes-Praxis nachfolgt, wird die Diakonie - wie Eigenmann unter Berufung auf Ottmar Fuchs[221] betont - zum schlechthin identitätskonstitutiven Grundvollzug der Kirche und zu deren primärem Kriterium.[222]

Vor allem zwei Aspekte sind es, die dem von Eigenmann vorgelegten Konzept der

---

219 Ebd. 93; vgl. ebd. 77-93.

220 Ebd. 103; vgl. ebd. 94-104.

221 Vgl. **Fuchs, O.**: Kirche für andere, 281.

222 Vgl. **Eigenmann, U.**: Am Rand die Mitte suchen, 104-116.

Grundvollzüge sein Profil geben. Die gesamte Praxis christlicher Kirchen und Gemeinden und somit alle Grundvollzüge finden ihr theologisches Fundament in der Reich-Gottes-Botschaft Jesu, unter deren Anspruch sich die Kirchen und Gemeinden durch ihren Einsatz für heile und befreite Lebensverhältnisse aller Menschen und deshalb notwendig durch eine vorrangige Option für Arme zu bewähren haben. In Konsequenz dazu muß die Beanspruchung der christlichen Gemeinden zu dieser heilenden und befreienden Solidaritätspraxis durchgängig in allen ihren Dimensionen zur Auswirkung kommen; innerhalb der Grundvollzüge kommt also der Diakonie eine "prinzipielle und nicht nur situative, d.h. nur von Fall zu Fall gegebene Priorität"[223] zu, aufgrund deren sich auch die anderen Grundvollzüge als *in sich* diakonisch erweisen müssen, um authentisch christlich zu sein.[224]

4.1.2.3 Diakonieabwertende Tendenzen des Konzepts der "Grundvollzüge"

Gerade die Verwendung des Grundvollzüge-Konzepts belegt paradoxerweise aber auch, daß die Tendenz einer Abwertung der Diakonie bis in die aktuelle Zeit virulent ist. Obwohl dieses Konzept gerade mit der Intention der Aufwertung der Diakonie eingeführt und rezipiert worden ist, läßt sich in nicht wenigen seiner Verwendungszusammenhänge beobachten, daß auch in ihm in verschieden ausgeprägter Form diakonieabwertende Assoziationen mitschwingen.[225]
Ein erstes diakonieabwertendes Element verbirgt sich in der Reihung der Grundvollzüge. Überwiegend wird die Drei- bzw. Vierzahl der Grundvollzüge so formuliert, daß die Diakonie das letzte Glied der Reihe bildet. Was Hans Zirker noch als Möglichkeit ausschließt, nämlich daß in dieser Reihenfolge schon eine inhaltliche Bewertung mitgegeben ist[226], dürfte in der Wirklichkeit kirchlichen Bewußtseins tatsächlich viru-

---

[223] Ebd. 118.

[224] Bei den hier vorgestellten Verwendungsformen des Konzepts der Grundvollzüge handelt es sich lediglich um eine kleine Auswahl aus einer Vielfalt an Vorschlägen, unter denen es noch mehrere originelle, diskussionswürdige Thematisierungen des Grundvollzüge-Konzepts gibt. Verwiesen sei hier nur noch auf zwei weitere eigenständige Ansätze: **Hochstaffl, J.**: Die Aufgaben der Seelsorge, 42-52; **Ven, J.A.v.d.**: Kontextuelle Ekklesiologie, 98-101.

[225] Wenn im folgenden solche Tendenzen benannt werden, dann bedeutet das noch keineswegs eine distanzierende Kritik der referierten Autoren. Diese selbst intendieren ja keine Abwertung, sondern eine "längst fällige Aufwertung der Caritas im Aufgabengeflecht von Kirche und Gemeinde" (**Lehmann, K.**: Theologische Reflexionen, 243), so daß ein Aufweis diakonieabwertender Tendenzen, die vielleicht in der jeweiligen Entstehungssituation der Modelle nicht gesehen oder berücksichtigt werden konnten, in deren eigenem Sinn ist und eine Aufnahme ihres eigenen Anliegens bedeutet. Die folgenden Ausführungen dürfen also nicht übersehen lassen, daß gerade die erwähnten Theologen sich um eine Rehabilitation der Diakonie verdient gemacht haben und gerade in ihren Reflexionen notwendigerweise auch Ansatzpunkte für kritische Weiterführungen liefern, während andere Theologinnen und Theologen, die aufgrund ihrer Indifferenz oder sogar bewußten Distanz gegenüber dem Anliegen der Diakonie diese nicht thematisieren, eben auch keine Ansatzpunkte für eine kritische Stellungnahme liefern.

[226] Vgl. **Zirker, H.**: Caritas als Grundfunktion der Kirche, 536.

lent sein. Wie die Thematisierung der Grundvollzüge-Trias im Einleitunsfaszikel des "Pastorale" zeigt, werden Verkündigung, Liturgie und Diakonie bewußt in einer Rangfolge angeordnet: "Diese drei Funktionen stehen untereinander in der angegebenen Rangordnung: Der Glaube ist Wurzel und Fundament des christlichen Heils; deshalb muß die Verkündigung des Wortes an erster Stelle stehen. Die Sakramente sind als 'sacramenta fidei' nur sinnvoll auf dem Fundament des Glaubens. Schließlich ist es nicht erlaubt, 'das Wort Gottes zurückzustellen', um sich dem 'Dienst des Tisches' zu widmen (Apg 6,2). ... Gegenüber den Suchenden, Fragenden, Skeptischen und der Kirche Entfremdeten kann nämlich die durch die konkrete Tat der Liebe bewährte Wahrheit des Glaubens einen echten und neuen Zugang zur Verkündigung und zu den Sakramenten eröffnen."[227] Hier zeichnet sich eine eindeutige Wertung ab. Die Verkündigung gilt als die vorrangig anzugehende Aufgabe; ihr kommt ein zeitlicher, inhaltlicher und systematischer Primat gegenüber der Liturgie und der Diakonie zu. Verkündigung und Liturgie (Sakramente) unterscheiden sich gemeinsam von der Diakonie, insofern ihnen in sich eine theologische Wertigkeit eignet, deren Plausibilität nicht näher nachgewiesen werden muß, während die Diakonie offenbar nicht in sich einen theologischen Wert hat, sondern nur aufgrund ihrer funktionalen Zuordnung zu den anderen beiden geschätzt werden kann, d.h. nur insofern, als die Diakonie "Zubringerdienste" für die Verkündigung und die Liturgie erfüllt.

Eine zweite Form der Abwertung zeigt sich in der Tendenz, die Diakonie als eine zur Not verzichtbare Sache zu betrachten. Obwohl Wilhelm Zauner das Leib-Bild heranzieht, gerade um die Diakonie als Konstitutivum, als unverzichtbares, wesentliches Element der Gemeinde nachzuweisen[228], ist dieses Bild anfällig dafür, gerade zugunsten der gegenteiligen Tendenz gedeutet zu werden. Die Verkündigung wird mit dem Kopf, die Liturgie mit dem Herz und die Diakonie mit den Händen und Füßen des Leibes Christi verglichen. Für diejenigen, welche entsprechende Erkenntnisinteressen transportieren, enthält das Bild eben auch die Aussage, daß ein Mensch nicht leben kann, wenn ihm Kopf oder Herz genommen werden, daß es aber durchaus möglich ist, zur Not Hände oder Füße zu amputieren. Hier bestätigt das Leib-Bild das Denkschema, wonach Kirche und Gemeinden zwar nicht grundsätzlich, aber zur Not - "wenn es darauf ankommt", wenn man z.B. aufgrund von Mängeln an "Händen und Füßen" "Kopf und Herz" in Gefahr sieht - auf die Diakonie verzichten könnten. Zauner selbst weist auf die Bedenklichkeit dieses Denkschemas hin: Es "besteht heute, in der Zeit des Priestermangels, die Gefahr, daß man als erstes dem Priester die sozialen und caritativen Aufgaben abnehmen möchte ('das können auch die Laien tun'), damit er sich auf seine 'eigentlich priesterlichen' Aufgaben konzentrieren kann. Darum sei es noch einmal gesagt: Der Priester hat als Leiter der Gemeinde auch die Verantwortung für die Diakonie der Gemeinde. Er darf diese Verantwortung im Sinne einer letzten und Leitungs-Verantwortung gar nicht abgeben, weil er sonst eine Grundfunktion der Gemeinde aus seiner Verantwortung ausklammern würde, oder, anders gesagt, weil er

---

227 **Kasper, W./Lehmann, K.**: Die Heilssendung der Kirche, 69 f.

228 Vgl. **Zauner, W.**: Diakonie als pastorale Tätigkeit, 147.

sonst auf eine von seinen 'eigentlichen priesterlichen Aufgaben' verzichten würde."[229]

Eine dritte Abwertungstendenz sieht die Diakonie unter dem normierenden Primat der Verkündigung und Liturgie, der eine normierende Relevanz der Diakonie für die Liturgie und die Verkündigung in reziproker Richtung nicht zuläßt. Zur Veranschaulichung dient das bereits oben aufgeführte Zitat von Karl Lehmann, welches dieser als Nachweis der "Gleichursprünglichkeit" der Grundvollzüge, also im Sinne einer Aufwertung der Diakonie einsetzt, welches aber gleichwohl eine dieser Intention gegenläufige Aussagetendenz enthält. Lehmann formuliert: "Wenn die Verkündigung des Evangeliums nicht in der Anbetung gründet, wird sie leicht unglaubwürdig; wo sie sich nicht in der Liebe bewährt, erstarrt sie zu Formeln; ein Gottesdienst, der nicht mehr vom aufschließenden und belebenden Wort Gottes getragen wird, schrumpft zu einem steifen Ritus ein; eine Liturgie, welche nicht neu in die Weltverantwortung ruft, wird leicht ästhetischer Selbstzweck der Gemeinde; ohne stetige Umkehr vom Evangelium her läßt der Mut zur Torheit der Liebe Jesu Christi nach; ohne die Beheimatung im Gottesdienst wird Caritas rasch zu einem geschäftigen Tun oder zu einem bürokratischen Betrieb."[230] Mit diesen gegenseitigen Wirkzusammenhängen soll ausgedrückt sein, daß sich die Grundvollzüge gegenseitig bedingen. Zur genaueren Entschlüsselung des Zitats sei es nochmals wiederholt, wobei allerdings statt der Umschreibungen die jeweiligen Grundvollzug-Termini verwendet, die einzelnen Wirkzusammenhänge numeriert und die Konsequenzbeschreibungen weggelassen werden: *Wenn Verkündigung nicht in Liturgie gründet (1), ...; wo Verkündigung sich nicht in Diakonie bewährt (2), ...; Liturgie, die nicht von Verkündigung getragen wird (3), ...; Liturgie, die nicht in die Diakonie ruft (4), ...; ohne Umkehr von Verkündigung her läßt Diakonie nach (5); ohne Beheimatung in Liturgie wird Diakonie ... (6).* Die Wirkzusammenhänge zeigen sich hier in zwei verschiedenen Arten: als ein "Geprägt-werden-Von" ("gründen in"; "getragen werden von"; "Umkehr von her"; "Beheimatung in") und als ein "Einwirken-Auf" ("sich bewähren in"; "rufen in"). Versucht man nun diese Wirkzusammenhänge graphisch darzustellen, wobei ein auf den Grundvollzug zugehender Pfeil dessen "Geprägt-werden-Von" und ein vom Grundvollzug ausgehender Pfeil dessen "Einwirken-Auf" symbolisiert, dann ergibt sich folgendes Bild (s. Graphik 14 auf der nächsten Seite)[231]:

An der Graphik wird deutlich, daß das Zitat ein bestimmtes Gefälle insinuiert. Während die Wirkzusammenhänge zwischen Verkündigung und Liturgie (1 und 3) noch reziprok gedacht sind, verlaufen sie zwischen Verkündigung und Diakonie (2 und 5) bzw. zwischen Liturgie und Diakonie (4 und 6) monologisch. Die Diakonie erscheint hier als der Grundvollzug, der unter den bestimmenden Einflüssen von Verkündigung und Liturgie steht. Umgekehrt ist jedoch ein Bestimmt-Werden der Verkündigung und der Liturgie von der Diakonie nicht vorgesehen. Damit mag sich jemand bestätigt fühlen,

---

229 Ebd. 154.

230 **Lehmann, K.**: Theologische Reflexionen, 243.

231 Die Numerierung der Pfeile entspricht der Numerierung im vorhergehenden transformierten Zitat.

Graphik 14: Zuordnung der Grundvollzüge nach Karl Lehmann

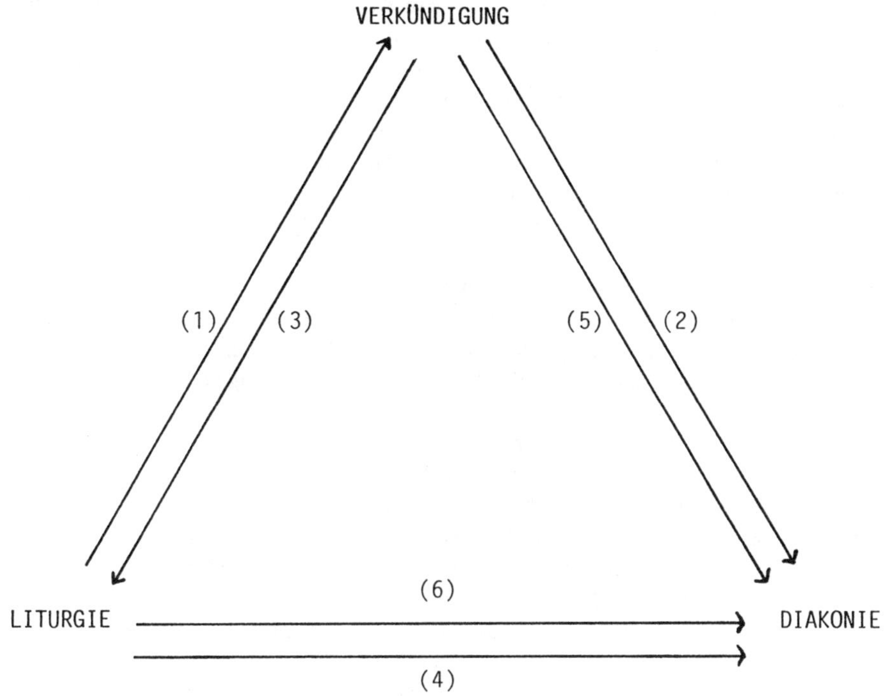

der eine abwertende Unterordnung der Diakonie unter die anderen Grundvollzüge propagiert. Lehmann selbst ist offenbar nicht ganz frei von diesem Denkschema. Das signalisiert sein Vorschlag, statt von "Gleichwertigkeit" der Grundvollzüge besser von "Gleichursprünglichkeit" zu sprechen.[232] Daß dieser Vorschlag von dem Anliegen, die normierende Relevanz speziell der Diakonie zu relativieren, motiviert ist, muß man aufgrund von Aussagen Lehmanns an anderer Stelle vermuten. Seines Erachtens "setzt die Bruderliebe die Verkündigung des Evangeliums und den Gottesdienst (man denke nur an Taufe und Firmung!) voraus ... Ich muß ja erst vom Evangelium betroffen sein, um mit den Augen des Glaubens Not entdecken und mit-leiden zu können ... Die unbegrenzte Reichweite der Diakonie hat aber beispielsweise nicht unmittelbare Konsequenzen für die Zulassungsbedingungen zur Eucharistie."[233]

232 Vgl. **Lehmann, K.**: Theologische Reflexionen, 243.

233 **Lehmann, K.**: Nochmals: Caritas und Pastoral, 11; zum diesbezüglichen literarischen Disput zwischen Karl Lehmann und Ottmar Fuchs vgl. **Lehmann, K.**: Theologische Reflexionen; **Fuchs, O.**: "Umstürzlerische" Bemerkungen, 31-34; **Lehmann, K.**: Nochmals: Caritas und Pastoral, 10 f.; **Fuchs, O.**:

Eine vierte Spielart der Abwertung der Diakonie muß dort befürchtet werden, wo hinsichtlich der Bestimmung des ekklesiologischen bzw. gemeindetheologischen Ortes der Diakonie mit den Dualitäten "innen-außen" bzw. "Zentrum-Peripherie" operiert wird. Die Diakonie wird in diesem Denkschema dem Außen bzw. der Peripherie von Kirche und Gemeinde zugeordnet. Die Diakonie gilt dann als das, womit die Kirche nach "außen" wirkt, sich der - als ihr gegenüberstehend gedachten - profanen Welt zuwendet. Beobachten läßt sich eine solche ekklesiologische Marginalisierung der Diakonie etwa bei Karl Rahner. Er bezeichnet Wortverkündigung, Eucharistie und die anderen Sakramente als besondere Einheit, von der sich die Vollzüge des Lebens in Liebe, zu denen die Diakonie zählt, dadurch abheben, daß sie "alle einem weniger 'sakralen' Bereich angehören. In diesem Bereich wendet sich das innerste Leben der Kirche in Wahrheit und Liebe, wie es im Wort Gottes und in den Mysterien der Kirche als unmittelbar von Gott gewirkt erscheint, den übrigen Lebensbereichen des Menschen zu: Es dringt in die Welt ein, um ihr das Leben mitzuteilen."[234] Auch das zweite, revidierte Zuordnungsmodell von Rolf Zerfaß ist für dieses diakonieabwertende Denkschema durchaus anfällig, da in ihm die Diakonie mit der Martyria eine "zentrifugale" Kraft darstellt, zu deren "Ausgleich" die Liturgie und die Koinonia als stabilisierende, sammelnde, für die Einheit förderliche Grundvollzüge im "Zentrum" angesiedelt werden müßten und dort zur Wirkung kommen sollten.[235] Die Diakonie wäre dann als Praxis zu verstehen, mit der man sich gerade vom Zentrum der Kirche bzw. der Gemeinden wegbewegt und sich in Richtung eines nichtkirchlichen Außenbereichs begibt. Nicht selten schlägt diese Zuordnung - die etwas für sich hat, solange es um die akzeptierende, solidarische Integration marginalisierter Menschen in die eigene Gemeinschaft geht - um in die diffuse Vorstellung, daß die Diakonie als solche dem Außenbereich, der Peripherie, dem "Profanen" angehöre und an sich keine "eigentliche" Dimension der Kirche bilde.

Eine weitere Zuordnung der Grundvollzüge mit diakonieabwertender Tendenz zeigt sich fünftens in der Rede von der Diakonie als "Vorfeldarbeit", die sich beispielhaft an einem "bischöflichen Wort an die Mitarbeiter in der Jugendpastoral" ablesen läßt: "In den letzten Jahren konnte hier und dort der Eindruck entstehen, als ginge es der kirchlichen Jugendpastoral vor allem darum, Lernfelder sozialen Verhaltens und humaner Reifeprozesse bereitzustellen. Das ist gut, aber es reicht nicht. Gewisse Einseitigkeiten hat es allerdings in der Gesamtpastoral immer gegeben. Unser gemeinsames Bemühen muß aber dahin gehen, stets das Ganze in den Blick zu nehmen und die verschiedenen Aufgabenfelder einander zuzuordnen. So wird es Sie nicht wundern, wenn wir jetzt noch einmal ausdrücklich auf unsere Hauptaufgabe zu sprechen kommen: Wir müssen dem jungen Menschen die Wege zu seinem Heil in Jesus Christus zeigen und damit auch den Zugang zu Seiner Kirche erschließen. Unsere kirchliche Jugendpastoral kann

Kirche für andere, 285 f. - Die Auseinandersetzung wurde in der Reihenfolge der hier angegebenen Aufsätze ausgetragen.

234 **Rahner, K.**: Theologische und pastoraltheologische Vorüberlegung, 218; vgl. ähnlich **Wiedenhofer, S.**: Ekklesiologie, 112.

235 Vgl. **Zerfaß, R.**: Lebensnerv Caritas, 87 f.

nicht immer im Vorfeld stehen bleiben. Je entschiedener der Schritt zum Eigentlichen hin gewagt wird, um so mehr wird auch die Vorfeldarbeit davon gewinnen."[236] Das Denkschema unterscheidet zwischen zwei Feldern, einem Vorfeld und einem eigentlichen Feld. Beide sind per definitionem getrennt, denn das Vorfeld ist nun einmal *vor* dem, was als Feld gilt, also außerhalb dessen, um was es geht. Dort, wo Menschen geholfen wird, in die Gesellschaft hineinzuwachsen und zu humanen Lebensverhältnissen zu finden, dort also, wo es um die menschengerechte Gestaltung des sozialen Lebens, um den Menschen und um ein seiner Würde entsprechendes Leben geht (und um sonst nichts), da ist Vorfeld. Dem gegenüber steht das Feld, in dem "Heil in Jesus Christus" und Kirche Jesu Christi geschehen und welches die Hauptaufgabe, das "Eigentliche" bildet. Das heißt: Das, was im Vorfeld geschieht, Diakonie, gehört eigentlich gar nicht zur Kirche und zum Heil in Jesus Christus.[237] Mit der Ansiedlung der Diakonie im Außen bzw. im "Vorfeld" erfährt also die Abwertung der Diakonie eine Stützung in Form der quasi-ekklesiologischen Denkfigur eines Binnen- und Außenbereichs der Kirche.[238]
Die Tendenz zu einer sechsten diakonieabwertenden Figur kann - gegen die ursprüngliche Absicht - durch das Zuordnungsmodell von Ottmar Fuchs provoziert werden. Für die von ihm angelegte Überschneidungsfläche von Diakonie und Martyria (s. Graphik 13 in Punkt 4.1.2.2.7) sieht er eine Deutungskategorie in der christologischen Formel der Perichorese, also der unvermischten und ungetrennten Gegebenheit der göttlichen und menschlichen Natur in Jesus Christus.[239] Obwohl Fuchs später betont, die Unterscheidung von Martyria und Diakonie dürfe nicht mit der Polarität von "heilig" und "profan" vermengt werden[240], veranlaßt die mehrfach vorgenommene begriffliche Konnotation von Martyria und Gott bzw. von Diakonie und Mensch zu der Interpretation, daß die Martyria der göttlichen und die Diakonie der menschlichen Natur Jesu Christi korrespondiere. Anzeichen für diese Zuordnung sind gegeben in den Parallelisierungen, die Fuchs vornimmt: Er stellt das Begriffspaar Gottesdienst-Menschendienst neben das Begriffspaar Martyria-Diakonie[241] und verleitet dadurch zu der separierenden Sichtweise, der Dienst für Gott sei in der Martyria gegeben und der Dienst für die

---

236 **Tenhumberg, H.**: Miteinander unterwegs, 27.

237 Zur Kritik der Rede vom "Vorfeld" vgl. **Zerfaß, R.**: Diakonie als inneres Moment, 154-157.

238 "Quasi-ekklesiologischen" Charakter hat diese Denkfigur deshalb, weil die Trennung zwischen einem Innen und einem Außen der Kirche eine Strukturierung suggeriert, die vom ekklesiologischen Verständnis der Kirche als Volk Gottes her keineswegs so eindeutig auszumachen ist. Gerade wenn, wie im Zweiten Vatikanum durchgehend betont, das Volk Gottes das von Gott berufene Volk ist und wenn zweitens jeder Mensch als Geschöpf Gottes ein von Gott in sein Menschsein berufener Mensch ist, dann erweisen sich die gängigen und scheinbar objektiv vorgegebenen Abgrenzungen, wie z.B. zwischen Getauften und Nichtgetauften oder zwischen Katholiken und Nichtkatholiken, als nicht hilfreich und letztendlich auch nicht als maßgeblich für die Frage, wer im Raum der Kirche lebt und leben darf bzw. wer die Dignität eines Subjekts der Praxis der Kirche hat.

239 Vgl. **Fuchs, O.**: Heilen und befreien, 106 f., Anm. 2; **ders.**: Ämter für eine Kirche der Zukunft, 34.

240 Vgl. **Fuchs, O.**: Heilen und befreien, 108.

241 Vgl. ebd. 103.

Menschen in der Diakonie. In ähnlicher Weise assoziiert Fuchs die Martyria mit "Evangelium vom erlösenden Gott" und die Diakonie mit "Menschenliebe"[242]. Damit läuft das Modell von Fuchs gegen dessen eigene Absicht Gefahr, eine fatale Aufteilung zu programmieren: Verleitet von der Terminologie "Verkündigung des *Wortes Gottes*" und "Dienst *für den Menschen*" könnte die Verkündigung als die Repräsentation der göttlichen Natur, die Diakonie dagegen als die der menschlichen Natur verstanden, könnte also die Verkündigung als das Gottgemäße und die Diakonie als das Menschengemäße bewertet werden. Nun müßte freilich diese theologische Figur keineswegs zu einer Abwertung der Diakonie führen, wenn man - wie Fuchs selbst - bei der Parallelisierung des Verhältnisses zwischen Verkündigung und Diakonie mit der Perichorese von göttlicher und menschlicher Natur Jesu Christi von einem konsequent-traditionellen (und nicht dualistisch degenerierten) Verständnis der "hypostatischen Union" von Göttlichkeit und Menschlichkeit im Sohn Gottes ausginge. Dieses Theologumenon besagt ja, daß es keine Trennung zwischen "göttlich" und "menschlich" gibt, aber auch kein Verschmelzen beider. Ihr Zusammentreten ist von der Art, daß das Göttliche und das Menschliche jeweils *als Göttliches* und *als Menschliches* bewahrt bleiben, daß aber das Menschliche im Göttlichen und das Göttliche im Menschlichen gegeben ist. Im unvermischten Zusammentreten der göttlichen und der menschlichen Natur kommt es zu deren gegenseitiger Aufwertung auf das gleiche Wertniveau. Das ist auch der Inhalt des traditionellen Theorems der Idiomenkommunikation, wonach von dem *einen*, von Jesus Christus als Sohn Gottes, zugleich die göttlichen und die menschlichen Prädikate ausgesagt werden können.[243] Die Perichorese von göttlicher und menschlicher Natur meint die Aufhebung von Wertunterschieden zwischen beiden zu einem Wert, der sich der verrechnenden Bewertung durch uns Menschen entzieht. Also kann sich daran auch hinsichtlich anderer Sachverhalte keine Wertunterscheidung nach den begrenzten Maßstäben des Menschen anhängen. Aber dieses Verständnis der hypostatischen Union wird bei der heutigen Verwendung des Theologumenons der zwei Naturen akkurat nicht mehr in genügendem Maße realisiert. Das gängige theologische, insbesondere auch spezifisch dogmatische Denken und Reden ist von dem fehlgeleiteten, aber nicht minder virulenten Denkschema geleitet, daß die göttliche Natur in Jesus Christus das gleichsam "Wertvollere" und die menschliche Natur das gleichsam "Minderwertigere" sei. Dann aber ist evident, daß die theologische Zuordnung von Verkündigung und göttlicher Natur einerseits und Diakonie und menschlicher Natur andererseits den bewußtseinsbildenden Effekt der Abwertung der Diakonie zeitigen kann.

Diese abwertende Zuordnung der Diakonie in die Sphäre des Irdisch-Menschlichen im Gegenüber zum Göttlichen hat - siebtens - eine Parallele in dem Klischee, daß die liturgischen Praxisvollzüge von höherer religiöser Qualität seien als die diakonischen. Weitgehend gilt die Erwartungshaltung, daß jemand, der diakonisch tätig ist, seine Christlichkeit erst durch eine entsprechende Teilnahme an der liturgisch-sakramentalen Praxis erweisen würde; nicht jedoch gilt umgekehrt, daß jemand, der durchaus regelmä-

242 Vgl. ebd. 104.

243 Vgl. **Ullrich, L.**: Hypostatische Union, 278.

ßig den Gottesdienst besucht und die Sakramente empfängt, sich erst durch ein entsprechendes diakonisches Engagement in seiner Christlichkeit bewähren müsse. Angesichts dessen kann Richard Völkl es als "höchst verdächtig [bezeichnen], daß man unter 'religiösem' Leben und Tun vor allem, wenn nicht nur, Gebet, Gottesdienst, Sakramentenempfang und nicht, gewiß nicht im selben Maße, die Hilfeleistung für den Nächsten versteht; ein guter Christ und Katholik ist doch auch heute noch weithin primär jener, der jene 'religiösen' Pflichten erfüllt; jene Gemeinde gilt doch als gut und in Ordnung, in der die diesbezügliche Statistik positiv ist, ..."[244].

Diakonieabwertend wirkt sich achtens aus, daß im kirchlich-theologischen Kontext eine offenkundige Hemmung besteht, der Diakonie *als Diakonie* eine eigenständige Dignität zuzusprechen. Geschieht diakonische Praxis ohne Verknüpfung mit einer anderen christlich identifizierten Bestimmung, dann wird sie nicht selten als "Nur-Sozialarbeit" desavouiert. Hinsichtlich der Zuordnung der Diakonie zu den anderen Grundvollzügen wirkt sich das dergestalt aus, daß die Diakonie oft nur in Kombination mit einem anderen Grundvollzug als authentische Praxisdimension der Kirche anerkannt wird. Bei Ferdinand Klostermann kündigte sich dieses Muster bereits an. Er subsumierte die Diakonie unter die vorrangig der gemeindeinternen Gemeinschaftsbildung dienenden Bruderliebe.[245] Der eigenartige Vorbehalt gegenüber der Diakonie ist auch in dem Versuch zu spüren, unter dem Titel "Diakonia" den Dienst der Liebe für Notleidende, also Diakonie, und die geschwisterliche Gemeinschaft, also Koinonia, zu einem Grundvollzug zusammenzufassen.[246] Irritierenderweise ist selbst die Konzeption derjenigen Ausformung des kirchlichen Amtes, die speziell auf die Diakonie zugeschnitten sein sollte, des Diakonats, von diesem diakonieabwertenden Muster geprägt, das der Diakonie nur in Kombination mit einem anderen Grundvollzug ekklesiologische Dignität zuspricht. In den "Grundsätzen zur Ordnung der pastoralen Dienste" kommt die diakonische Aufgabe des Diakons nur in Verknüpfung mit seiner missionarischen Funktion zur Sprache: "Er bezeugt die 'Vorliebe' Jesu für den Bruder in Not: *sozialer und caritativer Dienst*; er ist auch Zeuge des Glaubens, Diener am Glauben der anderen: *missionarischer Dienst*."[247]

Die Reserviertheit und Skepsis hinsichtlich einer authentischen christlich-ekklesiologischen Dignität der Diakonie nimmt - womit der neunte diakonieabwertende Faktor benannt ist - mitunter die Gestalt eines grundsätzlichen Argwohns gegenüber der Diakonie an. Die angesichts des Diakoniedefizits von Theologie und Kirche allmählich in Gang gekommene Diakonie-Diskussion wird, ohne daß sie sich bislang in Form einer stabilisierten Präsenz der Diakonie in der theologischen Theoriebildung hat auswirken können, bereits als eine "Verdiakonisierung der Kirche"[248] gebrandmarkt. Die Vor-

---

244 **Völkl, R.**: Nächstenliebe, 83.

245 Vgl. **Klostermann, F.**: Prinzip Gemeinde, 55 f.

246 Vgl. **Wiedenhofer, S.**: Ekklesiologie, 112 f.

247 **Sekretariat der Deutschen Bischofskonferenz (Hg.)**: Zur Ordnung der pastoralen Dienste, 15.

248 **Koch, K.**: Menschliche und kirchliche Schönheit der Liturgie, 107 f.; in ähnlicher Weise vgl. ebd. 108, 109, 113.

silbe "ver-" signalisiert, daß man in der Diakonisierung der Kirche, die eine über das momentane Maß hinausgehende Ausrichtung an diakonischen Anforderungen und somit notwendig eine kritische Infragestellung der nach wie vor gegebenen Überbetonung liturgischer und verkündigender Praxisformen zum Ziel hat, einen Prozeß der Abweichung bzw. der Verfälschung der als authentisch vermuteten Kirchengestalt befürchtet. Zur argumentativen Stützung dieses Argwohns wird das eigene Unvermögen, Diakonie als einen Verwirklichungsort des Heils zu begreifen, auf die Person Jesu Christi zurückprojiziert, indem man suggeriert, das diakonische Handeln und das sakramentale, heilsvergegenwärtigende Wirken seien bereits bei Jesus zwei verschiedene Dinge gewesen und damit sei die Polarität zwischen diakonischer Praxis und liturgischer Feier des Gottesdienstes bereits bei Jesus angelegt. Damit ist der wertende Gegensatz konstruiert, daß, wer sich zugunsten der Diakonie auf Jesus beruft, "Jesus 'nur' als exemplum für das diakonale Tun des heutigen Christen in seiner Jesusnachfolge"[249] sieht, während jemand, der sich zugunsten der liturgischen Feier des Gottesdienstes auf Jesus beruft, diesen Jesus "als jenes sacramentum, das am Leben des heutigen Christen zuvor gehandelt hat"[250], erfaßt. Diese von Kurt Koch vorgenommene Konstruktion eines Gegensatzes ist subtil, aber durchsichtig: Die Wahrnehmung Jesu Christi als sakramentale Wirklichkeit wird gegenübergestellt der Wahrnehmung Jesu Christi als "bloß" diakonisches Beispiel für eine ethische Praxis heute.[251] Die diakonieabwertende Aussagetendenz ist offenkundig: In der liturgischen Praxis wird Jesus Christus als Sakrament erlebbar, in der diakonischen Praxis hingegen dient Jesus Christus nur als Beispiel. Anders gesagt: Die liturgische Praxis hat sakramentale Qualität, die diakonische Praxis hingegen ist zwar ethisch anerkennenswert, hat aber theologisch gesehen keine sakramentale Bedeutung. Auf der Basis dieses Gegensatzkonstrukts kann Kurt Koch dann sagen: "Wer als Christ in Jesus 'bloss' ein Exemplum für sein eigenes Tun und ein Modell der christlichen Lebenspraxis erblickt, dem gilt Jesus vor allem als ethisch bewegende Kraft und als movens der eigenen Nachfolge; und er wird bestrebt sein, sein Jesusbekenntnis sofort in die eigene diakonale Praxis zu übersetzen, ohne diese aus dem christologisch-soteriologischen 'Nadelöhr' des christlichen Gottesdienstes allererst hervorgehen zu lassen. Wer hingegen das erzchristliche Verständnis Jesu Christi als sacramentum salutis, als Sakrament des Heils für die Menschen und die ganze Welt dahingehend ernstnimmt, dass Jesu Christi Leben, Leiden und Sterben nicht nur als ethisch verpflichtendes Vorbild zu gelten hat, sondern primär als ein den Tod des Sünders wirksam überwinden könnendes Ereignis, und wer folglich das exemplarische Verständnis Jesu Christi dessen sakramentalem Verständnis nach- und unterordnet, der wird von selbst dem christlichen Gottesdienst im Sinne einer speziellen liturgischen Institution der Kirche einen fundamentalen Stellenwert im kirchlichen Leben zuweisen, ..."[252]. Und weiter heißt es bei Koch: Die "Anerkennung der die

249 Ebd. 109.

250 Ebd.

251 Vgl. ebd. 110.

252 Ebd. 109.

bloss exemplarische [sc. diakonische - H.H.] Relevanz Jesu weit übersteigenden sakramentalen Wirklichkeit Jesu Christi hat fundamentale Konsequenzen für den Stellenwert, den man als Christ dem liturgischen Gottesdienst in der Ökologie des kirchlichen Lebens zuweist, während eine bloss die exemplarische Bedeutung Jesu betonende Jesulogie auf die typische und chronische Frage des neuzeitlichen Menschen - 'Was sollen wir tun?' - nur noch zu antworten vermag: in die Nachfolge Jesu treten und Diakonie tun, bringt demgegenüber die die sakramentale Wirklichkeit Jesu Christi anerkennende und bekennende kirchliche Christologie den ungeheuren Mut zur freilich das Selbstverständnis des neuzeitlichen Menschen kontrastierenden Antwort auf: Menschen und Christen sollen zunächst überhaupt nichts tun; sie sollen vielmehr feiern. Das allererste 'Tun' des Christen liegt deshalb im Nichtstun des Feierns."[253] Mit diesem - absichtlich ausführlich dargestellten - Versuch einer scheinbar theologischen Dichotomisierung zwischen Liturgie und Diakonie bei Kurt Koch ist ein gewisser Höhepunkt der Abwertung der Diakonie gegeben. Sie gilt als die der sakramentalen Wirklichkeit entgegengesetzte, unter Umständen dem Heil sogar hinderliche, dem christologischen Gehalt nicht gerecht werdende, neuzeitlich angepaßte, auf bloßes Tun fixierte, mutlose, die sakramentale Wirklichkeit Jesu Christi nicht bekennende und nicht repräsentierende Praxisform. Daß in dieser Invektive Kochs der in der aktuellen Diakonietheologie herausgearbeitete theologische Gehalt der Diakonie wie auch das Selbstverständnis der Trägerinnen und Träger diakonischer Praxis auch nicht in Ansätzen erfaßt ist, ändert nichts daran, daß akkurat solche suggestiven Äußerungen ihren bewußtseinsbildenden diakonieabwertenden Effekt zeitigen, da sie von einem überwiegend unter der Dominanz von Liturgie und Verkündigung herangebildeten und sozialisierten theologischen Publikum natürlich freudiger affirmiert werden, als die die etablierten Positionen in Frage stellenden diakonischen Ansprüche.

Von all diesen diakonieabwertenden Denkmustern unterscheidet sich Hermann Steinkamps Konzept der Zuordnung der Grundvollzüge insofern, als sie sich nicht auf der Ebene der herkömmlichen Polaritäten (Verkündigung gegen Diakonie; Liturgie gegen Diakonie; Innen gegen Außen; Zentrum gegen Peripherie; normativ gegen spezifikationsbedürftig usw.) bewegt. Seine Behauptung eines Primats der Koinonia (s. 4.1.2.2.6) ist nicht als Relativierung, sondern eher als Radikalisierung des diakonischen Anspruchs zu verstehen. Steinkamp geht es nicht so sehr darum, inwiefern die Diakonie ein Teil, eine Dimension oder ein Bereich kirchlicher Praxis ist, sondern darum, daß die Koinonia selbst, die Bildung von Gemeinschaft bzw. die Ermöglichung der gleichberechtigten Teilhabe jeweils aller an der Gemeinschaft, in die diakonische Situation der Solidarität der Nicht-Notleidenden mit den Notleidenden wie auch der Notleidenden untereinander verortet wird. Die Logik wendet sich hier: Die Diakonie wird nicht als eine Praxis gedacht, die praktiziert werden müßte, weil sich eine vorher bestehende Gemeinde dazu entschließt oder weil eine Gemeinde die Diakonie als zu ihrem Programm gehörig

---

[253] Ebd. 111. - Kurt Koch geht übrigens nicht auf die Frage ein, wo er, wenn nicht im diakonischen Zusammensein Jesu mit Menschen, die sakramentale Wirksamkeit in der Lebenspraxis bereits des irdischen Jesus ansiedelt.

begreift. Die diakonische Praxis zwischen Menschen ist hier vielmehr ihrerseits der Ausgangspunkt der Gemeindebildung. Die christliche Gemeinde wird als etwas gedacht, das erst in authentischer Weise entsteht, wenn und weil es bereits Menschen gibt, die in Situationen der Not, der Unterdrückung oder der Lebensbehinderung leben, wenn und weil es Menschen gibt, die auf Hilfe in und Befreiung aus diesen Situationen hinarbeiten, und wenn und weil diese Menschen das Kriterium für ihre Hilfe und Befreiung darin sehen, daß sie zu einer solidarischen Gemeinschaft zusammenfinden.[254] Die Diakonie wird hier nicht mehr, zumindest nicht mehr allein, verstanden als der Bestandteil, der im Ganzen einer Gemeinde in irgendeiner Weise gegeben sein müsse und in dessen Verwirklichung sich eine Gemeinde zu bewähren hätte. Vielmehr wird die diakonische Praxis zwischen Menschen als der vorgegebene Raum verstanden, innerhalb dessen sich Gemeinschaft entwickeln soll; und an die betroffenen Menschen ist der Anspruch gestellt, ihre diakonische Praxis in eine Gemeinschaftsbildung ausmünden zu lassen.

Gleichwohl ergeben sich Rückfragen auch an das Steinkampsche Konzept. Wird im Rückgriff auf Leonardo Boffs Typologie der Basisgemeinden nicht von einem idealisierten Bild von Basisgemeinden ausgegangen, in dem gleichsam qua Titel "Basisgemeinde" die diakonisch-koinonische Struktur als tatsächlich verwirklicht behauptet wird, und wird dadurch nicht die "Basisgemeinden"-Realität zumindest zum Teil idealistisch übersprungen, so daß übersehen wird, daß auch dort nicht einfach Koinonia-Verhältnisse im Sinne der Aufhebung jeglicher Über- und Unterordnungsverhältnisse gegeben sind und daß auch dort sich nicht einfach alles glatt aus der Basis heraus entwickelt, sondern vieles erst "animiert", d.h. vorgegeben, angestoßen oder gesteuert werden muß? So sind z.B. unter den Bedingungen des Analphabetentums ganz notwendig - im doppelten positiven Sinn des Wortes - zunächst die einen Lehrende und die anderen Lernende, wobei mit der Übernahme der Rolle des Lehrenden gerade nicht der Koinonia-Anspruch verneint ist. Weiterhin ist zu fragen: Liegt hier nicht eine gewisse Schieflage in der Wahrnehmung von Koinonia und Diakonie vor? Während die Diakonie mit Blick auf die Verhältnisse der westeuropäischen Gesellschaft tendenziell in der Gestalt der realen, problematisierungsbedürftigen Praxisstrukturen einer eher individualisierenden, assistentialistischen Helfer-Hilfsbedürftigen-Beziehung, eben der "'alten' Diakonie"[255] zur Sprache gebracht wird, kommt die Koinonia mit Blick auf die Basisgemeinden in Gestalt von idealtypischen Zielvorstellungen in den Blick. Wird hier nicht die reale und somit kritikbedürftige Gestalt des einen Grundvollzugs der idealen und somit normativ gedachten Gestalt des anderen gegenübergestellt und damit die Vorordnung des letzteren vor dem ersteren konstruiert? Eine letzte Frage gegenüber Steinkamp besteht darin, ob nicht der Primat der Koinonia spätestens dann verneint werden müßte, wenn seine Behauptung - gegen Steinkamps eigene Intention - umschlägt in den Versuch, der Bildung von Gemeinschaft Vorrang vor dem diakonischen Anliegen der kritischen Beseitigung von Not einzuräumen und dadurch letzteres zur Disposition zu stellen,

254 Vgl. **Steinkamp, H.**: Diakonie - Kennzeichen der Gemeinde, 90.

255 Ebd.

indem die Diakonie nur noch insofern eingefordert wird, als sie sich funktional zur Gemeinschaftsbildung verhält? Muß nicht gegen den Primat der Koinonia angeführt werden, daß die Diakonie auch dann ihren Wert *in sich* behält, wenn der notleidende Mensch, dem in der Diakonie geholfen wird, sich nicht in die Gemeinschaft einbinden läßt? Zumindest besteht hier die Gefahr, daß sich die durchaus notwendige Wahrnehmung deformierender, individualistischer und ausgrenzender Tendenzen in der faktisch gegebenen Diakoniepraxis in Form einer pejorativen Sicht der Diakonie als solcher auswirkt, wenn ihr andererseits nicht die gleichfalls faktischen und oft genug ernüchternden Formen des Gemeinschaftslebens, sondern die von der Basisgemeinden-Programmatik abgeleiteten, idealisierten Koinonia-Vorstellungen gegenübergestellt werden.

Nach diesem Durchgang durch die diakonieabwertenden Implikationen der verschiedenen Verwendungsmodi des Konzepts der Grundvollzüge bleibt nochmals zu versichern, daß - abgesehen von der dezidiert diakoniedestruktiven Stellungnahme Kurt Kochs - die referierten Vorschläge keineswegs als obsolet erachtet werden. Sie wegen der aufgezeigten diakonieabwertenden Tendenzen als für eine ekklesiologische Verortung der Diakonie hinfällig zu betrachten hieße zu verkennen, daß jede Formulierung eines Konzepts in einer bestimmten Perspektive, aus einer bestimmten Position heraus und somit mit bestimmten Fokussierungen erfolgt, so daß jede Formulierung notwendigerweise - aus einer anderen Perspektive betrachtet - Defizite oder Bedenklichkeiten aufweist. Letztere kritisch zu benennen, wie hier geschehen, heißt nicht, die Konzeptvorschläge zur Gänze zu verneinen, sondern vielmehr, ihre Intention, nämlich die Verortung der Diakonie als authentischer Dimension christlicher Praxis, aufzugreifen und durch die Bewußtmachung gegenteiliger Implikationen forciert voranzutreiben bzw. durch einen neuen, natürlich ebenso subjektiv-perspektivischen Vorschlag der Konzeptformulierung zu ergänzen (s. 8.2).

4.1.2.4 Praxisformationen des Verhältnisses der Grundvollzüge zueinander

Die bisher dargestellten Ausformulierungen des Konzepts der Grundvollzüge und ihrer Zuordnung bewegen sich auf der Ebene theologischer Theoriebildung. Sie finden ihre Entsprechungen und Konsequenzen auf der Ebene gemeindlicher Praxis. Diesbezüglich und speziell hinsichtlich des darin erkennbaren Stellenwerts der Diakonie lassen sich typisierend drei Praxisformationen der Grundvollzüge unterscheiden.[256]

---

[256] Die folgenden Typen der Praxisformation kirchlicher Grundvollzüge dürfen weder als Stadien einer zeitlichen Entwicklung noch als sich gegenseitig ausschließende Alternativen verstanden werden. Sie sind in der gegenwärtigen Praxis der Gemeinden oftmals gleichzeitig und auch mit wechselnden Ausprägungen beobachtbar.

4.1.2.4.1 Das "Stufenmodell"

Graphik 15: "Stufenmodell":

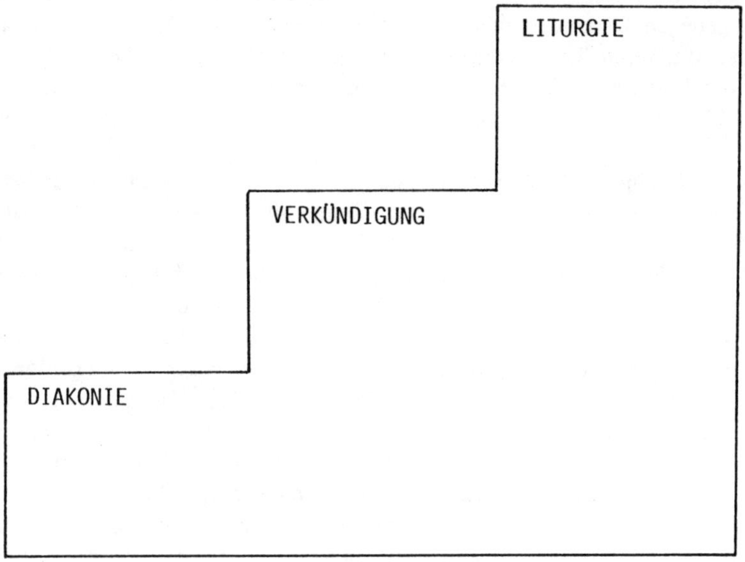

Nach diesem Modell[257] ist die Diakonie die Eingangsstufe der religiös-kirchlichen Sozialisation bzw. der Integration eines Menschen in die kirchliche Gemeinde. Sie erscheint insofern als ein geeigneter Weg des "Einstiegs", als hier die Kirche in Gestalt der von ihr angebotenen Lebenshilfe auch für Menschen, die noch nicht in die Kirche integriert sind, Plausibilität und Attraktivität erreicht. Ziel des so angelegten Stufenweges ist es, über die diakonische Zuwendung und die daran anschließende Verkündigung von Glaubensinhalten an die neu angebundenen Menschen deren kontinuierliche Teilnahme an liturgischen Feiern als vielzitiertem "Gipfelpunkt" kirchlichen Lebens und so die vollkommene Integration in die institutionalisierte Kirche zu erreichen. Die diakonische Praxis wird daran gemessen, ob von den betroffenen Menschen das sogenannte "eigentliche" Ziel, die Liturgie, als gleichsam höchste Form des Gemeindelebens, erreicht wird. Ist dies nicht der Fall, gilt die "Startinvestition" Diakonie als wertlose, fehlgeschlagene Initiative und die Menschen, die die weiteren Stufen der Verkündigung und der Liturgie nicht vollziehen können oder nicht vollziehen wollen, müssen als "schwache" Mitglieder erachtet werden. Die Diakonie nimmt hier den Platz einer

257 Es findet sich in ähnlicher Form bei **Lechner, M.**: Pastoraltheologie der Jugend, 318.

Vorbereitungsstufe ohne Eigenwert ein. Die praktische Verwirklichung des Denkmodells begegnet z.B. dort, wo die Rekrutierung von Gottesdienstbesuchern als Erfolgskriterium sozialen Engagements etwa in der Jugendarbeit angeführt und die Zuteilung von Machtmitteln wie Geld davon abhängig gemacht werden.

4.1.2.4.2 Das "Modell der konzentrischen Kreise"

Graphik 16: "Modell der konzentrischen Kreise"

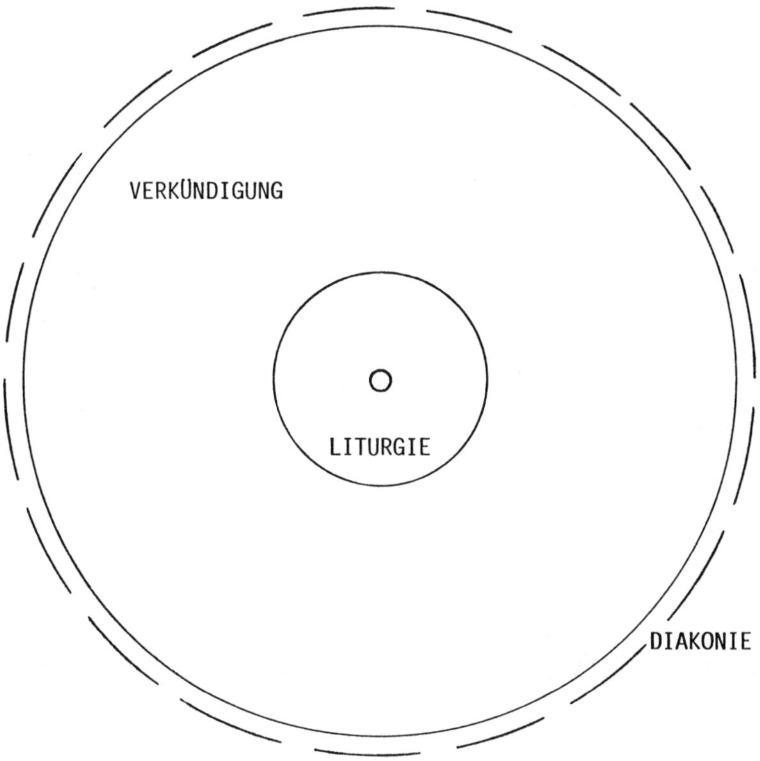

Im Unterschied zum Stufenmodell ist die Diakonie hier zwar auf gleicher Ebene wie die Verkündigung und die Liturgie angesiedelt. Die Diakonie fungiert nicht einfach als eine Eingangsstufe, die nach ihrer Überwindung aus dem Blick gelassen werden könnte. Es wird damit gerechnet, daß die Diakonie in einer kirchlichen Gemeinde ständig eine gewisse Rolle spielt und präsent ist. Aber immer noch besteht ein qualitatives Gefälle von der Liturgie über die Verkündigung zur Diakonie: Die Diakonie ist als die Hilfe für problembelastete, notleidende Menschen am Rand der Gemeinde angesiedelt, vor allem weil die betroffenen Menschen selbst als Repräsentanten abweichender biographischer Muster tendenziell an den Rand der Gemeinde bzw. über diesen hinaus gedrängt werden. Dem Rand steht ein ausgeprägter Kern gegenüber, dessen Zentrum von dem offiziell institutionalisierten Amtsträger als Gemeindeleiter gebildet wird. Letzterer, dem es vorbehalten ist, der Eucharistie vorzustehen, Sakramente zu spenden und zu predigen, läßt aufgrund seiner signifikanten Handlungen die Gemeinde als ganze als ein auf Liturgie und Verkündigung zentriertes Gebilde erscheinen. Um dieses Zentrum herum bildet sich ein enger Kreis von Gemeindemitgliedern, die durch ihre intensive Teilnahme sowie durch ihre eigene Aktivität gemäß den Erwartungen des gemeindeleitenden Amtsträgers das Gemeindeleben tragen. Da die Zugehörigkeit zu diesem Kreis vor allem durch den Gottesdienstbesuch, den Sakramentenempfang, die akzeptierende Anteilnahme an den Initiativen des Gemeindeleiters, die Ableistung von Aktivitäten gemäß den etablierten Handlungsmustern und die Akzeptanz der kirchlichen Lehrinhalte ausgewiesen wird, werden auch hier vor allem die Liturgie und die Verkündigung kultiviert. Beide, Amtsträger wie eng integrierte Gemeindemitglieder, verstehen sich als "Kerngemeinde". Sie ist umgeben von einem großen Kreis von Gemeindemitgliedern mit nur schwachem Integrationsgrad, also von Christinnen und Christen, die aufgrund ihrer unverbindlichen Position in der Gemeinde aus der Perspektive des etablierten Kernbereichs als "Auswahlchristen"[258], "Kirchendistanzierte" oder "Fernstehende" (dis-)qualifiziert werden. An liturgischen Praxisformen nehmen sie mit unterschiedlicher, tendenziell geringer Häufigkeit und nach persönlichem Bedarf teil. Aus der Perspektive der "Kerngemeinde" kommen sie vor allem als Adressaten der Verkündigung in den Blick, da man sie durch die Vermittlung von Glaubenswissen und ethischen Überzeugungen einer intensiveren Bindung an die Gemeinde zuführen will.

Dieser Konstellation der Grundvollzüge dürfte zusätzliche Stabilität dadurch zukommen, daß sie sich in jene Sozialgestalt einfügt, welche nach Karl Gabriel die christliche Religion als ganze auf dem Hintergrund von Individualisierung, Deinstitutionalisierung und Pluralisierung als den globalen Prozessen der entfalteten Moderne angenommen hat. "Die Teilnahmeformen am institutionell verfaßten Christentum nähern sich der Form an, wie sie typischerweise bei flächendeckenden Großorganisationen vorfindbar sind. Eine formal und häufig bürokratisch organisierte Kernorganisation bildet hinsichtlich der Handlungsfähigkeit und Wirksamkeit das Zentrum. Ein kleiner werdender Teil aktiver Mitglieder unterhält einen interaktiven Austausch mit der Kernorganisation und realisiert gewissermaßen exemplarisch die Sinnbezüge der Handlungssphäre. Der weitaus größere Teil der Mitglieder behält die Mitgliedschaft bei, verzichtet aber weitgehend auf eine aktive und interaktive Mitgliedschaft. Motiv und Sinn der Mitgliedschaft beschränken sich hier auf die Überzeugung der Existenznotwendigkeit der Organisation und dessen, wofür sie steht. Gerade weil Motiv und Sinn der Mitgliedschaft locker und prekär sind, entwickelt der distanzierte Teil der Mitgliedschaft hohe Erwartungen an die Kern-

[258] Vgl. **Zulehner, P.M.**: Heirat - Geburt - Tod, 18-22.

organisation, den Sinn der Organisation exemplarisch zu verdeutlichen und in der Gesellschaft wachzuhalten. Ebenso deutlich verschließt sich dieser Teil der Mitgliedschaft aber dem Ansinnen, diese Erwartungen auch auf sich selbst zu beziehen und in eigene Aktivitäten umzusetzen."[259]
Die Diakonie wird auch in diesem Modell abgewertet. Sie wird, eventuell sogar mit dem Nimbus des Heroischen, als "Fronteinsatz" am Rand der Gemeinde bzw. gegenüber der nichtchristlichen Umwelt der Gemeinde verstanden. Operationalisierungen dieses Modells findet man vor allem in solchen Gemeinden, die sich durch die möglichst umfangreiche Bewerkstelligung von Aktivitäten zu profilieren suchen.[260] So läßt sich etwa bei vielen Aktionen für "wohltätige Zwecke" beobachten, daß die "Kerngemeinde"-Mitglieder die Aktion, z.B. durch die Veranstaltung von Basars, tragen, die große Masse der unverbindlich bis distanziert assoziierten Gemeindemitglieder als Adressaten oder Konsumenten des Aktionsangebots angesprochen werden und der Erlös dann zugunsten notleidender Menschen assistentialistisch, d.h. mildtätig, ohne wirkliche Beseitigung der bestehenden Unterdrückung und Abhängigkeit, verwendet wird.

4.1.2.4.3 Das "Tempelmodell"

Der Unterschied des Tempelmodells (s. Graphik 17 auf der nächsten Seite) gegenüber dem Stufenmodell und dem Modell konzentrischer Kreise besteht vor allem darin, daß die Diakonie hier als gleichberechtigte, gleichermaßen tragende Säule der Gemeindepraxis erachtet wird. Mit dieser "Integration" in die Gemeinde sind jedoch andere Problemlagen der Präsenz der Diakonie verbunden. Sie bleibt ein separater Bereich ohne unmittelbare Relevanz für die Verkündigung und die Liturgie und muß eventuell diese Separation von sich aus in nachdrücklicher Weise, z.B. durch die Erschließung eigener Personalressourcen oder Handlungsfelder, betreiben, um ihre Eigenständigkeit unter Beweis zu stellen. Auf der anderen Seite bringt dieses Modell auch Einschränkungen in Form von Domestizierungsmechanismen mit sich. Ist in den beiden vorangegangenen Formationen zumindest noch, wenn auch auf der Grundlage von in sich selbst wieder fragwürdigen Mustern, impliziert, daß mit der Diakonie auch die Grenzen der Gemeinde überschritten werden, signalisiert dieses Modell den Anspruch, daß die Diakonie "auf dem Boden und unter dem Dach" der Gemeinde stattzufinden habe. Es sind diejenigen Situationen vorprogrammiert, in denen die Frage auftaucht, ob unterschiedslos alle Menschen oder vorrangig die Gemeindemitglieder selbst Anspruch auf die diakonischen Leistungen haben, in denen die Befürchtung geäußert wird, über die Diakonie könnten gemeindegefährdende oder -belastende Elemente bzw. Personen Eingang finden, oder in denen die Diakonie mit der Anforderung einer gemeindestabilisierenden Wirkung

---

[259] **Gabriel, K.**: Christentum zwischen Tradition und Postmoderne, 153 f.; vgl. ebd. 141-163.

[260] Gemeint sind dabei solche Gemeinden, die in der Gemeindetypologie von Hermann Steinkamp als "Organisation" charakterisiert werden (vgl. **Steinkamp, H.**: Gemeindestruktur und Gemeindeprozeß, 81-84; **Stoltenberg, G.**: Ekklesiogenese, 96-99).

Graphik 17: "Tempelmodell"

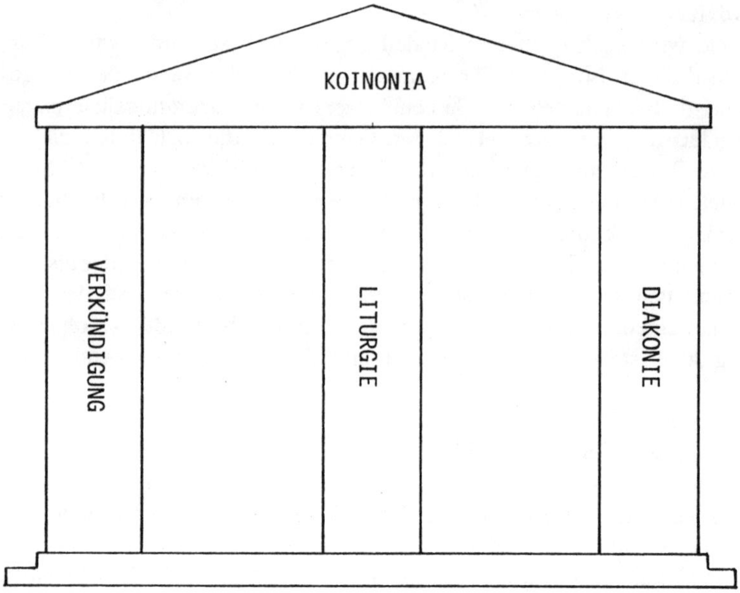

belegt wird, indem man z.B. die diakonischen Leistungen mit der Erwartung eines gemeindekonformen Verhaltens verknüpft. Verwirklicht sieht man dieses Modell z.B. in der weit verbreiteten und auch offiziell propagierten Praxis, daß die Pfarrgemeinderäte neben vielen anderen auch einen "Caritasausschuß" einrichten. Gerade daran wird aber deutlich, daß es hier oft nur bei einer formalen Aufwertung der Diakonie bleibt, nicht aber zu einer konsequenten inhaltlichen Ausrichtung der Gemeinde an der Diakonie kommt, da sich an der gängigen Gestalt der Ausschüsse einer Gemeinde auch beobachten läßt, daß die gemeindeleitenden Amts- und Funktionsträger tendenziell weniger im Caritasausschuß präsent sind als etwa im Liturgieausschuß, weil ja der Gottesdienst als ihre vornehmliche Domäne gilt. In der Präsenz der gemeindeleitenden Personen drückt sich jedoch für das kollektive Bewußtsein der Gemeinden immer auch eine Gewichtung aus, so daß gerade in der faktisch beobachtbaren Praxis der drei "Säulen" des Gemeindelebens und in der Verteilung der signifikanten Funktionsträger auf diese "Säulen" auch eine Wertung, näherhin eine Abwertung der Diakonie mittransportiert wird.[261]

261 Vgl. dagegen **Eder F. X.**: Das Selbstverständnis kirchlicher Liebestätigkeit, 125 f. - Dort klingt innerhalb der Veranschaulichung der Grundvollzüge als die "Säulen" des Gemeindelebens die Behauptung einer gewissen Priorität der Diakonie an, die als "Testfall und Ernstfall für die Tragfähigkeit, die

4.1.2.5 Fazit: Die Eignung des Konzepts der Grundvollzüge

Rückblickend stellt sich natürlich auch in Hinblick auf das Konzept der Grundvollzüge die Frage, ob es als Instrumentarium für die konzeptionelle Reflexion christlicher, näherhin kirchlicher und gemeindlicher Praxis überhaupt geeignet ist. Oft genug hat es den Anschein, als ob in ihm lediglich das terminologische Spielmaterial gegeben sei, das Theologinnen und Theologen nach persönlichen Präferenzen konfigurieren könnten. Je nach mitgebrachten Vorentscheidungen und Erkenntnisinteressen werden sich immer Argumente finden lassen, um eine "Vorrangigkeit der Koinonia", eine "Erstrangigkeit der Verkündigung", eine "Priorität der Liturgie" oder eben auch einen "Primat der Diakonie" zu behaupten. Allerdings nimmt so die Verwendung des Grundvollzüge-Konzepts für die Diskussion um die kirchliche Praxis und um den Ort der Diakonie darin gelegentlich den Charakter ineffektiver theologischer Grabenkämpfe an. Der Versuch, über das Konzept der Grundvollzüge die Bedeutung der Diakonie zu reflektieren und ihre entschiedenere Verwirklichung in der kirchlichen Praxis einzufordern, läuft Gefahr, auf diesem Hintergrund banalisiert zu werden. Er gilt dann lediglich als eine weitere, nicht sonderlich ernstzunehmende Variante des "Theologen-Spiels", für das eigene Anliegen, in diesem Fall: für den Nachweis der Bedeutung der Diakonie als durchgehende und fundamentale Dimension christlicher Praxis, gegenüber den Befürwortern anderer Intentionen "Land zu gewinnen". Eine jede Verwendung des Konzepts muß sich dieser Gefahr bewußt sein.
Trotzdem läßt sich aber das Fazit ziehen, daß - im Gegensatz zur "Weltdienst-Heilsdienst"-Dichotomie - die Grundvollzüge ein Konzept darstellen, das für eine fundierte ekklesiologische Verortung der Diakonie durchaus geeignet ist. Für diese Einschätzung sprechen vor allem zwei Überlegungen.
Die theologische Begründung des Konzepts erweist sich zwar bei der Durchsicht der verschiedenen Belegstellen als uneinheitlich. Die diesbezüglichen Ansätze jedoch arbeiten nicht mit einer theologischen Fiktion, sondern basieren allesamt auf gewichtigen, ernstzunehmenden theologischen Vorgaben, die sie vor allem aus dem Rückbezug auf das Handeln Jesu und die neutestamentlichen Beschreibungen des Gemeindelebens gewinnen. Dem Konzept der Grundvollzüge eignet also unzweifelhaft ein theologisches Fundament. Dabei ist gar nicht gesagt, daß die weitere Reflexion und Bestimmung dieses Fundaments erst noch auf dessen Vereinheitlichung hinauslaufen muß. Auch und gerade in vielgestaltigen, eventuell voneinander abweichenden Ausformulierungen erlangt dieses theologische Fundament Profil und Relevanz.
Zum anderen spricht für das Konzept der Grundvollzüge seine praktische Bewährung. Unabhängig von der jeweiligen theoretisch-theologischen Bestimmung der Grundvollzüge läßt sich beobachten, daß das Konzept mittlerweile schon über eine geraume Zeit, kontinuierlich, auf breiter Ebene und auch von Vertretern verschiedener theologischer Denkrichtungen verwendet wird. Es hat sich in der Praxis des theologischen Diskurses als begriffliches Instrumentarium der Theoriebildung und Praxiskonzeption bewährt. Vor

---

Glaubwürdigkeit und Wahrhaftigkeit unseres Glaubens" (ebd. 126) bezeichnet wird.

allen Divergenzen bezüglich der Anzahl der Grundvollzüge, ihrer Gewichtung, ihrer gegenseitigen Zuordnung, ihrer theologischen Fundierung oder der damit verbundenen konzeptionellen Intentionen herrscht gewissermaßen ein "stiller" Konsens dahingehend, daß mit den Grundvollzügen als solchen die Praxis von Christinnen und Christen bzw. von Kirchen und Gemeinden auf eine adäquate Weise beschrieben werden kann.

4.2 Problemlagen der Verortung der Diakonie in der Kirche

In Analogie zur Darstellung der Problemlagen der gesellschaftlichen Präsenz der Diakonie soll nun im Anschluß an die theologischen Diakonie-Konzepte der "Weltdienst-Heilsdienst"-Dichotomie bzw. der Grundvollzüge versucht werden, Problemlagen der Verortung der Diakonie in der Kirche darzustellen. Wiederum muß es dabei im Sinne einer Verbesserung und zukunftsfähigen Weiterführung der Praxis vor allem darum gehen, diejenigen Gegebenheiten aufzuzeigen und zu analysieren, in denen die Präsenz der Diakonie in der Kirche problematisch geworden ist und einer konstruktiven Veränderung bedarf.

4.2.1 Abwertung

Was sich im Konzept der "Weltdienst-Heilsdienst"-Dichotomie und bei manchen Zuordnungen der Grundvollzüge abzeichnete, nämlich eine im Vergleich zu anderen Praxisvollzügen pejorative Sicht der Diakonie, zieht in der kirchlichen Praxis und näherhin in den Gemeinden den Effekt nach sich, daß die Diakonie in der allgemeinen Bewußtseinsbildung, in der Gestaltung der Systemstrukturen und in der Definition der Rollen signifikanter Funktionsträger einen nachrangigen Stellenwert zugewiesen bekommt. Die Diakonie unterliegt, bezogen auf das Gesamtgefüge kirchlicher Praxis, bestimmten Mechanismen der Abwertung.

4.2.1.1 Die Dispensierung der Ämter von der Diakonie im Anschluß an Apg 6,2-4

In Apg 6,1-7 wird von einer Begebenheit berichtet, auf die bis heute der Diakonat als eigene institutionalisierte Ausfaltung des kirchlichen Amtes zurückgeführt wird. In der Jerusalemer Urgemeinde ist zwischen zwei Gruppen, zwischen den "Hellenisten" und den "Hebräern"[262], ein Streit über die tägliche Versorgung der Witwen, also über eine diakonische Praxis ausgebrochen. Die Hellenisten fühlen sich diesbezüglich benachteiligt und begehren gegen die Hebräer auf. Dies ist der Anlaß für die Zwölf, die der Gemeinde vorstehen, einzugreifen und in diesem Zusammenhang eine gemeindetheologische Klärung vorzunehmen.

Zunächst einmal ist dieser Streit um die Diakonie der Gemeinde ein Anzeichen dafür, daß die Diakonie am Ursprung der christlichen Gemeinden eine fest installierte und eine an sich nicht problematisierte Praxis war. Der Streit hatte ja nicht die Diakonie als solche zum Gegenstand, sondern eine bestimmte Begleiterscheinung der Diakonie, die sich offenbar im Laufe der Zeit eingestellt hatte. Die Formulierung "tägliche Versor-

---

262 Mit den "Hebräern" sind an dieser Stelle aramäisch sprechende Judenchristen und mit "Hellenisten" griechisch sprechende Judenchristen gemeint (vgl. **Pesch, R.**: Die Apostelgeschichte, 230).

gung" in Vers 1 läßt auf eine gewisse Regelmäßigkeit schließen und zeigt, daß in der frühen Kirche "die Diakonie nie eine Sache von Zufall und Beliebigkeit"[263] war. Darüber hinaus war aber der Streit auch Anlaß für eine kirchen- und theologiegeschichtlich folgenreiche Entscheidung. "Die Zwölf" nehmen auf die Beschwerden hin folgende Klärung vor: "*Es ist nicht recht, daß wir das Wort Gottes vernachlässigen und uns dem Dienst an den Tischen widmen. Brüder, wählt aus eurer Mitte sieben Männer von gutem Ruf und voll Geist und Weisheit; ihnen werden wir diese Aufgabe übertragen. Wir aber wollen beim Gebet und beim Dienst am Wort bleiben.*" (Apg 2b-4)
Für die hier anstehende Fragestellung ist nicht von Belang, daß nach Auskunft der Exegese[264] dieser Vorgang nicht als die Institutionalisierung des Diakonenamts im heutigen Sinn interpretiert werden darf.[265] Schon problematischer ist das Bemühen der Exegeten, an dieser Stelle die Tendenz einer Abtrennung oder Abwertung der Diakonie gegenüber der Verkündigung auszuschließen. Zwei der Argumente, die dazu angeführt werden, bestätigen vielmehr die Vermutung, daß in dieser gemeindetheologischen Klärung eben doch eine Nachordnung der Diakonie angelegt ist. Sollte es, wie das eine Argument meint, Lukas hier nicht um eine Thematisierung der Diakonie als solcher gegangen sein, sondern um den Aufweis, wie Konflikte angemessen gelöst werden[266], dann ist gerade diese absichtslose Selbstverständlichkeit, mit der gleichsam "nebenbei" im Zuge der Konfliktlösung der Verkündigung eine Vorrangstellung gegenüber der Diakonie eingeräumt wird, ein Indiz dafür, daß die als Diakonie zu identifizierenden Praxisformen in der Situation dieses Konflikts und in der Anordnung seiner Lösung einen sekundären Stellenwert zugesprochen bekamen. Daß bis dahin beide Funktionen, der "Dienst am Wort" und der "Dienst an den Tischen", unter dem gemeinsamen Begriff "Diakonia" firmierten und diese eine Diakonia den einen Aufgabenkomplex der Zwölf bildete, ist Beleg dafür, daß in Apg 6,2-4 tatsächlich eine Ausdifferenzierung beider Funktionen, der Verkündigung und der Diakonie, beobachtbar ist.[267] Wenn nun schließlich, was nach exegetischem Erkenntnisstand zu vermuten steht, den Sieben nicht einfach ein "Diakonenamt" übertragen wurde, sondern ein umfassenderes Leitungsamt, das auch andere Qualifikationen mit einschloß[268], dann vollzog sich diese Institutionalisierung zusätzlicher Leitungspersonen aufgrund der vorher getroffenen Unterscheidung der Funktionen hinsichtlich ihrer Stellenwerte: Die Einsetzung der Sieben steht eben unter der Logik, daß "die Prioritäten richtig gesetzt werden und der

---

263 **Brox, N.**: Diakonie in der frühen Kirche, 277.

264 Vgl. z.B. **Stählin, G.**: Die Apostelgeschichte, 99.

265 Erstmals identifizierte Irenäus von Lyon (ca. 140 - ca. 200) "die Sieben" als Diakone (vgl. **Irenäus von Lyon**: Adversus haereses, liber I, 26,3). Im Gegensatz dazu war bei ihrer Einsetzung vermutlich intendiert, zusätzliche Leiter einer Ortsgemeinde zu installieren (vgl. **Pesch, R.**: Die Apostelgeschichte, 231; **Philippi, P.**: Diakonie. I. Geschichte der Diakonie, 621).

266 Vgl. **Pesch, R.**: Die Apostelgeschichte, 232; **Schille, E.**: Konfliktlösung durch Zuordnung; **Weiser, A.**: Die Apostelgeschichte, 165.

267 Vgl. **Colson, J.**: Der Diakonat im Neuen Testament, 12-14; **Philippi, P.**: Christozentrische Diakonie, 264 f.

268 Vgl. **Pesch, R.**: Die Apostelgeschichte, 231 f.

Verkündigungsauftrag der Gemeinde und ihrer Vorsteher nicht hintangesetzt wird"[269]. Die Prioritätensetzung hatte eindeutig den Sinn einer Abhebung der priesterlichen Funktion der Zwölf, dem Vorsitz bei der eucharistischen Feier, von der diakonischen Versorgung bei Tisch als einer nachgeordneten Aufgabe: "Immer deutlicher erschienen die 'Presbyter' oder 'Episkopoi', die den Vorsitz an den Tischen führten, als Träger einer priesterlichen Funktion. ... Eines Tages muß sich wohl die 'Diakonie' oder der Tischdienst in zwei verschiedene Dienste differenziert haben: in einen Dienst des Vorsitzes bei der eucharistischen Feier, den 'Presbytern-Episkopoi' vorbehalten, und einen Dienst der Vorbereitung. Dieser bestand in der Sammlung der Opfergaben, die dazu bestimmt waren, die Tische zu versorgen oder verteilt zu werden. ... Während der priesterliche Rang der 'episkopo-presbyteralen' Funktion immer mehr hervortrat, nahm die untergeordnete Funktion der Sammlung für den Tisch immer mehr den Charakter einer 'Diakonie' im eigentlichen Sinne an und wurde schließlich nur noch mit diesem Wort bezeichnet."[270]
Sollte weiterhin, wie das zweite Argument meint, mit Apg 6,2-4 gezeigt werden, daß die Diakonie "eine Aufgabe von gleichem Rang wie die Verkündigung, nämlich selbst Verkündigungsdienst"[271], sei, dann würde das um so mehr belegen, daß der Diakonie nicht als *Diakonie*, sondern nur als Funktion der Verkündigung ein Wert zugesprochen wird.
Die exegetischen Unklarheiten bzw. Ergebnisse sind hier jedoch nicht entscheidend. Selbst wenn Apg 6,2-4 anders als der augenscheinliche Wortlaut zu interpretieren wäre, dann ändert das nichts daran, daß eben dieser Wortlaut - und nicht der im Nachhinein gewonnene exegetische Kenntnisstand - eine nachhaltige Wirkungsgeschichte und Rezeption in der Praxis der Kirche erfahren hat. Im augenscheinlichen Wortlaut ist nun einmal zu lesen: "Es ist nicht recht, daß wir das Wort Gottes vernachlässigen und uns dem Dienst an den Tischen widmen." Es macht keinen Sinn, sich darüber hinwegzutäuschen, daß dieser Satz verstanden worden ist als eine Maßgabe, wonach gilt: Wo diakonische Anforderungen gegeben sind, dürfen sie die Verkündigung des Wortes Gottes nicht beeinträchtigen. Die Verkündigung hat Vorrang vor der Diakonie.[272] Die Wirkmächtigkeit dieses Verständnisses von Apg 6,2-4 ist daran zu erkennen, daß noch nach dem Zweiten Vatikanum im Einleitungsfaszikel des "Pastorale" genau diese Stelle als Argumentationshilfe für die Behauptung der Erstrangigkeit der Verkündigung herangezogen worden ist.[273]
Im Zuge der Tradition und Rezeption dieses Verständnisses verfestigte sich ein Rollenmuster, das bis heute prägend ist. Die Praxis der Kirche auch in heutiger Zeit ist davon gekennzeichnet, daß die exponierten Amtsträger gerade nicht als signifikante Träger der

[269] Ebd. 232.

[270] **Colson, J.**: Der Diakonat im Neuen Testament, 13.

[271] **Schille, G.**: Konfliktlösung durch Zuordnung, 259.

[272] Es ist zu vermuten, daß durch die Erwähnung des Gebets in Apg 6,4 die Priorität auch auf diese Praxisform bezogen und von da aus ein Vorrang der Liturgie abgeleitet worden ist.

[273] Vgl. **Kasper, W./Lehmann, K.**: Die Heilssendung der Kirche, 70.

diakonischen Praxis gelten. Für die Definition ihrer Rollen sind Praxisformen vor allem aus dem Bereich der Liturgie und der Lehre bestimmend. In dezidierter Weise schreiben die deutschen Bischöfe dieses Berufsbild in ihren Grundsätzen zur Ordnung der pastoralen Dienste fest. Demnach werden die Funktionen des Priesters "vorrangig durch die Verkündigung, die Feier der Sakramente und die Formung der Gemeinde zu einer brüderlichen Gemeinschaft"[274] erfüllt. Weitgehend ausgeblendet bleibt bei der Kultivierung dieses Berufsbildes, daß - wie das Zweite Vatikanum in Artikel 6 des Dekrets über Dienst und Leben der Priester "Presbyterorum Ordinis"[275] betont - sich die Priester beim Aufbau der Gemeinde "vor allem der Armen und Geringsten annehmen" (PO 6) sollen. Die vorherrschende Rollenkonstellation eines "durchschnittlichen"[276] Gemeindepriesters ist auffallend frei von diakonischen Anteilen. Die Vorstellung etwa, daß ein Priester mit der gleichen institutionalisierten Konsequenz und einklagbaren Verpflichtung wie etwa bei der Eucharistiefeier und der Predigt mit Menschen am sozialen Rand zusammenkommt oder daß ein Bischof mit den Behinderten aus seiner Diözese so oft Kontakt hat wie mit den Funktionsträgern der Pastoralräte und Verbände, findet - auf die Verhältnisse in der Bundesrepublik Deutschland bezogen - keinen Halt in der Realität.[277] Die durchaus geübte Praxis der Krankenbesuche kann diese Wahrnehmung nicht widerlegen, da auch sie durch die Verknüpfung mit Krankenkommunion und -salbung primär liturgisch identifiziert ist.

Allerdings darf diese Dispensierung der Ämter von der Diakonie nicht allein den geweihten Amtsträgern angelastet werden. Der Ausschluß der im pastoralen Dienst tätigen "Laien" von den priesterspezifischen Tätigkeiten wirkt sich nicht dahingehend aus, daß eine komplementäre Wahrnehmung diakonischer Aufgaben erfolgen würde. Selbst dort, wo "Laien" mit Priorität in der Kategorialseelsorge eingesetzt werden, läßt sich nicht erkennen, daß diakonische Felder dabei in höherem Maße als bei den in den Gemeinden tätigen Seelsorgerinnen und Seelsorgern zum Zuge kämen. Die Rollenkonzeption der pastoralen Berufe wird folglich weithin unter der inoffiziellen, vielleicht auch unbewußten Maßgabe vorgenommen: "Caritas ist Nebensache im Vergleich zur eigentlichen Seelsorge ..."[278] Damit hat das, was auf systemtheoretischer Ebene als Differenzierung zwischen Funktion und Leistung, zwischen geistlicher Kommunikation

---

274 **Sekretariat der Deutschen Bischofskonferenz (Hg.)**: Zur Ordnung der pastoralen Dienste, 13.

275 **Dekret über Dienst und Leben der Priester** (im weiteren Fortgang nur noch im Text zitiert mit dem Kürzel "PO" und der Artikelnummer).

276 Diese einschränkende Klausel ist nötig, da es auch bei Priestern ein breites Spektrum der Ausgestaltungsformen ihrer Rolle gibt.

277 Der empirische Befund zum Tätigkeitsprofil der Priester ist dürftig. Eine "Untersuchung zur sozialen Kompetenz von Priestern", durchgeführt im Sommer 1991 bei den Priestern der Erzdiözese Salzburg (vgl. **Schleinzer, F.** u.a.: Forschungsprojekt) trägt für die Frage nach dem diakonischen Engagement der Priester wenig aus, da hier zum einen nur Gesprächssituationen angezielt waren, in denen Menschen von sich aus mit der Bitte um Aussprache zum Priester kommen (vgl. ebd. 461), eine vom Priester ausgehende diakonische Aktivität also nicht in den Blick kommt, und da die untersuchte Gesprächspraxis nicht mit anderen Praxisformen verglichen wurde.

278 **Zerfaß, R.**: Organisierte Caritas, 337.

und Diakonie bezeichnet wird, in Form der Spaltung zwischen pastoraler und diakonischer Praxis und der dadurch bedingten Dispensierung der offiziösen Amtsträger von der Diakonie eine binnenkirchlich operationalisierte und theologisch sanktionierte Gestalt angenommen.[279]

4.2.1.2 Der Diakonat

Irritierenderweise zeigt sich die Dispensierung des kirchlichen Amtes von der Diakonie in markanter Deutlichkeit gerade an dem Amt, das als kirchlich-offiziöse Repräsentation der Diakonie gedacht ist, nämlich am Diakonat. Die Geschichte des Diakonats ist im Grunde die Geschichte der Abwertung der Diakonie. Die Einsetzung der "Sieben" in Apg 6,2-4 dürfte trotz der diakonieabwertenden Tendenz zunächst noch nichts daran geändert haben, daß die Diakonie im Leben der frühchristlichen Gemeinden durch "die direkte Verknüpfung der Tischgemeinschaft mit dem Herrn und dem Teilen der elementaren Güter mit den Armen"[280] fest verwurzelt war. Gerade daß die "Sieben" offenbar nicht als "Diakonie-Spezialisten", sondern als Gemeindeleiter fungierten, ist als Hinweis darauf zu lesen, daß die ihnen aufgetragene Diakonie noch im Leitungsamt und somit im Zentrum der Gemeinde integriert war, dadurch aber auch als Aufgabe der Gemeinde als ganzer bewußt blieb. Ebenso hatten mit der Diakonie auch die der Diakonie Bedürftigen noch ihren angestammten Platz in den Gemeinden inne.

Eine Veränderung vollzieht sich im Laufe der über Jahrhunderte sich hinwegziehenden Differenzierung des Leitungsamtes in die Stufen des Episkopats, Presbyterats und Diakonats. Das bedeutete zugleich eine Ausdifferenzierung der Diakonie aus dem Rollenrepertoire der Gemeindeleiter und ihre Spezifizierung als Aufgabengebiet des Diakons. Dieser Entwicklungsschritt war hinsichtlich des Stellenwertes der Diakonie ambivalent.

Da der Diakon aufgrund der Idee des "episkopal-diakonalen Doppelamtes", wonach "im Bischof ... die priesterliche Funktion nicht von der diakonischen getrennt"[281] war, ohne eine Zwischenstellung des Presbyters unmittelbar dem Bischof zugeordnet blieb[282], galt die Diakonie auf der einen Seite gerade wegen ihrer augenfälligen Repräsentanz in der Gestalt des Diakons nach wie vor als integrale Aufgabe der bischöflichen Gemeindeleitung.[283] Wie sehr aufgrund ihrer zentralen Stellung die Diakonie in der Phase des frühen Christentums noch als eine die Identität der Kirche erst konstituierende Praxis galt, verdeutlicht eine syrische Kirchenordnung aus dem 5. Jahrhundert:

---

279 Vgl. zur Problematik der Trennung zwischen pastoraler und diakonischer Praxis auch **Zauner, W.**: Diakonie als pastorale Tätigkeit, 150 f.

280 **Mette, N.**: Caritas, 258.

281 **Colson, J.**: Diakon und Bischof, 29.

282 Vgl. zur Frage der damaligen Zuordnung von Bischof, Diakon und Presbyter ebd. 28 f.

283 Vgl. **Philippi, P.**: Diakonie. I. Geschichte der Diakonie, 622-624.

"(1) Der Platz der Priester und der Diakone soll hinter dem Presbyterium sein. Gleich bei der Kirche soll ein Hospiz sein, wo der Erzdiakon die Fremden empfängt.

(8) Wie es recht und passend ist, geht der Priester zusammen mit dem Diakon in die Häuser der Kranken und besucht sie. Er überlegt sich, was er ihnen Passendes und Nützliches sagen kann, besonders den Gläubigen.

(10) Der Diakon tut und teilt nur das mit, was der Bischof ihm aufträgt. Er ist Ratgeber des ganzen Klerus und so etwas wie das Sinnbild der ganzen Kirche. Er pflegt die Kranken, kümmert sich um die Fremden, ist der Helfer der Witwen. Väterlich nimmt er sich der Waisen an, und er geht in den Häusern der Armen aus und ein, um festzustellen, ob es niemand gibt, der in Angst, Krankheit oder Not geraten ist. Er geht zu den Katechumenen in ihre Wohnungen, um den Zögernden Mut zu machen und die Unwissenden zu unterrichten. Er bekleidet und 'schmückt' die verstorbenen Männer, er begräbt die Fremden, er nimmt sich derer an, die ihre Heimat verlassen haben oder aus ihr vertrieben wurden. Er macht der Gemeinde die Namen derer bekannt, die der Hilfe bedürfen. Dabei soll er dem Bischof nicht lästig fallen und ihm nur am Sonntag Bericht erstatten, damit dieser über alles auf dem laufenden ist.

(12) Wenn der Diakon in einer Stadt tätig ist, die am Meere liegt, soll er sorgsam das Ufer absuchen, ob nicht die Leiche eines Schiffbrüchigen angeschwemmt worden ist. Er soll sie bekleiden und bestatten. In der Unterkunft der Fremden soll er sich erkundigen, ob es dort nicht Kranke, Arme oder Verstorbene gibt, und er wird es der Gemeinde mitteilen, daß sie für jeden tut, was nötig ist. Die Gelähmten und die Kranken wird er baden, damit sie in ihrer Krankheit ein wenig aufatmen können. Allen wird er über die Gemeinde zukommen lassen, was not tut.

(13) Man soll für jede Gemeinde 12 Priester, 7 Diakone und 14 Subdiakone aufstellen, und die Witwen, denen (beim Gottesdienst) ein bevorzugter Platz (links hinter den Priestern) zukommt, seien 13 an der Zahl. Wer aus den Diakonen der eifrigste und der beste Verwalter ist, soll ausgewählt werden, um die Fremden zu empfangen. Er soll ständig im Gästehaus der Kirche erreichbar sein, weiße Kleider und die Stola über der Schulter tragen.

(14) Der Diakon wird in allem wie das Auge der Kirche sein; er wird sich Mühe geben, ein Vorbild der Frömmigkeit zu sein."[284]

Die Repräsentanz der Diakonie durch das Amt des Diakons war offenbar noch so bedeutsam, daß letzterer in dieser Kirchenordnung als das "Sinnbild der ganzen Kirche" betrachtet wurde und wiederum daraus die Anweisungen abgeleitet wurden, daß unmittelbar neben der Kirche, also an zentraler Stelle, ein Hospiz eingerichtet werden soll, das gemeinsam mit dem Diakon die Priester zu den Kranken gehen sollen, und daß der Diakon nach Notleidenden Ausschau halten und die Gemeinden davon unterrichten bzw. zur Hilfe anhalten soll. Der Diakon fungierte hier als Anwalt der Notleidenden und fand seine Aufgabe darin, die Gemeinde und ihre Funktionsträger auf die Verantwortung für

---

[284] Der Text ist einer syrischen Kirchenordnung unter dem Titel "Vermächtnis des Herrn" (Testamentum Domini) entnommen; hier zitiert nach **Zerfaß, R.**: Wenn Gott aufscheint in unseren Taten, 95-97.

die Notleidenden hinzuweisen. Im Diakon also bekam die durchgängig diakonische Bestimmung der christlichen Gemeinde ihre personifizierte Gestalt und wurden die Wahrnehmung von Not, die Beseitigung von Notlagen und die Integration von Notleidenden als Aufgaben der ganzen Gemeinde in einer signifikanten Weise präsent gehalten.

Auf der anderen Seite ist offenbar genau dieses diakonische Bewußtsein der ganzen Gemeinde bereits brüchig geworden, so daß sie eben vom Diakon immer wieder daran erinnert werden mußte. In der weiteren Entwicklung setzte die Betrauung des "Spezialisten" Diakon mit der Diakonie einen Delegationsmechanismus in Gang, wonach die amtlich ausdifferenzierte Diakonie auch als eine aus dem Gemeindeleben zunehmend herausgelöste Aufgabe betrachtet wurde. Zugleich verschob sich damit der Platz der Diakonie-Klienten, also der Armen und Kranken, von der unproblematisierten, unbezweifelten, gefestigten Gemeindemitgliedschaft hin zur Position der problematischen und damit in ihrer Integration fraglich gewordenen Adressaten einer paternalistisch strukturierten Fürsorge. Die alltagsverwurzelte Solidarität wurde durch eine Hilfe mit Besonderheitscharakter abgelöst.[285]

Die Ausdifferenzierung des Diakonats als Amt hatte also zum einen angesichts der durch die Verbreitung des Christentums sicher notwendig gewordenen organisatorischen Strukturierung kirchlicher Praxis eine stabilisierende Wirkung, zugleich aber für die Diakonie als solche wie für die Notleidenden einen marginalisierenden Effekt. In der weiteren kirchen- und theologiegeschichtlichen Entwicklung erreichte die Nachrangigkeit der Diakonie eine nochmalige Steigerung. Als Beigeordneter des Bischofs hatte der Diakon immer schon auch kultische Aufgaben wie z.B. das Herbeibringen von Brot und Kelch. Diese Funktion war aber zunächst "nur" als die liturgische Versinnbildlichung der tatsächlich geleisteten Diakonie in der Gemeinde gedacht.[286] Mit der Zeit stellte sich dieses Verhältnis auf den Kopf. Die liturgischen Funktionen des Diakons erlangten für dessen Rollenverständnis primäre Bedeutung, die tatsächliche Diakonie nahm zunehmend sekundären Charakter an oder wurde mit der liturgischen Tätigkeit des Diakons nur mehr ideell assoziiert. Diese "Verliturgisierung" des Diakons ist im Zusammenhang zu sehen mit einer über lange Zeit ausgetragenen Konkurrenz zwischen den Presbytern und den Diakonen hinsichtlich ihrer hierarchischen Zuordnung zum Bischof, die darauf hinauslief, daß die enge Verknüpfung von Episkopat und Diakonat gesprengt und von der hierarchisch gedachten Abstufung Bischof-Presbyter-Diakon abgelöst wurde. Der Diakon war damit dem Presbyter nachgeordnet und degenerierte zur Durchgangsstufe zu dem mittlerweile als Priestertum verstandenen Presbyterat.[287]

Auch diese Entwicklungsgeschichte des Diakonats muß auf dem Hintergrund der "Konstantinischen Wende" gelesen werden. Der damit verbundene prinzipielle Wandel bestand für die Diakonie darin, daß sich die christliche Minderheitsgemeinschaft, welche aufgrund der für das kollektive Überleben notwendigen Solidarität ein überdurchschnitt-

---

285 Vgl. **Mette, N.**: Caritas, 260 f.

286 Vgl **Krimm, H.**: Der Diakonat in der frühkatholischen Kirche, 111.

287 Vgl. **Philippi, P.**: Diakonie. I. Geschichte der Diakonie, 623; **Mette, N.**: Caritas, 261.

liches Potential sozialer Integration aufwies, in eine staatlich privilegierte Großgruppe verwandelte, die parallel zur gesellschaftlichen Struktur sich ständisch gliederte und die Trennung von Klerus und "Laien" als primäres Strukturprinzip ausbildete. Gleichzeitig stellte sich eine Schwerpunktverlagerung auf die doktrinäre Stabilisierung der Gemeinschaft durch identitätsstiftende Lehren, also durch die Etablierung einer Orthodoxie, und auf eine Symbolisierung der privilegierten Stellung des Klerus z.B. durch die zeremonielle Ausgestaltung des gottesdienstlichen Handelns ein.[288] Im Mittelalter schließlich kristallisierten sich die Orden und geistlichen Gemeinschaften, aber auch die profanen Bürgerschaften als vornehmliche Träger diakonischer Aufgaben, vor allem als Träger von diakonischen Anstalten, heraus, die aber als solche gerade ein Anzeichen für die Entkirchlichung, d.h. für das Hinausdriften der Diakonie aus den kirchlichen Gemeinden, sind.[289] Dieser Zustand hielt im Grunde an bis ins 19. Jahrhundert hinein, als die Diakonie in Form der aus den vielen verstreuten diakonischen Gruppierungen entstandenen Diakonieverbände eine neue kirchenstrukturell installierte Gestalt bekam. Bis zu diesem Zeitpunkt läßt sich jedoch die Entwicklung pointiert zusammenfassen als der über mehrere Jahrhunderte sich hinwegziehende Übergang "von der diakonischen Kirche zur 'Priesterkirche'"[290], von der Liebespraxis zum Dogma[291], von einer solidarischen Gemeinschaft zu einer sozial ausgrenzenden Ständekirche[292], von einer gemeindetragenden zu einer ekklesiologisch verdrängten Diakonie. Paul Philippi kann angesichts dessen resümieren, daß vielleicht "der Keim der 'Säkularisierung' des Sozialbereichs in der priesterlich-kultischen Vereinseitigung des Bildes, das die offizielle Kirche von sich selbst gestaltet hatte"[293], liegt. Dieser Sachverhalt ist auch gemeint mit der eingangs formulierten Behauptung, daß die Geschichte des Diakonats die Geschichte der Abwertung der Diakonie ist. In ihr bildete sich eine "traditionelle Dominanz von Lehre und Liturgie"[294] als bis heute gültiges Kennzeichen der Kirche heraus.

Angesichts dieser geschichtlichen Entwicklung ist erklärbar, aber auch um so bedauerlicher, daß die Wiederbelebung des Diakonats keine Wiederbelebung der ekklesiologischen Wertschätzung der Diakonie als identitätskonstitutive Praxis christlicher Gemeinden bedeutete. Bereits im Vorfeld des Zweiten Vatikanums wurde die Idee, neben der Form des Diakonats als Vorbereitungsstufe zur Priesterweihe auch die traditionelle Form des Diakonats als eines von einem Christen beständig ausgeübten Amtes der Kirche wiederzubeleben, lebhaft diskutiert.[295] Das Konzil machte sich diese Idee zu eigen und betrachtete es als eine Möglichkeit, daß "in Zukunft der Diakonat als eigene und beständige hierarchische Stufe wiederhergestellt werden" (LG 29) kann. Freilich ist

288 Vgl. **Philippi, P.**: Diakonie. I. Geschichte der Diakonie, 628.

289 Vgl. ebd. 628-631; **Reicke, S.**: Das deutsche Spital und sein Recht im Mittelalter.

290 **Mette, N.**: Caritas, 261.

291 Vgl. ebd.

292 Vgl. **Philippi, P.**: Diakonie. I. Geschichte der Diakonie, 628.

293 Ebd. 631.

294 **Zirker, H.**: Caritas als Grundfunktion der Kirche, 537.

295 Vgl. dazu die Beiträge in **Rahner, K./Vorgrimler, H. (Hg.)**: Diaconia in Christo.

bereits im Konzil eine eigenartige Diakonievergessenheit des ständigen Diakonats angelegt. Die Liebestätigkeit wird zwar als allgemeine Anforderung erwähnt, die Aufzählung konkreter Aufgaben enthält dagegen nur verkündigende und vor allem liturgische Tätigkeiten: "Sache des Diakons ist es, je nach Weisung der zuständigen Autorität, feierlich die Taufe zu spenden, die Eucharistie zu verwahren und auszuteilen, der Eheschließung im Namen der Kirche zu assistieren und sie zu segnen, die Wegzehrung den Sterbenden zu überbringen, vor den Gläubigen die Heilige Schrift zu lesen, das Volk zu lehren und zu ermahnen, dem Gottesdienst und dem Gebet der Gläubigen vorzustehen, Sakramentalien zu spenden und den Beerdigungsritus zu leiten." (LG 29) An der Liturgiezentrierung des Diakonats änderte sich bei der anschließenden Rezeption des Konzils nichts. Das Motuproprio Papst Pauls VI. über die Erneuerung des Diakonates vom 18. Juni 1967, mit dem der ständige Diakonat offiziell wieder eingeführt worden ist, wiederholt zum einen lediglich die in LG 29 genannten Aufgaben und ergänzt sie um einige Ersatztätigkeiten für den Fall, daß ein Priester fehlt (Leitung von Wortgottesdiensten, liturgischen Feiern oder von entfernt liegenden Gemeinden). Allein in einem von elf Punkten werden diakonische Tätigkeiten als Aufgaben des Diakons genannt, allerdings wiederum nur in Kombination mit den Verwaltungstätigkeiten.[296] Im Anschluß an das Motuproprio sahen die deutschen Bischöfe die Funktionen des Diakons in katechumenalen Diensten, in der Liturgie und der Verkündigung, im Dienst an der Einheit der Gemeinde und nennen analog zum Motuproprio soziale und caritative Dienste nur in Kombination mit den missionarischen Diensten.[297] Die seit 24. Februar 1994 geltende "Rahmenordnung für Ständige Diakone in den Bistümern der Bundesrepublik Deutschland" erweist sich diesbezüglich als ambivalent. Zwar zählt sie dezidiert diakonische Aufgaben zum Zuständigkeitsbereich des Diakons[298] und sieht im Diakon die Ausfaltung des Amtes gegeben, welche die Diakonie als Liebe zu Hilfsbedürftigen im Bewußtsein der Gemeinden präsent halten soll.[299] In den konkreten Konzeptionen des Berufsbildes wie auch in den Ausführungsbestimmungen zur Ausbildung und Weihe von ständigen Diakonen wird aber der diakonischen Praxis keine konstitutive Bedeutung beigemessen. So wird unter anderem die "Bereitschaft zum täglichen Gebet, insbesondere zum Gebet der Kirche ..., zur regelmäßigen Schriftlesung, zur häufigen Mitfeier der Eucharistie auch an Werktagen und zum regelmäßigen

---

296 Vgl. **Akten Papst Paul VI.**: Apostolisches Schreiben. Motuproprio, 38 f. - Überraschenderweise repetiert zunächst auch Herbert Vorgrimler diese einseitige Konzeption des Diakonats, insofern er in seinen Kommentaren sowohl zu LG 29 als auch zum Motuproprio die Ausblendung der Diakonie nicht problematisiert (vgl. **Vorgrimler, H.**: Kommentar zu: Dogmatische Konstitution über die Kirche "Lumen gentium". Drittes Kapitel, Art. 29; **ders.**: Kommentar, 19-21). In einem gemeinsamen Aufsatz von Karl Rahner, Herbert Vorgrimler und Johannes Kramer wird dagegen angesprochen, daß das vom Motuproprio gezeichnete Berufsbild des Diakons problematisch ist (vgl. **Rahner, K./Vorgrimler, H./Kramer, J.**: Zur Erneuerung des Diakonats in Deutschland, 148-150).

297 Vgl. **Sekretariat der Deutschen Bischofskonferenz (Hg.)**: Zur Ordnung der pastoralen Dienste, 15.

298 Vgl. **Sekretariat der Deutschen Bischofskonferenz (Hg.)**: Rahmenordnung für Ständige Diakone, 10.

299 Vgl. ebd. 8.

Empfang des Bußsakramentes"[300] als Voraussetzung für den Diakonat eingefordert; hinsichtlich der diakonischen Praxis ist den Bewerbern hingegen nur Erfahrung, nicht aber Bereitschaft zu entsprechenden Aufgaben abverlangt. Analog findet sich in den Bestimmungen zu Ausbildung, Zulassung, Berufseinführung und Fortbildung der ständigen Diakone keine Anforderung im Bereich der dezidiert diakonischen Praxis. Als besonders zu beachtende Bestandteile der Ausbildung werden jedoch ausdrücklich die Homiletik und die Befähigung zu liturgischen und verkündigenden Diensten genannt.[301]

Die beobachtbare faktische Praxis der ständigen Diakone entspricht weitgehend dem so konstruierten Rollenmuster. Sie finden sich, teilweise gegen ihre eigene Intention, in einem Berufsbild vor, das sie auf sekundäre, vom Priester abgeleitete Funktionen bzw. auf Priester ersetzende Tätigkeiten festlegt. Rollenklärende Auseinandersetzungen und Konzeptionen haben nicht diakonische Praxisformen zum Gegenstand, sondern spitzen sich auf die Frage zu, was der Diakon im Vergleich zum Priester tun darf und was er nicht tun darf.[302] Rolf Zerfaß trifft die Realität: "Die Verknüpfung von Caritas und Pastoral in diesem neuen Amt ist jedenfalls nicht gelungen. Um im Gleichnis zu bleiben: wir haben wenig Samariter und viele neue Leviten in Dienst gestellt, die zusammen mit den Priestern Tempeldienst tun!"[303] Eine Möglichkeit der bewußtseinsbildenden Rückführung der Diakonie in die Gemeinden, nämlich ihre symbolkräftige Repräsentation in Form eines Amtes, ist dadurch blockiert, die Fixierung auf die Liturgie und die Verkündigung dafür um so mehr zementiert. Die Profil- und Konzeptionslosigkeit des Diakonats setzt dieses Amt bedenklichen Mechanismen aus. Man sieht in ihm z.B. eine Ersatzmöglichkeit, die gespürte Berufung zu priesterlichen Funktionen zu verwirklichen, ohne dabei mit der Zölibatsverpflichtung belastet zu sein.[304] Andererseits stoßen "Diakone, die ihren *praktischen* Ansatz mehr im Außen- und Randbereich der Pfarrgemeinde, bei den konkreten personalen, sozialreligiösen Diensten und in der gesellschaftlichen Diakonie sehen, ... bei Gruppen von Kernpfarreien, insbesondere bei Pfarrern und Leitungsverantwortlichen praktisch auf Verständnislosigkeit"[305]. Nach der Degeneration des Diakonats im Laufe des ersten christlichen Jahrtausends erweist sich somit paradoxerweise auch seine Wiedereinführung als Faktor der Abwertung der Diakonie.

---

300 Ebd. 11.

301 Vgl. ebd. 16 f.

302 Die Definition der Diakonen-Rolle primär über liturgische Funktionen dürfte auch ein entscheidender Grund dafür sein, daß die Zulassung von Frauen zum Diakonat entgegen dem neutestamentlichen Befund immer noch als nicht realistisch gilt.

303 **Zerfaß, R.**: Der Beitrag des Caritasverbandes, 13.

304 Vgl. **Kramer, J.**: Der Ständige Diakonat, 96.

305 Ebd. 99.

4.2.1.3 "Laiensache"

Die diakonievergessene Konzeption des Diakonats wirkt verstärkend auf ein weiteres Rollenmuster, wonach die Diakonie als eine vornehmliche Sache der "Laien" gilt. Den ideologischen Hintergrund dafür gibt die oben dargestellte und kritisierte "Weltdienst-Heilsdienst"-Dichotomie (s. 4.1.1) ab, derzufolge die Diakonie als "Weltdienst" firmiert und in Gegenüberstellung zu dem als Zentrum erachteten "Heilsdienst" schon in der theologischen Identifikation am Rand von Kirche und Gemeinde verortet wird. Die Identifikation der Diakonie als "Laiensache" darf allerdings in Korrektur gegenüber einem verbreiteten Vorurteil nicht in dem Sinne verstanden werden, daß die Unterscheidung zwischen diakonisch Tätigen und solchen, die nicht diakonisch tätig sind, deckungsgleich wäre mit der Unterscheidung zwischen Nichtgeweihten und Klerikern. Damit wäre eine Aufspaltung zwischen "Laien" und geweihten Amtsträgern der Kirche behauptet, die sich so - zumindest in dieser Ausschließlichkeit - in der Realität nicht beobachten läßt. Es gibt einerseits durchaus Priester, auch außerhalb spezifisch diakonischer Einrichtungen, die diakonisch tätig sind. Auf der anderen Seite fällt auf, daß auch die binnenkirchlich etablierten Laienorganisationen (Zentralkomitee der Katholiken, Diözesanräte, Verbände usw.) sich nicht in einem höheren Maß durch diakonische Praxis auszeichnen als die durchschnittlichen Gemeindeverhältnisse auch. Aus der Tatsache, daß die meisten Mitarbeiterinnen und Mitarbeiter der Diakonie "Laien" sind, darf im Umkehrschluß nicht gefolgert werden, daß die meisten "Laien" in einer signifikanten Weise diakonisch tätig wären. Vielmehr läßt sich auch die Kultivierung eines Typs des "Laien" beobachten, der sich überwiegend über die zum Kleriker komplementären Rollen in Leitung, Liturgie und Verkündigung definiert, der sich über Chiffren wie "Kerngemeinde", "aktive Gemeinde" - wobei diese vor allem zur Selbststabilisierung der Gemeinde gedachte Aktivitäten anzeigen soll - oder "christliche Lebensführung" integriert und der so die Dispensierung von der Diakonie bei der Konstitution der eigenen Christlichkeit bzw. Kirchlichkeit reproduziert. Die Kennzeichnung der Diakonie als "Laiensache" beruht folglich auf einem eher diffusen "Laien"-Begriff, mit dem gearbeitet wird, um gleichsam auf der Gegenfolie von Verkündigung und Liturgie als "Priestersache" den Nichtgeweihten ein spezifisches Praxisfeld und der Diakonie eine spezifische Trägerschaft zuzuordnen. Dies führt keineswegs zu einer Korrektur, sondern vielmehr zu einer Verstärkung des Schemas, wonach als "Kirche" vornehmlich der Kreis gilt, der an Liturgien teilnimmt, lehramtlich autorisierte Lebensorientierungen rezipiert und die von der Leitung vordefinierten Handlungsmuster "mitmacht". Als "Kirche" gelten insbesondere auch die, die als Vertreter der Lehren und als Akteure der Liturgien bzw. der Verkündigungsanstrengungen in Erscheinung treten. Es kommt zu einer Definitionsvormacht des Klerikalen, Liturgischen, Lehrhaften in der Kirche. Je mehr diese Denkfigur kultiviert wird, wird im Gegenzug die kirchliche Authentizität der Diakonie zur Disposition gestellt, weil sie ja gerade nicht als prädestinierter Ort der Kleriker in Erscheinung tritt. Es regt sich Argwohn, inwiefern und ob überhaupt der diakonischen Praxis Kirchlichkeit zugesprochen werden kann. Ausflucht sucht man unter anderem in der Formel, die Diakonie sei "Vorfeldarbeit", also eine Praxis im

Vorfeld der Kirche. Dadurch ist einerseits die Kirchenbindung der Diakonie aufrechterhalten, andererseits bleibt das lehr- und liturgiezentrierte Bild der Kirche frei von Irritationen durch die "Laiendomäne" Diakonie. In Konsequenz dazu fühlen sich die in der Diakonie tätigen Christinnen und Christen selbst in ihrer Kirchlichkeit angezweifelt. Ihre Diakonie genügt gerade nicht als Kirchlichkeitserweis, sondern wird eher als ein im Vergleich zum "Normalfall" des Christseins abweichendes oder randständiges Verhalten assoziiert. Insofern sie "nur" Diakonie repräsentieren, eignet ihnen noch keine Signatur, die sie nach geltendem Standard als kirchlich identifizieren ließe. Sie kommen unter Legitimationsdruck und sehen sich, sofern sie darauf Wert legen, genötigt, ihre Kirchlichkeit anderweitig, durch kirchenspezifisch erachtete Elemente, d.h. eben durch ihre Teilnahme an klerusdominierten Praxisformen und durch Akzeptanz der von den kirchlichen Formalautoritäten ausgehenden Erwartungshaltungen, nachzuweisen. So gilt es als selbstverständlich hinzunehmendes Reglement, daß kirchliche Amtsträger diakonisch tätige Christinnen und Christen auf die kirchliche Qualität ihrer Praxis hin befragen, diese bewerten und mit entsprechenden Konsequenzen (z.B. Verweigerung oder Genehmigung finanzieller Mittel) belegen können, daß aber nicht umgekehrt diakonisch engagierte Christinnen und Christen, gerade auch auf dem Hintergrund ihrer Praxiserfahrungen und ihrer darin enthaltenen natürlichen Autorität, Kleriker in der christlichen Authentizität ihrer Liturgie- und Lehrpraxis anfragen können.[306]
Eine subtile Variante der abwertenden Identifizierung der Diakonie als "Laiensache" besteht dort, wo die Diakonie deswegen den "Laien" zugeordnet wird, "weil dabei ohnehin 'nicht viel passieren kann'"[307]. In der Annahme, daß die Konstitutiva der Kirche allein in den Bereichen Liturgie und Lehre (einschließlich Moral) lägen, betrachtet man die Diakonie als ein Praxisfeld, in welchem zwar Spannungen zu den als konstitutiv erachteten Feldern der Liturgie und Verkündigung auftreten könnten, welches aber, weil eben nicht identitätsstiftend, letztlich auch nicht identitätsgefährdend wirken könne. Wo die Diakonie die gängigen Kirchlichkeitsmuster in Frage stellt oder nicht erfüllen kann, wird sie einfach als nicht kirchlich definiert und ausgegrenzt. Als ein in seiner identitätsstiftenden Relevanz derart paralysiertes Feld könne man - so lautet das Denkschema - die Diakonie den "Laien" überlassen und damit eine gewisse Einschränkung der Effektivität kirchenamtlicher Kontrolle in Kauf nehmen.

4.2.1.4 "Ehrenamtlichkeit"

Die Diakonie ist ein klassisches Feld der Ehrenamtlichkeit. Als solches repräsentiert sie das Modell eines Engagements, das gekennzeichnet ist als Tätigkeit, die freiwillig, ohne eine anstellungsartige rechtliche Bindung, aber doch in strukturierter Form, prinzipiell (d.h. mit Ausnahmen) unentgeltlich, meistens unabhängig von einer tätigkeitsspezifischen Ausbildung, aber doch mit dem Anspruch einschlägiger Kompetenz, ohne persön-

---

306 Vgl. **Zerfaß, R.**: Der Beitrag des Caritasverbandes, 19 f.

307 **Zerfaß, R.**: Organisierte Caritas, 337.

liches Verpflichtungsverhältnis (etwa Verwandtschaft) zu den Leistungsempfängern und überwiegend in Verknüpfung mit oder Einbindung in eine Trägerorganisation ausgeführt wird.[308] Auch die von Profession gekennzeichneten Diakonieverbände weisen die Ehrenamtlichkeit als ein unverzichtbares Element ihrer selbst aus.[309] So bildete z.B. der Caritasverband in Form der "Caritas-Konferenzen Deutschlands" eine eigene verbandliche Strukturschiene aus, die sich als Organisationsplattform ehrenamtlicher Mitarbeiterinnen und Mitarbeiter versteht. Ihre Funktion besteht darin, ehrenamtlich arbeitende und diakonisch identifizierbare Gruppen bzw. Initiativen in den Gemeinden in einer gemeinsamen Organisation zusammenzufassen, dadurch eine effektivere Arbeit zu ermöglichen, ehrenamtliche Gruppen zu initiieren und zu unterstützen.[310] Mit der Ehrenamtlichkeit assoziiert man Freiwilligkeit, Idealismus, Uneigennützigkeit, Unabhängigkeit und Unentgeltlichkeit.[311] In der Tat sind diese Spezifika der Ehrenamtlichkeit auch Ausdruck spezifischer Chancen und Vorzüge, die bei einer Bewertung der ehrenamtlichen Tätigkeit immer zu berücksichtigen sind. So beinhaltet die weitgehende Freiheit der Ehrenamtlichen von rechtlichen Einbindungen tatsächlich auch die Möglichkeit, frei z.B. von Dienstverhältnisbindungen oder finanziellen Abhängigkeiten zu handeln und so in einem höheren Maß als Hauptamtliche auch innovativ oder kritisch zu wirken. Über diese realistische Vorteilseinschätzung hinaus läßt sich aber in der Diakonie wie in anderen Bereichen, z.B. der Jugendarbeit, auch der Hang zu einer euphorischen Glorifizierung der Ehrenamtlichkeit feststellen.
Ein nüchterner Blick hingegen nimmt auch die Ambivalenz ehrenamtlicher Arbeit wahr. Sie beginnt damit, daß die definitive Bestimmung dessen, was als "ehrenamtliche Tätigkeit" zu gelten hat, sich als schwierig erweist. Es ist nicht klar, inwiefern Kontinuität und Kalkulierbarkeit, also Verläßlichkeit als Elemente des Ehrenamtes zu betrachten sind. Es herrscht allerdings ein annähernder Konsens dahingehend, daß die Leistungen, die im Rahmen einer von persönlicher Verbundenheit getragenen Beziehung geschehen (z.B. zwischen Familienmitgliedern oder Freunden), nicht zur ehrenamtlichen Arbeit zählen - obwohl sich bei Umfragen viele einschlägige Personen als "ehrenamtlich tätig" bezeichnen. Mit dieser Festlegung sollen keineswegs die im Rahmen solcher persönlichen Beziehungen erbrachten Leistungen ausgeblendet werden. Sie dient lediglich einer differenzierteren und damit auch authentischeren Wahrnehmung der ehrenamtlichen Praxis. Die Schwierigkeiten bei der Bestimmung der Ehrenamtlichkeit ergeben sich aber

---

308 Vgl. **Thürnau, F.**: Ehrenamtliche Helfer, 146; **Helbrecht-Jordan, I.**: Soziales Ehrenamt, 13.

309 Vgl. **Caritas**: Themenheft Ehrenamtliches Engagement 96 (1995) Heft 5. - Da die ehrenamtlichen Mitarbeiterinnen und Mitarbeiter von den Wohlfahrtsverbänden nicht gleichermaßen wie die Hauptamtlichen erfaßt werden bzw. auch nur schwer erfaßbar sind, lassen sich keine genauen Angaben über ihren quantitativen Anteil machen. Nach einer Umfrage in den 80er Jahren zählten sich damals 7 - 8 Millionen Bundesdeutsche zu den ehrenamtlich Aktiven (vgl. **Helbrecht-Jordan, I.**: Soziales Ehrenamt, 13, Anm. 3). Die Wohlfahrtsverbände weisen insgesamt ca. 1,5 Millionen Ehrenamtliche in ihrem Umfeld auf, wobei sich gegenüber den 70er Jahren, als noch ca. 2 Millionen ehrenamtlich tätig waren, ein Rückgang um 25 % zeigt (vgl. ebd. 14).

310 Vgl. **Reichmann, M.**: Caritas-Konferenzen.

311 Vgl. z.B. **Bock, T.**: Ehrenamtliche Arbeit in der Caritas.

auch daraus, daß sich zur Zeit, unter anderem aufgrund der Veränderungen der gesellschaftlichen Rahmenbedingungen, ein gravierender Umbruch vom klassischen zum sogenannten "neuen Ehrenamt" abzeichnet. Gemeint ist damit eine Entwicklung, in der von der Fixierung auf die konventionellen, überwiegend negativ formulierten Attribute der Ehrenamtlichkeit, z.B. Unentgeltlichkeit oder Nicht-Professionalität, Abschied genommen und eine inhaltlich-positive Definition der Ehrenamtlichkeit angezielt wird.[312] Die Suche nach einer Neubestimmung des Ehrenamtes ist genährt von der Erfahrung, daß die konventionellen Konzeptionen ehrenamtlicher Tätigkeit von beträchtlichen Problemkonstellationen belastet sind. Zu diesen Problemkonstellationen, die einerseits die ehrenamtliche Arbeit in ihrer Effektivität paralysieren und die andererseits für die Ehrenamtlichen selbst frustrierende Wirkungen mit sich bringen, gehören etwa das konfliktanfällige Verhältnis zu Hauptamtlichen, die nochmals spezifische Ambivalenz der Nicht-Professionalität als Handlungsfreiraum und Kompetenzdefizit, die Undurchsichtigkeit von Machtverhältnissen z.B. zwischen professionellen Angestellten und ehrenamtlichen Vorständen, Erscheinungen des sogenannten "Helfer-Syndroms", die Paradoxie zwischen ehrenamtlicher Unabhängigkeit und institutioneller Einbindung, die verdeckte Ersetzung kostenintensiverer hauptamtlicher Arbeitskräfte durch Ehrenamtliche oder auch die Funktion als "zweiter Arbeits- und Ausbildungsmarkt".[313]

Mit diesen Problemlagen ist zugleich auch eine Konstellation angezeigt, die die Ehrenamtlichkeit als einen möglichen Faktor der abwertenden Marginalisierung der Diakonie erleben läßt. "Der Struktur nach ... ist es [sc. das Ehrenamt - H.H.] zu allererst organisiertes Hilfehandeln, eingebettet in Einrichtungen staatlicher, kirchlicher oder freier Träger."[314] Unter dieser Bedingung finden sich aber Ehrenamtliche immer auch in einer nicht umgehbaren Konfiguration mit den Hauptamtlichen der jeweiligen Einrichtungen vor. Innerhalb dieser Konfiguration Hauptamtliche-Ehrenamtliche nehmen wiederum die Ehrenamtlichen überwiegend die schwächere Position ein. Hinsichtlich Qualifikation, finanzieller Vergütung, Kompetenzzuweisung oder Verantwortlichkeit werden ehrenamtliche Mitarbeiterinnen und Mitarbeiter den Hauptamtlichen nachgeordnet. Auch die Betonung der Unabhängigkeit ehrenamtlicher Kräfte nimmt nur die eine Seite des Sachverhalts der Ehrenamtlichkeit wahr. Was zum einen aufgrund der fehlenden institutionellen Einbindung als Freiheit von Verbindlichkeiten und Zwängen erlebt oder ausgegeben wird, zeigt sich aus veränderter Perspektive auch als das Fehlen einer arbeitsrechtlichen Absicherung. Kommt es im Zusammenhang mit der institutionellen Einbindung zu Konflikten, z.B. hinsichtlich der inhaltlichen Ausrichtung der Arbeit,

---

312 Vgl. dazu besonders **Müller, S./Rauschenbach, T.** (Hg.): Das soziale Ehrenamt; **Deutscher Caritasverband** (Hg.): Ehrenamt; **Helbrecht-Jordan, I.**: Soziales Ehrenamt, 15-17; **Hieber, A.**: Der Wandel des Ehrenamts.

313 Vgl. **Heidenreich, H.**: Mitarbeiterinnen und Mitarbeiter; **Rauschenbach, T.**: Das Ehrenamt. - Es hat den Anschein, daß innerhalb der universitären Diakonietheologie die Brisanz des Verhältnisses zwischen Ehren- und Hauptamtlichkeit noch nicht genügend erkannt bzw. reflektiert wird und daß es auch hier einen gewissen Rückstand gegenüber einerseits der außertheologischen Theorie zur Sozialarbeit und andererseits der in den Wohlfahrtsverbänden selbst vorangetriebenen Theoriebildung gibt.

314 **Hieber, A.**: Der Wandel des Ehrenamts, 9.

nehmen diese meist die Form eines Konflikts mit professionell profilierten Hauptamtlichen an. Ehrenamtliche können dann auf nur geringen bzw. als gering erachteten fachlichen, rechtlichen oder institutionellen Rückhalt vertrauen. Die Freiwilligkeit der ehrenamtlichen Arbeit schlägt auf seiten der hauptamtlichen bzw. institutionellen Kräfte gelegentlich um in die Vorstellung, mit den Ehrenamtlichen bzw. ihrer Tätigkeit beliebig umgehen und im Extremfall das ehrenamtliche Engagement eigenmächtig zur Disposition stellen zu können. Im Verhältnis zwischen Ehrenamtlichen und Hauptamtlichen steht also dem propagierten Kooperationsideal die Erfahrung einer Konfrontationsrealität gegenüber. Das Verhältnis ist anfällig für das Gehabe "entmündigender Expertenherrschaft"[315] auf der einen Seite und dem Gefühl der Machtlosigkeit und Randständigkeit auf der anderen Seite.[316] Die Vehemenz, mit der die Eigenständigkeit der ehrenamtlichen Tätigkeit und die Partnerschaft zwischen Haupt- und Ehrenamtlichen von seiten der Institutionen gelegentlich programmatisch konstatiert wird[317], muß auf dem dargelegten Hintergrund eher als indirekter Hinweis dafür gewertet werden, wie konfliktträchtig sich die Zusammenarbeit im Alltagsbetrieb tatsächlich gestaltet.

Die für die Diakonie abwertende Wirkung ergibt sich nun daraus, daß im Kontext kirchlicher Gemeinden die Diakonie als eine spezifisch ehrenamtliche Diakonie identifiziert wird. In einer plakativ-unscharfen, dem allgemeinen Bewußtsein aber vermutlich entsprechenden Beschreibung lassen sich nämlich die Gegenüberstellungen von Diakonieinstitutionen und Gemeindediakonie einerseits und hauptamtlicher und ehrenamtlicher Diakonie andererseits parallelisieren: In den Institutionen findet die Diakonie überwiegend in hauptamtlicher, in den Gemeinden überwiegend in ehrenamtlicher Form statt. Was innerhalb der von den Gemeinden getrennt strukturierten Diakonieeinrichtungen als Vor- bzw. Nachordnung zwischen hauptamtlicher und ehrenamtlicher Arbeit erlebt wird, dort aber noch innerhalb des umfassenden Rahmens diakonischer Praxis verbleibt, d.h. die diakonische Praxis als solche noch nicht in Frage stellt, präsentiert sich im Gemeindekontext in veränderter Qualität und auch mit veränderten Folgeerscheinungen. Dort überschneidet sich die Unterscheidung zwischen hauptamtlicher und ehrenamtlicher Arbeit einschließlich der damit verbundenen Konfliktträchtigkeit mit der Unterscheidung zwischen der liturgischen bzw. verkündigenden Praxis einerseits und der diakonischen Praxis andererseits. Den Grundvollzügen Liturgie und Verkündigung sind nämlich mit den Priestern, Pastoralreferentinnen und -referenten, Gemeindereferentinnen und -referenten und Religionslehrerinnen und -lehrern vornehmlich hauptberuflich strukturier-

[315] **Mennes, L.**: Ehrenamtlich, 72, dort unter Berufung auf Illich, I. u.a.: Entmündigung durch Experten. Zur Kritik der Dienstleistungsberufe, Reinbek 1983, 7-35.

[316] Daß die beiden großen kirchlichen Diakonie-Verbände in ihren regelmäßigen Statistiken trotz der gegenteiligen Beteuerungen andernorts und trotz der beträchtlichen Quantität von ca. 1,5 Millionen die ehrenamtlichen Mitarbeiterinnen und Mitarbeiter nicht berücksichtigen (vgl. **Bühler, H.H.**: Die katholischen sozialen Einrichtungen der Caritas in der Bundesrepublik Deutschland 1980-1990, 324), mag durch die Schwierigkeiten einer Erhebung begründet sein, ist aber für den nachrangigen Stellenwert der Ehrenamtlichen symptomatisch.

[317] Vgl. exemplarisch **Gaidetzka, P.**: Caritas-Konferenzen Deutschlands, 346.

te Rollen, der gemeindlichen Diakonie mit den einschlägigen Mitarbeiterinnen und Mitarbeitern vornehmlich ehrenamtlich strukturierte Rollen zugeordnet. Am konfliktanfälligen Spannungsverhältnis zwischen Haupt- und Ehrenamtlichen ändert sich dabei im Grund nichts, auch wenn sie aufgrund dieser Zuordnung in unterschiedlichen Praxisfeldern tätig sind. Den Ehrenamtlichen mangelt es in Hinblick auf ihre diakonische Praxis am Prestige einer offiziell anerkannten Qualifikation, einer institutionell etablierten Beruflichkeit und einer objektiv vergleichbaren Entlohnung ihrer Arbeit, so daß sie bei den breiten Schichten der von der Problematik meist nicht betroffenen Gemeindemitglieder im Vergleich zu den Hauptamtlichen weniger und zögerlicher eine würdigende Wahrnehmung ihrer Arbeit erfahren. Ebenso zeigt sich in den Gemeinden der Trend zur Entmündigung des Ehrenamts. Sobald sich die ehrenamtliche Diakonie als eine gemeindliche Diakonie verstehen soll oder will, ist sie strukturell in die übrigen Mechanismen eingebunden und den Erwartungshaltungen der entscheidungsmächtigen Kräfte der Gemeinde ausgesetzt. Das zeigt sich bereits daran, daß die diakonische Praxis entweder von vornherein nur in den vorgegebenen Organisationsmustern, z.B. Pfarrgemeinderats-Ausschuß, entsteht oder spätestens dann, wenn sie die gemeindliche Infrastruktur (Räume, Zuschußquellen, Beziehungen usw.) ausnutzen will, in diese eingepaßt wird. Der hauptamtliche Gemeindeleiter befindet sich unter diesen Bedingungen immer in der machtvolleren Position, da er unabhängig von der Frage, ob er spezifisch kompetent ist, über seine Verfügungsgewalt bei der Verteilung von Mitteln, über seinen Einfluß bei Entscheidungsgremien und über seine Definitionsmacht bezüglich der gemeindlichen Zugehörigkeit in die diakonische Praxis der Ehrenamtlichen eingreifen und diese z.B. inhaltlich kontrollieren kann.

Daß die Diakonie in den Gemeinden vornehmlich als eine ehrenamtliche Praxis identifiziert wird, stellt somit ein höchst zwiespältiges Phänomen dar. Einerseits erweisen sich die ehrenamtlichen Formen der Diakonie, da sie nicht gänzlich in die institutionellen Strukturen und Wirkzusammenhänge eingebunden sind, als unverzichtbar für eine diakonische Praxis, die ihrem Wesen gerecht werden will. Ehrenamtliche Praxis ist nämlich prädestiniert dafür, daß in ihr mit größerer Flexibilität gehandelt werden kann und innovative bzw. kreative Kräfte zur Wirkung kommen können. Dadurch kann sich die ehrenamtliche Diakonie als treibende Kraft dafür erweisen, daß die Diakonie insgesamt nicht einfach in ihrem eingefahrenen Standard verharrt, sondern mit der gesellschaftlichen Entwicklung mitgehend die jeweils neu entstandenen Notlagen erkennt, mit neuen, auch experimentellen Handlungsformen darauf reagieren kann und so auch für notleidende Menschen, die im bisherigen Handlungsrepertoire nicht erfaßt worden sind, zum Raum der Solidarität in und Befreiung aus ihrer Not werden kann. Andererseits erweist sich die Identifikation der Diakonie als vornehmlich ehrenamtliche Praxis auch als Faktor der Abwertung der Diakonie. In den Gemeinden, d.h. in dem Kontext, in welchem die Diakonie unter alltäglichen und somit bewußtseinsbildenden Bedingungen in ihrer Gewichtung gegenüber anderen Praxisformen, insbesondere liturgischen und verkündigenden, erfahren wird, bekommt sie durch die vorrangige Kennzeichnung als "nur" ehrenamtliche Praxis das Image des "Weniger-Wichtigen", des "Weniger-Wertvollen", des "Nicht-Zentralen".

4.2.1.5 "Frauenarbeit"

Ein mit der Ehrenamtlichkeit in engem Zusammenhang stehender Faktor der Nachrangigkeit ergibt sich für die Diakonie aus dem Faktum, daß sie überwiegend von Frauen geleistet wird.[318] Die genaue quantitative Verteilung zwischen Frauen und Männern, die im diakonischen Bereich tätig sind, läßt sich nicht eruieren, da Anteil und Arbeitsumfang derjenigen Frauen, die im familiär-privaten Bereich vor allem in Form der Pflege Angehöriger diakonisch tätig sind, kaum untersucht und somit in ihrer Kapazität nicht als gesellschafts- bzw. kirchenrelevant wahrgenommen sind und da die aktuellen Statistiken der kirchlichen Diakonie-Verbände die Personalzahlen nicht geschlechtsspezifisch differenzieren. Entsprechend divergierende Angaben lassen sich finden. Daß die Frauen das Gros der diakonisch Tätigen stellen, ist jedoch unbestritten.[319] Dabei muß man sich zunächst vergegenwärtigen, daß die diakonische Praxis von Frauen in einem nur schwer einschätzbaren, sicher aber oft unterschätzten Maß im privaten Rahmen der Familie und näherer Angehöriger stattfindet und daß dieses öffentlich-sozialpolitisch noch kaum problematisierte, aber für die kollektive Bewußtseinsbildung um so virulentere "Wohlfahrtssouterrain" eine vorzügliche Quelle der Identifikation der Diakonie als "Frauenarbeit" bildet. Einschlägige Daten liefert eine Umfrage unter den Mitgliedern der Katholischen Frauengemeinschaft Deutschlands[320]. Ihnen zufolge sind von den kfd-Mitgliedern 17% gegenwärtig mit der Pflege von Angehörigen betraut, 48% waren es schon einmal in der Vergangenheit. Sowohl bezüglich der zurückliegenden als auch bezüglich der gegenwärtigen Pflegetätigkeit von Frauen ließ sich feststellen, daß die Hausfrauen einen Anteil von etwa zwei Drittel, die erwerbstätigen Frauen einen Anteil von etwa ein Drittel bilden. In der umgekehrten Auswertung zeigt sich jedoch, daß der Unterschied zwischen den beiden Frauengruppen "Hausfrauen" und "Erwerbstätige" nicht so groß ist: 17% der Hausfrauen insgesamt und 14% der erwerbstätigen Frauen insgesamt waren zum Zeitpunkt der Befragung aktuell pflegend tätig.[321] Diese Werte müssen im Rahmen der umfassenden, also kfd-mitgliedschaftsunabhängigen Gegebenheit gesehen werden, daß von den 2,2 Millionen Pflegebedürftigen der alten Bundesländer 86% zu Hause und 14% in Einrichtungen gepflegt werden.[322] Der hohe Grad diakonischer Praxis innerhalb eines ausschließlich von Frauen

---

318 Vgl. zum Zusammenhang von Ehrenamtlichkeit, Frauenrolle und sozialer Arbeit **Backes, G.**: Frauen und soziales Ehrenamt; **Riehmeier, D.**: Eine Mehrheit - wie eine Minderheit behandelt; **Notz, G.**: Frauen im sozialen Ehrenamt.

319 Vgl. **Hieber, A.**: Der Wandel des Ehrenamts, 8; **Braun, H.**: Neue Tendenzen ehrenamtlicher Arbeit, 45.

320 Vgl. **Katholische Frauengemeinschaft Deutschlands - Zentralverband e.V. (Hg.)**: kfd- Mitglieder-Umfrage'91, 111-116. - In dieser unter den 740 000 kfd-Mitgliedern durchgeführten und anhand einer repräsentativen Stichprobe von 3700 zurückgesandten Fragebögen ausgewerteten Erhebung wurde nach pflegender Tätigkeit im Angehörigenkreis sowohl in der Gegenwart als auch in der Vergangenheit gefragt.

321 Vgl. ebd. 112 f.

322 Vgl. ebd. 112.

gebildeten Populationsausschnittes zeigt sich im Bereich der öffentlich wahrnehmbaren Diakonie umgekehrt als ein im Vergleich zu Männern deutlich höherer Anteil von Frauen in der Diakoniepraxis insgesamt. Nach Johannes Degen bestand im Jahr 1975 die Mitarbeiterschaft zu 82,8% aus Frauen und zu 17,2% aus Männern.[323] Für den Bereich der ehrenamtlichen Diakonie ergibt sich ein Frauenanteil von etwa zwei Drittel.[324] Trotz einer auch bei Frauen rückläufigen Bereitschaft zu ehrenamtlichem Engagement in den Wohlfahrtsverbänden, z.B. aufgrund des Anstiegs der Berufsausübung in der "Nach-Kinder-Phase"[325], dürften diese Zahlen sicher noch der Realität entsprechen, da man auch von einer gewissen "Dunkelziffer" ehrenamtlich tätiger Frauen ausgehen muß, deren diakonische Praxis gleichsam im "toten Winkel" der offiziell wahrgenommenen Kirchen- bzw. Gemeindepraxis stattfindet.
Dieser hohe Frauenanteil in der Diakonie hat historische Wurzeln und wurde im Laufe der allgemein gesellschaftlichen wie auch speziell kirchlichen Entwicklung durch bestimmte Komponenten der Geschlechterrollenverteilung, die bis heute anhalten oder nachwirken, zementiert. Als sich im Zusammenhang mit den sozialen Problemen im 19. Jahrhundert (Industrialisierung, Auflösung der traditionellen Sozialverbände, Urbanisierung usw.) die Form der ehrenamtlichen Sozialarbeit als eigenständiges Modell neben dem auf Männer fixierten und vor allem im Bereich der staatlichen Verwaltung agierenden bürgerlichen Ehrenamt ausbildete, war damit eine gesellschaftliche Plattform gegeben, auf der erstmals auch Frauen ein Terrain öffentlicher und gesellschaftlich anerkannter Betätigung finden konnten.[326] Die geschlechtsrollenspezifische Zuweisung der Erwerbsarbeit an die Männer und der weder finanziell noch emotional honorierten Hausarbeit an die Frauen hat seither unter anderem zur Folge, daß die Bereitschaft der Frauen, sich fehlende soziale Anerkennung im ehrenamtlichen Engagement zu suchen, als Standard unterstellt wird. Zumal innerhalb der Kirche kommt diese Erwartungshaltung zur Verwirklichung. Aufgrund der einschlägigen theologischen Vorentscheidungen finden Männer ihre prädestinierten Rollen in der beruflichen Ausübung von lehrenden, sakramentalen und leitenden Funktionen. Im Umkehrschluß - und sofern die Reservierung der maßgebenden kirchlichen Ämter für Männer akzeptiert ist - erscheint es naheliegend, daß Frauen in der Kirche vornehmlich im ehrenamtlichen Sektor, in zuarbeitenden, untergeordneten Positionen (z.B. als Sekretärinnen) und in dem theologisch-inhaltlich nachgeordneten Grundvollzug, der Diakonie, tätig werden, wobei diese Funktionszuweisung innerhalb der Kirche mit dem als fraglos plausibel geltenden Postulat der aktiven Beteiligung am Gemeindeleben eine widerspruchsresistente Stüt-

---

323 Vgl. **Degen, J.**: Diakonie im Sozialstaat, 240. - Degen beruft sich dort auf die von einem Ausschuß der Evangelischen Kirche in Deutschland (EKD) vorgelegte Studie "Die Frau in Familie, Kirche und Gesellschaft" (Gütersloh 1979). Ob mit den angegebenen Zahlen die ganze Mitarbeiterschaft oder nur die Hauptamtlichen gemeint sind, wird nicht ersichtlich. Es ist zu vermuten, daß sie sich auf die Hauptamtlichen Diakonie-Mitarbeiterinnen im Bereich der EKD beziehen.

324 Vgl. **Süßmuth, R.**: Ehrenamtliche Tätigkeit, 96; **Hieber, A.**: Der Wandel des Ehrenamts, 8.

325 Vgl. **Gaidetzka, P.**: Caritas-Konferenzen Deutschlands, 347.

326 Vgl. **Hieber, A.**: Der Wandel des Ehrenamts, 3-5; **Notz, G.**: Frauen im sozialen Ehrenamt, 51-56.

zung erfährt.
Für die Frauen als Subjekte christlicher Praxis wie für die Diakonie als christlichem Praxisbereich erwächst daraus eine fatale Potenzierung der Abwertung. Durch die vorzügliche Betrauung mit der als weniger wertvoll erachteten Diakonie und durch die Vorenthaltung prestigeträchtigerer Funktionen wird den Frauen abermals eine untergeordnete Position in der Kirche zugeteilt. Umgekehrt erfährt die Bewertung der Diakonie als eine für die etablierten Kräfte der Kirche nachgeordnete, nur am Rande ihres kirchlichen Selbstverständnisses angesiedelte Praxis eine Bestätigung. Die "Zweitrangigkeit der Frauen" korrespondiert mit einer "Zweitrangigkeit der Diakonie".[327]
Die abwertende Verknüpfung von "Frauenarbeit" und Diakoniepraxis wiederholt sich zudem noch einmal innerhalb der Diakoniestrukturen selbst. Auch hier werden die prestigeträchtigen Positionen tendenziell von Männern eingenommen und die tatsächlich diakonisch beanspruchenden Funktionen, also die unmittelbar pflegenden, betreuenden Tätigkeiten, zu einem größeren Anteil von Frauen erfüllt. Entsprechend den auch hier virulenten Geschlechterrollenklischees, wonach sich der Mann durch Sachlichkeit, Rationalität, eventuell auch Härte und die Frau durch Emotionalität, Mütterlichkeit, Wärme, empathisches Geschick auszeichne, finden sich mit jeweils proportional hohen Anteilen (d.h. allerdings auch: keineswegs ausschließlich) Männer in Leitungs- und Entscheidungspositionen, wie etwa Vorständen, und Frauen in den Aufgabenfeldern, in denen eine personal beanspruchende Beziehungsarbeit in unmittelbarer Begegnung mit den Hilfsbedürftigen abverlangt ist.[328] Eva Renate Schmidt versucht, diesen Sachverhalt auf die Formel zu bringen: "Den Männern die Ehre, den Frauen die Schattenarbeit?"[329] und belegt ihn mit der Beobachtung, daß "in den Diakonischen Werken der Landeskirchen und der EKD, die über 85% hauptamtliche und ehrenamtliche Frauen beschäftigen, ... so gut wie alle Geschäftsführer- und andere leitenden Positionen mit Männern besetzt"[330] sind. Eine ähnliche Feststellung macht Johannes Degen. Während nach seinen Angaben[331] der Anteil der Männer an der Gesamt-Mitarbeiterschaft in der Diakonie im Jahr 1975 nur 17,2% betrug, bildeten die Männer einen Anteil von 72,2% im ärztlichen Dienst und von 51,9% in den lehrenden Praxisbereichen.[332]
Auch innerhalb der Diakoniestrukturen läßt sich demnach ein Gefälle zwischen Männer- und Frauenarbeit im Sinne eines Gefälles zwischen angesehener und weniger angesehener Arbeit konstatieren. Je unmittelbarer die diakonische Praxis in Beziehungen mit Notleidenden und in die von Not geprägten Lebenskontexte hineinführt, um so geringer wird sie in der Prestigehierarchie veranschlagt und um so größer ist die Wahrscheinlichkeit, daß sie von Frauen wahrgenommen wird. Damit ist ein fataler Zirkel der Abwertung konstruiert: Die Frauen werden abgewertet, weil ihnen die Diakonie als ihr vor-

---

327 Vgl. **Cremer, I.**: Nächstenliebe oder Ausbeutung?, 139.

328 Vgl. **Dieck, M.**: Alte Frauen in West-Europa, 58; **Cremer, I.**: Nächstenliebe oder Ausbeutung?, 138.

329 **Schmidt, E.R.**: Ehrenamtliche Arbeit von Frauen, 18.

330 Ebd. 20.

331 Vgl. **Degen, J.**: Diakonie im Sozialstaat, 240.

332 Vgl. ebd.

nehmliches Feld zugeschoben wird; die Diakonie gilt umgekehrt als weniger prestigeträchtiges Praxisfeld, weil sie im allgemeinen Bewußtsein als eine vornehmlich von Frauen, nicht aber von den etablierten männlichen Funktionsträgern der Kirche ausgeführte Praxis wahrgenommen wird. Dabei sind natürlich die Abwertung der Frauen einerseits und die Abwertung der Diakonie andererseits keine einander aufrechenbare Sachverhalte. Eine Aufwertung der Diakonie als kirchliche Praxis könnte unmöglich darin gesucht werden, daß man eine erneute Verdrängung der Frauen, diesmal als Trägerinnen diakonischer Praxis, und dafür eine Erhöhung des Männeranteils propagiert. Damit wäre indirekt das Denkschema bestätigt, daß Frauen tatsächlich zweitrangige Kirchenmitglieder wären und somit aus sich heraus einen abwertenden Effekt für die Diakonie hätten. Hier soll lediglich der Zusammenhang beschrieben sein, daß im Rahmen und auf dem Hintergrund der - in sich verwerflichen, aber unzweifelhaft bestehenden - Abwertung der Frauen in der Kirche eine vornehmliche Identifikation der Diakonie als "Frauenarbeit" de facto bewußtseinsbildend wirkt und die Diakonie als analog abgewertete Praxis erscheinen läßt.

Diese gegenseitige Verdoppelung der Abwertung der Frauen und der Diakonie erfährt schließlich eine quasi-theologische Stütze durch eine tendenziöse Formulierung einer "Dienst-Ekklesiologie". Im Zuge der ideologischen Verwendung des "Dienst"-Theorems, wonach alle Tätigkeiten in der Kirche "irgendwie" Dienst seien, werden faktische Unterschiede und Doppeldeutigkeiten in der Rollenverteilung zwischen Männern und Frauen innerhalb der Kirche verdeckt. Ausgeblendet wird z.B., daß es durchaus gravierende Unterschiede in der Gewichtung der Ämter gibt. Die Übergewichtung und Überordnung der ordinierten gegenüber den nichtordinierten Ämtern, folglich die parallele Überordnung der hauptamtlich tätigen Amtsträger gegenüber den ehrenamtlich Tätigen - und das heißt eben der Tendenz nach: die Überordnung von Männern gegenüber Frauen - werden durch die Subsumierung aller Tätigkeiten und Rollen unter die "Dienst"-Formel eingeebnet und gegen Kritik immunisiert.[333]

4.2.2 Marginalisierung

Es stellt sich freilich die Frage, ob die Kirche in ihrer momentanen gesellschaftlich-öffentlich wahrnehmbaren Gestalt überhaupt fähig ist, die Diakonie und die in der Diakonie in Erscheinung tretenden Menschen als konstitutive Elemente ihrer selbst zu erkennen und aus der Marginalität heraus- bzw. in das Zentrum des ekklesiologischen Selbstverständnisses hineinzuholen. Dagegen gibt es nicht unerhebliche psychische, strukturelle, ideologische, politische und auch quasi-theologische Barrieren, die es durchaus rechtfertigen, von einer Marginalisierung der Diakonie wie vor allem der notleidenden Menschen in der Kirche und durch die Kirche selbst zu sprechen.

---

333 Vgl. **Schüssler Fiorenza, E.**: "Der Dienst an den Tischen".

4.2.2.1 Das Innen-Außen-Schema

"Es ist die durch den Liebesdienst Christi geheilte und befreite Kirche, die zur geschwisterlichen Gemeinschaft nach innen und zur Dienerin am Heil und an der Befreiung der Armen und Notleidenden nach außen hin wird."[334] Diese in einem neueren dogmatischen Handbuch formulierte Definition von Koinonia ("geschwisterliche Gemeinschaft") und Diakonie ("Dienerin am Heil und an der Befreiung") ist zunächst als ein beachtenswerter Fortschritt zu begrüßen, weil damit die Dogmatik die Diakonie überhaupt als eine ekklesiologische Größe wahrnimmt. Bei genauerem Hinsehen zeigt sich jedoch eine bedenkliche antidiakonische Strukturierung der Kirche. "Nach innen", also bezogen auf ihren Eigenbereich, bildet die Kirche eine "geschwisterliche Gemeinschaft". Die Diakonie hingegen, der Dienst an Heil und Befreiung der Armen und Notleidenden, ist nach dieser Definition eine Dimension der Kirche, die "nach außen" gerichtet ist, also in dem Bereich wirkt, der nicht selbst Kirche ist. Solche Definitionen werden nicht nur deskriptiv, im Sinne einer Beschreibung der gegebenen Situation, sondern auch normativ, im Sinne einer postulativen Aussage über den Soll-Zustand der Kirche gelesen. Unter dieser Vorgabe erachtet man die Kirche dort als gegeben, wo Menschen sich - die Erfüllung anderweitiger Kirchenzugehörigkeitskriterien vorausgesetzt - als geschwisterliche Gemeinschaft erleben. Kirche erachtet man aber nicht schon dort als gegeben, wo Heilung von und Befreiung aus Not geschehen. Diese sind demnach für das Sein der Kirche nicht konstitutiv. Damit sind aber auch die Notleidenden selbst im Außen, im Bereich der Nicht-Kirche angesiedelt. Notleidende sind so buchstäblich ekklesiologisch "hinausdefiniert". Sie gelten nicht aus sich heraus als konstitutive Glieder der Kirche, und schon gar nicht wird realisiert, daß ihnen gerade als Notleidende eigentlich ein bevorzugter Platz in der Kirche zukäme. Innerhalb dieses Denkschemas der Innen-Außen-Spaltung zwischen Kirche und Diakonie erreichen die Notleidenden ihre ekklesiologische Relevanz nur als Objekte eines betreuenden Engagements der Kirche von sich weg nach außen in einen anderen Bereich, nämlich in den Lebensbereich der Notleidenden, hinein. Mit diesem Denkmuster des Innen-Außen ist im ekklesiologischen Selbstverständnis der Kirche eine der wirksamsten Bewußtseinssperren gegen eine tatsächliche Integration der Notleidenden in der Kirche gegeben.

4.2.2.2 Der Zusammenhang von Gemeindekonzept und Diakoniefähigkeit

Rolf Zerfaß hat darauf aufmerksam gemacht, daß die Frage der Integration der Diakonie in einem erheblichen Maße davon abhängt, welches Diakoniekonzept mit welchem Gemeindekonzept beim jeweiligen Integrationsversuch vermittelt werden soll. In Anlehnung an die Typologie von Hermann Steinkamp[335] geht Zerfaß von drei grundsätzlich voneinander unterschiedenen Gemeindekonzepten aus. Im ersten Konzept ist

[334] **Wiedenhofer, S.**: Ekklesiologie 112.

[335] Vgl. **Steinkamp, H.**: Gemeindestruktur und Gemeindeprozeß, 79-86.

eine streng *hierarchisch* gebaute Struktur festzustellen, in der der Priester als der alleinige Vermittler der Gnade gedacht wird, der mittels seines festgelegten Handlungsrepertoires den Gemeindemitgliedern die Begegnung mit Gott ermögliche, die Gemeindemitglieder ihrerseits aber nur die Aufgabe hätten, sich zum Gnadenempfang bereitzumachen, indem sie den Direktiven des Priesters entsprechen. Das zweite Konzept von Gemeinde ist augenfällig nicht mehr - verdeckt durchaus noch - von der hierarchischen Struktur gekennzeichnet, sondern vom Versuch der Profilierung der Gemeinde durch *Aktivierung* der Gemeindemitglieder. Gemeinde ist hier konzipiert als eine zentral gesteuerte Organisation vielfältiger Aktivitäten. Die Gemeindemitglieder definieren durch aktive Partizipation ihre Gemeindebindung. Das dritte Gemeindekonzept ist - sowohl bei Hermann Steinkamp wie bei Rolf Zerfaß - idealistisch gedacht als die Umkehrung der beiden ersteren Typen. Gemeinde definiert sich hier nicht mehr über das, was der leitende Priester vollzieht, was vom Zentrum aus organisiert wird und was die Gemeindemitglieder "mit-machen", sondern über die *gegebenen Lebenswirklichkeiten* der Menschen selbst. Erfahrungen, Notlagen, Bedürfnisse, aber auch bestehende Initiativen, Gruppierungen, Gemeinschaften, Lebensformen, Arbeitsinhalte, mit denen die Menschen ihre alltägliche Lebensführung bestreiten, sind der "Stoff", aus dem Gemeinde entsteht. Gemeinde versteht sich als Ebene, auf der bestehende Lebenswirklichkeiten und Lebensformen gemeinsam wahrgenommen, bearbeitet und konstruktiv-hilfreich weitergeführt werden können.[336]

Der Grundtenor einer Antwort auf die eingangs gestellte Frage nach der Diakoniefähigkeit der Gemeinden könnte lauten: Die Integration der Diakonie in die Gemeinden gestaltet sich deswegen so schwierig bzw. sogar unmöglich, weil unsere Gemeinden überwiegend einen Mischtyp aus dem Hierarchiekonzept und dem Aktivitätskonzept repräsentieren, während die Diakonie ein von der Lebenswirklichkeit der Menschen ausgehendes Gemeindekonzept bräuchte. Oder anders formuliert: Die Diakonie würde einen Wechsel von der zentralen Initiative der etablierten Funktionsträger, an der die Gemeindemitglieder nur *mit*-arbeiten, hin zur Freiheit und Verantwortung der Menschen, ihre eigene alltägliche Lebenswirklichkeit als konstitutives Element eines Miteinander-Lebens einzubringen, voraussetzen. Dieses Postulat einer Reform der Gemeinden gilt nicht deshalb, weil etwa durch eine Aufhebung der Fixierung auf die zentralen Funktionsträger allein Notleidende schon integriert wären, sondern deshalb, weil durch ein solches Aufbrechen der Logik des bloßen Mitmachens bzw. Sich-Beteiligens eine bestimmte Bewußtseinsbildung in Gang gesetzt werden könnte. Anzuzielen ist nämlich ein Bewußtsein, in welchem die Gemeindemitglieder die Präsenz Notleidender als solidarisierende Integration und nicht als angleichende Einbindung erleben, in welchem die Gemeindemitglieder sich an die Seite der Notleidenden begeben und nicht erst von den Notleidenden die Erfüllung eines vordefinierten Gemeindestandards einfordern. Im letzteren Fall wären die Notleidenden lediglich auf eine weitere Weise als Objekte des herrschaftsförmigen Handelns anderer vereinnahmt.

---

336 Vgl. **Zerfaß, R.**: Der Beitrag des Caritasverbandes, 14-17.

4.2.2.3 Die Hypertrophie der hierarchischen Struktur

Die Kirche als Ganze und die Gemeinden im einzelnen zeigen sich vornehmlich als hierarchisch strukturierte Gebilde. Aufgrund der theologischen und kirchenpolitischen Vorgaben wird selbst das alltägliche Kirchengeschehen und Gemeindeleben von der Rationalität der Über- und Unterordnung dominiert, die zudem als "Hierarchie", als *heilige* Herrschaft gegenüber Kritik immunisiert erscheint. Ein nicht geringes Potential geistiger und psychischer Kraft wird anhaltend verwendet für die Festschreibung von Kompetenzen, also für die Klärung der Frage, wer was tun darf und wer nicht, wer was sagen darf und wer nicht, wer wem weisungsberechtigt und weisungsgebunden ist. Derartige Fragen werden zudem im Konfliktfall nur in äußerst begrenztem Maße im Modus des Diskurses aller Beteiligten, weitgehend jedoch im Modus der direktiven Vorgabe durch die jeweils übergeordneten Instanzen bearbeitet. All das manifestiert die Wahrnehmung der Gemeinden und der Kirche insgesamt als Sozialgebilde, die nach dem Prinzip der Ungleichberechtigung ihrer Glieder, also der Unterscheidung zwischen hierarchisch hochstehenden und gestuft untergeordneten Mitgliedern strukturiert sind. Diese Rationalität aber, d.h. "herrschen wollen oder an Herrschaft teilhaben wollen, bringt wohl zwangsläufig mit sich, daß man Menschen zu Außenseitern macht oder sie wenigstens in dieser Rolle beläßt"[337]. Die Integration der Diakonie, die vor allem eine Integration der Notleidenden sein müßte, würde demgegenüber die Rationalität der Solidarisierung verlangen. Die Lebenswirklichkeit Notleidender ist von der Erfahrung geprägt, daß es zwischen ihnen und anderen Menschen Unterschiede gibt, daß diese Unterschiede ihrer Verfügungsmacht entzogen sind, daß sie ihre Lebensmöglichkeiten gegen ihren eigenen Willen einschränken, daß sie sich zu ihren Ungunsten verschärfen und daß sie isolierende, d.h. von den sozialen Systemen aussperrende, Wirkung haben. Eine Integration würde also zunächst das Durchbrechen der Logik sozialer Selektion verlangen. Wollten Gemeinden diakonieintegrativ sein, würde das voraussetzen, daß sie nicht nach dem Prinzip der Festschreibung von Unterschieden, sondern nach dem Prinzip der Überwindung bestehender Unterschiede hin zur Konstitution egalitärer Beziehungen strukturiert sind. Nur dann könnten die Notleidenden berechtigtes Vertrauen darauf haben, daß sie in den Gemeinden nicht eine abermalige Wiederholung ihrer Marginalisierung erleben, sondern "eine Veränderung bzw. Umkehrung der gewohnten Denk- und Handlungsmuster, die in neuen Weisen des Miteinander-Umgehens manifest werden"[338]. Die Realität der Gemeinden und die beobachtbaren systemstabilisierenden Tendenzen verstärken jedoch die diesbezügliche Skepsis: "Wie weit ist eine Kirche, die sich nach der Organisation ihrer Ämter und der grundlegenden Struktur ihrer Lehre, aber auch nach der grundlegenden Ordnung ihres Gottesdienstes und der pastoralen Zuständigkeiten vor allem hierarchisch begreift, überhaupt in der Lage, ihre Identität von einer Praxis her zu gewinnen, die sich vorrangig um anders angelegte Beziehungen bemühen

---

337 **Schulz, H.-M.**: Wenn du mit meinen Augen siehst, 14.

338 **Mette, N.**: Gemeinde werden, 200.

will?"[339]

Gerade hinsichtlich der herrschaftsförmigen Gestaltung von Gemeindestrukturen müssen sich die allseits florierenden Konzepte der Gemeindebildung befragen lassen. Nicht selten wird hier - subtil verdeckt hinter eingängigen Formeln wie "Gemeindeaufbau", "Gemeindeerneuerung", "Gemeindeentwicklung", "Organisationsentwicklung" und ähnlichen - die alte priesterzentrierte Hierarchie lediglich abgelöst von einer neuen Hierarchisierung, nämlich einer Hierarchie zwischen einerseits den etablierten Gemeindemitgliedern, die sich aufgrund ihrer Möglichkeiten in intellektueller, finanzieller und zeitlicher Hinsicht an der jeweiligen Gemeindebildungskampagne beteiligen können und sich so stillschweigend die Definitionsmacht über die Gemeindezugehörigkeit aneignen, und andererseits denjenigen Menschen im Lebensraum der Gemeinde, die sich - aus welchen Gründen auch immer - an der Gemeindebildungskampagne nicht beteiligen können oder wollen, sich aber hinsichtlich ihrer Gemeindezugehörigkeit an den Vorstellungen der Etablierten messen lassen müssen. Hier zeigt sich, daß solche scheinbar zukunftsweisenden Konzepte der Gemeindebildung eine deutlich antidiakonische Signatur ausbilden können. Das ist überall dort der Fall, wo die einschlägigen Protagonistinnen und Protagonisten sich zwar emphatisch von jeglicher Priesterzentrierung und einer - oft unbedacht perhorreszierten - Volkskirche distanzieren, statt dessen nach den "bewußt Entschiedenen", nach denen, "die wir für unser Konzept brauchen können", Ausschau halten und dabei Gefahr laufen, die Gemeinde zu einer elitären Sozialnische des bürgerlichen Establishments zu pervertieren. Solche Gemeindekonzepte sind von ihrem Ansatz her und in ihrer Tendenz diakonieunfähig, weil sie vergessen, daß es auch bei der Konzeption von Gemeinde nicht um die Gemeinde als Selbstzweck geht, sondern um die Menschen und darum, daß diese in der Gemeinde einen Raum zum Leben finden.[340]

4.2.2.4 Gemeinden als Stätten der Weltanschauungsproduktion

Die Gemeinden zeigen sich "als Zentrum religiöser Weltanschauungsproduktion"[341]. Damit ist gemeint: Die Gemeinden verstehen sich als Plattformen, auf denen - mit dem Aufkommen weltanschaulicher Alternativen bzw. mit der Dispensierung von weltanschaulichen Bindungen in zunehmendem Maße - die für die weltanschauliche Identität relevanten Lehren der Kirche bewußtseins- und handlungsbestimmend reproduziert werden. Kirchliche Bildungsanstrengungen, vom Kindergarten bis zur Erwachsenenbildung, werden zunehmend absorbiert für die apologetische Selbstthematisierung der Kirche und ihrer Lehren und stehen in entsprechend geringerem Umfang der Themati-

---

339 **Zirker, H.**: Caritas als Grundfunktion, 542.

340 Vgl. dazu die frühere Diskussion um die "Gemeindekirche" als Alternative zur "Volkskirche", exemplarisch nachzulesen bei **Schilling, H.**: Kritische Thesen zur "Gemeindekirche", und in der dazugehörigen Replik von **Greinacher, N.**: Reformierte Volkskirche oder Gemeindekirche?.

341 **Fuchs, O.**: Heilen und befreien, 123.

sierung der Lebenswirklichkeiten der Gemeindemitglieder zur Verfügung. Unbeschadet der Wichtigkeit der Vergewisserung über einen Überzeugungskonsens für die Selbstidentifikation einer religiösen Gemeinschaft läßt sich jedoch feststellen, daß die Fixierung kirchlicher und gemeindlicher Instanzen auf die Absicherung weltanschaulicher Identität, mithin auf "das Streben nach dem alleinigen 'Besitz' der Wahrheit"[342], auch standardbildend wirkt: Es erscheint als Standard der Gemeindezugehörigkeit, nicht nur den kirchlichen Lehren zu entsprechen, sondern sich auch an ihrer Reflexion zu beteiligen. Gerade in einer Situation religiöser Pluralität, in der die Menschen mit gleichberechtigten weltanschaulichen Alternativen konfrontiert sind, wird etwas, das in christentümlichen Verhältnissen unter den Bedingungen der selbstverständlichen Einbindung in die Kirche nicht als Problem gegeben war, nämlich die Verbreitung und Verwurzelung eines allgemeingültigen Mindestbestandes an bindendem Lehrwissen bei den Kirchenmitgliedern, als Problem empfunden. Die apologetische Definition von Lehrwissen muß zunehmend darauf insistieren, daß ein ausreichender Bestand dieses Lehrwissens bei den Mitgliedern selbst bewußt reflektiert und akzeptiert ist. Auch die breiten Schichten der Kirchenmitglieder werden beansprucht, sich durch aktiv reflektierende Wissensaneignung und -verbreitung an der Absicherung der in den kirchlich-offiziellen Lehren formulierten weltanschaulichen Identität zu beteiligen. Die zunehmend auftauchende Klage kirchlicher Funktionsträger darüber, die Gemeindemitglieder hätten kein ausreichendes Glaubenswissen mehr, versteht sich zwar selbst weitgehend als Feststellung einer Dekadenzentwicklung auf seiten der Gemeindemitglieder, die ein vermeintlich früher gegebenes umfangreicheres Kontingent an Glaubenswissen verloren hätten, ist aber primär zu interpretieren als Auswuchs eines neu entstandenen Drucks auf die Gemeindemitglieder, sich an der apologetischen Reproduktion des weltanschaulichen Lehrwissens der Kirche zu beteiligen. Gerade dadurch aber wirkt die Gemeindepraxis in einer weiteren Hinsicht selektiv. Notleidende Menschen, deren Alltag notwendig von anderen Interessen und Sorgen vereinnahmt ist, müssen den Eindruck haben, eine wichtige Bedingung der Gemeindeintegration nicht zu erfüllen, so daß sie auch in den christlichen Gemeinden keine Orte sehen können, an denen sie *ihre* Lebensrealität einbringen und für ihr Lebensbedürfnis, nämlich die Befreiung aus ihrer Notlage, Interesse finden könnten.

4.2.2.5 Der Aktivitätsanspruch

Viele Gemeinden versuchen, sich über ihr Aktivitätspotential zu profilieren. Die Bereitschaft und Fähigkeit, sich an den zentral von den Funktionsträgern und kirchenamtlichen Instanzen gesteuerten Aktivitäten der Gemeinde zu beteiligen, wird zur Norm der

---

[342] **Schulz, H.-M.**: Wenn du mit meinen Augen siehst, 14.

Gemeindezugehörigkeit als solcher kultiviert.[343] Obwohl gerade solche "aktiven" Gemeinden sich diakonisches Engagement zugute halten, zeigt sich hier eine Diakonieunfähigkeit der Gemeinde als solcher gleich auf mehrfache Weise. An den über die alltäglichen Lebensanforderungen hinausgehenden und damit bezeichnenderweise von diesen auch tendenziell absehenden Gemeindeaktivitäten können sich konsequenterweise nur diejenigen beteiligen, deren alltägliche Lebensanforderungen einen entsprechenden Freiraum lassen. Mit wachsender Belastung der je eigenen Lebensführung - sei es in zeitlicher, körperlicher oder geistig-psychischer Hinsicht - fehlen entsprechende Kapazitäten, die zur Integrationsleistung in aktivitätsfixierten Gemeinden verwendet werden könnten. Nachteilig betroffen von diesem Selektionsmechanismus sind wiederum die Notleidenden, deren Lebensalltag eben ohnehin schon über Gebühr durch zeitliche (z.B. Doppelarbeitsverhältnis), körperliche oder geistig-psychische Einschränkungen, meist jedoch durch eine komplexe Kombination und gegenseitige Verschärfung verschiedener Belastungen gekennzeichnet ist. Nicht selten wird dabei den notleidenden Menschen ihre Unfähigkeit, den Aktivitätsanspruch der Gemeinde zu erfüllen, aus der Perspektive der "Aktiven" als Desinteresse oder selbstverschuldete Randständigkeit ausgelegt. Freilich darf hier nicht übersehen werden, daß es in Gemeinden auch Menschen gibt, die tatsächlich aus Desinteresse am Gemeindeleben ihre Randständigkeit bewußt in Kauf nehmen bzw. sogar suchen und angesichts derer die bloße Einforderung von Integration ins Leere greifen würde. Aber das ist nicht der Problemkern des Verhältnisses zwischen notleidenden Menschen und aktivitätsfixierten Gemeinden. Dieses findet seinen Fokus in der Spannung, daß viele Notleidende sich bewußt oder unbewußt nach einer befreienden Überwindung ihrer Isolation und nach einer Integration in Formen sozialen Lebens sehnen, dieses Bedürfnis aber akkurat in christlichen Gemeinden oft nicht befriedigen können, weil diese mit ihrem Aktivitätsanspruch eine verdeckte Zugangsbedingung stellen, die viele Notleidende aufgrund ihrer Einschränkung von Lebensmöglichkeiten nicht erfüllen können.

Eklatant wird der Aktivitätsanspruch aber vor allem deshalb, weil er über weite Strekken mit dem Medium Geld verknüpft ist und folglich eine Integration in die Gemeinde indirekt an die jeweilige "Kaufkraft" gebunden bleibt. So haben Kinder und Jugendliche mit ausreichendem Taschengeld bzw. zusätzlichen Unterstützungen der Eltern mehr Chancen, sich in der kirchlichen Jugendarbeit zu integrieren und diese als Medium der Durchsetzung eigener Interessen zu erleben, weil sie sich die offene Eigenfinanzierung

---

343 Beobachten läßt sich dieser Aktivitätsanspruch bei manchen Ausformungen des Konzepts der "aktivierenden Gemeindearbeit", das sich zwar auf das Konzept der Gemeinwesenarbeit als Leitidee beruft, dieses aber gerade dort pervertiert, wo die Initiierung von Aktivitäten zum Selbstzweck verabsolutiert wird. Letzteres ist der Fall, wenn z.B. 25 an einem Gesprächskreis interessierte Frauen als "Volltreffer" der Frauengruppe einer Gemeinde und ihres Angebots bezeichnet werden (vgl. **Müller-Weißner, U./Volz, R.**: "Etwas, was man leben nennt", 73) oder wo Christinnen und Christen, in deren Gemeinde sich die vorgefertigten Mindestanforderungen eines Aktionskreises nicht umsetzen ließen, vorgehalten wird, sie hätten leider die Bedingungen des Aktionskreises nicht konstant und konsequent erfüllt (vgl. **Peters, A.**: Aktivierung zur Selbsthilfe, 79). Vgl. zu der Problematik insgesamt die Beiträge in **Lingscheid, R./Wegner, G.** (Hg.): Aktivierende Gemeindearbeit.

des Jugendarbeitsengagements (z.B. in Form von Beitragszahlungen oder von Teilnahmegebühren bei Bildungsmaßnahmen, Reisen und dergleichen) wie auch die verdeckte Eigenfinanzierung der Integration in Jugendgruppen in Form des Geldaufwandes für die Beteiligung am sozialen Leben (z.B. für die Anschaffung des geltenden Standards an Freizeitausstattung oder für den Zugang zu Orten des Freizeiterlebens wie Kino) problemloser leisten können. Eine Frau mit Haushaltshilfe kann sich leichter für die Gemeindeaktion zur Verfügung stellen als eine alleinerziehende Sozialhilfeempfängerin. Ein Mann mit gesichertem Einkommen kann sich in "höherem Umfang" an der Spendenaktion zugunsten gemeindebezogener Anschaffungen beteiligen als ein Arbeitsloser. Natürlich bleibt der Beteiligungsfaktor Geld auch dann wirksam, wo er von seiten der Gemeinde in "sozialer Gesinnung" vermeintlich ausgeschaltet wird. Denn gerade der von der Gemeinschaft dem einzelnen gewährte "Nachlaß" wird trotz gegenteiliger Intention weitgehend doch als Abweichung vom "Normalfall" wahrgenommen, wenn nicht von der Gemeinde so doch mindestens von dem damit begünstigten notleidenden Menschen, und wirkt so stigmatisierend. Unter diesen Bedingungen der Gemeindeintegration durch Aktivitätsleistung laufen die aktivitätsfixierten Gemeinden Gefahr, unter der Hand die "wahre Integration" als "Ware Integration" zu handhaben.
In einer weiteren Hinsicht wirken solche aktivitätsfixierten Gemeinden paradoxerweise gerade in ihrer diakonischen Aktivität diakonieunfähig. Da die Aktivitäten für die Profilierung der Gemeindepraxis bestimmt sind, mit den Aktivitäten die Gemeinden also zum Selbstzweck stilisiert werden[344], sind die Gemeinden darauf angewiesen, daß die Aktivitäten tatsächlich auch als *ihre* Aktivitäten bzw. als Aktivitäten der tragenden Gemeindemitglieder, der sogenannten "Kerngemeinde", firmieren. Diakonische Aktivitäten sind unter dieser Maxime Aktivitäten *für* die betroffenen Menschen, in denen diese betreut werden, so aber eben Betreuungsobjekte und nicht Subjekte der Gemeindepraxis sind.[345]

4.2.2.6 Der Ästhetikanspruch

In Zusammenhang mit dem Bemühen um Selbstprofilierung und Selbststabilisierung kultivieren viele Gemeinden ein hohes Niveau an Ästhetik. Nicht nur, aber insbesondere im Bereich der Liturgie herrscht die Maßgabe vor, das Gemeindeleben schön, gefällig zu gestalten. Liturgische Kleidungen zeichnen sich durch edle, glänzende Materialien aus. Je anspruchsvoller nach den Maßstäben der kulturell Gebildeten die Kirchenmusik ist, um so mehr Feierlichkeit wird der Liturgie attestiert.[346] Bei Kirchenrenovierungen wie bei -neubauten werden teure Künstler mit der Ausstattung beauftragt und selbst

---

344 Vgl. **Schulz, H.-M.**: Wenn du mit meinen Augen siehst, 15.

345 Vgl. **Bäumler, C.**: Gemeinde als kritisches Prinzip, 250 f.

346 In manchen Diözesen und Gemeinden mit professioneller Kirchenmusik versucht man, durch die Ankündigung der jeweils "gebotenen" Chor-, Orchester- oder Orgelstücke in der Tagespresse ein gewisses Kontingent an "Kulturpublikum" als Gottesdienstbesucher zu gewinnen.

Kirchenbänke, die auch der ortsansässige Schreiner herstellen könnte, werden in der Künstlerwerkstatt angefertigt, um für den ganzen Kirchenraum einen ästhetisch-künstlerischen Anspruch behaupten zu können. Das Sprechen und Singen in Gemeindezusammenkünften wird unter die Anforderung gestellt, "Wohllaut und Klang"[347] zu sein und sich vom normalen und häufiger anzutreffenden "Leiern, Murmeln und Quäken"[348] abzuheben. Mit einem vermeintlich theologischen Anspruch wird für die Praxis der Kirche eine ästhetische Makellosigkeit gefordert: Es "müßten im Bereich der Kirche hinsichtlich aller kulturellen Schöpfungen höchste Ansprüche gestellt werden. Vergessen wir nicht: In Israel durften nur makellose Lämmer ohne jeden Fehler geopfert werden. Wir opfern keine Lämmer mehr, aber wir müssen auf dem gleichen Anspruch der Makellosigkeit bestehen, was den Kirchenraum, die Skulptur, das Bild, die Musik, die Sprache betrifft."[349]

Die Sorge um die gefällige Gestaltung des äußeren Rahmens gemeindlicher Praxis ist nicht unwichtig, weil ästhetische Schönheit auch Symbolkraft hat. Die Sorge um den ästhetischen Ausdruck signalisiert die Bedeutung, die man dem Geschehen beimißt. Umgekehrt symbolisiert sorglose Gestaltung Gleichgültigkeit. Aber auch die Ästhetik muß ihr Maß im Menschen finden. Sie pervertiert sich, wo sie etwas aufzuwerten versucht, indem sie den Menschen abwertet. Genau darin aber besteht die Gefahr, der die Sorge um die ästhetisch anspruchsvolle Gestaltung der Gemeindepraxis ausgesetzt ist. Wo mit Vorrang auf die "Schönheit der Liturgie"[350] geachtet wird und wo die Gemeinde unter das elitäre und alltagsvergessene Ideal der Makellosigkeit gestellt wird, bleibt das Unschöne, das Nicht-Gefällige, das Disharmonische, das Abstoßende, das Irritierende ausgeblendet. Mit all dem bleiben auch die davon gekennzeichneten Menschen außerhalb des gesteckten Rahmens der Gemeinde. Wer nicht dem Schönheitsideal entspricht, wer Makel an sich aufweist, d.h. Menschen mit unförmigen Körpern, mit abgewetzter, speckiger Kleidung, mit eingeschränkter Sprechfähigkeit und mit brüchigen, dunklen Stellen in der Lebensgeschichte, stören die erbauliche Gefälligkeit und fühlen sich selbst nicht zugehörig. In solchen Gemeinden werden z.B. sicher Behinderte von Zeit zu Zeit Behindertengottesdienste feiern können, und in einer herablassend-wohlwollenden Nachsichtigkeit wird man ihr eventuell disharmonisches, undeutliches Singen der Gottesdienstlieder als gutwillig loben; aber man wird auch unruhige, anfallkranke oder laut schniefende Behinderte aus der Kirche hinausführen (oder erst gar nicht in die Kirche hineinführen), wenn man im "normalen" Gemeindegottesdienst eine schöne "missa solemnis" hören und sehen will. Eine solche Gottesdienstpraxis hat "sakrilegische Züge"[351], nicht weil Menschen die Liturgie entweihen, sondern weil die "Liturgie" hier Menschen entwürdigt.

---

347 **Hanssler, B.**: Kulturelle Diakonie, 72.

348 Ebd.

349 Ebd.

350 Vgl. **Koch, K.**: Menschliche und kirchliche Schönheit der Liturgie.

351 **Zerfaß, R.**: Lebensnerv Caritas, 178.

4.2.2.7 Bürgerlichkeit

Die durchschnittlichen Gemeinden des deutschen Sprachraums reproduzieren in sich das bürgerliche Niveau als Maßstab.[352] Angemessen erscheint das, was das Hauptrekrutierungspotential der Gemeinden, die gutsituierte Mittelschicht, als Lebensstil und -einstellung in den Gemeinden vertritt.[353] Entsprechend nistet sich in den Gemeinden ein Denken ein, wonach Menschen, die der etablierten Bürgerlichkeit nicht entsprechen, das "Anormale", das Abweichende, eventuell auch das Unmoralische repräsentieren. Die Gemeinde wird so zur Abbildung der gesellschaftlich-bürgerlichen Normalitätsphantasie. Man sieht in ihr ein verhältnismäßig überschaubares Feld, innerhalb dessen man durch die anhaltende Gesellung mit Gleichgesinnten bestimmte Denkmuster, Lebensstile, Verhaltensweisen stabilisieren zu können meint, welche die Gemeinde in verträglicher Angepaßtheit an ihr gesellschaftliches Umfeld als einen weiteren wohltuenden - weil irritationsfreien - Lebensraum ausweisen. Auf der anderen Seite wirkt ein sozialer Auslesemechanismus gegenüber allem, was dem bürgerlichen und binnenkirchlich ratifizierten Niveau nicht entspricht. Wiederum sind es die in der Diakonie in den Blick kommenden Menschen, die Notleidenden, die diesem Mechanismus der "sozialen Exkommunikation"[354] ausgesetzt sind, da sie sich vornehmlich durch vom bürgerlichen Niveau abweichende Lebenslagen auszeichnen. Sie sind sicher Adressaten der in diesen Gemeinden organisierten Hilfen. Aber als solche sind sie eben nicht selbst die Gemeinde, sondern *außerhalb* von ihr angesiedelt. Solidarität wird verhindert, die Separation der Schichten bestätigt. Gegen eine echte Integration sind Bewußtseinssperren errichtet, die die Ungestörtheit der binnengemeindlichen Normalität absichern. So wird z.B. der in diesem Sinne störungsfreie Ablauf der Gemeindepraxis als das "gute Funktionieren" der Gemeinde ausgegeben. Die Integration von Menschen, die demgegenüber abweichende, unangenehme Lebenslagen repräsentieren, bzw. das solidarische Engagement für diese Menschen und ihre Befreiung aus der belastenden Lebenssituation, d.h. auch das Engagement gegen die gesellschaftlichen Kräfte, unter denen diese Menschen leiden, würden das stimmige, ruhige, konfliktfreie Bild der Gemeinde stören. Folglich gilt in solchen Gemeinden: "Wer immer als Exponent einer Gruppe in der Kirche in einer konkreten Auseinandersetzung Partei ergreift, muß mit Ermahnungen der Repräsentanten der Volkskirche rechnen, sich aus solchem Streit möglichst herauszuhalten. Er gefährdet die Funktionsfähigkeit des volkskirchlichen Systems."[355]

---

352 Vgl. **Schulz, H.-M.**: Wenn Du mit meinen Augen siehst, 13.

353 Vgl. **Mette, N.**: Gemeinde werden, 203.

354 Ebd.; vgl. **Zerfaß, R.**: Die Funktion der Caritas, 157.

355 **Bäumler, C.**: Gemeinde als kritisches Prinzip, 255.

4.2.2.8 Wohlständigkeit

Die Gemeinden wenigstens im Kontext der Bundesrepublik Deutschland repräsentieren überwiegend eine materiell wohlständige Kirche. Im Rahmen der Gestaltung der Gemeindepraxis, der materiellen Ausstattung der kirchlichen Einrichtungen, aber auch des Lebensstils der signifikanten Funktionsträger wird ein Standard des Wohlstands weitgehend als selbstverständlich an den Tag gelegt, der bereits für "gewöhnliche" Gemeindemitglieder, z.B. für eine Familie mit Kindern und durchschnittlichem Einkommen, als für sie nicht erreichbar und erst recht für Menschen, die unter Armut leiden, als befremdend wirken muß. Die diesbezüglichen befremdenden Erfahrungen der weniger bemittelten Menschen entstammen dabei durchaus nicht nur singulären Sondersituationen. Die Beobachtung z.B., daß in kirchlichen Häusern und Büros überwiegend teure Ausstattungen zu finden sind, während man selbst Mühe hat, die eigene Wohnung überhaupt zu halten und eine angemessene Einrichtung anzuschaffen, schafft bei dem, der diese Beobachtung macht, das Bewußtsein des "Nicht-Dazugehörens". Manchmal wird versucht, diesen hohen Standard binnenkirchlicher Lebenshaltung zu rechtfertigen mit dem Argument, die Kirche müsse hinsichtlich ihrer öffentlichen Präsenz mit dem allgemein gesellschaftlichen Standard mithalten, um so wieder eine erhöhte Effizienz ihres Wirkens zu erreichen. So wird z.B. die anspruchsvolle Ausstattung kirchlicher Bildungshäuser verteidigt als Bemühen, auch finanzkräftiges Tagungsklientel anzuwerben und so Ressourcen frei zu machen, die wiederum anderen Bereichen kirchlicher Praxis zugute kämen. Solche Argumente müssen als abwehrende Rationalisierungsmechanismen gewertet werden, solange sich die angezielte Effizienzerhöhung lediglich als Perpetuierung der bisherigen Praxismuster, nicht aber als eine Umwälzung der Integrationsmuster hin auf eine authentische Integration notleidender Menschen in die Gemeinden auswirkt. Daß gerade letzteres verhindert wird, zeigt sich daran, daß - um beim erwähnten Beispiel zu bleiben - mit dem Niveau kirchlicher Tagungshäuser auch deren Kosten gestiegen sind, diese sich wiederum in den Teilnahme- und Pensionsgebühren auswirken und die Chancen für Geringverdienende oder Arme, an kirchlichen Bildungsveranstaltungen teilzunehmen, noch geringer geworden ist. Ebenso muß eine selbsttäuschende Rationalisierung eines gespürten Defizits gegenüber dem eigenen Idealbild der Kirche dort konstatiert werden, wo zwar hinsichtlich des Willens zur eigenen Armut ein Versagen der Kirche attestiert wird[356], wo aber dieses Versagen als eine momentan hinzunehmende Unfähigkeit der Kirche zur Armut interpretiert wird, die ihre theologische Erklärung (nicht Legitimation) in der sündhaften Verfaßtheit der Kirche fände[357] und die solange eigentlich nicht abgestellt werden könne, solange das gesellschaftliche Umfeld der Kirche die gleiche Unfähigkeit zur Armut aufweise.[358] Durchaus einleuchtend an dieser Argumentation ist, daß die Anforderung der Armut nicht einfach an die abstrakte Größe "Kirche" gerichtet werden darf, sondern den

356 Vgl. **Rahner, K.**: Die Unfähigkeit zur Armut in der Kirche, 527.

357 Vgl. ebd. 525.

358 Vgl. ebd. 527 f.

Menschen in der Kirche gilt, die den Armutsanspruch in ihren Lebensfeldern verifizieren müßten. Nicht mehr einleuchtend dagegen ist, daß die Kirche und ihre entscheidungsmächtigen Instanzen dem Armutsanspruch nur in Abhängigkeit von der jeweiligen Armutsbereitschaft der Menschen im allgemein-gesellschaftlichen Leben entsprechen könnten. Hier wird etwas als Unmöglichkeit dargestellt, was andernorts gerade als kirchliche Selbstverständnisnorm postuliert wird, nämlich die zur gesellschaftlichen Praxis kontrastierende Konzeption kirchlicher Praxis.
Mit all diesen Merkmalen - Innen-Außen-Schema, Angleichung an einen vordefinierten Gemeindestandard, Hypertrophie der hierarchischen Struktur, Verabsolutierung der Gemeinde als Selbstzweck, Fixierung auf die apologetische Weltanschauungsproduktion, Aktivitätsanspruch, Ästhetikanspruch, Bürgerlichkeit und Wohlständigkeit - erweisen sich die Gemeinden im Kontext der bundesdeutschen Gesellschaft, zumindest in ihrer durchschnittlich beobachtbaren Präsentationsform, als Gemeinden, die die Begegnung mit oder gar Integration von Notleidenden strukturell eher verhindern als anbahnen. Es kommt in ihnen folglich nur schwerlich zu einer Verwurzelung der Diakonie im Alltagsbewußtsein der Menschen, und sie erweisen sich in diesem Sinne tatsächlich in vielfältiger Hinsicht als diakonieunfähig bzw. -unwillig. Wenn aber die Diakonieunfähigkeit nicht durch eine spezielle, situative Disposition einer einzelnen Gemeinde verursacht, sondern durch übergreifende Strukturen, Praxis- und Denkmuster der Kirche als Ganzer bedingt ist, dann ist die Beobachtung, daß die Diakonie in den Gemeinden ausfällt oder nicht wahrgenommen wird, ein Hinweis darauf, daß das im christlichen Anspruch der Kirche enthaltene kritische Potential, welches in einschlägigen diakonischen Belangen wie Arbeitspolitik, Sozialhilfe oder auch § 218 auf gesellschaftlicher Ebene gegenüber nichtkirchlichen Instanzen durchaus zur Geltung gebracht wird, nicht in genügendem Maße zurückwirkt auf den Eigenraum der Kirche selbst. Die auffallende Absenz der Diakonie bei den etablierten und institutionalisierten Amtsträgerinnen und Amtsträgern wie auch im Selbstverständnis der Gemeinden ist so auch als Mangel an Selbstkritikbereitschaft der entscheidungsmächtigen kirchlichen Kräfte zu lesen. Werden in christlichen Gemeinden diakonische Ansprüche mit dem Hinweis auf die erwähnten Charakteristika - Innen-Außen-Trennung, Gemeindestandard, hierarchische Struktur, weltanschaulicher Reflexionsbedarf, Aktivitätsanspruch, Ästhetikanspruch und "bürgerliche Wohlanständigkeit"[359] - relativiert, dann sind kollektive Abwehrmechanismen im Gange, mit denen die Kirche sich selbst gegen die Diakonie immunisiert.

4.2.3 Institutionalisierung II

Was bereits als eine Problemlage der gesellschaftlichen Präsenz der Diakonie aufgeführt und dort unter den Begriffen Institutionalisierungsbedarf, Professionalisierung, Bürokratisierung, Verrechtlichung und Technisierung näher erläutert worden ist, nämlich die Institutionalisierung der Diakonie (s. 3.2.2), präsentiert sich aus der "binnenkirchlichen"

[359] **Lehmann, K.**: Signale der Zeit, 156.

Perspektive mit weiteren, spezifischen Facetten und Problematiken, so daß die Institutionalisierung der Diakonie noch einmal und zwar als Problemlage der binnenkirchlichen Präsenz der Diakonie zur Sprache kommen muß. Ihre Problematik besteht an sich lediglich darin, daß sie eine weitere Form der Marginalisierung der Diakonie bildet, insofern "Institutionalisierung" besagt, daß die Diakonie aus den alltäglichen Lebenszusammenhängen der einzelnen Menschen und der Gemeinden herausgelöst und in Institutionen abgetrennt wird. Aber mit der Institutionalisierung der Diakonie ist noch eine Vielfalt weiterer Implikationen verbunden, so daß sie sich in gewissem Sinne zu einem Schlüsselproblem der aktuellen Diakoniediskussion entwickelt hat und einer gesonderten Reflexion bedarf.

4.2.3.1 Diakonie als "Zweitstruktur"

Der langfristige Prozeß der Professionalisierung der Diakonie, der Spezialisierung ihrer Arbeitsformen und der Expansion ihres Wirkungsfeldes ist verbunden mit der zunehmenden Verlagerung der Diakoniepraxis in eigens dafür geschaffene Einrichtungen, die nicht nur durch kirchliche, sondern auch durch staatlich-politische Systemzusammenhänge getragen und bestimmt sind. Dieser Prozeß der systemischen Ausgliederung der Diakonie aus den angestammten kirchlichen Praxisformen bzw. -strukturen, also der Prozeß, in dem die Diakonie sich aus dem institutionellen Rahmen der Kirche ausdifferenziert und als zwar nicht kirchenunabhängige, aber separat organisierte Institution eigene Strukturen neben den bestehenden Strukturen der Kirche ausbildet, ist der Prozeß der *Institutionalisierung*. Der Effekt dieses Prozesses wird in der diakonietheologischen Diskussion unter dem Theorem "Zweitstruktur"[360] verhandelt. In Analogie zum Modell der wohlfahrtsstaatlichen Einbindung ist die Diakonie nach dem Theorem der "Zweitstruktur" vorzustellen als ein in der Kirche verankerter, aber aus ihr ausgeschwenkter Strukturschenkel (s. Graphik 18 auf der nächsten Seite).
Die "Zweitstruktur"-Diakonie zeigt sich vor allem in Gestalt der Diakonie-Verbände Diakonisches Werk und Deutscher Caritasverband. Wie die Ausführungen zur "wohlfahrtsstaatlichen Einbindung" der Diakonie in die staatlichen Stukturen (s. 3.2.1) gezeigt haben, bildet die Diakonie aber auch einen systemisch ausdifferenzierten Strukturschenkel des Staates, so daß mit dem Theorem der "Zweitstruktur" gleichermaßen das Verhältnis zwischen Diakonie und Staat beschreibbar ist. Damit ergibt sich das Bild eines Strukturgefüges, in dem die Diakonie sowohl in die Kirche als auch in den Staat als ihren Primärsystemen eingebunden ist, aber dennoch eine von beiden unterscheidbare Strukturschiene bildet (s. Graphik 19 auf der nächsten Seite).

---

360 Erstmals formuliert bei **Schmidt, R.K.W.**: Zur Konstruktion von Sozialität durch Diakonie, 9; näher problematisiert bei **Fuchs, O.**: Heilen und befreien, 112-125; **Steinkamp, H.**: Die Bedeutung der Konstitution "Gaudium et spes", 226; **ders.**: Sozialpastoral, 66-69; **ders.**: Diakonie - Kennzeichen der Gemeinde, 43-54; **Mette, N.**: Gemeinde werden, 198-200; **Zerfaß, R.**: Organisierte Caritas, 321-339; **Kohler, M.E.**: Kirche als Diakonie, 45-47.

Graphik 18: Diakonie als "Zweitstruktur" I

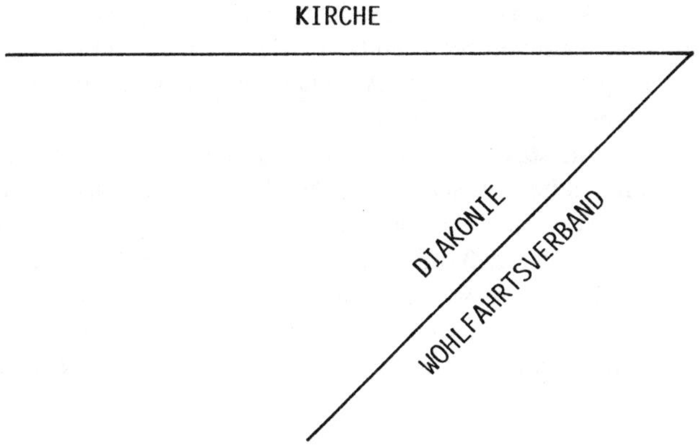

Graphik 19: Diakonie als "Zweitstruktur" II

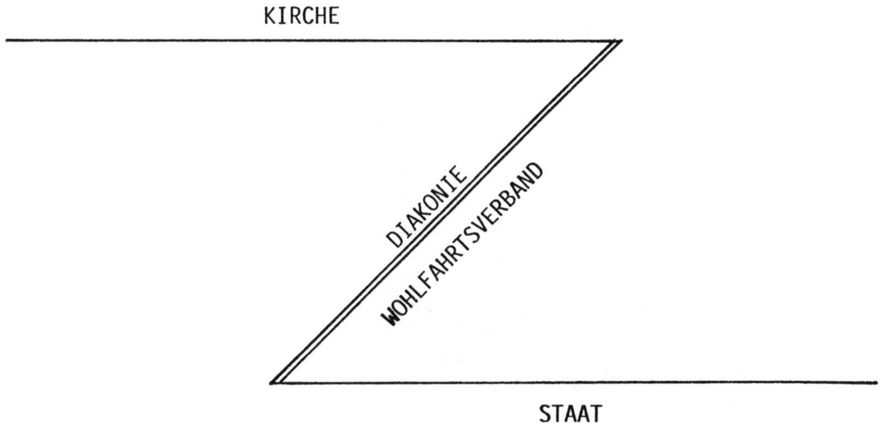

Das Bild einer zwischen den parallel verlaufenden Größen Kirche und Staat eingepaßten Diakonie täuscht jedoch eine Stimmigkeit des Strukturgefüges vor, die so nicht der Realität entspricht. Das Verhältnis der beiden Hauptachsen Kirche und Staat zueinander, zwischen denen die Diakonie als beider Zweitstruktur eingefügt ist, ist nicht spannungsfrei. Kirche und Staat tendieren nicht einfach, wie das Idealbild es suggeriert, in die gleiche Richtung. Es gibt, wie etwa die Auseinandersetzungen um den § 218 deutlich machen, Abweichungen, gegenläufige Interessen und Konflikte. Diese Widersprüche zwischen kirchlichen und staatlichen Vorgaben wirken sich auf die Diakonie, die ja aufgrund der strukturellen bzw. weltanschaulichen Einbindungen in beiden Primärsystemen fest verankert ist, dergestalt aus, daß die Richtungsdivergenzen von ihr abgefedert werden müssen. Das bedeutet, daß die Diakonie in diesem Strukturgefüge Brüche ihres Selbstverständnisses, Kompromisse, Spannungen, Inkonsequenzen und dergleichen in Kauf nehmen muß. Realistisch gesehen ist unter den Bedingungen der Zweitstruktur-Diakonie immer auch in gewisser Weise die Anfälligkeit für eine Deformation der Diakonie gegeben.

Graphik 20: Diakonie als "Zweitstruktur" III

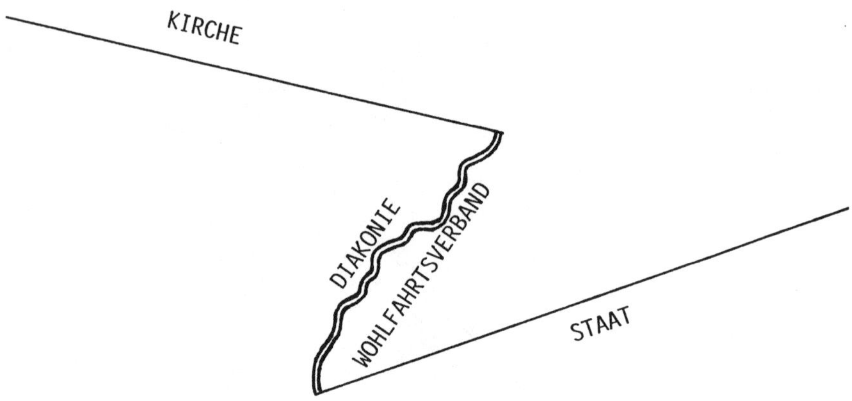

4.2.3.2 Fehlentwicklungen der "Zweitstruktur"-Diakonie

Mit der Ausbildung der Diakonie zu einer institutionellen Zweitstruktur sind Entwicklungen verbunden, die sich bei genauerem Hinsehen bzw. bei andauernder Wirkmächtigkeit als Belastung für eine authentische, effektive Diakoniepraxis erweisen. Es ist nicht zu übersehen, daß die kritische Thematisierung dieser Begleiterscheinungen der Institutionalisierung durch die Praktische Theologie[361] bzw. durch die Sozialwissenschaften[362] zu Spannungen und gegenseitigen Reserviertheiten zwischen Diakonieinstitutionen und ihren Trägern einerseits und der vor allem im universitären Milieu gebildeten praktisch-theologischen Diakonietheorie und ihren Protagonisten andererseits geführt hat.[363] Dabei ist es nur allzu verständlich, daß Mitarbeiterinnen und Mitarbeiter der Diakonieinstitutionen irritiert-befremdet reagieren, wenn Theologinnen und Theologen aus dem psycho-sozialen Schonraum der Universität heraus die Praxis in den Institutionen kritisieren. Auf der anderen Seite ist es geradezu die Aufgabe der Praktischen Theologie, aus einer gewissen Distanz heraus und in Unabhängigkeit gegenüber den konkreten situativen Bedingungen Praxiszusammenhänge kritisch wahrzunehmen, zum reflexionsfähigen Ausdruck zu bringen und die daraus gewonnenen Erkenntnisse für die Subjekte der Praxis zugänglich bzw. verwendbar zu machen. Wird beides anerkannt, von der Praktischen Theologie, daß sie im Verhältnis zu den Mitarbeiterinnen und Mitarbeitern der Diakonieinstitutionen unter dem Vorbehalt der unmittelbaren Erfahrung von Praxisbedingungen steht, und von den Diakonieinstitutionen, daß sie gegenüber der theologischen Reflexion unter dem Vorbehalt einer über die institutionsinternen Interessen hinausgehenden Wahrnehmung umfassender Zusammenhänge stehen, dann muß die praktisch-theologische Kritik an der Institutionalisierung nicht unter der Interpretationsfolie der Konfrontation, sondern unter derjenigen der Kooperation mit den Institutionen betrieben und verstanden werden.
Dieses Verständnis liegt zumindest der folgenden Problematisierung von Fehlentwicklungen im Zuge der Institutionalisierung der Diakonie zugrunde. Dafür lassen sich drei Hinsichten unterscheiden: Die Institutionalisierung zeitigt Folgen für die Präsenz der Diakonie in ihrem ursprünglichen Feld, der Gemeinde, für die Qualität der Diakoniepraxis als solcher und für das Selbstverständnis der Institutionen.

---

361 Die praktisch-theologische Reflexion der Diakonie beinhaltet im Grunde, seit es sie gibt, auch eine mehr oder weniger kritische, von verschiedenen Anliegen motivierte, aber durchgängige Problematisierung der Diakonieinstitutionen. Sie taucht nicht nur kontinuierlich als Motiv in den Beiträgen der neueren Diakoniediskussion, z.B. von Marc Edouard Kohler, Ulrich Bach, Rolf Zerfaß, Hermann Steinkamp, Norbert Mette und Ottmar Fuchs auf. Auch die "Altväter" der Diakonietheologie wie Herbert Krimm, Hans-Christoph von Hase, Paul Philippi und Richard Völkl haben die Institutionalisierung der Diakonie nicht einfach nur affirmativ-zustimmend beobachtet (vgl. z.B. **Krimm, H.**: Erneuerung im 19. Jahrhundert?; **Hase, H.-C. v.**: Der Auftrag heute, 578-580; **Philippi, P.**: Christozentrische Diakonie, 300-302; **Völkl, R.**: Kirchliche Caritas in der heutigen Welt, 409 f.).

362 Vgl. z.B. **Bauer, R./Dießenbacher, H. (Hg.)**: Organisierte Nächstenliebe.

363 Die vom Deutschen Caritasverband regelmäßig durchgeführten Symposien mit Vertretern der universitären Theologie (vgl. dazu die Veröffentlichungsreihe "DCV-materialien") sind unter anderem auch als Versuch zu verstehen, diesbezügliche gegenseitige Vorbehalte abzubauen.

4.2.3.2.1 Die Dispensierung der Gemeinden von ihrer diakonischen Verantwortung

Die zunehmende Konzeption der Diakonie als einer institutionell strukturierten Praxis führt dazu, daß diakonische Anforderungen, auch solche, die bislang in persönlich getragenen Lebenszusammenhängen bewältigt wurden und unter Umständen weiter bewältigt werden könnten, tatsächlich an die Institutionen delegiert werden. Ein markantes Beispiel dafür ist die Altenbetreuung bzw. -pflege. An ihr wird deutlich, daß etwas, was früher überwiegend im Sozialverbund der Großfamilie, auch abgesichert durch feste Sozialformen wie dem "Austrag" im ländlichen Bereich, stattfand, jetzt zu einem ungleich größeren Anteil in spezialisierten Institutionen, den Altenheimen, stattfindet. Es muß zwar davor gewarnt werden, solche Verlagerungen einfachhin als Dekadenzentwicklungen zu interpretieren. Die Verlagerung des Lebensbereichs der alten Menschen in die Altenheime muß nämlich unter anderem auch auf dem Hintergrund der vielfältigen und massiven Veränderungen bei den Formen und Bedingungen des familiären Zusammenlebens bewertet werden. Allerdings läßt sich insgesamt gesehen nicht leugnen, daß mit dem Anwachsen des Angebots an institutionalisierten Diakonieleistungen auch deren Nachfrage wächst. Der Institutionalisierung korrespondiert der Trend auf seiten von Gemeinden oder einzelnen Personen eine eigene Unfähigkeit oder auch Unwilligkeit zur Übernahme diakonischer Aufgaben zu kompensieren, indem auf die Diakonieinstitutionen verwiesen wird. Parallel zur Institutionalisierung der Diakonie zeichnet sich also eine Tendenz zur Dispensierung der Gemeinden, der anderen lebensweltnahen Sozialverbünde bzw. der einzelnen Menschen von der Diakonie ab, wobei Dispensierung und Institutionalisierung in Form eines Regelkreises gegenseitig affirmativ wirken: Je mehr an diakonischen Anforderungen delegiert wird, weil man sich angesichts der Komplexheit der Alltagswelt und der vielfältigen daraus erwachsenden Anforderungen in der eigenen Handlungskompetenz überfordert sieht, um so höher ist der Bedarf an einschlägigen Institutionen[364]; je mehr Institutionen eine solche Hilfe anbieten, um so naheliegender erscheint es dann auch, die aus der eigenen Umwelt an sich selbst gerichteten Diakonieanforderungen abzugeben, weil entweder die eigene Handlungskompetenz als unzureichend oder die damit gegebenen Belastungen als unzumutbar erlebt werden.[365] Mit der Institutionalisierung der Diakonie kommt es also zu einer neuen Variante der Aufspaltung zwischen nicht zuständigen "Laien" und allzuständigen "Könnern". "Die Professionalisierung jener Dienstleistungen, die lange Zeit in den Familien autonom und ohne Verwissenschaftlichung geleistet wurden, bringt die Gefahr mit sich, daß sich die Betroffenen nichts mehr zutrauen und damit Selbstheilungskräfte verlieren, die durch die Hilfe der Spezialisten nicht ersetzt werden können."[366] Diese "Arbeitsteilung" zwischen Institutionen und Gemeinden bzw. einzelnen Menschen

---

364 Vgl. **Degen, J.**: Diakonie im Widerspruch, 18.

365 Vgl. **Theurich, H.**: Gemeindediakonie, 498.

366 **Schmidbauer, W.**: Helfen als Beruf, 23.

bedeutet auf lange Frist gesehen eine "'Enteignung' der gemeindlichen Diakonie"[367], also einen Abzug der Diakonie aus dem Zuständigkeitsbereich ihres primären Eigners, der Gemeinde und der einzelnen Christinnen und Christen.
In Konsequenz dazu ist mit der Institutionalisierung nicht nur eine Verlagerung der Diakoniepraxis, sondern auch eine Verlagerung der diakoniebedürftigen Menschen selbst verbunden. Mit der strukturellen Abtrennung der Institutionen werden die Notleidenden selbst aus dem Lebensraum der Gemeinde bzw. aus dem bisherigen Sozialgefüge "weg-organisiert"[368], was aber nichts anderes bedeutet, als daß für sie mit der Aufnahme in die Institution oft der zeitweilige oder gar dauernde Verlust der gewohnten Lebensräume und Beziehungen verbunden ist bzw. die individuell gewählten Lebensmöglichkeiten eingeschränkt sind. Ebenso wird es um so unwahrscheinlicher, daß Notleidende, d.h. am sozialen Rand lebende Menschen, in den Gemeinden mögliche neue Lebensräume für sich entdecken; denn wenn überhaupt, dann erfahren sie die Diakonie als eine institutionell perfektionierte Behebung ihrer jeweiligen Not, nicht aber als Element einer über die jeweilige Hilfesituation hinausreichenden Einbindung in ein stabilisierendes Beziehungsnetz.
Verbunden mit der Institutionalisierung ist weiterhin eine Ausblendung der Not als solcher aus dem Gemeindeleben. Diese ist um so bedenklicher, als sie bewußtseinsbildend wirkt. Der Aufbau von separierten Institutionen und die Zentrierung der Erfahrung von Notlagen und Lebensbehinderungen auf solche institutionellen Milieus zeitigt auf der anderen Seite, d.h. im Gemeindemilieu, den Abbau des Gefühls, für die Behebung von Not und die konstruktive Integration von Behinderungen verantwortlich zu sein. Es kommt zur Verkümmerung der sozialen Sensibilität, in deren Konsequenz Not und Notbearbeitung um so mehr als etwas erscheint, womit man selbst im eigenen Leben nichts zu tun habe. Dieses Bewußtsein ist zugleich der Nährboden für die "subtile 'Mäzenen'-Mentalität"[369], in der man die Diakonieinstitutionen befürwortet und auch mit materieller, vor allem finanzieller Zuwendung stützt, dies aber eben in der Erwartung, aufgrund der Unterstützung der Institution selber entsprechend weniger mit den Notlagen konfrontiert zu werden. Unter diesen Umständen kann sich Mildtätigkeit als eine subtile Form der kritiklosen und so eher stabilisierenden Ausblendung von Not und der domestizierenden Begrenzung diakonischer Anforderungen auf einen beschränkten, die anderen Lebensbereiche nicht beeinflussenden Raum erweisen. In theologischer Terminologie bedeutet das Delegationsbewußtsein der Gemeindemitglieder die Negation der "Option für die Armen" bzw. der "Einheit von Gottes- und Nächstenliebe" als Prinzipien der Gemeindepraxis.[370]
Mit einer besonderen Färbung zeigt sich die bewußtseinsbildende Dispensierung der Gemeinden von der Diakonie bei den offiziösen Funktionsträgerinnen und -trägern der Gemeinden wie der Institutionen. Es kommt zur Bildung zweier Bewußtseinswelten der

---

[367] **Steinkamp, H.**: Sozialpastoral, 67; vgl. auch **Fuchs, O.**: Heilen und befreien, 112-117.

[368] Vgl. **Fuchs, O.**: Heilen und befreien, 114.

[369] **Steinkamp, H.**: Sozialpastoral, 68.

[370] Vgl. **Steinkamp, H.**: Die Bedeutung der Konstitution "Gaudium et spes", 226 f.

sogenannten "normalen Kirchenleute" (Priester, Seelsorgerinnen und Seelsorger, Katechetinnen und Katecheten) einerseits und der "Caritasleute" andererseits. In der Welt der "normalen Kirchenleute", d.h. für ihr Rollenverständnis, spielt der Umgang mit Not und die Beziehung zu Notleidenden eine eher geringe Rolle. Ihr Denken ist von anderen Dingen vereinnahmt. Da sie nun aber die etablierten Kräfte einer Gemeinde sind und somit durch ihre Präsenz für die ganze Gemeinde bewußtseinsprägend wirken, kommt es zu einer eigenartigen Schieflage. Während die Mitarbeiterschaft in der Diakonie ungefähr fünf mal so groß ist wie der Personalanteil der Kirche in der gemeindlichen oder kategorialen Seelsorge[371], zeigt die Wahrnehmung in den Gemeinden meist das reziproke Verhältnis. Die Funktionsträgerinnen und -träger der Gemeinden stehen, manchmal sogar gegen ihren Willen, im Mittelpunkt des Gemeindegeschehens. Demgegenüber erfahren die Mitarbeiterinnen und Mitarbeiter der Diakonie innerhalb der Gemeinden kaum Aufmerksamkeit oder gar Würdigung. Vielmehr empfinden sich letztere unter dem Eindruck der Bestrebungen, die Diakonie an die Institutionen zu delegieren, selbst als Personen an den Rand der Gemeinden gedrängt; denn sie definieren sich in ihrer Rolle über etwas, was nach der vorherrschenden Logik eben nicht vorrangig zur Gemeinde gehört. Mit den Notleidenden werden auch sie mit "sozialer Exkommunikation" belegt.[372] Es kommt gleichsam zu einer Verdoppelung der Marginalisierung.

Die dominante Stellung der Diakonieinstitutionen und die Selbstverständlichkeit, mit der sie als der Verwirklichungsort kirchlicher Diakonie schlechthin gelten, bringen schließlich, gleichsam als Verstärkung der Dispensmentalität, mit sich, daß in umgekehrter Blickrichtung die nichtinstitutionalisierte, in den Gemeinden und den anderen Lebenskontexten, z.B. in den Familien oder zwischen Nachbarn, durchaus noch gegebene Diakoniepraxis nicht als solche wahrgenommen und anerkannt wird.

4.2.3.2.2 Diakonieparalysierende Effekte

Auch bei der Institutionalisierung der Diakonie zeigen sich natürlich jene Effekte, die jeder Institutionalisierungsvorgang für die zu institutionalisierende Praxis mit sich bringt. Das Bestehen der Institution verlangt die Gestaltung nach den Regeln der Institution, für deren Einhaltung ein Apparat von normierten Funktionsabläufen sorgt, welche die Praxis der Institution durchlaufen muß. Für die Diakonie impliziert das eine Bürokratisierung, die zwar durch von der Institution selbst vorgenommene oder zugelassene Begrenzungen der permanenten Perfektionierungstendenz gedämpft, aber nie gänzlich eliminiert werden kann. Die bürokratische Gestaltung der Diakonieinstitutionen hat zur Folge, daß die beteiligten Menschen, die Mitarbeitenden der Diakonie wie auch die Hilfsbedürftigen, ihren Platz in der Institution vornehmlich durch die organisationsbedingten Wahrnehmungs- und Begegnungsmuster, weniger jedoch aufgrund individuel-

371 Vgl. **Fuchs, O.**: Heilen und befreien, 113 Anm. 5.

372 Vgl. **Zerfaß, R.**: Die Funktion der Caritas, 157.

ler Erfordernisse zugewiesen bekommen. Die Institutionen sind in der Wahrnehmung der Menschen weitgehend beschränkt auf die organisatorisch formalisierten Vollzüge und blenden tendenziell all jene Dimensionen des Menschen aus, die zur spezifischen Relevanz der Institution - wirklich oder vermeintlich - in keinem Bezug stehen. Seinen alltagssprachlichen Ausdruck findet dieser Sachverhalt, wenn beklagt wird, daß in Institutionen die Menschen nicht als Menschen, sondern als "Fälle" auf der einen und als "funktionierende Kräfte" auf der anderen Seite wahrgenommen werden. Die Institutionalisierung der Diakonie bedeutet in diesem Sinn eine Anonymisierung der Hilfe. Die auf die fachliche Leistung zielende Strukturierung der institutionellen Praxis führt gleichfalls zu einer routineartigen Schematisierung der Praxis. Die Praxisvollzüge erreichen zwar die Sicherheit, aber auch die Schwerfälligkeit des Immer-Gleichen, das mit zunehmender Verfestigung entweder immer weniger fähig wird zu Innovationen oder irgendwann einmal in um so unkontrollierteren Kompensationen aufzubrechen droht. Schließlich ist mit der Institutionalisierung noch eine weitere Gefahr verbunden, die lähmend auf die Diakonie wirkt. Wenn im Zuge der Institutionalisierung der Diakonie das Problembewußtsein der Gemeinden und der einzelnen Christinnen und Christen hinsichtlich der diakonischen Herausforderungen schwindet, dann nimmt die Wahrscheinlichkeit zu, daß neu auftretende oder bislang nicht wahrgenommene Notlagen ganz übersehen werden. Die Institutionen ihrerseits können diesen Mangel nur bedingt ausgleichen. Ihnen nämlich ist eine gewisse "Betriebsblindheit" immanent, da sie personell, strukturell und programmatisch auf das bestehende, einmal ausgebildete Hilferepertoire fixiert sind. Es bedarf zusätzlicher Anstrengungen, Notlagen, die von diesem Hilferepertoire (noch) nicht abgedeckt sind, überhaupt erst einmal in ihrer Relevanz für die jeweilige Institution nachzuweisen. Aufgrund des durch die Institutionalisierung bedingten Abzugs diakonischer Sensibilität aus den gewöhnlich-alltäglichen Lebenskontexten, aufgrund also mangelnder Basisnähe, droht die kirchliche Diakonie, angesichts neu wahrgenommener Notlagen ihre "Frühwarnfunktion" gegenüber der ohnehin schwerfälligen gesellschaftlich-politischen Reaktionsapparatur zu verlieren.[373]

4.2.3.2.3 Institutionsimmanente Defizite

Nach einer schon länger zurückliegenden Aussage eines Justiziars des Deutschen Caritasverbandes bedeutet die Anerkennung des Caritasverbandes durch die deutschen Bischöfe, "daß der Verband die Allein- und Gesamtvertretung der katholischen Caritasinteressen in Deutschland inne hat. ... In seinem Gehalt und seiner rechtlichen Auswirkung bedeutet dieser Akt der Anerkennung, daß die deutschen Bischöfe den Deutschen Caritasverband auf der Rechtsgrundlage des Verbandsstatuts als Zusammenfassung und Vertretung der kirchlichen Liebestätigkeit in Deutschland ansehen. Es ist damit auch nicht möglich, daß ein Bischof für den Bereich seiner Diözese die Zuordnung der diözesanen Caritas auf den Deutschen Caritasverband hin beseitigt oder sie in

---

[373] Vgl. **Mette, N.**: Die kirchliche und politische Dimension der Caritas, 55.

ihren Grundzügen verändert. Außerdem ist mit der Anerkennung gesichert, daß katholische caritative Vereinigungen und Werke gleich welcher Rechtsform für den innerkirchlichen Bereich wie für die außerkirchliche Öffentlichkeit in die durch das Statut des Deutschen Caritasverbandes festgelegte Organisationsgliederung eingeordnet sind, sofern sie sich auf eine kirchliche Anerkennung als katholische Vereinigungen und Werke berufen wollen."[374] Es ist offensichtlich, daß der in diesem Zitat zum Ausdruck kommende, aus heutiger Perspektive befremdend rigorose Monopolanspruch nicht mehr das heutige Selbstverständnis des Caritasverbandes repräsentiert. Insbesondere im Wirkkreis des seit 1969 bestehenden Referates "Caritas und Pastoral" des Deutschen Caritasverbandes[375] konnte sich statt einer Verbandsorientierung aller kirchlichen Diakonie-Initiativen der Grundsatz der "Gemeindeorientierung des Deutschen Caritasverbandes"[376] etablieren, aufgrund dessen der Caritasverband andere Träger der Diakonie als Kooperationspartner betrachtet und ausdrücklich vorsieht: "Von den einzelnen Fachdiensten [sc. des Caritasverbandes - H.H.] kann die Initiative zum Aufbau eines größeren Hilfeverbundes ausgehen, welche neben benachbarten verbandlichen Diensten auch außerverbandliche, insbesondere ehrenamtliche und gemeindliche Ansätze und Formen der Hilfe umfaßt. Professionelle Hilfe des Caritasverbandes erweist sich dann als EINE Komponente in einem solchen Hilfeverbund neben anderen."[377] Dennoch ist das oben angeführte Zitat ein Beleg dafür, daß auch den kirchlichen Diakonieinstitutionen der Impetus innewohnt, sich als System ständig selbst zu stabilisieren. Es gehört gleichsam zu den "Naturgesetzen" der Institutionenbildung, daß die Institutionen vom Zeitpunkt ihrer Entstehung an das Interesse haben, als *Institution* weiterzubestehen, und daß sie gleichursprünglich zu ihrer Entstehung diesbezügliche Sicherungsmechanismen ausbilden. Monopolisierungsbestrebungen sind Ausformungen dieser Bestandssicherungsinteressen und sie sind auch noch heute in den Diakonieinstitutionen beobachtbar, freilich nicht mehr, wie im Zitat, in Form der offenen Negation von Alternativen, aber durchaus noch in Gestalt des Bemühens um eine Stabilisierung und Ausweitung der eigenen Präsenz in der gesellschaftlichen und kirchlichen Öffentlichkeit. Anerkennung und somit Präsenzstabilität erreicht die Institution durch den Nachweis ihrer Effizienz. Dieser wiederum geschieht vornehmlich in Form des Nachweises, daß die Anzahl der tatsächlichen oder potentiellen Empfängern und Empfängerinnen der institutionsspezifischen Leistungen stabil bleibt oder - besser noch - anwächst. Dies erfordert seinerseits eine bewußte förderliche Pflege des Empfängerbestandes. Auch in Diakonieinstitutionen gehören deshalb Werbung und Angebotserweiterung oder -spezifizierung zum Maßnahmenrepertoire für die Stabilisierung und den

---

[374] Das Zitat findet sich ohne Nachweis bei **Becker, J.**: Die Organisation des Caritas-Verbandes als Einrichtung des kirchlichen Liebesdienstes, 46.

[375] Vgl. **Referat Caritas und Pastoral im Deutschen Caritasverband (Hg.)**: Materialien zur Zwischenbilanz.

[376] Vgl. **Kramer, H./Stappel, B.**: Gemeindeorientierung; **Manderscheid, M.**: Caritas der Gemeinde und Caritasverband.

[377] **Kramer, H./Stappel, B.**: Gemeindeorientierung, 256.

Ausbau des Empfängerkreises. Dazu bedarf es der Bereitstellung ausreichender personeller, materieller, institutioneller und anderer Ressourcen, die ihrerseits aber erneute Effizienznachweise als Legitimation zur Vorraussetzung hat. Dieser Teufelskreis der Akkumulationsstrategie zum Zweck der Selbsterhaltung birgt unübersehbar die Gefahr in sich, "daß die ursprüngliche Funktion bzw. die Hauptfunktion bis zur Unkenntlichkeit verwässert und entstellt wird, z.B. wenn ein Krankenhaus sich in ein Altenpflegeheim verwandelt, um der Gefahr zu entgehen, mangels Patienten aufgelöst zu werden"[378]. Nach Hermann Steinkamp ist das Selbststabilisierungsinteresse diakonischer Institutionen zusätzlich mit Ideologismen unterlegt. In der Art eines kollektiven "Gotteskomplexes" entwickeln demnach Diakonieinstitutionen analog zu einzelnen Menschen Allmachtsphantasien, in denen das eigene Selbstverständnis an die Vorstellung des Alles-Könnens und des Unfehlbar-Beherrschens gebunden und dementsprechend die Vorstellung des Scheiterns und des Sich-selbst-Bescheidens ideologisch ausgeblendet werden[379]. Auf der Ebene der diakonischen Institutionen führt dieser "Gotteskomplex" zu dem Zwang, Leerstellen im weiten Horizont der denkbaren und möglichen Leistungen als Defizite im eigenen Leistungskontingent zu interpretieren und die Auffüllung dieser Lücken zum Kriterium der Selbstverständnistreue zu machen. Eine zweite Stütze findet das Selbsterhaltungsinteresse der diakonischen Institutionen im Ideologismus der "Überlegitimation"[380], derzufolge diakonischen Institutionen qua helfender Intention eine unbezweifelbare Plausibilität und qua religiös-kirchlicher Identifikation eine unhinterfragbare Unverdächtigkeit zugesprochen werden, was jedoch zur Folge hat, daß die damit verknüpften institutionellen Strukturen (z.B. die strukturelle Förderung von Helfer-Syndrom-Phänomenen oder die Vermischung kirchlicher Hierarchiemuster mit institutionsinternen Kompetenzverteilungen) um so mehr einer kritischen Beurteilung und Revision entzogen sind.

In all dem zeichnet sich schon eine letzte hier zu nennende institutionalisierungsbedingte Fehlentwicklung ab. Mit dem Versuch der Selbsterhaltung sind die Diakonieinstitutionen der Versuchung ausgesetzt, sich in fragwürdige Abhängigkeiten zu begeben. Das Streben nach Mitgliedern oder Leistungsempfangenden macht abhängig von deren Erwartungshaltungen. Leistungen nimmt wahr, wer darin die eigenen mitgebrachten Vorstellungen von der Form der Leistungserfüllung gewahrt sieht. In den Vordergrund rückt dann tendenziell die Suche nach dem Hilfe-Effekt und in den Hintergrund die kritische Wahrnehmung der Notlagenimplikationen, die unter Umständen auch den Leistungsempfangenden Veränderungen zumuten würde. So kann es auch in einem "katholischen Krankenhaus" vorkommen, daß z.B. das Angebot an Privatpatientenzimmern mit Telefon wichtiger wird als die Frage nach den Arbeitsbedingungen des Pflegepersonals, deren Verbesserung durchaus ebenfalls eine Verbesserung der Hilfeleistung bedeuten

378 **Steinkamp, H.**: Zwischen Service-Kirche und Samariter-Funktion, 295. - Dort findet sich ebenfalls eine Problematisierung des hier dargestellten Selbsterhaltungszusammenhangs.

379 Vgl. **Steinkamp, H.**: "Das Andere" der Institution, 185. - Steinkamp nimmt dort Bezug auf **Richter, H.E.**: Der Gotteskomplex.

380 Vgl. **Steinkamp, H.**: "Das Andere" der Institution, 185 f.

würde, die aber nicht augenfällig, sondern nur längerfristig und damit ohne entsprechenden Werbeerfolg bemerkbar wäre.
Eine nochmals spezifische Spielart der Abhängigkeit diakonischer Institutionen zeigt sich in Gestalt der "Spendenförmigkeit" ihres Verhältnisses zu den breiten Schichten der Kirchen- bzw. Gesellschaftsmitglieder. Die Schlagzeile: "Spenden gehen aus: Caritas muß Hilfe einstellen"[381] ist symptomatisch für eine Situation, in der sich nach der Wegorganisation der Not aus den alltäglichen Lebenszusammenhängen die Geldspende zur vorrangigen Form der mitmenschlichen Hilfe entwickelt hat. Spenden sind aber ein Modus der Hilfe nicht aus Betroffenheit, sondern aus Unbetroffenheit in dem Sinn, daß sie sich losgelöst haben von der Erfahrung der unmittelbaren, existentiell anfragenden Begegnung mit Not und Notleidenden. Sie werden vornehmlich motiviert von einer eher Distanz schaffenden Vergegenwärtigung der Not in den Medien, angesichts der man sich aber durch das selbstgewählte Ein- oder Ausschalten bzw. Wahrnehmen oder Nicht-Wahrnehmen selbst bewußtseinsprägend deutlich machen kann, daß Not eben nicht in den eigenen Lebenskontext gehört. Entscheidend ist aber bei der Spenden-Diakonie nicht nur der materielle Effekt, sondern ebenso der Effekt der öffentlich wahrgenommenen ideellen Stützung der Institution. Je höher das Spendenaufkommen ist, um so höher und unbezweifelter ist die Anerkennung, die die jeweilige Institution in der Bevölkerung genießt. Hinsichtlich beider Effekte wird die Abhängigkeit der Diakonieinstitutionen prekär, wenn man bedenkt, daß die Spendenwilligkeit von anderen Faktoren als der persönlichen Betroffenheit (im Sinne des eigenen Eingebundenseins in eine Notlage) abhängt. Sie ist dort eher gegeben, wo der persönliche materielle Rückhalt so groß ist, daß die jeweils anfallende Spende keinen die Lebensmöglichkeiten einschränkenden Nachteil zur Folge hat. Spendenbereitschaft impliziert also die Aufrechterhaltung bzw. den Ausbau des Besitzstandes beim spendenden Bevölkerungsanteil, was aber nur dadurch möglich ist, daß die bestehenden Verhältnisse der Lebensgüterverteilung bewahrt bleiben. Spenden sind von denjenigen zu erwarten, die mehr als das von ihnen als notwendig Erachtete haben, und sind in um so höherem Maße zu erwarten, als dieses "Mehr" der Besitzenden zunimmt. Damit ist für die Diakonieinstitutionen ein nicht unbeträchtliches Paradox gegeben: Je mehr sie die Spendenbereitschaft wohlhabender Gesellschaftsmitglieder als konstitutiven Faktor ihrer Praxiskonzeption zur Geltung kommen lassen, um so mehr sind sie, bewußt oder unbewußt, veranlaßt, diejenigen gesellschaftlichen Verteilungsstrukturen unangetastet zu lassen, die zu einem erheblichen Anteil die Notlagen der Benachteiligten mitverursachen, welche aufzuheben die Diakonie gemäß ihrem Selbstverständnis eigentlich antreten müßte.

---

[381] **Passauer Bistumsblatt**, 57 (1992) Nr. 20, 13.

4.2.3.3 Die Unhintergehbarkeit institutionalisierter Diakonie

Bereits Richard Völkl sah sich veranlaßt, die institutionalisierte Diakonie gegenüber einer pejorativen Sicht zu verteidigen und ihre spezifischen Chancen zu betonen. In seinen Augen zeichnen sich die Diakonieinstitutionen durch die Zweckmäßigkeit, Durchschlagskraft, Gründlichkeit und Dauerhaftigkeit der Hilfe aus. Sie könnten Notlagen und Hilfsbedürftigkeiten objektiver beurteilen bzw. effektivere Hilfe leisten als der einzelne. Ihre Strukturen erst würden eine Zusammenarbeit mit den nichtkirchlichen, insbesondere staatlichen Sozialeinrichtungen ermöglichen.[382] Darüber hinaus käme die Institutionalisierung der Diakonie der Kirche als solcher zugute: Institutionalisierung bedeute Sichtbarkeit der Kirche als caritativer Gemeinschaft nach außen und ermögliche die Durchsetzung kirchlicher Ansprüche in der Auseinandersetzung mit nichtkirchlichen Interessenträgern.[383]

Diese Einschätzungen mögen aus der heutigen Perspektive allzu euphorisch, unkritisch, vielleicht sogar fragwürdig klingen. Sicher aber hat Richard Völkl mit seiner Verteidigung institutioneller Formen der Diakonie recht, wenn er damit anzeigen will, daß eine Ablehnung der Diakonieinstitutionen naiv und realitätsfremd wäre.[384] In der Tat sind nämlich mit der Institutionalisierung der Diakonie auch Effekte verbunden, die sich als diakoniekonstruktiv erweisen.

Allenthalben wird diesbezüglich darauf hingewiesen, daß die Institutionalisierung für die Diakonie eine Kompetenz- und Professionssteigerung mit sich bringt. Bei vielen diakonischen Aufgaben verlangt es die Verantwortung gegenüber den notleidenden Menschen, daß man die Hilfeleistung nicht dem ehrenamtlichen Engagement einzelner anheimgibt. Es gibt diakonische Aufgaben, die nur verantwortungsvoll erfüllt werden können, wenn die jeweils handelnden Personen ausreichend ausgebildet sind, wenn die jeweils anstehende Praxis im geregelten, kontinuierlichen Austausch zwischen sich gegenseitig kritisch wahrnehmenden Handlungsträgern konzipiert wird und wenn die Diakoniemitarbeiterinnen und -mitarbeiter mit einer gewissen Verbindlichkeit, d.h. mit dem Wissen um ihre eigene Verpflichtung, aber auch um die Verpflichtung des Anstellungsträgers ihnen gegenüber, arbeiten können. So würde es z.B. keinen Sinn machen, Schwerstbehinderte mit dem Argument, die Diakonie müsse in den Gemeinden stattfinden, zurückzuholen in die Gemeinden und Familien, wenn es dort kein Personal mit ausreichender pädagogischer oder therapeutischer Kompetenz bzw. adäquater Entlohnung gibt. Die als "Zweitstruktur" gefaßten Diakonieinstitutionen bilden also gleichsam die Infrastruktur für die Ausbildung und den kompetenzspezifischen Einsatz von Fachkräften. Aber dieser oft ins Feld geführte Aspekt der Effektivitätssteigerung durch Kompetenzsteigerung ist nicht der einzige, der den Typ institutionalisierter Diakonie unhintergehbar macht. Zwei weitere sollen hier genannt sein.

---

382 Vgl. **Völkl, R.**: Caritas als Grundfunktion der Kirche, 409; **ders.**: Kirchliche Caritas in der heutigen Welt, 409.

383 Vgl. **Völkl, R.**: Caritas als Grundfunktion der Kirche, 409 f.

384 Vgl. **Völkl, R.**: Caritas, 80.

Viele Nöte und Probleme, die Gegenstand der diakonischen Praxis sind, setzen gerade für eine konstruktive Bearbeitung einen geschützten Raum voraus, in dem die hilfesuchende Person ihre Intimsphäre oder auch ihre Anonymität gewahrt sieht und nicht befürchten muß, daß ihre Problemlage von den Menschen, mit denen sie alltäglich zu tun hat, eingesehen oder sogar gegen sie verwendet werden könnte. Aus diesem Grund ist es z.B. schlichtweg undenkbar, daß eine Gemeinde oder eine andere kirchliche Gruppierung selbst für ihre Mitglieder psychosoziale Beratungsstellen einrichtet. Die diakonischen Institutionen dagegen bieten gerade aufgrund ihrer Distanz zu den alltäglichen Lebenszusammenhängen einen solchen Schutzraum für einen offenen, von sozialer Kontrolle freien Umgang mit der jeweiligen Problemlage.
Auch gilt es vorsichtig zu sein gegenüber all jenen Stimmen, die bei ihrer Kritik an der "Zweitstruktur"-Diakonie allzu euphorisch von der Rückführung der Diakonie in die Gemeinden reden bzw. in einem ausreichenden diakonischen Engagement in den Gemeinden die Lösung des Problems erhoffen. Sicher ist vorrangig die Gemeinde die Sozialform, in der Christinnen und Christen ihr Kirche-Sein konkret leben und erleben. Und es besteht kein Zweifel daran, daß gerade deshalb die Diakonie in den Gemeinden wieder etabliert werden muß. Aber man darf auch nicht übersehen, daß mittlerweile die Gemeinden, auch wenn sie immer noch nach dem Prinzip der flächendeckenden Verteilung strukturiert sind, keineswegs mehr zum gesamten Gesellschafts- bzw. Populationsausschnitt, den sie in ihrer regionalen Verbreitung umfassen, somit aber auch keineswegs mehr zu allen Notleidenden ihres Verbreitungsraumes einen Bezug haben. Viele Menschen und - bezeichnenderweise - tendenziell gerade die an den Rand der Gesellschaft gedrängten Menschen sind auch in den Gemeinden nicht mehr eingebunden. Würde man also die Diakonie nur über die Gemeinden strukturieren, wirkte das wie ein Filter, der in der diakonischen Praxis nur jene Menschen in Erscheinung treten ließe, die in den Gemeinden bereits integriert sind, und der gerade jene abermals ausschließen würde, die anderweitig, auch von den christlichen Gemeinden, ohnehin schon ausgeschlossen sind. Insofern birgt die von den Gemeinden unabhängige institutionalisierte Diakonie die Chance in sich, daß auch die Menschen ihr Recht auf die diakonische Hilfe der Kirche wahrnehmen können, die durch das Strukturnetz der gängigen, der Tendenz nach bürgerlich-etablierten Mittelschichtsgemeinden durchfallen, und daß auch bestimmte Gruppen Notleidender, die sich außerhalb der Erfahrungswelt der Gemeindemitglieder befinden, überhaupt als Hilfsbedürftige wahrgenommen werden.

4.2.4 Die Frage nach dem Proprium

"Die Furcht, zu wenig Profil zu haben, geht um"[385] in den diakonischen Einrichtungen der Kirche. Man ist auf der Suche nach neuen Leitbildern.[386] Diakonische Einrichtungen sehen sich vor die Frage gestellt, "ob sich nicht zwischen ihrer starken

---

[385] **Becker, T.**: Profil der Caritas, 98.

[386] Vgl. **Deutscher Caritasverband (Hg.)**: Zeit für ein Leitbild.

institutionellen Präsenz in der Gesellschaft und ihrem 'geistlichen' Gewicht ... eine zunehmend problematischer werdende Kluft auftut ... [So] stehen kirchliche Sozialverbände und -einrichtungen - auch unter den Gesichtspunkten einer effektiveren Gestaltung ihrer Unternehmensstrukturen und zur besseren Positionierung in der Öffentlichkeit - zunehmend vor der Aufgabe, sich um ein klares Selbstverständnis zu kümmern bzw. eine eindeutigere - wie dies in der Sprache des modernen Management genannt wird - 'Corporate Identity' auszubilden."[387] In der aktuellen Diakoniediskussion zeichnet sich also neben der Institutionalisierungsproblematik eine weitere dominante Fragestellung ab in Gestalt der Einforderung des *Propriums* einer christlichen bzw. kirchlichen Diakonie und der damit verbundenen Konflikte.[388] Für Marc Edouard Kohler ist es "die heikelste Frage, die sich in der Theorie der Diakonie auftut"[389]. Die Frage nach dem Proprium der Diakonie ist die Frage danach, durch welche Bestimmungen sich die im christlich-kirchlichen Kontext angesiedelte Diakonie von den nicht christlich identifizierten Hilfeformen im sogenannten "profanen"[390] Bereich unterscheide bzw. unterscheiden solle. Seine alltagssprachliche Ausprägung erfährt die Frage nach dem Proprium in dem Allgemeinplatz, eine christliche Diakonie könne nicht nur Sozialarbeit in kirchlicher Trägerschaft sein, und zeigt sich auf wissenschaftlicher Ebene in der Überlegung: "Wie und unter welchen Bedingungen wird Sozialarbeit als wissenschaftlich fundierte Sozialarbeit zu einer Gestalt diakonischen Handelns?"[391]

4.2.4.1 "Corporate Identity"

Die Tatsache, daß nach dem Proprium der christlich-kirchlichen Diakonie gefragt wird, ist an sich plausibel. Alle sozialen Systeme, so auch Diakonieinstitutionen, Diakonie-Verbände, Gemeinden oder andere kirchliche Gruppierungen sind bestrebt, sich eben als System zu stabilisieren und einen kontinuierlichen Bestand zu erreichen. Die Pluralität von Teilsystemen und Lebensformen bringt mit sich, daß jedes kollektive Gebilde mit der Existenz unüberschaubar vieler anderer kollektiver Gebilde neben sich rechnen muß. Unter diesen Bedingungen fokussiert sich die Anstrengung des Systems, Stabilität zu erlangen, zunehmend in der Frage, welche spezifizierenden Kennzeichnungen es aufweisen kann, durch die eine Unterscheidung von anderen kollektiven Gebilden möglich

---

387 **Nientiedt, K.**: Caritas, 177.

388 Die Literatur dazu ist nicht mehr erfaßbar. Die wichtigsten Fragestellungen finden sich bei **Daiber, K.-F.**: Diakonie und kirchliche Identität, 111-153; **Zerfaß, R.**: Lebensnerv Caritas, 167-187; **ders.**: Das Proprium der Caritas; **Pompey, H.**: Das Profil der Caritas; **Ziebertz, H.-G.**: Sozialarbeit und Diakonie, 35-55, 151-165.

389 **Kohler, M.E.**: Kirche als Diakonie, 22.

390 Meines Wissens bleibt bei der Proprium-Diskussion die Grenzziehung zwischen dem angenommenen "profanen" Bereich und dem behaupteten spezifisch kirchlichen Bereich ungeklärt. Ebenso wird praktisch nie thematisiert, ob man noch einmal zwischen "christlichem" und "kirchlichem" Kontext zu unterscheiden habe und, wenn ja, welche Implikationen für die Propriumsbestimmung sich daraus ergäben.

391 **Daiber, K.-F.**: Diakonie und kirchliche Identität, 117.

und so die Existenz als separates System neben vielen anderen legitimiert wird.
Eine scheinbar untrügerische und unverfängliche Forcierung erfährt die Frage nach dem Proprium der Diakonie aufgrund der binnenkirchlichen Rezeption des aus den Organisationswissenschaften bzw. aus dem Managementwesen stammenden Theorems der "Corporate Identity"[392]. Dieses Konzept ist im ökonomischen Kontext motiviert von der Einsicht, "daß der Erfolg eines Unternehmens nicht nur davon abhängt, daß seine Produkte eine hohe Qualität verbürgen, sondern daß das Unternehmen auf der Ebene seiner internen Kommunikationsströme ebenso wie in der Gesamtheit seiner Darstellungsweisen nach außen Kongruenz aufweist. Neben der Aufmerksamkeit auf die Produkte werden die Philosophie des Unternehmens und die Einstellung der Beschäftigten als Bestandteile eines Mechanismus verstanden, der insgesamt als marktrelevant betrachtet wird."[393] Der Kerngedanke des Konzepts der "Corporate Identity" besteht demnach in folgender Annahme: Die Akzeptanz eines Systems hängt nicht nur davon ab, ob die Ergebnisse der Systemleistungen den Erwartungen der Empfängersysteme, insbesondere der anvisierten Menschen entsprechen. Entscheidend ist auch, ob sich das System mit seinen gesamten internen Mechanismen und Strukturen (und nicht nur mit den Endergebnissen seiner Prozesse) als stimmig gegenüber den Erwartungen der Leistungsadressaten erweist. Nur wenn diese Voraussetzung gegeben ist, können letztere darauf vertrauen, daß ihren Vorstellungen vom jeweiligen System auf seiten des Systems selbst eine täuschungsfreie, Glaubwürdigkeit verbürgende Einheitlichkeit seiner gesamten Präsentationsformen entspricht. In Analogie zur Identität von Personen, welche Erik H. Erikson bestimmt als "das angesammelte Vertrauen darauf, daß der Einheitlichkeit und Kontinuität, die man in den Augen anderer hat, eine Fähigkeit entspricht, eine innere Einheitlichkeit und Kontinuität ... aufrechtzuerhalten"[394], geht es dem Konzept der "Corporate Identity" darum, auch kollektiven Gebilden, z.B. eben den Diakonieinstitutionen, "eine unverwechselbare 'Persönlichkeit', eine eindeutige, vertrauenswürdige, von Mitarbeitern, der Klientel wie von der gesellschaftlichen Umwelt gleichermaßen akzeptierte 'Organisationsidentität' mit hohem Wiedererkennungswert zu geben. Die Akzeptanz dieser Organisationspersönlichkeit hängt nun entscheidend davon ab, ob es gelingt, dem Adressaten (intern - den Mitarbeitern; extern - der Klientel) die Organisationsphilosophie - das Selbstbild der Überzeugungen, Wertorientierungen und organisationskulturellen Verhaltensmaximen - so widerspruchsfrei und positiv zu vermitteln, daß ein 'Corporate Image' entsteht, 'welches Identifikations- und Unterstützungspotentiale schafft und generell die Basis für Aspekte wie Glaubwürdigkeit, Vertrauen, Akzeptanz oder sogar Zuneigung bildet'."[395]
Die Einschätzung von Hans-Georg Ziebertz, daß die binnenkirchliche Rezeption des

---

392 Vgl. **Ziebertz, H.-G.**: Sozialarbeit und Diakonie, 161-163; **Plaschke, J.**: Corporate-Identity als Konzept non-direktiver Personalführung; **Gärtner, H.W.**: Zwischen Management und Nächstenliebe, 120-165.

393 **Ziebertz, H.-G.**: Sozialarbeit und Diakonie, 161.

394 **Erikson, E.H.**: Identität und Lebenszyklus, 107.

395 **Plaschke, J.**: Corporate-Identity als Konzept non-direktiver Personalführung, 225 f.

"Corporate Identity"-Konzepts nicht primär durch die Frage nach dem christlich-kirchlichen Proprium motiviert sei, sondern die Effizienzsteigerung diakonischer Praxis intendiere[396], dürfte allerdings nur eingeschränkt, etwa für das Fachpersonal diakonischer Einrichtungen, zutreffen. Wird das Theorem jedoch aus dem Kreis kirchenamtlicher Instanzen und universitärer Theologen und Theologinnen propagiert, so steht es eindeutig und vorrangig im Dienst der Einforderung des Propriums einer christlich spezifizierbaren Diakonie. Heinrich Pompey etwa versteht unter "Corporate Identity" in der Diakonie die Identifikation der Mitarbeiterinnen und Mitarbeiter mit der Verbandsphilosophie, fordert in diesem Zusammenhang für die Mitarbeiterinnen und Mitarbeiter "bereits zu Beginn der Mitarbeit eine spirituelle Basisqualifizierung"[397] und bestimmt die spirituelle Qualifikation des Personals kirchlicher Einrichtungen näher als die durch die Kirche vermittelte Verbundenheit mit Christus, welche das Bemühen "um eine empathische Nähe zu dieser Gemeinschaft, d.h. um ein 'sentire cum ecclesia'"[398], kurz: die Identifikation mit den Vorgaben der institutionellen Instanzen der Kirche voraussetze. Die teils freudig-affirmative Rezeption dieses ursprünglich ökonomischen Konzepts im kirchlich-theologischen Bereich hat eindeutig domestizierenden bzw. disziplinierenden Charakter. Denn es geht dabei offenkundig um "die strukturelle Sicherung der Corporate Identity einer christlich-kirchlichen Caritas bei zunehmender Entfremdung ihrer Mitwirkenden von der 'Unternehmensphilosophie' der Kirche ... [bzw.] vom kirchlichen Charakter ihres Dienstes"[399]. Entscheidendes Element der "Corporate Identity" ist dabei nach Heinrich Pompey die hierarchische Strukturierung der Diakonie, innerhalb der die Mitarbeitenden der Diakonie "einem communialen Auftrag- bzw. Dienstgeber (z.B. Bischof, Generalvikar, Dekan, Caritasdirektor etc.) verpflichtet"[400] sind, unter dessen episkopaler Aufsicht sie stehen. Weiterhin gilt für Heinrich Pompey: "Gibt der Caritasverband in der Gesellschaft seine Corporate Identity auf und gleicht sich immer mehr den anderen öffentlichen und freien Verbänden an, löst er sich von selber auf. Nur in Einzelprojekten lassen sich manchmal noch spezifische Profile ausmachen. Biblisch gesprochen wird das Salz schal, und kirchliche Caritas paßt sich der Welt an. Die Zahl der Einrichtungen steigt, das Ansehen der Caritas bzw. der Wohlfahrtsverbände aber sinkt."[401]

Die hier zusammengefaßten zitierten Ausführungen belegen eindeutig, daß das Konzept der "Corporate Identity" in der Diakonietheoriebildung von heute die Funktion einer - scheinbar auf den Stand der Zeit gebrachten - Einforderung eines Propriums bzw. eines Spezifikums der Diakonie als einer christlich-kirchlichen Diakonie erfüllen soll. Es dient als "Zauberwort"[402] für das Bestreben, die Diakonie mit Ansprüchen zu belegen, die

---

396 Vgl. **Ziebertz, H.-G.**: Sozialarbeit und Diakonie, 161.

397 **Pompey, H.**: Das Profil der Caritas, 16.

398 Ebd. 17.

399 Ebd. 18.

400 Ebd. 21.

401 Ebd. 24.

402 **Ziebertz, H.-G.**: Sozialarbeit und Diakonie, 161.

als über die unmittelbar diakonischen Anforderungen hinausgehend und so als spezifisch christlich oder kirchlich definiert werden. Die Frage nach dem Proprium erhält so im Gewand der "Corporate Identity" eine scheinbar zwingende Plausibilität: Sie gilt als der Punkt, an dem sich der weitere Bestand der christlich-kirchlichen Diakonie als solcher entscheide. Und vom Konzept der "Corporate Identity" fühlen sich diejenigen in ihrem Bestreben bestätigt, welche die Befreiung aus Not und die Solidarität mit Notleidenden allein noch nicht als authentischen Auftrag der Kirche betrachten und die Bewahrung eines irgendwie gearteten, davon unterschiedenen kirchlichen Spezifikums zum Selbstzweck erheben bzw. der Diakonie als solcher vorordnen. Mit dem Anklang der Zeitgemäßheit und der Aufgeschlossenheit gegenüber den Erfordernissen einer modernen Gesellschaft bzw. mit dem euphorischen Gefühl des organisationswissenschaftlichen "up-to-date"-Seins wird die "Corporate Identity" der Diakonieeinrichtungen als *kirchlicher* Einrichtungen eingeklagt. Die Tendenz, den "bloßen", von anderen Intentionen freien Einsatz für die Heilung und Befreiung von Notleidenden als Auftrag der Kirche zur Disposition zu stellen und in einer introvertierten Fixierung auf die sogenannten "Spezifika" die Abhebung der Kirche - genauer gesagt: der institutionellen Vollzugsformen, Repräsentanten und Instanzen der Kirche - von anderen gesellschaftlichen Größen zu verfestigen, bekommt in der Rede von der "Corporate Identity" ein euphemistisches Gewand. Hier wird versucht, ein Profil der Kirche zu suchen nicht durch ein vorbehaltloses Sich-Einlassen auf die Herausforderungen der Menschen und der Gesellschaft, sondern durch eine distanzierende Abhebung von den Menschen und der Gesellschaft. Auf der Basis dieser Bestrebungen bestehen dann keine Skrupel mehr, die vielfältigen, ausdifferenzierten und weit gestreuten Leistungen der kirchlichen Diakonie - einschließlich der dazugehörigen Notlagen und Notleidenden - als zweitrangig, ja sogar als für die Kirche abträglich zu betrachten, den Rückzug der Kirche aus diesem vielfältigen diakonischen Engagement als einem - nach dieser Logik - unfruchtbaren Terrain zu fordern und die Beschränkung auf - für die systemstabilisierende Profilierung ergiebigere - "Einzelprojekte" mit "spezifischem Profil" zu propagieren.

4.2.4.2 Ansätze der inhaltlichen Bestimmung des Propriums

Die vielen Versuche, das eingeforderte Proprium der Diakonie durch die Benennung inhaltlicher Elemente genauer zu bestimmen, weisen ebenso viele verschiedene Richtungen auf. Ein fester Kanon ist nicht erkennbar. Sie sind in ihrer Vielfalt und Variationsmöglichkeit potentiell so unbegrenzt wie die Anzahl derer, die sich um eine inhaltliche Bestimmung bemühen. Deshalb seien hier vier exemplarische Ansätze der Propriumsbestimmung benannt, die nicht nur verhältnismäßig häufig zu beobachten sind, sondern auf die auch viele andere Ansätze als Variationen derselben zurückzuführen sind.

4.2.4.2.1 Verkündigungsrelevanz

In einem ersten Ansatz wird versucht, das Proprium der Diakonie näher zu bestimmen als die Verkündigungsrelevanz diakonischer Praxis. Demnach ist ein Spezifikum christlich-kirchlicher Diakonie darin zu sehen, daß in ihr nicht nur Hilfe in Not geschieht, sondern daß sie als Rahmen der Vermittlung christlicher Verkündigungsinhalte fungiert. Die diakonische Begegnung zwischen Helfenden und Hilfsbedürftigen soll so geschehen, daß die von den helfenden Personen bzw. Institutionen repräsentierten weltanschaulichen Inhalte vom Hilfesuchenden ebenso akzeptiert werden wie die Hilfe selbst. Die Diakonie gilt auf dieser Basis nur dann als authentisch christliche Diakonie, wenn sie sich als Medium der Vermittlung jener Inhalte erweist, über die das Christentum und die Kirche ihr Selbstverständnis definieren und deren lebenskonzeptionelle Übernahme sie von ihren Mitgliedern als Integrationsnorm einfordern. Demnach gilt: "In der Diakonie und durch sie geschieht zugleich Verkündigung des Evangeliums. ... Bestehen daran Zweifel, hört die Diakonie auf Diakonie zu sein und wird zu einer auswechselbaren Form der Wohlfahrtspflege."[403] Aufgrund derselben Argumentation behauptet Rudolf Weth unter Berufung auf den Missionsbefehl (Mt 28,18-20), der sich als Doppelauftrag zum Zeugnis in Wort und Tat verstehen lasse, sogar "einen relativen Vorrang des Wortzeugnisses vor dem Tatzeugnis, weil Diakonie als Diakonie im Namen Jesu nur kenntlich wird im Zusammenhang der ausdrücklichen Anrufung und Verkündigung des Namens Jesu Christi"[404].

4.2.4.2.2 Transzendenzbezug

In Zusammenhang mit der Verknüpfung der diakonischen Praxis mit einem spezifischen Effekt der Vermittlung bestimmter Inhalte der christlichen Glaubenslehre steht das Ansinnen, die Spezifizierung der Diakonie durch die Behauptung eines Transzendenzbezugs der in ihr vollzogenen Praxis zu erreichen.[405] Hiernach unterscheide sich die Diakonie von nicht ausdrücklich christlich identifizierten Hilfeleistungen, z.B. der Arbeit der nichtkirchlichen Wohlfahrtsverbände, dadurch, daß es ihr nicht wie diesen nur um Humanität, um anthropozentrisch orientierte Hilfe und um das irdische Wohl der Menschen gehe. Vielmehr zeichne sich die Diakonie dadurch aus, daß sie gemäß dem Selbstverständnis jeglicher kirchlicher Praxis den Menschen in seiner Beziehung zu Gott sehe. Auch wenn die beobachtbaren Leistungen der Diakonie dadurch keine andere Gestalt als "profane" Hilfeleistungen auch annähmen, so sei durch die Berücksichtigung der Transzendenzdimension des Menschen doch bedingt, daß der Mensch in

---

403 **Schober, T.**: Diakonisches Werk, 39; vgl. **ders.**: Diakonie, kirchliche, 81.

404 **Weth, R.**: Diakonie, 119.

405 Vgl. zu diesem Ansatz vor allem die Ausführungen von Richard Völkl, z.B. **Völkl, R.**: Nächstenliebe, 99 f., 141, 166; **ders.**: Kirchliche Caritas in der heutigen Welt, 407-417; **ders.**: Caritas, 81 f.; **ders.**: Spezifisch christlicher Dienst am Nächsten.

der Diakonie ganzheitlich, d.h. nicht nur als natürlich-leibliches, sondern auch als geistig-personales Wesen, gesehen werde. Als Nachvollzug des Handelns Gottes in Jesus sei die Diakonie wesentlich theozentrisch strukturiert und müsse deshalb ihr Ziel im Übernatürlichen suchen, was vor allem bedeute, daß die Diakonie das in der Welt erreichbare irdische Wohl zwar keineswegs als unwichtig erachtet, aber darüber hinausgehend vor allem auf die Vermittlung von gottgeschenktem Heil hin tendieren muß. Die beiden bisher angesprochenen Versuche der Propriumsbestimmung, d.h. die Einforderung der Verkündigungsrelevanz bzw. des Transzendenzbezugs der Diakonie, sind in der diakonietheologischen Diskussion, vor allem in kirchlich-theologisch offiziellen Dokumenten relativ häufig anzutreffen. Man darf vermuten, daß dies deshalb so ist, weil diese Spezifizierungen eingängig, unverfänglich und widerspruchsresistent klingen, insofern die Verkündigung eindeutig als Nachfolgeauftrag Jesu Christi zu identifizieren ist und insofern eine Diakoniekonzeption, die jedes irgendwie geartete In-Beziehung-Stehen der Diakoniepraxis zum transzendenten Gott negiert, sich selbst ad absurdum führen würde. Trotz ihrer Geläufigkeit sind jedoch diese inhaltlichen Bestimmungen für die Frage nach dem Proprium der Diakonie noch nicht von entscheidender Bedeutung. Sie haben nämlich einen Nachteil: Sie sind nicht reglementierbar, damit aber auch nicht überprüfbar und einklagbar. Ob eine diakonische Praxis so beschaffen ist, daß sie die auf die jeweilige hilfsbedürftige Person abgestimmte Überzeugungskraft besitzt, welche diese auch die hinter der diakonischen Praxis stehenden weltanschaulichen Inhalte zu akzeptieren veranlaßt, kann, wenn überhaupt, nur von der betreffenden Person selbst festgestellt werden. Hilfsbedürftige Personen dürften jedoch angesichts ihrer Situation in den überwiegenden Fällen am "Hilfeeffekt" der Diakonie und nicht an deren "Verkündigungs(neben)effekt" interessiert sein. Erst recht entzieht sich der Transzendenzbezug einer derartigen Überprüfung. Für die Praxiskonzeption der Diakonie eignet also diesen beiden Propriumsbestimmungen noch nicht die eigentliche Brisanz.

4.2.4.2.3 Persönliche Lebensführung

Entscheidendere Bedeutung kommt dem Versuch zu, das Proprium der Diakonie über Postulate hinsichtlich der persönlichen Lebensführung der rechtlich-strukturell eingebundenen Mitarbeiterinnen und Mitarbeiter der Diakonie zu konturieren. Die diesbezüglichen Ansätze können sich auf die Erklärungen der deutschen Bischöfe zum kirchlichen Dienst vom 27. Juni 1983 und vom 22. September 1993 berufen. Dort wird mit der Autorität einer kirchenamtlichen Äußerung festgehalten: "Um ihre Sendung erfüllen zu können, muß die Kirche bei der Einstellung von Mitarbeitern darauf achten, daß sie die Eigenart des kirchlichen Dienstes bejahen und die Bereitschaft mitbringen, in ihrer persönlichen Lebensführung den Forderungen des Evangeliums zu entsprechen. ... Entscheidend ist für den kirchlichen Dienst, daß die religiöse Dimension, der Auftrag Jesu Christi und damit auch die Verwirklichung des Auftrages Christi durch die Kirche selbst sichtbar werden. ... Erfahrbar wird die religiöse Dimension in kirchlichen Einrichtungen dadurch, daß einerseits ihre Struktur und Zielsetzung an der katholischen

Glaubens- und Sittenlehre ausgerichtet sind, daß andererseits alle Beteiligten, leitende und ausführende Mitarbeiter, bereit sind, durch ihr Verhalten und Handeln die Wahrheiten und Werte des Evangeliums, welche die Kirche verbürgt und die die religiöse Grundlage des kirchlichen Dienstes ausmachen, bezeugen [sic!]. Nur so kann die Kirche ihren Dienst an den Menschen glaubwürdig erfüllen."[406] Für die Diakonie - in diesem Fall für die Diakonie der katholischen Kirche - als einem kirchlichen Dienst ist es demnach notwendig eigentümlich, daß ihre Mitarbeiterinnen und Mitarbeiter[407] ihr Verhalten und Handeln in Kongruenz zum Kodex der kirchenamlich definierten Glaubens- und Sittenlehre gestalten. Sie müssen bestimmte Kriterien erfüllen, um so ihre Kirchlichkeit im Sinne der Tauglichkeit für ein Dienstverhältnis *innerhalb der Kirche* zu erweisen.[408]

Ihre eigentliche Schärfe gewinnt die Postulierung der Kirchlichkeitskriterien aber erst dadurch, daß sie sich nicht nur auf das kirchendienstliche, also berufliche Verhalten und Handeln, sondern auf die gesamte persönliche Lebensführung, also auch auf den privaten Bereich beziehen, da "der kirchliche Mitarbeiter ... als Privatperson auch ein Repräsentant der kirchlichen Gemeinschaft und ihrer Grundsätze und Ziele"[409] sein sollte: "Von den katholischen Mitarbeiterinnen und Mitarbeitern wird erwartet, daß sie die Grundsätze der katholischen Glaubens- und Sittenlehre anerkennen und beachten. Insbesondere im pastoralen, katechetischen und erzieherischen Dienst sowie bei Mitarbeiterinnen und Mitabeitern, die aufgrund einer Missio canonica tätig sind, ist das persönliche Lebenszeugnis im Sinne der Grundsätze der katholischen Glaubens- und Sittenlehre erforderlich."[410] Dadurch ist die anhaltende Aktualität und Virulenz dieser Propriumsbestimmung bedingt. Denn im Anwendungsbereich der Erklärungen der deutschen Bischöfe zum kirchlichen Dienst, den kirchlichen Einrichtungen mit rechtlich-strukturell

---

406 **Sekretariat der Deutschen Bischofskonferenz (Hg.)**: Erklärung zum kirchlichen Dienst, 4/6; vgl. die sinngemäß gleichen Aussagen in **dass. (Hg.)**: Erklärung der deutschen Bischöfe zum kirchlichen Dienst, 9 f., wo allerdings zwischen katholischen, nichtkatholischen christlichen und nichtchristlichen Mitarbeiterinnen und Mitarbeitern unterschieden und die Anforderung der persönlichen Lebensführung gemäß der katholischen Glaubens- und Sittenlehre nur auf die katholischen Mitarbeitenden bezogen wird.

407 Da es an dieser Stelle um den grundsätzlichen Gedanken der dienstrechtlichen Beanspruchung der persönlichen Lebensführung mit Normen der katholischen Glaubens- und Sittenlehre und nicht um das spezifische Problem der Beanspruchung nichtkatholischer Mitarbeitender mit katholischen Normen geht, kann hier die Differenzierung zwischen katholischen, nichtkatholischen und nichtchristlichen Mitarbeiterinnen und Mitarbeitern vernachlässigt werden.

408 Aufgrund der spezifischen Anforderungen in den lehramtlichen Normierungen der Bereiche Ehe und Sexualleben eignet den Kirchlichkeitskriterien natürlich besondere Virulenz innerhalb der römisch-katholischen Konfession. Es wäre allerdings verfehlt anzunehmen oder auch zu behaupten, die Diakonie der evangelischen Konfession stünde nicht oder in ungleich geringerem Maße unter dieser Maßgabe der Kirchlichkeitskriterien. Auch im evangelischen Bereich wird die Diakonie mit der Vorstellung von "profilierten Mitarbeitern" (**Neukamm, K.-H.**: Einleitende Überlegungen, 15) im Sinne der Erfüllung kircheninstitutionell verankerter Verhaltenserwartungen verknüpft.

409 **Beyer, H./Nutzinger, H.G.**: Erwerbsarbeit und Dienstgemeinschaft, 54.

410 **Sekretariat der Deutschen Bischofskonferenz (Hg.)**: Erklärug der deutschen Bischöfe zum kirchlichen Dienst, 10.

eingebundenem Personal - und das sind überwiegend diakonische Einrichtungen -, hat sich die Einforderung der Kirchlichkeit de facto verengt auf Normen bezüglich der kirchlichen Ehe- und Sexuallehre, also auf den privaten Bereich. Zur Auswirkung kommt diese Propriumsbestimmung deshalb überwiegend dann, wenn Personen, die sich für eine Mitarbeit in diakonischen Einrichtungen interessieren bzw. die in solchen Einrichtungen bereits tätig sind, Lebensverhältnisse eingehen, die der lehramtlich definierten Glaubens- und Sittenlehre der katholischen Kirche widersprechen - z.B. Wiederverheiratung nach einer Scheidung, uneheliche Elternschaft, homosexuelle Beziehungen -, und wenn der Anstellungsträger auf dem Weg der Nichtanstellung bzw. der Entlassung der betreffenden Person die Treue zum Proprium seiner Einrichtung zu gewährleisten sucht.

4.2.4.2.4 "Dienstgemeinschaft"

In engem Zusammenhang mit der Belegung der persönlichen Lebensführung durch Kirchlichkeitskriterien steht die spezifizierende Idee der "Dienstgemeinschaft"[411]. Es handelt sich um die zentrale Chiffre zur arbeitsrechtlichen Abgrenzung kirchlicher und nichtkirchlicher Anstellungsverhältnisse, damit aber auch um eine normative Leitidee zur Begründung spezifischer Anforderungen an die Mitarbeiterinnen und Mitarbeiter kirchlicher Einrichtungen. Im alltäglichen Arbeitsbetrieb wird die "Dienstgemeinschaft"-Formel als begriffliche Figur erlebt, mit der die Propriumsbestimmungen bezüglich der persönlichen Lebensführung in eine arbeitsrechtlich handhabbare Norm umgesetzt werden.[412] Ausgangspunkt dafür ist das im Grundgesetz unter Aufnahme von Artikel 137, Absatz 3 der Weimarer Reichsverfassung verbürgte Selbstbestimmungsrecht der Kirchen, welches besagt: "Jede Religionsgesellschaft ordnet und verwaltet ihre Angelegenheiten selbständig innerhalb der Schranken des für alle geltenden Gesetzes." (Art. 140 GG) Als "ihre Angelegenheit" versteht die Kirche, genauer: verstehen ihre autoritativen Instanzen, den Auftrag, von der Sache des christlichen Glaubens Zeugnis zu geben. Das Selbstbestimmungsrecht besagt für sie, daß die in ihrem Zuständigkeitsbereich vollzogene Praxis so gestaltet werden kann, daß die Erfüllung eben dieses Auftrags in höchst möglichem Maße und auf breitest möglicher Ebene, d.h. bei allen kirchlich identifizierten Vorgängen, gewährleistet ist. Die konfessionell verfaßten Kirchen haben also "das Recht, selbst zu definieren, welche Normen, Verfahren und

---

411 Zur affirmativen Verwendung der "Dienstgemeinschaft"-Formel vgl. **Herr, T.**: Die kirchliche Dienstgemeinschaft; **ders.**: Arbeitgeber Kirche; **Klein, F.**: Die Caritasdienstgemeinschaft; **Pompey, H.**: Das Profil der Caritas; **Kuper, B.-O.**: Arbeitnehmer im kirchlichen Dienst. Zur kritischen Beurteilung der "Dienstgemeinschaft"-Formel vgl. **Nell-Breuning, O.v.**: Kirchliche Dienstgemeinschaft; **Beyer, H./-Nutzinger, H.G.**: Erwerbsarbeit und Dienstgemeinschaft, 234-258; **Zerfaß, R.**: Das Proprium der Caritas, 37 f.; **Busch, J.**: Dienstgemeinschaft.

412 Zur Frage, wie die Mitarbeiterschaft in diakonischen Einrichtungen selbst das "Dienstgemeinschaft"-Theorem und seine Anwendung in den Arbeitsbeziehungen erleben vgl. **Beyer, H./ Nutzinger, H.G.**: Erwerbsarbeit und Dienstgemeinschaft.

Regelungen mit dem kirchlichen Selbstverständnis oder dem kirchlichen Auftrag zu vereinbaren sind, welche Einrichtungen den Kirchen in bestimmter Weise zuzuordnen sind und welche Anforderungen an die Loyalität und das Verhalten von kirchlichen Mitarbeitern zu stellen sind, damit diese dem kirchlichen Auftrag und Anspruch im Rahmen ihres Arbeitsverhältnisses und im privaten Bereich gerecht werden"[413].
Im Theorem der "Dienstgemeinschaft" verschmilzt nun die profanrechtliche Maxime der Selbstbestimmung der Kirchen mit normierenden theologischen Maximen. Der Kern des Theorems besteht in folgender Argumentation: Wie jeglicher kirchlicher Vollzug ist auch die Arbeit in kirchlichen Einrichtungen als Erfüllung des Auftrags Jesu Christi, ihres "eigentlichen, höheren Dienstgebers"[414], zu verstehen. Folglich stehen alle Beteiligten, Mitarbeiterinnen und Mitarbeiter wie Vorgesetzte, zunächst vor jeder Differenzierung gemeinsam im Dienst am Auftrag Jesu Christi, und diese indispensable Hinordnung auf den Auftrag Jesu Christi verbindet alle Beteiligten zu einer ebenso indispensablen, d.h. nicht in Frage zu stellenden, Gemeinschaft. Somit können Arbeitsverhältnisse in kirchlichen Einrichtungen nicht im strukturierenden Gegensatz von Arbeitnehmern und Arbeitgebern konzipiert werden, weil es eben einen solchen Gegensatz aufgrund der grundlegenden Gemeinschaft aller Beteiligten im Dienst am Auftrag Jesu Christi nicht gibt. Deshalb ist es schließlich auch unmöglich, die kirchlich getragenen Arbeitsverhältnisse im Modus nichtkirchlicher Arbeitsverhältnisse und somit nach Maßgabe außerkirchlicher arbeitsrechtlicher Bestimmungen zu gestalten, da letztere von einem gemeinschaftsverneinenden Gegensatz zwischen Arbeitgebern und Arbeitnehmern geprägt sind. Aufgrund der grundlegenden Gemeinschaft aller Beteiligten dürfen derartige Interessengegensätze nicht Strukturprinzip kirchlicher Praxis sein. Das Proprium kirchlicher Arbeitsverhältnisse ist vielmehr die verbindliche und uneingeschränkte, über die übliche arbeitsrechtliche Loyalitätspflicht gegenüber dem Arbeitgeber hinausgehende Identifizierung des kirchlichen Personals mit dem kirchlichen Auftrag, wie er in den Glaubenswahrheiten und -normen der Kirche seinen Ausdruck findet[415], da eine Einschränkung oder Relativierung dieser Identifikation mit den Postulaten der Kirchlichkeit nicht nur eine Relativierung der Loyalität gegenüber dem rechtlichen Anstellungsträger wäre, sondern die Verneinung der Indienstnahme durch Jesus Christus bedeuten würde. Damit ist im "Dienstgemeinschaft"-Theorem aber nicht mehr nur eine Ideal-Formel gegeben, um die gemeinsame Verantwortung aller Beteiligten für die Erfüllung des kirchlichen Auftrags auszudrücken und kirchliche von nichtkirchlichen, vor allem ökonomischen Arbeitsverhältnissen abzugrenzen. Die Idee der "Dienstgemeinschaft" erweist sich auch als normierender "Schlüsselbegriff der arbeitsrechtlichen Regelungen für den kirchlichen Dienst"[416], der konkrete Konsequenzen für die Gestaltung der Arbeitsbeziehungen in kirchlichen Einrichtungen zeitigt. Dazu gehört z.B. die Entscheidung der einschlägigen kirchlichen Entscheidungsträger für den sogenannten

---

413 **Beyer, H./Nutzinger, H.G.**: Erwerbsarbeit und Dienstgemeinschaft, 44.

414 Vgl. **Herr, T.**: Die kirchliche Dienstgemeinschaft, 446.

415 Vgl. ebd. 444 f.

416 **Herr, T.**: Arbeitgeber Kirche, 64.

"dritten Weg": Dieser besagt, daß die Gestaltung kirchlicher Arbeitsverhältnisse weder auf einseitigen Anordnungen der Leitungsinstanzen kirchlicher Einrichtungen ohne Beteiligung der Mitarbeitenden ("erster Weg") noch auf dem Abschluß von Tarifverträgen zwischen Einrichtungsträgern und Gewerkschaften bzw. Personalkoalitionen ("zweiter Weg") beruht. Vielmehr werden die arbeitsrechtlichen Belange kirchlicher Einrichtungen von "arbeitsrechtlichen Kommissionen" bzw. (für den katholischen Bereich) von "Kommissionen zur Ordnung des Diözesanen Arbeitsvertragsrechtes" (KODA) geregelt, die zu gleichen Anteilen mit Vertretern der Mitarbeitenden wie der Dienstgeber besetzt sind. Durch diese eigenständige Arbeitsrechtregelung versucht man, Implikationen des Tarifvertragswesens, die mit dem kirchlichen Selbstverständnis als unvereinbar empfunden werden[417] - gruppenantagonistische Konflikte, gewerkschaftspolitische Interessen, Streik bzw. Aussperrung als Modi der Auseinandersetzung -, aus dem Bereich kirchlicher Arbeitsverhältnisse fernzuhalten.[418]
Im Unterschied zu den beiden ersten Propriumsbestimmungen - Verkündigungsrelevanz und Transzendenzbezug - liegen mit der Einforderung einer bestimmten persönlichen Lebensführung und mit dem "Dienstgemeinschaft"-Theorem Ansätze der inhaltlichen Bestimmung des Propriums christlich-kirchlicher Diakonie vor, die sich zwar auf der einen Seite aufgrund der Spannungen zu außerkirchlich geltenden Maßstäben und zu den realen Gegebenheiten keineswegs als eingängig, konsensfähig, sondern als höchst konfliktträchtig erweisen, die aber auf der anderen Seite aufgrund der mit ihnen verbundenen praxisrelevanten Konsequenzen für die konkrete Gestaltung der Arbeitsverhältnisse reglementierbar, überprüfbar und kontrollierbar sind.

4.2.4.3 Die Problematik der Frage nach dem Proprium

4.2.4.3.1 Die Gleichsetzung von Proprium und Konstitutivum

So selbstverständlich die Tatsache an sich, daß nach einem Proprium der Diakonie gefragt wird, auch sein mag, so wenig selbstverständlich ist die Zustimmungswürdigkeit der beobachtbaren Handhabung der Propriumsfrage. Ihre Bedenklichkeit liegt schon einmal in der Tatsache begründet, daß hier weitgehend *Proprium* und *Konstitutivum* gleichgesetzt bzw. miteinander verwechselt werden. Nach dem Proprium wird so gefragt, als ob das mit ihm angezielte Eigentümliche der Kirche und der Diakonie, das sie spezifizierend von anderen Kollektiven und Hilfeformen unterscheidet, zugleich auch automatisch das für Kirche und Diakonie Konstitutive wäre, ohne das Kirche und Diakonie nicht Kirche und Diakonie sind. Sicherlich hat das Spezifische einer sozialen Größe oft auch konstitutive Bedeutung, insofern sich die soziale Größe im Laufe ihrer

[417] Vgl. **Sekretariat der Deutschen Bischofskonferenz (Hg.)**: Erklärung zum kirchlichen Dienst, 4; **dass. (Hg.)**: Erklärung der deutschen Bischöfe zum kirchlichen Dienst, 13, 20, 34.

[418] Vgl. **Beyer, H./Nutzinger, H.G.**: Erwerbsarbeit und Dienstgemeinschaft, 58-63. - Dort findet sich eine genauere Darstellung der arbeitsrechtlichen Bestimmungen in kirchlichen Einrichtungen.

Genese gerade durch ihre Spezifika von anderen sozialen Größen unterscheidet und so ihr Selbstverständnis profiliert. Dennoch sind Proprium und Konstitutivum nicht einfach deckungsgleich. So bilden z.B. manche Formen der Frömmigkeitspraxis ein Proprium der christlichen Kirchen, das in anderen Religionen so nicht zu finden ist. Sie sind aber nicht zugleich konstitutiv in dem Sinn, daß die christlichen Kirchen ohne sie nicht christliche Kirchen wären. Umgekehrt gibt es Elemente der Kirchenpraxis, z.B. die regelmäßige Zusammenkunft von Gläubigen und die darin als real erfahrbare Wirklichkeit zum Ausdruck kommende Gemeinschaft der Kirchenmitglieder untereinander, die auch in anderen Religionsgemeinschaften zu finden sind, ohne die sich aber auch die christlichen Kirchen nicht als christlich identifizieren könnten, die also konstitutiv, wenn auch nicht spezifisch sind. Die Propriumsfrage erweist sich als der Keim der Anfälligkeit von Kirchenmitgliedern für das Ansinnen, alles mögliche "Spezifische" zum unverzichtbaren Konstitutivum zu erheben, darüber aber gerade das für die Kirche und den Glauben wirklich Konstitutive aus den Augen zu verlieren. Symptomatisch dafür ist z.B. das unstimmige Gewichtungsverhältnis, in welchem in manchen Kirchenkreisen etwa die Kultivierung einer emphatischen Marienfrömmigkeit einerseits und das Bemühen um eine realistische Wahrnehmung der alltäglichen Lebenszusammenhänge der Menschen andererseits oder auch die Sorge um den ästhetisch fehlerlosen Vollzug der Liturgie einerseits und das Bemühen um eine hinreichende Kompetenzaneignung für eine seelsorgliche Beratungstätigkeit andererseits zueinander stehen. Die Propriumsfrage suggeriert die Möglichkeit, das Konstitutivum christlicher Existenz in einem Katalog *kirchen*spezifischer, d.h. dem kirchenamtlichen und -institutionellen Binnenbereich zugeschriebener, Verhaltens- und Handlungsnormen verobjektivieren zu können, und lenkt dadurch von der Einsicht ab, daß sich die christliche Existenz in der individuellen Gestalt der Nachfolge Jesu Christi in der alltäglichen Existenz der Menschen, d.h. eben auch in deren "profanem" Wirken, konstituieren muß. Mit der auf kirchliche Spezifika fixierten Propriumsfrage läßt sich "allenfalls eine klarer kirchlich firmierte, aber keine klarer christlich profilierte Diakonie gewinnen. Ja, der scheinbare Zugewinn an kirchlicher Firmierung ginge zu Lasten ihres christlichen Profils"[419].

Die Identifikation von Proprium und Konstitutivum bildet also eine fatale Verwechslung der sichtbaren kirchlichen Spezifika mit dem in der je individuellen und gemeinschaftlichen Existenz der Menschen verwurzelten christlichen Konstitutivum. "Die Frage nach dem Proprium des Christen in der sozialen Arbeit kann nicht in dem Sinne gestellt werden, daß der Christ durch sichtbare Unterscheidungsmerkmale gegenüber anderen seiner eigenen Frömmigkeit und Gotteszugehörigkeit gewiß werden möchte. Sie stellt sich für ihn jedoch als Frage, woran sich für ihn im Lichte des biblischen Zeugnisses sein Glaubensvollzug entscheidet. Die Bibel bezeugt, daß sich auch der Gottesfeind auf Gott, der Antichrist auf Christus, der Lügner auf die Wahrheit berufen kann. ... Der Kampf zwischen wahren und falschen Propheten und Theologen, zwischen wahrem und falschem Gottesdienst in der Bibel zeigt, daß sich unser Glaube nicht an bestimmten theologischen Inhalten, Prinzipien, Gesetzen oder Strukturen entscheidet, sondern im

---

419 **Knobloch, S.**: Ist die Kirche in Deutschland Anwalt der Armen?, 226.

und am Vollzug selbst, in dem sich die helfende Beziehung Gottes zur Welt in Jesus Christus auch in unserem Leben, Tun und Reden realisiert."[420] In der konkreten je individuellen wie gemeinschaftlichen Existenz, in der Menschen in Authentizität und Verantwortung durch ihre Zuwendung zu anderen Menschen bewußt oder unbewußt die helfende Zuwendung Gottes zum Menschen abbilden, ist das Konstitutivum der christlich-kirchlichen Diakonie als *christlich-kirchlicher Diakonie* zu suchen und nicht im "Spezifischen", in dem, was zu dieser "normalen" Existenz hinzukommt.

4.2.4.3.2 Verkündigungsrelevanz?

Es besteht kein Zweifel daran, daß die Verkündigung einen auf Jesus Christus zurückzuführenden konstitutiven Auftrag der Kirche bildet. Doch diese Authentizität und Konstitutivität ist in einem gewiß nicht geringeren Maße auch für die Diakonie an sich, für die Lebensmöglichkeiten eröffnende Hilfe für Notleidende, zu reklamieren. Die Bestimmung des Propriums der Diakonie in Form der Behauptung bzw. der Einforderung ihrer Verkündigungsrelevanz birgt also die unübersehbare Bedenklichkeit in sich, daß damit implizit behauptet wird, die diakonische Praxis an sich hätte eigentlich (noch) keine eigenständige, ausreichende und authentische christliche Qualität, wogegen die Verkündigung in Gestalt der Vermittlung von Lehrinhalten, moralischen Normen und kirchendisziplinären Anforderungen der wertvollere Erfolg wäre. Eine derartige Hierarchie der Praxisformen, welche die Diakonie Zwecken außerhalb ihrer selbst unterordnet, ist nicht haltbar. "Wenn wir Jesus betrachten, so entdecken wir, daß er diese Spaltung nicht vorgenommen hat. Sein 'Kerygma', wie seine Botschaft genannt wird, war nicht nur verbal; es bewahrheitete sich in seinen Wundern, denn das verheißene Heil münzte sich konkret und direkt in Heilung um."[421] Mit diesem Zitat ist bereits etwas angedeutet, was bei der Rückfrage nach der Praxis Jesu (s. 7.2) ausführlicher dargelegt werden soll: Der Blick auf Jesus bringt eine Umkehrung der Frage nach der Verkündigungsrelevanz der Diakonie. Die Rede vom Heil muß sich in konkreter Heilung zum Wohl des Menschen bewahrheiten; nur als die Verwirklichung konkreter Heilung in den Lebensverhältnissen der Menschen ist die Rede vom Heil Gottes eine *wahre* Rede. Die Verkündigung muß sich in der Diakonie bewähren. Einzufordern ist die Diakonierelevanz der Verkündigung - und auch der anderen Vollzüge sogenannter "spezifisch kirchlicher" Praxis.

---

[420] **Hollweg, A.**: Diakonie und Caritas, 510 f.

[421] **Kohler, M.E.**: Kirche als Diakonie, 38.

4.2.4.3.3 Transzendenzbezug?

An dem Gedanken, daß die Diakonie in einer irgendwie gearteten Bezugnahme auf den christlichen Gott gedeutet und konzipiert wird, ist festzuhalten, will man nicht in Kauf nehmen, die Idee einer christlichen Diakonie als solcher aufzulösen. "Denn was ist eine kirchliche Einrichtung anderes als - im Glücksfall - ein Ort des Vor-Kommens Gottes in dieser Welt, ein Ort, an dem verborgen seine Herrlichkeit aufleuchtet, sein Reich anbricht?"[422] Aber auch diese scheinbar so selbstverständliche, eingängige Propriumsbestimmung ist nicht unbedenklich. Die Vehemenz, mit der sie Richard Völkl vertreten hat, mag noch zu erklären sein als Indiz für den Rechtfertigungsdruck, dem er bei seinem verdienstvollen Bemühen ausgesetzt war, die Vorstellung von der Diakonie als einem eigenständigen Grundvollzug der Kirche überhaupt zu etablieren. Betrachtet man aber die Propriumsbestimmung des Transzendenzbezugs unabhängig von einer solchen kontextuellen Bedingtheit, dann erweist sie sich zumindest anfällig für eine Desavouierung des Nicht-Transzendenten, des Humanen. Wenn göttliches Heil dem menschlichen Wohl gegenübergestellt wird, dann läuft die Betonung der Heilsrelevanz der Diakonie Gefahr, im Gegenzug und mit gleichem Nachdruck die Sorge um das Wohl des Menschen in seiner irdischen Existenz als entsprechend weniger wichtig darzustellen.[423] Wenn es als Proprium der Diakonie gegenüber nichtchristlichen Hilfeformen gilt, daß sie "eben nicht nur Hilfen in irdisch-materiellen, sondern auch in geistig-personalen, die ... Lebenssinnfrage betreffenden und insofern auch religiösen Nöten"[424] umfaßt, dann besteht die Gefahr, daß diese Propriumsbestimmung dahingehend interpretiert wird, daß der Kampf gegen materielle Not und die Sorge um die psychisch-körperliche Unversehrtheit des Menschen als sekundär, im Grenzfall eventuell sogar als vernachlässigbar zu erachten wären. Auf diesem Hintergrund zeigt sich die Bedenklichkeit der Propriumsbestimmung durch einen Transzendenzbezug: Sie ist anfällig für eine dualisierende Abwertung des Leiblich-Irdischen.

In einer nochmals potenzierten Form zeigt sich die Problematik der Betonung des Transzendenzbezugs als Propriumsbestimmung der Diakonie dann, wenn die Abwertung des Leiblich-Irdischen auch auf die Menschen übertragen wird, die - sei es als Notleidende, sei es als Helfende - in einem signifikanten Zusammenhang mit der Sorge um die leiblich-irdische Existenz stehen. Es besteht die Gefahr, daß durch die Betonung des Transzendenzbezugs - und zwar im Sinne eines fehlgeleiteten Verständnisses als einer dualistischen Diesseitsverneinung - die Menschen, welche aufgrund ihrer Notlage vorrangig nach einer Verbesserung ihrer psychischen, physischen oder materiellen Lebensverhältnisse streben, und die Menschen, die sich vorrangig für das Wohl der

422 **Zerfaß, R.**: Lebensnerv Caritas, 174.

423 Richard Völkl selbst sieht diese Gefahr wenn er (selbst-)kritisch fragt: "Bedeutet das [sc. die Betonung des jenseitigen Heils - H.H.] nun eigentlich eine Abwertung oder nicht vielmehr eine Aufwertung mitmenschlichen Engagements durch ein wiederum spezifisches 'eschatologisches' Motiv?" (**Völkl, R.**: Spezifisch christlicher Dienst am Nächsten, 256 f.).

424 **Völkl, R.**: Spezifisch christlicher Dienst am Nächsten, 258.

Mitmenschen in deren konkreter, alltäglicher Existenz einsetzen, in ihrem christlich-kirchlichen Stellenwert zurückgedrängt werden hinter diejenigen Menschen, die für sich eine vorrangige Orientierung an einem "jenseitigen", über die Belange existentiellen Wohlergehens hinausreichenden Heil behaupten. In dieser Färbung wird die Propriumsbestimmung des Transzendenzbezugs zur Arroganz, und das Selbstverständnis einer derart spezifizierten Diakonie bekommt den Anklang des "Besser-als-die-anderen-Seins". Ein solches Selbstverständnis konstituiert nicht, sondern destruiert diakonische Beziehungen. Denn "viele Menschen, die in sozialen Berufen tätig sind, ohne sich zur Kirche zu zählen, haben summarische Urteile von Christen als ungerecht empfunden; die Geringschätzung ihrer Arbeit hat sie verletzt."[425] Eine Bezugnahme auf den Gott, der die Welt erschaffen, die Welt und den Menschen in seiner Existenz *in* der Welt bejaht hat, kann schlechterdings nicht die Abwertung der existentiell-irdischen Lebenssorge nach sich ziehen - im Gegenteil: Sie schließt sie aus. Ist diese Vorgabe akzeptiert, dann fällt auch folgendes Eingeständnis leichter: "Wir Christen sind ja nicht die einzigen, die sich den Mitmenschen zuwenden, auch andere helfen und stehen ein. Wir können nicht tun, als besäßen wir das Monopol der Nächstenliebe, als wäre, an uns gemessen, die Solidarität, die sonst noch an den Tag gelegt wird, zweifelhaft, unecht, selbstbezogen ... Die Gefahr besteht, daß wir uns überschätzen und die andern gering achten."[426]

4.2.4.3.4 Die Diffusität der Operationalisierung

In der Erklärung der deutschen Bischöfe zum kirchlichen Dienst aus dem Jahre 1983 wurde eine Ausrichtung der persönlichen Lebensführung der Mitarbeiterinnen und Mitarbeiter kirchlicher Einrichtungen an der Eigenart des kirchlichen Dienstes, an dessen religiöser Dimension, an der katholischen Glaubens- und Sittenlehre bzw. an den Wahrheiten und Werten des Evangeliums gefordert.[427] Bedenklich an dieser Bestimmung ist, daß die konkretisierenden, verbindlichen Aussagen darüber, welche Verhaltens- und Handlungsweisen der Mitarbeitenden als der Eigenart des kirchlichen Dienstes entsprechend und welche als nicht entsprechend gelten, weder in der genannten Erklärung noch an einer anderen Stelle erfolgt sind und so für die Betroffenen nur indirekt und im Nachhinein aus der jeweils praktischen Handhabung zu erschließen waren. Eine verbindliche Klärung der Rechtslage, daran anschließend eine Berechenbarkeit der Anwendung von Bestimmungen und die Möglichkeit, sich im Konfliktfall unter Berufung auf die Rechtslage gegen bestimmte Vorgehensweisen der Arbeitgeber zu wehren, waren damit auf seiten der Mitarbeitenden kaum gegeben.
Diesen - nicht nur arbeitsrechtlichen - Mangel beseitigt offensichtlich auch nicht die neue, am 1. Januar 1994 in Kraft getretene "Grundordnung des kirchlichen Dienstes im

---

425 **Kohler, M.E.**: Kirche als Diakonie, 22.

426 Ebd. 20.

427 Vgl. **Sekretariat der Deutschen Bischofskonferenz (Hg.)**: Erklärung zum kirchlichen Dienst, 4/6.

Rahmen kirchlicher Arbeitsverhältnisse"[428]. Gegenüber der Ordnung von 1983 besteht hier zwar ein unzweifelhafter Fortschritt darin, daß man eine automatische, rigorose, den Einzelfall nicht berücksichtigende Handhabung der Kirchlichkeitskriterien bzw. der Dienstverhältnisnormen zu überwinden versucht und im Sinne einer gestuften Loyalitätspflicht der Mitarbeitenden je nach dem Grad ihrer Nähe zur römisch-katholischen Konfession, nach der Eigenart ihrer Tätigkeit und nach ihrer Signifikanz als Repräsentanten kirchlicher Einrichtungen eine gestufte Reaktionsweise der Anstellungsträger bei einschlägigen Dienstverhältniskonflikten verwirklichen will. Angemessenheit und Notwendigkeit einer Kündigung sollen demnach im jeweiligen Einzelfall und nach Erwägung anderer Lösungsmöglichkeiten vom Arbeitgeber überprüft werden, so daß z.B. gemäß Artikel 5, Absatz 3 dieser Grundordnung ausnahmsweise auch bei schwerwiegenden Loyalitätsverstößen von einer Kündigung abgesehen werden kann, "wenn schwerwiegende Gründe des Einzelfalls diese als unangemessen erscheinen lassen"[429]. Aber auch diese Regelungen verbleiben im Regel-Ausnahme-Schema und sind *Kann*-Bestimmungen in der Verfügungsgewalt der Arbeitgeber. Ihre Handhabung hängt von der Einstellung und Einschätzung der jeweiligen Amtsträger und der unmittelbaren Dienstvorgesetzten ab. Sie müssen nicht konsequent, einheitlich und für die Mitarbeitenden verläßlich-berechenbar angewendet werden und können vor allem nicht von den Mitarbeitenden selbst gegebenenfalls zu ihren Gunsten eingeklagt werden. Entsprechend sind die in Artikel 5, Absatz 2 der neuen Grundordnung genannten schwerwiegenden, kündigungsrelevanten Loyalitätsverstöße nur exemplarisch und typisch[430], d.h. sie sind in nicht geklärtem Umfang vom jeweiligen Arbeitgeber nach eigener Maßgabe zu erweitern und zu variieren. Auch in der neuen Grundordnung unterbleibt also eine verbindliche Festlegung von Loyalitätsanforderungen bzw. Kündigungskriterien. Die Operationalisierung der Bestimmungen bleibt diffus. Dabei ist die Grundordnung selbst ein Beleg der von ihr bedingten Diffusität. Sie legt in Artikel 5, Absatz 3, Satz 2 fest, daß bei gewichtigen Gründen auch angesichts schwerwiegender Loyalitätsverstöße ausnahmsweise auf eine Kündigung verzichtet werden kann, während sie unmittelbar vorher in Satz 1 desselben Absatzes eine Weiterbeschäftigung unter diesen Umständen ausschließt. Die Frage, was die "Kündigung" vom "Ausschluß der Weiterbeschäftigung" unterscheide, wird der Deutung durch andere Rechtsinstanzen überlassen[431], gegen die aber im gegebenen Fall wieder die Eigenart des kirchlichen Dienstes und das Selbstbestimmungsrecht der Kirche ins Feld geführt werden könnten.
Es erscheint als unausweichliche Konsequenz solcher Bestimmungen, daß ihre Handhabung Inkonsequenzen und Uneinheitlichkeiten aufweist. Als Inkonsequenz wird es

---

428 Vgl. **Sekretariat der Deutschen Bischofskonferenz (Hg.)**: Erklärung der deutschen Bischöfe zum kirchlichen Dienst, 15-21. Zur Bewertung dieser neuen Grundordnung aus juristischer, insbesondere arbeitsrechtlicher Sicht vgl. **Reuter, D.**: Der neuralgische Dritte Weg.

429 **Sekretariat der Deutschen Bischofskonferenz (Hg.)**: Erklärung der deutschen Bischöfe zum kirchlichen Dienst, 18.

430 Vgl. **Reuter, D.**: Der neuralgische Dritte Weg, 196.

431 Vgl. ebd. 197.

empfunden, daß die Einforderung von Kirchlichkeitskriterien in der persönlichen Lebensführung de facto reduziert worden ist auf Aspekte der Sexualmoral, insbesondere der Ehelehre, daß hingegen andere Aspekte der persönlichen Lebensführung, die durchaus auch einen Bruch gegenüber den Wahrheiten des Evangeliums darstellen, bei der Frage nach der Glaubwürdigkeit des Personals kirchlicher Einrichtungen weitgehend unberücksichtigt bleiben. So muß es z.B. als unstimmig empfunden werden, daß eine Diakonie-Mitarbeiterin mit Kindern, die nach ihrer Scheidung wieder heiratet, die Konsequenzen der katholischen Sittenlehre in Form ihrer Entlassung in einer höchst belastenden Weise zu spüren bekommt, während ein kirchlicher Mitarbeiter, der Mietwohnungen besitzt und sich durch die Veranschlagung der "ortsüblichen" Mietpreise und durch sonstige Bedingungen des Mietverhältnisses an der familien- und kinderfeindlichen Wohnungs-Ökonomie beteiligt, hinsichtlich dieser seiner "persönlichen Angelegenheit" aber nicht angefragt wird, obwohl dieser Aspekt der privaten Lebensführung mindestens ebenso für Außenstehende einsehbar, zu den Wahrheiten des Evangeliums in Widerspruch stehend und somit "ärgerniserregend" ist, wie das von der Wiederverheiratung der Mitarbeiterin behauptet wird. Unstimmig erscheint auch der Usus, daß die disziplinierende Einforderung der Kirchlichkeitskriterien praktisch nur bei rechtlich-strukturell eingebundenen, also bei hauptamtlichen Mitarbeitenden bzw. nur bei Inhabern renommierter Ehrenämter, z.B. Pfarrgemeinderatsvorsitzenden, Anwendung findet, während die Mitwirkung etwa von Wiederverheirateten bei "Werken der Nächstenliebe und Initiativen zur Förderung der Gerechtigkeit"[432], also bei den durchschnittlichen, binnenkirchlich nicht signifikanten diakonischen Ehrenämtern, sogar ausdrücklich gewünscht ist. Der Usus ist zwar erklärbar, weil nur bei rechtlich-strukturell eingebundenen Mitarbeiterinnen und Mitarbeitern die Möglichkeit eines disziplinierenden Zugriffs besteht. Aber es ist zu fragen, warum den Hauptamtlichen grundsätzlich eine höhere Relevanz bezüglich der Propriumstreue zugesprochen wird als den ehrenamtlichen Mitarbeitenden der Diakonie, die ebenfalls mit anderen Menschen zu tun haben und von diesen als Repräsentanten der Kirche wahrgenommen werden.
Diese Diffusität der praktischen Handhabung der Kirchlichkeitskriterien ist nicht etwa deshalb bedenklich, weil eine minuziöse Reglementierung der kirchlichen Praxis, etwa die "konsequentere" Handhabung der Kirchlichkeitskriterien auch bei unscheinbaren Tätigkeiten, wünschenswert wäre. Es ist vielmehr anerkennenswert, daß viele kirchliche Dienstvorgesetzte unter der sogenannten "Erwägung pastoraler Gesichtspunkte" oder auch aufgrund der fachlichen Erfordernisse den darin gegebenen Spielraum zugunsten der Mitarbeitenden nutzen und bei der Gestaltung der Arbeitsverhältnisse bzw. im eingetretenen Konfliktfall das Kriterium der Kirchlichkeit nicht rigoros interpretieren. Bedenklich hingegen ist, daß der durch die Diffusität bewirkte Spielraum ausschließlich auf seiten der kirchlichen Arbeitgeber und Vorgesetzten, nicht aber auch im Verfügungsbereich der Mitarbeiterinnen und Mitarbeiter gegeben ist. Die diffuse Handhabung und die dadurch verursachten Unwägbarkeiten machen es den Mitarbeiterinnen und

---

[432] **Sekretariat der Deutschen Bischofskonferenz (Hg.)**: Apostolisches Schreiben *Familiaris Consortio*, 87.

Mitarbeitern nicht nur schwer, die Sachlage einzuschätzen und sich auf ihre rechtliche Situation einzustellen. Es wird ihnen auch verunmöglicht, die verbindliche Einhaltung von Kriterien der Kirchlichkeit und Christlichkeit, näherhin die grundsätzlich konstatierte Freiheit bezüglich der Reaktion auf Loyalitätsverstöße, ihrerseits dort einzuklagen, wo sie zu ihren Gunsten und gegen die Interessen der Anstellungsträger und kirchenamtlichen Instanzen interpretiert werden müßte, bzw. sich überhaupt gegenüber dem Vorwurf der Nichtkirchlichkeit oder Nichtchristlichkeit angemessen zu verteidigen. Die Mitarbeitenden sind einseitig von der Handhabung der Kirchlichkeitskriterien ausgeschlossen. Die Diffusität manifestiert also zusätzlich die Abhängigkeit der Mitarbeiterschaft. Handhabungen zugunsten des jeweils betroffenen Mitarbeitenden können nämlich von diesem selbst nur als domestizierende, bevormundende Milde des Vorgesetzten, nicht aber als gleichberechtigte Mitgestaltung des Arbeitsverhältnisses oder als Eröffnung eines Freiraums der selbständigen Ausgestaltung eines aus beruflicher Tätigkeit und persönlicher Lebensführung bestehenden Selbstkonzeptes empfunden werden. Mit Recht fragt deshalb Rolf Zerfaß: "Ist der Interpretationsspielraum der Dienstgeberseite dann nicht ungebührlich hoch? Stellt die milde Handhabung von Gesetzen, die jederzeit strenger praktiziert werden können, nicht eine besonders sublime Form der Machtausübung dar?"[433]

4.2.4.3.5 Die Einseitigkeit der Definitionsmacht

Bei der Einforderung des christlich-kirchlichen Propriums der Diakonie erscheint meist die abstrakte Größe "Kirche" als das kollektive "Subjekt" dieser Einforderung. So heißt es in der neuen Erklärung der deutschen Bischöfe zum kirchlichen Dienst aus dem Jahre 1993: "Die Kirche muß ... an ihre Mitarbeiterinnen und Mitarbeiter Anforderungen stellen, die gewährleisten, daß sie ihren besonderen Auftrag glaubwürdig erfüllen können."[434] Diese Sprachregelung ist insofern unstimmig, als sie den Eindruck vermittelt, daß auch die inhaltliche Bestimmung des Propriums in Form der Kirchlichkeitskriterien durch *die Kirche* geschehe. Tatsächlich jedoch liegt diese in den Händen der Dienstvorgesetzten, der mit Lehrautorität ausgestatteten Amtsträger und der Theologinnen und Theologen, die sich aufgrund kirchenamtlicher Beauftragung oder aus persönlichem Interesse in dieser Frage engagieren. Insbesondere bei der Definition des Propriums der Diakonie bleiben hingegen die Erfahrungen, die Bedürfnisse, das Wissen - theologisch formuliert: der Glaubenssinn - der Diakoniemitarbeitenden und vor allem der Notleidenden, die alle durchaus auch und in nicht geringerem Maße als die Amtsträger *Kirche* sind, weitestgehend unberücksichtigt. Die Menschen selbst, die von dem Kontext, für den das Proprium definiert wird, unmittelbar betroffen sind, werden als Subjekte des Definitionsprozesses ausgeblendet. Die Definitionsmacht ist einseitig

433 **Zerfaß, R.**: Lebensnerv Caritas, 169.

434 **Sekretariat der Deutschen Bischofskonferenz (Hg.)**: Erklärung der deutschen Bischöfe zum kirchlichen Dienst, 9.

verteilt zuungunsten der unmittelbar betroffenen Mitarbeitenden und Notleidenden. Damit ist die Rede von *der Kirche* als dem Subjekt der Propriumsbestimmungen in zweifacher Weise unstimmig. Sie suggeriert einen Konsens der Meinungsbildung zum Verständnis dessen, was das Proprium der Diakonie sei, den es so nicht gibt. Vielmehr werden die durchaus bestehenden Meinungsdifferenzen verschleiert. Zum anderen überdeckt sie, daß ein großer Teil der Kirche, die Mitarbeitenden und Notleidenden, eben nicht Subjekte der vorgenommenen Propriumsbestimmungen sind. In ihr liegt eine ekklesiologisch unzulässige Identifizierung der Kirche mit einem kleinen Teil ihrer Mitglieder, eben mit den Dienstvorgesetzten und den mit Lehrautorität ausgestatteten Amtsträgern, vor. Beispielhaft läßt sich diese Identifizierung bei Heinrich Pompey beobachten: Er beschreibt die Konflikte in Zusammenhang mit der Propriumsfrage als "ein existentielles Problem für die Mitwirkenden wie für die Kirche"[435] und formuliert unmittelbar daran anschließend: "diese und andere Konflikte zwischen Mitarbeiter/-innen und Dienstgeber"[436]. Unübersehbar ist in dieser Parallelität die Kirche mit den "Dienstgebern" identifiziert und den Mitarbeitenden der Diakonie gegenübergestellt. Im Rahmen einer solchen Fixierung des Kirchenverständnisses auf Amtsinstanzen ist es ihm möglich, in seinem 32 Spalten umfassenden Beitrag zum Profil der Caritas über die Propriumsbestimmung der kirchlichen Diakonie zu räsonieren, ohne auch nur an einer einzigen Stelle darauf einzugehen, welche Implikationen sich aus der Perspektive der Notleidenden selbst für diese Frage ergeben.

4.2.4.3.6 Der ideologische Charakter der "Dienstgemeinschaft"

Die Rede von der "Dienstgemeinschaft" erweist sich in der Realität des Alltagsbetriebs diakonischer Einrichtungen als eine ideologische Formel. Ideologisch ist das Theorem in dem Sinn, daß gerade der Sachverhalt, den es zu klären vorgibt, nämlich die Arbeitssituation von Mitarbeiterinnen und Mitarbeitern in kirchlichen Einrichtungen, durch seinen Gebrauch verschleiert und einer für alle Beteiligten akzeptablen Klärung entzogen wird. Diese Paralysierung zeigt sich auf mehrfache Weise.
Zum einen wird die Arbeitssituation in kirchlichen Einrichtungen idealistisch überhöht. Zu den Grundlagen des Theorems gehört nämlich die Annahme, daß es in kirchlichen und speziell diakonischen Einrichtungen "keine Spannungen wie etwa in der weltlichen Wirtschaft zwischen Kapital und Arbeit, zwischen Unternehmer und Arbeiter gibt"[437]. Die Vermeidung der Bezeichnung "Arbeitgeber" bzw. "Arbeitnehmer" und die stattdessen gebrauchte Formulierung "Dienstgeber" bzw. "Dienstnehmer" ist die terminologische Variante der idealistischen Negation tatsächlicher Interessengegensätze zwischen kirchlichen Arbeitgebern und Arbeitnehmenden und kann angesichts der realen Gege-

435 **Pompey, H.**: Das Profil der Caritas, 18.

436 Ebd.

437 **Klein, F.**: Katholische Caritas im Normensystem sozialer Hilfen, 392.

benheiten nur als unvertretbare, illusionäre Konfliktverdrängung bezeichnet werden.[438] Die Mitarbeiterinnen und Mitarbeiter in kirchlichen Einrichtungen erleben nämlich in ihrem Arbeitsalltag keineswegs Jesus Christus als den "eigentlichen", "letztlich entscheidenden", "höheren Dienstherrn"[439], sondern eben ihren tatsächlichen jeweiligen Anstellungsträger oder Vorgesetzten als *Arbeitgeber*.[440] Wie in allen anderen Arbeitszusammenhängen, die durch Über- und Unterordnung der beteiligten Personen, durch Weisungsberechtigung der einen und Befolgungspflicht der anderen stukturiert sind, ist auch in kirchlichen Einrichtungen der Alltagsbetrieb geprägt von Auseinandersetzungen um Arbeitszeiten, Arbeitsbedingungen, fachliche oder rechtliche Kompetenzen, Zielvorstellungen, Handlungsmaximen und vieles andere mehr. Es tut der Eigenart kirchlicher Einrichtungen keineswegs einen Abbruch, *daß* es so ist. Aber es ist nicht zu verantworten, solche unweigerlich gegebenen Bedingungen auszublenden und dann aus dem so entstandenen idealisierten Bild normierende Maximen für die Gestaltung der kirchlichen Arbeitsverhältnisse abzuleiten.
Zum zweiten zeigt sich der ideologisierende Charakter des "Dienstgemeinschaft"-Theorems in dessen Funktion, die Mitarbeitenden mit Normierungen zu belegen, an deren Definition sie selbst nicht mitgewirkt haben, die ihnen oftmals nicht in ihren eigentlichen Konsequenzen bewußt sind, die ihre Ausgangsposition als Arbeitnehmende bzw. -suchende weitgehend ausblenden, die aber auch ihrem korrigierenden Zugriff entzogen sind. Oswald von Nell-Breuning hat diese Zusammenhänge einer scharfen Kritik unterzogen und dabei nachgewiesen, daß das "Dienstgemeinschaft"-Theorem Implikationen für die kirchlichen Arbeitsverhältnisse in sich birgt, die dem Rechtsempfinden von Arbeitnehmenden heute, aber auch der Verantwortung von Arbeitgebenden und Anstellungsträgern, gerade auch von solchen, die sich auf christliche Maximen berufen, widersprechen.[441] Für Oswald von Nell-Breuning sind mit dem Gedanken der "Dienstgemeinschaft" in Form des Anspruchs der Totalidentifikation Bindungen impliziert, die dem heutigen Arbeitsleben und dem Selbstverständnis von Arbeitnehmerinnen und Arbeitnehmern fremd sind. Entscheidend ist, daß die Überlegung, ob die kirchlichen Einrichtungen nur der "Dienstgemeinschaft"-Idee gerecht werdende Mitarbeiterinnen und Mitarbeiter einstellen sollen bzw. wie sie es bewerkstelligen können, daß nur solche eingestellt werden, im Grunde obsolet ist, da die kirchlichen Einrichtungen selbst in Gestalt ihrer faktischen Einstellungspraxis Verhältnisse geschaffen haben, in denen die hohen Ansprüche der "Dienstgemeinschaft"-Idee einfach keine uneingeschränkt normierende Relevanz mehr haben können. Dies ist nicht etwa deswegen so,

---

438 Für Oswald von Nell-Breuning ist diese Prämisse ein "schöner Wunschtraum" (**Nell-Breuning, O.v.**: Kirchliche Dienstgemeinschaft, 710).

439 Vgl. **Herr, T.**: Die kirchliche Dienstgemeinschaft, 446.

440 Auch in der nichtkirchlichen sozialwissenschaftlichen Sichtweise firmieren folglich die Kircheninstitutionen als *Arbeitgeber*, weil sie eben hinsichtlich der von ihnen getragenen Arbeitsverhältnisse diese und keine andere Funktion wahrnehmen (vgl. **Schäfers, B.**: Gesellschaftlicher Wandel in Deutschland, 305).

441 Vgl. **Nell-Breuning, O.v.**: Kirchliche Dienstgemeinschaft. - Die folgenden Ausführungen basieren auf diesem Aufsatz.

weil in der Einstellungspraxis einzelne Versehen unterlaufen oder fachbedingte Ausnahmen notwendig geworden wären. Vielmehr hat man sich auf seiten der kirchlichen Einrichtungen mit der grundsätzlichen Entscheidung als solcher, Arbeitnehmer und Arbeitnehmerinnen in Lohnarbeitsverhältnisse einzustellen, in eine Struktur der Arbeitsorganisation hineinbegeben, von der man sich Vorteile erhofft, deren spezifische Bedingungen man dann aber auch akzeptieren muß. Diese Bedingungen des Lohnarbeitsverhältnisses sind nun aber mit der disziplinierenden Einforderung aller mit der "Dienstgemeinschaft" implizierten Anforderungen nicht mehr vereinbar. Denn "nachdem die Kirche sich darauf eingelassen hat, Arbeitnehmer im Lohnarbeitsverhältnis einzustellen, muß sie auch alle rechtlichen Folgen, die das Lohnarbeitsverhältnis mit sich bringt oder nach sich zieht, gegen sich gelten lassen. Alle diese rechtlichen Folgen zählen - darüber besteht unbestrittene Einigkeit - zu den 'für alle geltenden Gesetzen', denen gegenüber die Kirche sich nicht auf ihre grundgesetzlich gesicherte Befugnis berufen kann, 'ihre' (eigenen) Angelegenheiten selbständig zu regeln."[442] Genau dem läuft aber die Intention des "Dienstgemeinschaft"-Theorems, von nichtkirchlichen Arbeitsverhältnissen abweichende arbeitsrechtliche Bestimmungen gegen die Interessen der Arbeitnehmerinnen und Arbeitnehmer zu legitimieren, entgegen. Das bedingt eine gravierende Inkonsequenz: Das "Dienstgemeinschaft"-Theorem beruft sich einerseits auf die Privatautonomie zur Begründung und Regelung von Dienstverhältnissen[443] und beansprucht die Verbindlichkeit des individuellen Arbeitsrechts, hier des partikularen Arbeitsrechts der kirchlichen Einrichtungen, lehnt aber andererseits die Gültigkeit zumindest von Teilen des allgemeingültigen Arbeitsrechts ab. Damit ist gemeint: Die kirchlichen Einrichtungen bedienen sich der individual-arbeitsrechtlichen Form des Arbeitsvertrages, den sie jeweils in Hinblick auf die einzelne Mitarbeiterin oder den einzelnen Mitarbeiter abschließen und in dem sie ihre partikularen Arbeitsbedingungen festlegen. Mit dem Argument, in kirchlichen Einrichtungen gäbe es keine antagonistischen Gegensätze zwischen "Dienstgebern" und "Dienstnehmern", werden jedoch z.B. die allgemein-arbeitsrechtlichen Formen des Tarifvertrags oder des Streiks für den kirchlichen Arbeitsbereich negiert. In einem Tarifvertrag würden arbeitsrechtliche Bestimmungen, insbesondere die materiellen Arbeitsbedingungen, von einer den einzelnen Vorgesetzten und Anstellungsträgern gegenüber unabhängigen Mitarbeitervertretungsinstanz (Gewerkschaft) in Auseinandersetzung mit jenen und in einer für die jeweilige Gesamtgruppe von Mitarbeiterinnen und Mitarbeitern geltenden Verbindlichkeit ausgehandelt. Der Streik wäre die Form des in Artikel 9, Absatz 3 des Grundgesetzes verbürgten Arbeitskampfes als rechtmäßiges Mittel der Durchsetzung bzw. Wahrung von Arbeitsbedingungen zugunsten der Arbeitnehmenden.[444] Das binnenkirchliche Arbeitsrecht unterscheidet sich also vom außerkirchlichen de facto dadurch, daß es eine "*ein*seitige Regelung von oben herab ... [darstellt, der] die *zwingende* Kraft

---

442 Ebd. 709.

443 Vgl. **Sekretariat der Deutschen Bischofskonferenz (Hg.)**: Erklärung der deutschen Bischöfe zum kirchlichen Dienst, 7.

444 Vgl. **Reuter, D.**: Der neuralgische Dritte Weg, 198.

des Tarifvertrags abgeht; infolgedessen bleibt es möglich, für den Arbeitnehmer ungünstigere Bedingungen im Einzelarbeitsvertrag festzulegen oder, was noch schlimmer ist, zum Nachteil der Rechtssicherheit überhaupt keine klare und eindeutige Regelung zu treffen, was den Arbeitnehmer der Gefahr willkürlicher Behandlung aussetzt."[445] Für Dieter Reuter stellt deshalb die Ablehnung von Tarifverträgen in der neuen Grundordnung für den kirchlichen Dienst[446] einen Verstoß gegen Artikel 9 des Grundgesetzes dar, wonach den Gewerkschaften die Fähigkeit zur Durchsetzung von Tarifverträgen für ihre Mitglieder nicht genommen werden darf.[447] Die arbeitsrechtlichen Kommissionen, die im kirchlichen Bereich mit der Aushandlung der arbeitsrechtlichen Bestimmungen betraut sind, können zudem nach Oswald von Nell-Breuning kaum als Äquivalent einer eigenständigen Struktur bzw. Instanz der Arbeitnehmervertretung angesehen werden.[448] Diese Kommissionen werden zunächst von der "Basis" der Mitarbeitenden selbst nicht als ihre Vertretung, sondern als Vertretungsinstrument der gehobeneren, etablierten Mitarbeiterschaft empfunden - was freilich auch auf manche Gewerkschaften zutrifft. Darüber hinaus sind sie vor allem deshalb kein Ersatz der Interessenvertretung, weil ihr Berufungs- und Wahlmodus Kommissionsmitglieder zusammenführt, nämlich vom Generalvikar zu berufende Vertreter der "Dienstgeber" und gewählte Mitarbeitervertreter[449], die alle aus demselben Dienstbereich, nämlich einer Diözese, kommen. Somit sollen Kommissionen über die arbeitsrechtliche Gestaltung der kirchlichen Arbeitsverhältnisse bestimmen, deren Mitglieder selbst zueinander im Verhältnis von "Dienstgebern" und "Dienstnehmern" stehen - die einen als Delegierte des Generalvikars, die anderen als Weisungsgebundene des Generalvikars. Die Mitarbeitervertreter sitzen in den Kommissionen also ihren eigenen Vorgesetzten gegenüber. Unter diesen Bedingungen läßt es sich nicht vermeiden, daß die Vertretung der Mitarbeiterinteressen vom Wissen um die jeweils eigene Abhängigkeit überlagert ist bzw. von den Vorgesetzten selbst bereits in der Kommissionsarbeit mit dem Hinweis auf ihre Weisungsberechtigung im jeweiligen Dienstverhältnis domestiziert wird. Zudem nehmen die Vertreter der "Dienstgeber" zugleich die Rolle der Protagonisten derjenigen Bestimmungen ein, die aus den vorgegebenen Kriterien der Kirchlichkeit abgeleitet werden, die aber mit der Autorität theologisch-lehramtlicher Gültigkeit belegt und so für die gestaltende Mitwirkung der Mitarbeiterinnen und Mitarbeiter nicht zugänglich sind. Diese Zusammenhänge haben zur Folge, daß die Mitarbeiterinnen und Mitarbeiter kirchlicher Einrichtungen von der Gestaltung ihrer Arbeitsbedingungen in Wirklichkeit tendenziell

---

445 **Nell-Breuning, O.v.**: Kirchliche Dienstgemeinschaft, 708.

446 Vgl. **Sekretariat der Deutschen Bischofskonferenz (Hg.)**: Erklärung der deutschen Bischöfe zum kirchlichen Dienst, 20.

447 Vgl. **Reuter, D.**: Der neuralgische Dritte Weg, 199.

448 Vgl. **Nell-Breuning, O.v.**: Kirchliche Dienstgemeinschaft, 710, Anmerkung 3.

449 Vgl. **Sekretariat der Deutschen Bischofskonferenz (Hg.)**: Arbeitsvertragsrecht in der Kirche, 18 f.

ausgeschlossen sind bzw. nur in domestizierter Form daran teilnehmen können.[450] Verstärkt wird die prekäre arbeitsrechtliche Lage für das Personal kirchlicher Einrichtungen nach Oswald von Nell-Breuning zusätzlich dadurch, daß man trotz der Festschreibung von Kirchlichkeitsklauseln in Arbeitsverträgen bei vielen Arbeitsverhältnissen nicht von einer wirklichen Einwilligung der Arbeitnehmerinnen und Arbeitnehmer in die Implikationen der "Dienstgemeinschaft" sprechen kann. Die übliche allgemeine Klausel bei Ausschreibungen und Verträgen, daß von der jeweiligen Mitarbeiterin oder dem jeweiligen Mitarbeiter die Bereitschaft zur Identifikation mit den Werten und Zielen der (jeweiligen) Kirche erwartet wird, ist eine höchst interpretationsbedürftige Formulierung. Sie ist zumindest bei einem nicht fachtheologisch ausgebildeten Bewerberkreis als Darlegung der Bedingungen eines derartigen kirchlichen Arbeitsverhältnisses nicht ausreichend. Es ist deshalb zweifelhaft, ob der Abschluß eines solchen Vertrages auch als bewußte, umfassende Einwilligung in diese Bedingungen verstanden werden kann. Selbst dezidierte Vertreter des "Dienstgemeinschaft"-Theorems kritisieren deshalb die momentane Einstellungspraxis - freilich aus ihrer Perspektive und mit ihren Aussageintentionen.[451]
Es wäre allerdings höchst fragwürdig, die Konfliktvermeidung bzw. -lösung darin zu suchen, daß in Zukunft die Kirchlichkeitskriterien der "Dienstgemeinschaft" - vorausgesetzt, sie wären überhaupt geklärt - von Anfang an, also mit der ersten Begegnung zwischen Vorgesetzten und Mitarbeitenden, detailliert und kontinuierlich formuliert werden. Dieser Ansatz würde genau eine entscheidende Bedingung auf der Seite der Mitarbeiterinnen und Mitarbeiter übersehen: Diese nämlich verstehen sich wie in allen Lohnarbeitsverhältnissen so auch in kirchlichen Einrichtungen - nicht nur, aber zu einem nicht unwesentlichen Teil - einfachhin als Arbeitnehmende, die in ihrer kirchlichen Anstellung eine Möglichkeit sehen, ihren Lebensunterhalt zu verdienen, und dabei berechtigterweise erwarten können, in der Kirche die Freiheiten und Rechte zugrunde legen zu können, die sie auch von den außerkirchlichen Arbeitsverhältnissen her kennen. Wenn diese Einstellung, in der Mitarbeit in kirchlichen Einrichtungen eine Möglichkeit der Lebensunterhaltssicherung zu haben, von "Dienstgeber"-Seite als "Fehlhaltung"[452] und als der kirchlichen Eigenart der Mitarbeit nicht angemessen desavouiert wird, wenn also dem Bedürfnis der Lebensunterhaltssicherung die Legitimität als Beweggrund zum Eintritt in ein kirchliches Arbeitsverhältnis abgesprochen und wenn selbstverständlich vorausgesetzt wird, daß das Arbeitsverhältnis allein von der Identifikations- und Bindungsbereitschaft der Mitarbeitenden gegenüber den vorgegebenen Loyalitätsanforderungen hinreichend getragen sein müsse, dann trägt diese Einschätzung selbst den Charakter der Zynik an sich. Sie verrät nämlich, daß die "Dienstgeber", welche diesen Vorwurf der Fehlhaltung erheben, aus ihrer gesicherten, tendenziell überdurchschnittlich vergüteten und von Unterhaltssorgen nicht belasteten Position

---

450 Vgl. zur kritischen Beurteilung der diesbezüglichen arbeitnehmerfeindlichen Tendenzen des "dritten Wegs" **Reuter, D.**: Der neuralgische Dritte Weg, 199.

451 Vgl. **Pompey, H.**: Das Profil der Caritas, 22.

452 **Klein, F.**: Katholische Caritas im Normensystem sozialer Hilfen, 391.

heraus kein Gespür für das Problem der Existenzsicherung ihrer Mitarbeiterinnen und Mitarbeiter bzw. derer Familien aufbringen.
Angesichts dieser realen Bedingungen auf seiten der Mitarbeitenden erweist sich die Bezeichnung der gesamten Mitarbeiterschaft kirchlicher Einrichtungen als "Dienstgemeinschaft" als "reine Fiktion"[453]. Die Mitarbeiterschaft "als Dienstgemeinschaft behandeln trägt in das Arbeitsverhältnis eines Großteils der Mitarbeiter etwas hinein, worin sie nicht eingewilligt haben, heißt also sie vertragswidrig überfordern"[454]. Eine Zuspitzung dieser Bedenklichkeit erfährt das "Dienstgemeinschaft"-Theorem dort, wo mit ihm Menschen belegt werden, die Schwierigkeiten haben, überhaupt Arbeit zu bekommen. Die bedrückende Erfahrung der Bedrohung der eigenen Lebensgrundlagen macht es verständlich, wenn diese Menschen, falls sie die Chance dazu haben, Arbeitsverhältnisse in kirchlichen Einrichtungen eingehen, auch wenn sie um eventuelle Spannungen zwischen ihrer persönlichen Lebensführung und den Anforderungen der "Kirchlichkeit" wissen. "Solche Arbeitsuchende kraft der Übermacht der Kirche als Arbeitgeberin unter Druck zu setzen, sich einem solchen Gesetz oder solchen Richtlinien zu unterwerfen, stünde im schlagenden Widerspruch zum echten Selbstverständnis der Kirche und zu ihrer Soziallehre."[455]
Zum dritten - nach der Idealisierung der Arbeitsverhältnisse und der Vergessenheit gegenüber dem Mitbestimmungsbedarf bzw. der Ausgangsposition der Mitarbeitenden - zeigt sich der ideologische Charakter der "Dienstgemeinschaft"-Idee in der theologisch etikettierten Tabuisierung der Dienstverhältnisse gegenüber Kritik. Grundlage der "Dienstgemeinschaft"-Idee ist der Gedanke, daß alle Beteiligten, "Dienstnehmer" wie "Dienstgeber", vor jeder Differenzierung gemeinsam im Dienst am Auftrag Jesu Christi stehen. In der tatsächlichen Praxis der kirchlichen Einrichtungen findet diese grundsätzliche Gleichrangigkeit jedoch keine Ratifizierung, zumindest nicht in höherem Maße als in nichtkirchlichen Arbeitsverhältnissen auch. Das Erleben vieler Mitarbeiterinnen und Mitarbeiter in ihrem Arbeitsalltag ist auch in kirchlichen Einrichtungen geprägt von der Wahrnehmung, daß hier viele der Vorgesetzten ihre Übermachtposition bewußt und freudig einsetzen, um ihre Interessen durchzusetzen, und daß sie der Mitarbeiterschaft durchaus deren untergeordnete Position ins Bewußtsein rufen, um die Rollenstruktur zwischen weisungsberechtigten Vorgesetzten und loyalitätsverpflichteten Bediensteten zu stabilisieren. Wiederum ist es nicht so sehr bedenklich, *daß* es so ist. Bedenklich ist vielmehr, daß die Rollenkonstellation zwischen übergeordnetem "Dienstgeber" und

---

453 **Nell-Breuning, O. v.**: Kirchliche Dienstgemeinschaft, 706. - Den gleichen Tenor weist die Kritik von Johannes Busch an der Rede von der "Dienstgemeinschaft" auf. Nach ihm "ist die Gesamtheit der in einer diakonischen Einrichtung beruflich tätigen Mitarbeiter keine 'Dienstgemeinschaft'. Ihre Ordnungen, Regelungen und Gesetze sind säkularer Natur. ... Statt dessen sollte die Kirche die 'Weltlichkeit' der Gesetze und Regelungen, die die arbeits- und dienstrechtlichen Verhältnisse der beruflich tätigen Mitarbeiter ordnen, ernstnehmen und sie so beeinflussen, daß durch sie für die Betroffenen eine gewisse persönliche Freiheit, ein gewisser zwischenmenschlicher Friede und ein gewisses Maß an Menschlichkeit gefördert und gesichert werden." (**Busch, J.**: Dienstgemeinschaft, 105).

454 **Nell-Breuning, O. v.**: Kirchliche Dienstgemeinschaft, 706.

455 Ebd. 707.

abhängigem "Dienstnehmer" zunächst durch die Behauptung einer "Dienst*gemeinschaft*" verschleiert wird, dann aber, z.B. im Konfliktfall, wenn die Über- und Unterordnung doch virulent wird, den Status eines theologischen Postulats zugesprochen bekommt, insofern die Position des kirchlichen Vorgesetzten mit der Autorität des "eigentlichen Dienstgebers" Jesus Christus ausgestattet wird.
Deutlich wird diese Logik an einer Argumentationskette Heinrich Pompeys: Er geht aus von der Prämisse, daß der christliche Glaube und die sich daraus ergebende Lebensgestaltung ihr Maß in Jesus finde. Die Frage, welche Formen des Lebensvollzugs dieser Maßgabe des Willens Jesu entsprechen, sei zwar jedem Gläubigen gestellt, ihre Beantwortung in Form allgemeingültiger, verbindlicher theologischer Entscheidungen geschehe jedoch durch die Festlegungen der Bischöfe. Aus dieser Entscheidungsstruktur ergebe sich, daß alle kirchlichen Handlungsvollzüge, auch die Diakonie, in die hierarchische Organisation eingebunden seien. Wie in Firmen die Vorgesetzten seien in der Kirche die Bischöfe jene zentralen Instanzen, die in der Struktur der Über- und Unterordnung über Vorschriften, Delegationen und Einsetzung von untergeordneten Verantwortungsträgern das Geschehen letztverantwortlich leiten. Die Mitarbeitenden kirchlicher Einrichtungen hätten sich durch den Eintritt in ihr Dienstverhältnis auch diesem hierarchischen Organismus eingefügt. Sie erhielten ihren Sendungsauftrag von der Gesamtheit der Glaubenden, welche in dieser hierarchisch strukturierten Kirchengemeinschaft bestehe. Letztere wiederum sei die Trägerin der jeweiligen Einrichtung und zwar vertreten durch den zuständigen Amtsträger. Wer also in der Kirche arbeitet, handle stellvertretend für die Kirchengemeinschaft, sei in deren hierarchisches Rollengefüge eingebunden und vom Dienstcharakter jeglicher kirchlichen Tätigkeit bestimmt. Das impliziere aber die Verpflichtung der "Dienstnehmer" gegenüber dem "Dienstgeber" (z.B. Bischof, Generalvikar, Dekan, Caritasdirektor), der die Aufsicht innehabe.[456]
Absorbiert von derartigen Hierarchiefixierungen erfährt die Idee des gemeinsamen "In-Dienst-Stehens" aller Beteiligten in der praktischen Ausgestaltung der Dienstverhältnisse jedoch keine auch nur annähernde Entsprechung. Vielmehr wird die Einseitigkeit der Machtverhältnisse in der Gestaltung der Arbeitsverhältnisse als theologisch-ekklesiologische Norm ausgegeben: Die Unterordnung unter die kirchenamtliche Autorität gilt als Einlösung der Dienstbereitschaft gegenüber dem Auftrag Jesu Christi. Damit ist aber das "Dienstgemeinschaft"-Theorem in seinem ideologischen Charakter endgültig entlarvt. Es erweist sich als Instrument, das dienstliche Verhältnis zwischen Vorgesetzten und Arbeitnehmenden in kirchlichen Einrichtungen für kritische Revisionen, Korrekturen, Beschwerden, Rechtsforderungen oder Veränderungsinitiativen auf seiten der Mitarbeiterinnen und Mitarbeiter zu tabuisieren. Die Arbeitnehmenden stehen unter dem Druck, den Status quo ihres Arbeitsverhältnisses nicht in Frage zu stellen, weil jede Kritik als Aufkündigung der Dienstbereitschaft gegenüber dem "eigentlichen Dienst-

---

[456] Vgl. **Pompey, H.**: Das Profil der Caritas, 20 f.

geber" Jesus Christus ausgelegt werden kann.[457]

4.2.4.3.7 Destruktion statt Konstitution von Identität

Die Frage nach dem Proprium diakonischer Einrichtungen steht im Dienste des Versuchs, die Identität solcher diakonischer Einrichtungen als christlich-kirchlicher Einrichtungen zu konstituieren bzw. zu bewahren. Die Selbstverständlichkeit und die Häufigkeit, mit denen in diesem Zusammenhang von der "Identität der Kirche" oder der "Identität der christlichen Einrichtung" gesprochen wird, können nicht darüber hinwegtäuschen, daß die Verwendung des Identitätsbegriffs für kollektive Gebilde oder Institutionen fragwürdig ist, auch wenn sie in Gestalt des Theorems der "Corporate Identity" eine scheinbar unerschütterliche, zumal über den kirchlichen Bereich hinausgreifende Plausibilität erlangt hat. Identität ist das Vermögen der Person, in Konfrontation mit verschiedenen, teils gegenläufigen Erwartungen anderer ein individuell ausgestaltetes Selbstkonzept so verhaltens- und handlungsleitend umzusetzen, daß das Festhalten an eigenen Intentionen gegenüber den Erwartungen anderer Einheitlichkeit (Konsistenz) erlangt, d.h. von den anderen als berechenbar-vertrauenswürdig und von der Person selbst als stabilisierend-stimmig erlebt wird. Identität ist so das Vermögen der Person, mit anderen zu kommunizieren und zu interagieren auf der Basis einer Balance zwischen den Erwartungshaltungen von außen und den eigenen Bedürfnissen, zwischen der nach Integration suchenden Ausrichtung an anderen und der profilierenden Unterscheidung von anderen.[458] Demnach ist die Identität bereits die dynamisch sich wandelnde Verfaßtheit des Menschen, mit der dieser sich auf seine soziale Umwelt und auf die daraus erwachsenden vielfältigen Anforderungen einstellt. Das Wesen der Identität wäre verkannt mit der Annahme, es gäbe auf der einen Seite eine individuelle Identität der je einzelnen Person und auf der anderen Seite eine kollektive Identität eines sozialen Gebildes im Umfeld der Person, welcher sich die Person - will sie in diesem sozialen Gebilde eingebunden sein - erst unter Absehen von der eigenen Identität anpassen müsse. Spricht man in Hinblick auf die Mitarbeitenden der Diakonie von der "Identität der diakonischen Tätigkeit", dann kann diese berufliche Identität - will man keine Identitätsspaltung zur Norm erheben - nur eine Facette oder eine Dimension dieser einen Identität des Mitarbeitenden sein. Die berufliche Identität ist die Zielmarke des Bemühens, in Auseinandersetzung mit den von außen kommenden Erwartungen die eigenen Verfaßtheiten (z.B. Motivationen, Intentionen, Bedürfnisse, Überzeugungen) so in die berufliche Tätigkeit Eingang finden zu lassen, daß sich eine stabile Integration

---

457 Die zwischen evangelischen und katholischen Diakonieinstitutionen geltenden Unterschiede hinsichtlich der einzelnen Kirchlichkeitskriterien ändern nichts daran, daß in beiden Konfessionen die Tabuisierung von Kritik gleichermaßen restriktive Formen annimmt. (Vgl. **Busch, J.**: Dienstgemeinschaft, 97.)

458 Vgl. **Erikson, E.H.**: Identität und Lebenszyklus, 107; **Habermas, J.**: Können komplexe Gesellschaften eine vernünftige Identität ausbilden?, 92 f.; **Krappmann, L.**: Identität, 715; **ders.**: Identität in Interaktion und Sozialisation, 148; **ders.**: Soziologische Dimensionen der Identität, 9.

der beruflichen Anforderungen in das eigene Selbstkonzept entwickeln kann. So wie "Subjekt" ist auch "Identität" ein Attribut der Person und kann höchstens davon abgeleitet in sekundärem, analogem Sinn auf Kollektive bezogen werden.[459] Auch in Kollektiven können es nur die einzelnen Angehörigen sein, die Erwartungen äußern und sich auf Erwartungen einstellen, die das Konzept der Gruppe als Faktor ihres eigenen Selbstkonzepts zur Wirkung kommen lassen müssen, damit es als Gruppenkonzept erkennbar wird.

Genau an dieser Stelle aber zeigt sich eine weitere Problematik der faktischen Handhabung der Propriumsfrage in der Diakonie. Das Proprium der Diakonie wird nämlich eingefordert in Gestalt zusätzlicher, über die beruflichen Kompetenzen hinausgehender Anforderungen an die Mitarbeitenden. Deren Unterstellung unter moralische, lehramtliche Normen erreicht einen hohen Grad der Brisanz, da sich hier disziplinäre Maßnahmen als ständige Möglichkeit des alltäglichen beruflichen wie privaten Lebens abzeichnen und die Gestalt bedrohlicher Konsequenzen, eben des Verlustes der Arbeitsmöglichkeit, annehmen können. Mitarbeiterinnen und Mitarbeiter der Diakonie erfahren, daß ihre Arbeit als solche nicht in ihrer kirchenkonstitutiven Relevanz anerkannt wird, und infolgedessen erfahren sie auch sich selbst nicht qua diakonischer Tätigkeit in die Kirche integriert. Diese Integration muß von ihnen vielmehr auf anderen Feldern, z.B. dem zusätzlichen ehrenamtlichen Engagement in der Gemeinde, erbracht werden. Die Anerkennungswürdigkeit der diakonischen Arbeit wird also abhängig gemacht von Faktoren, die außerhalb dessen liegen, was die Diakonie-Mitarbeitenden als berufliche Kompetenz in die Diakonie einbringen wollen und auch tatsächlich einbringen. Da die diakonische Praxis im Zuge der gängigen Handhabung der Propriumsfrage als Kontext dargestellt wird, in dem das behauptete kirchliche Proprium durch die Nähe zur "bloßen Sozialarbeit" in besonderer Weise gefährdet sei und in dem folglich das Proprium der Kirchlichkeit mit um so deutlicherem Nachdruck eingefordert werden müsse, wird gleichsam unter der Hand ein Bewußtsein kultiviert, wonach die Diakonie und mit ihr die Mitarbeiterschaft sogar von vornherein mit dem Anhauch der defizitären Kirchlichkeit behaftet seien.

---

[459] Vgl. **Zerfaß, R.**: Diakonie als inneres Moment, 145. - Der in dieser Behauptung enthaltene Widerspruch zum Identitätsverständnis von Jürgen Habermas, der "eine die individuellen Lebensgeschichten übergreifende Identität der Gruppe ... [als] Bedingung für die Identität der einzelnen" (**Habermas, J.**: Können komplexe Gesellschaften eine vernünftige Identität ausbilden?, 93 f.) erachtet, kann an dieser Stelle nicht behandelt werden. Es sei nur folgende Überlegung dagegengestellt: Daß für den einzelnen Menschen die Ausbildung von Identität die Zugehörigkeit zu einer Gruppe bzw. die Möglichkeit der Identifikation dieser Gruppe als *eigene* Gruppe, der eigenen Lokalisierung darin und der Unterscheidung von anderen in dieser Gruppe voraussetzt (vgl. ebd. 93), ist einsichtig, da Identität nur im Gegenüber zu anderen Menschen konturiert wird. Es ist aber nicht einsichtig, warum die damit angezeigten Gegebenheiten auf seiten der Gruppe für sich selbst auch den Sachverhalt der Identität darstellen sollen. Vielmehr ist in Anschlag zu bringen, daß die Gruppe insofern für die Identitätsbildung vorauszusetzen ist, als es die anderen Gruppenmitglieder mit ihren Reaktionen und Erwartungen sind, die das "Material" der Identitätsbildung des je einzelnen abgeben. Das Gegenüber der Identität des einzelnen ist also auch bei Berücksichtigung der Gruppeneinbindung nicht die "Identität" der Gruppe, sondern die Identität der jeweils anderen einzelnen Mitglieder der Gruppe.

Das "Sich-abgewertet-Fühlen" wird zum dominierenden Modus des Selbsterlebens von Diakonie-Mitarbeitenden in der Kirche.[460] Die auch innerhalb der Kirche übliche Unterbezahlung sozialer Arbeit ist dann lediglich die praktische Umsetzung der Abwertung von Diakonie-Mitarbeitenden auf der monetären Ebene. Es kommt zur Verdoppelung der Marginalisierung. Damit ist gemeint, daß zusätzlich zum marginalen Stellenwert der Diakonie und zur Randständigkeit der Notleidenden in der Kirche "diejenigen, die von Berufs wegen einen Wesenszug der Kirche realisieren - die diakonische, therapeutische Dimension der Erlösung -, in ihrer Kirche selbst auf eigentümliche Weise abwesend sind, heimatlos, inkognito, eine kirchliche Randgruppe, so wie die Klienten, um die sie sich kümmern, aus den Randgruppen der Gesellschaft kommen. Für das, was sie inhaltlich tun, scheint man sich in der Kirche allenfalls der Kontrolle halber zu interessieren"[461]. Die Mitarbeiterinnen und Mitarbeiter der Diakonie können die Einforderung eines kirchlich-christlichen Propriums ihrer Arbeit nur als einen gegen sie gerichteten, destruktiven Druck empfinden, weil diese Einforderung eben nicht als Akzeptanz, sondern vielmehr als Infragestellung einer entscheidenden Dimension ihrer Identität, nämlich ihres beruflichen Selbstverständnisses fungiert. Damit ist aber das identitätsrelevante Verhältnis zwischen dem einzelnen und der Gruppe, in diesem Fall zwischen der Diakoniemitarbeiterin bzw. dem Diakoniemitarbeiter und der Kirche, in fundamentaler Weise gestört. Statt des konstruktiven, identitätsbildenden Wechselspiels zwischen Gruppenkonzept und Selbstkonzept des einzelnen kommt es zu einem von gegenseitiger Distanznahme und gegenseitigem Mißtrauen geprägten Verhältnis.[462] Die Mitarbeitenden sehen sich gezwungen, ihre Identität, die sie über ihre menschlichen Qualitäten und ihre fachliche Kompetenz definieren, eher gegen die Gruppe als in Identifikation mit der Gruppe, also eher gegen die Kirche als *in* der Kirche, auszubilden. Die für die kontinuierliche, nie abgeschlossene Identitätsbildung der einzelnen Person konstitutive Möglichkeit, gegenüber Erwartungshaltungen von seiten anderer eigene, von diesen unter Umständen auch abweichende Handlungs- und Denkmuster auszubilden, wird durch die Art und Weise der gängigen Einforderung eines kirchlichen Propriums und der Handhabung der Kirchlichkeitskriterien ausgeschlossen. Damit erweist sich die faktisch beobachtbare Einforderung eines Propriums der Diakonie im Sinne der Behauptung einer "Identität" der Kirche geradezu als ein Mechanismus, der bei den damit beanspruchten Mitarbeitenden eine Identitätsbildung in Wirklichkeit verhindert bzw. Identitätskrisen hervorruft. Denn Anforderungen, die dem mit ihnen beanspruchten Menschen nicht die Möglichkeit lassen, sich auf individuelle, zum eigenen Selbstkonzept stimmige Weise darauf einzustellen, sondern die eine uniformierende Unterordnung bei Zurückstellung des eigenen Lebenskonzepts und der eigenen Bedürfnisse zur Bedingung der Anerkennung machen, zerstören die Beziehung zwischen dem Menschen und seinem beanspruchenden Gegenüber, in diesem Fall die Beziehung zwi-

---

[460] Vgl. **Zerfaß, R.**: Die Funktion der Caritas, 157 f.; **ders.**: Der Beitrag des Caritasverbandes, 20; **ders.**: Lebensnerv Caritas, 170.

[461] **Zerfaß, R.**: Die Funktion der Caritas, 158; vgl. **ders.**: Organisierte Caritas, 336 f.

[462] Vgl. **Zerfaß, R.**: Die Funktion der Caritas, 160-162.

schen Diakonie-Mitarbeitenden und der Kirche.[463] Das aber wirkt destruktiv gerade auf das zurück, was mit der Einforderung eines Propriums berechtigterweise angezielt sein kann, nämlich eine authentische Konzeption diakonischer Praxis in kirchlichen Einrichtungen. Wenn überhaupt sinnvoll von der "Identität" im Sinne der Authentizität der Kirche und der Diakonieinstitutionen geredet werden soll - und das ist nicht der Fall, wenn Identität als Uniformität mißverstanden wird -, dann kann eine solche "Identität" nie gegen die Identität der Menschen gerichtet sein, aus denen sich diese kirchlichen Kollektive erst zusammensetzen.

4.2.4.3.8 Entpolitisierung der Diakonie

Wird nach dem Proprium der Diakonie gefragt und wird dieses Proprium als Ausweis der Kirchlichkeit definiert, dann impliziert die Frage nach dem Proprium das Bemühen, einen Raum, eine Domäne des Kirchlichen von einer Domäne alles Außerkirchlichen, d.h. des Profanen und des Gesellschaftlichen, abzugrenzen, um dann eben die Frage nach dem spezifisch Kirchlichen durch Zuordnung zur jeweiligen Domäne positiv oder negativ bescheiden zu können. Wird also das Proprium als Profilierung der Kirche gegen das Profan-Gesellschaftliche konzipiert, dann entspricht es der Logik der Propriumsfrage zu behaupten: "Die Kirche darf nicht der Versuchung verfallen, innerhalb der gesellschaftlichen Wirklichkeit sich als 'gesellschaftskritische Institution' zu gebärden, ... Die beiden Größen Kirche und Gesellschaft sind nicht auswechselbar. Darum kann der diakonische Dienst der *Kirche* an der Gesellschaft legitimerweise niemals die Gestalt der Maßnahmen annehmen, die geeignet sind, bestehende gesellschaftliche Strukturen von außen her, sei es durch institutionalisierte Kritik, sei es durch gesellschaftlichen Druck, zu verändern. ... Der diakonische Dienst der Kirche an der Gesellschaft darf - theologisch gesehen - deswegen nicht die Gestalt der die Gesellschaftsstrukturen verändernden Maßnahmen annehmen, weil bestehenden Gesellschaftsstrukturen und jeder Art von Ordnung theologisch gesehen zu große Bedeutung beigemessen würde, wenn sich die Kirche mit dem Gewicht ihrer Autorität dafür einsetzen wollte. Theologisch haftet jeder Ordnung der gleiche Mangel an: Sie bleibt unvollkommen und wird geschaffen, um durch eine bessere und gerechtere abgelöst zu werden. In dieser Hinsicht hat sich die Kirche in den vergangenen Jahrzehnten eine gewisse Ellenbogenfreiheit und eine Art souveräner Haltung gegenüber allen gesellschaftlichen und politischen Systemen verschafft. Sie sollte sich diese Freiheit durch die Lust, politisch mitmischen zu können, nicht wieder entwinden lassen. Der diakonische Dienst der Kirche an der Gesellschaft hat deswegen seine Grenze dort, wo der einzelne Gläubige aufgrund seiner aus dem Glauben erwachsenden und seine Eigenständigkeit markierenden Verantwortlichkeit für die Gesellschaft sich zu konkreten Maßnahmen entschließt, durch die die sozialen Mißverhältnisse oder Unrechtszustände beseitigt werden sollen. Diese Maßnahmen mögen sittlich gerechtfertigt sein, sie mögen im konkreten Fall

[463] Vgl. **Zerfaß, R.**: Lebensnerv Caritas, 172 f.

durchaus auch eine glaubwürdige Artikulation des Religiösen darstellen, aber niemals dürfte für sie die Autorität der Kirche in Anspruch genommen werden."[464] Nach diesem Verständnis müßte sich die Diakonie dezidiert der Gesellschaftskritik und der Bearbeitung sozialer Mißstände enthalten, weil "der Begriff 'Diakonie' ausgehöhlt wird oder ins Wesenlose zu zerfließen beginnt, wenn er vom Subjekt der diakonisch handelnden Kirche und ihrer Sicht des Menschen losgelöst und mit Hilfe eines vagen Verständnisses des Menschlichen aufgefüllt wird"[465]. Hier zeigt sich die Tendenz, die diakonische Praxis auf die Ebene privater Hilfeleistungen zu beschränken, da man darin die propriumsbildende Komponente des "rein Kirchlichen" vermeintlich nicht durch gesellschaftlich-politische Virulenzen gefährdet sehen müsse. Angesichts dessen erweist sich die Frage nach dem Proprium der Diakonie als entscheidender Faktor ihrer Entpolitisierung, die in der "außerkirchlichen" Perspektive bereits als Kritiklosigkeit (s. 3.2.3.2) bzw. als Domestizierung (s. 3.2.3.5) der Diakonie wahrgenommen worden ist.

4.2.4.3.9 Überforderung der Mitarbeitenden

Die Einforderung eines kirchlich-christlichen Propriums der Diakonie erfolgt vorrangig über Verhaltens- und Handlungserwartungen an die Mitarbeiterinnen und Mitarbeiter diakonischer Einrichtungen. Von ihnen wird erwartet, daß sie die Kirchlichkeit der Diakonie unter Beweis stellen. Damit sind sie mit einer Anforderung belastet, die die definitionsmächtigen Kräfte der Kirche selbst, also diejenigen, die die Anforderung stellen - kirchenamtliche Instanzen und theologische Lehre -, noch keineswegs geklärt und bewältigt haben.[466] Die Tatsache, *daß* die Frage nach dem Proprium kirchlicher Diakonie immer wieder gestellt wird, und zwar weniger von den Mitarbeitenden und Notleidenden selbst, als vielmehr von ebendiesen definitionsmächtigen Instanzen der Kirche, ist gerade Indiz dafür, wie sehr noch die grundlegende Frage der Zuordnung von Diakonie und Kirche von Unklarheiten überwuchert wird, damit aber auch für restriktive Instrumentalisierungen von seiten der Definitionsmächtigen offen ist. Die Propriumsfrage wird ja hinsichtlich der Diakonie deshalb gestellt, weil diejenigen, die sie stellen, die authentisch-christliche Qualität und die kirchenkonstitutive Relevanz der Diakonie als solcher (noch) nicht ernst nehmen (können). Es erscheint ihnen als Notwendigkeit, die Kirchlichkeit der Diakonie in Form von Zusatzleistungen der Mitarbeitenden der Diakonie und letztlich auch der Notleidenden einzufordern, weil christliche Qualität und theologischer Stellenwert der Diakonie als solcher nicht reflektiert werden, geschweige denn geklärt sind. Die Propriumsfrage erweist sich sogar als ein Hauptgrund dafür, daß die Klärung der christlichen Authentizität und des theologischen Stellenwerts der Diakonie nur äußerst mühsam vorankommt, weil sie als weit verbreitetes Denkschema suggeriert, die christliche Authentizität sei eben nicht in der

---

464 **Rief, J.**: Diakonischer Dienst der Kirche an der Gesellschaft, 205 f.

465 Ebd. 200.

466 Vgl. **Seibert, H.**: Diakonie - Hilfehandeln Jesu, 18.

Diakonie selbst, sondern woanders zu suchen. Ähnlich diffus stellt sich die Zuordnung von Befreiungs- bzw. Heilungshandeln und Glaube, von konkreter Diakoniepraxis und theologischer Lehre, von humanwissenschaftlichem Wissen und theologischen Inhalten dar. Inwiefern praktizierte Liebe ein Wesenselement des Glaubens bildet, inwiefern theologische Lehrinhalte wirklich orientierungsrelevant für die diakonische Praxis werden können und inwiefern die Kompatibilität von theologischen und humanwissenschaftlichen Maximen wissenschaftstheoretisch und praktisch zu bewerkstelligen ist, sind Fragen, die im Raum von Theologie und Kirche weitgehend ungeklärt sind. Sie werden aber in Gestalt der Propriumsfrage den Mitarbeitenden der Diakonie zur nicht nur theoretischen, sondern im Alltagsbetrieb der Diakoniepraxis sogar operationalisierten Lösung aufgegeben.[467] Das ist z.B. der Fall, wenn eine Behindertenbetreuerin das Erfordernis der Empfängnisverhütung bei behinderten Frauen mit den einschlägigen moralischen Normen des kirchlichen Lehramts konfrontiert sieht und in Einklang bringen soll.

Die Propriumsfrage bedeutet eine alltägliche Überforderung der Mitarbeiterinnen und Mitarbeiter. Sie können nicht gleichsam als "Nebeneffekt" ihrer diakonischen Arbeit leisten, was andere als dazu Berufene offenbar nicht vermögen, nämlich die theologische Profilierung und Anerkennung der Diakonie - und zwar der von Zusatzbeanspruchungen freien Diakonie - als Konstitutivum des Christlichen und des Kirchlichen. Es stellt sich sogar die Frage, ob nicht unbewußt die Propriumsfrage gerade in der Diakonie deswegen so forciert gestellt wird, weil man darin die genannten Anforderungen an einen Kreis nichtetablierter, von der Definitionsmacht weitgehend ausgeschlossener Mitarbeiterinnen und Mitarbeiter der Kirche delegieren kann, die zudem sich auf kirchenpolitisch schwachen Positionen befinden und mit verhältnismäßig geringer fachtheologischer Kompetenz ausgestattet sind, und weil infolgedessen die Einforderung des Propriums um so widerspruchsfreier geschehen kann. Träfe das zu, dann wäre die Vehemenz, mit der die Propriumsfrage von manchen kirchlichen bzw. theologischen Kreisen betrieben wird, vor allem der Ausdruck eines kollektiven Projektionsvorgangs, in dem ein eigenes unbewältigtes Defizit, nämlich die Ungeklärtheit der christlichen Authentizität der Diakonie, als Defizit anderer Personen und Gruppen wahrgenommen wird.

4.2.4.4 Die Egologik der Propriumsfrage

Die Frage nach dem kirchlichen Proprium der Diakonie fragt: "Was kann *die Kirche* als Kirche tun? Welchen besonderen Dienst hat *sie* zu leisten?"[468] In diesem Sinn ist die Propriumsfrage daran interessiert, was die Diakonie der Kirche, näherhin ihren etablierten Instanzen und institutionalisierten Vollzügen, hinsichtlich ihrer Profilierung und Stabilisierung einträgt. Die Diakonie steht unter dem Druck, "mehr" zu bringen als

467 Vgl. ebd. 18 f.

468 **Rief, J.**: Diakonischer Dienst der Kirche an der Gesellschaft, 201.

"nur" Diakonie.[469] Damit wird die Propriumsfrage zum Einfallstor für Verzweckungen der Diakonie, z.B. für den (im nächsten Abschnitt näher zu behandelnden) Habitus der "Proselytenmacherei"[470]. In ihrem verkrampften Bemühen, sich von allem Humanen, Politischen, Profanen, "nur" Sozialen abzugrenzen und in ihrer Fixierung auf die Stabilisierung einer bestimmten Kirchlichkeitsvorstellung zeigt sich eine eigentümliche Notvergessenheit. Was an Diakonie zu geschehen habe und wie es zu geschehen habe, wird von der Schablone vorgegebener Kirchlichkeitskriterien diktiert, nicht aber von der jeweiligen Notlage. Letztere wird bei der Frage nach dem Proprium an den Rand des Wahrnehmungsfeldes gedrängt. Das Bedenkliche der Propriumsfrage besteht folglich auch darin, daß in ihr vor allem die Notleidenden selbst als bestimmende Subjekte der Diakoniepraxis ausgeblendet werden. Sie firmieren bestenfalls als die Veranlasser eines Prozesses, der zum Stabilisierungsmechanismus der Kircheninstitutionen umgepolt wird. Die Kirche, besser: die institutionalisierte Gestalt der Kirche, fragt mit der Propriumsfrage: "Was bringt die Diakonie *für mich*?". Das Potential der Diakonie wird umgeleitet auf die Interessen der Fragesteller. In der Tat ist an keiner Stelle der Propriumsdiskussion festzustellen, daß nach den Interessen der Notleidenden selbst hinsichtlich der Definition eines Propriums der Diakonie gefragt würde.[471] Das ist die Egologik der Propriumsfrage, die nicht nach dem Bedarf des anderen, des Notleidenden, sondern nach dem Effekt *für mich*, in diesem Fall für die Kirche fragt.

4.2.5 Instrumentalisierung I

Wie jeder Praxiszusammenhang ist auch die Diakonie ein Komplex, in dem vielerlei Faktoren zusammenwirken. Beteiligte Personen, tragende Institutionen und angrenzende gesellschaftliche Systeme sind in verschiedensten Konstellationen miteinander ver-

---

469 Vgl. **Steinkamp, H.**: Das Samariter-Gleichnis, 11 f.

470 Vgl. **Steinkamp, H.**: Diakonie - Kennzeichen der Gemeinde, 35.

471 Hier kann bewußt von den Äußerungen abgesehen werden, die mit dem Hinweis auf das Recht der freien Wahl zwischen verschiedenen, d.h. dezidiert weltanschaulich ausgerichteten und weltanschaulich neutralen, Hilfeeinrichtungen suggerieren, es sei ein Indiz für tatsächliches und ausdrückliches Interesse an einer deutlich konfessionell spezifizierten Hilfeform, wenn sich Notleidende auf die Hilfe kirchlicher Diakonieeinrichtungen einlassen, und eine solche Nachfrage müsse auch mit einem dezidiert weltanschaulichen Angebot befriedigt werden, ohne daß man Skrupel gegenüber denjenigen haben müßte, die durch diese weltanschauliche Bindung ausgeschlossen sind (vgl. **Pompey, H.**: Das Profil der Caritas, 25). Solche Äußerungen übersehen zum einen, daß in vielen Fällen, z.B. bei den fast ausschließlich kirchlich getragenen Kindergärten, ohnehin eine freie Wahl, zumindest in der unterstellten Form, nicht möglich ist. Zum anderen ist keineswegs erwiesen, daß das, was hier aus dem Erkenntnisinteresse der Propriumsfrage heraus als eine bewußte freie Wahl für eine dezidiert weltanschaulich ausgerichtete Einrichtung dargestellt wird, von den Notleidenden, die sich in einer solchen Einrichtung befinden, bewußt auch als Anschluß an das weltanschaulich-inhaltliche Selbstverständnis dieser Einrichtung empfunden wird. Tatsächlich dürfte der Anteil der Hilfsbedürftigen, die sich in eine kirchliche Diakonieeinrichtung begeben aus der Überlegung, daß dort die Kirchlichkeitskriterien in der kirchenamtlich eingeforderten Form auch wirklich erfüllt sind, verschwindend gering sein.

bunden und wirken so auf die Diakoniepraxis ein. Damit ist diese aber einer ebenso großen Vielfalt an Interessen ausgesetzt wie auch der Gefahr, für diese Interessen instrumentalisiert zu werden. Unter der Überschrift "Funktionalisierung der Diakonie" (s. 3.2.3) wurden bereits solche Mechanismen aus der "externen" gesellschaftlichen Perspektive beschrieben. Im folgenden soll an zwei exemplarischen Aspekten veranschaulicht werden, welche Mechanismen der Instrumentalisierung der Diakonie im "binnen"-kirchlichen Rahmen ablaufen.

4.2.5.1 Rekrutierung

Die Sichtung empirischer Untersuchungsergebnisse zur Situation und Rolle der Kirche in der Gesellschaft hat den durchgängigen Trend erkennen lassen, daß quer zum allgemein konstatierten Bedeutungsverlust der Kirche deren diakonisches Engagement eine nachhaltig hohe Anerkennung bei praktisch allen Gesellschaftsgruppen genießt und sich dementsprechend hohe Erwartungen auf die diakonische Praxis beziehen. Es erscheint folglich nur logisch, daß man auf seiten der kirchlichen Instanzen in der diakonischen Praxis gleichsam ein Medium gegeben sieht, auf dem auch die Verkündigungs-, Missionierungs- und Rekrutierungsintentionen der Kirche transportiert werden könnten. Die Akzeptanz der Diakonie nährt die Hoffnung, daß auch den mittlerweile auf der gesamtgesellschaftlichen Ebene in Frage gestellten Verkündigungsinhalten eine erneuerte Akzeptanz zufließt, sofern man sie nur in der öffentlichen Wahrnehmung mit der Diakonie verknüpft. Ebenso sollen mit dem Hinweis auf die diakonischen Leistungen der Kirche die Menschen animiert werden, sich in die Kirche einbinden zu lassen bzw. ihre Mitgliedschaft aufrechtzuerhalten und ihre Zugehörigkeit zur Kirche wieder in größerer Kongruenz zu den lehramtlich-offiziell definierten Verhaltens- und Handlungserwartungen der kirchlichen Autoritäten zu gestalten. In der aktuellen Diakonie-Diskussion zeigt sich diese Intention in Gestalt der Stimmen, die die Diakonie als "Missionsfaktor ersten Ranges"[472], als "Teil des umfassenden missionarischen Gemeindeaufbaus"[473], d.h. eben als günstige Gelegenheit für die Absicht der Missionierung von Menschen, bezeichnen. Gänzlich offenkundig wird die intentionale Verknüpfung von Diakonie und Rekrutierung, wenn aus dem Raum der Kirche kalkuliert wird: "Solidarität mit den Ärmsten einzuüben. ... Dies könnte uns [sc. der Kirche - H.H.] neue Sympathisanten, Freunde und Mitglieder gewinnen"[474].
Natürlich kann sich die Rekrutierungsabsicht in der diakonischen Praxis der Kirche auf eine gewisse Tradition stützen. Die Bezeichnung "Innere Mission" ist ein Indiz dafür, daß es neben manch anderen Beweggründen ein entscheidendes Movens der Institutionalisierung und organisatorischen Forcierung der Diakonie war, die Auswanderung vor

---

[472] **Völkl, R.**: Christlicher Lebensvollzug, 372; vgl. **ders.**: Nächstenliebe, 24.

[473] **Weth, R.**: Diakonie, 125; vgl. **Thimme, H.**: Mission und Diakonie, 263-265; **Ruhfus, M.**: Die Gesellschaft geht auf Distanz.

[474] **Mainzer Bistumsnachrichten** Nr. 1/1993 vom 7.1.1993, 5.

allem der Arbeiter aus der Kirche zu kompensieren. Da sich diese Schicht in den sozialen Auseinandersetzungen des 19. Jahrhunderts von der Kirche im Stich gelassen fühlte, sich damit aber auch von der Kirche entfremdete, sah man sich in der Kirche veranlaßt, dem dadurch bedingten Verlust an Einfluß in moralischer und religiöser Hinsicht durch einen neuen Weg der Mission im Sinne der Stabilisierung der Mitgliedschaften im "Innen"-Raum der Kirche, eben durch die Diakonie, zu begegnen.[475]
Die Tradition der Rekrutierungsintention ändert aber nichts daran, daß diese in heutiger Zeit noch vor jeder theologischen Bedenklichkeit bereits aus soziologischen Erwägungen heraus in Frage gestellt werden muß. Die Diakonie muß heute konzipiert werden angesichts einer Gesellschaft, die geprägt ist von einer generellen Vermehrung der Lebensmöglichkeiten, von der Rationalität der Erlebnismaximierung, von der Bewußtseinshaltung, die Integration in die Gesellschaft nicht mehr durch das Sich-Fügen gegenüber einer Lebensmöglichkeitenbegrenzung oder durch die kreative Verarbeitung der Realität nach eigenen Bedürfnissen bewerkstelligen zu müssen, sondern durch das Auswählen-Müssen aus einer unüberschaubaren Fülle standardisierter Lebensausstattungen und -formen.[476] Wird nun die Diakonie unter den Bedingungen einer solchen Gesellschaft, deren Mitglieder die Kirche überwiegend im Bewußtseinsmodus des "von-außen" als einen von vielen Sinnanbietern und in Entsprechung dazu die Diakonie als die "Außenseite der Kirche"[477] wahrnehmen, als Trägerin von mehr oder weniger offengelegten Rekrutierungsabsichten in Konkurrenz zu anderen Lebensmöglichkeitenanbietern erlebt, dann ist sie tatsächlich nur "jener organisierte Okkasionalismus der Zuwendung zu den Armen und Benachteiligten"[478], der die helfende Begegnung mit Notleidenden nicht als das in sich wertvolle Anliegen versteht, sondern als günstige Gelegenheit für andere Interessen instrumentalisiert. Damit wird aber die Diakonie in zweifacher Hinsicht in eine prekäre Lage hineinmanövriert. Zum einen wird die Diakonie durch die Instrumentalisierung als Rekrutierungsterrain genau zu dem, als was Niklas Luhmann sie in seine systemtheoretische, gesellschaftsstabilisierende Sicht der Religion integrierte, nämlich zu einer kontingenten Leistung gegenüber anderen Syste-

---

475 Vgl. **Steinkamp, H.**: Das Samariter-Gleichnis, 11; **Krimm, H.**: Erneuerung im 19. Jahrhundert?, 350; **Philippi, P.**: Diakonik - Diagnose des Fehlens einer Disziplin, 178. - Die Entstehungsbedingungen der Diakonieverbände zeigen zwar konfessionsspezifisch unterschiedliche Konstellationen. So muß die Entstehung des Deutschen Caritasverbandes im Unterschied zur "Inneren Mission" auf dem Hintergrund des Anliegens des Katholizismus im 19. Jahrhundert gelesen werden, sich "als politisches (!) Minderheits- und Widerstandsphänomen gegen den Dominanzanspruch des protestantisch geprägten Staatskirchentums" (**Steinkamp, H.**: Diakonie - Kennzeichen der Gemeinde, 49) in Gestalt des katholischen Vereins- und Verbändewesens eine stabile gesellschaftliche Position zu erkämpfen. Aber akkurat daran wird ersichtlich, daß auch die Entstehung des Deutschen Caritasverbandes auf katholischer Seite letztendlich ebenso wie die "Innere Mission" auf evangelischer Seite, wenn auch mit anderer Ausgangslage, mit der Intention der Mitgliederrekrutierung verknüpft war. (Zu den politisch-sozialen Hintergründen der Entstehung des Deutschen Caritasverbandes vgl. den instruktiven Aufsatz von **Kaiser, J.-C.**: Die zeitgeschichtlichen Umstände der Gründung des Deutschen Caritasverbandes.)

476 Vgl. **Schulze, G.**: Die Erlebnisgesellschaft, 51-60.

477 Vgl. **Lukatis, I./Wesenick, U.**: Diakonie - Außenseite der Kirche.

478 **Luhmann, N.**: Funktion der Religion, 120.

men, die ersetzt werden kann und muß, wenn sich herausstellt, daß der vorgeordnete Zweck auch und besser über andere Formen der Leistung erreicht werden kann. Die Rekrutierungsintention macht die Diakonie zu einer zufälligen, beliebigen Praxis, weil sie gerade den Wesenskern der Diakonie, die Begegnung mit dem notleidenden Menschen *zu dessen Gunsten*, paralysiert und in das Belieben der Instrumentalisierung zugunsten der Interessen anderer stellt.[479] Zum zweiten müssen sich diejenigen, die die Diakonie als "missionarische Gelegenheit" konzipieren und an einen Rekrutierungseffekt binden, bewußt sein, daß sie selbst ihre vermeintliche Hinwendung zum und Orientierung am Notleidenden ad absurdum führen, weil für alle Beteiligten erkennbar wird, daß diese "Diakonie" gerade nicht am Notleidenden, sondern am Eigeninteresse nicht einmal so sehr der unmittelbar begegnenden Helferpersonen als vielmehr der dahinterstehenden, nur anonym wahrnehmbaren Kircheninstanzen orientiert ist. Das, was mitunter auf dem Weg der Koppelung von Diakonie und Missionierungsabsicht zu erreichen versucht wird, nämlich die Authentizität der Diakonie als *christlicher* Diakonie, wird dadurch destruiert. Die Diakonie wird unglaubwürdig. Sie wird pervertiert zur Beziehungsfalle, weil der Notleidende erleben muß, daß sein Abhängigkeitsverhältnis zum Helfenden ausgenützt wird, um auf ihn Druck auszuüben, mit der Hilfe auch fremdbestimmte weltanschauliche Normierungen oder Einbindungen zu akzeptieren.[480]

4.2.5.2 Existenzlegitimierung

Der periodisch aufflammende Streit um die Kirchensteuer, in dem danach gefragt wird, welches Recht die Kirchen eigentlich hätten, grundsätzlich von allen Kirchenmitgliedern mit Einkommen ohne Mitbestimmungsmöglichkeit derselben über Höhe, Verwendungszweck usw. Kirchensteuer zu erhalten, zumal über die "Service-Einrichtung" des staatlichen Steuereinzugs, ist im Grunde nur die konkrete, alltagsweltliche Auszeitigung der grundsätzlichen Frage, ob die Existenz der Kirche als gesellschaftlich gestützte und geschützte religiöse Institution überhaupt noch legitimiert ist. Diese Zweifel entwachsen einer gesamtgesellschaftlichen Situation, die sich eingestellt hat als das Ergebnis einer Entwicklung, in deren Verlauf sich die sozialisationsleitende Konstellation der Dekkungsgleichheit von Gesellschaft einerseits und Christentum bzw. kirchlichen Konfessionen andererseits aufgelöst hat[481], und die gekennzeichnet ist von der lebensweltlichen Virulenz des weltanschaulichen Pluralismus und von der dadurch bedingten Relativierung der Plausibilität christlich-kirchlicher Sinngebungen. Ebenso regelmäßig, wie

---

479 Vgl. **Steinkamp, H.**: Diakonie - Kennzeichen der Gemeinde, 40.

480 Vgl. **Daiber, K.-F.**: Diakonie und kirchliche Identität, 115, dort in Anschluß an Weises, Gerd: Fürsorge, 166; in: Handwörterbuch der Sozialwissenschaften, Bd. 4, Göttingen 1965.

481 Zu dieser Entwicklung der Verflochtenheit von Gesellschaft, Christentum und Kirche vgl. die Arbeiten von Karl Gabriel, besonders **Gabriel, K.**: Nachchristliche Gesellschaft heute!; **ders.**: Christentum zwischen Tradition und Postmoderne.

die Infragestellung der Existenzberechtigung der Kirche sich einstellt, erfolgt als Antwort der Hinweis auf die Leistungen der Kirche, die diese in Form ihrer Diakonie für die Gesamtgesellschaft erbrächte. Die Tatsache, daß dieses Argument nicht nur von seiten der Kirche, sondern auch von vielen nicht kirchlich ambitionierten Streitteilnehmern ins Feld geführt wird, insbesondere von den jeweils regierenden politischen Kräften selbst, zeigt abermals, daß die Kirche in ihrer diakonischen Tätigkeit auf breiter gesellschaftlicher Ebene anerkannt ist und Unterstützung erfährt.
In der Diakonie bearbeitet - gemäß Luhmannscher Konzeption - die Kirche gesellschaftliche Probleme, die die anderen gesellschaftlichen Kräfte nicht bearbeiten können oder wollen. Sie stabilisiert damit aber zugleich auch ihren sozialen Besitzstand, weil eben die Bearbeitung dieser Probleme erwartet wird und somit eine gewisse Nachfrage nach kirchlichem, sprich: diakonischem Wirken aufrechterhalten bleibt. Der so konzipierte Interessenausgleich zwischen Staat bzw. Gesellschaft und Kirche liefert folglich, solange er als solcher wirkt, einen Legitimationsnachweis für die Existenz der Kirche als gesellschaftlich gestützter Institution.[482]
Entscheidend ist aber nun, daß die Diakonie nicht nur "von außen" als Legitimierung der Kirche empfunden wird. Auch von den entscheidungsmächtigen Instanzen der Kirche selbst wird sie als Legitimationsnachweis eingesetzt, eben instrumentalisiert. So stützt sich eine von verschiedenen Diözesen Deutschlands getragene Werbekampagne für die Kirche vor allem auf deren diakonische Praxisfelder. Unter anderem mit dem Hinweis auf die vielfältigen und aufgrund der pathologisierenden Tendenzen der modernen Gesellschaft zunehmend nachgefragten Beratungsangebote der diakonischen Einrichtungen soll den Kirchenaustritten und dem Akzeptanzverlust kirchlicher Lehrinhalte und Verhaltensnormen in der Öffentlichkeit gegengesteuert werden - oder alltagsnäher ausgedrückt: "Die sozial-caritativen Dienste und Leistungen der Kirche sollen beweisen, wofür die Kirchensteuer gut ist."[483] Die Diakonie dient der Kirche als Plausibilitätsrefugium.
Dies scheint zunächst auch der richtige Ansatz zu sein. Denn es "kommt der Caritas eine erhebliche Funktion zu für eine glaubwürdige und überzeugungsfähige Selbstdarstellung der Kirche und des christlichen Glaubens. In ihr können viele Christen das institutionelle Bewußtsein und Handeln der Kirche, ihre persönlichen Glaubensüberzeugungen und das gesellschaftliche Wertsystem in einem Einklang finden wie sonst nicht. Dies hat Konsequenzen für die Stabilität der individuellen Kirchlichkeit und den geistigen Zusammenhalt der kirchlichen Gemeinschaft - gerade in einer Zeit, in der häufig über das Auseinanderdriften innerkirchlicher Mentalitäten geklagt wird. Wer diesen Tatbestand mit dem Einwand entwerten oder bagatellisieren wollte, daß man so

---

482 Vgl. **Spiegel, Y.**: Einleitung, 26 f. - Karl Gabriel spricht in diesem Zusammenhang vom Motiv der "Soziodizee", welches besagt, daß die Diakonie über ihre soziale Relevanz rechtfertigende Wirkung für die Kirche zeitigt und auch noch solche Menschen zum Aufrechterhalten der Kirchenmitgliedschaft veranlaßt, die ansonsten eine distanzierte Haltung zur Kirche und eine nur mehr diffuse oder implizite Christlichkeit, also keine explizite Kirchenbindung mehr aufweisen (vgl. **Gabriel, K.**: Optionen der verbandlichen Caritas, 253).

483 **Broch, T.**: Falsch etikettiert.

die Caritas nur noch wie einen 'letzten Rest von Glaubwürdigkeit' nähme und als bloßes strategisches Mittel für die Selbstbehauptung der Kirche mißbrauchte, der übersähe, welche prinzipielle ekklesiologische Bedeutung sie ... hat."[484] Diese Verteidigung der Legitimationsfunktion der Diakonie durch Hans Zirker verdient durchaus Zustimmung, allerdings nur deshalb, weil sie eine fundamentale Vorentscheidung bezüglich des theologischen Selbstverständnisses der Kirche als Faktor mittransportiert, nämlich die Überzeugung, daß die Diakonie "prinzipielle ekklesiologische Bedeutung" hat, d.h. für die Existenz der Kirche und ihre Selbstvollzugsformen konstitutiv ist. Auch wenn das Konstitutivum einer Sache nicht notwendig das Spezifikum der Sache ist und unter Umständen auch außerhalb der Sache bewerkstelligt sein kann, ist die Anerkennung dessen, was das Konstitutivum einer Sache ausmacht, auch die Anerkennung der Sache selbst, insofern das Konstitutivum ein "wesentliches", d.h. das Wesen der Sache repräsentierendes Element ist und folglich die Anerkennung des Konstitutivums eine Anerkennung der Sache in ihrem Wesen (und nicht nur in einem ihrer zufälligen Attribute) impliziert. Die Argumentationslogik verlangt jedoch auch ihre Umkehrung: Der Hinweis auf die Diakonie als Legitimationsnachweis der Kirche sucht nur dann nicht einen "letzten Rest an Glaubwürdigkeit" und ist nur dann nicht als "bloßes strategisches Mittel" zu bewerten, wenn die Diakonie auch tatsächlich in ihrer konstitutiven ekklesiologischen Bedeutung anerkannt ist. Die Anerkennung der Diakonie ist nur dann eine wirkliche Anerkennung der Kirche, wenn die Kirche ihrerseits die Diakonie als ihr Konstitutivum anerkennt. Doch genau das ist in der faktisch wahrnehmbaren kirchlichen Praxis noch keineswegs eingelöst. Die bisherigen Ausführungen zur Verortung der Diakonie aus "binnenkirchlicher" Perspektive haben gezeigt, daß der Diakonie in variierenden Formen ein nur sekundärer, marginaler Stellenwert im Gesamt des kirchlichen Selbstvollzugs zugewiesen wird und daß man von seiten der entscheidungsmächtigen kirchlichen Instanzen Kirche und Kirchlichkeit vorrangig über andere ekklesiologische Komponenten definiert, nicht aber über die Diakonie.

Auf diesem Hintergrund muß der Verweis auf die Diakonie als Existenzlegitimierung der Kirche doch als unstimmige Instrumentalisierung empfunden werden. Die Diakonie dient als Mittel für einen Zweck, der ansonsten gerade unabhängig von der Diakonie konzipiert ist, nämlich für die Selbstprofilierung der Kirche. Symptomatisch dafür ist, daß bei funktionalen Kirchentheorien, also bei dem Versuch, die Existenz der Kirche durch den Nachweis ihrer Funktion für die Gesellschaft zu legitimieren, die Kirche als ganze als kollektives Subjekt der legitimierenden Praxis firmiert. "Einzelne Lebensäußerungen und Handlungen werden nicht konkreten Subjekten zugeschrieben, sondern dem Systemzusammenhang der Kirche als ganzer und der sie umgebenden Gesellschaft funktional zugeordnet. Das leitende Interesse ist dabei an der Bestandserhaltung orientiert."[485] Diesen Zusammenhang muß man auch für die Diakonie annehmen, insofern nach außen hin gegenüber gesellschaftlichen Instanzen von der "Diakonie der Kirche" die Rede ist, kirchenintern jedoch die Tendenz besteht, die Diakonie mit einer abwer-

[484] **Zirker, H.**: Caritas als Grundfunktion der Kirche, 541.

[485] **Luther, H.**: Religion, Subjekt, Erziehung, 285.

tenden Konnotation ("Weltdienst", "Vorfeldarbeit", "nur human") nur einem begrenzten, zudem nicht signifikanten Trägerkreis zuzuordnen. Somit ist es einsichtig, daß Existenzlegitimierungsversuche von seiten offizieller kirchenamtlicher Instanzen, die, wie die erwähnte Werbekampagne, sich der Diakonie als Legitimationsnachweis bedienen, auf seiten der Mitarbeitenden der Diakonie und der institutionalisierten Diakonieverbände die Gegenfrage auslösen, ob solche Versuche auch zurückwirken auf den Stellenwert der Diakonie in der Kirche oder ob damit nicht lediglich etwas "falsch etikettiert"[486] ist.

4.2.6 Krise des Helfens - Krise der Helfenden

Daß die Diakonie eine Praxis des Helfens ist, eine Praxis also, in welcher Menschen ihre Möglichkeiten einsetzen zugunsten anderer Menschen, die, zumindest in einer bestimmten Hinsicht, in ihren Lebensmöglichkeiten beeinträchtigt sind, erscheint als Selbstverständlichkeit. Diakonie als "Dienst" eines Menschen für einen anderen Menschen findet im Helfen geradezu eine Chiffre für ihr Selbstverständnis: Diakonisches Handeln ist - im alltäglichen Verständnis - *Helfen*. Nun gibt es aber unzweifelhafte Hinweise darauf, daß sich der Gedanke des Helfens als solcher in einer Krise befindet. Die zunehmende Verlagerung des Helfens auf dafür spezialisierte Organisationen konnte zwar die Form privater Hilfe nicht gänzlich eliminieren. "Nur mit dem Pathos des Helfens ist es vorbei."[487] Damit ist gemeint: Die Einschätzung der Hilfsbereitschaft als fraglos anerkennenswerte oder bewunderungswürdige Eigenschaft des Menschen und die selbstverständliche Honorierung der Hilfeleistung mit dem Gefühl, etwas Gutes getan zu haben, sind verlorengegangen. Statt dessen "ist das Wort 'Helfen' in Verruf gekommen, so dass man es fast nicht mehr in den Mund nehmen darf"[488]. Das Helfen wird in Frage gestellt, weil es zweifelhaft ist, ob seine Motivationen und Intentionen tatsächlich begrüßenswert sind, ob dem Hilfsbedürftigen mit der jeweiligen Hilfe tatsächlich geholfen wird und ob die Hilfeleistung tatsächlich die für die jeweilige Situation angemessene ist.[489] Viele der Anfragen finden einen Kulminationspunkt in dem Verdacht, daß bestimmte Hilfeleistungen lediglich eine verdeckte Form von Herrschaft darstellen und daß bestimmte Helferpersonen Hilfesituationen zur Durchsetzung eigener Bedürfnisse instrumentalisieren.

Dabei kommt die Intention, anderen Menschen zu helfen, die Ausrichtung des eigenen Denkens und Handelns im Interesse und zur Förderung des anderen Menschen, also der Altruismus, nicht nur im Alltagsbetrieb fallweise an Grenzen, wo im je konkreten Fall die Hilfsintention nicht nur als Ideal, sondern auch als Fragwürdigkeit erkennbar wird.

---

[486] **Broch, T.**: Falsch etikettiert.

[487] **Luhmann, N.**: Formen des Helfens, 145.

[488] **Kohler, M.E.**: Kirche als Diakonie, 175.

[489] Vgl. **Steinkamp, H.**: Christliche Diakonie angesichts der "Krise des Helfens"; **Theißen, G.**: Die Legitimitätskrise des Helfens; **Hunt, M.**: Das Rätsel der Nächstenliebe, 130-141; **Bittler, A. (Hg.)**: Frommer Mißbrauch?; **Schmidbauer, W.**: Helfen als Beruf; **ders.**: Hilflose Helfer.

Die Intention zu helfen wird darüber hinausgehend in wissenschaftlichen Theoriebildungen, die vom konkreten Einzelfall abstrahierend allgemeingültige Aussagen treffen, in Frage gestellt. Viele Infragestellungen beziehen sich schließlich nicht nur auf bestimmte Ausformungen des Helfens, sondern auf die Intention des Helfens als solche, sind also grundsätzlichen Charakters.

4.2.6.1 Das Spektrum der Infragestellungen

Gemäß der Unterscheidung verschiedener Wissenschaften lassen sich drei Gruppen der Infragestellungen unterscheiden[490]: Sie sind psychologischer, soziologischer und biologischer Art.

Die Skepsis der *Psychologie* gegenüber dem Helfen hat ihren gemeinsamen Nenner in dem Verdacht, daß das Helfen die Tendenz der psychischen Selbstausbeutung und Überforderung in sich birgt. Es liegt sozusagen in der Natur des Helfens, daß mehr die Hingabe an als die Abgrenzung zu dem anderen Menschen betrieben wird. Die Selbstausbeutungs- und Überforderungstendenz des Helfens zeigt sich in Form pathologischer Phänomene. Beobachtbar ist das sogenannte "Helfer-Syndrom"[491], mit dem eine vor allem in der frühkindlichen Entwicklung angelegte Prägung beschrieben wird, aufgrund der die helfende Person unter dem Druck eines hohen altruistischen Ideals eigene Schwächen oder Bedürfnisse nicht eingestehen kann und sich diese Vollkommenheitsvorstellung durch eine überengagierte Hinwendung zu anderen hilfsbedürftigen Menschen bestätigen muß, gerade wegen dieses Bestätigungsbedürfnisses die Hilfsbedürftigkeit beim anderen jedoch aufrechterhalten und folglich das Gefühl der Verpflichtung zur Hilfe bei sich selbst perpetuieren muß (s. 4.2.6.3.). Ein anderes pathologisches Phänomen des Hilfeengagements aus psychologischer Sicht ist das "Ausgebrannt-Sein", das "Burnout-Syndrom", womit der psychische Zustand beschrieben ist, der entsteht, wenn nach beanspruchender Hilfetätigkeit anerkennende Bestätigungen bzw. Erfolgsgefühle ausbleiben, aufgrund mangelnder Abgrenzung zum Hilfsbedürftigen und zur Hilfesituation dieses Ausbleiben jedoch als Indiz der Effektlosigkeit gewertet wird und die frühere eventuell enthusiastisch geprägte Motivation umschlägt in eine depressive Abwehr der Beanspruchung zu helfendem Engagement oder in eine apathische bzw. zynische Gestaltung der abverlangten Hilfeleistungen.[492]

Die *soziologische* Kritik der Helferintention hebt vor allem ab auf die Wahrnehmung, daß trotz eventueller gegenteiliger Beteuerungen jede Hilfebeziehung eine Beziehung der Ungleichheit zwischen Hilfebefähigtem und Hilfsbedürftigem ist und folglich die Hilfe nicht einfachhin ein "Leben-Lassen" des anderen Menschen, sondern auch ein Herrschen über diesen ist (s. 4.2.6.2). Näherhin zeigt sich die Hilfe als Herrschaft in

---

[490] Im folgenden wird der diesbezügliche Überblick referiert, in dem Gerd Theißen das Spektrum der Infragestellungen zusammengefaßt hat (vgl. **Theißen, G.**: Die Legitimitätskrise des Helfens, 46-53).

[491] Vgl. **Schmidbauer, W.**: Hilflose Helfer; **ders.**: Helfen als Beruf.

[492] Vgl. **Abel, P.**: Miteinander Leben und Hoffnung teilen, 116-131.

drei Konstellationen. Hilfe kann Herrschaft zwischen zwei Individuen sein, in der der Helfende sein Herrschaftsbedürfnis am Hilfsbedürftigen auslebt. Hilfe kann zweitens Herrschaft von Institutionen über einzelne Menschen beschreiben, insofern diese Institutionen sich als Hilfeinstitutionen verstehen, deshalb aber die Hilfeleistung und die Hilfesituation nach ihren eigenen institutionsbedingten Interessen und nicht nach denen der Hilfsbedürftigen zu definieren bestrebt sind. Hilfe kann schließlich im Dienst des herrschaftsförmigen Verhältnisses zwischen Gesellschaft und Individuum stehen, wenn sie so konzipiert wird, daß sie die Stabilisierung der gesellschaftlichen Verhältnisse vorordnet gegenüber der Stabilisierung des Selbstandes des Individuums in diesen gesellschaftlichen Verhältnissen.

Die *biologische* Infragestellung kritisiert das Helfen als eine un- bzw. widernatürliche Intention. Im Helfen sei demnach der dysfunktionale Versuch zu sehen, Schwaches und somit für die Gesellschaft Schädliches gegen den notwendigen Evolutionsvorgang der Selektion zu schützen. Seine extremste Form findet diese Sicht in der sozialdarwinistischen Forderung, schwache Lebewesen, auch Menschen mit defizitären Lebensmöglichkeiten, bewußt, eventuell sogar mit forcierenden Eingriffen der Selektion, d.h. dem Aussterben, anheimzugeben.[493] Eine temperierte Variante dessen besteht in dem ökologischen Argument, helfende Eingriffe in die Verteilung von Lebensmöglichkeiten zu unterlassen, vielmehr den natürlichen Verteilungsprozeß sich selbst zu überlassen, um so die Anpassung der Lebensformen an die natürlichen Lebensbedingungen zu ermöglichen. Die Unterlassung von Hilfe soll die natürlich angelegte Reduktion vonstatten gehen lassen, so daß sich Nachfrage und Angebot der Lebensmöglichkeiten wieder auf ein stabiles Gleichgewicht einpendeln. Das letzte biologische Argument gegen das Helfen verneint die Vorstellung, daß eine altruistische Hinwendung zum anderen Menschen um dieses anderen Menschen willen überhaupt möglich sei. Der Evolution der Lebewesen sei das Prinzip eigen, daß Hinwendung zum anderen Lebewesen nur eine Funktion der Stabilisierung und Verbreitung des sich hinwendenden Lebewesens selbst sein könne. Aufgrund der Einbindung des Menschen in die Evolutionszusammenhänge könne folglich auch der Altruismus des helfenden Menschen nicht ehrlich gemeint sein, da sich der Mensch damit im Evolutionskampf selbst schwächen würde, sondern müsse als subtile Variante seines Egoismus der Selbstbehauptung interpretiert werden.

Zwar sind in der bisherigen Diakoniediskussion diese Infragestellungen sehr unterschiedlich wahrgenommen worden. Die beiden psychologischen Theoreme, das "Helfer-Syndrom" und das "Burnout-Syndrom", fanden und finden eine lebhafte Resonanz. Die biologisch-ökologische Kritik am Helfen hingegen spielte - zumindest bislang - eine nur unbedeutende Rolle. Alle Infragestellungen zusammen bewirken jedoch, daß das

[493] Dieses Denken erreichte natürlich im Rahmen der nationalsozialistischen Diktatur und Ideologie eine bedrückend bleibende Verwirklichung. Ulrich Bach weist jedoch zu Recht darauf hin, daß die Auslese-Programmatik noch keineswegs aus der Welt geschafft ist und belegt dies mit dem bereits in 3.2.3.1 erwähnten Zitat aus einer Dissertation aus dem Jahre 1980, in der die Verhinderung behinderten Lebens vorgeschlagen wird, um unter den Bedingungen der Verknappung von Lebensressourcen den durchschnittlich erreichten Wohlstand zu erhalten (vgl. **Bach, U.**: Heilende Gemeinde?, 60).

ehedem allenthalben und fraglos gültige Ideal des Helfens gebrochen ist. Die Destruktion des Ideals muß sich notgedrungen irritierend-verunsichernd auf die Praxis der Diakonie auswirken, die bislang ihre Plausibilität zu einem nicht geringen Teil aus der Plausibilität dieses Ideals ableitete. Verunsicherungen zeigen sich in bestimmten Krisenherden des Helfens, in denen die Faszination in Blick auf das Ideal des Helfens nicht nur wissenschaftlich angefragt wird, sondern auch in seiner alltagspraktischen Verwirklichung verblaßt. Das Helfen gerät in den Trivialisierungssog des "Psychobooms", im Zuge dessen die psychische Sensibilität einschließlich der damit gegebenen Krisenanfälligkeit und Hilfsbedürftigkeit zum modischen Persönlichkeitsaccessoire verkommt und die Inanspruchnahme von Hilfe in Form psychologischer Beratung zum Standard eines modernen Lebensgefühls hochstilisiert wird. Hilfezusammenhänge werden einer politischen Bearbeitung entzogen und unterliegen einer ideologischen Therapeutisierung, derzufolge Hilfsbedürftigkeit bei sich und bei anderen aufgespürt wird, nicht so sehr, um sie zu beheben, sondern um Therapie als Standardbedarf des Normalbürgers zu suggerieren.[494] In engem Zusammenhang mit der Erhebung des Therapiebedarfs zum Normal-Soll steht auch die Tendenz der Vermarktung von Hilfe, welche Prozesse des Helfens in die Form des Austausches von Dienst- und Geldleistung gießt und nicht nur Hilfsbedürftigkeit als angebotbildende Nachfrage, sondern auch Hilfeleistung als nachfragebildendes Angebot verstehen läßt.[495] Therapeutisierung und Vermarktung des Helfens erweisen sich weiterhin als ein Nährboden der Professionalisierung, die in einem anderen Zusammenhang schon ausführlich behandelt worden ist (s. 3.2.2.2), die sich aber aufgrund der ihr eigenen Tendenz, die Beziehung zwischen Helfenden und Hilfsbedürftigen zur Selbstprofilierung der Helfenden bzw. der helfenden Institution zu instrumentalisieren und die Hilfsbedürftigen zu entmündigen, auch als Komponente der Destruktion des Helfer-Ideals zeigt.[496]

Schließlich gelangt das Helfen dort in eine krisenhafte Aporie, wo deutlich wird, daß seine Bewerkstelligung als Notbearbeitung selbst aufruht auf den noterzeugenden Gesellschaftsstrukturen. So wird angesichts der sich verschärfenden Notlagen inmitten einer reichen Gesellschaft deutlich, daß eine gesellschaftsweit kultivierte Hilfsbereitschaft an Grenzen stößt, weil sie sich selbst, etwa in Form der Verknüpfung der Qualität bestimmter Hilfeleistungen mit der Kaufkraft der Hilfsbedürftigen, den gesellschaftlichen Bedingungen verdankt, die auch die Hilfsbedürftigkeiten hervorbringen, welche zu bearbeiten das helfende Potential eigentlich antreten soll.[497] Dem individuell definierten Bedarf an bestimmten Formen der vieldimensionierten - psychischen, physischen, geistigen - Lebenshilfe steht z.B. das gesellschaftsstrukturell zu fassende Problem der Massenarbeitslosigkeit gegenüber. Damit stehen aber diejenigen, die sich aufgrund ihrer wirtschaftlichen Bevorteilung teure Beratungsstunden, Lebenshilfeliteratur und Selbstfin-

---

[494] Vgl. **Steinkamp, H.**: Christliche Diakonie angesichts der "Krise des Helfens", 10, dort in Anschluß an Hartmut von Hentig.

[495] Vgl. ebd. 10 f.

[496] Vgl. ebd. 12.

[497] Vgl. ebd. 12 f.

dungsreisen leisten können, bzw. diejenigen, die aus einem solchen Angebot ihre wirtschaftliche Bevorteilung gewinnen, den Arbeitslosen gegenüber, die - wiewohl hilfsbedürftig - sich ein derartiges Angebot aufgrund ihrer wirtschaftlichen Benachteiligung nicht leisten können. "Der Psychokultur [mithin der darin enthaltenen Hilfeeuphorie - H.H.] wird jäh eine lange vergessene Grenze vor Augen geführt: daß sie nicht nur der Reflex, sondern ebenso der Luxus einer reichen Gesellschaft war und ist ..."[498]

4.2.6.2 "Helfen ist Herrschaft" - Das Paradox des Helfens

Die Diakonie als helfende Praxis hat das Ziel, den benachteiligten, hilfsbedürftigen Menschen als Menschen mit eigener Würde wahrzunehmen und ihm zu helfen, in einen Lebensstatus zu kommen, der gemäß dieser Würde von Eigenständigkeit, Individualität und Freiheit geprägt ist. Helfen hat zum Ziel, dem in seinen Lebensmöglichkeiten eingeschränkten Menschen Lebensmöglichkeiten zu eröffnen und ihn Subjekt der Wahl und der Gestaltung dieser Lebensmöglichkeiten werden zu lassen. Insofern basiert das diakonische Helfen auf der - wenn auch idealen - Vorstellung von der Gleichheit zwischen Hilfsbedürftigem und Helfendem und auf der Maxime, daß der Helfende durch Vermeidung von Dominanz diese Gleichberechtigung des Hilfsbedürftigen zu achten hat. Auf der anderen Seite muß eine realistische Wahrnehmung der diakonischen Praxis erkennen, daß für sie herrschaftsförmige Beziehungsstrukturen unumgänglich sind. Die Diakonie ist Diakonie, weil es in ihr um notleidende, in ihren Lebensmöglichkeiten eingeschränkte Menschen geht, weil in ihr andere, weniger notleidende, von weniger bzw. von anderen Lebensbehinderungen beeinträchtigte Menschen in Kommunikationszusammenhänge mit den Notleidenden treten und weil in ihr die Lebensmöglichkeiten der einen zum Ausgleich des Lebensmöglichkeitenmangels der anderen eingesetzt werden. Helfen ist also notwendig immer auch Herrschen[499], weil die Struktur des Helfens eine Struktur des "Beherrschens" ist: Der Helfende beherrscht, was der Hilfsbedürftige nicht beherrscht. Angesichts dieser Spannung zwischen behaupteter Gleichheit und unausweichlicher Ungleichheit kann man in Anlehnung an das in der Erziehungswissenschaft geläufige Theorem der "pädagogischen Paradoxie"[500] vom

---

[498] Ebd. 12.

[499] Vgl. **Stollberg, D.**: Helfen heißt Herrschen; **Houtman, A.M.A.**: Machtaspekte in der helfenden Beziehung; **Börsch, E.**: Von der Macht in der helfenden Beziehung, 7-10; **Kohler, M.E.**: Kirche als Diakonie, 180-185.

[500] Vgl. **Mollenhauer, K.**: Theorien zum Erziehungsprozeß, 70. - Der Ausdruck "pädagogische Paradoxie" beschreibt im erziehungswissenschaftlichen Kontext das Grundproblem des Erziehungshandelns, "daß in einer Situation empirischer Ungleichheit (der zu Erziehende ist an Wissen, Können, Status, Macht etc. unterlegen) der Pädagoge auf die Herstellung völliger Gegenseitigkeit und von Mündigkeit zielen soll" (**Heidenreich, H.**: Handlungstheorie und Handlungsrisiko, 257), daß also unter den unausweichlichen Bedingungen der Dominanz des Erziehenden über den zu Erziehenden genau diese Bedingungen kritisiert und die zu erziehende Person zum Leben unter den Bedingungen der Nichtdominanz befähigt werden sollen. (Vgl. dazu **Heidenreich, H.**: Handlungstheorie und Handlungsrisiko;

Paradox des Helfens sprechen.

Diese Sicht der Situation diakonischer Praxis mag Widerspruch hervorrufen. Beliebt ist nämlich - weniger bei den betroffenen Notleidenden und Helfenden selbst als bei den über die Diakonie räsonierenden Theologinnen und Theologen - die Denkfigur, daß in diakonischen Kommunikationszusammenhängen nicht nur die Notleidenden durch die Helfenden, sondern auch umgekehrt die Helfenden durch die Notleidenden Bereicherung erfahren. An diesem Anspruch ist festzuhalten. Weitgehend unklar bleibt jedoch, ob diese Denkfigur Realität oder Ideal beschreibt. Selbst aber unter der Annahme, daß es diesbezügliche reale Erfahrungen gibt, ist diese schöne, weil egalitär strukturierte Beziehungen konstatierende Denkfigur nicht unbedenklich. Sie läuft Gefahr, die Wahrnehmung der diakonischen Praxis mit einer Verblendung zu belegen. Bei nüchterner Betrachtung kommt man einfach nicht daran vorbei: Die diakonische Praxis ist, auch dort, wo sie von seiten der Helfenden selbstkritisch geschieht, von Beziehungen geprägt, in denen die einen, zumindest hinsichtlich bestimmter Lebensanforderungen, mehr und die anderen weniger Möglichkeiten haben, in denen die einen die anderen als benachteiligt und umgekehrt die letzteren die ersteren als bevorteilt erleben und in denen die einen ihre Vorteile durchaus gezielt, eben zu wirklichem oder vermeintlichem Gunsten der Benachteiligten, in die Beziehung einbringen. Die oft anzutreffende, frei nach Max Weber[501] formulierte und scheinbar einsichtige Unterscheidung zwischen "Macht", die sich bei entsprechender Persönlichkeitskonstitution und Intention als verantwortungsvoller konstruktiver Einsatz des eigenen Vorteils zugunsten der Lebensmöglichkeiten anderer erweisen kann, und "Herrschaft", die sich als destruktiver Einsatz des eigenen Vorteils unter Vereinnahmung anderer zu eigenen Gunsten zeigt, löst das Problem nur auf der Ebene der Theoriebildung. Sie ändert nichts daran, daß die diakonische Praxis und die in ihr gelebten Beziehungen überwiegend von der Erfahrung der Ungleichheit geprägt sind, von der Erfahrung, daß die einen mehr und die anderen weniger Möglichkeiten haben.[502] So kommt Ulrich Bach zu einer weniger gefälligen, dafür aber wohl realitätsnäheren Einschätzung: "Wie soll in diesem Bereich *nicht* geherrscht werden? Der Begleiter des Behinderten hat ständig wichtige Dinge zu entscheiden, an der Stelle des anderen zu entscheiden. Mag der sagen (oder zeigen) können: er hat Zahnschmerzen; aber mit einem Vortrag über 'freie Arztwahl' ist er überfordert; ein anderer muß entscheiden, welcher Zahnarzt aufgesucht wird. Von morgens bis abends sind viele Entscheidungen im gleichen Modell zu treffen. ... Wer behauptet, es sei möglich, mit geistig schwerbehinderten Menschen zu leben und dabei alles (uns prinzipiell verwehrte) Herrschen zu vermeiden, der hat schlicht keine Ahnung von einem großen und wichti-

---

Peukert, U.: Interaktive Kompetenz und Identität, 53 f.; **Peukert, H.**: Was ist eine praktische Wissenschaft?, 70.)

501 Vgl. **Weber, M.**: Soziologische Grundbegriffe, 89 f.

502 Hinzu kommt, daß die Grenzziehung zwischen Macht und Herrschaft in ihren praktischen Operationalisierungen kaum eindeutig möglich sein dürfte und somit die wohlfeile Unterscheidung zwischen Macht und Herrschaft eben auch zur Verschleierung von Herrschaftsmechanismen mißbraucht werden kann (vgl. **Bach, U.**: "Aber auf Dein Wort!", 332).

gen Teil der 'Basis' unserer Gesellschaft."[503] Man muß sich sogar fragen, ob nicht die Definition des Einsatzes eigener Vorteile als altruistisch orientierte und somit ethisch verantwortbare Machtausübung bzw. die Behauptung der gegenseitigen Bereicherung in diakonischen Beziehungen nicht selbst lediglich eine subtile Form der Herrschaft bildet. Es sind nämlich zum weitaus überwiegenden Teil die Bevorteilten, die - wiederum aufgrund ihrer Bevorteilung - diese Selbstdefinition als "Macht"-Ausübende, die Definition dessen, was "gegenseitige Bereicherung" ist, bzw. die Deutung der eigenen Beziehung zu Notleidenden als Egalitätsbeziehung vornehmen können. Die Notleidenden ihrerseits aber sind an diesem Definitions- und Deutungsvorgang in einem nur höchst eingeschränkten Maße beteiligt und können ihre eventuell abweichende Wahrnehmung kaum artikulieren bzw. zur Geltung bringen.
Der Verweis auf die Erfahrung gegenseitiger Bereicherung zwischen Notleidenden und Helfenden, die darin enthaltene Behauptung einer Egalität diakonischer Beziehungen und die theoretische Unterscheidung zwischen Macht und Herrschaft überblenden also die unhintergehbare und faktisch bestehende Herrschaftsförmigkeit diakonischer Kommunikationszusammenhänge. Gerade dadurch wird diese Herrschaftsförmigkeit aber an den Rand des von der Egalitätseuphorie beherrschten Bewußtseins gedrängt und von der kritischen Beurteilung entbunden. In dieses Interpretationsvakuum können dann ideologische Deutungen einfließen, die die Herrschaftsförmigkeit - welche unkritisiert bleibt, aber eben doch virulent ist und folglich in irgendeiner Form in das Konzept der Diakonie eingeordnet werden muß - eher affirmativ-zementierend interpretieren. Das ist z.B. der Fall, wenn einer paternalistischen Struktur der Diakonie als Ausdruck der hierarchischen Struktur der Kirche insgesamt und des in ihr vermeintlich geltenden Vaterprinzips eine gewisse Legitimität zugesprochen wird.[504] Einer konstruktiv-kritischen Wahrnehmung der Diakoniepraxis ist es also angemessener, ihre unausweichliche Herrschaftsförmigkeit nicht durch eine einseitige Betonung der - sicherlich auch gegebenen - Erfahrung nichtherrschaftsförmiger Beziehungen idealistisch zu überspringen, sondern sie bewußt wahrzunehmen, die Tatsache, daß sie nicht gänzlich eliminierbar ist, zu akzeptieren, sie aber gerade in dieser realistischen Wahrnehmung einer kritischen Beurteilung, Bearbeitung und Transformation zugänglich zu machen.[505]

4.2.6.3 "Helfer-Syndrom"?

Eine der massivsten und nachhaltigsten Infragestellungen erfuhr das Helfen mit Wolfgang Schmidbauers "Helfer-Syndrom"-These.[506] Krisenerzeugend war dabei weniger die Aufstellung und wissenschaftliche Diskussion der These als vielmehr deren Rezep-

503 **Bach, U.**: "Aber auf Dein Wort!", 332.
504 Vgl. **Völkl, R.**: Kirchliche Caritas in der heutigen Welt, 421.
505 Vgl. **Stollberg, D.**: Helfen heißt Herrschen, 170.
506 Vgl. **Schmidbauer, W.**: Hilflose Helfer; **ders.**: Helfen als Beruf.

tion in den Kontexten helfender Berufe.[507] Zu einem geläufigen, wenn auch ambivalent empfundenen und nur diffus gebrauchten Theorem wurde das "Helfer-Syndrom" auf der breiten Ebene der Personen im Umfeld helfender Berufe - sei es der außenstehenden Beobachtenden, sei es der beruflich Tätigen, sei es der Klienten. Hier fand es zeitweise eine Verbreitung und Verwendung, die auch den Eindruck der schlagwortartigen Trivialisierung entstehen ließen. Das "Helfer-Syndrom" wurde gleichsam zu einer Zauberformel, um bislang nur unscharfen Ahnungen bezüglich der wirklichen Motivationslage von Helfenden einen Namen zu geben oder auch um dem eigenen Argwohn gegenüber der ideal erscheinenden Hilfsbereitschaft anderer einen unverdächtig-anspruchsvoll klingenden Ausdruck zu verleihen. Bei vielen Angehörigen helfender Berufe ist das Theorem sicherlich auf eine prägende, wenn auch negative Weise präsent, insofern sie die Behauptung eines "Helfer-Syndroms" als Verdikt über die eigene Tätigkeit befürchten. Gerade die Tatsache aber, daß das "Helfer-Syndrom" im Umfeld der helfenden Berufe selbst eine lebhafte Aufnahme erfahren hat, zeigt, daß unbeschadet der wissenschaftlichen Bedenken oder auch der Fragwürdigkeit mancher Verwendungsformen damit offenbar doch brisante Wahrnehmungen aus dem Handlungsfeld von Helferinnen und Helfern eine griffige Artikulation gefunden haben. Diese Virulenz im Metier der helfenden Berufe selbst, ob als freudig affirmierte Diagnose-Chiffre oder als Schlagwort der identitätsbedrohenden Infragestellung der eigenen beruflichen Tätigkeit, brachte die irritierende, krisenerzeugende Wirkung des "Helfer-Syndrom"-Theorems gegenüber dem Ideal des Helfens mit sich. Damit ist auch begründet, warum das "Helfer-Syndrom" an dieser Stelle trotz seines unsicheren Standes im wissenschaftlichen Diskurs eine Erwähnung als *eine* Komponente der Krise des Helfens erfährt.

Mit dem Theorem "Helfer-Syndrom" bezeichnet Schmidbauer eine bestimmte Kombination von Merkmalen, die er im Laufe seiner therapeutischen Praxis als "typisch", d.h. mit auffallender Häufigkeit auftretend, bei Personen in helfenden Berufen oder sonstigen längerfristigen Hilfetätigkeiten, also bei "Helfern", erkennen konnte und die

---

507 Es fällt sogar auf, daß die These des "Helfer-Syndroms" in der wissenschaftlichen Theoriebildung zu Diakonie, Sozialarbeit oder anderen Bereichen helfender Tätigkeit mit spürbarer Zurückhaltung aufgenommen wird. Schmidbauers eigene Zunft, die Psychologie, steht der These mehr oder weniger skeptisch gegenüber. Man sieht sie empirisch wenig abgesichert, hält sie für "spekulativ" (**Langfeldt-Nagel, M.**: Helfen als Beruf, 413) oder stellt ihre tiefenpsychologischen Grundlagen in Frage. Dort, wo man Ausführungen zum "Helfer-Syndrom" erwartet, nämlich in der psychologischen Altruismusforschung (vgl. **Bierhoff, H.W.**: Psychologie hilfreichen Verhaltens; **Lück, H.E.**: Hilfeverhalten; **Rauchfleisch, U.**: Psychologische Probleme der "helfenden" Berufe) wird wohl der gemeinte Sachverhalt thematisiert, die Schmidbauersche These erfährt aber nur selten eine ausdrückliche Erwähnung (Ausnahmen bilden **Langfeldt-Nagel, M.**: Helfen als Beruf, 413-420; **Wellhöfer, P.R.**: Grundstudium Sozialpsychologie, 32-34; **Brem-Gräser, L.**: Handbuch der Beratung für helfende Berufe, Band 1, 279-284). Auch in der Diakonie-Literatur theologischer Provenienz wird die These zwar an verschiedenen Stellen als Impulsgeber für die Entwicklung der eigenen Gedanken aufgegriffen (vgl. **Bellebaum, A.**: Hilflose Helfer, 85; **Steinkamp, H.**: Christliche Diakonie angesichts der "Krise des Helfens", 9; **Heimbrock, H.-G.**: Motivation zur Diakonie, 170), eine ausführlichere Rezeption oder auch kritische Auseinandersetzung findet jedoch kaum statt.

krankhaften Charakter angenommen haben.[508] Äußerlich wahrnehmbares Kennzeichen, also das "Symptom" des "Helfer-Syndroms", ist ein überdurchschnittliches, intensives, aufopferungsartiges Engagement in Hilfesituationen bzw. das auffallende bis verkrampfte Bemühen der jeweiligen Person, sich in Hilfesituationen hineinzubegeben oder Situationen (z.B. das Zusammensein mit entsprechend disponierten Menschen) von sich aus als Hilfesituationen zu definieren, um dann die Rolle des "Helfers" zu übernehmen. Für solche Helfer-Persönlichkeiten sind nun nach Schmidbauer fünf Merkmale kennzeichnend, die sich als *Syndrom*, d.h. als in signifikanter, fester Kombination miteinander auftretende Merkmale, diagnostizieren lassen und aufgrund des einschlägigen Personenkreises als "Helfer-Syndrom" beschrieben werden.[509]

Erstens sind tendenziell solche Personen anfällig für das "Helfer-Syndrom", die in ihrer Kindheit *Ablehnung von seiten der Eltern* erfahren haben. Die Ablehnungserfahrung besteht - für die Eltern selbst meist unbewußt - darin, daß das Kind nur dann Anerkennung erfährt, wenn es die Erwartungen der Eltern (oder anderer Bezugspersonen) hinsichtlich eines "anständigen", ruhigen, sittlichen, gehorsamen oder ähnlich definierten Verhaltens erfüllt, hingegen mit dem Entzug emotionaler Zuwendung bestraft wird, wenn es auch anderen Regungen, Trieben und Wünschen nachgibt, die nicht dem Ideal der Eltern entsprechen, gleichwohl zum Bestand des Lebensstrebens des Kindes gehören. Vielfach wirkt sich in der Ablehnung einzelner Verhaltensweisen ein ursprüngliches, später überlagertes Unerwünscht-Sein des Kindes bei den Eltern aus.[510] Insofern dann eine Anerkennung von seiten der Eltern nur die Anerkennung ihrer eigenen Ideale ist, wird von seiten des Kindes die Erfahrung der Ablehnung als Ablehnung der eigenen Person als solcher registriert, im Strukturgefüge der Psyche abgelagert und über viele Lebensstadien hinweg "abrufbereit" gehalten. Die weiteren Merkmale des "Helfer-Syndroms" sind Folgeerscheinungen dieser Urerfahrung der Ablehnung.

Als zweites Kennzeichen beinhaltet das "Helfer-Syndrom" eine hohe *Identifizierung mit dem Über-Ich* und infolgedessen die Ausbildung eines hohen Ich-Ideals. Das Kind erfährt sich nicht nur als abgelehnt oder als anerkannt, sondern auch als schwach gegenüber seinen Eltern. Um sich in dieser Abhängigkeit zu bewähren, ist das Kind veranlaßt, die Erwartungshaltung der Eltern als seine "Überlebensstrategie" zu übernehmen: Es zeigt vornehmlich seine bei den Eltern willkommenen Eigenschaften und versucht die anderen, abgelehnten Eigenschaften zu minimieren, um sich die lebenswichtige Anerkennung der Eltern zu sichern. Es übernimmt also die Erwartungshaltungen der Eltern in sein eigenes "Selbstkonzept" und verinnerlicht dadurch ein überaus dominantes Über-Ich, das für das Selbst nur "positiv" empfundene Züge zuläßt. Es kommt zur Ausbildung eines hohen Ich-Ideals. Dieses wiederum wirkt sich in der weiteren Entwicklung zweifach aus. Zum einen kommt es zu einer Schädigung des natürli-

---

508 Vgl. **Schmidbauer, W.**: Hilflose Helfer, 13.

509 Vgl. ebd. 90.- Die folgende Darstellung der Syndromelemente orientiert sich an den von Schmidbauer beschriebenen Fallgeschichten, anhand derer er die fünf Merkmale veranschaulicht (vgl. ebd. 61-89).

510 Vgl. ebd. 52.

chen, gesunden Narzißmus.[511] Für den unter diesen Prägungen herangewachsenen Menschen paßt es nicht zu seinem Ich-Ideal, daß er auf sich selbst schaut und mit sich selbst anerkennend, wohltuend umgeht. Gegenüber dieser als Egoismus empfundenen Orientierung an sich selbst wird die Orientierung am anderen Menschen und zu dessen Gunsten zur alleinigen Maxime erhoben. "Ideal" ist das Dasein für andere und "ideal" ist die Maximierung dieses Daseins für andere, da das Dasein für andere die notwendige Anerkennung erhoffen läßt, wie bereits das "Gut-Sein" für die Eltern Anerkennung versprach. Dadurch ist - zum zweiten - bedingt, daß eigene Fehler und Schwächen nicht eingestanden werden dürfen, da sie das Ich-Ideal verneinen würden. Die Ausblendung eigener Schwächen gelingt vor allem dort, wo die anderen, für die man da ist, erkennbar schwach sind und der Hilfe bedürfen, da derjenige, der mit diesen Schwachen eine Beziehung eingeht, von selbst als der Stärkere erscheint. Das Ich-Ideal wird gerettet, indem die Schwäche und die Hilfsbedürftigkeit des Gegenübers ausgenutzt werden, um sich in der eigenen Stärke, Fehlerlosigkeit und Hilfsbereitschaft zu präsentieren. Um die so erreichte Sicherheit des bestätigten Ich-Ideals zu stabilisieren oder auszubauen, sieht sich die helfende Person veranlaßt, ihre Hilfe nicht als Aufhebung der Hilfsbedürftigkeit des anderen, sondern als deren Perpetuierung zu konzipieren.

Drittens gehört zum "Helfer-Syndrom" eine nie gänzlich erfüllbare Bedürftigkeit nach Anerkennung, eine *narzißtische Bedürftigkeit.* Die durch die Verwirklichung des dem Ich-Ideal entsprechenden Gut-Seins erreichte Anerkennung muß vom Helfenden immer auch gleich relativiert, wenn nicht gar negiert werden. Die Kindheitserfahrung der Ablehnung provoziert zwar eine forcierte Suche nach Anerkennung, läßt es aber nicht zu, diese Anerkennung offen der eigenen Person zuzuschreiben und den Anspruch der Hinwendung zum anderen als erfüllt zu betrachten. Das wäre ja Orientierung an der eigenen Person, nicht aber Aufopferung für den anderen und würde so gerade wieder dem Ich-Ideal widersprechen. Die erfahrene Anerkennung kann folglich nur auf die geleistete Aufopferungstat, nicht aber auf die anerkennungsbedürftige eigene Person bezogen werden. Das Anerkennungsbedürfnis bleibt ständig unbefriedigt und erfordert so immer neue Aufopferungsleistungen. Die Helfer-Person ist auf immerwährende Zufuhr narzißtischer Bestätigung angewiesen, darf sie aber nicht als solche offenlegen oder akzeptieren. So ist sie von hilfsbedürftigen Menschen und deren Hilfsbedürftigkeit abhängig und zugleich gezwungen, diese Abhängigkeit zu negieren, um als helfende Person erscheinen zu können.

Ein viertes Element des "Helfer-Syndroms" ist die *Vermeidung von Beziehungen zu Nicht-Hilfsbedürftigen,* also von Beziehungen, die von Ebenbürtigkeit und Gegenseitigkeit geprägt wären. Die Möglichkeit, daß die in der Beziehung gegenüberstehende Person eigenständig ist und gleichermaßen in die Beziehung etwas einzubringen hat, wäre sozusagen die Verneinung des Ich-Ideals, für den anderen dasein zu müssen. Die Gegenseitigkeit würde - paradoxerweise - die psychische Verfaßtheit der "Helfer-Syndrom"-Persönlichkeit destabilisieren, da die ebenbürtige Zuwendung von seiten des anderen nicht als Anerkennung des eigenen Gut-Seins und folglich nicht als Verwirkli-

---

511 Vgl. ebd. 55.

chung des Ich-Ideals verbucht werden könnte.
Fünftens schließlich besteht eine Komponente des "Helfer-Syndroms" darin, daß gegenüber Nicht-Hilfsbedürftigen *indirekte Aggressionen* geäußert werden. Aggressivitäten sind bei der "Helfer-Syndrom"-Persönlichkeit durch die Über-Ich-Erwartungen unterdrückt worden, so daß ihre Äußerung auch im Erwachsenenalter durch die Angst vor Ablehnung domestiziert wird. Dort, wo die Entstehung von Aggressivität erwartbar, gleichsam programmiert ist, nämlich in der belastenden Situation der Hilfeleistung, kann sie aufgrund der Ich-Ideal-Sperre nicht zum Durchbruch kommen. Die unvermeidliche, weil menschliche Aggressivität muß sich Ausweichventile suchen, durch die sie chiffriert, etwa als Vorurteile, als Arroganz oder als Beziehungsverweigerung gegenüber dritten Personen außerhalb der Hilfebeziehung, hervortreten kann und nicht das Idealbild der eigenen Helfer-Rolle beschädigt, obwohl vielleicht gerade die Hilfesituation der eigentliche Entstehungskontext der Aggressivität ist.
Zusammenfassend läßt sich formulieren: Das "Helfer-Syndrom" kennzeichnet eine Person, die durch eine hypertrophe, selbstschädigende Aufopferungshaltung gegenüber anderen, von ihr abhängigen Personen etwas zu realisieren versucht, woran sie in früheren Lebensstadien, vor allem in der Kindheit, selbst Bedarf gehabt hätte, was sie aber nicht als Wirklichkeit erfahren konnte, nämlich authentische Anerkennung. Aufgrund der internalisierten Ablehnung der eigenen Person kann sie diesen Bedarf nunmehr nur in der paradoxen Form decken, daß sie ihren eigenen Bedarf an Zuwendung bei anderen Personen ansiedelt und dort zu decken versucht. Allerdings geschieht das in der nichtauthentischen Weise, daß bei diesen anderen nur ihre Schwachheiten wahrgenommen bzw. ihre Eigenarten als Schwachheiten interpretiert werden, um im Gegenzug die eigene Rolle des starken Helfenden zu profilieren. Die "Helfer-Syndrom"-Persönlichkeit versucht, eigene Probleme zu bearbeiten, indem sie die anderer bearbeitet, bzw. eigene Anerkennungsbedürfnisse zu befriedigen, indem sie die Hilfsbedürftigkeit anderer befriedigt. Mit dem eigenen Anerkennungsbedürfnis muß dann die Hilfsbedürftigkeit der anderen wachsen, so daß "Helfer-Syndrom"-Persönlichkeiten darauf angewiesen sind, Hilfsbedürftigkeiten nicht zu beseitigen, sondern zu verfestigen.[512]
In eine krisenhafte Situation der Verunsicherung kommt die diakonische Praxis als Hilfepraxis vor allem durch drei Implikationen des "Helfer-Syndrom"-Theorems. Hilfebeziehungen, die von einem "Helfer-Syndrom" belegt sind, tendieren zur Bildung einer "Helfer-Schützling-Kollusion"[513]. Die Hilfe-Hypertrophie des Helfenden selektiert als dessen Hilfeobjekte vornehmlich solche Hilfsbedürftige, die ihrerseits eine Konstitution aufweisen, welche sie solche stark erscheinenden Helfer-Persönlichkeiten als Beziehungspartner, als Ratgeber oder als Autoritäten suchen läßt, wobei die Abhängigkeit von einer starken Helfer-Persönlichkeit ebenfalls durch eine in der Kindheit angelegte Angst

[512] Vgl. auch die etwas anders angelegte Zusammenfassung der "Helfer-Syndrom"-Komponenten bei **Langfeldt-Nagel, M.**: Helfen als Beruf, 414 f; zur Problematik, daß "Helfer-Syndrom"-Phänomene speziell bei Klerikern aufgrund der Ausstattung mit dem Nimbus der unantastbaren, göttlichen Berufung eine besondere Brisanz erlangen können, vgl. die Beiträge in **Bitter, A. (Hg.)**: Frommer Mißbrauch?.

[513] Vgl. **Schmidbauer, W.**: Hilflose Helfer, 108-136.

vor Zuwendungsverlust bedingt sein kann.[514] Dem hilfemächtigen, selbstlosen, starken Helfer steht dann der hilfsbedürftige, um Versorgung bittende, schwache Schützling gegenüber. Schmidbauer beschreibt sie als den progressiven, d.h. zum starken Erwachsensein strebenden, sich kontrollierenden, handelnden, dominanten Partner, und als den regressiven, d.h. zu kindlichen Verhaltensweisen zurückkehrenden, sich hingebenden, empfangenden, gehorchenden Partner.[515] Beide Partner sind in ihrer Konstitution komplementär zueinander. Jeder von ihnen muß am anderen gerade dessen persönlichkeitstypisches Verhalten verwirklicht sehen, um das eigene Selbstverständnis operationalisieren zu können. Der Helfende braucht die Regression, Passivität und Abhängigkeit des anderen, um als mächtiger "Helfer" erscheinen zu können. Der Hilfsbedürftige braucht die Stärke des Helfenden, um passiv, verantwortungsfrei, abhängig bleiben zu können. Beide, hilfsbedürftiger und helfender Mensch, bilden ein Zusammenspiel, eine "Kollusion". Das Fatale dieses Zusammenspiels ist seine Wirkung als Circulus vitiosus, weil die Helfer-Schützling-Struktur auf beiden Seiten virulent ist und sich wechselseitig hochtreibt. Der Helfende sieht sich in seiner Rolle um so mehr bestätigt, je mehr der Hilfsbedürftige die Rolle des Schützlings übernimmt, und umgekehrt. Damit ist evident: Das "Helfer-Syndrom" ist ein Faktor der Verfestigung von Notsituationen und folglich ein Faktor der Paralysierung diakonischer Praxis.
Der zweite für die diakonische Praxis kontraproduktive Aspekt des "Helfer-Syndroms" besteht in der Beobachtung, daß viele "Helfer"-Persönlichkeiten die beschriebene "Helfer-Schützling-Kollusion" in das Gewand einer mit gesellschaftlicher Anerkennung ausgestatteten Funktion kleiden. Sie wählen für sich einen helfenden Beruf oder ein einschlägiges ehrenamtliches Engagement, um so auf eine unverdächtige, vielmehr sogar honorierte Weise gleichsam an hohe Dosen ihrer "Droge" Helfen heranzukommen.[516] Auch die diakonischen Praxisformen sehen sich dann vor die Frage gestellt, ob sie nicht ungewollt als die strukturelle Möglichkeitsbedingung pathologischer, notstabilisierender Beziehungen fungieren.
Der dritte krisenerzeugende Aspekt des "Helfer-Syndroms" besteht schließlich darin, daß es keine ausreichende Abgrenzung des sonstigen Lebenszusammenhangs des Helfenden vom Hilfsbedürftigen und von der Hilfesituation zuläßt. Der Druck der Maximierung von Hilfeleistungen bewirkt, daß auch zunehmend andere Lebensbereiche des Helfenden in den Prozeß des Hilfe-Anerkennung-Austausches eingebunden werden.[517] Das führt zur Überforderung des Helfenden und gleichsam zum Folge-Syndrom des "Helfer-Syndroms", dem "Burnout". Der so beanspruchte Helfer kommt an einen Punkt, an dem er sich psychisch, physisch oder auch hinsichtlich seiner Motivation "ausgebrannt" fühlt[518], an einen Punkt also, an dem quasi ein Selbstschutz-Mechanismus gegen die überhandnehmende Beanspruchung zu Hilfeleistungen einsetzt und die ursprüngliche

514 Vgl. ebd. 123.

515 Vgl. ebd. 109 f.

516 Vgl. **Schmidbauer, W.**: Helfen als Beruf, 21.

517 Vgl. ebd. 22.

518 Vgl. **Heidenreich, H.**: Mitarbeiterinnen und Mitarbeiter in Jugendverbänden, 279.

unbegrenzte Hilfsbereitschaft umschlägt in die gegenteilige, ebenfalls pathologische, weil Lebensinitiativen hemmende Verhaltensweise des Rückzugs aus Hilfebeziehungen. Das "Burnout"-Syndrom manifestiert sich in drei Symptomen: als emotionale Erschöpfung aufgrund des Gefühls, von den Hilfsbedürftigen ausgelaugt zu werden; als Verlust der Fähigkeit zu persönlich fundierten Beziehungen aufgrund des Gefühls der Abstumpfung gegenüber Notlagen; und als Reduzierung der Leistungsfähigkeit aufgrund des Gefühls der Aussichtslosigkeit des eigenen Vermögens.[519]
Freilich sind gegenüber Wolfgang Schmidbauers "Helfer-Syndrom"-Theorem Anfragen zu formulieren. So ist zunächst zu überlegen, ob Erscheinungen des "Helfer-Syndroms" nur durch Ablehnungserfahrungen in der Kindheit zu erklären sind oder ob nicht auch in späteren Lebensstadien noch pathogene Erfahrungen vermutet werden müssen, die gleichermaßen der Grund für ein "Helfer-Syndrom" sein können. Vor allem aber ist zu fragen, ob nicht die Rede vom "Helfer-Syndrom", insbesondere in ihrer populären und von Wolfgang Schmidbauer nicht beabsichtigten Form[520], etwas pauschal pathologisiert, was im Grunde zum Existenzvollzug des Menschen gehört. Im Zuge der oben erwähnten Trivialisierung des "Helfer-Syndrom"-Theorems schlich sich die Versuchung ein, damit jegliche Form des Helfens dem apriorischen Argwohn zu unterziehen, es handle sich um eine pathologische Form des egoistischen, für den Beziehungspartner destruktiven Anerkennungsstrebens. Demgegenüber bleibt daran festzuhalten, daß Helfen eine basale, für das Funktionieren der Systeme menschlichen Zusammenlebens notwendige Form des Miteinander-Umgehens ist und somit zunächst als der "Normalfall" anzusehen ist. Auch im Wissen um die Bedenklichkeiten eines pathologisierten Helfens muß ein unverkrampftes Reden vom "normalen" Helfen möglich sein. Daß eine Hilfepraxis pathologische Züge im Sinne des "Helfer-Syndroms" aufweist, muß zwar durchaus in einer nicht unerheblichen Häufigkeit vermutet werden, ist allerdings immer noch aposteriorisch, d.h. erst im Zuge der analytischen Beobachtung der je konkreten Hilfekonstellation, nachzuweisen und soweit wie möglich vom Helfenden selbst zu reflektieren. Weiterhin ist gegen den unbedenklichen, inflationären Gebrauch des Theorems einzuwenden, daß es "normal" ist, d.h. daß es zur anthropologischen Bestimmung des Menschen gehört, daß er sich selbst nicht verneint, sondern sich zu bewähren sucht und diese Selbstbewährung vornehmlich in den Lebenszusammenhängen ansiedelt, in denen er eine Bejahung seiner selbst erwarten darf. Das Streben nach Erfolg, Zuwendung und Bestätigung ist die Umsetzung eines existentialen Egoismus, eines Anerkennungsbedürfnisses, ohne dessen gelegentliche Erfüllung der Mensch der chronischen, anderen Lebenszusammenhängen nach wie vor entspringenden Negation seiner selbst ausgesetzt wäre. Umgekehrt wäre das Phänomen, daß ein Mensch für sich nicht nach Selbstbehauptung, nach Erfüllung eigener Anerkennungsbedürfnisse sucht, seinerseits als eine Form existentieller Lethargie bedenklich. Die Tatsache als solche, daß der Helfende mit seiner Hilfe Selbstbestätigungsinteressen - und sei es nur in Form des Gefühls, richtig zu handeln - verknüpft, konstituiert also noch keine Pathologie.

---

[519] Vgl. **Jacobi, B.**: Identitätsbildung, 18.

[520] Vgl. **Schmidbauer, W.**: Helfen als Beruf, 21.

Ungeachtet dieser relativierenden Anfragen und auch ungeachtet der wissenschaftlichen Infragestellungen ist mit der breit rezipierten, alltagspraktischen Rede vom "Helfer-Syndrom" ein Gedanke formuliert, der das Helfen auch auf der Ebene der Angehörigen helfender Berufe nicht mehr einfach als fraglos akzeptable, bewunderungswürdige Tugend gelten läßt und der somit als ein Begriff fungiert, in dem die Krise des Helfens eine ihrer schillerndsten Verbalisierungen erfährt.

4.2.6.4 Das Defizitmodell des Helfens

Die dargelegten krisenerzeugenden Infragestellungen des Helfer-Ideals weisen als ihren gemeinsamen Nenner auf, daß sie das Helfen als ein Beziehungsgefüge der Über- und Unterordnung zwischen einem starken, helfenden und einem schwachen, abhängigen Partner problematisieren und auf je aus ihrer Perspektive bedenkliche Prozesse in diesem Beziehungsgefüge hinweisen. Damit benennen sie indirekt, aber nicht minder deutlich erkennbar einen Grundzug der gängigen, auch in der Diakonie verwirklichten Hilfepraxis, der sich mit Henning Luther als das "Defizitmodell des Helfens"[521] kennzeichnen läßt. Beschrieben ist damit jener Ansatz des Helfens, "der die Adressaten der Seelsorge [respektive der Diakonie - H.H.] prinzipiell als mit einem Mangel/Defizit behaftet sieht, dem andere, die gleichsam defizitfrei sind, abzuhelfen suchen. Im Defizitmodell wird Seelsorge/Beratung in einer einlinigen, herablassenden Einstellung betrieben, in einem Oben-Unten-Gefälle, in dem Starke, Gesunde, Lebende... sich helfend dem Schwachen, Kranken, Sterbenden... zuwenden."[522] Dabei fällt "die Tendenz zu einer integrativen Vereinnahmung auf, die den einzelnen als anderen vom Maßstab der Mehrheit (Gemeinde) her definiert und ihn nach seinen Defiziten diesem Maßstab gegenüber bestimmt"[523], so daß dieser einzelne Hilfsbedürftige unter der Definitionsübermacht derer, die sich als Helfende gebärden, immer schon als defizitär wahrgenommen, damit aber per se nicht als gleichberechtigter Partner angenommen, sondern als der abhängige "andere" ausgegrenzt wird. Henning Luther beschreibt das ausgrenzende Defizitmodell als eine traditionsbildende und konstante Signatur der praktisch-theologischen Konzeptionen helfender Begegnung mit notleidenden Menschen beginnend bei Friedrich Schleiermacher bis hin zu heutigen Ansätzen der therapeutischen und der evangelikalen Seelsorge.[524] Daß der Diakonie

[521] Vgl. **Luther, H.**: Alltagssorge und Seelsorge; **ders.**: Wahrnehmen und Ausgrenzen.

[522] **Luther, H.**: Alltagssorge und Seelsorge, 12 f.

[523] **Luther, H.**: Wahrnehmen und Ausgrenzen, 251.

[524] Vgl. ebd. 250-261. - Es spricht nichts dagegen, diese in der evangelischen Praktischen Theologie ausgemachte Traditionslinie auch der katholischen Pastoraltheologie zuzuschreiben, in der ebenfalls die Vorstellung von der Rettung und Vervollkommnung des Menschen gegenüber einem Leben in einer vom Heilsplan Gottes abgefallenen, "defizitären" Welt (vgl. **Amberger, J.**: Pastoraltheologie, Erster Band, 31) geradezu paradigmatische Bedeutung erlangte. Wie nachhaltig sich die Defizitperspektive bis in die zeitgenössische Konzeption kirchlicher Praxis auswirkt, veranschaulicht der jugendpastorale Ansatz Günter Biemers (vgl. **Biemer, G.**: Der Dienst der Kirche an der Jugend), der auf dem Denkschema des tenden-

eine gewisse Prädestination für das Defizitmodell eignet, zeigt Henning Luthers Blick auf die Innere Mission.[525] Ihre Entstehung verdankt sich dem Impetus, neben der materiell-sozialen Not auch sittliche Verwahrlosung, religiöse Indifferenz und Kirchendistanzierung zu verhindern. Die diakonische Begegnung mit Notleidenden war also von vornherein belegt mit vordefinierten Maßstäben von Sittlichkeit, Religiosität und Kirchlichkeit, die für sich genommen berechtigt gewesen sein mögen, in deren "Gegenlicht" jedoch die betroffenen Menschen sofort nur als defizitäre, ausgesonderte, von der vorgegebenen Identitätsnorm abweichende "andere" in den Blick kamen. In diesem Plausibilitätsrahmen konnte entsprechend formuliert werden: "Das Subjekt der Inneren Mission sind die gläubigen Glieder der Gemeinde. ... Das Objekt der Inneren Mission sind alle diejenigen Glieder der christlichen Kirche, welche dem religiösen und dem sittlichen Leben des Evangeliums entfremdet sind..."[526] Die Diakonie hatte hier die Struktur der Abgrenzung zwischen "normalen" Gemeindegliedern im Binnenbereich und abweichenden Menschen im Außenbereich.

Das in dieser Weise ausgrenzend wirkende Defizitmodell prägt auch die gegenwärtige Hilfepraxis und kann als "doppelte Verdrängung" näher bestimmt werden.[527] Das faktisch beobachtbare Helfen ist demnach von dem Ideal der Identität im Sinne der Gleichförmigkeit mit der helfenden Instanz geleitet. Was vom Helfenden abweicht, muß entweder durch die Behebung von Mängeln angeglichen und integriert oder als Störfaktor verdrängt werden. Diese Verdrängung des Defizitären nimmt im Helfen nach dem Defizitmodell doppelte Gestalt an. Zum einen ist solches Helfen so auf die Defizite des Hilfsbedürftigen fixiert, daß die eigenen Defizite des Helfenden verdrängt und Defizite nur mehr beim anderen wahrgenommen werden. Aus der einlinigen, die reziproke Sichtweise des anderen ausblendenden Perspektive des Helfenden erscheint die suggerierte eigene Defizitfreiheit als Normalfall und das Defizitär-Sein des anderen als korrekturbedürftige Abweichung. Es ist ein Helfen im Modus des "Auftrumpfens"[528]. Zum zweiten ist solches Helfen in einer Weise auf die Defizite des Hilfsbedürftigen fixiert, daß dieser als Person nur in seinen Defiziten, nicht aber auch in seinen anderen Eigenschaften wahrgenommen wird. Durch die Engführung der Wahrnehmung des anderen auf dessen Defizite, in der das Gesamtbild der Persönlichkeit des Hilfsbedürftigen aus-

ziell defizitären Zustands Jugendlicher und des tendenziell fertigen Entwicklungszustands Erwachsener basiert. Ihren Ausdruck findet die Defizitperspektive Günter Biemers, wenn er von der kirchlichen Norm der Teilnahme an der Eucharistie ausgehend diesbezügliche Abweichungen als eine Divergenz zwischen den Defiziten Jugendlicher und dem Verantwortlichenstatus der Erwachsenen interpretiert und formuliert: "Die Kommunikation jugendlicher Christen hat also ihre volle Form noch nicht erreicht, wenn die Verantwortung für diese Teilnahme an der Eucharistie (noch) nicht wahrgenommen wird. Dieses Defizit deutlich zu machen, ist die Aufgabe der für den kirchlichen Dienst an der Jugend bestellten Erwachsenen, ..." (ebd. 112).

525 Vgl. **Luther, H.**: Wahrnehmen und Ausgrenzen, 252 f.

526 Achelis, E.C.: Lehrbuch der Praktischen Theologie, Bd. 3, 201 f., hier zitiert nach **Luther, H.**: Wahrnehmen und Ausgrenzen, 253.

527 Vgl. **Luther, H.**: Wahrnehmen und Ausgrenzen, 261 f.

528 Vgl. **Bach, U.**: Boden unter den Füßen, 138.

geblendet bleibt, können die als Defizite wahrgenommenen Eigenschaften tatsächlich nur pejorativ als Nichterfüllung eines Solls, nicht jedoch positiv als Elemente des Gesamtbildes der Persönlichkeit gewertet werden. Die Andersartigkeit des anderen, an dem man nur die Defizite und dessen Andersartigkeiten man nur als Defizite registriert, gilt dann ausschließlich als das zu Eliminierende, nicht aber als eine ernstzunehmende, eventuell auch - bei entsprechender Absicht des anderen selbst - zu bewahrende Eigenart. Das Defizitmodell des Helfens grenzt also doppelt aus: Das Defizitär-Sein beim Helfenden selbst und das Anders-Sein beim Hilfsbedürftigen. Da aber entsprechend der Definitionsmacht des Helfenden das (vermeintliche) Nicht-defizitär-Sein mehr Recht zugesprochen bekommt als das Defizitär-Sein und das (vermeintliche) Normal-Sein mehr Recht beansprucht als das Anders-Sein, ist das Defizitär- und Anders-Sein zugleich ein entrechtetes Ausgegrenzt-Sein des Hilfsbedürftigen qua Person.

4.2.7 Die Diakonievergessenheit der Theologie

Wie immer die Diakonie theologisch identifiziert werden mag - als Grundvollzug der Kirche, als Wesensäußerung der Kirche, als praktisches Anwendungsfeld theologisch-kirchlich definierter Inhalte oder auch nur als "Vorfeld" zur kirchlichen Eigentlichkeit bzw. als Scharnier-Glied zwischen Kirche und Gesellschaft - , sobald die Diakonie derartig identifiziert wird, ist damit implizit gesagt, daß die Diakonie ein theologisch relevantes Thema ist. Die Art ihrer Relevanz im Wissenschaftsbetrieb der Theologie kann dabei natürlich ein breites Spektrum an Formen annehmen. Es ist nämlich davon auszugehen, daß die kirchliche und darin speziell diakonische Praxis nicht einfach der lineare, uniforme Ausfluß der konzeptionell-normierenden Vorgaben von seiten der Theologie ist. Die Theologie bzw. Art und Ausmaß der theologischen Thematisierung bestimmter Inhalte sind - gemäß dem hermeneutischen Primat der Praxis (s. 1.1.1.7) - auch ein Reflex auf die bestehende kirchliche Praxis, d.h. auf die vielfältigen Praxismuster und -strukturen der Kirche, insofern die Theologie, auch wenn sie ihr Reflexionspotential nicht auf den binnenkirchlichen Raum beschränkt, in ihren Ermöglichungs- und Entstehungsbedingungen selbst vom strukturellen Rahmen und kollektiven Bewußtsein der Kirche getragen ist. Die Art und Weise, wie ein Sachverhalt in der Theologie Relevanz gewinnt, ist folglich auch ein Spiegelbild der Relevanz, die dieser Sachverhalt in der bestehenden kirchlichen Praxis bereits einnimmt oder nicht einnimmt. Im Blick auf die Diakonie ist damit zu rechnen, daß die bislang beschriebenen Verortungen bzw. Problemlagen ihrer "binnenkirchlichen" Präsenz, d.h. ihre Identifizierung als "Weltdienst", ihre Einordnung im Grundvollzüge-Konzept, die Tendenzen der Abwertung, der Marginalisierung, der Institutionalisierung und der Instrumentalisierung wie auch ihre Vereinnahmung für die abgrenzende Behauptung eines Propriums und die Fragwürdigkeit des Helfer-Ideals, eine Verdoppelung in der Präsenzform der Diakonie innerhalb der Theologie als Wissenschaft erfahren. Deshalb ist es angebracht, die "binnenkirchliche" Wahrnehmungsperspektive in einem letzten Abschnitt nochmals zu spezifizieren auf die Frage nach dem Verhältnis zwischen Diakonie und Theologie.

4.2.7.1 Indizien der Diakonievergessenheit

In der Tat korrespondiert den bisher dargestellten Problemlagen der Verortung der Diakonie in der Kirche eine augenscheinliche Diakonievergessenheit der Theologie.[529] Daß diese Diagnose nicht nur der katholischen, sondern auch der evangelischen Theologie gilt, zeigt eine resümierende Erkenntnis, mit der Jürgen Albert eine Aufsatzsammlung des Diakonietheologen Paul Philippi[530] einleitet: "Zu den folgenreichsten Unterlassungssünden der jüngsten Theologiegeschichte gehört die weitgehende Nichtbeachtung der Diakonie."[531] Die Diagnose kann sich auf eindeutige Indizien stützen.

Ein erstes Indiz liefert die Einschätzung des Theologiestudiums durch Theologiestudierende. Auf die Frage, für welche Aufgaben das Theologiestudium gute, ausreichende bzw. unzureichende Kompetenzen vermittle[532], antworteten 1974 67% der Priesteramtskandidaten, daß sie sich auf den diakonischen Bereich "Hilfe für Randgruppen der Gesellschaft" unzureichend vorbereitet fühlen. Ebenso fühlten sich 64% auf die "Hilfe in Familienkrisen" und 62% auf die "persönliche Beratung von Menschen" nur mangelhaft vorbereitet. Damit erhielten drei der sechs angegebenen diakonierelevanten Aufgabenbereiche die höchsten Defizitquoten von insgesamt 25 aufgeführten Aufgabenbereichen zugesprochen. Nur durchschnittlich 4% empfanden die theologische Ausbildung für die drei genannten Bereiche als gut.[533] Auch dort, wo diakonische Praxisbereiche in der Fragestellung an die Priesteramtskandidaten bereits als "pastoral" qualifiziert worden sind, nämlich bei der "pastoralen Hilfe für ältere Menschen" und bei der "Krankenpastoral", zeigte sich noch eine deutliche Divergenz zwischen den negativen und positiven Einschätzungen der Kompetenzvermittlung im Theologiestudium. Auf die pastorale Hilfe für ältere Menschen fühlten sich 48% unzureichend und 7% gut vorbereitet. Hinsichtlich der Krankenpastoral betrugen die Werte 45% (unzureichend) und

---

529 Vgl. dazu das Themenheft der Pastoraltheologischen Informationen 10 (1990) Heft 1 unter dem Titel "Diakonie - eine vergessene Dimension der Pastoraltheologie"; dort ist der unter dem gleichen Thema veranstaltete Kongreß der Konferenz der deutschsprachigen Pastoraltheologen vom 15. - 18. Juni 1989 in Freiburg i.Br. dokumentiert. Zum Verhältnis von Diakonie und wissenschaftlicher Theologie vgl. **Fuchs, O.**: Assoziationen zum Verhältnis von theologischer Lehre und diakonischer Tat; **ders.**: Wie kommt Caritas in die Theologie?; **ders.**: Krise der Theologie; **ders.**: "Wie verändert sich das Verständnis von Pastoraltheologie und Theologie überhaupt, wenn die Diakonik zum Zug kommt?"; **ders.**: Heilen und befreien, 69-78; **Philippi, P.**: Thesen zur Ortsbestimmung der Diakonie in der Theologie; **ders.**: Diakonik; **ders.**: Diaconica, 193-210; **ders.**: Der systematische Ort der Diakonie in der Theologie; **Albert, J./ders.**: Diakonie. III. Diakoniewissenschaft/Diakonik; **Wagner, H.**: Ein Versuch der Integration der Diakonie in die Praktische Theologie; **Albert, J.**: Diakonik - Geschichte der Nichteinführung einer praktisch-theologischen Disziplin; **Funke, A.**: Diakonie und Universitätstheologie; **Zauner, W.**: Diakonie als pastorale Tätigkeit; **Boeckler, R.**: Ohne theologischen Aufbruch keine Diakonie von morgen.

530 Vgl. **Philippi, P.**: Diaconica.

531 **Albert, J.**: Vorwort, V.

532 Vgl. **Schmidtchen, G.**: Umfrage unter Priesteramtskandidaten, 34 f., 139 f.

533 Die restlichen, d.h. auf 100% jeweils fehlenden Prozentwerte verteilten sich auf die Antwortmöglichkeiten "gerade ausreichend" bzw. "keine Angaben".

8% (gut). Die Ausbildung für die "Anregung und Organisation sozialer Dienste" schließlich wurde zu 46% als unzureichend und zu 7% als gut bewertet. Das reziproke Verhältnis trat am anderen Ende der Antwortskala zutage. Die Ausbildung für die "Verkündigung im Gottesdienst" empfanden 7% als unzureichend und 46% als gut. Eine positive Bilanz erfuhren auch noch die Bereiche "Vermittlung von Glaubenswahrheiten" (10% unzureichend, 44% gut), "Vorbereitung der Sakramentenspendung" (17% unzureichend, 36% gut) und "Gestaltung der Gemeindegottesdienste" (26% unzureichend, 28% gut).[534] Eine Differenzierung der Bewertungen des Theologiestudiums nach Priesteramtskandidaten, die an Reformen des Studiums interessiert waren, und solchen, die für eine Beibehaltung der bisherigen Form des Studiums plädierten, ließ eine deutlichere Divergenz zwischen Unzufriedenheit und Zufriedenheit bei den an Reformen interessierten Priesteramtskandidaten, nicht aber einen grundsätzlichen Unterschied zwischen den Bewertungen der einzelnen Praxisbereiche erkennen. In beiden Gruppen erhielten die diakonischen Aufgabenbereiche (bei den am Status quo interessierten Kandidaten zusätzlich die Sexualpädagogik) die höchsten und die verkündigenden bzw. liturgischen Aufgabenbereiche die niedrigsten Defizitmeldungen.[535] Für die Bewertung des Theologiestudiums durch Theologiestudierende in aktueller Zeit, also ca. 20 Jahre nach der Umfrage von Gerhard Schmidtchen, gibt es keine derartige Datengrundlage. Zwar steht zu vermuten, daß sich mittlerweile die Verteilung der Priesteramtskandidaten zuungunsten der an Reformen Interessierten verschoben hat bzw. ein gewisses Maß an Reformwilligkeit inzwischen auf die - im Vergleich zu damals - entgegengesetzte traditionalistische Richtung zielt. Der Anteil derer, die die mangelhafte Ausbildung im diakonischen Bereich nicht als veränderungsbedürftiges Defizit bzw. nicht als Leerstelle in ihrer zukünftigen Seelsorgerrolle empfinden, scheint größer geworden zu sein. Die Wahrnehmung des aktuellen Studienbetriebs an theologischen Fakultäten und Hochschulen gibt jedoch keine Anhaltspunkte, die es erlauben würden, die Kompetenzvermittlung für diakonische Aufgaben anders einzuschätzen, als in der Umfrage von 1974 ersichtlich wird.

Dieser Befund deckt sich mit der faktisch gegebenen Wissenschaftsorganisation der Theologie. Den kirchlichen Grundvollzügen Liturgie und Verkündigung sind mit Liturgik bzw. Homiletik fest installierte Disziplinen bzw. Institute der universitären Theologie zugeordnet. Für die Diakonie gibt es keine derartige wissenschaftsorganisatorische Institutionalisierung. Die beiden diakonietheologischen Universitätsinstitute - das Diakoniewissenschaftliche Institut an der Universität Heidelberg auf evangelischer und die Abteilung "Caritaswissenschaft und Christliche Sozialarbeit" am Institut für Praktische Theologie der Universität Freiburg auf katholischer Seite - verstehen sich als Modelle der wissenschaftsorganisatorischen Verortung der Diakonie in der Theologie, sie sind aber in ihrer Singularität eher ein indirekter Beleg für das Fehlen ähnlicher

---

534 Vgl. **Schmidtchen, G.**: Umfrage unter Priesteramtskandidaten, 139. - Die referierten Daten beziehen sich auf eine repräsentative Auswahl der Priesteramtskandidaten im Jahr 1974 in der damaligen Bundesrepublik Deutschland.

535 Vgl. ebd. 140.

struktureller Fundierungen der Diakonietheologie im gesamten sonstigen Feld der deutschsprachigen Theologie. Selbst innerhalb der Praktischen Theologie bzw. Pastoraltheologie kann sich die Diakonie gegenüber den Themen der gängigen Vorlesungszyklen wie Gemeindepastoral, Sakramentenpastoral, Verkündigung u.ä. nur langsam als gleichrangiges Thema behaupten. Erst recht läßt sich nicht beobachten, daß die Diakonie eine disziplinenübergreifende, grundlegende Perspektive der gesamten Theologie bilden würde. Die Thematisierung der Diakonie in den systematischen, biblischen und historischen Disziplinen der Theologie fällt weitgehend aus. Die biblischen Disziplinen überprüfen ihren Bezug zur Praxis der Kirche vornehmlich über die Frage, wie man "von der Exegese zur Predigt"[536] komme und verstehen ihre Praxisrelevanz vor allem als Verkündigungsrelevanz. Die Systematik findet mit ihren Traktaten, insbesondere mit der Ekklesiologie, der Sakramentenlehre und der Christologie prädestinierte Praxisbezüge in der Liturgie und in der Verkündigung als den Feldern der symbolischen bzw. kognitiven Darstellung theologischer Lehrinhalte.[537]

Auffallend ist auch die Zurückhaltung der Moraltheologie bzw. Ethik gegenüber diakonischen Fragestellungen, die eine gewisse Erklärung in der (aufgezwungenen) Fixierung der moraltheologischen Reflexion auf Probleme der persönlichen Lebensführung finden mag, die jedoch angesichts der moraltheologischen Tradition des Themas "Caritas" und angesichts der ethischen Brisanz diakonischer Anforderungen als Mangel empfunden werden muß.[538] Marcio Fabri dos Anjos hat dieses Auseinanderdriften von Moraltheologie und Diakonie einer deutlichen Kritik unterzogen.[539] Überzeugt von der Notwendigkeit, "eine systematische Moraltheologie aus dem Blickwinkel der Armen zu entfalten ... [bzw.] eine Methode moraltheologischer Reflexion zu erarbeiten, die eine ernstzunehmende Sensibilität [sc. gegenüber den Armen - H.H.] eröffnet"[540], befürchtet er, "daß sogar die neue Moraltheologie, verankert in 'sittlichen Urteilen' und

---

536 Vgl. **Kamphaus, F.**: Von der Exegese zur Predigt.

537 Bezeichnend dafür mag sein, daß Hans Küng in seiner umfangreichen Ekklesiologie die Frage der diakonischen Struktur nur als Frage des Ortes und der Struktur von Ämtern in christlichen Gemeinden abhandelte (vgl. **Küng, H.**: Die Kirche, 465-522). Es lassen sich allerdings "regelbestätigende Ausnahmen" benennen. Bereits Karl Barth behandelte die Diakonie als ein Thema der Dogmatik, indem er sie als eine Dimension der christlichen Gemeinde darstellte, ohne die das Zeugnis derselben "in seiner Ganzheit nichtig sein" (**Barth, K.**: Die kirchliche Dogmatik, Bd. IV/3,2, 1022; vgl. ebd. 1020-1026) würde. Auf katholischer Seite sind in jüngster Zeit Ekklesiologien entworfen worden, in denen die Diakonie zumindest ausdrücklich als ekklesiologische Größe thematisiert wird (vgl. **Zirker, H.**: Ekklesiologie, 186-188, 202-210; **Wiedenhofer, S.**: Ekklesiologie, 109-112) oder sogar als durchgängige und erkenntnisleitende Perspektive einer jeden Beschäftigung mit der Kirche gilt (vgl. **Kehl, M.**: Die Kirche, 39).

538 Daß der Zusammenhang von ethisch-moraltheologischen und diakonischen Fragestellungen evident ist, findet einen biographischen Niederschlag beim Nestor der katholischen Caritaswissenschaft, Richard Völkl, dessen diakonietheologische Arbeit ihren Anfang nahm im Gefolge seiner moraltheologischen Arbeit (vgl. **Völkl, R.**: Christ und Welt nach dem Neuen Testament; vgl. dazu **Manderscheid, M.**: Einleitung, 8).

539 Vgl. **Anjos, M.F.d.**: Option für die Armen und moraltheologische Reflexion.

540 Ebd. 168.

'Entscheidungen', nicht ganz eine Stagnation überwindet, wie sie die Theologie auf der Basis der Frage nach Erlaubtheiten befallen hat"[541]. Die Behandlung diakonischer Fragestellungen als spezielle Themen der Soziallehre veranlaßt dos Anjos eher zu der weiteren Befürchtung, daß eine Fragmentarisierung der moraltheologischen Gegenstände dazu führt, "daß die lebendige Problematik der Armen den anderen Bereichen der Moraltheologie nichts mehr zu sagen hätte"[542], wogegen es nicht einzusehen sei, "wie fundamentale Themen wie das Gewissen, Freiheit, moralisches Gesetz und Sünde von all den Problemen, die aus der Welt der Armen herankommen, isoliert werden könnten"[543]. Entsprechend dieser Kritik ist auch bezüglich der Moraltheologie zu beobachten, daß sie in der Verkündigung ihren spezifischen Bezug zur Praxis der Kirche sieht und wenn, dann auf diese hin praxiskonzeptionelle Reflexionen anstellt, da die Verkündigung der Kirche eben auch als Plattform der Verbreitung moraltheologischer Postulate unter den Gläubigen gilt.
Etwas anders stellt sich die Situation in den kirchengeschichtlichen Disziplinen dar. Es gibt eine umfangreiche literarische Aufarbeitung der Caritas- bzw. Diakoniegeschichte.[544] Diese wurde aber zum überwiegenden Teil aus dem Kontext der Diakonieeinrichtungen selbst heraus betrieben bzw. von historisch interessierten Vertretern der Diakonietheologie selbst geleistet. Innerhalb der Kirchengeschichte als theologischer Disziplin erfährt die Diakonie vor allem in Form derjenigen Phänomene eine Thematisierung, in denen sie im Laufe der Kirchengeschichte Gestalt gewonnen hat (Diakonat, Armenpflege, Ordenswesen, Spitäler, kirchliches Wirken in der Sozialen Frage usw.).[545] Das bedeutet aber, daß die Diakonie kirchenhistorisch eben überwiegend - ähnlich den noch nicht zusammengefügten Stücken eines Fleckenteppichs - als eine Vielfalt einzelner, variierender, zeitlich wie regional verstreuter Phänomene wahrgenommen wird und weniger als eine durchgängige, konstitutive theologische Kategorie der Kirche.[546] Hierin mag wohl der Grund dafür liegen, daß auch aus der universitären Kirchengeschichte für die Theoriebildung der Diakonie - für die kritische Wahrnehmung vergangener wie auch konzeptionelle Weiterentwicklung zukünftiger Diakoniepraxis - kaum ein Zuwachs zu verzeichnen ist. So stellt sich etwa die kirchenhistorische Bearbeitung der Vorgeschichte, der kirchen- und gesellschaftspolitischen Hintergründe und der Entwicklung der Diakonieverbände in Deutschland noch als unzureichend dar.

---

541 Ebd. 171.

542 Ebd. 174.

543 Ebd.

544 Vgl. **Ratzinger, G.**: Geschichte der kirchlichen Armenpflege; **Uhlhorn, G.**: Die Christliche Liebesthätigkeit; **Liese, W.**: Geschichte der Caritas; **Bärlehner, F.X.**: Die Entwicklung der karitativen Wohlfahrtspflege in Bayern, 6-48; **Beyreuther, E.**: Geschichte der Diakonie und Inneren Mission in der Neuzeit; **Krimm, H. (Hg.)**: Das diakonische Amt der Kirche; **Philippi, P.**: Diakonie. I. Geschichte der Diakonie; **Brandt, H.J.**: Grundzüge der Caritasgeschichte; **Mette, N.**: Caritas, 258-266.

545 Vgl. **Reicke, S.**: Das deutsche Spital und sein Recht im Mittelalter; **Franz, A.**: Der soziale Katholizismus in Deutschland bis zum Tode Kettelers.

546 Vgl. exemplarisch die disparate Behandlung diakonischer Praxisformen in **Jedin, H./Repgen, K. (Hg.)**: Handbuch der Kirchengeschichte.

Wissenschaftsorganisation und der je spezifische Praxisbezug der "nicht praktischen" theologischen Disziplinen bedingen also "ein enormes Defizit an Theorie und Theologie der Diakonie gegenüber der Verkündigung und Liturgie"[547]. Mit Wilhelm Zauner muß man "wohl für die Einstellung und die Arbeit der Theologen [zumindest vieler Theologen und Theologinnen - H.H.] den Schluß ziehen: Die Sorge um die Rechtgläubigkeit und um den richtigen Ablauf der Liturgie war ihnen wichtiger als die Sorge darum, ob denn auch die Diakonie nach den Gesetzen des Evangeliums abläuft. Zumindest aber waren sie wohl der Überzeugung, daß es dafür keiner sehr gründlichen Theorie bedürfe."[548]

4.2.7.2 Gründe der Diakonievergessenheit

Die Diakonievergessenheit der Theologie bedeutet natürlich, daß erst recht die sich dahinter verbergenden Gründe außerhalb des selbstkritischen Reflexionsfeldes der Theologie verbleiben. In diesem Raum der Nichtbeachtung können sie sich um so diffuser und unkontrollierter auswirken. Entsprechend komplex stellen sie sich dar. Bei einer Analyse des Bedingungszusammenhangs lassen sich jedoch vier Gruppen von Gründen der Diakonievergessenheit der Theologie benennen. Sie beziehen sich auf die Wissenschaftskonzeption der Theologie, auf Mechanismen, in denen die Theologie selbst als Bestandteil eines Systems systemischen Zwängen unterliegt, auf bestimmte Inhalte der Theologie und auf das Selbstverständnis der Theologen und Theologinnen.

4.2.7.2.1 Sperren zwischen theologischer Theorie und diakonischer Praxis

Die Diakonievergessenheit der Theologie liegt zunächst an der grundlegenden Andersartigkeit der Diakonie hinsichtlich ihrer Praxisgestalt gegenüber denjenigen Praxisfeldern der Kirche, die ansonsten im Zentrum der theologischen Aufmerksamkeit stehen. Predigt, Katechese, Gottesdienst, Sakramentenspendung, Unterricht, Seelsorgegespräche usw. präsentieren sich vornehmlich als Redeakte. Die theologischen Disziplinen, die sich vor allem über das Medium des Wortes produzieren, sei es des gedachten, des geschriebenen oder des gesprochenen Wortes, finden also in den genannten Praxisbereichen Felder vor, in die hinein sie sich durch die einfache Transformation von einem Redeakt in den anderen auswirken können. Die Diakonie dagegen präsentiert sich vor allem als Beziehung, als Interaktion, als nonverbale Kommunikation und auch als konkrete Tat am materiellen Gegenstand der Hilfeleistung. Sie bräuchte einen Modus der konzeptionellen Verarbeitung theologischer Inhalte, der diesen Praxisformen angemessen ist, nämlich einen Umgang mit theologischen Inhalten, in dem diese nicht nur im Zustand des einseitigen Denkens und Behauptens fachtheologisch gebildeter Funk-

---

[547] **Zauner, W.**: Diakonie als pastorale Tätigkeit, 149.

[548] Ebd.

tionsträger verbleiben, sondern selbst zu einer Praxis zwischen den betroffenen Menschen werden. Die Diakonie erfordert demnach neben der sprachlichen Transformation auch einen grundlegenderen Transformationsprozeß theologischer Inhalte vom Modus des Redeaktes in den Modus nichtsprachlicher Kommunikationen und Handlungen. Diese Transformation ist aber in der Theologie als Lehre und in einer überwiegend als Belehrung konzipierten Praxis der Kirche nicht geübt.[549]
Damit ist weiterhin angezeigt, daß die Diakonie "eine Hermeneutik eigener Art, nämlich eine praktische, die zugleich eine kritische Theologie gegenüber den anderen Theologien begründet, besonders gegenüber der wissenschaftlichen Theologie und der Theologie des Lehramtes"[550], verlangen würde. Eine kritisch-korrigierende Begegnung zwischen der Diakonie und den theologischen Disziplinen würde voraussetzen, daß letztere akzeptieren, daß ihre eigenen Inhalte auch auf dem Hintergrund einer bereits bestehenden Praxis der Diakonie als ihrem Verstehenshorizont formuliert und ausgelegt werden müssen, da die Diakonie ihrerseits ihre Identität nur in einer entsprechenden Manifestation diakonischer Praxis konstituiert, die theologische Rede darüber jedoch nur sekundärer Reflex sein kann. Es ginge hier um die Erkenntnis, daß eine jede Theologie darauf angewiesen ist, sich bei ihrem theoretischen Denken und Reden auf den Erfahrungshorizont Notleidender und auf den Praxiskontext diakonisch handelnder Menschen rückbeziehen zu können, wenn sie vermeiden will, daß ihr Denken und Reden aus der Perspektive diakonischer Kontexte befremdend-abstoßend wirkt. Letzteres ließe sich z.B. veranschaulichen an der Handhabung der Gottesdienstpraxis in diakonischen Einrichtungen. Das Postulat des Gottesdienstes als der regelmäßigen Versammlung der Gläubigen zur symbolisch-vergegenwärtigenden Erinnerung des Erlösungshandelns Gottes ist für den christlichen Glauben grundsätzlich unverzichtbar. Wird es aber lediglich deduktiv von theoretisch-theologischen Maximen her vorgegeben und in Form des Sonntagsgebots als Propriumsbestimmung kirchlicher Diakonieeinrichtungen kategorisch eingefordert, dann nimmt dieses Postulat des christlichen Glaubens gerade auch in seinem theologischen Gehalt Schaden. Wenn nicht danach gefragt wird, ob die Menschen in der jeweiligen diakonischen Einrichtung auf dem Hintergrund ihrer Lebensrealität die Handlung "Gottesdienst" überhaupt als stimmigen symbolischen Ausdruck einer erfahrenen oder auch erhofften Lebenswirklichkeit empfinden können und wenn er ihnen als theologisch fremdbestimmte Norm aufgezwungen wird, dann wird der theologisch geforderte Gottesdienst für diese Menschen nicht nur nicht zum lebensförderlichen Symbol, sondern gerät zum befremdend-abstoßenden, destruktiven Diabol. Eine nur theoretisch konstruierte Theologie, die ihren Ausgang nicht bei der Wahrnehmung diakonischer Praxis nimmt, könnte folglich aus sich heraus nicht diakonierelevant werden bzw. ihrerseits die Relevanz der Diakonie für sich selbst erkennen, weil eben keine Kompatibilität der Erfahrungen, des Bewußtseins und des Wissens besteht. Das aber ist der Fall, solange die Theologietreibenden eine gesellschaftliche bzw. kirchliche Gruppe bilden, die

---

549 Vgl. **Philippi, P.**: Diakonik, 185.

550 **Fuchs, O.**: "Wie verändert sich das Verständnis von Pastoraltheologie und Theologie überhaupt, wenn die Diakonik zum Zug kommt?", 178.

aufgrund ihrer Lebenskontexte und aufgrund ihres Arbeitsmodus gerade von der Begegnung mit direkt Betroffenen der diakonischen Praxis bzw. von der unmittelbaren Wahrnehmung von Not tendenziell abgeschottet bleibt.[551] "Vieles spricht dafür, daß erst die eigene und fremde 'Wahrnehmung von Not' die *materiale* Hermeneutik dafür bereitstellt, das Evangelium so zu lesen, daß es darin um die reale Hilfe und Befreiung der Menschen aus Not und Bedrängnis ... geht."[552]
Die konzeptionelle wie hermeneutische Andersartigkeit der Diakonie würde konsequenterweise "eine metabasis des Genus der Praktischen Theologie"[553] erforderlich machen, in der diese sich von ihrer Zentrierung auf die vorgegebenen und eingefahrenen Handlungsmuster der Gemeinde löst und nicht mehr durch ihr ständiges Kreisen "um die Fragen verbesserten pfarramtlichen Funktionierens"[554] lediglich den Status quo kirchlicher Praxis zu stabilisieren versucht. Die als hermeneutischer Horizont einer diakonierelevanten Theologie wahrzunehmende Praxis ist nämlich nicht nur in der Praxis der offiziellen Funktionsträger der Kirche gegeben. Eine konsequente Integration der Diakonie in den Reflexionsprozeß der Praktischen Theologie und der theologischen Disziplinen überhaupt würde vielmehr voraussetzen, daß die Theologie als ganze auch die über den amtlichen Vollzug kirchlicher Funktionsträger hinausgehenden Praxisdimensionen (z.B. interaktive Prozesse zwischen den Gemeindemitgliedern, systemische Wechselwirkungen zwischen einzelnen Gemeinden und gesellschaftlichem Umfeld, die Einbindung der Kirche in weltpolitische Mechanismen oder auch christlich deutbare Handlungs- und Verhaltensweisen der Menschen) als Gegenstand ihrer Reflexion erkennt. Denn darin verbergen sich brisante, entscheidende Aspekte der diakonischen Praxis.
Die wissenschaftskonzeptionelle Sperre gegen eine konsequente Integration der Diakonie in die Theologie stellt sich zusammengefaßt als eine dreistufige Sperre dar: Die Theologie tut sich schwer, sich statt über monologische Redeakte in der Gestalt dialogischer Kommunikation oder auch nonverbaler Vollzugsformen in die Praxis zu trans-

---

551 Vgl. ebd. 179.

552 **Fuchs, O.**: Krise der Theologie, 56.

553 **Philippi, P.**: Diakonik, 180.

554 Ebd. - Mit dem hier formulierten Anliegen kann man sich allerdings nur "zur Hälfte" auf Paul Philippi berufen. Er verbleibt nämlich mit seinem Plädoyer für eine "metabasis", eine Wandlung der Praktischen Theologie noch innerhalb des Rahmens pfarramtlichen Tuns. Seine Forderung richtet sich lediglich auf die Ausweitung praktisch-theologischer Reflexion auf die - immer noch - "vom Pfarrer eventuell anzubahnende, jedenfalls aber mitzuverantwortende Entwicklung und Konsolidierung neuer gemeindlicher Strukturen" (ebd.), nicht aber auf die Ausweitung praktisch-theologischer Reflexion auf die Praxis der Christinnen und Christen bzw. der Menschen allgemein. Dies ist in Zusammenhang mit seinem äußerst engen, amtsfixierten Verständnis von Diakonie zu sehen, wonach nicht schon bei der Liebestätigkeit einzelner oder mehrerer einzelner Christen von Diakonie zu reden sei, sondern erst und nur dann, wenn sie als soziale Hilfe unter der geordneten Verantwortung einer Gemeinde geschieht, wobei die "*geordnete* Verantwortung" eben die Rückbindung der Verantwortung an die Leitungsstrukturen der Gemeinde, d.h. die irgendwie geartete Beteiligung des nach der Gemeindeordnung verantwortlichen Gemeindeleiters, bedeutet (vgl. **Philippi, P.**: Thesen zur Ortsbestimmung der Diakonie in der Theologie, 210 f.).

formieren. Sie tut sich schwer, umgekehrt eine solche, nicht schon in die vorgegebenen theologisch-lehramtlichen Muster eingepaßte Praxis als ihren hermeneutischen Horizont zu erkennen. Und sie tut sich drittens schwer, dort, wo sie Praxis in den Blick nimmt, diese so weit zu fassen, daß darin auch das Spektrum der diakonischen Praxis in den Blick kommt.

4.2.7.2.2 Die systemische Bindung der Theologie

In engem Zusammenhang mit dem prekären Verhältnis zwischen "theoretischer" Theologie und "praktischer" Diakonie stehen systemische Mechanismen, die auf die Theologie einwirken. Da die Theologie - in der systemtheoretischen Terminologie Niklas Luhmanns ausgedrückt - als Reflexion des als Kirche in Erscheinung tretenden Religionssystems auf sich selbst eingebunden ist in das System und so teilhat am Selbsterhaltungsstreben des Systems, eignet ihr systembedingt auch die Tendenz, systeminterne Gegebenheiten als eigene Kontinuitätsstabilisatoren zu bewahren und Veränderungen dieser Gegebenheiten als destabilisierende Faktoren bewußt oder unbewußt abzuwehren. Systemtheoretisch ist also eine Abwehrhaltung der Theologie gegenüber der Diakonie durchaus erklärbar, weil in der Tat die Integration der Diakonie als identitätskonstitutive Komponente (und nicht nur als beliebiges Attribut im Sinne der Luhmannschen "Leistung") eine destabilisierende Verunsicherung, ein Aufbrechen systemkonformer Plausibilitäten der gängigen kirchlichen Vollzugsformen bedeuten würde. Die Abwehrhaltung der Theologie gegenüber der Diakonie zeigt sich in verschiedenen Gestalten. Das Anliegen der Erhaltung des systeminternen Status quo veranlaßt die Theologie zunächst, ihre Aufgabe in der Versorgung ebendieses Status quo mit legitimierenden Plausibilitäten zu sehen. Theologische Kompetenzen werden nach der Maßgabe vermittelt, die Aufrechterhaltung der bestehenden, etablierten Praxismuster der Kirche zu gewährleisten. Theologisch auszubildende Funktionsträger bekommen die Kompetenzen vermittelt, die ihre überkommene und für das System als stabilisierend erachtete Rolle erfordert. Dazu gehört aber eben *nicht* die Diakonie.[555] Es besteht gleichsam systembedingt gar kein Bedarf an der Vermittlung einer *theologisch qualifizierten* Kompetenz für die Diakonie. Denn auf der anderen Seite der systemischen Einbindung der Diakonie, nämlich auf seiten der Gesellschaft und ihrer Teilsysteme, ist die Diakonie nicht aufgrund ihres theologischen (Selbst-)Verständnisses, sondern aufgrund ihrer sozial-beruhigenden, wohlfahrtsstaatlichen Wirkung nachgefragt.[556] Und wenn sich gerade diese *nicht theologisch*, sondern sozialpolitisch motivierte Interpretation und Akzeptanz der Diakonie binnenkirchlich als Stabilisierung der Kirche gegenüber anderen Systemen niederschlägt, dann besteht auch in der Kirche wenig Bedarf, diese nicht theologisch interpretierte, aber sozial akzeptierte Diakonie zusätzlich

---

[555] Vgl. **Philippi, P.**: Diakonik, 185.

[556] Vgl. **Fuchs, O.**: "Wie verändert sich das Verständnis von Pastoraltheologie und Theologie überhaupt, wenn die Diakonik zum Zug kommt?", 177.

mit einer theologischen Interpretation und Identifikation zu versehen. "Die Diakonie befindet sich in eigenartiger Selbstverständlichkeit in einem [theologischen - H.H.] Legitimationsvakuum, ohne deswegen um ihren Bestand fürchten zu müssen"[557], d.h. aber auch, ohne in ihrer theologischen Relevanz erkannt zu sein.
Weiterhin fungiert die Theologie als Trägerin desjenigen Wissens, in dem das System seine konstitutiven Werte und Normen zum Ausdruck bringt. Die Diakonie hingegen verwirklicht sich in Begegnungen gerade auch mit solchen Menschen, die diesen Werten und Normen nicht entsprechen. Aus der Perspektive der systemstabilisierenden Aufgabe der Theologie stellt sich das Sich-Einlassen der Theologie auf die Diakonie als ein Vorgang der ständigen Kompromittierung dar. Das heißt: In der Diakonie muß sich die Theologie in Kontexte hineinbegeben, in denen viele ihrer Ansprüche gerade nicht erfüllt sind und in denen die Anbahnung von Beziehungen nur dadurch möglich wird, daß gerade auf die Einforderung theologisch-normativer Handlungs- und Verhaltensmuster verzichtet wird. Die Theologie begibt sich in der Diakonie auf ein Terrain, in dem vieles nicht mehr von ihren mitgebrachten Definitionen gedeckt ist. Sie begibt sich an den Rand bzw. schon außerhalb der von ihr selbst definierten kirchlichen und theologischen Legalität.[558] In der diakonischen Begegnung z.B. mit einem AIDS-Kranken hat der Argwohn darüber, ob die Krankheit eventuell durch ein aus der Perspektive der theologischen Lehre unmoralisches Verhalten verursacht ist, keinen Platz. Wäre ein solcher Argwohn in irgendeiner Weise handlungsleitend, dann wäre das jeweilige Handeln eine gewaltförmige Unterordnung des Kranken unter das Bedürfnis der Bestätigung eigener Normen, nicht aber eine von Achtung getragene Begegnung, damit aber auch nicht Diakonie. Eine Theologie, die sich auf die Diakonie einläßt, sieht sich genötigt, von ihrer Aufgabe der systemstabilisierenden Reflexion abweichende Maßstäbe anzulegen, die sie gerade in ihrer Identität kompromittieren, falls sie diese ihre Identität nur aus der Aufgabe der systemstabilisierenden Reflexion gewinnt.[559] Es erscheint konsequent, wenn viele Theologinnen und Theologen das von Niklas Luhmann aufgeworfene Problem: "Wie kann die Theologie die Identität des Religionssystems reflektieren, *obwohl* sie durch Diakonie ... ständig kompromittiert wird"[560] dadurch zu lösen versuchen, daß sie von einer Irrelevanz der Diakonie für die Theologie ausgehen. Der Zusammenhang zwischen Theologie und Diakonie wird höchstens als ein linear verlaufender Prozeß der Durchsetzung theologischer Überzeugungen bei den in der Diakonie begegnenden Menschen gedacht, im Zuge dessen die erwähnten Kompromittierungen der theologischen Ansprüche gleichsam als "Verschleißerscheinungen", als wohl oder übel notwendige, von den realen Praxisbedingungen aufgezwungene Abstriche gegenüber dem Idealkonzept der Theologie in Kauf genommen werden müßten. Nicht jedoch werden die "kompromittierenden" Gegebenheiten der Diakoniepraxis selbst als etwas gesehen, das seinerseits auf die Konstitution theologischer Überzeugungen Einfluß

557 Ebd.

558 Vgl. ebd. 194.

559 Vgl. **Daiber, K.-F.**: Diakonie und kirchliche Identität, 133-141.

560 **Luhmann, N.**: Funktion der Religion, 62.

nehmen könnte oder dürfte, das also theologierelevant wäre. Die Diakonie wird als nachfolgender, externer Anwendungsfall, nicht als vorgegebener, konstitutiver, integrierender Faktor theologischer Konzeption dargestellt. Dadurch wird vermieden, daß die kompromittierende Diakonie als Konstitutionsprinzip der kompromittierten Theologie Geltung bekommt. Die Theologie erscheint als nicht kompromittierbar, sie bewahrt letztendlich ihre Ideale in unversehrter Reinheit. Genau mit dieser Vermeidung einer Kompromittierung wird aber die Diakonie ihrerseits kompromittiert als eine Praxis ohne theologische Dignität, ausgesetzt den domestizierenden "Instrumentalisierungen und Einschränkungen ... im Schlepptau moralischer, rechtlicher und disziplinärer Überprinzipien"[561].

4.2.7.2.3 Diakonievergessende Theologumena

Die abendländisch-westlich geprägte Theologie hat in allen ihren konfessionellen Ausformungen nachhaltig prägende Theologumena ausgebildet, deren bewußtseinsbildende Thematisierung speziell die Diakonie aus dem Bewußtsein verdrängte, weil letztere sich nur als eine diesen Theologumena gegenläufige Praxis durchhalten konnte. Paul Philippi nennt solche Theologumena für den Bereich der evangelischen Theologie, die - mit Ausnahme vielleicht des "theologiegeschichtlichen Sonderfalls" der Rechtfertigungslehre - auch auf die katholische Theologie bezogen werden können:[562]
In einem "heimlichen Monophysitismus", der weniger an der Menschlichkeit als an der Göttlichkeit Jesu Christi interessiert war, wurde auch das Engagement für die Menschlichkeit der Menschen geringgeachtet. Das "einseitige Kultivieren der Erlösungslehre" ließ über der Erwartung der "zukünftigen und individuellen Erlösung im Jenseits" den Anspruch vergessen, bereits im Diesseits "miteinander und untereinander eine Versöhnungs- und Versorgungs-Mahlgemeinschaft zu sein und zu leben". Die "Rechtfertigungslehre" nährte Vorbehalte gegenüber jeglichen "guten Werken", so daß sie auf die Entwicklung einer Sensibilität für die soziale Verantwortung wie ein Hemmschuh wirkte. Eine "Inkarnationstheologie", die das Wunder der jungfräulichen Geburt mehr gewichtete als die Annahme der erniedrigten Menschengestalt durch Jesus Christus, legte entsprechend wenig Gewicht auf die Frage, welche theologische Bedeutung dem Menschsein des Menschen zukommt. Mit einer "heimlichen doketischen Tendenz der kirchlichen Tradition, die Geistiges immer höher schätzte als Leibliches", konnte sich in der Theologie ein Denken etablieren, welches das konkrete Menschsein Jesu, zumal in seiner Knechtsgestalt, hinter den Gedanken der Auferstehung zurücktreten ließ. Parallel dazu bekam die Frage nach der Beziehung zwischen Mensch und Gott eine Richtung, die nicht zum notleidenden Menschen und zur diakonischen, lebenrettenden

[561] **Fuchs, O.**: "Wie verändert sich das Verständnis von Pastoraltheologie und Theologie überhaupt, wenn die Diakonik zum Zug kommt?", 194.

[562] Vgl. **Philippi, P.**: Diakonik, 181-183. - Die in der folgenden Aufzählung enthaltenen Zitate sind alle dieser Textpassage entnommen.

Zuwendung Gottes zu diesem Menschen in seiner irdisch-konkreten Existenz führte, sondern die gegen das existentielle Bedürfnis des Notleidenden auf jenseitige, vermeintlich höher zu wertende Sphären verwies. Schließlich war ein "Verbalismus der Wort-Gottes-Theologie" bestrebt, "den theologischen Anspruch an die kirchliche Wirklichkeit auf Redeakte und Kultakte zu beschränken". Um so weniger konnte sich dagegen eine im sozialen Handeln manifestierte Verantwortung gegenüber dem Nächsten als Komponente des Wesens der Kirche behaupten.
Diese Liste Paul Philippis könnte noch weitergeführt werden. Erinnert sei hier nur an die bereits oben behandelten theologischen Denkmuster wie die Dispensierung der signifikanten Amtsträger von der Diakonie, das gemeindetheologische Innen-Außen-Schema, die Fixierung auf die hierarchische Struktur der Kirche, das Aktivitätsideal in den Gemeinden, die Rekrutierungsintention oder die Einforderung eines kirchlichen Propriums. Sie alle lassen sich als Faktoren der Nachordnung der Diakonie bzw. der Marginalisierung von Notleidenden dechiffrieren und zeitigen als im theologischen Diskurs gebrauchte Theoreme eine entsprechend diakonievergessende Wirkung für die Theologie.
In den referierten kritischen "Demaskierungen" der Theologie sind bereits zwei von Ottmar Fuchs andernorts[563] benannte Grundzüge der gängigen Theologie enthalten, die diese geradezu zu einer antidiakonischen Theologie machen. Zum einen wird mit einem kognitivistisch verkürzten Glaubensbegriff operiert, der den Glauben primär als Akt der rationalen Aneignung von Wissensinhalten begreift und die Vergewisserung des Menschen über seinen Glauben vor allem als Reflexion dieses Menschen auf seine Position zu den rational zu verarbeitenden Wissensinhalten betreibt. Damit werden tendenziell gerade solche Menschen, die in der Diakonie im Mittelpunkt stehen, z.B. geistig Behinderte, psychisch Kranke, von Bildungsprozessen Ausgeschlossene, aus dieser "Glaubens"-Gemeinschaft hinausdefiniert. Sie können die geforderten Reflexionsleistungen nicht oder nicht im geforderten Maße erbringen. Eine von diesem Glaubensverständnis geprägte Theologie würdigt nicht ausreichend den im je persönlichen Existenzvollzug auch dieser Menschen gegebenen Glaubensvollzug. Zum anderen wird in der Theologie über weite Strecken mit anthropologischen Fiktionen gearbeitet. Sie zeichnen den Menschen überwiegend in bestimmten Idealvorstellungen und kultivieren dadurch ein Bewußtsein, wonach die Brüche, die Beschädigungen und die Behinderungen der menschlichen Existenz, wenngleich sie die Realität des Menschen ausmachen, nur als das Abweichende, Irreguläre, Defizitäre, eventuell auch Dekadente gegenüber der Norm theologischer Rede verstanden werden. Demnach hätte sich das reale, aber behinderte Leben auf die theologische Normvorstellung hin zu korrigieren, nicht aber die Theologie sich an den Behinderungen des Lebens auszurichten. Eine von diesen Denkschemata gekennzeichnete Theologie muß sich letztendlich diakonievergessen präsentieren, weil sie schlichtweg diakonieunfähig ist. Ihre Diakonieunfähigkeit ist begründet in ihrer bewußtseinsmäßigen Ausgrenzung Notleidender, die sie als Träger

---

[563] Vgl. **Fuchs, O.**: "Wie verändert sich das Verständnis von Pastoraltheologie und Theologie überhaupt, wenn die Diakonik zum Zug kommt?", 193.

des Abweichenden und Defizitären stigmatisiert und gegen die sie - bewußt oder unbewußt - ihre idealistischen Bestimmungen des Menschseins durchzusetzen versucht. Damit wird die Theologie aber zu einer "barbarischen" Theologie, denn es "werden die auch so schon bestehenden Vorurteile behinderten [und anderen notleidenden - H.H.] Menschen gegenüber mit theologischen Thesen unterpuffert"[564].

4.2.7.2.4 Mangel an Kontextualität

Die Theologie präsentiert sich nahezu ausschließlich als akademisch-universitäre Theologie. Die Präsenz an akademischen Einrichtungen und die universitäre Verfaßtheit des Theologietreibens verschaffen der Theologie als Wissenschaft den notwendigen Freiraum, um ihrer Funktion als unabhängige, kritische Reflexionsinstanz gerecht zu werden. Deshalb gilt es, diese universitäre Verfaßtheit der Theologie gegen kirchenpolitische Domestizierungsversuche und staatlich-ökonomische Verdrängungsversuche zu verteidigen. Gerade weil es aber darum geht, der Theologie die Möglichkeit zu erhalten, kritisch, unabhängig und frei ihre Wissenschaftsaufgabe zu erfüllen, damit sie ihrerseits befreiend und lebensförderlich wirken kann, sind innerhalb der grundsätzlichen Befürwortung der Einbindung der Theologie in das Sozial- und Strukturgebilde akademischer Einrichtungen jedoch auch nüchtern deren Grenzen und Bedenklichkeiten hinsichtlich der diakonischen Strukturierung der Theologie wahrzunehmen. Die Theologie als akademisch-universitäre Theologie ist angesiedelt in einem Milieu, das durch allgemeingesellschaftliche Anerkennung bzw. Protektion, durch die Zuschreibung gesellschaftlich-kulturellen Niveaus und durch soziale Stabilität gekennzeichnet ist. Die akademisch-universitäre Theologie wird in Lehre und Forschung getragen von Personen, die weit überdurchschnittliche Arbeitsvergütungen erhalten, die in ihrer Lebensführung einen hohen Standard aufweisen, die in ihrer beruflichen Position abgesichert und somit weitgehend frei von Risiken der Lebensversorgung sind und die zusätzlich gesellschaftliches Prestige genießen. Schließlich wird die Theologie überwiegend studiert von Personen, die aufgrund vielfältiger sozialisatorischer Selektionen (z.B. Einbindung in bürgerliche Gemeinden oder Bildungskarriere) tendenziell der abgesicherten bzw. der etablierten, gehobenen gesellschaftlichen Mittelschicht entstammen und die sich in einem relativ stabilen, speziell bei den Priesteramtskandidaten sogar von vielen Anforderungen der alltäglichen Lebensführung befreiten Schonraum unter günstigen Ausbildungsbedingungen auf ihre berufliche Tätigkeit vorbereiten können. Theologiestudierende werden auf vielfache Weise in der Etablierung ihrer gesellschaftlichen Position unterstützt bzw. von Gefahren des sozialen Abrutschens abgeschottet und können das Potential ihrer Jugend- und Jungen-Erwachsenen-Zeit mit der motivierenden Aussicht auf eine prestigeträchtige, den eigenen Bedürfnissen entsprechende berufliche Tätigkeit entfalten. Zusammenfassend läßt sich sagen: Die akademisch-universitäre Theologie bildet in ihrer gängigen Form einen sozialen Kontext, der im Spektrum des gesell-

---

[564] **Bach, U.**: "Gesunde" und "Behinderte", 13.

schaftlichen Lebens den Lebenskontexten Notleidender und damit den Kontexten diakonischer Praxis diametral gegenübersteht.
Angesichts dessen stellt sich freilich die Frage, wie denn die Theologie sich auf die Diakonie einlassen können soll, wenn diejenigen, die einschlägige Kompetenzen zu vermitteln bzw. anzueignen hätten, nämlich die lehrenden wie die studierenden Theologinnen und Theologen, auf diese Anforderung nicht eingestellt sind, weil sie selbst kaum diesbezügliche Anschlußpunkte aufweisen oder sich dazu nicht existentiell veranlaßt sehen.[565] Wird die Diakonievergessenheit der Theologie nicht notwendig perpetuiert, wenn in einer diakonievergessenen Theologie ausgebildete Theologinnen und Theologen wieder Theologinnen und Theologen ausbilden? Damit ist auch schon angezeigt, daß ein entscheidender Faktor der Diakonievergessenheit der Theologie im Selbstverständnis der Theologinnen und Theologen, näherhin in deren Verständnis ihres Theologietreibens, zu suchen ist. Die problematischen Komponenten dieses Selbstverständnisses finden einen gemeinsamen Nenner in der Diagnose mangelnder Kontextualität. Die Entwicklung theologischer Theorie verläuft weitgehend außerhalb der Kontexte diakonischer Praxis. Im Selbstverständnis vieler Theologinnen und Theologen ist die theologische, auch die praktisch-theologische Kompetenz immer noch vorwiegend definiert über universitäre Qualifikationsnachweise. Die akademisch-universitäre Theologie begreift sich - in spannungsvoller Verknüpfung mit dem kirchlichen Lehramt - als maßgebender, wenn nicht gar einziger theologiegenerativer Ort. Den in den diakonischen Kontexten lebenden und arbeitenden Menschen wird zwar Betroffenheit und Erfahrung zugesprochen, beides, Betroffenheit und Erfahrung, wird jedoch nicht als Quelle einer authentischen theologischen Kompetenz anerkannt. Mitarbeiterinnen und Mitarbeiter der Diakonie werden zwar gelegentlich als Berichterstatter ihrer Erfahrungen in die Kontexte der universitären Ausbildung hereingeholt oder es werden Ex-kursionen zu diakonischen Einrichtungen unternommen. So wie allerdings beim letzteren bereits die Sprachregelung insinuiert, daß man sich mit der Diakonie *aus* dem Kontext der Theologie hinaus-, nicht aber in einen Kontext der Theologie hineinbegibt, vermutet man bei den unmittelbar Betroffenen der diakonischen Praxis, den Notleidenden wie auch den Helfenden, keine theologische Kompetenz, welche die universitäre, wissenschaftliche Theologie gerade als *Theologie* prägen, korrigieren oder für neue Perspektiven öffnen könnte. Im Selbstverständnis der Theologinnen und Theologen, studierender wie lehrender, ist kaum die Vorstellung ausgebildet, daß es sich nicht nur bei der akademischen Theologie, sondern auch bei einem Kontext wie der Diakoniepraxis um einen theologiegenerativen Ort handelt, an dem ein theologisches Wissen entwickelt wird, welchem keine mindere Autorität eignet und welches von wissenschaftlichen Theologinnen und Theologen selbst dann in einer ernst nehmenden Auseinandersetzung akzeptiert werden muß, wenn es einem allein dem universitären Kontext entsprungenen Wissen widerspricht. Deswegen nehmen eventuelle Kontakte zwischen Theologie und Diakonie oft nur den Charakter der Beobachtung, der Hospitation an, von der man wieder in den unveränderten Kontext wissenschaftlicher Theologie zurückkehrt und nach der auch die

---

565 Vgl. **Philippi, P.**: Diakonik, 180.

unmittelbar Betroffenen der Diakonie ihren Kontext unverändert vorfinden. Kaum aber kommt es zu einem wirklichen personalen oder inhaltlichen Austausch, in dessen Verlauf sich die Subjekte beider Kontexte gegenseitig kritisch zu einer konstruktiven Weiterentwicklung verhelfen könnten.[566]

Die hier angemahnte Ernstnahme der Diakonie als theologiegenerativer Ort weist aber auch darauf hin, daß das Problem der mangelnden Kontextualität der Theologie nicht dadurch billig übersprungen werden kann, daß die Vertreterinnen und Vertreter dieser konventionellen Theologie einfach, z.B. nach einer literarisch-theoretischen Beschäftigung mit dem Thema "Diakonie", die diakonisch-theologische Kompetenz für sich beanspruchen. Eine wirkliche Ernstnahme der Diakonie als theologiegenerativer Ort würde vielmehr erfordern, daß zum einen die Theologinnen und Theologen einen tatsächlichen Wechsel in den Diakoniekontext hinein vornehmen und von den dort gemachten Erfahrungen her ihre Theologie entwickeln und daß zum anderen die Angehörigen diakonischer Kontexte, Notleidende und Helfende, ihr Erfahrungswissen zu Gehör bringen und in die Formulierung universitärer Theologie einfließen lassen können. "In der Frage nach dem Subjekt der Theologie müssen wissenschaftliche Theolog(inn)en demnach besonders vorsichtig sein, damit nicht auch noch auf diesem Niveau und Weg eine Bemächtigung geschieht, die Anmaßung wäre. Eine ungehemmte Beanspruchung des Titels 'diakonisch' könnte sonst leicht zu einer neuen Form eines totalitären Kompetenz- und Alleinvertretungsanspruchs der wissenschaftlichen Theologie auf die Theologie überhaupt werden. Demgegenüber ist in Selbstbescheidung festzuhalten: wir wissenschaftlichen Theologen/innen sind nicht Subjekt *jeder* möglichen Theologie, sondern eben nur der akademischen. ... Wer von uns diesen Status nicht verändern oder aufgeben mag, darf auch nicht *mehr* an theologisch relevanter Subjektkompetenz beanspruchen."[567]

Ein Kontextualitätsmangel der Theologie ergibt sich aber auch daraus, daß ein falsches Objektivitätsideal die Theologinnen und Theologen zögern läßt, ihre durchaus vorhandenen eigenen Erfahrungen bezüglich diakonischer Praxis in ihre wissenschaftliche Theologie eingehen zu lassen. Es erscheint als der wissenschaftlichen Seriosität abträglich, wissenschaftliche Theoriebildungen von persönlichen Betroffenheiten aus eigenen biographischen Erfahrungszusammenhängen prägen zu lassen. Das hat nicht nur zur Folge, daß das Treffen persönlicher Optionen schwerfällt oder daß theologische Rede und persönliche Authentizität voneinander abgekoppelt werden. Eine Theologie, die eine persönliche Betroffenheit nicht als ihre konstitutive Erkenntnisvoraussetzung anerkennt, täuscht sich zum einen über die tatsächliche und immer gegebene Virulenz persönlicher Betroffenheiten für ihren wissenschaftlichen Vollzug hinweg und wirkt zum anderen in ihrer ideologisierten Objektivität befremdend bedeutungsleer für die Kontexte, auf die hin sie ihre Inhalte thematisiert. Das Selbstverständnis der Theologin-

---

[566] Vgl. **Fuchs, O.**: "Wie verändert sich das Verständnis von Pastoraltheologie und Theologie überhaupt, wenn die Diakonik zum Zug kommt?", 186; **ders.**: Krise der Theologie, 59, 69.

[567] **Fuchs, O.**: "Wie verändert sich das Verständnis von Pastoraltheologie und Theologie überhaupt, wenn die Diakonik zum Zug kommt?", 179.

nen und Theologen beinhaltet also auch hier eine Sperre, die unmittelbare Wahrnehmungen von Not und darin vermittelte diakonische Anforderungen auf Distanz hält.[568]

4.2.7.3 Diakonik oder diakonische Theologie?

Die augenscheinliche Diakonievergessenheit der Theologie läßt es auf den ersten Blick als angebracht erscheinen, die Installierung einer eigenständigen theologischen Disziplin "Diakonik" zu fordern. Einen engagierten Vertreter fand dieses Anliegen unter anderem in Paul Philippi[569]. Ein solches Vorhaben löst bei aller Notwendigkeit einer auch wissenschaftsorganisatorischen Verankerung der Diakonie in der Theologie dennoch Bedenken aus. Es ist nämlich zu befürchten, daß die Einrichtung einer Diakonik als nebengeordnetes Fach neben vielen anderen eine kontraproduktive Wirkung hätte für das Anliegen, die Diakonie theologisch grundlegend zu rehabilitieren, sie nicht nur zum partikularen Thema, sondern zu der erkenntnisleitenden Intention und durchgängigen Perspektive der Theologie als ganzer[570] zu machen. Jedwede Vorstellung von einer Integration der Diakonie in die Theologie basiert ja - will sie das Wesen der Diakonie nicht selbst konterkarieren - auf der Intention, mit dieser Integration das Anliegen der Diakonie selbst, nämlich die Befreiung der Notleidenden aus ihrer Not, voranzutreiben. Der Forderung einer Integration der Diakonie in die Theologie kann es also sinnvollerweise nur darum gehen, der Theologie selbst eine diakonische Wirkung zuteil werden zu lassen. Die Integration der Diakonie in die Theologie würde als Aufgabe der gesamten Theologie den Anspruch beinhalten, die wissenschaftliche Bearbeitung ihrer Inhalte so zu gestalten, daß die Inhalte auch für das diakonische Handeln konstruktiv relevant werden und daß umgekehrt die Diakonie, speziell die Kompetenz der Notleidenden und der Helfenden, als für das gesamte Reflexionsfeld der Theologie relevant anerkannt wird. Auf diesem Hintergrund kann sich - so paradox das klingen mag - das beklagte Fehlen einer Diakonik als eigenständiger Teildisziplin der Praktischen Theologie sogar als Chance erweisen. Zwar ist die Ausarbeitung einer Diakonietheologie im Sinne der kritischen Reflexion und Konzeption diakonischen Handelns notwendig. Aber das Fehlen einer fest installierten Diakonik kann auch als Freiraum angesehen werden, in dem um so deutlicher auf eine mögliche Gefahr dieser Form wissenschaftlicher Etablierung der Diakonie hinzuweisen ist: Eine eigenständige Disziplin "Diakonik" hätte dann einen höchst bedenklichen Effekt, wenn sie von den anderen praktisch-theologischen Abteilungen - der Pastoraltheologie, der Religionspädagogik, der Katechetik, der Liturgik, der Homiletik und dem Kirchenrecht - und von den anderen theologischen Fachgebieten überhaupt - der systematischen, historischen und biblischen Theologie - zum Anlaß

---

568 Vgl. ebd. 188 f.

569 Vgl. **Philippi, P.**: Diaconica, 193-219; **ders.** Diakonik.

570 Vgl. **Kehl, M.**: Die Kirche, 39. - Im ekklesiologischen Entwurf von Medard Kehl liegt ein ansprechender Versuch vor, die Diakonie in die dogmatische Reflexion zu integrieren, indem sie als Basisprinzip der Kirche zugrundegelegt wird.

genommen würde, sich von der Diakoniethematik endgültig dispensiert zu fühlen und sie als "Spezialthema" den "Diakonie-Spezialisten" zuzuweisen. Dem entgegentretend ist deutlich zu machen, wie wenig mit der Etablierung der Diakonie zum wissenschaftlichen Traktat allein getan wäre: Mit der separierten Disziplin wären - wieder einmal - die Problematik der Diakonie und letztendlich auch die betroffenen Menschen marginalisiert. Wenn die Kirche ernst nimmt, daß sie es sich "nicht leisten [kann], von den 'Armen und Kleinen' verachtet zu werden"[571], dann ist es Aufgabe der von ihr getragenen Theologie, das ganze Spektrum ihrer Reflexionsinhalte und auch den Modus des wissenschaftlichen Arbeitens bewußt im Horizont des diakonischen Anspruchs zu definieren und so der Diakonie bzw. den notleidenden Menschen den ihnen zukommenden Platz im Gesamt der Theologie zurückzugeben. Nur so trifft auch auf die Theologie zu, daß sie nicht nur eine Diakonik hat, sondern diakonisch ist.

571 **Gemeinsame Synode I**, 105.

4.3 Resümee: Diakonie als stabilisierender Randbereich der Kirche

Die Tatsache der weitgehenden Identifizierung der diakonischen Praxis als "Weltdienst" veranlaßte dazu, kritisch nach Sinn, Intention und Berechtigung des Konzepts der "Weltdienst-Heilsdienst"-Dichotomie zu fragen. Als bewußtseinsbildendes binnenkirchliches und theologisches Muster der Wahrnehmung von Diakonie zeitigt dieses Theorem eine nicht zu unterschätzende Wirkung auf den binnenkirchlichen Stellenwert der Diakonie. Eine Untersuchung des Theorems und seiner Verwendungszusammenhänge hat zunächst gezeigt, daß trotz unterschiedlicher, auch divergierender Verwendungsintentionen mit der Rede vom "Welt"- und "Heilsdienst" ein Interesse transportiert wird, in welchem die als "Weltdienst" identifizierten Praxisformen abgewertet und dem als zentral und hochwertig erachteten Heilsdienst gegenübergestellt werden. Die Konnotation von "Weltdienst" und "Laientätigkeit" verstärkt dabei in ihrer Wechselwirkung den abwertenden Effekt. Eine anschließende Überprüfung der Gewährsquelle, auf die sich die Protagonisten des Konzepts der "Weltdienst-Heilsdienst"-Dichotomie berufen, nämlich der Aussagen des Zweiten Vatikanums zum Verhältnis zwischen Kirche und Welt, ergab, daß die dortigen augenscheinlichen Formulierungen aufgrund der ihnen selbst immanenten Spannung zwischen den vom Konzil unvermittelt transportierten divergierenden Kirchenbildern die Annahme eines "Weltdienstes " und eines "Heilsdienstes" als zwei separierte Felder und die Zuschreibung des "Weltdienstes" an die sogenannten "Laien" zwar provozieren mögen. Die aufgezeigte Grundintention des Zweiten Vatikanum, die Bejahung der Welt als Lebensraum der Kirche und die Gestaltung der Welt gemäß der Würde des Menschen als Aufgabe der Kirche, läßt es jedoch keinesfalls zu, sich mit der Behauptung zweier getrennter Felder der kirchlichen Praxis, eines "Weltdienstes" und eines "Heilsdienstes", mit der Zuordnung des "Weltdienstes" an die Laien, mit einer gegenüber dem "Heilsdienst" abwertenden Sicht der als "Weltdienst" identifizierten Praxisformen und schließlich mit der Identifizierung der Diakonie als "Weltdienst" auf das Konzil zu berufen. Die gängige Verwendung des Theorems, die genau diese letzteren Aussagekomponenten enthält, ist somit obsolet. Der Versuch, die Diakonie über das Konzept der "Weltdienst-Heilsdienst"-Dichotomie ekklesiologisch zu verorten, ist aufzugeben.

Anders präsentierte sich eine zweite ekklesiologische Denk- und Redefigur zur Identifizierung und Verortung der Diakonie in der Kirche, nämlich das Konzept der Grundvollzüge Verkündigung, Diakonie, Liturgie und Koinonia. Hinsichtlich der Diakonie weist das Konzept der Grundvollzüge eine ambivalente Tendenz auf. Die Verwendungszusammenhänge zeigen, daß diejenigen, die das Konzept aufgreifen - abgesehen von wenigen Ausnahmen - damit das Ziel verfolgen, speziell die Diakonie als authentische christlich-kirchliche Praxis zu profilieren, sie aus der Vergessenheit der konventionellen Ekklesiologie und Kirchenpraxis herauszuholen und ihr einen gefestigten Platz in Theorie und Praxis der Kirche zu verschaffen. Das Konzept der Grundvollzüge weist also zum einen eine deutlich diakonieaufwertende Intention auf. Andererseits waren auch diakonieabwertende Tendenzen bei der Rede von den Grundvollzügen festzustellen. Es ließ sich beobachten, daß verschiedene Modelle der Zuordnung von Diakonie, Verkündigung, Liturgie und Koinonia auf ebenso verschiedene Weise, von den jeweiligen Vertretern weitgehend nicht beabsichtigt, aber dennoch bewußtseinsbildend eine Nachordnung der Diakonie vor allem gegenüber Verkündigung und Liturgie implizieren. Daß und wie sich diese Nachordnung in der Praxis niederschlägt, wurde anhand beobachtbarer Praxisformationen der Grundvollzüge veranschaulicht, in denen die Diakonie als Vorfeld- oder Eingangsstufe, als Rand- oder Außenbereich und als isolierter Tätigkeitsbereich des Gemeindelebens firmiert. Die feste Verankerung des Konzepts in der theologischen Diskussion, aber auch seine offenkundige Eignung zur umfassenden theologischen Identifizierung der kirchlichen Praxis lassen es dennoch als sinnvoll erscheinen, die ekklesiologische Verortung der Diakonie weiterhin über den - wenn auch kritisch weiterzuentwickelnden - Gebrauch des Konzepts der Grundvollzüge zu suchen.

Im weiteren Fortgang wurden die in den beiden Konzepten bereits theoretisch aufscheinenden Problemlagen der kirchlichen Präsenz der Diakonie in ihrer jeweiligen Praxisgestalt aufgezeigt. Als ein beträchtlicher Faktor der Abwertung der Diakonie stellte sich zunächst die offensichtliche Dispensierung der zentralen und entscheidungsmächtigen Ämter der Kirche von der Diakonie dar. Diese findet immer noch, trotz gegenteiliger exegetischer Erkenntnisse, eine vermeintliche Legitimation durch den Hinweis auf die in Apg 6,2-4 erwähnte Berufung der Sieben zum Dienst an den Tischen und die damit scheinbar gegebene Freistellung der Gemeindeverantwortlichen von ebendiesem Dienst. Sie wirkt sich in eklatanter Weise aus im paradoxen Berufsrollenprofil des erneuerten ständigen Diakonats. Und sie wird im Gegenzug verfestigt durch die Konzeption der Diakonie als "typische" Arbeit von "Laien", Ehrenamtlichen und Frauen.

Diese offensichtlichen Dispensierungstendenzen warfen weiterhin die Frage auf, ob die Kirche in ihren gängigen Strukturen und Praxismustern überhaupt fähig ist zu einer authentischen Diakonie. Eine Integration der Diakonie als Dimension des Selbstvollzugs der Kirche erscheint unmöglich, solange kirchliche Gemeinden konzipiert werden nach dem Schema einer Innen-Außen-Unterscheidung, bei dem die Diakonie dem Außenbereich zugeordnet und so immer schon ekklesiologisch hinausdefiniert wird, bzw. nach dem "Oben-Unten"-Schema der hierarchischen Struktur, das die für die Diakonie konstitutiven Beziehungen eher verhindert als fördert. Eine Integration erscheint aber auch unmöglich, solange sich die Gemeinden in einem Selbstverständnis und mit Ansprüchen profilieren, aufgrund deren sie von den Notleidenden eben nicht als ihre Lebensbereiche erkannt werden können. Paradoxerweise erfährt die Randständigkeit der Diakonie eine Verschärfung gerade durch eine Schiene ihres Ausbaus und ihrer Stabilisierung, nämlich durch ihre Institutionalisierung. Daß die Diakonie zu einem großen Teil in Institutionen vor allem der diakonischen Verbände stattfindet, macht sie zur "Zweitstruktur", die als solche die Vorstellung des Getrennt-Seins von Diakonie und "eigentlicher" Kirche zementiert. Diakonische Ansprüche werden an die dafür geschaffenen Institutionen delegiert, damit aber auch dem Verantwortungsbereich der Gemeinden und der einzelnen Christen entzogen. Die Diakonie ist aber auch um so ungeschützter

den in Institutionen wirkenden Paralysierungen und den für diese typischen Defiziten, vor allem der Tendenz der Selbststabilisierung der Institution, ausgesetzt, ohne daß ein ausreichendes Gegengewicht alternativer, korrigierender Diakonieformen zur Verfügung stünde. Freilich können diese Bedenken keine pejorative Sicht der Diakonieinstitutionen rechtfertigen. Kompetenzansprüche, aber auch die Unmöglichkeit, über die Strukturen der bestehenden Gemeinden das ganze Spektrum der faktisch gegebenen Anforderungen an die Diakonie auch nur annähernd abzudecken, machen die Institutionalisierung der Diakonie unhintergehbar.
Einen paralysierenden Effekt für die Diakonie hat weiterhin deren Verknüpfung mit der Frage nach dem Proprium christlich-kirchlicher Praxis. Mit ihr wird die Diakonie dem Argwohn ausgeliefert, eigentlich nicht oder nur unter bestimmten Bedingungen etwas authentisch Christliches zu sein. Versuche der inhaltlichen Bestimmung darüber, wann die Diakonie das Proprium des Christlichen bzw. des Kirchlichen erfüllt, zielen darauf ab, in der Diakonie über die diakonische Praxis als solche hinaus einen Verkündigungs- bzw. Rekrutierungseffekt zu erzielen oder mittels der theologisch-rechtlichen Figur der "Dienstgemeinschaft" von den Diakonie-Mitarbeitenden spezifische Loyalitätspflichten und Anforderungen an die persönliche Lebensführung einzufordern. Die Frage nach dem Proprium als solche und ihre inhaltlichen Bestimmungen erweisen sich jedoch als höchst problematisch. Die Frage wird nämlich so gestellt, daß die Diakonie an sich und von vornherein als etwas noch nicht oder nicht ausreichend Christliches erscheint. Indem die Frage gestellt wird, wird implizit die Authentizität der Diakonie als Vollzug des christlichen Glaubens in Zweifel gezogen und die von vornherein gegebene konstitutive Bedeutung der Diakonie für den christlichen Glauben ausgeblendet. Speziell das Theorem der "Dienstgemeinschaft" erweist sich als fragwürdig, weil ideologisch. Mit ihm wird die Diakonie trotz gegenteiliger Beteuerung herrschaftsförmigen Interessen ausgesetzt. Mit all dem enthält die Frage nach dem Proprium Implikationen, die das Selbstverständnis der Diakonie nicht konstituieren, sondern destruieren. Die Bedenklichkeit der Propriumsfrage zeigt sich im Grunde in ihrer Egologik, d.h. in der Logik, die Interessen der etablierten, definitionsmächtigen Kräfte der Kirche und nicht die Interessen der Notleidenden zu verfolgen. Diese Ungeklärtheiten und Zweifel hinsichtlich der christlichen Authentizität der Diakonie bringen es mit sich, daß Sinnbestimmungen der Diakonie verlagert werden. Ihr Wert wird festgemacht daran, inwiefern sie als Mittel zur Erfüllung anderer Zwecke dient, deren christliche Authentizität vermeintlich außer Frage steht. Solche Zwecke sind die Anbindung von Menschen an die Kirche als deren Mitglieder und die Verteidigung der Kirche als solcher im Gesamtgefüge des gesellschaftlichen Systems. Aufgrund ihrer Plausibilität und Akzeptanz bei den einzelnen Menschen und bei der Gesellschaft als ganzer wird die Diakonie instrumentalisiert als Mittel der Mitgliederwerbung und als Legitimationsnachweis der Kirche, deren Akzeptanz in den anderen Vollzugs- und Äußerungsformen brüchig wird. Die Diakonie dient so als Plausibilitätsrefugium der Kirche.
Die Plausibilität der Diakonie erfährt allerdings eine Relativierung, insofern helfende Tätigkeiten nicht mehr selbstverständlich und immer als Ideal betrachtet werden. Infragestellungen aus dem (sozial-)wissenschaftlichen Bereich, in besonders wirkungs-

voller Form die Annahme eines "Helfer-Syndroms", weisen auf bedenkliche Motivationen und Intentionen des Helfens hin und machen helfende Tätigkeiten zu einer Praxisform, die sich erst erneut und immer wieder legitimieren muß. Insbesondere stellt sich die Frage, ob und wann Hilfe und die in ihr per se gegebene Struktur der Bevor- und Benachteiligung zwischen helfenden und hilfsbedürftigen Menschen umschlägt in einen Herrschaftsmechanismus, der den notleidenden Menschen in der Rolle des abhängigen Objekts festhält, statt ihn daraus zu befreien. Der binnenkirchlich kultivierte Modus der Wahrnehmung des notleidenden Menschen als "Defizit-Wesen" ist Beleg der Anfälligkeit der gängigen Diakonie für die Bindung dieses Menschen an die Objektrolle.
All diese Problemlagen der kirchlichen Präsenz der Diakonie finden schließlich eine gewisse Widerspiegelung im Verhältnis von Diakonie und Theologie. Letztere präsentiert sich in ihrer universitären Form als diakonievergessen. Die Thematisierung der Diakonie als Inhalt der Theologie, und zwar der ganzen Theologie, nicht nur der Praktischen, kommt nur zögerlich in Gang. Vier Gründe ließen sich für diese Diakonievergessenheit benennen. Als ein einseitig kognitiv-verbal orientiertes Metier hat die wissenschaftliche Theologie bei der Vermittlung zwischen Theorie und Praxis zur Diakonie (im Vergleich etwa zu den belehrenden, verkündigenden Praxisformen der Kirche) den größten Transformationsweg zurückzulegen. Aufgrund ihrer systemstabilisierenden Aufgabe betritt die Theologie nur zögerlich das Terrain der Diakonie, da sie dort Lebensformen, Realitäten, Lebenseinstellungen usw. begegnet, die tendenziell den theologisch-idealistischen Vorstellungen von der menschlichen Existenz und den theologisch-profilierten Normen des christlichen Lebens nicht entsprechen und so als Faktor der destabilisierenden Kompromittierung empfunden werden. Weiterhin erschwert die doketische, jenseitsorientierte Tendenz mancher Theologumena die Wahrnehmung der Diakonie als Gegenstand der Theologie, weil die Diakonie in ihrer Orientierung am "irdischen" Wohl als diesen Theologumena gegenläufig erscheint. Diakonievergessen ist die Theologie schließlich deshalb, weil sie die Diakonie bislang zu wenig als *ihren* Kontext erkannt hat. Die Diakonie gilt nicht als theologiegenerativer Ort. Ein Ausweg aus der Diakonievergessenheit der Theologie ist folglich weniger in der Einrichtung einer eigenen, als solche aber wieder separierten diakonie-theologischen Disziplin als vielmehr in der umfassenden diakonischen Dimensionierung der Theologie als ganzer zu suchen.
Konnten die Problemlagen der gesellschaftlichen Präsenz der Diakonie resümiert werden anhand der Formulierung "Diakonie als Systemstabilisierung in der Gesellschaft", so legt es sich nahe, hinsichtlich der binnenkirchlichen Präsenz der Diakonie das Resümee zu ziehen, daß in der gängigen, wahrnehmbaren Praxis die Diakonie als *stabilisierender Randbereich der Kirche* fungiert. Mit der Formulierung "stabilisierender Randbereich" soll die Ambivalenz zum Ausdruck kommen, in welcher die Diakonie innerhalb der Kirche wahrgenommen und konzipiert wird. In der Tat hat man den Eindruck, daß bezüglich der Diakonie mit "gespaltener Zunge" gesprochen wird. Auf der einen Seite läßt sich ein vehementer, in vielerlei Schattierungen auftretender Trend zur abwertenden Marginalisierung der Diakonie feststellen. Die Diakonie gilt als Außenbereich der Kirche oder zumindest als der Bereich, in dem sich die Kirche dem "Außen", den

Rändern zuwendet, der aber somit nicht dem "Innen", dem "eigentlichen" Bereich der Kirche zugehört. Auf der anderen Seite stabilisiert die Diakonie die Kirche oder wird von den definitionsmächtigen Kräften der Kirche als stabilisierendes Mittel instrumentalisiert und zwar auf zweifache Weise: Je mehr in der Diakonie ein Feld gesehen wird, mit dem ein vermeintlicher "Rand" der Kirche definiert werden könne, um so nachhaltiger können sich im Gegenzug andere Praxisbereiche der Kirche, vor allem Verkündigung und Liturgie, bzw. deren Träger als Binnenbereich oder Kern der Kirche bestätigt dünken. Stabilisierend wirkt aber die Diakonie für die Kirche auch in ihrem Verhältnis zur Gesamtgesellschaft. Plausibilität und Akzeptanz der Diakonie in der Gesellschaft werden als Plausibilität und Akzeptanz der Kirche insgesamt ausgelegt und dienen so, etwa in Konfliktfällen wie dem Kirchensteuerstreit, der Kirche als Existenzlegitimierung und als schlagkräftiges Abwehrargument gegen Kritik.

5 DIAKONIE IN DER PERSPEKTIVE BETROFFENER

Im Jahr 1958 veröffentlichte Heinz-Dietrich Wendland einen Aufsatz, der - das sei hier nebenbei bemerkt - in einer frappierenden ungleichzeitigen Aktualität und auf eine anregende Weise zentrale Problemlagen und Denkansätze der heutigen Diakoniediskussion thematisiert und der mit dem Titel "Diakonie zwischen Kirche und Welt"[1] überschrieben ist. Auf den ersten Blick mögen sich von dieser Titelformulierung jene bestätigt dünken, die - etwa nach Art der Weltdienst-Heilsdienst-Dichotomie - in Kirche und Welt zwei separierte Bereiche sehen, die Diakonie der Domäne des Weltlichen zuordnen und so einen ideologischen Keil zwischen die Diakonie und eine fiktive "eigentliche" Kirchlichkeit oder Christlichkeit treiben. Mit dieser Deutung wäre Wendlands Anliegen freilich auf eklatante Weise mißverstanden. Für ihn hat die Diakonie in der Kirche und in der Welt zugleich ihren Ort. Diakonie ist nach Wendland in der Kirche angesiedelt und zwar nicht als beliebiger Bestandteil, sondern als "Grundcharakter der Kirche"[2], als konstitutive Signatur, die die Kirche erst zur Kirche macht. "Diakonie in diesem Sinne ist nicht etwa nur, wie man hören kann, 'eine Lebensäußerung' der Kirche neben anderen, sondern Uramt und Urgesetz der Kirche als solcher und als ganzer, insofern sie aus dem Opfer und dem Dienst Christi stammt und lebt, der gekommen ist, zu dienen und sein Leben zu geben zur Erlösung für viele. Ohne den Begriff des Diakonischen und des Diakonats kann demgemäß der Begriff der Kirche überhaupt nicht bestimmt werden, weil die Kirche von der dienenden Sendung Christi lebt, der in die Welt eingegangen ist, um in der Welt für die Welt dienend zu leben und zu sterben."[3] Weil demnach die Kirche in der Nachfolge Jesu nicht von der Welt getrennt ist, sondern "in der Welt für die Welt dienend" ihren Ort hat, gilt für Wendland aber auch: Gerade als Diakonie der Kirche - und nicht nur in der Variante einer sekundären, abgeleiteten Zweigform einer sogenannten "sozialen Diakonie" - ist die Diakonie in der Welt angesiedelt und hat "es die Diakonie auch mit dem ganzen Menschen in der Breite und Verflochtenheit seiner sozialen Existenz, mit dem Menschen als dem gesellschaftlichen Wesen und den Gefährdungen dieser sozialen Existenz zu tun"[4]. Wendlands Titel "Diakonie zwischen Kirche und Welt" siedelt die Diakonie also nicht im Niemandsland zwischen Kirche und Welt an, sondern benennt mit Kirche und Welt zwei ineinander existierende Größen, die durch den Begriff der Diakonie eine Zuordnung erfahren: Diakonie ist die von der Sendung Jesu her gebotene Weise des In-der-Welt-Seins der Kirche.

Obwohl zunächst unabhängig davon formuliert, ist die Nähe des Titels der vorliegenden Untersuchung zur Wendlandschen Titelformulierung offensichtlich. Was das Verhältnis zwischen Kirche und Welt bzw. Gesellschaft betrifft, so dürfte hinreichend deutlich

---

1 **Wendland, H.-D.**: Diakonie zwischen Kirche und Welt.

2 Ebd. 18.

3 Ebd.

4 Ebd. 29.

geworden sein, daß auch hier die Ansiedlung der "Diakonie zwischen Kirche und Gesellschaft" nicht regional zu verstehen ist, sondern Komponenten meint, von denen her die Diakonie ihre Verortung erfährt und die folglich verschiedene Perspektiven der Wahrnehmung und Konzeption diakonischer Praxis bilden. Allerdings sind diese beiden Perspektiven Kirche und Gesellschaft nicht ausreichend, weil in ihnen eine wichtige Perspektive der Wahrnehmung diakonischer Praxis noch nicht mitgegeben ist. Die Diakonie ist nicht nur die Form der Zuordnung bzw. des Wechselspiels zwischen den Kollektiven Kirche und Gesellschaft. In der Diakonie taucht auch der einzelne Mensch als dieser einzelne, konkrete Mensch auf und ist der einzelne Mensch mit seiner zwar sozial eingebundenen und bedingten, aber immer auch individuellen Lebensrealität der Ort der Bewährung der Diakonie. Deshalb beinhaltet der Titel der vorliegenden Untersuchung mit der Komponente "Mensch" einen wichtigen Unterschied zur Titelformulierung Wendlands: Bei der Wahrnehmung und Konzeption der Diakonie ist auch die Perspektive des Menschen, des in der Diakonie in Erscheinung tretenden Individuums einzunehmen, denn vom einzelnen Menschen, vom je konkreten, notleidenden Menschen her erfährt die Diakonie ihre Bestimmung.[5]
Deshalb wird noch einmal bei dem Unterfangen einer kritischen Darstellung der Problemlagen der Diakonie die Perspektive gewechselt. Was in der Diakonie geschieht und wie es geschieht soll wahrgenommen werden aus der Sicht der direkt Betroffenen selbst. Die Tatsache jedoch, daß bei der Reflexion auf die diakonische Praxis die Einnahme der Perspektive der Betroffenen nicht geübt ist, daß deren subjektive Erfahrungen und Sichtweisen weitgehend ausgeblendet bleiben[6], daß es dafür kein erprobtes Erhebungsinstrumentarium und keine Grundlage in Form allgemein anerkannter, auf breiter Basis verifizierter Befunde gibt und daß sich folglich eine selbst nicht empirisch arbeitende Untersuchung mit dem Versuch, die Sichtweise der Betroffenen zu artikulieren, auf ein ungesichertes Terrain begibt, macht bestimmte Vorbemerkungen notwendig.

5.1 Hermeneutische Vorbemerkungen zur theologischen Relevanz der Perspektive Betroffener

5.1.1 Die Notwendigkeit des "anderen Blicks"

Qualität und Notwendigkeit dieses abermaligen Perspektivenwechsels werden anschaulich an einer von Heinz-Manfred Schulz erzählten Begebenheit zwischen einer Mutter und ihrem Sohn: "Als ihr Junge vier Jahre alt war, schmückte er sich eines Tages zum Fastnachtfeiern als Trapper oder Cowboy. Dazu verzierte er sich vor dem Spiegel dekorativ mit Wäscheklammern. Als sein Werk vollendet war, kam er zur Mutter und sagte: 'Mama, schau mal, wie schön ich bin!' Die Mutter schrieb gerade an der Schreib-

---

5 Vgl. zur Notwendigkeit des Blicks auf den einzelnen Menschen wie auch des Blicks aus der Perspektive des einzelnen Menschen **Knobloch, S.**: Wieviel ist ein Mensch wert?, 10-18.

6 Vgl. **Kersten, J./Wolffersdorff-Ehlert, C.v.**: Jugendstrafvollzug, 597 f.

maschine. So schaute sie nur kurz über die Schulter und sagte: 'Ja, du bist schön!' Da ging der Junge weg. Kurz darauf aber stand er wieder neben ihr, ganz still. Sie sieht sich um und sagt: 'Was ist denn?' Da schaut sie der Junge mit traurigen Augen an und sagt: 'Mama, ich möchte dir meine Augen geben, damit du sehen kannst, wie schön ich bin.'"[7]

Die bisher eingenommenen Perspektiven und die darin gemachten Wahrnehmungen laufen - trotz aller Länge - Gefahr, dem flüchtigen Blick der Mutter über die Schulter und ihrem schnell dahingesagten "Ja, du bist schön!" zu entsprechen. Der Qualitätsunterschied in den beiden Wahrnehmungsformen von Mutter und Sohn ist offensichtlich. Die Feststellung der Mutter ist vielleicht nicht einmal abwiegelnd gemeint gewesen. Das "Ja, du bist schön!" mag sogar durchaus liebevoll geklungen haben. Aber es war eben nur eine Feststellung. Nachdem sie getroffen war, konnte die Mutter wieder mit ihrer anderen Tätigkeit weitermachen. Für den Jungen dagegen hatte die Situation eine gänzlich andere, intensivere Qualität. Das "wie schön ich bin!" war für ihn ein Erlebnis. Mit der Verkleidung "zelebrierte" er sich selbst, er erlebte sich selbst, er wollte auch so wahrgenommen werden und er konnte in dieser Situation nicht einfach zum früheren Zustand zurückkehren, wollte er das aktuelle Selbsterleben nicht gewaltsam abbrechen oder ausblenden.

Sollten all die bisherigen Ausführungen nicht im Modus des bloßen Feststellens, des "Nicht-berührt-Werdens", des "Unverändert-Weitermachens" verbleiben, dann ist es notwendig, das Selbsterleben derer, die unmittelbar von den Kontexten diakonischer Praxis betroffen sind und die sich gerade in der diakonischen Praxis in ihrem Selbst wahrnehmen bzw. zeigen (müssen), wenigstens ansatzweise einzufangen und - vom Selbsterleben der Menschen derart "angesprochen" im Sinne von "be-anspprucht" - diese Menschen auch nach der Maßgabe ihres Selbsterlebens wahrzunehmen. Dieses Sehen mit den Augen derer, um die es geht, ist die Intention der Ausführungen in diesem Teil 5. Das Mit-den-Augen-der-anderen-Sehen gebietet sich zumal für eine Untersuchung, die sich erstens als Praktische Theologie versteht, d.h. als kritische Reflexion auf die christlich identifizierte und identifizierbare Praxis der Menschen, und die zweitens unter dem Kriterium des Subjektseins steht, d.h. deren erkenntnisleitendes und konzeptionelles Interesse der Frage gilt, inwiefern die von der reflektierten Praxis betroffenen Menschen auch die Subjekte dieser Praxis sind bzw. werden können. Die Notwendigkeit des "anderen Blicks"[8] und des "Vom-Anderen-her-Denken[s]"[9] ist, soll nicht eine fundamentale Selbstwidersprüchlichkeit der hier angestellten Reflexionen in Kauf genommen werden, unhintergehbar und kann nicht aufgehoben oder auch nur relativiert werden von der Tatsache, daß sich das Erkunden, Thematisieren und Präsentieren des

[7] **Schulz, H.-M.**: Wenn du mit meinen Augen siehst, 7.

[8] Vgl. **Reiter, J.**: Der andere Blick.

[9] **Luther, H.**: "Ich ist ein Anderer", 83; vgl. **ders.** Wahrnehmen und Ausgrenzen, 263. - Mit den Formulierungen "Der andere Blick" und "Vom-Anderen-her-Denken" sind an dieser Stelle bereits Vorverweise auf die Bedeutung der von Emmanuel Lévinas vertretenen Philosophie des Anderen für die Konzeption der Diakonie gegeben (s. 7.1).

Selbsterlebens der Betroffenen aufgrund der weitgehenden Ungeübtheit dieses Reflexionsschrittes als schwierig, immer unvollständig und entsprechend kritikanfällig erweist. Eine praktisch-theologische Reflexion braucht - um auf die oben erzählte Begebenheit zwischen Mutter und Sohn zurückzukommen - als ihre Basis nicht nur die Feststellungen distanziert wahrnehmender Menschen über einen Sachverhalt, sondern auch das Erleben der von einem Praxisgeschehen unmittelbar betroffenen Menschen. Daß "Erfahrungen von Leid, von Versuchen, dieses zu überwinden, daraus resultierende Konflikte, Erfahrungen des Scheiterns usw. zentrale Momente bei der Suche nach neuen, Leid überwindenden gesellschaftlichen Zielvorstellungen"[10] sind, erweist die konstitutive, indispensable Bedeutung der Kompetenz der Betroffenen für eine Konzeption speziell der diakonischen Praxis.

5.1.2 Was ist "Betroffenheit" und wer sind die "Betroffenen"?

Es ist schwierig geworden, von "Betroffenheit" und von "Betroffenen" zu reden. Daß sich jemand als von etwas "betroffen gemacht" erklärt, wurde zur inflationären Phrase einer postmodernen, pseudosensiblen "Betroffenheits"-Kultur. Ein mehr oder weniger dramatisch klingendes "das macht mich betroffen" fungiert als modische Zugangsformel zur "Szene" und erweist sich mit zunehmendem Gebrauch auch als zunehmend inhaltsleer. Letzteres liegt vor allem an dem eigentümlich paradoxen Umstand, daß diejenigen, die sich von einem prekären Sachverhalt erschüttert zeigen und ihr Empfinden als Betroffenheit vor anderen Menschen artikulieren können, in den seltensten Fällen auch selbst die von der jeweiligen prekären Lage tatsächlich Betroffenen sind. So eignet der Rede von Betroffenheit mitunter geradezu ein handlungslähmender, notstabilisierender Zug, da die Behauptung des "Betroffen"-Seins fälschlich mit dem wirklichen Betroffensein identifiziert wird und schon als der erste Schritt eines Engagements zur Aufhebung der Notlage erscheint. Dagegen wird, zumindest für den ersten Augenblick, mit dieser Versicherung des eigenen Betroffen-gemacht-Werdens gerade die Beanspruchung zu wirkmächtigen Handlungen gegen den betroffen machenden Sachverhalt ausgesetzt.
Die Rede von Betroffenheit in dieser Untersuchung distanziert sich von dem eben dargestellten Redemodus und will dennoch an dem Begriff "Betroffenheit" zur Bezeichnung und Erfassung eines diakonierelevanten Sachverhalts festhalten. Dazu bedarf es einer Klärung, was mit "Betroffenheit" gemeint ist. Das Betreffen ist Ausdruck "für die Konstitution der Beziehung zwischen Subjekt und Situation von seiten der Situation"[11]. Betroffenheit beschreibt eine Verbindung oder ein Verhältnis zwischen einem Subjekt und seiner Situation, insofern dieses Verhältnis von der Situation bestimmt ist.[12] Die beiden entscheidenden Komponenten der Betroffenheit sind das Subjekt und

---

[10] **Ludwig, H.**: Kompetenz der Betroffenheit, 263.

[11] **Schulze, G.**: Die Erlebnisgesellschaft, 733.

[12] Die folgenden Darlegungen referieren das von Gerhard Schulze zugrundegelegte Betroffenheitsverständnis in **Schulze, G.**: Die Erlebnisgesellschaft, 48-52, 197-209.

dessen Situation. Was Betroffenheit ist, muß mit diesen beiden Größen und ihrem Verhältnis zueinander beschreibbar sein.
Die Situation ist all das, was außerhalb des Bewußtseins und des Körpers eines Menschen gegeben ist, was also dieser Mensch nicht selbst ist, was aber mit dem Menschen, näherhin mit seinem Bewußtsein bzw. seinem Körper, in einer bestimmten Verknüpfung steht. Die Situation ist demnach der Ausschnitt der objektiven Wirklichkeit, mit dem es ein Mensch zu tun hat.
Damit ist auch schon angedeutet, was in diesem Zusammenhang mit "Subjekt" gemeint ist. Subjekt ist hier potentiell jeder Mensch, insofern er mit einem bestimmten Ausschnitt der Wirklichkeit verbunden ist - sei es aufgrund einer Einwirkung dieser Wirklichkeit auf ihn, sei es aufgrund einer Gestaltung dieser Wirklichkeit durch ihn -und insofern er in der konkreten Verbundenheit mit der Wirklichkeit die Situation als *seine* Situation erfährt oder definiert. Folglich gibt es zu jedem Zeitpunkt so viele Situationen wie Menschen, weil jede Situation durch die Verknüpfung mit dem Menschen definiert ist, jeder Mensch aber entsprechend seiner Individualität durch seine Verbindungen zur Wirklichkeit einen individuellen Ausschnitt aus der Wirklichkeit selektiert. Die Situationen zweier oder mehrerer Menschen können sich folglich zwar zu bestimmten Teilen überschneiden, können aber nie identisch sein.
Die Art und Weise der Verknüpfung zwischen Subjekt und Situation ist also von beiden Komponenten, vom Subjekt wie auch von der Situation, bestimmt. Das Subjekt bestimmt die Verknüpfung zur Situation, indem es in der jeweiligen Situation sich auf bestimmte Weise verhält oder auf bestimmte Weise handelt. Die Situation bestimmt die Verknüpfung zum Subjekt, indem sie das Subjekt *betrifft.* Betroffenheit ist die Befindlichkeit des Menschen, im eigenen Selbsterleben, Verhalten und Handeln in einer Situation von dieser Situation geprägt zu sein.
Das von der Situation ausgehende Betreffen des Menschen geschieht nun nach Gerhard Schulze auf dreifache Weise, nämlich als *Begrenzen*, als *Nahelegen* und als *Auslösen.* Eine Situation betrifft erstens das Subjekt, indem sie festlegt, was für einen Menschen zu einer bestimmten Zeit, an einem bestimmten Ort, mit bestimmten Mitmenschen usw. möglich oder unmöglich ist, indem sie also die Möglichkeiten des Menschen gemäß den in ihr gegebenen Bedingungen *begrenzt.* Eine Situation betrifft zweitens das Subjekt, indem sie dieses im Verlaufe der Verknüpfung zwischen ihnen veranlaßt, sich mit bestimmten Dispositionen wie Überzeugungen, Einstellungen, Mentalitäten, Verhaltensweisen, Handlungsmodi usw. auf ihre Bedingungen einzustellen. Das kann sowohl eine Anpassung an als auch eine kritische Stellungnahme gegen die Situation bedeuten. Auf alle Fälle aber ist die Situation dasjenige, was dem Subjekt eine situationsadäquate Lebensform *nahelegt.* Und schließlich betrifft die Situation das Subjekt, indem sie bestimmte aktuell gegebene Faktoren auf dieses wirken läßt, somit das Subjekt an einem bestimmten Zeit-Ort-Punkt zu einem konkreten, aktuell verwirklichten Erleben, Verhalten oder Handeln veranlaßt. Hier zeigt sich das Betreffen darin, daß die Situation beim Subjekt eine aktuelle Reaktion *auslöst.* Die Situation betrifft das Subjekt, mit anderen Worten gesagt, in Form des Zwangs, nur bestimmte Möglichkeiten verwirklichen, bestimmte Möglichkeiten aber nicht verwirklichen zu können, in Form eines

Lernprozesses, in dem das Subjekt angehalten wird, sich durch allmähliches Aneignen von bestimmten Dispositionen und Praxisformen mit der Situation zu arrangieren, und in Form der Stimulation des Subjekts zu einzelnen im Hier und Jetzt umgesetzten Vollzugsformen (Erleben, Verhalten oder Handeln).
Analog zeigt sich der Vollzug der Verknüpfung zur Situation durch das Subjekt in dreifacher Weise. Das Subjekt kann auf die Situation *einwirken*, indem es bestimmte Gegebenheiten der Situation verändert oder neue schafft. Es kann gegenüber der Situation *wählen*, indem es nur bestimmte Möglichkeiten der Situation realisiert. Und es kann die Situation *symbolisieren*, indem es Gegebenheiten der Situation als Zeichen für etwas anderes oder etwas anderes als Zeichen für die Situation verwendet, d.h. indem es die Situation eigentlich nicht verändert oder bearbeitet, sondern lediglich sichtbar bzw. erfahrbar macht.
Auf der Grundlage dieser Bestimmungen von Gerhard Schulze läßt sich nun sagen, was in dieser Untersuchung unter Betroffenheit zu verstehen ist:
Betroffenheit ist die Befindlichkeit des Menschen, durch Begrenzung der realisierbaren Möglichkeiten, durch die Nahelegung situationsadäquater Dispositionen (Denk-, Verhaltens- und Handlungsweisen) und durch das Auslösen konkreter, einzelner Formen der Selbstäußerung (Verhalten und Handeln) und des Selbsterlebens in einer Situation von dieser Situation geprägt zu sein.
In Konsequenz zu diesem Verständnis von "Betroffenheit" ist nun auch eine Klärung bezüglich der Frage möglich, wer mit dem Begriff "Betroffene" gemeint sein kann und in diesem Teil der vorliegenden Untersuchung gemeint sein soll. Mit den "Betroffenen" sind nicht diejenigen gemeint, die von sich sagen, sie seien von den in der diakonischen Praxis und im alltäglichen Leben der Notleidenden zutage tretenden Notlagen "betroffen" im Sinne von bedrückt oder unangenehm berührt, die sich aber nicht selbst in der Situation der von ihnen wahrgenommenen Not oder diakonischen Praxis befinden bzw. ihre eigene spezifische Verwobenheit in die notverursachende Situation nicht erkennen und somit per definitionem nicht betroffen im dargelegten Sinn sein können. Man könnte also zunächst formulieren: Wenn man bezüglich der Diakonie von "Betroffenen" spricht, dann sind damit diejenigen gemeint, die sich unmittelbar in der Situation von Not und diakonischer Praxis befinden, also einerseits die Notleidenden und andererseits die in der diakonischen Praxis unmittelbar engagierten Menschen, d.h. die Helfenden. Aber auch dieses Verständnis erweist sich bei genauerem Hinsehen noch als zu ungenau. Sicher sind die Helfenden nicht einfach im oben dargestellten Sinn des distanziert-sentimentalen Berührtseins von der Situation der Not betroffen. Sie sind, je intensiver ihre Beziehungen zu den Notleidenden gestaltet sind, um so enger mit deren eigener Situation verknüpft. Dennoch erscheint es geboten, das Erleben, das Verhalten und das Handeln von Hilfsbedürftigen und von Helfenden nicht unter derselben Betroffenheitsannahme zu subsumieren. Trotz der manchmal für die Helfenden selbst bedrängenden und begrenzenden Nähe zu den jeweiligen Notlagen ist ihre Betroffenheit eine andere als die der Notleidenden. Ihre helfende bzw. solidarische Praxis verlangt in sich, daß sie in einem ausreichenden Maße von den Begrenzungen und Stimulationen der Notsituationen frei sind, um zum einen überhaupt helfen bzw. solidarisch sein und zum anderen

diese Hilfe bzw. Solidarität kompetent, z.B. gemäß den fachlichen Anforderungen oder mit einer ausreichenden Handlungsflexibilität, leisten zu können. Die Notwendigkeit der Unterscheidung der beiden Betroffenheiten ergibt sich aus der durchaus gegebenen Unterschiedenheit der Situationen selbst. Die Situation der Notleidenden, aus welcher deren Betroffenheit herrührt, ist eben die jeweilige Notlage: materielle Armut, Ungerechtigkeit, Lebensbehinderung, Krankheit oder ähnliches. Die Situation der diakonisch tätigen Menschen hingegen ist, genau besehen, nicht die jeweilige Notlage, sondern bereits die als diakonisch verstandene und konzipierte Begegnung mit oder Beziehung zu den Notleidenden. Dabei kann es durchaus sein, daß jemand beide Situationen, die der Notlage und die der solidarischen Beziehung zu anderen Notleidenden, in sich vereint, wenn er selbst in bestimmter Hinsicht Not leidet, aber in einer anderen Hinsicht so viel Lebensmöglichkeiten hat, daß er auf deren Grundlage noch anderen Menschen, die in dieser letzteren Hinsicht Not leiden, helfen kann. Aber auch in diesem Fall ist an der Unterscheidung festzuhalten, da dann eine Unterscheidung der verschiedenen Rollen dieses Menschen wirksam ist: In der Rolle des Notleidenden ist er mit der Situation der Notlage verknüpft, in der Rolle des Solidaritätspartners mit der Situation der helfenden Beziehung zu Notleidenden. Davon unberührt bleibt, daß in einer derartigen Kombination der Situationen in der Lebenswirklichkeit eines Menschen die Verknüpfungen zu beiden Situationen einander beeinflussen. Die Verknüpfung mit der einen Situation der Not kann die Kompetenz in der anderen Situation des Helfens erhöhen, aber auch beschränken, und umgekehrt. Die Verknüpfungen mit beiden Situationen können sogar so sehr miteinander verwoben sein, daß die Situationen im alltäglichen Lebenslauf als ein und dieselbe Situation empfunden werden. Ihre (theoretisch-analytische) Unterscheidung ist jedoch von Relevanz für eine schärfere Kontur des Begriffs "Betroffene", weil sich die Unterscheidung von Situationen notwendig als eine Unterscheidung der Betroffenheiten und somit als eine Unterscheidung verschiedener Gruppen von Betroffenen bzw. verschiedener betroffenheitsbedingter Praxisformen fortsetzt. Die Betroffenheit der Helfenden, insofern sie Helfende sind, ist - wenn sie auch vielleicht von einer eigenen Notsituation mitgeprägt sein mag - eine vom Selbstverständnis eines helfenden Menschen herrührende Betroffenheit. Die Betroffenheit der Notleidenden, insofern sie Notleidende sind, ist - wenn sie auch von einer eigenen Diakoniepraxis geprägt sein mag - dagegen primär eine von eigener, existentiell erlittener Notsituation herrührende Betroffenheit. Diese Unterscheidung ist vielleicht fein nuanciert, muß aber vorgenommen werden. Die beiden Betroffenheiten dürfen nicht vermischt werden, um diejenige der Notleidenden authentisch, unmittelbar, d.h. möglichst frei von Färbungen durch die Sicht der Helfenden oder der Außenstehenden, wahrnehmen zu können. Um die Betroffenheit der Notleidenden selbst geht es aber. Die aus einer eigenen, existentiell erlittenen Notsituation resultierende Betroffenheit hat ihre spezifische Qualität und verleiht dem betroffenen Menschen spezifische Kompetenz. Sie soll in die konzeptionelle Reflexion der Diakonie Eingang finden. Ihre Relevanz soll in der diakonischen Praxis zum Durchschlag kommen. Deshalb wird an dieser Stelle die Rede von "Betroffenen" auf die von eigener Not betroffenen Menschen eingegrenzt. Die Betroffenen im hier zugrundeliegenden Verständnis sind die Notleidenden selbst, diejenigen Menschen also, die aufgrund einer irgendwie gearteten Notlage und der Einschränkung ihrer Lebensmöglichkeiten leiden und deren Lebensgestaltung von dem Bestreben geprägt ist, eigenständig oder mit Hilfe anderer auf die Beseitigung, die Bearbeitung oder auch das Erträglich-Machen ihrer Notlage hinzuwirken. Diese Eingrenzung der Betroffenen erfolgt hier nicht etwa, weil die Perspektive und die Betroffenheit der Helfenden oder auch der Außenstehenden als unbedeutend erachtet würden. Es wurde vielmehr versucht, die Betroffenheiten von Menschen im Umfeld der Notleidenden im Laufe der bisherigen Ausführungen an der jeweiligen Stelle ihres Praxiszusammenhangs zu thematisieren. An der Unterscheidung der Betroffenheiten und an der Spezifizierung auf die Betroffenheit der Notleidenden bzw. an deren konzeptioneller Berücksichtigung als einer eigenständigen, bewußt wahrzunehmenden Komponente diakonischer Praxis muß dennoch festgehalten werden. Sie dienen dem Versuch, die spezifische Eigenart und Qualität der aus eigener Not herrührenden Betroffenheit und die daran geknüpfte Kompetenz für die kritische Reflexion diakonischer Praxis zu erhalten bzw. zur Wirkung kommen zu lassen. So ist die Eingrenzung der Bezeichnung "Betroffene" auf die Notleidenden zu verstehen als Ausdruck des Versuchs der konsequenten Ernstnahme der Notleidenden als Subjekte der diakonischen Praxis. Die ausdrückliche, spezifizierende Veranschlagung ihrer Perspektive als Quelle praxisanalytischer und -konzeptioneller Erkenntnisse soll ihrem Subjektsein bzw. der Anforderung, ihr Subjektsein in der und durch die Diakonietheologie zu ermöglichen, Rechnung tragen.

5.1.3 Problematik und Legitimität der Orientierung an Artikulationen einzelner Betroffener

Zur Thematisierung der aus der Perspektive der Betroffenen wahrgenommenen oder empfundenen Problemlagen der Diakonie werden im folgenden Einzelaussagen Betroffener herangezogen, jeweils in Form einer Szene in ihrem Entstehungszusammenhang geschildert und interpretiert. Es handelt sich um tatsächlich in der jeweiligen Form geäußerte Artikulationen, die ich in meinem eigenen Bekanntenkreis, in den diakonischen Kontexten einer Behindertenwerkstatt und eines Schülerheims, in Einzelbegegnungen und in der Literatur registriert habe.
Dieses Vorgehen mag Widerspruch erregen. Ein erster Widerspruch könnte darin bestehen, daß die Präsentation der einzelnen Aussagen in Form einer Szene des "Essayismus", des Stils bloßer Nacherzählung von Erlebtem verdächtigt und als einer wissenschaftlichen Untersuchung nicht adäquat gewertet wird. Der Vorwurf mag auf dem Hintergrund eines konventionellen Wissenschaftsideals, das Wert auf abstrakte, von der persönlichen Betroffenheit nicht eingefärbte, nüchterne Darstellungen von Sachverhalten legt, verständlich sein, wäre aber in sich ein Indiz dafür, daß die fundamentale Relevanz der Meinungen, Empfindungen, Kritiken, Verhaltens- und Handlungsformen, Überzeugungen, kurz: die Perspektive der von einer bestimmten Praxis Betroffenen für die Analyse und Konzeption dieser Praxis noch nicht erfaßt und akzeptiert worden ist. Die Aufnahme und Präsentation der Einzelartikulationen ist ein Versuch, die Perspektive der

Betroffenen authentisch zu Wort kommen zu lassen und ihr Eingang in die wissenschaftliche Reflexion zu verschaffen. Eine Kritik dieses Versuchs ist notwendig und erwünscht, sofern sie darauf abzielt, einen effektiveren Weg zur Verwirklichung der dahinterstehenden Intention, der Ernstnahme authentischer Artikulationen Betroffener, zu suchen. Würde hingegen der Versuch als solcher mit dem Hinweis auf den Charakter mangelnder Wissenschaftlichkeit abgelehnt, müßte gegengefragt werden, ob dann diesem Vorwurf mangelnder Wissenschaftlichkeit nicht ein gewisses Maß an Zynismus diagnostiziert werden muß, weil hier im Namen eines - in diesem Fall dann höchst fragwürdigen - Wissenschaftlichkeitsideals die Ausgrenzung Notleidender aus den Gestaltungsprozessen menschlich-gesellschaftlichen Lebens im wissenschaftlichen Betrieb reproduziert wäre. Hier meldet sich die Notwendigkeit eines Wechsels im Verständnis von Wissenschaftlichkeit an, wonach die Betroffenen mit ihren Aussagen nicht der Wissenschaft, sondern die Wissenschaften (und zwar jedwede) den Aussagen Betroffener und deren darin artikulierten Betroffenheiten gerecht werden müssen. Insofern die im folgenden dargebotenen Aussagen reale Artikulationen Betroffener sind, ist die Wissenschaft, in diesem Fall die Theologie, beansprucht, darauf in einer die Menschen ernstnehmenden Weise einzugehen, und sie kann sich - will sie mit ihren Inhalten vor den betroffenen Menschen glaubwürdig bleiben - diesem Anspruch nicht entziehen.

Kritik an der Präsentation von und Orientierung an Einzelaussagen Betroffener mag zweitens mit dem Hinweis auf den Standard empirischen Arbeitens erfolgen. In der Tat erfüllt diese Vorgehensweise keine Anforderungen im Sinne etwa quantitativer oder qualitativer Untersuchungen. Entsprechend den ihr zugrundeliegenden Möglichkeiten und entsprechend ihrer Anlage wird für die vorliegende Untersuchung auch kein solcher Anspruch erhoben. Auf der anderen Seite muß konstatiert werden, daß es auch kaum anderweitige Erhebungen zu Einstellungen, Erfahrungen, Bedürfnissen oder Interessen der Betroffenen mit empirischer Qualität gibt, auf die sich eine nicht empirisch arbeitende Untersuchung stützen könnte. Die Forderung, bei Analyse und Konzeption diakonischer Praxis von der Perspektive der Betroffenen auszugehen, ist sowohl bei den einschlägigen Sozialwissenschaften als auch in der (Praktischen) Theologie zwar präsent, aber, von wenigen Ansätzen abgesehen[13], noch nicht in den Vollzug wissenschaftlicher Arbeit umgesetzt. Deshalb muß jeder diesbezügliche Versuch noch unvollständig, mangelhaft, anfragbar bleiben, weil eben erst eine "terra incognita" erkundet werden muß, aber nicht von einer einzelnen Person in einem einzelnen Reflexionsgang auch nur annähernd erkundet werden kann. Weil die Wahrnehmung der Praxis aus der Perspektive der Betroffenen nicht verwirklicht und nicht geübt ist, ist aber auch jeder

---

[13] Vgl. **Schulz, H.-M.**: Wenn du mit meinen Augen siehst. - Dort dienen, ähnlich wie hier, Erlebnisszenen und Äußerungen Betroffener als Ausgangspunkt der Darlegungen. Andreas Hämer stellt seiner Untersuchung zum Platz Körperbehinderter in der Kirche (vgl. **Hämer, A.**: Rehabilitation von unten) "offene Fragen Körperbehinderter an die Kirche" (ebd. 11) voran und gestaltet andere Beiträge zur Frage der Integration Behinderter in die Kirche in Koautorschaft mit einem Behinderten (vgl. **Hämer, A./Kempf, E.**: Thesen, Fragen und Deutungen zu Modellen; **ders./ders.**: Thesen, Fragen und Erfahrungen zur Analyse der Situation).

diesbezügliche Versuch berechtigt, sofern es unter den gegebenen Umständen keinen besseren Weg gibt und sofern er das Wissenschaftskriterium erfüllt, daß durch wissenschaftliches Arbeiten die Würde des Menschen nicht verletzt werden darf.
Doch bewegt sich die Bedeutung der Zitation und Interpretation von Einzelaussagen für den Reflexionsfortgang dieser Untersuchung ohnehin jenseits der Frage nach der Stichhaltigkeit der Ergebnisse quantitativer und qualitativer Empirie. Eine Berechtigung für die Zugrundelegung einzelner Aussagen Betroffener und die Legitimität bzw. sogar Notwendigkeit, sich an ihnen zu orientieren, ergeben sich nämlich aus der den Einzelaussagen immanenten Relevanz selbst. In den Artikulationen kommen, wie unvollständig, subjektiv, situationsgebunden auch immer, die spezifische Erfahrung und die Kompetenz der Betroffenen zum Ausdruck. Theologinnen und Theologen wie jegliche Wissenschaftstreibenden, die sich mit der Situation und Praxis Notleidender beschäftigen, dürfen sich nicht anmaßen und können für sich nicht in Anspruch nehmen, sie könnten diese Erfahrung und Kompetenz von sich aus, d.h. ohne Beteiligung der Betroffenen, rekonstruieren oder in äquivalenter Form im wissenschaftlichen Kontext entwickeln. Analyse und Konzeption diakonischer Praxis sind auf Erfahrung und Kompetenz der Betroffenen in einer Form angewiesen, wie sie nur bei diesen selbst gegeben sind, nämlich in *authentischer* Form. "Von daher wächst der wissenschaftlichen Theologie eine *eigene diakonische* Verantwortung zu: nämlich die theologische Kompetenz der tatsächlich diakonischen Subjekte nicht [als eigene - H.H.] zu beanspruchen, sondern im Kontext aller kirchlichen Lebens- und Theologiebereiche argumentativ zu bewahren und institutionell (mit-)zuermöglichen."[14] Dann bekommen die Einzelaussagen gerade in ihrer (ansonsten empirisch verdächtigen) Singularität eine besondere Relevanz. In ihrer Authentizität eignet ihnen eine Aussagedichte, die nicht von anderen Menschen rekonstruiert werden kann. Sie können in ihrer konkreten Form und mit ihrem intendierten Sinn als der Lebenswirklichkeit des jeweiligen Menschen entstammende Artikulationen, d.h. als unmittelbarer Ausdruck von Realitäten, erkannt werden. Sie sind noch nicht durch den "Fleischwolf" empirischer Datenverarbeitung zu einer für viele repräsentativen, von der einzelnen Person abstrahierten, damit aber auch anonymen Information vermengt worden. Als solche haben sie für die Theologie ideologiekritische Wirkung. Sie vermögen, eingefahrene, vielleicht durchaus allgemein anerkannte, aber gerade aufgrund ihrer fraglosen Gültigkeit von der Lebenswirklichkeit der Menschen isolierte und entfernte Denkmuster aufzubrechen.[15] Sie bringen das theologisch-wissenschaftliche Denken in unmittelbare Berührung mit dem alltagsweltlichen Erleben der Menschen und somit in eine heilvolle Erschütterung.
Aber selbst dort, wo es empirisch-"objektive" Befunde zu Praxisfeldern gibt, wäre die Wahrnehmung von Artikulationen einzelner Betroffener indispensabel. An ihnen muß abgelesen werden, ob die empirisch-"objektiven" Ergebnisse die untersuchte Realität der Menschen in einer authentischen, d.h. von diesen selbst wiedererkennbaren, treffsicheren

---

[14] **Fuchs, O.**: "Wie verändert sich das Verständnis von Pastoraltheologie und Theologie überhaupt, wenn die Diakonik zum Zug kommt?", 180.

[15] Vgl. ebd. 190.

Form wiedergeben oder ob im Instrumentarium der empirischen Verarbeitung von Informationen Verfälschungen ebendieser mitprogrammiert waren.[16] "Dann haben die objektivierenden empirischen Wissenschaften nicht nur eine kritische Kompetenz gegenüber den singulären Erfahrungen der Subjekte, sondern dann muß auch eine kritische Kompetenz der Subjekte gegenüber den Ergebnissen der 'objektiven Hermeneutik' postuliert werden."[17]
Der Einwand mangelnder empirischer Solidität, insbesondere mangelnder Repräsentativität der Einzelaussagen Betroffener greift also nicht, sofern akzeptiert ist, daß die wissenschaftliche Reflexion von Situation und Praxis notleidender Menschen ein fundamentales Umdenken bezüglich der Vorstellung von Wissenschaftlichkeit erfordert. Es geht nämlich zunächst überhaupt nicht darum, ob die Einzelaussagen Betroffener den empirischen Befunden zu ihren Lebenskontexten, wenn es denn solche gäbe, entsprechen. Es geht nicht darum, ob sie den Ansprüchen der Repräsentativität gerecht werden. Auch in dieser Untersuchung ist die separate Veranschlagung eines Teils, in dem die Wahrnehmung der diakonischen Praxis aus der Perspektive Betroffener artikuliert werden soll, keineswegs von der Absicht motiviert, dadurch die vorhergehenden, aus anderen Perspektiven heraus vorgenommenen Analysen lediglich zu bestätigen. Die Artikulationen Betroffener sollen zunächst *als solche* zu Gehör kommen, wenn sie dann auch zum Zweck der Handlungsorientierung mit den Wahrnehmungen aus anderen Perspektiven in Zusammenhang gebracht werden müssen. Mit all den Ansprüchen, den als objektiv ausgegebenen Erkenntnissen gerecht werden zu müssen, wären die Aussagen Betroffener für die wissenschaftliche Reflexion nur insoweit als relevant anerkannt, als sie die in anderen Kontexten (z.B. in den Instituten empirischer Forschung, in den Universitäten, in den Institutionen sozialarbeiterischer bzw. diakonischer Praxis) von anderen Menschen (z.B. von den Wissenschaftstreibenden und von den Helfenden) gewonnenen Erkenntnisse bestätigen oder eventuell auch korrigieren. Sie wären also nur insoweit für die Theoriebildung als berücksichtigenswert anerkannt, als sie dem aus anderer Perspektive formulierten Wissen einen Zugewinn bringen. Damit wären sie aber nicht in ausreichendem Maße ernstgenommen. Die Artikulationen Betroffener haben Wert und Kompetenz *in sich*. Sie müssen nicht dem Wissen anderer Genüge leisten, um für die wissenschaftliche Gewinnung von Erkenntnissen relevant zu sein. So wie Wissenschaftlerinnen und Wissenschaftler, in diesem Fall Theologinnen und Theologen, für sich selbstverständlich das Recht proklamieren, als Einzelpersonen und somit aus einer - trotz aller Versicherungen einer "objektiven Wissenschaftlichkeit" - immer subjektiven Perspektive einen Praxiskontext zu reflektieren bzw. Erkenntnisse zu formulieren, und so wie sie dafür wenigstens Gehör und Ernstnahme beanspruchen, so haben auch einzelne von Notsituationen betroffene Menschen *aus sich* - und nicht erst aufgrund der Gutheißung durch andere - das Recht, daß ihre eigenen Wahrnehmungen,

---

[16] Die begleitende Wahrnehmung von Betroffenheiten, Lebensgeschichten und Lebenslagen einzelner bei repräsentativen Erhebungen war z.B. nachdrückliche Absicht der neuesten Shell-Jugendstudie (vgl. **Jugendwerk der Deutschen Shell (Hg.)**: Jugend' 92).

[17] **Fuchs, O.**: Krise der Theologie, 59.

Meinungen, Bedürfnisse und Forderungen Eingang finden in die wissenschaftliche Bearbeitung ihrer Situation. Die Möglichkeit der Betroffenen selbst, dafür Sorge zu tragen, sind praktisch nicht existent. Sie liegen bei den Wissenschaftstreibenden. Das heißt: Die Wissenschaftlerinnen und Wissenschaftler tragen auch die Verantwortung dafür, daß Artikulationen aus der Perspektive Betroffener in der Wissenschaft zu Gehör gebracht werden. Nur so ist es annähernd möglich, daß wissenschaftliches Bewußtsein und Wissen nicht nur die Wahrnehmung der Wissenschaftstreibenden, sondern auch das tatsächliche Erleben der Betroffenen widerspiegeln. Es gilt hier, im eigenen Untersuchungsgang das einzulösen, was oben (s. 1.2.2.3.1) mit den Worten Helmut Peukerts an die Adresse der Humanwissenschaften gesagt worden ist: Wissenschaftlerinnen und Wissenschaftler müssen ihren Erkenntnisprozeß so anlegen, daß darin der andere Mensch als jemand anerkannt wird, "der - ebenso wie ich - aus seinen Erfahrungen über die Wirklichkeit kreativ Hypothesen bildet und dadurch Situationen, ihre mögliche oder wünschbare Veränderung und dazu geeignete Handlungen selbst beurteilt und der mir auf Grund seiner Erfahrungen und seines Urteilsvermögens widersprechen kann"[18]. Und nur in dieser Qualität schließlich kann eine wissenschaftlich gewonnene Erkenntnis in ihrer Relevanz für die Praxis im Lebenskontext der jeweiligen Betroffenen erkannt und anerkannt werden.

Ein dritter Einwand könnte darin bestehen, daß die separate Veranschlagung der Perspektive Betroffener im Gesamtgefüge dieser Untersuchung als unstimmig empfunden wird. Der diesbezügliche Teil ist - im Vergleich mit den Ausführungen zu den anderen Perspektiven der Wahrnehmung diakonischer Praxis - aufgrund des schon mehrfach erwähnten Defizits in der wissenschaftlichen Reflexion mit augenfälligem Abstand der kürzeste. Dieses Ungleichgewicht in der Anordnung der Ausführungen wurde mit Absicht beibehalten, denn es spiegelt den in der einschlägigen Literatur ablesbaren Stand der Praxisreflexion und Theoriebildung zur Diakonie wider. Dort dürften die Proportionen zwischen den Artikulationsanteilen in einem noch eklatanteren Maße zuungunsten der Betroffenen ausfallen, als es im quantitativen Anteil der Ausführungen in dieser Untersuchung zum Ausdruck kommt. Deren Disproportionalität ist also in sich bereits eine Aussage über die Praxis der Diakonie, näherhin über den Stand ihrer Theoriebildung.

Ein letzter Einwand ergibt sich aus der Eigenart der hier versuchten Thematisierung von Betroffenheiten. Die oben vorgenommene diffizile Unterscheidung verschiedener Betroffenheiten (s. 5.1.2) veranlaßt sogleich zum Eingeständnis eines Ungenügens, das diesem Versuch der Beschreibung von Problemlagen aus der Perspektive Betroffener selbst immanent ist. Was hier mit den Artikulationen Betroffener und mit deren Interpretation zutage tritt, ist nämlich keineswegs schon die authentische Betroffenheit dieser Menschen selbst. Auch mit der wörtlichen Wiedergabe originaler Artikulationen ist die authentische Betroffenheit nicht einfach von einem Ort auf den anderen übertragbar, nicht beliebig herstellbar. Was in den folgenden Ausführungen erkennbar werden kann, ist höchstens eine durch den Filter meiner eigenen Wahrnehmung und Interpretation

---

18 **Peukert, H.**: Was ist eine praktische Wissenschaft?, 68.

hindurchgegangene Artikulation von authentischer Betroffenheit, die somit unweigerlich in ihrer Authentizität verblaßt. Es ist die von meinem eigenen Erleben der Situationen, also gleichsam von meiner eigenen Betroffenheit als beobachtender Autor subjektiv gelenkte und geprägte (Not-)Rekonstruktion der Perspektive Betroffener. Allerdings: Anderes und mehr ist an dieser Stelle auch nicht möglich. Das hier vorgetragene Postulat, die authentische Betroffenheit Notleidender in der Formulierung einer Diakonietheologie und einer diakonischen Theologie insgesamt zur Wirkung kommen zu lassen, verlangt nämlich eine andere Situation als die der Abfassung einer wissenschaftlichen Untersuchung. Verlangt wäre eine Situation, in der sich Notleidende selbst durch die Artikulation ihrer Erfahrungen, Kritiken und Bedürfnisse an der Entwicklung theologischer Inhalte beteiligen können, in der sich (professionelle) Theologinnen und Theologen dem unmittelbaren Diskurs mit Notleidenden aussetzen und ihre Denk- bzw. Sprachmuster auf diese einstellen und in der die Bildung theologischer Theorie überhaupt in den Kontext des Alltags Notleidender hineinverlagert wird bzw. auf dessen Hintergrund geschieht. Vielleicht kann dann aber der hier eingeschlagene Weg, nämlich originale Artikulationen Betroffener wiederzugeben und zu interpretieren, wenigstens als Schritt in die richtige Richtung gewertet werden, in die Richtung also einer wirklich kontextuellen diakonischen Theologie, in der auch das wissenschaftliche Reflektieren der Diakoniepraxis die authentische Betroffenheit Notleidender nicht substituieren muß, sondern zur eigenen Voraussetzung hat, d.h. unter realer Beteiligung Betroffener geschieht.

Die im folgenden dargestellten und interpretierten Artikulationen Betroffener lassen sich in drei Gruppen einteilen. Zunächst werden Äußerungen aufgeführt, die einen Veränderungsbedarf signalisieren, in denen also die Betroffenen erkennen lassen, daß die jeweilige diakonische Praxis nicht ihren Erwartungen und Bedürfnissen entspricht und daß sie sich folglich eine Abstellung bzw. eine Revision der Praxis wünschen. Die zweite Gruppe bilden Artikulationen, die einen Beibehaltungsbedarf signalisieren, in denen also die Betroffenen erkennen lassen, daß die jeweilige Praxis ihren Erwartungen und Bedürfnissen entspricht, daß sie sich dabei wohl fühlen oder daß sie darin in ihrem eigenen Lebenskonzept unterstützt werden. In der dritten Gruppe schließlich finden sich Artikulationen, in denen die gegebene Praxis bestätigt und so ein Beibehaltungswunsch erkennbar wird, die aber aufgrund der Maßgabe anderer fundamentaler Kriterien die Veränderung dieser Praxis nahelegen.

5.2 Artikulationen, die Veränderungsbedarf signalisieren

5.2.1 "Ich bin kein Zirkuspferdchen" - Gettoisierung

In einer Behindertenwerkstatt kündigt sich die Frauenorganisation einer politischen Partei zu einem Besichtigungsbesuch an. Die pädagogischen Leiterinnen und Leiter werden darüber informiert, zu welchem Zeitpunkt die Besuchsgruppe in ihre Arbeitsgruppe kommen wird. Sie versuchen, die behinderten Mitarbeiterinnen und Mitarbeiter darauf vorzubereiten und, falls notwendig, den Sinn des Besuchs fremder Leute zu erklären. Ein behinderter Mitarbeiter aus der Schreinerei reagiert auf die Ankündigung des Besuchs mit Empörung und verläßt seine Arbeitsgruppe. Beim Versuch der Betreuer, ihn zurückzuhalten, erklärt er seinen Ärger über den Besichtigungsbesuch mit den Worten: "Ich bin kein Zirkuspferdchen."[19]
Der Behinderte hat die Problematik einer solchen Besichtigung aus seiner Sicht formuliert. Die Parteigruppe besichtigt eine diakonische Einrichtung und versucht damit, ein Zeichen ihres Interesses an der diakonischen Praxis und an den behinderten Mitarbeiterinnen und Mitarbeitern der Werkstatt zu bekunden. Aber dieses Interesse wird in einem Modus gezeigt, der den Lebenskontext der Behindertenwerkstatt zu einem von den Lebenskontexten anderer Menschen abgegrenzten Milieu stigmatisiert. Der Modus der Besichtigung zementiert die Vorstellung, daß die Behindertenwerkstatt und die Menschen in ihr ein Milieu bilden, mit dem die besichtigenden Menschen zunächst nichts zu tun haben, zu dem sie hingehen müssen, um es wahrzunehmen, um die eventuell vorgegebenen Vorstellungen davon zu vervollständigen, um Informationen zu erhalten oder um eine bestimmte Erwartung bestätigt zu sehen, von dem sie aber auch wieder weggehen und mit dem sie dann weiterhin nichts mehr zu tun haben. Der Behinderte drückte diesen Modus im Bild des Zirkus aus: Dieser bildet ebenfalls einen relativ eng umgrenzten Ort, zu dem sich die Besucher für eine begrenzte Zeit hinbegeben, um ein bestimmtes Interesse zu befriedigen, das den allgemeinen Vorstellungen davon, was in einem Zirkus passiert, entspringt. Das Geschehen im Zirkus beschränkt sich aber auf die Befriedigung des Zuschauerinteresses. Darüber hinaus entstehen keine Beziehungen oder Veränderungen der Handlungs- und Verhaltensmuster zwischen den hier sich begegnenden Menschen. Die Zuschauer bleiben in den Rängen, die Akteure in der Arena. Was jedoch hinsichtlich des Zirkus unbedenklich, normal, in gewissem Sinn sogar dessen Bestimmung ist, wirkt im Fall der Behindertenwerkstatt fatal. Wenn ein alltäglicher Lebenskontext wie die Behindertenwerkstatt zu einem eng umgrenzten Bereich wird, zu dem Menschen außerhalb dieses Kontextes nur für begrenzte Zeit Kontakt aufnehmen, um ihre auf die dort lebenden Menschen gerichteten Erwartungen erfüllt zu sehen, wenn dieser zeitlich befristete Kontakt so strukturiert ist, daß keine Beziehungen zwischen den Menschen der verschiedenen Kontexte entstehen und daß folglich die außerhalb des besagten alltäglichen Lebenskontextes lebenden Menschen wieder unverändert in ihre

[19] Die Begebenheit wurde von mir während meines Zivildienstes in der Werkstatt für Behinderte des Caritasverbandes Passau in Passau beobachtet.

eigenen alltäglichen Lebenskontexte zurückkehren können, und wenn schließlich durch die Art und Weise des Kontaktes eher noch das Bewußtsein verfestigt wird, daß es sich hier um einen ganz anderen Kontext, um eine "andere Welt" handelt, zu der man hin- und von der man weggehen kann, in der man also nicht selber lebt, dann hat dieser besagte alltägliche Lebenskontext den Charakter des Gettos. Praxisformen, die nach diesem Muster ablaufen, sind Formen der Gettoisierung.
Die Äußerung des behinderten Mitarbeiters sagt aber noch mehr aus. Im Vergleich mit dem Zirkus empfindet er sich nicht als einer der Zuschauer und auch nicht als ein unscheinbarer Mitarbeiter hinter den Kulissen, sondern als das "Zirkuspferdchen", das in der Arena galoppiert und Kunststücke vollbringt und so die von den Zuschauern an den Zirkus gerichteten Erwartungen erfüllen soll. Er fühlt sich festgelegt auf die vorgegebenen Verhaltenserwartungen der außenstehenden Besucherinnen und kann diesen nur entgehen durch ein Verhalten, das als Abweichung seinerseits, als von ihm ausgelöste Irritation interpretiert wird. Er ist derjenige, der nicht in der Gruppe an seiner Maschine bleibt und den Besucherinnen zeigt, wie ein Behinderter an einer Säge oder Schleifmaschine arbeiten kann. Gettoisierung bedeutet also nicht nur die Verfestigung der Separation von Lebenskontexten. Sie bedeutet auch, daß die mit dem Lebenskontext gettoisierten Menschen den Verhaltenserwartungen ausgesetzt sind, mit denen Angehörige anderer Kontexte das Getto belegen und als den Bereich "der anderen" kennzeichnen, d.h. stigmatisieren, und daß sie nur unter erschwerten Bedingungen eine eigenständige Konzeption ihres Lebens, d.h. ihr Subjektsein, durchsetzen können.

5.2.2 "Die sind nicht von der Kirche. Das sind anständige Leute!" - Vereinnahmung

Heinz-Manfred Schulz berichtet von einem Erlebnis zu Beginn seiner Randgruppenarbeit im Frankfurter Bahnhofsviertel: "Die oft brutale Wirklichkeit der Menschen dort bestimmte die Szene. Wir konnten da zunächst nur ganz bescheiden sehen und zuhören, dem Leben dabei auf der Spur sein und versuchen, dessen Behinderungen in den Blick zu bekommen. Mir wurde deutlicher als bisher, mit wie vielen Vorgaben wir in der Kirche auf Menschen zugehen. Wie schlecht können wir dabei mit Unheil umgehen oder doch mit dem, was wir dafür halten! Der Reflex dessen kam uns in starkem Mißtrauen entgegen: 'Was wollt ihr hier? Wollt ihr uns bekehren? Wir brauchen euer Mitleid nicht!' Einige schienen zu begreifen, daß wir nichts aufdrängen wollten. Als einer ebenso mißtrauisch abseits stand und leise etwas von Kirche murmelte, mit der er nichts zu tun haben wollte, dolmetschte eine Frau für ihn: 'Die sind nicht von der Kirche. Das sind anständige Leute! Mit denen kann man reden!'"[20]
Das Auftauchen von Leuten im sogenannten "Penner"- und "Strich"-Milieu des Frankfurter Bahnhofsviertels, die signalisieren, daß sie den Menschen dort in irgendeiner Weise Interesse entgegenbringen und ihnen eventuell auch helfen wollen, löst bei diesen

---

20 **Schulz, H.-M. u.a.**: Kleine Schritte zum Leben, 29.

Menschen zunächst Befürchtungen und Abwehr aus. Die Befürchtungen, welche in den zitierten Äußerungen erkennbar sind, werden ausdrücklich auf die Kirche bezogen. Offenbar hatten diese Menschen schon einmal mit der Kirche in irgendeiner Weise zu tun, haben offensichtlich schon Erfahrungen gemacht mit der Art und Weise, wie manche kirchliche Kräfte und Institutionen in ihrem Milieu diakonisch tätig sind oder diakonisch tätig sein wollten. Und sie haben sich über das diakonische Engagement der Kirche, zumindest über die Form, die sie bisher kennengelernt haben, ihre Meinung gebildet. Übersetzt man die beiden ersten Aussagen der Frau ("Die sind nicht von der Kirche. Das sind anständige Leute!") in ihre "Urform", d.h. in die Form der dahinter stehenden Erfahrung, dann ergibt sich die Aussage: Wenn Leute von der Kirche auftauchen, dann muß man damit rechnen, daß sie etwas Unanständiges im Sinn haben. Die diakonische Praxis, mit der die hier zitierten Menschen Erfahrungen gemacht haben[21], erwies sich aus deren Perspektive als unanständig. Worin die Unanständigkeit der erfahrenen Diakonie besteht, wird an den anderen Aussagen erkennbar: Die Abwehr gegen alles "Kirchliche" ist getragen von der Erfahrung, daß als eigentliche Absicht hinter den diakonischen Hilfen die "Bekehrung", also die Rekrutierung als integrierte, konforme Mitglieder der Kirche steht, daß die angebotene Hilfe nur Mitleid ist, daß eher die Helferbedürfnisse der Helfenden als die Hilfebedürfnisse der Notleidenden befriedigt werden, und - so muß die letzte Aussage der Frau interpretiert werden - daß man mit den "Leuten von der Kirche" *nicht* reden kann. Dabei ist der letzte Aspekt besonders interessant, da er indirekt belegt, daß bei diesen Menschen durchaus Bedarf an Gesprächsmöglichkeiten besteht. Aber speziell die "Leute von der Kirche" konnten offensichtlich dem Gesprächsbedarf dieser Menschen nicht gerecht werden. Obwohl das Angebot des offenen Gesprächs geradezu als die ureigenste, nie in Frage gestellte Intention der kirchlichen Seelsorge dargestellt wird, empfinden die hier zitierten Menschen die "Kirchenleute" als diejenigen, mit denen man gerade nicht reden kann. Was der Grund dieses "Nicht-reden-Könnens" ist, kann nur vermutet werden, allerdings mit einem gewissen Recht: Es lag sicher nicht daran, daß die Kirchenleute an sich nichts geredet hätten. Eher steht zu vermuten, daß zuviel geredet wurde und sich die angesprochenen Menschen mit Informationen, Beteuerungen, Fragen, Forderungen überfordert fühlen mußten. Vielleicht haben die "Kirchenleute" *ihre* Inhalte beredet, also das, was sie aus ihrer Perspektive als wichtig erachteten, aber nicht die Inhalte der angesprochenen Notleidenden, so daß das Reden gar nicht zu deren Reden und zu einem Miteinander-Reden werden konnte. Vielleicht wurde aber auch in einer Sprache geredet, die nicht die Sprache der Notleidenden war, so daß auch daran das Miteinander-Reden gescheitert ist. Gleichwie, es war offenbar ein Reden, in dem die Lebenswirklichkeit der Notleidenden nicht zur Sprache kam, in dem nicht deren Bedürfnisse und Fragen

---

[21] Ob diese Erfahrungen für die Milieuangehörigen insgesamt und für die darin stattfindende Diakonie insgesamt repräsentativ sind, ist nicht gewiß, in diesem Fall aber auch unerheblich. Es sind jedenfalls Erfahrungen und es hat folglich auch eine entsprechende Praxis gegeben. Auf seiten etablierter Kirchenmitglieder und -institutionen darf man sich nicht mit Umdeutungen oder Hinweisen auf eine etwaige Nichtrepräsentativität vorschnell gegen die sicher harte Kritik immunisieren bzw. dem darin enthaltenen Anspruch entziehen.

bearbeitet wurden und in dem nicht deren Interessen verfolgt wurden. Auf der anderen Seite war das Reden der "Kirchenleute" offenbar für die Menschen im Bahnhofsviertel nicht ganz undechiffrierbar. Als zumindest eine, vermutlich mehr indirekte als direkte, aber nicht minder nachhaltige, weil sofort wieder (als erste Anfrage) in Erinnerung gerufene Botschaft der "Kirchenleute" kam bei den Notleidenden die Absicht der Bekehrung an, also die Ermutigung, ihre Zugehörigkeit zur Kirche als deren Mitglieder irgendwie enger, konformer, loyaler oder aktiver zu gestalten und somit den Erwartungen der etablierten Kräfte der Kirche zu entsprechen.
Die Szene im Frankfurter Bahnhofsviertel und die zitierten Aussagen machen deutlich: Die hier zu Wort gekommenen Notleidenden empfanden die von ihnen wahrgenommene Diakonie der Kirche als ein Handeln, in dem die Interessen der Kirche, näherhin ihrer etablierten Mitglieder, nicht aber ihre eigenen verfolgt wurden. Sie empfanden die Diakonie nicht als echt und sich selbst nur in dem Maße akzeptiert, als sie die Interessen anderer erfüllten. Ihre verständliche Konsequenz daraus ist die Deutung und Abwehr der kirchlichen Diakonie als Mechanismus der Vereinnahmung.

5.2.3 "Wo bleibt der Fotograf?" - Instrumentalisierung II

Ein Club, der vor allem Personen aus Politik, Wirtschaft, Kirche und Kultur zu seinen Mitgliedern zählt, stiftet aus seinem Wohltätigkeits-Fonds den behinderten Mitarbeiterinnen und Mitarbeitern der bereits oben erwähnten Behindertenwerkstatt eine Schiffsfahrt von Passau nach Linz. Drei oder vier Mitglieder des Clubs fahren als dessen Vertreter mit. Wegen der großen Zahl der Passagiere herrscht beim Betreten des Schiffes Hektik. Ein mitfahrendes Mitglied des Clubs, eine Studentin, steigert die Hektik, indem sie kurz vor der Abfahrt nervös hin- und herläuft und den anderen Clubvertretern zuruft: "Wo bleibt der Fotograf?" Es war ein Fotograf der örtlichen Presse bestellt worden, um mit einem Foto von den Vertretern und einer Gruppe Behinderter die Spende für einen Bericht in der Tageszeitung zu dokumentieren. Auf der weiteren Fahrt blieben die Clubvertreter unter sich.
Es handelt sich hier zwar um die Äußerung einer Nichtbetroffenen. Sie repräsentiert aber ein Empfinden Betroffener, das sich bei diesen oft in Zusammenhang mit solchen Wohltätigkeiten einstellt. Auch die auf dem Schiff mitfahrenden Behinderten haben die Begebenheit beobachtet und verstanden. Manche von ihnen brachten ihren Unmut in Gesprächen mit den Betreuerinnen und Betreuern zum Ausdruck. Irritiert bzw. verärgert hat damals die an der Begebenheit erkennbar gewordene Verzweckung des Unternehmens für etwas, mit dem die Behinderten nichts zu tun haben, nämlich für die Publicity des Clubs. Auf die Belange der Behinderten hatte das Engagement, abgesehen von einem "schönen Tag", keine Auswirkung, zumindest nicht unmittelbar. Die Spende als solche war angesichts des Finanzpotentials des Clubs nicht von Bedeutung. Sie implizierte keine einschneidenden Veränderungen oder Maßnahmen. Das bedeutet aber auch, daß sich durch sie an dem Verhältnis der beiden Institutionen Behindertenwerkstatt und Club nichts verändert hat, so z.B. auch nichts an der Verteilung der Wirt-

schaftskraft, aufgrund deren sich die meisten Clubmitglieder im oberen Einkommensniveau befinden dürften, der Monatslohn der Behinderten aber zwischen 120 und 800 DM beträgt. Dennoch war es für den Club wichtig, daß er seinen Zweck in Verbindung mit Behinderten verfolgen konnte. Einer Wohltätigkeit für Behinderte eignet in der Öffentlichkeit unbezweifelte Anerkennung, die durch entsprechende Verknüpfung in der Öffentlichkeit - das Foto sollte diese Funktion erfüllen - auf den wohltätigkeitsgewährenden Club insgesamt zu übertragen versucht wurde. Im Gesamtkomplex dieser Zusammenhänge fungierten die Behinderten als Mittel zum Zweck. Die Irritation und Verärgerung über die Fotografen-Szene, beobachtbar bei Behinderten wie bei Betreuenden, war der analoge Ausdruck des Empfindens, instrumentalisiert zu werden. Was von seiten der Gesellschaft und ihrer Teilsysteme bzw. von seiten der Kirche auf die diakonische Praxis als solche einwirkt, nämlich die Instrumentalisierung der Diakonie zugunsten bestimmter Interessen außerhalb der Diakonie, wird also von den Betroffenen durchaus als auf die eigene Person bezogen wahrgenommen und als Instrumentalisierung ihrer selbst empfunden.

5.2.4 "Aber ich empfinde mich so!" - Nichternstnahme

"Nach einer Predigt, die besonders auf das Auf-einander-Zugehen nach der Messe aufmerksam machte und von der Wichtigkeit und Notwendigkeit sprach, die Sicherheit und Geborgenheit in der Gemeinde auf möglichst viele Menschen auszudehnen, indem man auf einzelne oder neue Gesichter nach der Messe zugehen sollte, sagte eine gehbehinderte Frau, leicht resignierend: 'Durch meine Behinderung kann ich nicht alleine von mir aus auf andere zugehen. Ich brauche immer jemanden, der mich führt, und überhaupt gehöre ich zu den Nehmenden und nicht zu den Gebenden!' Ich war getroffen von dieser Behauptung. Ich dachte, wie viel sie anderen Menschen geben kann, durch ihr Interesse für den anderen und die Tapferkeit, ihre Krankheit tragen zu wollen, durch ihre philosophischen Gedankengänge, die sie gerade bedingt durch ihre Krankheit stärker entwickeln konnte, da sie frei von hetzendem Alltagskleinkram mehr über größere Zusammenhänge nachdenken konnte und nicht ganz so eingespannt ist wie ein Gesunder. Dies alles wollte ich ihr sagen und fing an: 'Das finde ich aber nicht...' Doch sie unterbrach mich energisch: 'Aber ich empfinde mich so!'"[22]

Der in diesem Bericht zum Vorschein kommende Modus, in welchem die behinderte Frau das diakonische Bemühen in ihrem Umfeld erlebt, kann als Nichternstnahme beschrieben werden. Dabei geschieht das Nicht-ernst-Nehmen der Frau auf zweifacher Ebene. Auf der Ebene der Gemeinde als ganzer, d.h. bezogen auf die Gesamtheit der Gemeindemitglieder und über gemeindeumfassende Kommunikationsformen (Predigt, Zusammensein der Gottesdienstgemeinschaft nach der Messe), werden Postulate wie das

[22] **Schulz, H.-M.**: Wenn du mit meinen Augen siehst, 45. - Es handelt sich um einen von Heinz-Manfred Schulz nacherzählten Bericht eines Mitglieds der Christkönigsgemeinde in Eschborn bei Frankfurt/Main.

Aufeinander-Zugehen oder das Einander-Geborgenheit-Geben als Ideale kultiviert. Als diakonisches Bemühen der Gemeinde haben diese Ideale unbezweifelte Plausibilität. Die gehbehinderte Frau aber muß sich gegen diese scheinbar plausiblen Postulate wehren, nicht weil sie sie grundsätzlich für falsch hielte, sondern weil sie in einer Form dargeboten werden, die ihre eigene Lebenswirklichkeit und ihr Selbsterleben ausblendet. Für sie als Gehbehinderte ist das Aufeinander-Zugehen eben keine Selbstverständlichkeit, weil auch das Aufeinander-Zugehen ein Gehen ist, das ihr schwerfällt. Ebenso ist das Geborgenheit-Geben für die Frau keine Selbstverständlichkeit, weil ihr Leben zunächst und überwiegend vom Hilfe-Annehmen geprägt ist. Dort, wo diese Postulate als Selbstverständlichkeit deklariert werden, muß die Frau ihr Selbsterleben als Abweichung davon empfinden, weil ihre Lebenswirklichkeit in den diakonischen Forderungen nicht zum Ausdruck kommt. Sie muß ihre Lebenswirklichkeit gegen die hehre Theologie der Gemeinde in Erinnerung rufen. Daran wird ersichtlich, daß im diakonisch ambitionierten Reden und Tun die Betroffenen oftmals nicht im eigentlichen und konsequenten Sinn ernstgenommen werden, weil die intendierte Diakonie in unbedachter Weise nicht auf der Basis der Lebenswirklichkeit Betroffener, sondern auf der Basis der Lebenswirklichkeit Nichtbetroffener definiert und konzipiert wird.

Auf einer zweiten Ebene muß sich die Frau gegen eine Nichternstnahme in der unmittelbaren Begegnung mit einem anderen Gemeindemitglied wehren. Die berichtende Person will, entweder weil sie tatsächlich spezifische Talente der behinderten Frau gegeben sieht oder weil sie selbst von den nüchternen, resignierenden Worten der Frau unangenehm berührt ist, vermutlich jedoch aus beiden Gründen, die Frau vom Gegenteil ihrer Selbsteinschätzung überzeugen und setzt ihr die Antwort entgegen: "Das finde ich aber nicht ..." Diese Antwort ist verständlich. Sie soll - auf beiden Seiten - beruhigen, ein positiveres Resümee ermöglichen, die Atmosphäre entspannen. Und doch ist diese Antwort falsch. Denn wiederum muß die Frau ihre Lebenswirklichkeit gegen die scheinbar so selbstverständliche Rede einer nichtbetroffenen Person erst mit Nachdruck in Erinnerung rufen: "Aber ich empfinde mich so!" Sie muß ihr Recht, ihr ehrliches Empfinden zum Ausdruck bringen zu können, erst einklagen und damit signalisieren, daß sie sich von dem als Hilfe gedachten Handeln ihres Gegenübers nicht ernstgenommen fühlen kann.

Das Muster der Nichternstnahme von Empfindungen Betroffener zeigt sich in vielfältigen Variationen. Es kommt etwa zum Tragen, wenn Nichtbetroffene Behinderungen erträglich machen wollen mit Formeln wie: "Wir alle sind doch irgendwie behindert!" oder: "Behindertsein ist schön"[23]. Das sind Banalisierungen bzw. Euphorisierungen des Problems der Betroffenen, die aus der Definitionsmächtigkeit der Nichtbetroffenen heraus vorgenommen werden, die die tatsächlich bestehenden Unterschiede, aufgrund deren sich Betroffene eben behindert oder benachteiligt fühlen, illusorisch einebnen und die es allen Beteiligten um so schwerer machen, die Benachteiligung als Realität ins Bewußtsein zu rufen bzw. zur bewußten Kenntnis zu nehmen. Dadurch aber sinkt der

---

[23] Klee, E.: Behindertsein ist schön. Unterlagen zur Arbeit mit Behinderten, Düsseldorf 1974, hier zitiert nach **Hämer, A./Kempf, E.**: Thesen, Fragen und Deutungen zu Modellen, 141.

Druck, Benachteiligungen dort, wo sie bestehen, auch tatsächlich aufzuheben oder zu reduzieren. Denn was "schön" ist, muß von demjenigen, der es als "schön" empfindet, nicht aufgehoben werden, und bezüglich dessen, wovon angeblich alle "irgendwie betroffen" sind, gibt es scheinbar auch keine Unterschiede zwischen Betroffenen und Nichtbetroffenen, folglich auch keine Ausgleichsansprüche an Nichtbetroffene. Hier zeigen sich die erwähnten Antwortformeln als ideologische Formeln, die Behinderungen des Lebens eher für Nichtbetroffene als für Betroffene erträglich machen sollen.
Wichtig ist, daß sich die hier geäußerten Bedenken gegen die banalisierenden Antwortmuster wenden, sofern diese von Nichtbetroffenen definiert und geäußert werden. Werden sie dagegen von Betroffenen selbst entwickelt und verwendet, dann können sie zwar als illusionierende, betäubende Formeln ebenfalls bedenkliche Wirkung zeitigen, sie können aber auch als Signale dienen, mit denen Betroffene aufgrund eigener Definitionsmächtigkeit die Gleichberechtigung und Gleichwürdigkeit ihres Lebens zum Ausdruck bringen.[24]

5.2.5 "Die meinen immer, wir wären doof!" - "totale Institution" und Bevormundung

In einem gemeinsam von einem Behinderten und seinem nichtbehinderten Begleiter verfaßten Bericht[25] zur Situation der Behinderten heißt es: "E.K.: In den Werkstätten gibt es keine Mitbestimmung. Die Arbeit in den Werkstätten ist für Bewohner/innen der Kleinheime verpflichtend. Kostenträger dieser Heime ist der Landschaftsverband, der auch Mitkostenträger der Werkstätten ist und somit ein Interesse daran hat, daß alle Arbeitsplätze besetzt sind. Auf diese Weise lassen sich Betreuungskosten sparen. Denn die Heime sind während der Arbeitszeit leer. ... Die Arbeitsfähigkeit eines Menschen, wird behauptet, begründet seinen Selbstwert. Damit dies geschieht, wird bei den üblichen Maßnahmen beruflicher Rehabilitation begonnen. ... E.K.: Ich habe ein anderes Verständnis von Rehabilitation. Selbstwert erfahre ich, indem ich mich von Abhängigkeiten zu befreien lerne. Mit drei Jahren kam ich in ein 'Kinderheim' (Teileinrichtung eines Landeskrankenhauses). Als ich sechzehn war, wurde ich in ein 'Altersheim' gesteckt (gemeint ist ein typisches Behindertenheim, in kirchlicher Trägerschaft: Man wird auf der ganzen Linie bevormundet, von Pflegern und vom Heimleiter; alte und junge Männer wohnen zusammen, die nur pflegerisch betreut werden und sonst keinerlei Reha-Maßnahmen erfahren - Gymnastik, Beschäftigungstherapie o.ä.). Solche Heime

[24] Vgl. zur Problematik dieser Perspektivendifferenz, d.h. zur qualitativen Differenz der Wahrnehmung ein und desselben Sachverhalts zum einen aus der Perspektive Betroffener und zum anderen aus der Perspektive Nichtbetroffener, die Auseinandersetzung mit Ulrich Bach in Punkt 8.1.3.5.3.

[25] Mit den im folgenden Zitat verwendeten Initialen "E.K." ist der Behinderte Eugen Kempf gemeint, mit den Initialen "A.H." dessen Begleiter Andreas Hämer. Leider sind die Zitatanteile beider nicht genau voneinander unterschieden, so daß manchmal der Verdacht aufkommt, daß Gedanken und Aussagen des Nichtbehinderten als Gedanken und Aussagen des Behinderten ausgegeben werden, und die intendierte Authentizität des Berichts gerade dadurch Schaden leidet.

dienen offensichtlich als Abstellgleis. (Zu dieser letzten Bemerkung von A.H. der typische Kommentar einer älteren Lehrerin von E.K., die wir einmal gemeinsam besuchten: 'Pst! Die sind doch so sensibel, so etwas darf man doch nicht sagen!' - E.K.: Die meinen immer, wir wären doof!) Inzwischen habe ich es geschafft, in eine Wohnanlage für Behinderte zu kommen. Daß ich das geschafft habe, das ist für mich eine Leistung, *das ist für mich Rehabilitation.*"[26]

Die Quintessenz dieser "Betreuungs"-Geschichte des Eugen Kempf ist die Erfahrung von Bevormundung. Entscheidungen, sowohl den Alltag als auch die Lebensplanung betreffend, werden abgenommen oder erst gar nicht ermöglicht. Eine kritische Reflexion der Lebenssituation wird nicht zugetraut und so auch nicht zugelassen. Die bevormundende Betreuung des Behinderten löst auf dessen Seite das Empfinden aus, für "doof" gehalten zu werden. Eugen Kempf mußte seine Fähigkeit der eigenständigen Entscheidung über sein Leben erst durchsetzen, indem er aus den Strukturen ausbrach, die als Hilfe zu seiner Lebensgestaltung gedacht waren, die aber tatsächlich sein Leben so umfassend, so "total" regelten, daß eben kein Freiraum eigenständiger Lebensgestaltung übrig blieb.

An dieser Situationsbeschreibung wird in klassischer Weise das erkennbar, was Erving Goffman in Hinblick auf "Anstalten", z.B. Psychiatrieeinrichtungen, Erziehungsheime o.ä., als "totale Institution" bezeichnet: "In der modernen Gesellschaft besteht eine grundlegende soziale Ordnung, nach der der einzelne an verschiedenen Orten schläft, spielt, arbeitet - und dies mit wechselnden Partnern, unter verschiedenen Autoritäten und ohne einen umfassenden rationalen Plan. Das zentrale Merkmal totaler Institutionen besteht darin, daß die Schranken, die normalerweise diese drei Lebensbereiche voneinander trennen, aufgehoben sind: 1. Alle Angelegenheiten des Lebens finden an ein und derselben Stelle, unter ein und derselben Autorität statt. 2. Die Mitglieder der Institution führen alle Phasen ihrer täglichen Arbeit in unmittelbarer Gesellschaft einer großen Gruppe von Schicksalsgenossen aus, wobei allen die gleiche Behandlung zuteil wird und alle die gleiche Tätigkeit gemeinsam verrichten müssen. 3. Alle Phasen des Arbeitstages sind exakt geplant, eine geht zu einem vorher bestimmten Zeitpunkt in die nächste über, und die ganze Folge der Tätigkeiten wird von oben durch ein System expliziter formaler Regeln und durch einen Stab von Funktionären vorgeschrieben. 4. Die verschiedenen erzwungenen Tätigkeiten werden in einem einzigen rationalen Plan vereinigt, der angeblich dazu dient, die offiziellen Ziele der Institution zu erreichen."[27]

Die Elemente einer solchen "totalen Institution" lassen sich beinahe paßgenau in Eugen Kempfs Situationsbericht verorten. Alle Angelegenheiten seines Lebens, also alle Vollzüge in den sonst getrennten Bereichen Wohnung, Freizeit und Arbeit, fanden bis zu seiner Rehabilitation an ein und derselben Stelle, nämlich im Heim, statt. Die Wortwahl: "wurde ich in ein 'Altersheim' gesteckt" verdeutlicht die Geschlossenheit, mit der das Heim alle seine Lebensvollzüge ausschließlich im eigenen Binnenbereich beließ. Das Leben fand unter ein und derselben Autorität statt, nämlich unter derjenigen

---

[26] **Hämer, A./Kempf, E.**: Thesen, Fragen und Erfahrungen zur Analyse der Situation, 62 f.

[27] **Goffman, E.**: Asyle, 17.

des Kostenträgers von Heim und Werkstatt und des darin tätigen Personals. Das Alltagsgeschehen verlief im Verbund mit einer größeren Zahl anderer Behinderter im Heim, aus dem sich Eugen Kempf später durch den Umzug in eine vermutlich überschaubarere Wohnanlage lösen konnte. Das ständige Leben in "unmittelbarer Gesellschaft" mit Schicksalsgenossen ließ das Selbsterleben fast nur als gemeinsames Erleben erscheinen, das dann in "Wir"-Form ("wir wären doof") artikuliert werden muß. Behandlung und Beschäftigung blieben für alle Behinderten in dem Heim gleich, da junge und alte Männer zusammen lebten und individuell gestaltete Therapiemaßnahmen unterblieben. Es wird zwar von Eugen Kempf nicht ausdrücklich genannt, aber die geschilderten Heimumstände legen nahe, daß auch dort der Alltag, z.B. in den Essenszeiten, Ruhepausen, Freizeiten und dergleichen, "exakt geplant" und nach den "expliziten Regeln" einer Hausordnung ablief. Die betreuenden Mitarbeiterinnen und Mitarbeiter des Heimes, welche für dessen Lebensablauf sorgten, waren keine Lebenspartner, sondern eben der "Stab von Funktionären", die Eugen Kempf nur anonym-kollektiv als "die" benennen kann, die ihn für "doof" halten. Eine bestimmte Sicht von Rehabilitation wurde zum "Ziel der Institutionen" Heim und Werkstatt erklärt. Daraus erwuchs der "einzig rationale Plan", daß alle Heimbewohner arbeiten mußten und nur in der bestimmten Werkstatt arbeiten konnten.
Der Situationsbericht von Andreas Hämer und Eugen Kempf, so läßt sich zusammenfassen, zeigt, daß diakonische Einrichtungen die Gestalt "totaler Institutionen" annehmen können, die aus der Perspektive der Betroffenen als Stätten der Bevormundung und der Verneinung ihrer Individualität erfahren werden.

5.2.6 "Der hat 'Herr Haslinger' zu mir gesagt!" - Infantilisierung

Ich bin mit meinem behinderten Zwillingsbruder unterwegs, um in der Stadt Besorgungen zu machen. Wir treffen einen Bekannten. Ich stelle die beiden einander vor, woraufhin der Bekannte meinem Bruder mit den Worten "Grüß Gott, Herr Haslinger" die Hand gibt. Nachdem wir uns wieder verabschiedet haben, hält mich mein Bruder an und sagt zu mir halb verwundert, halb lachend, so daß seine Freude erkennbar ist: "Du, der hat 'Herr Haslinger' zu mir gesagt!" Das von meinem Bruder gesetzte Signal ist klar. Es lautet: Es gefällt mir, wenn mich jemand mit "Herr" und mit meinem Familiennamen anredet. Es wäre gut, wenn mich alle fremden Leute so anredeten, wie man üblicherweise 30-jährige Männer anredet, zu denen man noch kein "Du"-Verhältnis hat. Die Tatsache, daß diese Begebenheit Aufsehen und Freude erregte, zeigt lediglich, daß die darin stattgefundene Kommunikation nicht selbstverständlich ist. Es ist ein weitest verbreiteter und nur selten in Frage gestellter Usus, daß man behinderte Menschen, egal wie alt sie sind und wie nahe sie einem stehen, egal ob im Privaten oder in der Öffentlichkeit, mit "Du" und mit Vornamen, eventuell sogar in der Niedlichkeitsform anredet, nicht aber mit "Sie" bzw. mit "Frau ..." oder "Herr ...". Dabei mag dieses Verhaltensmuster nicht nur aus einer Sorglosigkeit, sondern auch aus einer oft anzutreffenden Verlegenheit erwachsen, die Menschen, welche ansonsten nicht mit Behinderten zu tun haben, bei einer Begegnung mit ihnen verspüren. Unabhängig davon jedoch geschieht hier an den Behinderten eine Infantilisierung, ein Verhalten, das sie aus der Übermacht der Definitionsgewalt der Nichtbehinderten heraus auf den Status von Kindern zurückstuft. Dabei ist mitnichten gesagt, daß ein sorgloses, despektierliches Verhalten Kindern gegenüber gerechtfertigt wäre. Aber auch hier ist eine Perspektivendifferenz zu berücksichtigen. Aus der Perspektive von Kindern ist das "Du" und der Vorname vielleicht die adäquatere Anrede, wenn aus der darin zum Ausdruck kommenden Unmittelbarkeit heraus allmählich die in der Unterscheidung von "Du" und "Sie" bzw. von Vor- und Nachname ausgedrückte Differenzierung der Beziehungsqualität erlernt werden kann. Aus der Perspektive behinderter Erwachsener jedoch ist das "Behandelt-werden-wie-Kinder" eine Erfahrung, im Zuge deren ihnen ihr Erwachsensein, die eigene Entwicklungsfähigkeit, ihre Selbständigkeit, die Ausbildung individueller Fertigkeiten oder Lebensformen usw. abgesprochen werden.

5.2.7 "Das sag' ich der Freundin meines Vaters!" - Anonymität

In einem Schülerheim, in dem ich als Erzieher tätig bin, wohnt auch ein Schüler, der Verhaltensauffälligkeiten zeigt. Sein Vater, Inhaber eines Restaurants, gab ihn in das Heim, weil er zuwenig Zeit für ihn hat. Die Mutter ist vor einigen Jahren unter nie ganz geklärten Umständen, vermutlich Selbstmord, gestorben. Der Vater hat mittlerweile eine andere Frau zur Freundin. Obwohl der Schüler mir gegenüber sehr anhänglich ist, kommt es oft zu Konflikten zwischen uns. Als ich mich wieder einmal zu einer disziplinären Maßnahme ihm gegenüber veranlaßt sehe, weint er und droht mir: "Das sag' ich der Freundin meines Vaters!"
Normalerweise lautet dieser Satz: "Das sag' ich meiner Mutter!" Dieser Satz ist dem Schüler nicht möglich, nicht nur, weil die Mutter tot ist, sondern auch, weil offenbar die anderen Bezugspersonen um ihn herum keine adäquate Rolle einnehmen. Der Vater hat keine Zeit für ihn und ist somit in dieser für ihn sicher bedrückenden Situation der disziplinären Maßnahme nicht als die Vertrauensperson "Vater" benennbar. In der Not fällt ihm dessen Freundin ein. Aber auch die kann er nicht mit einem Namen ins Spiel bringen, der eine unmittelbare Beziehung ausdrücken würde, also mit "Mutter" oder mit dem Vornamen. Seine Beziehung zu ihr ist nur mittelbar über die Beziehung des Vaters zu ihr als seiner Freundin definiert, und nur als solche ist sie für ihn benennbar. Mich selbst kann er nicht nennen, nicht einmal als jemanden, gegen den er Vorwürfe und Kritik ob der - aus seiner Perspektive -ungerechten Behandlung vorbringen könnte, denn ich bin in dieser Situation die bedrohende Autoritätsperson, die für ihn nur in der Funktion des Erziehers, nicht aber als unmittelbarer Beziehungspartner ansprechbar ist. So sieht sich der Schüler in eine Situation versetzt, in der er nur Personen erlebt, deren Beziehungen zu ihm lediglich über den Umweg einer Funktion konstituiert sind: Die Frau ist die Freundin des Vaters, der Vater ist als immer abwesender Restaurantbesitzer der nur im ersehnten Zustand erlebte Vater und ich bin der Erzieher oder "Aufpasser", zu dem er "Sie" sagen muß. Keine dieser drei Personen ist für ihn mit einem Namen

benennbar. Das ist das Empfinden von Anonymität. Sie zeigt sich auch in anderen diakonischen Kontexten, wenn auch nicht immer so "dramatisch". Anonymität in der diakonischen Praxis herrscht um so mehr, je weniger es den Notleidenden möglich ist, die Menschen um sie herum mit Namen zu benennen und sie somit in einer unmittelbaren Beziehung zu erleben. Das ist etwa dann der Fall, wenn der Oberarzt nur als der Herr Oberarzt, die Schwester nur als die Nacht- oder Stationsschwester, der Seelsorger nur als der Herr Pfarrer usw. in Erscheinung treten. Das ist aber auch dann der Fall, wenn z.B. eine Bewohnerin eines Altenheims als "Pflegefall" in die separate Pflegeabteilung verlegt wird und wenn sie dadurch ihre Mitbewohnerinnen und Mitbewohner nicht mehr als Menschen erleben kann, die sie täglich trifft, die sie mit Namen anredet, über deren Anwesenheit sie sich freuen oder ärgern kann, d.h. wenn sie ihr Leben im Altenheim nicht mehr als gemeinsames Leben in Beziehungen zwischen Person und Person, sondern als isoliertes Leben in der Zuordnung zwischen "Pflegefall" und "normalen" Bewohnerinnen und Bewohnern erleben muß. Die Anonymität herrscht also um so mehr, je mehr die Begegnungen in der Diakonie über die Funktionen der Helfenden definiert sind, dadurch aber die Notleidenden ihrerseits nicht in ihrer Persönlichkeit, sondern nur als Objekte der jeweiligen spezifischen Funktionserfüllung wahrgenommen werden.

5.2.8 "Die Großen fressen die Kleinen" - Ungerechtigkeit

"In Chontapampa baut eine Gruppe von Campesinos eine kleine Genossenschaft auf. Alle Mitglieder sind gleichberechtigt. Nach einiger Zeit entschließen sie sich, einen Lastwagen zu kaufen. Sie denken, daß sie auf diese Weise viel Frachtgeld sparen und so die Hilfeleistungen für ihre Genossen verbessern könnten. Anfangs scheint es, daß mit dem Lastwagen alles sehr gut läuft. Aber bald entstehen Probleme: 'Die Lastwagenbesitzer aus der Stadt haben es uns sehr übelgenommen, daß wir einen Lastwagen haben', sagt der Fahrer. 'Sie tun alles, was sie können, um uns Steine in den Weg zu legen.' 'Nun, das wäre nicht das Schlimmste. Das eigentliche Übel ist, daß der Benzinpreis so stark gestiegen ist, daß der Frachtpreis in unserem kleinen Lastwagen zu teuer wird. Wir werden unsere Waren wohl in größeren Lastwagen, wie zum Beispiel den Volvos von Venancio Chávez, transportieren lassen müssen.' 'Immer dasselbe! Die Großen fressen die Kleinen!'"[28]
Die Struktur der Ungerechtigkeit in diesem Vorgang ist offensichtlich. Campesinos (Kleinbauern bzw. Landarbeiter), also Angehörige der notleidenden Gesellschaftsschicht in Lateinamerika, versuchen, in Eigeninitiative ihre Notlage erträglicher zu machen. Lastwagenbesitzer in der Stadt, also Angehörige der besser gestellten Schicht, versuchen ihrerseits, die ihren Interessen entgegenstehende Initiative zu verhindern. Wirkungsvoll unterdrückt wird die Initiative erst durch die Benzinpreispolitik. Gewinner sind also Angehörige der obersten Schicht in den ökonomisch-politischen Machtpositionen; denn

[28] **Equipo Pastoral de Bambamarca**: Vamos Caminando, 104.

nur diese haben Einfluß auf ein so umfassendes Machtinstrument wie die Benzinpreisbestimmung. Gewinner ist aber auch, zumindest indirekt, Volvo, der Automobilkonzern eines nördlichen, "entwickelten" Industrielandes. Er kann sich - aus seiner Perspektive formuliert - wieder einmal, wenn auch auf unscheinbare Weise, auf dem Wirtschaftsmarkt der Peruanischen Stadt, in der sich die Begebenheit abspielt, durchsetzen. Die Einnahmen und die Kaufkraft seines Abnehmers Venancio Chávez werden stabilisiert bzw. gemehrt. Aus der Perspektive der Campesinos formuliert ist das eine Ungerechtigkeit, weil ihnen keine Chance gegen die großen Volvo-Lastwagen gegeben wird und weil sie die jetzt höheren Benzinpreise aufgezwungen bekommen.
In dem Bericht ist durchaus von Diakonie die Rede und zwar zunächst von der Diakonie der Campesinos untereinander in Form der Genossenschaft, dann aber auch implizit von der Diakonie privilegierter Schichten, etwa der Bewohner von Industrieländern im Norden, zugunsten der benachteiligten Schichten wie eben der Campesinos, und es ist auch davon die Rede, inwiefern letztere Diakonie sehr schnell zum Agenten der geschilderten Ungerechtigkeitsstrukturen werden kann. Wenn sich die staatliche Entwicklungshilfe oder kirchliche Hilfswerke zum Beispiel darauf beschränken würden, den Campesinos Geld zu geben, dann könnten diese sich zwar ein paar Transporte mehr mit den großen Lastwagen leisten, die dahinterstehende, von den politisch-ökonomischen Kräften gestützte Unrechtsstruktur bliebe dann aber um so unangetasteter. An diesem Beispiel wird folglich ablesbar, daß die Diakonie nicht nicht-politisch sein kann. Wenn sie "nicht-politisch" sein will, hat sie gerade so eine bestimmte politische Wirkung: aus der Perspektive der Betroffenen eine ungerechte.

5.3 Artikulationen, die Beibehaltungsbedarf signalisieren

5.3.1 "Mir geht es gut hier; was will ich mehr?" - Achtung

In der Behindertenwerkstatt arbeite ich mit einem jungen Mann zusammen, der lernbehindert ist, dessen Behinderung also nicht gravierend und augenscheinlich ausgeprägt ist. Er ist einer der vielen, die sich im Grenzbereich zwischen normaler Berufsfähigkeit und "Nichtvermittelbarkeit" auf dem freien Arbeitsmarkt befinden. Irgendwann kommen wir ins Gespräch über seine Motivation, in der Werkstatt gemeinsam mit schwerer Behinderten und bei geringer Bezahlung zu arbeiten. Dabei erklärt er mir: "Weißt du, mir geht es gut hier; was will ich mehr?" Um diese Einstellung zu erklären, erzählt er von seiner Arbeitsstelle vor dem Eintritt in die Behindertenwerkstatt. Er war tätig in einem mittelständischen Industriebetrieb. Im dortigen Arbeitskollegium wurde er tatsächlich als "der Behinderte" behandelt. Er mußte Holzpaletten aufräumen und stapeln. Dabei spürte er, daß sich die Arbeitskollegen teilweise daran belustigten, ihm die Arbeit schwer zu machen, und daß die Vorgesetzten bei Komplikationen vorwiegend ihn als Schwachstelle betrachteten und auch dementsprechend behandelten. Weil er sich in dem Betrieb, wie er es formulierte, "zum Deppen gemacht" fühlte, wechselte er in die Behindertenwerkstatt. In der dortigen Arbeitsgruppe ist er hingegen gemeinsam mit einer anderen behinderten Mitarbeiterin die leistungsstärkste, tragende Kraft. Stellenweise ist er sogar für die Endkontrolle der Produkte bzw. für die Versorgung der anderen Mitarbeitenden mit Arbeitsmaterial zuständig.

Die Interpretation fällt leicht. Während dem behinderten Mann an seiner ersten Arbeitsstelle ob seiner Behinderung und seiner dadurch eingeschränkten Leistungsfähigkeit Ungleichbehandlung und Ausgenützt-Werden entgegenschlagen, erfährt er in der Behindertenwerkstatt trotz einer weitaus geringeren Entlohnung zumindest als Person Anerkennung. Mit seiner Arbeit erntet er nicht wie im vorherigen Betrieb Geringschätzung, sondern zumindest das "immaterielle Honorar" des Erfolgsgefühls, der Verantwortungsübertragung und sicher auch des befriedigenden, narzißtischen Gefühls, von anderen bewundert zu werden. Angesichts dessen stellt sich die Frage, ob dem Begriff "beschützende Werkstatt" - eine vor allem früher gebrauchte Bezeichnung für Behindertenwerkstätten, die sicher eine klientifizierende, bevormundende Attitüde enthält - nicht doch ein gewisser Sinn abzugewinnen ist. An der ersten Arbeitsstelle ist der Mann wie jeder andere Kollege auch dem sozialpsychologischen und wirtschaftlichen Druck des Systems Industriebetrieb, z.B. in Form der Entlassungsandrohung, ausgesetzt. Die entsprechenden Mechanismen finden in ihm als dem schwächsten Systemteil ein vorzügliches Objekt ihrer Auswirkungen. In der diakonischen Institution Behindertenwerkstatt hingegen wird er von diesen Mechanismen zumindest zum Teil abgeschirmt, also vor ihnen "beschützt". Damit sollen gewiß nicht die damit verbundenen bedenklichen Umstände, etwa die Gefahr der Gettoisierung oder die ungerechte Entlohnung, legitimiert werden. Aber unter dem "Schutzschirm" der Strukturen der diakonischen Institution wird es dem Betroffenen zumindest möglich, sich so zu erleben, wie er sich erleben möchte. Die in der Äußerung des Mannes vermittelte

Botschaft ist offenkundig: Mir geht es gut hier, weil ich mit meinen Fähigkeiten und in meiner Persönlichkeit respektiert werde; dieser Grund meines Wohlbefindens ist aber kein beliebiger, durch etwas anderes ersetzbarer Grund; ich will tatsächlich, egal unter welchen Bedingungen, als Person geachtet werden; und deshalb möchte ich, daß es in der Behindertenwerkstatt so, wie es ist, bleibt.
Natürlich wäre es gut, wenn der Mann diese Erfahrung der Achtung auch an der anderen Arbeitsstelle, vermehrt um die dort gegebenen Lebensmöglichkeiten, hätte machen können, und es wäre notwendig, diesen anderen Kontext dahingehend zu verändern. Umgekehrt bleibt aber das artikulierte Bedürfnis nach Achtung auch als Anspruch an den diakonischen Kontext der Behindertenwerkstatt bestehen. Diakonische Praxis findet demnach ein entscheidendes Kriterium darin, ob in ihr notleidende Menschen ihr Geachtet-Sein wirklich, d.h. für sie selbst spürbar und in Strukturen bzw. Kommunikationsformen abgesichert, erfahren können.

5.3.2 "Es ist hier der Versuch des letzten Aufblühens" - Freiraum

Im Rahmen eines pastoralpsychologischen Seminars[29] führe ich ein Gespräch mit einer Altenheimbewohnerin. Als ich die geschmackvolle Einrichtung ihres Appartements erwähne, beginnt sie über das Leben im Altenheim zu erzählen: "Es ist hier der Versuch des letzten Aufblühens ... Ich bin nicht modern; die Gestaltung meines Lebens richtet sich halt nach meinem Alter ... Es ist manchmal schon schwer hier, weil ich noch nie in meinem Leben so viel Neid erfahren habe wie hier im Haus. Deshalb versuche ich auch gar nicht erst, Freundschaften mit anderen Heimbewohnern aufzubauen; ich bin zu jedem freundlich, wenn ich ihn treffe, aber sonst will ich nichts ..."[30]
Die freundliche, aber bestimmte Distanz der Frau zu den anderen Heimbewohnerinnen und -bewohnern mag zunächst befremden. Sie widerspricht den landläufigen idealen Vorstellungen vom Gemeinschaftsleben in einem solchen Heim. Abgesehen von der Frage, warum in einem Altenheim das Verhältnis der Bewohnerinnen und Bewohner zueinander enger sein sollte, als es in den durchschnittlichen Wohnblöcken auch der Fall ist, ergibt sich jedoch auch eine positive Bewertung der Distanznahme, wenn man die Perspektive der Frau einnimmt. Das Altenheim ist für sie nach dem Tod des Mannes und der Verselbständigung der Kinder ein Rahmen, in dem sie frei von Belastungen, die sie selbst nicht mehr ohne weiteres bewältigen könnte, z.B. der Führung eines eigenen Haushalts, ihr Leben gestalten kann. Doch sie wehrt sich dagegen, daß der Rahmen zu eng gezogen wird, etwa durch den Anspruch, enge Freundschaften mit Menschen eingehen zu sollen, mit denen sie ohnehin tagtäglich über die funktionalen Beziehungen des Altenheims verbunden ist. Vor diesem Hintergrund wird die Program-

---

[29] Das Seminar unter dem Thema "Seelsorgliche Gesprächsführung mit alten Menschen" wurde durchgeführt von Isidor Baumgartner vom 27. bis 30. Oktober 1986 im St. Johannes-Stift/Passau bzw. im Priesterseminar Passau.

[30] Zitiert nach dem damaligen Gesprächsprotokoll.

matik des Gemeinschaftslebens im Altenheim, wonach die alten Menschen nach Art "totaler Institutionen" alles, vom Essen über den Bastelnachmittag bis zu den Unternehmungen außerhalb des Heimes, gemeinsam machen sollten, und wonach diejenigen, die sich dagegen wehren, als Außenseiter gelten, doch sehr fragwürdig. Die Frau ist offenbar jemand, die sich gegen solche Vereinnahmungen und Uniformierungen wehrt. Sie betrachtet das Altenheim als einen Rahmen, der nicht ihre Lebensmöglichkeiten eingrenzen, sondern auf größtmöglicher Breite erhalten soll. Die auffallend geschmackvolle Wohnungseinrichtung ist dann vielleicht nur das Symbol für ihr Lebensprogramm und für das, was sie vom Altenheim erwartet, nämlich die Freiheit individueller Lebensgestaltung. Sie selbst codiert das in der interessanten Metapher des Aufblühens: So wie eine Pflanze den richtigen Boden und das passende Licht, nicht aber einen Glassturz zum Blühen braucht, so ist für sie auch das Altenheim der ihren Lebensmöglichkeiten angemessene Freiraum einer letzten "Lebensblüte".

5.3.3 "Meine Haut ist schwarz" - Solidarität

Bei einem Studienaufenthalt in Brasilien besuchen wir, d.h. eine Gruppe deutscher Theologinnen und Theologen, eine Negerkneipe. Der Barbesitzer begrüßt uns, weil wir uns als Bekannte eines Freundes von ihm erweisen, freudig, und während er unsere Getränke vorbereitet, kommen wir mit ihm ins Gespräch. Irgendwann sagt er etwas in erkennbar traurigem Ton und deutet dabei ständig auf seine Haut. Wir verstehen zunächst nicht, bis der gemeinsame Bekannte dolmetscht: "Meine Haut ist schwarz." Der Mann will uns zu erkennen geben, daß für ihn die Zugehörigkeit zur dunkelhäutigen Bevölkerung ein betrübliches Faktum ist. Als Schwarzer gehört er zu der Schicht Brasiliens, die unter der Privilegierung der reichen Schicht der vornehmlich Weißen leidet. Seine Dunkelhäutigkeit entspricht nicht dem durch den Kulturkolonialismus vor allem der USA suggerierten Schönheitsideal heller Haut. Der Hinweis des Mannes auf seine schwarze Haut und die Art, wie er davon spricht, weisen verschiedene Nuancen auf. Es ist teils eine Klage über die erlittene, in der Dunkelhäutigkeit symbolisierte Ungerechtigkeit bzw. Armut. Darin enthalten ist aber auch eine Anfrage an uns, wie wir als Weiße zu ihm als Schwarzem stünden. Es ist nämlich herauszuhören, daß er sich mit seinem Hinweis und unserer Reaktion darauf versichern will, daß von unserer Seite keine Geringschätzung ob seiner Dunkelhäutigkeit zu befürchten ist. So kommt die traurige Klage des Mannes "meine Haut ist schwarz" bei uns eher als die Anfrage an: "Seid ihr trotz meiner schwarzen Haut gern bei mir? Versteht ihr die Probleme, die wir deshalb haben? Betrachtet ihr mich als gleichwertig? Ist euer Denken so beschaffen, daß eure Bereitschaft, auf Menschen zuzugehen, nicht von deren Hautfarbe abhängt? Stellt ihr euch auch gegen die Ungerechtigkeit gegenüber der schwarzen Bevölkerung?" In diakonie-theologischer Terminologie ausgedrückt ist es die Frage nach der Bereitschaft zu Solidarität.

5.4 Artikulationen, die Beibehaltungsbedarf signalisieren, aber Veränderung erfordern

Ein Resümee der bisher dargelegten Artikulationen Betroffener könnte auf den ersten Blick in der glatten, die These dieser Untersuchung paßgenau bestätigenden Auswertung bestehen, daß die zitierten Betroffenen einen Veränderungsbedarf dort anmelden, wo sie sich im Objektstatus vorfinden, und daß sie sich eine Beibehaltung bestehender Praxis dort wünschen, wo diese bereits auf ihr Subjektsein hinwirkt. Man könnte versucht sein, den Schluß zu ziehen, bei der Analyse und später bei der Konzeption diakonischer Praxis unter dem Kriterium des Subjektseins müsse man sich nur an den unmittelbaren Artikulationen Betroffener ausrichten. Diese glatte Lösung wäre aber doch vorschnell und letztlich auch naiv. Es wäre nämlich übersehen, daß Betroffene es unter Umständen durchaus als augenblicklich oder unmittelbar angenehm empfinden können, gegenüber dem Handeln anderer im Objektstatus zu verbleiben, daß sie sich unter Umständen bereitwillig in der zugewiesenen Objektrolle einrichten und dies insbesondere unter dem Aspekt, von eigenständigem Handeln entlastet zu sein. Folglich gibt es durchaus Artikulationen, mit denen Betroffene selbst ihren Objektstatus stabilisieren. Wird also eine bestehende Diakoniepraxis analysiert unter dem Kriterium, inwieweit sie subjektkonstitutiven Effekt zeitigt, dann ist es notwendig, auch zu der Wahrnehmungsperspektive Betroffener noch einmal eine kritische Distanz einzunehmen und zu fragen, ob und wo entsprechende Artikulationen einen Bedarf an Veränderung der Praxis im Sinne einer subjektkonstitutiven Wirkung anzeigen, auch wenn die Artikulation der Betroffenen als solche augenscheinlich auf eine Beibehaltung zielt.

5.4.1 "Danke schön" - Assistentialismus

Eine frühere Fernsehsendung der bekannten "Aktion Sorgenkind" hieß "Danke schön". In ihr wurde regelmäßig über Aktionen von Einzelpersonen oder Gruppen berichtet, bei denen mit Verkäufen oder Attraktionen Spenden für die Behindertenhilfe gesammelt worden waren. Der Titel der Sendung "Danke schön" war dabei gedacht als eine in Stellvertretung für die Behinderten geäußerte Reaktion auf die Aktionen.
Kritisiert werden soll hier nicht das Wirken der "Aktion Sorgenkind". Denn es wäre zu billig und auch anmaßend, ein Hilfehandeln aus der Warte der akademisch-theologischen Reflexion vorschnell zu disqualifizieren, wenn die jeweilige Hilfe von den Betroffenen selbst anerkannt und erwartet wird. Und es ist von einer akademischen Diakonietheologie zunächst einfach zur Kenntnis zu nehmen, daß z.B. ein von der "Aktion Sorgenkind" gestifteter VW-Bus oder ein von ihr unterhaltenes Ferienheim bei den Behinderten als Faktor der Steigerung ihrer Lebensqualität willkommen ist. Allein davon, daß diese Hilfen theoretisch desavouiert werden, hätten die Behinderten noch nichts.
Kritisiert werden soll aber eine im Titel "Danke schön" enthaltene und auf breiter Gesellschaftsebene verwurzelte Mentalität. Wenn gespendet wird und wenn dabei gleich-

zeitig den im Blickfeld stehenden Notleidenden ein "Danke schön" in den Mund gelegt wird, dann nährt man auf seiten der Spendenden wie der Spendenadressaten ein Bewußtsein, wonach die Hilfe von Nichtbetroffenen für Betroffene eine gänzlich im Ermessen der ersteren stehende Sache sei, auf welche die letzteren grundsätzlich keinen zwingenden Anspruch hätten und die folglich als adäquate Reaktion auf seiten der Hilfeempfangenden ein "Danke", gleichsam die Quittierung als ungeschuldete, gnädig erteilte Zuwendung verlange. Damit ist in der Betroffenenartikulation "Danke schön" ein beruhigendes, stabilisierendes Arrangement angelegt. Die Betroffenen registrieren eine willkommene, wohltuende Zuwendung und geben mit dem Dank scheinbar ein Signal, daß die jeweilige Praxis beibehalten werden kann und soll. Die Helfenden fühlen sich bestätigt und legitimiert. Das "Danke schön" sanktioniert ihre Mentalität, daß ihre Hilfe eine prinzipiell freiwillige, nicht einklagbare, also "gnädige" Zuwendung sei und daß ihre Hilfe deshalb unter der Maßgabe stehen könne, selbst im eigenen Stand, z.B. in der eigenen Lebensqualität, keine Einschränkungen in Kauf nehmen zu müssen. Die suggerierte Betroffenenartikulation "Danke schön" erweist sich so als Beibehaltungsformel in den Händen der Helfenden. Die dieser Mentalität entsprechende Erlebnisform auf seiten der Betroffenen ist, auch wenn nicht als solche bewußt wahrgenommen und reflektiert, Abhängigkeit. Die mit den Spenden intendierte Verbesserung der Lebensmöglichkeiten der Notleidenden ist nicht etwas, das auf eigenständiger Entscheidung oder auf der Einlösung eines eigenen Rechts beruhen würde, sondern etwas, das grundsätzlich und ausschließlich dem Ermessen und der Entscheidungsbefugnis der Spendenden anheimgegeben ist, so daß den unterstützten Notleidenden nur der Status der Objekte der Spendenwilligkeit anderer verbleibt.

Das Muster einer derart strukturierten diakonischen Praxis ist als *Assistentialismus* zu bezeichnen. Damit ist eine Form der Hilfepraxis gemeint, die sich durch folgende Elemente auszeichnet: Menschen in einer gesicherten Lebenslage und mit ausreichenden Lebensmöglichkeiten werden von einer Notlage bzw. von Notleidenden in ihrem Wahrnehmungsfeld emotional angerührt. Sie entschließen sich zu Hilfemaßnahmen und leisten diese auch, wobei die Hilfeleistung weitgehend im Transfer eines Überschusses an Lebensgütern von den Helfenden zu den Hilfsbedürftigen besteht. Die Hilfeleistung gilt ausschließlich oder vornehmlich denjenigen Personen, die jeweils als Notleidende vor Augen stehen und bei den Helfenden das Angerührt-Sein, eine "sekundäre" Betroffenheit, d.h. eine Betroffenheit infolge ihrer primären Betroffenheit, ausgelöst haben. Das systemische Umfeld der Notleidenden und die strukturellen Ursachen der Not bleiben tendenziell ausgeblendet und unbearbeitet. Die Notleidenden werden primär hinsichtlich ihrer Defizite wahrgenommen, so daß sich die Beziehungen zwischen Helfenden und Hilfsbedürftigen primär über das Haben und Nichthaben von Lebensgütern und -möglichkeiten definieren. Die Hilfe geschieht in einer monologischen Struktur des Gebens. Was und wie gegeben wird, definieren die Helfenden. Die Hilfe zielt nicht oder kaum auf die Aktivierung der vorhandenen rationalen, emotionalen und materiellen Kräfte der Notleidenden selbst. In diesem Sinn bedeutet der Assistentialismus ein Handlungsmuster, welches die Abhängigkeit der Notleidenden verfestigt, indem es sie zu Objekten einer Hilfeleistung macht, über deren Form andere entscheiden, und

welches gerade dadurch die Kräfte zu eigenen Befreiungsaktivitäten, d.h. das Subjektsein der Notleidenden lähmt.[31]
Fatal wirkt sich nun aus, daß das auf der Schiene der Spendenhilfe genährte Bewußtsein auch das Bewußtsein auf anderen Schienen der diakonischen Hilfe zwischen Nicht-Notleidenden und Notleidenden prägt bzw. abstumpfen läßt, so etwa auf der Schiene der Integration Behinderter in den Prozeß der Produktion und des Austausches von Wirtschaftsgütern. Wird diese Integration nach dem "Spende-Dank-Muster" gestaltet, erscheint sie solange nicht problematisch, als genügend "Spenden" freigesetzt, d.h. Produktions- und folglich Finanzpotential an Behinderte abgegeben werden können. Unter diesen Bedingungen ist es z.B. für Behindertenwerkstätten leichter, Aufträge von Partnerbetrieben für finanzintensive, sprich: lohnende Produkte zu erhalten. Ein Problem wird die Integration hingegen, wenn die "Spendenmittel" knapp werden, also in Zeiten geringer werdender Wirtschaftskraft. Die Produktion gewinnträchtiger Güter wird dann konsequenter auf effektiv arbeitende Wirtschaftskräfte konzentriert, zu denen die Behindertenwerkstätten eben nicht gehören. Ihnen bleibt der Rückzug auf weniger lohnende Produkte. Es wird als scheinbar zwingender und somit richtiger Mechanismus hingenommen, daß in Zeiten der Verknappung die Beteiligung Behinderter am Produktionsprozeß als erstes zur Disposition gestellt wird und ihre Löhne nicht nur stagnieren, sondern sogar sinken. Daran wird erkennbar, daß die Mentalität des assistentialistischen "Spende-Dank-Musters" nicht nur auf der relativ harmlosen Ebene der "Spenden für einen guten Zweck", sondern auch und vor allem auf der Ebene der existentiellen Sicherung Betroffener Abhängigkeit schafft. Was im Macrobereich des Verhältnisses zwischen reichen Industrieländern der nördlichen Hemisphäre und armen "Entwicklungs"-Ländern des Südens als Dependenzmechanismus beschrieben wird[32], nämlich daß Unterentwicklung nicht ein schicksalhafter oder selbstverschuldeter Zustand der armen Länder ist, sondern parallel wächst mit der wachsenden wirtschaftlichen Entwicklung der reichen Länder, Unterentwicklung und Entwicklung also aneinander gekoppelt sind und die unterentwickelten Länder in ihrem Armenstatus vom Verhalten der entwikkelten Länder abhängig sind, kann auch als Erklärungsmodell auf das Verhältnis zwischen Gesellschaftsgruppen angewendet werden, die als Privilegierte und als Notleidende im assistentialistischen "Spende-Dank-Muster" aneinandergekoppelt sind: Ob die Notleidenden Hilfe empfangen, hängt von der Zuwendungsbereitschaft der Privilegierten ab, d.h. aber auch von der Bereitschaft der Notleidenden, die Rolle der Objekte der Zuwendung zu übernehmen; an der grundsätzlichen Struktur eines Subjekt-Objekt-Gefälles von den privilegierten Helfenden zu den Notleidenden ändert sich jedoch nichts.

---

[31] Vgl. **Boff, L./Boff, C.**: Wie treibt man Theologie der Befreiung?, 13 f.

[32] Vgl. **Gutiérrez, G.**: Theologie der Befreiung, 77-84; **Zwiefelhofer, H.**: Zum Begriff der Dependenz; **Missionszentrale der Franziskaner (Hg.)**: Theologie der Befreiung, 39-50.

5.4.2 "Holst du mir bitte eine Wurstsemmel?" - Unselbständigkeit

Bei einer Ferienerholungsmaßnahme für eine Gruppe Behinderter machen wir Rast auf einem Parkplatz. Die in Körben mitgebrachte Verpflegung stellen wir neben die Sitzbänke, auf denen wir Platz nehmen. In der Gruppe befindet sich auch ein junger Mann, der an Epilepsie leidet. Die jahrelange Überfürsorge der Eltern hat mit sich gebracht, daß er sich unter Menschen nur äußerst schüchtern und unselbständig bewegt. Beinahe für alles, was er sagt und tut, holt er bei den jeweiligen Bezugspersonen Erlaubnis ein oder bittet um Erledigung an seiner Statt in dem antrainierten Glauben, durch den Verzicht auf eigenwilliges Handeln den Mitmenschen weniger zur Last zu fallen. Bei der erwähnten Rast kommt dieser Mann auf mich zu und sagt: "Holst du mir bitte eine Wurstsemmel?", obwohl er selbst näher bei den Verpflegungskörben sitzt als ich. In Hinblick auf eine Gegensteuerung der antrainierten Unselbständigkeit antworte ich, daß der betreffende Korb dort stehe und daß er sich selbst nehmen solle, was er möge. In diesem Augenblick schaltet sich meine Kollegin im Betreuungsteam, eine ausgebildete Beschäftigungstherapeutin, in das Geschehen ein, steht auf und sagt zu dem jungen Mann: "Warte, *ich* hole dir die Wurstsemmel. Schau mal, wie nett ich zu dir bin." Dieser nimmt die Wurstsemmel, bedankt sich und begibt sich wieder auf seinen Platz.
Obwohl bei dieser Begebenheit mit dem Verhalten der Beschäftigungstherapeutin ein klassischer, fast schon ins Unglaubhafte überzogener Fall eines "Helfer-Syndroms" vorlag, soll nicht diese, sondern der junge behinderte Mann im Fokus der Interpretation stehen. Der Mann hat auf eine paradoxe Weise seine Unselbständigkeit zur Bewältigungsstrategie seines Lebens gemacht. Die lebenslang gemachte Sozialisationserfahrung, selbst wenig tun zu können oder zu dürfen, und die Hoffnung darauf, die von der eigenen Behinderung ausgehende Belastung für die Mitmenschen zumindest durch den Verzicht auf Eigenbestimmung minimieren zu können und in dieser Rolle des freundlichen, gehorsamen, nicht eigen-willigen Betreuten von seiten der Mitmenschen Anerkennung zu erfahren, sind von dem jungen Mann gleichsam zu einem lebensregelnden Prinzip umgemünzt worden. Er handelt nach der Maxime: Wenn ich immer bitte und frage, dann kann nichts schiefgehen, dann gehe ich nicht das Risiko ein, Anerkennung versagt zu bekommen. Mit diesem Muster hat der Mann sein Leben auf die Objektrolle eingerichtet. Die Objektrolle ist der "Code", nach dem er sein Leben programmiert hat. Bei der geschilderten Begebenheit auf dem Parkplatz war dieses Lebensprogramm auf sichtbare Weise umgesetzt. Programmiert waren der Weg des Mannes hin zur betreuenden Bezugsperson, die Bitte, das Warten auf Erfüllung der Bitte, der Dank und der Weg zurück zu "seinem Platz". Das Verhalten der Beschäftigungstherapeutin und ihre dankheischende Bemerkung "Schau mal, wie nett ich zu dir bin" waren dann für den Mann eigentlich nur noch das bestätigende und für die Zukunft stabilisierende Zeichen, mit diesem Lebensmuster auf dem richtigen, weil komplikationsfreien Weg zu sein. Die Bitte des Mannes an seine Mitmenschen, an seiner Statt etwas zu tun, und der selbstverständliche, fast schon mechanisch klingende Dank dafür sind folglich ein Signal seinerseits, mit dem er zu erkennen gibt, daß die Menschen in seinem Umfeld durch ein komplementäres Handeln dieses Praxismuster, in dem er den Status des Objekts ein-

nimmt, beibehalten sollen, weil er sich darauf eingerichtet hat. Nicht programmiert war bei ihm hingegen der Weg vom Betreuenden weg hin zur Wurstsemmel, dem Objekt seines Wunsches, das eigenständige Handeln und das dadurch bedingte Ausbleiben einer Situation, in der er "Danke" sagen kann.

So banal die ganze Begebenheit auch erscheinen mag, an ihr wird doch eine gravierende Problemlage diakonischer Beziehungen deutlich. Auf beiden Seiten, auf seiten der Helfenden wie auch auf seiten der betroffenen Hilfsbedürftigen, besteht die Versuchung, Unselbständigkeit zur geheimen Strategie der diakonischen Praxis zu machen. Es kommt dann zu einer "Helfer-Syndrom"-typischen Kollusion zwischen den Handlungsmustern der beteiligten Personen. Die hilfsbedürftige Person ist versucht, sich auf den relativ bequemen Status der Unselbständigkeit zurückzuziehen; die Helfer-Syndrom-Persönlichkeit braucht ihrerseits deren Unselbständigkeit, um das Bedürfnis nach Anerkennung für die eigenen Hilfsaktivitäten ausleben zu können. Angesichts der geschilderten Begebenheit ergibt sich also nochmals der paradoxe Befund: Der Betroffene signalisiert durch seine Artikulation der Bitte und des Danks Bedarf daran, daß das für ihn gewohnte Praxismuster, auf das er sich mit seiner Unselbständigkeit eingerichtet hat, beibehalten wird. Unter dem Kriterium jedoch, ob der Mann in diesem konkreten Praxiskomplex Subjekt sein kann, erfordert die Artikulation des Betroffenen die Veränderung des Praxismusters.

5.5 Resümee: Diakonie als ambivalenter Lebensbereich Betroffener

Nochmals ist auf den Stellenwert dieser Einzelaussagen und ihrer Interpretationen hinzuweisen. Sie haben keine repräsentative Qualität. Sie entstammen dem zufälligen Ausschnitt von dreizehn Situationen und der zudem subjektiven Wahrnehmung eines einzelnen Wahrnehmenden. Andere Personen würden in anderen Situationen zu anderen Wahrnehmungen, vor allem aber auch zu anderen Interpretationen kommen. Repräsentative Untersuchungen würde vielleicht zu dem Ergebnis kommen, daß andere Artikulationen für das Erleben der diakonischen Praxis aus der Perspektive Betroffener repräsentativ sind. Und doch muß - unter der Voraussetzung eines gewandelten Wissenschaftlichkeitsideals - für die in diesen Aussagen artikulierten Bedürfnisse der Betroffenen Relevanz für die wissenschaftliche Reflexion diakonischer Praxis reklamiert werden. Sie vermitteln den "anderen Blick", in dem der zur Reflexion anstehende Sachverhalt vom anderen her gedacht wird - so bruchstückhaft das auch immer bleiben muß.

Freilich darf die Orientierung an Artikulationen Betroffener nicht schematisch-naiv geschehen. Es gibt viele Situationen, in denen Menschen nach einer bestimmten Hilfe verlangen, in denen die Hilfe, zumindest die bestimmte Art von Hilfe, aber nicht geleistet werden darf, weil sie die Notlage der Menschen auf Dauer nur verschärfen würde. Es macht z.B. keinen Sinn, das Bedürfnis eines Menschen, betreut zu werden, zu erfüllen, wenn dieser Mensch aufgrund der spezifischen Konstellation seiner Notlage ein Selbständigkeitstraining bräuchte. Auch die Orientierung an den Bedürfnissen des Betroffenen muß an dem Kriterium ausgerichtet sein, ob mit der jeweiligen Praxis dem Menschen tatsächlich zu einem seiner Würde als Mensch entsprechenden Leben, zu seinem Subjektsein verholfen wird. Die Alternative zur Gefahr einer naiven Hörigkeit gegenüber Bedürfnisäußerungen ist aber nicht, die Artikulationen Betroffener erst gar nicht zur Grundlage der Konzeption des eigenen diakonischen Handelns zu machen. Die Relevanz der Artikulationen Betroffener bleibt indispensabel, auch wenn sie erst wieder unter einem bestimmten Kriterium ausgelegt werden müssen. Im Sinne der Ernstnahme der Betroffenen kann dieses Kriterium nur in der Bewahrung der Würde der betroffenen Menschen *als Menschen* gesucht werden. Das Subjektsein der Menschen ist die Chiffre, unter der das besagte Kriterium in Praxisanalyse und Praxiskonzeption zur Anwendung kommen kann.

Die Interpretationen der hier zitierten Artikulationen Betroffener erfolgten bereits unter der Hinsicht, inwiefern sie das Subjektsein bzw. das Nicht-Subjekt-sein-Können der Betroffenen zum Ausdruck bringen. Dabei ergab sich eine aufschlußreiche Beobachtung: Die "vom anderen her gedachte" Diakonie erweist sich als ambivalentes Phänomen. Die Betroffenen artikulieren aus ihrer Erfahrung mit der diakonischen Praxis heraus sowohl Veränderungsbedarf als auch Beibehaltungsbedarf. Der Veränderungsbedarf bezieht sich auf eine diakonische Praxis, in der die Betroffenen sich als Objekte erfahren und zwar in Form

- ihrer Gettoisierung in einem von anderen Lebenskontexten isolierten und diesen gegenüber stigmatisierten Bereich,

- ihrer Vereinnahmung für Interessen, die nicht ihre Interessen sind,
- ihrer Instrumentalisierung als Personen zu Zwecken, die anderen zugute kommen,
- ihrer Nichternstnahme durch eine idealistische, naive oder beruhigende Ausblendung ihrer Notlage,
- des Zwangs "totaler Institutionen" und der darin virulenten Bevormundung bzw. Verhinderung von Individualität,
- ihrer Infantilisierung, die Entwicklungsfähigkeit und Lebensfertigkeit versagt,
- der Anonymisierung der Beziehungen zu Bezugspersonen und der damit verbundenen Funktionalisierung der Beziehungen und
- ihres Ausgeliefertseins an ungerechte Strukturen in der Verteilung von Lebensmöglichkeiten.

Der Beibehaltungsbedarf bezieht sich auf eine diakonische Praxis, die erfahren wird
- als Raum, in dem einem Achtung widerfährt,
- als Freiraum einer individuellen Lebensgestaltung und
- als Verwirklichung von Solidarität gegen Ungerechtigkeit.

Daneben gibt es Artikulationen paradoxen Charakters. In ihnen wird zum einen erkennbar, daß Betroffene zu einer Beibehaltung der gegebenen Praxis tendieren, gerade weil sie sich aufgrund des darin implizierten Objektstatus' mit anderen Erwartungsträgern arrangieren bzw. von Eigenständigkeitsanforderungen dispensieren können. In ihnen verfestigen also Betroffene selbst ihre eigene Unselbständigkeit und das assistentialistische Hilfehandeln anderer. Auf der anderen Seite verdeutlichen die Artikulationen gerade in der Fixierung der Betroffenen auf den Objektstatus den Veränderungsbedarf, sofern das Subjektsein der Betroffenen als Kriterium diakonischer Praxis anerkannt ist.

6 FAZIT: DIE DOMINANZ DES OBJEKT-PARADIGMAS

Blickt man zurück auf die bisherigen Ausführungen, in denen die diakonische Praxis aus verschiedenen Wahrnehmungsperspektiven - aus der Perspektive der Gesellschaft, der Kirche und der betroffenen Menschen - kritisch untersucht worden ist, und nimmt man diesen Rückblick unter dem spezifischen Gesichtspunkt vor, wie die Notleidenden in der jeweiligen Praxiswahrnehmung in den Blick kommen, dann läßt sich folgendes Fazit formulieren:

Trotz gegenteiliger Beteuerungen ist die diakonische Praxis nach wie vor zu einem großen Anteil von Mechanismen geprägt und wird nach wie vor über weite Strecken nach Maßgaben konzipiert, welche die Notleidenden im Status der Objekte der von den Interessen der Hilfeleistenden gelenkten Hilfepraxis festhalten. Die diakonische Praxis ist überwiegend strukturiert nach dem Modell eines Subjekt-Objekt-Gefälles zwischen Helfenden und Hilfsbedürftigen. Bereits die systemtheoretische Thematisierung der Diakonie durch Niklas Luhmann legt, obwohl hier die Unterscheidung zwischen Subjekt und Objekt theorieintern für obsolet erklärt wird, die Notleidenden fest auf die Objektrolle, indem die Diakonie gerade über ihre Unterordnung gegenüber den Interessen und ihre Abhängigkeit von der Akzeptanz anderer Teilsysteme definiert wird. Zwar können die Notleidenden innerhalb dieser Theorie selbst als solche Teilsysteme firmieren. Die systemtheoretische Sicht der Diakonie erklärt es aber geradezu zum Normalfall gesellschaftlichen Lebens, daß nicht die Notleidenden bzw. ihre Sozialformen als schwache Teilsysteme, sondern eben die starken, machtvollen Teilsysteme ihre Interessen im Wechselspiel zwischen ihnen und der Kirche bzw. in der - laut Niklas Luhmann - dieses Wechselspiel tragenden diakonischen Praxis durchsetzen können.

Unter dem Wahrnehmungsraster dieser Theorie zeigt sich, daß die Integration der diakonischen Praxis in die umfassenden Abläufe des Gesellschaftssystems in der Tat Mechanismen zeitigt, aufgrund deren die Notleidenden gerade in der diakonischen Praxis in den Objektstatus gedrängt werden. Dies ist im Grunde in allen Formen der Funktionalisierung der Diakonie für die Interessen anderer Gesellschaftsteilsysteme der Fall.

Wird die Diakonie fremdgesteuert durch normierende bzw. manipulierende Einflußnahmen von seiten anderer gesellschaftlicher Kräfte, dann bedeutet dies, daß mit der Diakonie zuvörderst die Notleidenden dem Spiel dieser Kräfte ausgesetzt sind, daß sie sich aufgrund ihrer Notsituation und Machtlosigkeit um so weniger dagegen wehren können und daß sie folglich *als Personen* den Interessen der steuernden Kräfte unterliegen.

Wird in der diakonischen Praxis Kritik tendenziell verunmöglicht, dann bleiben noterzeugende Zusammenhänge entsprechend unangetastet, die von der Not nicht betroffenen, aus ihr mittelbar oder unmittelbar Gewinn ziehenden Menschen können ihre Handlungsfreiheit stabilisieren, und das Ausgeliefertsein der Notleidenden an diese Wirkzusammenhänge verfestigt sich.

Kompensiert die Diakonie das Ausbleiben des eigentlich erforderlichen Einsatzes anderer gesellschaftlicher Kräfte bei der Beseitigung von Notursachen, dispensiert die Diakonie durch ihre Kompensationsfunktion insbesondere die notverursachenden Kräfte selbst, dann wird durch sie die Notbearbeitung auf ein Terrain, z.B. auf die private Lebensführung der Notleidenden, verlagert, auf dem die Notbearbeitung für die herrschenden Gesellschaftssysteme ohne belastende Konsequenzen bleibt. Die Art der Notbearbeitung wird also entgegen dem Interesse der nachhaltigen Befreiung Notleidender aus ihrer Not bestimmt. Eine Diakonie, die zur Stabilisierung des Gesellschaftssystems und seiner Teilsysteme funktionalisiert wird, z.B. in Form der Definition von Rehabilitationszwecken unter der Maßgabe systemischer Interessen, wird damit pervertiert zu einem Mittel, mit welchem eine Verselbständigung Notleidender verhindert und ihre herrschaftsförmige, identitätszerstörende Einfügung in systemische Mechanismen forciert wird.

Kann die Diakonie schließlich aufgrund dieser Manipulationen nur in domestizierter Form zur Wirkung kommen, dann kommt eine solche Domestizierung den Herrschenden zugute. Eine domestizierte Diakonie ist eine ungefährliche Diakonie. Domestizierung bedeutet die größtmögliche Ausschaltung von Bedrohung für die ohnehin Übermächtigen und die größtmögliche Einschränkung des eigenbestimmten Handlungsfreiraums für die ohnehin Untergeordneten.

Wird die Not privatisiert und somit auch die diakonische Praxis auf den privaten Bereich verlagert, etwa weg von den gesellschaftlichen Kräften, die eigentlich verantwortlich sind, aber aufgrund ihrer Macht paradoxerweise sogar Macht und Verantwortung leugnen können, dann wird den Notleidenden eine Belastung zugeschoben, ohne daß diese sich gleichermaßen dagegen wehren, geschweige denn die Zuschreibung der Verantwortung umkehren könnten.

Erliegt die Diakonie dem Trend, den als Norm suggerierten gesellschaftlichen Lebensmöglichkeitenstandard zum Maßstab der eigenen Praxis zu erheben, von da aus Not zu definieren und die Notbearbeitung auf diesen Maßstab hin zu konzipieren, dann verfestigt sie das Image der Notleidenden als "Abweichende" und wirkt ungewollt mit an der Stigmatisierung, in der Notleidende zu Objekten nicht nur von Hilfe bzw. Hilfeverweigerung, sondern auch von Bewertung werden.

Wird schließlich die diakonische Praxis an die ökonomische Kraft der Klientel bzw. der Hilfeleistenden gekoppelt, dann bedeutet dies faktisch, daß Menschen um so weniger die diakonische Praxis aufgrund eigener Bestimmung gestalten können, je weniger ökonomische Potenz sie aufweisen. Es kommt zur De-fakto-Aussperrung Notleidender als Subjekte der Notbearbeitung.

In analoger Weise läßt sich das Objekt-Paradigma bei den Problemlagen ausmachen, die aus der "Innenperspektive" der Kirche zu erkennen sind.

Die Subjekt-Objekt-Spaltung ist bereits im theologischen Konzept der "Weltdienst-Heilsdienst"-Dichotomie angelegt. Die Welt firmiert in diesem Konzept als das der Kirche Gegenübergestellte. Die Ausübung des "Weltdienstes" ist ein Tun am Objekt Welt. Folglich werden auch die Menschen, die im Kontext dieser Praxis begegnen, im Modus der Gegenüberstellung wahrgenommen. Als die der Welt zugehörigen Menschen sind sie mit dieser die Objekte des "Weltdienstes".

Das Konzept der Grundvollzüge erweist sich zwar überwiegend als ein ekklesiologisches Konzept mit diakonieaufwertender Tendenz und somit als eine Chiffre zur Integration Notleidender in den Lebensraum der Kirche. Dort jedoch, wo diakonieabwertende Tendenzen festzustellen sind, ist implizit auch eine Abwertung bzw. eine einseitige Ausgrenzung der Notleidenden als Personen zu diagnostizieren. Wo die Diakonie als Randbereich oder als "Vorfeld" rangiert, sind die darin begegnenden Notleidenden auf den Bereich des Randes, des Vorfeldes festgelegt und hinsichtlich ihres eigenbestimmten Integriertseins in der Kirche negiert. Diese herrschaftsförmige Definition des ekklesiologischen Ortes Notleidender zeigt sich in spezifischen Spielarten:

- als Abwertung, in der mit der Diakonie als einem nur sekundären, ekklesiologisch weniger relevanten Praxisbereich auch die Notleidenden aus dem Zentrum der Kirche theologisch hinausdefiniert werden;
- als Marginalisierung der Diakonie aufgrund einer binnenkirchlichen Kultivierung verschiedenster Ansprüche, die im Gegenzug notleidende Menschen um so mehr als abweichende Mängelwesen wahrnehmen lassen und so deren Stigmatisierung binnenkirchlich wiederholen;
- als Institutionalisierung, in welcher mit der diakonischen Praxis Notleidende auf den eng umgrenzten, tendenziell isolierten Bereich von Diakonieinstitutionen festgelegt und so aus den anderen Kontexten kirchlichen Lebens ausgegrenzt werden, so daß umgekehrt die Sensibilität für die Integration Notleidender in diesen anderen Kontexten zu schwinden droht;
- als Frage nach dem christlich-kirchlichen Proprium der Diakonie, welche suggeriert, die Hilfe für und Solidarität mit Notleidenden sei überhaupt nicht der christlich-spezifische bzw. vorrangige Zweck der Diakonie, und welche folglich die Diakonie, d.h. die heilend-befreiende Begegnung mit Notleidenden, und damit letztendlich die Notleidenden selbst anderen, von diesen nicht mitdefinierten Bestimmungen unterordnet;
- als Instrumentalisierung der Diakonie, welche zum einen die Notleidenden als Objekte der Rekrutierung zu verrechnen sucht und welche zum anderen die Diakoniepraxis als Legitimationskompensation für eine in ihrer Gesamtheit an Plausibilitätsverlust leidende Gestalt der institutionalisierten Kirche heranzieht;
- und schließlich als ideologische Profilierung der Helferperson, die den Hilfsbedürftigen um so mehr als empfangendes, zu behandelndes Defizitwesen wahrnehmen muß, je mehr sie selbst auf die Befriedigung des Selbstbestätigungsbedürfnisses als "hilfe-gewährende" Person angewiesen ist.

Aus der Perspektive der Betroffenen wurde erkennbar, daß diese in der Diakonie sowohl ihre Festlegung auf den Objektstatus als auch ihre Freisetzung zum Subjektsein verspüren können, daß sie gelegentlich aber auch selbst durch eigenes Verhalten ihren Objektstatus verfestigen.

Alle drei eingenommenen Perspektiven der Praxiswahrnehmung treffen sich in der Erkenntnis: Der entscheidende Schlüssel für eine Kritik und für eine neue praxistheoretische Ausrichtung der Diakonie besteht tatsächlich in der Frage, ob die jeweilige

diakonische Praxis den Objektstatus der Notleidenden aufzubrechen versucht und ob sie auf die Konstitution des Subjektseins der Notleidenden abzielt. Dabei ist die Feststellung, daß sich die Virulenz der Spannung zwischen Subjekt- und Objektstatus auch aus der Perspektive der Betroffenen ergibt, nicht einfach nur eine Illustration, eine gesuchte Bestätigung für die vorherigen Erkenntnisse. Die Perspektive und die daraus formulierten Artikulationen einzelner Betroffener stehen in und für sich. Sie haben Wert in sich. Sie haben aus sich heraus ein Recht, gehört und in der praxistheoretischen Konzeption berücksichtigt zu werden. Sie haben nicht erst dann Wert, wenn sie einer vorgegebenen Objektivitäts- und Repräsentativitätsvorstellung genügen. Vielmehr müssen die Ansprüche der Objektivität und Repräsentativität umgekehrt den Artikulationen Betroffener genügen. Das heißt: Sie müssen so verwirklicht werden, daß in ihnen die Artikulationen Betroffener authentisch benannt und so ernstgenommen werden, daß sie zur Grundlage des weiteren Handelns werden. Dabei könnte sich natürlich ergeben, daß die hier vorgebrachten einzelnen Artikulationen nicht repräsentativ sind. Das würde aber nichts daran ändern, daß die Frage nach der Repräsentativität im Dienst der Betroffenen, näherhin ihrer Wahrnehmungsperspektive, stehen muß. Sie unterliegt dem Anspruch, die Perspektive der Betroffenen deutlich bzw. deutlicher zu machen. Die hier vorgetragenen Einzelaussagen versuchen auf ihre Weise, diesen Anspruch zu erfüllen. Also haben sie mehr Recht als der Einwand mangelnder Repräsentativität, weil Repräsentativität nicht der primäre Anspruch ist.
Diese apologetische Argumentation gegen die so selbstverständliche und vom gängigen Wissenschaftsideal mit Quasi-Infallibilität ausgestattete Frage nach der Repräsentativität mag den Eindruck erwecken, die hier vorgebrachten Einzelartikulationen müßten als Notlösung verteidigt werden. Das ist keineswegs beabsichtigt, weil die Einzelartikulationen eben keine Notlösung sind. In der ausführlichen Darlegung der Bedeutung von Aussagen einzelner Betroffener für den theologischen Erkenntnisprozeß liegt auch die Intention verborgen, die subjektfeindliche Macht solcher objektiven Regeln, solcher universalen Gesetze, wie sie z.B. mit der Repräsentativitätsforderung gegeben sind, zu brechen. In einer Regel wie der Repräsentativität ist eine "vernünftige" Institution gegeben, "die dem Willen [sc. der Subjekte - H.H.] seine Wahrheit verbürgt, ihm, wie man heute sagt, Objektivität verschafft ... Die Existenz der vernünftigen Institutionen, durch die der Wille sich gegen den Tod und gegen seinen eigenen Verrat gesichert hat, spricht selbst das objektive Urteil. Es besteht in der Unterwerfung des subjektiven Willens unter die objektiven Gesetze; diese führen den Willen auf seine objektive Bedeutung zurück. ... Von nun an spiegelt sich der Wille in der öffentlichen Ordnung, er existiert in der Gleichheit, die von der Universalität der Gesetze verbürgt wird. Von nun an existiert der Wille, als sei er tot und als bedeute er nur durch seine Hinterlassenschaft; er existiert so, als sei alles, was an ihm Existenz in der ersten Person, subjektive Existenz war, nichts als die Nachwirkungen des animalischen Zustandes. Aber hier kennt der Wille eine andere Tyrannei: ... Es gibt eine Tyrannei des Universalen und Unpersönlichen, eine unmenschliche, wenn auch vom Brutalen verschiedene Ordnung. Gegen diese Ordnung behauptet sich der Mensch als unbedingte Einzelheit, die außerhalb der Totalität, in die der Mensch eintritt, bleibt; diese Einzelheit sehnt sich

nach einer religiösen Ordnung, in der die Anerkennung des Individuums es in seiner Einzelheit betrifft ... "[1] Emmanuel Lévinas fordert hier die Bewahrung des Subjektiven gegen die "Tyrannei" des Gesetzes der Objektivität. Mit dem Objektivitätsanspruch wird, so ist Lévinas zu interpretieren, das Subjektive des Subjekts gewaltsam, "brutal" an die Objektivitätsvorstellung anderer, mächtigerer Subjekte angeglichen. Es wird Gleichheit hergestellt in Form der Behauptung von Repräsentativität. Dem gegenüber erfordern nach Lévinas die Individuen ihre Anerkennung gerade in ihrer Einzelheit. In dieser Einzelheit sperren sie sich aber gegen die Einordnung in die Gleichheit, die Repräsentativität. In der Beachtung der Einzelheit Betroffener wird ihre Andersheit bewahrt. In ihrer Subjektivität, in ihrer Einzelheit lassen die Einzelaussagen Betroffener diese Betroffenen als die *Anderen*[2] in Erscheinung treten. Und nur als solche *Andere*, als nicht schon an eine Objektivität Angeglichene, lassen sie etwas von ihrer authentischen Betroffenheit erahnen. Insofern ist die Orientierung an authentischen Aussagen einzelner nicht Notlösung, sondern Gebot. Und ihr Zweck ist *nicht* die Bestätigung der Erkenntnisse aus den vorhergehenden Perspektiven, nicht der Abschluß eines Erkenntnisvorgangs, nicht das Verbleiben bei einem Wissensstand, sondern geradezu die Überwindung der vorhergehenden, von den Betroffenen unabhängigen Perspektiven auf diese betroffenen Anderen hin. Am Ende des Versuchs, die Perspektive Betroffener einzunehmen, steht also die Frage nach diesen Betroffenen als *den Anderen*. Es stellt sich die Frage: Was ist die Andersheit des Anderen? Wie prägt die Andersheit des Anderen den hier reflektierten Gegenstand, die Diakonie? Und wie prägt die Andersheit des Anderen die Reflexion des Gegenstandes, der Diakonie?

---

1 **Lévinas, E.**: Totalität und Unendlichkeit, 355 f.

2 Entgegen der grammatikalischen Regel wird hier und im ganzen folgenden Teil das Wort "Anderer" und seine Ableitungen - Lévinas folgend - groß geschrieben, wenn damit der andere Mensch gemeint ist. Lévinas will mit dieser Substantivierung einem seiner zentralen Motive, der Erhabenheit, Überordnung und Unvereinnahmbarkeit des Anderen, Ausdruck verleihen.

7 DIAKONIE - VERANTWORTUNG UNTER DEM ANSPRUCH GOTTES

Diakonie versteht sich als ein christliches Handeln, als ein Handeln, das unter Berufung auf den jüdisch-christlichen Gott geschieht. Eine Praxiskonzeption der Diakonie findet folglich ihre kriteriologische Orientierungsmarke in der Frage nach dem Anspruch, der sich für das diakonische Handeln aus der Berufung auf Gott ergibt. Auf zwei Wegen wird im folgenden Teil dieser Frage nach dem Anspruch Gottes nachgegangen und eine Perspektiven eröffnende Antwort gesucht: Die Philosophie Emmanuel Lévinas' mit ihrer spezifischen Sicht des Zusammenhangs von zwischenmenschlicher Beziehung und Gotteserfahrung ermöglicht einen neuen Blick auf die Diakonie, der diese als Inbegriff des menschlichen Existenzvollzugs unter dem Anspruch Gottes begreifen läßt; das Handeln Jesu mit seiner Option für notleidende Menschen ist die bleibend verpflichtende Inkarnation des Anspruchs Gottes, an der erkennbar wird, daß die Diakonie diejenige Praxisdimension ist, welche einen die Reich-Gottes-Verhältnisse anfanghaft vergegenwärtigenden Existenzvollzug in seiner Gesamtheit prägt.
Daß diese beiden kriteriologischen "Quellen" - die Philosophie Lévinas' und das Handeln Jesu - nebeneinander und gleichrangig als praxiskonzeptionelle Grundlage der Diakonie angesetzt werden, mag überraschen oder sogar als unstimmig erscheinen. Werden damit nicht zwei inkommensurable Größen auf die gleiche Ebene gestellt, miteinander verknüpft und zu gleichgewichtigen Orientierungsinstanzen erhoben? Geht es an, die Philosophie eines Menschen, die zunächst den Platz einer beliebigen, kontingenten Gedankenwelt neben den unüberschaubar vielen Gedankenwelten unüberschaubar vieler anderer Menschen einnimmt, einfachhin neben das Handeln Jesu zu stellen, neben das Handeln dessen, der aus der Perspektive des christlichen Glaubens als der Christus, als der Erlöser geglaubt wird und deshalb unzweifelhaft als absoluter Maßstab christlicher Praxis gelten muß?
Es ist also evident, daß sich die Diakonie als christlich identifizierte Praxis auf das Handeln Jesu als ihren normativen Orientierungspunkt beruft. Christinnen und Christen schauen auf Jesus als den, der sich als der menschgewordene Logos, als der inkarnierte Wille Gottes, als der die Menschen erlösende und von Gott auferweckte Christus erwiesen hat und der somit den ermöglichenden Grund ihres Daseins als Christinnen und Christen abgibt. Die Frage nach dem christlichen Handeln ist unweigerlich die Frage nach dem Handeln Jesu. Von dieser Unausweichlichkeit wird aber oft eine Eingrenzung der kriteriologischen Rückfrage auf die neutestamentlichen Texte abgeleitet, so daß die Orientierungsrelevanz der jüdisch-alttestamentlichen Rede von Gott in Vergessenheit zu geraten droht. So verdankt es sich nicht zuletzt der Intention, auch den Gehalt alttestamentlicher Gottesrede in die Konzeption christlicher Praxis Eingang finden zu lassen, wenn die vom jüdischen Gottesglauben geprägte Sicht der Beziehung der Menschen untereinander und der Menschen zu Gott, wie sie in der Philosophie Lévinas' zum Ausdruck kommt, als Maßstab an die Diakoniepraxis angelegt wird. Die Philosophie Lévinas' wird also nicht deshalb als kriteriologische Instanz veranschlagt, weil es sich

um die Philosophie des Emmanuel Lévinas handelt oder weil die Philosophie Lévinas' *als Philosophie* interessant ist. Kriteriologische Relevanz hat diese Philosophie vielmehr, weil in ihr ein Gott-"Denken", ein Reden-über-Gott versucht wird, welches - sofern es in die Konzeption diakonischer Praxis Eingang findet - der Diakonie meines Erachtens eine Gestalt verleihen kann, mit der diese ein Stück weit mehr etwas vom Wesen dessen erahnen läßt, den wir Gott nennen. Das hier angezielte Kriterium ist also Gott, besser gesagt: eine bestimmte Art und Weise, von Gott zu reden. Die Philosophie Lévinas' ist das Vehikel der Thematisierung dieses Kriteriums.

7.1 Verantwortung für den Anderen - eine Philosophie (und Theologie) der Diakonie (Emmanuel Lévinas)

Die Untersuchungen zu den Problemlagen der diakonischen Praxis haben in der Frage nach dem Anderen, d.h. nach dem notleidenden Menschen, der in seiner Not als andersartiger Anderer begegnet, ihren Fokus gefunden. Die Frage nach dem Anderen und die Umstellung des Denkens auf den Anderen hin sind in einer bewußt bis an die Grenze der Irritation gehenden Konsequenz und Radikalität von dem jüdischen Philosophen Emmanuel Lévinas[1] durchgeführt worden.[2] Anhand seiner Philosophie soll die Frage nach dem Anderen, näherhin nach dessen Bedeutung für und Stellung zu demjenigen Menschen, der diakonisch handelt und auf diakonisches Handeln reflektiert, angegangen werden. Es geht hierbei um eine Wiederaufnahme der Frage nach dem Subjektsein als Kriterium eines theologisch verantworteten christlichen Handelns und um eine Zuspitzung bzw. Radikalisierung dieses Kriteriums, die sich insbesondere für die

---

[1] Zur Biographie von Emmanuel Lévinas vgl. **Wenzler, L.**: Emmanuel Levinas, 323-325; **Levinas, E.**: Die Zeit und der Andere, 93-96. (Die Akzentsetzung im Namen "Emmanuel Lévinas" ist uneinheitlich; hier wird, wenn nicht anders vorgegeben, der Name mit Akzent geschrieben.)

[2] Als die beiden philosophischen Hauptwerke Lévinas', die auch zwei Phasen seiner Philosophie markieren, sind zu nennen **Lévinas, E.**: Totalität und Unendlichkeit (im französischen Original erstmals erschienen 1961) und **ders.**: Jenseits des Seins oder anders als Sein geschieht (im französischen Original erstmals erschienen 1974). - Hinzu kommen Titel, die für die Rezeption von Bedeutung sind, weil sie bestimmte philosophische Motive schwerpunktmäßig behandeln: **ders.**: Humanismus des anderen Menschen (französisch erstmals 1972); **ders.**: Die Spur des Anderen; **ders.**: Die Zeit und der Andere; **ders.**: Wenn Gott ins Denken einfällt; **ders.**: Ethik und Unendliches. - Daß mittlerweile ein großer Teil der philosophischen Werke Lévinas' in deutscher Übersetzung vorliegt, hat die deutsche Rezeption dieses Philosophen, der bis weit in die 80er Jahre hinein im deutschsprachigen Raum nur einem kleinen Spezialistenkreis bekannt war, sprunghaft ansteigen lassen. Dürfte es bis ca. 1990 für einen einzelnen noch möglich gewesen sein, die deutsche Sekundärliteratur zu Lévinas zu erfassen, so ist das mittlerweile eine schlichte Unmöglichkeit. Hilfreiche Bibliographien für deutschsprachige Leserinnen und Leser finden sich in **Levinas, E.**: Humanismus des anderen Menschen, XXIX-XXXVI; **ders.**: Die Zeit und der Andere, 97-103 (beide erstellt von Ludwig Wenzler); **Krewani, W.N.**: Emmanuel Lévinas, 251-256. - Hinsichtlich der einführenden Sekundärliteratur sei hier exemplarisch verwiesen auf **Strasser, S.**: Jenseits von Sein und Zeit; **Wenzler, L.**: Emmanuel Levinas; **Krewani, W.N.**: Emmanuel Lévinas; **Taureck, B.**: Lévinas zur Einführung; **Reiter, J.**: Der "Humanismus des anderen Menschen"; **Esterbauer, R.**: Transzendenz-"Relation".

Diakonie ergibt, wenn die konzeptionelle Reflexion auf die Diakonie vom notleidenden Anderen ausgeht und auf ihn hin orientiert ist und wenn dabei die von Lévinas dargelegte Sicht des Anderen bzw. der Beziehung zwischen dem (diakonisch) handelnden Ich und dem Anderen in Anschlag gebracht wird. Mit dieser nochmaligen Bestimmung des Subjektseins des Menschen als Kriterium der diakonischen Praxis sollen innovative, aus der diagnostizierten Dominanz des Objektparadigmas hinausführende Impulse zu einer Praxistheorie der Diakonie gesetzt werden.

7.1.1 Vorbemerkungen zur Rezeption von Emmanuel Lévinas

7.1.1.1 Die Schwierigkeit einer Rezeption

Die Philosophie von Emmanuel Lévinas für eine theologische, zumal praktisch-theologische Theorie zu rezipieren, ist kein problemloses Unterfangen. Bereits die ins Extrem gesteigerte Schwierigkeit der Sprache, von manchen als der Sache unangemessen schwierig empfunden[3], gibt zu überlegen, ob eine Rezeption überhaupt gelingen kann. Nicht-Verstehen und Fehlinterpretationen sind vorprogrammiert, und es stellt sich gleichsam nur die Frage, wer am wenigsten mißversteht und in welchem Grad eine Annäherung an die wirkliche Aussageintention Lévinas' gelingt. Dieser Vorbehalt verschärft sich zusätzlich dort, wo - wie im Fall dieser Untersuchung - eine Rezeption sich nur auf Übersetzungen stützen kann, die gerade bei einem solchen Werk ihrerseits "nur" annähernde Interpretationen des Originaltextes sein können. Was dennoch, sofern die philosophischen Argumente Lévinas' - ob im Sinne einer Affirmation oder ob im Sinne einer Abgrenzung - als bedenkenswert anerkannt sind, zu einer Beschäftigung damit ermutigt, ist eine Beobachtung, die sich mit Blick eben auf die sprachliche Schwierigkeit der Ausführungen Lévinas' ergibt. Seine Gedankengänge gleichen - zunächst - einem Dschungel, in dem alles scheinbar durcheinander wächst und in dem für den Menschen, der ihn betritt, keine Struktur erkennbar ist, somit aber auch schnell die Orientierung verloren geht. Je länger man sich aber im Dschungel aufhält, um so öfter entdeckt man, daß z.B. bestimmte Bäume mehrmals begegnen, daß einige Bäume von derselben Art sind, aber ein anderes Aussehen haben, daß vielleicht manche Pflanzen nur an bestimmten Stellen wachsen und manche wiederum in auffallender Häufigkeit bestimmte andere Pflanzen in ihrer Umgebung aufweisen. Je öfter solche Regelmäßigkeiten zu beobachten sind, um so leichter wird es dem Dschungelbegeher, sich zu orientieren, auch wenn noch viele Stellen und weite Gebiete nicht erkundet sind. Analog dazu kehren im "Dschungel" der Lévinasschen Philosophie bestimmte Gedanken und Motive immer wieder und bestimmte Gedanken und Motive sind immer wieder in bestimmter Kombination mit anderen Gedanken und Motiven zu finden. Hält also die Geduld des Lesens der Anstrengung der Begriffe lange genug stand, dann gewinnen die grundlegenden Gedankenlinien bzw. die Eckdaten der Philosophie Lévinas' Kontur,

---

3 Vgl. **Coreth, E. u.a.**: Philosophie des 20. Jahrhunderts, 58.

wenn auch um den Preis des Erlebnisses, bei der Erkundung dieser Basismotive immer einen mehr oder weniger umfangreichen Teil dieser Philosophie nicht verstanden sein lassen zu müssen. Der Grad der Schwierigkeit der Gedankenformulierungen und die darin gegebene Unmöglichkeit der vollkommenen, fehlerlosen Erfassung der Gedankenführung zwingen, und das heißt auch: legitimieren geradezu jeden Rezipienten außerhalb des Kreises der Lévinas-Spezialisten - und es wird hier unterstellt, daß eine über den Kreis von Fachphilosophen hinausgehende Rezeption von der Eigenart und vom Inhalt der Lévinasschen Philosophie selbst gefordert ist - zu einer Reduktion auf die jeweils erkennbaren Basismotive. Dabei wird auffallen, daß die Darstellung der Motive keine Systematik im Sinne linearer, aufeinander aufbauender Gedankenführung erlangt, in der von einer Gegebenheit oder These ausgegangen und durch Hinzufügung weiterer Gedanken in einer bestimmten Reihenfolge zu einer Zielaussage hingeführt würde. Die Darstellung der Motive wird Wiederholungen aufweisen und den Eindruck des Kreisens um das gleiche Anliegen erwecken, in welchem bestimmte Gedanken in Variationen oder wechselnden Kontexten immer wiederkehren und weniger als stringente Argumente denn als ethische Appelle das zentrale Anliegen Lévinas', die *Verantwortung für den Anderen*, untermauern. Diese "Unsystematik" ist durch die Eigenart des Lévinasschen Werkes selbst bedingt. Das inhaltliche Anliegen dieses Werkes selbst sperrt sich gegen jede Stringenz, da die diesbezüglichen Begriffe "sich für eine Darstellung in linearer Abfolge nicht eignen, obschon sie sich nicht wirklich voneinander trennen lassen und obschon sie nicht umhinkönnen, ihre Schatten und Spiegelungen aufeinander zu projizieren"[4]. Eine stringente Abfolge der Gedanken wäre Ausdruck jenes Denkens, das das, was ist, und die Art, wie es ist, vollständig zu erfassen und sich gefügig zu machen sucht, und das gerade darin dem Werk Lévinas' widersprechen würde, welches bestrebt ist, dieses abendländische Denken, das seine Befriedigung in der denkerischen Vergegenwärtigung des Seienden und des Seins des Seienden sucht und mit der denkerischen Vergegenwärtigung der Dinge diese bereits als bewältigt betrachtet, zu erschüttern und in seinem Ungenügen nachzuweisen.

7.1.1.2 Gründe für eine Rezeption

Motivauswahl und -darlegung der hier beabsichtigten Rezeption der Philosophie Lévinas' orientieren sich primär an dem zweiten Hauptwerk "Jenseits des Seins oder anders als Sein geschieht". Diese Präferenz hat ihren Grund in den Erkenntnisinteressen, mit denen bestimmte Orientierung gebende Impulse der Lévinasschen Philosophie erwartet werden. Zum einen findet das Subjektsein des Menschen, dessen Zuspitzung als Kriterium einer Praxistheorie der Diakonie intendiert ist, in dem angegebenen Werk seine intensivste Verteidigung und seine radikalste Neuformulierung - freilich im spezifischen, dem gängigen Subjektbegriff gegenläufigen Verständnis bei Lévinas.[5] Zum anderen

---

4 **Lévinas, E.**: Jenseits des Seins, 59.

5 Vgl. **Funk, R.**: Sprache und Transzendenz, 286 f., 360.

läßt sich bei Lévinas das Motiv, in dem er den Reflexionsgegenstand der hier vorliegenden Untersuchung explizit nennt, nämlich die Diakonie, erst nach dem ersten Hauptwerk "Totalität und Unendlichkeit" beobachten. Obwohl die Diakonie auch im zweiten Hauptwerk nicht als ausdrücklicher Terminus auftaucht, scheint in Anbetracht der zeitlichen Ansiedlung der Nennung der Diakonie im Lévinasschen Werk - erstmals vermutlich 1963[6], in jüngerer Zeit 1981[7] - die dortige Gedankenführung den stimmigen Rahmen für eine Einordnung des Diakonie-Themas in die Philosophie Lévinas' abzugeben. Mehrmalige Ausführungen in diesem Werk, die unzweifelhaft den Sachverhalt der Diakonie im Lévinasschen Sinn zum Inhalt haben[8], bestätigen diese Vermutung.
Mit diesen Kriterien der Textauswahl sind aber auch schon zwei Gründe angedeutet, die eine Beschäftigung mit Lévinas gerade in der vorliegenden Untersuchung nahelegen. Der erste Grund ist darin gegeben, daß es sich hier um ein philosophisches Denken handelt, welches die theoretische Größe, die auch den hier vorgenommenen Praxisuntersuchungen als Kriterium unterlegt ist, nämlich das *Subjektsein des Menschen*, nicht nur als partikularen Aspekt behandelt, sondern zu seinem zentralen Inhalt macht. Die Betrachtung der Philosophie Lévinas' als einer "Philosophie des Subjekts" mag zunächst überraschen, unternimmt es doch Lévinas, die in der abendländischen Philosophie seit der Aufklärung entwickelte Idee des autonomen Subjekts, das "ich denke also bin ich"-Gehabe des sich selbst genügenden Menschen, die Mentalität eines selbstherrlichen, alles andere als Objekt unterwerfenden Subjekts einer radikalen Kritik zu unterziehen.[9] Und dennoch ist es nicht nur möglich, sondern sogar geboten, das Subjektsein des Menschen als ein Kernanliegen seines Denkens zu begreifen. Dieses "präsentiert sich als 'eine Verteidigung der Subjektivität'"[10], als eine Rettung des Subjekts gegen die penetrante Behauptung seines Todes. Freilich bedarf eine solche Rettung einer radikalen Umdeutung des Subjektseins, in der das überwunden wird, was zur Behauptung des Todes des modernen, aufklärerischen Subjekts geführt hat. Tot ist dieses Subjekt aufgrund seiner Selbstherrlichkeit, seines herrschenden Gehabes, womit es erst viele der lebenszerstörenden Aporien der Moderne hervorgerufen hat, angesichts deren es sich selbst als unfähig, machtlos erweist. Lévinas nimmt deshalb eine Umdeutung des Subjektseins vor, in der dieses nicht mehr als ein Selbstmächtig-Sein, als ein Verfügen-Über oder als ein Sich-selbst-Genügen, sondern - die ursprüngliche Bedeutung des Wortes "Sub-jekt" aufgreifend - als "Subjektion", als ein Unterstehen oder ein Sich-Unterwerfen verstanden

6 Eine zentrale Belegstelle (vgl. **Lévinas, E.**: Die Spur des Anderen, 222-226) findet sich in einem Beitrag (vgl. ebd. 209-235), dessen französischer Originaltext erstmals 1963 veröffentlicht und 1967 noch einmal für die Überarbeitung eines anderen Werkes verwendet worden ist (vgl. ebd. 335).

7 Vgl. **Lévinas, E.**: Ethik und Unendliches, 74.

8 Vgl. exemplarisch **Lévinas, E.**: Jenseits des Seins, 360-363.

9 Vgl. **Reiter, J.**: Der "Humanismus des anderen Menschen", 360-366; **Olivetti, M.M.**: Philosophische Fragen, 42 f.

10 **Funk, R.**: Sprache und Transzendenz, 52. - "Subjektivität" darf dabei im Kontext des Lévinasschen Denkens nicht im geläufigen Sinn der subjektiven, personengebundenen, von außen nicht bewertbaren oder beliebigen Verfaßtheit des Menschen verstanden werden, sondern bildet die abstrahierende Begrifflichkeit für den Vollzug des Subjektseins.

wird. Das Subjekt ist bei Lévinas das dem anderen Menschen unterstehende, der Verantwortung gegenüber dem Anderen unterliegende Subjekt. Lévinas zeigt, daß das Subjekt nicht über die Frage, was der Mensch ist oder sein kann, also nicht ontologisch, sondern über die Frage, was er in Verantwortung vor dem Anderen tun muß, also ethisch zu definieren ist. Die Philosophie Lévinas' ist zu verstehen als "ontologische Destruktion und ethische Einsetzung des Subjekts"[11].

Eine Untersuchung, die zur Neuorientierung der diakonischen Praxis beitragen will, indem sie diese diakonische Praxis unter dem Kriterium des Subjektseins des Menschen wahrnimmt, kann sich von einer solchen Umdeutung des Subjekts neue Perspektiven erhoffen. Es ist ja nicht so, daß das Kriterium "Subjekt" in der momentan wahrnehmbaren diakonischen Praxis noch keine Rolle spielen würde. Die Forderung, daß die Menschen, die in der Diakonie Heilung und Befreiung erfahren, in dieser Diakonie selbst Subjekte sein, bleiben oder werden sollen, gilt als Selbstverständlichkeit und als Konsens, dessen Klärung bereits vollzogen ist. Niemand von den diakonischen Mitarbeiterinnen und Mitarbeitern wie auch niemand von den etablierten kirchlichen Kräften, die über theologische, rechtliche, strukturelle oder personelle Rahmenbedingungen der Diakonie befinden, wird behaupten, die in der Diakonie begegnenden Notleidenden müßten als Objekte der diakonisch Tätigen betrachtet werden. Die Einforderung des Subjektseins geschieht also unbezweifelt, offensichtlich aber auch unbedacht. Denn die Untersuchung der Problemlagen der diakonischen Praxis endete ja in dem Fazit, daß aus allen drei eingenommenen Wahrnehmungsperspektiven erkennbar wird, daß die Diakonie über weite Strecken nach dem Modell eines Subjekt-Objekt-Gefälles zwischen Hilfeleistenden und Hilfsbedürftigen strukturiert ist. Entgegen den allgemeinen Beteuerungen des Subjektpostulats verbleiben notleidende Menschen in der Diakonie weitgehend im Objektstatus. So ist also zu fragen, ob nicht die durchaus schon anerkannte, selbstverständliche Zuschreibung des Subjektseins an die Notleidenden immer noch zu sehr einer überkommenen Subjektmentalität auf seiten der Helfenden und der etablierten Kräfte entspringt. Stellt nicht die Zuschreibung des Subjektseins an Notleidende in sich selbst noch einmal einen Akt des Verfügens über jemanden, des Sich-Überordnens dar? Erfolgt nicht die gängige Einforderung des Subjektseins nur in einer harmlosen, domestizierten und idealisierten Form, welche auf seiten derer, die sich als die Subjekte des diakonischen Hilfehandelns präsentieren, bzw. auf seiten derer, die die binnenkirchlichen Rahmenbedingungen der Diakonie bestimmen, die Mentalität unangetastet läßt, daß sie diejenigen seien, die agieren, die Maßgaben formulieren, die den Modus der Praxis bestimmen, die Kompetenz haben und anwenden, die wissen, was für die Notleidenden gut ist? Geschieht nicht die Einforderung des Subjektseins in der diakonischen Praxis dergestalt, daß das Subjektsein im Sinne der Eigenverantwortung und Selbstbestimmung zwar für die Seite der Notleidenden behauptet, unter dem Deckmantel dieser Beteuerung aber um so einseitiger nur auf seiten der diakonisch tätigen Personen bzw. Instanzen eingelöst wird?

---

11 **Wenzler, L.**: Zeichen und Antlitz, 138. - Das Zitat bildet den Untertitel dieses auf die Subjektfrage fokussierten einführenden Aufsatzes zur Philosophie Lévinas'.

In dieser Untersuchung werden also Motive der Philosophie Lévinas' rezipiert in der Hoffnung, daß sich aus deren Umdeutung des Subjektseins Perspektiven ergeben für eine Konzeption der Diakonie, die das Subjekt-Postulat so ernst nimmt, daß sich die Träger und Instanzen diakonischer Praxis zunächst aufgefordert sehen, ihre eigene Position gegenüber Notleidenden zu revidieren und letztere nicht der eigenen Verfügungsgewalt zu unterstellen.

Der zweite Grund für eine Rezeption zentraler Motive der Philosophie Lévinas' ist die Tatsache, daß Lévinas die *Diakonie* ausdrücklich nennt.[12] Daß ein Philosoph die Diakonie thematisiert, ist ungewöhnlich genug und kann auch für eine praktisch-theologische Reflexion auf die Diakonie nur ein nachdrücklicher Anlaß sein, die Hintergründe dieser philosophischen Thematisierung zu eruieren. Die vorrangige Motivation zur Rezeption ergibt sich aber vor allem aus der Intention, mit der Lévinas seinen Begriff der Diakonie einführt. Dabei ist natürlich in Rechnung zu stellen, daß das semantische Vorkommen des Begriffs "Diakonie" auch eine Frage der Übersetzung ist und zumal in den deutschen Übersetzungen noch kein ausreichendes Kriterium für die Bewertung des Stellenwerts der Diakonie in der Lévinasschen Philosophie darstellt. Dafür müßte die Verwendung des gesamten Wortfeldes "dienen/Dienst/Diakonie" bei Lévinas berücksichtigt werden. Andererseits ist offenkundig, daß Lévinas seine Rede von "Diakonie" nicht unspezifisch vornimmt, sondern dezidiert in einen jüdisch-christlichen Interpretationsrahmen stellt, indem er in Zusammenhang mit der Diakonie auf das 53. Kapitel des alttestamentlichen Buches Jesaja verweist.[13] Das legitimiert und provoziert dazu, den Begriff der "Diakonie" bei Lévinas mit dem praktisch-theologischen Begriff der Diakonie zu identifizieren.

Der Begriff "Diakonie" wird, auch wenn man das Wortfeld "Dienst/dienen" mit einbezieht, von Lévinas eher selten verwendet, so daß zunächst der Eindruck entsteht, als würde es sich dabei um eine Marginalie handeln. Betrachtet man jedoch die Verwendungszusammenhänge des Begriffs, dann ist dieser Eindruck zu korrigieren. In Bezug auf das Ich als Sub-jekt der Beziehung zum Anderen sagt Levinas: "In seiner Stellung selbst ist es durch und durch Verantwortlichkeit oder Diakonie, wie im 53. Kapitel des Buches Jesaja."[14] An anderer Stelle heißt es: "Der Tod ist ohne Macht über jenes endliche Leben, das einen Sinn erhält von einer unendlichen Verantwortung für den Anderen, von einer Diakonie, welche die Subjektivität des Subjekts ausmacht, des

---

12 Vgl. **Lévinas, E.**: Die Spur des Anderen, 222-226; **ders.**: Humanismus des anderen Menschen, 43; **ders.**: Ethik und Unendliches, 74; ders.: Noms propres, 113, hier zitiert nach **Wenzler, L.**: Zeichen und Antlitz, 150; **Lévinas, E.**: Dialog, 82.

13 Vgl. **Lévinas, E.**: Die Spur des Anderen, 224; **ders.** Humanismus des anderen Menschen, 43. - Die beiden zentralen Belegstellen für die Thematisierung der Diakonie in "Die Spur des Anderen" und "Humanismus des anderen Menschen" weisen gleichlautende Formulierungen auf, da Passagen aus der Urfassung des Abschnittes in "Die Spur des Anderen" für den entsprechenden Abschnitt in "Humanismus des anderen Menschen" verwendet worden sind (vgl. **Levinas, E.**: Humanismus des anderen Menschen, 9, Anm.).

14 **Lévinas, E.**: Die Spur des Anderen, 224.

Subjekts, das ganz und gar Hingespanntsein auf den Anderen ist ..."[15]. In beiden Zitaten dient der Begriff "Diakonie" als nähere Erläuterung dessen, was mit "Verantwortung für den Anderen" gemeint ist. Die Diakonie erscheint als Synonym dieser Verantwortung. Mit der "Verantwortung für den Anderen" ist aber das wichtigste und zentrale Motiv der Philosophie Lévinas' benannt. Folglich ist die Diakonie bei Lévinas zwar dem semantischen Vorkommen, nicht aber dem Inhalt nach ein Randthema. Die Diakonie ist Ausdruck seines Kernanliegens. Das zeigt sich auch daran, daß der Abschnitt "Die Diakonie" des Sammelwerkes "Die Spur des Anderen" wie eine dichte Zusammenfassung der Hauptmotive dieser Philosophie zu lesen ist.[16]
Die Bedeutung, welche dem Diakonieverständnis bei Lévinas für eine Neuorientierung der Diakonie zukommt, läßt sich erahnen, wenn man die gängige kirchlich-theologische Diskussion um die Diakonie betrachtet. Die Argumentationen ranken sich hier um Fragen wie: Was bedeutet die Diakonie für die Kirche, für das Gemeindeleben oder die christliche Glaubenspraxis? Was ist das "spezifisch Christliche" an der Diakonie? Welcher Stellenwert kommt der Diakonie und damit der Kirche in der Gesellschaft zu? Wie verhält sich die Diakonie zu den anderen Praxisvollzügen der Kirche? Es sind Fragen, mit denen die Kirche bzw. Christinnen und Christen nach der Bedeutung der Diakonie *für sich*, für das Eigene fragen. Die Diakonie wird bestimmt über die Frage, ob sie den vorgegebenen Vorstellungen über ihren Platz in der kirchlichen Praxis entspricht und wie sie eventuell diesen Vorstellungen angeglichen werden kann. Anders präsentiert sich die Rede von der Diakonie bei Lévinas: Diakonie ist die Veranwortung *für den Anderen.* Was die Diakonie ist, wird definiert über die Frage, was sie *für den Anderen*, für den notleidenden Menschen bedeutet und wie das Ich, das nach der Diakonie fragt - und damit sind Theologie, Kirche wie auch einzelne Christinnen und Christen gemeint -, sich ändern muß, um dieser Verantwortung gerecht zu werden. Grund zur Rezeption zentraler Motive der Philosophie Lévinas' speziell für eine praktisch-theologische Reflexion auf die Diakonie besteht also deshalb, weil "ein Vom-Anderen-her-Denken eine Neubewertung der *Diakonie* zur Folge haben"[17] kann, in der die bisherige Konzeption der Diakonie durch Theologie und Kirche einer gravierenden Revision unterzogen wird.[18]

---

15 Levinas, E.: Noms propres, 113, hier zitiert nach **Wenzler, L.**: Zeichen und Antlitz, 150 f.

16 Vgl. **Lévinas, E.**: Die Spur des Anderen, 222-226.

17 **Luther, H.**: "Ich ist ein Anderer", 83.

18 Ansätze zu einer Rezeption Lévinas' für die Diakonietheologie finden sich bei **Luther, H.**: "Ich ist ein Anderer", 74-87; **Schäfer, G.K.**: Gottes Bund entsprechen, 399-401; **Windisch, H.**: Sprechen heißt lieben, 164-169.

7.1.1.3 Die Kontinuität zu den theologischen Subjekttheorien

Wenn mit der Philosophie Lévinas' die Frage nach dem Subjekt noch einmal aufgegriffen wird und dies in der Absicht, neue Perspektiven für Ansätze einer Praxistheorie der Diakonie zu gewinnen, dann stellt sich die Frage, wie sich diese neue kriteriologische Orientierungsinstanz zu den oben (s. 1.2.2) herangezogenen Entwürfen, also zu den Subjekttheorien von Karl Rahner, Johann Baptist Metz und Helmut Peukert, verhält. Die Tatsache, daß allen vier orientierende Relevanz zugesprochen wird, signalisiert bereits, daß eine gewisse Kompatibilität ihrer Subjekttheorien angenommen wird. Mit Lévinas werden also Rahner, Metz und Peukert keineswegs für obsolet erklärt. Auf der anderen Seite bedeutet die Aufnahme des Subjektverständnisses Lévinas', daß in ihm neue, weiterführende Motive entdeckt werden können, die so bei den drei anderen noch nicht gegeben sind.

Zunächst mag es überraschen, den jüdischen Philosophen Lévinas mit den christlich-katholischen Theologen Rahner, Metz und Peukert überhaupt in eine Reihe zu setzen. Während die Verknüpfung der Theologen-Trias einsichtig ist, da sie enge biographische und theologische Berührungspunkte aufweisen, scheint der Schritt von diesen Theologen zu Lévinas zu groß zu sein, als daß er selbstverständlich nachvollzogen werden könnte. Und dennoch lassen sich augenfällige Übereinstimmungen feststellen. Alle vier finden in der Paradoxie der Moderne, in den antihumanen Auswirkungen des Humanismus einen wichtigen Impuls ihrer Gedankenentwicklung. Rahner sieht die Welt als eine "weltlich" gewordene Welt und meint damit: "Die Welt, in der der Mensch von heute lebt, ist eine hominisierte Welt, eine Welt, ... die sich der Mensch in seiner Umwelt selbst erbaut."[19] In dieser vom Menschen für sich hergestellten Welt ist mit der "Möglichkeit eines inhumanen 'Humanismus'"[20] zu rechnen. Das gleiche Motiv steht am Anfang der "politischen Theologie" von Johann Baptist Metz: "Der Mensch selbst aber weiß sich immer mehr der umschließenden Einheit einer vorgegebenen Natur entnommen, erfährt sich als ihr gegenüberstehendes, aktives Natur-Subjekt, das nun planend und verändernd in diese Natur eingreift, um aus ihr allererst Welt aufzubauen. Der Mensch versteht sich im Verhältnis zur Natur gleichsam als Demiurg, als Weltbaumeister, der aus dem Stoff dieser Natur sich *seine* Welt schafft, Welt des Menschen, *hominisierte* Welt."[21] Aber: "Die hominisierte Welt erscheint als eine *enthumanisierte Welt*. Damit ist wohl die höchste Gefahr unserer Situation bezeichnet: Nicht nur die Welt als Natur, sondern auch der Mensch selbst droht immer mehr 'manipuliert' zu werden. Er selbst prägt nicht nur als Subjekt den Hominisierungsprozeß, sondern läuft auch immer mehr Gefahr, selber zum Gegenstand jener planenden und experimentierenden Unterwerfung und Reglementierung degradiert zu werden. Hier zeigt sich, daß Hominisierung keineswegs schon Humanisierung ist, ja, der Hominisierungsprozeß

---

19 **Rahner K./Greinacher, N**: Religion und Kirche in der modernen Gesellschaft, 224.

20 **Rahner, K.**: Christlicher Humanismus, 249.

21 **Metz, J.B.**: Zur Theologie der Welt, 55.

scheint sich hier als totale Bedrohung des Humanum zu entfalten."[22] Bei Helmut Peukert dient das Motiv der Paradoxie des Humanismus als Ausgangspunkt für eine Selbstverständnisklärung der Praktischen Theologie: "Angehäuftes technisches Verfügungswissen liefert noch keine begründeten Handlungsorientierungen. ... Die Frage, was überhaupt *humanes*, genauer noch: menschliches Leben und Zusammenleben förderndes *Handeln* sei und woran es sich orientieren könne, wird als immer dringlicher empfunden."[23]

Obwohl keine inhaltlichen Abhängigkeiten bestehen[24], wird die Paradoxie des Humanismus bei Lévinas beinahe gleichlautend thematisiert: "Die Krise des Humanismus in unserer Epoche hat ihren Ursprung vermutlich in der Erfahrung der menschlichen Wirkungslosigkeit, die der Überfluß unserer Handlungsmittel und die Reichweite unserer ehrgeizigen Absichten umso schärfer hervortreten läßt. In der Welt, ... in der die Wissenschaft die Topographie der Wahrnehmung und der *Praxis* ausweitet, ... lehrt der Wider-Sinn der gewaltigen verfehlten Unternehmungen die Unbeständigkeit des Menschen, des Spielzeugs seiner eigenen Werke."[25] Für Lévinas kündigt sich darin "das in der menschlichen Tat enthaltene Scheitern an und erhebt sich der Anti-Humanismus, der den Menschen auf ein Medium reduziert"[26].

Die Sorge um die Rettung eines wirklichen Humanismus gegenüber dem antihumanen Wirken eines von seiner Verfügungsgewalt und seinem Machbarkeitswahn eingenommenen Menschen bildet also ein gemeinsames und entscheidendes Motiv für die Ausarbeitung des Subjektverständnisses bei Rahner, Metz, Peukert und Lévinas. Darüber hinaus zeigt Lévinas spezifische Affinitäten zu jedem einzelnen der drei Theologen in Form weiterer gemeinsamer Motive. Mit Karl Rahner verbindet ihn z.B. die Betrachtung des anderen Menschen als Ort der Begegnung mit dem Unendlichen[27], welche dieser unter anderem in seiner These der Einheit von Nächsten- und Gottesliebe zum Ausdruck brachte[28]. Daß Lévinas' Biographie buchstäblich eine "Biographie nach Auschwitz", d.h. eine Biographie mit der Erfahrung der Vernichtung der Familienangehörigen unter dem Nationalsozialismus, ist und daß er seine Philosophie in bewußtem Gedenken an die Opfer der Nazi-Herrschaft formuliert[29], verbindet ihn mit Johann Baptist Metz, der seine Theologie als eine "Theologie nach Auschwitz"[30] und als "Erinnerung des Lei-

---

22 Ebd. 69.

23 **Peukert, H.**: Was ist eine praktische Wissenschaft?, 64.

24 Es gibt, soweit das über die Werke rekonstruierbar ist, keine Anhaltspunkte dafür, daß Rahner, Metz und Peukert einerseits und Lévinas andererseits einander rezipiert hätten.

25 **Levinas, E.**: Humanismus des anderen Menschen, 61.

26 Ebd. 69.

27 Vgl. exemplarisch **Lévinas, E.**: Totalität und Unendlichkeit, 106-109.

28 Vgl. **Rahner, K.**: Grundkurs des Glaubens, 301-303; **ders.**: Wer ist dein Bruder?, 13-19; **ders.**: Über die Einheit von Nächsten- und Gottesliebe. - Zum Vergleich zwischen Rahner und Lévinas unter dem spezifischen Aspekt der Gotteserfahrung vgl. **Wohlmuth, J.**: Gott - das letzte Wort vor dem Verstummen.

29 Vgl. dazu die Widmung in **Lévinas, E.**: Jenseits des Seins, 7.

30 **Metz, J.B.**: Jenseits bürgerlicher Religion, 36.

dens"[31] konzipiert. Mit Helmut Peukert schließlich ist Lévinas speziell durch das Todes-Motiv verbunden. Beide sehen den Tod nicht als das Ende der Existenz des Menschen, sondern als die Dimension der Existenz, die den Menschen in seiner unbedingten Verantwortung für den Anderen beansprucht.[32]
Es gibt also wider den ersten Anschein viele Parallelen zwischen Lévinas einerseits und Rahner, Metz und Peukert andererseits, so daß in der Anordnung dieser Untersuchung das erneute Aufgreifen der Subjektfrage anhand des Subjektverständnisses bei Lévinas - bei aller kritischen Absetzung Lévinas' von den abendländischen Subjekttheorien - weniger als Bruch denn als Kontinuität gegenüber den zugrundegelegten theologischen Subjekttheorien empfunden werden kann und das Subjektverständnis von Lévinas eine weitere "Schicht" in der mit Rahner, Metz und Peukert intendierten Profilierung eines im Sinne einer zunehmenden Radikalisierung "geschichteten" Subjektbegriffs darstellt. Die Reihung Rahner-Metz-Peukert-Lévinas erscheint auf dem Hintergrund dieser Kontinuität als berechtigt.

7.1.1.4 Zur Auswahl der Motive

Lévinas' Philosophie ist der Versuch eines radikalen Umdenkens. Ein Rezipieren bzw. Referieren, d.h. eine sekundäre Rekonstruktion dieses (Um-)Denkens ist immer eine Abweichung von dem, was Lévinas aussagen will. Im günstigsten Fall ist die Abweichung eine Vereinfachung, weil sie dann zumindest zum Verständnis beiträgt. Im ungünstigen Fall ist die abweichende Rekonstruktion eine Verkomplizierung und dies vielleicht gerade dann, wenn sie möglichst wenig abweichen, möglichst vollständig wiedergeben und möglichst unanfechtbar bleiben möchte.[33] Was bei jeder referierenden Wiedergabe des Denkens oder Redens eines anderen Menschen notwendig ist, das Wissen um die Unmöglichkeit einer "perfekten", mit dem authentischen Denken und Reden völlig deckungsgleichen Rekonstruktion, die positive Bereitschaft (und nicht nur der widerwillig in Kauf genommene Zwang) zur Vereinfachung im Sinne der Verständlichkeit und somit letztendlich im Sinne der Intention dessen, von dem das Gedachte oder Gesagte stammt, wird gerade von der Philosophie Lévinas' bis zum Extrem und manchmal über Gebühr eingefordert. Damit ist das methodische Vorgehen des hier beabsichtigten Versuchs angezeigt, das bei Lévinas dargelegte Verständnis des Subjektseins und der Diakonie bzw. die dazugehörigen Grundannahmen dieser Philosophie in groben Zügen zu skizzieren: Zentrale Motive - oder besser: solche Motive, die als für die erkenntnisleitenden Aspekte, das Subjektsein und die Diakonie, zentral erscheinen -

---

31 **Metz, J.B.**: Glaube in Geschichte und Gesellschaft, 97.

32 Vgl. **Lévinas, E.**: Totalität und Unendlichkeit, 259, 339-346; **Peukert, H.**: Was ist eine praktische Wissenschaft?, 75 f.; **ders.**: Wissenschaftstheorie, 353-355.

33 Diesen Eindruck macht über weite Strecken die Einführung von **Krewani, W.N.**: Emmanuel Lévinas.

werden ausgewählt und hinsichtlich des von Lévinas intendierten Sinngehalts dargelegt.[34]

Die folgende (hoffentlich) vereinfachende Rekonstruktion der von Lévinas formulierten Gedanken, mit denen er sich von dem im folgenden Punkt darzustellenden "gewaltförmigen Denken des Selben" der abendländischen Philosophie und der Menschen überhaupt absetzen will, und des darin enthaltenen "kopernikanisch gewendeten" Anliegens beruht auf der Annahme, daß *das Sub-jekt*, *der Andere* und *das bzw. der Unendliche* die drei Basisgrößen sind, zwischen denen sich das Netz der Lévinasschen Gedanken knüpfen läßt. Die Distanz zum abendländischen "gewaltförmigen Denken des Selbst" und die drei Basisgrößen geben auch die Einteilung der folgenden Darlegungen vor, wobei nochmals an das oben zur Schwierigkeit der Lévinas-Rezeption Gesagte erinnert werden muß: Die Einteilung der Motive ist keine Gliederung. Die Philosophie Lévinas' sperrt sich entsprechend ihrer Eigenart gegen jede lineare, systematische Darstellung ihrer Gedanken, weil die zwingende lineare Abfolge der Gedankenentwicklung, das Erfassen der Gedanken in einer Systematik bereits Ausdruck jenes von Lévinas kritisierten gewalttätigen Seinsdenkens wäre, in dem der vom abendländischen, ontologischen Denken geprägte Mensch auf die ihm begegnende Wirklichkeit Zugriff nimmt, um sie in seine Begriffe und Vorstellungen einzuordnen und um sich damit als derjenige zu erweisen, der die Wirklichkeit im Griff hat, der sich in seinem Sein durch sein Sein behauptet hat.

Man kann die Aussageintention Lévinas' in einen ersten, verdichtenden Ausdruck bringen, wenn man den drei Basisgrößen drei weitere zentrale Motive zuordnet: *Verantwortung*, *Angesicht* und *Spur*. Diese drei Motive sind gleichsam die Modi, in welchen Subjekt, Anderer und Unendlicher/s voreinander in Erscheinung treten bzw. eben nicht erscheinen. Der Modus der Beziehung des Subjekts zum Anderen ist Verantwortung; der Andere erscheint bzw. entzieht sich dem Subjekt in seinem "herausfordernden" Angesicht; die Verantwortungsbeziehung zwischen Subjekt und Anderem befindet sich in der Spur des Unendlichen, d.h. in dieser Beziehung ist das bzw. der Unendliche im Modus der Spur erahnbar, nicht als etwas Vergegenwärtigbares, sondern als etwas Vergangenes, das sich entzieht und nur noch erahnt werden kann als etwas, das eine Spur hinterläßt, wobei die Spur nicht Zeichen der Anwesenheit, sondern eher der Abwesenheit, oder besser: der Unverfügbarkeit ist. Die genannten Motive lassen sich entsprechend ihrer Bezüge zu einer Formel verbinden, in der die - zumindest für die vorliegende Untersuchung - wichtigsten Koordinaten des Lévinasschen Denkens zusammenlaufen: *Verantwortung des Subjekts vor dem Angesicht des Anderen in der Spur des Unendlichen.*

Wird die Rekonstruktion der Philosophie Lévinas' über die genannten drei Basisgrößen und ihre Bezüge zueinander angegangen, dann kommen bestimmte andere, ebenfalls wichtige Motive gemessen an ihrem Stellenwert zu wenig zum Vorschein - etwa das "Es-gibt" (il y a), Sprache, Zeit, Dia-chronie, Begehren, An-archie. Sie können zwar im Zusammenhang mit den als Eckdaten zugrundegelegten Basisgrößen immer wieder auf-

[34] Vgl. ähnlich **Esterbauer, R.**: Transzendenz-"Relation", 17-137.

scheinen, treten aber eben im Vergleich zu diesen in den Hintergrund, obwohl sie in Lévinas' Denken ebenfalls großen Raum einnehmen. Dennoch und nochmals gilt: Eine solche auswählende Entscheidung ist notwendig im Sinne der Vereinfachung und der Sache selbst.

7.1.2 Die Ausgangsproblematik: Gewaltförmiges Denken des Selben

Die Philosophie Lévinas' ist trotz aller Ungewohntheit der Gedankenführung kein Artefakt, kein geschlossenes philosophisches System, welches ohne Bezüge zum Philosophieren anderer stehen würde. Aber Lévinas steht zur philosophischen Tradition vor und neben ihm, zum gewohnten abendländischen Philosophieren in Bezug im Modus der Abgrenzung.[35] Dieses abendländische Philosophieren ist in den Augen Lévinas' geprägt von der kartesianischen Mentalität des "cogito, ergo sum". Das Denken wird als Erfüllung des menschlichen Existenzvollzugs empfunden. Die Wirklichkeit scheint in dieser Mentalität schon bzw. erst hinreichend erfaßt zu sein, wenn sie gedacht, also im Denken des Menschen nachvollzogen wird. Und es wird gedacht, um die Wirklichkeit vollständig zu erfassen. Der Mensch denkt anhand von Begriffen, von Vorstellungen, die er sich von den Wirklichkeiten macht oder die er übertragen bekommt. Das Denken wird verstanden als der Akt, in dem vorgefundene Wirklichkeiten erkannt, d.h. mit bestimmten "mitgebrachten" Begriffen und Vorstellungen identifiziert und mit anderen Begriffen und Vorstellungen in Zusammenhang gebracht werden. Der Mensch versucht, im Denken der Wirklichkeit habhaft zu werden, indem er feststellt, daß etwas *so* und etwas anderes *nicht so* ist, daß etwas *dieses* und etwas anderes *jenes* ist, und er glaubt, in diesem Sagen, daß etwas *so* ist bzw. *dieses* ist, die entsprechende Wirklichkeit erfaßt zu haben. Denken ist so eine Angleichung der Wirklichkeit an die eigenen Vorstellungen von dieser Wirklichkeit. Das abendländische Philosophieren ist nach Lévinas ein Denken in diesem Modus: ein Denken, mit dem die Bestätigung der eigenen Vorstellungen gesucht wird, ein Denken, in dem folglich immer nur die eigenen, bereits in Begriffen angeeigneten und angepaßten Wirklichkeiten aufscheinen, ein Denken, das immer nur "*Denken des Selben*" ist. Lévinas grenzt sich von solchem Philosophieren ab. Für ihn gilt: Im "Denken des Selben" ist die Wirklichkeit noch nicht hinreichend erfaßt, und speziell dem anderen Menschen wird man mit dem "Denken des Selben" nicht gerecht.

35 Vgl. zur kritischen Distanznahme Lévinas' gegenüber der abendländischen Philosophie **Peperzak A.**: Der Andere und die Metaphysik; **Reiter, J.**: Das unbewältigte Gute.

7.1.2.1 Die Inhumanität des Humanismus

Die Distanzierung vom traditionellen abendländischen Philosophieren erhält einen entscheidenden Impuls durch die Erfahrung der Inhumanität von Menschen gegenüber anderen Menschen, die zu jeder Zeit beobachtbar ist, in den Grausamkeiten des 20. Jahrhunderts jedoch bedrückende Aktualität erlangte. "Entmythologisierung" und "Aufklärung" sind programmatische Chiffren, mit denen sich die abendländische Philosophie als Kraft ausweist, die das Ansinnen des Menschen, sich selbst zum Mittelpunkt seiner Welt zu machen, vorantreibt. Der Mensch versteht sich als autonomes, mündiges Wesen, das die Welt seiner Verfügung unterstellt. Er ist nicht mehr der in eine Welt eingebundene und von ihr getragene Mensch, der sich über diese Welt als seinen umfassenden Daseinsraum nicht erheben könnte. Der Mensch versteht sich als Gebieter der Welt, der die Welt als sein Gegenüber vorfindet und nach seinen Bedürfnissen gestaltet. Und er rechtfertigt dieses Selbstverständnis mit dem Hinweis, daß er das mit Vernunft ausgestattete Wesen sei, das denken kann, in diesem Denken sich die Welt vergegenwärtige, so den gegenüber anderen Lebewesen und Dingen spezifizierenden Erweis seiner Existenz leiste und folglich einen privilegierten Platz in der Welt einnehme. Mit diesem Selbstverständnis des Menschen ist das Bewußtsein des *Humanismus* ausgedrückt in dem Sinn, daß sich der Mensch als Mittelpunkt der Welt und die Welt in Zuordnung auf sich definiert. In einem solchen Humanismus fragt das Ich des Menschen, wie es sich in der Welt behaupten kann. Es ist ein "Humanismus des Ich".
Genau dieser Humanismus erweist sich nun als Quelle von Inhumanitäten. Die Sorge des Menschen um seinen Bestand in der Welt richtet sich gegen den Menschen selbst dergestalt, daß immer wieder einige Menschen den Willen ihrer Selbstbehauptung gegen andere Menschen durchsetzen, von denen sie glauben, daß sie ihrer Selbstbehauptung im Wege stehen. Die massive Tötungsgewalt gegen Unschuldige - speziell bei Lévinas immer konkretisiert in der Gewalt des Nationalsozialismus - belegt die Inhumanität eines solchen Humanismus. "Die Krise des Humanismus in unserer Epoche hat ihren Ursprung vermutlich in der Erfahrung der menschlichen Wirkungslosigkeit, die der Überfluß unserer Handlungsmittel und die Reichweite unserer ehrgeizigen Absichten umso schärfer hervortreten läßt. In der Welt, in der die Dinge an ihrem Platz sind, in der die Augen, die Hand, der Fuß die Dinge zu finden wissen, in der die Wissenschaft die Topographie der Wahrnehmung und der *Praxis* ausweitet, ... lehrt der Wider-Sinn der gewaltigen verfehlten Unternehmungen die Unbeständigkeit des Menschen, des Spielzeugs seiner eigenen Werke. In diesen verfehlten Unternehmungen laufen Politik und Technik schließlich auf die Negation der Projekte hinaus, von denen Politik und Technik doch angeführt werden. Die in den Kriegen und in den Vernichtungslagern ohne Bestattung gebliebenen Toten verschaffen der Idee eines Todes ohne Zukunft Geltung und erweisen die Sorge um sich selbst als tragikomisch und den Anspruch des *animal rationale* auf einen privilegierten Platz im Kosmos und auf die Fähigkeit, die Totalität des Seins in einem Bewußtsein seiner selbst zu beherrschen und zu integrieren,

als illusorisch."[36] Die Krise des Humanismus besteht in seinem Charakter als Anti-Humanismus, in der Tatsache, "daß eine Politik und eine Verwaltung, die vom Ideal des Humanismus geleitet sind, die Ausbeutung des Menschen durch den Menschen und den Krieg aufrechterhalten"[37]. Der Wille zur Selbstbehauptung des Menschen nimmt Formen an, in denen er die Menschlichkeit gerade verfehlt und angesichts deren sich der Mensch mit dem Gedanken, autonomes Subjekt zu sein, der Lächerlichkeit preisgibt.[38]

Für Lévinas besteht die Herausforderung der Philosophie darin, neu nach der Menschlichkeit, nach dem Mensch-Sein des Menschen zu fragen und die Forderung nach Menschlichkeit neu zu begründen. Dabei kann es nicht darum gehen, daß nun, gleichsam im Gegenzug zur Selbstbehauptung, eine Selbstverneinung des Menschen propagiert würde. Menschlichkeit kann nicht *gegen* einen Menschen, auch nicht gegen das bislang unmenschliche Ich begründet werden. Damit wäre ja wieder Unmenschlichkeit bewirkt. Die Lösung sucht Lévinas nicht einfach in der Opposition zum Gegebenen, sondern in der Andersartigkeit gegenüber dem Gegebenen.[39] Die neue Menschlichkeit liegt für ihn jenseits der Alternative, daß sich das Ich entweder gegenüber dem anderen Menschen durchsetzt oder sich ihm gegenüber selbst aufgibt. Menschlichkeit ist zu begründen jenseits der Frage, wie ein Mensch aus seiner eigenen Perspektive, d.h. als "Ich", seine eigene Existenz, sein Sein behaupten oder verlieren kann. Es geht um eine Menschlichkeit "jenseits des Seins oder anders als Sein geschieht"[40], um eine Menschlichkeit also, die auf andere Weise bewerkstelligt wird als jene, in der sich Menschen in ihrer Existenz selbst behaupten. Die Umstellung erfolgt durch die Umstellung der Fragerichtung. In der gesuchten Menschlichkeit steht nicht die Frage an, was die Welt *für mich* bedeutet, was *ich* aus der Welt machen kann, wie *ich* mich selbst behaupten kann. Lévinas will den neuen Humanismus begründen, indem er nach dem Anderen fragt, das Recht des Anderen einklagt, die Frage, wie die Existenz des Anderen in der Welt bewahrt werden kann, zum Ausgangspunkt wählt. Menschlichkeit ist dort konstituiert, wo der Andere in *seiner* Existenz, d.h. auch in seinem Anders-Sein bewahrt ist. In diesem Sinn geht es Lévinas um einen neuen Humanismus, einen "Humanismus des anderen Menschen". Das ist das durchgängige, fundamentale und zentrale Anliegen der Philosophie Lévinas'[41], dem das - weiter unten (s. 7.1.4.2) darzulegende - ebenso durchgängige, fundamentale und zentrale Motiv der "Verantwortung für den Anderen" entspricht.

---

36 **Levinas, E.**: Humanismus des anderen Menschen, 61 f.

37 Ebd. 87.

38 Vgl. **Krewani, W.N.**: Emmanuel Lévinas, 13.

39 Vgl. **Reiter, J.**: Der "Humanismus des anderen Menschen", 358.

40 So lautet der Titel des zweiten Hauptwerkes in der deutschen Übersetzung.

41 Vgl. **Reiter, J.**: Der "Humanismus des anderen Menschen", 357; **Wenzler, L.**: Anders denken.

7.1.2.2 Das gewalttätige Seinsdenken

Der Schlüssel für eine Kritik des "alten Humanismus" und eine Begründung eines "neuen Humanismus" liegt in der Problematik des Strebens des Menschen, sich im Sein zu behaupten. Der Mensch vollzieht seine Existenz, sein Sein, indem er dieses Sein bedenkt. Er fragt danach, wer er ist, wie er ist, was er nicht ist, welche anderen Menschen und Dinge (in seiner Umwelt) sind, was sie in Bezug auf ihn sind und nicht sind, und er fragt schließlich, was *nicht* ist. Das "sein"[42] des Menschen will umfassen, d.h. das Sein der anderen Seienden bzw. das Nichtsein definieren und zwar so, daß es in das Konzept des eigenen Seins paßt; der Mensch betreibt sein "sein" mit der Intention, das Andere, das ihm begegnet, in sein Sein zu integrieren.[43] Diese Intention ist an den Fragen abzulesen, die der Mensch in Bezug auf seine Welt stellt und folglich auch an seinen Erkenntnisakten. Er fragt, was sich ihm zeigt, was von den Phänomenen und Behauptungen wahr ist. Diese Frage ist befriedigt, wenn der Mensch das, was sich zeigt, mit einer bestimmten Vorstellung identifizieren und die Wahrheit eines Sachverhalts an bestimmten Wahrheitskriterien überprüfen kann. Der Mensch fragt so nach seiner Welt, daß er sie in seine Vorstellungen davon, wie die Welt sein soll, einpaßt und sich dadurch selbst bestätigt, d.h. sich im eigenen Sein festigt. Die Frage des Menschen nach seiner Welt, nach dem Sein dessen, was ihm gegenüber etwas anderes ist, ist also selbst noch einmal ein Vollzug des Seins, ein "sein". Das gleiche gilt für die Frage des Menschen nach anderen Menschen. Die Frage, wer etwas tut, wer wo ist, wer die Welt ebenfalls als sein Gegenüber versteht und wie jemand mit der Welt umgeht, ist darauf aus, jemanden zu erkennen, festzustellen, wer jemand ist. Auch hier wird der andere Mensch identifiziert, und das heißt immer: an bestehende Vorstellungen über ihn angeglichen. Die Frage nach einem "wer" ist dann auch nur die Frage nach einem "was", welches Objekt der eigenen Vorstellungen ist.[44]

Diese Art des Fragens nach dem Sein, das Fragen, welches darauf aus ist, die erscheinenden Dinge und Menschen zu erfassen, und zwar so zu erfassen, wie sie durch die mitgebrachten Vorstellungen hindurch erscheinen, macht - nach Lévinas - die Eigenart des abendländischen Philosophierens aus. Es betrachtet das Sein als Gegenstand des Denkens. Es meint, die Welt sei erfaßt, wenn die Dinge der Welt erkannt sind, wenn das, was sich zeigt, im Denken nachvollzogen wird. Die abendländische Philosophie arbeitet demnach so, daß sie vorgibt, Dinge und Menschen, so wie sie sind, erkennen zu wollen, daß sie aber in Wirklichkeit bereits vorgefertigte Begriffe auf die Dinge und die Menschen anwendet.[45] Darin besteht nun die Gewalttätigkeit dieses Denkens, das ein Denken des Seins, Ontologie ist. "Die Beziehung mit dem Sein, die sich als Ontolo-

---

[42] Lévinas unterscheidet noch einmal zwischen (großgeschriebenem) "Sein" und (kleingeschriebenem) "sein", wobei "sein" das Ereignis des "Seins" ausdrücken und die ontologische Differenz zwischen Seiendem und Sein unterstreichen soll (vgl. **Lévinas, E.**: Jenseits des Seins, 23).

[43] Vgl. **Lévinas, E.**: Jenseits des Seins, 35.

[44] Vgl. ebd. 72 f.

[45] Vgl. ebd. 290.

gie abspielt, besteht darin, das Seiende zu neutralisieren, um es zu verstehen oder zu erfassen. Sie ist daher keine Beziehung zum Anderen als einem solchen, sondern die Reduktion des Anderen auf das Selbe. Dies ist die Definition der Freiheit: sich trotz aller Beziehung mit dem Anderen gegen das Andere halten, die Autarkie eines Ich sichern. Die Thematisierung und die Konzeptualisierung, die im übrigen untrennbar sind, bedeuten keinen Frieden mit dem Anderen, sondern Unterdrückung oder Besitz des Anderen. In der Tat bestätigt der Besitz das Andere, aber auf dem Grunde einer Negation seiner Unabhängigkeit. 'Ich denke' läuft auf 'Ich kann' hinaus - auf eine Aneignung dessen, was ist, auf eine Ausbeutung der Wirklichkeit. Die Ontologie als Erste Philosophie [und damit ist die abendländische, traditionelle Philosophie gekennzeichnet - H.H.] ist eine Philosophie der Macht."[46] Sie ist eine gewalttätige Philosophie, weil sie vorgibt, ihre Vorstellungen und Begriffe von der Wirklichkeit könnten bereits das Ganze der Wirklichkeit erfassen, würden also die Totalität der Wirklichkeit darstellen, und weil sie durch ihr denkerisches Erfassen der Wirklichkeit alles in die Totalität ihrer Begriffe zusammenfassen und einordnen will. Sie übt eine "totalitäre" Herrschaft über alles Seiende aus. Alles Seiende wird in den Begriffshorizont der Philosophie, des "Seins-denkens" hineingezwängt. Anderes wird auf das Selbe reduziert, d.h. das, was anders ist, wird so angeglichen, daß es als dasselbe erscheint, was vorher an Vorstellung darüber schon entwickelt worden ist.[47] Dieses Denken der Philosophie prägt das Existenzverständnis des Menschen. Der Sinn des Seienden wird danach bestimmt, ob und wie es in den begrenzten Horizont der vorgegebenen Vorstellungen hineinpaßt. Und das heißt letztendlich: Der Sinn eines Seienden, seine Seinsberechtigung, bemißt sich daran, ob es den Vorstellungen eines Subjekts entspricht, ob es Sinn *für* ein Subjekt hat, ob es dessen Streben nach Selbstbehauptung bestätigt, welches das Subjekt in seinem Sich-einen-Begriff-von-etwas-Machen zum Ausdruck bringt. Das Seinsdenken ist gewalttätig, weil es egozentrisch darauf ausgerichtet ist, daß sich das denkende Subjekt als autonomes Subjekt durchsetzt.[48] Das ist aus der Perspektive Lévinas' der Gehalt des kartesianischen "cogito, ergo sum": Ich denke (wie anderes zu sein hat), also bin ich (autonomes Subjekt). Sich durchsetzen bedeutet für das Subjekt, das, was ihm als Anderes begegnet, nicht gelten zu lassen, oder genauer: nur insofern gelten zu lassen, als es mit dem Subjekt übereinstimmt, insofern es also das Selbe ist, und insofern nicht gelten zu lassen, als es als Anderes *anders* ist. Das Ich versucht, seine Identität zu gewinnen und zu festigen durch ständiges Identifizieren des Anderen mit dem Eigenen, durch Angleichung an das Ich und durch Vermeidung von Veränderungen des Ich. "Die Existenz eines Ich verläuft als Verselbigung des Verschiedenen"[49], in der es sein Denken-Können unter Beweis stellt, aber auch das Andere seiner Andersheit

---

[46] **Lévinas, E.**: Totalität und Unendlichkeit, 55.

[47] Vgl. **Lévinas, E.**: Die Spur des Anderen, 186. - Wiederum entgegen der grammatikalischen Regel wird "Selbe" hier getrennt vom Artikel und groß geschrieben, um die Unterscheidung zwischen der Selbigkeit des Ich und der Andersheit des Anderen zu betonen.

[48] Vgl. **Reiter, J.**: Der "Humanismus des anderen Menschen", 360 f.

[49] **Lévinas, E.**: Die Spur des Anderen, 186 f.

beraubt.[50] Weil nun aber diese Mentalität der gewalttätigen Aneignung, die Angleichung an und die Unterwerfung unter die Totalität der eigenen Vorstellungswelt, nicht nur gegen Dinge, sondern auch gegen Menschen gerichtet ist, entartet sie zur Inhumanität.

7.1.2.3 Interesse

"Das Sichängsten ist als Befindlichkeit eine Weise des In-der-Welt-seins; das Wovor der Angst ist das geworfene In-der-Welt-sein; das Worum der Angst ist das In-der-Welt-sein-können. ... Das Dasein ist Seiendes, dem es in seinem Sein um dieses selbst geht."[51] Auf dieses Zitat von Martin Heidegger nimmt Lévinas öfters Bezug, um die Verwurzelung des gewaltförmigen Aneignungsdenkens im Wesen des Menschen zu verdeutlichen. Der Mensch hat einen natürlichen Lebenswillen. Er hat daran Interesse, seine Existenz zu bewahren. "Sein ist Interessiertsein."[52] Der Vollzug des Seins hat den Charakter des Sein-Wollens, des Sich-Behauptens. Sein ist der ständige "conatus essendi", der Versuch, die Anstrengung des Seins.[53]
Nun sind es aber viele, im Grunde unzählbar viele Subjekte, die sich als autonome Subjekte behaupten wollen und ihr Interesse bekunden, ihre Existenz nach ihren je eigenen Vorstellungen durchzusetzen. Die Durchsetzung von Autonomieinteresse gegen Autonomieinteresse hat aber kriegerischen Charakter. Autonomieinteressen werden gewahrt, indem das Autonomieinteresse anderer verneint bzw. deren Autonomiebereich erobert wird. Der Mensch hat das Interesse, sich durch den Vollzug seines Seins gegen das Sein des anderen Menschen durchzusetzen. "Das Interessiertsein am Sein und das Interessiertsein des Seinsaktes selbst findet seinen dramatischen Ausdruck in den miteinander im Kampf liegenden Egoismen, im Kampf aller gegen alle, in der Vielfalt der gegeneinander allergischen Egoismen, die miteinander Krieg führen und auf diese Weise zusammen sind. Der Krieg ist der Vollzug oder das Drama des Interessiertseins am Sein."[54] Unterbrochen wird dieser Krieg, wo die Partner, die Interessengegner auf die Durchsetzung ihrer Interessen verzichten. Aber der Verzicht braucht selbst wieder eine Motivation durch die entschädigende Erfüllung eines anderen Interesses - und sei es nur die Erfüllung des Interesses am selbstgefälligen Gefühl, selbstlos zu sein. Das, was als Toleranz und als Nebeneinander-gelten-Lassen bezeichnet wird, ist aber dann noch nicht die vorbehaltlose Anerkennung des Anderen. Der Andere wird ja noch nicht oder gerade nicht wegen seiner Andersheit anerkannt, sondern wegen der im Interessenausgleich erhaltenen Befriedigung eigener Interessen. Solche Toleranz zeigt sich z.B. dort, wo Ausländer anerkannt sind, weil man nicht gerne auf chinesisches, indisches

---

50 Vgl. **Wenzler, L.**: Anders denken.

51 **Heidegger, M.**: Sein und Zeit, 191.

52 **Lévinas, E.**: Jenseits des Seins, 26.

53 Vgl. **Wenzler, L.**: Anders denken.

54 **Lévinas, E.**: Jenseits des Seins, 26.

oder italienisches Essen verzichtet oder weil man ausländische Arbeiter für die Müllabfuhr braucht. Aber dieser Friede beruht auf dem instabilen Gleichgewicht der ausgehandelten, gegenseitig zugestandenen Interessen, in dem die Interessen gegenseitig nur begrenzt sind, der grundsätzliche Impetus der Vereinnahmung des Anderen zu eigenen Gunsten aber nicht außer Kraft gesetzt wird. Die geringste Verschiebung im Interessengleichgewicht läßt die Eroberungshaltung, die Anstrengung, sich gegen den Anderen im Sein zu behaupten, wieder hervorbrechen. Denn das Interessiertsein bleibt.[55] Potentiell führt das Interessiertsein zur Bereitschaft, das, was sich gegen das Interesse am eigenen Sein stellt, auszulöschen, dem eigenen Interesse zu unterstellen. Im Extrem bedeutet dies die Bereitschaft, den Anderen zu töten.
Da die abendländische Philosophie als Ontologie von diesem Interesse am Sein geprägt war und das Interesse am Sein wiederum genährt hat, kann Lévinas sie auch als eine "Philosophie der Macht, ... eine Philosophie der Ungerechtigkeit"[56] bezeichnen. Unter ihrer Ägide konnte die abendländische Geschichte eine Geschichte der Eroberer und Sieger werden, weil allein die Durchsetzung von Interessen, die Behauptung des eigenen Seins als anerkennenswert dargestellt wurde. Diejenigen, die ihre Interessen am Sein nicht gegen andere Menschen durchsetzen konnten oder wollten, die Unterdrückten und Ausgebeuteten, die Armen und Stigmatisierten, die Kranken und Verfolgten, wurden von einer solchen Philosophie und Geschichte als nicht existent betrachtet. Als solche wurden sie in ihrem Sein nicht anerkannt, sondern vergessen. Der Humanismus des Ich erweist sich als Humanismus eines ungerechten, gewalttätigen Ich, das dem Anderen die Anerkennung als Anderer nicht nur versagt, sondern auch sein Anderssein auslöschen will.[57] Damit erweist sich das Denken des Selben aber auch als unfähig, wirkliche Transzendenz zu "denken". Es lebt von der Beschränkung auf das eigene Selbst, vom Verharren beim Eigenen. Interesse am eigenen Sein und Transzendenz als Hinübergang zum "Jenseits des Seins", zum Anderen schließen sich aus.

7.1.2.4 Identifizierung und Intentionalität

"'Was tun Sie', wurde Herr K. gefragt, 'wenn Sie einen Menschen lieben?' 'Ich mache einen Entwurf von ihm', sagte Herr K., 'und sorge, daß er ihm ähnlich wird.' 'Wer? Der Entwurf?' 'Nein', sagte Herr K., 'Der Mensch.'"[58] Diese von Bertolt Brecht erzählte Geschichte veranschaulicht treffend jene zwischenmenschliche Begegnungsweise, die Lévinas als Auswuchs des Seinsdenkens der Kritik unterzieht.
Das Ich beobachtet Phänomene und bringt sie zur Sprache, indem es die Phänomene Begriffen zuordnet. Das Ich stellt fest: dieses ist dieses und jenes ist jenes. Die Thematisierung durch das Ich ist der Vorgang, in dem das Ich Seiendes wahrnimmt, dadurch

55 Vgl. ebd. 27 f.; **Reiter, J.**: Der "Humanismus des anderen Menschen", 362.

56 **Lévinas, E.**: Totalität und Unendlichkeit, 56.

57 Vgl. **Reiter, J.**: Der "Humanismus des anderen Menschen", 363.

58 **Brecht, B.**: Geschichten vom Herrn Keuner, 33.

bestimmte Vorstellungen aus seiner Erinnerung wachruft und das wahrgenommene Seiende mit den Begriffen dieser Vorstellungen belegt. Das Ich sorgt dafür, daß das Seiende seinem Entwurf vom Seienden ähnlich wird. Der Modus, in dem das Ich auf das Seiende zugeht, ist die *Identifizierung*. Das Seiende identifizieren bedeutet immer nur, den schon gegebenen Entwurf vom Seienden abzurufen. Das identifizierte Seiende ist so lediglich das modifizierte Selbe, die modifizierte eigene Vorstellung vom Seienden.[59] Auf diese Weise geht das Ich nicht das Risiko der Verunsicherung und Destabilisierung durch etwas Neues, noch nicht im eigenen Entwurf Domestiziertes ein. Das Erfassen eines Seienden ist immer die Angleichung an ein vorgegebenes Bild, an ein Ideal. Das Ideal ist so konstruiert, daß es dem Ich entspricht. Das Erfassen eines Seienden über ein Ideal zielt folglich auf die Übereinstimmung mit dem Ich. Der Vorgang des Erkennens ist so strukturiert, daß er das Ich von dem Anspruch, sich selbst zu ändern und auf Anderes oder Andere einzustellen, dispensiert.[60]

Allerdings ist die Identifizierung nicht nur der Modus der Reaktion des Ich, wenn etwas Anderes oder jemand Anderer auf das Ich zukommt. Das Ich geht selbst von sich aus identifizierend auf Anderes und Andere zu. Indem es Anderes und Andere bewußt zum Gegenstand seines Denkens macht, ordnet es diese in seinen Entwurf von ihnen ein. Damit ist ein herrschaftsförmiger Umgang mit dem Anderen gegeben.[61] Das Ich geht nämlich mit einer bestimmten Intention auf das Andere oder den Anderen zu und zwar mit einer Intention, die "naturgemäß" ihm selbst zugute kommt. Das oder der Andere bilden zunächst noch eine "Exteriorität", ein Außerhalb, das sich durch sein Anderssein gegen eine Vereinnahmung durch das Ich sperrt. Das Ich engagiert sich gegenüber dem Anderen, bearbeitet es oder ihn mit bestimmten Intentionen, um das Andere oder den Anderen störungsfrei in die Vorstellung vom eigenen Selbst übernehmen zu können, um sich mit ihm an einem Lebensplatz "einrichten" zu können. Die Exteriorität, das Außen, das Anders des Anderen wird durch die Einfügung in die Totalität des Ich gebrochen. In die Totalität des Ich eingefügt werden das oder der Andere, wenn sie vom Ich thematisiert, auf den Begriff gebracht und so denkerisch in Griff genommen werden.[62] Damit ist das benannt, was Lévinas als Bewußtseinshaltung der *Intentionalität* des Ich kritisiert. In der Intentionalität greift das Ich auf Anderes aus, um es unter einer bestimmten Intention zum Objekt seines Denkens oder Handelns zu machen. Eingespannt in die Intentionalität des Ich hat das Andere nicht aus sich heraus, eigenständig Sinn, sondern nur über die Intention, mit der es vom Ich belegt wird. Zwar zeigt die Intentionalität Anzeichen eines Transzendierens, insofern das Ich nicht mehr nur introvertiert ist, sondern auf Anderes oder Andere zugeht. Aber dieses Transzendieren bleibt im Rahmen der jeweiligen Intention, die das Ich mit seinem Bezug zum Anderen verfolgt. Das Ich überschreitet sich also nicht wirklich zu einem Anderen hin, sondern sucht beim Anderen das, was es bei ihm als für sich erstrebenswert vermutet. Es ist eigentlich

[59] Vgl. **Lévinas, E.**: Jenseits des Seins, 92.

[60] Vgl. ebd. 220 f.

[61] Vgl. ebd. 225.

[62] Vgl. ebd. 300 f.; **Reiter, J.**: Der "Humanismus des anderen Menschen", 363 f.

kein Transzendieren, vielmehr ein Verharren bei sich selbst.[63] Lévinas beschreibt die Intentionalität mit dem Bild des Odysseus-Mythos: So wie Odysseus sich in die Ferne begibt, aber in der Ferne beseelt ist vom Wunsch, in die Heimat zurückzukehren, so ist das Ich dem Anderen zugewandt mit einer Intention, die die Bewegung auf den Anderen zu von vornherein dazu bestimmt, zum Ich zurückzukehren.

Damit, d.h. mit dem egozentrischen Humanismus, dem Fixiertsein auf die Bewahrung des eigenen Seins, dem Interesse und der Identifizierung bzw. Intentionalität, sind Bewußtseinshaltungen formuliert, anhand deren Lévinas das Selbstverständnis des vom abendländischen Denken geprägten Menschen und das abendländische Denken selbst kennzeichnet. Es ist ein "Denken des Selben", weil in ihm das Ich sich selbst sucht, sein Sein festigen will und das Andere oder den Anderen nur gelten läßt, insofern es oder er dasselbe wie das Ich, das Selbe des Ich intendiert. Und es ist ein gewaltförmiges Denken, weil es Anderen und Anderes nicht Anderen und Anderes sein läßt, sie ihres Andersseins beraubt und den eigenen Vorstellungen zu eigenen Gunsten unterwirft.

Freilich sieht Lévinas nicht naiv über das "natürliche" und gleichsam wesensnotwendige Interessiertsein des Menschen an seiner Existenz hinweg. Er optiert nicht für die Selbstverneinung des Menschen. Aber er ist davon überzeugt, daß mit der Durchsetzung des Interesses am eigenen Sein der Mensch der Wirklichkeit, sich selbst und vor allem dem anderen Menschen nicht gerecht wird. Die egozentrische Suche nach der Behauptung des eigenen Seins als Quelle nicht nur von Seinsgewinn, sondern auch von Seinsverlust durch Inhumanität gegenüber dem Anderen kann für ihn nicht die letzte, nicht mehr auf etwas anderes rückführbare Basis des Zusammenlebens von Menschen sein. Das Fundament der Beziehung zwischen Ich und Anderem sucht er nicht im gewalttätigen, brutalisierenden Seinsdenken und auch nicht im Gegenteil des Seinsdenkens, der Seinsverneinung, sondern "jenseits des Seins", jenseits der Alternative, ob in der Beziehung eigenes Sein durchgesetzt wird oder nicht. Deshalb fordert er eine "kopernikanische Revolution"[64], also nicht nur das Wählen einer anderen Alternative innerhalb derselben Logik, sondern ein radikales Umdenken.[65]

7.1.3 Der Andere

Das Gehabe des autonomen Subjekts, des Ich, ist das Verstehen, das Sich-zu-eigen-Machen, das Aneignen, das Gestalten, das Bestimmen, das Er- und Begreifen der anderen Wirklichkeiten. Was anders ist, wird vom Ich in das eigene Lebenskonzept und so in die eigene Vorstellung von sich selbst und der Welt eingeordnet, zum Selben gemacht, gewalttätig deformiert. Dieses Gehabe des autonomen Subjekts wird nun in der Begegnung mit dem Anderen, dem anderen Menschen, unterbrochen. Das bisher

---

63 Vgl. **Esterbauer, R.**: Transzendenz-"Relation", 42 f.

64 **Levinas, E.**: Humanismus des anderen Menschen, 82.

65 Vgl. **Reiter, J.**: Der "Humanismus des anderen Menschen", 364.

sich autonom dünkende Subjekt gerät in der Begegnung mit dem Anderen in eine Krise.[66] In der Begegnung mit dem Anderen wird dem Subjekt auch klar, daß es außer ihm noch mehr Subjekte gibt und daß jedes Subjekt sich die Wirklichkeit in Vorstellungen aneignet und diese Vorstellungen durchzusetzen versucht. Dem Subjekt wird folglich bewußt, daß seine Vorstellung von der Wirklichkeit und die Wirklichkeit als solche verschiedene Dinge sind, da es sonst nicht viele verschiedene Vorstellungen von derselben Wirklichkeit geben könnte. Das Subjekt wird also in seinem Selbstverständnis verunsichert.[67] Aber das Subjekt merkt auch, daß es nicht nur viele Formen des Verstehens gibt, sondern daß die Beziehung zum Anderen sich selbst der Absicht des Subjekts zu bestimmen und zu verstehen entzieht, sich von der Vorstellung des Subjekts nicht ganz einholen läßt, über das menschliche Begreifen hinausgeht. Die Begegnung mit dem Anderen ist der Ort der Erfahrung, daß die Begegnung des Ich mit einer anderen Wirklichkeit mehr ist als angleichende Verwandlung des Anderen in das Selbe.[68] Der Andere ist nicht zuerst Gegenstand des Verstehens und dann als so Verstandener, d.h. Angeeigneter erst Beziehungspartner. Mit dem ersten Augenblick der Begegnung ist der Andere das unverfügbare Gegenüber des Ich (und nicht bloßer Erkenntnisgegenstand des Ich), mit dem das Ich in ein nicht planbares Gespräch eintritt. Alles, was das Ich von diesem ersten Augenblick der Begegnung an tut, sagt oder denkt, ist eine "Re-aktion" auf die vorhergehende "Aktion" des Anderen, auf dessen eigenständiges, unberechenbares Herantreten an das Ich. Das Ich kann gar nicht anders, als im Anderen einen Gesprächspartner zu sehen, weil es ihn mit jedem Akt, auch dem der Distanzierung von ihm, bereits als ein von sich verschiedenes Gegenüber anerkennt. In der Begegnung mit dem Anderen ist also jedem Verstehen, d.h. jedem Akt der Selbstbehauptung, eine fundamentalere Anerkennung des Anderen vorgängig. Das Akzeptieren des Anderen ist nicht auf das Verstehen des Anderen rückführbar.[69] Wenn das Ich den Anderen versteht, d.h. eine Vorstellung von ihm hat und ihn ein bestimmtes Seiendes nennt, dann bleibt dieser gewalttätige Akt der Aneignung nicht als solcher stehen wie bei Dingen, die als Seiende bezeichnet werden. Das Verstehen des Anderen ist umfangen und getragen von seiner Anerkennung als Gesprächspartner durch das Ich. Das heißt: Vor jedem Verstehen des Anderen steht ein vom Anderen ausgehender Anruf an das Ich, der jedes Denken und Handeln des Ich vor dem Anderen zu einem Denken und Handeln *infolge* der Anwesenheit des Anderen macht. Jedes Denken und Handeln des Ich ist folglich implizit eine Anerkennung der vorgängigen Präsenz des Anderen als eines *anderen*, noch nicht angeglichenen bzw. identifizierten Anderen. In der Begegnung mit dem Anderen wird das Ich vor einer jeden eigenen Aktivität am Anderen ausgerichtet, auf ihn hingeordnet. Die Begegnung mit dem Anderen ist nicht möglich, ohne daß sich das Ich ihm gegenüber ausdrückt. Der Andere begegnet folglich nicht als beliebiger Gegenstand der Erkenntnis, dem gegenüber das Ich unberührt und unbewegt

---

66 Vgl. ebd.

67 Vgl. **Krewani, W.N.**: Emmanuel Lévinas, 15 f.

68 Vgl. **Lévinas, E.**: Die Spur des Anderen, 214.

69 Vgl. ebd. 111.

bleiben könnte, sondern als Adressat einer "Gegen-Anrufung" von seiten des Ich, als Ziel einer unausweichlichen Bewegung des Ich auf ihn zu.[70]

7.1.3.1 Widerstand

Der Andere ist also derjenige, den ich nicht durch Begreifen besitzen kann, den ich nicht durch aneignende Verwandlung in das Selbe meines Ich negieren kann. Den Anderen könnte ich nur durch Mord negieren, d.h. besitzen. "Der Andere ist das einzige Wesen, das ich töten wollen kann."[71] Das heißt aber auch: Dort, wo die Begegnung mit dem Anderen von Angesicht zu Angesicht geschieht, wo also der Andere nicht als anzueignender Gegenstand, sondern als *Anderer* begegnet, spüre ich, daß ich ihn nicht töten, nicht endgültig negieren kann. Er zeigt einen Widerstand gegen meine Macht.[72] Dieser Widerstand ist seinerseits gewaltlos. Wäre der Andere mir gegenüber gewalttätig, dann hätte er vom ersten Augenblick der Begegnung an eine Bedeutung in Bezug auf mich oder von mir zugesprochen: Er wäre *mein* Gegner; er wäre der, vor dem *ich* mich schützen müßte; er würde etwas *für mich* bedeuten und sonst nichts. Mit der Begegnung mit dem Anderen verhält es sich aber anders. Der Andere hat nicht nur Bedeutung durch den Kontext, in den ich ihn durch mein Verstehen hineinstelle. Als *Anderer* hat er auch und viel ursprünglicher eine Bedeutung aus sich heraus, eine nicht erst vom Ich zugesprochene Bedeutung. *Er ist jemand* und zwar nicht nur der, als den ich ihn haben will. "... die Epiphanie des Anderen trägt ein eigenes Bedeuten bei sich, das unabhängig ist von dieser aus der Welt empfangenen Bedeutung. Der Andere kommt uns nicht nur aus dem Kontext entgegen, sondern unmittelbar, er bedeutet durch sich selbst."[73] Diese Bedeutung könnte ich nicht negieren oder zu meinen Gunsten umbiegen, selbst wenn ich den Anderen töten würde. Auch als Getöteter würde der Andere weiter bedeuten, z.B. in meiner und anderer Menschen Erinnerung. Ich kann den Anderen nicht gänzlich auslöschen. Das ist der Widerstand, den mir der Andere entgegensetzt und der unabhängig von meiner Position zum Anderen wirkt, der also unbedingt ist.[74] Das ist der Widerstand des Anderen, der mir im ersten Augenblick der Begegnung anzeigt: "'Du wirst keinen Mord begehen.'"[75] Und es ist schließlich der Widerstand, der besteht, ohne daß der Andere ihn seinerseits in einer Aktion gegen mich setzen würde, der also selbst gewaltlos ist. Der Widerstand des Anderen besteht nämlich nicht in der Konstitution eines Herr-Knecht-Verhältnisses zwischen Anderem und Ich, in dem das Ich - entgegen seiner sonstigen Rolle dessen, der sich der Dinge bemächtigt - sich dem Anderen unterwerfen würde. Der Widerstand des Anderen ist keine Überlegenheit im

70 Vgl. ebd. 112 f.

71 Ebd. 116.

72 Vgl. ebd. 116 f.

73 Ebd. 220 f.

74 Vgl. **Wenzler, L.**: Anders denken.

75 **Lévinas, E.**: Totalität und Unendlichkeit, 285.

Sinne von Herrschaft über das Ich, sondern eher eine Erhabenheit vor dem Ich.[76] In seiner Bedeutung von sich her, in seinem Anderssein entzieht sich der Andere vielmehr dem Ich.

Damit kommt noch einmal die Krisenhaftigkeit der Begegnung mit dem Anderen für das Ich zum Ausdruck. Der Andere ist über den vereinnahmenden Zugriff des Ich erhaben. Er ist nicht einfach ein Erkenntnisgegenstand für das Ich. Die "Begegnung mit dem Anderen in seiner Andersheit bedeutet ... eine grundstürzende Infragestellung des autonom-autarken Subjekts"[77].

Woher rührt nun aber dieses Erschüttertwerden des Subjekts durch den Anderen? Lévinas selbst fragt: "Woher kommt dieser Schock, den ich empfinde, wenn ich gleichgültig unter dem Blick des Anderen vorbeigehe?"[78]

7.1.3.2 Angesicht

Natürlich kann ein Mensch mit einem anderen Menschen, das Subjekt mit dem Anderen so umgehen, als ob es diesen Widerstand nicht gäbe. Das Subjekt kann den Anderen unterwerfen, ihn für eigene Zwecke instrumentalisieren und ihn sogar töten. Selbst die Wahrnehmung des Anderen, in der das Subjekt feststellt, wie der Andere aussieht, ob er gefällt oder nicht, welche Kleidung er trägt und wie seine Körperteile beschaffen sind, ist eine Form der Beziehung zum Anderen, die dessen Widerstand übersieht, weil in ihr das Subjekt dem Anderen so begegnet, wie er *für das Subjekt* erscheint.[79] Aber diese Art des Umgangs mit dem Anderen wird auf eine eigenartige Weise unterbrochen, wenn das Subjekt dem Anderen von Angesicht zu Angesicht gegenübersteht, wenn es ihm ins Angesicht schaut. Es ist leichter, einen anderen Menschen zu schlagen, wenn man in der Hektik der Auseinandersetzung ihn nur als Körper wahrnimmt, als wenn man sein Gesicht vor Augen hat. Es ist leichter, *über* jemanden Unangenehmes zu sagen, wenn dieser nicht anwesend ist, und es ist leichter, *zu* jemandem etwas Unangenehmes zu sagen, wenn man ihm dabei nicht ins Angesicht schaut. All das wird ungleich schwieriger bzw. sogar unmöglich, wenn man dem Anderen dabei in die Augen sehen soll. Das Einander-in-die-Augen-Schauen ist schwierig.

Solche Beobachtungen sind für Lévinas Anlaß, das Angesicht des Anderen als den Ort des Widerstands des Anderen gegen das Subjekt zu sehen. Das Angesicht des Anderen ist der Ort, an welchem dem Subjekt aufgeht, daß es den Anderen nicht gänzlich vereinnahmen oder sich anpassen kann, an dem das Subjekt in seiner selbstbehauptenden Bewußtseinshaltung der Intentionalität, des Auf-den-Anderen-Zugriff-Nehmens einen Bruch erfährt. "Das Antlitz hebt die Intentionalität, von der es angezielt wird, aus

---

[76] Vgl. **Reiter, J.**: Der "Humanismus des anderen Menschen", 369.

[77] Ebd. 366.

[78] **Lévinas, E.**: Die Spur des Anderen, 219.

[79] Vgl. **Lévinas, E.**: Ethik und Unendliches, 64.

dem Sattel."[80] Im Angesicht kommt die Andersheit des Anderen zum Vorschein. Das Angesicht ist "jene Dimension, in der das Unergreifbare und Unsichtbare des anderen Menschen aufgeht".[81] "Gewiß kann ich, indem ich töte, ein Ziel *erreichen*, ich kann töten, wie ich jage oder wie ich Bäume oder Tiere umlege. Aber dann habe ich den Anderen in der Offenheit des Seins überhaupt ergriffen, als Element der Welt, in der ich mich aufhalte, ich habe ihm nicht in die Augen gesehen, ich bin nicht seinem Antlitz begegnet."[82] Im Alltagsbetrieb zeigt sich das Nicht-in-die-Augen-Schauen, das Nicht-dem-Angesicht-Begegnen in vielerlei Formen. Wir begegnen den anderen Menschen und nehmen sie als die wahr, die sie *für uns* sind, in der Bedeutung, die sie in unserem Lebenshorizont haben. Der Andere ist für uns die Lehrerin, der Vater, der Busfahrer, die Kollegin, der Politiker, die Tochter des Bekannten usw. Wenn man aber dem Anderen ins Angesicht schaut, dann spürt man, daß er unabhängig von all diesen Bedeutungen *für mich* noch eine darüber hinausgehende, ursprünglichere eigenständige Bedeutung aus sich heraus hat, die nicht das Ich ihm zusprechen kann, die das Ich, das Subjekt in der Begegnung mit ihm nur wahrnehmen kann. Im Angesicht, "an dieser Widerständigkeit des Anderen in seiner Andersheit ... scheitert das Gesetz der Totalität"[83], wird erkennbar, daß der Andere nicht gänzlich als einzelner Inhalt der Totalität der eigenen Vorstellungen des Ich verrechnet werden kann.[84] Im Angesicht des Anderen kann dieser Andere nicht gänzlich in die Vorstellungswelt des Ich eingepaßt, der Vorstellung des Ich vom Anderen angeglichen, zum Selben des Ich gemacht und somit als *Anderer* negiert werden. Das hat Lévinas vor Augen, wenn er sagt: "Der Sinn einer Sache beruht in ihrer Beziehung zu etwas anderem. Hier hingegen ist das Antlitz für sich allein Sinn. Du, das bist du. In diesem Sinn kann man sagen, daß das Antlitz nicht 'gesehen' wird. Es ist das, was nicht ein Inhalt werden kann, den unser Denken umfassen könnte; es ist das Unenthaltbare, es führt uns darüber hinaus. ... Das Antlitz ist das, was man nicht töten kann oder dessen *Sinn* zumindest darin besteht, zu sagen: 'Du darfst nicht töten.'"[85]

Diese Widerständigkeit im Angesicht des Anderen ergibt sich nun aber paradoxerweise gerade aufgrund der Widerstandslosigkeit des Angesichts. Das Angesicht ist der Teil des Körpers, an dem der Andere keine Kleidung trägt, wo er nackt ist und wo er sich mit seiner Haut und mit seinen Sinnesorganen am meisten ungeschützt aussetzt. Im Angesicht ist der Andere in dem Sinn nackt, daß er sich hier der Form entledigt, in der er in der Vorstellung des Subjekts wahrgenommen wird. Er ist des Bildes, das man sich von ihm macht, entblößt. Im Angesicht begegnet der Andere so, daß er selbst als *Anderer* hinter seiner Erscheinungsform hervortritt.[86] Der Andere setzt in seinem Angesicht

[80] **Levinas, E.**: Humanismus des anderen Menschen, 42.

[81] **Wenzler, L.**: Emmanuel Levinas, 326.

[82] **Lévinas, E.**: Die Spur des Anderen, 116.

[83] **Reiter, J.**: Der "Humanismus des anderen Menschen", 366.

[84] Vgl. **Lévinas, E.**: Ethik und Unendliches, 65.

[85] Ebd. 65 f.

[86] Vgl. **Levinas, E.**: Humanismus des anderen Menschen, 41.

dem Subjekt nichts entgegen, dem gegenüber das Subjekt seinerseits mit etwas Eigenem von sich aus gegenhalten - und das heißt wiederum: sich selbst behaupten, bei sich bleiben - könnte oder müßte. Gerade in dieser Wehrlosigkeit und Schwäche im Angesicht des Anderen wird das Subjekt "herausgerufen", provoziert, wirklich aus sich, aus dem Eigenen, aus dem Haus des Selbst herauszugehen und sich auf den Anderen zuzubewegen.[87] Vor der Wehrlosigkeit des Angesichts des Anderen hat das Subjekt nichts, wogegen es sich selbst behaupten könnte. In seiner Wehrlosigkeit ist das Angesicht die unbedingte Aufforderung an das Subjekt, an das Ich, dem Anderen wirklich als *Anderem* (und nicht nur als dem eigenen Bild vom Anderen, d.h. dem Selben des Ich) begegnen zu wollen. Das Angesicht ist nicht als beliebiges Phänomen faßbar und verstehbar. Es ist eine Einladung zur Annäherung an den Anderen, nicht zur Vereinnahmung für das Ich, sondern zur Verausgabung des Ich, zum Sich-Aussetzen des Ich an den Anderen.[88] Das Angesicht erweist sich so nicht nur als Ort, aus dem der Widerstand gegen die Vereinnahmung des Anderen hervorgeht. Das Angesicht ist auch der Ort des Hervorgangs einer Verpflichtung. "Das 'Du sollst nicht töten' ist das erste Wort des Antlitzes. Das aber ist ein Gebot. In der Erscheinung des Anlitzes liegt ein Befehl, als würde ein Herr mit mir sprechen. Dennoch ist das Antlitz des *Anderen* zur gleichen Zeit entblößt; hier ist der Elende, für den ich alles tun kann und dem ich alles verdanke. Und ich, wer immer ich auch bin, aber ich als jemand 'in der ersten Person', ich bin derjenige, der über die Mittel verfügt, um auf diesen Ruf zu antworten."[89]

7.1.3.3 An-archie - Diachronie - Illeität

Die Beziehung zwischen Subjekt und Anderem ist nicht in der Art eines Engagements des Subjekts zu verstehen, vielmehr in der Art einer vom Anderen ausgehenden Vorladung des Subjekts.[90] Denn vom ersten Augenblick der Begegnung an, noch bevor das Subjekt irgendwie handelt oder die Beziehung von sich aus definiert, ist der Andere in seinem Angesicht da und gilt die im Angesicht hervortretende Verpflichtung des Subjekts zur Annäherung. Jedes Handeln, Identifizieren und Sich-Vorstellen des Anderen kann ja nur eine Re-Aktion, eine Folgehandlung auf das vorgängige Dasein des Anderen sein. Die dem Angesicht des Anderen entspringende Verpflichtung für das Subjekt kommt immer schon dem Agieren des Subjekts gegenüber dem Anderen zuvor. Die Verpflichtung gegenüber dem Anderen gilt immer schon vom unmittelbar vorausgehenden Augenblick, gleichsam vom letzten "Sekundenbruchteil" an, bevor der Andere für das Subjekt in Erscheinung getreten ist, d.h. bevor das Subjekt ihn in einer bestimmten Form wahrgenommen bzw. ihn identifiziert hat. Die Verpflichtung gilt folglich auch gegenüber *jedem* Anderen, insofern er Anderer ist und mit seinem Ange-

---

87 Vgl. **Funk, R.**: Sprache und Transzendenz, 328 f.

88 Vgl. **Lévinas, E.**: Jenseits des Seins, 211.

89 **Lévinas, E.**: Ethik und Unendliches, 68.

90 Vgl. **Lévinas, E.**: Jenseits des Seins, 300 f.

sicht aufscheint, und *nicht* nur gegenüber bestimmten Anderen, insofern das Subjekt diese kennt und als bestimmte Andere identifiziert. Das Subjekt kann sich die es verpflichtenden Anderen nicht aussuchen oder von sich aus begrenzen. Die in der Verpflichtung vom Anderen her dem Subjekt auferlegte Verantwortung für den Anderen ist nicht Sache der Erkenntnis, der Definition durch das Subjekt.[91] Die Verantwortung des Subjekts gemäß der Verpflichtung vor dem Angesicht des Anderen gründet nicht auf einer Bereitschaft des Ich zur Verantwortung, auf einem Engagement des Ich. Die Verantwortung wird demnach nicht im Bewußtsein des Ich gebildet, so als wäre es eine heldenhafte, vom Ich ausgehende Verantwortung. Da der Andere vom ersten Augenblick der Begegnung an in seinem Angesicht da ist, da das Ich die Begegnung nicht ohne Angesicht haben kann, ist es vielmehr eine Verantwortung gegen oder zumindest ohne den Willen des Ich. Die Verantwortung ist ursprünglicher als das Bewußtsein und die Intention des Ich, nimmt also nicht beim Ich seinen Ausgang. Die Begegnung mit dem Anderen ist somit von etwas getragen, das im Bewußtsein des Ich keinen Anfang hat, ohne Anfang ist. Lévinas bezeichnet diese Eigenart der Beziehung zwischen Ich und Anderem deshalb als "An-archie".[92]

All dies zeigt, daß sich die Begegnung mit dem Anderen der sonstigen Form der Seinsbewältigung durch das Ich entzieht. Das Ich, das sein Sein bewältigt, das Interesse an seinem Sein hat, betrachtet die Zeit als *seine Zeit*, als Zeit für sich. Die Zeit ist *seine Lebenszeit*, aus der es für sich etwas Befriedigendes machen möchte. Das lateinische "carpe diem" - "nütze den Tag" - ist Ausdruck des Bestrebens, die Zeit als Gelegenheit zu verstehen, um etwas für sich zu erreichen. Die Zeit betrachtend als eine Abfolge von Augenblicken von einer Vergangenheit her über die Gegenwart in die Zukunft hinein oder umgekehrt versucht das seinsbewältigende Ich, das, was gegeben ist, für sich fruchtbar zu machen bzw. sich zu vergegenwärtigen und so die Zeit permanent zur "Gegenwart", zur *Zeit für sich* zu machen. Selbst Vergangenheit und Zukunft werden mit den Intentionen des Ich angegangen und darauf abgeklopft, was sie *für das Ich* in dessen Gegenwart bedeuten. Sie werden "vergegenwärtigt", dem Zugriff des Ich zugänglich gemacht. Das, von dem festgestellt wird, daß es *nicht mehr* ist, ist *in Bezug auf die Zeit des Ich* nicht mehr, wird also zur Gegenwart des Ich in Bezug gesetzt und ist so immer in gewissem Sinne "noch da". Und das, von dem festgestellt wird, daß es *noch nicht* ist, ist *in Bezug auf die Zeit des Ich* noch nicht und insofern ebenfalls schon hereingeholt in die Gegenwart. Alles wird zu einer *Gegenwart für das Ich* gemacht und in die Totalität des Ich hereingeholt.[93] Diese intentionale Betrachtung der Zeit wird durch die Begegnung mit dem Anderen aufgebrochen. Der Andere erscheint dem Ich in seiner Andersheit, aufgrund deren er überhaupt als *Anderer* bemerkt wird. Die Andersheit ist nicht etwas, das das Ich durch seine Identifizierungen schon zum Selben gemacht hätte. Das Sich-Zeigen des Anderen stört die Intention des Ich, das Andere als

---

91 Vgl. ebd. 70.

92 Vgl. ebd. 40, 223 f., 226 f.

93 Vgl. **Lévinas, E.**: Die Spur des Anderen, 168.

das Selbe anzueignen, es zu identifizieren.[94] Der Andere ist für das Ich nicht Gegenstand seiner Seinsbewältigung. Er entzieht sich dem Zugriff des Ich, d.h. er verweigert sich der Totalisierung, er läßt sich nicht auf einen Teil der Vorstellungswelt des Ich reduzieren.[95] Die Begegnung mit dem Anderen ist *keine Gegenwart für* das Ich. Der Andere ist nicht in der Zeit des Ich erfaßbar. Er entzieht sich der Zeit, der Seinsbewältigung des Ich und ist nicht auf Zeit für das Ich, auf Gegenwart zurückführbar. Der Andere steht "quer" zur Zeit, er zeigt sich als "Dia-chronie"[96]. In der Begegnung mit dem Anderen steht das Ich in einem anderen Verhältnis zur Zeit. In der Begegnung mit dem Anderen "kommt es zu der einzigartigen Beziehung mit einer Vergangenheit so, daß in ihr diese Vergangenheit nicht auf die Immanenz, in der sie sich ankündigt, zurückgeführt wird, einer Beziehung, die die Vergangenheit vergangen sein und sie nicht wieder als Gegenwart - oder als Vorstellung - zurückkehren läßt ...".[97]
Daß sich der Andere gegen eine Einpassung als Teil der Gegenwart für das Ich sperrt, läßt ihn nicht als "Du" erscheinen. Als Du wäre der Andere immer noch ein Du in Bezug auf das Ich, ein Du abhängig definiert vom Ich und diesem zugeordnet. Im Augenblick des Aufscheinens seines Angesichts ist der Andere eher ein "Er", ein "Jener" (ille). Im "Du"-Sagen des Ich ist noch ein Rest eines Auf-sich-selbst-Verweisens enthalten, weil das Du immer *mein* Du ist. "Jener" bzw. "Er" ist aber nicht *mein* "Jener" oder "Er". Um auf ihn zu verweisen, muß das Ich von sich wegweisen. Der Andere ist ein "Jener", der sich dem Ich entzieht und so gegenüber dem Ich eine "Illeität" ist.[98]

7.1.4 Subjekt

7.1.4.1 Sagen und Gesagtes

Der Umgang zwischen Menschen, insbesondere in den Extremfällen einander liebender oder einander zürnender Menschen, zeigt, daß das Jemandem-etwas-Sagen aus mehr besteht als dem Austausch von Wörtern. Das Aussprechen z.B. des Wortes "Du" kann auf sehr unterschiedliche Weise geschehen. Es kann bedrohlich sein, aber auch zärtlich.

---

[94] Vgl. **Wenzler, L.**: Zeichen und Antlitz, 142.

[95] Vgl. **Lévinas, E.**: Jenseits des Seins, 42.

[96] **Lévinas, E.**: Jenseits des Seins, 39.

[97] Ebd.

[98] Vgl. **Lévinas, E.**: Die Spur des Anderen, 229-235, 255; **Esterbauer, R.**: Transzendenz-"Relation", 63 f.; **Reiter, J.**: Der "Humanismus des anderen Menschen", 372; **Casper, B.**: Illéité. - Daß die "Illeität" im Denken Lévinas' vor allem als Kennzeichnung des Unendlichen und als "Statthalter"-Begriff für das "unaussprechliche" Wort "Gott" dient, muß nicht als Unstimmigkeit gegenüber der Kennzeichnung des Anderen als "Illeität" empfunden werden. In den weiteren Ausführungen wird deutlich werden, daß Lévinas mehr als die meisten anderen Theologen bzw. Philosophen den Anderen als den Ort der Erahnung des Unendlichen sieht und folglich die Beziehung zum Anderen um so weniger von der Beziehung zum Unendlichen loslösen kann, so wenig sogar, daß er das Band zwischen Ich und Anderem selbst "Religion" nennt (vgl. **Lévinas, E.**: Die Spur des Anderen, 113).

Wie das Wort "Du" zu verstehen ist, hängt von etwas anderem ab als den beiden Buchstaben und der Tatsache, daß sie verbunden miteinander ausgesprochen werden. Es hängt ab vom Tonfall, von der Mimik, von der Gestik, vielleicht auch von Ort und Zeit. Was jemand mit dem Wort "Du" sagen will, geht über das gesagte Wort hinaus. Die Beziehung, die im Sprechen geschieht, beschränkt sich nicht auf den Augenblick des Ertönens des Wortes. Was jemand mit einem Wort sagen will, was er in Wirklichkeit meint, was er von sich mitteilen will, klingt nach, steckt tiefer im Hintergrund des Wortes, kommt vielleicht sogar ohne Worte aus, um beim anderen Menschen anzukommen. Und was das Sprechen bedeutet, erkennt der Angesprochene seinerseits an viel anderem außer dem Wort. Das Geschehen des Sagens ist also von dem gesagten Wort zu unterscheiden.

In diese Richtung ist zu denken bei der von Lévinas vorgenommenen Unterscheidung von Sagen und Gesagtem. Das *Gesagte* ist die sachliche Mitteilung, der verwendete Begriff. Das *Sagen* hingegen ist das Geschehen, in dem sich ein Ich auf den Anderen hin selbst vollzieht. Sagen im Sinne Lévinas' meint das Bedeuten des Einen für den Anderen, noch vor oder unabhängig von den gesagten Worten. Erkennbar ist das damit Gemeinte wiederum am Extremfall der Liebe. Liebende Menschen bedeuten einander "etwas". Dieses "etwas" ist eigentlich irreführend. Denn liebende Menschen bedeuten einander gerade als Personen. Ein Mensch spürt beim Anderen: Der ist mir wichtig, um den habe ich Angst, ich sehne mich nach einem Zusammensein mit ihm, ich fühle mich von ihm erregt, ich bin bei ihm ruhig und sicher usw. All das ist gegeben, geschieht, wird erlebt, ist eine Wirklichkeit, auch ohne daß es in Worten gesagt ist. Bei all dem geht etwas vor sich zwischen den beiden Menschen. Sie spüren die Bedeutung füreinander, die Bedeutung füreinander geschieht förmlich. Das Geschehen der Bedeutung, das Bedeuten des Einen für den Anderen ist das *Sagen.*[99]

Sagen und Gesagtes unterscheiden sich wesentlich. Das Gesagte geht auf eine Intention zurück. Der Mensch will etwas Bestimmtes sagen und will, daß es vom Anderen verstanden wird und dort eventuell bestimmte Reaktionen auslöst. Dazu verwendet er bestimmte Wörter und Begriffe. Das Aussprechen des Gesagten ist ein Akt der Intentionalität, in dem der Mensch sein Interesse an seinem Sein bekundet, weil er etwas erreichen will. Im Gesagten ist der Mensch das Subjekt, das Ich im Nominativ, d.h. der Akteur, und das Gesagte das Objekt, die Sache im Akkusativ, d.h. der Gegenstand des Seinsstrebens. Mit dem Gesagten bewältigt der Mensch ein Stück weit sein Sein.[100] Das Sagen dagegen ist kein intentionaler Akt. In dem, was der Mensch für den Anderen bedeutet, bewegt er sich auf den Anderen zu. Was er bedeutet, das ist er für *ihn.* Was der Mensch für den Anderen bedeutet, kann er nicht selbst gänzlich durch Intentionen leiten. Und wollte er seine Bedeutungen mit bestimmten Intentionen leiten, dann wäre das bereits ein Gesagtes, ein Objekt des Willens, etwas nach eigenen Vorstellungen zu erreichen. Mein Bedeuten für den Anderen entzieht sich meinem Interesse und meinem Willen, etwas erreichen oder sein zu wollen. Wenn ich jemanden nicht mag, aber

---

99 Vgl. **Lévinas, E.**: Jenseits des Seins, 29.

100 Vgl. ebd. 112.

vorgebe, daß ich ihn mag, weil ich ihn z.B. nicht verletzen will oder weil es Vorteile bringt, dann ist - unabhängig davon, ob der Andere von meiner Täuschung etwas merkt - das Mögen meine Intention, das Gesagte, und das Unehrlich-Sein meine Bedeutung für den Anderen, mein Sagen. Das Sagen ist das, was ich, ob ich es will oder nicht, für den Anderen bedeute. Es ist kein Seinsakt, mit dem ich mein Sein bewältige, indem ich etwas für mich zu erreichen suche. Das Sagen geschieht anders als das Gesagte, nicht durch ein Zeichen-Geben, nicht intentional.[101] Es geschieht "anders als Sein geschieht"[102]. Bedeuten meint ja per se das Bedeuten für den anderen Menschen durch das, was ich selbst in den Augen des Anderen bin. Bedeuten ist nicht das, was ich für mich in meinen Augen sein möchte. Das Sagen im Bedeuten für den Anderen geschieht vor dem Sein, d.h. vor dem Durchsetzen von Interessen für sich.[103] Das Sagen ist in diesem Sinn Aufrichtigkeit, "ein 'Sprechen, um nichts zu sagen'"[104], ein Zugehen auf den Anderen ohne Eigennutz. Im Bedeuten für den Anderen ist der Mensch gleichsam frei von seinem Sein. Er ist nicht für sich, sondern bedeutet für den Anderen. Sagen ist somit eine Annäherung an den Anderen. Frei von dem "Odysseus-Streben", "zu sich zurückzukehren", d.h. sich selbst bestätigt zu sehen, geht der Mensch in seinem "Bedeuten-für ..." eine Nähe mit dem Anderen ein. Das Bedeuten ist jedoch nicht in das Belieben des Menschen gestellt. Er kann nicht von sich sagen: "ich bedeute für den Anderen nichts" oder "ich will das nicht bedeuten". Er bedeutet unweigerlich (etwas) für den Anderen. Er ist in seine Bedeutung für den Anderen verstrickt und kann sich nicht davon lösen. Insofern er bedeutet, ist er dem Anderen nahe. Das Sagen im Bedeuten-für-den-Anderen ist folglich in sich eine Verpflichtung zur Annäherung an den Anderen.[105] Im Sagen, in dem der Mensch nicht etwas, sondern *sich* ausdrückt, drückt er sich im buchstäblichen Sinn hinaus aus seinem Sein. Er wird aus seinem Sein hinausgetrieben auf den Anderen zu. Die zentripetale Kraft der Intentionalität auf sich selbst zurück ist im Sagen des Bedeutens umgedreht zu einer zentrifugalen Bewegung auf den Anderen hin. Sagen im Bedeuten ist das Gegenteil von Sich-selbst-Genügen und Bei-sich-Bleiben. Im Sagen drückt sich der Mensch als er selbst für den Anderen aus.[106]

---

101 Vgl. ebd. 116.

102 Das will der Titel des zweiten Hauptwerkes "Jenseits des Seins oder anders als Sein geschieht" anzeigen.

103 Vgl. ebd. 110 f.

104 Ebd. 315.

105 Vgl. ebd. 29.

106 Vgl. ebd. 118.

7.1.4.2 Verantwortung für den Anderen

Bei der Frage, was nun eigentlich, unabhängig von einzelnen Beispielen wie dem liebenden Paar, die Bedeutung der Menschen füreinander ist, bei der Frage, was von jedem Menschen gesagt werden kann, daß er es für den Anderen bedeutet, was also das allgemeine, fundamentale, immer gültige "Sagen" zwischen den Menschen ist, kommt Lévinas auf seinen zentralen, entscheidenden Gedanken zu sprechen: *Der Mensch bedeutet für den Anderen Verantwortung. Der Mensch ist verantwortlich für den Anderen.* "Die Verantwortung für den Anderen - ist genau ein solches Sagen vor allem Gesagten. Das erstaunliche Sagen der Verantwortung für den Anderen ist allen Widerständen des Seins zum Trotz eine Unterbrechung des *sein*, ein aus guter Gewalt auferlegtes Sich-vom-Sein-Lösen."[107] Woher kommt aber die Verantwortung für den Anderen und wie gestaltet sie sich?

7.1.4.2.1 Erwähltsein - die Unhintergehbarkeit der Verantwortung

Das Angesicht des Anderen ist der Ort, an dem dem Ich eine ursprüngliche, nicht negierbare Verpflichtung zur Annäherung an den Anderen entspringt. Das Angesicht des Anderen ist nicht vom Ich geformt. Es ist nackte Haut. Es ist noch nicht in die Totalität der Vorstellungen des Ich integriert. Es ist noch nicht in einer bestimmten Form in das Seinssystem des Ich eingebettet, sondern liegt offen. Eine solche Wehrlosigkeit und Nacktheit des Angesichts machen es verwundbar. Die Verwundbarkeit des Angesichts verbietet es, wegzusehen und wieder zur "Tagesordnung" des eigenen Seins überzugehen. Das Ich, das die Mittel zur Befolgung der Aufforderung des Anderen hat, ist angesichts der Wehrlosigkeit im Angesicht des Anderen auch dazu ethisch verpflichtet, dem Ruf des Anderen zu antworten. So wie das Vakuum anderes anzieht, um sich zu füllen, so zieht der gewaltlose Ruf der Verwundbarkeit im Angesicht des Anderen die Verantwortung des Ich an. Die Beziehung zwischen Ich und Anderem ist *in sich* Verantwortung des Ich für den Anderen.
Die Art, wie das Ich die Verantwortung spürt, ist ein Getroffen-Werden. Das Gesicht ist ein *An*-Gesicht.[108] "Das Außergewöhnliche dieser Art, sich kundzutun, besteht darin,

---

[107] Ebd. 107.

[108] Die Formulierung "Angesicht" als Übersetzung des französischen "visage" versucht einerseits das Anliegen von Thomas Wiemer aufzugreifen, der in seiner Übersetzung von "Jenseits des Seins oder anders als Sein geschieht" die oft gebrauchte Übersetzung "Antlitz" ablehnt, um die "Aura der Erhabenheit" (**Lévinas, E.**: Jenseits des Seins, 43 Anm. 1) um diesen Begriff zu vermeiden, und der statt dessen, um die von Lévinas intendierte Gewöhnlichkeit des leiblichen Gesichts zu wahren, die Formulierung "Gesicht" wählt (vgl. ebd.). Andererseits scheint - gegen Thomas Wiemer - die Formulierung "Gesicht", gemessen an dem Gehalt, den Lévinas mit "visage" ausdrücken will, doch etwas zu neutral zu sein. "Angesicht" soll dagegen signalisieren, daß das Gesicht des Anderen das Ich (etwas) angeht und das Ich nicht gleichgültig bleiben kann.

daß an mich eine Anordnung ergeht, die mich an das Gesicht des Anderen weist."[109] Die Verantwortung beruht auf einer Weisung, die vom ersten Augenblick der Begegnung an vom Angesicht des Anderen auf mich trifft. Das Ich entscheidet sich nicht für die Verantwortung. Sie wird ihm zugesprochen wie in einer Anklage. Die Verwundbarkeit im Angesicht des Anderen ist der Grund dafür, daß der Andere mir nicht egal sein kann. Die Verwundbarkeit des Anderen macht mich zu jemanden, der den Anderen verletzen kann. Als solcher bin ich aber nicht isoliert vom Anderen. Vielmehr stehe ich vor dem Anderen als potentielle Bedrohung, als jemand, der in sein Leben eingreifen kann. Die Existenz des Anderen ist ungeschützt gegenüber meiner Existenz. An mir liegt es, wie ich mit der Verwundbarkeit des Anderen umgehe. Meine Existenz reicht immer schon in die Existenz des Anderen hinein. Weil der Andere von vornherein der Verwundbare ist, berühre ich mit meiner Existenz von vornherein die Existenz des Anderen. Das Angesicht als der Ort, an dem die Verwundbarkeit des Anderen spürbar ist, ist auch der Ort, an dem mir, dem Ich, die Verantwortung dafür zugesprochen wird, daß ich den Anderen in seiner Existenz treffe.[110] Der Andere geht mich - im doppelten Sinn - an: Er tritt an mich heran, so daß ich von ihm mit der Beanspruchung zur Verantwortung getroffen werde. Und er geht mich an in dem Sinn, daß ich mich nicht aus der Beziehung zu ihm heraushalten kann, daß ich für seine Existenz einstehen muß. Vor dem Angesicht des Anderen bin ich vorgeladen und stehe unter der Anklage, verantwortlich zu sein. Auch die Verantwortung ist also nicht von der Einwilligung des Ich abhängig und besteht, noch bevor sich das Ich eine Vorstellung vom Anderen gemacht hat, d.h. ihn identifiziert hat, ihn kennt. Das Ich kommt gleichsam mit seinen Vorstellungen über den Anderen immer schon zu spät. Das Angesicht des Anderen taucht so früh auf, daß die ihm entspringende Verantwortung jeder Zustimmung und jeder etwaigen Vereinbarung zwischen Ich und Anderem vorausgeht.[111] Jede Vorstellung vom Anderen, jede Vereinbarung mit ihm und jede etwaige Zustimmung zur Verantwortung für den Anderen kann ja nur die Reaktion des Ich auf den bereits da-seienden Anderen sein. Die Verantwortung gilt aber mit dem ersten Augenblick des Daseins des Anderen. Sie hat Gültigkeit noch vor jeder Zustimmung durch das Ich. Die Verantwortung ist für das Ich unausweichlich. Die Unfreiwilligkeit der Verantwortung macht sie für das Ich zu einer "Besessenheit"[112], eben zu einer "unfreiwilligen, durch den Erwählten nicht übernommenen Erwählung"[113], insofern das Ich nicht gemäß eigenen Intentionen über die Verantwortung verfügen kann. Das Vom-Anderen-erwählt-Werden des Ich zur Verantwortung für den Anderen ist ein "Sollen, das nicht um Zustimmung gebeten hat, das auf traumatische Weise in mich gekommen ist, von diesseits jeder erinnerbaren Gegenwart, an-archisch, ohne anzufangen. Gekommen, ohne sich der Wahl anzubieten, gekommen als Erwählung, in der meine [zunächst] zufällige Humanität

---

[109] **Lévinas, E.**: Jenseits des Seins, 43.

[110] Vgl. **Wenzler, L.**: Anders denken.

[111] Vgl. **Lévinas, E.**: Jenseits des Seins, 199.

[112] Ebd. 188.

[113] Ebd. 51.

aufgrund der Unmöglichkeit, sich der Erwählung zu entziehen, zu Identität und Einzigkeit wird."[114]

7.1.4.2.2 Die Struktur des "ich-für-den-Anderen"

Die Verantwortung strukturiert die Beziehung zum Anderen nicht in einem "der-Andere-für-mich", sondern in einem "ich-für-den-Anderen"[115]. Daß das Ich in diese Struktur eingespannt ist, erschüttert sein Sein: Sucht es ansonsten dieses Sein zu bewahren, indem es gleichsam ständig "für-mich"-Strukturen aufbaut und anderes in diese Strukturen einfügt, also die Dinge für sich zur eigenen Stabilisierung vereinnahmt, so ist es in der Beziehung zum Anderen selbst als Ich in eine Struktur zugunsten des Anderen eingespannt. Die Verantwortung für den Anderen in der Struktur des "ich-für-den-Anderen" geschieht "jenseits des Seins oder anders als Sein geschieht"[116]. Einzigkeit, Unverwechselbarkeit, Individualität kommt dann dem Ich nicht aufgrund dessen zu, was es alles für sich erreicht hat, sondern aufgrund dessen, daß es für den Anderen Verantwortung trägt und in dieser Verantwortlichkeit - weil es über die Verantwortung nicht frei entscheiden kann - sich nicht vertreten lassen kann, unersetzbar ist.[117] Die Beziehung zwischen Ich und Anderem ist nicht zu verstehen als Ort, an dem eine vorgegebene, an sich immer gleichbleibende Individualität gegenüber dem Anderen durchgesetzt würde, sondern als ein Begegnungsgeschehen, in welchem dem Ich vom Anderen Individualität zugesprochen wird und in welchem das Ich seine Einmaligkeit um so mehr konturiert, je mehr es der Verantwortung für den Anderen Gestalt verleiht. Ein Indiz für die an den Grund der menschlichen Existenz reichende Radikalität der von Lévinas aufgezeigten Verantwortung für den Anderen - eine Radikalität, die die normalen Strukturen des Daseinsverständnisses sprengt und erst von der Warte einer Extremsituation aus hinreichend nachvollziehbar ist - mag darin gesehen werden, daß Václav Havel aus der Situation des Gefangen-Seins heraus diesen Gedanken der unhintergehbaren Verantwortung für sich bestätigt: "Wenn jedoch Levinas behauptet, die Verantwortung für andere sei etwas sehr Ursprüngliches und Wichtiges, und sie gehe unserer Freiheit, unserem Willen und der Wahl auch des Eigenprojektes voran, so teile ich seine Ansicht völlig. Ja, diese authentische, von nichts gefilterte, von aller Spekulation freie und allem bedachten 'Auf-sich-Nehmen' vorangehende Verantwortung, die auf nichts überführt und von keinen psychologischen Schemata erklärt werden kann, besteht hier eher als das Ich selbst: zuerst befinde ich mich in ihr, und erst dann - auf diese oder jene Weise diese Geworfenheit annehmend oder ablehnend - konstituiere

---

114 **Levinas, E.**: Humanismus des anderen Menschen, 7.

115 Vgl. **Lévinas, E.**: Jenseits des Seins, 203, 297.

116 Damit ist nochmals die Aussageintention und der inhaltliche Kontext des Titels von Lévinas' zweitem Hauptwerk angezeigt.

117 Vgl. **Lévinas, E.**: Jenseits des Seins, 299; **Funk, R.**: Sprache und Transzendenz, 381.

ich mich als der, der ich bin."[118]
Die Begegnung mit dem Anderen in der Struktur des "ich-für-den-Anderen" entzieht sich der Berechnung und der Freiheitsentscheidung des Ich und obliegt nicht seinem gestalterischen Engagement. Dadurch ist bedingt, daß das Ich nicht noch einmal aus der Beziehung zum Anderen heraustreten, sich nicht in die Position des Anderen hineinversetzen und die gemeinsame Beziehung nicht aus dessen Perspektive bestimmen kann. Das Ich kann nicht darüber befinden, ob der Andere seinerseits nicht auch ihm, dem Ich gegenüber verantwortlich ist. Wenn es die Verantwortung des Anderen dem Ich gegenüber gibt, dann ist es Sache des Anderen, diese Verantwortung als Wirklichkeit zu behaupten.[119] Für das Ich gilt hingegen: "die Verantwortung ... geht nur in eine Richtung, von mir zum Anderen"[120]. Lévinas konzipiert die Beziehung zwischen Ich und Anderem nicht als Reziprozität oder Dialogik zwischen zwei gleichgeordneten Partnern, in welcher der eine Partner seine Verbindlichkeit umgekehrt auch als Verbindlichkeit des anderen Partners ihm gegenüber einklagen könnte.[121] Für ihn ist "die intersubjektive Beziehung eine nicht-symmetrische Beziehung"[122], sie weist "eine Ungleichheit - eine Dissymmetrie - in der Relation"[123] auf. Darin wird die Distanznahme zu Martin Buber und dessen Prinzip eines dialogischen "Ich-Du" signalisiert.[124] Trotz Ehrerbietung hält Lévinas ihm entgegen, daß die Forderung, den Nächsten nicht als ein beliebiges Es, als Objekt zu behandeln, auch beinhaltet, daß die Beziehung zum Nächsten als solche nicht zum Objekt gemacht werden darf, indem man versucht, sie im Erkennen zu erfassen, sie also in einem Erkenntnisakt einzufangen. Damit wäre auf die Beziehung und mit ihr auf den Nächsten ein objektivierender Zugriff genommen. "Den Nächsten nicht als Objekt zu verstehen heißt nicht nur, daß ich den anderen Menschen nicht für eine meinem Vermögen unterworfene Sache halte, daß ich ihn nicht als ein 'Etwas' betrachte. Es bedeutet, daß das ursprüngliche Verhältnis zwischen mir und dem Nächsten, zwischen mir und jemandem, strenggenommen in keinem Erkenntnisakt Platz findet, der als solcher Zugriff, Be-Greifen, Herstellung von Objekten ist."[125] Bei Martin Buber vermutet Lévinas noch Reste eines solchen Zugriffs auf das Du, den Nächsten. "Bei Buber wird das 'du', das das 'ich' anruft, in diesem Anruf bereits als ein anderes 'ich' verstanden, das zu mir 'du' sagt. Der Anruf des 'du' durch das 'ich'

---

118 **Havel, V.**: Briefe an Olga, 256.

119 Vgl. **Lévinas, E.**: Ethik und Unendliches, 75.

120 **Lévinas, E.**: Jenseits des Seins, 304.

121 Insofern weist Lévinas durchaus erhebliche Unterschiede zu Konzepten der Intersubjektivität, des Dialogs zwischen gleichberechtigten Diskurspartnern und ähnlichen Symmetrie-Modellen auf, wie sie etwa mit Martin Bubers Dialog-Prinzip (vgl. **Buber, M.**: Ich und Du) oder mit Jürgen Habermas' bzw. Karl-Otto Apels Diskursethik (vgl. **Habermas, J.**: Theorie des kommunikativen Handelns; **Apel, K.-O.**: Transformation der Philosophie) gegeben sind.

122 **Lévinas, E.**: Ethik und Unendliches, 75.

123 **Lévinas, E.**: Dialog, 82.

124 Vgl. **Buber, M.**: Ich und Du; **Lévinas, E.**: Dialog, 82; **Lévinas, E.**: Außer sich, 38-48.

125 **Lévinas, E.**: Außer sich, 38.

wäre also schon immer für das 'ich' die Errichtung einer Wechselbeziehung, einer Gleichheit oder Gerechtigkeit."[126] Den Gegensatz zu Buber in seiner eigenen Vorstellung der Beziehung zwischen Ich und Anderem sieht Lévinas darin, daß der Andere eben noch kein "Du" ist. Der Andere ist mir noch nicht gleichgeordnet, so daß die Beziehung durch ein gegenseitiges Anrufen konstituiert wäre. Der Andere ist mir noch *über*geordnet, insofern ich von mir absehend Verantwortung *für ihn* tragen muß. Zwischen Ich und Anderem sieht Lévinas "im Gegensatz zu Bubers Ich-Du keine ursprüngliche Gleichheit"[127].

7.1.4.2.3 Nicht-Indifferenz

Die Nähe zum Anderen nimmt auf dem Hintergrund der Nichtvertretbarkeit und der Nichtreziprozität der Verantwortung die Form der *Nicht-Indifferenz* an. Mit dieser Begriffsbildung will Lévinas zweierlei signalisieren. Es geht zum einen um die Frage der Differenz oder Nicht-Differenz zwischen Ich und Anderem und zum anderen um die Frage der Indifferenz im Sinne von Gleichgültigkeit dem Anderen gegenüber. Der Andere kann vom Ich nicht angeeignet werden. Er sperrt sich gegen Totalisierungsversuche, d.h. gegen Versuche, den Anderen in die Totalität der Vorstellungen des Ich einzuordnen. Er kann *als Anderer* nicht "Anderer im Selben" werden. Zwischen Ich und Anderem bleibt immer, wie nah das Verhältnis auch sein mag, ein Rest an Kluft, die nicht übersprungen werden darf, wenn der Andere als Anderer bestehen soll. Die Beziehung zwischen Ich und Anderem beinhaltet immer eine Differenz und ist in diesem Sinn Nicht-Indifferenz. "Zwischen dem Einen, der ich bin, und dem Anderen, für den ich verantwortlich bin, klafft eine abgrundtiefe Differenz, eine Differenz, die zugleich die Nicht-Indifferenz der Verantwortlichkeit ist".[128] Andererseits gilt: Die Verwundbarkeit des Angesichts des Anderen begründet immer auch die Verantwortung für den Anderen. Aufgrund der Verwundbarkeit merkt das Ich, wenn es in das Angesicht des Anderen schaut, daß es nicht egal ist, wie es sich dem Anderen gegenüber verhält. Die Verwundbarkeit erfordert vom Ich unweigerlich Verantwortung. Das Ich kann diesem Anspruch nicht entrinnen. Die Verantwortung ist per se *meine* Verantwortung und zwar eine bestimmte Verantwortung, eine Verantwortung, die *für* den Anderen, zu seinen Gunsten, zur Bewahrung seines Seins wahrgenommen wird, die so in sich nur Menschlichkeit gegenüber dem Anderen sein kann. Auch in diesem Sinn ist die Beziehung der Verantwortung gegenüber dem Anderen *nicht indifferent*, nämlich nicht gleichgültig.[129]

---

126 Ebd. 42.

127 Ebd. 43.

128 **Levinas, E.**: Humanismus des anderen Menschen, 5.

129 Vgl. **Lévinas, E.**: Jenseits des Seins, 361 f.

7.1.4.2.4 Der Dritte - Verantwortung als Gerechtigkeit

Die absolute, nicht delegierbare, immer schon bestehende Verantwortung provoziert die Frage gegenüber Lévinas, ob darin nicht eine grandios-deprimierende Überforderung des Menschen formuliert ist. Wie soll der Mensch gegenüber den "unendlich" vielen Anderen diese "unendlich" große Verantwortung erfüllen? Muß er da nicht ständig scheitern? Ist das nicht ein "philosophischer Masochismus", in dem der Mensch immer nur sein Ungenügen schmerzhaft spüren kann?
Dieses Problem wird von Lévinas angegangen über das Motiv "der Dritte"[130]. Neben dem Anderen, gegenüber dem meine unbedingte Verantwortung eingeklagt ist, steht ein weiterer Anderer, der der Andere "meines" Anderen ist, *der Dritte*. Auch dem Dritten gegenüber ist das Ich verantwortlich. Wäre das Ich nur dem einen Anderen, dem jeweils Nächsten, verantwortlich, dann gäbe es keine Probleme. Die Verantwortung hätte nur einen Ausgangspunkt und nur einen Zielpunkt. Es müßte nicht bewußt darüber nachgedacht werden, wie die Verantwortung zu geschehen hat. Die Verantwortung wird zum Problem und muß bedacht werden aufgrund der Existenz des Dritten. Es gibt wiederum nicht nur einen Dritten, sondern viele, "unendlich" viele Dritte. Jeder Dritte ist aber für das Ich nicht nur der Andere des jeweils "eigenen", nächsten Anderen, sondern ebenfalls ein Nächster, ein Anderer, so daß der erste Andere seinerseits ebenfalls ein Dritter in Bezug auf das Ich ist. Und die beiden, der Andere und der Dritte, sind wiederum füreinander Nächster und verweisen nochmals auf andere Dritte.[131] Der Dritte ist nicht nur in seiner empirischen Anwesenheit als einzelner Dritter für das Ich bedeutsam. Das Angesicht des einen Anderen ist in sich ein Verweis darauf, daß es noch viele andere Angesichte, noch unüberschaubar viele andere Andere, eben viele Dritte gibt. Der Dritte und die vielen Dritten sind im Angesicht des einen Anderen präsent. Vor dem Angesicht des Anderen bedrängen viele Andere.[132] Die Unmittelbarkeit und Unbegrenztheit meiner Verantwortung für den Anderen wird durch den Dritten gestört; meine Bedeutung, mein "Sagen" als Verantwortlicher muß innehalten, weil meine Verantwortung an eine Grenze stößt. Sie muß sich beschränken, kann nicht unbegrenzt sein für den einen Anderen, wenn noch andere Andere da sind. Es entsteht die Gewissensfrage: "Welcher hat Vortritt vor dem Anderen? ... 'Was habe ich gerechterweise zu tun?'"[133]. Die Verantwortungsrichtung, die bislang eindeutig auf den einen Anderen zuging, wird aufgesplittert durch die Anforderung, daß ich gerecht sein muß. Gerechtigkeit üben erfordert aber ein Wissen um Gerechtigkeit. Ich muß gegenüber dem Anderen und dem Dritten abwägen, überlegen, meine Beziehung zu ihnen "objektiv" betrachten. Das heißt aber: Ich muß sie vergleichen, ihre Beziehung zueinander und deren Relevanz für meine Beziehung zu ihnen bedenken; ich muß sie zum Thema meiner Ge-

---

130 Vgl. **Lévinas, E.**: Jenseits des Seins, 53, 283-285, 342-351; **Krewani, W.N.**: Emmanuel Lévinas, 239-244; **Habbel, T.**: Der Dritte stört, 104-143; **Strasser, S.**: Jenseits von Sein und Zeit, 348-353.

131 Vgl. **Lévinas, E.**: Jenseits des Seins, 285, 342 f.

132 Vgl. ebd. 344, 349.

133 Ebd. 343.

danken machen.[134] Dadurch wird jedoch die Asymmetrie meiner Beziehung zum Anderen deutlich relativiert. Der Andere ist nicht mehr nur "Dia-chronie", jemand, der quer zu meiner Zeit steht, sich nicht mit meinen Intentionen vereinnahmen läßt. Ich muß ihn auf seine Position dem Dritten gegenüber und mir gegenüber bedenken, ich muß ihn auf mich beziehen, ihn mir vorstellen. Ich muß den Anderen in meine Zeit hereinholen, "synchronisieren".[135] "Der Dritte führt einen Widerspruch in das Sagen ein"[136], weil mein Sagen, mein nichtintentionales Bedeuten für den Anderen, das schon vor jedem Bedenken und Aussprechen gilt, korrigiert wird durch meinen Versuch, in der Frage nach Gerechtigkeit die Beziehung zum Anderen auf mich hin zu bedenken. Durch das Gerecht-sein-Wollen verfolge ich eine Intention, wird die Beziehung zum Anderen doch eine Sache meines Seins und meiner Intentionalität.[137] Aufgrund des Aufsprengens der Asymmetrie zwischen Ich und Anderem und der erdrückenden Unendlichkeit meiner Verantwortung für den Anderen bin dann auch ich jemand, auf den hin Gerechtigkeit abgewogen werden muß. "Das Ich kann im Namen der schrankenlosen Verantwortung dazu aufgerufen sein, auch für sich selbst Sorge zu tragen."[138] "... und so gibt es Gerechtigkeit auch für mich."[139] Die gesellschaftlichen Institutionen des Staates, der Politik, der Justiz sind in den Augen Lévinas' operationalisierte Gestalten des Versuchs, Gerechtigkeit in der Verantwortung der Menschen füreinander zu bedenken, zu ordnen und durchzusetzen. "Die Gerechtigkeit, die Gesellschaft, der Staat und seine Institutionen ... bedeuten jeweils, daß nichts sich der Kontrolle der Verantwortung des Einen für den Anderen entziehen kann."[140]

Das Motiv "der Dritte" irritiert zunächst angesichts des Grundanliegens der unabweisbaren Verantwortung für den Anderen. Fast ist man versucht einzuwenden: "Gerecht sein? Ja, was denn sonst?" Warum braucht es für diese Erkenntnis vorher die schwierigen Gedankengänge, die oft nur mühsam nachvollziehbaren Zusammenhänge, die sperrige Radikalität einer absoluten, unendlichen Verantwortung? In der Tat erweckt die Lektüre der diesbezüglichen Ausführungen Lévinas' beinahe den Eindruck, als ob mit dem Motiv "der Dritte" und der in ihm geforderten Gerechtigkeit der Gedankengang aus den Höhen einer faszinierenden Außerordentlichkeit steil in die Ebene der alltäglichen Gewöhnlichkeit abfallen würde. Lévinas selbst hat wohl diesen Einwand erahnt, weil er auch das Verhältnis zwischen dem Postulat unbegrenzter Verantwortung und dem Postulat der Gerechtigkeit anspricht.[141]

Das Postulat der Gerechtigkeit ist ein Hinweis darauf, daß das Interesse des Ich an seinem Sein, die Intentionalität, mit der es sein Sein zu bewältigen versucht, durch das

---

134 Vgl. ebd. 53, 343.

135 Vgl. ebd. 53.

136 Ebd. 343.

137 Vgl. **Esterbauer, R.**: Transzendenz-"Relation", 81.

138 **Lévinas, E.**: Jenseits des Seins, 285.

139 Ebd. 346.

140 Ebd. 347; vgl. **Wenzler, L.**: Anders denken.

141 **Lévinas, E.**: Jenseits des Seins, 347-351.

Anliegen der Verantwortung für den Anderen keineswegs desavouiert werden darf. Aber umgekehrt ist das Postulat der unabwälzbaren, "unendlichen" Verantwortung für den Anderen - das ja bestehen bleibt, weil die dargestellten Bedeutungen des gewaltlosen Widerstands des Angesichts, der Anarchie, Diachronie und Illeität des Anderen, des Sagens ihrerseits durch das Postulat der Gerechtigkeit nicht widerlegt sind - ein Hinweis darauf, daß die Denkrichtung und die Reihenfolge der Gedanken umgedreht werden müssen. Unter dem Primat des gewaltförmigen Denkens-des-Selben ist die Anstrengung, das eigene Sein zu bewältigen, die eigenen Interessen durchzusetzen, die Dinge und die Menschen um sich herum auf sich zu beziehen und für sich zu vereinnahmen, der Ausgangspunkt oder die Basis, von wo aus man dann unter bestimmten Aspekten der Lebensführung zu der Anforderung vorstößt, für den Anderen verantwortlich zu sein. Vom Problem (der Bewältigung des Daseins *für sich*) gelangt man zur Verantwortung. Lévinas' Analysen zum Geschehen der Begegnung zwischen Ich und Anderem zeigen dagegen, daß diese Logik umgedreht werden muß. Der Primat liegt beim Anderen. Die unabweisbare Verantwortung für den Anderen rührt von der Verwundbarkeit des Angesichts her. Dieses Angesicht ist immer schon da. Alles, was ich von mir aus vollziehe, womit ich mein Sein bewältige, geschieht vor dem Angesicht eines Anderen, da ich als Mensch keine Monade bin, sondern immer schon in Beziehungen mit anderen Menschen lebe und nur leben kann, *weil* immer schon irgendwelche Beziehungen bestehen, noch bevor ich mir ihrer bewußt geworden bin. Immer schon stehe ich also unter dem Angesicht des Anderen. Bei allem, was ich gegenüber einem bestimmten Anderen erlebe oder tue, ist das Angesicht dieses Anderen schon vorher *da*. Was ich gegenüber dem Anderen vollziehe, kann nur die sekundäre Reaktion auf das primäre *Dasein* des Anderen sein, kann nur unter dem Angesicht des Anderen geschehen. Das "Du" ist immer sekundär. Es er*folgt*, weil der Andere (schon) da ist. Selbst ein Verhalten oder Handeln in Hinblick auf Menschen, die nicht empirisch präsent sind und nie sein werden, z.B. in Blick auf Bewohner anderer Kontinente, kann nur erfolgen, weil es ein Wissen um diese Menschen gibt und dieses Wissen wiederum nur daraus erwachsen kann, daß diese Anderen *da* sind. Alles, womit ich mich selbst vollziehe, alles, was ich denke, bin, erlebe und tue, denke, bin, erlebe und tue ich vor dem Angesicht des Anderen. Und mit dem Angesicht des Anderen ist meine Verantwortung für den Anderen zuerst da. Von hier aus - und erst von hier aus - kann ich dann zum Problem der Bewältigung *meines* Daseins, zur Sorge um mich kommen. "Von der Verantwortung zum Problem - so ist die Reihenfolge."[142] "Meine Beziehung mit dem Anderen, dem Nächsten, gibt meinen Beziehungen mit allen Anderen ihren Sinn."[143] "Keinesfalls ist die Gerechtigkeit eine Abschwächung der Besessenheit, eine Entartung des *Für-den-Anderen*, eine Verkleinerung, eine Begrenzung der anarchischen Verantwortung ..."[144] Das Motiv "der Dritte" hat gegenüber der Verantwortung für den Anderen einen buchstäblich sekundären Rang. Es ist eine im Sinne der Realität vorgenommene "Ein-

142 Ebd. 351.

143 Ebd. 346.

144 Ebd. 347.

ordnung" des primären Postulats der unabweisbaren, unendlichen Verantwortung, die davor bewahren soll, daß das Subjekt unter der Unendlichkeit der Verantwortung zugrunde geht, daß es zur Wahrnehmung der Verantwortung nicht mehr fähig ist und daß so der Humanismus gerade nicht zu einem "Humanismus des anderen Menschen" gewandelt wird.[145] Das verbietet schließlich den Mißbrauch des Gerechtigkeitspostulats als Deckmantel egologischer Berechnung. Die Überlegung, was gerecht ist, darf nicht der Durchsetzung eigener Interessen, einem Kalkül unterstellt werden; sie setzt das Sich-vom-Sein-Lösen voraus.[146] Die Frage, wer den Vortritt hat, kann das Ich nicht nach eigenem Belieben beantworten. Es kann nicht bestimmte Andere aus der Gerechtigkeitsüberlegung ausblenden. Alle Anderen provozieren die Verantwortung des Ich. Die Verantwortung des Ich bemißt sich nicht nach einer Nähe oder Entfernung, die das Ich von sich aus zum Anderen empfindet. "... die Gleichzeitigkeit der Vielen baut sich auf um die Dia-chronie von Zweien: Die Gerechtigkeit bleibt Gerechtigkeit nur in einer Gesellschaft, in der zwischen Nahen und Fernen nicht unterschieden wird, in der es aber auch unmöglich bleibt, am Nächsten vorbeizugehen; in der die Gleichheit aller getragen ist von meiner Ungleichheit, durch den Mehrwert meiner Pflichten über meine Rechte. Die Selbstvergessenheit bewegt die Gerechtigkeit."[147]

7.1.4.3 Subjektsein durch Subjektion

Die Verantwortung vor dem Anderen ist die grundlegende Kennzeichnung dessen, der sich dem Anderen gegenüber vorfindet, d.h. des Ich. Das Ich, aus dessen Perspektive das Verhältnis zum Anderen bedacht wird, das also bedenkt, welche Stellung es vor dem Anderen einnimmt und was es vor dem Anderen denken, sein, erleben und tun kann bzw. soll, ist im allgemeinen und auch im speziell philosophischen Verständnis das *Subjekt*. Auch Lévinas spricht in Hinblick auf das Ich vor dem Anderen vom Subjekt. Allerdings bringt seine Bestimmung der Beziehung zwischen Ich und Anderem als Beziehung einer unabweisbaren Verantwortung notwendig ein bestimmtes Verständnis des Subjekts mit sich. Das konventionelle Verständnis des Subjekts als des selbständig handelnden Subjekts, das sich die Welt unterwirft, um sie (für sich) zu gestalten, das sich allem anderen seiner selbst überlegen fühlt, das auf das andere Zugriff nimmt, das das andere nach eigenbestimmten Entscheidungen gestaltet, das also autonom handelt und das "ich" sagen kann, d.h. sich seiner selbst bewußt und deswegen selbstbewußt ist[148], und das darin sein Subjektsein konstituiert sieht, wird im Rahmen des fundamentalen Motivs der Verantwortung für den Anderen im Sinne Lévinas' einer radikalen Revision unterzogen. Das hier beschriebene Subjekt im konventionellen Verständnis ist für Lévinas in der Tat tot. Aber die Absurdität und Gefährlichkeit der

145 Vgl. **Esterbauer, R.**: Transzendenz-"Relation", 85.

146 Vgl. **Lévinas, E.**: Jenseits des Seins, 53, 344.

147 Ebd. 347.

148 Vgl. **Wenzler, L.**: Zeichen und Antlitz, 138.

Idee des selbstherrlichen Subjekts angesichts der Inhumanität der hominisierten Welt ist für ihn nicht Anlaß, den Subjektbegriff als solchen dem philosophiegeschichtlichen Vergessen anheim zu geben. Er beabsichtigt eine Reformulierung des Begriffs Subjekt, wobei diese Reformulierung im Rahmen des umfassenderen, leitenden Interesses Lévinas' steht, gegen die Inhumanität einen neuen Humanismus, eine neue Menschlichkeit zu skizzieren.[149]
Die Basis des Selbstverständnisses des Ich als Subjekt ist nach Lévinas die oben dargestellte Erfahrung, sich der Verantwortung für den Anderen nicht entziehen und die Beziehung zum Anderen nicht als selbststabilisierenden Seinsakt, nicht als Selbstbehauptung im eigenen Dasein gestalten zu können. Die Logik, daß sich das Ich mit seinen Interessen durchsetzt, sich in seinem Sein selbst sucht und in diesem Sinn eine *Identität für sich* aufbaut, wird unterbrochen. Subjekt-"sein" in der Verantwortung für den Anderen geschieht nicht im Modus des "sein".[150] Subjekt-"sein" vollzieht sich im Sinne Lévinas' als *Subjektion*[151], als - im wörtlichen Sinn von Sub-jekt - Unterwerfung nicht der Welt unter das Ich, sondern des Ich unter den Anderen in der immer schon bestehenden Verantwortung für ihn.

7.1.4.3.1 Passivität des "sich"

Das Subjekt, das sich von vornherein unter die Verantwortung für den Anderen gestellt sieht, wird in seiner Subjektivität nicht durch seine Aktivität, durch die Verwirklichung seiner Intentionen konstituiert, sondern durch das Gegenteil davon. Das Subjekt ist das Ich, das, bevor es irgendwie als Ich gegenüber dem Anderen handeln kann, von dem dem Angesicht des Anderen entspringenden Anspruch der Verantwortung getroffen wird. Bevor sich das Ich als aktives Ich erlebt, ist es jemand, der etwas vom Anderen her auf *sich* zukommen spürt, der *sich* vom Anderen beansprucht sieht. Das Subjekt ist also zunächst nicht das aktive "ich" im Nominativ, sondern ein "sich", ein passives "ich" im Akkusativ. Das "sich" als Akkusativ ist wörtlich zu verstehen. Das Subjekt als "sich" steht im "Akkusativ", unter der Anklage, vor dem Anderen aufgrund dessen Verwundbarkeit verantwortlich zu sein.[152]
Das Verhältnis des Subjekts zum Anderen zeigt sich hier als eine eigentümliche Verstrickung zwischen Ich und Anderem, die der gängigen Vorstellung vom Subjektsein gegenläufig ist. In der gängigen Vorstellung greift das Subjekt von sich aus auf anderes und Andere zu, um dieses andere bzw. die Beziehung zum Anderen nach eigenen Vorstellungen zu gestalten. Nach diesem Zugriff des Subjekts nimmt das andere bzw. die Stellung des Anderen, d.h. sein Denken, Verhalten und Tun, gegenüber dem Subjekt eine Gestalt an, in der die Intentionen des Subjekts berücksichtigt sind, in der also das

---

[149] Vgl. ebd. 139.

[150] Vgl. **Lévinas, E.**: Jenseits des Seins, 47 f., 54-58.

[151] Vgl. **Olivetti, M.M.**: Philosophische Fragen, 43; **Strasser, S.**: Jenseits von Sein und Zeit, 278.

[152] Vgl. **Lévinas, E.**: Jenseits des Seins, 128-130, 190.

Subjekt zu spüren ist. Das Subjekt ist so im Anderen verstrickt. Unter der Maßgabe der vorgängigen Verantwortung des Subjekts für den Anderen zeigt sich die gegenläufige Richtung der Verstrickung. Wenn anerkannt ist, daß der Anspruch vom Angesicht des Anderen auf das Subjekt trifft vor jeder Aktivität des Subjekts, dann kann alles, was das Subjekt denkt, ist, erlebt und tut, nur so vollzogen werden, daß darin die Verantwortung für den Anderen - sei es als erfüllte, sei es als verweigerte Verantwortung - virulent ist, daß also der Andere in den Vollzügen des Subjekts zu spüren ist. Der Andere ist demnach im Subjekt verstrickt. Subjektivität ist - aus der Perspektive des Subjekts gesehen - nicht nach dem Modus eines erkennenden, aktiven Subjekts als "der-Selbe-im-Anderen", sondern nach dem Modus des beanspruchten Subjekts als "der-Andere-im-Selben" strukturiert. Subjektsein bedeutet somit nicht die Selbstbehauptung als Subjekt, sondern die Beunruhigung des Subjekts durch den Anderen.[153]

Die Position des Subjekts gegenüber dem Anderen nach der Art des "sich" entspringt nicht einer Initiative des Subjekts, so wie ein Wissen, eine Tat oder ein Bewußtsein von etwas auf die Initiative des jeweiligen Subjekts zurückgeht. Sie entspringt der Verantwortung für den Anderen. Die Andersheit des Anderen ist dann nicht die Grenze, auf die die Initiative des Subjekts stoßen würde, sondern der Ausgangspunkt der Verantwortung, welche das Subjekt erst in seinem Subjektsein konstituiert. Die Antwort des Subjekts auf den Verantwortungsanspruch von seiten des Anderen trägt nicht die Züge eines "hier bin ich" im Sinne von: "ich kann dieses und jenes tun, um der Verantwortung gerecht zu werden". Einzig angemessen ist dem Subjekt die "Antwort: 'hier, sieh mich', bei der das Pronomen 'ich' im Akkusativ steht, gebeugt schon vor jeder Beugung, besessen durch den Anderen"[154], eine Antwort also im Sinne von: "hier, sieh mich, ich bin von dir beansprucht, was willst du von mir?". Das Subjekt ist von der Verantwortung für den Anderen "besessen". Damit ist gemeint: Die Verantwortung ist nicht unter der Kontrolle des Willens des Subjekts. Sie geht dem Willen des Subjekts und der Verwirklichung des Willens voraus, so wie sich eine Anklage dem Willen des Angeklagten entzieht.[155] Die Anklage oder die Besessenheit "reißt das Ich aus seinem Hochmut und seinem herrscherlichen Imperialismus, den es als Ich [gegenüber den anderen Seienden - H.H.] ausübt. Das Subjekt ist im Akkusativ, ohne daß es Zuflucht fände im Sein, es ist ausgestoßen aus dem Sein"[156]. Das Subjekt als "sich" gebärdet sich gegenüber dem Anderen in einem Sich-Anbieten, nicht aber als Geste der Großzügigkeit, sondern als Bereitschaft, Beanspruchungen zu empfangen, d.h. in gewissem Sinn - weil vom Subjekt nicht gewollt - zu leiden. Die Verantwortung als Bedeutung des Subjekts gegenüber dem Anderen entzieht sich entsprechend der Eigenart des Sagens als eines vorintentionalen Bedeutens der intentionalen Lenkung durch das Subjekt. Das Subjekt erleidet sein Subjektsein, weil es der Beanspruchung für den Anderen ausgesetzt ist. Das Subjekt in der Beziehung zum Anderen setzt nicht vor-

---

153 Vgl. ebd. 68-70.

154 Ebd. 311.

155 Vgl. **Funk, R.**: Sprache und Transzendenz, 382 f.

156 **Lévinas, E.**: Jenseits des Seins, 244 f.

rangig einen Akt, sondern muß zunächst empfänglich, seinerseits "verwundbar" sein für das, was vom Anderen kommt. Was sich beim Anderen als Ausgangspunkt der Verantwortung gezeigt hat, die Verwundbarkeit, wird hier auch als Bedingung für das Empfangen des Verantwortungsanspruchs auf seiten des Subjekts behauptet. Die "Anarchie" der Verantwortung bedeutet ja, daß sie vor jeder vom Subjekt ausgehenden Intention gilt. Im Augenblick des Getroffenwerdens von dem Verantwortungsanspruch steht das Subjekt dem Anderen offen, d.h. noch frei von Intentionen, gegenüber. "Die Offenheit, das ist die Entblößung der Haut, die der Verwundung und der Beleidigung ausgesetzt ist. Die Offenheit, das ist die Verwundbarkeit einer Haut"[157]. So wie das Subjekt immer schon in die Existenz des Anderen aufgrund der Nacktheit seines Angesichts, aufgrund seiner Verwundbarkeit eingreift, ist es auch in der eigenen Existenz immer schon von der Existenz des Anderen angegangen, verwundbar vor dem Anderen. "Subjektivität ist wesentlich Gastlichkeit, ist konstitutiv Verletzlichkeit."[158] Freilich haben aus der Perspektive des Subjekts beide Verwundbarkeiten unterschiedliche Qualitäten: Die Verwundbarkeit des Anderen ist Beanspruchung, die des Subjekts Bereitschaft zur Verantwortung.[159] Insofern ist Subjektivität zunächst Sensibilität, Gespür, Sinnlichkeit für das auf das Subjekt Zukommende.[160] Dabei kann das Erleiden der Beanspruchung durch den Anderen nicht noch einmal für eigene Intentionen vereinnahmt werden. Das Subjekt kann dem Leiden nicht, gleichsam in einem letzten verzweifelten Sich-Aufbäumen des conatus essendi, einen Sinn *für sich*, etwa das selbstbefriedigende Gefühl des heldenhaften Altruismus oder der berechnenden, gewollten Selbstlosigkeit für den Anderen, abgewinnen. "Die Subjektivität als *der-Andere-im-Selben* ... ist die Infragestellung jeglicher Behauptung 'für sich', jedes Egoismus".[161] Subjektsein ist demnach nicht ein Modus der Aktivität, sondern der Passivität und zwar einer "Passivität, die passiver ist als jede Passivität"[162], "passiver noch als die, die der Unterdrückte erleidet, der zum Kampf gezwungen ist"[163].

Diese eigenartige, bei Lévinas immer wiederkehrende Behauptung einer extremsten Passivität ist wiederum auf dem Hintergrund der besonderen Verantwortung für den Anderen zu interpretieren. Die Verantwortung kommt jedem Akt des Subjekts zuvor, das Subjekt kann sich ihr nicht entziehen. Die Zuweisung der Verantwortung an das Subjekt geschieht ohne dessen Einwilligung, sie geht der Freiheit und dem Willen des Verantwortlichen voraus. Das Subjekt kann sein Getroffenwerden vom Anspruch des Anderen nicht noch einmal in einen eigenen, wenn auch rudimentären, so doch intentionalen Akt umwandeln, in dem es meint, die Verantwortung bewußt als eigene über-

---

157 **Levinas, E.**: Humanismus des anderen Menschen, 93.

158 **Luther, H.**: Subjektwerdung zwischen Schwere und Leichtigkeit, 188.

159 Vgl. **Wenzler, L.**: Zeichen und Antlitz, 148; **Esterbauer, R.**: Transzendenz-"Relation", 66-71.

160 Vgl. **Lévinas, E.**: Jenseits des Seins, 131, 234.

161 Ebd. 246; vgl. ebd. 247.

162 Ebd. 49.

163 Ebd. 132.

nehmen zu können.[164] Damit wäre ja doch wieder ein Akt der Selbstbehauptung gesetzt, wäre Verantwortung übernommen, "so wie Sein geschieht", nämlich als Sorge des Subjekts um sein Dasein, als Durchsetzung eines Interesses. Die Verantwortung für den Anderen geschieht aber "anders als Sein geschieht". Die Verantwortung ist "anarchisch", ohne Anfang, weil sie besteht, schon bevor das Subjekt anfängt, sein Sein zu bewältigen. Sie hat keinen Anfang, dessen Zeitgrenzen angegeben werden könnten und der somit in sich auf etwas verweisen würde, was ist, bevor die Verantwortung anfängt, für das Subjekt gültig zu werden. Die Verantwortung ist in sich der Anfang des Seins des Subjekts. Sie ist "dia-chronisch", weil sie quer steht zur Intentionalität des Subjekts, sich nicht zu einer Gegenwart für das Subjekt machen läßt, sich gegen eine Vereinnahmung für die Interessen des Subjekts sperrt.[165] Von diesen Bestimmungen aus ist der Sinn der Formel "Passivität, die passiver ist als jede Passivität" zu suchen. Der Unterdrückte, der gegen sein Leiden noch ankämpft, übernimmt noch das Erleiden seiner Unterdrückung auf paradoxe, aber bewußte Art in dem Sinn, daß er sein Unterdrücktsein als Gegenstand seines Ankämpfens annimmt. Seine Passivität ist also noch ein Ort eines Aktivseins, einer Seinsbewältigung, einer Selbstbehauptung. In der Verantwortung für den Anderen ist aber jedes Aktivsein im Sinne von Sich-Durchsetzen, jedes Etwas-*für-sich*-erreichen-Wollen ausgelöscht. Das Subjektsein meint eine "Subjektivität des Menschen aus Fleisch und Blut, die in ihrer Ausgeliefertheit an den Anderen passiver ist als die Passivität der Wirkung in einer Kausalkette ..., Sich-selbst-entrissen-werden-zugunsten-eines-Anderen im den-eigenen-Bissen-Brot-dem-Anderen-Geben; nicht die Harmlosigkeit einer formalen Beziehung, sondern der ganze Ernst und die ganze Schwere des Leibes, der in der Möglichkeit des *Gebens* seinem conatus essendi entrissen ist. Die Identität des Subjekts tritt hier nicht durch ein In-sich-Ruhen hervor, sondern durch eine Beunruhigung, die mich aus dem Kern meiner Substantialität verjagt."[166]

7.1.4.3.2 Stellvertretung im "der-Eine-für-den-Anderen"

Es ist schon zur Sprache gekommen, daß Lévinas die Beziehung zwischen Subjekt und Anderem nicht als Reziprozität denkt, in der das Subjekt das eigene In-Beschlag-genommen-Sein durch die Verantwortung für den Anderen umgekehrt auch vom Anderen behaupten könnte. Würde das Subjekt die Verantwortung des Anderen für es selbst einfordern, dann wäre das ein Akt der Selbstbehauptung, der Egologik, in der das Subjekt den Anderen auf sich hinordnet. Der Vollzug des Subjektseins wurde hingegen als ein Vollzug beschrieben, der anders als Sein, anders als das Sich-Behaupten geschieht. Die Verantwortung erwächst gerade aus der Andersheit des Anderen. Als *Anderer* ist er nicht schon umfangen von den Vorstellungen des Subjekts über ihn. Er ist in diesem

---

164 Vgl. **Funk, R.**: Sprache und Transzendenz, 382.

165 Vgl. **Lévinas, E.**: Jenseits des Seins, 136, 225.

166 Ebd. 311 f.

Sinn noch nackt, was in der Ungeschütztheit des Angesichts am dichtesten zum Ausdruck kommt. Die Verwundbarkeit, aufgrund deren die Existenz des Anderen dem Subjekt ungeschützt ausgesetzt ist, bedingt dessen Verantwortung für den Anderen. Diese Verantwortung kann aber dann per se nicht heißen, daß das Subjekt den Anderen sich angleichen dürfe, denn Angleichung würde Verletzung des Andersseins des Anderen bedeuten, wäre ein Schlag ins verwundbare Angesicht. Die Verantwortung für den Anderen beinhaltet den Anspruch, den Anderen gerade in seiner Andersheit bestehen zu lassen. Jedes Vereinnahmen des Anderen für sich ist dem Subjekt in seiner Verantwortung für den Anderen untersagt. Das Subjekt muß den Anderen in seiner Andersheit auf sich nehmen, oder besser: das Subjekt findet sich als jemand vor, dem sich der Andere in seiner Andersheit auferlegt. Es steht im Dienst des Anderen und seiner Andersheit. So ist die Beziehung des Subjekts zum Anderen - aus der Perspektive des Subjekts - nur in eine Richtung, zum Anderen hin strukturiert. Und da jedes "Für-sich-selbst" des Subjekts ausgeschlossen ist, ist die Beziehung auf den Anderen hin ein *"Für-den-Anderen"*[167]. Die Einschränkung "aus der Perspektive des Subjekts" ist deshalb wichtig, weil es natürlich in der Beziehung zwischen Subjekt und Anderem ein "Hin und Her" der Einwirkungen, z.B. einen Austausch und nicht nur ein monologisches Weitergeben von Informationen, und insofern Reziprozität gibt. Aber das Subjekt kann entsprechend seiner Verantwortung diese Reziprozität nicht in einen Effekt für sich ummünzen, indem es die Verantwortung des Anderen zu eigenen Gunsten einfordert. Auch hier gilt, daß jeder eventuellen Feststellung der Verantwortung des Anderen *für mich* - einer Feststellung, die ja nur als Reaktion auf das vorherige Dasein des Anderen, nur im Angesicht des bereits daseienden Anderen getroffen werden könnte - meine eigene dem Angesicht des Anderen entspringende Verantwortung vorausgeht. Blickt das Subjekt auf den Anderen, dann schlägt ihm als erstes unweigerlich die eigene Verantwortung für den Anderen entgegen. Als Subjekt bin ich für den Anderen so verantwortlich, daß "ich immer einen Schritt mehr auf ihn hin ausgeführt habe ... derart daß in der Verantwortung, die wir füreinander haben, ich immer noch eine Antwort mehr zu geben habe, verantwortlich bin auch noch für die Verantwortlichkeit des Anderen"[168]. Vor dem Anderen verliert die Forderung des Subjekts, daß der Andere für es selbst etwas zu bedeuten habe, ihr Recht. Das Subjekt kann die Richtung der Beziehung zum Anderen nicht umkehren und auf sich zurücklenken. In der Perspektive des Subjekts ist seine Beziehung zum Anderen nur als ein *"der-Eine-für-den-Anderen"*[169] strukturiert. Statt seine Position zu behaupten, muß das Subjekt in der Beziehung seine Position eher verlassen oder vernachlässigen und sich auf den Anderen hin begeben. Das "der-Eine-für-den-Anderen" heißt für das Subjekt, herausgetrieben zu werden aus dem Ich-Sein, sich an die Stelle des Anderen zu begeben und sich *dort* für dessen Sein einzusetzen. Insofern ist das Subjektsein Stellvertretung des Ich für den

---

167 Ebd. 56.

168 Ebd. 189.

169 Ebd.

Anderen.[170] Der Status des Subjekts vor dem Anderen ist "die Passivität als *der-Eine-für-den-Anderen* und infolgedessen als das, was über das *sein*, als Potenz und als Akt aufgefaßt, hinausgeht, und so gerade meine Passivität als Bedeutung. *Der-Eine-für-den-Anderen* bis hin zum *der-Eine-Geisel-des-Anderen*: in seiner Identität als Berufener, der unersetzbar ist, ohne Möglichkeit der Rückkehr zu sich; in der Haltung des Sich Sühne für die Anderen; im eigenen '*sein*' Aus-genommenheit vom *sein* oder Stellvertretung. Der Eine für den Anderen, nicht der Eine verwandelt in den Anderen, sondern *für-den-Anderen*"[171].

7.1.4.3.3 Geisel-Sein

Nochmals nimmt Lévinas Anlauf, um mit einem weiteren Motiv sein Verständnis des Subjekts darzulegen. "Das Subjekt ist Geisel."[172] Die Subjektivität ist begründet in der Zuweisung einer Verantwortung, der das Subjekt ausgesetzt ist, ohne die Zuweisung in einem Rest an Freiheit nochmals für sich akzeptieren zu können. Das Subjekt wird zur Verantwortung erwählt und kann sich weder die Verantwortung noch diejenigen Menschen, für die es verantwortlich ist, auswählen. Das Subjekt kann sich der Verantwortung nicht entziehen und sich in ihr nicht vertreten lassen. Es kann die Erwählung als Verantwortlicher nicht einmal in der Form "erträglicher" machen, daß es der Verantwortung einen irgendwie gearteten Sinn abgewinnt. Die Verantwortung ist nicht ein *gewollter* Altruismus. Gleichwohl bedeutet das alles nicht die Negation der Existenz des Subjekts, sondern im Gegenteil seine Beanspruchung bis ins Extrem: Ein Ausgewählt-Werden vom Anderen, um da zu sein *für ihn*, ein Geraubt-Werden des eigenen Schutzes in Form eines eigenen Willens zur Abwehr der Beanspruchung, ein Verantwortlich-einstehen-Müssen für das Nicht-Gewollte, ohne die Beanspruchung für eigene Interessen umbiegen zu können - das ist die Situation der *Geisel*.[173]

7.1.4.4 Das humanere Subjekt - ein Zwischenfazit

Die Revision des Subjektbegriffs, die Lévinas vornimmt, indem er das Subjektsein in den Rahmen der Verantwortung für den Anderen stellt, kommt tatsächlich einer von ihm geforderten kopernikanischen Wende gleich. Es werden nicht nur Abwandlungen, Ergänzungen oder Spezifizierungen des Subjektverständnisses vorgenommen, sondern das konventionelle Subjektverständnis als solches wird auf den Kopf gestellt. Das Subjekt wird der Logik des bislang gültigen Subjektbegriffs entgegengesetzt gedacht. Das Subjekt nach konventionellem Verständnis ist das autonome Ich, das sich seiner

170 Vgl. ebd. 303.

171 Ebd. 309.

172 Ebd. 248.

173 Vgl. ebd. 51; vgl. zum Motiv "Geisel-Sein" **Henrix, H.H.**: Geisel sein für den Anderen.

selbst bewußt ist und sich über das andere seiner selbst erhebt, um es nach eigenen Intentionen und auf dem Weg eigenständiger Entscheidungen zu gestalten. Es versteht sein Subjektsein als die Kompetenz, als Träger und nicht als Erleider eines Geschehens zu fungieren. Ein solches Subjekt kann sich nur als Zentrum der Wirklichkeit um es herum verstehen und kann seine Bestimmung nur darin sehen, diese Wirklichkeit nach seinen Vorstellungen zu gestalten, seine Interessen gegenüber und an der anderen Wirklichkeit durchzusetzen, die andere Wirklichkeit in die begrenzte Totalität der eigenen Vorstellungswelt einzufügen, sie in diesem Sinne sich selbst anzugleichen, d.h. das Andere zum Selben zu machen, und bei all dem sich selbst im eigenen Sein zu behaupten. Das Subjektsein vollzieht sich so als Gewalttätigkeit, weil es gegen die andere Wirklichkeit gerichtet ist und weil das Subjekt durch die Vereinnahmung der anderen Wirklichkeit *für sich* die Andersheit des Anderen negiert und die andere Wirklichkeit nicht als Anderes existieren läßt. In seinem Subjektsein tötet das Subjekt die andere Wirklichkeit. Das so verstandene Subjekt ist schließlich inhuman, weil sich die Gewalttätigkeit seines vereinnahmenden Strebens auch gegen *den Anderen*, den anderen Menschen richtet, was durch die Annahme einer Intersubjektivität zweier gleichberechtigter Subjekte noch nicht ausgeschlossen wäre, da eine solche Beziehung die Gewalt lediglich als reziproke Gewalt zulassen würde. Für Lévinas ist "ein Humanismus des Selbstbewußtseins ein Humanismus der Herrschaft über den ANDEREN"[174].

Lévinas dreht die Konstitutionsrichtung des Subjekts um, indem er das (Da-)Sein des anderen Menschen als Anderer bei der Frage, wie der Mensch Subjekt sein kann, in Rechnung stellt. Der Gedanke an die Andersheit des Anderen stört, erschüttert das Sein des selbst-bewußten Subjekts. Nicht mehr das Ich ist zuerst da, um auf den Anderen Zugriff zu nehmen und sich darin als Subjekt zu erweisen. Vielmehr ist aus der Perspektive des Subjekts - und das Subjekt kann nur diese eigene Perspektive handlungsleitend einnehmen - der Andere zuerst da. Alles, was das Subjekt auf den Anderen hin denkt, ist, erlebt und tut, denkt, ist, erlebt und tut es nur, weil der Andere schon da ist. Der Andere ist der Anfang. Das Erste, was in der Begegnung zwischen einem Ich und einem Anderen geschieht, geht vom Anderen aus. Es ist die Verantwortung, die dem Ich aus der Verwundbarkeit im Angesicht des Anderen entgegenschlägt. Das Ich wird, bevor es von sich aus einen Akt setzen könnte, zur Verantwortung für den Anderen erwählt. So "gehört zum An-sich-Sein des Ich der ANDERE konstitutiv hinzu. Das Ich ist nur Ich, insoweit der ANDERE in ihm ist und das Ich für ihn und nicht für sich ist"[175]. Das Ich erweist sich als Subjekt, indem es sich in dieser seiner Verantwortung für den Anderen beanspruchen läßt. In einem solchen Subjektsein "verwandelt sich der Bezug des Ich zu seiner Welt von einem In-Besitz-Nehmen zu einem Für-das-andere-Sein"[176]. Das Subjektsein vollzieht sich im Rahmen der Verantwortung für den Anderen als Subjektion, als Unterwerfung unter den Anderen. Das Subjekt ist im buch-

---

174 **Esterbauer, R.**: Transzendenz-"Relation", 82.

175 Ebd. 79.

176 Ebd.

stäblichen Sinn das Sub-jekt.[177] Die kopernikanische Qualität dieser Wende wird vielleicht am deutlichsten erkennbar, wenn man bedenkt, daß hier das Subjektsein nicht mehr etwas ist, das das Subjekt von sich selbst behauptet, um sich dann gegenüber dem Anderen darin selbst zu behaupten, sich durchzusetzen. Das Subjektsein ist nicht mehr der Inbegriff der Eigenständigkeit gegenüber dem Anderen. Das Subjekt wird gerade erst durch den Anderen auf dem Weg der Erwählung zur Verantwortung in sein Subjektsein eingesetzt. Das Subjekt ist in seinem Subjektsein abhängig vom Anderen. "Ich werde zum Subjekt als Gabe, als Opfer. Ich werde im Antworten zum Subjekt konstituiert vom Anderen her. Menschsein ist Menschsein vom Anderen her. Meine Menschlichkeit besteht in meiner Verantwortlichkeit gegenüber dem Anderen."[178] Subjektsein ist der Vollzug des Verantwortlichseins für den Anderen. Das Subjekt steht im Dienst des Anderen, um dem Anderen gerade sein Sein als *Anderer* zu ermöglichen. Darin verwirklicht das Subjekt einen neuen Humanismus, einen "Humanismus des anderen Menschen" und erweist sich als das humanere Subjekt.

7.1.5 Das Unendliche

Das nur eingeschränkt und mit Mühe bewältigbare Schwierigkeitsniveau der Gedankenführung und die Radikalität der gewonnenen Postulate der Philosophie Lévinas' können nicht darüber hinwegtäuschen, daß diese auf dem Stand der bisher dargestellten Motive selbst immer noch an eine Aporie stößt. Die bis jetzt referierten Gedanken erregen immer noch die einer gewissen Irritation entspringende Frage, woher nun eigentlich die geschilderte Eigenart der Verantwortung für den Anderen als einer *unendlichen* Verantwortung rührt. Was macht die Verantwortung für den Anderen so radikal unabweisbar und unrelativierbar? Es ist nachvollziehbar, daß das Angesicht des Anderen als Ausdruck der verwundbaren Andersheit des Anderen zu verstehen ist und daß daraus dem Subjekt eine Verantwortung erwächst. Aber was läßt diese Verantwortung derart unbegrenzt, radikal, indispensabel und gegen die Existenzinteressen des Subjekts selbst gerichtet sein, wie sie Lévinas schildert? In der Tat ist zu fragen, was Lévinas jemandem entgegenhalten könnte, der von sich behauptet: "Wenn ich dem Anderen ins Angesicht schaue, spüre ich nichts; ich spüre keine Verantwortung." Hätte dieser nicht ebenso viel Recht zu sagen, er verspüre keine Verantwortung, wie Lévinas für sich beansprucht, sagen zu können, im Angesicht des Anderen entspringe eine unendliche Verantwortung? Wäre der erste Augenblick der Begegnung zwischen dem Subjekt und dem Anderen nicht mit ebenso viel Einsichtigkeit als Moment der Aggressivität des Anderen gegenüber dem Subjekt zu deuten, insofern der Andere durch sein Dasein das Sein des Subjekts begrenzt bzw. bedroht? Und wäre dann nicht gleichermaßen schlüssig die Behauptung möglich, die dem Subjekt vor jeder intentionalen Vorstellung vom Anderen zukommende, ursprüngliche Position oder Verfaßtheit

177 Vgl. ebd. 80; **Wenzler, L.**: Zeichen und Antlitz, 150.

178 **Wenzler, L.**: Zeichen und Antlitz, 150.

gegenüber dem Anderen sei die Selbstverschließung, die Distanzierung, das Streben nach Übermacht oder der Haß?
Es fällt schwer, derartige Anfragen mit dem bisher dargestellten Motivrepertoire auszuräumen. Den Schlüssel zur Überwindung dieser aporetischen Ungeklärtheit findet die Gedankenfiguration Lévinas' im Motiv des *Unendlichen.* Die Begegnung mit dem Anderen ist nach Lévinas der Ort, an dem das Subjekt mit dem Unendlichen konfrontiert ist, der oder das in theologischer Terminologie selbstverständlich, oft zu selbstverständlich, mit dem Begriff "Gott" bezeichnet wird. Die unendliche Verantwortung vor dem Angesicht des Anderen läßt an das oder den Unendlichen an sich denken. Die Begegnung mit dem Anderen ist die Situation, in der "Gott ins Denken einfällt"[179]. Damit kommt eine Qualität in die Beziehung zwischen Ich und Anderem, die sich nicht mehr auf einen Gegenstand der Überzeugungskraft menschlicher Rationalität reduzieren läßt. Dieses Motiv gilt es im folgenden darzustellen.
Allerdings wird gleich an dieser Stelle deutlich, auf welcher Grundannahme die folgenden Darlegungen aufruhen. Die Schlüssigkeit und Überzeugungskraft der Philosophie Lévinas' mit ihrem zentralen Motiv der Verantwortung für den Anderen hängt davon ab, ob das bzw. der[180] Unendliche als eine Wirklichkeit anerkannt und bei der Entwicklung bzw. Wiedergabe der Gedanken dieser Philosophie in Anschlag gebracht wird. Dadurch ist aber eine Größe zum Konstitutivum der Philosophie erhoben, die sich nicht mehr rational-argumentativ ergründen oder nachweisen läßt. Die Notwendigkeit der Anerkennung des Unendlichen als Wirklichkeit läßt in den Gedanken Lévinas' nicht mehr trennscharf zwischen Philosophie und Theologie unterscheiden. Das ist auf dem Hintergrund der Rolle des jüdischen Glaubens in Lévinas' Denken verständlich, ist von

---

[179] Vgl. dazu den Titel **Lévinas, E.**: Wenn Gott ins Denken einfällt; vgl. auch **Wenzler, L.**: Die Spur Gottes im Denken.

[180] Die Frage, ob mit dem Unendlichen *das* Unendliche oder *der* Unendliche gemeint ist, ist eines der vielen Beispiele dafür, daß sich an einem Übersetzungsproblem ein inhaltliches Problem entzündet. Das französische, im Originaltext verwendete l'infini beinhaltet beide Bedeutungen. Das Problem ergibt sich in der deutschen Übersetzung aufgrund der genusspezifischen Artikelverwendung. Die christliche Rede vom Unendlichen, aber auch der für Lévinas bestimmende jüdische Kontext würde es entsprechend dem personalen Gottesverständnis nahelegen, in personifizierter Form "*der* Unendliche" zu übersetzen. Lévinas selbst gibt keinen eindeutigen Anhaltspunkt für eine diesbezügliche Entscheidung. Die für ihn wesentliche Vorsicht beim Versuch der Thematisierung, Vorstellung und Begriffsbildung bezüglich des Anderen läßt ihn aber warnen vor einer vorschnellen Rede von dem Unendlichen als einem bestimmten Gott bzw. vor dem Versuch, die Konfrontation mit dem Unendlichen in der Begegnung mit dem Anderen als eine Gewißheit der Existenz Gottes zu deuten (vgl. **Lévinas, E.**: Jenseits des Seins, 210-212). Gemäß diesem Anliegen Lévinas', das Streben nach Vereinnahmung des Anderen in die eigene Vorstellungswelt, nach Verselbigung des Anderen durch Identifizierung, nach der Belegung des Anderen mit einem Begriff aufzubrechen, scheint es dann angebracht zu sein, das unpersönliche "*das* Unendliche" dem bestimmenden, die identifizierende Vorstellung eines personalen Gottes präjudizierenden "*der* Unendliche" vorzuziehen. Diese Formulierung ist keineswegs Ausdruck eines Zweifels an der Personalität Gottes, sondern vielmehr Ausdruck der Achtung seiner Unbegreifbarkeit, angesichts deren es letztendlich nicht entscheidend ist, ob der in seinem Fassungsvermögen begrenzte Mensch diesen Gott als *das* oder *den* Unendliche(n) bezeichnet. (Vgl. dazu die Fußnote h von Thomas Wiemer in **Lévinas, E.**: Jenseits des Seins, 307.) Lévinas selbst jedenfalls läßt keinen Zweifel, daß für ihn das Unendliche nicht ein abstraktes Gebilde, sondern der jüdische Gott, nicht ein *Es*, sondern ein *Er* des Menschen ist.

Lévinas durchaus so intendiert und tut als solches dem Gewicht der Lévinasschen Gedanken keinen Abbruch, muß aber bei einer Darstellung, Bewertung und Rezeption dieser Philosophie berücksichtigt werden.

7.1.5.1 Transzendenz

Der Ansatzpunkt für Lévinas' Verständnis des Unendlichen ist sein Verständnis der Transzendenz. Bereits in den Ausführungen zu "Identifizierung und Intentionalität" (s. 7.1.2.4) wurde erkennbar, daß für Lévinas Transzendenz im gängigen Verständnis zu wenig radikal, zu wenig transzendent gedacht wird. Transzendenz wird weithin lediglich als ein Jenseits der eigenen Welt gedacht, d.h. als ein Ort, der sich jenseits der Grenzen befindet, die je meine Welt umreißen. Damit entartet die Transzendenz jedoch zur bloßen "Hinterwelt", zu einem Ort zwar jenseits der zugänglichen Vorstellungswelt, aber eben zu einem bestimmten Ort, der regional und somit wieder innerhalb der Vorstellungsmuster des Menschen konzipiert ist. Auch die Transzendenz wird so in Hinordnung auf den Menschen definiert; es wird gefragt, was dieser "transzendente" Ort für den Menschen bedeutet. Eine solche "Transzendenz" bleibt dem interessierten Zugriff, dem intentionalen Denken und dem identifizierenden Begreifen-Wollen des Menschen unterstellt. Sie ist lediglich eine "Scheintranszendenz"[181], weil der Mensch im Denken dieser Transzendenz nicht wirklich seine Intention, sich die Transzendenz *für sich* vorzustellen und ihrer zumindest in Begriffen habhaft zu werden, übersteigt, sondern immer nur letztendlich - wie der zwar viel gereiste, aber immer nach der Heimat strebende Odysseus - zu sich selbst zurückkehrt und die Transzendenz hereinholt in das Selbe der eigenen Welt. "Wäre dann vielleicht der Bankrott der Transzendenz nichts anderes als der Bankrott einer Theologie, die im Logos das *Transzendieren* thematisiert und damit dem Passieren der Transzendenz einen Begriff zuweist, es zur 'Hinterwelt' erstarren läßt, die das, was sie sagt, in den Krieg und in die Materie einbaut, die unvermeidlichen Modalitäten des vom Sein in seinem Interessiertsein gewirkten Schicksals?"[182]

In der Begegnung mit dem Anderen wird jedoch die Intention des Begreifen-Wollens aufgebrochen. Dem Subjekt erwächst eine indispensable, nicht noch einmal zu eigenen Gunsten ummünzbare Verantwortung. Die Verantwortung für den Anderen macht diesen Anderen und die Begegnung mit ihm zu etwas Uneinholbarem, Unhintergehbarem, dessen sich das Subjekt nicht bemächtigen kann. Das Subjekt kann die Begegnung mit dem Anderen nicht derart in die Struktur seines Erkennens einpassen, daß der Andere bzw. die Verantwortung für ihn das Erkannte und das Subjekt das dominante Erkennende wäre. Die Begegnung mit dem Anderen ist für das Subjekt eine Begegnung mit dem (noch) nicht Erkannten. Der Andere durchbricht durch seine Nichtvereinnahmbarkeit die Selbstbehauptungstendenz des Subjekts, d.h. der Andere bricht die Welt des Subjekts

---

[181] **Lévinas, E.**: Jenseits des Seins, 28.

[182] Ebd. 29.

auf, verletzt gleichsam das Subjekt. Diese Verletzbarkeit erst macht das Subjekt offen für die Andersheit des Anderen und begründet statt eines identifizierenden, aneignenden, das Selbst des Subjekts bestätigenden Zugriffs auf den Anderen die Bereitschaft, den Anderen anders sein zu lassen.[183] Die Beziehung zwischen Subjekt und Anderem zeigt sich nicht als Beziehung eines Gleichgewichts der Offenheiten füreinander, eines Gleichgewichts, in dem das Subjekt sein Dasein-für-den-Anderen nach dem Dasein des Anderen für es selbst berechnen könnte. Aus der Perspektive des Subjekts geht die Verantwortung nur in eine Richtung: von ihm zum Anderen. Beim Anderen gibt es nichts, was das Subjekt für sich verrechnen könnte. Wie bei einem Vakuum wird die Verantwortung des Subjekts vom Anderen angezogen, ohne daß der Verantwortungsfluß noch einmal von den Interessen des Subjekts für sich "zurückgebogen" werden könnte. In diesem Sinn ist es zu verstehen, wenn Lévinas von einem "Begehren"[184] spricht. Das Subjekt kann nicht anders, als sich in Verantwortung zum Anderen hingezogen zu fühlen und zwar in der Haltung des "Desinteresses", das hier gerade nicht Egalität gegenüber dem Anderen, sondern den Verzicht auf die Verfolgung des eigenen Interesses in der Beziehung zum Anderen bedeutet. "Es kehrt nicht in einem Akt des Identifizierens zu sich selbst zurück, sondern wird durch den Anruf des Anderen stets neu in Unruhe versetzt, erweckt, über sich hinausgeführt in die Bewegung des Antwortens, so daß es Denken für den Anderen, Verantwortung, Verlangen (désir) wird, Verlangen für den Anderen, Güte."[185]

Die Begegnung mit dem Anderen ist folglich die Situation, in der nicht die Vorstellung eines Anderen und darin die Bewältigung des Seins durch das Subjekt geschieht. Das Seinsstreben wird aufgebrochen. Der Vollzug des Subjektseins ist ein "Übergehen zum Anderen des Seins"[186]. Die Begegnung mit dem Anderen und die Verantwortlichkeit für ihn ist nicht ein Vollzug, in der das Sein des Subjekts lediglich auf andere Weise geschehen würde, und ist auch nicht einfach ein Nicht-Dasein des Subjekts, sondern ein Geschehen, das nicht in den Kategorien des Seins zu denken ist, das eben anders als Sein geschieht. Hier geschieht ein tatsächlicher Überstieg, eine *Transzendenz*. Die Begegnung mit dem Anderen spielt sich nicht ab innerhalb der bloßen Alternative des Subjekts, in seinem Sein zu verharren oder auf seine Selbstbehauptung zu verzichten, also nicht innerhalb der Alternative von Sein oder Nichtsein. Die Verantwortung für den Anderen ist angesiedelt *jenseits* der Differenz von Sein und Nichtsein, wo die Frage des Subjekts nach der Bedeutung *für sich* selbst, d.h. die Rückkehr zum Selben, keine Bedeutung mehr hat. In diesem Sinn ist die Verantwortung für den Anderen die Situation wirklicher Transzendenz.[187] Eine solche Transzendenz wird nicht erfaßt durch den Versuch ihrer Thematisierung. Sie wird überhaupt nicht erfaßt, sondern vielmehr realisiert durch die Ernstnahme der Position des Subjekts vor dem Anderen: der passi-

183 Vgl. **Casper, B.**: Der Zugang zu Religion, 270 f.

184 Vgl. **Lévinas, E.**: Die Spur des Anderen, 218-221.

185 **Wenzler, L.**: Emmanuel Levinas, 329.

186 **Lévinas, E.**: Jenseits des Seins, 23.

187 Vgl. ebd. 24 f.

ven Unterworfenheit unter die Verantwortung für den Anderen.[188] Aufgrund dieses Charakters der Begegnung mit dem Anderen als dem Ort der Transzendenz ist sie auch die Situation, die an das Transzendente, an das Unendliche denken läßt.[189]

7.1.5.2 Die Idee des Unendlichen in der Sozialität

Besinnt sich das Subjekt darauf, woher seine Verantwortung für den Anderen, sein Eingespanntsein in die Struktur des "der-Eine-für-den-Anderen" rührt, dann merkt es, daß dieses "woher" etwas ist, das es nicht fassen, das es von sich aus nicht begründen kann. Seine Subjektion ist nicht ein Akt, sondern ein Erwählt-Werden zur nicht gewählten Verantwortung. Dabei wächst die Sensibilität für diese Verantwortung, je mehr sie erfüllt wird. Die Intensität der Verantwortlichkeit nimmt mit der Bereitschaft zur Unterwerfung unter dieselbe nicht ab, sondern zu. Dieser ständig wachsende Überschuß der Verantwortung für den Anderen ist die Erfahrung des Maßlosen, welches das Maß des eigenen Seins übersteigt.[190] Die Begegnung zwischen Subjekt und Anderem ist das Geschehen, das das Subjekt nicht mehr mit den Kategorien seines endlichen Daseins erklären kann, bei dem das Subjekt eine Ahnung von dem Unendlichen, dem Transzendenten bekommt, oder anders gesagt: wo die *Idee des Unendlichen* aufscheint. Die Endlichkeit und Begrenztheit des eigenen Seinsstrebens wird transzendiert zur Unbegrenztheit der Verantwortungsbeziehung. Mit der Herausforderung der Struktur des "der-Eine-für-den-Anderen" ist das Subjekt verstrickt in eine Lebensdimension, die nicht mehr erfaßt werden kann, die das Maß des Denkens, von dem sie gedacht wird, übersteigt[191], in der dem Subjekt eine Ahnung vom Unendlichen aufgeht. Die Verantwortung für den Anderen bedeutet für das Subjekt die Verstrickung in die Geschichte mit dem Unendlichen.[192] Dabei ist das Erahnen des Unendlichen, d.h. die Anwesenheit der *Idee* des Unendlichen in uns, noch nicht die Anwesenheit des Unendlichen selbst. Die *Idee* des Unendlichen, d.h. der Seinsmodus des Unendlichen[193], die Art und Weise, wie etwas unendlich ist, also das Nicht-erfaßt-werden-Können, die Maßlosigkeit, das Überschreiten aller Denkkategorien, die Unbedingtheit eines Beanspruchtwerdens und das Unvermögen, die Beanspruchung je aus menschlicher Leistung abarbeiten zu können, - all das ist im Subjekt da, wenn es die Beanspruchung zur Verantwortung für den Anderen erspürt. Im Angesicht des Anderen zeigt sich aufgrund seiner Verwundbarkeit ein Widerstand, der, gerade weil er auf Verwundbarkeit, auf einem Nichts-entgegenzusetzen-Haben beruht, das Vermögen des Subjekts gegenüber dem Anderen lahmlegt. Die Verwundbarkeit des Anderen bedeutet, daß er sich mir gegenüber nicht

---

188 Vgl. **Casper, B.**: Der Zugang zu Religion, 274.

189 Vgl. **Wenzler, L.**: Die Spur Gottes im Denken.

190 Vgl. **Casper, B.**: Der Zugang zu Religion, 273.

191 Vgl. **Lévinas, E.**: Die Spur des Anderen, 201.

192 Vgl. **Casper, B.**: Der Zugang zu Religion, 273.

193 Vgl. **Esterbauer, R.**: Transzendenz-"Relation", 128.

mit einem Schutz wehrt, daß er nichts gegen mich richtet, daß damit aber auch mein Wille, das eigene Sein zu behaupten, keinen Ansatzpunkt findet. Vor dem Angesicht des Anderen kann das Subjekt nur noch feststellen: "... ich *kann nicht mehr können*: Die Struktur meiner Freiheit ... kehrt sich vollkommen um. Hier entsteht nicht eine Beziehung zu einem sehr großen Widerstand, sondern eine Relation zum absolut Anderen, zum Widerstand dessen, was nicht widersteht, eine Relation zum ethischen Widerstand. Der ethische Widerstand ist es, der die Dimension des Unendlichen selbst öffnet, den Bereich dessen, was dem unwiderstehlichen Imperialismus des Selben und des Ich Einhalt tut. Wir nennen *Antlitz* die Epiphanie dessen, was sich so direkt und eben dadurch von Außen kommend einem Ich darstellen kann. ... Der ethische Widerstand ist die Anwesenheit des Unendlichen."[194] Im Angesicht des Anderen kommt das Subjekt mit einer Wirklichkeit in Berührung, die sich der Einordnung in eine Idee des Subjekts, in einen Begriff versperrt. Diese Wirklichkeit ist nicht die "Idee", die Vorstellung, welche das Subjekt vom Anderen hat, sondern ein "mehr" an Idee, die Idee des Unendlichen.[195] Die Idee des Unendlichen ist außer-ordentlich. Sie steht außerhalb der Ordnung des menschlichen Denkens, in dem das Subjekt durch sein Denken Herrschaft über das Gedachte ausübt und es sich aneignet. Die Idee des Unendlichen wird nicht in einem Engagement des Subjekts ergriffen oder begriffen, sie kann nicht in ihrer Gänze thematisiert werden, sie ist nicht restlos für die Intentionen des Subjekts vereinnahmbar. Die Idee des Unendlichen ist losgelöst von der Ordnung des "conatus essendi" und des "cogito ergo sum". Mit der Verantwortung für den immer schon früher als das eigene Denken daseienden Anderen kommt auch die Idee des Unendlichen unabhängig von und noch vor einem intentionalen Denken des Subjekts auf dieses zu. Die Idee des Unendlichen übermannt das Subjekt, fällt in das Denken des Subjekts ein. Analog muß sich das "Denken" dieser Idee des Unendlichen loslösen vom Denkmodus der Seinsbewältigung des Subjekts: vom Durchsetzen eigener Intentionen, vom Erkennen-Wollen, vom Identifizieren und Begreifen. Es muß ein *absolutes* Denken sein, ein Denken ohne ein Erreichen-Wollen und ohne einen Zweck *für mich*, "ein vom Bewußtsein entlassenes Denken ... ein vom Sein befreites Denken ... Denken als *Dés-inter-essement*"[196]. Will also das "Denken" der Idee des Unendlichen, d.h. die Theologie, die Unendlichkeit, d.h. die Unfaßbarkeit des Unendlichen konsequent ernstnehmen, dann darf dieses Denken der Theologen das Unendliche nicht wie etwas Endliches behandeln, das es begreifen, sich unterwerfen, den eigenen Intentionen ausliefern oder zur Bestätigung des eigenen Seins verzwecken könnte. Im Denken der Idee des Unendlichen darf es um der Achtung vor dem Unendlichen willen nicht um die Durchsetzung eigener Denkmuster und egologischer Intentionen des denkenden Subjekts gehen. "... der Logos dieser Theologie soll sich von demjenigen, der die doxische Intentionalität [sc. die Verfolgung eigener Absichten durch die Festsetzung von Lehren - H.H.] beseelt, grundsätzlich unterscheiden. ... Wir stehen mit der Idee des Unendlichen bei einer Ausnahme von der geltenden

[194] **Lévinas, E.**: Die Spur des Anderen, 199; vgl. ebd. 198 f.

[195] Vgl. ebd. 206.

[196] **Lévinas, E.**: Über die Idee des Unendlichen in uns, 38.

Phänomenologie des Denkens. Diese betrachtet immer ein Denken, welches das Gedachte angleicht und - von ihm erfüllt und befriedigt - atheistisch und frei das Gegebene erfaßt und welches unvermeidlich die Passivität der Erfahrung [sc. der Verantwortung für den Anderen bzw. des Unendlichen - H.H.] in Aktivität des Bewußtseins umkehrt. ... Im Gedanken des Unendlichen - der eben die Gottesidee ist - geschieht etwas Anderes. Weder Meinung noch Sehen, weder Intention noch Auf-etwas-Hinauswollen. Vielmehr eine Affektion des Endlichen durch das Unendliche, ... ganz anders als eine Teilnahme an irgendeinem Inhalt, als ein *Greifen* und als ein *Begreifen*."[197] Der Theologe bewährt sich folglich in seinem "Denken" des Unendlichen um so mehr, je mehr er seine Theologie treibt in dem Bewußtsein, das Unendliche nicht denken zu können, je mehr seine Theologie geprägt ist von der Bescheidenheit dessen, der von der Durchsetzung eigener Interessen, von der Profilierung eigener Vorstellungen und von der Macht zur Einforderung des Gehorsams anderer Menschen gegenüber dem eigenen Denken absieht, je mehr er gewahr wird, daß nicht er ergreifen, begreifen und beanspruchen kann, sondern daß er selbst in seiner Subjektion unter die Verantwortung für die Andersheit des Anderen vom Unendlichen affiziert, befallen, in Anspruch genommen ist.

Der Ort der Affektion durch das Unendliche, der Inanspruchnahme durch den, den wir "Gott" nennen, ist der Andere, der andere Mensch. Die Verantwortung für den Anderen entspringt einem Jenseits. Sie beinhaltet die Idee des Unendlichen. Insofern ist der Andere Gott näher als ich und hat der Andere - aus der Perspektive des Ich betrachtet - einen Vorrang vor mir. Im Angesicht des Anderen werde ich am Anspruch des Unendlichen gemessen und kann so von mir nur meine Unvollkommenheit erkennen, mein Unvermögen, dem dem Angesicht des Anderen entspringenden Anspruch gerecht zu werden. Vor dem Angesicht des Anderen bin ich derjenige, der sich unweigerlich ungerecht fühlen muß. Hier merkt das Ich, das Subjekt, daß es in der Durchsetzung seines eigenen Willens, in der Ausübung seiner Freiheit die Existenz des Anderen immer schon verletzt, den Anderen "ermorden" im Sinne von: ihn seiner Andersheit berauben und von ihm Besitz ergreifen will. Das Angesicht des Anderen ist unter dem Maß des Unendlichen der Erscheinungsort meiner "Ungerechtigkeit", meines Nichtgerecht-Werdens gegenüber dem Anderen und dem Unendlichen.[198] Nur in der Begegnung mit dem Anderen und in der Unterwerfung unter die Verantwortung für ihn ist für das Subjekt das eigene Nicht-gerecht-Werden, die eigene Unvollkommenheit, die eigene Endlichkeit erfahrbar, da es sich nur im Gegenüber zum Angesicht des Anderen unter das Maß des Maßlosen, des Unendlichen gestellt sieht. Nur vor dem Angesicht des Anderen scheint auf der Gegenfolie der eigenen Begrenztheit die Idee des Unendlichen auf. Ohne den Anderen kann der "Denker" des Unendlichen, der Theologe, die Idee des Unendlichen nicht haben. Er kann sich die Idee des Unendlichen nicht als Monade *für sich* zusammendenken. "Denken" des Unendlichen, Theologie, ist nur dann ein wirkliches Erahnen der Idee des Unendlichen, nur dann authentische Theologie,

---

197 Ebd. 39.

198 Vgl. **Lévinas, E.**: Die Spur des Anderen, 203-205.

wenn dieses "Denken" in der Begegnung mit dem Anderen und in der Unterwerfung unter die Verantwortung für ihn stattfindet, denn nur im Angesicht des Anderen und in der Verantwortung des Subjekts für den Anderen ist die Begrenztheit des Subjekts auf das eigene Sein zu einem Jenseits aufgebrochen, ist Transzendenz gegeben und kann die Idee des Unendlichen in das "Denken" des Subjekts einfallen.[199] Die Idee des Unendlichen bzw. die Erfahrung eines Gottes ist so aufs engste verknüpft mit der Beziehung zum Anderen bis zur Untrennbarkeit und sogar Ununterscheidbarkeit beider: "Die Idee des Unendlichen ist die soziale Beziehung."[200] Und umgekehrt: "Dieses Band mit dem Anderen, das sich nicht auf seine Vorstellung, sondern auf seine Anrufung zurückführt, wobei der Anrufung kein Verstehen vorausgeht, nennen wir *Religion*."[201] Der Ort des Beanspruchtwerdens des Subjekts durch Gott ist der Andere. "Gott erteilt Befehle allein durch die Vermittlung der Menschen, die unseres Handelns bedürfen."[202] Die Idee des Unendlichen in der Verantwortung für den Anderen provoziert Sozialität. Die Idee des Unendlichen in ihrer Erhabenheit und Unbegreifbarkeit und als Offenbarung der Endlichkeit und des Unvermögens des Subjekts verbietet es dem Subjekt, in der Beziehung zum Anderen nochmals nach dem Effekt *für sich*, nach der je meinigen Bedeutung zu fragen und so in der Beziehung zum Anderen in Wirklichkeit nur bei sich selbst zu bleiben, die Beziehung zum Anderen auf die Immanenz des eigenen Seins zu reduzieren. In der Idee des Unendlichen, in der Verantwortung für den Anderen "liegt die eigene Auszeichnung der Liebe, der Sozialität, der Furcht für den anderen Menschen, die nicht auf eine Angst-um-sich-selbst, vor 'meinem Tod' hinauslaufen. *Die Transzendenz soll nicht als eine verfehlte Immanenz gelten*."[203]
Umgekehrt sind gerade die Andersheit des Anderen und die Unterwerfung des Subjekts unter die Verantwortung für den Anderen der angemessene Ehrerweis für das Unendliche. Der selbstgefällige, heroische Rückzug von den Anderen in eine dubiose Innerlichkeit, die scheinbar anspruchsvolle Beschränkung der Gemeinde auf die Gleichgesinnten, auf die bewußt Entschiedenen, auf die "zu uns Passenden", die Unterscheidung bzw. die Auswahl der Menschen nach dem Kriterium ihres Beitrags für die Visionen des Ich ist der selbstherrliche Versuch der Reduzierung des Unendlichen auf das Eigene, ist Blasphemie, weil es die in der Andersheit des Anderen aufscheinende Idee des Unendlichen verletzt. Die Verantwortung für den Anderen und für das Anders-sein-Können des Anderen dagegen ist "Adoration", Anbetung des Unendlichen, weil in dieser Verantwortung seine Unendlichkeit ernstgenommen ist. Das "Denken" der Idee des Unendlichen, die Theologie, bewährt sich folglich darin, daß sie das Menschsein des Menschen bedenkt, das Menschsein des Menschen als ihren authentischen Inhalt begreift und sich die Sorge um die Menschlichkeit des Menschseins, mithin um das Anders-sein-Können des je anderen Menschen zum eigenen konstitutiven Anliegen

199 Vgl. den Titel **Lévinas, E.**: Wenn Gott ins Denken einfällt.

200 **Lévinas, E.**: Die Spur des Anderen, 198.

201 Ebd. 113.

202 Ebd. 207.

203 **Lévinas, E.**: Über die Idee des Unendlichen in uns, 40.

macht.[204] Die Verantwortung für den Anderen und darin die Idee des Unendlichen nötigen, Gott, das Unendliche, ambivalent, nämlich ganz fern und ganz nah zu denken. Das Unendliche ist ein "Aufklaffen eines Abgrundes in der Nähe"[205]. Gott ist ganz fern als der Andere schlechthin, dessen Unfaßbarkeit nur durch den Verzicht auf jegliche Angleichung an die Vorstellungsmuster des Subjekts und auf jegliche doxologische Durchsetzung dieser Vorstellungsmuster respektiert werden kann. Gott ist aber auch ganz nah, weil er als dieser Unendliche in der Nähe der Begegnung mit dem Anderen durchscheint und den Anderen mir zur Verantwortung aufträgt. Das "Denken" der Idee des Unendlichen, die Theologie, ist an diese Nähe in der Begegnung mit dem Anderen gebunden. Theologie in der Verantwortung für den Anderen kann nicht anders, als "die Idee Gottes als Nächstenliebe"[206] zu bezeugen.

7.1.5.3 Spur

Nun ist es freilich fragwürdig, auch wenn es die Hilflosigkeit der Begrifflichkeit gegenüber dem nicht aussagbaren Unendlichen oft nicht anders zuläßt, von einer "Anwesenheit" des Unendlichen im Anderen zu sprechen. Die Anwesenheit von etwas zu behaupten würde ja die Behauptung seiner Gegenwart bedeuten und wäre so die in das eigene Sein des Subjekts einordnende, die vereinnahmende Feststellung des als anwesend Behaupteten gemäß den eigenen Vorstellungsmustern. Die besondere Anordnung, welche in Form der Verantwortung vom Angesicht des Anderen her an das Subjekt ergeht, geschieht jedoch jenseits der Freiheit des Subjekts. Die Verantwortung ist nicht der Vollzug eines freiwilligen Engagements des Subjekts und auch nicht ein Bewußtseinsakt, in welchem das Subjekt sich das Verantwortlichsein als einen bewußten, von ihm selbst gesetzten Akt angeeignet hätte.[207] Das Subjekt kann die Verantwortung nicht in die eigene Gegenwart hereinholen, d.h. es kann sie nicht für sich gegenwärtig setzen, sich nicht ihrer bemächtigen, ihrer nicht habhaft werden. Das Subjekt kann die Verantwortung nicht abarbeiten wie eine Aufgabe, die es sich gesetzt hat. Die Uneinholbarkeit der Andersheit des Anderen bzw. die im Angesicht des Anderen aufscheinende Idee des Unendlichen beansprucht das Subjekt für die Verantwortung, entzieht diese aber entsprechend ihrer uneinholbaren Unfaßbarkeit zugleich dem Zugriff des Subjekts. In der Verantwortung für den Anderen kippt gleichsam die Logik des Seins und der Bewältigung des Seins, die sich gewöhnlich als ein Abarbeiten und Verringern der Daseinsprobleme zugunsten des Subjekts zeigt, um in die gegenteilige Logik. Die immer bleibende Unfaßbarkeit der Andersheit des Anderen und des Unendlichen bewirkt, daß, je mehr die Verantwortung für den Anderen wahrgenommen wird, die Verantwortung um so "bewußter" wird, also immerzu ein "mehr" an Ver-

---

204 Vgl. ebd. 40 f.

205 **Lévinas, E.**: Jenseits des Seins, 209.

206 **Lévinas, E.**: Über die Idee des Unendlichen in uns, 37.

207 Vgl. **Lévinas, E.**: Jenseits des Seins, 43.

antwortung auftaucht, d.h. beim Subjekt das Gespür für die analoge Unfaßbarkeit und Unendlichkeit seiner Verantwortung wächst. Die Verantwortung wächst mit der Bereitschaft, sie zu erfüllen, d.h. mit dem Vollzug des Subjektseins als einer Unterwerfung unter die Verantwortung. In der Begegnung mit dem Anderen "wird das Ich in eine Bewegung der 'Unendlichung' (infinition) versetzt, denn mit keiner Antwort wird es seiner Verantwortung abschließend gerecht"[208]. Das Maß der Verantwortung für den Anderen bestimmt sich nach dem Maß des Unendlichen. Die Verantwortung ist unendlich.[209] In der Verantwortung für den Anderen wird die endliche, begrenzte Totalität des Daseins des Subjekts, die begrenzte Welt des Daseins des Subjekts, innerhalb deren es sein Interesse am Sein durchsetzt und die es deshalb als seine ganze Welt, als Totalität empfindet, aufgebrochen hin zu einem Jenseits, das sich nicht in die Vorstellungswelt, in die Gegenwart des Subjekts einordnen läßt. Hier tut sich eine Dimension auf, die nicht vergegenwärtigbar, d.h. nicht thematisierbar oder identifizierbar ist, die gleichwohl dem Subjekt etwas bedeutet, es in Anspruch nimmt. "Die Subjektivität diesseits oder jenseits von frei und unfrei - die dem Nächsten gegenüber verpflichtete Subjektivität - ist die Bruchstelle, an der das *sein* durch das *Unendliche* überschritten wird."[210]
Die Verantwortung für den Anderen ist aber nicht einfach ein Zeichen für das Unendliche; sie symbolisiert das Unendliche nicht. Damit wäre ja das Unendliche schon in ein Vorstellungsmuster des Subjekts eingefügt und *für* das Subjekt, d.h. entsprechend seiner Fassungskraft, eingepreßt in seine Wahrnehmungskategorien gegenwärtig gesetzt. Die Bedeutung des Unendlichen besteht vielmehr gerade darin, daß es sich der Kategorisierung, der Vergegenwärtigung entzieht. Für diesen Modus, in dem das Nichtgegenwärtige gerade in seinem Nicht-da-Sein eine Bedeutung hat, verwendet Lévinas die Metapher der *Spur*.[211] Das Charakteristische einer Spur ist darin gegeben, daß sie eben nicht die Anwesenheit, sondern die Abwesenheit von etwas anzeigt. Sobald eine Spur wahrgenommen wird, bedeutet dies, daß das, was die Spur hinterlassen hat, schon vorübergegangen ist und eine Vergangenheit bildet, die absolut gilt, d.h. die nicht zurückgeholt werden kann in die jeweilige eigene Gegenwart. Die Spur symbolisiert also nicht, weil sie das, von dem sie hinterlassen wird, nicht anwesend sein läßt, nicht in Erscheinung bringt. Sie entzieht vielmehr das Vergangene der Gewißheit des Subjekts, daß das Vergangene noch (da) ist.[212] Die Spur macht das Nicht-mehr-da-Sein bewußt. Und dennoch hat die Spur eine Bedeutung für das Subjekt, das sie wahrnimmt. Hat das Subjekt die Spur wahrgenommen, dann kann es die Spur nicht einfach nicht beachten. Selbst die Entscheidung, die Spur nicht zu verfolgen, ist noch eine Form der Zur-Kenntnis-Nahme der Spur. Das Subjekt kann fortan nicht mehr so leben, als hätte

208 **Wenzler, L.**: Emmanuel Levinas, 327 f.

209 Vgl. **Lévinas, E.**: Jenseits des Seins, 44 f.

210 Ebd. 45.

211 Vgl. ebd. 43-45; **ders.**: Die Spur des Anderen, 226-235; **ders.**: Humanismus des anderen Menschen, 51-59.

212 Vgl. **Wenzler, L.**: Die Spur Gottes im Denken.

es das, wovon die Spur hinterlassen worden ist, nicht gegeben. In der Spur entzieht sich das Vergangene der Verfügungsgewalt des Subjekts; gleichzeitig jedoch greift das Vergangene über die Spur in die Gegenwart des Subjekts ein, erschüttert seine Existenz. Die Spur ist die "Weise, zu vergehen und dabei die Gegenwart zu beunruhigen"[213]. Genau dieser Modus der Spur ist der Modus, in dem das Subjekt in der Verantwortung für den Anderen das Unendliche erspürt. "Das Jenseits, von dem das Antlitz herkommt, bedeutet als Spur. Das Antlitz hält sich in der Spur des Abwesenden auf, das absolut vergangen, absolut vorübergegangen ist ... Das Antlitz ist genau die einzige Öffnung, in der das Bedeuten des Tran-szendierenden die Transzendenz nicht annulliert, um zu bewirken, daß die Transzendenz in eine immanente Ordnung eintritt [was beim Sich-Vorstellen, beim Symbolisieren der Fall wäre - H.H.], sondern in dieser Öffnung verweigert sich das Tran-szendieren der Immanenz, genau insofern es immer *vergangenes* Tran-szendieren des Transzendenten ist."[214] Im Angesicht des Anderen leuchtet also die Spur des Unendlichen auf. Und mit der Verantwortung für den Anderen befindet sich das Subjekt in der Spur des Unendlichen - ohne es je einholen zu können.

7.1.5.4 Verherrlichung des Unendlichen in der Verantwortung für den Anderen

Damit, daß das Angesicht des Anderen nicht als Zeichen, Symbol oder "Ikone" Gottes, sondern als seine Spur beschrieben wird, wird der Modus der Transzendenz bewahrt. Dieser Modus ist nicht derjenige eines "Du" oder "Dieser", welcher das Bezeichnete identifizieren und auf etwas Erkanntes festlegen würde. Der Modus der Transzendenz ist derjenige des "Er" oder "Jener", ist *Illeität*, in der Gott erahnt (nicht bezeichnet) wird als der absolut Unbegreifbare, als der, der nicht durch Thematisierung und Begriffsverwendung beherrscht werden kann, der vielmehr Rätsel bleibt, der nicht als ein Phänomen erkannt werden kann, nicht in der Gegenwart des Subjekts erscheint. In diesem Sinn befindet sich jegliche Theo-logie vor Gott in einer unausweichlichen Aporie, weil sie eben keine "Lehre von Gott", kein Begreifen Gottes in Begriffen sein kann.[215] "Spur" ist Ausdruck dafür, daß Gott in seinem Vorübergehen keine Intention verfolgt, daß das Unendliche "*vorübergeht*, ohne eintreten zu können"[216]: Gott will nicht verharren, um an einem bestimmten Ort- und Zeitpunkt etwas zu erreichen. Dies wäre der Modus der menschlichen Seinsbewältigung, in der Gott seine Göttlichkeit und Hoheit, den Modus der Transzendenz verloren hätte. In seiner Illeität geht Gott den Menschen an, ohne mit ihm als eine Erscheinung *für ihn* eine Verbindung einzugehen, d.h.

---

213 **Lévinas, E.**: Jenseits des Seins, 222.

214 **Levinas, E.**: Humanismus des anderen Menschen, 53.

215 Vgl. **Freyer, T.**: Die Öffnung der Transzendenz, 150.

216 **Lévinas, E.**: Jenseits des Seins, 209.

identifizierbar zu werden.[217] In diesem Bedeuten des Unendlichen für das Subjekt, welches vom Subjekt nicht in Form von Existenznachweisen oder Definitionen festgehalten oder angeeignet werden kann, oder anders gesagt: in dem Bedeuten, in welchem Gott den Menschen angeht und sich zugleich der Fassungskraft des Menschen entzieht, erweist Gott seine *Herrlichkeit*. Das Unendliche bedeutet für das Subjekt die Verpflichtung zur Annäherung. Wie das Unendliche als solches entzieht sich aber auch diese Verpflichtung dem Vermögen des Subjekts. Vor dem Unendlichen kippt die Logik der Endlichkeit des Subjekts um. Das Subjekt kann der Bedeutung des Unendlichen nicht "Herr werden", indem es durch Anstrengung die Verpflichtung abtragen würde. "Die Unendlichkeit des Unendlichen lebt gegenläufig. Die Schuld vergrößert sich in dem Maß, in dem sie abgetragen wird. Differenz, die womöglich den Namen Herrlichkeit verdient."[218] Solche Herrlichkeit verbietet es, Gott durch eigenes Denken nachweisen zu wollen oder ihm einen Ort zuzuweisen oder seine Bedeutung in Lehren zu definieren. Die Anerkennung der Herrlichkeit, die Verherrlichung des Unendlichen muß auf einem anderen Weg erfolgen als dem, "auf dem ein frommes oder um Ordnung besorgtes Denken voreilig die Existenz Gottes ableitet"[219].
Was ist aber dann die angemessene Weise der Verherrlichung Gottes? Worin zeigt sich das Sein des Menschen vor Gott, das "Ebenbild-Sein" auf eine der Unendlichkeit angemessene Weise? "Der Gott, der vorbeigegangen ist, ist nicht das Modell, dessen Abbild das Antlitz wäre. 'Nach Gottes Ebenbild sein' bedeutet nicht, daß man die Ikone Gottes ist, sondern es bedeutet, daß man sich in seiner Spur befindet. Der geoffenbarte Gott unserer jüdisch-christlichen Spiritualität bewahrt die ganze Unendlichkeit seiner Abwesenheit, die in der personalen 'An-ordnung' selbst liegt. Er zeigt sich nur durch seine Spur, wie im Kapitel 33 des Buches *Exodus*. Auf ihn zugehen heißt nicht, dieser Spur, die kein Zeichen ist, folgen. Es heißt, auf die Anderen zugehen, die sich in der Spur dieser Illeität halten."[220] Die Verherrlichung des Unendlichen geschieht auf einzig angemessene Weise dadurch, daß sich das Subjekt dem Anspruch des Unendlichen unterstellt, also in der Verantwortung für den Anderen. Das Angesicht des Anderen ist der Ort, an dem die Spur des Unendlichen aufleuchtet. Die dem Angesicht des Anderen entspringende Verantwortung des Subjekts ist die Weisung Gottes. Es gibt keine Weisung oder Offenbarung Gottes für das Subjekt, die sich in einem fiktiven, separierten Raum der Beziehung nur zwischen Gott und dem Subjekt abspielen würde. Es gibt keine geschlossene Intimität zwischen dem Subjekt und Gott, die in Vergessenheit gegenüber dem Anderen sich selbst genügen dürfte. Solche Intimität wäre gerade die Negation eines Über-sich-Hinausgehens, einer Transzendenz. "Damit das Desinter*esse* in der Sehnsucht des Unendlichen möglich ist, damit die Sehnsucht über das Sein hinaus, oder die Transzendenz, nicht ein Aufgehen in der Immanenz ist, die auf diese

---

217 Vgl. **Levinas, E.**: Humanismus des anderen Menschen, 54-57; **ders.**: Jenseits des Seins, 45 f.; **ders.**: Die Spur des Anderen, 230-235.

218 **Lévinas, E.**: Jenseits des Seins, 44.

219 Ebd. 210.

220 **Levinas, E.**: Humanismus des anderen Menschen, 59.

Weise zurückkehrte, muß das Ersehnenswerte oder Gott in der Sehnsucht getrennt bleiben, als ersehnenswert - nahe, aber unterschieden - heilig ... Dies ist nur möglich, wenn das Ersehnenswerte mich auf das ausrichtet, was das Nicht-Ersehnenswerte ist, auf das Nicht-Ersehnenswerte schlechthin, den Anderen. Die Verweisung auf den Anderen ist ein Wecken, Wecken zur Nähe, welche Verantwortlichkeit für den Nächsten bedeutet, die bis zur Stellvertretung für ihn geht."[221] Ebenso ist die Weisung Gottes an das Subjekt nicht etwas, womit das Subjekt in einer eigenen Aktivität umgehen könnte, indem es die Weisung thematisiert, definiert oder eigenen Vorstellungen anpaßt. Die Weisung entzieht sich dem aktiven Gestaltungswillen des Subjekts, in dem das Subjekt noch einen Rest an Effekt für sich herausholen würde. Die Weisung Gottes ist per se eine Ver-Weisung an den Anderen. Und die einzig angemessene Weise des Gehorsams gegenüber der Weisung ist das Sub-jekt-Sein, die Unterwerfung unter die Verantwortung für den Anderen.[222] "Die Herrlichkeit ist nur die andere Seite der Passivität des Subjekts, bei der im Einstehen für den Anderen, in einer dem Erstbesten aufgetragenen Verantwortung, in Verantwortung für den Nächsten, die durch den Anderen inspiriert ist, ich, der Selbe, meinem Anfang in mir, meiner Gleichheit mit mir selbst entrissen werde. Die Herrlichkeit des Unendlichen verherrlicht sich in dieser Verantwortung und läßt dem Subjekt keine Zuflucht in seinem eigenen Geheimnis, das es vor der Besessenheit durch den Anderen schützen und das sein Entfliehen decken würde. Die Herrlichkeit verherrlicht sich durch den Ausgang des Subjekts aus den dunklen Winkeln seiner Selbstbezogenheit ..."[223] Selbstherrlichkeit des Subjekts und Herrlichkeit des Unendlichen widersprechen sich. "Die Herrlichkeit des Unendlichen ist die an-archische Identität des Subjekts ..."[224] Das heißt: Vor der Herrlichkeit des Unendlichen wird das Subjekt gewahr, daß es nicht den Anfang des Subjektseins in sich hat, daß es nicht der Ausgangspunkt und das Zentrum des Beziehungsgeschehens zwischen dem Unendlichen, dem Anderen und ihm selbst ist. Die der Herrlichkeit des Unendlichen angemessene Antwort auf die Weisung Gottes ist keine Antwort im Nominativ, kein selbstherrliches "Hier bin ich!" oder "Ich will!", sondern eine Antwort im Akkusativ, ein unterwürfiges "Hier, sieh mich!", in dem das Seinsstreben des Subjekts, der Wille, sich als aktives Ich zu behaupten, durchkreuzt wird. Der Unendlichkeit des Unendlichen entspricht die Maßlosigkeit der Verantwortung für den Anderen, zu der das Subjekt vorgeladen, in den "Akkusativ-", d.h. Anklagestand des "mich" erhoben ist.[225] Vor dieser Herrlichkeit des Maßlosen, des Nicht-Faßbaren zerbricht jegliche Phantasie des Subjekts, die daraus erwachsende Verantwortung als Ich in eigener Aktivität bewältigen zu können. Wenn das Subjekt im Angesicht des Anderen seiner maßlosen, d.h. nicht meßbaren, nicht verrechenbaren Verantwortung gewahr wird,

221 **Lévinas, E.**: Gott und die Philosophie, 105.

222 Vgl. **Lévinas, E.**: Jenseits des Seins, 320.

223 Ebd. 317.

224 Ebd.

225 Vgl. ebd. 318.

dann geschieht das im Bewußtsein des Ich-kann-nicht-mehr-Können.[226] Die angemessene Antwort ist das "Hier, sieh mich", d.h. das "Hier, erwähle mich, beanspruche mich".[227] Die Anerkennung des Herrlichen, die Verherrlichung des Unendlichen ist also im Subjektsein selbst gegeben, wo es als Subjektion, als Unterworfensein unter die Verantwortung für den Anderen, d.h. nicht als Angleichung des Anderen an das Subjekt, sondern als Annäherung des Subjekts an den Anderen verwirklicht ist.[228]
Von dieser Bestimmung der Eigenart der Verherrlichung des Unendlichen aus ergeben sich auch Konsequenzen für das Verständnis der Art und Weise, wie von dem Unendlichen Zeugnis abgelegt wird, d.h. für die Art und Weise der "Rede" von Gott. Aufgrund der Bindung des "Denkens" der Idee des Unendlichen an die Verantwortung für den Anderen verbleibt das Reden über Gott nicht bloße negative Theologie, die sich darauf beschränken müßte zu sagen, was Gott nicht ist, damit aber wiederum, wenngleich auf paradoxe Weise, Gott nur nach dem Modus des Seins bzw. der Vorstellung denken würde und so - entgegen der allgemeinen Anschauung - eben nicht die letzte Stufe der Radikalisierung des Gott-"Denkens" wäre. Daß sich das Bezeugen des Unendlichen in der Verantwortung für den Anderen bewährt, ist eine positive Bestimmung. In der Verantwortung für den Anderen wird dem Subjekt nicht nur das deutlich, was Gott *nicht* bedeutet, sondern gerade das, was er in letzter Radikalität bedeutet, ohne in dieser Bedeutung noch einmal umgedeutet werden zu können: *Gott bedeutet für das Subjekt den Befehl, sich dem Anderen, dem Nächsten zuzuwenden.* In seiner Subjektion unter die Verantwortung für den Anderen, in seiner Einbindung in die Struktur des "der-Eine-für-den-Anderen" gibt das Subjekt Zeugnis vom Unendlichen.[229] Die Unterstellung unter die Verantwortung im "hier, sieh mich" als Zeugnis-Geben vom Unendlichen bedeutet aber auch, daß das Wesen des Von-Gott-Zeugnis-Gebens nicht im Thematisieren, im *Reden über* Gott oder in der Formulierung und Durchsetzung von Lehren über Gott zu suchen ist. In solchem Thematisieren und Lehren wären wieder nur Vorstellungen des Subjekts artikuliert, mit denen das thematisierende und lehrende Subjekt etwas von diesem Unendlichen als wahr nachweisen will. Das wäre aber eine Wahrheit für das Subjekt selbst, eine Wahrheit, mit der das Subjekt die Bestätigung der eigenen Vorstellungswelt sucht. Das Unendliche kann aber niemals eine Wahrheit für das Subjekt sein, d.h. eine Wahrheit, die das Subjekt für sich instrumentalisieren, für die Verfolgung eigener Intentionen einspannen würde. Das Unendliche erscheint dem Bezeugenden nicht, läßt sich nicht als ein bestimmtes Phänomen in die Gegenwart des bezeugenden

---

226 Vgl. **Lévinas, E.**: Die Spur des Anderen, 199.

227 Mit dem "Hier, sieh mich!" bezieht sich Lévinas auf Jes 6,8. Die Antwort des Propheten auf den Ruf des Herrn: "Hier bin ich, sende mich!" (Einheitsübersetzung) übersetzt er mit der Formulierung: "hier, sieh mich, sende mich" (**Lévinas, E.**: Jenseits des Seins, 320, Anm. 11).

228 Vgl. **Lévinas, E.**: Jenseits des Seins, 324.

229 Vgl. ebd. 46 f.; 332. Vgl. zum Gedanken der Begegnung mit Gott im Akt der Verantwortung für den Anderen auch **Cattin, Y.**: Die Metapher Gott, 324-329. - Cattin bezieht sich in seinen Ausführungen nicht auf Lévinas, obwohl die Übereinstimmungen in der Aussageintention wie auch in einzelnen Formulierungen so frappierend sind, daß eigentlich kein Zweifel daran bestehen kann, daß Cattin Gedanken von Lévinas wiedergibt.

Subjekts einfügen.[230] Die Wahrheit des Zeugnisses vom Unendlichen ist von anderer Art. Sie ist nicht Richtigkeit einer Lehre, sondern Aufrichtigkeit der Beziehung, nicht Wahrheit des Gesagten, sondern Wahrhaftigkeit des Sagens zwischen Subjekt und Anderem. Sie ist eine Wahrheit für den Anderen. Die Herrlichkeit des Unendlichen gebietet die Verantwortung für den Anderen. Die Verherrlichung des Unendlichen in der Verantwortung für den Anderen bedeutet aber, daß es dem Subjekt in seiner Verantwortung in Echtheit um den Anderen gehen muß. Es darf, will es das Unendliche verherrlichen, die Verantwortungsbeziehung nicht für die Durchsetzung eigener Interessen mißbrauchen und so auf die eigene Endlichkeit reduzieren. Das heißt: Im Zeugnis von Gott geht es um eine Wahrheit, die sich nicht in der Richtigkeit der Rede über Gott, sondern in der Aufrichtigkeit des Existierens vor dem Anderen bewährt.[231]

Daß das Zeugnis von Gott nicht konstituiert wird von einer wahren Vorstellung von Gott, ist in einem sehr wörtlich-radikalen Sinn zu verstehen. Das Zeugnis ist keine Vor-Stellung. Im Zeugnis steht Gott, der Bezeugte, nicht als etwas Offenkundiges *vor* dem Bezeugenden. Unbedingtheit und Aufrichtigkeit der Verantwortung gebieten geradezu, daß das bezeugende Subjekt die Rede von Gott nicht selbstsicher wie eine Trophäe vor sich her trägt. Als solche stünde die Rede von Gott zwischen dem bezeugenden Subjekt und dem Anderen und würde beide voneinander trennen. Ein Zeugnis vom Unendlichen als unbedingte Subjektion wäre dadurch verunmöglicht. Zeugnis von Gott ablegen heißt nicht, möglichst oft das Wort "Gott" verwenden, sondern es heißt, sich aufrichtig dem Anderen nähern. "'Hier, sieh mich'! In dem Satz, in dem Gott sich erstmals unter die Worte mischt, fehlt noch das Wort Gott. Auf keinen Fall lautet dieser Satz: 'Ich glaube an Gott'. Gott bezeugen heißt gerade nicht dieses außer-ordentliche Wort aussprechen, als könnte die Herrlichkeit einziehen in ein Thema und sich als These darstellen oder Geschehen des Seins werden. Das 'hier, sieh mich' als Zeichen, das dem Anderen von ebendieser Zeichenbedeutung gegeben wird, bedeutet mir im Namen Gottes den Dienst an den Menschen, die mich angehen ..."[232] Das Zeugnis von Gott ist konstituiert durch die Aufrichtigkeit, mit der sich das Subjekt unter den Anspruch des Unendlichen, Verantwortung für den Anderen zu tragen, stellt. Es ist nicht die Behauptung eines Inhalts bzw. einer Lehre, sondern ist "Sich-Verströmen, Sich-'Ausliefern' an den Nächsten. Das Zeugnis ist Demut und Geständnis, es erfolgt vor aller Theologie ..."[233] Zwar wird es unabdingbar, das Zeugnis zu thematisieren und über das Erleben des Zeugnisses zu kommunizieren, da das Subjekt Gott nicht einfach getrennt von anderen Subjekten bezeugt und sich über dieses Zeugnis austauschen muß. Aber dann ist das eben eine Thematisierung des Zeugnis-Gebens und nicht eine Thematisierung des Bezeugten selbst. Die Thematisierung kann nur im Nachhinein zum Zeugnis erfolgen. Das Zeugnis ist vor der Theologie, und jedes theologische Thematisieren des Zeugnisses läuft Gefahr, das Bezeugte zu verraten oder es zu verleugnen, weil mit jedem Ansinnen,

---

230 Vgl. **Lévinas, E.**: Jenseits des Seins, 321.

231 Vgl. ebd. 324.

232 Ebd. 327; vgl. **Lévinas, E.**: Gott und die Philosophie, 118.

233 **Lévinas, E.**: Jenseits des Seins, 327.

das Unendliche auf dem Weg des Endlichen zu erfassen - und als solches Ansinnen muß das theologische Reden gelten -, dieses Unendliche als ein Phänomen dargestellt und so seiner Herrlichkeit beraubt werden könnte. Um der Herrlichkeit des Unendlichen willen muß es die Theologie in Kauf nehmen, bisweilen auf die Thematisierung des Zeugnisses zu verzichten, damit aber wider die eigene Vernunft zu handeln und sich so der Nichtbeachtung oder dem Spott auszusetzen.[234]
Zusammenfassend läßt sich festhalten: Unabhängig vom Anderen und von der Verantwortung für den Anderen wird Gott für das Subjekt nicht spürbar, schlechthin unwirklich. Die Verantwortung für den Anderen entspringt dem Angesicht des Anderen als dem Ort des Unendlichen, ist Weisung Gottes. Verherrlichung des Unendlichen, Zeugnis von Gott *besteht in* der Verantwortung für den Anderen. Nur in der Annahme dieser Weisung ist etwas von Gott zu erahnen, der sich selbst - gleich einem Gesicht, das sich hinter einem Schleier dem Erkannt-Werden entzieht - hinter der Beanspruchung des Subjekts für den Anderen zurückzieht.[235] Gott ohne diese Weisung denken zu wollen, Theologie ohne Unterwerfung unter die nichtverrechenbare Verantwortung für den Anderen treiben zu wollen, Gott zu behaupten, ohne dem Anderen dienen zu wollen, oder gar das Reden von Gott gegen den Anderen zu richten, all das hieße: ihm "den Schleier vom Gesicht reißen" zu wollen, wäre Blasphemie.

7.1.6 Die Quintessenz: Diakonie

Es mag gewagt erscheinen, das Anliegen der Philosophie Lévinas' unter dem Begriff "Diakonie" zusammenzufassen und damit zu behaupten, Diakonie - durchaus im christlichen Sinn[236] verstanden - sei die Quintessenz, in welcher das Gesamt der bislang dargestellten Lévinasschen Gedanken zum Ausdruck käme. Genau das aber ist der Fall. Diese These ist nicht der Ausfluß eines interpretatorischen "Zurecht-Biegens" gemäß dem erkenntnisleitenden Interesse, die Relevanz der Philosophie Lévinas' für die in dieser Untersuchung reflektierte diakonische Praxis nachzuweisen, als vielmehr die Konsequenz aus der Lévinasschen Gedankenführung selbst. Dabei mag der Befund des semantischen Vorkommens des Wortes "Diakonie" zunächst den gegenteiligen Eindruck

234 Vgl. ebd. 327-333.

235 Vgl. **Wenzler, L.**: Emmanuel Levinas, 329 f.

236 Lévinas selbst verwendet in den französischen Originaltexten seiner Werke das Wort "diaconie" (vgl. z.B. **Lévinas, E.**: Éthique et infini, 104: "Dia-conie avant tout dialogue ..."; **ders.**: Humanisme de l'autre homme, 50: "Il est dans sa position meme de part en part responsabilité ou diaconie, comme dans le chapitre 53 d'Isaie."), das auch im Französischen eindeutig christlich konnotiert ist und nicht im allgemeinen Sinn des Dienstes (service) übersetzt werden könnte. Diese Wortwahl läßt keine andere Deutung zu, als daß Lévinas selbst, der sich mit seiner Verwendung des Begriffs "diaconie" nicht auf das Alte Testament berufen könnte, weil der Begriff in dem von ihm intendierten Sinn dort nicht vorkommt (vgl. **Heß, K./Coenen, L.**: Dienen, 186; **Beyer, H.W.**: diakonéo, diakonía, diákonos, 82), in selbstverständlicher Übereinstimmung mit seinem jüdischen Horizont den christlichen Bedeutungsgehalt des Begriffs bewußt zum Ausdruck bringen will.

erwecken. Im Vergleich zu anderen zentralen Theoremen findet sich die Rede von der "Diakonie" nur an vereinzelten Stellen. Daß damit jedoch kein singuläres Motiv neben vielen anderen thematisiert ist, ergibt bereits eine Sichtung dieser Belegstellen. Es zeigt sich nämlich, daß Lévinas den Begriff "Diakonie" dort verwendet, wo er gleichsam in einem letzten, nochmaligen Anlauf, nach unzähligen, immer wieder neu ansetzenden Erläuterungen seiner Gedanken versucht, sein Anliegen in einem dichten Begriff zu komprimieren. So setzt er sich an zwei Stellen mit dem Motiv der Diakonie ab von Martin Bubers Prinzip des Dialogs zwischen Ich und Du, um sein eigenes spezifisches Basismotiv der Unterordnung des Subjekts unter den Anderen in der Verantwortung für diesen zu betonen: "Das Ich-Du beinhaltet von vornherein ... eine Verpflichtung. Diese ist in ihrem eigentlichen Sinne untrennbar sowohl von der 'Aufwertung' des anderen als anderen im Du, als auch von dem Zwang zum Dienst im Ich: Wert-Sein des Du, Diakonie des Ich - semantische Tiefen des 'Grundwortes', ethische Tiefen."[237] Und: "Verantwortung, die keinerlei Zweck verfolgt, die an die Lage einer Geisel erinnert und bis zur Selbstaufopferung für den Anderen geht, ohne Erwartung von Gegenseitigkeit. Fundament der Brüderlichkeit und Sühne für den Anderen. Dabei gibt es hier im Gegensatz zu Bubers Ich-Du keine ursprüngliche Gleichheit (ist das 'du' in Bubers *Ich-Du* überhaupt gerechtfertigt?). Ethische Ungleichheit: Unterordnung unter den Anderen, ursprüngliche 'Diakonie': die 'erste Person im Akkusativ' und nicht im Nominativ."[238] An anderer Stelle erläutert er mit dem Begriff der Diakonie das Angesicht des Anderen als den Ort, dem eine Anordnung zur unbedingten Verantwortung für den Anderen entspringt: "Dia-Konie vor jedem Dia-Log: Ich analysiere die zwischen-menschliche Beziehung so, als wäre in der Nähe zum *Anderen* - jenseits des Bildes, das ich mir vom anderen Menschen mache - sein Antlitz, der Ausdruck des *Anderen* (und in diesem Sinn ist mehr oder weniger der ganze menschliche Körper Antlitz), das, was mir *befiehlt*, ihm zu dienen."[239] Im Zusammenhang der Reflexion des Verhältnisses von Tod und Leben sagt Lévinas vom endlichen Leben, daß es "einen Sinn erhält von einer unendlichen Verantwortung für den Anderen, von einer Diakonie, welche die Subjektivität des Subjekts ausmacht, des Subjekts, das ganz und gar Hingespanntsein auf den Anderen ist ..."[240].

In all diesen Belegstellen hat der Begriff der Diakonie die Funktion eines erläuternden Synonyms für das Basismotiv der Verantwortung des Subjekts für den Anderen. Verantwortlichkeit und Diakonie sind identisch.[241] Endgültig bestätigt wird die These, Diakonie sei die Quintessenz der Lévinasschen Philosophie, in der zentralen Belegstelle. In einem mit dem Titel "Die Diakonie" überschriebenen Abschnitt[242] klingen, gleich

237 **Lévinas, E.**: Dialog, 82.

238 **Lévinas, E.**: Außer sich, 43.

239 **Lévinas, E.**: Ethik und Unendliches, 74.

240 Levinas, E.: Noms propres, Montpellier 1976, 113, hier zitiert nach **Wenzler, L.**: Zeichen und Antlitz, 150 f.

241 Vgl. **Levinas, E.**: Humanismus des anderen Menschen, 43.

242 Vgl. **Lévinas, E.**: Die Spur des Anderen, 222-226.

dem fulminanten Höhepunkt einer musikalischen Komposition, nochmals alle drei zentralen Motive an: das Angesicht des Anderen, die Verantwortung des Subjekts für den Anderen und das sich jeglicher Intentionalität entziehende Unendliche.

7.1.6.1 Nacktheit - die Not des Anderen

Das Angesicht des Anderen zeichnet sich aus durch seine *Nacktheit.* Im ersten Augenblick der Begegnung zwischen dem Subjekt und dem Anderen ist der Andere vom Subjekt noch nicht identifiziert, hat sich das Subjekt noch kein Bild vom Anderen gemacht. Das Sich-ein-Bild-vom-Anderen-Machen ist immer erst das Zweite, die Reaktion auf die Anwesenheit des Anderen. Nackt ist das Angesicht des Anderen in dem Sinn, daß es noch nicht mit den Vorstellungen des Subjekts von ihm versehen, "eingekleidet" ist. Das Angesicht, das der Mensch normalerweise nicht bekleidet, das nur Angesicht ist, ist der Ort, an dem die ursprüngliche Nacktheit des Anderen, das Noch-nicht-identifiziert-Sein des Anderen, seine nie ganz eliminierbare Fremdheit dem Subjekt gegenüber, seinen dichten Ausdruck findet. Aber bereits als solches nacktes Angesicht, d.h. noch vor der Identifikation des Anderen mit Vorstellungen über ihn, bedeutet - im oben dargestellten Sinn - der Andere für das Subjekt. Noch bevor das Subjekt mit irgendeiner von ihm selbst gesetzten Aktivität auf den Anderen reagieren kann, kommt der Andere auf das Subjekt zu, ist für das Subjekt von Bedeutung, trifft das Subjekt mit einem Anspruch und zwar mit dem Anspruch der Verantwortung für ihn. Dieses Getroffenwerden, "die Heimsuchung des Antlitzes ist also nicht die Enthüllung einer Welt"[243], nicht ein Erkanntwerden oder ein Offenbarwerden des Anderen, in welchem das Subjekt seine Vorstellungen über den Anderen als wahre Vorstellungen bestätigt sehen könnte. Darin wäre ja die Andersheit des Anderen bereits eingeebnet zur Gleichheit mit der Vorstellung des Subjekts über ihn, wäre das Angesicht nicht mehr Angesicht, sondern Abbild, wäre der Andere seiner Andersheit beraubt, "eingekleidet" mit den Identifizierungen des Subjekts und insofern getötet. Die Nacktheit des Angesichts bedeutet, daß das Getroffenwerden vom Angesicht des Anderen losgelöst vom Vermögen oder vom Willen des Subjekts, "im Ausgang von einer absolut fremden Sphäre - d.h. aber gerade im Ausgang von einem Absoluten"[244] geschieht.

Das Angesicht des Anderen ist jedoch keine konturenlose, abstrakte Fiktion. Der Andere ist nicht einfach ein "allgemeiner" Anderer. Der Andere ist der jeweils konkrete Andere und das Angesicht ist das jeweils konkrete Angesicht, in das ich schaue. Die Nacktheit des Angesichts aber ist Not. In der Nacktheit entbehrt der Mensch. Das Angesicht wird vernommen "als eine Nacktheit. Als eine Entblößtheit. Als eine Armseligkeit. Als eine Schutzlosigkeit."[245] Insofern ist vor allem der arme, notleidende Mensch der Andere.

---

[243] Ebd. 222.

[244] Ebd.

[245] **Lévinas, E.**: Interview mit Prof. Emmanuel Levinas, 1; vgl. **ders.**: Die Spur des Anderen, 222.

Dessen "runzlige Haut"[246], dessen Not und Verletztheit im Angesicht sind der intensivste Ausdruck der Fremdheit und der Absolutheit der Andersheit, in welchem sich der Andere dem Zugriff des Subjekts und der Angleichung an dessen Vorstellungen entzieht. Im Notleidenden wird die Außerordentlichkeit, die Unvereinnahmbarkeit des Anderen am deutlichsten erkennbar, weil er eben "der aus der Ordnung Herausgefallene, der Fremdling, der Heimatlose, der leidende Andere"[247] ist. Der Notleidende ist der "am meisten andere" Andere, der vorrangig Andere. Seine Nacktheit in der Gestalt eines hilflosen Erscheinens macht ihn für mich zum radikal Anderen[248], in Bezug auf den der seinem Angesicht entspringende Anspruch, nämlich die Verantwortung für ihn, - in einer eigenartigen Steigerung des Superlativs der Verantwortung, die nie eine Diminuierung erlaubt - "am radikalsten" gilt. Seine Not läßt am intensivsten spüren, daß ich ihm gegenüber nicht gleichgültig sein darf; sie gebietet mir *Nicht-Indifferenz*. "Er hat keinen anderen Ort, der Nicht-Eingeborene, Entwurzelte, Heimatlose, Nichtseßhafte, der Kälte und der Hitze der Jahreszeiten Ausgesetzte. Gezwungen sein, auf mich zurückzukommen, genau das ist die Heimatlosigkeit oder die Fremdheit des Nächsten. Ich habe für sie aufzukommen."[249] Gerade weil der notleidende Andere nichts aufzuweisen hat, weil nichts zwischen mir und ihm steht, weil der Anspruch zur Verantwortung für ihn nach dem Maß seiner Not - nicht meines Willens - ungedämpft auf mich zufällt, ist er als der mir in hohem Maße Fremde auch der mir in hohem Maße Nahe; er ist mein Nächster.[250]

Die Vorrangigkeit des notleidenden Anderen als des Anderen, dem ich Verantwortung schulde, ist bei Lévinas begründet im biblischen Horizont seines Denkens. Immer wieder verweist er auf die Witwen, Waisen und Fremden als die biblischen Paradebeispiele derer, die nicht dazugehören. "Die Bibel, das ist die Priorität des Anderen im Verhältnis zu mir. Und in den Anderen sehe ich immer die Witwe und die Waise."[251]

Die Sensibilität für die Vorrangigkeit des notleidenden Anderen ergibt sich für den, der an den biblischen Gott glaubt, aus dem Schicksal, das das jüdische Volk in seiner Geschichte mit den Ausgestoßenen und Fremden teilte und das es als Ort der Nähe Gottes erfuhr: "Dem Höchsten folgen, da nichts anderes höher steht, um sich dem Höchsten zu nähern: Fürsorge für das Los 'der Witwe, des Waisen, des Fremden und des Armen', und kein Näherkommen 'mit leeren Händen' ist ein Näherkommen. Somit spielt sich auf der Erde, unter den Menschen das Abenteuer des Geistes ab. Das Trauma meiner Sklaverei ... in Ägypten bildet selber meine Menschlichkeit: das bringt mich von Anfang an in die Nähe aller Proletarier, aller Elenden, aller Verfolgten dieser Er-

---

246 **Lévinas, E.**: Jenseits des Seins, 199.

247 **Luther, H.**: "Ich ist ein Anderer", 78.

248 Vgl. **Reiter, J.**: Der "Humanismus des anderen Menschen", 370.

249 **Lévinas, E.**: Jenseits des Seins, 205.

250 Vgl. ebd. 193-201; **Luther, H.**: "Ich ist ein Anderer", 79.

251 **Lévinas, E.**: Wenn Gott ins Denken einfällt, 116.

de."[252]

Sicher ist mit der Priorität des notleidenden Anderen noch einmal ein neuer Aspekt eingeführt, der in den bisherigen Darlegungen noch nicht explizit zur Sprache kam. Trotzdem ist an der These festzuhalten, daß das in Zusammenhang mit dieser Priorität stehende Motiv der Diakonie kein singulärer Aspekt bei Lévinas, sondern die Quintessenz seiner Philosophie ist. Denn der notleidende Andere ist für Lévinas nicht lediglich der Sonderfall oder der nicht-alltägliche Extremfall des Anderen, sondern vielmehr sein Ernstfall, der "Andere schlechthin". Im Notleidenden weist das, was zum Geschehen zwischen den drei Fundamentalgrößen Anderer, Subjekt und Unendliches gesagt worden ist, die höchste Brisanz und Relevanz auf. Wenn also Lévinas mit Blick auf die Beanspruchung des Subjekts zur Verantwortung für den Anderen von Diakonie spricht, dann ist damit keine von der immer geltenden Verantwortung für den Anderen unterscheidbare Beanspruchung oder eine spezifische Variante dieser Verantwortung gemeint. Die Verantwortung für den Anderen ist in sich Diakonie. Als solche ist die Verantwortung aber eine, die den Anderen als notleidenden Anderen erkennt, für die Not und Nicht-Not nicht indifferent sind und die mit der Not des Anderen zunimmt. Freilich bedeutet dies nicht, daß im Zuge eines gegenseitigen Aufrechnens der Grade der jeweiligen Nöte einem bestimmten Anderen die Verantwortung versagt werden könnte. Die Verantwortung für den Anderen entzieht sich jeglicher Berechnung und Verfügung. Aber es bedeutet, daß mit dem Eintreten des Dritten, dort also, wo die Gerechtigkeitsüberlegung notwendig wird, wer "mehr" Verantwortung einfordert, der notleidende Andere der vorrangige Andere ist. Die Not ist die Zuspitzung der Andersheit. Das von Not gekennzeichnete Angesicht entzieht sich am deutlichsten der Identifikation, ist die Verschärfung der Fremdheit und bedeutet so die Verschärfung der Beanspruchung zur Verantwortung, die ihm entspringt.

7.1.6.2 Infragestellung durch Anordnung an das Subjekt

Die Not des Notleidenden ist das Nicht-Erstrebenswerte. Die Not im Angesicht des Anderen ruft nach ihrer Behebung. Insofern ist die Beanspruchung zur Verantwortung, die dem Angesicht des Anderen entspringt, ein "Flehen"[253]. Flehen ist normalerweise ein Akt der Unterwürfigkeit. Der Flehende fühlt sich gegenüber dem Angeflehten untergeordnet und macht die Behebung seiner Not abhängig von der Entscheidung des Angeflehten, sich zu engagieren. Das aber wäre - aus der Perspektive des angeflehten Subjekts - die Struktur des "der-Andere-für-mich", in welcher das Subjekt in der Beziehung zum Anderen mit der erbetenen Entscheidung seinen Willen durchsetzt, die Entscheidung für oder gegen ein Engagement mit Intentionen belegt und so den notleidenden Anderen auf sich ausrichtet, ihn mit seinen Vorstellungen von ihm identifiziert.

---

[252] Lévinas, E.: Judentum/Judaismus, hier zitiert nach **Taureck, B.**: Lévinas zur Einführung, 16 f.; vgl. ähnlich **Lévinas, E.**: Totalität und Unendlichkeit, 102.

[253] **Lévinas, E.**: Die Spur des Anderen, 222.

Der Notleidende ist jedoch ein Anderer, dessen Angesicht noch vor jeder Entscheidung und jedem Engagement des Subjekts dieses so trifft, daß es sich in einer unverrechenbaren Verantwortung in die Struktur des "der-Eine-für-den-Anderen" eingespannt sieht. Der Notleidende ist gerade in seiner Not der Andere, und die Andersheit des Anderen nimmt gerade in ihrer Bedürftigkeit und Schwäche in Beschlag.[254] Die Not macht seine Andersheit aus. Die Not kennzeichnet sein Angesicht. Das bedeutet aber auch, daß er sich gerade in seiner Not in der Spur des Unendlichen befindet, daß er gerade in seiner Not der Ort ist, an dem die Idee des Unendlichen aufscheint, und daß dieser Not als seiner Andersheit eine Verpflichtung entspringt, die jedem Engagement und jeder Entscheidungsfreiheit des Subjekts vorausgeht. Auch die Verantwortung, die der Not des Anderen entspringt, ist nicht abwälzbar, nicht minimierbar, nicht abweisbar. In der Not "nötigt sich das Antlitz mir auf, ohne daß ich gegen seinen Anruf taub sein oder ihn vergessen könnte, d.h. ohne daß ich aufhören könnte, für sein Elend verantwortlich zu sein"[255]. Die Not des Anderen befindet sich außerhalb der Verfügungsgewalt des Subjekts. Das Flehen des Notleidenden ist also kein Flehen, das sich der Entscheidungsfreiheit des Subjekts anheimgibt. Es ist vielmehr eine Forderung, die ihrerseits unabhängig gilt von der Entscheidungsfreiheit des Subjekts, "eine nicht abzulehnende Anordnung"[256]. "Das Antlitz in seiner Nacktheit als Antlitz präsentiert mir die Blöße des Armen und des Fremden; aber diese Armut und dieses Exil, die meine Vermögen aufrufen, mich meinen, liefern sich diesen Vermögen nicht wie Gegebenheiten aus; sie bleiben Ausdruck des Antlitzes."[257]
Damit erweist sich die Andersheit des Notleidenden als Infragestellung des Bewußtseins des Subjekts. Dieses Bewußtsein ist das Vermögen des Subjekts, auf sich selbst als Ich und auf die Welt um es herum als *seine Welt* zu reflektieren, sich seiner selbst bewußt zu sein, das Dasein als einen von eigener Aktivität getragenen Vollzug zu begreifen und die Welt in ihrer Bedeutung je für sich zu bewerten, also auf sich selbst zuzuordnen. Infragestellung des Bewußtseins bedeutet nun, daß die nicht abzulehnende Anordnung aus dem Angesicht des bedürftigen Anderen, die Nichtvereinnahmbarkeit des Anderen, die unbedingt gültige Verantwortung für den Anderen diese Haltung der Intentionalität bricht, in der das Subjekt sich und die Welt auf sich selbst bezieht, sich selbst genügt, die Welt als *seine Welt* identifiziert und so alles zum Selben seiner selbst macht. Das Subjekt wird auf den Anderen bezogen. "Die Heimsuchung besteht darin, sogar die Ichbezogenheit des Ich umzustürzen, das Antlitz entwaffnet die Intentionalität, die es anzielt."[258] Die unabweisbare Anordnung zur Verantwortung, die als Flehen der Not im Angesicht des Anderen entspringt, kehrt das Verhältnis der Intentionalität um. Sie erweckt das Subjekt aus der Ruhe der Ichbezogenheit und Selbstgenügsamkeit. Sie entlarvt die Freude an der Entscheidungsmacht, am Verfügen über anderes und Andere,

---

[254] Vgl. **Lévinas, E.**: Jenseits des Seins, 56.

[255] **Lévinas, E.**: Die Spur des Anderen, 223.

[256] Ebd.

[257] **Lévinas, E.**: Totalität und Unendlichkeit, 308.

[258] **Lévinas, E.**: Die Spur des Anderen, 223.

als Selbstgefälligkeit. Die Anordnung ordnet das Subjekt dem notleidenden Anderen unter. Mit der Beanspruchung zur Verantwortung für den Anderen stellt sie das Subjekt in den Dienst für den Anderen. Diese Position des Verantwortlichseins, die jeder Andere des Subjekts diesem aufbürdet, die aber vor dem notleidenden Anderen ihre dichteste Ausprägung erfährt, gleichsam "auf die Spitze getrieben" wird, ist die *Diakonie*. "Die Infragestellung des Selbst ist nichts anderes als das Empfangen des absolut Anderen. Die Epiphanie des absolut Anderen ist Antlitz, in dem der Andere mich anruft und mir durch seine Nacktheit, durch seine Not, eine Anordnung zu verstehen gibt. Seine Gegenwart ist eine Aufforderung zu Antwort. Das Ich wird sich nicht nur der Notwendigkeit zu antworten bewußt, so als handele es sich um eine Schuldigkeit oder eine Verpflichtung, über die es zu entscheiden hätte. In seiner Stellung selbst ist es durch und durch Verantwortlichkeit oder Diakonie, wie im 53. Kapitel des Buches Jesaja."[259]

Diese Position der Diakonie, die gleich einem Posten der Verantwortung nicht verlassen werden darf, die in ihrer Beanspruchung vielmehr um so mehr in Beschlag nimmt, je mehr sie als Verantwortlichkeit bewußt gemacht ist, die Diakonie also, die das Subjekt um so mehr belastet, je mehr sie geleistet wird, verlangt unbedingte *Solidarität* mit dem Anderen.[260] Solidarität meint hier nicht einfach das mit dem Anderen gemeinsame Eingebundensein als Teil in ein Ganzes oder das Teilen eines Schicksals unter Gleichrangigen. Solidarität erwächst hier gerade aus meiner Unterschiedenheit zum Anderen. Ich, das Subjekt, bin anders als der notleidende Andere; ich bin - aus meiner Perspektive betrachtet und im Vergleich zu ihm - der Nicht-Notleidende. Ich habe die Möglichkeit zur Verantwortung für den Anderen, also bin ich auch dazu verpflichtet. In der Diakonie werden Möglichkeit und Verpflichtung identisch, weil es sich nicht um eine Möglichkeit *für mich* handelt, über die ich frei entscheiden könnte, sondern um eine Möglichkeit *für den Anderen*, die der Andere von mir einfordert. Solidarität bezeichnet hier also das Einstehen für den Anderen mit meinen Möglichkeiten, nicht um eine Gemeinsamkeit zwischen mir und dem Anderen herzustellen und so den Anderen wiederum mir anzugleichen, sondern um den Anderen in *seinem* Sein, in seinem Anderssein, in seinem Eigenstand und in seiner Individualität zu bewahren.[261] Auch Solidarität ist "nur" ein anderer Name für die Verantwortung. "Hier ist die Solidarität Verantwortung, als ob das ganze Gebäude der Schöpfung auf meinen Schultern ruhte. Die Einzigkeit des Ich liegt in der Tatsache, daß niemand an meiner Stelle antworten kann."[262]

---

259 Ebd. 224. - Mit dem Hinweis auf Jes 53 meint Lévinas die Leiden des Gottesknechtes, der, von den Menschen verachtet und doch zu deren Heil, die Schuld eben dieser Menschen zu tragen hat.

260 Vgl. ebd.

261 Vgl. **Luther, H.**: "Ich ist ein Anderer", 80.

262 **Lévinas, E.**: Die Spur des Anderen, 224.

7.1.6.3 Begehren in der Idee des Unendlichen

Die Diakonie weist das Subjekt über sich selbst hinaus, bringt einen Zuwachs, ein "mehr", das das Subjekt nicht mehr aus sich selbst heraus als Produkt seiner selbst erklären könnte. In der Diakonie, der Verantwortung für den Anderen, sprengt das Ich seine eigene Intentionalität, nimmt Abschied von der Fixierung auf die eigene Bedürfnisbefriedigung, verzichtet auf die Sicherung des eigenen Selbst und betreibt die Sicherung des Anderen. In all dem tendiert, drängt das Subjekt über das hinaus, was es selbst ist, was es selbst beinhaltet. In der Diakonie kann das Subjekt "über das hinaus denken, was man denkt"[263], ist also bewegt von einem *Begehren* über sich hinaus. Diese Bewegung des Begehrens, nicht mehr erklärbar als Potential im Subjekt selbst, braucht einen Fixpunkt oder Anziehungspunkt außerhalb des Subjekts und seines Seinsstrebens, der nicht mehr als ein Teil in die Welt des Subjekts eingepaßt werden kann. Das Begehren braucht ein Jenseits. Aufgrund dieses Über-sich-Hinausgehens, der Transzendenz des Subjekts in seiner Verantwortungsbeziehung zum notleidenden Anderen, ist die Diakonie der Ort, an dem die Idee des Unendlichen aufscheint. In der Diakonie realisiert das Subjekt etwas, das es selbst nicht fassen kann, das Unfaßbare, ohne es aber für sich zu vereinnahmen, ohne ihm den Charakter des Unfaßbaren zu nehmen bzw. nehmen zu können. Damit ist die Diakonie gleichzeitig der Ort, an dem die Vorstellungen vom Unendlichen, die Versuche, das Unendliche in eine Logik, in "Theo-logien" zu fassen, gesprengt werden.[264] Die Diakonie bringt die Theo-logie "aus der Fassung". In der Diakonie merkt man, daß die Vorstellungen der Menschen vom Unendlichen für die Menschen berechtigt sein mögen, dem Unendlichen aber nicht gerecht werden. Die Diakonie als der Mut des Subjekts zum Unfaßbaren, zum Hinaussteigen über sich selbst, zur Transzendenz in der Verantwortung für den Anderen, diese Diakonie ohne Vorstellungen, Worte und Lehren über das Unendliche ist somit dem Erahnen des Unendlichen näher als eben diese Vorstellungen, Worte und Lehren. Das Erahnen des Unendlichen in der Diakonie besteht in der Erfahrung: "Ich kann mich dem Antlitz des Anderen in seiner Nacktheit ohne jede Zuflucht nicht versagen: in der Nacktheit eines im Stich Gelassenen, die durch die Risse hindurch leuchtet, welche die Maske der Person oder seine runzlige Haut zerfurchen, in seiner 'Zufluchtslosigkeit', die man als Schrei vernehmen muß, der schon zu Gott hin geschrien ist ..."[265] Dabei gilt auch hier, daß der notleidende Andere nicht das Abbild Gottes, nicht der Ort der greifbaren Anwesenheit Gottes ist. Auch im Notleidenden ist Gott mehr abwesend als anwesend. Auch in ihm präsentiert er sich nicht, sondern hinterläßt seine Spur. Aber die Spur des Unendlichen hat sich im Notleidenden, in seiner "runzligen Haut", in den Rissen seiner Leiderfahrung, in seinem Schrei nach Verantwortung für ihn tiefer eingeprägt. So ist der Notleidende der vorrangige Ort der Begegnung mit dem Unendlichen und die Diakonie

263 Ebd. 225.

264 Vgl. ebd.

265 **Lévinas, E.**: Gott und die Philosophie, 112.

die "verborgene Geburt der Religion im Anderen"[266]. Religion und Humanismus werden in der Diakonie deckungsgleich. Als "meine 'umsonst' zu übernehmende unendliche Verantwortung für den Anderen, für die Leidenden und Unterdrückten"[267] ist die Diakonie *in sich* ein neuer "Humanismus des anderen Menschen" und zugleich die Verherrlichung des Unendlichen.

7.1.7 Kritische Rückfragen an Emmanuel Lévinas

Auch die um den faszinierend-bedrückenden Gedanken der unabweisbaren Verantwortung für den Anderen angeordnete Philosophie Lévinas' verlangt, kritisch befragt zu werden. Daß kritische Rückfragen, die Widerspruch oder Unklarheit benennen, auch gegenüber den hier dargelegten Gedankengängen vorgebracht werden, ist kein Widerspruch dazu, daß der von Lévinas entwickelten Sicht des Beziehungsgefüges zwischen Ich, Anderem und Gott für die vorliegende Untersuchung eine zentrale Bedeutung, nämlich die einer kriteriologischen Instanz, beigemessen wird. Die Bedeutung der Philosophie Lévinas' für eine kritische Theorie der diakonischen Praxis besteht im Aufweis (nicht Nachweis) eines fundamentalen, unbedingten Kriteriums der Kritik und Konzeption von Praxis. Dieses Kriterium ist die Beanspruchung, die von einem als radikal unendlich und unfaßbar verstandenen und folglich als radikal unverfügbar ernstzunehmenden Gott an den Menschen ergeht. Kritische Rückfragen sind noch nicht die Negation einer solchen Bedeutung. Sie sind eher zu verstehen als "Ratifizierung" der referierten Gedanken durch den Rezipienten für das eigene Denken. Erst mit den kritischen Rückfragen bekundet der Rezipient, daß er den dargestellten Gedanken nicht mehr indifferent gegenübersteht, daß sie für ihn nicht mehr nur irgendetwas Dargestelltes sind. Wird das Denken eines anderen auf den Prüfstand des eigenen Denkens gestellt und mit Anfragen belegt, die, weil kritisch Distanz nehmend zum Denken des anderen, nicht mehr nur auf dieses selbst zurückgeführt werden können, dann heißt das eigentlich, daß erst mit den kritischen Rückfragen das Denken des anderen so in das eigene Denken Eingang gefunden hat, daß dieses seinerseits neues Gedachtes hervorbringt, kreativ wird. Erst mit den kritischen Rückfragen ist das Denken des anderen im wirklichen Sinn *angeeignet* - unabhängig davon, ob die Aneignung richtig, d.h. im rechten Verständnis des Angeeigneten verlief. Angesichts dessen müßte vielmehr die Berufung auf das Denken eines anderen, welche ohne kritische Rückfrage bleibt, dem Verdacht der Ideologisierung des Denkens des anderen, der Unselbständigkeit des eigenen Denkens und der Nichtauthentizität der Vermittlung beider standhalten.

---

[266] Ebd.

[267] **Reiter, J.**: Der "Humanismus des anderen Menschen", 372.

7.1.7.1 Verantwortung für den Anderen - Verantwortung für das andere?

Eine erste Anfrage betrifft das Verständnis des "Anderen". Es ist unzweifelhaft, daß Lévinas mit dem "Anderen" den *anderen Menschen* meint und nicht *das* andere. Der andere Mensch hat das Angesicht, welches für Lévinas' Behauptung der Verantwortung für den Anderen und der Spur des Unendlichen eine so zentrale Rolle spielt. Aus diesem die Andersheit des Anderen ausdrückenden Angesicht entspringt der Anspruch der Verantwortung. Die Forderungen bezüglich der ethischen Verantwortungsbeziehung formuliert Lévinas nur in Hinblick auf die Beziehung des Ich zum anderen Menschen. Die Unterscheidung zwischen *dem Anderen* als dem anderen Menschen und *dem anderen* als den Dingen der den Menschen umgebenden Welt bleibt jedoch undeutlich, da Lévinas um so weniger von der Beziehung des Subjekts zu seiner nichtmenschlichen Umwelt spricht. Dadurch bleibt unklar, inwiefern auch von einer Verantwortung des Menschen für die nichtmenschliche Welt, insbesondere für die Natur, zu reden ist und woher eine solche Verantwortung zu begründen wäre. Innerhalb der Gedankenführung von Lévinas, näherhin seiner Rekonstruktion der Verantwortungsbeziehung ausschließlich aus der Beziehung zwischen dem Subjekt und dem Anderen, ist die Behauptung einer Verantwortung des Menschen für das Nichtmenschliche nur als Ableitung von der Verantwortung für den Anderen möglich, also nur in dem Sinn, daß mit der Verantwortung der Welt, insbesondere der Natur gegenüber ein Teil der Verantwortung dem anderen Menschen gegenüber erfüllt ist. Damit wäre aber implizit behauptet, die Natür hätte nicht *in sich* einen Wert, wäre nur bewahrenswert, insofern sie dem Bewahren des (anderen) Menschen zugute kommt. Begibt sich aber damit das Denken der unbedingten Verantwortung für den Anderen paradoxerweise nicht selbst wieder an ihren krisenhaften Ausgangspunkt, von dem es sich absetzen wollte, nämlich in das gewaltförmige Seinsdenken, in welchem der Mensch die Welt hominisiert, d.h. sich zum Zentrum der Welt erhebt und die Dinge der Welt nur in Zuordnung zu sich selbst anerkennt?
Die ausschließliche Bindung der Beanspruchung des Subjekts zur Verantwortung an das Begegnungsgeschehen mit dem Anderen bedeutet weiterhin, daß die Spur des Unendlichen, auf deren Bedeutung die Beanspruchung zur Verantwortung letztendlich gründet, und folglich ein Erahnen Gottes nur in der Begegnung mit dem Anderen angesiedelt ist. Mithin ist unter dieser Voraussetzung eine Begegnung mit Gott oder eine Erfahrung Gottes nur in der ethischen Beziehung zum Anderen angesiedelt. Andere Modi der Gotteserfahrung, etwa ästhetische oder "natürliche", werden nicht angenommen, zumindest nicht reflektiert.[268]
Daß Lévinas den Anderen als Ort des Erahnens Gottes sieht, darf nicht im geringsten relativiert oder verharmlost werden. Es ist notwendig, den Gedanken der Begegnung mit Gott im Anderen in letzter, geradezu schonungsloser Radikalität zu denken und darin zu realisieren (im doppelten Sinn des Wahrnehmens und des Verwirklichens), daß dem Anderen von Gott her - vor und unabhängig von bzw. sogar entgegen meinen Interessen ihm gegenüber - ein unermeßlicher Wert zukommt und sich so jegliche Vereinnahmung

268 Vgl. **Esterbauer, R.**: Transzendenz-"Relation", 227 f., 231 f.

des Anderen für meine Interessen verbietet. Darin besteht die höchst notwendige und konstruktive Herausforderung des Lévinasschen Denkens, um dem Menschen einen Ausweg aus seinem aporetischen, krisenhaften, zerstörerischen Selbstverständnis als selbstherrliches Subjekt zu weisen, das sich alles und alle Anderen zur eigenen Seinsbewältigung unterwirft. Aber muß die notwendige Radikalität dieses Gedankens auch Ausschließlichkeit bedeuten? Muß sie zugleich bedeuten, daß in der nichtmenschlichen Welt, in der Natur, obwohl Geschöpf Gottes, die Spur Gottes nicht erkannt werden kann? Diese Frage bleibt bei Lévinas zumindest ungeklärt. Vielleicht ist die ausschließliche Ausrichtung der Reflexionen Lévinas' am anderen Menschen mit einer Deutung zu erklären, die einerseits mit einer gewissen Erahnbarkeit oder Erfahrbarkeit des Unendlichen in der Natur als der nichtmenschlichen Welt rechnet, die sich andererseits aber schlüssig aus den Lévinasschen Gedanken ergibt, ohne daß freilich diese Interpretation von eigenen Aussagen Lévinas' gedeckt wäre: Die Betrachtung der Natur als Ort der Spur Gottes - wie auch immer sie aussehen mag - kann nicht die Relativierung der Wahrnehmung der Spur Gottes im Anderen und somit keine irgendwie geartete Dispens von der Verantwortung für den Anderen bedeuten. Ein Rückzug vom Mitmenschen weg hin zu einer dubiosen Innerlichkeit oder "Naturmystik" mit dem Argument, auch dort sei Gott zu finden, verbietet sich.

7.1.7.2 Die Gewaltförmigkeit der Erwählung zur Verantwortung

Lévinas setzt sich mit seinem Denken vom ontologischen, abendländischen Denken ab. Dieses ist - nach Lévinas - gewaltförmig, weil es das von ihm Gedachte identifizieren, begreifen, in die Totalität der eigenen Vorstellungswelt einpassen will. Alles, was anders als das denkende Subjekt ist, wird seiner Andersheit beraubt. Dort, wo ein anderer Mensch in dieser Weise gedacht wird, wird ihm Gewalt angetan. Diese Kritik an dem im abendländischen Kulturkreis dominanten Denkmodus bereitet keine Probleme. Fragen tauchen jedoch auf angesichts der Art der Beanspruchung des Subjekts zur Verantwortung für den Anderen, die Lévinas der Gewalt gegen den Anderen entgegenstellt. Weist nicht diese Beanspruchung selbst die Struktur der Gewalt auf? Die Verantwortung gilt vor jeder Intention oder Aktivität des Subjekts; sie ist auferlegt, ohne daß sich das Subjekt dafür entscheiden könnte; sie muß erfüllt werden, ohne daß das Subjekt dabei seine eigenen Seinsinteressen verfolgen dürfte; sie ist also gegen die Seinsinteressen des Subjekts gerichtet. Wird hier nicht das Subjekt in *seinem* Sein negiert? Wird es nicht seines eigenartigen, nur ihm zukommenden Seins beraubt? Wird hier nicht ihm selbst Gewalt angetan? Reinhold Esterbauer etwa hält Lévinas entgegen: "Damit der ANDERE er selbst bleiben und die Welt human werden können, bedarf es der Entfremdung und der Besinnung darauf, daß wir SUB-JEKTE und in Verantwortung ERWÄHLTE sind. Nur eines bleibt dabei unbedacht, nämlich die Wiederkehr der Gewalt in der Unterwerfung, gegen die sich das SUB-JEKT nicht wehren kann, weil die Gewalt an seinem Beginn steht. Die Gewalt der Herrschaft, die ein Subjekt über einen

ANDEREN ausübt, kehrt wieder als die Gewalt der SUB-JEKT-'Werdung'."[269] Diesem Einwand könnte Lévinas zwei entscheidende, nicht außer Kraft zu setzende Argumente entgegenhalten. Zum ersten würde Lévinas wohl darauf hinweisen: "Das erstaunliche Sagen der Verantwortung für den Anderen ist allen Widerständen des Seins zum Trotz eine Unterbrechung des *sein*, ein aus guter Gewalt auferlegtes Sich-vom-Sein-Lösen."[270] Mit der Qualifizierung der Beanspruchung bzw. des Erwähltwerdens zur Verantwortung als *gute* Gewalt grenzt er sie von der Gewalt der Gleichheit und des Diskurses ab. In der Gleichheit und im Diskurs sind Subjekt und Anderer symmetrisch gegenübergestellt. Sie handeln ihre Interessen aus, um das Gleichgewicht zwischen sich zu erhalten. Im Diskurs Gleichberechtigter geht es jedem darum, sich eine Vorstellung davon anzueignen, wie das gemeinsame Sein aussehen soll, und diese Vorstellung durchzusetzen. Der Diskurs besteht, wenn auch beidseitig und in angezielter Übereinstimmung, aus Begreifen, Interesse-Haben, Intentionen-Verfolgen. Der Diskurs geht auf im Gesagten. Das ursprüngliche, von Interessen freie Sagen, also das Bedeuten-des-Einen-für-den-Anderen, geht dahinter verloren.[271] Dieser Diskurs aber, die Annahme einer ursprünglichen Gleichheit von Ich und Anderem, auf deren Basis dann Interessen ausgehandelt werden[272], hat sich nach Lévinas als Quelle der Gewalt, der Durchsetzung der eigenen Interessen des Stärkeren gegen den bedürftigen Anderen, eines "inhumanen Humanismus" erwiesen. Auf diesem Hintergrund ist es zu verstehen, wenn Lévinas die Gewaltförmigkeit der Erwählung des Subjekts zur Verantwortung in Kauf nimmt. In der Alternative der Gewalt des Diskurses und der Gewalt der Erwählung sieht er in der ersteren die größere Gefahr, weil in ihr "freie Menschen andere Menschen durch die Gewalt des Begriffs und ihre Folgen vernichten, indem sie die INTRIGE, die vom ANTLITZ des ANDEREN ausgeht, übergehen"[273]. In der Gewalt der Erwählung zur Verantwortung für den Anderen sieht er dagegen die größere Chance zur Menschlichkeit der Welt, zu einem humaneren Humanismus[274], weil hier zwar auch noch Gewalt am Anfang der Beziehung steht, dieser Gewalt aber nicht mehr Gewalt, sondern Gewaltlosigkeit entgegengestellt wird. Die Chance zur Menschlichkeit erhöht sich hier deshalb, weil sich die Gewaltlosigkeit auf seiten des Subjekts befindet. Das heißt: Aus der Perspektive des Subjekts, aus der Perspektive dessen, für den sich die Aufgabe der Gestaltung der Beziehung stellt, ist Gewaltlosigkeit der Modus der Beziehungsgestaltung. Damit wird aber die Gewaltlosigkeit zum Prinzip der Beziehungsgestaltung schlechthin. Denn die Gewaltförmigkeit befindet sich auf seiten des Anderen. Wenn ich

269 Ebd. 83; vgl. dazu auch **Derrida, J.**: Gewalt und Metaphysik, 179-235.

270 **Lévinas, E.**: Jenseits des Seins, 107.

271 Vgl. ebd. 366.

272 Auch wenn sich Lévinas nicht auf Namen wie Jürgen Habermas oder Karl-Otto Apel bezieht, ist die hier zutage tretende Divergenz zu den Ansätzen einer Diskursethik augenscheinlich; vgl. zum Vergleich von Lévinas und Habermas **Lesch, W.**: Fragmente einer Theorie der Gerechtigkeit, 170-172; **Luther, H.**: "Ich ist ein Anderer".

273 **Esterbauer, R.**: Transzendenz-"Relation", 85.

274 Vgl. ebd.

aber vom Anderen spreche, dann geschieht dieses Sprechen nicht als normatives Sprechen darüber, wie *er*, der Andere, Beziehung gestalten soll, sondern nur als Sprechen darüber, wie *ich* angesichts des Anderen Beziehung gestalten soll. Oder noch einmal anders gesagt: Wenn ich von der Gewaltförmigkeit auf seiten des Anderen spreche, dann spreche ich im Grunde nur, wenn auch auf komplementäre Weise, von meiner eigenen Gewaltlosigkeit, in der ich, das Subjekt, Beziehung gestalten soll. Wenn ich etwas vom Anderen aussage, dann ist das keine Aussage darüber, wie der Andere die Beziehung aus seiner Perspektive konzipieren muß. Das Ich kann sich nicht in die Perspektive des Anderen versetzen und von dort her sagen, wie sich die Beziehung zwischen ihm und dem Anderen darstellt. Fragt der Andere hingegen *aus seiner Perspektive* nach der Gestaltung der Beziehung zu mir, dann hat sich die Perspektive umgedreht: Der Andere ist das Ich, das Subjekt der Beziehungsgestaltung, und ich bin für ihn der Andere. Und auch dann ist die Gewaltlosigkeit das Prinzip der Beziehungsgestaltung, weil sich das Postulat der Gewaltlosigkeit auf seiten des der Erwählung unterworfenen Sub-jekts befindet, also auf seiten desjenigen Ich, das ich sonst - aus meiner Perspektive - als meinen Anderen wahrnehme. Aber diesen fiktiven, nur als Argumentationshilfe durchgespielten Perspektivenwechsel kann das Ich, das Subjekt eben in der wirklichen Beziehungsgestaltung nicht vollziehen, weil es immer schon, vor jedem Akt, auch dem des eventuellen Perspektivenwechsels, zur Verantwortung für den Anderen beansprucht ist. Das Subjekt ist für sich, aus seiner Perspektive, nur Sub-jekt und nicht Anderer eines anderen Subjekts und kann so aus der Perspektive des Anderen keine Postulate ableiten. So kann aber auch die Gewalt, die vom Anderen her kommt, nie Prinzip der Beziehungsgestaltung sein. Denn immer, wenn nach der Gestaltung der Beziehung zwischen Menschen gefragt wird, nimmt der Fragende die Position des Ich, des Subjekts ein, das nach seiner Beziehung zum Anderen fragt. Auf seiten des Subjekts findet sich aber nur der Anspruch der Gewaltlosigkeit. Das Prinzip jeder Gestaltung von Beziehung ist so die Gewaltlosigkeit, nicht die Gewaltförmigkeit. Das läßt Lévinas darauf hoffen, daß aus der "guten Gewalt" der Erwählung Humanität erwächst. Soweit zum ersten denkbaren Argument Lévinas' gegen den Einwand der Gewaltförmigkeit der Erwählung zur Verantwortung.

Ein zweites mögliches Argument gegen diese Anfrage könnte der Hinweis sein, daß der Verantwortungsanspruch nicht als Reziprozität eines wechselseitigen Ich-Du-Verhältnisses verstanden werden darf. Die Verantwortung des Subjekts für den Anderen ist so radikal, daß sie die geringste Vereinnahmung des Anderen bzw. dessen Einfügung in die Vorstellungen des Subjekts verbietet. Insofern kann das Subjekt sich den Anderen nicht als ein anderes, ihm ähnliches Subjekt vorstellen und kann nicht reziprok vom Anderen das erwarten, was es selbst erbringen muß, auch nicht Gewaltlosigkeit. Weil also die Gewaltlosigkeit des Anderen nicht vom Ich eingefordert werden kann, greift auch der Vorwurf des Mangels an Gewaltlosigkeit ins Leere. Der Vorwurf des Subjekts gegenüber dem Anderen hätte - nach dieser Argumentationslogik - keine Berechtigung. Aber auch gegen diese beiden denkbaren apologetischen Argumente Lévinas' lassen sich Anfragen stellen. Ist es wirklich sinnvoll - um gleich auf das zweite Argument einzugehen -, den Gedanken der radikalen Andersheit und Nicht-Vereinnahmbarkeit des

Anderen dadurch bewerkstelligen zu wollen, daß man den Anderen nicht reziprok als anderes Ich, als anderes Subjekt bezeichnet, sondern als den "unendlich Anderen"? Muß nicht zwischen dem Ich-Sein als solchem und der jeweils individuellen Form des Ich-Seins unterschieden werden, so daß die Behauptung, der Andere sei seinerseits ein Ich bzw. ein Subjekt, noch keineswegs die Angleichung des Anderen an die Form des eigenen Ich- bzw. Subjektseins bedeuten würde, die Behauptung des Ich-Seins des Anderen also noch keineswegs die Behauptung eines *So-wie-ich*-Seins wäre? Was macht wirklich den qualitativen Unterschied zwischen der Rede vom Anderen als dem "unendlich Anderen" und der Rede vom Anderen als dem "anderen Subjekt" aus? Ist nicht auch die Bezeichnung "unendlich Anderer" eine Vorstellung, eine Begrifflichkeit, mit der das Subjekt auszudrücken versucht, wie es sich den Anderen denkt?[275] Daß sich das Subjekt aber etwas über den Anderen denkt, daß es ihn in einer bestimmten Weise wahrnimmt, ist unausweichlich. Wenn der Andere dem Subjekt etwas bedeuten soll, wenn er ihm speziell die Erwählung zur Verantwortung bedeuten soll, dann hat der Andere in die Existenz des Ich eingegriffen, das Ich ist vom Anderen "besessen", wie Lévinas es selbst ausdrückt.[276] Das bedeutet aber ein Da-Sein des Anderen in der Existenz des Subjekts. Daß das Subjekt den Anderen nicht in irgendeiner Weise wahrnehmen könne, wäre dagegen die Behauptung des Nicht-da-Seins des Anderen. Bedeutung für jemanden haben verlangt danach, daß die Bedeutung von diesem jemanden erkannt wird. Soll sich das Subjekt der Bedeutung des Anderen unterwerfen, dann muß es diese Bedeutung wahrnehmen. Das kann es aber nur als das Subjekt, das es ist, in der ihm möglichen Weise. Man kann nicht eine Bedeutung des Anderen für das Subjekt postulieren und gleichzeitig fordern, das Subjekt dürfe den Anderen nicht in einer bestimmten, nämlich der ihm möglichen Weise wahrnehmen, dürfe sich also keine Vorstellung von ihm machen. In diese Paradoxie begibt sich jedoch Lévinas, wenn er von der Erwählung des Subjekts zur Verantwortung für den Anderen spricht und zugleich betont, der Andere sei für das Subjekt kein anderes Subjekt, sondern eine absolute, unendliche Andersheit. Man muß schließlich sogar fragen, ob Lévinas hier nicht das Problem der von ihm zu Recht geforderten absoluten und radikalen Nicht-Vereinnahmbarkeit des Anderen lediglich auf terminologischer Ebene löst durch die Formulierung der "unendlichen Andersheit" und durch den Verzicht auf die Bezeichnung des Anderen als ein anderes Ich, während dieser "Lösung" in der Beziehung zwischen Ich und Anderem keine Realität entspricht, weil das Ich gar nicht anders kann, als den Anderen vom ersten Augenblick seines Eintretens in die eigene Existenz wahrzunehmen, freilich *als Anderen* wahrzunehmen, aber eben *wahrzunehmen*. Selbst die von Lévinas propagierte Wahrnehmung des Anderen *als Anderer* kann nur heißen, daß von Anfang der Begegnung an die Vorstellungen des Subjekts relevant sind und zwar wenigstens in der Form, daß das Subjekt erkennt, daß die Vorstellungen, die es von sich selbst hat, beim anderen Menschen *nicht* verwirklicht sind. Und ist nicht erst von da an der Andere wirklich als *der Andere* erkannt? Weiterhin ist zu fragen: Ist die Betrachtung des

[275] Vgl. **Derrida, J.**: Gewalt und Metaphysik, 190.

[276] Vgl. **Lévinas, E.**: Jenseits des Seins, 188, 243-249.

Anderen als "unendliche Andersheit" der geeignete Ausdruck dafür, daß sein Sein gerade als ein Anderssein bewahrt werden soll? Läuft nicht die Sicht des Anderen als "unendlich Anderer" bei Ausmerzung jeglicher Vorstellung eines anderen Ich Gefahr, genau das Gegenteil zu bewirken, nämlich daß der Andere zu einer diffusen, unkonturierten, amorphen, sprachlosen Andersheit verschwimmt, zum Anderen ohne Eigenschaften wird, damit aber auch die Bedeutung, die der Andere für das Subjekt haben soll, unkenntlich wird? Die Beanspruchung zur Verantwortung wäre in Konsequenz dazu vom Subjekt nur noch analog undeutlich wahrzunehmen. Den Anderen nur als Andersheit zu sehen, "ihm in diesem Sinne ein ego abzustreiten, ist in der Ordnung der Ethik die Geste selbst jeder Gewalt. Würde der Andere nicht als ego anerkannt, bräche seine ganze Andersheit zusammen. ... Der Andere als alter ego bedeutet der Andere als Anderer, der auf *mein* ego irreduzibel ist, eben weil er ego, weil er die Gestalt des ego besitzt. Die Ichheit des Andern macht es möglich, daß er, wie ich, 'ego' sagt; deshalb ist er ein Anderer, nicht aber ein Stein oder ein sprachloses Wesen *in meiner reellen Ökonomie.*"[277]

Die Anfrage gegenüber dem als erstes dargestellten möglichen Argument Lévinas' gegen den Gewaltvorwurf läßt sich kürzer fassen, ist in ihrer Kürze aber um so fundamentaler. Lévinas spricht von der gewaltförmigen Erwählung des Subjekts zur Verantwortung als einer "guten Gewalt", im Gegensatz zur Gewalt der Gleichordnung von Subjekt und Anderem im Diskurs, der immer noch auf die Gewalt des Einen gegen den Anderen hinauslaufe. Aber auch die "gute Gewalt" ist Gewalt und stellt so die Negation von Seinsmöglichkeit dar, z.B. die Negation der Möglichkeit des Subjekts, sich für die Verantwortung zu entscheiden. Diese "gute Gewalt" besteht in der Erwählung zur Verantwortung. Das heißt: Mit der Erwählung bildet die Gewalt den Anfang der Beziehung zwischen Ich und Anderem, einen Anfang, den das Ich nicht in sich hat oder von sich aus setzt. Immer schon, bevor das Ich einen intentionalen Akt setzen könnte, ist mit der Erwählung zur Verantwortung die Gewalt da. Unabhängig von der Frage nun, auf welcher Seite, ob auf der Seite des Ich oder auf der Seite des Anderen, Gewalt bzw. Gewaltlosigkeit anzusiedeln ist und aus wessen Perspektive sich die Beziehung zwischen Ich und Anderem als Gewalt oder Gewaltlosigkeit gestaltet, würde demnach die Gewalt den Anfang der Begegnung zwischen Ich und Anderem bilden. Die Gewalt wäre buchstäblich das principium der Beziehung zwischen Ich und Anderem. Aber kann der Ansatz einer Neubegründung der Ethik, eines neuen, humaneren "Humanismus des anderen Menschen" darin bestehen, daß - unabhängig davon, wen die Gewalt trifft - an den Anfang der Beziehung die Gewalt, die Verneinung von Seinsmöglichkeit gesetzt wird?

Die Gewaltförmigkeit der Erwählung zur Verantwortung hat schließlich noch einen weiteren Aspekt, der eine kritische Rückfrage provoziert. Da der Andere Ort der Spur des Unendlichen und die Begegnung mit ihm Ort der Idee des Unendlichen, der "Gotteserfahrung" ist, ist für das Subjekt die vom Anderen ausgehende gewaltförmige Beanspruchung zur Verantwortung eine Weisung Gottes. "Damit wird Gott als gewaltsa-

---

277 **Derrida, J.**: Gewalt und Metaphysik, 190 f.

mer Gott bestimmt."[278] In der Tat ist Gott bei Lévinas der fordernde, das Sein des Menschen beunruhigende Gott, ein Gott, der mir einen Schock bereitet, wenn ich vor das Angesicht des Anderen trete.[279] Es ist zwar kein sadistischer Gott, den Lévinas zeichnet, sicher aber auch kein gütiger, der den Menschen froh und gelassen sein ließe. Es ist ein Gott, vor dem "alle Rede von Glück verstummen"[280] zu müssen scheint, ein Gott, der zur Liebe beansprucht, sich aber nicht selbst als Liebe erspüren läßt.[281] Es ist nicht der nahe, sondern der sich entziehende Gott. Wie verträgt sich dieser gewaltsame, sich entziehende Gott mit dem Gott der Bibel, mit dem Gott, der sich als der Da-Seiende, der Geschehende, der Wirksam-gegenwärtig-Seiende zu erkennen gibt (Ex 3,14)[282], mit dem Gott, der das Leid der Seinen kennt und sein Volk auf dem Weg begleitet (Ex 3,8), mit dem Gott, der entgegen aller Treulosigkeit seines Volkes dieses Volk liebt und in seiner Mitte weilt (Hos 11)?

7.1.7.3 Philosophie oder Theologie?

Lévinas selbst ist sich einer seine Ausführungen ständig begleitenden Aporie bewußt: In seiner Philosophie denkt und redet er über etwas, das sich gerade dadurch auszeichnet, daß es sich dem Gedacht-Werden und Thematisiert-Werden entzieht. Indem er versucht, den Anderen, die Erwählung zur Verantwortung für den Anderen und das Unendliche als etwas aufzuweisen, das nicht in die Vorstellungen des Subjekts hineingepaßt, das also nicht zum Thema gemacht werden kann, ist er gezwungen, dies alles zu thematisieren. Auf dem Hintergrund der Unterscheidung von Sagen und Gesagtes (s. 7.1.4.1) kann man sagen: Lévinas befindet sich in der methodologischen Aporie, wie er das ursprüngliche Sagen des Anderen für das Subjekt, das von jeder Thematisierung und Vorstellung unabhängige Bedeuten des Anderen für das Subjekt, aussprechen und gar erklären können soll, wie er also das Sagen in die Form des Gesagten überführen soll. Begeht er damit nicht eine ständige - wie er es selbst nennen würde - "Indiskretion", einen Verrat am Sagen, an der Bedeutung des Anderen als Verantwortungsanspruch?[283] Diese Aporie kann nicht gelöst werden. Sie ist aber die lediglich in Lévinassche Terminologie gekleidete Formulierung einer Aporie, die bereits in den einleitenden Gedanken zum Punkt "Das Unendliche" (s. 7.1.5) artikuliert worden ist: Was tut Lévinas, wenn jemand behauptet, er spüre vor dem Angesicht des Anderen keine Verantwortung, der Andere sei ihm gleichgültig? Könnte er dann diesen Menschen allein mit den rational-argumentativen Gedanken seiner Philosophie vom Gegenteil überzeugen? Das ist wohl nicht der Fall. Man muß sogar dagegenhalten: Warum

---

278 **Esterbauer, R.**: Transzendenz-"Relation", 225.

279 Vgl. **Lévinas, E.**: Die Spur des Anderen, 219.

280 **Hentschel, M.**: Das Heilige bei Lévinas, 216.

281 Vgl. **Esterbauer, R.**: Transzendenz-"Relation", 225 f.

282 Vgl. **Scharbert, J.**: Ausgewählte Themen der Theologie des Alten Testaments, 38.

283 Vgl. **Esterbauer, R.**: Transzendenz-"Relation", 217-222.

soll dieser Mensch nicht ebensoviel Recht und Anlaß haben zu behaupten, er spüre keine Beanspruchung zur Verantwortung, wie Lévinas Recht und Anlaß hat, von der Erwählung zur Verantwortung zu sprechen? Gesagtes steht hier gegen Gesagtes. Die Auflösung der Spannung ist nicht von einem Überhang der rationalen Argumente auf einer Seite zu erwarten. Denn das, worum es geht, Verantwortung spüren oder nicht spüren, Verantwortung einfordern oder nicht einfordern, ist ein *Bedeuten* des Einen für den Anderen und des Anderen für den Einen; es ist ein "*Sagen*". Als solches sperrt sich aber das, worum es geht, gegen eine vollständige Thematisierung und läßt sich von der Rationalität nicht hinreichend bewältigen. Selbst der größte Vorsprung an rationaler Argumentationskraft könnte die beschriebene Spannung nicht lösen, weil das Bedeuten des Einen für den Anderen und umgekehrt, also die Bedeutung der Verantwortung, dem Reden über das Bedeuten immer schon voraus- und wieder darüber hinausgeht. Das Reden-über-das-Bedeuten ist immer nur eine Ableitung, eine Abweichung, eine Verkürzung, ein Extrakt des Bedeutens. Das Gesagte kann immer nur einen kleinen Teil des "Sagens" erfassen und das "Sagen" geht nie auch nur annähernd im Gesagten auf. Das Reden über das Bedeuten, das Gesagte, ist im günstigsten Fall stimmig eingebettet in das Bedeuten selbst, das Sagen, so daß der Redende authentisch wirkt. Die Lösung der beschriebenen Aporie ist also nicht auf der Ebene des Gesagten, sondern auf der des Sagens zu erhoffen. Die Frage, ob ein Subjekt die Verantwortung spürt oder nicht spürt, entscheidet sich also nicht daran, ob es den Verantwortungsanspruch einsieht bzw. mit wie vielen Argumenten es dazu bewegt wird. Sie entscheidet sich daran, ob der Andere dem jeweiligen Subjekt wirklich einen Verantwortungsanspruch bedeutet, ob die Beziehung zwischen Ich und Anderem von dieser Bedeutung des Anderen für das Ich geprägt ist - jenseits aller bewußten Reflexion über diese Bedeutung.

Lévinas behauptet nun, daß in jeder Beziehung zwischen Ich und Anderem der Andere eine Erwählung zur Verantwortung bedeutet. Wie ist das möglich? Ein Erweis mittels rationaler Argumente ist ausgeschlossen. Lévinas sieht sich zu seiner Behauptung berechtigt aufgrund des folgenden - zusammengefaßten - Gedankengangs: Im Angesicht des Anderen wird vom ersten Augenblick der Begegnung an für das Subjekt die Nacktheit des Anderen erkennbar. Diese Bedürftigkeit ruft nach Diakonie, nach dem Verantwortlichsein des Subjekts für den Anderen. Das Verantwortlichsein für den Anderen bedeutet, ihn in seinem Sein als Anderer, in seinem Anderssein zu bewahren. Die Verantwortung ist unabweisbar, weil sie vor jedem Akt und vor jeder freien Entscheidung des Subjekts gilt, und in ihr kann das Subjekt, da es ja die Andersheit bewahren muß, den Anderen nicht für sich vereinnahmen, kann also nicht seine eigenen Seinsinteressen durchsetzen. In der Verantwortung für den Anderen übersteigt das Subjekt sich selbst, geschieht wirkliche Transzendenz. Folglich leuchtet in der Begegnung mit dem Anderen die Idee des Unendlichen auf; in der Beziehung zum Anderen ist eine Ahnung von Gott gegeben. Gott hat im Anderen seine Spur hinterlassen. Eine Begegnung mit Gott findet also in der Begegnung mit dem Anderen statt, nie unabhängig von ihm. Weil der Andere *als Anderer* Ort der Begegnung mit Gott ist, ist die Diakonie, das Verantwortlichsein für den Anderen und seine Andersheit, der angemessene und einzige Modus der Verherrlichung Gottes. Die Erwählung zur Ver-

antwortung, zur Diakonie, ist eine Weisung Gottes.
Das Bedeuten des Anderen für das Subjekt gründet bei Lévinas letztendlich in der Gewißheit, daß Gott ist und daß im Anderen seine Spur erkennbar ist. Erst mit der Annahme eines Gottes ist das Bedeuten des Anderen für das Ich, nämlich die Beanspruchung zur Verantwortung für den Anderen, so unabweisbar, wie sie Lévinas zeichnet. Dann aber stellt sich die Frage, ob die von Lévinas annoncierte Wende in der Philosophie richtig und hinreichend ausgedrückt ist mit der Behauptung eines Wechsels von der Ontologie zur Ethik als erster Philosophie. Mit der Rede von Gott, die für seine Philosophie konstitutiv ist, geht Lévinas nämlich selbst über die philosophische Ethik hinaus. Gegenüber Lévinas ist also anzufragen: "Ist es sinnvoll, eine Ethik, die sich an endliche Menschen richtet, mit der Unendlichkeit der Gottesidee zu befrachten?"[284] - und - so wäre Walter Lesch weiterzuführen - nach wie vor von Ethik zu reden? Die Rückfrage an Lévinas lautet also: Ist diese Philosophie nicht Theologie? In Lévinas' Philosophie verwischen die Grenzen zwischen Philosophie und Theologie, nicht aufgrund einer Krisenhaftigkeit des wissenschaftlichen Selbstverständnisses, sondern um der Sache, genauer: um des Menschen willen. In Lévinas' Philosophie ist der andere Mensch in solcher Radikalität als Ort der Begegnung mit Gott gedacht, daß die konventionelle Unterscheidung der verschiedenen Gegenstände von Philosophie und Theologie - Sein und Wesen des Menschen und der ihn angehenden Erfahrungswirklichkeit einerseits und Wirklichkeit Gottes andererseits - unmöglich, letztlich aber auch unerheblich wird. Damit würde sich hier überraschenderweise ein Selbstverständnis der Theologie abzeichnen, wie es in den wissenschaftstheoretischen Ausführungen zu Beginn dieser Untersuchung (s. 1.1.2.3) postuliert worden ist: das Verständnis einer Theologie, die sich nicht anmaßt, "Lehre von Gott" zu sein, sondern die sich versteht als Lehre vom Menschen, insofern er vor Gott steht.

7.1.7.4 Das Ungenügen des Motivs "der Dritte"

Die Vorstellung einer unbedingten, unabweisbaren und unendlichen Verantwortung für den Anderen läßt erschauern. Die Maßlosigkeit der Beanspruchung bringt die Forderung der Verantwortung für den Anderen an einen Punkt, an dem das Erschaudern unversehens umkippen kann in die Abweisung der Verantwortungsbeanspruchung als irreale Fiktion. Lévinas ist sich dieser Problematik nicht nur bewußt, sondern versucht, sie zu überwinden durch das Motiv des *Dritten*. Dadurch, daß ein Dritter und viele Dritte zur Beziehung zwischen Ich und Anderem hinzutreten, dadurch, daß es nicht nur *einen* Anderen, sondern *mehrere* Andere gibt, für die das Subjekt verantwortlich ist, relativiert sich - im buchstäblichen Sinn des Wortes - die Verantwortung. Die Verantwortung relativiert sich nicht im Sinne einer Dispensierung, sondern sie wird *in Relation gesetzt* zu den Bedingungen der Verantwortungserfüllung. Mit dem Auftauchen des Dritten muß das Subjekt überlegen, was seine Möglichkeiten der Verantwortungserfüllung sind, wer

[284] **Lesch, W.**: Alterität und Gastlichkeit, 142.

in welchem Maße seiner Verantwortung bedarf, wer Vorrang vor dem anderen Anderen hat und wie es seine Verantwortung dementsprechend verteilt wahrnehmen kann, d.h. wie es gerecht sein kann. Die Ausweitung der Verantwortungsbeziehung auf den und die Dritten macht bewußt, daß das Subjekt nicht allen gegenüber gleichermaßen "unendlich verantwortlich" sein kann, weil Unendlichkeit sich nicht vervielfachen läßt. Mit dem Eintreten des Dritten in die Verantwortungsbeziehung nimmt das Motiv der Verantwortung für den Anderen notwendigerweise realitätsnähere Gestalt an.
Allerdings wirft das Motiv des Dritten Fragen auf. Nicht nur der abrupte Bruch, den die Einführung des Motivs "der Dritte" für die Gedankenfiguration Lévinas' bedeutet, nicht nur das Abfallen des Gedankengangs aus den Höhen einer faszinierenden Außerordentlichkeit der Beanspruchung zu einer unbedingten Verantwortung in die Ebene (nicht Niederung) der alltäglichen, beinahe banalen Gewöhnlichkeit des Gedankens, nicht beliebig vielen Menschen gegenüber in gleicher Weise verantwortlich sein zu können, gerecht sein zu müssen, sondern auch die - gemessen an den Implikationen, die das Motiv "der Dritte" für das Basismotiv der Verantwortung für den Anderen mit sich bringt - überraschende Kürze, in der Lévinas die Bedeutung des Dritten behandelt, verleihen diesem Motiv doch in gewissem Maße den Charakter eines Fremdkörpers in der grandiosen Figuration, zu der Lévinas seine Gedanken zusammenfügt. Es stellt sich die Frage, ob das Motiv "der Dritte" eine stimmig integrierte, konstitutive Komponente des Grundanliegens von Lévinas darstellt, oder ob es lediglich der dem Realitätsbezug halbherzig gezollte Tribut ist.
Aber auch gegenüber dem Motiv als solchem ergeben sich Rückfragen. Daß zunächst in höchst anspruchsvollen Gedankengängen die Beziehung zwischen Ich und Anderem analysiert, davon der Anspruch der Verantwortung abgeleitet und erst dann der Aspekt der von der Anwesenheit des Dritten geforderten Gerechtigkeit eingeführt wird, erklärt Lévinas mit der Überlegung, die Ansprüche in einer bestimmten Reihung einander zuzuordnen. Zuerst soll nicht die Überlegung stehen, in der das Subjekt nach dem ihm Möglichen fragt und in der sich das Subjekt somit als erstes sich selbst zuwenden würde, auf die dann aber erst als sekundärer Überlegungsgang die Reflexion auf die Verantwortung, die Hinwendung zum Anderen folgen könnte. An erster Stelle soll die Verantwortung stehen, auf deren Hintergrund die Frage nach dem je Möglichen, nach der Gerechtigkeit gestellt wird. Die Hinwendung zum Anderen soll die Frage des Subjekts nach sich selbst bestimmen, nicht umgekehrt. Trotz dieser einsichtigen Überlegung stellt sich die Frage, ob es sinnvoll ist, die zweiseitige Beziehungskonstellation zwischen Ich und Anderem zum Ausgangspunkt der Frage nach dem Bedeuten der Menschen füreinander zu wählen und normative Vorstellungen über die Gestaltung der Beziehungen zueinander über die weiteste Strecke der Reflexion hinweg nur auf der Basis des Beziehungsmodells Ich-Anderer zu entwickeln, so daß das Auftauchen des Dritten bzw. die Ausweitung der Beziehung auf mehrere Andere nur als der Sonderfall, als die Ableitung der Primärkonstellation Ich-Anderer erscheint. Ist nicht die Beziehung des Ich zu mehreren Anderen der "Normalfall" des menschlichen Lebens? Ist das Beziehungsmodell Ich-Anderer nicht eine Kunstfigur, die für eine Analyse der zwischenmenschlichen Beziehung im Sinne der vereinfachten Darstellung von Zusammen-

hängen ihre begrenzte Berechtigung haben mag, die aber nicht zur primären Basis der Entwicklung normativer Ansprüche bezüglich der Gestaltung des menschlichen Mit- und Füreinanders erhoben werden darf, weil es problematisch ist, von einer Realität zu abstrahieren, um dann von dieser Abstraktion aus die Realität zu normieren? Verhält es sich nicht so, daß der Mensch nie, in keinem Augenblick seines Lebens, nur in dieser Zweiheit des Ich-Anderer, sondern immer schon in Beziehung zu mehreren Anderen lebt? Buchstäblich mit Beginn der Existenz eines Ich, von seiner Zeugung an, gibt es nicht nur *einen* Anderen des Ich, sondern mindestens zwei, Mutter *und* Vater. Dann aber kann eigentlich nicht von einem Eintreten oder einem Hinzukommen des Dritten zur Beziehung zwischen Ich und Anderem gesprochen werden. Vom ersten Augenblick an, in dem das Ich sich als Ich und den Anderen als Anderen realisiert, ist auch schon der Dritte und folglich die Beziehung des Ich und des Anderen zum Dritten da. Wäre es dann nicht sinnvoller, die Beziehungskonstellation Ich-mehrere Andere bzw. - um die durchaus bedeutsame Spezifität der Beanspruchung durch den jeweils einzelnen, konkret gegenüberstehenden Anderen zu bewahren - Ich-Anderer-Dritte zum Basismodell der Entwicklung normativer Leitbilder menschlichen Mit- und Füreinanders zu erheben?
Eine weitere Problematik des Motivs "der Dritte" scheint darin zu bestehen, daß Lévinas den bzw. die Dritten nur als weitere *einzelne* Andere versteht, die, wenn auch in größerer Anzahl, immer als einzelne Menschen wahrgenommen werden und als solche in die Beziehungskonstellation Ich-Anderer eintreten. Nun sind aber die Dritten nicht nur einfach viele einzelne Dritte, es gibt auch gleichsam *das* Dritte. Das Subjekt sieht sich nicht nur jeweils einzelnen anderen Menschen, sondern auch systemischen Mechanismen, kollektiven Gebilden und gesellschaftlichen Prozessen gegenüber. Diese sind aufgrund der Eigendynamik des Zusammenwirkens mehrerer Kräfte mehr und weisen eine andere Qualität auf als lediglich die Summe der darin involvierten Menschen. Sie werden nicht als *Andere*, sondern höchstens als *anderes*, als anonymes, diffuses, unüberschaubares oder nicht dechiffrierbares Einwirken wahrgenommen. Das Fehlen dieser Differenzierung ist vermutlich die Ursache für eine problematische Aussage Lévinas'. Er sieht die Einrichtungen der Gesellschaft, des Staates und der Politik als den Inbegriff der Gerechtigkeit, die durch das Auftauchen des Dritten erforderlich ist. Sie garantieren nach Lévinas, daß sich nichts außerhalb der Maßgabe der Verantwortung des Einen für den Anderen befindet.[285] Wenn der Staat und die gesellschaftlichen Institutionen aber derart *in sich* als "verwaltete Gerechtigkeit"[286] gesehen werden, dann besteht die Gefahr, daß dadurch all jene Zusammenhänge ausgeblendet werden, in denen eben diese gesellschaftlichen Systeme - die Politik, der Staat, die Wirtschaft - *in sich* ungerecht sind und in denen diejenigen Subjekte, die die gesellschaftlichen Systeme steuern können, ihre Dispensierung von der Verantwortung durch den Hinweis auf die Gravität der gesellschaftlichen Instanzen als Gerechtigkeitsgaranten kaschieren.

---

285 Vgl. **Lévinas, E.**: Jenseits des Seins, 347.

286 **Wenzler, L.**: Anders denken.

7.1.7.5 Die Aversion gegen den Selbstbezug

Es fällt auf, daß Lévinas eigentlich nur vom "daß", kaum aber vom "wie" der Verantwortung spricht. In überzeugenden Analysen weist er auf, daß aus dem Angesicht des Anderen dem Subjekt eine nicht hintergehbare Verantwortung erwächst. Er sagt aber sehr wenig darüber, wie sich diese Verantwortung gestaltet, was die Verantwortung zur Verantwortung macht und wann bzw. unter welchen Bedingungen bezüglich eines Menschen vom Verantwortlichsein gesprochen werden kann. Die Frage, wie der Mensch seiner Beanspruchung zur Verantwortung gerecht wird, beschäftigt ihn wenig. Der Grund dafür mag darin liegen, daß Lévinas' Gedankengänge geradezu den Eindruck einer Aversion gegen jeglichen Selbstbezug des Subjekts machen. Um die Absolutheit der Verantwortung für den Anderen zu bewahren, meint er, jeglichen Selbstbezug des Subjekts, jedes Blicken auf und Fragen nach sich selbst als Verrat und als Reduzierung der Verantwortung für den Anderen ausschließen zu müssen. Die Frage nach dem "wie" der Verantwortung, danach also, wie das Subjekt die Verantwortung erfüllen kann und muß, wäre eine solche Frage des Subjekts nach sich selbst.
An dieser Stelle bricht aber ein Widerspruch auf. Ist die grundsätzliche Aversion gegen jegliche Selbstbezogenheit und Selbstreflexivität des Subjekts angebracht? Wenn das Subjekt den Anderen in seiner absoluten Andersheit bewahren und darin seine Verantwortung für den Anderen erfüllen soll, dann muß es diese Verantwortung ja so erfüllen, daß sie sich gegenüber dem Anderen auswirkt und zwar eben in Form der Bewahrung seines Seins als Anderer. Das heißt: Das verantwortliche Subjekt muß gegenüber dem Anderen sich verhalten und handeln. Wenn dieses Verhalten und Handeln verantwortlich sein soll, dann muß es in einem Mindestmaß der Reflexion des Subjekts auf sich selbst, in einem Mindestmaß an Selbstbezug geschehen. Das Subjekt muß nämlich fragen: Warum ist gerade von mir Verantwortung gefordert und mit welchem Verhalten und Handeln kann speziell ich der Verantwortung gerecht werden? Die Vorstellung, daß alle denkbaren Subjekte auf gleiche Weise, d.h. mit dem gleichen Verhalten und Handeln und folglich ohne die selbstreflexive Frage nach dem je eigenen Verhalten und Handeln, ihrer Verantwortung gerecht würden, wird durch die Verschiedenartigkeit der Beziehungssituationen zwischen Ich und Anderem von selbst abwegig. Andererseits wäre ein instinkthaftes oder aufgezwungenes Verhalten und Handeln nicht verantwortungsrelevant, weil sich hier das Subjekt nicht wirklich dem Anspruch unterstellen würde, d.h. entweder, im Falle des Instinkts, gar nicht von einem Herausgehen des Ich aus sich selbst gesprochen werden könnte bzw. das Ich nur indifferent bei sich bleiben würde, oder, im Falle des Zwangs, auf seiten des Subjekts ein Sich-Sperren gegen die Beanspruchung vorherrschend wäre. Gerade um Verantwortung als Verantwortung zu konstituieren, muß das Subjekt nach *seiner* Verantwortung fragen, muß es eine Vorstellung von sich selbst haben, bedarf es eines Selbstbezugs. Wäre es, um diesen Widerspruch zu entspannen, nicht hilfreich, eine Differenzierung einzuführen, nämlich die, daß nicht jeder Blick des Subjekts auf sich selbst egologischen Charakter haben muß, d.h. daß nicht jeder Selbstbezug die Durchsetzung von Interessen zu eigenen Gunsten und die Destruktion gegenüber dem Anderen bedeuten

muß? Kann sich das Subjekt nicht auch so auf sich selbst beziehen, daß es darin selbst die eigene Beanspruchung für den Anderen transportiert, indem es z.B. nach dem spezifisch von ihm geforderten "wie" der Verantwortung fragt, welche dabei immer noch eine Verantwortung für den Anderen bliebe? Wäre es - um in Lévinas' eigener Terminologie zu bleiben - nicht möglich, den "Akkusativ", den Anklagestand, in welchen das Ich durch die unausweichliche Beanspruchung zur Verantwortung für den Anderen versetzt wird, nicht nur als "sich", sondern auch als "mich" zu formulieren[287], so daß die Passivität des Ich unter der Verantwortung als Unterbindung jeglichen Versuchs, den Anderen egologisch zu vereinnahmen, durchaus erhalten bliebe, das Ich es aber selbst wäre, das sich dabei in den Akkusativ-Stand versetzt sieht. Wäre dies nicht um so nötiger, als es gilt, die Verantwortung für den Anderen nicht als unverbindliche, abstrakte Formulierung einer Allgemeinforderung, sondern eben als je meine unausweichliche, unvertretbare Verantwortung zu begreifen? Es sind gerade jene von einer "christliche[n] Opferideologie der Selbstlosigkeit"[288] ausgelösten Deformationen zwischenmenschlicher Beziehungen - z.B. in Gestalt des subtilen Drucks, der mit dem Hinweis auf die eigene Selbstlosigkeit dem hilfsbedürftigen Partner gegenüber ausgeübt werden kann -, die angesichts der kategorischen Forderung, in der Beziehung zu anderen Menschen von sich selbst abzusehen, Skepsis angebracht sein lassen. Die Frage legt sich nahe, ob nicht unter den Bedingungen der Realität das ehrliche Eingständnis des Bedürfnisses, in der Beziehung zum Anderen auch für sich selbst Zufriedenheit und Bereicherung haben zu wollen, der Verantwortung für den Anderen näher kommt als eine heroische Selbstlosigkeit. Zum einen nämlich würde gerade in einem solchen Eingeständnis darauf verzichtet, sich als das selbstherrliche, alles könnende, den Anderen überragende "Subjekt" zu präsentieren. Zum anderen wäre mit diesem Eingeständnis akzeptiert, daß der Andere als *Anderer* existiert und gerade in seinem Anderssein eine Bedeutung für das Subjekt hat. "Geschieht dies, dann merkt auch z.B. der behinderte Mensch, daß er als voll- und selbstwertiger Mensch ernst genommen wird, weil ihn der Helfer auch für sich und seine Existenz als wichtig erachtet (und ihn nicht nur insofern wichtig nimmt, als er auf seine Hilfsbedürftigkeit eingeht)."[289]

Damit ist eine letzte Rückfrage provoziert. Lévinas zeigt die Aversion gegen den Selbstbezug des Subjekts, weil er eine Wende konstituieren will, in der sich das Subjekt vom Interesse der eigenen Seinsbewältigung, von der Frage nach dem Sein löst, weil das Subjekt darin das Sein des Anderen einschränkt und diesen in seinem Sein vernichtet. Wiederum ist dagegen zu fragen, ob es sinnvoll ist, dieses Sich-vom-Sein-Lösen des Subjekts zur Basisoption zu erheben. Würde die Aufgabe des Interesses an der eigenen Seinsbewältigung nicht die Aufgabe des Überlebenswillens bedeuten? Dann

---

[287] Lévinas selbst verwendet, um die Passivität der Stellung des Subjekts gegenüber dem Anderen auszudrücken, nicht nur das Reflexivpronomen der dritten Person "sich", sondern auch das der ersten Person "mich", so etwa bei seiner Übersetzung von Jes 6,8 "hier, sieh mich" (vgl. **Lévinas, E.**: Jenseits des Seins, 253, 320).

[288] **Fuchs, O.**: Diakonia: Option für die Armen, 133.

[289] Ebd.

aber müßte die Forderung Lévinas' der Frage standhalten können, wie eine Welt und eine Menschheit aussehen würden, in der der Wille des Menschen zu sein verlorengegangen ist? Gäbe es dann überhaupt noch eine Menschheit, die jene Realität darstellt, innerhalb der die Frage nach der Verantwortung für den Anderen erst gestellt werden kann? Ist der conatus essendi nur zu lesen als Chiffre für den Krieg der Durchsetzung des eigenen Seins gegen den Anderen? Oder bedeutet er als Antrieb des Subjekts, überhaupt sein zu wollen, nicht auch eine Voraussetzung für das Verantwortlich*sein*, das bei aller Passivität und Unausweichlichkeit, bei aller Vorordnung vor den Intentionen des Subjekts, eben selbst auch erst im Sein des Subjekts vollzogen werden muß?

7.1.8 Der kriteriologische Ertrag

Die kritischen Rückfragen lassen erkennen, daß sie keine verharmlosende Relativierung oder Abdämpfung des Kerngehalts der Philosophie Lévinas', der vom Unendlichen herrührenden Beanspruchung des Subjekts zur unbedingten Verantwortung für den Anderen, intendieren. Die fundamentalen Motive sind nicht in Frage gestellt. Welche orientierenden Maßgaben aus dieser Sicht des Verhältnisses zwischen Subjekt, Anderem und Unendlichem erwachsen, welcher kriteriologische Ertrag sich für Ansatzpunkte einer Praxistheorie der Diakonie aus dieser Philosophie (und Theologie) der Diakonie ergibt, soll abschließend in Thesen, aber auch mit der gerade in der Kürze solcher Thesen zum Ausdruck kommenden Nachdrücklichkeit benannt werden.

1) Diakonie ist das Verantwortlichsein für den Anderen. Diakonisch Handeln heißt, sich der Beanspruchung zur Verantwortung für den Anderen zu unterstellen, die dem Angesicht des Anderen entspringt und immer schon vor jedem intentionalen Akt des Subjekts gegenüber dem Anderen besteht. Diese Vorgängigkeit der Verantwortung verbietet es dem Subjekt, den Anderen irgendwelchen eigenen Intentionen und Vorstellungen unterzuordnen. Das radikale Verbot der Vereinnahmung des Anderen bedeutet die radikale Verpflichtung, den Anderen anzuerkennen. *Die Diakonie verlangt eine unbedingte Achtung der Würde des Anderen.*

2) Diakonie ist nicht Diakonie für mich, sondern Diakonie für den Anderen. In der Diakonie geht es nicht darum, daß ich meine Vorstellungen von mir selbst, vom Anderen und von der Beziehung zwischen mir und dem Anderen durchsetze. Diakonie ist Verantwortung für den Anderen als Anderen. *Die Diakonie als Diakonie für den Anderen heißt dann, nicht die Bestätigung des Eigenen zu suchen, sondern die Andersheit des Anderen zu bewahren und zu achten*, insofern diese Andersheit des Anderen Ausdruck seines Personseins ist.

3) Die Verantwortung für den Anderen, die darin geforderte unbedingte Wertschätzung des Anderen und die Begegnung mit dem Unendlichen im Anderen verbieten es, die Beziehung zum Anderen zur Durchsetzung eigener Interessen zu benutzen. In der

Diakonie Vorstellungen und Intentionen für mich, den Verantwortlichen, durchsetzen zu wollen, wäre eine Verletzung der Würde des anderen Menschen vor Gott und eine Ehrfurchtslosigkeit gegenüber dem im Anderen begegnenden Gott. *Die Diakonie muß frei von egologischen Interessen geschehen.* Diakonie ist in sich Verantwortung für den notleidenden Anderen. Es kann in dieser Diakonie kein zusätzliches "mehr", keine darüber hinausgehenden Anforderungen geben, weil die Verantwortung bereits unendlich ist. Sie ist Verantwortung von Gott her. Das genügt.

4) Das Zeugnis-von-Gott-Geben gilt nicht als eine kontingente, aus strategischen Überlegungen der Lebensbewältigung zu übernehmende Anstrengung, sondern als verpflichtende, in der persönlichen Existenz in Anspruch nehmende Weisung Gottes. Das Verantwortlichsein für den Anderen ist die Unterstellung unter diese Weisung Gottes und ist somit Verherrlichung des Unendlichen. *Das Zeugnis-von-Gott-Geben besteht in seinem Wesen in der Diakonie.* Als unbedingte Verantwortung für den Anderen ist die Diakonie umgekehrt *in ihrem Wesen* kein Thematisieren ihrer selbst oder ihrer Motivation und auch keine Gelegenheit für die Intention, irgendwelche anderen Inhalte zu thematisieren oder Zwecke zu erreichen. Die Diakonie ist *in sich* Zeugnis von Gott und sie ist gerade darin dieses Zeugnis, daß kein anderer vom Subjekt gewollter Effekt hinzukommt, nicht einmal das befriedigende Gefühl des Subjekts, Zeugnis von Gott zu geben. Alle anderen Vollzüge, in denen sich der Mensch auf Gott beruft, müssen sich in ihrer Authentizität dadurch bewähren, daß sie das Wesen des Zeugnisses als Diakonie bewahren, daß sie also selbst als Diakonie, als Verantwortung für den Anderen strukturiert sind.

5) Der *notleidende* Andere ist der "Andere schlechthin". Im zerfurchten oder verletzten Angesicht des Notleidenden hat sich die Spur Gottes am tiefsten eingeprägt. Angesichts des Notleidenden erreicht die Beanspruchung zur Verantwortung für den Anderen die bedrängendste Form. Mit dem Auftreten des Dritten, d.h. in der Situation des Abwägens, wie die Verantwortung angesichts vieler Anderer gerecht wahrgenommen wird, kommt dem notleidenden Anderen der Vorzug zu. *Die Diakonie beinhaltet wesentlich eine vorrangige Option für Notleidende.*

6) Die Diakonie ist unter dem Kriterium zu konzipieren, inwieweit der Mensch Subjekt ist und sein kann. Das Verständnis des Subjektseins bedarf hierzu gegenüber dem konventionellen Gebrauch des Subjektbegriffs einer Korrektur bzw. einer Erweiterung. Das Subjektsein des Menschen als Kriterium der Diakonie bedeutet zunächst, daß der gegenüber dem Notleidenden diakonisch handelnde Mensch Sub-jekt wird, indem er sich in einem Akt der Subjektion unter den Anspruch der Verantwortung für den Anderen stellt. Gleichwohl bedeutet diese Revision des Subjektverständnisses keine Abkehr vom Postulat, den notleidenden Anderen durch die diakonische Praxis bzw. in ihr Subjekt werden und sein zu lassen, von dem Postulat also, welches auch in der obigen Bestimmung des Subjektseins (s. 1.2) als theologisches Kriterium diakonischer Praxis zugrundegelegt worden ist. Die Bestimmung der Diakonie als Verantwortung für

den Anderen impliziert gerade, daß der Andere nicht für meine eigenen Interessen vereinnahmt, nicht zum Objekt meines Handelns gemacht werden darf, und setzt *in diesem Sinn* das Postulat, den notleidenden Anderen als Subjekt zu sehen, bis in seine Radikalisierung fort. Freilich darf auf seiten des diakonisch handelnden, verantwortlichen Sub-jekts die Rede vom Anderen als Subjekt nicht in der Manier des selbstherrlichen Subjekts erfolgen, das selbst noch in der Zuschreibung des Attributs "Subjekt" an den Anderen machtvoll sich selbst durchzusetzen versucht. Das Subjektsein des notleidenden Anderen darf nicht heißen, daß dieser Andere Subjekt nach den Vorstellungen des diakonisch handelnden, verantwortlichen Sub-jekts zu sein hat. Das Subjektsein des notleidenden Anderen verlangt die umgekehrte Bewegung: Das verantwortliche Subjekt, das diakonisch handelnde Ich hat sich seinerseits zu verändern, muß sich so auf den notleidenden Anderen einstellen, daß mit der Ermöglichung seines Subjektseins sein Anderssein bewahrt wird. *Die Diakonie beinhaltet wesentlich, daß der Notleidende gerade in seiner Andersheit und Fremdheit Subjekt sein kann.*

Der von Lévinas formulierte Anspruch der Verantwortung für den Anderen allein und für sich genommen gerät gerade wegen seiner sperrigen, bis an die Grenze der Irritation gehenden Radikalität in eine Aporie und an den Rand der Nichtigkeit. Der Anspruch der unbedingten, unendlichen Verantwortung für den Anderen erstarrt und erlahmt vor den banalen Worten dessen, der von sich behauptet, vor dem Anderen keine Verantwortung zu spüren. Die Bedeutung des Postulats der Verantwortung für den Anderen lebt davon, daß der darin enthaltene Anspruch als eine Weisung des Unendlichen (an-)erkannt wird. Wird aber die Verantwortung für den Anderen in dem von Lévinas gemeinten Sinn als eine Weisung Gottes gesehen, dann erhält dieses Postulat einen um so reicheren Gehalt und einen um so höheren Verpflichtungsgrad. Das Motiv der Verantwortung für den Anderen bewegt sich auf dem schmalen Grat zwischen einer lähmenden Aporie der Uneinsichtigkeit für das rationale Vermögen des Menschen und einer überwältigenden Verbindlichkeit des existentiellen Glaubens an den unendlichen Gott. Die Unendlichkeit des unendlichen Gottes macht die Verantwortung für den Anderen zur unendlichen Verantwortung. Die Unendlichkeit Gottes ist erst dann wirklich ernstgenommen, Gott ist erst dann in seinem Gott-Sein wirklich verherrlicht, wenn die Verantwortung für den Anderen bis in die letzte Radikalität der Achtung seiner Würde wahrgenommen wird. Eine christliche Praxis, die sich auf den unendlichen Gott beruft, kann nur eine Praxis sein, die in sich Diakonie ist, und zwar eine Diakonie, die geprägt ist von der bedingungslosen Wertschätzung des Anderen, von der Bewahrung der Andersheit des Anderen, von Interesselosigkeit, von ihrer Anerkennung als wesentliches, authentisches Zeugnis von Gott, von der vorrangigen Option für Notleidende, vom Anliegen des Subjektseins des Anderen *im* Anderssein.

7.2 Die Praxis Jesu: Menschlichkeit als Zeugnis vom Reich Gottes

Die Diakonie ist die Dimension christlicher Praxis, an der so deutlich wie an keiner anderen Praxisdimension erkennbar wird, daß es in der christlichen Praxis *nicht* darum geht, wie der Mensch für sich als je einzelner Mensch lebt, sondern darum, wie Menschen zueinander stehen und wie sie sich begegnen. Wenn sich nun die Kirchen bzw. Christinnen und Christen auf den vor 2000 Jahren als Mensch lebenden und seit 2000 Jahren als den Heilsbringer bezeugten Jesus Christus als denjenigen berufen, dem sie nachfolgen wollen, dann kann das nur bedeuten: Unhintergehbarer Maßstab dafür, wie christliche Praxis zu verstehen und zu gestalten ist, kann nur die Praxis Jesu in seinem Verhältnis zu und in seinen Begegnungen mit Menschen sein. In der Praxis Jesu finden Christinnen und Christen bzw. die Kirche(n) den entscheidenden Maßstab ihrer Praxis. Wenn die Rede von der Kirche als "Leib Christi" einen Sinn haben soll, dann doch nur den, "daß glaubende Menschen sich der Gestalt Jesu Christi als der sich dem Vater restlos verdankenden Liebe angleichen lassen. ... Erst als dem 'Sohn' zugestaltetes Abbild gewinnt die Kirche ihre eigene Grundgestalt: nämlich der geschichtlich-soziale Raum sich beschenken lassender, empfangender, hörender und antwortender Liebe zu sein."[290]

Nun könnte man natürlich antworten: Jesus lehrte und lernte, er ging in die Synagoge, er legte die Schrift aus, er vollzog Symbolhandlungen, er pflegte Tischgemeinschaften und lebte in Gemeinschaft mit seinen Jüngerinnen und Jüngern, er begleitete Menschen und bat um Begleitung, er bekannte seinen Glauben und sprach Versöhnung zu - und er heilte, er half, er wandte sich gegen Ungerechtigkeit und er trat mit notleidenden Menschen in Beziehung. Insofern kann man sich, je einzeln betrachtet, mit den offiziellen, gängigen Praxisformen der Kirche tatsächlich auf Jesus berufen. Das, was heute als Grundvollzüge der Kirche firmiert, also Diakonie, Liturgie, Verkündigung und Koinonia, findet man bereits in verschiedenen Formen in der Praxis Jesu vor. Aber dies festzustellen hilft nicht weiter bei der Frage, welche kriteriologischen Orientierungen sich speziell für die Diakonie aus der Praxis Jesu ergeben. Es ist eher eine Sackgasse. Eine solche Feststellung läuft nämlich Gefahr, lediglich vom etablierten Standard kirchlicher Praxisvollzüge und von deren gängiger Form als einer unbefragt gültigen Vorgabe auszugehen und von da aus auf die Praxis Jesu zurückzufragen. Die Wahrnehmung wäre dabei von dem Interesse geleitet, die hier und jetzt eingefahrenen Felder und Formen kirchlicher Praxis so weit wie möglich als "bereits bei Jesus gegeben" und somit theologisch bestätigt zu sehen. Die Rückfrage nach der Praxis Jesu mit ihrer vorschnellen Identifizierung von faktischer Praxis und jesuanischer Vorgabe liefe mehr auf eine affirmative Rekapitulation und weniger auf eine kritische Hinterfragung und innovativ-zeitgemäße Weiterentwicklung jener faktisch-etablierten Praxis hinaus. Gerade der Status quo der diakonischen Praxis, wie er in der obigen Darstellung aus verschiedenen Perspektiven (s. 3-5) zutage trat, wäre mit einem solchen "beruhigenden" Blick auf

---

[290] **Kehl, M.**: Die Kirche, 85.

die Praxis Jesu nur noch mehr zementiert, nicht aber in seinen Problemlagen aufgebrochen.
Auch kann man schon bei einem ersten Hinsehen auf die Praxis Jesu seine Diakonie ausmachen, d.h. die Handlungen, mit denen Jesus sich in den Dienst notleidender Menschen und ihres Heil-Seins stellt. Und man kann mit Horst Seibert Diakonie zunächst definieren als "das Eingehen auf menschliche Hilfebedürftigkeit und das Handeln zugunsten von Menschen in Not in der Nachfolge Jesu"[291]. Aber auch damit allein wäre die spezifische Bedeutung der jesuanischen Diakonie noch nicht angemessen ausgedrückt. Es bedarf einer grundlegenderen Besinnung darüber, was die Lebenspraxis Jesu, sein Handeln und Verhalten kennzeichnet und worin folglich die Anforderungen an uns Christinnen und Christen bestehen, wenn wir sagen, daß wir Jesus nachfolgen wollen. Die Besinnung darauf soll in diesem Abschnitt 7.2 in vier Gängen erfolgen: Zunächst werden unter der Voraussetzung, daß die Botschaft vom Reich Gottes das Zentrum des Wirkens Jesu bildet, der grundlegende Duktus der Reich-Gottes-Botschaft herausgearbeitet und die Komponenten abgesteckt, zwischen denen sich die Dynamik der Reich-Gottes-Botschaft entfaltet. Anschließend wird anhand verschiedener Selbstaussagen Jesu, in denen er sein Selbstverständnis klärt, danach gefragt, worin Jesus selbst den Gehalt seiner Sendung sieht. In einem dritten Gang ist beabsichtigt, an ausgewählten, aber für Jesus charakteristischen Praxisformen aufzuzeigen, in welcher Art des Handelns Jesus seine Sendung einlöst. Schließlich wird an einem einzelnen Beispiel der Begegnung Jesu mit einem Menschen diese spezifische Art seiner Praxis eingehender veranschaulicht.

7.2.1 Vorbemerkungen zur Problematik und Berechtigung der Berufung auf die "Praxis Jesu"

Bevor aber die Rückfrage nach der Praxis Jesu vorgenommen und deren Gehalt bzw. Eigenart skizziert wird, bedarf es noch einiger Vorbemerkungen zur Legitimität dieses Schritts. Denn so selbstverständlich die Orientierung einer Theorie christlicher Praxis an der Praxis Jesu, des "Christus" sein mag, so reflexionsbedürftig sind - wie bei vielen Selbstverständlichkeiten - Angemessenheit und Richtigkeit des Ansinnens. Die Berechtigung, bei der Reflexion und Konzeption christlicher Praxis heute von der Praxis Jesu zu reden und sich darauf zu berufen, wird in Frage gestellt, weil keineswegs klar ist, was mit dieser "Praxis Jesu" legitimerweise gemeint sein kann und wie sie aus den zur Verfügung stehenden Quellen, den neutestamentlichen Schriften, zutreffend erkannt werden kann. Die Unterscheidung zwischen dem "verkündigenden Jesus" und dem "verkündigten Christus", zwischen historischer Echtheit und Gemeindebildung verbietet es, mit Blick auf die neutestamentlichen Berichte undifferenziert und unbedacht von *der* Praxis Jesu zu sprechen. Insbesondere die Fachexegese fordert, vor einer eventuellen Berufung auf Jesus danach zu fragen, welche Aussagen und Handlungen als historisch

291 **Seibert, H.**: Diakonie - Hilfehandeln Jesu und soziale Arbeit des Diakonischen Werkes, 18.

echt Jesus zugeschrieben werden können und welche im Laufe der Entstehung der neutestamentlichen Texte neu geformt und als Jesu Reden bzw. Handeln ausgegeben worden sind. Diese Vorbehalte reichen stellenweise so weit, daß für den theologischen Diskurs eine Berufung auf Jesus ohne eine entsprechende historisch-kritische Untersuchung der Echtheit des jeweiligen Textbestandes als illegitim erachtet wird.

Es besteht kein Zweifel daran, daß die exegetische Frage nach dem historisch nachweisbaren Jesus, nach Echtheit und Gemeindebildung, nach "ipsissima vox" und Redaktion von eminenter Bedeutung ist. Diese Bedeutung kommt ihr aber zu, insofern sie als eine Frage der *historisch-kritischen Exegese* gestellt wird. Die hier vorliegende Untersuchung hätte nicht nur weder Raum noch Auftrag zu einer derartigen fachexegetischen Reflexion, sondern stellt die Frage nach der Praxis Jesu auch anders, nämlich als eine *praktisch-theologische*. Für das Verständnis und die rechte Einordnung der folgenden Ausführungen ist also die Voraussetzung wichtig, daß dafür nicht der Anspruch einer historisch-kritischen Exegese erhoben ist und daß mit ihnen nicht die Authentizität von Aussagen und Handlungen Jesu im Sinne ihrer historischen Echtheit angezielt ist. Die Berufung auf die Praxis Jesu erfolgt hier nicht mit dem impliziten Anspruch, daß die dabei herangezogenen Aussagen Jesu bzw. Berichte über ihn als historisch echt behauptet werden könnten und daß ihnen *deshalb* Orientierungsrelevanz zukäme. Es handelt sich vielmehr um Versuche einer Antwort auf die Rückfrage nach der Praxis Jesu, die bewußt als eine Frage der *Praktischen Theologie*, d.h. mit dem Interesse der praxiskonzeptionellen Orientierung, und folglich unter einer eigenen Erkenntnislogik gestellt wird. Daß diese *praktisch-theologische* Frage nach der Praxis Jesu in der ihr eigentümlichen Art der Erkenntnisgewinnung eine eigenständige Berechtigung hat, auch wenn ihre Fragestellungen und Aussagen nicht von einer entsprechenden historisch-kritischen Exegese ausdrücklich abgesichert sind, sollen folgende Überlegungen aufzeigen.

1) Die Forderung, bei einer kriteriologischen bzw. praxiskonzeptionellen Rezeption biblischer Texte zunächst eine exakte historisch-kritische Klärung der Frage von Echtheit und Gemeindebildung vorzunehmen und erst dann entsprechend differenziert die kriteriologischen Aussagen zu entwickeln, würde eine Eindeutigkeit der Echtheitsfrage voraussetzen, die es so nicht gibt. Die Spannbreite dessen, was in der Fachexegese selbst als "echt" bezeichnet wird, bewegt sich zwischen zwei Extremannahmen: Sie reicht von einem Skeptizismus, der gerade noch die Existenz und den Kreuzestod Jesu als historisch anerkennt, bis hin zu einem historischen Optimismus, der bis zum Beweis des Gegenteils von der Echtheit aller Berichte über Jesus ausgeht. Unterstellte also eine theologische Untersuchung, die sich nur auf die von der Fachexegese vorgegebenen Positionen stützen kann, ihre kriteriologische Rückfrage nach Jesus kategorisch dem Kriterium der historischen Echtheit, dann würde sie sich selbst durch Kontroversen lähmen, die nicht die ihrigen sind; denn für jede Echtheitsannahme gäbe es aus dem Bereich der Exegese selbst gegenteilige Standpunkte, die dann gegen diese nichtfachexegetische Rückfrage nach Jesus ins Feld geführt werden könnten.

2) Daß aber eine jegliche theologische Reflexion berechtigt und sogar prinzipiell gehalten ist zur vergewissernden Orientierung an der Gestalt Jesu, ist evident, sofern die

Fachexegese keinen Alleinanspruch auf die theologische Interpretation des von Jesus Überlieferten erheben will. Hier wird erkennbar, daß die Einforderung der wissenschaftlichen Klärung der historischen Echtheit durchaus Gefahr laufen kann, in eine Entmündigung der nicht-fachexegetischen Reflexion auf die Gestalt und Praxis Jesu zu entarten. Wird denjenigen theologischen Subjekten, die die Frage der historischen Echtheit nicht hinreichend klären können - seien es Theologinnen und Theologen anderer Fachrichtungen, seien es die nicht fachtheologisch ausgebildeten Gläubigen -, das Recht abgesprochen, theologische Aussagen über Jesus mit Orientierungsanspruch zu treffen, nähme die fachexegetische Definition von Echtheit und Unechtheit den Platz einer Zensurinstanz ein. Würde die Echtheitsfrage so gehandhabt, dann schlüge sie auf das Selbstverständnis der Exegese selbst zurück. Diese könnte dann nicht mehr als eine wissenschaftliche Kraft empfunden werden, welche den allgemeinen Diskurs der Christen über die Bedeutung der Gestalt Jesu auf den Weg bringt und bereichert, sondern wäre dessen Belastung bzw. sogar Unterbindung. Das wäre jedoch ein unhaltbarer Zustand. Jede Person, die in irgendeiner Weise eine Relevanz des christlichen Glaubens für die eigene Existenz verspürt, muß das Recht und die Freiheit haben, das eigene Bild von Jesus zu artikulieren und sich auf Jesus als denjenigen zu berufen, auf den sich die Gemeinschaft des christlichen Glaubens zurückführt und in dem die schlechthin maßgebende Orientierungsinstanz christlicher Existenz gesehen wird. Wenn nun die Praktische Theologie ihre Aufgabe darin findet, die bestehende Praxis der Christen wahrzunehmen bzw. kritisch zu reflektieren und die erforderliche neue Praxis zu konzipieren, dann hat sie auch den Auftrag, die spezielle Praxis der Rede von Jesus unter den Gläubigen aufzugreifen und Raum zu schaffen dafür, daß diese Rede von Jesus unter den Gläubigen selbst fortgeführt wird, auch und gerade dann, wenn dieses Reden der unüberschaubar vielen Gläubigen in den seltensten Fällen bezüglich der fachexegetischen Echtheitsfrage abgesichert ist.

3) Die Identifizierung von historischer Echtheit und jesuanischer Authentizität ist in sich selbst fragwürdig und darf keinesfalls zum ideologisierten Schema der Wahrnehmung biblischer Texte werden. Zunächst gilt die Kontinuitätsvermutung. Damit ist gemeint: Wenn sich im Zuge einer historisch-kritischen Sichtung ein bestimmter Umfang des neutestamentlichen Textbestandes als Gemeindebildung erweist, dann bedeutet das noch keineswegs, daß die darin formulierten Inhalte per se von Gestalt und Anliegen Jesu wegführten und zu ihm in Widerspruch stünden. Denn es ist davon auszugehen, daß die Tradenten und Autoren der neutestamentlichen Texte bei der Fassung der Texte in der Zeit nach Jesus von einem *positiven* Interesse an diesem Jesus angetrieben worden sind. Sie wollten die Erinnerung an diesen Jesus, so wie sie ihn entweder selbst kennengelernt haben oder von ihm erzählt bekamen, wach halten und die Gestalt Jesus, die ihnen vor Augen stand, in ihren Konturen erhalten und weitervermitteln. Zu vermuten steht also, daß sich durch alle Weiterführungen, Weglassungen, Hinzufügungen und Vereinseitigungen hindurch, die sich bei einem derartigen Tradierungsprozeß in nicht geringem Maße einstellen, eine gewisse Authentizität gegenüber dem historischen Jesus erhalten hat. Was in der Zeit nach Jesus über ihn erzählt und niedergeschrieben worden ist, ist ja nicht einfach etwas ganz anderes als das, was Jesus in seinem Reden

und Handeln zeigen wollte. Historische Echtheit ist also nicht deckungsgleich mit inhaltlicher Authentizität. Authentisch Jesuanisches muß auch in den über die "ipsissima vox" hinausgehenden Textinhalten vermutet werden. Die Gegenüberstellung von historischer Echtheit und Gemeindebildung darf also nicht zum Sieb der Inhaltsauswahl werden in dem Sinn, daß nur denjenigen Aussagen eine normierende bzw. orientierende Relevanz zugesprochen wird, die als historisch echt nachgewiesen werden können. "Denn diese Alternative versucht Jesus auszugrenzen, ihn abzuheben von seinen Nachfolgern, ihn abzuheben vom Judentum, bis er auf dem einsamen Podest des genialen Heros steht, dessen Genialität um so deutlicher wird, je weniger er mit den Menschen seiner Umgebung gemein hat. Jesus ist grundsätzlich nicht abgrenzbar gegen bestimmte Gruppen im jüdischen Volk und er ist vor allem nicht abgrenzbar gegen seine ersten Nachfolger. Er war einer von diesen Juden, die in der ersten Hälfte des ersten Jahrhunderts anfingen, auf eine ganz besondere und folgenreiche Weise die Königsherrschaft Gottes zu verkünden. Statt vom historischen Jesus sollte man also in Zusammenhängen, in denen es um *historische* Sachverhalte geht, besser von der ältesten Jesusbewegung reden und - im Blick auf die Quellen - von der ältesten Jesustradition. In *theologischen* Zusammenhängen kann man getrost die abgekürzte Redeweise 'Jesus' beibehalten."[292]

4) Umgekehrt gilt, daß man auch dann, wenn man in den neutestamentlichen Texten alle historisch echten Aussagen und Handlungen Jesu mit Sicherheit nachweisen und fixieren könnte, nicht einfach die gesamte historische Gestalt Jesu in seiner "reinen" Echtheit vor Augen hätte. Auch die echten Aussagen und Handlungen Jesu sind Aussagen *über* Jesus[293], insofern Tradenten und Autoren dieses echten Überlieferungsgutes sich entschieden haben, eben diese Aussagen und Handlungen festzuhalten und andere ebenso echte Elemente der Gestalt Jesu nicht aufzunehmen. Damit haben sie ihrerseits bereits eine Aussage über Jesus überliefert, nämlich daß sie genau dieses an Jesus als wichtig erachten. Wiederum erweist sich also, daß die Unterscheidung zwischen eindeutiger Echtheit und unsicherer Echtheit bzw. sicherer Unechtheit - wiewohl von Bedeutung als exegetische Fragestellung - nicht der alleinige Maßstab einer praktisch-theologischen Rückfrage nach der Praxis Jesu als dem verbindlichen Orientierungspunkt heutiger Praxis sein kann.

5) Die *praktisch-theologische* Frage nach der Praxis Jesu wäre in ihrer spezifischen, gegenüber der fachexegetischen Frage unterschiedenen und gleichwohl ernstzunehmenden Eigenart verkannt, würde man sie bloß als Frage nach der historisch echten Praxis Jesu verstehen und unter diesem Anspruch bewerten. Mit der hier gestellten Frage nach der Praxis Jesu ist nicht einfachhin das historisch Nachweisbare dieser Praxis angezielt. Gefragt ist vielmehr nach der gesamten, in sich stimmigen Gestalt dieses Jesus Christus, wie sie sich in den neutestamentlichen Texten abzeichnet. Gefragt ist nicht primär nach Jesus als einer historischen Person, die in ihrer Historizität allein für den Menschen von heute indifferent wäre, sondern gefragt ist nach Jesus, der als historische Person eine

292 **Schottroff, L./Stegemann, W.**: Jesus von Nazareth, 10.

293 Vgl. ebd.

theologische Gestalt ist, in der man eine verbindliche Orientierungsinstanz sieht. Es ist nicht das Belieben, sondern die Verantwortung der Praktischen Theologie, in diesem Sinn nach Jesus zu fragen und seine Autorität für die Konzeption christlicher Praxis aufzuweisen. Wie oben dargestellt, kann aber dabei der Alternative zwischen historischer Echtheit und späterer Textbildung nicht die Funktion einer schematischen Auslese zukommen, bei der nur die historisch echten Elemente als orientierungsrelevant zurückbleiben würden. Auch außerhalb des "echten" Bestandes müssen authentisch jesuanische Elemente angenommen werden, denen für eine kriteriologische Rückfrage bei der Konzeption heutiger Praxis Relevanz eignet. Akkurat an dieser Stelle wird dann aber die durchaus auch von der praktisch-theologischen Rückfrage nach Jesus anzuerkennende Bedeutung der Frage nach der historischen Echtheit erkennbar. Es kann ja umgekehrt nicht alles in den neutestamentlichen Texten Überlieferte gleichermaßen als authentisch jesuanisch und orientierungsrelevant betrachtet werden. Dagegen spricht allein schon die inhaltliche Divergenz, die viele neutestamentliche Texte innerhalb ihrer selbst und untereinander aufweisen. Es geht darum, die durch die Vielschichtigkeit und Tradierungsgeschichte hindurch bleibende authentische Intention Jesu als die normierende Orientierungsinstanz christlicher Glaubenspraxis zu erkennen. Das, was von Jesus als annähernd historisch echt nachgewiesen werden kann, ist der hermeneutische Schlüssel, mit dem die späteren, "unechten" Textbildungen auf diese Authentizität hin ausgelegt werden.

Die praktisch-theologische Rückfrage nach der Praxis Jesu muß sich in diesem Sinn durchaus an den fachexegetischen Ergebnissen bezüglich der historisch-kritischen Untersuchung biblischer Texte ausrichten. Sie kann sich aber nicht mit der Feststellung des historischen Befundes begnügen und kann auch nicht von anderer Seite auf den engen Rahmen der Unterscheidung zwischen Historizität und späterer Textbildung zurückgedrängt werden. Das Kriterium ist hier anders anzulegen. Die entscheidende Reflexionsrichtung muß sich bewegen zwischen dem, was als authentisches Anliegen bzw. Selbstverständnis Jesu erkennbar ist, und dem, was im Laufe der Textwerdung aufgrund verschiedenster Interessen und Bedingungen diese grundlegende Intention der Gestalt Jesu mit gegenläufigen Inhalten überdeckte. Das Kriterium der Rückfrage ist nicht allein die "ipsissima vox", sondern zunächst die "ipsissima intentio" Jesu. In der vorliegenden Untersuchung wird die Frage nach der Praxis Jesu auf der Basis der Annahme gestellt, daß das Zeugnis vom Reich Gottes die authentische Grundintention Jesu bildet.

6) Wird die Frage der historischen Echtheit zum ausschließlichen Kriterium der Rückfrage nach Jesus erhoben, dann besteht die Gefahr, daß dieser Zugang zum Inhalt biblischer Texte dem Charakter dieses Inhalts nicht gerecht wird. Die Verabsolutierung der (historischen) Echtheitsfrage rechnet mit einer fiktiven Gesamtkomposition der historisch echten Elemente der Jesusgestalt, die zwar nur annäherungsweise rekonstruiert werden kann, aber als feststehendes Gebilde an historischen Fakten bezüglich Jesus angenommen wird. Eine orientierungsuchende Rückfrage nach Jesus aus der je aktuellen Situation christlicher Praxis könnte nach diesem Denkschema nur in einer Rückbewegung auf und einer Angleichung an diese Gesamtheit historisch "feststehen-

der" Daten bestehen, so daß - in letzter Konsequenz gedacht - die Rückfrage nach Jesus zu allen Zeiten und Orten zum gleichen Ergebnis führen, also uniform verlaufen müßte. Damit wäre aber der Charakter biblischer Texte verkannt. Sie sind nicht einfach der "Datenbestand", in dem der Gehalt der christlichen Offenbarung ein für alle Mal, in immer gleich bleibender Form abgelegt worden wäre, der nur abgerufen werden müßte und der auf Abruf immer die gleichen "Daten" liefern würde. Entscheidend für die Wahrnehmung des Gehalts biblischer Texte sind auch die jeweilige Person, die sie rezipiert, und die jeweilige Situation, in der sie rezipiert werden. Auf die biblischen Texte wird nicht nur von heute aus zurückgeschaut; sie werden auch auf jeweils bestimmte Personen hin und in bestimmte Situationen hinein ausgelegt, d.h. sie kommen auch auf den Menschen von heute zu. Person und Situation gehen in die Auslegung biblischer Texte ein. Die Auslegung biblischer Texte braucht den Kontext der auslegenden Personen - gleichsam als Resonanzraum, in dem ihr Gehalt erst seinen vollen Klang erreicht - und ist so als ein seinem Wesen nach kreativer (und nicht nur reproduzierender) Vorgang zu verstehen. Die Lebensgeschichten der Menschen, das Erleben ihrer eigenen Person und Situation, sind die "irdischen Gefäße", in denen der "Schatz des Zeugnisses von Jesus Christus" (2 Kor 4,5-7)[294] weiterleben kann. Auf dem Hintergrund erst der jeweiligen Lebensbetroffenheiten, aus denen heraus nach Jesus Christus gefragt wird, gewinnen biblische Texte ihre existentielle Bedeutung. Hier ist dann aber nicht mit Uniformität, sondern mit einer Dynamik zwischen Rückfrage nach der Praxis Jesu und deren Rückwirkung auf die je jetzt gegebene bzw. geforderte Praxis der Menschen zu rechnen. Die praktisch-theologische Frage nach der Praxis Jesu versteht es als ihre Aufgabe, nach dieser Dynamik je neu und auf neue Weise zu suchen und für das kreative, existentiell verwurzelte Reden der Menschen über diesen Jesus einen Raum zu schaffen.

Diese Überlegungen ermöglichen nun eine Antwort auf die Ausgangsfrage: Eine Rückfrage nach der Praxis Jesu, die sich außerhalb der engen Wegmarken der Frage nach dem historisch nachweisbaren Jesus bewegt, ist nicht nur berechtigt, sondern von der Eigenart der *praktisch-theologischen* Reflexion wie auch von der Eigenart biblischer Texte selbst her geboten.

---

294 Vgl. **Stenger, H.**: Verwirklichung des Lebens aus der Kraft des Glaubens, 7.

7.2.2 Die immanente Logik der Botschaft vom Reich Gottes: bedingungslose, heilend-befreiende Zuwendung zum Menschen

Die Botschaft vom Reich Gottes ist der zentrale Inhalt des Wirkens Jesu. Darüber herrscht in der Exegese ein weitgehender Konsens[295], der auch den folgenden Ausführungen zur Praxis Jesu als nicht mehr näher nachzuweisende Voraussetzung zugrundeliegt. Eine Rückfrage nach Jesus, die für heutiges christliches Handeln Orientierung bieten soll, findet folglich den Kern und die Basis ihrer Beantwortung in der Botschaft vom Reich Gottes. Diese Überzeugung kann sich auf die unmittelbar nach Ostern folgende Praxis der Verkündigung des Evangeliums berufen. Bereits für diese stellte die Botschaft vom Reich Gottes das tragende Kontinuum dar, was daran ersichtlich wird, daß im redaktionellen Vers Mk 1,15 die Ansage der Nähe des Reiches Gottes und die werbende Aufforderung zum Glauben an das Evangelium in einen engen Zusammenhang gebracht wurden.[296]

Gleich nach der Feststellung dieses allgemeinen Konsenses hört jedoch die Einmütigkeit auf. Der Dissens beginnt beim Begriff. Die Übersetzung des neutestamentlichen "basileia tou theou" gestaltet sich schwierig. Mit Bezug auf die alttestamentlich belegte verbale Ausdrucksform "Gott ist König" oder "Gott wird König" plädieren manche für den Begriff "Gottesherrschaft", um die von der Formulierung "Reich Gottes" möglicherweise geweckten Vorstellungen eines territorialen Reiches zu vermeiden und zu verdeutlichen, daß die Gottesherrschaft ein dynamisches Geschehen des Herrschens Gottes meint.[297] Andere wiederum wollen die Eigentümlichkeit des basileia-Begriffs, dem gegenüber jede Übersetzung ungenügend bleiben muß, bewahren, indem sie am griechischen Ausdruck festhalten und von der "basileia(-Botschaft)" sprechen.[298] Theologisch gesehen hat also die Formulierung "Reich Gottes" weniger Argumente für sich. Dennoch entscheide ich mich für diese Übersetzung. Das hat keine exegetischen Gründe, weshalb ausdrücklich betont sein soll, daß sich die folgende Rede vom "Reich Gottes" der Implikationen der beiden anderen Termini - des dynamischen Geschehenscharakters wie auch der vielschichtigen Eigentümlichkeit der Gottesherrschaft - bewußt ist. Die Wahl erfolgt vielmehr aufgrund von Erwägungen, die sich außerhalb der exegetischen Argumentationen befinden, denen aber insbesondere eine Praktische Theologie Geltung verschaffen muß. Gegen den Begriff "Gottes*herrschaft*" läßt sich anführen, daß er - analog zum "Reich"-Begriff - Assoziationen einer herrschaftsförmigen Struktur provozieren könnte, mit denen sich gerade ein zentraler Gedanke des Reiches Gottes, nämlich die gnädige, vergebende Zuwendung Gottes zum Menschen,

---

295 Vgl. **Merklein, H.**: Die Gottesherrschaft als Handlungsprinzip, 15,17; **Merkel, H.**: Die Gottesherrschaft in der Verkündigung Jesu, 119; **Jeremias, J.**: Neutestamentliche Theologie, 99; **Gnilka, J.**: Jesus von Nazaret, 87; **Becker, J.**: Jesus von Nazaret, 122-124.

296 Vgl. **Merklein, H.**: Die Gottesherrschaft als Handlungsprinzip, 18; **Becker, J.**: Jesus von Nazaret, 122 f.

297 Vgl. **Merklein, H.**: Die Jesusgeschichte, 55.

298 Vgl. **Schenke, L.**: Die Botschaft Jesu.

und das davon abgeleitete Prinzip der Herrschaftsfreiheit zwischen Menschen nur schwerlich in Einklang bringen ließen. In einer spezifischen Nuancierung könnten sich an den *Herr*schaftsbegriff auch patriarchalistische Konnotationen anschließen, die es vor allem Frauen verunmöglichen, sich mit dem Begriff der Gottesherrschaft zu identifizieren, und die sich folglich auf dem Hintergrund des heute erreichten feministischen Bewußtseins verbieten. Gegen den "basileia"-Begriff spricht, daß es sich um einen theologischen Fachterminus handelt, der nicht in der Alltagssprache der Menschen verwurzelt ist. Daß aber die Rede von der "Sache", die mit Gottesherrschaft, basileia oder Reich Gottes gemeint ist, in die Sprache auch der "einfachen", nicht fachtheologisch gebildeten Menschen eingeht, ist ein Erfordernis dieser "Sache" selbst, wenn gelten soll, daß die Reich-Gottes-Botschaft befreienden Charakter hat, und die Menschen folglich die Rede vom Reich Gottes als eigenständige Subjekte in den Diskurs über ihre alltägliche Lebensgestaltung einbringen können sollen. Die Entscheidung für den Begriff "Reich Gottes" in dieser Untersuchung ist sich also der theologischen Schwächen dieser Formulierung bewußt, kann aber gleichermaßen ein theologisches Argument für sich verbuchen: Wenn mit dem Begriff Reich Gottes die theologische Rede von dieser "Sache" in den Dienst der Menschen und der befreienden, herrschaftsfreien, eigenständigen Gestaltung ihres privaten wie gesellschaftlichen Zusammenlebens gestellt wird, dann befindet sich diese Rede eben im Grundduktus der Botschaft vom Reich Gottes.

Aber auch hinsichtlich des inhaltlichen Verständnisses der Reich-Gottes-Botschaft bestehen divergente Meinungen. Bei der Frage, was die Botschaft vom Reich Gottes bedeutet, welche Implikationen sie beinhaltet und wie die einschlägigen Textstellen auszulegen sind, scheiden sich die Geister: Ist das Reich Gottes eine rein zukünftige Größe, angesiedelt in einem Jenseits? Oder ist es im Sinn der von Charles Harold Dodd propagierten "realized eschatology"[299] als etwas bereits in der Gegenwart zur Gänze Verwirklichtes zu verstehen? Oder ist es vielleicht eine Zwischenwirklichkeit, "mehr zukünftig als gegenwärtig, mehr gegenwärtig als zukünftig oder ebenso zukünftig wie gegenwärtig?"[300] Beschreibt das Reich Gottes einen Gegensatz zur Herrschaft anderer Völker über Israel bzw. ist die Botschaft vom Reich Gottes im Kontext einer Sammlungsintention Jesu zu verstehen, so daß sie sich vor allem an Israel richtet? Oder ist die Botschaft universal angelegt, so daß sie sich sowohl mit ihrer Gerichtsankündigung wie auch mit ihrer Heilszusage unterschiedslos auf Israel und auf die "Heiden" bezieht?[301] Ist in Jesu Botschaft vom Reich Gottes eher eine Fortsetzung der apodiktischen Gerichtspredigt des Täufers zu sehen[302] oder beinhaltet sie einen grundle-

---

[299] Dodd, C.H.: The Parables of Kingdom, London 1935, hier zitiert nach **Merkel, H.**: Die Gottesherrschaft in der Verkündigung Jesu, 119.

[300] **Merkel, H.**: Die Gottesherrschaft in der Verkündigung Jesu, 119; vgl. den forschungsgeschichtlichen Überblick zu dieser Frage ebd. 120-135.

[301] Vgl. **Merklein, H.**: Die Jesusgeschichte, 55; **ders.**: Die Gottesherrschaft als Handlungsprinzip, 117 f.

[302] Vgl. **Schenke, L.**: Die Botschaft Jesu, 23.

genden Schnitt gegenüber dieser, insofern sie an die Stelle der "gnadenlosen", drohenden Ankündigung des sicheren Gerichts die Zusage des sicheren, bei Gott schon beschlossenen Heils setzt, angesichts dessen das Gericht nur die Folge eines schuldhaften Nichteingehens auf das Heilsangebot Gottes sein kann?[303] Befindet sich die Botschaft vom Reich Gottes, vielleicht mit bestimmten Weiterentwicklungen etwa in Form von Toraverschärfungen, auf dem Boden des Denkens, welches in der Tora die absolut gültige Handlungsmaxime sieht, oder bekommt mit ihr das Verhältnis zur Tora eine neue Logik, welche die Toragebote zwar nicht negiert, sie aber vom Reich Gottes als entscheidendem Handlungsprinzip her auslegt und so relativieren kann?[304]
Die hier angedeuteten Polaritäten im Verständnis der Botschaft vom Reich Gottes lassen eine große Spannbreite erkennen. Entsprechend groß sind die Divergenzen bei den Folgerungen, die aus dieser Botschaft gezogen werden. Auch die folgende Deutung der Botschaft vom Reich Gottes für das Handeln der Menschen heute kann diese Spannungen nicht auflösen und versteht sich auch nicht als Versuch einer "letzten Lösung". Beabsichtigt ist allerdings, eine Linie innerhalb des spannungsreichen Bedeutungsgehalts der Botschaft vom Reich Gottes aufzuzeigen, gleichsam eine Logik, die in der Reich-Gottes-Botschaft selbst angelegt ist und die von orientierender Relevanz für die hier zur Reflexion anstehende diakonische Praxis ist. Diese "immanente Logik" der Botschaft vom Reich Gottes - so lautet die vorausgreifende und in den folgenden Punkten zu belegende These - besteht in der *von Gott gnadenhaft vorgegebenen und vom Menschen nachzuvollziehenden bedingungslosen heilend-befreienden Zuwendung zum Menschen.*[305]

7.2.2.1 "schon" und "noch nicht"

In pointierter Klarheit kommt die Botschaft vom Reich Gottes in Mk 1,15 zum Ausdruck: *"Die Zeit ist erfüllt, das Reich Gottes ist nahe. Kehrt um, und glaubt an das Evangelium!"* Obwohl diese Aussage nicht unmittelbar auf Jesus zurückzuführen ist, sondern sich der Redaktion verdankt, und entgegen der daraus gefolgerten Meinung, der Vers sei deshalb nicht geeignet als Anhaltspunkt für eine Darlegung der Reich-Gottes-Botschaft Jesu[306], bildet sie "die entscheidende, zentrale Aussage der Botschaft Jesu insgesamt"[307], die einzige programmatische, das Entscheidende und Charakteristische wiedergebende Zusammenfassung der Botschaft Jesu.[308] Nun handelt es sich bei der Ankündigung, daß das Reich Gottes nahe ist, eindeutig um eine Zukunftsaussage: Das

303 Vgl. **Merklein, H.**: Die Gottesherrschaft als Handlungsprinzip, 146-150.

304 Vgl. ebd. 72-107.

305 Die These und die diesbezüglichen Argumentationen stützen sich in vielfacher Weise auf **Merklein, H.**: Die Gottesherrschaft als Handlungsprinzip.

306 Vgl. **Merkel, H.**: Die Gottesherrschaft in der Verkündigung Jesu, 136 f.

307 **Merklein, H.**:Die Gottesherrschaft als Handlungsprinzip, 35.

308 Vgl. ebd. 17, 20, 33, 157; **Becker, J.**: Jesus von Nazaret, 122.

Reich Gottes ist *nahe*, d.h. eben auch, daß es hier und jetzt noch nicht da ist, wie unmittelbar diese Nähe auch immer sein mag. Wenn Jesus das Reich Gottes als "nahe" kennzeichnet, dann gibt er zu erkennen, daß er das Reich Gottes als etwas *An*stehendes, als solches aber eben jetzt noch *Aus*stehendes ankündigt. Er erwartet das Reich Gottes von der Zukunft.[309] Damit ergibt sich ein erster Fixpunkt im Verständnis der Botschaft vom Reich Gottes: Das Reich Gottes ist *"noch nicht"* da, es ist eine "eschatologische Größe"[310] in dem Sinn, daß seine volle Verwirklichung noch aussteht und vom "Eschaton", von der auf die Menschen zukommenden Zukunft erwartet werden muß.[311] Belege dieses eschatologischen Charakters des Reiches Gottes finden sich überall dort, wo vom "Kommen" des Reiches Gottes gesprochen wird (z.B. in der Vater-unser-Bitte "dein Reich komme" - Lk 11,2) oder wo das Eingehen in das Reich Gottes in der Zukunft angesiedelt wird (z.B. Mt 5,20). Die Vorstellung einer "realized eschatology", einer bereits eingetretenen gänzlichen Verwirklichung des eschatologischen Zustandes des Reiches Gottes, trifft also die Eigenart der Botschaft Jesu nicht.[312]

Der eschatologische Charakter wurde und wird freilich nicht selten so ausgelegt, als ob es sich beim Reich Gottes um etwas strikt Jenseitiges, der menschlichen Geschichte gänzlich Enthobenes handelte. Ihre alltagsweltliche Ausgestaltung findet eine solche Deutung dort, wo die Botschaft vom Reich Gottes als irrelevant für die Gestaltung des hier und jetzt gegebenen gesellschaftlichen Zusammenlebens erachtet wird. Andere wiederum schleifen mit einer Gleichsetzung von Gegenwart und Reich Gottes das dynamisierende Potential der Reich-Gottes-Botschaft ab und passen sie in ihren Bedarf an einer Stabilisierung des Status quo ein, indem sie z.B. in einer ideologischen Identifizierung der Kirche mit dem Reich Gottes die Vorläufigkeit und Kritikbedürftigkeit der jeweiligen geschichtlichen Gestaltwerdung der Kirche kaschieren. Solchen Verharmlosungs- und Verjenseitigungstendenzen wird jedoch bereits durch die Implikationen der Nähe-Aussage selbst der Boden entzogen. Wenn die basileia tou theou nicht eine statische Gegebenheit beschreibt, sondern der Ausdruck eines dynamischen Geschehens von Gott her ist[313], dann darf die Konstatierung der Nähe des Reiches Gottes nicht einfach zeitlich verstanden werden als allmähliche Annäherung eines geschichtlich fernen Stadiums. Da das Reich Gottes ein von Gott getragenes Geschehen ist, ist die Nähe des Reiches Gottes weniger eine Frage des Zeitverlaufs, innerhalb dessen das Reich Gottes als etwas "noch nicht" Reales definiert werden müßte oder könnte, als vielmehr eine Frage des Verhältnisses zwischen Gott und Menschen, innerhalb dessen eine Nähe durchaus "schon" etwas Spürbares und insofern real Wirksames ist. Die Konstatierung der Nähe des Reiches Gottes erfolgt auf ein Volk hin, das sich als sündiges, dem Gericht verfallenes Volk definiert und für das deshalb die Heilszukunft

309 Vgl. **Merklein, H.**: Die Gottesherrschaft als Handlungsprinzip, 151.

310 Ebd. 115.

311 Vgl. **Becker, J.**: Jesus von Nazaret, 147.

312 Vgl. **Merklein, H.**: Die Gottesherrschaft als Handlungsprinzip, 116 f.

313 Vgl. **Becker, J.**: Jesus von Nazaret, 144 f.

bislang in weite Ferne gerückt ist. Daß diesem Volk nun das Reich Gottes als "nahe" angekündigt wird, bedeutet einen grundlegenden Wandel in seiner Verfaßtheit vor Gott, einen Wandel nicht aufgrund eigener Leistung der Sündenüberwindung, sondern aufgrund einer "Aktivität" Gottes auf sein Volk hin. "Gott hat sich entschlossen, entgegen aller menschlichen Erwartung das Heil für ganz Israel heraufzuführen bzw. anzubieten."[314] Die mit der Nähe des Reiches Gottes angezeigte Veränderung in der gegenwärtigen Situation des Volkes beruht also auf der von Gott ausgehenden Zusage von Heil für sein Volk. Die Lage der Menschen vor Gott hat sich gewandelt, weil ihnen statt der apodiktisch angekündigten Heillosigkeit das Heil Gottes als Zukunft vor Augen steht, ein Heil, das bei Gott schon "beschlossene Sache", sicheres Angebot ist und insofern nicht mehr als eine dem Menschen geltende Wirklichkeit verneint werden kann. Somit läßt sich festhalten: Die Nähe des Reiches Gottes ist nicht einfach das Noch-nicht-da-Sein einer ausständigen Zukunft, sondern Ausdruck der Qualifizierung der Gegenwart von dieser Zukunft her.[315]

Nun ist es aber keineswegs so, daß das Reich Gottes in den Evangelien nur als eschatologisch-zukünftige Größe gezeichnet würde. Es gibt einen markanten Strang präsentischer Aussagen, die das Reich Gottes als eine gegenwärtige, näherhin in der Gegenwart geschehende Realität zeichnen. So ist der geheimnisvolle, in seiner Übersetzung umstrittene "Stürmerspruch" (Mt 11,12) ein Ausdruck der Gegenwärtigkeit des Reiches Gottes. Ob die Übersetzung nun lautet: "Das Reich Gottes erleidet Gewalt und gewalttätige Menschen versuchen, es zu rauben" oder ob der Vers eher meint: "Das Reich Gottes bricht sich mit Gewalt Bahn und gewalttätige Menschen reißen es an sich"[316], in jedem Fall ist hier das Reich Gottes als etwas Da-Seiendes gedacht, das man eben rauben bzw. an sich reißen kann.[317] In der Antwort auf die Pharisäerfrage nach dem Kommen des Reiches Gottes (Lk 17,20 f.) wird die Unverfügbarkeit und Unberechenbarkeit des Reiches Gottes von Jesus gerade mit dessen Schon-da-Sein erläutert: "Das Reich Gottes ist schon mitten unter euch."[318] Gleichermaßen sind viele Gleichnisse erst auf dem Hintergrund der Annahme einer Gegenwärtigkeit des Reiches Gottes stimmig deutbar. So wird etwa das Gleichnis vom Schatz und der Perle erst dann als Reich-Gottes-Gleichnis plausibel, wenn der Schatz als Realität, d.h. das Reich Gottes als schon jetzt auffindbar, verstanden wird.[319] In der wohl bedeutendsten Gegenwartsaussage schließlich findet man im Munde Jesu die dezidierte Konstatierung des Schon-da-Seins des Reiches Gottes: "Wenn ich aber die Dämonen durch den Finger Gottes austreibe, dann ist doch das Reich Gottes schon zu euch gekommen" (Lk 11,20). Die Behauptung der Gegenwart des Reiches Gottes könnte deutlicher nicht sein. Bezüglich

---

314 **Merklein, H.**: Die Gottesherrschaft als Handlungsprinzip, 157.

315 Vgl. ebd.; **Becker, J.**: Jesus von Nazaret, 144.

316 Vgl. zur Frage der Übersetzung **Merklein, H.**: Die Gottesherrschaft als Handlungsprinzip, 80-87.

317 Vgl. **Schenke, L.**: Die Botschaft Jesu, 48; **Merkel, H.**: Die Gottesherrschaft in der Verkündigung Jesu, 149.

318 Vgl. **Merkel, H.**: Die Gottesherrschaft in der Verkündigung Jesu, 144-147.

319 Vgl. ebd. 149.

seiner Verwirklichung wird hier im Perfekt gesprochen: Das Reich Gottes *ist gekommen*. "Die unbeirrbare, wenn auch zeitlich gestreckte Herrschaftsübernahme Gottes für die Endzeit bestimmt damit die Gegenwart: Seinem Herrschaftsantritt im Himmel folgt die Herrschaftsgewinnung auf Erden auf dem Fuß - konsequent und unwiderstehlich. Der Vollzug je einzelner Dämonenaustreibungen ist also nicht nur etwa Episodisches, sondern ein Aspekt desjenigen umfassenden Horizonts, der mit der Gottesherrschaft selbst thematisiert ist, also endzeitliches zur Herrschaft Kommen Gottes ... In dem Wort steht nichts davon, daß die Wundertaten nur Zeichen seien, die auf die kommende Herrschaft verweisen, statt die Herrschaft selbst zu sein. Auch ist der Spruch falsch verstanden, wenn er nur besagen sollte, es geschehe eine Prolepse der Gottesherrschaft. Nein, der Satz redet von der Besiegung der Dämonen und versteht diese Handlungen selbst als Aufrichtung göttlicher Herrschaft. Die Frage nach Vorzeichen für ihr Kommen ist nach ihm überholt. Es kann keine Vorzeichen mehr geben, weil die Gottesherrschaft selbst auf dem Plan ist. ... Es sagt nicht: Der Herr steht vor der Tür zur Gegenwart, sondern erklärt seine Anwesenheit im Raum der Gegenwart. Diese ist nicht Zeit, um - auch aufgrund der Wunder Jesu - Hoffnung zu begründen und zu bewahren, sondern Zeit zur Erfahrung, daß das Erhoffte jetzt da ist."[320]

Es macht also die Eigenart der Botschaft vom Reich Gottes aus, daß sie sowohl über eschatologisch-zukünftige als auch über präsentische Aussagen transportiert wird. Die Auslegung der Reich-Gottes-Botschaft steht damit vor einem Problem: Wie sind die auf den ersten Blick paradoxen Gegenwarts- und Zukunftsaussagen in ein stimmiges Verhältnis zueinander zu bringen?

Zunächst dürfte klar sein: Eine Behandlung dieser verschiedenen Aussagen als sich gegenseitig ausschließende Alternativen würde dem Gehalt der Reich-Gottes-Botschaft nicht gerecht. Auch die Auslegung der Reich-Gottes-Aussagen hat die Unverfügbarkeit und Unberechenbarkeit des Reiches Gottes selbst ernstzunehmen. Es kommt nicht so, daß Theologinnen und Theologen in ihrem menschlichen Ermessen mit Eindeutigkeit sagen könnten, es sei "schon" oder es sei "noch nicht" da. Zumal vor dem Hintergrund der Frage nach der Gestalt christlicher Praxis im geschichtlichen Hier und Jetzt erweist sich die Auflösung der Spannung zwischen "schon" und "noch nicht" zu einer Eindeutigkeit als unmöglich, aber auch als nicht wünschenswert bzw. am Problem vorbeigehend. Denn gerade durch eine solche Reduzierung der Botschaft vom Reich Gottes auf einen eindeutigen Status verlöre ebendiese Botschaft ihre Orientierungsrelevanz. Wäre das Reich Gottes einfach schon da, in der Gegenwart schon vollends verwirklicht, dann gäbe es die Frage nach dem christlichen Handeln in dieser Gegenwart überhaupt nicht. Die Gegenwart wäre identisch mit dem Reich Gottes. Aus christlicher Perspektive gäbe es keinen Handlungsbedarf mehr, weil ja der Inbegriff des Ziels christlichen Handelns schon verwirklicht wäre. Die alltäglichen Wirklichkeitserfahrungen machen jedoch auf eine allzu schmerzvolle Weise bewußt, daß solche Vorstellungen eines Schon-verwirklicht-Seins des Reiches Gottes nichtig sind - auch in bezug auf das

[320] **Becker, J.**: Jesus von Nazaret, 133 f.; vgl. **Schenke, L.**: Die Botschaft Jesu, 43; vgl. zu weiteren Gegenwartsaussagen ebd. 42-48; **Merklein, H.**: Die Gottesherrschaft als Handlungsprinzip, 158-165.

Gebilde, das sich als die geschichtliche Repräsentanz des Reiches Gottes versteht, die Kirche. Wäre hingegen das Reich Gottes einfach "noch nicht", etwas strikt Zukünftiges, dann hätte es seinen Ort wirklich nur in der Zukunft, die aus der Perspektive des geschichtlichen Prozesses betrachtet für jedwede Gegenwart Zukunft bliebe. Das Reich Gottes würde sich hierbei gerade dadurch definieren, daß die Gegenwart *nicht* sein Ort ist. Jede Relevanz des Reiches Gottes für die Gegenwart wäre negiert. Wiederum sind es aber die alltäglichen Wirklichkeitserfahrungen, die diese Vorstellung als obsolet erscheinen lassen. Allein daß der oft eklatante Bruch zwischen der Realität menschlichen Lebens und den Lebensbedürfnissen bzw. -möglichkeiten schmerzhaft wahrgenommen wird, zeigt, daß der Mensch sich nicht einfach mit der jeweils einen Gestalt seiner Gegenwart abfinden kann und darf, daß er seine Gegenwart gestalten muß und dafür antreibende Visionen braucht. Aus der Realität selbst heraus wird folglich deutlich, daß das Reich Gottes als Vision des Lebens für den Menschen in dessen Gegenwart hereinragt und in dieser Gegenwart wirksam ist, so daß die lebenszerstörenden Realitäten kritisch aufgedeckt und überwunden werden können.

Angesichts der Eigenart der Reich-Gottes-Botschaft wie auch angesichts der Frage nach der jetzt notwendigen Praxis erweisen sich also all jene Diskussionen der Reich-Gottes-Botschaft als müßig, die im Schema des "schon" *oder* "noch nicht" oder auch nur im berechnenden Abwägen eines mehr "schon" oder mehr "noch nicht" verbleiben. Das Reich Gottes ist schon *und* noch nicht. Erst *in* (und nicht *trotz*) dieser Spannung eignet der Botschaft vom Reich Gottes die Kraft einer Handlungsorientierung.

Auf der Basis der Erkenntnis, daß innerhalb ihrer Spannung zueinander die präsentischen und eschatologischen Aussagen keine gegenseitige Relativierung zulassen, ist die Frage nach dem Verhältnis von Gegenwart und Zukunft in der Botschaft vom Reich Gottes anzugehen. Es kann wohl keinen Zweifel daran geben, daß das Reich Gottes für Jesus eine zukünftige, eine hinsichtlich seiner vollen Verwirklichung noch ausstehende und zu erwartende Größe ist.[321] Das zeigt er selbst an, wenn er das Reich Gottes dort in der Gegenwart ansiedelt, wo er - wie etwa bei den Dämonenaustreibungen - die Zustände dieser Gegenwart wirksam verändert und so die jeweiligen gegenwärtigen Zustände auf eine noch nicht gänzlich verwirklichte Ordnung hin transformiert. Aber diese Zukünftigkeit des Reiches Gottes ist nicht im Sinne eines zeitlichen Nachher zur Gegenwart zu verstehen. Die "Logik" der Reich-Gottes-Botschaft lautet nicht: Weil es in der Gegenwart Heilserfahrungen gibt, ist daran zu glauben, daß es am Ende der Zeiten ein endgültiges Heil gibt. Vielmehr ist der umgekehrte Zusammenhang gegeben: Weil das Heil für die Menschen bei Gott endgültig beschlossen ist und den Menschen als ihre Zukunft, als das ihnen Zu-Kommende zugesagt ist, verändert sich ihre Gegenwart und ihr Leben in der Gegenwart. So wird die Proklamation des Heilsentschlusses Gottes als bereits jetzt geschehendes Heilsereignis verstehbar. Das "schon" und das "noch nicht" des Reiches Gottes stehen in einem Zueinander, in dem jenseits aller zeitlichen Reihung die Gegenwart von der Zukunft her bestimmt wird. Die Gegenwart

---

321 Vgl. **Schenke, L.**: Die Botschaft Jesu, 49; **Merklein, H.**: Die Gottesherrschaft als Handlungsprinzip, 165 f.

ist der Ort der Heilswende, der Ort, an dem die Herrschaft Gottes als das auf den Menschen Zukommende Ereignis wird.[322]
Die Struktur der Botschaft von Reich Gottes als Spannung zwischen "schon" und "noch nicht" verbietet also jegliche Verharmlosung bzw. Dispensierung von dem Anspruch, die Gegenwart als Ort der anfanghaften Verwirklichung von Reich-Gottes-Verhältnissen zu gestalten. Es gilt zweifellos, auf dem eschatologischen Charakter des Reiches Gottes zu bestehen, aber dies gerade deshalb, weil nur so die Ausständigkeit der Reich-Gottes-Zustände, d.h. die Tatsache, daß die realen Lebensverhältnisse der Menschen in der Welt von heute weithin und in oft skandalöser Weise der Vision des Reiches Gottes widersprechen, nicht billig übersprungen wird und weil nur so das kritische Potential der Rede vom Reich Gottes gegenüber den realen Lebensverhältnissen zur Wirkung kommen kann. Gerade weil die Reich-Gottes-Botschaft Zustände ankündigt, vor denen die gegenwärtige Realität der Menschen versagt, wird die Spannung zwischen Gegenwart und Reich Gottes schmerzlich bewußt und die Ankündigung des Reiches Gottes um so deutlicher als Aufforderung zur Veränderung der Gegenwart auf das Reich Gottes hin erlebt. Gerade weil das Reich Gottes *noch nicht* ganz verwirklicht ist, ist es *schon jetzt* für das Handeln in der Gegenwart normierende Orientierungsinstanz.
Auf dieser formalen Ebene sagt die Unterscheidung zwischen "schon" und "noch nicht" allerdings noch nichts darüber aus, welches Handeln mit der Reich-Gottes-Botschaft angezielt ist, sondern fordert erst ein, *daß* die Gegenwart nach dem Anspruch der Reich-Gottes-Botschaft zu gestalten ist. Die Überlegung muß nun vordringen zu der inhaltlichen Frage, *wie* ein solches Handeln aussehen muß.
Aufschluß darüber geben zwei Aussagen Jesu, in denen er die Verwirklichung des Reiches Gottes mit der Beschreibung eines bestimmten Handelns veranschaulicht. Im Rahmen der Jüngersendung gibt Jesus folgende Anweisung: "Heilt die Kranken, die dort sind, und sagt den Leuten: Das Reich Gottes ist euch nahe" (Lk 10,9). Die Verkündigung des Reiches Gottes, zu der Jesus die Jünger aussendet, hat keinen beliebigen oder unbestimmten Inhalt. Was das Nahesein, das Hereinstehen des Reiches Gottes für die Menschen bedeutet, erleben diese in einer dem Reich Gottes entsprechenden Praxis, nämlich in einer Praxis, in der kranke Menschen geheilt werden. Mit Blick auf sich selbst sagt Jesus: "Wenn ich aber die Dämonen durch den Finger Gottes austreibe, dann ist doch das Reich Gottes schon zu euch gekommen" (Lk 11,20). Das Schon-gekommen-Sein des Reiches Gottes ist dort zu erleben, wo Menschen von Mächten befreit werden, die sie in ihren Lebensmöglichkeiten unterdrücken. Die Verwirklichung des Reiches Gottes im Hier und Jetzt besteht darin, daß Kräfte, welche das Leben der Menschen deformieren, bekämpft werden und Menschen die Möglichkeiten zu einem Leben entsprechend ihrer Würde erhalten.
An den beiden Aussagen bestätigt sich, daß die Spannung zwischen "schon" und "noch nicht" nicht in die Unterscheidung verschiedener Handlungsweisen aufgelöst werden darf. Jesus füllt nämlich die präsentische wie die eschatologische Reich-Gottes-Aussage mit dem gleichen Inhalt: Reich Gottes bedeutet Heil für die Menschen. Unter dem

[322] Vgl. **Becker, J.**: Jesus von Nazaret, 126 f., 144.

Anspruch des Reiches Gottes zu handeln bedeutet, auf das Heil der Menschen aus zu sein, so zu handeln, daß Menschen zu einem heilen Leben frei von unterdrückerischen Mächten befreit werden.
Hinter der Spannung zwischen "schon" und "noch nicht" tritt die immanente Logik der Reich-Gottes-Botschaft, die bedingungslose heilend-befreiende Zuwendung zum Menschen erst hervor und erweist sich als so unausweichlich, daß verschiedene exegetische Ansätze darin konvergieren. Der die Präsenz des Reiches Gottes betonende Helmut Merkel faßt die Reich-Gottes-Aussagen Jesu zu folgender Gesamtaussage zusammen: "Da wo Jesus Menschen heilt, und da, wo Jesus Menschen das Heil Gottes ansagt, da ist die Gottesherrschaft angebrochen, mitten im Alltag der galiläischen Bauern und Bäuerinnen, Fischer und Zöllner."[323] Ludger Schenke, der eher zur eschatologisierenden Kennzeichnung der Reich-Gottes-Botschaft neigt, kann kein anderes Fazit ziehen: "Jesus hat seine Jünger zur Verkündigung der Basileia in Wort und Tat ausgesandt (Lk 10,9). Das zeigt, daß er den *Anfang der Basileia* nicht an seine Person gebunden hat. Wir stehen in der gleichen Sendung. Wo wir 'böse Geister' vertreiben, Verlorene wiederfinden, Kranke heilen, Hungernden zu essen geben, Hoffnungslose wiederaufrichten, Trauernde jubeln lassen, dort verwirklichen wir den *Anfang der Basileia* Gottes, und sei dieser Anfang noch so unscheinbar, dort werden die Wirkungen der zukünftigen Basileia bereits in der Gegenwart erfahren. Nur dort!"[324] Aus feministischer Perspektive schließlich formuliert Elisabeth Schüssler Fiorenza die inhaltsgleiche Beschreibung der Reich-Gottes-Praxis: "Da für Jesus die Wirklichkeit des Reiches Gottes nicht vorrangig Heiligkeit, sondern Heilsein bedeutet, wird das Heil des Reiches Gottes gegenwärtig und erfahrbar, wenn Jesus Dämonen austreibt (Lk 11,20), Kranke und rituell Unreine heilt und Geschichten erzählt von Verlorengegangenen, die wiedergefunden werden, von Uneingeladenen, die eingeladen werden, und Letzten, die Erste sein werden."[325]

7.2.2.2 Gericht, Vergebung und Umkehr - die Heilsentschlossenheit Gottes

"Ihr Schlangenbrut, wer hat euch denn gelehrt, daß ihr dem kommenden Gericht entrinnen könnt? ... Schon ist die Axt an die Wurzel der Bäume gelegt; jeder Baum, der keine gute Frucht hervorbringt, wird umgehauen und ins Feuer geworfen" (Mt 3,7.10). Das ist die Art und Weise, in der Johannes der Täufer die Nähe des Reiches Gottes ankündigt. Es ist die Ankündigung des unentrinnbaren Gerichts. So wie jemand, der schon die Axt an den Baum gelegt hat, nicht mehr das Fällen des Baumes überlegt, sondern vielmehr ein Zeichen seines festen Entschlusses gibt, eines Entschlusses, der so irreversibel ist, daß das Axtanlegen fast schon wie der erste Schritt der Ausführung des Entschlusses erscheint, so sicher und unausweichlich ist für den Täufer das Gericht

---

[323] **Merkel, H.**: Die Gottesherrschaft in der Verkündigung Jesu, 150.

[324] **Schenke, L.**: Die Botschaft Jesu, 55.

[325] **Schüssler Fiorenza, E.**, Zu ihrem Gedächtnis, 165.

Gottes.[326] Das allgemein eingewurzelte Bild von Jesus sperrt sich dagegen, die Predigt dieses Jesus einfachhin als Fortsetzung einer solchen unbarmherzigen Gerichtspredigt zu verstehen. Die Annahme eines Unterschieds zwischen dem Täufer und Jesus ist zwingend. Worin aber besteht dieser Unterschied? Die Antwort darauf in einer simplen Aufteilung zu suchen, wonach der Täufer der Prediger des Gerichts, mit Jesus hingegen das Gericht hinfällig sei, wird der Sache nicht gerecht. Auch Jesus predigt das Gericht: Im Gleichnis vom anvertrauten Geld (Mt 25,14-30) stellt er dem Menschen die "äußerste Finsternis" in Aussicht, wenn sich dieser nicht bewährt. Den Städten, die sich gegenüber seinen Jüngern abweisend verhalten, droht er ein schlechthin unvergleichliches Gericht an (Mt 10,15).[327] Darüber hinaus stimmt Jesus nicht nur in der Tatsache der Gerichtspredigt, sondern auch in mindestens zwei wesentlichen Kennzeichen derselben mit dem Täufer überein: Die mit der Gerichtspredigt ins Visier genommene Zukunft ist zum einen dem Verfügen des Menschen entzogen. Was hier auf den Menschen zukommt, ist allein der Initiative Gottes vorbehalten. Der Mensch kann also diese seine Zukunft nicht als Ergebnis seines Leistungsvermögens nach Belieben gestalten. Zum anderen verlangt die Aussicht des Gerichts vom Menschen hier und jetzt ein Handeln, das als Distanzierung vom bisherigen Lebensmodus zu verstehen ist. Der Täufer fordert die in der Taufe besiegelte Umkehr. Jesus bekundet, daß es angesichts der einstehenden Gerichtsmöglichkeit nicht in das Belieben des Menschen gestellt ist, wie er handelt, sondern daß es auch ihm um ein Umkehrhandeln geht (Mk 1,15).[328] Genau dieses Handeln ist nun der Ansatzpunkt für die Unterscheidung der Gerichtspredigt Jesu von derjenigen des Täufers. Der Unterschied zeigt sich in der mit der Gerichtspredigt jeweils verbundenen Wertung der Zukunft und in der aus der Gerichtsankündigung erwachsenden Motivation zum umkehrenden Handeln.

Die Gerichtspredigt des Johannes trägt die Signatur der drohenden Vernichtung. Die Zukunft des Menschen ist negativ bewertet. Allein des Zornes Gottes kann sich der Mensch gewiß sein, weil das vernichtende Gericht bei Gott schon beschlossen ist - so wie das Fällen des Baumes für den die Axt schwingenden Holzfäller schon beschlossen ist. Das Umkehrhandeln in Form der Taufe ist nur eine letzte Möglichkeit, dem Unentrinnbaren zu entrinnen. So trägt auch dieses Handeln selbst eine negative Signatur: Es ist motiviert von der Angst vor dem Gericht, das dem Menschen drohend vor Augen steht.[329]

Anders präsentiert sich die Bewertung der Zukunft und die Motivation zum gegenwärtigen Handeln bei Jesus. Hier ist das Gericht die Folge eines menschlichen Handelns bzw. Nichthandelns. Der Diener, der nichts wagt, wird in äußerste Finsternis geworfen (Mt 25,14-30); die Stadt, welche die Jünger nicht aufnimmt, verfällt dem Gericht (Mt 10,14 f.). Das Gericht ist also nicht die apriori gültige, unbedingt vollzogene Initiative

---

[326] Vgl. **Merklein, H.**: Die Gottesherrschaft als Handlungsprinzip, 145.

[327] Eine Aufstellung einschlägiger Belegstellen findet sich bei **Reiser, M.**: Die Gerichtspredigt Jesu, 294.

[328] Vgl. **Merklein, H.**: Die Gottesherrschaft als Handlungsprinzip, 143 f.

[329] Vgl. ebd. 144-147.

Gottes, sondern die durch menschliches Handeln bedingte Folge. Was für Jesus auch in seiner Gerichtspredigt unbedingte Gültigkeit hat, wessen sich der Mensch gewiß sein kann, ist das Heil Gottes. Auch Jesus fordert ein Umkehrhandeln. Aber Ausgangspunkt dieser Forderung ist die Gegenwart des Menschen, die dem sicheren Heil widerspricht und in dieser Verfaßtheit ins Gericht führt. Nicht ein Entschluß Gottes bedroht den Menschen, sondern dieser sich selbst, wenn er in seinem Handeln das von Gott zugesagte Heil nicht annimmt, d.h. den Heilswillen Gottes nicht im eigenen Handeln einlöst. Nicht die Tatsache der Gerichtspredigt bestimmt also den Unterschied zwischen dem Täufer und Jesus, sondern der Akzent bzw. die Denkrichtung. "Beide kennen sowohl die Möglichkeit des Heils als auch die Möglichkeit der Verdammnis als Folge des Gerichts und rufen deshalb zur Umkehr. Aber während der Täufer das drohende Gericht in den Vordergrund seiner Predigt rückt und einen Weg zeigt, wie man ihm entrinnen kann, stellt Jesus das gegenwärtige und kommende Heil in den Vordergrund und zeigt, was seine Verwerfung bedeutet ... Der Täufer sagt: Wer dem Gericht entrinnt, gelangt ins Heil. Jesus sagt: Wer das Heil verwirft, verfällt dem Gericht. Gericht und Heil sind zwei Seiten einer Medaille. Der Täufer hält dem Volk die Gerichtsseite vor, Jesus die Heilsseite; aber beide wissen, was auf der anderen Seite ist, und machen auch keinen Hehl daraus."[330] Zu beachten ist jedoch, daß dieses Umkehrhandeln für Jesus nicht Bedingung der Heilszusage als solcher ist. Das Heil des Reiches Gottes hat unbedingte Gültigkeit, es befindet sich außerhalb des Vermögensspektrums des Menschen, es ist die bedingungslose, dem Menschen vorausgehende Initiative Gottes. Das Heil des Reiches Gottes ist bei Gott beschlossen, und aus dieser Gewißheit kann der Mensch handeln. Somit kehrt sich bei Jesus auch die Motivation zum Handeln um. Das Handeln trägt eine positive Signatur: Der Mensch handelt nicht mehr aus Angst vor dem drohenden Gericht, sondern in Erwartung des sicher zugesagten Heils.

In Konsequenz dazu ergibt sich schließlich noch ein weiterer Unterschied bei Jesus zur Gerichtspredigt des Täufers. Die Gegenwart selbst ist von dieser Heilszusage positiv qualifiziert. Sie ist nicht der Ort des zu überwindenden Unheils, sondern Ort des Handelns, das dem zugesprochenen Heil entspricht. Die Heilszusage wird zur Handlungsermöglichung. Das Heil des Reiches Gottes wird als schon jetzt wirksam erfahren.[331]

Auch hier stellt sich die Frage, was diese immanente Logik der Reich-Gottes-Botschaft, die Vor-Gültigkeit der Heilszusage vor dem Gericht, inhaltlich bedeutet. Dazu sei der Blick auf eine Szene gelenkt, in der die Frage nach dem Gericht für den gegenüber Gott treulosen Menschen mit dem Handeln Jesu bzw. mit der Interpretation des Gerichts durch Jesus selbst zusammenfällt. Es handelt sich um die Gleichnisse vom Verlorenen (Lk 15,1-32). Das Verlorene dient dabei als Metapher für den nach der geltenden Ordnung randständigen, verlorenen, dem Gericht verfallenen Menschen. Bei den beiden

---

330 **Reiser, M.**: Die Gerichtspredigt Jesu, 306 f.; vgl. **Schüssler Fiorenza, E.**, Zu ihrem Gedächtnis, 162.

331 Vgl. **Merklein, H.**: Die Gottesherrschaft als Handlungsprinzip, 148 f., 167; **Becker, J.**: Jesus von Nazaret, 99.

ersten Gleichnissen vom verlorenen Schaf und von der verlorenen Drachme ist das durch den Kontext angezeigt, in welchen Lukas die Szene hineinsetzt: Jesus befindet sich in "schlechter Gesellschaft"[332] bei Zöllnern und Sündern. Empörung und Vorwurf der Pharisäer und Schriftgelehrten veranlassen ihn zur Deutung seines Handelns anhand der beiden Gleichnisse. Beim dritten Gleichnis vom verlorenen Sohn wird der Typus des gegen den Willen Gottes Handelnden durch die Erzählung selbst annonciert. Durch sein Verhalten in der Fremde hat sich der Sohn vor seinem Vater wie vor Gott versündigt.[333] Vor allem das Gleichnis vom verlorenen Sohn verleitet nun dazu, die Metapher des Verlorenen mit dem Motiv der Umkehr zu verbinden und so die in der Erzählung implizit enthaltene Frage nach dem Gericht nach dem gängigen Muster zu beantworten: Wer umkehrt, entgeht dem Gericht und verdient das Heil. Genau besehen erweist sich das jedoch als interpretatorischer Holzweg. Die Umkehr bildet nicht den Fokus der Verlorenen-Gleichnisse. In der Metapher des verlorenen Schafes und der verlorenen Drachme ist ohnehin von der Sache her das Motiv der Umkehr nicht enthalten, weil das Schaf wie die Drachme keinen Akt der Umkehr setzt. Die in den Versen 7 und 10 gegebenen Anwendungen, welche die Umkehr zur Quintessenz machen, können nicht zum zentralen Gehalt erhoben werden, da sie nicht zum ursprünglichen Bestand des Gleichnisses gehören[334] und sich in der Parallelstelle Mt 18, 12-14 das Gleichnis ohne eine Umkehr-Deutung erhalten hat. Aber auch beim verlorenen Sohn bildet die durchaus als Umkehr zu betrachtende Selbstbesinnung und Rückkehr nicht den Kerngehalt. Denn - so der überzeugende Hinweis von Helmut Merklein - für den freudeerfüllten Vater ist zum Zeitpunkt der Freude die Rückkehr des Sohnes nur der Augenblick des Wiedersehens; er kann noch nicht wissen, ob es sich um Umkehr handelt oder ob es zu einer weiteren Distanzierung kommt.[335] Zu suchen ist der Aussagekern der Verlorenen-Gleichnisse vielmehr in der Freude über das Wiedergefundene. Dieses Motiv erweist sich als durchgängiger Fokus und gibt den Hörenden zu verstehen: "Gott hat sich nach ihnen auf die Suche gemacht, sie gerade gefunden und freut sich über die erfolgreiche Suche. Sie sind also mit dem jetzigen Geschehen als Heilswende verwoben, mit der Gott die Initiative ergriffen hat, Verlorenes zu suchen, und sich freut, dabei Erfolg zu haben."[336] Bei der wiedergefundenen Drachme und dem wiedergefundenen Schaf geht die Erzählung sogar in den ausdrücklichen Appell zum Anschluß an die Freude über. Ebenso findet das Gleichnis vom verlorenen Sohn in der Freude des Vaters seinen Dreh- und Angelpunkt. Die Freude treibt den Vater an, sich dem zurückkehrenden Sohn zuzuwenden, ohne daß er nach dessen Verfaßtheit oder gar nach eventuellen Gegenleistungen fragen würde. Die Freude über den "wiedergefundenen Sohn" ist es auch, an welcher der Vater zur anderen Seite hin beim Konflikt mit dem älteren Sohn festhält und die ihn antreibt, die Zuwendung gegenüber dem Wiederge-

---

332 **Holl, A.**, Jesus in schlechter Gesellschaft.

333 Vgl. **Merklein, H.**: Die Gottesherrschaft als Handlungsprinzip, 190, 195.

334 Vgl. ebd. 188.

335 Vgl. ebd. 195.

336 **Becker, J.**: Jesus von Nazaret, 175.

fundenen zur Grundlage für seine Neubestimmung des Verhältnisses zwischen sich und den Söhnen wie auch zwischen den Brüdern zu machen. Der Fokus der Verlorenen-Gleichnisse ist also die Freude über das Wiedergefundene. Wenn Jesus mit solchen Gleichnissen sein Verhalten gegenüber Zöllnern und Sündern deutet, dann gibt er zu erkennen, daß für ihn die nach menschlichem Ermessen und Richten Verlorenen, die Außenseiter und Ausgeschlossenen, nicht verloren sind.[337]

Mit all dem, mit seinem Reden und Handeln, liefert Jesus nichts anderes als eine Interpretation des Verhältnisses Gottes zu den Menschen. Daß Jesus in seiner Gemeinschaft mit Außenseitern gegen die für das Verhältnis zwischen Menschen vorgesehene Ordnung handelt, ist Zeichen dafür, daß von Gott her eine Neubewertung der ausgeschlossenen Menschen und somit eine neue Grundlegung für die Begegnung mit ihnen erfolgt ist. Diese Grundlage für die Begegnung mit randständigen Menschen heißt Vergebung. Jesu Handeln besagt, "daß Gott hier und jetzt von sich aus die Initiative ergriffen hat, daß er von sich aus zum Sünder durchgestoßen ist, ohne zu warten, bis der Sünder die Voraussetzungen dafür geschaffen hat, bzw. - besser ausgedrückt - ohne darauf zu achten, ob der Sünder die für die Vergebung nötige Kondition und Disposition mitbringt. Gott will hier nicht nur zur Umkehr bewegen, auf die dann die Vergebung folgt. Vielmehr deklariert er apriorisch die Schuldvergangenheit des Sünders für irrelevant, noch bevor der Sünder sich auf den Weg der Umkehr macht. Für den Sünder bedeutet dies, daß er aus der Vergebung, aus dem apriorischen Heil Gottes, leben kann."[338] Die hier angezeigte Zuordnung von Heilszuwendung und Umkehr ist von Bedeutung. Umkehr auf seiten des Menschen ist nicht die vorausgesetzte Bedingung der Heilszusage Gottes, sondern wird durch diese erst ermöglicht. Weil Gott sich dem Menschen heilend zuwendet, kann dieser entsprechend dem Heil leben. Die Phantasie eines Leistungsgottes, vor dem der Mensch sich selbst wie auch seine Mitmenschen unter einen Leistungsdruck stellt, das Heil durch eigene Anstrengung zu ermöglichen, verbietet sich. Die "Logik" der Beziehung Gottes zum Menschen ist nicht das Wechselspiel von Leistung und Heilsverdienst. Gott geht es um die bedingungslose Zuwendung zum Menschen, die dieser als Heil für sich erfährt. Jesu Handeln gegenüber ausgestoßenen, sündigen Menschen erweist sich so als zeichenhafte Handlung, als erlebbare Ausgestaltung des Aktes, den Gott mit der Menschwerdung seines Sohnes in der Gestalt Jesu vollzogen hat: Die Zuwendung Gottes hebt die Schuldvergangenheit des Menschen als Hypothek seines Lebens auf. Vergebung Gottes bedeutet, daß er den sündigen Menschen so annimmt, wie es im Handeln Jesu gegenüber Sünderinnen und Sündern zum Ausdruck kommt. Gott ist zum Heil des Menschen entschlossen.

Für die konsequente Ernstnahme der Heilsentschlossenheit Gottes ist es notwendig, die Gestaltung der Beziehung zwischen Menschen dem Maß der Beziehung Gottes zum Menschen zu unterstellen. Die Logik der Beziehung Gottes zum Menschen drängt darauf, zur Logik der Beziehung zwischen den Menschen zu werden. Die Gleichnisse vom Verlorenen laufen alle auf den Appell an die Freundinnen und Nachbarn bzw. an

[337] Vgl. **Merklein, H.**: Die Gottesherrschaft als Handlungsprinzip, 189 f.

[338] Vgl. ebd. 191.

den Bruder hinaus, sich mitzufreuen. Die Freude über das Wiedergefundene, das Bewußtsein, daß der andere Mensch bei aller Brüchigkeit seines Lebens nicht der Verlorene, der Abgeschriebene ist, soll eingehen in die Beziehungen der Menschen untereinander. Der Zuspruch Gottes wird zum Anspruch an die Menschen. Die radikale, heilend-befreiende Zuwendung Gottes zum Menschen wird zum Prinzip der Begegnung zwischen Mensch und Mensch.[339]
Die Feststellung, daß es auch bei Jesus eine Gerichtspredigt gibt, beinhaltet also keine Relativierung und schon gar keine spannungsreiche Antipode zur hier konstatierten Logik der Reich-Gottes-Botschaft, der bedingungslosen, heilend-befreienden Zuwendung zum Menschen. Die Gerichtsankündigung Jesu gibt es nur auf der Basis der Vergebung und der vor-gültigen Heilszusage Gottes. In Zusammenhang mit der Möglichkeit des Gerichts tritt vielmehr die Radikalität der bedingungslosen Heilszuwendung Gottes erst deutlich zutage. Weil Vergebung und Heilsentschlossenheit Gottes der Inhalt der Gerichtspredigt Jesu sind, ist diese selbst nicht Verneinung, sondern Bestätigung der Ankündigung des Reiches Gottes als "nahegekommen" bzw. "schon da", eine Bestätigung dafür, daß die Menschen ihr Leben auf der Basis der Heilszuwendung Gottes gestalten können.

7.2.2.3 Geschenk - nicht Leistung, aber Anspruch

Die zweite Vater-unser-Bitte "Dein Reich komme" bringt einen wesentlichen Grundzug der Reich-Gottes-Botschaft zum Ausdruck: Der Mensch kann das Reich Gottes nicht von sich aus bewerkstelligen, er muß darum bitten, und zwar den, bei dem allein die Initiative liegt, der aber - dessen darf der Mensch aufgrund der Vor-Gültigkeit der Heilszuwendung Gottes gewiß sein - auch wirklich die Initiative ergreift. Der basileia-Begriff in sich ist Verweis auf dieses Entzogensein des Reiches Gottes gegenüber dem Zugriff des Menschen. Als verbaler Ausdruck beschreibt er nicht eine statische Gegebenheit, sondern das prozeßhafte Geschehen des Herrseins Gottes. Das Reich Gottes ist als "Heilsgut bzw. Heilszustand absolute Prärogative Gottes und vom Menschen weder machbar noch beschreibbar noch herbeiführbar"[340]. Auf diesem Hintergrund wird die auffällige Scheu Jesu verständlich, das Reich Gottes mit konstativen inhaltlichen Aussagen zu beschreiben. Seine vorrangige Form der Rede vom Reich Gottes ist das Gleichnis, die vergleichende Annäherung über Wendungen wie "Mit dem Reich Gottes verhält es sich wie ...", die immer auch zugleich anzeigen, daß der Vergleich nicht das Ganze des Reiches Gottes erfaßt. So ist es auch bezeichnend, daß eine der wichtigsten Aussagen über die Präsenz des Gottesreiches erst erfolgt nach der Feststellung seiner Unberechenbarkeit: "Als Jesus von den Pharisäern gefragt wurde, wann das Reich Gottes komme, antwortete er: Das Reich Gottes kommt nicht so, daß man es an äußeren Zeichen erkennen könnte. Man kann auch nicht sagen: Seht, hier ist es!, oder: Dort ist

[339] Vgl. ebd. 186 - 206; **Merkel, H.**: Die Gottesherrschaft in der Verkündigung Jesu, 150 - 153.
[340] **Merklein, H.**: Die Gottesherrschaft als Handlungsprinzip, 120.

es! Denn: Das Reich Gottes ist (schon) mitten unter euch" (Lk 17,20 f.). Das Reich Gottes ist demnach nicht empirisch beobachtbar, ist nicht zu fixieren auf einen Ort-Zeit-Punkt. Eine derartige Berechnung würde es wiederum nur einfügen in die menschlichen Vorstellungsmuster bezüglich des Verhältnisses von Gegenwart und Zukunft als einer zeitlich gereihten Abfolge und würde es innerhalb dieser Abfolge an einem begrenzten Punkt ansiedeln. Akkurat dieses berechnende Verfügen-Wollen verfehlt jedoch die Eigenart des Reiches Gottes. Dieses ist allein die Domäne Gottes, und der Ort, an dem sich das Reich Gottes als Wirklichkeit erweisen kann, ist nur das Hier und Jetzt der Gegenwart.[341] Daß das Reich Gottes "schon mitten unter uns" ist bedeutet nichts anderes, als daß die je jetzt gegebene Gegenwart für den Menschen immer schon und jenseits seines eigenen kalkulierenden Zutuns die Chance in sich birgt, aus der Gewißheit der Heilszusage Gottes zu leben, daß diese Gegenwart aber auch wirklich - so wie die anvertrauten Talente (Mt 25, 14-30) - als Gelegenheit eines entsprechenden Handelns ergriffen sein will.[342]
Welches Selbstverständnis und welche Haltung damit auf seiten des Menschen impliziert sind, erhellt aus der Kinderszene der synoptischen Evangelien: "Da brachte man Kinder zu ihm, damit er ihnen die Hände auflegte. Die Jünger aber wiesen die Leute schroff ab. Als Jesus das sah, wurde er unwillig und sagte zu ihnen: Laßt die Kinder zu mir kommen; hindert sie nicht daran! Denn Menschen wie ihnen gehört das Reich Gottes. Amen, das sage ich euch: Wer das Reich Gottes nicht so annimmt, wie ein Kind, der wird nicht hineinkommen. Und er nahm die Kinder in seine Arme; dann legte er ihnen die Hände auf und segnete sie." (Mk 10,13-16 parr.) Es mag etwas mit der Schwierigkeit Erwachsener, Kinder als gleichwertige Gegenüber zu betrachten, zu tun haben, wenn diese Episode in der Wirkungsgeschichte weitgehend zum bloßen Motiv für nostalgisch-romantische Kinderbilder herabgestuft worden ist. Der Sache wird das nicht annähernd gerecht. Ausgedrückt ist hier nämlich die fundamentale Befindlichkeit des Menschen vor Gott: Angesichts des Reiches Gottes kommt dem Menschen die Haltung des Kindes zu. In bemerkenswerter Umkehrung gängiger Logik wird das Kindsein zum Maßstab des Menschseins. Das Kindsein steht für ein Menschsein in selbstverständlicher Angewiesenheit. Als Kind kann der Mensch aus dieser Angewiesenheit heraus unbefangen annehmen, was ihm von anderen zukommt; als Kind kann der Mensch ein Geschenk *als Geschenk* annehmen und muß es nicht zur eigenen Leistung ummünzen, da er das Empfangen nicht als Negation der eigenen Seinsbehauptung abwerten muß. Das Sich-beschenken-Lassen ist der dem Menschen zukommende Modus seiner Stellung zum Reich Gottes. Und umgekehrt ist Geschenk die treffende Umschreibung dafür, wie und als was das Reich Gottes auf den Menschen zukommt.[343]
Eine Variation dieser Wesensbestimmung des von Gott zugesagten Heils als Geschenk ist mit dem Gleichnis vom Pharisäer und vom Zöllner gegeben (Lk 18,9-14). Das Verwerfliche an der Gestalt des Pharisäers sind nicht eigentlich die von ihm aufgezähl-

341 Vgl. ebd. 120-124.

342 Vgl. **Becker, J.**: Jesus von Nazaret, 147.

343 Vgl. **Merklein, H.**: Die Gottesherrschaft als Handlungsprinzip, 128 f.

ten Leistungen als solche; es handelt sich dabei ja um die für ihn vorgesehene religiöse Praxis. Verwerflich wird sein Verhalten, weil er sich mit seinen Leistungen gegen den Zöllner stellt und sie als Vorrang bei Gott verrechnet haben will. Damit aber ordnet er Gott ein in seine menschlich-begrenzte Vorstellungskraft, in der er sich nicht denken kann, daß seine Maßstäbe relativ sind und daß sich das den Menschen von Gott zugesagte Heil nach anderen Maßstäben bemißt. Er wird schuldig vor Gott, weil er die Größe Gottes, in der dieser ihm selbst wie auch dem Zöllner gleichermaßen Heil schenkt, nicht anerkennt, weil er das Heil nicht als unverdienbares Geschenk annimmt, sondern sein Tun als Leistung vor Gott aufrechnet und so das Heil als verfügbares Gut einfordert. Die Figur des Zöllners muß in reziproker Weise verstanden werden. Das Lobenswerte ist nicht etwa das Handeln, das er als Zöllner an den Tag legt. Der Zöllner geht deshalb als Vorbild aus dem Gleichnis hervor, weil er sein Stehen vor Gott in der richtigen Haltung vollzieht, als jemand, der um die Gnade Gottes bittet, als jemand, der als Sünder vor Gott tritt. Er macht deutlich, daß er sich als Mensch nicht selbst vor Gott rechtfertigen kann. Jedes Sich-Erheben vor Gott, sogar das Erheben der Augen, verbietet sich für ihn. Er erwartet das, was ihm von Gott zukommt, wirklich als Geschenk und nicht als Konsequenz seiner Leistung.[344]

Zusammenfassend läßt sich sagen: Die Logik der Reich-Gottes-Botschaft verlangt die Bewahrung sowohl eines rechten Gottesbildes wie auch eines rechten Menschenbildes. Gott als Gott anerkennen heißt, auf seine Größe hoffen. Er ist nicht zu reduzieren auf die Maßstäbe des Menschen. Seine Souveränität umfaßt die Möglichkeit des Heils für alle Menschen ohne Unterscheidung ihrer Verfaßtheit. Gerade deshalb verbietet es sich für den Menschen, die eigenen Leistungen bei Gott in Anschlag bringen zu wollen. Vor der Souveränität Gottes darf der Mensch sich nicht zum "Verhandlungspartner" aufschwingen. Damit würde er Gottes Heilszuwendung zum Gegenstand verfügender Berechnung machen. Als Kehrseite impliziert dieses Gottesbild ein entsprechendes Menschenbild, wobei dieses Menschenbild wiederum zwei Perspektiven enthält. Im Blick auf sich selbst kann sich der Mensch angesichts der Heilszusage Gottes nur als jemanden sehen, der jeder Verfügungsmacht entledigt vor Gott steht. Der Status des Menschen vor Gott ist derjenige des Sünders, der die Zuwendung Gottes nur als Gnade, als unverdienbares Geschenk erhoffen kann. Seine Position ist die der radikalen Angewiesenheit. Ebenso radikal muß das Menschenbild mit Blick auf den Anderen, auf den Mitmenschen sein. Was sich hier als radikal erweisen muß, ist die Annahme, daß dieser Mensch jenseits aller menschlichen Maßstäbe und unabhängig von seiner Verfaßtheit in der Gnade Gottes steht. Das der Reich-Gottes-Botschaft angemessene Menschenbild wird zwischenmenschlich dort eingelöst, wo ernstgenommen wird, daß *jeder* Mensch sich im Raum der Heilszuwendung Gottes befindet.[345]

Es besteht kein Zweifel, daß eine inhaltliche Rekonstruktion der Reich-Gottes-Botschaft und der Versuch, das Reich Gottes als Prinzip christlicher Praxis nachzuweisen, den

---

344 Vgl. **Schenke, L.**: Die Botschaft Jesu, 18-22.

345 Vgl. **Merklein, H.**: Die Gottesherrschaft als Handlungsprinzip, 129-133; **Schenke, L.**: Die Botschaft Jesu, 45-47.

Impetus auf die Betonung des Geschenkcharakters des Reiches Gottes richten muß. Daß das Reich Gottes Geschenk ist, muß um so mehr betont werden, als es gilt, seit jeher beobachtbare und in aktueller Zeit unter dem Signet des christlichen Glaubens wieder aufkeimende Formen eines Leistungsdenkens, eines elitären Auswahldenkens oder eines anmaßenden Mißbrauchs des Strafe- bzw. Gerichtsgedankens zur Disziplinierung von Menschengruppen abzuwehren. Doch darf darüber nicht vergessen werden, daß es auch hier einen Gegenpol in den Reich-Gottes-Aussagen gibt, nämlich die Einforderung eines entsprechenden Handelns bzw. den Charakter der Reich-Gottes-Botschaft als Anspruch an den Menschen.

Einen ersten Anhaltspunkt dafür liefert ein nochmaliger Blick auf das Gleichnis vom Pharisäer und vom Zöllner. Der Zöllner gilt als Vorbild ob seiner Haltung, in der er sich als Sünder vor Gott stellt und die Heilszuwendung als ein gänzlich unverdientes und unverdienbares Geschenk erwartet. Und die Heilszuwendung Gottes kann ihm trotz seines sündigen Lebens nicht abgesprochen werden. Aber diese Vorbildfunktion würde sofort zusammenbrechen, wenn der Zöllner - bei einer hypothetischen Weiterführung des Gleichnisses - nach der Begebenheit im Tempel zurückgehen und ohne jede Veränderung weiter so handeln würde wie bisher. Das Empfinden beim Hören des Gleichnisses sagt: Es ist eben nicht egal, welches Handeln sich an die bedingungslose Heilszusage anschließt; mit der Radikalität, in der das Sündigsein für die Heilszuwendung Gottes irrelevant wird, muß auf seiten des Menschen die Einsicht und Bereitschaft wachsen, das eigene Leben tatsächlich entsprechend dieser Heilszuwendung zu gestalten.[346]

Was sich bei der Erzählung vom Zöllner und vom Pharisäer als zwar notwendige, aber nur implizite Konsequenz erahnen läßt, findet in mehreren expliziten Aussagen Bestätigung: Die Reich-Gottes-Botschaft verlangt vom Menschen ein entsprechendes Handeln. Mit den für das Reich Gottes aufgestellten Einlaßbedingungen wird das radikale Vermeiden böser Handlungen (Mk 9,42-47), der Verzicht auf Reichtum (Mk 10,17-31) und ein Leben in konsequenter Gerechtigkeit (Mt 5,20) verlangt. Die auch bei Jesus unzweifelhaft gegebene Gerichtspredigt enthält in sich den logischen Schluß, daß es auf seiten des Menschen eine Umkehr geben muß, zwar eine - im Unterschied zum Täufer - von der vorgängigen Heilszusage Gottes erst ermöglichte und freigesetzte Umkehr, aber eben doch eine Umkehr, die der Verantwortung des Menschen obliegt und sich in einem entsprechenden Handeln manifestieren muß. Die Gerichtsrede in Mt 25,31-46 schließlich steht für all jene Aussagen, in denen zwischen menschlichem Handeln und dem Eingehen in das Gottesreich ein Zusammenhang nach der Art der Belohnung konstatiert wird. Daß die Interpretation des Lohngedankens aufgrund seiner Spannung gegenüber der Negation des Leistungsgedankens Schwierigkeiten bereitet, kann und muß hier nicht behandelt werden. Wichtig daran ist zunächst nur der Beleg, daß aus der Unverfügbarkeit des Reiches Gottes keinesfalls auf eine Indifferenz des Reiches Gottes gegenüber dem menschlichen Handeln und umgekehrt geschlossen werden darf. Der vielzitierte Satz aus dem Beschluß "Unsere Hoffnung" der Gemeinsamen Synode der

[346] Vgl. **Schenke, L.**: Die Botschaft Jesu, 64.

Bistümer in der Bundesrepublik Deutschland: "Das Reich Gottes ist nicht indifferent gegenüber den Welthandelspreisen!"[347] ist nur die aktuelle Variante einer in den Reich-Gottes-Aussagen Jesu enthaltenen Einsicht: Bei der Reich-Gottes-Botschaft kommt es entscheidend auf das Handeln an.[348] Postitiv und dezidiert kommt diese Einsicht zum Ausdruck etwa im Gleichnis von den ungleichen Söhnen (Mt 21,28-32), in dem das Eingehen in das Reich Gottes nicht dem verheißen wird, der nach dem Willen Gottes spricht, sondern demjenigen, der nach dem Willen Gottes handelt. In ähnlicher Weise ist der Vergleich mit dem Baum und seinen Früchten (Lk 6,43-46) auszulegen: Entscheidend ist die Frucht menschlichen Handelns, d.h. die Wirkung, die der Mensch in seinem Handeln zeitigt.[349]

Mit der Behauptung des Geschenkcharakters des Reiches Gottes und der Notwendigkeit eines der Heilszuwendung Gottes entsprechenden Handelns tut sich also - nach den Polaritäten zwischen "schon" und "noch nicht" bzw. Gericht und Heilsentschlossenheit - ein weiterer Spannungsbogen auf, in dem die Dynamik der Reich-Gottes-Botschaft erkennbar wird. Wer angesichts solcher Polaritäten die Lösung darin sucht, die für menschliches Ermessen sperrigen, wenn nicht gar widersprüchlichen Charakterisierungen der Reich-Gottes-Botschaft zu einer verträglichen Eindeutigkeit hin aufzulösen, würde der Sache wohl kaum gerecht. Die Suche nach Eindeutigkeit wäre lediglich eine Einpassung der Reich-Gottes-Botschaft in den Vorstellungsrahmen des Menschen, mithin eine Form des Verfügenwollens über die in ihr enthaltene Zusage und folglich eine Verletzung derselben. Es gilt den Spannungsreichtum der Reich-Gottes-Botschaft auszuhalten, weil darin der Grund ihrer Dynamik zu sehen ist, die es dem Menschen verbietet, sich auf einem Status quo zu etablieren, die vielmehr das Handeln des Menschen immer neu auf das zu verwirklichende Ziel hin ausrichtet.

So muß auch das spannungsgeladene Nebeneinander zweier Aussagereihen, wie es mit dem Geschenkcharakter des Reiches Gottes und der Notwendigkeit des Handelns gegeben ist, nicht als Orientierungsdiffusion vestanden werden. Die Polarität von Geschenkcharakter und Handlungsforderung ist vielmehr als Handlungsermöglichung zu deuten. Weil der Mensch das Heil Gottes zugesagt bekommt, weil er sich der Heilszuwendung Gottes gewiß sein kann, kann und soll er auch entsprechend dieser Heilszuwendung leben, soll er diese Zuwendung Gottes in seinem Leben Wirklichkeit werden lassen. Die Logik der Reich-Gottes-Botschaft lautet nicht: Wenn du so handelst, wird dir das Heil zugesagt!, sondern: Weil dir das Heil zugesagt ist, kannst und sollst du so handeln![350] Oder anders gesagt: Das Handeln des Menschen erwächst aus der bedingungslosen Heilsvorgabe Gottes. Als solches von der vorgängigen Zuwendung Gottes getragenes Handeln ist es aber wiederum nicht in das Belieben des Menschen gestellt,

---

347 **Gemeinsame Synode**, 97.

348 Vgl. **Merklein, H.**: Die Gottesherrschaft als Handlungsprinzip, 134 f.; **Schenke, L.**: Die Botschaft Jesu, 64-66.

349 Vgl. **Merklein, H.**: Die Gottesherrschaft als Handlungsprinzip, 136 f.

350 Vgl. ebd. 139; vgl. zur Problematik der Spannung zwischen Gnadenzuspruch und Tugendwerk in der Rede vom Reich Gottes **Luz, U.**: Das Evangelium nach Matthäus. 1. Teilband, 215-218.

ist es kein nur *mögliches* Handeln, sondern ein *gesolltes* Handeln. Was auf der Ebene der Beziehung zwischen Gott und Mensch als Zusage Gültigkeit hat, geht auf der Ebene des Handelns zwischen Menschen in deren Beziehung zueinander als Beanspruchung ein. Der Zuspruch Gottes wird zum Anspruch des Menschen.

Wiederum und abschließend muß gefragt werden, was die hier aufgewiesene Komponente der immanenten Logik der Reich-Gottes-Botschaft inhaltlich bedeutet. Zunächst gilt es, den Handlungscharakter der Botschaft einzufordern. Die mit dem Begriff "Botschaft" verbundenen Assoziationen wie auch eine in Theologie und Kirche traditionelle Hypertrophie des Verbalen und Lehrhaften haben bewirkt, daß die Reich-Gottes-Botschaft vor allem als verbale Verkündigungsaktivität gedacht wird und das geforderte Handeln nur die Funktion ihrer Veranschaulichung bzw. ihrer sekundären Bestätigung zugesprochen bekommt. Demgegenüber bedeutet die Polarität von Geschenk und Anspruch, daß die Reich-Gottes-Botschaft ihr Wesen im Handeln findet: "Nicht jeder, der zu mir sagt: Herr! Herr!, wird in das Himmelreich kommen, sondern nur, wer den Willen meines Vaters im Himmel erfüllt." (Mt 7,21)

Von welcher Gestalt ist nun aber dieses Handeln? Es kann ja nicht beliebig sein, wenn es die erlebbare Form der Reich-Gottes-Botschaft sein soll. Eine eindringliche Antwort darauf bekommt man in den Aufzählungen der Gerichtsrede (Mt 25). Wenn es um das Reich Gottes geht, dann ist ein Handeln entscheidend, in dem Hungernde zu essen und Dürstende zu trinken bekommen, Obdachlose aufgenommen werden, Nackte Kleidung erhalten, Kranke und Gefangene besucht werden. Eine zweite, inhaltsgleiche Antwort ist mit dem Gleichnis vom reichen Mann und dem armen Lazarus (Lk 16,19-31) gegeben. Der arme Lazarus fristet sein elendes Dasein unbeachtet neben dem Reichen, welcher in seinem Reichtum die Not des Lazarus nicht wahrnimmt und nicht einmal seinen Abfall für die Notlinderung des Armen hergibt. Nach dem Tod beider kehrt sich im Jenseits das Verhältnis um: Lazarus ist bei Abraham geborgen, der Reiche hingegen muß in der Unterwelt leiden. Jetzt erst nimmt der Reiche Lazarus wahr und versucht, seine bisherige Position zu korrigieren. Er erbittet Hilfe von Lazarus oder zumindest eine Warnung aus dem Jenseits an seine Brüder. Eine nachträgliche Korrektur wird dem Reichen jedoch verwehrt. Er muß erkennen, daß das Handeln bzw. Nicht-Handeln in seinem Leben der Ort war, an dem sich sein Heil bzw. Unheil entschieden hat. "Er hat Lazarus, der doch in seinem Elend nicht zu übersehen war, einfach nicht sehen wollen, er hat dessen irdisches Geschick, aus welchen Gründen auch immer, jedenfalls menschenverachtend, für irrelevant angesehen. Der Bettler war für ihn nicht da. Er hat nicht gesehen, daß der Bettler vor seiner Haustür *sein* Bettler war, der für ihn da war, als Aufgabe und Herausforderung. ... Sein Fehler war, daß er dem Bettler nicht zum Nächsten geworden ist, ihm nicht voller Erbarmen und Mitleid begegnet ist."[351]

Die beiden Antworten auf die Frage nach der Gestalt des Reich-Gottes-Handelns sind eindeutig: Beim Reich Gottes geht es um ein Handeln, in dem eine heilend-befreiende Zuwendung zum Menschen geschieht.

---

351 **Schenke, L.**: Die Botschaft Jesu, 68.

7.2.2.4 Fazit: Radikale Zuwendung Gottes erfordert radikale Zuwendung zum Menschen

Es war das Ziel dieses Abschnitts, in den Aussagen zur Reich-Gottes-Botschaft Jesu eine Linie erkennbar zu machen, die zum einen so sehr den Wesenskern der Botschaft ausmacht, daß sie als deren "immanente Logik" gelten kann, und die zum anderen gerade deshalb von einer indispensablen orientierenden Relevanz für eine jegliche Konzeption christlicher Praxis ist. Diese Linie läßt sich zusammenfassen in dem Satz: *Die Reich-Gottes-Botschaft verlangt eine bedingungslose, heilend-befreiende Zuwendung zum Mitmenschen als Folge (nicht als Bedingung) der freien, unverfügbaren Heilszuwendung Gottes zum Menschen.*

Ausgangspunkt ist die Annahme, daß das Reich Gottes den Kern der Botschaft Jesu ausmacht und daß folglich in der Reich-Gottes-Botschaft das entscheidende Prinzip für ein Handeln zu suchen ist, das sich auf Jesus Christus beruft.[352] Die Reich-Gottes-Botschaft hat zwei inhaltliche Komponenten: Sie ist Zeugnis von der Sorge Gottes um den Menschen, die so unerschütterlich ist, daß er sich vor jeder Leistung und unabhängig von jeder Verfaßtheit des Menschen zu dessen Heil entschlossen hat. Die Heilszuwendung ist grenzenlos, d.h. sie hat Gültigkeit über alle menschlich gesetzten Grenzen wie Nation, Religion oder Gesetz hinweg. Die Botschaft beinhaltet aber auch als zweite Komponente, daß die Heilsentschlossenheit Gottes die Gestalt der Güte hat, die das Sündigsein des Menschen irrelevant werden läßt für die Frage, ob dieser Mensch im Heilsraum Gottes steht, die guttuende, heilende Wirkung auf die Lebensverhältnisse hat, die aber wirklich auch *Güte*, unverfügbares, nicht von Gegenleistungen abhängiges Geschenk ist. Die Zuwendung Gottes zum Menschen erfährt in der Reich-Gottes-Botschaft ihre Proklamation. Entscheidend ist nicht so sehr der zeitliche Aspekt, ob das Reich Gottes jetzt schon da ist oder erst später, sondern die verändernde Wirkung, die die Proklamation der Reich-Gottes-Verhältnisse auf die Gegenwart ausübt. Gerade weil mit der Reich-Gottes-Botschaft eine Vision des Lebens angekündigt wird, hinter der die Lebensverhältnisse der Gegenwart schmerzlich zurückbleiben, erfährt das Handeln der Menschen mit ihr eine Dynamisierung auf diese Vision hin. Die Botschaft ermöglicht ein Handeln aus dem neuen Existenzverständnis des Menschen heraus, von der sicheren Heilszusage Gottes getragen zu sein. Das so ermöglichte Handeln auf seiten des Menschen kann keine andere Gestalt haben als sein ermöglichender Grund. Das heißt: Aus der Sorge und aus der Güte Gottes ergeben sich die Sorge des Menschen um das Reich Gottes - die identisch ist mit der Sorge um die Verwirklichung des von Gott zugesagten Heils - und die Güte des Menschen. Mit der Existenz Jesu, in der sich die Reich-Gottes-Botschaft wesentlich als Reich-Gottes-Praxis präsentiert, bekommt die Handlungsermöglichung für den Menschen die Qualität der Handlungsanforderung. Der Zuspruch Gottes wird zum Anspruch für den Menschen. Das vorher geschenkte Heil, das Handeln ermöglicht, soll auch im konkreten Handeln ergriffen werden. Der Mensch ist beansprucht, sein Leben am Reich Gottes auszurichten. Andere Maßstäbe menschlichen

352 Vgl. zum folgenden **Merklein, H.**: Die Gottesherrschaft als Handlungsprinzip, 220.

Handelns werden relativiert auf das Reich Gottes hin. "Zuerst das Reich Gottes zu suchen" (Mt 6,33) bedeutet, das Handeln danach auszurichten, daß darin Reich-Gottes-Zustände spürbare Wirklichkeit werden. Auf der Ebene der Beziehung zwischen Menschen heißt das, daß die Güte Gottes sich als Güte zum Mitmenschen auswirken muß. "Die radikale Entschlossenheit Gottes zum Heil des Menschen ... fordert und ermöglicht zugleich als Qualität mitmenschlichen Handelns das radikale Bedachtsein auf das Wohl des Mitmenschen."[353] Der Mitmensch und sein Mensch-sein-Können sind das Anliegen eines Handelns unter dem Maßstab des Reiches Gottes. Damit ist die immanente Logik der Reich-Gottes-Botschaft ein letztes Mal zum Ausdruck gebracht: Es geht um die bedingungslose, heilend-befreiende Zuwendung zum Menschen.

7.2.3 Die Sendung Jesu: Gute Nachricht vom Reich Gottes für die Armen

Das Anliegen der hier vorzunehmenden Rückfrage nach der Praxis Jesu ist es, in diesem Jesus und seiner Praxis eine Orientierung zu finden für die Reflexion und Konzeption heutiger Praxis. Was ist aber der Gehalt der Praxis Jesu, aus dem Orientierung geschöpft werden kann? Was ist das "Programm" Jesu, in welchem die Reich-Gottes-Botschaft seine konkrete Gestaltwerdung erfährt und das - gelegen oder ungelegen - einer heutigen christlichen Praxis als Maßgabe voranzustellen ist? Ein einigermaßen stichhaltiger Anhaltspunkt für die Beantwortung dieser Frage sind diejenigen Aussagen, in denen Jesus sein Selbstverständnis artikuliert und beschreibt, wozu er sich gesandt fühlt.[354]

7.2.3.1 Das Nazaret-Manifest

"So kam er auch nach Nazaret, wo er aufgewachsen war, und ging, wie gewohnt, am Sabbat in die Synagoge. Als er aufstand, um aus der Schrift vorzulesen, reichte man ihm das Buch des Propheten Jesaja. Er schlug das Buch auf und fand die Stelle, wo es heißt: Der Geist des Herrn ruht auf mir; denn der Herr hat mich gesalbt. Er hat mich gesandt, damit ich den Armen eine gute Nachricht bringe; damit ich den Gefangenen die Entlassung verkünde und den Blinden das Augenlicht; damit ich die Zerschlagenen in Freiheit setze und ein Gnadenjahr des Herrn ausrufe. Dann schloß er das Buch, gab es dem Synagogendiener und setzte sich. Die Augen aller in der Synagoge waren auf ihn gerichtet. Da begann er, ihnen darzulegen: Heute hat sich das Schriftwort, das ihr eben gehört habt, erfüllt." (Lk 4,16-21)

Diese Szene wird gemeinhin als Jesu "Antrittspredigt" bezeichnet, weil er hier im

---

[353] Ebd. 221.

[354] Auswahl und Interpretation der Aussagen wurde angeregt durch **Abesamis, C.H.**: Eine gute Nachricht für die Armen, 271-273.

Rahmen seines ersten Auftretens darlegt, was das Programm seiner Sendung ist. Die Schriftlesung und die anschließende Erklärung Jesu haben den programmatischen Charakter eines Manifests.[355] Jesus will eine gute Nachricht bringen, ein Evangelium. Dessen erste Bestimmung lautet: Die gute Nachricht gilt den Armen. Das heißt: Die gute Nachricht ist gut, insofern sie für Arme gut ist. Von Wichtigkeit ist die unscheinbare Nebensatzeinleitung "damit"; denn sie zeigt an, daß es hier in einem finalen Sinn darum geht, daß in Jesu Sendung die genannten Anliegen in erfahrbare Wirklichkeiten umgesetzt werden. Die heilenden und befreienden Handlungen, mit denen das Bringen der guten Nachricht näher beschrieben wird, sind nämlich auch jeweils mit einem "damit" eingeleitet. Die gute Nachricht für die Armen als Inhalt der Sendung Jesu bedeutet folglich, daß es ihm um die Verwirklichung von Heilung und Befreiung für arme Menschen geht. Es geht ihm nicht darum, aus einer distanzierten Position heraus Heilung und Befreiung nur im konstativen Sinn als Inhalt der guten Nachricht zu behaupten. Die gute Nachricht für Arme und heilend-befreiendes Handeln sind identisch; die gute Nachricht für Arme *besteht in* der realen Heilung und Befreiung von Armen - und nicht im Reden darüber. Das Evangelium sieht Jesus dort verwirklicht, wo die Lebensverhältnisse der Menschen geheilt sind, wo Arme die Überwindung ihrer Not erfahren, wo Gefangene aus ihren Gefängnissen entlassen sind, wo Blinde wieder sehen können und wo zerschlagene Menschen zu neuen Lebensmöglichkeiten freigesetzt sind. Das Evangelium besteht in der Ermöglichung eines Menschseins, das der Würde des Menschen vor Gott entspricht; denn in der Heilung der Menschen zeigt sich das Heil, das Gott den Menschen als Menschen zuspricht. Wo diese gute Nachricht als Heilung der Lebensverhältnisse der Menschen verwirklicht wird, ist ein Gnadenjahr des Herrn ausgerufen, d.h. da ist eine Zeit angebrochen, wie sie dem Willen Gottes entspricht und wie Gott sie dem Menschen in ungeschuldeter Zuwendung, in Gnade gewähren will. Jesu Sendung, die gute Nachricht für Arme zu bringen, besteht darin, daß jene Verhältnisse verwirklicht und erfahrbar werden, die wir uns von der Herrschaft Gottes erhoffen. Das Reich Gottes ist nicht etwas, das wir nur für eine ferne, zukünftige Endzeit erhoffen dürften. Jesus sagt, daß sich das Schriftwort *heute* erfüllt. Dieses "heute" meint nicht den einzelnen Tag von damals, sondern die jeweils gegebene Gegenwart, das "je-heute" derjenigen Menschen, die die Botschaft Jesu vom Reich Gottes hören.[356] Hier ist die oben (s. 7.2.2.1) dargelegte eschatologische Spannung des "schon" und "noch-nicht" zum Ausdruck gebracht. Das Reich Gottes meint einen Zustand des Heil-Seins, der die Fassungskraft des Menschen und dessen irdisches Dasein immer übersteigt und insofern "noch nicht" da ist. Das Reich Gottes meint aber auch einen Zustand des Heil-Seins, der uns bereits heute in unseren irdischen Lebensverhältnissen des Menschseins angekündigt ist, der uns bereits heute als Vision in unserem Handeln prägt und der uns in unserem Heute zur Verwirklichung aufgegeben ist.

---

[355] Vgl. **Bornkamm, G.**: Jesus von Nazareth, 67; **Schottroff, L./Stegemann, W.**: Jesus von Nazareth, 117.

[356] Vgl. **Schneider, G.**: Das Evangelium nach Lukas, Bd. 1, 108; **Bovon, F.**: Das Evangelium nach Lukas. 1.Teilband, 213.

7.2.3.2 Die Seligpreisungen

"Er richtete seine Augen auf seine Jünger und sagte: Selig, ihr Armen, denn euch gehört das Reich Gottes. Selig, die ihr jetzt hungert, denn ihr werdet satt werden. Selig, die ihr jetzt weint, denn ihr werdet lachen. Selig seid ihr, wenn euch die Menschen hassen und aus ihrer Gemeinschaft ausschließen, wenn sie euch beschimpfen und euch in Verruf bringen um des Menschensohnes willen." (Lk 6,20-22)

"Als Jesus die vielen Menschen sah, stieg er auf einen Berg. Er setzte sich, und seine Jünger traten zu ihm. Dann begann er zu reden und lehrte sie.
*Er sagte: Selig, die arm sind vor Gott [*wörtlich: *im Geist]; denn ihnen gehört das Himmelreich. Selig die Trauernden; denn sie werden getröstet werden. Selig, die keine Gewalt anwenden; denn sie werden das Land erben. Selig, die hungern und dürsten nach der Gerechtigkeit; denn sie werden satt werden. Selig die Barmherzigen; denn sie werden Erbarmen finden. Selig, die ein reines Herz haben; denn sie werden Gott schauen. Selig, die Frieden stiften; denn sie werden Söhne Gottes genannt werden. Selig, die um der Gerechtigkeit willen verfolgt werden; denn ihnen gehört das Himmelreich. Selig seid ihr, wenn ihr um meinetwillen beschimpft und verfolgt und auf alle mögliche Weise verleumdet werdet. Freut euch und jubelt: Euer Lohn im Himmel wird groß sein. Denn so wurden schon vor euch die Propheten verfolgt." (Mt 5,1-12)*

Von den Seligpreisungen gehen die ersten drei der lukanischen Fassung, welche sich auf die Armen, die Hungernden und die Weinenden beziehen, und analog die erste, zweite und vierte der matthäischen Fassung in ihrer ursprünglichen Form mit einiger Sicherheit auf Jesus selbst zurück.[357] Der Hinweis auf die historische Echtheit der Aussage Jesu ist an dieser Stelle von Bedeutung, weil im Falle der Seligpreisungen die Funktion der Echtheitsfrage, den hermeneutischen Schlüssel zur Auslegung später hinzugefügter Traditionsstücke zu liefern (s. 7.2.1), besonders virulent ist. Besonders in der Fassung des Matthäus sind solche Weiterentwicklungen gegenüber den jesuanischen Seligpreisungen festzustellen. In Abhebung vom dominierenden Charakter des Gnadenzuspruchs bei Jesus haben die Seligpreisungen dort im Laufe der Textwerdung eine deutlich ethisierende bzw. spiritualisierende Tendenz erhalten. So läßt z.B. der Zusatz "im Geist" in der ersten Seligpreisung den realen, sozialen Charakter der Armut zurücktreten und die so bezeichnete Armut eher als freiwillig gewählte oder psychische Armut bzw. als Demut verstehen, die von den Seliggepriesenen als Tugend eingefordert ist.[358] Umgekehrt heißt das für eine praxisorientierende Rückfrage nach Jesus, daß bei einer Interpretation der Seligpreisungen das, was hinter dem überlieferten Text als Jesu Authentizität erkennbar ist, zur Geltung gebracht werden muß.
Die Seligpreisungen sind, was sowohl in der matthäischen wie auch in der lukanischen

[357] Vgl. **Bovon, F.**: Das Evangelium nach Lukas. 1. Teilband, 295; **Luz, U.**: Das Evangelium nach Matthäus. 1. Teilband, 200; **Merklein, H.**: Die Gottesherrschaft als Handlungsprinzip, 50.

[358] Vgl. **Luz, U.**: Das Evangelium nach Matthäus. 1. Teilband, 205-208, 215 f.

Version erkennbar wird, Selbstaussagen Jesu über seine Sendung. Bei Matthäus schließen sie unmittelbar an das erste Auftreten Jesu an. Jesus hatte, wie in Mt 4,23-25 zu lesen ist, offenbar großes Aufsehen erregt. Sein Ruf hatte sich verbreitet; Kranke und Besessene eilten zu ihm, um geheilt zu werden. Von diesem Wirken beeindruckt folgten ihm "Scharen von Menschen". Angesichts dieser großen Menschenmenge steigt er auf einen Berg. Das ist die Situation, in die hinein die Seligpreisungen formuliert sind. Jesus sieht sich veranlaßt, angesichts der Scharen von Menschen, die ihm nachfolgen oder von ihm etwas wollen, seine Position zu klären und kundzutun, von welcher Art das Programm ist, auf das man sich beim Zusammensein mit ihm einstellen muß. Er sucht dafür einen Berg, den Ort der Proklamation und Prophetie, also der programmatischen Ansage. Bei Lukas fehlt zwar die Ortsangabe des Berges, aber die Situation der Proklamation angesichts einer großen Menge zuhörender und auf Heilung hoffender Menschen ist die gleiche. Diese Situation läßt die Seligpreisungen als Selbstaussage Jesu über sein Sendungsverständnis verstehen. In ihnen wird dargelegt, was die zentrale Sendungsaussage Jesu, die gute Nachricht vom Reich Gottes zu bringen, inhaltlich bedeutet.[359]

Mit einem provokanten, aufrüttelnden Satz setzt er ein: "Selig, ihr Armen, denn euch gehört das Reich Gottes." (Lk 6,20) Ein entscheidendes Problem besteht in der Frage, wer mit den "Armen" gemeint sein kann. Wie bereits erwähnt verleitet die matthäische Formulierung "Arme im Geiste" zu einer spiritualisierenden Deutung, die die seliggepriesenen Armen nicht als "wirklich arm", nicht als sozial, d.h. materiell, gesundheitlich oder politisch Arme verstanden wissen will. Bestätigt werden dadurch Bestrebungen, den Seligpreisungen den Wind des sozial-politischen Skandalons aus den Segeln zu nehmen und sie für die weithin bürgerlich-etablierten Christengemeinden einer angenehmeren, von Selbstkritik freien Interpretation zuzuführen. Eine solche verharmlosende Interpretation verbietet sich vor allem aus zwei Gründen.

Zunächst spricht der Textbefund dagegen. Sowohl bei Lukas wie auch bei Matthäus findet sich mit "ptochós" "das stärkste zur Verfügung stehende griechische Wort für soziale Armut"[360], das die sich Duckenden, sich Verbergenden, also die gesellschaftlich Niedrigen, die Bettler und Notleidenden meint.[361] Die "Hungernden" und "Weinenden" sind als konkrete Exempel aller dieser sozial Armen zu lesen.[362] Entsprechend wird in den weiteren Seligpreisungen Armut als vielschichtiger realer Mangel an Lebensmöglichkeiten geschildert: als Betrübnis, als Gehaßt-Werden, als Ausschluß aus der Gemeinschaft, als Schimpf und Schande, als Verfolgung, als Verleumdung. Die Seligpreisungen sind die Zusage des Heils Gottes an all diejenigen, "die nach irdischen Maßstäben auf der Negativseite des Lebens stehen"[363].

Zum andern legt sich ein konkret-soziales Verständnis der "Armen" zwingend nahe

---

[359] Vgl. ebd. 199.

[360] Ebd. 204.

[361] Vgl. **Bovon, F.**: Das Evangelium nach Lukas. 1. Teilband, 299, Anm. 40.

[362] Vgl. **Luz, U.**: Das Evangelium nach Matthäus. 1. Teilband, 204.

[363] **Merklein, H.**: Die Gottesherrschaft als Handlungsprinzip, 48.

aufgrund der Dominanz, mit der Jesus die Zuwendung zu den wirklich sozial Armen zum durchgängigen Grundzug seiner Existenz macht und die sozial Benachteiligten bzw. Stigmatisierten als vorrangige Adressaten der Reich-Gottes-Botschaft einsetzt. "Jesu Seligpreisung der Armen, Hungernden und Trauernden ... ist im Zusammenhang mit Jesu sonstigem Tun zu sehen: der Gemeinschaft mit Sündern und Zöllnern, Deklassierten und religiös Verachteten, seiner Zuwendung zu Frauen und Kindern, die in der Gesellschaft kaum Ansehen hatten, den Heilungen der Kranken und von Dämonen Besessenen. Daher ist es kaum möglich, die Begriffe arm, hungernd, trauernd aus dem Bezug zu einer konkreten Notsituation herauszunehmen und sie nur religiös metaphorisch zu verstehen. Wie jene Kranke, die er heilte, wirklich Kranke, jene Sünder, mit denen er aß, wirklich Sünder waren, so sind jene Armen, Hungernden und Trauernden von Armut, Hunger und Leid getroffene Menschen."[364] "'Arme' meint ... in umfassenderem Sinne die Unterdrückten, Elenden, Abhängigen, Erniedrigten, aber keinesfalls *nur* einen bestimmten Frömmigkeitstyp und/oder *nur* eine von den äußerlichen Verhältnissen gelöste, innerliche Armut."[365]
Dadurch, daß Jesus diese scharfe Konfrontation mit der Realität der Armen an den Anfang seiner Selbstverständnisklärung stellt, macht er deutlich: Die Position in der Spannung zwischen Armen und Reichen ist für die ihm Nachfolgenden nicht beliebig wechselbar, sondern bildet den "Testfall für das christliche Engagement"[366]. Jesus klärt seine Position in dieser Spannung, indem er den Armen den Vorrang im Reich Gottes zuspricht. Vornehmlich ihnen gilt der Zuspruch des Reiches Gottes; vornehmlich für sie soll sich die Reich-Gottes-Botschaft als eine *gute* Nachricht erweisen. Was aber für die einen, die wirklich Armen, *Zusage* des Reiches Gottes ist, ist für die anderen, die Reichen, *Anspruch* des Reiches Gottes. Letztere bewähren sich in ihrer Annahme der Reich-Gottes-Botschaft dadurch, daß sie sich an die Seite der Armen stellen und so die Stellungnahme Jesu nachvollziehen. Folglich ist es auch nicht statthaft, die Seligpreisungen als Trost für erlittene Not im irdischen Leben einzusetzen und mit ihnen auf eine jenseitige Welt zu verweisen. "Sie gelten nicht einigen Armen, Hungernden, Weinenden, die Jesus gerade vor Augen hat und die er trösten will. Sie sind absolut und gelten allen, die nach der bisherigen Ordnung die Letzten sind. Indem sie die nach dieser Wertordnung Deplazierten und Deklassierten seligpreisen, zerbrechen sie die Wertmaßstäbe der bisherigen Ordnung und sind geradezu die Proklamation einer neuen Ordnung. Die Armen, Hungernden, Weinenden sind letztlich nur Exempel für alle Not der Deklassiertheit in der bisherigen Ordnung. ... Mit dem 'Selig' an die Armen, Hungernden, Weinenden ist schon jetzt, und zwar endgültig, die Ordnung Gottes proklamiert und die Wertordnung dieser Welt außer Kraft gesetzt ... Vor Gott im Recht sind gerade die anderen, die nach der natürlich-irdischen Wertordnung die Verachteten und Deklassierten sind. Insofern sind die Seligpreisungen durchaus gegenwartseffizient (und sollten

---

364 **Hoffmann, P.**: Das Reich und die Armen in der Verkündigung Jesu, 243.

365 **Luz, U.**: Das Evangelium nach Matthäus. 1. Teilband, 204; vgl. ähnlich **Bornkamm, G.**: Jesus von Nazareth, 68, 71; **Becker, J.**: Jesus von Nazaret, 203.

366 **Bovon, F.**: Das Evangelium nach Lukas. 1. Teilband, 300.

es auch für eine heutige christliche Gesellschaft sein); denn fortan wird jeder, der sich auf Gott berufen will, nicht an der Entscheidung Gottes, wie sie Jesus in den Seligpreisungen proklamiert, vorbeikönnen."[367]
Selig sind die von Not gekennzeichneten Menschen nicht, weil ihr Notzustand als solcher, etwa im Sinne selbstverleugnerischer Entbehrung, selig und von Gott gewollt wäre. Für Jesus ist Armut kein glücklicher Zustand und kein Ideal. Selig ist nicht die Armut, sondern der Arme.[368] Und selig sind die Armen deshalb, weil das Reich Gottes die heilvolle Aufhebung der von ihnen erlittenen unheilvollen Zustände, das In-Kraft-Treten der Herrschaft Gottes als Gerechtigkeit bedeutet und weil folglich vorrangig die Armen erahnen können, was die Reich-Gottes-Botschaft beinhaltet. In ihrer menschlich-irdischen Sehnsucht, aus der Not befreit zu werden, sind sie die ersten, die die Zusage des Reiches Gottes zu schätzen wissen. Die Zusage des Reiches Gottes hat folglich ihren authentischen Ort in der Erfahrung konkreter, menschlicher Not und in der Befreiung daraus. In diesem Sinn gehört den Armen das Reich Gottes.

7.2.3.3 Die Täuferanfrage

"Johannes hörte im Gefängnis von den Taten Christi. Da schickte er seine Jünger zu ihm und ließ ihn fragen: Bist du der, der kommen soll, oder müssen wir auf einen andern warten? Jesus antwortete ihnen: Geht und berichtet Johannes, was ihr hört und seht: Blinde sehen wieder, und Lahme gehen; Aussätzige werden rein, und Taube hören; Tote stehen auf, und den Armen wird das Evangelium verkündet. Selig ist, wer an mir keinen Anstoß nimmt." (Mt 11,2-6)

Johannes hat von Jesus und dessen Taten gehört. Bereits hier ist wichtig, was mit diesen Taten gemeint ist und wie Jesus hier bezeichnet wird. Matthäus spricht von den Taten *Christi*, bezeichnet Jesus also als den Christus. Dies ist eine nachträgliche, deutende Titulatur des Matthäus, der damit sagt, um was und um wen es ihm hier geht. "Christus" ist der Titel für Jesus, mit dem parallel zum Titel Davidssohn zum Ausdruck gebracht wird, daß in diesem irdischen, als Mensch lebenden Jesus der verheißene Messias, der Befreier, der Erlöser, der Heilbringer da ist. Was Matthäus mit dem Christus-Titel meint, ergibt sich folglich daraus, wie er in den Passagen vorher den damit bezeichneten Jesus schildert. Das wird durch die Formulierung der Antwort Jesu auf die Täuferanfrage bestätigt: Sie nimmt jene Wunder Jesu wieder auf, von denen vorher in Mt 8-9 berichtet worden ist - die Blindenheilung, die Gelähmtenheilung, die Heilung eines Aussätzigen, die Heilung eines Tauben und die Totenauferweckung - und sie wiederholt mit der Verkündigung des Evangeliums an die Armen das zentrale Motiv

---

367 **Merklein, H.**: Die Gottesherrschaft als Handlungsprinzip, 53 f.

368 Vgl. **Bovon, F.**: Das Evangelium nach Lukas. 1. Teilband, 300; **Schottroff, L./Stegemann, W.**: Jesus von Nazareth, 32, 93.

der Bergpredigt in Mt 5-7.[369] Das heißt: Als Christus ist Jesus der, der mit seiner Bergpredigt (Mt 5-7) die Botschaft vom Reich Gottes als eine gute, hoffnungsvolle Nachricht für die Armen bringt und der sich mit seinen Heilungswundern (Mt 8-9) den Menschen heilend zuwendet.[370] Mit "Christus" ist der Titel formuliert, der Jesus als den Befreier aus Not und als den Heiler unheiler Lebensumstände beschreibt. Die Taten Christi meinen bei Matthäus das gesamte bisher (Mt 5-9) berichtete Wirken Jesu, und dieses besteht in der Bezeugung der für Arme guttuenden Reich-Gottes-Zustände und in der Heilung von Lebensbehinderungen. Damit ist die Identität Jesu als des *Christus* umschrieben.[371]

Um diese Identität geht es in der Täuferanfrage. Johannes läßt zu seiner Versicherung anfragen, wer dieser Jesus ist. Er sucht Bestätigung und Aufklärung.[372] Matthäus läßt Jesus bewußt keine direkte Aussage über sich selbst formulieren. Jesus antwortet so, daß seine Identität als Frohbote der Armen und Befreier der Notleidenden erkennbar wird. Auf die Frage, wer er ist, sagt er: "Blinde sehen wieder, und Lahme gehen; Aussätzige werden rein, und Taube hören; Tote stehen auf, und den Armen wird das Evangelium verkündet." Mit dieser Antwort zeigt Jesus an, daß in seiner guten Botschaft für die Armen und in seinen Heilungswundern eine bereits jetzt erfahrbare Heilszeit angebrochen ist.[373] Wer Jesus ist, kann nicht mit einer abstrakten, theoretischen Aussage über ihn ausgedrückt und nicht mit rationalem Wissen über ihn erfaßt werden. Es kann nur erfahren werden, indem man sich auf ihn einläßt und die Wirklichkeit seiner Botschaft und Heilung bei sich und durch sich selbst zur Wirkung kommen läßt. Das ist mit der abschließenden Seligpreisung gemeint: Selig, wer an mir keinen Anstoß nimmt. Es geht nicht um Abweichung oder Kongruenz auf der Ebene rational erfaßter Orthodoxie, sondern um Abweichung von oder Kongruenz mit Jesus auf der Ebene einer existentiell verwurzelten und verantworteten Orthopraxie. Es geht also darum, ob sich der Mensch mit einer in seiner Persönlichkeit verankerten Entscheidung unter den Anspruch stellt, den Jesus mit der guten Nachricht für Arme und mit der Befreiung aus Not vorgegeben hat.[374]

---

369 Vgl. **Luz, U.**: Das Evangelium nach Matthäus. 2. Teilband, 164.

370 Vgl. ebd. 167.

371 An dieser Stelle wird deutlich, daß die Unterscheidung zwischen einem irdischen Jesus und einem auferstandenen Christus dann höchst fragwürdig wird, wenn sie die Identität Jesu als des Christus in trennendem Sinne auflöst und dem "irdischen Jesus" dessen soziales, helfendes und heilendes Tun zuordnet und dem "verkündigten Christus" das zukünftige Reich Gottes, so daß beides, Jesus und Christus, menschliche Heilung und himmlisches Heil, gegenseitig ausgespielt werden. Was es heißt, daß Jesus der Christus ist, wäre damit gerade nicht verstanden.

372 Vgl. **Bovon, F.**: Das Evangelium nach Lukas. 1. Teilband, 375.

373 Vgl. **Luz, U.**: Das Evangelium nach Matthäus. 2. Teilband, 166, 169.

374 Vgl. ebd. 166, 170.

7.2.3.4 Die Verteidigungsrede

"Wenn ich aber die Dämonen durch den Finger Gottes austreibe, dann ist doch das Reich Gottes schon zu euch gekommen." (Lk 11,20)

Jesus muß sich verteidigen, nachdem er bei einem stummen Mann einen Dämonen ausgetrieben hat. Die ihn beobachtenden Leute argwöhnen, Jesus selbst stünde mit Beelzebul, dem Anführer der Dämonen, im Bunde und wäre deswegen zu solchem Handeln fähig. Gegen diesen Vorwurf bringt Jesus das ganze Gewicht seiner Autorität und der Wirkung seines Handelns ins Spiel, um die spezifische Qualität zu betonen, mit der er sich von den anderen Exorzismuspraktiken unterscheidet. Er klärt sein Selbstverständnis. Wenn er, Jesus, in der Beziehung zu Menschen heilend handelt, wenn er diese Menschen aus ihren Zwängen zu einem stimmigen und erfüllteren Leben befreit, dann handelt er nicht mit Hilfe eines Dämons, d.h. gerade nicht mit der Hilfe dessen, was die Menschen in ihren Lebensmöglichkeiten niederdrückt, sondern "mit dem Finger Gottes". Wird berücksichtigt, daß "Dämonen" im Deutungshorizont der heutigen Lebensrealität für alle Zwänge stehen, durch die Menschen in unheilen Zuständen und in Unfreiheit gehalten werden, dann kann man das Gemeinte auch so formulieren: Jesu heilendes und befreiendes Handeln geschieht nicht selbst noch einmal nach der Art und mit den Mitteln derjenigen Kräfte, die Menschen in den verschiedensten Formen von Not halten. Jesu Handeln hat eine andere Basis. Er handelt in der Kraft, "durch den Finger" Gottes. Sein Handeln gründet im Willen Gottes und in seinem Handeln handelt Gott selbst. Wo Jesus heilend-befreiend wirkt, hat man es mit Gott zu tun. Sein Handeln ist Handeln nach dem Willen Gottes.

Der zitierte Spruch enthält nun zwei entscheidende Komponenten des Handelns Jesu: Es ist etwas ausgesagt über das Geschehen, das dieses Handeln zeitigt, und es ist gesagt, von welcher Art das Handeln ist.

In Jesu Handeln "ist das Reich Gottes schon gekommen". Das Reich Gottes ist etwas, das bereits in die Realität der Menschen eingebrochen ist. Es ist nicht nur etwas Nahestehendes, das, wenn auch nahe, immer noch getrennt von der je jetzt gültigen Gegenwart wäre. Das Reich Gottes ist vielmehr wirkliche, spürbare Gegenwart. Freilich ist die Gegenwart nicht als abgeschlossenes Vollendet-Sein zu verstehen. Die umfassende Verwirklichung steht noch aus. Das Reich Gottes ist nicht als ein in der Zukunft irgendwann einmal abgeschlossener Zustand zu denken, sondern als ein dynamisches, "von Gott initiiertes ... und getragenes *Geschehen*"[375], das in seiner Dynamik auf die Vollendung hin die Gegenwart erfaßt und bereits auf den Zielpunkt dieser Dynamik ausrichtet. Das "schon-gekommen" bedeutet, daß mit und in der Gegenwart schon etwas geschieht. Das Reich Gottes steht nicht vor und somit außerhalb der Gegenwart, sondern ist in ihr wirkmächtig präsent. Folglich sind auch die den Menschen geltenden Zusagen des Reiches Gottes nicht als in Zukunft zu erwartende Zustände zu verstehen, sondern bilden Zusprüche Jesu in die Gegenwart der Menschen hinein.

---

[375] **Merklein, H.**: Jesus, Künder des Reiches Gottes, 155.

Als solche gnadenhaften Zusprüche Jesu *für* die Gegenwart werden sie zu einem Anspruch der Menschen *in* der Gegenwart, nämlich zu dem Anspruch, die Gegenwart so zu gestalten, daß die Zusage der Verwirklichung von Reich-Gottes-Zuständen als Wirklichkeit der Menschen erfahren werden kann.
Jesus bezeichnet - und das ist die zweite Komponente - *sein* Handeln als Ort der Ankunft des Reiches Gottes. Auch Jesus ist in seinem Handeln nicht nur Symbol oder Vorzeichen, das in der Gegenwart auf etwas noch Ausstehendes hinweisen würde. Sein Handeln ist bereits die Realisierung, das Wirklichkeit-werden-Lassen der Reich-Gottes-Zustände. Er repräsentiert - und symbolisiert nicht nur - ein Geschehen, wie es nach dem Willen Gottes ist. An ihm ist ablesbar, was Existenz unter dem Anspruch Gottes bedeutet. Jesus bezieht nun das mit seinem Handeln verknüpfte Geschehen der Reich-Gottes-Vergegenwärtigung auf ein bestimmtes Handeln: "wenn ich aber die Dämonen austreibe". Die spürbare Gegenwart des Reiches Gottes ist ausgesagt von einem Handeln, das den Menschen Heilung ihrer Lebensbehinderungen und Befreiung aus ihren Unterdrückungen bringt. In Jesu Heilungspraxis, in seiner befreienden Zuwendung zu Notleidenden wird das Reich Gottes eine spürbare Realität für die Menschen. In solchem Handeln wird eingelöst, was den Menschen von Gott verheißen ist, nämlich die Befreiung aus Zwängen, die sie in ihrem Menschsein unterdrücken. Für diese Zuwendung gibt es keine Bedingungen auf seiten der Menschen. Das Maß der Zuwendung ist die Güte des Unendlichen. Sie gilt allen Menschen. Entscheidend ist, *daß* Heilung von Unheil und Befreiung aus Not geschehen. Heilung und Befreiung Notleidender zu einem menschlichen Leben sind in sich authentische Reich-Gottes-Praxis.
Was Jesus in seiner Selbstaussage der Verteidigungsrede sagt läßt sich so zusammenfassen: Das Reich Gottes ist als wirkliche, spürbare Gegenwart zugesprochen; und das Reich Gottes wird für die Menschen zu einer spürbaren Wirklichkeit in einem Handeln, in dem Zuwendung zu Menschen und Befreiung dieser Menschen aus den ihr Menschsein unterdrückenden Zwängen geschehen.[376]

7.2.3.5 Fazit: Die Zusage des Reiches Gottes als Kern der Sendung Jesu

Damit ist der unhintergehbare, alles andere bestimmende Kern der Sendung Jesu ausgedrückt: Es geht um die Botschaft von der basileia tou theou, von der Herrschaft Gottes bzw. vom Reich Gottes. Die Zusage des Reiches Gottes bedeutet Heil für arme Menschen im Sinne der Heilung ihrer Lebensverhältnisse, der Einführung von Menschlichkeit, des "Lebens in Fülle" (Joh 10,10), d.h. eines Lebens entsprechend der Würde des Menschen vor Gott. In diesem Sinn ist sie der zentrale Gehalt des Selbstverständnisses Jesu. Die Botschaft vom Reich Gottes als gute, wirkmächtig heilende und befreiende Nachricht für Arme ist das für das Handeln Jesu Grundlegende[377], das

[376] Die Interpretation der Verteidigungsrede Jesu orientierte sich an **Hoffmann, P./Eid,V.**: Jesus von Nazareth, 36-39, und **Merklein, H.**: Jesus, Künder des Reiches Gottes, 154 f.
[377] Vgl. **Hoffmann, P./Eid, V.**: Jesus von Nazareth, 27.

"Zentrum der Verkündigung Jesu"[378], "unbestreitbar die Mitte seiner Predigt, der Angelpunkt seines Wirkens"[379]. "Gottes Herrschaft ist nahe! Das ist die Mitte von Jesu Botschaft."[380]

7.2.4 Die Identität von Reich-Gottes-Botschaft und diakonischer Praxis bei Jesus

Wenn man die Botschaft vom Reich Gottes so versteht, wie sie Jesus in seinen programmatischen Selbstaussagen zu verstehen gibt, dann läßt sich folgende Grundannahme formulieren: "Sorge des Menschen für den Mitmenschen ist die sichtbare Gestalt, in der sich das Kommen des Reiches Gottes manifestiert; es ist der Weg, den die Gottesherrschaft geht. Im Lebensverhalten Jesu ist nicht eine theoretische, sondern eine praktisch proleptische - vorausgreifende - Realisierung der 'neuen Welt', der gesuchten neuen Praxis des menschenwürdigen, guten und wahren Lebens gegeben ... Deshalb ist die gesuchte ganz andere, bessere Welt - vor allem das Reich Gottes als eine auf Menschlichkeit bedachte Gottesherrschaft oder Liebesmacht - nicht vage und völlig unbestimmt: Sie erhielt geschichtliche Konturen in der Lebenspraxis Jesu, der deshalb für die, die ihm vertrauen, nicht nur eine *Inspiration* und *Antriebskraft* ist, sondern ... ihrem Handeln in der Welt eine sehr bestimmte *Orientierung* gibt."[381]
Die Diakonie ist die Praxisdimension, in der es um die Sorge um den Mitmenschen geht, in der Menschlichkeit verwirklicht und unterdrückende Lebensverhältnisse aufgehoben werden sollen. Legt man andererseits das Programm zugrunde, das Jesus für sein Wirken proklamiert, nämlich die für die Armen gute Nachricht von dem auf Menschlichkeit bedachten Reich Gottes, dann kann die Diakonie Jesu nicht einfach als ein Teilbereich seines Handelns neben anderen verrechnet werden. Der Diakonie eignet im Handeln Jesu ein grundlegender Stellenwert. Sie ist eine Dimension, welche die Praxis Jesu als ganze strukturiert. Der "Umgang Jesu von Nazaret mit Mitmenschen ist Heilsangebot von Gott; es hat mit der von ihm verkündeten kommenden Gottesherrschaft zu tun."[382] In seinem Verhältnis zu und in seinen Begegnungen mit Menschen legt Jesus vom Reich Gottes so Zeugnis ab, daß die Mitmenschen die Botschaft vom Reich Gottes nicht als Information über etwas, sondern als befreiende Veränderung ihrer Lebenseinschränkungen, als praktiziertes Heil für sich, eben als Heilung erfahren können. Was das bedeutet, kann in Anlehnung an Edward Schillebeeckx[383] an exemplarischen, aber signifikanten Elementen der Praxis Jesu veranschaulicht werden: an Jesu Wundern, an seiner Tischgemeinschaft mit den Menschen, an seinem Auftrag an die Jünger, an

[378] **Gnilka, J.**: Jesus von Nazaret, 87.

[379] Ebd. 257.

[380] **Bornkamm, G.**: Jesus von Nazareth, 57.

[381] **Schillebeeckx, E.**: Jesus, 136.

[382] Ebd. 159.

[383] Vgl. ebd. 159-227.

seinem Verhältnis zum Gesetz und an seinem Erzählen von Gleichnissen.

7.2.4.1 Die heilend-befreienden Wunder Jesu

Mit keiner Praxisform hat Jesus sowohl bei seinen Zeitgenossen als auch bei den aus späterer Zeit auf ihn zurückblickenden Menschen so viel Aufmerksamkeit und Aufsehen erregt wie mit seinen Wunderheilungen. Mit ihnen löste er euphorische Hoffnungen wie auch tiefen Argwohn aus. In der gängigen Auslegung der Wundergeschichten gilt es als Sinn der Wunderheilungen, daß Jesus durch sein Handeln die Menschen zum Glauben an Gott bringt.[384] Ein typisches Element bei Jesu Heilungen ist ein Beleg für diese theologische Bestimmung: Jesus bestätigt nach vollzogener Heilung den Glauben des geheilten Menschen mit Formeln wie "Dein Glaube hat dich gerettet". Davon ausgehend werden die Wunder nach wie vor instrumentalistisch gedeutet als vorausgreifender legitimatorischer Ausweis der Gültigkeit der später formulierten Glaubenslehren über diesen Jesus und als scheinbar unabweisbarer Aufruf an die Gläubigen, sich in den eigenen Überzeugungen den derart ausgewiesenen rational zu erfassenden Glaubenslehren zu unterstellen. Daß jedoch die Eigenart der Wunderheilungen Jesu ihren eigentlichen Fokus nicht im legitimatorischen Ausweis Jesu, zumal nicht in der Legitimation der später formulierten Lehren über ihn, findet und daß speziell mit dem Hinführen zum Glauben in den Wunderheilungen Jesu etwas anderes intendiert ist als z.B. mit den aktuellen Versuchen der Glaubensweitergabe unserer heutigen Kirche, zeigt ein genaueres Hinsehen auf die Heilungserzählungen. Als Beispiel dafür dient die Erzählung von der Heilung der blutflüssigen Frau:
"Viele Menschen folgten ihm und drängten sich um ihn. Darunter war eine Frau, die schon zwölf Jahre an Blutungen litt. Sie war von vielen Ärzten behandelt worden und hatte dabei sehr zu leiden; ihr ganzes Vermögen hatte sie ausgegeben, aber es hatte ihr nichts genutzt, sondern ihr Zustand war immer schlimmer geworden. Sie hatte von Jesus gehört. Nun drängte sie sich in der Menge von hinten an ihn heran und berührte sein Gewand. Denn sie sagte sich: Wenn ich auch nur sein Gewand berühre, werde ich geheilt. Sofort hörte die Blutung auf, und sie spürte deutlich, daß sie von ihrem Leiden geheilt war. Im selben Augenblick fühlte Jesus, daß eine Kraft von ihm ausströmte, und er wandte sich in dem Gedränge um und fragte: Wer hat mein Gewand berührt? Seine Jünger sagten zu ihm: Du siehst doch, wie sich die Leute um dich drängen, und da fragst du: Wer hat mich berührt? Er blickte umher, um zu sehen, wer es getan hatte. Da kam die Frau zitternd vor Furcht, weil sie wußte, was mit ihr geschehen war; sie fiel vor ihm nieder und sagte ihm die ganze Wahrheit. Er aber sagte zu ihr: Meine Tochter, dein Glaube hat dir geholfen. Geh in Frieden! Du sollst von deinem Leiden geheilt sein." (Mk 5, 24b-34)
Mit der Frau steht eine notleidende, gesellschaftlich marginalisierte Person im Mittelpunkt dieser Erzählung. Durch ihre Blutungen gilt sie als unrein und ist vom sozialen

[384] Vgl. ebd. 174.

Leben weitgehend ausgeschlossen. Sie dürfte sich nicht einmal in der Menge aufhalten.[385] Ihre Sehnsucht nach Heilung ist so groß, daß sie diese Schranken zu überspringen wagt. Sie erfährt in der Begegnung mit Jesus Heilung, und Jesus bestätigt seinerseits den Glauben der Frau. Nun läßt sich jedoch nirgends ein inhaltliches Bekenntnis als "Glaube" dieser nach Heilung suchenden Frau bzw. eine vernehmbare Deklaration eines solchen Bekenntnisses als Bedingung ihrer Heilung ausmachen. Im Gegenteil, sie nähert sich Jesus von hinten, unsichtbar für ihn. Sie hofft, daß sie selbst bei dem Vorgang nicht bemerkt wird und sich nach der Heilung wieder in ihren Lebensbereich zurückziehen kann. Sie sagt nicht etwa: "Jesus, ich will dir nachfolgen, wenn du mich heilst." Die Begegnung mit Jesus ist bei ihr getragen allein von der Hoffnung, die sie mit diesem Jesus verbindet, nämlich nach all den Jahren vergeblicher Mühe von ihrem sozial ausschließenden Leiden geheilt zu werden.[386] Der Glaube, um den es hier geht, kann gerade nicht identifiziert werden als die Absicht, sich nach der Art eines "Credos" proklamatorisch zu einem Glaubensinhalt zu bekennen bzw. sich an programmatische Inhalte oder an Personen zu binden. Der Glaube der Frau besteht vielmehr in dem Bedürfnis, daß Jesus ihr durch eine Heilung etwas Gutes tut, d.h. theologisch: daß sie in der Begegnung mit Jesus Gottes Heil als Wirklichkeit ihres eigenen Lebens erfährt. Der Glaube der Frau ist nicht das Wissen einer theologischen Lehre, ist keine Erfüllung einer Bedingung; der Glaube der Frau ist ihr sehnlicher Wunsch, daß es ihr in ihrem Leben besser ergeht. Und das ist auch der Inhalt des einzigen Bekenntnisses in dieser Erzählung. Genau an der Stelle, wo die Frau ihre Sehnsucht nach Heilung in ihrer "ganzen Wahrheit", also ohne Beschönigung und ohne einen verfälschenden Zusatz, gesteht, bestätigt Jesus dies mit den Worten: *"Meine Tochter, dein Glaube hat dir geholfen."*. Das Streben der Frau nach Heilung ihres Leidens und darin nach Befreiung aus ihrer gesellschaftlichen Unterdrückung ist ihr Glaube, der ihr geholfen hat. Das ist für Jesus aber auch ausreichend. Er fordert keinen "religiösen" Zusatz zu diesem humanen Wunsch. Deshalb kann er zur Frau sagen: *"Geh in Frieden! Du sollst von deinem Leiden geheilt sein."* Auch er sieht den Sinn seiner heilenden Begegnung mit der Frau eben in der für die Frau konkret spürbaren Heilung und nicht in einem irgendwie gearteten "Nebeneffekt" dieser Heilung. Er kann sie wegschicken, ohne daß er sie mit einem Anspruch an sich gebunden hätte.

Auf der Grundlage der hier erkennbar gewordenen neuen Definition des Glaubens[387], d.h. in der Überzeugung, daß der Glaube eines Menschen in seiner Hoffnung auf ein heilvolleres und befreiteres Leben besteht und daß jedwede "Glaubensvermittlung" sich verstehen muß als Hilfe für die Menschen, diese ihre Hoffnung zu artikulieren und zu verwirklichen, kann dann gesagt werden, daß der Sinn der Wunder darin besteht, die Menschen zum Glauben an Gott aufzurufen.[388] Den Menschen den Glauben zu brin-

---

385 Vgl. **Bovon, F.**: Das Evangelium nach Lukas. 1. Teilband, 447 f.

386 Vgl. **Gnilka, J.**: Das Evangelium nach Markus. 1. Teilband, 215; **Theißen, G.**: Urchristliche Wundergeschichten, 137.

387 Vgl. **Bovon, F.**: Das Evangelium nach Lukas. 1. Teilband, 449.

388 Vgl. **Schillebeeckx, E.**: Jesus, 177.

gen heißt für Jesus, den Menschen in ihren zwangvollen, unheilen Verhältnissen Befreiung und Heilung zu bringen. "In Jesus geht es um die *Gutes tuende* ... Wirklichkeit des *Reiches Gottes*."[389]
An diesem Beispiel wird die Eigenart des heilenden Handelns Jesu und die Absicht der Erzählungen von den Wunderheilungen deutlich. Es geht darum, durch das außerordentliche Ereignis des Wunders die Lebenswirklichkeit der Menschen aufzubrechen. Aber diese Intention findet ihren Fokus nicht darin, daß Jesus Naturgesetze außer Kraft setzen und durch diese Außergewöhnlichkeit eine besondere Überzeugungskraft reklamieren könne. Inhalt der Wunderheilungen ist die Lebenswirklichkeit der Menschen, die unter heillosen, unterdrückerischen Verhältnissen leben müssen.
Das hat Gerd Theißen in seiner Interpretation urchristlicher Wundergeschichten eindringlich dargelegt.[390] Demnach haben Wundergeschichten eine existenzielle Bedeutung, wobei "existenziell" in einem sehr unmittelbaren Sinn zu verstehen ist: In den Wundererzählungen kommt etwas zur Sprache, was die Existenz des Menschen betrifft und was für die Bewältigung dieser Existenz von Bedeutung ist. In den Erzählungen von den Wundern geschieht also eine Auseinandersetzung mit der Wirklichkeit. Wundergeschichten haben die konkreten, existenziellen Probleme von Menschen zum Inhalt, die an Grenzen ihrer Existenz stoßen und dies als Ausweglosigkeit erleiden. Um diesen Gehalt der Wundererzählungen als Ausdruck existenziell betreffender Realitäten zu bewahren, muß man sich vor "theologisierenden" Deutungen wie z.B. der Suche nach einem "übertragenen Sinn" hüten, da darin nur allzu oft ein verharmlosendes Abblocken des die Existenz der Menschen unmittelbar angehenden Sinns der Wundererzählungen enthalten ist. Wie bei den Seligpreisungen ist bei den Wundern wirkliche Not gemeint.[391] In den Wundererzählungen geht es um die Bewältigung des Lebens. Bei der Frage, *wie* solche Bewältigung geschieht, wird das Spezifikum der Wundererzählungen erkennbar. Neben der Bewältigung von Wirklichkeit durch unmittelbaren praktisch-gestalterischen Zugriff gibt es auch deren symbolische Bewältigung. Erfahrene Wirklichkeit wird in Zeichen, Geschichten, Bildern und Ähnlichem verdichtet ausgedrückt, d.h. symbolisiert, damit aber zugleich auf eine Ebene geholt, auf der ein neuer Umgang mit dieser Wirklichkeit möglich ist. Wundergeschichten sind eine solche symbolische Bewältigung von Wirklichkeit. Symbolischen Charakter haben sie, weil in ihnen zwei Wirklichkeiten zusammentreffen und zum Ausdruck einer neuen Erfahrung zusammenfallen. Auf der einen Seite sind Wundergeschichten motiviert von dem menschlichen Wunsch, aus Not befreit zu werden. Auf der anderen Seite sind sie Zeugnis von einer den menschlichen Grenzen entrückten, göttlichen Gestalt, die sich in ihrem Heiligsein, in ihrer das normale Weltgeschehen durchbrechenden Macht gerade darin zu erkennen gibt, daß sie Krankheit und Not heilsam wendet.[392] Der Wunsch nach Befreiung und Heilung und die Erfahrung von Befreiung und Heilung kommen in den Wunderge-

---

389 Ebd. 172.

390 Vgl. **Theißen, G.**: Urchristliche Wundergeschichten.

391 Vgl. ebd. 43.

392 Vgl. ebd. 44, 287.

schichten als Ausdruck von Wirklichkeit zusammen. "Urchristliche Wundergeschichten sind symbolische Handlungen, in denen durch Berufung auf eine Offenbarung des Heiligen die konkrete Negativität menschlichen Daseins überwunden wird."[393]

Die Tiefe der Wundergeschichten ist damit aber noch nicht ganz ausgelotet. Dadurch, daß in ihnen das Heilige, die göttliche, menschliche Grenzen überwindende Macht zum Ausdruck kommt, wird das wundervolle Geschehen als solches neu qualifiziert. Wundergeschichten sind nicht nur das Erzählen von einem Wunsch, sondern auch das Erzählen davon, daß dem Wunsch eine heilige, göttliche Macht entspricht. Mit dem Heiligen wird aber eben die Grenze des menschlich Möglichen überschritten. Indem mit dem in den Wundergeschichten ausgedrückten Geschehen das Heilige in die Wirklichkeit des Menschen hereinragt, wird dieses Geschehen auch der Verfügbarkeit des Menschen entzogen. Die Erfüllung des menschlichen Wunsches ist nicht mehr in das Belieben des Menschen gestellt. "Wo der Einspruch gegen menschliche Not durch Offenbarung des Heiligen geschieht, da ist deren Beseitigung nicht nur wünschenswert; da ist sie schlechthin verpflichtend. ... Denn gerade darauf laufen die Wundergeschichten ja hinaus: Sie sprechen eher aller bisherigen Erfahrung ihre Gültigkeit ab als menschlicher Not das Recht, beseitigt zu werden. Sie proklamieren dies Recht als heiliges Recht, als etwas Unbedingtes. Sie vollziehen in symbolischen Handlungen ein radikales Nicht-Einwilligen in die konkrete Negativität menschlichen Daseins, einen Protest, der sich aus der vorhandenen und erfahrbaren Welt allein nicht legitimieren läßt."[394]

Von der Interpretation der Wundergeschichten als symbolischen Handlungen ist nun wieder zurückzukehren auf die Ebene der Wunder als Handlungen Jesu. Aber diese Rückkehr kann nicht mehr einen inhaltlichen Wechsel bedeuten. Was als Gehalt der Wundererzählungen ausgesagt worden ist - die Ermöglichung eines neuen, befreienden Umgangs mit der Wirklichkeit und die verpflichtende Opposition gegen Not - muß auch für die Wunderhandlungen Jesu selbst behauptet werden. Die Wunder Jesu sind in ihrem Wesen Heilung von konkreter Not und Befreiung aus notverursachenden Lebensverhältnissen. Das Ankämpfen gegen die von Not, Krankheit, Ungerechtigkeit und Angst gekennzeichnete Lebenswirklichkeit macht die Eigenart der Wunder Jesu aus.[395] "Daß in Jesu Wundern etwas 'Besonderes' geschieht, ist also fundamental wichtig, aber nicht deswegen, weil aus einer sogenannten Durchbrechung von Naturgesetzen ein Beweismittel Gottes gebastelt werden könnte, sondern deswegen, weil die Taten Jesu dem, was der leidende Mensch in der Welt erfährt, widersprechen. Zum Naturgesetz wollen sich also die Taten Jesu gar nicht verhalten, wohl aber zum Leiden Israels und zu den Alltagserfahrungen leidender Menschen. Sie beschreiben Erfahrungen, die Menschen normalerweise gerade *nicht* machen."[396] Als Aufbruch der heillosen, unterdrückerischen Lebensverhältnisse der Menschen sind die Wunder Ausdruck dafür, daß in Jesu Handeln die heilenden, befreienden, die Menschenwürde wieder

---

[393] Ebd. 295.

[394] Ebd. 297.

[395] Vgl. **Luz, U.**: Das Evangelium nach Matthäus. 2. Teilband, 72, Anm. 33.

[396] Ebd. 72.

herstellenden Zustände des Reiches Gottes schon präsent sind. Die Wunder Jesu sind wirkmächtige Ansage des Reiches Gottes. Damit ändert sich aber auch die Sinnrichtung, mit der die Wunderheilungen von den auf Jesus zurückschauenden Gläubigen zu lesen sind. Gemäß der orthopraktischen Grundstruktur der Reich-Gottes-Botschaft, wonach die gnadenhafte Zusage des Reiches Gottes von Gott her als Antwort auf seiten der Menschen eine konkrete Lebenspraxis verlangt, welche die menschlichen Zustände des Reiches Gottes als tatsächlich gegenwärtig erfahren läßt, kann die entscheidende Frage nicht mehr sein, ob sich Gläubige durch die Außerordentlichkeit der Wunder bereitwilliger der weltanschaulichen Bindung an die auf Jesus zurückgeführte Religion unterwerfen. Die entscheidende Frage besteht darin, ob Menschen angesichts der Wunderheilungen dazu angetrieben werden, die alltägliche Lebenswirklichkeit notleidender Menschen wahrzunehmen, sie aufzuberechen, den Notleidenden zu helfen, daraus auszubrechen, und so die Wahrheit der Wunder, nämlich Heilung und Befreiung aus Not, im alltäglichen Leben der Menschen hier und jetzt Wirklichkeit werden zu lassen. Die Wunderheilungen sind folglich nicht als einmalige, außerordentliche, vergangene Ereignisse interessant, sondern insofern sie im je heutigen Leben notleidender Menschen Ereignis werden.[397] "Die Wundergeschichten werden als Ausdruck des Protestes gegen menschliches Elend aufgefaßt, der unter Berufung auf die Offenbarung geschieht. ... [Sie haben] ihre eigentliche Bedeutung im theologischen Bereich, als Kundgabe des Willens Gottes, den ganzen Menschen aus seiner psychischen und physischen Not zu erlösen, und als Aufruf an die Christen, sich um Gottes Willen an dieser Befreiungsaktion zu beteiligen."[398]

7.2.4.2 Die solidarische Gemeinschaft Jesu

Das heilende und befreiende Wirken Jesu gegenüber Menschen zeigt sich zum zweiten in seinen Tischgemeinschaften. Seine Absicht in diesen Gemeinschaften ist es unzweifelhaft, Zeugnis vom Reich Gottes abzulegen. Besonders hier wird aber deutlich, daß sein Zeugnis nicht primär Reden ist, das in seinem Leben eine zusätzliche Bestätigung erführe, sondern Leben, das im Reden gedeutet wird. Seine Lehre ist seine Praxis. Er macht die Zustände des Reiches Gottes anschaulich, indem er sie in seinem geschichtlichen Leben verwirklicht. Jesu Veranschaulichung des Reiches Gottes geschieht vor allem dadurch, daß er mit Menschen in Beziehung tritt und zwar so, daß es den Menschen dabei gut geht. Zumal bei den Tischgemeinschaften wird deutlich, daß die Beziehungsaufnahme Jesu mit den Menschen diese nicht noch einmal mit Anforderungen der Selbstverneinung belastet, sondern sie Mensch sein läßt. In der Gemeinschaft mit Jesus muß Leben nicht unterdrückt werden; es darf aufblühen. Für Elisabeth Schüssler Fiorenza gilt sogar: "Die zentrale symbolische Verwirklichung der Reich-Gottes-Vision Jesu ist nicht das kultische Mahl, sondern der festlich gedeckte Tisch

397 Vgl. ebd. 72 f.

398 **Gnilka, J.**: Das Evangelium nach Markus. 1. Teilband, 226.

eines Festmahls oder einer Hochzeitsfeier."[399] Wenn in Jesu Zuwendung zu den Menschen die Zuwendung Gottes zu den Menschen spürbar wird, dann zeigt sich an der Art der Gemeinschaft Jesu mit Menschen, daß die Sache Gottes die Sache des Menschen ist.[400]

Diese Eigenart Jesu bekommt ihre Sinnspitze aber erst durch seine signifikante Vorliebe, Gemeinschaft gerade auch mit jenen einzugehen, die von den Gemeinschaften der Etablierten ausgeschlossen sind. Er scheut sich nicht einmal, wie die Begegnung Jesu mit der Sünderin im Haus des Simon (Lk 7,36-50) zeigt, dort, wo er sich in Gemeinschaft mit etablierten, angesehenen Menschen befindet, dieser Gemeinschaft durch eine vorrangige Hinwendung zu dem hinzugekommenen, nichtetablierten Menschen eine Wende zu geben: Nachdem er Simon das Gleichnis vom Schuldenerlaß erzählt hat, fragt er ihn: "Siehst du diese Frau?" (V 44). Er veranlaßt den etablierten Gemeinschaftspartner zu einem neuen, wertschätzenden Blick auf den ausgegrenzten, notleidenden Menschen und konstituiert so eine Gemeinschaft, in der bisher Etablierte und bisher Ausgestoßene zu einer neuen Gemeinschaft auf der Basis gegenseitiger Anerkennung zusammenfinden. Die Gemeinschaft Jesu richtet die Menschen auf die Solidarität mit Notleidenden aus. So ist das Spezifikum Jesu nicht einfach Gemeinschaft; das Spezifikum Jesu ist Gemeinschaft mit Benachteiligten, Notleidenden, Ausgeschlossenen.

Aber auch hier trifft zu, was schon bei den Wunderheilungen gesagt worden ist. Die Gemeinschaften Jesu mit randständigen Menschen sind nicht als ungewöhnliche vergangene Ereignisse interessant. "Um zu ermessen, was Jesus tat, wenn er mit 'Sündern' aß, muß man wissen, daß im Orient die Aufnahme eines Menschen in die Tischgemeinschaft bis auf den heutigen Tag eine Ehrung darstellt, die Gewährung von Frieden, Vertrauen, Bruderschaft und Vergebung darstellt ... Im Judentum speziell bedeutet Tischgemeinschaft Gemeinschaft vor Gottes Augen, da sie dadurch hergestellt wird, daß jeder Mahlteilnehmer durch das Essen eines abgebrochenen Brotstücks Anteil an dem Lobspruch bekommt, den der Hausvater über dem ungebrochenen Brot gesprochen hatte. So sind auch Jesu Mahlzeiten mit den Zöllnern und Sündern nicht nur Ereignisse auf der gesellschaftlichen Ebene, nicht nur Ausdruck seiner ungewöhnlichen Humanität und sozialen Großzügigkeit und seines Mitgefühls mit den Verachteten, sondern ihre Bedeutung greift tiefer: Sie sind Ausdruck der Sendung und Botschaft Jesu (Mk 2,17), eschatologische Mahlzeiten, Vorfeiern des Heilsmahls der Endzeit (Mt 8,11 par.), in denen sich die Gemeinde der Heiligen schon jetzt darstellt (Mk 2,19). Der in der Tischgemeinschaft vollzogene Einschluß der Sünder in die Heilsgemeinde ist der sinnfälligste Ausdruck der Botschaft von der rettenden Liebe Gottes."[401] Im Gleichnis vom Festmahl (Lk 14,15-24), in dem die Randexistenzen der Gesellschaft, die Armen, Krüppel, Blinden und Lahmen als die prädestinierten Teilnehmer am himmlischen Mahl vorgestellt sind, macht Jesus deutlich: Seine vorrangige Gemeinschaft mit notleidenden, benachteiligten, ausgestoßenen Menschen ist Ansage des Reiches Gottes, spürbare

399 **Schüssler Fiorenza, E.**: Zu ihrem Gedächtnis, 163.

400 Vgl. **Schillebeeckx, E.**: Jesus, 189.

401 **Jeremias, J.**: Neutestamentliche Theologie, 117.

Vergegenwärtigung der guttuenden Reich-Gottes-Zustände.[402] Und entscheidend ist die Frage, ob Menschen einander solche Gemeinschaften als Wirklichkeit des eigenen Lebens erfahren lassen.

7.2.4.3 Der lebensrettende Auftrag Jesu

Das Selbstverständnis der Kirche hinsichtlich ihrer Praxis ist getragen von Jesu Auftrag an seinen Jüngerkreis, die gute Nachricht vom Reich Gottes, die "Sache Jesu" weiterzutragen. In der Tat ist die Beauftragung zur Jüngerschaft eine signifikante Praxisform Jesu. Er ruft Frauen und Männer in seine Nachfolge mit dem Auftrag, seine Botschaft vom Reich Gottes zu verkünden, und ermächtigt sie in diesem Zusammenhang ausdrücklich, Menschen zu heilen und Dämonen auszutreiben, also seine Praxis fortzusetzen, die Reich-Gottes-Botschaft als Reich-Gottes-Praxis zu vermitteln. Von daher gewinnt auch die Kirche ihre Identität: Sie versteht sich als Raum, in welchem eben dieses Weitertragen der Reich-Gottes-Botschaft geschieht. Die gängigen Praxismuster der Kirche weisen allerdings eine bedenkliche missionarische Verengung des Verkündigungsauftrags Jesu auf. Der Auftrag Jesu, Menschen für das Reich Gottes zu gewinnen, wird weitgehend reduziert auf das Ansinnen, Menschen als Mitglieder der Kirche zu gewinnen. Weithin handlungsprägend ist die Phantasie, kirchliche Funktionsträger wären diejenigen, die mit dem Netz ihres Handlungsrepertoires Menschen in das Boot der Kirche hieven. Das Bild des "Menschenfischers", mit dem Jesus Simon Petrus in seine Nachfolge beruft (Lk 5,10), scheint das Verständnis des Jüngerauftrags Jesu als Rekrutierungsbeauftragung zu bestätigen.

Doch veranlaßt gerade das Bild des Menschenfischers zu einer anderen Deutung. Im griechischen Text steht das Wort "zogréo". Es bedeutet "lebendig fangen". Im Kontext der Jägersprache ist damit also nicht das Jagen und Fangen eines Tieres gemeint, bei dem der Mensch den Zweck der Nahrung verfolgt. Spezifisch für die Bedeutung des Wortes ist die Absicht, *lebendig* zu fangen, also das im Wortbestandteil "zo-" angezeigte Leben zu bewahren. Entsprechend kann "zogréo" in übertragenem Sinn die Bedeutung "erwecken", "aufrichten", "beleben" bzw. "wiederbeleben" haben.[403] Der Auftrag Jesu in Lk 5,10 setzt den Simon Petrus als jemanden ein, der "von dem kommenden Gericht und von Dämonenmächten errettet"[404]. Diese Sinnrichtung muß auf dem Hintergrund des bisher erkennbar gewordenen Grundzugs der Praxis Jesu auf die Praxisform der Jüngerbeauftragung insgesamt übertragen werden. Jesu Auftrag an die Frauen und Männer in seiner Jüngerschaft, seine Botschaft weiterzutragen, ist keinesfalls als Aufruf zu einer bedrängenden, lebenshemmenden oder gar erdrückenden Vereinnahmung von Menschen für bestimmte Zwecke zu verstehen. Der Auftrag Jesu ist lebens-

---

402 Vgl. **Bornkamm, G.**: Jesus von Nazareth, 72.

403 Vgl. **Gemoll, W.**: Griechisch-deutsches Schul- und Handwörterbuch, 356; **Bovon, F.**: Das Evangelium nach Lukas. 1. Teilband, 234, Anm. 21.

404 **Schillebeeckx, E.**: Jesus, 201.

rettend. Er zielt auf die Heilung und Befreiung des von lebenshemmenden Zwängen unterdrückten Menschen. Menschen folgen Jesus nach und werden seinem Auftrag gerecht, wenn sie ihren Mitmenschen beistehen, zu einem heilvolleren, befreiteren, geglückten Leben zu finden.

7.2.4.4 Die menschliche Gesetzesauslegung Jesu

Jesu Leben und Wirken erhält eine nicht unerhebliche Spannung durch sein Verhältnis zum Gesetz. Er ist der, der gekommen ist, um das Gesetz zu erfüllen (Mt 5,17), und er ist zugleich der, der über das Gesetz mit den Oberen der damaligen Gesellschaft in Konflikt gerät. Was Jesu Verhältnis zum Gesetz auszeichnet, ist an der klassischen Diakonieerzählung vom barmherzigen Samariter (Lk 10,25-37) ablesbar. Diese wird ja provoziert von einem Disput um die richtige Erfüllung des Gesetzes:
"Da stand ein Gesetzeslehrer auf, und um Jesus auf die Probe zu stellen, fragte er ihn: Meister, was muß ich tun, um das ewige Leben zu gewinnen? Jesus sagte zu ihm: Was steht im Gesetz? Was liest du dort? Er antwortete: Du sollst den Herrn, deinen Gott, lieben mit ganzem Herzen und ganzer Seele, mit all deiner Kraft und all deinen Gedanken, und: Deinen Nächsten sollst du lieben wie dich selbst. Jesus sagte zu ihm: Du hast richtig geantwortet. Handle danach, und du wirst leben. Der Gesetzeslehrer wollte seine Frage rechtfertigen und sagte zu Jesus: Und wer ist mein Nächster?" (Lk 10, 25-29)
Dem versierten Gesetzeslehrer fällt es nicht schwer, von sich aus die Einheit von Gottes- und Nächstenliebe als Zusammenfassung des Gesetzes zu erkennen. Die spezifisch jesuanische Sicht des Gesetzes kommt jedoch erst durch die Erzählung vom Samariter zum Vorschein. Der Anlaß dazu ist die Frage des Gesetzeslehrers, wer denn sein Nächster sei. Der Gesetzeslehrer bringt den Nächsten also in Zusammenhang mit seinem Streben nach dem ewigen Leben ins Spiel. Für ihn ist die Zuwendung zum Nächsten ein Faktor der Gesetzeserfüllung, mit der er sein Heil bewirken will.
"Darauf antwortete ihm Jesus: Ein Mann ging von Jerusalem nach Jericho hinab und wurde von Räubern überfallen. Sie plünderten ihn aus und schlugen ihn nieder; dann gingen sie weg und ließen ihn halbtot liegen. Zufällig kam ein Priester denselben Weg herab; er sah ihn und ging weiter. Auch ein Levit kam zu der Stelle; er sah ihn und ging weiter. Dann kam ein Mann aus Samarien, der auf der Reise war. Als er ihn sah, hatte er Mitleid, ging zu ihm hin, goß Öl und Wein auf seine Wunden und verband sie. Dann hob er ihn auf sein Reittier, brachte ihn zu einer Herberge und sorgte für ihn. Am andern Morgen holte er zwei Denare hervor, gab sie dem Wirt und sagte: Sorge für ihn, und wenn du mehr für ihn brauchst, werde ich es dir bezahlen, wenn ich wiederkomme. Was meinst du: Wer von diesen dreien hat sich als der Nächste dessen erwiesen, der von den Räubern überfallen wurde? Der Gesetzeslehrer antwortete: Der, der barmherzig an ihm gehandelt hat. Da sagte Jesus zu ihm: Dann geh und handle genauso!" (Lk 10,30-37)
Es fällt auf, daß das Gleichnis nicht zum Inhalt hat, wie es um das Heil derer steht, die das Gesetz erfüllen oder nicht erfüllen. Inhalt des Gleichnisses ist das Heil des notlei-

denden Menschen. Die Aufforderung: "handle genauso" findet sich in dieser Erzählung zweimal. Sie ist einmal die Aufforderung, zugunsten des Heils des notleidenden Anderen zu handeln (V. 37); sie ist aber auch schon vorher die Aufforderung, nach dem Gesetz zu handeln und so das ewige Leben zu erlangen (V. 28). Das doppelte "handle so" kann nun aber nicht einander entgegengesetzte Intentionen meinen. Was bei der ersten Aufforderung gemeint ist, muß sich mit dem, worauf die zweite, aber gleiche Aufforderung zielt, decken. Gerade dadurch, daß der Samariter nicht nach dem eigenen Wohlergehen sucht, sondern zugunsten des Heils des Anderen handelt, handelt er nach dem Gesetz und kommt dem eigenen Heil näher. Jesus sagt also zum Gesetzeslehrer: Bei der Frage nach der Erfüllung des Gesetzes steht nicht dein Heil im Mittelpunkt, sondern das des Anderen. Du darfst dein Handeln nicht danach ausrichten, ob es deinem Heil dient, sondern danach, ob es dem Heil des Anderen dient. Was richtiges Handeln nach dem Gesetz ist, muß sich daran zeigen, ob ein Mensch einem anderen, dem es schlecht ergeht, so beisteht, daß seine unheilen Zustände geheilt und er aus unterdrükkenden Lebensverhältnissen befreit wird.

Das Entscheidende an Jesu Verhältnis zum Gesetz ist folglich nicht in einem neuen Gesetzesinhalt oder in einer Ablehnung des Gesetzes gegeben, sondern darin, daß Jesus eine neue Logik in die Gesetzesanwendung einführt. Er verurteilt das Verhalten derjenigen, die das Gesetz blind und ideologisch anwenden und es so gegen die Menschen richten (Mt 23). "Jesus befreit den Menschen von einem bedrückenden oder beengenden Gottesbild, indem er die Gesetzesideologie entlarvt als eine Orthodoxie, die in einem gebrochenen Verhältnis zur Orthopraxis steht, und außerdem als Orthodoxie, welche Ethik zu einem Schirm zwischen Gott und dem Menschen verselbständigt hatte, wodurch die Heilsrelevanz der Gesetzesverpflichtungen vernebelt wird. Die Rückwirkung der eigenen Botschaft Jesu von der Gottesherrschaft auf die menschliche Ethik ist damit als ein Faktor wahrer menschlicher Befreiung charakterisiert, dank seiner neuen ursprünglichen Gotteserfahrung."[405] Er stellt das Gesetz unter ein fundamentaleres Kriterium. Dieses Kriterium ist der Mensch selbst und sein menschenwürdiges Menschsein. Jesus legt das Gesetz menschlich aus und macht gerade dadurch seine Gesetzesauslegung zu einem Ort seiner Reich-Gottes-Botschaft. Das ist auch die Quintessenz, zu der Helmut Merklein in seiner ausführlichen Untersuchung der Stellung Jesu zum Gesetz[406] bzw. der Antithesen[407] kommt: "Das Entscheidende ist die Art und Weise, wie Jesus seine Forderungen der Tora gegenüberstellt. Damit wird jeder Versuch, die Zuwendung zum Menschen auf rechtlich fixierbare Ordnungen, wie sie die Tora und ihre Auslegung nach schriftgelehrtem Verständnis darstellen, zu begrenzen, abgelehnt. Die antithetische Sprechweise offenbart die Souveränität Jesu gegenüber der Tora, die zwar nicht abgelehnt wird, doch als entscheidendes Handlungsprinzip jetzt für ungenügend erklärt wird. Deshalb kann auch Jesu Forderung nicht im Sinne eines neuen, radikaleren Gesetzes (= ... Toraverschärfung) verstanden werden. Was Jesus verlangt,

---

405 Ebd. 226 f.; vgl. **Bornkamm, G.**: Jesus von Nazareth, 91-97.

406 Vgl. **Merklein, H.**: Die Gottesherrschaft als Handlungsprinzip, 72-107.

407 Vgl. ebd. 253-293.

ist radikale, rechtliche Begrenzung nicht duldende und sprengende Zuwendung zum Mitmenschen, wie er konkret begegnet: als Mensch, der anders ist (und daher Aggressivität erregt), als Mensch, der in der Ehe steht, als Mensch, der auf sprachliche Kommunikation angewiesen ist. So sind die Antithesen letztlich nichts anderes als Konkretisierungen jener geforderten radikalen Zuwendung zum Menschen, wie sie sich aus der radikalen Zuwendung des jetzt eschatologisch handelnden Gottes ergibt."[408] Die hier erkennbare neue Logik im Verhältnis zum Gesetz betrifft auch den speziellen Bereich der Religiosität: "Die souveräne Haltung, die Jesus etwa in den Antithesen dem Gesetz gegenüber erkennen ließ, zeigt ja nicht nur, daß der Mensch dem Menschen gegenüber seine Zuwendung nicht mehr auf gesetzlich garantierte Grenzen festlegen und beschränken kann, sondern auch, daß er seine Inanspruchnahme durch Gott nicht mehr auf den vom Gesetz formal umschriebenen Bereich eingrenzen darf. ... Die radikale Zuwendung des Menschen zu Gott aber - und dies ist für Jesus besonders bezeichnend - gilt nicht einem abstrakt-philosophisch oder ontologisch-theologisch gedachten Gott, sondern dem Gott, wie er in der eschatologischen Botschaft Jesu begegnet, also dem Gott, der sich radikal dem Menschen zuwendet. Zuwendung des Menschen zu Gott und Zuwendung des Menschen zum Menschen sind daher als integrale Größe zu verstehen. ... Auf keinen Fall aber darf Religiosität gegen den Menschen interpretiert werden ... Im Gegenteil, das Heil und das Wohl des Menschen ist das Kriterium, unter das auch Kult und Religion zu stellen ist."[409]

Im Grunde ist hier nichts anderes gesagt als in dem berühmten Diktum: "Der Sabbat ist für den Menschen da, nicht der Mensch für den Sabbat." (Mk 2,27) Für Jesus ist die Erfüllung des Gesetzes nicht Selbstzweck; die Zuwendung zum Menschen ist nicht Faktor der Gesetzeserfüllung, sondern das Gesetz ist Faktor der heilend-befreienden Zuwendung zum Menschen; und wo es das nicht ist, verliert es seine Autorität.

7.2.4.5 Die neuen Sinn und neue Praxis stiftenden Gleichnisse Jesu

Jesu Botschaft vom Reich Gottes sprengt das Fassungsvermögen der Menschen. Jesus kann vom Reich Gottes nicht im Stil der stringenten, logischen, umfassenden Erklärung reden. Immer wieder muß er ansetzen: "mit dem Himmelreich ist es wie ...", um an einem Sachverhalt aus der Erfahrungswelt der Menschen das Gemeinte anschaulich zu machen. Dieses Erzählen von Gleichnissen bildet folglich eine weitere signifikante Praxisform Jesu.

Nun ist bei dem Ansinnen, anhand der Gleichnisse die Identität von Reich-Gottes-Botschaft und diakonischer Praxis bei Jesus aufzuzeigen, zunächst grundsätzlich deren Eigenart in Betracht zu ziehen. Gleichnisse veranschaulichen nämlich nicht nur in ihrem jeweiligen Inhalt die menschenfreundlichen Verhältnisse des Reiches Gottes. Sie haben bereits in ihrer Spezifität als Redegattung einen befreienden Charakter. Grundlegend für

---

[408] Ebd. 267 f.

[409] Ebd. 293.

die Wahrnehmung dieser ihrer Eigenart ist der Ansatz, "die Gleichnisse Jesu vom Wesen der Metapher her zu verstehen"[410] und damit Abschied zu nehmen von der konventionellen Sicht der Gleichnisse als Vergleiche oder Beispielerzählungen. In Anlehnung an die grundlegende Untersuchung von Hans Weder soll im folgenden dieses Gleichnisverständnis kurz skizziert werden.[411]

Ausgangspunkt ist die Metapher als Sprachform. In ihr werden zwei Wörter so kombiniert, daß mit dieser Kombination auch die beiden Sinnhorizonte, denen die Wörter entstammen, zueinander in Bezug gesetzt werden. In ihrer Grundform bildet die Metapher somit einen Satz, der aus einem Subjekt, einem Prädikat und einer die beiden zueinander in Bezug setzenden Kopula besteht. Weder verwendet zur Veranschaulichung das Beispiel: "Achill ist ein Löwe." Ein anderes Beispiel einer Metapher wäre der Satz: "Dieser Mann ist ein Bär.", oder: "Du bist meine Sonne." Die Gleichnisse Jesu sind nun - so die These - als solche Metaphern strukturiert und folglich auszulegen. Inhaltlich sind sie als Gottesreichgleichnisse zu verstehen. Daraus ergibt sich als Zuordnung entsprechend der Metapher-Struktur: Subjekt ist das Reich Gottes; Kopula ist das Vergleichswort "verhält es sich wie", "ist wie" oder ähnliches; und Prädikat ist die Gleichniserzählung als solche. Bereits hier ist auf eine Verschiebung gegenüber dem herkömmlichen Gleichnisverständnis hinzuweisen: Der Blick fällt nicht auf die Erzählung allein, um daraus ethisch-paränetische Forderungen abzuleiten, sondern auf den Gesamtzusammenhang von Reich Gottes und Gleichnis. Nicht die Gleichniserzählung als solche ist die Metapher, sondern das gesamte Spannungsgefüge von Reich Gottes und Gleichniserzählung. Daß es sich hier um eine spannungsvolle Verbindung handelt, kommt in der Kopula "ist wie" bzw. "verhält es sich wie" zum Ausdruck, die immer zugleich impliziert, daß zwischen beiden keine Identität besteht, daß zwischen beiden vielmehr auch ein "ist nicht so" steht.

Der eigentümliche Gehalt einer Metapher ergibt sich aus der Tatsache, daß in ihr zwei im Grunde unvereinbare Wirklichkeiten zusammenkommen. Achill ist kein Löwe, der Mann ist kein Bär, und der mit "du" angeredete Mensch ist keine Sonne. Aber indem zwei Wirklichkeiten aus verschiedenen Sinnzusammenhängen zu einer Aussage zusammengefügt werden, kommt etwas Neues zum Ausdruck, das ohne diese metaphorische Konstellation, z.B. mit argumentativen, informativen, direkt beschreibenden Aussagen, nicht zur Sprache gebracht werden könnte. Was der Satz: "Du bist meine Sonne." für den sprechenden wie für den angesprochenen Menschen bedeutet, kann mit eindeutigen, sachlichen, rational nachvollziehbaren Feststellungen nicht hinreichend ausgedrückt werden. In der Metapher kommt eine Erfahrung und eine Wirklichkeit zum Ausdruck, die zum Ausgesprochen-Werden drängt, aber mit dem Repertoire eindeutiger Rede nicht ausgesagt werden kann. Das heißt aber, daß in der Metapher ein Sinn gestiftet wird, der außerhalb der Metapher nicht zugänglich ist. In der Metapher kommt es zu einer Neubeschreibung der Welt, zu einer neuen Sicht von Wirklichkeit.

In Konsequenz dazu ist bei der Deutung von Gleichnissen auch die konventionelle

---

410 **Weder, H.**: Die Gleichnisse Jesu als Metaphern, 58.

411 Vgl. zum folgenden Referat ebd. 58-69.

Unterscheidung zwischen Bild- und Sachhälfte aufzugeben. Das Gleichnis ist nicht einfach ein Bild für eine Sache, die auch anders aussagbar wäre. Die Wahrheit der Gleichnisse ist - was ja am Verzicht Jesu auf eine direkte, definitive und lehrhafte Beschreibung des Reiches Gottes ersichtlich wird - nicht anders aussagbar als eben in dieser Form des Gleichnisses. Wenn es bei einem Gleichnis inhaltlich um das Reich Gottes geht und wenn das Gleichnis seiner Struktur nach als neuen Sinn stiftende Metapher zu verstehen ist, dann bedeutet das, daß im Gleichnis eine neue Sicht des Reiches Gottes erschlossen ist, daß in ihm ein Sinn der Reich-Gottes-Botschaft enthalten ist, der außerhalb des Gleichnisses nicht rekonstruierbar ist. Jesus spricht in Gleichnissen, weil diese Form die der Wahrheit des Gottesreiches gemäße Form ist, so daß Weder sogar zu der gewagten Aussage kommt, daß "die Basileia nur *im* Gleichnis und nur *als* Gleichnis da"[412] ist. Folglich darf das Gleichnis auch nicht instrumentalisiert werden für eine außerhalb seiner selbst liegende Aussageabsicht bzw. für die Verfolgung bestimmter Ziele. Die Gleichnisse sind nämlich nicht bloße Veranschaulichungsmittel für einen unabhängig von ihnen definierten Evangeliumsinhalt. Sie sind in sich Evangelium, d.h. ein Geschehensvollzug des Gottesreiches, so wie z.B. die Aussage: "Dieser Mann ist ein Bär." nicht einfach nur eine Beschreibung des Mannes, sondern als Bekundung von Respekt oder Angst vor ihm ein Vollzug der Beziehung zu ihm selbst ist.

Der Aussagegehalt der Metapher ist getragen von der Spannung zwischen Subjekt und Prädikat. Indem das Prädikat in die spannungsvolle Beziehung zum Subjekt gesetzt wird, erfährt es einen Zuwachs an Bedeutung, kommt ein neuer Sinn in das Wort des Prädikats. Die alte Bedeutung des Prädikatswortes wird gesprengt. Indem aber die metaphorische Verwendung des Wortes als Bedeutungszuwachs erfahren wird, ist damit immer zugleich auch ein impliziter Verweis auf die alte Bedeutung gegeben. In dem Satz: "Der Mann ist ein Bär." bekommt der Bär eine Bedeutung, die nicht erkennbar ist, solange der Bär nur als eine bestimmte Tierart assoziiert wird. Andererseits kann man den Bedeutungszuwachs des Wortes "Bär" in der Metapher nur erkennen, wenn man weiß, was der Bär als Tier ist. Die Konstellation der Metapher sprengt also die bisherige Bedeutung der Wörter zu einem neuen Sinngehalt hin auf, zugleich erweist sich die bisherige Bedeutung als Verstehensvoraussetzung des neuen Sinngehalts. In diesem Charakteristikum der Metapher verbirgt sich der entscheidende Ansatzpunkt für den befreienden Impetus, der den Gleichnissen als Sprachform eignet. Die Polarität zwischen alter und neuer Bedeutung zeigt, daß bei einer Metapher eine Veränderung auf seiten des Prädikats geschieht. Wird nun im dargestellten Sinn das Gleichnis als Metapher verstanden, dann vollzieht sich eine analoge Veränderung beim Inhalt der Gleichniserzählung, die ja als solche dem Prädikat entspricht. So wie "Bär" oder "Sonne" aufgrund ihrer normalen Bedeutung für die Hörenden bekannte Wirklichkeiten sind, so stammen auch die Inhalte der Gleichniserzählungen aus einer für die Hörenden vertrauten Welt. Es gibt zwar neben den Gleichnissen, die einen selbstverständlichen Vorgang beschreiben, auch Gleichnisse, wie z.B. dasjenige von den Arbeitern im

---

[412] Ebd. 65.

Weinberg (Mt 20, 1-16), die einen ungewöhnlichen Sachverhalt darstellen. "Immer aber bleiben sie im Bereiche dessen, was jeder versteht und tägliche oder doch mögliche Erfahrung ist. Ja so ist es! ist die erste Antwort, die jedes Gleichnis verlangt."[413]
Beim Stoff der Gleichniserzählung handelt es sich um eine für die Hörenden nachvollziehbare, eingängige, weil ihrer eigenen Alltagswelt entstammende Wirklichkeit. Genau diese vetraute Welt der Hörenden wird im Gleichnis - entsprechend der Metapher-Struktur - auf das Reich Gottes bezogen und erfährt dabei einen verändernden Bedeutungszuwachs. Im Gleichnis wird die Lebenswirklichkeit des Menschen bzw. eine Facette davon in den Horizont des Reiches Gottes gestellt und von dort her verstanden. Die bisherige Sicht des Menschen auf seine Wirklichkeit wird überstiegen. Der Mensch erfährt einen neuen Sinn. Indem seine Welt mit dem Gleichnis in den Horizont des Reiches Gottes gestellt wird, fällt von diesem Horizont her ein neues Licht auf die Wirklichkeit und kommt es zu einer neuen Sicht. Die bisherige, vertraute Welt des Menschen wird aufgebrochen und es wird erkennbar, welchen Sinn der Mensch in seiner Welt entdecken kann, wenn er sie im Horizont des Reiches Gottes versteht. Zugleich ist klar, daß - analog zur Metapher-Struktur, in der die bisherige Bedeutung des Prädikats die Verstehensvoraussetzung für den in der Metapher gegebenen Bedeutungszuwachs ist - der hörende Mensch im Gleichnis auch wirklich *seine* Welt erkennen muß, wenn er den für sich neu erschlossenen Sinn wahrnehmen soll. Daß der Stoff des Gleichnisses dem Alltag des Menschen entnommen ist und daß das Gleichnis auch so erzählt wird, daß der Mensch darin seine "wirkliche Wirklichkeit" wiedererkennen kann, ist die Voraussetzung für die im Gleichnis erschlossene neue Sicht auf die eigene Lebenswirklichkeit und für die Veränderung derselben auf den Gleichnisinhalt, das Reich Gottes hin. Gleichnisse als Reich-Gottes-Gleichnisse sind also zunächst weniger eine Beschreibung des Reiches Gottes, als vielmehr eine neue Wahrnehmung der Lebenswirklichkeit des Menschen, die erkennen läßt, welche neuen Möglichkeiten sich vom Reich Gottes her für das Leben des Menschen eröffnen.
Aus dieser Zuordnung von Lebenswirklichkeit und Reich Gottes ergeben sich Folgen auf seiten des Menschen und seiner Welt. Das Gleichnis ist der Ort, an dem das Reich Gottes als nahe, als wirkmächtig hereinstehend, als für das eigene Leben relevant erfahren wird. Aus der Wahrnehmung der Welt im Horizont des Reiches Gottes erwächst dem Menschen ein neues Welt- und Selbstverständnis. Das Reich Gottes wird so verständlich, daß der Mensch sich selbst angemessener versteht. Entscheidend daran ist, daß es nicht bei der Artikulation eines neuen Selbstverständnisses bleibt. Daß die Gleichnisse in ihrer Bedeutung als Reich-Gottes-Gleichnisse einen neuen Sinn vermitteln, besagt eben, daß in ihnen das Reich Gottes keine theoretische, auf Distanz formulierte Wahrheit ist. Sie lassen das Reich Gottes als etwas erfahren, was den Menschen unbedingt angeht, was darauf drängt, sich als Lebenswirklichkeit des Menschen auszuwirken. Das Gleichnis stiftet so nicht nur einen neuen Sinn, sondern auch eine neue Praxis. Aber auch hier ist die grundlegende Struktur einzuhalten, daß das Reich Gottes das Handeln des Menschen zur Folge und nicht zur vorausgehenden Be-

[413] **Bornkamm, G.**: Jesus von Nazareth, 62.

dingung hat. Auch im Gleichnis hat die Heilszuwendung Gottes vor der Praxis des Menschen ihre Gültigkeit und ruft die neue Praxis erst hervor. Folglich erlauben die Gleichnisse keine gesetzlich-moralische Interpretation derart, daß das erzählte Geschehen ein vom Menschen gefordertes Handeln und die Erfahrung des Reiches Gottes als Wirklichkeit von diesem Handeln abhängig wäre. Es "ist für die Gleichnisse *Jesu* grundlegend, daß sie sich strikte auf das Ereignis der Verständlichkeit Gottes konzentrieren, das aller ethischen Praxis des Menschen *zuvorkommt.* Dieses Ereignis ist immer die *Vorgeschichte* menschlichen Handelns. Deshalb gilt dann: *Jesus macht Gott so verständlich, daß die ethische Praxis des Menschen selbstverständlich daraus folgt.* Die Gleichnisse sprechen nicht den Willen des Menschen an; vielmehr sprechen sie dem Menschen eine neue Einstellung so zu, daß sich aus ihr die neue Praxis von selbst ergibt. Sie tragen als *ansprechende Rede* von Gott den *Anspruch Gottes* in einer Weise an den Menschen heran, die es ihm ermöglicht, jenen Anspruch - statt als Fremdbestimmung - als evangelischen Anspruch zu erfahren, in dessen Erfüllung der Mensch gerade *zur Identität mit sich selbst kommt. Die Gleichnisse Jesu legen den Willen Gottes in das Herz des Menschen.*"[414] In den Gleichnissen kann der Mensch die Sache Gottes als seine Sache erkennen, weil bereits vorher Gott die Sache des Menschen zu seiner Sache gemacht hat.

Auf dem Hintergrund dieser Implikationen, die sich aus dem Verständnis der Gleichnisse als Metaphern ergeben, läßt sich nun deren befreiender Charakter benennen. In den Gleichnissen wird den Menschen eine Bedeutung vermittelt, deren Grund nicht außerhalb ihres eigenen Erfahrungsbereichs liegt und für deren Erfassen sie keine besonderen Bedingungen erfüllen müssen. Sie selbst und ihre Erfahrungen sind die einzige "Voraussetzung", der Hintergrund der Gleichnisse. Die Menschen merken, daß sie sich bei der Deutung von Gleichnissen in den Mittelpunkt stellen dürfen, daß sie es *als Menschen* wert sind, wahrgenommen zu werden. Die Erlebnisform der Gleichnisse auf seiten der Hörenden wäre etwa so zu umschreiben: Hier geht es um mich; es geht so um mich, daß ich meine alltägliche Lebensrealität nicht verstellen muß, sondern unbeschönigt zur Sprache bringen darf; und dabei muß ich keine beengenden, bedrückenden Reaktionen der anderen Menschen um mich herum fürchten, sondern darf danach fragen, inwiefern mich das Gesagte auf meinem Lebensweg in einer guten Weise weiterbringt. Das ist die befreiende Wirkung der Gleichnisse: Sie dienen nicht dazu, eine Lehre bei bzw. gegen Menschen durchzusetzen, sondern dazu, den Erfahrungen und Bedürfnissen der Menschen zum Durchbruch zu verhelfen. Die Gleichnisse geben den Menschen den Mut, auf dem Weg zur Vergegenwärtigung des Reiches Gottes den je eigenen Lebensinhalt - sei es als zu überwindendes Leid, sei es als erhofftes Glück - ins Spiel zu bringen.[415]

Allerdings ist das nur die eine Seite der befreienden Wirkung der Gleichnisse. Denn die Gleichnisse sind nicht nur die bestätigende Reproduktion der bestehenden Lebensrealitäten. Als Gleichnisse vom Reich Gottes bringen sie auch etwas Neues, mit dem die

---

414 **Weder, H.**: Die Gleichnisse Jesu als Metaphern, 280.

415 Vgl. **Bornkamm, G.**: Jesus von Nazareth, 61-63.

bestehenden Lebensrealitäten aufgebrochen werden. "So schreiben sie die ganz und gar nicht alltägliche Wirklichkeit der Gottesherrschaft in das Leben der Hörenden hinein."[416] Sie decken die Wirklichkeiten auf, die im Widerspruch zum Reich Gottes stehen. Ihnen eignet eine befreiende Wirkung als Impuls zur Überwindung heilloser, unterdrückerischer Zustände hin zur ansatzhaften Verwirklichung der guttuenden Zustände des Reiches Gottes. Als Kritik der leidvollen Verhältnisse des Lebens und als Eröffnung von Perspektiven auf eine neue, menschliche Welt bringen sie eine verändernde Dynamik in das Leben der Menschen. "Gleichnisse haben eine praktisch-kritische Kraft, die zur Erneuerung des Lebens und der Gesellschaft antreibt. ... Es steckt ein Element existentiellen Ernstes in der Alltäglichkeit des Gleichnisses. Es verhüllt im konkreten menschlichen, weltlichen Alltagsleben einen tieferen Appell. Gleichnisse weisen nicht auf eine überweltliche, andere Welt hin, sondern auf eine neue Möglichkeit *in* dieser, unserer Welt: auf eine reale Möglichkeit, das Leben und die Welt ganz anders zu sehen und zu erleben, als man es üblicherweise tut."[417]

Nach dieser grundsätzlichen Besinnung auf den befreienden, neuen Sinn und neue Praxis stiftenden Charakter der Gleichnisse Jesu kann nun der Blick auf ein konkretes Gleichnis gerichtet werden. Das bereits im vorhergehenden Punkt zitierte Gleichnis vom barmherzigen Samariter (Lk 10,30-37) soll auch hier als Beispiel dafür dienen, wie Jesus in seinem Erzählen von Gleichnissen Reich-Gottes-Verhältnisse erlebbar macht und dabei die Welt des Menschen zu einer neuen Sicht hin aufsprengt. Es stellt "beispielhaft die neue Ordnung dar, die Gott jetzt unter den Menschen will und die Jesus gebracht hat"[418]. Dazu sei der Textausschnitt noch einmal wiederholt.

"Darauf antwortete ihm Jesus: Ein Mann ging von Jerusalem nach Jericho hinab und wurde von Räubern überfallen. Sie plünderten ihn aus und schlugen ihn nieder; dann gingen sie weg und ließen ihn halbtot liegen. Zufällig kam ein Priester denselben Weg herab; er sah ihn und ging weiter. Auch ein Levit kam zu der Stelle; er sah ihn und ging weiter. Dann kam ein Mann aus Samarien, der auf der Reise war. Als er ihn sah, hatte er Mitleid, ging zu ihm hin, goß Öl und Wein auf seine Wunden und verband sie. Dann hob er ihn auf sein Reittier, brachte ihn zu einer Herberge und sorgte für ihn. Am andern Morgen holte er zwei Denare hervor, gab sie dem Wirt und sagte: Sorge für ihn, und wenn du mehr für ihn brauchst, werde ich es dir bezahlen, wenn ich wiederkomme. Was meinst du: Wer von diesen dreien hat sich als der Nächste dessen erwiesen, der von den Räubern überfallen wurde? Der Gesetzeslehrer antwortete: Der, der barmherzig an ihm gehandelt hat. Da sagte Jesus zu ihm: Dann geh und handle genauso!" (Lk 10,30-37)

---

416 Ebd. 63.

417 **Schillebeeckx, E.**: Jesus, 139.

418 **Gnilka, J.**: Jesus von Nazaret, 248.

Von den vielen Aspekten, die darin anklingen[419], sollen vor allem drei bedacht werden: die Menschlichkeit des Handelns, die Frage nach dem Nächsten und die soziale Entgrenzung.
Das Gleichnis verdeutlicht, daß es im Reich Gottes *um den Menschen als Menschen geht*. Wie bei den meisten Gleichnissen wird Gott hier nicht ausdrücklich thematisiert. Auch über die religiöse Einstellung des Überfallenen ist nichts gesagt. Der Samariter selbst ist als Angehöriger eines den Juden verfeindeten Volkes der Inbegriff dessen, der nicht zum eigenen Volk, zur eigenen Religion oder zu den nächsten Mitmenschen gehört. Das Gleichnis erzählt von der Begegnung zwischen den beiden Menschen, von der Not des einen und dem helfenden Engagement des anderen. "In dem allen nicht eine einzige religiöse Floskel. Was er [sc. der Samariter - H.H.] tut, gilt dem Elenden und schielt nicht auf Gott."[420] Aber Gott kommt in dem Gleichnis nur für den nicht vor, der eine Thematisierung Gottes braucht, um eine Präsenz Gottes als gültig anerkennen zu können, der Gott auf den Begriff bringen möchte und nur derart schematisiert wahrnehmen kann. Im Grunde ist die ganze Geschichte eine einzige Konfrontation mit Gott. In dem hier geschilderten Handeln wird erkennbar, wie Gott handelt und wie Menschen nach dem Willen Gottes handeln sollen.[421] Dieses Handeln besteht aber ausschließlich in dem, was die Not des Überfallenen erfordert. Der Samariter verfolgt oder erreicht mit seinem Handeln keinen über die Notbehebung hinausgehenden Zweck. In Hinblick auf den Überfallenen wird nichts gesagt, außer daß er in Not ist. Einziger Inhalt des Gleichnisses ist die Menschlichkeit der Begegnung zwischen den beiden Männern. Da gibt es keine Lücke, die noch mit einem "Mehrwert" an Bedeutung ausgefüllt werden müßte. Die Humanität des Geschehens ist der Kern des hier von Gott geforderten Handelns. Gott tritt in der Geschichte dem Menschen entgegen mit dem Anspruch, sich dem Menschen als Menschen zuzuwenden, nicht nach der Erfüllung von Bedingungen zu fragen, sondern den Anderen, seine Not und seine Bedürfnisse zum Maßstab der Begegnung zu machen. "Es kommt also im Verhältnis zu Gott nicht auf den Kultus an, sondern auf den Dienst am Menschen. Und zwar einfach am Menschen als Menschen. ... Das bedeutet, *daß unser soziales Verhältnis von Gott aus nicht zum Volkstum und zur Rasse, aber auch nicht zur Religion, sondern einfach zum Menschen geht. Der Mensch gehört durch Gott direkt zum Menschen als Menschen.* Denn der Mensch ist Gottes Kind - nicht auf dem Umweg über Volk und Rasse, aber auch nicht über Religion, Kirche, Bekenntnis, Frömmigkeit, sondern ganz *direkt*. Gott steht über der Religion. Es gibt vor Gott nicht Juden, Christen, Heiden, es gibt vor ihm nur Menschen, und daß wir sie als Menschen und Kinder Gottes behandeln ist der Gottesdienst des Reiches, das allein."[422] Humanität ist die Haltung, in der der Glaube an Gott als

---

[419] Zur diakonietheologischen Auslegung des Samaritergleichnisses vgl. auch **Dirks, W.**: Die Samariter; **Steinkamp, H.**: Das Samariter-Gleichnis; **Theißen, G.**: Die Legitimitätskrise des Helfens und der barmherzige Samariter.

[420] **Bornkamm, G.**: Jesus von Nazareth, 98.

[421] Vgl. **Schillebeeckx, E.**: Jesus, 140.

[422] **Ragaz, L.**: Die Gleichnisse Jesu, 88.

Unterstellung unter seinen Willen konkrete Gestalt gewinnen muß. Humanität ist nicht die Reduzierung, sondern die Radikalisierung des Glaubens. Theologisch gesprochen geht es hier um die Einheit von Gottes- und Nächstenliebe. Der Samariter macht deutlich, daß in dieser Einheit nicht beide Elemente nach Belieben abwechselnd oder stellvertretend füreinander vollzogen werden können. Die Nächstenliebe ist der Ort, an dem Gottesliebe geschieht, an dem der Mensch dem Anspruch Gottes gerecht wird. Anders als in der Begegnung mit dem Nächsten und in der voraussetzungslosen Bereitschaft, sich für die Befreiung aus seinen Nöten in Dienst nehmen zu lassen, gewinnt die Gottesliebe keine Gestalt oder - in der Terminologie Emmanuel Lévinas' gesprochen - anders als in der Diakonie der Verantwortung für den Anderen ist das Zeugnis vom Unendlichen nicht gegeben. "So und nicht anders ergeht Gottes Anruf, so werden Gottesliebe und Nächstenliebe eins. Hingabe an Gott heißt nun nicht mehr Rückzug der Seele in den Paradiesgarten der Innerlichkeit und Auslöschen des Ich in andächtiger Versenkung, sondern das Wachsein und Bereitsein für Gott, der im andern mich anruft. In diesem Sinn ist die Liebe zum Nächsten die Bewährung der Liebe zu Gott. Die einzige Frage, an der sich alles entscheidet, ist darum die Frage nach dem Nächsten."[423]

Das Gleichnis verdeutlicht, daß vor dem Horizont des Reiches Gottes *die Frage nach dem Nächsten nicht auf die Position des Anderen zu mir, sondern auf meine Position zum Anderen zielt.* Bei der Frage, wer der Nächste ist, ist nicht, wie das die gängige Sprachregelung nahelegen möchte, auf den Notleidenden abgezielt, für den in heldenhafter Nächstenliebe etwas getan würde. Die Frage, wer Nächster geworden ist, zielt auf diejenigen, die sich in dieser Notsituation in ihrer Verantwortung für den Notleidenden bewährt bzw. nicht bewährt haben. In der Situation von Not geschieht also nicht nur mit dem notleidenden Menschen etwas, sondern auch mit dem Menschen, der dieser Not begegnet: Letzterer ist derjenige, der sich zum Nächsten im Sinne Jesu entwickeln muß. Die eigenartige Beantwortung der Nächstenfrage, in der der Samariter als Nächster erkannt wird, wirft das eingefahrene Schema der Nächstenliebe-Rede um. Nächstenliebe heißt nicht einfach zu helfen, wenn einmal Notleidende im eigenen Lebensbereich auftauchen; sie bedeutet auch nicht einfach, von dem, was man hat, abzugeben, wenn Notleidende es brauchen können. Das wäre eine statische, herablassende Hilfe, die von einer festen Position aus geschieht und bei der sich der helfende Mensch nicht ändern muß. Der Samariter hingegen erweist sich als Nächster dadurch, daß er auf seinem Weg innehält, um sich dem Überfallenen zuzuwenden. Er verändert seine Position und Handlungsrichtung. Er praktiziert nicht nur die für ihn als gut bemittelten Reisenden naheliegende Hilfeform der Geldspende, sondern leistet die Hilfe, die der Andere braucht, nämlich Verarztung und Transport zu einer Herberge. Auch seinen weiteren Weg setzt er nicht einfach fort; er stellt sich darauf ein, zurückzukommen und noch einmal eine Unterbrechung für die Versorgung des Notleidenden einzulegen. Sich in Nächstenliebe als Nächster zu erweisen bedeutet also, nicht den Anderen auf die eigenen Lebensmuster hinzuordnen, nicht zu fragen, inwiefern der Andere Nächster *für*

423 **Bornkamm, G.**: Jesus von Nazareth, 98 f.

mich ist; es bedeutet, sich selbst am Anderen und dessen Bedürftigkeit auszurichten, die eigene Position zu ändern und dem eigenen Lebenslauf eine andere Richtung zu geben. Das Gleichnis verdeutlicht schließlich, daß im Reich Gottes eine *soziale Entgrenzung* geschieht. Mit dem Priester und dem Leviten werden zwei etablierte Vertreter der Religion als Negativ-Beispiele vorgestellt, die trotz oder gerade wegen ihrer religiösen Ansprüche vor dem Anspruch des notleidenden Menschen versagen. Der angefeindete, stigmatisierte Samariter hingegen wird zum Vorbild für ein Handeln gemäß dem Willen Gottes. Das kann als Kritik an der Notvergessenheit eines kultfixierten Establishments der Kirche gelesen werden.[424] Hier soll aber ein anderer Aspekt interessieren. Wenn der Samariter als Vorbild erscheint, dann heißt das, daß dessen religiöse, ethnische oder soziale Zugehörigkeit bzw. Nichtzugehörigkeit für die Frage nach dem Handeln gemäß dem Willen Gottes, für die Frage der Vergegenwärtigung des Reiches Gottes offenbar nicht von Belang ist. Der Raum der Zuwendung Gottes, die Relevanzreichweite des Reiches Gottes umfaßt alle Menschen. Der unendliche Gott ist nicht nach dem endlichen Fassungsvermögen des Menschen einzugrenzen auf den Raum einer Religion oder einer Kirche. Der nach den Maßstäben der Volks-, Religions- und Kirchenzugehörigkeit Ferne ist der Nächste. Soziale und religiöse Grenzen jeder Art haben für die Frage, wer Zuwendung braucht und wer sich als Nächster im Sinne Jesu erweist, keine Bedeutung. "*Alle diese Schranken hebt Jesus auf - alle.* ... Und das ist der Gipfel der sozialen Erlösung. Jesus stellt den Menschen von Gott aus unmittelbar vor den Menschen mit seiner Verpflichtung gegen denselben. Die Verpflichtung wird auch in diesem Sinne *unendlich.* Denn sie wird schrankenlos. Sie gilt, so weit Gott reicht und gilt somit, so weit der Mensch reicht."[425]

7.2.4.6 Fazit: Jesu Existenz als diakonische Existenz

Dies alles im Blick kann Edward Schillebeeckx folgendes Resümee zur Lebenspraxis Jesu ziehen: "*Jesus verkündete nahendes Heil für den Menschen 'von Gott her'; er trat als eschatologischer Prophet auf, der Gottes 'frohe Nachricht für Arme' bringt, Heilsnachricht für ganz Israel, aber deshalb besonders erfreulich für Arme, von allem Heil und aller guten Nachricht Ausgeschlossene. Er predigte die auf Menschlichkeit bedachte Gottesherrschaft, die eine entsprechende Praxis erfordert, wie sie von ihm selbst vorgelebt wurde und der er in Parabeln und Unterweisungen tatkräftig Ausdruck verlieh. Persönlich identifiziert er sich mit der Sache Gottes als Sache des Menschen (Gottesherrschaft, die der Mensch in erster Linie suchen muß vor allem anderen) und mit der Sache des Menschen als Sache Gottes (Reich Gottes als ein Reich des Friedens und des Heils unter den Menschen). Daraus lebt er, das erfüllt ihn, und das sagt er den Menschen zu: Menschen sind 'Menschen, um die Gott sich kümmert'. Deshalb besteht zuversichtliche Hoffnung für jeden ohne Ausnahme und finden viele Zeitgenossen in vor-*

---

424 Vgl. **Ragaz, L.**: Die Gleichnisse Jesu, 85 f.

425 Ebd. 89.

übergehendem und vor allem bleibendem Kontakt mit diesem Jesus in der Tat Heil und Genesung. Viele kommen dadurch zu einem 'neuen Leben'; sie können wieder hoffen und ihr Leben erneuern. Im Grunde stellt Jesus dafür nicht einmal Bedingungen; wer in Leiden oder Not zu ihm kommt, erfährt Heil, 'unentgeltlich'. Heil und Zukunft werden Menschen zugesagt, die keine Zukunft mehr haben."[426] Jesu Einsatz zugunsten des Heilseins des Menschen, der Aufhebung von Benachteiligung, eines Lebens entsprechend der Würde des Menschen vor Gott, d.h. Jesu Liebe und Dienst für den Menschen um des Menschen willen und seine dadurch bedingte "vorrangige Option" für Arme, Kranke, Außenseiter und Unterdrückte, sind ein durchgehendes Spezifikum seines Handelns. Daß das Anliegen Jesu das Leben des Menschen und zwar das Leben in Fülle ist, zeigt: Jesu Existenz hat nicht diakonische Elemente, Jesu Existenz *ist* Diakonie. Es gibt nicht das Reich-Gottes-Zeugnis und die Gemeinschaft Jesu und daneben die Diakonie Jesu. Vielmehr ist deutlich geworden: Zeugnis und Gemeinschaft sind nur dann Jesu Zeugnis und Gemeinschaft, wenn sie in sich Diakonie sind. Es gibt bei Jesus keine von seiner diakonischen Praxis abtrennbare verbale Reich-Gottes-Verkündigung. Seine auf Menschlichkeit bedachte Praxis ist in sich authentisches Zeugnis vom Reich Gottes. Die Botschaft Jesu *besteht in* seiner diakonischen Praxis. Darin macht er spürbar, was "Reich Gottes" für den Menschen bedeutet. Die Reich-Gottes-Botschaft Jesu ist eine heilend-befreiende Reich-Gottes-Praxis.

7.2.5 Die Gestalt der Reich-Gottes-Praxis Jesu - eine praktisch-theologische Auslegung von Mk 10,46-52

Die bisher erkennbar gewordene Kontur der Praxis Jesu ist geprägt von seiner Zuwendung zu Menschen, die für diese Menschen guttuende, d.h. heilende und befreiende Wirkung hat und vorrangig den notleidenden, d.h. den kranken, benachteiligten, unterdrückten und marginalisierten Menschen gilt. Gemeinhin gilt das Gleichnis vom barmherzigen Samariter als die klassische Diakonieerzählung. In ihm führt Jesus vor Augen, wie er sich eine Praxis vorstellt, die seiner Intention entspricht. Der Aussagegehalt des Samaritergleichnisses ist unbestritten und wäre sogar gegen so manche banalisierende Verwendung des Gleichnisses in seinem Reichtum erst wieder zur Geltung zu bringen. Dennoch möchte ich in dem folgenden vierten Reflexionsgang das Charakteristische der Diakonie Jesu und die Gestaltwerdung der diakonischen Existenz Jesu in seiner Begegnung mit Menschen an einer anderen Erzählung aufzeigen, nämlich an der Heilung des blinden Bartimäus vor Jericho:

"Sie kamen nach Jericho. Als er mit seinen Jüngern und einer großen Menschenmenge Jericho wieder verließ, saß an der Straße ein blinder Bettler, Bartimäus, der Sohn des Timäus. Sobald er hörte, daß es Jesus von Nazaret war, rief er laut: Sohn Davids, Jesus, hab Erbarmen mit mir! Viele wurden ärgerlich und befahlen ihm zu schweigen.

---

[426] **Schillebeeckx, E.**: Jesus, 238 f.

BARTIMÄUS Mk 10,46-52

Er aber schrie noch viel lauter: Sohn Davids, hab Erbarmen mit mir! Jesus blieb stehen und sagte: Ruft ihn her! Sie riefen den Blinden und sagten zu ihm: Hab nur Mut, steh auf, er ruft dich. Da warf er seinen Mantel weg, sprang auf und lief auf Jesus zu. Und Jesus fragte ihn: Was soll ich dir tun? Der Blinde antwortete: Rabbuni, ich möchte wieder sehen können. Da sagte Jesus zu ihm: Geh! Dein Glaube hat dir geholfen. Im gleichen Augenblick konnte er wieder sehen, und er folgte Jesus auf seinem Weg." (Mk 10,46-52)

Die Reflexionen auf die Gestalt der Praxis Jesu werden entlang dieser Geschichte abschnittweise entwickelt[427], wobei die Interpretationen eine treffende Illustration erfahren in dem auf der vorhergehenden Seite abgedruckten Bild von Ernst Alt[428]. Es wird zwar nicht durchgehend auf das Bild Bezug genommen; aber der begleitende Blick darauf kann die vorgetragenen Gedanken mit zusätzlicher Anschaulichkeit füllen.

7.2.5.1 Leben unter Jericho-Strukturen

"Sie kamen nach Jericho. Als er mit seinen Jüngern und einer großen Menschenmenge Jericho wieder verließ, saß an der Straße ein blinder Bettler, Bartimäus, der Sohn des Timäus. Sobald er hörte, daß es Jesus von Nazaret war, rief er laut: Sohn Davids, Jesus, hab Erbarmen mit mir! Viele wurden ärgerlich und befahlen ihm zu schweigen."

Die Erzählung mutet hier eigenartig, geradezu verstümmelt an. Was soll der Hinweis, daß Jesus nach Jericho kommt und es wieder verläßt, wenn nicht gesagt wird, was in Jericho geschehen ist. Fehlt da nicht etwas? Theologisch liegt jedoch gerade in dieser rätselhaften Textform eine wichtige Aussage verborgen.

Jericho war die Stadt der Reichen. Es war eine Stadt in einer Oase mit einer immer fließenden Quelle und blühender Vegetation.[429] Herodes hatte seine luxuriöse Winterresidenz in der Stadt. Ein Hippodrom und ein Amphitheater befanden sich ebenfalls in Jericho.[430] Es war also eine Stadt mit - gemessen an der Wüste um sie herum - höchster Lebensqualität. Wer dort wohnte, mußte sich das leisten können. Heute wäre Jericho vermutlich die Stadt der Erfolgstypen. Jericho steht für die Menschen, die aus ihrem Leben das Beste machen - mehr oder weniger unbekümmert darüber, daß es Menschen gibt, denen es schlecht geht, weil sie wie der blinde Bartimäus vor den Toren der Stadt bleiben müssen.

Mit dem Gang nach Jericho begibt sich Jesus gleichsam in die Lebenswelt des Reichtums und der Privilegien. Dort tut er offenbar nichts Erwähnenswertes. Es heißt le-

---

427 Eine ähnliche Interpretation der Bartimäus-Erzählung findet sich in **Haslinger, H.**: "Was willst du, daß ich dir tun soll?".

428 Ernst Alt: Bartimäus Mk 10,46-52; Verlag H. Klein GmbH, Saarlouis, A.d.Wies 7.

429 Vgl. **Haag, H.**: Jericho, 896.

430 Vgl. **Gnilka, J.**: Das Evangelium nach Markus. 2. Teilband, 109.

diglich, daß er die Stadt wieder verläßt. Aber er verläßt sie mit einer großen Menschenmenge. Jesus geht also doch nicht einfach durch die Stadt durch, so als ob ihn das alles nicht interessieren würde. Es muß, so können wir rückschließen, in Jericho etwas geschehen sein. Jesus muß mit den Menschen so umgegangen sein, daß sich ihm viele anschlossen. Diese neu gebildete Gemeinschaft kommt jedoch erst dort in den Blick, wird erst dort relevant, wo es heißt, daß sie Jericho verläßt. Das Relevante am Handeln Jesu in Jericho ist das Verlassen dieser Lebenswelt. Jericho verlassen heißt aber, das Establishment verlassen. Der Weg Jesu ist hier ein Weg von den "Insidern" zu den "Outsidern", von den privilegierten Bewohnern Jerichos zum ausgegrenzten, notleidenden Bartimäus. Es ist der Weg der Solidarisierung, in dem sich Jesus in die Lebenswelt des Armen hineinbegibt und sich an dessen Seite stellt. Das Geschehen in Jericho besteht also darin, daß mit einem großen Teil der Bewohner von Jericho, mit der "großen Menschenmenge", etwas geschehen ist. Das Handeln Jesu bringt eine neue Perspektive in ihr Leben. Sie sind bereit, Jericho, den Ort der Privilegierung, wenigstens räumlich zu verlassen, um Jesus nachzufolgen. Der Weg Jesu führt sie aus ihrer reichen Welt hinaus in die arme Welt des Bartimäus hinein. Der Anspruch Jesu mutet ihnen zu, der Wirklichkeit zu begegnen, die sie bisher ausgeblendet und ausgesperrt haben.

Die wichtige Aussage der eigenartigen Information, daß Jesus nach Jericho kommt und es wieder verläßt, betrifft aber nicht nur den Anspruch, den Jesus an die Menschen stellt, sondern auch das Bild, das er mit diesem Handeln von sich selbst vermittelt. Das Kommen und Gehen zeigt an: Jesus ist *auf dem Weg*. Jesu Leben, soweit es in den Evangelien berichtet wird, ist zum wesentlichen Teil davon geprägt, daß Jesus unterwegs ist. Er ist keiner, der sich an einem gefälligen Ort ein für alle Mal niederlassen, sich etablieren möchte. Seine Berufung besteht gerade darin, einen Weg zurückzulegen: den Weg nach Jerusalem. Sein Weg führt ihn zu Menschen und zu all dem, was die Menschen in der banalen Gewöhnlichkeit ihres Alltags beschäftigt.

Als armer Schlucker hat Bartimäus keinen Zugang zum etablierten Jericho. Er muß draußen vor den Stadttoren sein Leben im "sozialen Tod" fristen und seinem "Beruf", dem Betteln nachgehen. Sein Leben ist ein Leben unter "Jericho-Strukturen". Man muß sich zwar davor hüten, die andere Seite dieser Strukturen, die Bewohner von Jericho, einfach und pauschal zum reichen, unsensiblen Gegenpol des Bartimäus zu stempeln. Es gibt wohl eine Vielfalt an Einstellungen unter diesen Menschen, und manche von ihnen leiden vermutlich selbst unter den Verhältnissen dieser Stadt. Aber man kann darauf schließen, daß es eben auch Leute gibt in Jericho, die im Sinne "geordneter Verhältnisse" für die Erhaltung der Jericho-Strukturen sorgen, Leute also, die sich dafür einsetzen, daß zweifelhafte Sozialelemente wie der Bettler draußen und die Stadt "sauber" bleiben. Die einen werden diese Ausgrenzung ungeschminkt, wenn es sein muß mit Gewalt, vornehmen, die anderen etwas subtiler mit eleganteren Methoden. Immer jedoch werden diese Leute davon ausgehen, daß sie in ihrer Position unanfechtbar sind, daß sie die Normalität repräsentieren, daß sich eine Veränderung ihrer Situation nicht nahelegt und daß "die anderen", die nicht so sind wie sie, die "Taugenichtse", die "Abweichler", die "Randexistenzen" ihr Leben nicht stören dürfen. Selbst die Form der Hilfe, die Bartimäus durchaus von den Bewohnern Jerichos erhält, nämlich Spenden auf seinen

vor ihm ausgebreiteten Bettlermantel, hat noch einmal ausgrenzende Qualität. Mit jeder Spende bedeuten die Etablierten dem Bartimäus: Wir sind es, die wissen, was gut ist für dich; wir legen fest, welche Hilfe du bekommst; und unsere Hilfe ist davon abhängig, daß du die dir zugewiesene Rolle übernimmst, daß du am Außenrand unserer Stadt bleibst und daß du unsere sonstigen Lebensbereiche nicht belastest.
In diesem Ausgrenzungsmechanismus ist das zu erkennen, was Horst E. Richter den Aufbau einer "Kontrastwelt"[431] nennt. Die etablierten Menschen erheben sich zum Maß aller Dinge und erwarten, daß sich andere Menschen ihren Vorstellungen ein- und unterordnen. Wer "anders" ist, wer nicht in die eigenen Vorstellungen paßt, wird ausgegrenzt. Diese von den eigenen Vorstellungen abweichenden Menschen bekommen ein soziales Reservat zugewiesen, in dem sie getrennt von den Lebensfeldern der "Normalen" bzw. der Etablierten ihr Dasein fristen können, in welchem sie aber dennoch für die Etablierten sichtbar sind. So bleiben die ausgegrenzten Menschen immer der Definitionsmacht der Etablierten ausgesetzt. Vor allem aber können die Etablierten die Ausgegrenzten noch einmal auf eine subtile Art instrumentalisieren, indem sie die Welt der Ausgegrenzten als Kontrast zu ihrer eigenen privilegierten Welt darstellen und indem sie durch den ständigen abwertenden Verweis auf die Kontrastwelt ihr eigenes Leben als "Normalität", d.h. als Maßstab festlegen. Sie können auf Belastungen, Mängel, Fehlleistungen und Schuld im Leben der "anderen", der Nichtdazugehörigen verweisen und so sich selbst wie auch andere Menschen über Belastungen, Mängel, Fehlleistungen und Schuld im eigenen Leben hinwegtäuschen. Es kommt gleichsam zu einer Gegensolidarisierung der Etablierten gegenüber den Ausgegrenzten. Dadurch werden "Jericho-Strukturen" auf der Ebene des Bewußtseins aufgebaut. Die Etablierten eignen sich die Macht an, ihre Vorstellungen durchzusetzen und sich zum Maßstab des Lebens der Ausgegrenzten zu erheben. Die Ausgegrenzten können um so weniger ihr Selbstverständnis eigenmächtig definieren und ihr Leben als ihr eigenes Leben (er-)leben. Sie sind davon abhängig, was die Etablierten ihnen als Lebensform zuweisen.
Mit Jesus zieht mittlerweile eine große Menschenmenge. Die Menschen schließen sich problemlos dem Zug an und sind sich ziemlich sicher, daß die Gemeinschaft, in die sie sich einreihen, auf dem richtigen Weg ist. Deshalb müssen sie auch den Bettler zurückweisen. Er paßt nicht in ihr Konzept; er stört den Gang, den die Dinge nach der Erwartung der vielen nehmen sollten.[432] Auf dem Bild von Ernst Alt ist das bedrückend treffend dargestellt: Die eine Hand des Jesusjüngers gebietet Stille, sie erteilt dem Bartimäus ein Schweigegebot; die andere Hand drückt ihn nieder und hält ihn in seiner ihm zugewiesenen Lebensposition, in der sich Bartimäus im doppelten Sinn des Wortes "am Boden" befindet. Das Aufbegehren des Außenseiters wird unterdrückt. Nun birgt es sicher eine gewisse Problematik in sich, von einer solchen Szene auf die heute aktuelle, geschichtlich gewachsene Gestalt der Kirche zu schließen. Im zeitlichen Kontext der hier erzählten Begebenheit hat es noch keine Kirche gegeben. Und ob der Verfasser sie mit Blick auf das zu seiner Zeit gerade entstehende Sozialgebilde, das man später

---

431 Vgl. **Richter, H.E.**: Lernziel Solidarität, 222 f.

432 Vgl. **Schmithals, W.**: Das Evangelium nach Markus, 474-476.

"Kirche" nennen wird, niedergeschrieben hat, ist ebenfalls keineswegs sicher. Andererseits muß es, wenn aus solchen biblischen Erzählungen Orientierung für die christliche Praxis heute erwachsen soll, möglich sein, zwischen Realitäten von heute und Motiven aus den Texten von damals Analogien, Bezüge, Vergleiche herzustellen. Das gilt speziell auch für die Kirche. Gewiß darf man die heutige Gestalt der Kirche nicht vorschnell legitimatorisch auf die Gemeinschaft um Jesus zurückführen. Aber man muß fragen, inwiefern mit einer Geschichte wie derjenigen vom blinden Bartimäus der Kirche von heute ein Spiegel vorgehalten wird, in dem sie Realitäten ihrer selbst wiedererkennen und Anfragen an sich selbst wahrnehmen kann. In diesem Sinn ist es konsequent zu sagen: In den vielen Menschen, die mit Jesus gehen, können wir uns als Kirche wiedererkennen. Die vielen, die mit Jesus gehen, "sind nicht beliebige Reisende, sondern *Jesu* Begleiter, die ihn beim Einzug in Jerusalem bejubeln werden"[433]. Sie sind die "wachsende Kirche"[434], die sich auf einem Triumphzug befindet, in dem sie "der großen Zukunft entgegenschreitet, die sie in Jerusalem (und anderswo!) erwartet, und dabei den Bettler am Weg vergißt, den Augenblick versäumt, die Gegenwart des Heils aus dem Blick verliert"[435]. Auch Ernst Alt hat das so gesehen. In der vordersten Reihe der großen Menschenmenge finden sich die amtlichen Repräsentanten der Kirche mit Mitra, Albe, Prälatenhut - heute nicht mehr einfach mit den Klerikern, sondern mit allen Inhabern privilegierter Positionen in der Kirche zu identifizieren. Mit verächtlich herablassendem Blick beobachten sie den Bettler. Die meisten anderen Mitziehenden schauen distanziert-skeptisch-neugierig auf Bartimäus und auf Jesus. Sie halten sich zurück und warten gespannt ab, was die beiden machen. Damit entsprechen sie - zumindest auf unsere Gesellschaft bezogen - vielen durchschnittlichen Kirchenmitgliedern, die in den eingefahrenen Mustern der bürgerlichen Normalität leben. Auch deren Weg ist so klar und geradlinig, daß sie Erscheinungen am Rand ihres Lebensweges, die nicht zu ihrem Lebenskonzept passen, lieber übergehen. Es sind hier die Menschen im Blick, die sich um des eigenen Hausfriedens willen einen Bartimäus lieber vom Leib halten.

Eine lange Liste von Anfragen schlägt uns also aus diesem Abschnitt der Erzählung von der Begegnung zwischen Jesus und Bartimäus entgegen. Wo herrschen Jericho-Strukturen, d.h. die Trennung zwischen privilegierten, etablierten Menschen einerseits und benachteiligten, ausgegrenzten, stigmatisierten andererseits? Über welche Mechanismen geschieht diese strukturelle Ausgrenzung notleidender Menschen? Wo sind die Straßenränder unserer geordneten Lebensläufe, und wer schreit um Erbarmen? Wo werden wir als Kirche ärgerlich und fühlen uns durch die Ansprüche der Notleidenden gestört? Wie sehen dementsprechend die Schweigegebote der Kirche aus, die sie innerhalb ihrer selbst den Notleidenden erteilt und aufgrund deren die Bedürfnisse, Erfahrungen und Fähigkeiten Notleidender in der Kirche nichts gelten? Wo vollzieht die Kirche gefühllos Triumphzüge und geht dabei an der Lebensrealität der Notleidenden vorbei?

---

433 Ebd. 474.

434 Ebd.

435 Ebd. 475.

7.2.5.2 Die umstürzlerische Hoffnung auf den "Sohn Davids"

"Er aber schrie noch viel lauter: Sohn Davids, hab Erbarmen mit mir!"

Bartimäus läßt sich nicht beirren. Er schreit noch viel lauter und bringt gegen das Schweigegebot der Menge seine Not zu Gehör. Er verlangt Erbarmen statt Bevormundung. Was aber gibt dem Bartimäus die Motivation, sich über die Menschenmenge und ihren Verhaltenskodex hinwegzusetzen und seine Interessen gegen die Interessen der vielen als wichtig zu behaupten? Was gibt ihm den Freimut, Erbarmen für sich zu verlangen, sich selbst, den Ausgestoßenen und Stigmatisierten, in den Mittelpunkt zu stellen? Die, die jetzt mit Jesus ziehen, sind ja die Bewohner von Jericho, von denen sich Bartimäus zum Ausgestoßenen machen lassen mußte und die ihn auch jetzt aus ihrer Realität ausblenden wollen. Was ermöglicht es dem Bartimäus, nicht mehr seine Unterdrücker, sondern sich selbst wichtig zu nehmen?
Wichtig ist hier die Beobachtung, daß sich das Verhalten des Bartimäus akkurat mit dem Erscheinen Jesu ändert. "Sobald er hörte, daß es Jesus von Nazaret war", der ihm entgegen kam, rief er laut, d.h. lenkte er den Blick auf sich. Und er bezeichnet Jesus als den, als den er ihn kennt: als *Sohn Davids.* Mit diesem Bekenntnis, daß Jesus der Sohn Davids ist, leitet er seine Bitte um Erbarmen ein, gleichsam als Erläuterung, daß das Wissen um die Identität Jesu als Sohn Davids auf Erbarmen in der eigenen Notsituation hoffen läßt. Es hätte nicht irgendein beliebiger vorbeikommender Reisender sein können, der bei Bartimäus die Hoffnung auf Erbarmen auslöst. Es war dieser bestimmte Jesus von Nazaret, der Sohn Davids, der Verheißene. Mit dem Titel "Sohn Davids" ist signalisiert, daß in Jesus der verheißene Messias, der Heilsbringer, der Befreier gesehen wird[436]. Mit der Hoffnung auf den Messias verknüpft Bartimäus die Hoffnung auf Befreiung aus seiner eigenen Notsituation. Diese Hoffnung gibt dem Bartimäus eine andere Lebensbasis. Sie läßt ihn aufbegehren gegen die etablierte Menschenmenge. Bartimäus weiß um die mit Jesus verbundenen Verheißungen, er kennt das "Programm" Jesu, und sein Leben beginnt, sich zu wandeln, sobald er spürt, daß dieses Programm in seinem eigenen Leben Wirklichkeit werden könnte.

7.2.5.3 Der Anspruch Jesu als Anspruch an die Kirche

"Jesus blieb stehen und sagte: Ruft ihn her! Sie riefen den Blinden und sagten zu ihm: Hab nur Mut, steh auf, er ruft dich."

Auch auf der anderen Seite, bei der Menschenmenge, tut sich etwas. Jesus reagiert auf den Zuruf, er fühlt sich angesprochen. Er bedeutet dem Bartimäus, daß er für ihn tatsächlich der sein will, in den dieser seine Hoffnung setzt: der Heilsbringer, der Befreier. Das "Programm" Jesu beginnt, in der Begegnung mit Bartimäus erfahrbare

---

[436] Vgl. **Gnilka, J.**: Das Evangelium nach Markus. 2. Teilband, 110.

Wirklichkeit zu werden.
Die Verwirklichung der Hoffnung des einzelnen, des notleidenden Bartimäus verlangt aber unweigerlich eine Veränderung der etablierten Menschenmenge. Jesus unterbricht den Trott der triumphierenden "Kirche". Während die vielen die Not links liegen lassen möchten, bleibt er stehen und verweilt bei ihr. Damit ist die Voraussetzung gegeben, daß sich Jesus und mit ihm die Menschenmenge nun wirklich dem blinden Bartimäus zuwenden können und ihn nicht nur im buchstäblichen "Vorübergehen" abtun. Dann aber überrascht, daß Jesus Bartimäus nicht selbst zu sich ruft, sondern ihn offensichtlich von einigen aus der Menschenmenge rufen läßt. Auf den ersten Blick hat man den Eindruck eines autoritär-distanzierenden Gehabes Jesu. Bei näherem Hinsehen kommt jedoch Sinn in das Verhalten Jesu. Er erteilt den vielen, der "Kirche" den Auftrag, Bartimäus herzurufen, d.h. das "Problem", das von den eigenen Denkschemata Abweichende, an sich heranzulassen. Jesus erinnert die "Kirche" an ihre ureigenste Aufgabe. Er korrigiert das Verhalten der "Kirche" ins Gegenteil und sagt: Mein Ansprechen der Menschen muß euer Anspruch sein.
Freilich mutet es zunächst befremdend opportunistisch an, wie schnell und selbstsicher diejenigen, die Bartimäus noch unmittelbar vorher ärgerlich anfuhren, nun wohlwollend auf ihn zugehen und ihn eindringlich dazu ermutigen, das zu tun, aufgrund dessen er vorher als lästiger Störenfried zurückgewiesen worden ist. Wäre diese Einstellungsänderung wirklich nur Opportunismus, dann wäre sie freilich auch typisch für so manche Verhaltensweisen in unserer Kirche. Aber das wäre eben nur die eine, die negative Deutungsmöglichkeit. Ich sehe das Verhalten der angesprochenen Jüngerinnen und Jünger auch unter einem positiven Vorzeichen: Sie sind zumindest bereit, ihr Verhalten zu ändern. Sie pochen nicht rechthaberisch auf ihre bisherigen Prinzipien, sondern lassen sich korrigieren. Ihre bisherige Solidarität innerhalb der eigenen Gruppe, in der sie sich als Gleichgesinnte verbunden wußten und gegenüber der ein Abweichler, ein "Outsider" wie Bartimäus nur als Störung empfunden werden konnte, entgrenzen sie zu einer offenen, zu einer "universalen" Solidarität, in der der "Outsider" Bartimäus zum "Insider" werden kann.
Mit dem Erscheinen Jesu sind also für Bartimäus die Jericho-Strukturen aufgebrochen worden. Es ist dieser Jesus von Nazaret, der Sohn Davids, der mit bestimmten Hoffnungen Verheißene und Erwartete, der Heiler und Befreier, welcher den Bartimäus aus seiner Notsituation ausbrechen läßt und die große Menschenmenge "Kirche" zu ihrem ureigenen Auftrag bekehrt.

7.2.5.4 Ermutigung zum Subjektsein

"Und Jesus fragte ihn: Was soll ich dir tun?" [*"Was willst du, daß ich dir tun soll?"*]

Das grammatikalische Subjekt des Antwortsatzes Jesu nach der Einheitsübersetzung: "Was soll ich dir tun?" ist "ich", also Jesus. Das dazugehörige Objekt ist der mit "dir" gemeinte Bartimäus. In der hier in Klammern angegebenen wörtlichen Übersetzung

zeigt sich genau das reziproke Verhältnis: Subjekt ist das im griechischen Verbum "teleis" enthaltene "du", also Bartimäus; das "ich" Jesu ist Teil des vom Hauptsatz "willst du" abhängigen Nebensatzes.
Diese grammatikalische Unterscheidung wäre nicht so erwähnenswert, hätte sie nicht ihre Entsprechung in der Realität des kirchlichen Lebens. Der Modus des Handelns, in dem die offiziellen Vertreter und Institutionen der Kirche vornehmlich und prägend wahrgenommen werden, ist das Definieren, Verfügen, Verbieten, Gebieten, Lehren. Es ist ein Modus, in dem die Menschen zu Objekten dieses Handelns degradiert werden. Gerade im kirchlichen Umgang mit Außenseitern findet ein solches Objekt-Denken einen unverdächtigen, fruchtbaren Nährboden. Unter dem Titel "Nächstenliebe" ideologisiert und mit dem Anspruch des am eigenen Erfolgserlebnis interessierten Helfens pathologisiert wird oft genug ein protektionistisches, paternalistisches "Sich-Kümmern" um die Armen firmiert, das aber nicht danach fragt, was nun eigentlich die Bedürfnisse dieser "Armen" sind, was diese wollen. Das kirchliche Handeln gegenüber den Notleidenden steht über weite Strecken unter dem Einfluß einer "ich-soll"-Mentalität. Wir denken zu sehr von uns aus. Wir überlegen, was wir alles mit den Außenseitern machen können, und sind dann enttäuscht, wenn diese nicht alles mit sich machen lassen. So wie die "was-soll-ich-dir-tun?"-Übersetzung verfallen wir dem Fehler, mit unseren Programmen, Institutionen und Strategien den Menschen zum Objekt unserer Interessen zu machen. Wir lassen den Menschen, der uns begegnet, nicht Subjekt sein, sondern benützen ihn, um unser "ich" in den Mittelpunkt zu stellen.
Das Handeln Jesu ist ein anderes. Er hält nicht Wissen, Behandlungstechniken oder Regelvorschriften parat. Er stellt sich nicht wichtigtuerisch in den Mittelpunkt. Sein erstes Wort in der unmittelbaren Begegnung mit Bartimäus ist eine Frage. Er will, bevor er von sich aus etwas sagt oder tut, zuhören und sich in das Erleben des Bartimäus einfühlen. Er setzt Bartimäus in die Subjektrolle ein, weil er ihm zutraut, selbst zu wissen, was für ihn gut ist. Vor Jesus ist Bartimäus nicht mehr das Versorgungsobjekt, sondern das Subjekt der eigenen Selbstbestimmung. Jesus mutet Bartimäus zu, daß er sein Leben in die Hand nimmt, daß er seinen eigenen Willen hinsichtlich dessen, wie das Leben weitergehen soll, findet und auch bekundet. Durch Jesus wird dem Bartimäus klar, daß er vor Gott so viel wert ist, daß er sich nicht von den Reichen und Mächtigen des etablierten Jericho ein Lebenskonzept - das des Außenseiters - aufdrängen lassen muß, sondern daß er das zu verwirklichen versuchen muß, was er selbst will und ist. Jesus ist für Bartimäus der "Mystagoge" des eigenen Selbstkonzepts. Wiederum ist hier die Darstellung Ernst Alts höchst ausdrucksvoll: Im Gegensatz zur niederdrückenden Haltung der Hand des Jüngers ist Jesu Hand - wie auch die Hand der Jüngerin, in deren Mund der Satz: "Hab nur Mut, steh auf, er ruft dich." zu hören ist - nach oben gewendet. Seine Hand zeigt eine aufrichtende Haltung; sie ermutigt zum Aufstehen. Die "Hand-lung" Jesu will Bartimäus zum Stehen verhelfen, ihm Eigenstand verleihen.
Die Alternative zwischen dem "soll ich" der Einheitsübersetzung und dem "willst du" aus dem Munde Jesu ist also nicht nur eine grammatikalische Streitfrage. Es ist die Alternative, vor die wir in unserem kirchlich initiierten und christlich gedeuteten Umgang mit Notleidenden gestellt sind. Entweder wir bleiben bei unserer "soll-

ich"-Mentalität, mit der wir uns selbst wichtig nehmen und den Anderen zum Objekt unserer Interessen und unserer (egoistischen) Fürsorge degradieren; oder wir fragen den uns begegnenden Menschen: "Was willst du selbst?" und schließen uns damit der "ipsissima intentio" Jesu an, die den Anderen wichtig nimmt, Subjekt sein läßt. Jesu Frage ist also ein Ausdruck dafür, wie der Umgang mit Menschen nach seinem Maßstab geschehen soll: in Wertschätzung und in Bewahrung der Andersheit des Anderen.
Zwei weitere Aspekte lassen sich daraus ableiten: Erstens lautet die Antwort hier *nicht*, daß seelsorglich handelnde Personen in der Begegnung mit einem Menschen nichts tun sollten und daß es - in einem fatalen Mißverständnis der Einforderung von Eigenständigkeit - ihre Aufgabe wäre, sich den Erwartungen und Handlungsanforderungen der jeweiligen Menschen zu entziehen. Das Vorbild Jesu in der Begegnung mit Bartimäus beansprucht geradezu zu einem bewußten seelsorglichen Handeln, aber eben zu einer bestimmten Weise der Seelsorge: Seelsorgekompetenz nach dem Maßstab Jesu bedeutet die Kompetenz, auf die selbstgefällige Durchsetzung der eigenen Fähigkeiten zu verzichten und statt dessen dem Menschen die Frage zu stellen: "Was willst du, daß ich dir tun soll?", dann aber sich tatsächlich auf das so eröffnete Beziehungsgeschehen einzulassen und die eigenen Fähigkeiten zugunsten der Lebensbedürfnisse des Menschen zur Wirkung kommen zu lassen.
Zweitens ist zu warnen davor, daß sich Seelsorgerinnen und Seelsorger bei der Orientierung an solchen Begegnungserzählungen über Jesus vorschnell und selbstverständlich mit Jesus identifizieren und die Menschen, denen sie in der Seelsorge begegnen, in Analogie setzen zu denjenigen Menschen, die im Zusammensein mit Jesus eine Veränderung in ihrem Leben erfahren. Das wäre ein zu einfaches Schema, mit dem Seelsorgerinnen und Seelsorger allzu selbstgewiß und glorifizierend die Rolle Jesu für sich beanspruchen. Bezogen auf die konkrete Erzählung von der Begegnung zwischen Jesus und Bartimäus müßte die erste Frage von Seelsorgerinnen und Seelsorgern sein, inwiefern sie sich mit den anderen Figuren identifizieren können; wo sie sich in Analogie sehen können zu den forsch zurückweisenden Jüngern, zu der großen und in ihrem Trott verfangenen Menschenmenge, zu den etablierten Bewohnern Jerichos oder auch zum notleidenden Bartimäus. Dies wäre eine Voraussetzung dafür, daß Seelsorgerinnen und Seelsorger ihre Seelsorge als dialogisches Beziehungsgeschehen begreifen, die eigene seelsorgliche Kompetenz des Beziehungspartners erkennen und für sich selbst angstlos die gelegentliche Rolle des "Seelsorgeempfangenden" anerkennen können.

7.2.5.5 Die Nachfolge des Bartimäus

"Bartimäus, der Sohn des Timäus ... rief ... laut ... schrie noch viel lauter ... warf ... seinen Mantel weg, sprang auf und lief auf Jesus zu ... Der Blinde antwortete: Rabbuni, ich möchte wieder sehen können. Da sagte Jesus zu ihm: Geh! Dein Glaube hat dir geholfen. Im gleichen Augenblick konnte er wieder sehen, und er folgte Jesus auf seinem Weg."

In der gängigen Auslegung gilt die Erzählung von der Begegnung zwischen Jesus und Bartimäus als "Glaubensgeschichte"[437], in der "beim Blinden alles auf den Glauben abgestellt ist"[438] und die Nachfolge Jesu angezielt wird. Das Wesentliche der Erzählung scheint zu sein: Bartimäus wird "zum vorbildlichen Jünger. Dies ist er nicht bloß durch seinen unerschütterlichen Glauben, sondern jetzt vor allem auch durch seine Bereitschaft, Jesus auf dem Weg nach Jerusalem nachzufolgen ... Der Bettler von Jericho ist für Markus wirklich ein Glaubender, weil er die richtige Orientierung für seinen Glauben gewann."[439] Der Fokus, also der Brennpunkt, in dem sich der Aussagegehalt der Erzählung verdichtet, wird zugeschnitten auf das Motiv: Bartimäus wendet sich Jesus zu, legt Bekenntnis von seinem Glauben an Jesus ab, gibt seinem Leben eine neue Richtung, unterstellt sich dem Anspruch Jesu, folgt Jesus nach und erweist sich so als Vorbild christlicher Existenz.

Diese Interpretation ist nur allzu verständlich, bestätigt sie doch die gängigen Denkmuster, welche lauten: Dort, wo Menschen im Raum der Kirche in Erscheinung treten, geht es darum, daß diese Menschen sich dem durch die Kirche vermittelten Anspruch Jesu unterstellen, durch Treue zur kirchlichen Lehre den Glauben bekennen, sich den kirchlichen Anforderungen der Lebensführung unterstellen und in all dem Nachfolge Jesu Christi praktizieren.

Ich kann dieses Verständnis der Bartimäus-Erzählung nicht mit Sicherheit als falsch nachweisen. Ich halte es aber für bedenklich. Nichts ist in dieser Interpretation zu spüren vom sozialkritischen Gehalt der Erzählung bezüglich der erkennbaren Jericho-Strukturen; keine Rolle spielt offenbar die höchst kritische Zeichnung der Menschenmenge, die zunächst am Notleidenden triumphierend vorübergeht und ihn ausgrenzen will; unwichtig erscheint die Tatsache, daß im Mittelpunkt der Erzählung ein *Notleidender* und seine Befreiung aus Not und Marginalisierung steht. Aus der Erzählung vom diakonischen Handeln Jesu wird eine Erzählung vom disziplinierenden Handeln der Kirche gemacht. Wer die Erzählung mit dieser Tendenz auslegt, muß sich fragen lassen, ob er damit nicht ein Beispiel der verharmlosenden, domestizierenden Bibelauslegung abgibt, mit der sich die gesellschaftlich und kirchlich etablierten Kräfte vor der kritischen Infragestellung durch das Handeln Jesu zu immunisieren versuchen? Er würde damit verfehlen, was Jesus in seinem Handeln zum Ausdruck bringen will, nämlich "daß *in* solchem Wort und Dienst *Gott selbst* handelt und der Mensch unmittelbar vor Gott gestellt wird... Es wird einem ... Selbstmißverständnis der Kirche gewehrt, in dem diese nach Art des Großinquisitors die Stelle Jesu einnimmt und sich auf den Thron Gottes setzt, um religiös bzw. ideologisch über das zu befinden, was 'gut und böse' sei."[440]

Ich plädiere folglich für eine andere Auslegung. Es geht in der Geschichte tatsächlich um Bartimäus, aber gerade nicht in dem Sinn, daß er sich bestimmten Verhaltenserwar-

---

[437] **Gnilka, J.**: Das Evangelium nach Markus. 2. Teilband, 109.

[438] Ebd. 111.

[439] Ebd. 112.

[440] **Schmithals, W.**: Das Evangelium nach Markus, 476.

tungen unterstellt. Es geht darum, daß Bartimäus zu einem befreiteren, würdevolleren, heilvolleren Leben entsprechend seinen Bedürfnissen findet. Das vorangestellte Zitat ist ein Extrakt derjenigen Erzählpassagen, in denen Bartimäus etwas tut oder etwas mit ihm geschieht. Hier wird deutlich erkennbar: Die ganze Geschichte ist durchzogen von Motiven der Freisetzung des Bartimäus aus seiner Not; die ganze Geschichte ist eine Diakoniegeschichte, weil es in ihr durchgehend darum geht, daß ein Notleidender durch die Solidarität anderer zu einem Leben entsprechend seiner Würde vor Gott befreit wird. Bartimäus mit seinem Bedürfnis nach Heilung und Befreiung ist es wert, ins Evangelium zu kommen. Als jemand, der aus seiner entwürdigenden Lage ausbrechen will, ist er ein Rollenträger der guten Nachricht vom Reich Gottes. Wenn Bartimäus ein Vorbild der Nachfolge ist, dann ist der Nachfolgecharakter seines Handelns nicht in einer Unterstellung unter schematisierte Verhaltensanforderungen, sondern im Streben nach einem heilen, befreiten Leben zu suchen.

7.2.5.6 Begegnung zweier Identitäten

"Bartimäus, der Sohn des Timäus ... rief ... laut ... schrie noch viel lauter"

Solange er sich nur als Bettler vor Jericho verstehen konnte und nur als solcher gesehen wurde, solange er sich in Abhängigkeit von den Etablierten definieren lassen mußte, von den Leuten, die ihn ausgrenzten und unterdrückten, solange er also in Nicht-Identität leben mußte, hatte Bartimäus nichts, womit er anderen Menschen gegenüber auftreten und womit er sich eigenmächtig am Sozialgeschehen beteiligen hätte können. Er durfte und konnte nichts für sich in Anspruch nehmen; als Bettler hatte er das anzunehmen, was andere ihm zugestanden haben. In der Begegnung mit Jesus ändert sich das schlagartig. Der blinde Bettler, der um die Befreiung aus seiner Notlage ringt, tritt in der Geschichte ausdrücklich mit seinem Namen in Erscheinung, der zudem noch genauer bestimmt, identifiziert wird: "Bartimäus, der Sohn des Timäus". Er kann die Jericho-Strukturen durchbrechen. Er muß sich nicht länger von den Etablierten "definieren", abgrenzen lassen, sondern kann aus sich und seinen Grenzen herausgehen. Er kann gegen die Masse der unterdrückenden Menschenmenge anschreien. Er darf Aufmerksamkeit für sich in Anspruch nehmen und zwar so, wie *er* sich Aufmerksamkeit wünscht.

Möglich wird ihm das, weil ihm offenbar in Jesus ein Mensch begegnet, den er anders erlebt als die vielen anderen Menschen. Er kann Jesus als Rabbuni anreden, also mit einer Steigerung der ohnehin ehrerbietigen, achtungsvollen Anrede "Rabbi". Jesus ist für Bartimäus eine Autorität, zu der er volles Vertrauen haben kann. Er spürt, daß Jesus die Begegnung mit ihm nicht zu eigennützigen Zwecken mißbrauchen und ihn somit nicht mit den eigenen Interessen unterdrücken will. Jesus täuscht kein schönfärberisches Sich-Kümmern vor, mit dem Bartimäus doch wieder nur in Abhängigkeit geriete. Jesus zeigt sich identisch, d.h. für den Begegnungspartner verläßlich einschätzbar. Ihm geht es darum, daß Bartimäus seinen Willen findet und bekundet. Ihm geht es in Echtheit um

Bartimäus. Das gibt diesem den Mut zum Wagnis: Er bittet um Erbarmen für sich, er stellt sich in die Mitte des Geschehens und klagt sein Recht ein, wichtig genommen zu werden. Die Begegnung zwischen Jesus und Bartimäus wird zu einem pastoralpsychologischen Lehrstück für die seelsorgliche Begegnung: Hilfreiche Beziehung und befreiende Kommunikation werden dort möglich, wo sich zwei Menschen in ihrer Identität gegenseitig zeigen und anerkennen.

7.2.5.7 Befreiende Selbstverwirklichung

"Da warf er seinen Mantel weg, sprang auf und lief auf Jesus zu. Und Jesus fragte ihn: Was willst du, daß ich dir tun soll? Der Blinde antwortete: Rabbuni, ich möchte wieder sehen können."

Auf den ermutigenden Zuspruch hin wirft Bartimäus seinen Mantel ab. Es ist nicht einfach das Ablegen eines Kleidungsstückes. Ein blinder Bettler breitet seinen Mantel vor sich aus, um darauf Almosen zu sammeln und um diese dann leichter aufnehmen zu können. Der Mantel ist das Statussymbol des Bettlers; er legt ihn auf die Rolle des Ausgegrenzten fest. Mit dem Mantel wirft also Bartimäus den Status seiner bedrängenden sozialen Lage ab.
Die Frage Jesu, was Bartimäus wolle, provoziert diesen zu einem Verhalten, das in den Ohren der etablierten Jericho-Bewohner unerhört klingen muß: Bartimäus, der Ausgegrenzte, der nichts zu sagen hat, fühlt sich ermutigt, "ich möchte" zu sagen. Er erhebt Anspruch auf die Verwirklichung seines Wunsches, der nicht einfach auf die Befriedigung eines oberflächlichen Verlangens abzielt. Aus der Formulierung "*wieder* sehen" ist zu schließen, daß Bartimäus nicht immer blind war. Er weiß, wie es wäre, wenn er sein Augenlicht wieder erlangte. Das "ich möchte" ist der Wunsch, die ursprünglich angelegten Lebensfähigkeiten und -möglichkeiten zu verwirklichen; es ist der Wunsch nach Selbstverwirklichung.

7.2.5.8 Das Credo des Bartimäus: Leben

"Da sagte Jesus zu ihm: Geh! Dein Glaube hat dir geholfen."

Jesu Antwort ist bezeichnend. Er sagt: "Geh!". Er schickt den Bartimäus weg, damit er in neu erlangter Freiheit den Weg seines ihm zukommenden Lebens geht. Jesus fordert von Bartimäus keine irgendwie geartete Unterordnung oder Anbindung. Selbst als es heißt, daß Bartimäus ihm nachfolgt, steht nichts davon, daß dies Jesus erwartet hätte. Vielmehr stellt Jesus den Glauben des Bartimäus fest: "Dein Glaube hat dir geholfen." Das sagt Jesus nicht etwa in Zusammenhang mit dem theologischen Sohn-Davids-Bekenntnis am Anfang, sondern angesichts des Wunsches des Bartimäus: "Ich möchte wieder sehen können." Gleichsam nebenbei wird uns hier bedeutet, daß wir unser gängiges

Verständnis von "Glaube" korrigieren müssen. Wie das oben dargestellte Verständnis der Bartimäus-Erzählung als "Glaubensgeschichte" anschaulich macht, könnte man sich vorschnell ermutigt sehen, den Glauben des Bartimäus mit der Zustimmung zu Inhalten der Glaubenslehre zu identifizieren und diese moralisierend als die scheinbar einzige Rettung des Menschen einzufordern. Das wäre ein Beispiel des fatalen Mißverständnisses, unter dem die christliche Theologie und Kirche nach wie vor leidet: Im gängigen kirchlichen Sprachgebrauch wird "Glaube" zu sehr im Sinne des Fast-Wissens, des Einer-Sache-Zustimmens gebraucht. Daß der christliche Begriff "Glaube" zunächst und primär etwas anderes meint, zeigt das lateinische Wort "credo" (ich glaube). Diese Form hat sich entwickelt aus dem Satz "cor do", "ich gebe mein Herz". Wenn wir mit unserem "ich glaube an ..." - im Gegensatz zu einem "ich glaube, daß ..." - sagen, wohin wir unser Herz, die Mitte unserer Person geben, dann drücken wir damit aus, worin wir unsere Existenz gegründet sehen. Der christliche Glaube ist also weniger eine Sache des Wissens als eine Sache des Lebens. Wir bewähren uns um so mehr im Glauben, je mehr an unserem konkreten Leben ablesbar wird, daß es auf Gott gründet. Nicht das Wissen der Glaubenslehre, sondern die Überzeugungskraft der Lebenspraxis ist das vornehmliche Indiz unseres Glaubens.

Was Jesus als den Glauben des Bartimäus bezeichnet, ist die überzeugende Art und Weise, in der dieser *leben* will. Von Anfang an zeigt Bartimäus, der bislang ein Leben im "sozialen Tod" geführt hat, ehrlich und überzeugend, daß er Erbarmen erfahren und wieder sehen möchte, daß er wieder "leben" möchte. Auf Jesus setzt er die Hoffnung seiner Existenz. Das ist keine augenblickliche Hoffnung, die in der nächsten Stunde schon wieder durch eine andere abgelöst sein könnte. Ähnlich wie bei der blutflüssigen Frau (s. 7.2.4.1) handelt es sich hier um eine allerletzte Hoffnung, die man auf einen setzt, der in seinem Tun und Reden über all das hinaus verweist, was man bisher erfahren hat. Jesus, der in seinem Handeln und Reden die "Logik", die Gesetzmäßigkeiten menschlichen Handelns und Redens durchbricht, der durch sein heilendes Wirken neue Perspektiven des Lebens eröffnet, ist "durchsichtig", transparent auf den Gott hin, der jeden Menschen mit seiner Individualität ins Leben setzt und der dieses Leben - gerade auch in seiner Brüchigkeit - zutiefst bejaht. So wird es Bartimäus möglich, Jesus zu vertrauen und ihm mit dem Wunsch nach einem erfüllten Leben sein "Herz auszuschütten". Das "Herzensanliegen", das Credo des Bartimäus heißt: "Ich möchte leben!"

7.2.5.9 Diakonie als Nachfolge Jesu Christi

"Im gleichen Augenblick konnte er wieder sehen, und er folgte Jesus auf seinem Weg."

Die Begegnung zwischen Jesus und Bartimäus läuft schließlich, ohne daß über den Vorgang der Heilung etwas Näheres erzählt würde, darauf hinaus, daß Bartimäus geheilt ist und wieder sehen kann. Das ist das wichtige Ereignis für Bartimäus. Er ist befreit dazu, sein Leben nach eigenen Bedürfnissen und in würdevolleren Verhältnissen zu gestalten. Von Bedeutung ist, daß erst nach der Feststellung der Heilung des Bartimäus davon die Rede ist, daß er Jesus nachfolgt. Die Erzählung kann also keinesfalls dazu herangezogen werden, für die christliche Existenz einen Gegensatz zwischen der Nachfolgebereitschaft und dem Bedürfnis nach heilvollen, guttuenden Verhältnissen im eigenen Leben zu konstruieren. Die Nachfolge des Bartimäus geschieht *auf der Basis* seiner Heilung und Befreiung. Weil ihr die Aufhebung zwangvoller Lebensverhältnisse als konstitutives Element vorausgeht, kann man auch sagen: Nachfolge Jesu verneint nicht das Bedürfnis des Menschen nach Heilung seiner Lebensbehinderungen und nach Befreiung aus Not; Nachfolge Jesu setzt dieses Bedürfnis geradezu voraus. So folgt Bartimäus Jesus nach aufgrund einer freien Entscheidung über seinen Lebensweg und nicht aufgrund einer disziplinären Anforderung. In Hinblick auf Bartimäus geht es nur um ihn und um die Möglichkeit, daß er zu einem "Leben in Fülle" gelangt. Die ganze Begegnungserzählung ist die Symbolisierung diakonischer Praxis: Durch eine solidarische, systemkritische, helfende und subjektkonstitutive Begegnung wird ein Notleidender aus seinen Zwängen befreit zu einem selbstbestimmten Leben. Wenn also Bartimäus ein Beispiel für die Nachfolge Jesu ist, dann in dem Sinn, daß Diakonie *in sich* Nachfolge Jesu ist.

Innerhalb der diakonischen Struktur des Begegnungsgeschehens gibt es aber durchaus eine Anforderung Jesu. Diese richtet sich aber an die Menschenmenge und an die Jünger, also an die "Kirche" und an diejenigen, die sich dezidiert als Nachfolgende Jesu verstehen bzw. sich als solche präsentieren. Allein an diese ergeht eine Verhaltensanforderung von seiten Jesu. Er unterbricht ihren triumphalen Trott in Richtung Jerusalem, lenkt ihren Blick in die andere Richtung hin zur Notsituation am Rand ihrer Lebensfelder. Er fordert sie auf, Not an sich heranzulassen und mit Notleidenden in eine förderliche Beziehung zu treten. Insofern ist die Bartimäus-Erzählung tatsächlich eine Glaubens- und Nachfolgegeschichte. Aber es geht um den Glauben und die Nachfolge derer, die sich bereits selbstsicher als Kirche in der Nachfolge Jesu verstehen. Sie dürfen sich ihrer Jesustreue nicht zu gewiß sein. *Sie* müssen sich erst in ihrem Glauben und in ihrer Nachfolgebereitschaft bewähren. Sie müssen ihrem Leben eine andere Richtung geben. Kirche und Christen bewähren sich als jesustreue Kirche und Christen, indem sie sich in das diakonische Handeln Jesu einbinden lassen, indem es auch ihnen in Echtheit um den Menschen und sein Leben geht. Andernfalls ist die Kirche keine Kirche und das Christsein kein Christsein.

7.2.6 Der kriteriologische Ertrag

Die Erkenntnis, die sich aus diesem Blick auf die Praxis Jesu für die Konzeption christlicher Praxis ergibt, ist kurz zu formulieren, in dieser Kürze aber um so dichter und gewichtiger: Wo immer es um die Frage der Gestalt christlicher Praxis und der Gestalt des institutionalisierten Rahmens dieser Praxis, der Kirche geht, wo immer Christinnen und Christen bewußt in ihrer Glaubensgemeinschaft handeln wollen, wo immer Seelsorgerinnen und Seelsorger ihre Praxis überdenken und planen, wo immer

kirchenamtliche Instanzen Kirche leiten, wo immer Theologinnen und Theologen über das Christ- und Kirchesein reflektieren und wo immer diese Praxis unter den Maßstab des Handelns Jesu und des darin gegebenen Zeugnisses vom Reich Gottes gestellt wird, ist folgende pastorale Grundentscheidung von fundamentaler Notwendigkeit: *In der Kirche geht es um den Menschen, nicht um die Kirche; in der Kirche geht es um Menschlichkeit, nicht um Kirchlichkeit. In der kirchlichen Praxis geht es um die Freisetzung des Menschen zu einem menschenwürdigen Leben und nicht um die Selbststabilisierung der in Ämtern, in Strukturen, in dogmatischen Lehren, in moralischen Normen, in standardisierten Handlungsmustern oder in kirchenrechtlichen Vorschriften institutionalisierten Kirche. Und es geht um die Menschen als Menschen, nicht als Kirchenmitglieder.*
Dies muß das leitende Interesse, die durchgängige Logik aller Reflexionen, Konzeptionen, Erkenntnis- und Entscheidungsprozesse bezüglich einer Praxis in der Nachfolge Jesu sein. Diese Grundentscheidung ist freilich nicht nur die Konsequenz, sondern - entsprechend dem unhintergehbaren Zirkel von Verständnis und erkenntnisleitendem Vorverständnis - auch die Voraussetzung für die Einsichtigkeit der hier vorgelegten Interpretationen zur Praxis Jesu. Wer die Grundentscheidung nicht trifft, wird zu anderen Ergebnissen kommen. Er oder sie muß aber dann auch nachweisen, daß sie nicht der Intention Jesu entspricht.
Menschlichkeit als Zeugnis vom Reich Gottes bildet den Wesenskern der Praxis Jesu. In Anlehnung an Edward Schillebeeckx[441] läßt sich dieses kriteriologische Fundament in mehrere Prinzipien einer christlichen Praxis unter der Maßgabe der ansatzhaften Vergegenwärtigung des Reiches Gottes ausfalten.

1. Im Reich Gottes geht es um die Menschlichkeit des Menschseins.
Das Programm Jesu läßt erkennen, was mit der Botschaft vom Reich Gottes angezielt ist: die Herstellung heiler Lebensverhältnisse für den Menschen, die Ermöglichung eines Menschseins frei von unmenschlichen Zwängen und Unterdrückungen. Wenn eine Nachricht für Notleidende gut sein soll, dann kann das nur bedeuten, daß mit ihr die Verhältnisse, welche Menschen in Not halten, aufgehoben werden. Bei Jesus lautet sie: *"Er hat mich gesandt, damit ich den Armen eine gute Nachricht bringe; damit ich den Gefangenen die Entlassung verkünde und den Blinden das Augenlicht; damit ich die Zerschlagenen in Freiheit setze und ein Gnadenjahr des Herrn ausrufe." (Lk 4,18-19).* Die Entlassung der Gefangenen meint die Aufhebung der Verhältnisse, in denen Menschen durch sich selbst oder durch andere in Unfreiheiten eingesperrt sind. Das Augenlicht für die Blinden steht stellvertretend für jegliche Heilung von körperlichen oder seelischen Lebenseinschränkungen, was aber auch beinhaltet, daß kranke oder behinderte Menschen dort, wo ihre Lebenseinschränkungen nicht behoben werden können, wegen dieser Einschränkungen nicht ausgegrenzt oder abgewertet werden, sondern daß ihnen durch Anerkennung ihres Soseins Heilung widerfährt. Und Freisetzung der Zerschlagenen geschieht dort, wo Menschen, deren Leben durch andere Menschen oder

441 Vgl. **Schillebeeckx, E.**: Jesus, 124-136.

durch unglückliche Umstände zerstört ist, neue Lebensperspektiven bekommen.
In der Verwirklichung des Reiches Gottes geht es unzweifelhaft um die Sache Gottes, um Gottes Willen. Aber der christliche, von Jesus bezeugte Gott ist ein Gott, dem es um den Menschen geht. Jesus geht es um die Sache Gottes. Und genau darin geht es ihm um die Sache des Menschen. In der Reich-Gottes-Botschaft geht es um "die Sache Gottes als Sache des Menschen"[442]. Wo heiles, menschliches Menschsein verwirklicht wird, wo es um das Humanum geht, da wird Gott gesucht und da geschieht Gottes Wille. Das Reich Gottes ist eine "auf Menschlichkeit bedachte Gottesherrschaft"[443].

2. Die Botschaft vom Reich Gottes besteht nicht primär in einem verbalen Reden über das Reich Gottes, sondern in einer Lebenspraxis gemäß dem Reich Gottes.
Wir Christinnen und Christen sind aufgefordert, diese Botschaft anzunehmen und erfahrbar werden zu lassen. Aber das tun wir nicht, indem wir über das Reich Gottes reden, und wir tun es erst recht nicht, indem wir so über das Reich Gottes reden, daß wir aufgrund unserer Machtposition von anderen Menschen verlangen, unsere Rede für verpflichtend zu halten. Jesus selbst insistiert darauf, daß es beim Reich Gottes nicht um ein theoretisches Für-wahr-Halten, sondern um ein praktisches Wirklichkeit-werden-Lassen geht: "Wenn ich aber die Dämonen durch den Finger Gottes austreibe, dann ist doch das Reich Gottes schon zu euch gekommen." (Lk 11,20). Und: "Nicht jeder, der zu mir sagt: Herr! Herr!, wird in das Himmelreich kommen, sondern nur, wer den Willen meines Vaters im Himmel erfüllt." (Mt 7,21). Wir müssen die Botschaft vom Reich Gottes Wirklichkeit werden lassen, d.h. zur Wirkung kommen lassen in einer Lebenspraxis, die etwas von den Reich-Gottes-Verhältnissen erahnen läßt. Menschen bewähren sich in der Annahme der Reich-Gottes-Botschaft dadurch, daß sie in ihrem Leben "heute", hier und jetzt, Menschlichkeit verwirklichen und ihre Beziehungen zu anderen Menschen heilend gestalten. Ob ein Mensch diese Botschaft überzeugend vermittelt, ob er sie ernstnimmt und annimmt, zeigt sich daran, ob er die Würde anderer Menschen achtet, ob er Heil bringt in dem Sinn, daß er Unmenschlichkeiten aufhebt. In der Reich-Gottes-Botschaft geht es also weniger um Orthodoxie als um Orthopraxie, weniger um die rechte Lehre über das Reich Gottes als um das rechte Handeln gemäß dem Reich Gottes.[444]

3. Die Reich Gottes-Botschaft ist nicht beliebig, sondern kritisch.
Daß die Herrschaft Gottes auf Menschlichkeit bedacht ist, bedeutet gerade nicht, daß sie einfach die irdischen Lebensverhältnisse des Menschen weiterführen und daß sie die Lebensformen der Menschen unterschiedslos anerkennen würde. "Die Evangelien zeichnen das Bild eines zunehmenden Konfliktes, in dem Jesus die Partei der Armen gegenüber den Reichen, der Hungrigen und Kranken gegenüber den Satten und Gesicherten, der Unreinen gegenüber den Hütern der Ordnung ergriffen hat. Jesus greift

[442] Ebd. 126.
[443] Ebd. 124.
[444] Vgl. ebd. 126.

dabei ausdrücklich auf prophetische Traditionen zurück (vgl. Lk 4,17 ff; Mt 11,2 ff). Er versteht sich als Zeuge des Gottes, der leidenschaftlich eintritt für das Recht der Schwachen und Armen und der durch den Mund seiner Propheten Anklage erhebt gegen Unrecht und Ungerechtigkeit. Es ist daher biblisch einseitig, das Verständnis von Solidarität nur von Gottes mitleidender Barmherzigkeit her zu begründen und die Dimension der Fürsprache und Verteidigung im Streit um Recht und Gerechtigkeit auszublenden. Gottes Barmherzigkeit, seine parteiliche Solidarität mit den Armen ist der Inhalt seiner Gerechtigkeit."[445] Das Reich Gottes ist folglich nicht indifferent gegenüber den konkreten, alltäglichen Bedingungen des menschlichen Lebens. Angesichts des Reiches Gottes ist es nicht beliebig, wie Menschen miteinander leben. Reich Gottes ist auch Gericht. In der Botschaft vom Reich Gottes zeigt sich der gerechte Gott, der die Überwindung von Unrecht einklagt. Die Botschaft vom Reich Gottes kritisiert all die Lebensformen und Verhältnisse, seien sie politisch, kulturell oder religiös bedingt, in denen der Wille Gottes nicht geachtet wird. Und das kann nach dem bisher Gesagten nur bedeuten: Das Reich Gottes richtet sich gegen Verhältnisse, in denen das Menschsein des Menschen, das Humanum bzw. die Würde des Menschen verletzt ist.[446]

4. Beim Reich Gottes geht es nicht um die Umkehrung, sondern um die Aufhebung unterdrückerischer Herrschaftsverhältnisse.
Arme sollen aus ihrer Not, Gefangene aus ihrer Unfreiheit, Blinde, Lahme oder Aussätzige aus ihrer Lebenseinschränkung und Betrübte aus ihrer Hoffnungslosigkeit befreit werden. Nicht aber sollen die bisher Nicht-Armen unter zwangvoller Not, die bisher Freien unter Gefangenschaft, die bisher Sehenden unter Blindheit leiden. Damit wäre die Logik, daß die einen über den anderen stehen, daß einige Menschen andere Menschen unterdrücken, nicht überwunden, sondern bestätigt. Die Herrschaft Gottes bedeutet gerade die Aufhebung der menschlichen Herrschaftslogik und aller verletzenden Machtverhältnisse.[447] Das Reich Gottes wird dort verwirklicht, wo Menschen aufhören, über andere Menschen herrschen zu wollen, wo Menschen aufhören, für sich Privilegien zum Schaden anderer herauszuholen, wo Menschen aufhören, andere, in ihren Lebensmöglichkeiten eingeschränkte oder in ihren Lebensformen andersartige Menschen abzuwerten oder auszugrenzen.

5. Die Botschaft vom Reich Gottes verlangt, eine Option für die Armen zu treffen.
Natürlich ist die Botschaft vom Reich Gottes an alle Menschen gerichtet. In seiner Existenz verwirklicht Jesus eine Diakonie, in der es ihm um ein Menschsein aller Menschen entsprechend ihrer Würde vor Gott geht. Wenn es nun bei der Verwirklichung des Reiches Gottes in diesem Sinn um Menschlichkeit geht, dann kommt innerhalb dieses Anliegens der Reich-Gottes-Botschaft den Notleidenden eine besondere

---

[445] **Raiser, K.**: Diakonie in weltweiter Perspektive, 202.

[446] Vgl. **Schillebeeckx, E.**: Jesus, 127.

[447] Vgl. ebd. 129.

Bedeutung zu. Sie sind diejenigen, bei denen das Menschsein in seiner Menschlichkeit verletzt ist. "Der eschatologische Horizont der Sendung Jesu ist das Reich Gottes, ein Reich des Lebens für alle. Aber damit es verwirklicht werden kann, müssen jene an diesem Reich teilhaben, die ganz weltlich des Lebens in seinen verschiedenen Formen beraubt worden sind: die Armen und Unterdrückten. Daher ist die Verkündigung Jesu parteilich, und der Gott des Lebens zeigt sich parteilich für die des Lebens Beraubten. ... Jesus verkündigt das Reich Gottes den Armen, verkündigt das Leben jenen, die es am wenigsten haben. Daß Gott der Gott des Lebens sei, muß einer geschichtlichen Bewahrheitung standhalten, die keine andere ist, als denen Leben zu geben, die jahrhundertelang des Lebens beraubt worden sind, die armen und unterdrückten Mehrheiten. In der Verkündigung des Nahens des Reiches Gottes (Mk 1,15; Mt 4,17) erscheinen deswegen entsprechend die Armen als seine bevorzugten Adressaten (Mt 5,3; Lk 6,20)."[448] Der Anspruch des Reiches Gottes beinhaltet dann in sich die Forderung, sich mit einer vorrangigen Option auf die Seite der Armen zu stellen mit dem Ziel, ihnen ein Menschsein gemäß ihrer Würde vor Gott zu ermöglichen, d.h. ein Menschsein frei von Unterdrückung und Armut.

Die Reich-Gottes-Botschaft hat also nicht für alle Menschen die gleiche Bedeutung: Für Notleidende bedeutet sie die Zusage ihrer Befreiung aus Not. Für Nicht-Notleidende bedeutet sie den Anspruch einer "metanoia", einer Umkehr weg von unterdrückenden, verletzenden Lebensformen hin zur befreienden Solidarisierung mit den Entrechteten, Ausgegrenzten, Kranken, Behinderten, kurz: mit allen, die Not leiden.[449] So verstanden ist die Botschaft vom Reich Gottes mit ihrer Option für die Armen auch für die Nicht-Armen keine schlechte, sondern eine *gute* Nachricht. Sie bedeutet - wenn auch aus anderer Perspektive - deren Befreiung aus Unrechtszusammenhängen und das Hineinwachsen in eine neue Gemeinschaft mit den bisher Notleidenden.

---

[448] **Sobrino, J.**: Der Gott des Lebens, 74.

[449] Vgl. **Schillebeeckx, E.**: Jesus, 135.

7.3 Resümee: Was ist Diakonie?

Die Verantwortung für den Anderen als ein von Gott ausgehender, d.h. unabweisbarer und unendlicher Anspruch und das in der Praxis Jesu erkennbar werdende Zeugnis vom Reich Gottes sind zwei fundamentale Maßgaben für ein Verständnis der Diakonie. Nach ihnen läßt sich die Diakonie folgendermaßen bestimmen:
Diakonie als unbedingte Verantwortung für den Anderen nach dem Maß des Unendlichen und als Praxis der Nachfolge Jesu Christi ist die indispensable und durchgängige Dimension des christlichen Glaubens. Sie strukturiert die gesamte christliche Praxis der Menschen dahingehend, daß Menschen in dieser Praxis die Lebensmöglichkeiten erhalten, die ihrer Würde vor Gott entsprechen, und daß sie in der Aufhebung ihrer zwanghaften Lebensverhältnisse den guttuenden Zustand des Reiches Gottes als ansatzhaft gegenwärtig erfahren können. Als Verwirklichung des von Gott gebotenen menschenwürdigen Menschseins aller Menschen enthält sie wesentlich eine vorrangige Option für Notleidende, die in der christlichen Praxis durch solidarisch-helfende Heilung ihrer individuellen Lebenseinschränkungen und durch gesellschaftskritische Veränderung von Notstrukturen aus ihrer Not befreit werden.

8 ANSATZPUNKTE EINER PRAXISTHEORIE DER DIAKONIE

Im folgenden letzten Teil der Untersuchung sollen mögliche Ansatzpunkte einer Praxistheorie der Diakonie benannt werden. Dabei ist intendiert, Impulse zu setzen für die Konzeption einer Diakoniepraxis, die sich einerseits von den kritisierten Mustern der wahrgenommenen Diakonie abhebt und die andererseits der fundamentalen Forderung der Verantwortung für den Anderen nach dem Maß des Unendlichen, wie sie in Emmanuel Lévinas' Philosophie zutage getreten ist, bzw. dem im Blick auf die Praxis Jesu erkennbar gewordenen Kriterium der Menschlichkeit zu genügen versucht. Zum rechten Verständnis und zur Vermeidung falscher Erwartungen hinsichtlich dieses Teils sind drei Bescheidungen notwendig.
Es handelt sich um eine *Praxistheorie*, d.h. nicht um eine Konzeption der Diakonie in einzelnen konkreten Praxisfeldern. Abgesehen von einzelnen exemplarischen Hinweisen auf Operationalisierungsmöglichkeiten werden sich die Ausführungen also noch auf einer Ebene *vor* der Frage nach konkreten Möglichkeiten der "Umsetzung in die Praxis" bewegen. Dies darf nicht als billige Dispens vom Nachweis der Operationalisierbarkeit verstanden werden, sondern ergibt sich als Erfordernis aus dem wissenschaftstheoretischen Selbstverständnis der Praktischen Theologie einerseits und aus dem Inhalt speziell dieser praktisch-theologischen Untersuchung andererseits. Das heißt: An dieser Stelle gilt es, die Erkenntnis einzulösen, daß sich die Praktische Theologie nicht mehr als Anwendungswissenschaft gebärden darf. Sie kann - unter dem Kriterium des Subjektseins aller an der zu konzipierenden Praxis Beteiligten - nicht mehr von einigen wenigen Reflexionsinstanzen aus in einheitlicher Konzeption vorgeben, was in vielen Praxissituationen von und mit vielen Menschen getan werden müsse. Mit einer einheitlichen Konzeptionsvorgabe wären die an der konzipierten Praxis beteiligten Menschen, die direkt und indirekt Betroffenen, als Gegenstände der Konzeption verrechnet. Das verbietet sich unter dem Maßstab der unendlichen Verantwortung für den Anderen. Daß sich das diakonisch handelnde Subjekt als unter die Verantwortung für den Anderen gestellt begreift, heißt gerade, daß es nicht selbst Ansprüche stellt, sondern dem vom Anderen herkommenden Anspruch ausgesetzt ist. In praktisch-theologischer Terminologie gewendet heißt dies: Wer diakonische Praxis zu konzipieren hat, kommt nicht an der Mühe vorbei, in der je konkreten Handlungssituation zu ergründen, wie die Betroffenen selbst die Situation definieren, welche Konzeptionen der Praxis die Betroffenen selbst insinuieren und welche Anforderungen und Erwartungen von da aus auf ihn, den diakonisch Handelnden, zukommen. Erst auf dieser Grundlage und in Orientierung an diesen Vorgaben der Betroffenen ist die diakonische Praxis konzeptionell zu reflektieren. Eine konkrete Ausgestaltung dieser konzeptionellen Reflexion setzt eine konkrete Praxissituation voraus. Sie kann also hier nicht geleistet werden. Gesagt werden soll hier allerdings, wo eine solche konzeptionelle Reflexion ansetzen kann, von welchen Maximen sie sich lenken lassen kann und an welchen Maßgaben sie sich orientieren kann. In wissenschaftstheoretischer Hinsicht wird hier also das Postulat

einzulösen versucht, daß eine Praktische Theologie nicht lehrt, "wie etwas geht", sondern daß sie lehrt, *darüber nachzudenken*, "wie etwas geht".
Eine zweite Bescheidung macht bewußt, daß es sich um *Ansatzpunkte* handelt. Die einzelnen Ausführungen setzen bei einem Aspekt diakonischer Praxistheorie an und versuchen, die Bedeutung des jeweiligen Aspekts in Grundzügen darzustellen. Wiederum muß es aber den Betroffenen einer konkreten Praxissituation überlassen werden, wie die theoretischen Reflexionen zu den einzelnen Aspekten unter den Bedingungen der je konkreten Handlungssituation weiterzuentwickeln und zu spezifizieren sind.
Eine dritte Bescheidung schließlich ist darin gegeben, daß es *mögliche* Ansatzpunkte sind. Auch wenn für die hier herangezogenen Ansatzpunkte natürlich beansprucht wird, daß sie wichtige Ansatzpunkte der Konzeption diakonischer Praxis sind und daß sie ein gewisses Spektrum konzeptionell relevanter Maximen enthalten, wird damit gerechnet, daß auch andere mögliche Ansatzpunkte denkbar sind.
Eine Theorie zur Konzeption christlicher Praxis bezieht sich nicht einfach auf die Gesamtheit aller denkbaren christlichen Praxis. Damit die Theorie der Praxis praxisadäquat ist, müssen die verschiedenen Praxisebenen differenziert werden, in Bezug auf welche eine Konzeption angestellt werden soll. In den folgenden einzelnen Abschnitten dieses Teils sollen konzeptionelle Orientierungspunkte für die Ebenen der individuellen Beziehung, der Gemeinde und der Kirche als ganzer formuliert werden. Diese Differenzierung ist wie jede Differenzierung streitbar und kann sich gegenüber einer anderen Differenzierung als unzureichend erweisen. So mag sich der Einwand regen, daß hier die von dem dieser Untersuchung zugrundeliegenden Verständnis der Praktischen Theologie geforderte Reflexion der christlichen Praxis außerhalb der kirchlichen Strukturen nicht berücksichtigt zu sein scheint. Doch würde dieser Einwand selbst übersehen, daß die außerkirchliche christliche Praxis nicht als eine noch weitere Ebene als die Kirche gedacht werden darf, sondern vielmehr Praxisphänomene meint, die zwar außerhalb der kirchlichen Strukturen angesiedelt, aber auf allen drei genannten Ebenen zu finden sind, d.h. als Praxis auf der Microebene der persönlichen Beziehung, auf der Mesoebene gemeindlicher Lebensformen und auf der Macroebene einer Kirche, die sich theologisch versteht als Gemeinschaft derer, die zum Volk Gottes berufen sind, und so ohnehin die definierten Grenzen der strukturell verfaßten Kirche sprengt. Die Differenzierung versucht also ein weites Spektrum christlicher Praxis zu fassen und zugleich zu berücksichtigen, daß die genannten Ebenen weder aufeinander reduziert noch voneinander isoliert werden können. In letzterer Intention trifft sich die hier zugrundegelegte Differenzierung mit der von Wolfgang Huber vorgenommenen Differenzierung, die in Bezug auf die institutionell-strukturierte Kirche unterscheidet zwischen den Kirchengestalten Ortsgemeinde, Initiativgruppe (z.B. Orden oder zweckgebundene Gruppen), Regionalkirche (Diözese bzw. Landeskirche) und Föderation (überregionale kirchliche Gemeinschaftsgebilde wie Kirchenbünde oder auch die Weltkirche).[1] Die hier vorgenommene Differenzierung nach persönlicher Beziehung, Gemeinde und Kirche ist jedoch anders angelegt als die Hubersche Differenzierung: Während letztere Struktur-

[1] Vgl. **Huber, W.**: Kirche, 44-58.

ebenen beschreibt, sind hier Praxisebenen gemeint. Darin ist auch der markanteste Unterschied gegenüber Huber begründet, nämlich die In-Blick-Nahme der Praxis auf der Ebene persönlicher Beziehungen.
Die spezifische Eigenart der Differenzierung nach Praxisebenen macht schließlich eine weitere Vorbemerkung notwendig. Die mit den Praxisebenen in Augenschein genommene Praxis ist nicht einfach ein Repertoire an Praxisformen, das ausschließlich auf der jeweiligen Praxisebene angesiedelt wäre und dort seinen eingegrenzten regionalen Ort fände. Was Menschen etwa in ihrer persönlichen Beziehung zueinander erleben und tun, erwächst nicht nur aus dieser jeweiligen Beziehung heraus und ist nicht nur Ausfluß der Individualität der Beziehungspartner, sondern steht in einem Wirkzusammenhang mit den Verhältnissen und Handlungsformen in den umfassenderen Sozialgebilden, in die sich die Beziehungspartner eingebunden fühlen. Umgekehrt ist die Praxis etwa auf der Macroebene der Gesamtkirche kein abgeschlossenes, für sich stehendes Gebilde, sondern ist geprägt z.B. davon, wie die an dieser Praxis beteiligten Menschen sich in Beziehung zu anderen Menschen erleben, welche Erfahrungen sie dabei machen und welche handlungsleitenden Impulse sich daraus ergeben. Wenn also im folgenden die Postulate "unbedingte Würde des Menschen", "Primat der Diakonie" und "vorrangige Option für die Armen" in Bezug auf jeweils eine Praxisebene - Beziehung, Gemeinde, Gesamtkirche - beschrieben werden, dann hat das seinen Grund darin, daß auf der jeweiligen Praxisebene ihre Konturen am deutlichsten erkennbar werden. Relevanz eignet aber jedem der drei Postulate auch für die jeweils zwei anderen Praxisebenen. Das heißt: Auch in der Gestaltung der Praxisstrukturen auf gesamtkirchlicher Ebene hat die unbedingte Würde des Menschen ihre Gültigkeit, und auch einer Gemeinde ist abverlangt, eine vorrangige Option für Arme zu treffen.

8.1 Das Postulat diakonischer Beziehungen: Unbedingte Würde des Menschen

Es mag überraschen, daß, nachdem noch in den Ausführungen zur kritischen Wahrnehmung der faktischen Diakoniepraxis die Überwindung der individualistisch verengten Diakonie eingefordert worden ist, nun bei den folgenden differenzierten Darlegungen zu den verschiedenen Ebenen diakonischer Praxis akkurat mit der Frage nach der Gestalt der diakonischen Praxis auf dieser Ebene der individuellen Beziehung begonnen wird. Zum einen ist hier daran zu erinnern, daß die Individualitätsorientierung nicht als Individualisierung desavouiert werden darf (s. 2.2.1.5). Die politische Dimension der Diakonie muß gegen die ideologisierende Individualisierung der Diakonie als ihrer Domestizierung gerichtet sein, nicht aber gegen ihre Individualitätsorientierung, die das Anliegen verfolgt, den je einzelnen Notleidenden die Diakonie als eine wirklich ihm geltende und für ihn spürbare Befreiung aus Not erfahren zu lassen. Zum anderen gehört es zur Struktur der Diakonie, daß sich die bewußte Vergegenwärtigung der in ihr zu bearbeitenden Notlagen, auch wenn es sich um strukturell bedingte und politisch zu bearbeitende Notlagen handelt, zunächst in der Begegnung mit bzw. Wahrnehmung von den darunter leidenden Menschen als je individuellen Personen entzündet. "Die ethische Reflexion diakonischen Handelns findet ihre wichtigste Konkretionsebene schließlich immer wieder dort, wo es um die verstehende Wahrnehmung des Einzelnen und die verantwortliche Herstellung (oder Verweigerung) des Lebensraumes wechselseitiger helfender Beziehungen geht. ... Der Einzelne und das, was an ihm als hilfebedürftig oder auch unveränderbar, folglich auch als von allen (allererst vom Helfer) zu ertragen wahrgenommen wird, ist immer wieder der Testfall der Diakonie der Kirche."[2] Diakonisches Handeln beinhaltet die Verantwortung, "die Wahrnehmungsfähigkeit zu schärfen und die Bereitschaft zu einer dem Einzelnen zugewandten Weiterentwicklung vorhandener Hilfeformen zu wecken"[3]. Es wäre z.B. vermutlich niemand auf die Idee gekommen, diakonische Hilfen für AIDS-Kranke von der Einzelpflege bis zu kontinentenübergreifenden Bewußtseinsbildungskampagnen in Gang zu setzen, wenn man - hypothetisch gedacht - nur die sachlichen Informationen über AIDS als Krankheit gehabt, nicht aber das Phänomen dieser Krankheit an je einzelnen darunter Leidenden zu Gesicht bekommen hätte. Die diakonische Beziehung zu den Notleidenden als individuellen Personen scheint also gleichsam die kleinste irreduzible "Zelleinheit" im Gefüge diakonischer Praxis zu sein. Damit ist freilich zugleich gesagt, daß diese "Zelleinheit" nie für sich steht, sondern immer in ihrem Konnex mit anderen diakonischen Beziehungen und insbesondere in ihren Einbindungen in umfassendere Strukturen bis eben hin zu den politischen Ursachen zu sehen ist. Aber es ist auf diesem Hintergrund naheliegend, bei einer Differenzierung der Praxisebenen - die notwendig ist, um Orientierungen und Operationalisierungsansätze überhaupt kenntlich machen zu können - den Ausgang bei der Ebene zu nehmen, auf der die Diakonie als Beziehung zu Notleidenden als je individuellen Personen zu konzipieren ist.

In Hinblick auf diese Praxisebene, aber nicht ausschließlich darauf bezogen, sondern von dort ausstrahlend auf die anderen Praxisebenen, läßt sich als fundamentales Postulat formulieren: Diakonie hat sich durch die Achtung der unbedingten Würde des Menschen bzw. durch die Einforderung dieser Achtung auf seiten anderer Personen und gesellschaftlicher bzw. kirchlicher Kräfte zu bewähren.

---

2 **Degen, J.**: Diakonie im Widerspruch, 103.

3 Ebd. 104.

8.1.1 Die Würde des Armen

Walter Benjamin propagierte mit dem programmatischen Wort: "Die Wahrheit liegt im Extrem"[4] die erkenntnistheoretische Einsicht, "daß Extremfälle menschlicher Existenz *Testfälle für Wahrheits- und Wirklichkeitsentdeckung* sind"[5]. Erkenntnis darf demnach nicht ausgehen vom Allgemeingültigen und kann nicht mit dem ausschließlichen Blick auf das allgemein Gegebene konstituiert werden. Das Allgemeingültige an Phänomenen läßt nicht erkennen, was den wesentlichen Gehalt der einzelnen Phänomene ausmacht, weil die Allgmeingültigkeit das Phänomen in eine amorphe Gesamtheit einebnet. Was eine Gegebenheit wirklich ist, was "wirklich" und "wahr" ist, muß im Ausgang vom extremen Fall der jeweiligen Gegebenheit gesucht werden. Die besondere, einmalige Erfahrung des Extremfalls einer Gegebenheit läßt erst die Tiefe des Gehalts der Gegebenheit abmessen und bringt eine neue Perspektive in die Wahrnehmung des Allgemeingültigen der Gegebenheit, in der diese nicht mehr amorph erscheint und in der "allgemeingültiges" Wissen über die Gegebenheit in ihrem Wirklichkeits- bzw. Wahrheitsgehalt überprüft werden kann.[6]
In der diakonischen Begegnung mit Notleidenden bedeutet dieses Erkenntnisprinzip eine entscheidende Wende. Was diese Begegnung ist, wer die in ihr Begegnenden sind, und wie diese Begegnung aussehen soll, ist nicht von einer vorgegebenen, allgemeingültigen, "objektiven" Vorstellung darüber zu bestimmen, sondern von dem Notleidenden und seinen Vorstellungen über die Begegnung her. Der notleidende Mensch ist der Extremfall, nicht in dem quantitativen Sinn, daß er am seltensten vorkommen würde, sondern eben im erkenntnistheoretischen Sinn, daß seine Gebrochenheiten auch ein Aufbrechen der amorphen, allgemeingültigen Vorstellungen vom Menschsein und von der Begegnung zwischen Menschen bedeuten, daß an ihm also die Tiefen menschlicher Existenz und Beziehung auslotbar sind. Die Diakonie braucht diesen Ausgang von den "Extremfällen", von den Armen. Würde sie von einer allgemeingültigen, objektiven Vorstellung, von einer "Fiktion" bezüglich des Menschen, der Beziehung zwischen Menschen und auch des im Horizont der diakonischen Begegnung stehenden Gottes ausgehen, bliebe sie selbst allgemeingültig, oberflächlich. Den Armen als Person, die Bedeutung seiner je eigenen Situation, somit aber auch die letzte Bedeutung ihrer selbst würde die Diakonie dann nicht erreichen. Sie könnte nicht wirklich heilen.[7]
Analog zu dieser Bestimmung der erkenntnistheoretischen Bedeutung der Armen als - paradoxerweise - repräsentative Extremfälle menschlicher Existenz ergibt sich auch eine Neubestimmung des *theologischen* Stellenwerts der Armen. Christian Duquoc hat in

---

[4] Benjamin, W.: Gesammelte Schriften. Unter Mitwirkung von Th.W. Adorno und G. Scholem, hg. von R. Thiedemann und H. Schweppenhäuser, Band II. 2, Frankfurt/Main 1977, 483, hier zitiert nach **Krockauer, R.**: Kirche als Asylbewegung, 17. - Krockauer entwarf auf der Grundlage dieses erkenntnistheoretischen Prinzips von Walter Benjamin einen neuen kreativen Ansatz einer Diakonietheologie.

[5] **Krockauer, R.**: Kirche als Asylbewegung, 16.

[6] Vgl. ebd. 61-88; **Fuchs, O.**: Heilen und befreien, 232-234.

[7] Vgl. **Fuchs, O.**: Heilen und befreien, 234-240.

eindrucksvoller Weise die Bedeutung der Armen als vorrangige Orte des Gott-Erkennens aufgezeigt.[8] Er geht aus von der menschenzerstörenden, christlich legitimierten Eroberung Lateinamerikas. Der Gott, den die Eroberer mit sich führten, war ein "objektiv wahrer" Gott. Mit dem Anspruch der Allgemeingültigkeit wurde gefragt, "wer Gott ist", wurde verkündet, "wer Gott ist", und wurde das behauptete Wissen darüber, "wer Gott ist", unter dem Zeichen der Mission eingefordert. Der Gott der Eroberer erwies sich aber als ein Abgott. Ihre Frage: "Wer ist Gott?" und ihr Bemühen, die Antwort darauf definitiv festzulegen und zu verbreiten, waren vereinnahmt von Interessen, die in hohem Maße zerstörerisch waren. Die Frage: "Wer ist Gott?" verdeckte lediglich, daß ihr Suchen nach Gott absorbiert war von der Suche nach dem materiellen Gold wie auch nach dem immateriellen Gold des Gefühls, sich gegen andere Menschen durchzusetzen. Obwohl also die Frage: "Wer ist Gott?" gerade auf die objektive Wahrheit Gottes zielte, wurde mit ihr ein subjektiv, d.h. im Erleben der betroffenen Menschen, falscher Gott verbreitet, ein Gott nämlich, der gegen das Leben der Menschen gerichtet war. Umgekehrt wurde der Gott der Indianer, dem Menschen geopfert wurden, von den Eroberern als objektiv falscher Gott definiert. Der Tod von Menschen gegenüber diesem Gott hatte aber eine ganz andere Sinnrichtung. Las Casas deutete die Menschenopfer als Bereitschaft des Menschen, Gott das Beste, das eigene Leben zu geben. Wenn aber Gott das Wertvollste gegeben wird, dann zeugt dies von der Ahnung für die Absolutheit, die Unfaßbarkeit und Unhintergehbarkeit Gottes. Obwohl aus der Perspektive des christlichen Glaubens an Gott "eindeutig", objektiv falsch, erweist sich somit der Gott der Indianer als der subjektiv, im Erleben der Betroffenen wahre Gott, da die Sehnsucht der Indianer nach ihrem Gott authentisch war, die Suche nach Gott nicht für eigene Interessen vereinnahmte und so etwas von seinem unendlichen Wesen ahnen ließ. "Gott wird definiert durch die Wahrhaftigkeit der Sehnsucht und erweist sich auf paradoxe Weise dort als wahr, wo er objektiv als falsch erklärt wird. Die von der Eroberung der Neuen Welt wie auch von der Reformation ausgehenden Erregungen und Erschütterungen hinterfragen auf gefährliche Weise die Sicherheiten, die auf dem Boden dieses Zeitalters gewachsen waren: Die Objektivität Gottes, das heißt seine Wirklichkeit an sich, unabhängig davon, wie sie sprachlich bezeichnet wird, ist nicht Garantie seiner Wahrheit für uns."[9] Die als Sicherheit gedachten Lehrkonstruktionen bezüglich Gott werden also durch die Erfahrungen in der Lebenspraxis widerlegt. Mit einer Antwort auf die Frage: "Wer ist Gott?" würde Gott in seiner Identität festgestellt, objektiviert. Die Objektivation Gottes, seine begriffliche Definition hat aber ihr Recht verloren, weil sie inmitten und *zugunsten* von menschenzerstörerischen Bestrebungen vorgenommen wurde. Hier wird deutlich, daß die Einsicht in die Tatsache, daß sich Gott dem Begreifen-Wollen entzieht, als Konsequenz den Verzicht auf ein solches Begreifen-Wollen nach sich zieht, weil dieses die Gottesvorstellung geradezu pervertiert.

Deshalb ist ein Wechsel angesagt von der Frage: "Wer ist Gott?" zur Frage: "Wo ist Gott?". Dem Wesen Gottes ist auf die Spur zu kommen mit der Frage, wo er handelt,

---

8 Vgl. zum folgenden **Duquoc, C.**: Von der Frage "Wer ist Gott?" zur Frage "Wo ist Gott?".

9 Ebd. 282 f.

im Leben welcher Menschen er erspürt werden kann. Damit ist keineswegs eine neue regionale Zuordnung, etwa nur auf den kirchlichen oder religiösen Bereich, und folglich auch keine neue Sicherheit, keine Festlegung seiner Anwesenheit intendiert. Entsprechend der Forderung, nach den "Zeichen der Zeit" (GS 4) zu forschen, begreift die Frage: "Wo ist Gott?" Gott als einen Gott, der nicht festlegbar ist, sondern als einen, der in der sich wandelnden Geschichte des Menschen anwesend ist und dessen Wirken in den Wandlungen der Menschheit wahrnehmbar ist. Weil die traditionelle Frage: "Wer ist Gott?" überhaupt nicht darauf gerichtet war, wo Gott ist und handelt, war sie auch ungeeignet, den *vornehmlichen* Ort der Anwesenheit Gottes zu erkennen. Die Frage nach der Identität Gottes bzw. seine Zuordnung zu der Institution "Kirche" sah sich veranlaßt, die Frage nach der konkreten Anwesenheit Gottes auszublenden, um den Anspruch der Allgemeingültigkeit, der "Objektivität" nicht zu gefährden. Sie konnte nicht erkennen, daß die Antwort auf die Frage: "*Wo* ist Gott?" im Kreuz Jesu Christi gegeben ist. Am Kreuz, in der extremsten Situation des Ausgestoßen-Seins, wird Jesus, obgleich er selbst an der Anwesenheit Gottes zweifelt, vom Hauptmann als Sohn Gottes identifiziert (Mk 15,39). In der Situation des Kreuzes wird die Anwesenheit Gottes unweigerlich erkennbar, selbst für den, der sie andernorts nicht erkennen kann. Aber auch am Kreuz ist Jesus Mensch und ist als dieser Mensch die Offenbarung der Zuwendung Gottes zum Menschen. Das Kreuz Jesu antwortet also auf die Frage: "Wo ist Gott?" folgendermaßen: Gott ist da, wo Menschen ausgestoßen, zerschlagen sind. "Gott ist dort, wo der Arme, der Ausgeschlossene, der Verachtete lebt. Gott ist eben dort, wo man ihn nicht vermutet. ... Der vornehmste Zeuge für Gott in der Welt ist, wer in ihr keinen Platz hat. Dies ist kein Zeuge des Wortes oder der Erkenntnis. Er beherbergt Gott, weil er nichts ist. ... Wo ist Gott? Er ist nicht bei den Kennern seiner Identität, er ist nicht in den Institutionen, die ihn repräsentieren - er ist genau da, wo ihn keiner erwartet: Wer nichts besitzt, beherbergt und bezeichnet Gott. ... Das Neue Testament hat Gott 'delokalisiert', indem es seine Wohnstätte aus dem Tempel in den Körper Jesu verlegte. Er aber ist es eben, der von allen verlassen am Kreuz starb. Der Ausgestoßene ist seither Zeichen seiner Gegenwart. Das bedeutet nicht, daß der Ausgestoßene ein vollkommener Zeuge ist: Er ist Zeichen dafür, daß diese Welt nicht das Reich Gottes ist, er repräsentiert die Außenseite unserer Gesellschaft und hinterfragt ihre Organisation und ihr Ziel; er stellt ihren potentiellen Umsturz dar. Wo ist Gott? Er ist da, wo ein Mensch konkret zeigt, daß das Himmelreich noch nicht gekommen ist; er ist da, wo ein Mensch konkret den Anspruch unserer Gesellschaft, alle unsere Sehnsüchte stillen zu können, entlarvt. Die Lokalisierung Gottes im Ausgestoßenen, vor allem im Armen, sagt nichts aus über dessen Heiligkeit; er versinnbildlicht aber Gott als Prophezeiung gegen unsere in sich abgeschlossene und ungerechte Gesellschaft. Diese Lokalisierung kann als perspektivische Scharfeinstellung verstanden werden: Jede Handlung, die die Mauern der Ausschließung und Armut durchbricht, ist der Wirksamkeit des Heiligen Geistes zuzuschreiben. Die 'Zeichen der Zeit' fließen in diese Deutung ein. Was die Institution der Kirche betrifft, so sagt sie, wo Gott ist, in dem Maße, wie sie daran arbeitet, die Grenzen der Ausschließung und Armut zu beseitigen, auch in dem Maße, wie sie

gegenüber unserer Gesellschaft eine Prophetie auf der Grundlage des Kreuzes vertritt."[10]
Damit ist der theologische Stellenwert der Armen kenntlich gemacht: Sie sind Gottes vornehmste Zeugen, sie beherbergen Gott, sind Zeichen seiner Gegenwart. Sie "sagen, *wohin* die Kirche gehört"[11]. Sie richten die Kirche wieder auf ihre ureigene Aufgabe hin aus, nämlich zu sagen, *wo* Gott da ist, und dies auf die angemessene Weise zu tun, nämlich in Form der Befreiung von Armen aus Armut und Unterdrückung. Dies alles sind oder tun die Armen *als Arme*. Als die "Extremfälle" des Menschseins lassen sie in ganzer Deutlichkeit hervortreten, was das Menschsein allgemein kennzeichnet: Der Mensch als Mensch ist Ort der Erspürbarkeit Gottes. Im armen Menschen verdichtet sich diese Erspürbarkeit. In diesem Sinn ist der Arme Ort der Offenbarung Gottes. Das konstituiert die unbedingte Würde des Armen. Es ist wichtig zu beachten: Nicht die Armut konstituiert die Würde der Armen, sondern die Zuwendung Gottes zu ihnen, seine unbedingte Solidarität mit ihnen.[12] Deshalb darf die Rede von der Würde der Armen nicht in zynischer Weise dazu mißbraucht werden, aufgezwungene Armut von Gott her legitimiert zu sehen. Gott tritt nicht ein für die Armut des Menschen, sondern "für die Integrität, für die Würde des konkreten menschlichen Lebens jedes und jeder einzelnen"[13]. Weil Gott für die Integrität und Würde des Menschen eintritt, ist seine Anwesenheit dort am deutlichsten zu verspüren, wo Integrität und Würde des Menschen am deutlichsten verletzt sind, bei den Armen. Das Handeln nach dem Willen Gottes kann dann nichts anderes sein, als dieses Eintreten für die Würde des Armen nachzuvollziehen und an entsprechenden Lebensbedingungen und -möglichkeiten zu arbeiten.[14] Diakonisches Handeln ist gottgefällig, wenn es ihm um die von Gott her zu bemessende, d.h. unbedingte, durch keine andere Zielsetzung zu relativierende Würde des Armen als Menschen geht.

8.1.2 Der Mensch als das spezifisch Christliche

Die Frage nach dem "Proprium" oder nach dem "spezifisch Christlichen" der Diakonie hat sich in der Praxisanalyse (s. 4.2.4) als ein gewichtiger Streitpunkt der Konzeption diakonischer Praxis erwiesen. Bedenken gegen das Insistieren auf ein christliches Spezifikum melden sich bereits dort, wo noch von der Gegebenheit eines solchen abgrenzbaren Spezifikums ausgegangen wird. So hält es etwa Edward Schillebeeckx für einen "Fehler, das *Christentum* mit dem *spezifisch Christlichen* zu identifizieren"[15], da damit die Relevanz des Christlichen nur auf einen engen Ausschnitt des menschlichen

---

[10] Ebd. 286 f.

[11] **Moltmann, J.**: Kirche in der Kraft des Geistes, 148.

[12] Vgl. **Heimbach-Steins, M.**: Gottes "Option für die Armen", 9.

[13] Ebd.

[14] Vgl. ebd. 11.

[15] **Schillebeeckx, E.**: Christus und die Christen, 747.

Lebens bezogen würde. Demgegenüber sollte das Christliche eine die ganzen Dimensionen menschlichen Lebens (Privatheit, Beziehungen, gesellschaftliche Einbindung) umfassende Seinsweise bilden.[16]

Um so gravierender ist die Schlußfolgerung, die die akzeptierende Einsicht in die Unterwerfung der diakonisch handelnden Personen unter den unbedingten Anspruch der Verantwortung für den Anderen verlangt: Die Frage nach dem bzw. die Forderung eines "spezifisch Christlichen" in der Diakonie ist - zumindest in ihrem gängigen Verständnis - nicht zulässig. Der in der Diakonie verbreitete Ruf nach dem "spezifisch Christlichen" oder "Proprium des Christlichen" muß vor dem Angesicht des Anderen und unter der Herrlichkeit des unendlichen Gottes verstummen. Er ist Ausdruck für die Intention, eigene Interessen durchzusetzen, etwas durch Anpassung an eigene Vorstellungen zu "identifizieren", aus der Diakonie eine Bedeutung "für sich" herauszuholen, in der Diakonie sich selbst bestätigt und eigene Bedürfnisse bzw. Vorstellungen erfüllt zu sehen. Nimmt man die Unendlichkeit Gottes und die von ihm herrührende Weisung zur unbedingten Verantwortung, d.h. zur Verantwortung für den Anderen, die keine Bindung an Bedingungen erlaubt, bis in die letzte Konsequenz ernst, dann ist auch die Einforderung eines "spezifisch Christlichen" in der Diakonie eine Verletzung der Würde des anderen, notleidenden Menschen, insofern sie das egologische Bedürfnis der Behauptung des eigenen Denkens der Verantwortung für den Anderen überordnet. Sie ist unvereinbar mit einer Diakonie, die bewußt vor Gott als dem Unendlichen, dem nicht Verrechenbaren, dem nicht Begreifbaren geschieht. Sollte es etwas "Spezifisches" der in Berufung auf Gott vollzogenen Diakonie geben, das sie von anderen Hilfeformen für Notleidende unterscheidet, dann ist es das Postulat, daß es in der Diakonie die Frage nach dem Spezifischen nicht geben darf.

Diese Frage will "identifizieren", also den Anderen an eine vorgegebene Identität angleichen, und fragt egologisch nach einem Effekt "für sich". Dadurch bricht sie die Unbedingtheit der Verantwortung. Die Verherrlichung Gottes bzw. das Zeugnis von Gott geschieht aber *in* der Wahrnehmung der *bedingungslosen* Verantwortung für den Anderen und nicht in einem irgendwie gearteten Zusatz zur Verantwortung, von dem die Authentizität dieser Verantwortung als Verantwortung von Gott her abhängig wäre. Der Mensch als Mensch ist das Anliegen der Diakonie. Und die Bewahrung seiner Würde, die Befreiung aus Not bzw. die Eröffnung von Lebensmöglichkeiten, die Freisetzung aus einem unterdrückten zu einem geglückten Leben machen die christliche Qualität der Diakonie aus. In diesem Sinn ist der Mensch *als Mensch* (nicht als Christ oder Kirchenmitglied) das spezifisch Christliche. Diese Bestimmung kann sich auf einen Grundzug des Heilsgeschehens von Gott her berufen: Gott ist in Jesus Christus Mensch geworden "propter nos homines", wegen uns Menschen und zwar wegen aller Menschen und nicht wegen Menschen, insofern sie etwas "spezifisch Christliches oder Kirchliches" aufweisen. Damit ist eingelöst, was alttestamentlich von Gott ausgesagt ist, nämlich daß er ein "Freund des Lebens" (Weish 11,26) ist, der das Elend seines Volkes sieht und die Leiden der Menschen kennt (Ex 3,7), der das Volk - und das sind eben nicht nur die

---

[16] Vgl. ebd.

"Kirchenmitglieder", nicht einmal nur die, die sich als Gläubige verstehen - aus der Sklaverei, aus Not, Armut, Unterdrückung und Entfremdung heraus- und in das "Land, in dem Milch und Honig fließen", also in ein Leben in Fülle, hineinführt (Ex 3,8), der alle Unterdrückten aufrichten will (Ps 145,14) und sich so als ein "Gott für die Menschen"[17] erweist.

Das "propter homines" gilt es in der diakonischen Praxis zu ratifizieren. Die Zuwendung zum Menschen, insbesondere zum notleidenden, welche frei ist von vereinnahmenden Interessen zu eigenen Gunsten, ist Kennzeichen der Nachfolge Jesu, und zwar - gemäß dem oben Dargelegten - nicht nur der Nachfolge in einer partiellen Praxis, sondern in der Existenz Jesu Christi als ganzer. Wer sich dem Menschen zuwendet und dabei die Würde dieses Menschen und seine Freisetzung zu einem Leben in Fülle vor Augen hat, wird Jesus Christus gleichförmig, weil sie bzw. er seine Existenzweise annimmt. In dieser Zuwendung von Menschen gegenüber anderen Menschen wird das Erahnen Gottes spürbare Realität, auch wenn die Beteiligten sich das nicht in einer bewußten Reflexion vergegenwärtigen. Diakonie nach dem Vorbild Jesu Christi *besteht in* der Zuwendung zum notleidenden Menschen und wird nicht erst als Diakonie konstituiert durch das begleitende Reden über Gott oder durch den krampfhaften Nachweis der diakonischen Praxis als einer christlichen Praxis.[18] Die Diakonie wird nicht christlich, indem sie als christlich identifiziert wird. Sie *ist* die Verwirklichung des Christlichen. Insofern muß sich die Argumentationslogik umdrehen: Die christlichen Praxisformen müssen sich erst in ihrer Christlichkeit, in ihrer Christusförmigkeit erweisen dadurch, daß sie als diakonisch identifiziert werden können.

Das Gegenargument zu diesem Verzicht auf die Definition eines Spezifikums ist abzusehen. Geht nicht, so könnte eingewendet werden, die "unprofilierte" Betrachtung des Menschen als Spezifikum an dem realistischen Erfordernis eines jeden gesellschaftlichen Teilgebildes, so auch der Kirche bzw. des Christentums, vorbei, sich durch eine spezifische Profilierung von anderen gesellschaftlichen Teilsystemen abzugrenzen und gerade dadurch Akzeptanz und Stabilität zu erlangen? Muß nicht die Kirche, auch dann, wenn sie nicht die eigene Bestandssicherung, sondern eben die Sorge um den Menschen als Menschen als ihren Auftrag versteht, durch eine spezifische Profilierung für ihre Akzeptanz und Stabilität sorgen, akkurat um diesen Auftrag erfüllen zu können?

Im Falle der Diakonie ist diesem Einwand auf zweifache Weise zu begegnen. Der Einwand unterstellt, daß die Bestimmung der Diakonie, ihr müsse es im Sinne der unbedingten Verantwortung für den Anderen um den Menschen als Menschen und nicht um den Effekt der Verwirklichung eines Spezifikums gehen, etwas Unspezifisches, ein allgemeiner, auch in anderen gesellschaftlichen Teilsystemen feststellbarer handlungsleitender Gedanke sei. Das ist aber nicht der Fall. Gerade die Pluralisierung der Lebensmöglichkeiten in der modernen Gesellschaft läßt erkennen, daß das vielfältige Angebot an eben diesen nicht von einem "propter homines", von einem grundlegenden Interesse an der Erhaltung der Würde des Menschen in Form des Verzichts auf einen eigennützi-

17 **Baumgartner, I.**: Pastoralpsychologie, 333; vgl. zum ganzen ebd.

18 Vgl. ebd. 337 f.

gen Effekt des Anbietersystems bzw. der anbietenden Person gekennzeichnet ist. Das Für-sich-etwas-erreichen-Wollen scheint vielmehr als unanfragbares Movens eines funktionierenden Austausches zwischen den Gesellschaftssystemen und -mitgliedern akzeptiert zu sein. Wenn also schon Christinnen und Christen in der Logik der Stabilisierung der eigenen Auftragserfüllung durch eine spezifische Profilierung den realen Mechanismen Tribut zollen sollen, dann wäre auf dieses Um-des-Menschen-Willen als unterscheidendes Profil der Diakonie zu verweisen und nicht dagegen anzugehen.

Zum anderen übersieht der Einwand aber auch den spezifisch theologischen Gehalt der Begegnung mit Armen in der Diakonie, der den Verzicht auf die Einforderung eines separaten Spezifikums des Christlichen als theologisch stringente Konsequenz nach sich zieht. Der von Emmanuel Lévinas formulierte Gedanke, daß der Andere Ort der Spur des Unendlichen, somit der Ort ist, an dem etwas von diesem Unendlichen erahnt werden kann, und daß sich folglich die Verantwortung für den Anderen nach dem Maß des Unendlichen bemißt, also unbedingt gilt, muß durchaus in der christlichen Rede und Praxis unter dem Anspruch Gottes seine stimmige Gestalt bekommen. Der in der Diakonie begegnende Arme ist Ort der Offenbarung Gottes. Im Alten Testament wird von dem Gott erzählt, der sich immer wieder als einer zu erkennen gibt, der gerade in der Not bei seinem Volk ist (Ex 3,14), der sein Volk aus Not befreit (Ex 6,1-8) und es auf dem Weg der Befreiung aus der Sklaverei begleitet (Ex 13,21 f.), der Gebeugte aufrichtet (Ps 147,6) und Hungernde mit seinen Gaben erfüllt (Ps 107,9). In Jesus ist dieser Gott nicht in einem beliebigen, sondern in einem armen Menschen Mensch geworden.[19] "Das bedeutet, daß es in der Offenbarung Gottes eine wesentliche Parteilichkeit zugunsten dessen gibt, was in dieser Welt klein und schwach, arm und unterdrückt ist, und daß seine ebenfalls wahre Universalität sich durch diese Parteilichkeit und nicht außerhalb dieser Parteilichkeit bildet. ... Wenn dem so ist, dann gibt es bei den Armen dieser Welt, und zwar, weil sie arm sind, etwas, das in christlichem Sinne notwendig ist, um Gott und seinen Willen zu erkennen und als Christen irgendeine Lehre zu entwickeln. ... Wenn diese Wechselbeziehung zwischen Gott und Armen zutrifft, dann muß man, um die Armen zu kennen, Gott kennen, und um Gott zu kennen, die Armen kennen. Diese werden durch das, was sie *sind*, zum bevorzugten Ort der Erkenntnis Gottes und seines Willens. Was Gott in dieser Welt will, zeigen die Armen allein durch die Tatsache, daß sie arm sind."[20] Und - so fordert es die Konsequenz aus dieser Erkenntnis - allein dadurch, daß man die Armut des Armen beseitigt, daß man seine Würde achtet und einfordert, d.h. allein darin, daß es um den armen Menschen als Menschen geht, erfüllt man den Willen Gottes.

Die Bestimmung der Diakonie, daß das Spezifische in ihr der Mensch ist, ist also keine nur von der Aktualität nahegelegte Ableitung aus einem Glaubensinhalt und schon gar keine von den gesellschaftlich-geschichtlichen Bedingungen aufgezwungene Relativierung des Glaubens. Sie ist selbst in der Offenbarung Gottes grundgelegt und somit in

---

[19] Vgl. Castillo, F.: Iglesia Liberadora y Politica, Santiago 1986, 130, hier zitiert nach **Rottländer, P.**: Option für die Armen, 73.

[20] **Sobrino, J.**: Die "Lehrautorität" des Volkes Gottes in Lateinamerika, 271 f.

sich eine authentische Haltung des christlichen Glaubens.
Damit ist für die Begegnung mit Armen in der Diakonie tatsächlich ein christliches Spezifikum behauptet: Wird die Diakonie bewußt als christliche Diakonie konzipiert und praktiziert, dann impliziert das, daß die darin gegebene Begegnung mit Armen - anders als in sogenannten "profanen" Hilfeformen - bewußt als Ort der Offenbarung Gottes realisiert ist. Die Formulierung ist zu beachten: Es heißt *nicht*, daß die Begegnung mit den Armen in der christlichen Diakonie im Gegensatz zur Begegnung in einem anderen sozialen Engagement Ort der Offenbarung Gottes sei. Das Spezifikum besteht nur darin, daß in der bewußt christlichen Konzeption der Diakonie die Begegnung mit den Armen auch bewußt als solcher Ort der Offenbarung Gottes erkannt und reflektiert wird. Diese Bestimmung eines Spezifikums der Diakonie unterscheidet sich aber wesentlich von der gängigen Rede vom "spezifisch Christlichen" oder vom "Proprium" der Diakonie. Sie füllt das Spezifikum nicht gegenständlich als einen bestimmten Inhalt oder eine bestimmte Handlungs- bzw. Verhaltensweise. Sie ist Ausdruck eines Bewußtseins oder einer Haltung des christlichen Glaubens. Als solche negiert sie aber nicht den Verzicht auf Definition und Einforderung eines "spezifisch Christlichen", sondern postuliert ihn, weil dieses spezifische Bewußtsein - nämlich im Armen den Ort der Offenbarung Gottes zu sehen - gerade in dem Verzicht auf Definition und Einforderung eines über die Sorge um den Menschen als Menschen hinausgehenden Spezifikums eingelöst ist. Die Ernstnahme des Menschen als das spezifisch Christliche, die Achtung seiner Würde, das Bewußtsein, daß es in der Diakonie um den Menschen als Menschen geht, ist die "Bewahrung dessen, was in Jesus Christus geoffenbart wurde"[21].
Daraus ergibt sich ein weiterer Unterschied dieser Spezifikumsbestimmung gegenüber der gängigen Rede vom "Proprium" der Diakonie. Wenn der Arme als Armer Ort der Offenbarung Gottes ist, wenn folglich der Arme als er selbst, als Mensch, das spezifisch Christliche ist und wenn weiterhin das Spezifische der *christlichen Konzeption* der Diakonie (nicht der Diakonie als solcher, weil Diakonie auch dann Diakonie ist, wenn das Christliche an ihr nicht bewußt realisiert ist) in der bewußten Vergegenwärtigung besteht, daß es in der Diakonie um den Menschen als Menschen geht, dann ist klar: Es handelt sich um kein Spezifikum, mit dem man gegenüber anderen Menschen einen die eigenen Vorstellungen befriedigenden Anspruch formulieren könnte. Wer von diesem christlichen Spezifikum redet, kann es nur so zur Sprache bringen, daß es einen Anspruch an ihn selbst bedeutet. Wer in der Konzeption der Diakoniepraxis dieses christliche Spezifikum einfordert, kann es nicht als Erfüllung einer bestimmten Leistung bei anderen, weder bei den Notleidenden selbst noch bei den anderen in der Diakonie tätigen Personen, einfordern, sondern nur als Beanspruchung seiner selbst. Damit zeigt sich, daß die Frage des spezifisch Christlichen der Diakonie zunächst nicht in der Diakonie selbst, sondern bei den Instanzen und Personen zu klären ist, die mit einem dezidiert christlichen Anspruch an die Diakonie bzw. an die in ihr beteiligten Personen herantreten. Wenn eine Seelsorgerin oder ein Seelsorger diakonisch handelt und dies im

---

21 **Rottländer, P.**: Option für die Armen, 74.

bewußten Selbstverständnis als Seelsorgerin und Seelsorger tun will oder wenn kirchliche Instanzen und Amtsträger die Diakonie bewußt als christliche Diakonie konzipieren wollen, dann hat sich das "spezifisch Christliche" nicht auf seiten der Diakonie zu erweisen, d.h. dann hat sich nicht die Diakonie in einem "Mehr" gegenüber anderer Hilfe für Notleidende zu bewähren. Die Diakonie ist - ob bewußt realisiert oder nicht - bereits in sich christlich. Das Spezifikum liegt auf seiten des Selbstverständnisses der Seelsorgerin und des Seelsorgers bzw. der kirchlichen Instanzen und Amtsträger. Sie müssen realisieren, daß die Begegnung mit dem Armen Ort der Offenbarung Gottes ist, daß sie, wenn sie auf den Armen schauen, etwas empfangen oder zu etwas beansprucht werden und daß sie den ihnen geltenden Anspruch der Offenbarung Gottes gerade darin erfüllen, daß es ihnen um den armen Menschen als Menschen und um das würdevolle Menschsein dieses Menschen geht.

Vielleicht gestaltet sich die Bestimmung dieses Spezifikums deswegen so schwierig, weil sie gegen die übermächtige Plausibilität der gängigen Bestimmung des christlichen Spezifikums als eines separaten Inhalts- bzw. Verhaltens- und Handlungskodex anzukämpfen hat. Deshalb sei sie noch einmal mit anderen Worten wiedergegeben: "Diakonie ist ... unverkürztes Sakrament der Liebe Gottes. Das 'Mehr' bzw. das Proprium christlichen Sorgens besteht nicht darin, daß die helfende Zuwendung explizit und verbal eingeholt wird als Ereignis im Raum der Kirche und des Glaubens. Diakonie verliert nichts von ihrer wahren Gottesauslegung, wenn dabei die Rede nicht ausdrücklich auf Gott kommt. Im Gegenteil, das Helfen stünde dann in der Gefahr, nicht mehr den anderen wirklich zu meinen, sondern die eigene Bilanz an Bekehrungen. Entscheidend bleibt also, ob ich den anderen spüren lassen kann, daß es mir wirklich um ihn geht. ... Das *'Mehr' diakonischen Helfens* im Gegensatz zum profanen Intervenieren ist ein anderes. Es ereignet sich auf seiten des Seelsorgers und rückt ins Blickfeld, wenn er beginnt, mit den Augen des Glaubens auf den anderen zu schauen. Es ist dann gegeben, 'wenn er im Gesicht des Klienten zu suchen beginnt, was Gott selber ihm durch diesen Menschen sagen will. ...' Diakonische Seelsorge bedeutet somit für den Seelsorger, sich von den 'lebenden Dokumenten des Glaubens' (*Boisen*), die die Menschen sind, wirklich ansprechen zu lassen und sie als Quelle des Glaubens und der Hoffnung zu sehen. ... Folglich kann nur der als 'Diakon' gelten, der sich bei der Begleitung des anderen selbst in Bewegung bringen läßt und *den Armen als Ort der Offenbarung Gottes* für sich zu erkennen bereit ist."[22] Das "Mehr" der Diakonie muß sich auf seiten dessen bewähren, der es einfordert. Aber auch dann ist dieses "Mehr" nicht etwas, das über das Menschsein hinausgeht und an den Menschen herangetragen werden müßte, sondern etwas, das den Anderen *mehr Mensch sein* läßt.

Von hier aus ergibt sich eine Neubewertung der Frage, in der bislang die Einforderung eines "spezifisch Christlichen" der Diakonie die höchste Brisanz und auch die gravierendsten Konsequenzen zeitigte: der Frage nach der kirchlichen Loyalität der Mitarbeiterinnen und Mitarbeiter in Diakonieeinrichtungen. Der gängige Modus, daß von einer bestimmten, in sich nicht angefragten Vorstellung dessen, was kirchlich ist, als

22 **Baumgartner, I.**: Pastoralpsychologie, 338 f.

unveränderlicher Maßgabe ausgegangen und die so definierte Kirchlichkeit vor allem in Form dezidierter moralischer Anforderungen bezüglich der persönlichen Lebensführung von den Mitarbeiterinnen und Mitarbeitern und auch von den Notleidenden selbst[23] eingefordert wird, erweist sich auf dem Hintergrund der hier vertretenen Bestimmung des christlichen Spezifikums als problematisch. Bei der Einforderung einer Kirchlichkeit muß nämlich diese selbst bzw. die Vorstellung der machthabenden kirchlichen Instanzen von dieser Kirchlichkeit einer Überprüfung unterzogen werden. Diese Kirchlichkeitsvorstellung muß sich von einer Christlichkeit her definieren lassen, die sich an der Zuwendung Gottes zum Menschen orientiert. Die Zuwendung Gottes ist ihrerseits geprägt von dem Willen, den Menschen aus Unterdrückung zu befreien und ihm ein Menschsein entsprechend seiner Würde vor Gott, d.h. entsprechend seiner unbedingten Würde, zu ermöglichen. Was immer also Kirchlichkeit ist oder sein kann, sie bzw. ihre Einforderung hat sich selbst als Menschlichkeit zu bewähren. Auch in der bewußten Konzeption von Diakonieeinrichtungen als *kirchlichen* Einrichtungen kann es nur um den Menschen gehen. Und erst wenn die Kirchlichkeit in diesem Sinne neu definiert und danach bemessen wird, inwiefern die Menschen in den Einrichtungen, Notleidende wie Mitarbeitende, *Mensch sein* können, ist sie legitimerweise einzufordern. Erst dann wird die Gewährleistung einer Kirchlichkeit nicht billig an die Mitarbeitenden und Notleidenden delegiert, sondern von den Einrichtungen und den definitionsmächtigen Instanzen der Kirche selbst durch Veränderungen auf ihrer Seite ermöglicht.[24]
Zusammenfassend läßt sich das Postulat aufstellen: Die Frage nach einem "spezifisch Christlichen" in der Diakonie ist nur dann zulässig, wenn sie die Anderen - Notleidende und diakonisch Tätige - nicht mit den je eigenen Vorstellungen zu identifizieren versucht, sondern wenn sie Ausdruck für die Bereitschaft ist, sich selbst mit den Anderen und ihren Bedürfnissen zu identifizieren, die eigenen Plausibilitäten aufzusprengen und sich so dem Anspruch der unbedingten Verantwortung für den Anderen zu unterwerfen. Allein die Bestimmung, daß der Mensch als Mensch das spezifisch Christliche ist, wird diesem Kriterium gerecht.

8.1.3 Zur Gestalt diakonischer Beziehungen

Es genügt nicht, die hier dargestellte Bedeutung des Armen zu behaupten, und es genügt auch nicht, sie lediglich mit theologischen Argumentationen zu stützen. Gefordert ist vor allem auch eine Bekehrung derer, die notleidenden Menschen begegnen oder eine längerfristige Beziehung zu ihnen aufbauen und die darin - bewußt oder unbewußt - diakonisch handeln. Ihnen ist die Bereitschaft zu einer Bewußtseinsbildung und zu

---

23 Laut einer mündlichen Information eines Mitarbeiters in einem von einem diözesanen Caritasverband getragenen Haus für AIDS-Kranke gibt es in dieser Einrichtung z.B. die Norm, daß homosexuelle AIDS-Kranke währen ihres Aufenthalts in dem Haus - und das heißt in der Regel: bis zu ihrem Tod - die sexuelle Beziehung zu einem Partner nicht fortführen dürfen.

24 Vgl. **Zerfaß, R.**: Die Funktion der Caritas, 172-174.

einer daraus erwachsenden kritischen Überprüfung ihres Verhaltens und Handelns gegenüber Notleidenden abverlangt. Daß die Würde des Armen unbedingt zu achten ist und daß der Arme als Mensch das spezifisch Christliche ist, muß sich also bewähren in der Form, in der diakonisch handelnde Personen notleidenden Personen begegnen bzw. ihre Beziehung zu ihnen gestalten. Es stellt sich die Frage der Operationalisierung. Folgende Postulate können dafür Orientierung sein.

8.1.3.1 Betroffenheit

Betroffenheit ist die Befindlichkeit des Menschen, durch Begrenzung der realisierbaren Möglichkeiten, durch die Nahelegung situationsadäquater Dispositionen (Denk-, Verhaltens- und Handlungsweisen) und durch das Auslösen konkreter, einzelner Formen der Selbstäußerung (Verhalten und Handeln) und des Selbsterlebens *in* einer Situation *von* dieser Situation geprägt zu sein. Diese Bestimmung der Betroffenheit wurde bereits in Punkt 5.1.2 in Anlehnung an Gerhard Schulze vorgenommen. Dort hatte die Bestimmung den Zweck, die Rede von "Betroffenheit" zum einen von einer inflationären, modischen, pseudosensiblen und damit handlungslähmenden bzw. notstabilisierenden Behauptung eigenen Betroffenseins abzugrenzen. Zum anderen sollte die Bestimmung auf die spezifische Qualität und erkenntnistheoretische Relevanz der Betroffenheit Notleidender aufmerksam machen. Dabei kam es bereits zu der Unterscheidung zwischen der Betroffenheit der Notleidenden selbst von ihrer Notsituation und der Betroffenheit der diakonisch Handelnden. Bei der Frage der Konzeption diakonischer Praxis geht es nun darum, wie speziell die Betroffenheit der diakonisch Handelnden für diese Praxis virulent wird.

Zunächst gilt: Die Betroffenheit der diakonisch Handelnden *soll* virulent werden. Die Behauptung ist erläuterungsbedürftig angesichts der allenthalben anzutreffenden und auch richtigen Maxime, in der diakonischen Praxis Gefühle der Betroffenheit möglichst zu minimieren, um langfristig, nüchtern und somit kompetent und effizient helfen zu können. Diese Maxime geht allerdings von dem Verständnis der Betroffenheit als eines emotional erschütternden Berührtseins aus, wie es oben bereits ausgeschlossen worden ist. Das Postulat, die Betroffenheit der diakonisch handelnden Person bewußt in die Diakoniepraxis eingehen zu lassen, zielt jedoch auf die Betroffenheit im Sinne der Verknüpfung von Situation und Subjekt ab. Es geht also darum, daß sich die diakonisch handelnde Person bei der Konzeption ihrer Diakoniepraxis bewußt vergegenwärtigt, was genau ihre eigene Situation ist, wie sie davon geprägt ist, wie sie sie bislang gestaltet hat und weiterhin gestalten kann oder soll. Das Postulat der Betroffenheit impliziert also keine Emotionalisierung, sondern gerade eine nüchterne Vergegenwärtigung der Situation diakonischer Praxis.

Die so verstandene Betroffenheit der diakonisch handelnden Personen bedarf zur Verdeutlichung ihrer Relevanz allerdings einer weiteren Differenzierung. Dazu ist noch vorher eine feine, aber wesentliche Unterscheidung notwendig. In der diakonischen Praxis lassen sich genau genommen zwei Situationen unterscheiden: zum einen die

Notsituation selbst, also die Gesamtheit der Gegebenheiten, die verursachen, daß ein Mensch unter einer Not leidet; zum anderen die Situation der diakonischen Praxis als solcher, die davon gekennzeichnet ist, daß Notleidende und Helfende sie bereits als Konsequenz bzw. Reaktion auf die Notsituation verstehen. Die Unterscheidung dieser beiden Situationen ist nicht im zeitlichen oder regionalen Sinn zu verstehen, da die diakonische Praxis ja gerade auch im Notkontext stattfindet. Sie hat analytische Bedeutung, weil mit ihr die verschiedenen Dimensionen der Betroffenheit der an der Diakonie beteiligten Personen erkennbar werden.

Wenn man einmal davon absieht, daß es diakonische Praxis auch in Form der gegenseitigen Hilfe von Menschen gibt, die sich in der gleichen Notsituation befinden, und wenn man von dem "Normalfall" der diakonischen Praxis im hiesigen Kontext ausgeht, daß die diakonisch Handelnden nicht selbst im gleichen Maße oder in der gleichen Art unter Not leiden wie die ihnen begegnenden Notleidenden, dann ist evident, daß sie wie auch alle anderen nicht-notleidenden Menschen im Umfeld der diakonischen Beziehung von der Notsituation selbst nicht so betroffen sind wie die Notleidenden. Man darf nicht undifferenziert behaupten, alle Menschen im Umfeld einer Notsituation seien von dieser "irgendwie" betroffen. Damit wäre die spezifische Betroffenheit der Notleidenden eingeebnet. Auf der anderen Seite heißt das nicht, die Menschen im Umfeld der jeweils Notleidenden, speziell die diakonisch Handelnden, hätten mit der Notsituation als solcher nichts zu tun. Es ist nicht behauptet, daß es keine Verknüpfung zwischen ihnen und der Notsituation gäbe. Nicht-notleidende Menschen im engeren oder weiteren Umfeld von Notleidenden können von deren Notsituation "komplementär" betroffen sein. *Komplementäre Betroffenheit* meint diejenige Verknüpfung zwischen Notsituation und Mensch, die gleichsam die Kehrseite der Verknüpfung von Notsituation und Notleidendem darstellt. Auf das Beispiel der Notsituation Arbeitslosigkeit bezogen, sind die Arbeitslosen die unmittelbar Betroffenen, die Arbeitsplatzbesitzer hingegen die komplementär Betroffenen, insofern sie in der Situation der Arbeitslosigkeit anderer den Vorteil des eigenen Verbleibs in der Arbeit oder des gleichbleibenden Lohns genießen. In der Notsituation der ungerechten Weltwirtschaftsordnung sind die armen Länder des Südens die unmittelbar Betroffenen, die nutznießenden Länder des Nordens die komplementär Betroffenen. Die komplementäre Betroffenheit meint insbesondere auch die Tatsache, daß Nicht-Notleidende oftmals - und meist dann uneingestanden oder unbewußt - dadurch mit der Notsituation anderer verknüpft sind, daß sie daran in irgendeiner Weise Schuld tragen. Der Begriff der "strukturellen Sünde" versucht diese Schuldverstrickung zum Ausdruck zu bringen.

Eine weitere Verknüpfung nicht-notleidender Menschen mit Notsituationen ist die *sekundäre Betroffenheit.* Sie besteht darin, daß sich für Menschen im Umfeld von Notleidenden in Konsequenz zu deren Not eine Veränderung ihrer Lebenslage ergibt, die nicht einfach die angenehmere Kehrseite der ersteren darstellt und auch nicht eigener Schuld erwächst, sondern die entweder selbst durch die Beeinträchtigung von Lebensmöglichkeiten gekennzeichnet ist, wie z.B. bei Angehörigen von Plegebedürftigen oder Alkoholkranken, oder die eine neue, nicht selbst gewählte Beanspruchung darstellt, wie z.B. bei Nachbarn von Asylanten.[25]

Betroffenheit in die Diakoniepraxis Eingang finden lassen heißt dann, diese komplementären und sekundären Betroffenheiten bei sich als diakonisch Handelndem selbst wie auch bei anderen Menschen im Umfeld bewußtzumachen und sie so zu bearbeiten, zu verändern oder zu gestalten, daß man in dieser Bearbeitung selbst wieder der diakonischen Verantwortung für die Anderen, die Notleidenden gerecht wird.

Betroffenheit soll in der diakonischen Praxis weiterhin dadurch virulent sein, daß die diakonisch Handelnden in der Situation der diakonischen Praxis mit der Not der Notleidenden in Berührung kommen und insofern selbst unmittelbar Betroffene dieser Situation der Begegnung mit Not - nicht der Not selbst - sind. Die in Hinblick darauf geäußerte Forderung, nicht in dauernde emotionale Erschütterung oder lähmende Klage zu verfallen, sondern die Handlungsfreiheit der Nüchternheit zu bewahren, ist die Grenzziehung nur nach der einen Seite hin. Nüchtern-sachlich zu handeln bedeutet nicht - und das wäre die Grenzziehung zur anderen Seite hin - unsensibel zu sein. Diakonische Praxis erfordert die "Fähigkeit, sich vom Leid anderer berühren zu lassen und gleichzeitig Not adäquat wahrzunehmen"[26]. Eine solche Sensibilität ist gerade dort nötig, wo die Diakoniepraxis Gefahr läuft, Routine zu werden. Sie ist der Antrieb, zur gegebenen, eingefahrenen Praxis immer wieder auf Distanz zu gehen, sich selbst anfragen zu lassen, die Angemessenheit der eigenen Praxis zu überprüfen oder überhaupt neue Notlagen bzw. neue Qualitäten von Not wahrzunehmen. Aber auch der Andere, der Notleidende, fordert diese Sensibilität ein. Der notleidende Mensch ist es, dessen eigenständiges Subjektsein in der Diakoniepraxis konstituiert und zu dem eine Beziehung aufgebaut werden soll, die sich als Verantwortung für ihn definiert. Die Authentizität einer solchen Beziehung verlangt es, daß nicht der eine dem anderen wie einem beliebigen Handlungsgegenstand regungslos gegenübersteht, sondern daß die Beziehungspartner sich aufeinander einstellen, gegenseitig Veränderungsprozesse auslösen, sich in dieser Bedeutung füreinander gegenseitig wahrnehmen und ihre Wahrnehmungen für den jeweils Anderen transparent machen. Betroffenheit in die Diakoniepraxis Eingang finden zu lassen heißt dann, im Sinne der Authentizität der diakonischen Beziehung, der Unvereinnahmbarkeit des Anderen und der eigenen Verantwortung für ihn die Situation der Begegnung sensibel wahrzunehmen, dadurch ausgelöste Veränderungen bei sich selbst bewußtzumachen bzw. einzugestehen und diese dann unter dem Kriterium, daß man dadurch der Verantwortung für den Anderen gerecht wird, auch im eigenen diakonischen Handeln zur Auswirkung kommen zu lassen.

Betroffenheit muß schließlich in der diakonischen Praxis virulent werden als Betroffenheit der Notleidenden selbst. Ihre Wahrnehmung der Notsituation, ihre Bedürfnisse in der Situation und die von ihnen vorgegebenen Muster des Verhaltens und Handelns sind

---

25 Vgl. **Steinkamp, H.**: Sozialpastoral, 79.

26 Ebd.

in die Konzeption der Diakoniepraxis aufzunehmen.[27] *Ihre* Verknüpfung mit der Notsituation, d.h. die Art, wie sie ihre Begrenzung durch die Situation erfahren, welche Denk- und Handlungsmuster ihnen über die Einflüsse der Situation nahegelegt werden und zu welchen konkreten Verhaltensweisen und Handlungen sie sich veranlaßt sehen, hat unverzichtbare Relevanz für die Konzeption der Diakonie, weil sich durch diesen Ausgang von der Noterfahrung Notleidender die Chancen erhöhen, daß die Zielvorstellungen diakonischer Praxis hinsichtlich der Überwindung von Not nicht an den Notleidenden selbst vorbeigehen. Betroffenheit in die Diakoniepraxis Eingang finden zu lassen heißt in diesem letzten Sinn, die "Kompetenz der Betroffenen"[28] zum Zug kommen zu lassen.

8.1.3.2 Echtheit

Die Virulenz und Relevanz der verschiedenen Betroffenheiten, die im Gesamtkomplex einer diakonischen Beziehung in Erscheinung treten, haben gezeigt, daß die diakonische Praxis die in ihr sich begegnenden Menschen nicht nur in ihrem kognitiven Wissen, in ihren lebenspraktischen Fertigkeiten oder in ihrer fachlichen Qualifikation, sondern gerade auch in ihrem Selbsterleben, in ihren Emotionen und Sensibilitäten, in ihrer kritischen Selbstreflexion und durchaus auch in ihrer Religiosität, eben in ihrem ganzen Personsein, in Anspruch nimmt.[29] Den Partnern der diakonischen Beziehung ist ein "kultivierter" Umgang mit sich selbst abverlangt, damit sie mit dem jeweils Anderen "kultiviert", d.h. förderlich, heilend, helfend umgehen können. Sie sind gehalten, sich ihre verschiedenen Verstricktheiten mit der Notsituation bzw. mit der Diakoniesituation, also ihre Betroffenheiten wie auch ihre Bedürfnisse in der jeweiligen Situation bewußt zu machen. Aus dem nie annähernd zu überblickenden oder zu kontrollierenden Spektrum derjenigen Faktoren, die von den Beziehungspartnern her die Beziehung bestimmen, kann so ein zumindest größerer Ausschnitt bewußt realisiert und gesteuert werden. Dabei geht es nicht einfach um eine Unterdrückung der Wirkung dieser Faktoren in der Beziehung, sondern vielmehr um einen kontrollierteren und somit konstruktiveren Umgang mit ihnen. Daß diese beziehungsgestaltenden Faktoren der jeweiligen Persönlichkeit bewußt in die diakonische Beziehung Eingang finden sollen, wird ausgedrückt im Postulat der *Echtheit*.[30] Das Gelingen der diakonischen Beziehung ist davon ab-

---

[27] Der in dieser Untersuchung vorgenommene Versuch, die Diakoniepraxis auch aus der Perspektive betroffener Notleidender zu beschreiben (s. 5), versteht sich als ein ansatzhaftes Eingehen auf diesen Anspruch. Die Virulenz der Betroffenheit Notleidender für die Konzeption der diakonischen Praxis muß deshalb hier nicht noch einmal dargelegt werden. Zu verweisen ist auf die diesbezüglichen Ausführungen in Punkt 5.1 und am Schluß von Punkt 6.

[28] Vgl. den Titel **Ludwig, H.**: Kompetenz der Betroffenheit.

[29] Vgl. **Zerfaß, R.**: Lebensnerv Caritas, 72 f.

[30] Dieses und die zwei folgenden Postulate der Wertschätzung und der Empathie entstammen dem Konzept der Gesprächspsychotherapie von Carl R. Rogers (vgl. **Kriz, J.**: Grundkonzepte der Psychotherapie, 195-212) und sind insbesondere von der Pastoralpsychologie als Basishaltungen auch eines

hängig, daß sich die Partner bei der Gestaltung der Beziehung nicht täuschen, etwa durch das Unterdrücken von Emotionen oder durch die fassadenhafte Profilierung der fachlichen Kompetenz, sondern ihre authentischen Befindlichkeiten, Bedürfnisse und Eigenschaften offenlegen, eben echt sind.
Diese Echtheit ist zunächst Anspruch an den Notleidenden. Viele Notleidende leiden zusätzlich zu ihrer Not gleichsam an einem psychosozialen Streß, weil sie durch verschiedene Strategien der Selbst- und Fremdtäuschung versuchen, ihre Not als nicht existent oder zumindest weniger gravierend darzustellen. Alkoholiker vertuschen ihre Trinkgewohnheiten, um sich selbst die Sucht nicht eingestehen zu müssen; Kranke bagatellisieren ihre Krankheit, um anderen nicht zur Last zu fallen; finanziell Arme leisten sich ihrer Lage eigentlich unangemessene Güter, um ihr soziales Dazu-Gehören zu demonstrieren. Gerade am Beispiel der Alkoholsucht wird deutlich, daß auf seiten des Notleidenden die Echtheit, in der dieser sich seine Notlage ehrlich eingesteht, eine erste Voraussetzung dafür ist, daß in der diakonischen Beziehung Not bearbeitet werden kann. Zum einen muß nämlich Not in ihrer Wirklichkeit wahrgenommen sein, um überhaupt angegangen werden zu können. Zum anderen macht die Echtheit im Sinne des Sich-Eingestehens auch bewußt, daß der Notleidende - aus *seiner* Perspektive - die Verantwortung für die Beseitigung seiner Notlage nicht einfach an die diakonisch Handelnden oder überhaupt an andere Menschen delegieren darf, sondern lernen muß, sich selbst so weit wie möglich - mit eigenen Motivationen, Initiativen, Zielformulierungen usw. - als Träger seines Befreiungs- bzw. Heilungsprozesses zu verstehen. Echtheit auf seiten des notleidenden Menschen bedeutet aber auch, daß er klagen und anklagen darf und soll. Was er in seiner Notlage empfindet, was er in Hinblick auf seine Mitmenschen empfindet, wo er die Ursachen seiner Not sieht und welche Vorwürfe er vorzubringen hat, soll zur Sprache kommen. Insbesondere im Kontext einer christlich identifizierten Diakonie gilt es, das gängige, aber falsche Ideal der Aufopferungsmentalität, der Ergebenheit in das eigene Schicksal oder des heroischen Verzichts auf Klage zu korrigieren. Die Diakoniepraxis hat in Erinnerung daran, daß die Klage eine wesentliche Form des Gebets darstellt, Gott als einen "beklagbaren Partner des Lebens"[31] zu bezeugen und zwar dadurch, daß sie sich notleidenden Menschen als Raum anbietet, in dem ohne Schonung des Erträglichkeitsbedürfnisses anderer Belastendes angesprochen, Widerspruch zum Vorschein kommen und die Notursache benannt werden kann. "So ist es ein Akt der Diakonie, daß sich Menschen austoben können: Denn Gott stellt sich selbst gerade für diesen Dienst bereit! Dann freilich wird der soziale Raum der Kirche zum turbulenten Ort, wo seismographisch in den Widersprüchen der Betroffenen die dafür verantwortlichen Widersprüche der Verhältnisse zum Vorschein kommen. Solche Konfliktgespräche zwischen Menschen im Angesicht Gottes führen durch die Heftigkeit

---

seelsorglich verstandenen Beratungsgesprächs rezipiert worden (vgl. **Baumgartner, I.**: Pastoralpsychologie, 446-461, 527-543). Zur pastoraltheologischen Rezeption der drei Rogers'schen Gesprächshaltungen und ihrer Weiterführung zur umfassend seelsorglichen Haltung der Mystagogie vgl. **Haslinger, H.**: Sich selbst entdecken - Gott erfahren, 72-77; **ders.**: Was ist Mystagogie?, 64-71.

[31] **Fuchs, O.**: Heilen und befreien, 177.

hindurch zu neuen Einsichten der Hörenden wie auch der Klagenden, so daß man gemeinsam in abkühlender Sachlichkeit das Nötige in Angriff nimmt."[32] Echtheit als Postulat der Diakoniepraxis bedeutet somit zunächst, daß deren Konzeption unter dem Kriterium steht, wie auf seiten des Notleidenden das *ehrliche Sich-Eingestehen der Notlage* in ihrer Realität und das *freimütige Klagen* über die eigene Not ermöglicht bzw. gefördert werden können.

Echtheit ist aber auch ein Anspruch an die diakonisch Handelnden hinsichtlich der Frage, wie sie von sich aus das diakonische Begegnungsgeschehen anlegen. Auch hier zeigen sich mehrere Nuancen der Echtheit.

Echtheit der diakonisch Handelnden bewährt sich in der *Ehrlichkeit ihrer Absicht.* Die Intentionen, mit welchen eine diakonische Beziehung eingegangen wird, müssen zwar nicht ständig thematisiert, aber für den notleidenden Beziehungspartner erkennbar, überprüfbar und kritisierbar sein. Die Echtheit zeigt sich hier als Durchschaubarkeit, als Transparenz des diakonisch Handelnden. Da nun aber in einer christlich identifizierten Diakonie die Absichten nicht beliebig sind, sondern unter der theologischen Maßgabe der unbedingten Würde des Anderen und der unbedingten Verantwortung für den Anderen es die allein bestimmende Absicht diakonischen Handelns sein darf, dem Anderen ein Leben entsprechend seiner Würde und seinem Anderssein zu ermöglichen, ist auch das Postulat der Echtheit bereits inhaltlich gefüllt: Echtheit als Ehrlichkeit der Absicht bedeutet für die Praxis der Diakonie, daß es der diakonisch handelnden Person um den Anderen und sein authentisches Leben gehen muß und daß ihre Absicht *in diesem Sinne* echt sein muß.

Die Echtheit der diakonisch Handelnden bewährt sich weiterhin in deren *Selbstkongruenz.* Gemeint ist damit die Fähigkeit des Menschen, in einem selbstreflexiven bzw. selbsttranszendierenden Akt Distanz zu sich selbst einzunehmen, aus dieser Distanz gleichsam in Kontakt zu sich selbst zu treten und in dem so geschaffenen Freiraum die verschiedenen Anteile der eigenen Persönlichkeit, insbesondere die problematischen Anteile wie Ängste, Antipathien, unbearbeitete Konflikte, unterdrückte Triebe oder internalisierte Tabus wahrzunehmen. Erst nach dieser Realisierung ist es möglich, die Abspaltung dieser Anteile bzw. ihre Verdrängung in den unkontrollierbaren Raum des Unbewußten zu vermeiden und sie statt dessen in die eigene Persönlichkeit zu integrieren bzw. in kontrollierter Weise mit ihnen umzugehen.[33] Echtheit als Selbstkongruenz bedeutet also, daß der diakonisch Handelnde versucht, sich als eine in sich stimmige Persönlichkeit zu erweisen.

Die Echtheit der diakonisch Handelnden bewährt sich drittens in deren *Aufrichtigkeit* im Umgang mit den Notleidenden. So wie der Notleidende beansprucht ist, seine Lebenslage realistisch zu sehen und seine Empfindungen auszudrücken, ist die diakonisch handelnde Person ihrerseits beansprucht, sich mit ihrem authentischen Denken, Fühlen und Erleben zu zeigen. Der Aufbau einer psychosozialen Fassade gegenüber dem Notleidenden, etwa in Form gespielter Freude an der diakonischen Tätigkeit oder

---

[32] Ebd. 178.

[33] Vgl. **Baumgartner, I.**: Pastoralpsychologie, 527.

vorgetäuschter fachlicher Kompetenz, mag zwar die diakonische Begegnung situativ als bewältigt erscheinen lassen, ist jedoch auf Dauer nicht durchzuhalten und nimmt den Anderen, den notleidenden Menschen, nicht ernst. Das Zeigen des eigenen authentischen Befindens mag zwar die diakonische Beziehung weniger schön und weniger heroisch erleben lassen, ermöglicht es aber der notleidenden Person, Vertrauen zu entwickeln, weil sie bereits von Beginn an neben den natürlich vorhandenen angenehmen Befindlichkeiten auch die weniger gefälligen bzw. auch die ganz banalen Züge ihres Gegenübers wahrnehmen kann und nicht fürchten muß, daß diese einmal plötzlich und um so unkontrollierbarer hervortreten. Echtheit als Aufrichtigkeit bedeutet also, daß die diakonisch handelnde Person der notleidenden Person ermöglicht, sich auf sie zu "verlassen, ohne fürchten zu müssen, hintergangen oder enttäuscht zu werden"[34].
Die Echtheit der diakonisch handelnden Person bewährt sich schließlich in deren *praktischer Identität*, d.h. in der Übereinstimmung dessen, was die diakonisch handelnde Person zu sein und zu tun behauptet, mit dem, was die notleidende Person als deren wirkliches Sein und Tun erlebt.[35] Echtheit als praktische Identität bedeutet also, daß die diakonisch handelnde Person für ihren Beziehungspartner berechenbar wird und die diakonische Praxis von einem stabilen Gefüge von Erwartungshaltung und Erwartungserfüllung getragen ist.

8.1.3.3 Wertschätzung

Die theologische Grundlegung der Sicht des in der Diakoniepraxis begegnenden Anderen hat die Sprache schon mehrfach darauf gebracht, daß dem Anderen eine unbedingte Achtung seiner Würde geschuldet ist. Diese Forderung geht in die Gestaltung diakonischer Beziehungen in Form des Postulats der bedingungslosen *Wertschätzung* ein, die die diakonisch handelnde Person der notleidenden Person entgegenzubringen hat. Natürlich gilt das Postulat der Wertschätzung auch für die Notleidenden in ihrer Beziehung zu den diakonisch Handelnden. Sie dürfen nicht in einem falschen schonenden und folglich entmündigenden Wohlwollen davon dispensiert werden. Bei der Frage nach der Konzeption diakonischer Praxis ist es aber entsprechend der Struktur des Verantwortungsverhältnisses zwischen diakonisch handelndem Subjekt und dem Anderen, dem Notleidenden, nicht stimmig, die Wertschätzung vom Anderen einzufordern. Als Postulat ist die Wertschätzung zu beschreiben als diejenige des diakonisch Handelnden. Diese Wertschätzung ist bedingungslos, weil keine Bedingtheit, keine Situation und keine Eigenschaft denkbar ist, die es rechtfertigen würde, einem Menschen die Wertschätzung als Mensch zu versagen. Es gibt keine Rechtfertigung für die Verweigerung von Wertschätzung gegenüber einem anderen Menschen, weil sich die Würde dieses Anderen daraus ergibt, daß er Ort der Zuwendung dessen ist, der sich jeder Verfügungsgewalt des Menschen entzieht. In seinem Angesicht ist der Andere Spur der Anwesenheit des

[34] Ebd.

[35] Vgl. ebd. 529.

Unendlichen, nie vereinnahmbar für Interessen oder Rationalitäten seiner Mitmenschen. "Was als Menschen, als Personen unsere Würde und Identität ausmacht, das sagt die Bibel ganz schlicht: 'Ich habe Dich bei Deinem Namen gerufen, Du bist mein.' Wir nennen das Gotteskindschaft. Und was Gott uns als seinem Ebenbild zuspricht, das kann niemand dem Menschen nehmen. Es geht um bedingungs-loses Menschsein."[36] In der konkreten Beziehung wird die Wertschätzung dort spürbar, wo der Andere *als Anderer* akzeptiert ist, d.h. gerade dort, wo der notleidende Mensch auch in seinen - aus der Perspektive des diakonisch Handelnden wahrgenommenen - Unvollkommenheiten anerkannt ist und wo er gerade in seinem individuellen Personsein, in seinen eigenen, andersartigen Lebensentwürfen und -formen gestützt wird. Der diakonisch Handelnde bewährt sich in seiner Wertschätzung zudem dann, wenn er entgegen dem allgemeinen Eindruck und auch entgegen dem beschädigten Selbstvertrauen des Notleidenden diesem Lebensmöglichkeiten zutraut, die unterdrückt oder bislang unentdeckt sind, wenn er also weniger auf die Maximierung der Sicherheit der eigenen Kompetenz als vielmehr auf die - freilich gewagte - Maximierung der Lebensmöglichkeiten des Anderen nach dessen eigenem Maß und Bedürfnis abhebt. Wertschätzung bedeutet in diesem Sinn das Durchhalten der Treue zum Anderen auch dort, wo kein "Lohn" dieser Treue zu erwarten ist. Entgegen dem gängigen kirchlichen Denk- und Praxismuster, die Menschen zu einem besseren, den vorgegebenen Vorstellungen eingepaßten Leben zu führen und ihnen das "Was soll ich dir tun?" (Mk 10,51) als entscheidende erste Frage ihres Lebens zu suggerieren, bedeutet das Postulat der Wertschätzung für die diakonische Praxis, daß der Notleidende in der Beziehung zum diakonisch Handelnden zu spüren bekommt: Die erste entscheidende Prämisse in meinem Leben besteht darin, daß es mich geben darf.[37]

So fundamental das Prinzip der Wertschätzung des Anderen, des Notleidenden ist, so absolut der Geltungsanspruch der Wertschätzung aufgrund der Herleitung von der Beziehung zwischen Gott und Mensch ist, so konkret kann und muß sich das Postulat in den Fragen diakonischer Praxis und gesellschaftlichen Lebens ausgestalten. Unbedingte Wertschätzung des Menschen bedingt einen unbedingten Vorrang des Wertes der Menschenwürde vor Werten der Wirtschaftlichkeit.[38] Das hat die konkrete Folge, daß z.B. das Problem der Arbeitslosigkeit nicht nur unter ökonomischen Gesichtspunkten diskutiert und die Schaffung von Arbeitsplätzen nicht einfach als eine wirtschaftliche Rechengröße gegen andere wirtschaftliche Rechengrößen aufgerechnet werden dürfen. Die Frage, ob Menschen nach ihren Bedürfnissen und Fähigkeiten arbeiten können, hat etwas mit ihrer Menschenwürde zu tun. Ein Anspruch diakonischer Praxis in der Gesellschaft muß folglich darin bestehen, all jenen Kräften zu wehren, die bei der Diskussion um die Arbeitslosigkeit wirtschaftliches Interesse gegen wirtschaftliches Interesse setzen zu können meinen und die Interessen der gesellschaftlich schwachen Arbeitslosen den Interessen der gesellschaftlich Starken, z.B. der Gewerkschaften oder

---

36 **Schibilsky, M.**: Ethik der Menschenwürde, 221 f.

37 Vgl. **Baumgartner, I.**: Pastoralpsychologie, 533 f.

38 Vgl. **Schibilsky, M.**: Ethik der Menschenwürde, 226.

des politisch-ökonomischen Großindustriekomplexes, unterordnen. Ebenso wenig indifferent ist das Prinzip der Wertschätzung gegenüber manchen Tendenzen der Gen-Technik, der Euthanasie oder auch eugenischer Argumentationen. Die Wertschätzung des Anderen meint diesen gerade auch im Anderssein, in den Komponenten seiner Person, die nicht in die Vorstellungen seiner Mitmenschen einpaßbar sind. Das Prinzip der Wertschätzung sperrt sich somit gegen alle jene Tendenzen, die Unvollkommenheiten und natürliche Einschränkungen des menschlichen Lebens ausselektieren wollen und die menschliches Leben im Falle seiner natürlichen Einschränkung bzw. Beschädigung *wegen* dieser Einschränkung oder Beschädigung zur Disposition der Verfügungsgewalt anderer Menschen stellen.[39]

8.1.3.4 Empathie

Empathie heißt Einfühlung. Damit ist nicht nur eine banale Übersetzung gegeben, es wird auch deutlich, weshalb das Postulat der Empathie für eine diakonische Beziehung, die sich als Erfüllung einer unbedingten Verantwortung für den Anderen versteht, von besonderer Bedeutung ist. Das Sich-Einfühlen zeigt an, daß eine Beanspruchung, eine Bewegung bzw. eine Veränderung beim diakonisch Handelnden und nicht beim Notleidenden als erster Akt der diakonischen Begegnung annonciert ist. Das Gegenteil wäre gegeben, wenn die Diakoniepraxis als Information oder als Normierung angelegt wird und der diakonisch Handelnde mit seinem Handeln die Intention verfolgt, beim Anderen durch eine direktive Rede von Gott und Glaube die Akzeptanz eines bestimmten Glaubenswissens oder die Erfüllung bestimmter moralischer Normen zu erreichen. Damit wäre die Diakoniepraxis als ein Geschehen strukturiert, in dem ein Interesse *gegenüber* dem Anderen verfolgt und der Andere "identifiziert", an die eigenen Vorstellungen des diakonisch Handelnden angeglichen wird, also eine Bewegung des Anderen auf den diakonisch Handelnden zu intendiert ist. Eine solche Praxis würde der Identität der Diakonie als Verantwortung für den Anderen widersprechen, wäre nicht mehr Diakonie.
Empathie dagegen meint eine Bewegung des diakonisch Handelnden auf den Anderen zu. Sie beschreibt die Kompetenz, über die eigenen vorgegebenen Vorstellungen und Plausibilitäten hinausgehend sich den Lebensfragen des Anderen so zu stellen, wie sie jeweils beim Anderen gegeben sind - und eben nicht, wie man sie sich selbst vorstellt. Daß die diakonisch handelnde Person empathisch sein soll, meint folglich die Aufgabe, die diakonische Begegnung so anzulegen, daß sie "auf den *Kern des gelebten Lebens*, auf 'durchkreuzte Lebenspläne', auf Enttäuschungen, Verwundungen und Lebenshoffnungen"[40] trifft. Das Fragen z.B. in einem Beratungsgespräch oder die symbolischen Gesten z.B. im Umgang mit einem Schwerstbehinderten haben zunächst nicht das Ziel *her*zustellen, sondern haben die Funktion *dar*zustellen. Es geht nicht darum, von außen kommend eine neue Wirklichkeit für den Anderen aufzubauen, sondern darum, die ge-

---

[39] Vgl. ebd.; zur Diskussion um die ethischen Positionen Peter Singers vgl. ebd. 211-218.

[40] **Baumgartner, I.**: Pastoralpsychologie, 332.

gebene Wirklichkeit im Leben des Anderen ausfindig zu machen und aus ihm selbst heraus in den Raum des Bewußtseins zu holen.
Von hier aus lassen sich zwei weitere Implikationen des Empathie-Postulats benennen. Empathie bedeutet zum einen die Beanspruchung des diakonisch Handelnden zum ausdauernden Dabeibleiben beim Anderen. Es geht darum, daß der Andere selbst sich im Zuge der einfühlenden Erkundung seines Lebens des Kerns seines Lebens, der Dimensionen seiner Existenz bzw. seiner Lebenslage bewußt wird. Das beinhaltet auch die Konfrontation mit dem, was nicht gerne wahrgenommen wird: mit lebensgeschichtlichen Verletzungen, mit Verdrängtem, mit eigener Schuld. Empathie bezeichnet in Hinblick darauf die Kompetenz des diakonisch Handelnden, neben dem Anderen mit Ausdauer standzuhalten und zu dieser Konfrontation mit der eigenen Lebenswirklichkeit anzuhalten, auch wenn der Andere sich gegen die ehrliche Wahrnehmung sperrt, auch wenn die aufgedeckten Lebenswirklichkeiten den mitgebrachten Schemata widersprechen und damit das Reagieren darauf für beide um so schwerer machen, auch wenn der Andere unerwartete, vom diakonisch Handelnden nicht vorgesehene Reaktionen zeigt.[41]
Empathie bedeutet zum anderen die angemessene Balance zwischen Nähe und Distanz zum Anderen. Einfühlung verlangt einerseits eine Annäherung an den Anderen, so daß der diakonisch Handelnde dessen Perspektive einnimmt, dessen Erleben nachvollzieht und gleichsam ein Stück weit dessen Leben mitlebt. Andererseits bedarf es immer wieder einer Gegenüberstellung zum Anderen. Die Bewegung des diakonisch Handelnden auf den Anderen zu und das Mitleben mit ihm bewirken - für sich genommen - noch keine Bewußtseinsbildung, weil damit allein eben noch keine Selbstkonfrontation des Anderen gegeben ist. Notwendig ist, daß der diakonisch Handelnde immer wieder dem Anderen die eigenen Wahrnehmungen mitteilt, das vom Leben des Anderen Erfühlte thematisiert bzw. symbolisiert, die Lebenswirklichkeit des Anderen gleichsam aus dessen "totem Winkel" der Selbstwahrnehmung holt und ihm "vor Augen führt", also bewußt macht. Die Empathie muß sich folglich als ein "metriopathein", als ein Sich-im-rechten-Maß-Einfühlen[42] bewähren, in dem im Wechselspiel von Annäherung und Distanzierung jeweils das angemessene, individuell zu bestimmende Maß getroffen wird.
Bei all dem wird deutlich, daß die Kompetenz der Empathie beim diakonisch Handelnden eine authentische, d.h. nicht mit kompensierenden Identitätsanleihen wie mystifizierender Kleidung (Priesterkleidung, weißer Arztkittel), formaler Autoritätsbehauptung oder Berufung auf fachliche Kompetenz künstlich gestützte, Identität voraussetzt. Gefordert ist ein ausreichend stabiles Selbstkonzept der diakonisch handelnden Person, das es dieser ohne Erschütterung der eigenen Persönlichkeit ermöglicht, für Projektionen des Anderen zur Verfügung zu stehen, diese sogar zeitweise bewußt aufzunehmen und "mitzuspielen", unangenehme Wahrnehmungen angstlos zu verbalisieren, bislang Tabuisiertes anzusprechen und den Weg der Begleitung bei der Selbst-

41 Vgl. ebd. 332, 538.

42 Vgl. ebd. 540.

wahrnehmung des Anderen auch dann mitzugehen, wenn er den eigenen Wünschen widerspricht.[43] Auf dieser Basis werden dann auch diakonisch handelnde Personen, die sich ausdrücklich christlich definieren, nicht in ihrem Selbstverständnis erschüttert, wenn sie merken, daß mit dem Empathiepostulat von ihnen auch verlangt ist, darauf zu verzichten, den Horizont des christlichen Glaubens an Gott gegenüber dem Anderen von sich aus und direktiv zur Sprache zu bringen. Die Entscheidung darüber, ob in der diakonischen Beziehung Gott als der Horizont dieser Beziehung thematisiert werden soll, obliegt dem Notleidenden. Vielmehr ist das Maß der Ungezwungenheit und Freiheit, in dem der diakonisch Handelnde in seiner Beziehung zum Notleidenden auf eine Thematisierung Gottes als des Horizonts dieser Beziehung verzichten kann, ein Indikator für die Tragfähigkeit und Authentizität dieses seines Glaubens an den Horizont Gott.[44]

8.1.3.5 Heilen

Die in den vorangegangenen Punkten behandelten Postulate der Echtheit, Wertschätzung und Empathie werden von Isidor Baumgartner als Haltungen einer heilenden Begegnung, also als Elemente der Konzeption einer heilenden Praxis, eingeführt.[45] Als solche sind sie für Baumgartner fundamentale Elemente der im Auftrag Jesu von der Kirche fortzuführenden Sorge um den Menschen, die er in sich und im ganzen als "heilende Seelsorge"[46] versteht. Damit ist etwas behauptet, was vor allen Auseinandersetzungen um Inhalt und Methode der einzelnen Vollzugsformen als allgemeingültige Selbstverständlichkeit kirchlicher Praxis vorausgesetzt wird, daß nämlich die Praxisformen, die in Sorge um den Menschen vollzogen werden, insbesondere eben die Diakonie, das Ziel haben, durch Bearbeitung von Krisen, durch Behebung von Mängeln oder durch Kampf gegen Ungerechtigkeit das Leben der Menschen zu *heilen*.

8.1.3.5.1 Heil und Heilung - die sakramentale Struktur der Diakonie

Zwar gibt es im kirchlich-theologischen Kontext in einem nicht geringen Maße neuscholastisch-dualistische Denkmuster, die zwischen dem Heil Gottes und der Heilung des Menschen trennen wollen, teils aus welt- und leibfeindlichen Motivationen heraus, teils aus einer Reserviertheit gegenüber einem christlich motivierten Engagement zugunsten der Verbesserung der irdisch-gesellschaftlichen Lebensverhältnisse. In der Diakonietheologie hingegen hat sich ein Konsens dahingehend stabilisiert, daß das von

---

43 Vgl. ebd. 537-542.

44 Vgl. **Zerfaß, R.**: Lebensnerv Caritas, 71 f.

45 Vgl. **Baumgartner, I.**: Pastoralpsychologie, 527.

46 Vgl. den Untertitel von **Baumgartner, I.**: Pastoralpsychologie: "Einführung in die Praxis heilender Seelsorge"; vgl. **ders.**: Heilende Seelsorge in Lebenskrisen.

Gott geschenkte Heil und die Heilung des Menschen nicht nur irgendwie etwas miteinander zu tun haben, sondern daß sie untrennbar zusammengehören. Gemäß der fundamentalen Struktur des Verhältnisses zwischen Reich Gottes und kirchlicher Praxis, in dem letztere die ansatzhafte Vergegenwärtigung (nicht nur Symbolisierung) des ersteren zum Ziel hat, muß in der Heilung des Menschen nach dem Maß seiner Würde vor Gott ein ansatzhaftes Erfahrbar-Werden des Heils von Gott her gesehen werden. Wenn sich die Kirche als Grundsakrament versteht, d.h. als Raum, in dem die Zuwendung Gottes zum Menschen, das Heil von Gott her für den Menschen erfahrbar wird, dann ist in diesem Selbstverständnis der Kirche implizit, aber zwingend ausgesagt: "Caritas [im Sinne der Heilung des Menschen in seinen konkreten Lebensverhältnissen - H.H.] gehört zur Sakramentalität ihres [sc. der Kirche] Lebens; denn in ihrer Zuwendung zu den Bedürftigen verkörpert sie zugleich die von ihr verkündete Zuwendung Gottes zu den Menschen"[47]. Die Diakonie als *heilende* Praxis weist eine sakramentale Struktur auf, nicht weil mit ihr zur Heilung und Befreiung des Menschen in seinen konkreten, alltäglichen Lebenssituationen ein davon unterschieden gedachtes, von Gott zugesprochenes Heil hinzukäme, sondern weil das von Gott dem Menschen zugesprochene Heil in der konkreten Heilung und Befreiung des Menschen in seinen konkreten Lebensverhältnissen besteht. "Heil ist im Heilen gegenwärtig."[48] Menschen können gar nicht anders, als das Heil Gottes als eine Wirklichkeit für sich, eben als ein für sie spürbares Heil zu erwarten. Soll die Rede vom Heil angemessen geschehen, dann ist bei der Frage nach dem Heil Gottes "nach *dem* Geschehen und *den* Ereignissen zu suchen, in denen uns heute Heil bruchstückhaft identifizierbar wird"[49]. Heil und Heilung bilden also eine Koexistenz. Diese Koexistenz in ihre Bestandteile auflösen zu wollen, mag ein theologisch-theoretisches Erkenntnisinteresse befriedigen. Für die Konzeption diakonischer Praxis ist eine solche Trennung unbrauchbar und unzulässig. Koexistenz heißt, daß das Koexistente auch wirklich nur koexistent zu verwirklichen ist. Heil und Heilung sind nur gemeinsam zu haben. Das gilt auch bei einem Menschen, der seine Heilung nicht als Heil von Gott her versteht; denn sobald jemand auftreten würde, der diese Heilung in ihrem Verhältnis zum Heil von Gott her reflektieren würde, könnte aus dessen Perspektive nur die Koexistenz auch dieser Heilung mit dem Heil Gottes festgestellt, nicht aber die Präsenz des Heils von Gott her in der konkreten Heilung dieses Menschen in Abrede gestellt werden. Es stellt sich nicht die Frage, wie das Heil von Gott her als ein vom konkreten Heilen unterschiedenes Heil nachgewiesen oder gestaltet werden könnte, weil niemand das Heil Gottes gestalten oder hinreichend beschreiben kann und weil es auch falsch wäre, das Geschehen des Heils von Gott her als ein vom Heilen des Menschen isoliertes Geschehen vorzustellen. Und es stellt sich auch nicht die Frage, wie vom Heil Gottes im Unterschied zu menschlichen Heilungen gepredigt werden soll, weil die Rede vom Heil Gottes nicht als ein vom Geschehen konkreter Heilung isolierter Akt angesetzt werden darf, sondern, wenn überhaupt, aus diesem erst

---

47 **Zirker, H.**: Caritas als Grundfunktion der Kirche, 537.

48 **Lorenz, H.**: Heil und Heilung, 488.

49 Ebd. 486.

erwachsen muß, also nur in sich Bestandteil des Heilens von Menschen sein kann, nicht aber eine von außen kommende Predigt *vor* dem Menschen. Für die Praxiskonzeption stellt sich nur die Frage, wie Heilen so geschehen kann, daß es als dieses konkrete Heilen der Lebensverhältnisse des Menschen dem von Gott zugesprochenen und dem vom Menschen erhofften Heil gerecht wird.

8.1.3.5.2 Die Infragestellung des Heilungsanspruchs durch Ulrich Bach

Trotz aller Plausibilität und Selbstverständlichkeit ist der Anspruch des Heilens nicht unumstritten, sondern äußerst problematisch.[50] In dem evangelischen Theologen Ulrich Bach findet er einen seiner schärfsten Kritiker.[51] Bach geht aus von der Fragestellung, ob das Heilen gleichgewichtig wie die Verkündigung zur Sendung Jesu gehöre und ob es folglich ein Doppelamt Jesu Christi, nämlich zu predigen *und* zu heilen gebe. Diese Frage verneint er und zwar in dem Sinn, daß das Heilen nicht gleichwertig wie die Predigt zur Sendung Jesu Christi gehöre. Belege dafür glaubt er ausreichend im Neuen Testament zu finden. Seine Argumente lauten:[52]

1) Die von Jesus vollzogene Befreiung der Menschen geschieht nicht immer in die Richtung, wie es die Menschen selbst wünschen. Der um seine Ernte besorgte Bauer (Lk 12,13-21) dient als Beispiel für ein irriges Streben des Menschen nach Wohl, das Jesus nicht erfüllt.

2) Die alttestamentliche Ankündigung, daß Blinde und Lahme geheilt würden, wenn der Messias kommt (Jes 35,5 f.), zeigt, daß Jesus heilt, um sich als Messias auszuweisen. Die Heilungen Jesu sind also nur Ausweis für die Gültigkeit, nicht aber Inhalt der Sendung Jesu selbst.

3) Gerade in Hinblick auf den Gedanken, daß sich die Zustände des Reiches Gottes bereits im Leben Jesu ankündigen, gibt es einen entscheidenden Unterschied zwischen Jesu Predigt und seinem Heilen. Der Inhalt der Predigt Jesu gilt dem Menschen bereits im irdischen Leben voll und ganz und hat über den Tod hinaus Bestand. Das in der Heilung Jesu erfahrene Wohl des Menschen endet jedoch mit dem Tod des betreffenden Menschen.

4) Bei seinem ersten programmatischen Auftreten in Galiäa verkündet Jesus das Evangelium Gottes (Mk 1,14). Von Heilungen ist dabei nicht die Rede.

5) Die Heilung des Gelähmten in Mk 2,1-12 ist lediglich ein zur Predigt hinzukommendes Geschehen, um das es Jesus in Wirklichkeit nicht primär geht, sondern das ausnahmsweise als Ausweis der Vollmacht Jesu, zu predigen und Sünden zu vergeben, vollzogen wird.

Diese Belege sind für Bach eindeutig und er "weiß wirklich nicht, was in unseren Bibeln stehen müßte, um einen Verfechter der These von Jesu angeblichem Doppelamt

---

50 Vgl. **Baumgartner, I.**: Pastoralpsychologie, 37.

51 Vgl. zum folgenden vor allem **Bach, U.**: Heilende Gemeinde?.

52 Vgl. ebd. 20-24.

vom Gegenteil seiner Meinung zu überzeugen"[53], also davon, daß das Heilen als solches nicht die Intention Jesu sei. Vielmehr sieht er sich zu der Gegenfrage veranlaßt: "Wo tauchen die Heilungen Jesu auf in Sätzen, die das Ziel und den Sinn des Kommens Jesu benennen? Wo also gibt es das Heilen Jesu nennende Parallelaussagen zu folgenden Sätzen: 'ich bin gekommen, die Sünder zu rufen ...' (Mt 9,13)"[54]. Die dennoch erwähnten Heilungen Jesu in den Evangelien erklärt er sich dadurch, daß die Evangelisten nachösterliche Traditionsstücke, die, etwa aus einem rückerinnernden Verklärungsinteresse, die heilende Kraft Jesu besonders betonten, "'irgendwie' in ihr Werk einbauen mußten"[55]. Damit ist für Bach hinreichend belegt, daß das Heilen Jesu gerade nicht die Bestimmung seiner Sendung ist, sondern "nur 'Ausweis' ..., Legitimierung"[56] für den an sich anders gearteten Inhalt der Sendung.

Den Hintergrund für diese vehemente Nachordnung der Heilungen Jesu bildet Bachs nachvollziehbare Kritik an bestimmten Konnotationen, die bei der Forderung, in der Nachfolge der heilenden Praxis Jesu müsse die Diakonie auch heilende Praxis sein, mitschwingen können. Er legt Einspruch dagegen ein, daß mit dem Anspruch des Heilens die Menschen göttliche Wunder vollbringen wollen, daß sie sich damit hochmütig Jesus ebenbürtig machen wollen und im Gegenzug Kranke und Behinderte von Jesus wegdefinieren.[57] In einem solchen Denken wird - nach Bach - bewußtseinsmäßig ausgeschlossen, daß auch Kranke und Behinderte in Erfüllung eines Auftrags Gottes und in der Nachfolge Jesu an den Gesunden etwas tun können. "Wir setzen damit für die Diakonie kindisch das gleiche Schema voraus wie für die Mission: Wir sind 'die einen', die im Namen Jesu an 'den anderen' etwas auszurichten haben ... Daß einer der 'uns anvertrauten' Kranken einen Auftrag Gottes an uns auszurichten hätte, kann dann gar nicht mehr in den Blick kommen. ... Wir verbieten quasi, daß behinderte Menschen ihre Behinderung als eine ihnen von Gott zugemutete Lebensbedingung annehmen, um frohgemut ihr Leben zu gestalten. Denn wir sagen, die Behinderung sei nicht von Gott gewollt, sie sei 'das Böse'."[58] Bach lehnt also die Propagierung einer heilenden Intention der Diakonie und der kirchlichen Praxis insgesamt ab, weil damit ein Gesundheits- und Leistungsideal transportiert wird, welches die Menschen einteilt in Könner und Nicht-Könner, in Subjekte und Objekte, in von Gott Akzeptierte und Nicht-Akzeptierte.[59] In Konsequenz dazu fordert er, statt von "heilender Gemeinde" von einer "therapierenden" und einer "akzeptierenden Gemeinde" zu reden.[60] Damit ist eingeräumt, daß eine Gemeinde eine Zielsetzung darin findet, die Lebensumstände von Menschen zu therapieren, also zu verbesseren. Zugleich aber wird darin die weitere Zielsetzung

53 Ebd. 23.

54 Ebd. 55.

55 Ebd. 23.

56 Ebd. 24.

57 Vgl. ebd. 30 f.

58 Ebd. 32.

59 Vgl. ebd. 33.

60 Vgl. ebd. 29 f.

ausgedrückt, im Leben der Kirche den Unterschieden zwischen den Menschen keine trennende Bedeutung beizumessen und in einem Für-einander-Einstehen alle gleichermaßen zu akzeptieren. Mit beiden Zielsetzungen könne man sich aber - so Bach - gerade nicht auf die Heilungen Jesu berufen, da bei diesen niemand wie nach einer Therapie "gebessert" worden sei und da das Bemühen um Akzeptanz auch solcher Menschen, die nicht geheilt werden können, nichts mit Jesu Heilungswundern zu tun habe. Statt dessen fordert er, zu Krankheit und Behinderung eine andere Einstellung zu entwickeln, sie nicht als Übel, sondern als Begabungen zu sehen und in das gemeinsame Leben von Gemeinden zu integrieren.[61] Weil die Frage, ob jemand gesund oder krank ist, vor Gott unwichtig ist, dürfe sie auch in der kirchlichen Praxis kein solches Gewicht bekommen. Wichtig sei vielmehr, jedem Menschen das Bewußtsein zu vermitteln, daß er gerade auch in seinen - nach menschlichem Ermessen - als Behinderung definierten Eigenschaften akzeptiert ist und daß Gott seine Gnade unabhängig von jedem menschlichen Mangel gewährt.[62] Statt Heilung zu propagieren, plädiert Bach für einen Bewußtseinswandel, nach dem alle Christen gleichermaßen sagen können: "... meine Lebensbasis ist nicht mehr das, was ich habe oder aus ihr machen kann ..., sondern das unverlierbare Ja Gottes, das er in Christus zu uns allen gesprochen hat"[63]. Mit dem Verzicht auf das Heilungsideal wäre dann auch eingelöst, daß der Mensch sich nicht mit einer "theologia gloriae" selbst verherrlichen, sondern Kreuzestheologie betreiben, also vom Kreuz Christi her denken und Gott den Ruhm der Rettung überlassen soll.[64]

8.1.3.5.3 Die Unhintergehbarkeit des Heilungsanspruchs - zehn Entgegnungen auf Ulrich Bach

Die Bewertung des Heilungsanspruchs durch Bach ist an dieser Stelle deshalb ausführlicher referiert worden, um - durchaus in dem Bewußtsein, damit gegen den Strom der überwiegend zustimmenden Rezeption der Bachschen Thesen zu schwimmen[65] - genau das Gegenteil zu behaupten und gleichsam auf dem Hintergrund von Bachs Ausführungen bzw. in Abhebung von ihnen das Heilen als ein zentrales Postulat diakonischer

---

61 Vgl. ebd. 41 f.

62 Vgl. ebd. 46 f., 50.

63 Ebd. 67.

64 Vgl. ebd. 31, 50.

65 Mit Recht wird in dieser Rezeption immer wieder darauf hingewiesen, daß Bach aufgrund einer Kinderlähmung selbst behindert ist und daß deshalb seiner Sichtweise eine spezifische Kompetenz und Authentizität eignet, die von einem Nicht-Behinderten nie erreicht werden kann. Und in der Tat ist es das Faszinierende an Bach, wie er auf dem Hintergrund seiner Erfahrungen blinde, bedenkliche Flecken in den eingefahrenen Denk- und Handlungsmustern der Diakonie aufdeckt und originelle, aufrüttelnde Einsichten formuliert. Die Kehrseite dieser spezifischen Kompetenz kann jedoch - sicher auch nach Bachs eigener Meinung - nicht sein, daß deshalb auch schon jede seiner Sichtweisen und Forderungen für eine Kritik tabuisiert wird. Bach deswegen nicht zu kritisieren, weil er behindert ist, wäre wohl eine der subtilsten Formen der Nichternstnahme.

Praxis aufzuweisen. Das mag überraschen, eignet doch vielen Aussagen Bachs eine geradezu bestechende Plausibilität und auch Aktualität, wie z.B. seiner Kritik an einem ideologisierten, kranke und behinderte Menschen ausschließenden Gesundheits- und Leistungsideal, seiner Forderung nach Akzeptanz der Behinderten und ihrer spezifischen Begabungen, seinem Ziel einer Integration von Behinderten und Nicht-Behinderten zu einer Gemeinschaft auf der Basis des Wissens um die Chancen und Begrenztheiten aller Menschen und seiner gelassenen Hoffnung, daß alles zusammengenommen, "das, was wir können, und das, was wir nicht können, ... für uns miteinander ... schon reichen"[66] wird.

Das alles macht eine Widerrede schwer. Und dennoch muß Bach entgegengehalten werden: *Heilen bildet ein unhintergehbares Postulat diakonischer Praxis.* Für den Nachweis dieser Gegenthese ist natürlich zu verweisen auf die in Punkt 7.2 angestellten Reflexionen zur Praxis Jesu, welche die Heilung von Menschen im Sinne ihrer Befreiung aus zwangvollen Lebenseinschränkungen geradezu als Kern der Praxis Jesu erkennen ließen. Daß Bach zu einem anderen Ergebnis kommt, liegt daran, daß er zum einen die Berichte von der heilenden Praxis Jesu in überraschendem Maße selektiv liest und zum anderen in seiner Bewertung des - sicherlich kritisch zu beurteilenden, weil ideologisierbaren - Heilungsanspruchs für Kranke und Behinderte einen entscheidenden hermeneutischen Unterschied nicht beachtet bzw. selbst problematische Konnotationen seiner Aussagen nicht bedenkt. In dieser Reihenfolge - zunächst hinsichtlich seiner Auslegung biblischer Texte und dann hinsichtlich seiner Bewertung des Heilungsanspruchs - sollen nun speziell gegen die Sichtweise Bachs entsprechende Gegenargumente vorgebracht werden.

1) Bach argumentiert an gegen die Annahme eines Doppelauftrags Jesu zum Predigen vom Reich Gottes und zum Heilen von Menschen. Die einzig mögliche Richtung der Auflösung dieses Dualismus besteht für ihn darin, Jesu Predigt vom Reich Gottes als einzige wirkliche Intention seiner Sendung nachzuweisen und die Heilungen dieser Intention sekundär, d.h. lediglich als Ausweis der Legitimität der Predigt, zuzuordnen.

Dem ist entgegenzuhalten: Die Annahme eines Doppelamtes Jesu ist tatsächlich abzulehnen. Die Auflösung dieses Dualismus ist aber in die andere Richtung vorzunehmen. Inhalt der Sendung Jesu ist es - wie oben (s. 7.2.2 - 7.2.6) ausführlich dargelegt worden ist -, den heilen Zustand des Reiches Gottes bereits hier auf Erden für die Menschen erfahrbar zu machen und dies gerade durch das Heilen von Menschen im Sinne der Schaffung heiler Lebensverhältnisse. Die ausdrückliche Predigt Jesu über das Reich Gottes ist als das hinzukommende und insofern sekundäre Ausdrücklich-Machen eben dieser Intention zu verstehen. Die Süffisance, mit der Bach rhetorisch fragt, wo denn das Heilen Jesu in Sätzen auftauche, in denen es um Ziel und Sinn seines Kommens geht, kann die Brüchigkeit seiner These, daß es eben darin nicht auftauchen würde, nicht verdecken.

Diese Brüchigkeit ergibt sich zum einen aus einer von Bach selbst herangezogenen neutestamentlichen Belegstelle, nämlich Mk 1,14-39. In Mk 1,14 f. wird vom ersten

66 **Bach, U.**: Dem Traum entsagen, mehr als ein Mensch zu sein, 29.

Auftreten Jesu in Galiläa berichtet. Der Auftritt besteht in der Ankündigung des Reiches Gottes und im Aufruf zur Umkehr und zum Glauben an das Evangelium. Bach selbst bezeichnet diesen Auftritt als Inhaltsangabe des Wirkens Jesu in Galiläa.[67] Das, was nach dieser Ankündigung kommt, macht also den Inhalt der Verkündigung Jesu aus. In den Versen 16-20 wird zunächst noch von der Berufung der ersten Jünger berichtet, also noch nicht eigentlich vom Wirken selbst, sondern von dessen Vorbereitung. Die Verse 21-34 schildern hingegen bereits den ersten Abschnitt dieses Wirkens, nämlich den Aufenthalt Jesu in Kafarnaum. Der Bericht darüber besteht nun interessanterweise ausschließlich aus drei Heilungen. Deshalb ist es nicht nachvollziehbar, daß Bach in Hinblick auf Mk 1,14 f. sagen kann: "Hier finden wir kein Wort über Heilungen."[68] Ebenso unverständlich ist aber auch, wie Bach die drei Heilungen Jesu abtut und Jesu Absichtserklärung zur Predigt in anderen Dörfern (V 38) interpretiert: "Nach einigen Wundern"[69] [sic!] sei Jesus von Kafarnaum aus zum Predigen aufgebrochen und habe damit signalisiert, daß er mit weiteren Heilungen seine eigentliche Sendung vernachlässigen würde.[70] Hier wird so getan, als ob die Heilungen Jesu als gleichsam zufällige Gelegenheitstätigkeiten "nebenher" vernachlässigt werden könnten. Eine Lektüre dieses Abschnittes ergibt jedoch ein ganz anderes Bild. Auf die - auch für Bach - programmatische Aussage in V 14 f., nämlich auf die Ansage des Reiches Gottes und den Aufruf zur Umkehr, folgt der Bericht über Jesu Wirken in Kafarnaum. Dieser Bericht besteht neben jeweils kurzen Bemerkungen über Jesu Auftreten in der Synagoge bzw. über Jesu Absicht, Kafarnaum zu verlassen, eben aus drei Heilungsberichten. Das also, was in V 14 f. als Verkündigung des Evangeliums bzw. als Nähe des Reiches Gottes angekündigt wird, wird inhaltlich gefüllt mit der Beschreibung der heilenden Tätigkeit Jesu. Die Lektüre von Mk 1,14-39 ergibt folglich gegen Bach: Der Inhalt dessen, was Jesus als sein Wirken ankündigt, besteht darin, *daß er heilt.*

Die Brüchigkeit der These Bachs ergibt sich zum anderen aus der für die Sendung Jesu zentralen Stelle Lk 4,18 f. Diese Schriftlesung aus Jesaja gehört in Parallelität zu Mk 1,14 f. in den Rahmen des ersten Auftretens Jesu in Galiläa und stellt die programmatische Ankündigung seines Wirkens dar: *"Der Geist des Herrn ruht auf mir; denn der Herr hat mich gesalbt. Er hat mich gesandt, damit ich den Armen eine gute Nachricht bringe; damit ich den Gefangenen die Entlassung verkünde und den Blinden das Augenlicht; damit ich die Zerschlagenen in Freiheit setze und ein Gnadenjahr des Herrn ausrufe."* Hier wird dezidiert gesagt: Die Sendung Jesu besteht darin, die Lebensverhältnisse der Menschen zu heilen.

2) Ein Indiz dafür, daß Jesus das Heilen nicht als Inhalt seiner Sendung betrachte, sieht Bach darin gegeben, daß es ein Kennzeichen von Jesu heilendem Handeln sei, die Heilungen nicht in Richtung der Wünsche der betreffenden Menschen vorzunehmen. Diese Beobachtung stimmt nicht, zumindest nicht in dem Sinn, daß darin eine generelle,

67 Vgl. **Bach, U.**: Heilende Gemeinde?, 21.

68 Ebd.

69 Ebd.

70 Vgl. ebd. 22.

wesenskonstitutive Kennzeichnung der Praxis Jesu gesehen werden könnte. Kennzeichen der Heilungen Jesu ist es vielmehr, daß sich Jesus am Wunsch des jeweiligen Menschen ausrichtet: In Mk 1,40 f. macht sich Jesus den Wunsch des Aussätzigen zu eigen. Nachdem dieser sagte: "Wenn du willst, kannst du machen, daß ich rein werde.", antwortet Jesus: "Ich will es - werde rein!". Den blinden Bartimäus fragt Jesus: "Was willst du, daß ich dir tun soll?" (Mk 10,51)[71]. Ebenso fragt Jesus in Joh 5,6 den Gelähmten am Teich Betesda: "Willst du gesund werden?". Der heidnischen Frau schließlich spricht Jesus zu: "Was du willst, soll geschehen." (Mt 15,28). Wiederum ist es nur aus der interessegeleiteten Lektüre Bachs zu erklären, daß er in Hinblick auf die Bereitschaft Jesu, sich am Willen der Menschen auszurichten, nur die Heilung in Mk 1,40-42 erwähnt und diese höchst fragwürdig als "Ausnahme"[72] verbucht.

3) Den Stellenwert der Heilungen Jesu sieht Bach darin gegeben, daß sie Jesu Predigt im Sinne eines Ausweises, eines Vollmachterweises stützen. Zwei Beobachtungen an Jesus widersprechen dieser Deutung. Jesus selbst verweigert diesen Ausweis seiner Vollmacht, gerade auch dort, wo er eingefordert wird (Mt 4,1-11; Mt 21,27). Analog dazu schließen viele Heilungen Jesu (Mt 8,4; Mt 9,30; Mk 1,44; Mk 5,43; Mk 7,36) mit dem ausdrücklichen Verbot, davon anderen zu erzählen. Das ist nur deutbar als Hinweis darauf, daß Jesus seine Heilungen eben nicht als Ausweis verstand, mit dem er seine Predigt gegenüber den Leuten glaubhaft machen hätte können.

4) Bachs Unterscheidung, daß die Predigt Jesu über den Tod hinaus Bestand hätte, das in seinen Heilungen vermittelte Wohl jedoch nicht, ist nicht nachvollziehbar. Genauso gut könnte man, wenn man schon von einem Weiterwirken des Wirkens Jesu im Jenseits spricht, sagen, daß auch die irdische Predigt Jesu den Tod nicht überdauert, weil es eben irdische Predigt mit menschlich-endlichen Worten ist und die Liebe Gottes, von der uns der Tod nicht trennen kann und die Bach als das Fortbestehen der Predigt Jesu begreift[73], ganz andere Formen als das irdische Predigen annehmen wird.

5) Nach Bach ist die Heilung eines Gelähmten in Mk 2,1-12 nur ein zur Predigt hinzukommendes Geschehen. Primär gehe es Jesus bei den Heilungen um die Predigt auf den einzelnen hin. Wiederum widerspricht diese Interpretation vielen anderen Heilungserzählungen. Es fällt auf, daß Jesus bei vielen Heilungen gerade nicht auf den einzelnen hin predigt und ihn nicht mit einer wörtlichen Glaubensbotschaft belehrt. Jesus heilt Menschen und bestätigt oftmals nach vollzogener Heilung deren Glauben. Dieser besteht aber - wie anhand der Heilungen der blutflüssigen Frau (s. 7.2.4.1) und des blinden Bartimäus (s. 7.2.5.8) gezeigt werden konnte - nicht in der Annahme einer gepredigten Botschaft, sondern in der Hoffnung auf Heilung. Es fällt auf, daß Jesus den Menschen Heilung zuspricht, ohne sie mit einem Predigtvortrag an sich gebunden zu haben (vgl. Mt 9,29; Mt 12,9-14; Mt 14,34-36; Mt 15,29-31; Mk 5,34; Mk 5,35-43; Mk 7,31-37; Mk 10,46-52; Lk 4,38 f.). "Jesus verfügt nicht einfach über einen Kranken, auch nicht

[71] Eine genauere Auslegung dieser Frage in Hinblick auf die Unterordnung Jesu unter den Willen des blinden Bartimäus erfolgte im Punkt 7.2.5.4.

[72] **Bach, U.**: "Heilende Gemeinde"?, 22.

[73] Vgl. ebd. 21.

über seine Weigerungen und Vermeidungen. Er macht seine Zuwendung nicht von dem Entgegenkommen des Kranken abhängig. Aber die tiefere Heilung gelingt nur bei dem, der 'mitarbeitet', der wirklich gesund werden will ... er entläßt seine Patienten - und zwar in eine größere Freiheit und Eigenverantwortlichkeit ... Negativ gesprochen heißt das: er bindet die Kranken nicht an sich im Sinne einer Abhängigkeit."[74]
6) Bei der Frage, ob das Heilen einen zentralen Inhalt der Sendung Jesu ausmacht, darf nicht nur auf die ausdrücklichen Heilungsgeschichten geblickt werden, weil Jesu heilendes Wirken nicht einfach identifiziert werden darf mit seinem Wunderwirken. Heilen erweist sich als ein zentraler Inhalt der Sendung Jesu, wenn man seine Lebenspraxis als ganze betrachtet. Die "klassischen" Frauenbegegnungen Jesu zum Beispiel, die Begegnung mit der Frau im Haus des Simon (Lk 7,36-50), das Gespräch am Jakobsbrunnen (Joh 4,1-26) und die Verteidigung der Ehebrecherin (Joh 8,1-11) sind keine wundersamen Heilungen und trotzdem erfahren hier die Frauen auf je verschiedene Weise eine Heilung ihrer heillosen Lebensverhältnisse. Ist man bereit, diese durchgängige Bestimmung der Sendung Jesu als Sendung zum Heilen wahrzunehmen, als Sendung zu einem Handeln also, in welchem das Reich Gottes ansatzhaft erfahrbar ist, dann verschiebt sich auch die Bewertung der Wunderheilungen Jesu. Wichtig ist an ihnen nicht mehr, daß es *Wunder* sind; wichtig ist daran nicht, daß sie die Herstellung eines Idealzustandes durch Überwindung der natürlichen Gegebenheiten sind. Wichtig an den Wundern Jesu ist, daß Jesus - ersichtlich an den Heilungsfragen "Willst du gesund werden?" (Joh 5,6) oder "Was willst du, daß ich dir tun soll?" (Mk 10,51) - in ihnen dem Lebenswillen der Menschen gerecht werden will und daß er - in Entsprechung zu den erwähnten drei Frauenbegegnungen und den darin geschehenden Freisetzungen aus sozialen Marginalisierungen - in ihnen die Menschen wieder in förderliche soziale Bezüge zurückführt. Und wichtig sind die Wunder schließlich, weil gerade in diesem Sinne in ihnen das Wirken Gottes offenbar werden soll (Joh 9,3), sie also die Identität der Sendung Jesu ausmachen. Mit dem Versuch, sie lediglich als Glaubwürdigkeitsausweis einer von ihnen trennbaren und unabhängigen Predigt abzutun, nimmt man ihren Gehalt nicht ernst.
Die bisherigen sechs Gegenargumente bezogen sich auf den Stellenwert des Heilens als der Identität der Sendung Jesu und somit auf die Frage der Legitimität, sich mit dem in der Diakonie propagierten Heilungsanspruch auf die Praxis Jesu zu berufen.[75] Die folgenden Argumente nehmen nun Bezug auf Bachs Ablehnung des Heilungsanspruchs aufgrund der in ihm enthaltenen Implikationen für das Verhältnis zwischen Notleidenden und Nicht-Notleidenden.
7) Ein wiederum grundsätzliches Manko der Bachschen Argumentation ist darin gegeben, daß er eine hermeneutisch wichtige Perspektivendifferenz nicht beachtet. Es ist eine Sache, daß ein behinderter Mensch aus seiner Perspektive sagen kann: "Meine Behinderung ist sicher auch von Gott akzeptiert, also kann ich trotz allem frohgemut leben und darauf vertrauen, daß nicht mein körperlich-geistiges Können, sondern das

[74] **Mayer-Scheu, J.**: Vom "Behandeln" zum "Heilen", 155.
[75] Vgl. ebd. 138-156.

mir zugesprochene Ja Gottes die Basis meines Lebens ist."[76], und daß er daraus für sich die Konsequenz zieht, Heilung *nicht* zum absoluten Lebensziel zu machen. Eine ganz andere Sache ist es, wenn ein nichtbehinderter Mensch zu einem behinderten sagt: "Deine Behinderung ist sicher auch von Gott akzeptiert, also lebe frohgemut damit und vertrau darauf, daß das Ja Gottes deine Lebensbasis ist." Dem Sachverhalt nach sind beide Äußerungen gleich. Aber einmal, aus der Perspektive des Behinderten gesprochen, mag es sich um ein Anzeichen dafür handeln, daß dieser zu einem einigermaßen stimmigen Lebenskonzept gefunden hat. Das andere Mal, aus der Perspektive des Nicht-Behinderten gesprochen, ist es zynischer Hohn. Weil Bach diese Perspektivendifferenz nicht in Anschlag bringt, kann er vom Heilen so reden, als ob nicht nur die - aus der Perspektive der Behinderten natürlich schmerzlich spürbaren - bedenklichen Konnotationen wie Leistungs- und Gesundheitsideologie, bewußtseinsmäßige Ausgrenzung und Abwertung der "nicht-heilen" Menschen kritisch abgewehrt werden müßten, sondern als ob das Heilen als solches ein obsoleter, aus der Welt zu schaffender Anspruch sei. Damit weist aber er selbst einen blinden Fleck in seiner Wahrnehmung auf, weil seine Argumentation ihrerseits eine bedenkliche Konnotation mittransportiert. Mit der Desavouierung des Heilungsanspruchs können sich nämlich akkurat auch diejenigen Kräfte bestätigt sehen, welche aus Interesse an der Erhaltung eigener Lebensmöglichkeiten und -freiheiten den Anspruch des Ausgleichs von Lebensmöglichkeiten mit anderen Menschen abwehren und sich von der Anstrengung dispensieren, denjenigen Menschen, die in ihren Lebensmöglichkeiten eingeschränkt sind, nach deren Maßgabe zu einer Ausweitung der Lebensmöglichkeiten zu verhelfen. Gerade im Behindertenbereich kann eine solche Abwehr des Heilungsanspruchs eine ungewollte, aber fatale Symbiose mit denjenigen Kräften eingehen, welche die Heilung von Lebenseinschränkungen behinderter Menschen - und Heilung kann hier nichts anderes bedeuten als z.B. die Förderung der eigenständigen Lebensgestaltung, angemessene Wohnverhältnisse, gerechte Beteiligung am Arbeitsmarkt, kreative, frei gewählte Teilhabe am sozial-kulturellen Leben usw. - der Verfolgung anderer Interessen, etwa wirtschaftlicher, nachordnen.[77] Zudem gibt es viele ungerecht verursachte Behinderungen des Lebens, etwa den Nährstoffmangel bei benachteiligten Bevölkerungsschichten, oder ungerechte Folgen von Behinderungen, z.B. in der Alters- und Pflegevorsorge, denen nicht einfach akzeptierend begegnet werden kann und deren Schuldzusammenhänge man nicht durch den Verzicht auf Heilungsansprüche dem Vergessen anheimgeben darf. Allerdings - das sei an dieser Stelle eingeräumt - muß man Bach zugute halten, daß er mit seiner scharfen Kritik des Heilungsanspruchs zunächst seinerseits die reziproke Nichtbeachtung der geschilderten

---

[76] Vgl. **Bach, U.**: "Heilende Gemeinde"?, 32, 67.

[77] Einen ähnlichen Vorbehalt formuliert Ottmar Fuchs, wenn er in Hinblick auf Bachs Forderung, die Unterscheidung zwischen Oben und Unten, Starken und Schwachen, Gebenden und Nehmenden hinter sich zu lassen, schreibt: "Diese reziproke Gleichheit im diakonischen Verhältnis darf indessen nicht dazu führen, die fundamentalen Ungleichheiten zwischen arm und reich, krank und gesund, behindert und unbehindert mental oder spirituell zu überspielen ... Es geht vielmehr darum, *in* konkreten Asymmetrien von Geben und Empfangen 'dennoch' eine gleichstufige interpersonale Beziehungskultur gegenseitiger Würde und Achtung aufzubauen ..." (**Fuchs, O.**: Heilen und befreien, 50 Anm. 2.).

Perspektivendifferenz anprangert, derzufolge bis in die aktuelle diakonische Praxis hinein überwiegend die Wahrnehmung aus der Perspektive der Gesunden und der Leistungsstarken prägend ist.
8) Bach legt seiner Kritik ein Verständnis des Heilens zugrunde, das überholt oder zumindest überzogen ist. Wer heute auf dem Hintergrund pädagogischer, psychologischer, therapeutischer oder seelsorglicher Fachkompetenz von "Heilung" spricht, "gaukelt" sich keine wunderartige, regelmäßig erfolgreiche Wiederherstellung eines alten Zustandes vor.[78] "Heilung" im Verständnis der diakonischen Praxis impliziert vielmehr die Vorstellung eines Prozesses, in dem auf eine anstrengende Weise und in einem vom betroffenen Menschen selbst zu tragenden Prozeß nach erlittener Lebensbeeinträchtigung eine neue Lebensperspektive auf der Grundlage der bewußten Integration der Erfahrung dieser Lebensbeeinträchtigung gesucht wird. So versucht z.B. eine systemische Familienberatung, Lebensverhältnisse in Familien zu heilen, indem sie durch Zusammenführung der Familienmitglieder die systemischen Zusammenhänge der Beeinträchtigung bewußt macht und Lebensführungskonzepte auf einer neuen Grundlage entwickelt. "Heilen" wird nicht mehr verstanden als bloße Mängelbeseitigung, sondern meint auch die Ausbildung stabiler Lebensformen, in denen Menschen nicht restlos aufhebbare Lebensbeeinträchtigungen, wie etwa Alkoholkrankheit, auf eine erträgliche oder gar förderliche Weise integrieren. "Heilen" ist nicht einfach das Programmwort von "Könnern", denen gegenüber die zu heilenden Menschen nur als "Nicht-Könner" in Erscheinung treten würden. "Heilen" beinhaltet wesentlich die Vorstellung einer aktiven Teilnahme der betroffenen Menschen an der Definition des Heilungszieles bzw. an der Gestaltung des Heilungsprozesses und die Zielsetzung einer eigenständigen Lebensführung.
9) Die Verknüpfung der Forderung, Lebensbeeinträchtigungen zu akzeptieren, mit der Forderung, vom Kreuz Jesu Christi her zu denken und Kreuzestheologie zu treiben[79], ist zumindest fragwürdig. Diese Verknüpfung ist bereits dort bedenklich, wo betroffene Menschen selbst ihre Lebensbelastungen mit dem Hinweis auf das Kreuz deuten wollen. Denn es besteht dabei zumindest die Gefahr, daß das Leiden verklärt und Eigenkräfte der Leidbeseitigung gelähmt werden. Geradezu ein Mißbrauch christlicher Kreuzestheologie ist es aber, wenn sie von Nichtbetroffenen herangezogen wird, um einen Sinn im Leiden anderer Menschen zu konstatieren, um dieses Leiden also - in der Manier der Luhmannschen Kontingenzbewältigungsfunktion theologischer Chiffren (s. 3.1.3) - als "sinnvoll" nachzuweisen und einen Heilungsanspruch als ungerechtfertigtes Sich-Sperren gegen das Kreuz darzustellen, oder um dieses Leiden mit den bekannten Platitüden wie: "jeder muß sein Kreuz tragen" zu bagatellisieren und so für sich selbst erträglicher zu machen.
10) Es darf nicht so getan werden, als ob die Frage des Heilens nur eine Frage des richtigen oder falschen Verständnisses und der richtigen oder falschen Operationalisierungsform der diakonischen Praxis von seiten der Gesunden oder der Nichtbehin-

---

[78] Vgl. **Bach, U.**: "Heilende Gemeinde"?, 29.

[79] Vgl. ebd. 31, 50.

derten sei und als ob bei fehlgeleiteten Verständnis- und Operationalisierungsformen des Heilens das Problem gelöst werden könnte, indem die Idee des Heilens als solche negiert wird. Es ist einfach auch zu akzeptieren, daß Menschen mit Lebensbeeinträchtigungen diese Beeinträchtigungen als Last empfinden und davon frei werden wollen. Es ist nicht von allen Kranken und Behinderten zu erwarten, daß sie ihre Lebenseinschränkungen einfach zu spezifischen Begabungen von Gott her umdeuten und "frohgemut" damit leben. Wer lebenslang krank ist, wird sich - mehr oder weniger gelungen - mit der Krankheit arrangieren. Es ist jedoch auch völlig verständlich, daß dieser Mensch froh darüber wäre, wenn er die Krankheit nicht hätte, und daß er jede Chance zur Heilung nützt. Die behinderte Frau z.B. wird sich vielleicht daran gewöhnen können, daß sie ohne Partner und ohne sexuelle Beziehung lebt. Aber es ist doch auch ein mit Respekt zu bewertendes Lebensstreben, wenn diese Frau dennoch versucht, Bedenken und Hindernisse bezüglich einer Partnerschaft aus dem Weg zu räumen, und sich einen Partner sucht. Der Anspruch, sich selbst zu heilen bzw. geheilt zu werden, besteht also auch von den Betroffenen selbst her. Es wäre - wohlgemerkt aus der Perspektive der Nichtbetroffenen - ein Zeichen der Ernstnahme dieser Menschen, wenn ihr Heilungsanspruch akzeptiert und nicht mit theoretischen Umdeutungen unterhöhlt wird. Das ist um so notwendiger, als die Betroffenen nicht erneut auf verdeckte Weise zu Objekten der Definitionsmacht anderer degradiert werden dürfen.

8.1.3.5.4 Kriterien eines angemessenen Heilens

Nach dieser ausführlichen Auseinandersetzung mit Ulrich Bachs Kritik des Heilungsanspruchs bleibt festzuhalten: Heilen ist eine zentrale Intention der Sendung Jesu und so ein konstitutives Postulat der diakonischen Beziehung. Dennoch darf diese Absetzung von Bach nicht einfach *dessen* Kritik überspringen, daß die Rede von "Heilen" Gefahr läuft, die nach den gängigen Standards "nicht-heilen" Menschen bewußtseinsbildend und lebenspraktisch auszugrenzen, abzuwerten, zu manipulieren oder den eigenen Idealen unterzuordnen. Deshalb lassen sich jetzt - positiv gewendet - der Kritik Bachs entsprechend folgende Kriterien für eine angemessene Heilungspraxis benennen:

1) Heilen darf nicht von den Lebensführungsstandards, insbesondere nicht von den Gesundheits- und Leistungsidealen der von der jeweiligen Beeinträchtigung nicht betroffenen Menschen aus definiert werden.

2) Heilen muß, wann immer nur möglich, auf einer Definition des Heilungsziels beruhen, an der der betroffene Mensch mitgewirkt hat.

3) Heilen muß sich an den Fähigkeiten und Möglichkeiten des betroffenen Menschen ausrichten. Das heißt zum einen: Heilen muß möglichst schon beim Heilungsprozeß selbst mit den Fähigkeiten und Möglichkeiten des betroffenen Menschen arbeiten, damit sich dieser als Träger seiner Heilung begreifen kann. Es heißt zum anderen: Heilen darf

nur auf die Lebensformen hin erfolgen, zu denen der betroffene Mensch auch realistischerweise fähig ist bzw. für die er sich Möglichkeiten aneignen kann.

4) Heilen muß auf ein Lebenskonzept hin geschehen, in dem bestehende, nicht aufzuhebende Lebensbeeinträchtigungen bewußt integriert sind.

5) Heilen muß in den Heilungsprozeß und in den angezielten "geheilten" Zustand das Umfeld des betroffenen Menschen einbeziehen. Insbesondere bedarf es der Anleitung der Menschen im alltäglichen Beziehungsnetz des Betroffenen, damit diese bereit sind, bei sich selbst Lebensbewußtsein, -konzept und -stil abzuändern und am Heilungsziel auszurichten. Heilen muß also als Heilung des umfassenderen Beziehungssystems erfolgen.

6) Heilen muß schließlich nicht nur, soweit sinnvoll möglich, die Beseitigung der Lebensbeeinträchtigungen des einzelnen, sondern auch die Beseitigung der strukturellen Ursachen der Beeinträchtigungen intendieren. Insofern die zwangvolle Einbindung in strukturell bedingte Lebensbehinderungen als Unfreiheit empfunden wird, ist es ein konstitutives Element des Heilungsanspruchs, strukturell-systemische Mechanismen der zwangvollen Einschränkung von Lebensmöglichkeiten aufzuheben. Heilen muß sich folglich immer auch als befreiend erweisen.

8.1.3.6 Helfen

Ein neben "Heilen" gleichermaßen problematischer Begriff findet sich im Postulat des *Helfens*. Seine Bedenklichkeiten sind bereits oben in Punkt 4.2.6 "Krise des Helfens - Krise der Helfenden" dargestellt worden, so daß sich die Ausführungen an dieser Stelle auf die Postulate einer dem notleidenden Menschen angemessenen Konzeption des Helfens konzentrieren können.
Das Ideal des Helfens hat seine Plausibilität und Unschuld verloren. Das im Helfen mittransportierte Subjekt-Objekt-Gefälle zwischen Helfenden und Hilfsbedürftigen, die Anfälligkeit für Manipulationsinteressen und das paralysierende "Helfer-Syndrom" lassen es als unangebracht erscheinen, das Postulat des Helfens vorschnell für sich zu reklamieren oder von anderen einzufordern. Vielfach wird der Begriff "Helfen" bei der Beschreibung der Beziehung zwischen Notleidenden und Nicht-Notleidenden schlichtweg negiert, um auf keinen Fall ein Ungleichheitsverhältnis in der diakonischen Beziehung erahnen zu lassen. Alltagssprachlich schlägt sich dieses Bemühen nieder in Redewendungen wie: "Wir sind doch alle irgendwie behindert!". Solche Muster sind jedoch letztendlich wenig hilfreich. Sie trivialisieren die Realität der Notsituation und der Ungleichverteilung von Lebensmöglichkeiten zwischen notleidenden und nicht notleidenden Menschen. Auch wenn realisiert ist, daß die Grenze zwischen krank und gesund, behindert und nicht behindert, arm und nicht arm nie eindeutig festzumachen ist, auch wenn die Praxis des Helfens kritisch reflektiert und darin Manipulationsmecha-

nismen und "Helfer-Syndrom"-Motivationen ausgeschlossen sind, ist diese Differenz zwischen dem Notleidenden als Hilfsbedürftigem und dem Nicht-Notleidenden als Helfendem nie eliminierbar. Es ist einfachhin die Erfahrung des Nicht- oder Weniger-Notleidenden, daß er "*nie schuldlos* mit dem Nächsten umgehen kann"[80], daß er dem Notleidenden nie so begegnen kann, als ob es die Ungleichverteilung von Lebensmöglichkeiten zwischen ihnen nicht gäbe und als ob er nicht dafür verantwortlich wäre, den Grad des Mißverhältnisses der Lebenschancen wo immer möglich und nach Maßgabe des Notleidenden zu reduzieren. Umgekehrt bleibt für den Hilfsbedürftigen trotz aller notwendigen Behauptung von Selbsthilfe und Selbständigkeit "jener verflucht *dunkle Rest*"[81] an Hilfsbedürftigkeit, welcher solidarische Hilfe permanent herausfordert und nie restlos überflüssig werden läßt. Die behinderte Rollstuhlfahrerin findet sicher in ihrer weitestgehenden lebenspraktischen Verselbständigung, z.B. in Form einer eigenen Wohnung, ein unumgängliches Ziel ihrer Lebensgestaltung. Die banale Möglichkeit, daß ihr jemand über ein unvorhergesehenes Fahrweghindernis hinweghelfen muß, bleibt jedoch bestehen. Dann käme es aber darauf an, daß die Hilfe nicht verkrampft legitimiert oder verdeckt werden muß - womit letztendlich lediglich eine um so prägendere Einnistung der Hilfesituation als Sonderfall und der Wahrnehmung der hilfsbedürftigen Person als "Rollstuhlfahrerin" im beiderseitigen Bewußtsein erreicht wäre. Es käme darauf an, daß die Hilfe nüchtern und in gutem Sinn "normal", "gewöhnlich", d.h. den lebensweltlichen Alltagsplausibilitäten ein-wohnend, geschehen kann - womit letztendlich die Hilfesituation um so freier würde dafür, daß sich die hier begegnenden Personen gegenseitig als *Personen* wahrnehmen. Es macht also - wohlgemerkt eine kritische Distanz zum Helferideal und das Bemühen um Vermeidung der darin enthaltenen Gefahren vorausgesetzt - keinen Sinn, das Helfen zu perhorreszieren und so der Anforderung, mit der unweigerlich gegebenen Differenz zwischen Hilfsbedürftigem und Hilfefähigem bewußt umzugehen, mehr oder weniger verlegen auszuweichen. Es muß sogar gefragt werden, ob eine Desavouierung des Helfens selbst nicht noch einmal zu einer subtilen Strategie entarten kann, mit der man sich - selbstgefällig als moderne Tugend kaschiert - taub stellt gegenüber der unangenehmen Klage[82], welche unweigerlich in jeder Wahrnehmung von Not vernehmbar ist, und sei es nur die stumme Klage dessen, der sich seiner Hilfsbedürftigkeit selbst gar nicht bewußt ist, aber durch sein Da- und Sosein die Differenz zwischen Not und Nicht-Not schmerzlich in Erinnerung hält. Kann also das Perhorreszieren des Helfens, wiewohl sich gebärdend als kritisches Bewußtsein, selbst nicht noch einmal die Eigenschaft der unkritischen Ausblendung von Notrealität, mangelnder Sensibilität oder des Ausweichens vor der Verantwortung für den Anderen annehmen? Vielleicht ist es für ein unverkrampftes Reden von und Umgehen mit Hilfe auch einfach notwendig anzuerkennen, daß das Helfen eine Form der Beziehung zwischen Menschen beschreibt und daß es als solche Form von Beziehung nie gänzlich auslotbar ist, nie ganz verrechnet und berechnet

---

80 **Degen, J.**: Diakonie im Widerspruch, 105.

81 Ebd.

82 Vgl. ebd.

werden kann, in seiner Bedeutung für die hilfsbedürftige wie für die helfende Person nie gänzlich verobjektivierbar und somit planbar ist, sondern daß es immer auch zu einem gewissen Maße dem Selbsterleben der jeweils sich begegnenden Personen in einer konkreten Situation überlassen werden muß, welche Qualität das jeweilige Helfen annimmt.
Gleichwohl bedeutet das hier vorgebrachte Plädoyer für ein unverkrampftes Verhältnis zum Helfen nicht die Legitimierung einer Beliebigkeit im Helfen. Auch ein unverkrampftes Helfen muß Rechenschaft abgeben über die Angemessenheit ihrer Form. So sehr Ulrich Bach mit seiner Aversion gegen den Heilungsanspruch Widerspruch provozierte, so unerläßlich ist es, dort, wo nach einer grundsätzlichen Anerkennung des Helfens als Postulat heilender Beziehungen nach der Richtigkeit der Hilfeform gefragt wird, diese Frage aus der Perspektive eines primär Betroffenen selbst, wie sie mit der Perspektive Ulrich Bachs gegeben ist, zu stellen und die daraus sich ergebenden Implikationen in das Konzept des Helfens Eingang finden zu lassen. Deshalb seien nun in Anschluß an Ulrich Bach[83] Kriterien für ein Verständnis des Helfens aufgestellt, welches der Verantwortung für den notleidenden Anderen gerecht zu werden sucht.

1) Helfen ist als *partnerschaftliches Helfen* zu konzipieren, in dem sich Helfende und Hilfsbedürftige gegenseitig als Partner bzw. Partnerin betrachten und speziell das Partner-Sein des Hilfsbedürftigen als dessen Mündig-Sein verstanden wird.[84] Das Postulat der Mündigkeit des hilfsbedürftigen Partners weist wiederum mehrere Komponenten auf:

- Der Hilfsbedürftige ist in der ihm zuteilwerdenden Hilfe zunächst und primär als Person wahrzunehmen und erst auf der Basis dieses Personseins kann seine Rolle als Hilfsbedürftiger definiert werden.
- Die Hilfe des Helfenden muß auf das Notwendige beschränkt und das Notwendige an Hilfe zudem danach definiert werden, ob es zur Selbsthilfe befähigt.
- Das Helfen ist als ein gemeinsames Handeln anzulegen, in Bezug auf das sich die beteiligten Personen gleichermaßen als Subjekte verstehen können und durch das die Differenz zwischen Hilfsbedürftigem und Helfendem nicht vergrößert, sondern verringert wird.
- Andererseits darf diese Differenz nicht verdeckt bzw. künstlich übersprungen werden.

2) Helfen ist nicht nur als eine Hilfe *aus* Not, sondern auch als eine Hilfe *in* Not zu konzipieren.[85] Daß das Helfen darauf abzielt, wo immer es möglich ist, Not zu beseitigen und Notleidende aus ihrer Not herauszuführen, ist ein Anspruch von unzweifelhafter Gültigkeit. Sehr leicht kann aber diese Zielsetzung ins Ideologische umschlagen, wenn in Form von Allmachtsphantasien Hilfe nur als Überwindung von Not gedacht, darüber

83 Vgl. **Bach, U.**: Boden unter den Füßen hat keiner, 133-139.
84 Vgl. ebd. 133 f.
85 Vgl. ebd. 135 f.

aber vergessen wird, daß es einfach auch Notlagen gibt, die nicht überwunden, nicht aus der Welt geschafft werden können, deren Herausforderung vielmehr darin besteht, daß Notleidende wie auch deren Mitmenschen sie in ihr Lebenskonzept und Beziehungsgefüge zu integrieren versuchen. Helfen hat sich hier als Hilfe *in* Not zu bewähren, etwa als Begleitung bei der psychischen Verarbeitung der Not, als Förderung neuer Lebensperspektiven oder einfachhin als situative Linderung der Notbelastung. Die Unterscheidung zwischen Helfen *aus* und Helfen *in* Not ist von Bedeutung nicht nur wegen der darin implizierten Unterscheidung zwischen Hilfeformen, sondern auch wegen der darin angezeigten Umstellung des Helfenden in seiner Haltung gegenüber Not. Es gilt, die Mentalität des "Wegmachens", die dort virulent ist, wo Helfen ausschließlich als Beseitigung von Not verstanden wird, abzulösen durch die Haltung des "aushaltenden Dabeibleibens"[86], in der sich der Helfende als derjenige versteht, der sich *in* der Notsituation an die Seite des Notleidenden stellt, von dieser solidarischen Position aus nach den angemessenen Formen der Hilfepraxis fragt und sein Helfen durchhält, auch wenn es "nur" darin bestehen kann, "Tränen zu ertragen, Ratlosigkeit zu teilen, Hoffnung zu suchen, Neuorientierungen mitzugeben, Zorn und Wut des hilfebedürftigen Menschen auszuhalten"[87].

3) Helfen ist zu konzipieren als *Solidarität,* in der Helfende und Hilfsbedürftige ihr Leben gegenseitig annehmen und sich dabei gerade der Begrenztheiten auf beiden Seiten bewußt sind.[88] Dieses Eingestehen von eigenen Grenzen auf seiten des Helfenden fällt natürlich um so schwerer, je stärker die Helfer-Phantasie ausgebildet und folglich das Bedürfnis nach Anerkennung der eigenen Hilfeleistung bzw. der Drang nach Bestätigung der eigenen Erhabenheit über Lebenseinschränkungen verwurzelt ist. Je leuchtender freilich diese Selbstinszenierung des Helfenden ins Licht gestellt wird, um so kräftiger fallen auch die Schatten der Helferperson aus. Gemeint ist damit "all das, was mit den moralisch-ethischen Anforderungen unserer selbst und unserer Gesellschaft nicht übereinstimmt, was wir an uns selbst nicht leiden können, wofür wir uns - wenn wir uns dessen bewußt werden - schämen. Es ist also das an Gefühlen und Einstellungen, was wir verdrängt haben, wodurch aber auch ein Teil der Lebendigkeit unserer Person, unseres Handelns mit ausgeschlossen worden ist. Was bedeutet es, diese Figur des Schattens auf die Diakonie anzuwenden? Als die Schatten der Diakonie möchte ich nennen: 1. den Wunsch nach Macht, Stärke und Herrschaft; 2. den Wunsch, selbst geliebt und gebraucht zu werden; 3. die Angst, Brüchigkeit, Bedürftigkeit, Unsicherheit, Zweifel, Lieblosigkeit, Mutlosigkeit usw. im eigenen Wollen und Handeln wahrnehmen zu müssen. 4. Dazu ist zu berücksichtigen, daß allem Anschein nach der theologisch-moralische Anspruch der Diakonie um so deutlicher formuliert wird (und damit der Schatten um so weniger wahrgenommen wird), je höher jemand in der

---

86 Vgl. Degen, J.: Diakonische Kompetenz der Gemeinde vor Ort, 15, hier zitiert nach **Mette, N.**: Die kirchliche und politische Dimension der Caritas, 65.

87 Ebd.

88 Vgl. **Bach, U.**: Boden unter den Füßen hat keiner, 136.

Hierarchie der Diakonie aufgestiegen ist und d.h., je ferner er der tagtäglichen Praxis ist."[89] Das Wissen nicht nur um die Grenzen des Notleidenden, sondern auch um die Grenzen auf seiten der helfenden Menschen, die "Annahme der Schatten"[90] des Helfenden auf beiden Seiten, d.h. sowohl durch den Helfenden selbst als auch durch den Hilfsbedürftigen, strukturiert die Beziehung zwischen beiden nicht nur nach dem Modus des "für", in dem für den Anderen etwas getan wird, sondern auch nach dem Modus des "mit", in dem Helfende und Hilfsbedürftige ihr Leben als ein Miteinander-Leben begreifen.[91] Helfende und Hilfsbedürftige stehen sich dann nicht mehr als Könner und Nicht-Könner gegenüber, sondern bilden ein "Patienten-Kollektiv"[92], in dem die Partner der Hilfebeziehung ihre Begrenztheiten offen eingestehen und gegenseitig erwarten dürfen, in den eigenen Begrenztheiten und Schwächen vom jeweils Anderen er- und getragen zu werden.[93] "'Helfen' kommt im Grunde nur dann zustande, wenn und soweit es gegenseitig erwartet wird."[94] Ist diese dialogische Struktur der Diakonie[95] im Bewußtsein des Helfenden verankert, so daß die eigene Überlegenheit gegenüber dem Notleidenden nicht mehr in einer Art Idolatrie der Leistungsfähigkeit und Gesundheit exponiert werden muß, sondern in bewußt angenommener Partnerschaft mit ihm die eigenen Grenzen eingestanden und reziprok vom Partner die ihm nach seinen Fähigkeiten möglichen Hilfeleistungen erwartet werden dürfen, dann ergeben sich daraus für das Verhältnis des diakonisch handelnden Menschen zum Helfen drei Entlastungen:
Es muß erstens nicht als Bruch der eigenen Hilfsbereitschaft empfunden werden, wenn nach dem Vorbild des Samariters, der den Überfallenen einem Wirt zur Pflege übergibt (Lk 10,34 f.), die Hilfeleistung an kompetentere Kräfte abgegeben wird[96] oder wenn der Notleidende von sich aus eine andere Helferbeziehung sucht. Es *darf* zweitens unverkrampft und ohne schlechtes Gewissen gegenüber einer hyperkritischen Aversion gegen jegliche Hilfepraxis vom *Helfen* gesprochen werden; und des darf von diesem Helfen auch so gesprochen werden, daß der in jeder Hilfebeziehung unweigerlich gegebene Unterschied zwischen Helfendem und Hilfsbedürftigem - der Unterschied nämlich, daß die eine Person in einer bestimmten Hinsicht einen Vorsprung an Möglichkeiten vor der anderen hat - nüchtern und realistisch eingestanden wird und nicht durch die künstliche Behauptung einer durchgängigen Gleichheit und Gleichfähigkeit von helfendem und hilfsbedürftigem Menschen idealistisch übersprungen werden muß, weil man sich eben dessen bewußt ist, daß der Vorsprung in einer bestimmten anderen Hinsicht

89 **Klessmann, M.**: Von der Annahme der Schatten, 117.

90 Vgl. ebd. 116-125, dort in Anlehnung an C.G. Jung.

91 Vgl. **Knobloch, S.**: Ist die Kirche in Deutschland Anwalt der Armen?, 233; **Bach, U.**: Boden unter den Füßen hat keiner, 92-97.

92 **Bach, U.**: Boden unter den Füßen hat keiner, 203.

93 Vgl. **Zerfaß, R.**: Die Funktion der Caritas, 171; **ders.**: Organisierte Caritas, 347.

94 **Höhn, H.J.**: Kirche und kommunikatives Handeln, 189.

95 Vgl. **Theurich, H.**: Gemeindediakonie, 502 f.; **Schibilsky, M.**: Dialogische Diakonie.

96 Vgl. **Steinkamp, H.**: Zwischen Service-Kirche und Samariter-Funktion, 301; **ders.**: Das Samariter-Gleichnis, 16.

in der Gegenrichtung gelagert sein, die fundamentalere Gleichstufigkeit in der gegenseitigen Anerkennung als Person aber nicht außer Kraft setzen kann.[97] Die dritte Entlastung besteht schließlich darin, daß die eigene Hilfepraxis nicht mit einem Vollkommenheitsideal belastet werden muß, welches Menschlichkeiten auf seiten des Helfenden auszumerzen sucht und so schnell unmenschlich wird. Es darf als unverfänglich anerkannt und auch thematisiert werden, daß mit der Hilfepraxis die Erfüllung eigener Bedürfnisse verbunden ist.[98] Dies ist Voraussetzung dafür, daß diese Eigenbedürfnisse unter der Kontrolle der eigenen Gestaltungskraft der Hilfebeziehungspartner bleiben und nicht im unbewußten Raum um so unkontrollierter die Hilfebeziehung paralysieren. Das offene Eingeständnis z.B., daß mit einer diakonischen Berufstätigkeit das Interesse an finanziellem Einkommen verbunden ist, ist nicht per se - wie so oft beargwöhnt - eine soziale Gefühllosigkeit und ein Sich-Entfernen von der Authentizität der Diakonie, sondern vielmehr die banale Normalität der menschlichen Daseinssorge, die der diakonischen Praxis eine langfristige Stabilität der Nüchternheit verleiht, die nicht jeden Akt der Hilfe zum Sonderfall der Zwischenmenschlichkeit hochstilisiert und die somit beide Beziehungspartner, gerade wenn sie in langfristige Hilfebeziehungen eingebunden sind, vor psychischen und physischen Überforderungen bewahrt. So verstanden, nämlich als Stabilisierung der diakonischen Beziehung, muß dann ein bewußtes Eingeständnis der eigenen Bedürfnisse des Helfenden nicht als Widerspruch zum Lévinasschen Postulat verstanden werden, in der diakonischen Beziehung die Verfolgung eigener Interessen auszuschließen.

8.1.3.7 Lieben und Dienen

"Liebe" und "Dienst" sind die deutschen Wörter für die Begriffe, mit denen die hier zur Reflexion anstehende Praxis ausgedrückt wird: Caritas bzw. Diakonie. Und dennoch erweisen sich "lieben" und "dienen" als problematische Begriffe, wenn es um die Kennzeichnung der diakonischen Beziehung geht. Sehr leicht werden sie - angesichts ihrer binnenkirchlich-theologischen Verwendungszusammenhänge durchaus zu Recht - der Kritiklosigkeit, des Individualismus, der Romantik oder der krankhaften Aufopferungsidee auf seiten des diakonisch Handelnden verdächtigt. Auch hier gilt es also, die Ambivalenzen zunächst kritisch aufzudecken, um dann zu einem dem hier verfolgten Anliegen adäquaten Verständnis vorzustoßen.

Auch "lieben" und "dienen" laufen Gefahr, die diakonische Beziehung als eine einseitige Zuwendung des Helfenden zum Hilfsbedürftigen zu strukturieren. Hinzu kommt, daß beide Begriffe im allgemeinen wie im speziell theologischen Verständnis mit Idealisierungen belegt sind, welche die als "lieben" oder "dienen" gekennzeichneten

---

97 Vgl. dagegen **Mette, N.**: Caritas, 288 f. - Dort wird der Begriff "Helfen" einseitig pejorativ assoziiert mit einem "Assistentialismus" und einer in Abhängigkeit haltenden Unterstützung, wovon als positive Gegenfolie ein "Miteinader-Teilen und Einander-Befreien" abgehoben wird.

98 Vgl. **Klessmann, M.**: Von der Annahme der Schatten, 123 f.

Praxisformen für eine kritische Bewertung und folglich für konzeptionelle Zugriffe tendenziell unzugänglich machen. Liebe bildet förmlich das "Mega-Ideal" christlicher Existenz. Wird eine Praxis als eine Praxis der Liebe verstanden oder dargestellt, dann besteht die Versuchung - weil eben die Liebe als "das Größte" gilt, im Vergleich zu dem nichts Größeres gedacht werden kann -, diese liebende Praxis mit allen in ihr enthaltenen Implikationen als per se gut und richtig zu bewerten. Entsprechend wird von einem derartigen Bewußtsein eine distanziertere, kritische Haltung, die eventuell sogar eine Korrektur der sogenannten "liebenden Praxis" einklagen würde, als unangemessen abgewehrt. Eine ähnliche, wenn auch anders gelagerte Kritiktabuisierung zeigt sich bei der Verwendung des Begriffs "dienen". Insbesondere in Zusammenhang mit kirchlichen Dienstverhältnissen wird mit der suggestiven Idealisierung des Dienstes die Erwartung verbunden, daß die im Dienstverhältnis stehende, "dienende" Person Eigeninteressen zurückstellt und sich um so freudiger den Vorgaben der Vorgesetzten unterstellt (s. 4.2.4.2.4 und 4.2.4.3.6). Mit dem Begriff des Dienens wird also die Vorstellung einer heroischen Selbstaufopferung, eines Verzichts auf kritische Distanznahme zu den Implikationen der jeweiligen Dienst-Praxis und einer unterschiedslosen Auslieferung an die Erwartungen anderer Menschen kultiviert.

Solche Idealisierungen und Ideologisierungen immunisieren das Lieben und Dienen gegenüber Kritik und Korrektur. Die Beziehungsstruktur, laut der die diakonisch handelnde Person das dem Notleidenden gegenüber überlegene, aktive, entscheidungsmächtige Subjekt sei, welches die diakonische Beziehung einseitig nach seinen eigenen Vorstellungen von Liebe und Dienst definiert, bleibt unangetastet. Das, was sich unter den Chiffren "Liebe" und "Dienen" als Zuwendung zum Anderen, als Selbstlosigkeit und somit als Erfüllung der Verantwortung für den Anderen deklariert, erweist sich so gerade als Verletzung der Verantwortung, weil es den Anderen als passives Gegenüber an die eigene Person bindet und den eigenen Vorstellungen von der Beziehung zu ihm einpaßt.

In einem solchen Verständnis von Lieben und Dienen ist ein Defizitmodell virulent. Die diakonisch handelnde Person empfindet sich als Zentrum, von dem aus die notleidende Person als Rand definiert wird. Vom Vorstellungssystem der diakonisch handelnden Person aus wird nach dem abweichenden Notleidenden am Rand gefragt und der Unterschied zwischen dem diakonisch Handelnden und dem randständigen Notleidenden als Defizit des letzteren definiert. Auf dieser Grundlage erscheint eine helfende Beziehung zu Notleidenden bzw. deren Integration nur denkbar als eine Aufhebung dieses definierten Defizits, d.h. als Angleichung der Notleidenden an die diakonisch Handelnden im sogenannten Zentrum und als eine Aufgabe bzw. Beseitigung der individuellen Eigentümlichkeiten auf seiten der Notleidenden.[99] Dieses Modell gilt es, im Sinne eines dem Anderen gerechtwerdenden Verständnisses von Lieben und Dienen umzukehren. "Die klassischen Kategorien zur Begründung diakonisch-seelsorgerlichen Handelns, Dienst und Liebe, können, wenn man sie aus ihrer Verharmlosung oder Entschärfung befreit, als eine Umkehr dieser Blickrichtung verstanden und insofern als Realisierung

---

[99] Vgl. **Luther, H.**: Wahrnehmen und Ausgrenzen, 263.

des Vom-anderen-her-Denkens ausgelegt werden."[100] Damit ist zugleich auch angezeigt, daß Lieben und Dienen durchaus Begriffe sind, mit denen - bei entsprechendem Verständnis - die diakonische Beziehung angemessen beschrieben werden kann.[101]
Liebe ist *nicht* die Geste, in der sich diejenige Person, die sich stark und selbständig fühlt, zu derjenigen, die sich als schwach und unselbständig wahrnimmt, herabläßt, um über dieses Gefälle zwischen vermeintlicher Stärke und Schwäche der letzteren etwas zukommen zu lassen. Hier wäre Liebe nur als Zuwendung von einem Selbstand aus, nur als Ausdruck einer Autarkie, zwar einer dem Anderen zugutekommenden, aber eben immer noch einseitigen Autarkie gedacht. Dem gegenüber ist aber Liebe wesentlich das Sehnen nach dem Anderen, eine Begierde, welche die liebende Person selbst zu einer macht, die Mangel leidet, bedürftig ist. Damit dreht sich auch der Modus liebender Praxis um: Lieben heißt nicht mehr, sich dem Anderen zuzuwenden, um bei ihm etwas zu erreichen und ihn so den eigenen Vorstellungen einzupassen. Lieben heißt vielmehr, den eigenen Stand zu verlassen und sich auf die Vorstellungen des Anderen, die dieser von sich selbst und von der Beziehung anderer Menschen zu ihm hat, einzulassen. Gemäß der Inkarnation Gottes in Jesus, gemäß also der Verausgabung, in der Gott Mensch, d.h. Anderer als er selbst, wird, ist Liebe statt als Selbstdurchsetzung als Selbsthingabe zu praktizieren in dem Sinn, daß auf die Durchsetzung der eigenen Ideale von der Beziehung zum Anderen, im Grunde sogar auf das herrische Gefühl, für den Anderen etwas Gutes zu tun, verzichtet wird.
In Entsprechung dazu ist das Dienen nicht einfach Unterordnung und somit bloßes Gegenstück zur Herrschaft. Dienen beschreibt vielmehr einen Beziehungsmodus, d.h. ein Verhältnis der Beziehungspartner zueinander, in dem die Struktur der Herrschaft und Unterordnung, also der Beziehungsmodus der Hierarchie, grundsätzlich aufgebrochen und aufgehoben ist. Solange Dienen als Gegenstück zum Herrschen gedacht ist, kann es trotz aller Unterordnung nur als Selbstdurchsetzung betrieben werden, weil es ein Dienen vor einem übergeordneten Herrschenden ist und sich vor diesem bewähren muß. Der Andere in der Diakonie ist aber nicht der Herrschende, weil er damit schon wieder in Abhängigkeit vom dienenden Ich definiert wäre. Er ist der *Andere*, vor dem auch das Gefüge einer Identifizierung als Dienender einerseits und Herrschender andererseits zerbricht. Dienen als Beziehungsmodus beschreibt in diesem Sinn die Offenheit des diakonisch Handelnden, in der dieser frei von Angst vor einem Herrschenden ist und erst so wirklich frei von jedem Selbstdurchsetzungsinteresse sein kann. Im Raum einer solchen Beziehung, die frei ist vom Gefüge einer herrschenden Überordnung und einer bedrückenden Unterordnung, kann sich die diakonisch handelnde Person auf eine authentische Weise am Anderen ausrichten und für die förderliche Gestaltung der Beziehung zum Anderen in Dienst nehmen lassen.[102]

---

[100] Ebd.

[101] Vgl. zum Begriff "Liebe" als theologische Basiskategorie der Diakonie **Ganoczy, A.**: Zur Theorie der Caritas-Praxis; **Zerfaß, R.**: Organisierte Caritas, 342 f.; vgl. analog zum Begriff "Dienen" als theologische Basiskategorie der Diakonie **Barth, K.**: Die kirchliche Dogmatik, 688-695.

[102] Vgl. **Luther, H.**: Wahrnehmen und Ausgrenzen, 263 f.

Das hier Dargestellte ist immer noch ein theoretisches Verständnis von Lieben und Dienen. Es bleibt zu fragen, wie sich ein solches Ideal in der konkreten Praxis von Beziehungen durchhalten läßt. Voraussetzung dafür, daß sich aus den Idealen des Liebens und des Dienens für die konkrete Praxis diakonischer Beziehungen überhaupt Orientierungen ergeben können, ist, daß das Lieben und das Dienen tatsächlich auch in ihrer jeweils alltäglichen, realen Gestalt wahrgenommen werden. Hermann Stenger hat realitätsadäquate Kriterien für ein Dienen entwickelt, die der alltäglichen Praxis diakonischer Beziehungen gerecht zu werden versuchen und die Dienst-Herrschaft-Struktur dennoch durchbrechen wollen.[103]

Zunächst gilt es, die Motive des Dienens zu eruieren und die dabei mittransportierten "blinden Passagiere"[104] ans Licht des Bewußtseins zu holen. Dabei wird sich zeigen, daß die diakonische Beziehung als Ungleichheitsverhältnis beinahe unweigerlich das in der menschlichen Natur angelegte Bedürfnis nach Macht hervorlockt, daß der Helfende unter seiner Anerkennung und Liebe gegenüber dem Notleidenden die Suche nach Anerkennung und Liebe für sich selbst verbirgt und daß die Situation des Hilfsbedürftigen beim Helfenden eine gewisse Lust wecken kann, das Leben des Anderen zu einem Erlebnis für sich selbst zu machen und so das eigene Leben zu vitalisieren. Für eine Konzeption diakonischer Beziehungen nützt es nichts, sich über diese Realitäten hinwegzutäuschen.

Daß die Beziehung zu einem Hilfsbedürftigen für den Helfenden eine gewisse Macht mit sich bringt, ist Realität. Diese Machtposition auf seiten des Helfenden zu leugnen wäre entweder Naivität oder Indiz für ein um so bedenklicheres Ausleben der Macht. Die Macht muß, damit sie nicht unkontrolliert zur Wirkung kommt, bewußt wahrgenommen und im Sinne des Dienens, also als eine Macht *für* den Anderen, eingesetzt werden. Erst die bewußte Anerkennung eines solchen Machtbesitzes, untermauert durch die Zuweisung von Zuständigkeits- bzw. Aneignung von Fähigkeitskompetenzen, ermöglicht es dem Helfenden, die Situation nicht zur Bemächtigung *über* den Anderen auszunützen.[105] In der Terminologie Ulrich Bachs gesprochen muß die Macht der diakonischen Beziehung als eine Macht zum Annehmen, nicht als eine Macht des Auftrumpfens[106] eingesetzt werden.

Analog zur Verknüpfung des Helfens mit eigenen Bedürfnissen (s. 8.1.3.6) ist der Wunsch des diakonisch Handelnden, in seiner Liebe selbst Anerkennung und Liebe zu erfahren, Realität. Und auch hier ist darauf hinzuweisen: Die Negation dieses Wunsches durch die Strukturierung der diakonischen Beziehung als ein einseitiges Geben-für-den-Anderen würde das Bedürfnis nach Anerkennung lediglich ins Unbewußte abdrängen und dort um so unkontrollierter wirken lassen. Die bewußte Anerkennung des Wunsches nach Anerkennung wäre hingegen Voraussetzung für einen gelassenen Umgang damit und folglich für eine gelassene Sicht der diakonischen Beziehung, die es dem Helfenden

---

103 Vgl. zum folgenden **Stenger, H.**: Dienen ist nicht nur dienen.

104 Ebd. 82.

105 Vgl. ebd. 83-85.

106 Vgl. **Bach, U.**: Boden unter den Füßen hat keiner, 138.

erlaubt, in dieser Beziehung auch eigene Grenzen einzugestehen.[107] Die bewußte Anerkennung der Tatsache, daß die diakonisch handelnde Person in der diakonischen Beziehung etwas für sich selbst empfängt, muß noch keine Verletzung der Verantwortung für den Anderen sein. Sie kann sich geradezu als deren Wahrnehmung erweisen, da das Annehmen vom Anderen her - sofern auch hier die Andersheit des Anderen anerkannt ist und nicht nur das den eigenen Vorstellungen Entsprechende angenommen wird - die Anerkennung der eigenen Grenzen darstellt und so die Selbstherrlichkeit des Ich aufsprengt.

Schwieriger zu greifen ist dagegen die Lust, das Leben des Anderen für sich zu vereinnahmen, indem man sich an dessen Notlage besonders interessiert zeigt, dabei aber lediglich die extreme Lebenssituation der Not des Anderen "aussaugt", um den eigenen Erlebnishunger zu stillen. Ein solches "vikariierendes Leben"[108] ist etwa dort zu beobachten, wo manche Einrichtungen oder auch einzelne Personen nachdrücklich darauf hinweisen, daß bestimmte brisante Problemlagen, z.B. Kindesmißhandlung, Gewalt gegen Frauen, AIDS, auch bei ihnen oder in ihrem Umfeld vorkämen, und damit das Signal geben, daß sie sich auch in dieser Hinsicht lebenserfahren, profiliert oder mit der eigenen Betroffenheit "auf der Höhe der Zeit" fühlen. Bei solchen Formen des "vikariierenden Lebens" wird gleichsam die Tatsache der Not anderer Menschen ausgekostet in der egologischen Hoffnung, durch die Feststellung der Not des Anderen Aufmerksamkeit für sich selbst verbuchen zu können. Die Not des Anderen wird bewußt als eigene Erfahrung präsentiert und in einen - wenn auch negativ definierten - Erlebniswert für das eigene Leben umgemünzt. Was mit dieser Lust des "vikariierenden Lebens" gemeint ist, beschreibt Hermann Stenger in Hinblick auf die Person des Seelsorgers folgendermaßen: "Der Seelsorger glaubt völlig dienend und helfend in seiner Beratungstätigkeit aufzugehen. Aber im Motivbündel seines Engagements ist das starke Bedürfnis enthalten, am faszinierenden Spektrum menschlichen Lebens mit seinem Reichtum und seiner Problematik 'aussaugend' zu partizipieren. Da, wo der Seelsorger selbst den Kontakt mit dem pulsierenden Leben verloren hat, muß nun der Ratsuchende einspringen. Vielleicht hat der betreffende Seelsorger außer seinen beruflichen Beziehungen keine anderen, persönlichen, freundschaftlichen, so daß er darauf angewiesen ist, eine Anleihe bei den Freundschaften und Feindschaften anderer Leute zu machen. Auf diese Weise sich zu identifizieren ist für den Seelsorger selbst sehr gefährlich. Wenn ihm nämlich dieser Beratungsstil zur Gewohnheit geworden ist, wird sein Leben zu einem Surrogat. Er wird zu einem Schmarotzer an fremdem Leben und verliert jede eigene schöpferische Originalität."[109] Ein Ansatzpunkt, dem entgegenzusteuern, bestünde darin, das Bedürfnis eines mit Erlebnissen ausgefüllten Lebens aufzugreifen, das diesbezügliche Wahrnehmungsinteresse aber auf sich selbst zu lenken, das eigene Lebenswissen und die eigenen Lebenserfahrungen daraufhin abzusuchen, was das eigene Leben lebenswert

107 Vgl. **Stenger, H.**: Dienen ist nicht nur dienen, 85-87.

108 Guggenbühl-Craig, A.: Macht als Gefahr beim Helfer, Basel 1971, 38, hier zitiert nach **Stenger, H.**: Dienen ist nicht nur dienen, 87.

109 **Stenger, H.**: Dienen ist nicht nur dienen, 87.

macht. Es käme für den Helfenden also darauf an, die diakonische Beziehung im Sein-Modus, nicht im Haben-Modus zu gestalten, d.h. in dem Bewußtsein, daß er in der diakonischen Beziehung jemand mit einer eigenen, vielleicht weniger aufsehenerregenden, aber authentischen Lebenserfüllung sein darf und nicht das Leben des Anderen als eigenes Erlebnis "haben" muß. Solange der Helfende bei sich selbst "Ausschau hält nach dem 'Leben in Fülle', wie der Wächter Ausschau hält nach dem Morgenrot, solange wird er fähig sein, Menschen auf ihren verschlungenen Wegen zu begleiten, ohne zum Wegelagerer zu werden."[110]

[110] Ebd.

8.2 Das Postulat diakonischer Gemeinden: Primat der Diakonie

Die Differenzierung von verschiedenen Praxisebenen der Diakonie legt es nahe, die Gemeinde, also das soziale Gefüge, in dem Christinnen und Christen ihrem Glauben durch gemeinschaftliche Formen Ausdruck verleihen und in dem sie ihre christliche Existenz vornehmlich angesiedelt sehen, als die zur Ebene der Beziehung zwischen einzelnen Menschen nächstweitere Ebene christlicher Praxis zu betrachten und folglich an die Frage nach den Anforderungen diakonischer Beziehungen die Frage nach den Anforderungen *diakonischer Gemeinden* anzuschließen. Mit der Frage nach der diakonischen Gemeinde stellt sich jedoch sofort wieder eine Fragwürdigkeit ein. Die Selbstverständlichkeit, mit der von der Existenz christlicher Gemeinden ausgegangen werden kann, darf nicht darüber hinwegtäuschen, daß es problematisch wäre, einfach von den Gemeinden im gängigen Sinn einer kirchenorganisatorisch festgelegten Struktureinheit auszugehen, die sich durch Einbindung in die diözesanen bzw. gesamtkirchlichen Strukturierungen wie Personalverteilung, Institutionalisierung bzw. Institutionenverknüpfung, flächendeckender Regionalisierung usw. auszeichnet. Problematisch wäre dies deswegen, weil damit binnenkirchliche Strukturen der gesellschaftlichen Präsenz und der Praxis der Kirche als normierende Gegebenheiten vorausgesetzt wären, die selbst noch einmal aus kritischer Distanz auf ihre Implikationen für ein diakonisches Gemeindeleben hin überprüft werden müßten. Wenn hier nach der diakonischen Gemeinde gefragt wird, dann ist also damit nicht nur die Gemeindeform der nach dem Parochialprinzip und nach dem Prinzip der flächendeckenden Kirchenpräsenz gebildeten Struktureinheit gemeint - wenn auch diese angesichts der realen Verhältnisse und auch Erfordernisse eine dominante Rolle spielt. Gemeint sind damit auch Formen gemeindlicher Zusammenschlüsse von Christinnen und Christen innerhalb der oder neben den kirchenstrukturell definierten "Pfarrgemeinden", wie sie entweder schon seit früheren Zeiten Usus sind (z.B. verbandliche Gruppierungen, Nebenformationen von Ordensgemeinschaften, Personalgemeinden) oder wie sie sich erst in jüngerer Zeit herauskristallisieren (z.B. Bewegungen, Aktionsgruppen, Initiativen).

Unabhängig und noch vor der Differenzierung der Gemeindeformen läßt sich in Hinblick auf die Praxisebene der Gemeinde, aber wiederum nicht ausschließlich darauf bezogen, sondern von dort ausstrahlend auf die anderen Praxisebenen der Beziehung bzw. der Kirche als ganzer, das fundamentale Postulat formulieren: Da die Verantwortung für die Anderen unhintergehbar und indispensabel ist, also zu keiner Zeit, an keinem Ort und bei keiner Person ausgesetzt werden kann, muß jede Praxis in der Gemeinde dieser Verantwortung für die Anderen gerecht werden, d.h. Diakonie sein. Der Diakonie kommt folglich in der Gemeinde von Christinnen und Christen ein Primat zu vor den anderen Praxisdimensionen Liturgie, Verkündigung und Koinonia.

8.2.1 Die Grundvollzüge und ihr Verhältnis zueinander - eine neue Praxisformation

Die Frage der Integration von Gemeinde und Diakonie, welche mit dem Postulat einer diakonischen Gemeinde angemeldet ist, wird in der Diakonie- bzw. Gemeindetheologie verhandelt über die Reflexion des Verhältnisses der Grundvollzüge Diakonie, Liturgie, Verkündigung und Koinonia zueinander, weil in der Zusammenschau dieser Grundvollzüge es nicht bei der Beteuerung der Wichtigkeit des je einzelnen Grundvollzugs bleiben kann, sondern Entscheidungen über ihre Relationen zueinander, über ihre jeweilige Gewichtung und über Prioritäten vonnöten sind. Oben (s. 4.1.2) ist das Konzept der Grundvollzüge hinsichtlich seiner Eignung für die ekklesiologische Verortung der Diakonie ausführlich problematisiert worden. Entsprechend dem dort gezogenen Fazit, daß die Grundvollzüge ein geeignetes Konzept darstellen, soll nun versucht werden, auch die hier propagierte, durchgängig und grundlegend diakonische Ausrichtung der Gemeinde anhand der Zuordnung der vier Grundvollzüge zu veranschaulichen. Denn "für eine noch zu entwerfende praktisch-theologische Theorie gemeindlicher Diakonie ist jedenfalls die Maxime einer Reintegration der ... Grundfunktionen unverzichtbares Element"[111].

In Abhebung von den oben beschriebenen Praxisformationen des Verhältnisses der Grundvollzüge zueinander (s. 4.1.2.4) wird eine gegenseitige Zuordnung der Grundvollzüge in einer diakonischen Gemeinde nach dem hier abgebildeten Modell (s. Graphik 21 auf der nächsten Seite) vorgeschlagen. Welche Bestimmungen dieses Modell für das Konzept der Grundvollzüge im einzelnen beinhaltet, soll in den nachfolgenden Ausführungen dargelegt werden.

[111] **Steinkamp, H.**: Diakonie - Kennzeichen der Gemeinde, 103.

Graphik 21: Primat der Diakonie

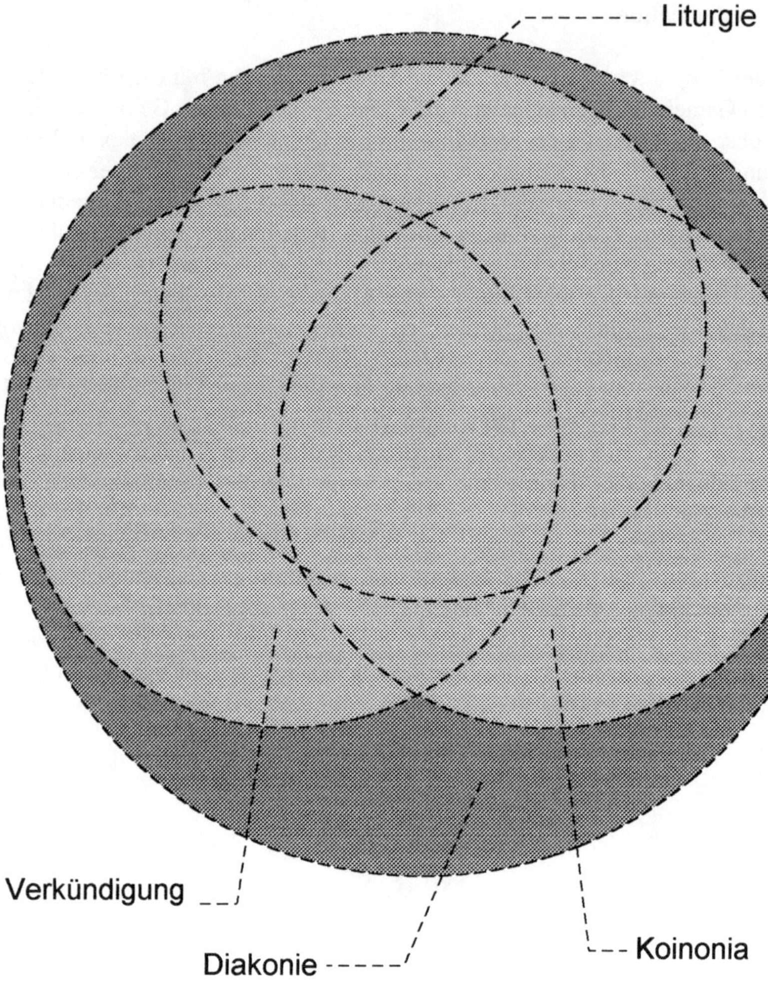

8.2.1.1 Die gemeindekonstitutive Bedeutung

Auszugehen ist davon, daß die vier Grundvollzüge Diakonie, Liturgie, Verkündigung und Koinonia für eine christliche Gemeinde konstitutiv sind. Diese gemeindekonstitutive Bedeutung aller vier Grundvollzüge ergibt sich aus der Verortung von Diakonie, Liturgie, Verkündigung und Koinonia in neutestamentlichen Motiven. Dabei kann eine solche Verortung nur eine sekundäre Deutung im Nachhinein sein, insofern sie die Grundvollzüge nicht als ursprünglich neutestamentliche Größen nachweisen, sondern nur

als geschichtlich entstandene Theoreme durch rückschließende Interpretation in den Deutungszusammenhang neutestamentlicher Motive integrieren kann.
In den Evangelien wird von Anweisungen Jesu berichtet, mit denen er ein Verhalten und Handeln als Postulat der Nachfolge einfordert, in welchem er über seine irdische Existenz hinaus bei den Menschen als gegenwärtig erfahren werden soll. Weil es bei der damit angezeigten Nachfolgepraxis nicht einfach darum geht, sich und andere Menschen an Jesus zu erinnern, sondern darum, den Menschen die Erfahrung zu vermitteln, daß sie in diesem Praxisgeschehen Jesus selbst begegnen bzw. daß Jesus in dieser Praxis weiterhin unter ihnen anwesend ist, kann man sie als "Präsenzbefehle" Jesu bezeichnen. Die hier zugrundegelegten vier Grundvollzüge lassen sich als die theologisch-praxiskonzeptionelle Reformulierung solcher Präsenzbefehle identifizieren.
Die *Diakonie* findet ihren Bezugspunkt in Jesu Ankündigung des Weltgerichts (Mt 25,31-46). Jesus bestimmt dort das Tun und Nicht-Tun gegenüber dem geringsten Mitmenschen als Tun bzw. Nicht-Tun gegenüber sich selbst (Mt 25,40/45). Das Handeln gegenüber dem - nach menschlichen Maßstäben - geringsten Menschen ist Handeln gegenüber Jesus. Erweist sich die Diakonie als ein solches Handeln für die Verachteten und Randständigen, dann ist sie Ort der Gegenwart Jesu Christi.
Die *Liturgie* findet ihren Bezugspunkt im Abendmahlsbericht (Lk 22,14-23). Dort heißt es: "Und er nahm Brot, sprach das Dankgebet, brach das Brot und reichte es ihnen mit den Worten: Das ist mein Leib, der für euch hingegeben wird. Tut dies zu meinem Gedächtnis!" (Lk 22,19). Dieser Befehl ist der Hinweis auf die Präsenz Jesu Christi nicht nur in der Eucharistie, sondern in jeder Versammlung, in der Gläubige als Gemeinschaft den Leib Christi darstellen und sich symbolisch verdichtet das heilvolle Handeln Gottes in Jesus Christus in Erinnerung rufen.
Die *Verkündigung* findet ihren Bezugspunkt in der Aussendung der Jünger (Lk 10,1-16). Jesus erteilt dort den Jüngern den Auftrag, zu den Menschen zu gehen und ihnen im heilenden Handeln das Reich Gottes als nahe anzukündigen. Er versteht zugleich diese Reich-Gottes-Verkündigung als Ort seiner Präsenz, wenn er seinen Jüngern die Weisung mitgibt: "Wer euch hört, der hört mich, und wer euch ablehnt, der lehnt mich ab; ..." (Lk 10,16).
Die *Koinonia* schließlich findet ihren Bezugspunkt in Jesu Aufforderung zur geschwisterlichen Verantwortung (Mt 18,15-20). Jesus legt dort gleichsam ein Reglement für die gemeinsame Bewältigung von Konflikten fest. Darin ist implizit das gemeindliche Leben als ein Leben in einer von gegenseitiger Verbindlichkeit getragenen Gemeinschaft bestimmt. Als solche Gemeinschaft von Menschen ist die christliche Gemeinde Ort der Präsenz Jesu. Für sie nämlich trifft zu, was Jesus abschließend als Wesenskern eines solchen Gemeinschaftslebens formuliert: "Denn wo zwei oder drei in meinem Namen versammelt sind, da bin ich mitten unter ihnen." (Mt 18,20)
Es gibt sicher mehrere Möglichkeiten der theologischen Fundierung der Grundvollzüge. Die hier vorgenommene Verknüpfung von Grundvollzügen und "Präsenzbefehlen" Jesu ist *eine* Möglichkeit. Aber auch als eine solche *mögliche* und eventuell ergänzungsbedürftige theologische Fundierung ist die Rückführung der Grundvollzüge auf die "Präsenzbefehle" Jesu ein hinreichender Nachweis ihrer gemeindekonstitutiven Bedeu-

tung. Jeder der vier Grundvollzüge muß als Praxisdimension betrachtet werden, die konstitutiv ist für eine christliche Gemeinde. Würde in einer Gemeinde einer dieser Grundvollzüge prinzipiell ausfallen, dann wäre diese Gemeinde keine authentisch christliche Gemeinde, weil alle vier Grundvollzüge als Orte der Präsenz Jesu erfahren werden können und als solche von Jesus selbst eingefordert sind.

8.2.1.2 Dimensionales statt regionales Verständnis

Die vier Grundvollzüge bilden keine separaten Praxisfelder, sondern vielmehr Dimensionen oder Qualitäten christlicher Praxis. Sie breiten sich - gleich den Wellen, die von einem ins Wasser fallenden Stein ausgelöst werden - über einen größeren Bereich der Gemeindepraxis aus, so daß sie sich überlappen und in variierendem Verhältnis bzw. mit variierendem Gewicht einen jeweils bestimmten Bereich gemeindlicher Praxis gemeinsam als christlich qualifizieren. In jedem Grundvollzug kommen also Elemente der anderen Grundvollzüge vor. Die Verkündigung kann Diakonie sein, indem sie z.B. ungerechte Sozialverhältnisse anklagt und so zur Befreiung von Menschen aus Not beiträgt. Die Diakonie kann liturgische Qualität annehmen, etwa wenn die Pflege von Kranken symbolische Handlungen wie Umarmung, Kreuzzeichen, Hand-Halten oder Miteinander-Essen enthält und so - bewußt oder unbewußt - das erlösende Heilswirken Jesu Christi gegenwärtig sein läßt. Die Liturgie kann verkündigend sein, wenn das symbolische Geschehen einer Gottesdienstfeier den Gehalt einer Glaubensaussage erschließt.

8.2.1.3 Vielschichtigkeit

Die Grundvollzüge weisen in sich selbst noch einmal eine Vielschichtigkeit auf. Es gibt konzentrierte bzw. fest installierte Formen des jeweiligen Grundvollzugs, die dann auch bewußt als solche benannt werden (im Modell anzusiedeln im Kernbereich des jeweiligen Kreises). Zu nennen wären diesbezüglich für die Verkündigung z.B. die Predigt oder Glaubenskurse, für die Liturgie z.B. Gottesdienste oder Sakramentenfeiern, für die Diakonie z.B. die diakonischen Verbände oder der Caritasausschuß eines Pfarrgemeinderats und für die Koinonia z.B. die Bildung einer Jugendgruppe. Es gibt aber auch bei jedem Grundvollzug implizite, diffuse oder rudimentäre Formen, die als solche nicht bewußt identifiziert sind bzw. nur unscharf wahrgenommen werden (im Modell anzusiedeln im Randbereich des jeweiligen Kreises), wobei die Übergänge von den expliziten zu den impliziten Formen fließend sind. Zu denken ist hierbei bezüglich der Verkündigung etwa an implizit christlich-religiöse Inhalte in Medien-Sendungen, welche - auch ohne ausdrücklich von Gott zu reden - den zuschauenden Menschen wesentliche Haltungen der Reich-Gottes-Vergegenwärtigung wie Hoffnung, Menschlichkeit, Freiheit und

Gerechtigkeit authentisch vor Augen führen.[112] Bei der Liturgie haben z.B. kleine symbolische Ausdrucksformen, wie die Bekreuzigung mit Weihwasser beim Verlassen des Hauses, oder auch oberflächlich als profan betrachtete Lebensereignisse mit einer tiefer liegenden Symbolik der Lebensdeutung, wie die Feier des Hochzeitstages oder volkstümliches Brauchtum im Umfeld des Sterbens, eine analoge Bedeutung. Solche unscheinbaren oder scheinbar profanen Vorgänge können Liturgie sein, weil sie aus den "Tiefenschichten des Alltäglichen gedeihen"[113] und weil ein solches Geschehen "durch sich (Im-manenz) und vermittels seiner (Trans-parenz) an etwas erinnert und dieses gegenwärtig sein läßt, was es selbst übersteigt (Trans-zendenz)"[114]. Das zufällige Zusammentreffen von Gemeindemitgliedern, die sich dabei ihrer gemeinsamen Zugehörigkeit zu derselben Gemeinde bewußt werden und die sich von da an als einander bekannt erleben, wäre eine Form anfanghafter, noch diffuser Koinonia. Bezüglich der Diakonie schließlich finden sich solche impliziten Formen etwa im alltäglichen, als selbstverständlich empfundenen Zusammenleben mit kranken Familienangehörigen oder in einer Gestaltung der alltäglichen Sozialformen wie Arbeit oder Freizeit, welche marginalisierte oder stigmatisierte Menschen darin integriert.

Die Unterscheidung von konzentriert-expliziten und diffus-impliziten Formen bedeutet hingegen nicht, daß die Grundvollzüge in ihren jeweiligen konzentriert-expliziten Formen in "Reinkultur", also frei von anderen Grundvollzugselementen vorkämen und sich nur in ihren diffus-impliziten Formen gegenseitig überschneiden würden, so als ob die Verwirklichung anderer Grundvollzugselemente gerade die Auflösung des jeweiligen Grundvollzugs bedeuten würde. Vielmehr weisen die Grundvollzüge auch in ihren konzentrierten Formen Elemente der jeweils anderen auf, so daß das gleichzeitige Verwirklicht-Sein verschiedener Dimensionen die Explizitheit des je einen Grundvollzugs erst konstituiert.

8.2.1.4 Offenheit

Für die Grundvollzüge wie für die ganze Gemeinde ist es weiterhin kennzeichnend, daß sie nicht zu einem statischen Sozialgebilde abgeschlossen, sondern grundsätzlich offen sind (gestrichelte Linien). Sie sind nicht darauf ausgerichtet, Menschen, die nicht in die vorgegebenen, etablierten Verhaltens-, Handlungs- und Sprachmuster passen, auszugrenzen, sondern darauf, sich diesen Menschen als Raum offen zu halten, in dem sie - sofern und wo sie es selbst wollen - Hilfe bei der Bewältigung von Lebensnöten, Symbolisierungen ihrer Lebenswirklichkeiten, Antworten auf Lebensfragen oder die Integration in eine Gemeinschaft erfahren können, auch wenn sie anders geartete Bindungen an die Gemeinde für sich nicht eingehen können oder wollen. "Ist es vermessen zu hoffen, es müßte möglich sein, daß ein solcher seinen Glauben nicht

---

112 Vgl. **Fuchs, O.**: Kirchlicher Umgang mit den Medien, 518-520.

113 **Boff, L.**: Kleine Sakramentenlehre, 22.

114 Ebd. 38 f.

kirchlich-gemeinschaftlich Praktizierender eine Trauung oder eine Beerdigung [an der er aus innerer Beziehung zum betreffenden Menschen teilnimmt - H.H.] mit dem Eindruck verläßt, in der gottesdienstlichen Feier, vor allem aber auch in der Predigtverkündigung, sei etwas von menschlicher Wirklichkeit erschlossen worden, dem auch er sich als Nicht-Glaubender bzw. Nicht-Kirchgänger, was eben doch vielfach nicht dasselbe ist, nicht einfach entziehen kann?"[115] Wird konsequent ernstgenommen, daß es in jeder christlichen und erst recht in jeder kirchlichen Praxis um den Menschen geht und darum, daß dieser sein Leben entsprechend seiner Würde vor Gott führen kann, und wird realisiert, daß die Gestaltung des individuellen wie gesellschaftlichen Lebens nach der Maßgabe der Würde des Menschen eine unhintergehbare theologische Bedeutung als Vergegenwärtigung des Reiches Gottes besitzt[116], dann ergibt sich für die in den Gemeinden tätigen Seelsorgerinnen und Seelsorger wie für alle kirchlichen Amtsträger eine aus der Lähmung des Jammerns über rückläufige Mitgliederzahlen herausführende Perspektivenänderung. Sie dürfen eine derartige partikulare Teilnahme an den Grundvollzügen als positiven Anspruch an sich selbst verstehen und mit dem Ziel handeln, den hier begegnenden Menschen zumindest das von ihnen ersehnte oder für sie sinnvolle Maß an Lebenshilfe, Lebensdeutung oder Lebenssymbolisierung zu ermöglichen - was dann keineswegs minimalistisch, sondern anspruchsvoll und schwierig genug ist. Diese Perspektivenänderung ist beanspruchend, weil sie von Seelsorgerinnen und Seelsorgern mehr Kompetenz verlangt als bloße Klage über die Kirchendistanzierung der Menschen, nämlich die Kompetenz, eine nie abschließbare Vielfalt an Lebensrealitäten wahrzunehmen und auf diese Lebensrealitäten auch dann in konstruktiver, dem Menschen guttuender Weise einzugehen, wenn sie in den gängigen Mustern kirchlicher Praxis nicht vorgesehen sind. Daran wird ersichtlich, daß diejenigen, die vom Maßstab einer Totalidentifikation mit und aktiven Beteiligung an allen kirchlichen Vollzugsformen ausgehend die partikulare Teilnahme bzw. selektive Präsenz als defizitäre Erscheinung abqualifizieren und sich auf den treuen Rest der totalidentifizierten "Kern"-mitglieder zurückziehen, den tatsächlich anspruchsloseren, bequemeren, von den unwägbaren Lebensrealitäten verschonenden Weg wählen. Die angezeigte Perspektivenänderung ist aber auch entlastend, weil Seelsorgerinnen und Seelsorger die partikulare Teilnahme an den Grundvollzügen nicht mehr - sich selbst und die betreffenden Menschen frustrierend - als mangelhaftes "Auswahlchristentum" oder als Dekadenz der modernen Zeit desavouieren bzw. ihr Eingehen auf selektive Kontaktbedürfnisse nicht mehr als "pastorale Klugheit" oder als singuläres Zugeständnis an den konkreten Menschen rechtfertigen müssen.

---

115 **Nientiedt, K.**: Verpaßte Chancen, 597.

116 Vgl. **Beirat der Konferenz der deutschsprachigen Pastoraltheologen**: Zur Zukunft der Seelsorge.

8.2.1.5 Primat der Diakonie

Auffallend und sperrig nicht nur gegenüber der traditionellen Hypertrophie der Liturgie und der Verkündigung in der parochial dominierten Gemeindepraxis, sondern auch gegenüber den gängigen Versuchen einer ausgleichenden Bestimmung des Verhältnisses der Grundvollzüge als gleichberechtigter bzw. gleichnotwendiger Dimensionen gemeindlicher Praxis macht sich die in dem vorgelegten Modell offenkundige Dominanz der Diakonie aus. Zum einen nimmt die Diakonie einen größeren Raum ein als Verkündigung, Koinonia und Liturgie, nämlich den ganzen Raum der Gemeindepraxis. Zum anderen ist der Farbton des Diakoniekreises kräftiger als bei den anderen drei Grundvollzügen, was jedoch umgekehrt nur heißt, daß die Färbung der Diakonie, wenn auch in weniger intensiver Form, auch bei den drei anderen Grundvollzügen gegeben ist, die Diakonie also auf diese "abfärbt". Die Diakonie unterscheidet sich nach dem Modell von den drei anderen Grundvollzügen insofern, als es zwar für Liturgie, Koinonia und Verkündigung keine diakoniefreien Räume gibt, umgekehrt aber für die Diakonie Situationen angenommen werden, die vom Anspruch der Liturgie, der Gemeinschaftsbildung oder der Verkündigung *nicht* belegt sind. Innerhalb der Bestimmung, daß alle Grundvollzüge konstitutiv für eine christliche Gemeinde sind, gibt es also noch einmal eine Differenzierung: Liturgie, Koinonia und Verkündigung sind nur dann jeweils authentisch christliche Liturgie, Koinonia und Verkündigung, wenn sie in allen ihren Formen zugleich diakonische Qualität aufweisen. Entsprechend dem hier entwickelten Verständnis der Diakonie als einer durchgängigen Dimension christlicher Praxis heißt das nun nicht, daß in den anderen Grundvollzügen immer zugleich eine explizite diakonische Tat vollzogen werden müßte, um sie als authentisch christlich anerkennen zu können. Die geforderte diakonische Qualität der anderen Grundvollzüge meint, daß diese in sich so strukturiert sein müssen, daß sie von den Menschen, mit Vorrang von den notleidenden, nicht als unterdrückend-entwürdigend, sondern als heilend-befreiend erfahren werden. Die Diakonie hingegen kann auch dann authentisch christliche Diakonie sein, wenn sie nicht zugleich einen liturgischen Gehalt, die Einbindung in eine kirchliche Gemeinschaft oder einen verkündigenden Effekt mit sich bringt. Daß alle Grundvollzüge für die Gemeinde konstitutiv sind, bedeutet also nicht, daß sie auf gleicher Ebene angesiedelt oder egalitär austauschbar wären. Die Diakonie ist konstitutiv für die Liturgie, die Koinonia und die Verkündigung; Liturgie, Koinonia und Verkündigung sind ihrerseits aber nicht wesenskonstitutiv für die Diakonie. Der Diakonie kommt insofern innerhalb der Grundvollzüge der Primat zu.

Dagegen mag sich Widerspruch regen. Ist das nicht eine Vereinseitigung bzw. die Aufgabe eines stabilen Gleichgewichts? Das stimmt, und es ist bewußt so intendiert. Denn die Behauptung dieses Primats der Diakonie ist zunächst einmal die Verabschiedung von einem harmonistischen Konzept der Grundvollzüge als einer Kompromißformel, gemäß der die Grundvollzüge doch alle "irgendwie" gleichberechtigt seien und die gerade jene ins Feld führen, die damit ihr eigenes einseitiges Interesse an einer Dispensierung von diakonischen Anforderungen kaschieren bzw. legitimieren wollen. Ein Ausdruck solcher Vereinseitigung ist z.B. in der beliebten ideologischen Redeformel zu sehen, alles in der Gemeinde sei doch "irgendwie" Dienst und so könne man sich in Sachen Diakonie schwerpunktmäßig auch auf den "Dienst der Liturgie" oder auf den "Dienst am Wort" verlegen. Hinter solchen Formeln verbirgt sich jedoch das - bewußte oder unbewußte - Bestreben, den Anspruch der Diakonie auf eine unverdächtige und scheinbar anerkennenswerte Weise zu umgehen. Die Behauptung eines Primats der Diakonie ist folglich getragen von der Intention, das Konzept der Grundvollzüge von einer Beliebigkeit seiner Verwendung freizuhalten und es mit der Verbindlichkeit der hier postulierten Option für notleidende Menschen auszustatten.

Die Behauptung eines Primats der Diakonie ist selbst keineswegs so neu oder umstürzlerisch, wie es auf den ersten Blick erscheinen mag. Sie meint das, was Karl Lehmann als "Übergewicht der christlichen Bruderliebe im Evangelium"[117] bezeichnet oder was Franz Xaver Eder ausdrückt, wenn er von der Verkündigung, der Liturgie und der Diakonie als den tragenden Säulen der Kirche spricht, um dann zu betonen: "Dabei kommt der Säule des helfenden Dienstes für die Statik dieses Hauses besondere Bedeutung zu: Der solidarische und helfende Dienst, die christliche Liebe, wird zum Testfall und Ernstfall für die Tragfähigkeit, die Glaubwürdigkeit und Wahrhaftigkeit unseres Glaubens. An ihr werden wir gemessen, nicht an unseren Worten und Bekenntnissen."[118] Damit ist nichts anderes ausgesagt, als in dem hier propagierten Modell eines Primats der Diakonie auch: Der gesamte christliche Glaube - und das heißt eigentlich: die gesamte christliche Glaubens*praxis* - erweist sich erst in der Diakonie als "glaubwürdig und wahrhaftig", d.h. als authentisch christlich.

Einen ersten und engagierten Vertreter hat die Behauptung eines Primats der Diakonie in Richard Völkl gefunden. Er verortet die Bedeutung der Diakonie im biblischen Hauptgebot der Liebe, die sich als Koexistenz der Gottes- und der Nächstenliebe erweisen muß. Als Nächstenliebe ist die Diakonie in Völkls Verständnis die von der Gottesliebe nicht trennbare Dimension christlicher Existenz. Diese Vorgabe läßt ihn einen "Primat der Nächstenliebe"[119] konstatieren in dem Sinn, "daß es keine wirkliche und glaubhafte Liebe zu Gott, keinen lebendigen Glauben und keine Rechtgläubigkeit, keine echte Religiosität und keinen für Gott annehmbaren Kult geben kann ohne praktische Nächstenliebe"[120] und daß die Nächstenliebe "in sich primäre Verwirklichung des Dienstes für Gott und für Jesus"[121] bzw. "entscheidendes Kriterium für die wirkliche Zugehörigkeit zur Gemeinde der 'Kinder Gottes'"[122] ist.

Entscheidender aber als die Intention, der Hypertrophie der Liturgie bzw. der Verkündigung gegenzusteuern, und auch entscheidender als die Berufung auf vorangegangene Protagonisten ist für die hier vorgenommene Behauptung eines Primats der Diakonie, daß sie von dem erarbeiteten Verständnis der Diakonie und dessen theolo-

---

117 **Lehmann, K.**: Signale der Zeit, 156.

118 **Eder, F.X.**: Das Selbstverständnis kirchlicher Liebestätigkeit, 126.

119 **Völkl, R.**: Nächstenliebe, 86, 136; **ders.**: Spezifisch christlicher Dienst am Nächsten, 256.

120 **Völkl, R.**: Spezifisch christlicher Dienst am Nächsten, 255.

121 Ebd. 256.

122 Ebd. 257.

gischen Voraussetzungen selbst geboten und von daher unausweichlich ist. Das hier vorgestellte Modell eines Primats der Diakonie versucht zum einen der biblischen Grundlage der Diakonie, der Praxis Jesu, in welcher das Evangelium vom Reich Gottes als Befreiung des Menschen aus Not und als Solidarität mit dem Menschen in Not praktiziert worden ist, gerecht zu werden. Auch bei Jesus sind die Ankündigung des Reiches Gottes, die erinnernde Feier der Heilstaten Gottes, das Erleben von Gemeinschaft und die Einklage von Lebensmöglichkeiten für notleidende Menschen zu einem Praxiskomplex ineinander verschränkt. Aber es ist auch deutlich erkennbar, daß es Jesus bei all seinem Handeln besonders, d.h. mit einer vorrangigen Option, um die Armen, Ausgestoßenen und Entrechteten geht. Der Rückblick auf die Praxis Jesu brachte die Erkenntnis, daß Jesu Existenz keine diakonischen Elemente hat, sondern als ganze Diakonie ist (s. 7.2.4.6). Seine Verkündigung des Reiches Gottes ist nicht etwas, das neben vielem anderen auch die Zusage von Heil und neuem Leben beinhaltet, sondern ist *in sich* die Zusage und Einklage eines heilen und befreiten Lebens für die Menschen und zwar "schon jetzt". Seine Heilungen sind nicht - wie manche in einem vertröstenden Verständnis des Reiches Gottes glauben machen möchten - "immer nur ein Zeichen, das auf *das* Heil hindeutet"[123], sondern sie sind in sich die ansatzhafte Verwirklichung des von Gott zugesprochenen Heils. Bei Jesus besteht die Erfahrung von Heil in der Erfahrung von Heilung. Nachfolge Jesu beinhaltet dann den Auftrag, die Gemeinschaft mit ihm und seine Botschaft vom Reich Gottes weiterzuführen in der Gestalt seiner durchgängig diakonischen Praxis, d.h. in der befreienden und solidarischen Praxis mit notleidenden Menschen. Christliche Gemeinden können nur dann für sich beanspruchen, eine Praxis in der Nachfolge Jesu zu verwirklichen und "ein Leib in Christus" (Röm 12,5) zu sein, wenn sie - in Entsprechung zu Jesu durchgängig diakonischer Existenz - in ihrer Gesamtheit diakonisch strukturiert sind. Die Verkündigung ist akkurat dann keine Verkündigung im Sinne Jesu, wenn sie nur Verkündigung und nicht Diakonie sein will. "In der Diakonie macht sie [sc. die Gemeinde - H.H.] ihr Zeugnis von ihm [sc. Jesus Christus - H.H.] deutlich als den von ihm befohlenen, in der Gemeinschaft mit ihm zu vollziehenden Samariterdienst an dem in die Hände der Räuber Gefallenen: mit ihm, der eben dieses verlorenen Menschen Nächster war. In der Diakonie geht sie hin und tut desgleichen (Luk. 10,29 f.). Und wehe ihr, wenn sie das nicht täte, wenn ihr Zeugnis nicht auch in diesem primitiven Sinn Dienst wäre: sie stünde dann, und wäre ihre Christusverkündigung im Übrigen noch so gewaltig, hoffnungslos zur Linken, bei den Böcken, sie befände sich dann, und wenn ihr Eifer in anderer Hinsicht noch so brennend wäre, auf der schiefen Ebene der ewigen Strafe entgegen! ... Hier entzieht sie sich dem Mißverständnis, als ob es sich in ihrer Botschaft schließlich doch nur um Worte, Gedanken, Ideen, Gefühle und allenfalls um gewisse moralische Zumutungen handle."[124] Und ebenso ist die Liturgie akkurat dann keine Liturgie im Sinne Jesu, wenn sie Liturgie und nicht Diakonie sein will.[125] Die Be-

---

[123] **Schmidt-Lauber, H.-C.**: Die Zukunft des Gottesdienstes, 50.

[124] **Barth, K.**: Die kirchliche Dogmatik, 1022.

[125] Vgl. **Steinkamp, H.**: Diakonie - Kennzeichen der Gemeinde, 103.

hauptung eines Primats der Diakonie ist also unausweichlich, weil er von der Reich-Gottes-Botschaft Jesu, die in sich diakonische Praxis ist (und nicht nur durch diakonische Praxisanteile ausgewiesen wird), geboten ist.
Der Primat der Diakonie beruht andererseits auf dem - für das hier zugrundegelegte Verständnis der Diakonie - zentralen Gedanken der Verantwortung für den Anderen. Vom Angesicht des Anderen kommt der unhintergehbare, immer schon bestehende Anspruch der Verantwortung für den Anderen. Die Diakonie ist die Erfüllung dieser Verantwortung. Das Angesicht des Anderen birgt aber auch die Spur der Anwesenheit Gottes als des Unendlichen. Das heißt: Der Andere ist der Ort der Gottesbegegnung, weil nur hier etwas von dem Unendlichen erahnt werden kann. Die Diakonie, die Erfüllung der Verantwortung für den Anderen, ist in sich Zeugnis vom Unendlichen. Sie findet folglich ihr Maß im Unendlichen, d.h. sie gilt unbedingt, ist nicht dispensabel und nicht relativierbar. Hier kann sich der begrenzte Mensch dem Anspruch der nach dem Maß des Unendlichen geltenden Verantwortung für den Anderen nur "sub-jektiv" unterwerfen. Hier können Menschen und folglich auch die Kirche bzw. christliche Gemeinden nichts von sich aus hinzufügen, nichts herstellen, nichts für sich fordern. Damit ist aber letztendlich gesagt: Zur Diakonie darf gar kein anderer Anspruch hinzukommen, weil der Anspruch der Diakonie bereits "unendlich" ist. Von der Diakonie zu verlangen, daß sie zugleich auch Verkündigung, Koinonia und Liturgie sein soll, wäre geradezu eine Verletzung der Verantwortung für den Anderen als einer Verantwortung vor Gott; es wäre ein Verfügen-Wollen des Menschen über die Verantwortung für den Anderen, insofern die Verantwortung für den Anderen noch einmal einem anderen Anspruch oder Zweck unterstellt würde. Das bedeutet nicht, daß die Diakonie nicht eben auch Verkündigung oder Liturgie sein kann. Aber das entzieht sich der planerischen Verfügungsgewalt des Menschen und der kirchlichen Instanzen. Wo immer es um eine Praxis in Berufung auf den Unendlichen geht, geht es um die durch keinen anderen Anspruch relativierbare Unterwerfung unter die Verantwortung für den Anderen. Die Diakonie ist als die Erfüllung dieser unbedingten Verantwortung für den Anderen aus sich heraus Diakonie nach dem Willen Gottes und nicht erst durch einen verkündigenden, gemeinschaftsbildenden oder liturgischen Effekt. Umgekehrt aber sind Verkündigung, Koinonia und Liturgie erst dann Verkündigung, Koinonia und Liturgie nach dem Maß des Unendlichen, wenn in ihnen die Verantwortung für den Anderen gewahrt ist, wenn sie also Diakonie sind. So ist die Behauptung eines Primats der Diakonie eine zwingende Konsequenz aus dem Bewußtsein, daß von einzelnen Christinnen und Christen wie von Kirchen und Gemeinden, die sich auf den unendlichen Gott berufen, die Verantwortung für den Anderen wahrgenommen werden muß und daß sie sich erst dadurch "in der Spur des Unendlichen" befinden, Gott auf die Spur kommen. Die nach herkömmlichen Denkmustern gebildeten und beliebten Formeln wie: "Diakonie ist nur als missionarische Diakonie Diakonie"[126] oder: "Eine kirchliche Diakonie kann nur vom Altar

[126] **Weth, R.**: Kirche in der Sendung Jesu Christi, 66.

herkommen und zum Altar zurückführen"[127] sind konsequent umzukehren, vom Kopf auf die Füße zu stellen. Koinonia ist nur dann ein Erleben authentischer Gemeinschaft, wenn sie diakonische Wirkung hat. Liturgie muß von der Diakonie herkommen und wieder zur Diakonie zurückführen. Und es geht gerade nicht um die Frage, "warum und wie die dienende Grundstruktur christlicher Glaubenspraxis und -gemeinschaft elementare Bedeutung für die Verkündigung und die Bezeugung der frohen Botschaft hat, ja selbst Verkündigung ist"[128], es geht nicht um die Frage, wie durch Diakonie Verkündigung geschehen kann, sondern es geht um die Frage, wie durch Verkündigung Diakonie geschehen kann.

An dieser Stelle wird deutlich, daß es sich bei der Behauptung eines Primats der Diakonie nicht um eine These handelt, die nur rational zu verarbeiten sei und bei ausreichender argumentativer Stützung allgemein akzeptiert würde. Man darf sich nicht darüber hinwegtäuschen, daß auch dort, wo im theologischen bzw. binnenkirchlichen Diskurs die Diakonie eine erhöhte Aufmerksamkeit erfährt und eine deutlichere Integration der Diakonie in die Praxis der Gemeinden gefordert wird, diese ekklesiologische Aufwertung der Diakonie sich über weite Strecken gerade nicht einer authentischen Anerkennung der Diakonie im Sinne der Identität christlicher Existenz verdankt. Nach wie vor ist bei der ekklesiologischen Verortung der Diakonie und paradoxerweise eben auch im Ruf nach ihrer betonteren Berücksichtigung in der gemeindlichen Praxis ein diakonieabwertendes Denkschema vorherrschend, wonach die Diakonie deshalb forciert werden müsse, weil sie für die Kirche bzw. für die Gemeinden missionarische, aktivierende oder loyalitätsstabilisierende Effekte auszeitige und die Kirche somit ihre destabilisierte Situation in modernen Gesellschaften durch einen Plausibilitätsgewinn über die Diakonie wieder stabilisieren könne. Immer noch und mit zunehmender Vehemenz wird bezüglich der Diakonie rhetorisch gefragt: "Müßte nicht der Christ bei aller inneren Verbundenheit und sachlichen Zusammenarbeit mit allen 'Menschen guten Willens' und damit die christliche Gemeinde in ihrer Diakonia ein Proprium haben, das unverkennbar auf das Fundament des christlichen Glaubens hinweist?"[129] Und selbstverständlich wird zum Zwecke der Bewahrung des eingeforderten Propriums auf die Liturgie und Verkündigung verwiesen.[130] Wo versucht wird, die Diakonie unabhängig von Liturgie und Verkündigung als in sich authentischen Vollzug christlicher Existenz auszuweisen, ist in den Augen vieler kirchlich gebundener Christen und kirchlicher Instanzen "die Einheit des christlichen Lebens zerbrochen und wird unweigerlich der Glaube schwinden"[131]. Die Diakonie gilt demnach akkurat nicht als in sich authentischer Vollzug christlicher Existenz, schon gar nicht als deren Fundament und Kern. Sie gilt als nachgeordnet, als defizitär.

---

127 Schober, T.: Eucharistie und Diakonie, in: Metzger, G. (Hg.): Zukunft aus dem Wort, Stuttgart 1978, 229, hier zitiert nach **Schmidt-Lauber, H.-C.**: Gottesdienst und Diakonie, 10.

128 **Schneck, E.**: Diakonie als Zeugnis, 208.

129 **Schmidt-Lauber, H.-C.**: Die Zukunft des Gottesdienstes, 49.

130 Vgl. ebd.

131 Ebd.

Wenn nun hier sogar ein Primat der Diakonie vor der Liturgie, Koinonia und Verkündigung konstatiert wird, wenn das vorherrschende Denkschema umgekehrt und gesagt wird, daß die Diakonie in sich und gerade eben frei von verkündigenden, missionarischen und liturgischen Interessen der fundamentale und authentische Vollzug christlicher Existenz und kirchlicher Praxis ist, dann geschieht das in dem Wissen, daß man damit an eine Bewußtseinssperre stößt, die durch eine jahrhundertelange Hypertrophie der Liturgie und Verkündigung in den Kirchen bei den Gläubigen und insbesondere bei den etablierten Kräften zementiert worden ist. Diese Bewußtseinssperre läßt sich nicht allein durch den theologischen Diskurs überwinden. Es kommt darauf an, die Implikationen des Primats der Diakonie vor allem auch für den Ort aufzuweisen, an dem Christinnen und Christen nach wie vor ihr Bewußtsein bezüglich ihres christlichen Glaubens ausbilden und in eine soziale Lebensform umsetzen, nämlich für die alltägliche Praxis in den Gemeinden. Und hier hat der Primat der Diakonie tatsächlich eine umstürzende, damit aber auch eine aus eingefahrenen Praxismustern befreiende Wirkung. Ein Gemeindemitglied z.B., das sich aufgrund seiner Kompetenz und eventuell auch aufgrund persönlicher Vorlieben in seiner Beteiligung am Gemeindeleben vor allem auf die liturgischen, kirchenmusikalischen und "ästhetischen" Bereiche verlagert, mag bislang zwar angefragt worden sein, ob sein Engagement nicht einseitig sei. Daß dieses Engagement zum Gemeindeleben gehört und daß dieses Gemeindemitglied in ihm seiner Christlichkeit einen authentischen Ausdruck verleiht, wurde jedoch nicht in Zweifel gezogen. Die Frau hingegen, die zu Hause, womöglich über Jahre hinweg, ein krankes Familienmitglied pflegt, mußte durchaus ihre Christlichkeit und ihre Gemeindebindung zusätzlich dadurch nachweisen, daß sie die gängigen Ansprüche der Gemeindeintegration, z.B. Einhaltung des Sonntagsgebots, "Mit-Tun" bei den Aktivitäten der Frauengemeinschaft, Sakramentenempfang oder konformes Verhalten gegenüber Moralvorschriften, erfüllt. Der Primat der Diakonie dreht dieses Verhältnis um: Die Frau hat nach ihm ihre Christlichkeit durch ihr alltägliches Tun zu Genüge erwiesen und es ist durchaus denkbar, daß sie sich an bestimmten gemeinschaftlichen, liturgischen oder bildenden Formen des Gemeindelebens zeit- oder teilweise nicht beteiligt - und sei es "nur" aus dem Grund, sich erholen zu können. Diejenigen aber, die etablierte Positionen in der Kirche einnehmen, die Liturgie gestalten und die verkündigen, müssen sich fragen lassen, ob ihre Funktionen nicht nur kirchenrechtlich-rubrizistisch korrekt definiert, ihre Gottesdienste nicht nur "ästhetisch" einwandfrei und ihre Predigten nicht nur lehramtlich unverdächtig, sondern ob all ihre Handlungen *primär* diakonisch und erst dadurch authentisch christlich sind.

Mit der Behauptung eines Primats der Diakonie ist auch endgültig geklärt, daß es sich bei der hier darzustellenden Diakonie nicht um ein sektorales Handlungsfeld der Kirche handeln kann, sondern vielmehr um eine die Kirche und ihre Praxisebenen zur Gänze durchziehende Handlungsform. Zum rechten Verständnis der hier aufgestellten Forderung eines Primats der Diakonie ist es also notwendig, nochmals bewußt zu realisieren, daß die Diakonie wie auch die drei anderen Grundvollzüge keine quantitativ abmeßbaren Felder der kirchlichen Praxis bilden, sondern Dimensionen, die die kirchliche Praxis in einer je bestimmten Weise qualifizieren. Wird dieser Schritt zu einem dimensionalen, qualitativen Verständnis der Grundvollzüge nicht vorgenommen und wird die Behauptung eines Primats der Diakonie vor dem Hintergrund eines sektoral-quantitativen Verständnisses der Grundvollzüge gelesen, dann würde das zu jenen "Grabenkämpfen" führen, in denen sich die Diskursbeteiligten nur als gegeneinander stehende Protagonisten jeweils eines Grundvollzugs verstehen könnten, in denen die Fundierung bzw. Profilierung eines Grundvollzugs nur geschehen könnte als das Bestreben, "Land zu gewinnen" im Sinne der quantitativen Maximierung des Anteils des jeweiligen Grundvollzugs an der Gesamtpraxis der Kirche, und in denen insbesondere das Postulat eines Primats der Diakonie nur als eine illegitime Negation oder zumindest Zurückdrängung der anderen Grundvollzüge verstanden werden könnte. Die Behauptung eines Primats eines Grundvollzugs nähme im Rahmen des sektoral-quantitativen Verständnisses der Grundvollzüge immer den Charakter einer Farce an, weil sich die dann unausweichlich erscheinenden Primatsbehauptungen aller Grundvollzüge gegenseitig ständig konterkarieren würden. Das sektorale Verständnis der Grundvollzüge würde aber auch die Behauptung eines Primats speziell der Diakonie fragwürdig erscheinen lassen, weil dieser Primat dann nur als Aufforderung verstanden werden könnte, daß sich möglichst viele Christen möglichst oft und an möglichst vielen Orten auf das "Feld" der Diakonie begeben. Damit wäre aber lediglich die quantitative Erhöhung der Aktivität in einem abgegrenzten Bereich erreicht, nicht aber das, was mit dem Postulat eines Primats der Diakonie eigentlich angezielt ist, nämlich die diakonische Strukturierung der kirchlichen Praxis in ihrer Ganzheit. Auf der Grundlage des sektoral-quantitativen Verständnisses der Grundvollzüge wäre also die Behauptung eines Primats der Diakonie in sich selbst kontraproduktiv für das hier verfolgte Anliegen, die Diakonie als Identität der gesamten kirchlichen Praxis aufzuweisen. Andererseits aber ist eben diese Forderung eines Primats der Diakonie in den vorangegangenen kriteriologischen Untersuchungen zum diakonietheologischen Basismotiv der Verantwortung für den Anderen nach dem Maß des Unendlichen und zur praxiskonzeptionellen Orientierungsinstanz der Praxis Jesu als eine theologische Unausweichlichkeit erkennbar geworden. Folglich muß sich das Verständnis der Grundvollzüge ändern in der Art, daß der Primat der Diakonie widerspruchsfrei zur konstitutiven Bedeutung auch der anderen Grundvollzüge formuliert werden kann. Das wurde in dem hier beschriebenen Modell der dimensionalen Sicht des Verhältnisses der Grundvollzüge zueinander versucht. Die Frage des Primats ist dann nicht mehr, welcher Grundvollzug den größten Raum einnimmt, sondern welchem Grundvollzug die höchste "Prägekraft" in der Praxis der Christinnen und Christen, also der Vorrang in der Strukturierung der gesamten christlichen Praxis zukommen muß. Das ist in Konsequenz zum Basismotiv der Verantwortung für den Anderen und zur indispensablen Maßgabe der Reich-Gottes-Praxis Jesu die Diakonie. Dieser Primat der Diakonie verdrängt also nicht die anderen Grundvollzüge, sondern qualifiziert sie. Es ist also zu fragen, wie Liturgie, Verkündigung und Koinonia diakonische Liturgie, diakonische Verkündigung und diakonische Gemeinschaftsbildung sein können.

8.2.2 Zur diakonischen Strukturierung der Liturgie

8.2.2.1 Revision des Ästhetikanspruchs

Der Ästhetikanspruch, unter den kirchliche Praxisformen und Institutionen gemeinhin gestellt werden, wurde oben als Faktor der Marginalisierung Notleidender in der Kirche kritisiert (s. 4.2.2.6). Leider bleibt dieser Marginalisierungseffekt weitgehend auch dort noch erhalten, wo Ästhetik nicht mehr im trivialen Sinn des Genusses von Gefälligem, sondern als Lehre von der sinnhaften Gestaltung verstanden wird. Die seit geraumer Zeit neu aufkeimende Reflexion der Ästhetik in der Theologie verbleibt oft genug im Rahmen der Frage nach der kunstvollen Gestaltung von Kirchenräumen oder liturgischen Abläufen bzw. nach der kirchenpraktischen Rezeption von Kommunikationsformen, die gemeinhin als kulturell niveauvoll erachtet werden.[132] Das Schema, wonach bestimmte etablierte Personen, ausgestattet mit Definitionsmacht, vorgeben, was "ästhetisch" sei, und anderen Personen diese Vorstellung vom Ästhetischen als Anspruch aufoktroyieren können, wird dabei nicht überwunden. Es bleibt das Problem, welches bereits Hans-Georg Gadamer als Fragwürdigkeit der ästhetischen Bildung anmahnte: Hier "wird Kunst als Kunst des schönen Scheins der praktischen Wirklichkeit entgegengesetzt und aus diesem Gegensatz verstanden. ... Wo die Kunst herrscht, da gelten die Gesetze der Schönheit und werden die Grenzen der Wirklichkeit überflogen. Es ist 'der Ideale Reich', das gegen alle Beschränkung zu verteidigen ist, ..."[133]. Damit ist der Modus beschrieben, in dem Notleidende die "ästhetische" Gestaltung kirchlicher Praxis erleben. Das Kunstwerk der wertvollen Kirchenausstattung ist der praktischen Wirklichkeit ihrer Wohnungen meist entgegengesetzt und "überfliegt" ihre Lebensrealität. Anspruchsvolle Musik und störungsfreie Liturgieabläufe sind "schöner Schein" gegenüber den Ausdrucks- und Kommunikationsformen in ihrer Lebenswelt.
Für eine diakonische Liturgie ist der Gedanke der Ästhetik keineswegs zu negieren, sondern in seinem Verständnis zu revidieren und zwar in Richtung des wörtlichen Ursprungssinns der *Ästhetik als Kunst der Wahrnehmung*. Auch für eine diakonische Liturgie sind künstlerische Gestaltung und zeichenhafter Ausdruck mitnichten obsolet, aber sie stehen unter der kritischen Fragestellung, welche Lebensrealitäten in den jeweiligen Kunstwerken, Symbolen, Zeichen, Handlungen usw. wahrgenommen werden. Gerade das Wesen symbolischer Ausdrucksformen legt eine diesbezügliche Revision nahe. Symbole, auch künstlerische, sind keine Entfernung von der Lebenswirklichkeit, sondern gerade Ausdruck davon. Symbole werden verwendet, um Realitäten wahrnehmbar zu machen, die z.B. allein mit rational-verbaler Darlegung nicht auszudrücken sind. Symbole sind nur Symbole, insofern sie Wirklichkeiten ausdrücken und wahrnehmen lassen. Die diakonische Strukturierung der Liturgie bedeutet in dieser Hinsicht, die ästhetische Gestaltung der Liturgie bewußt mit dem Ziel vorzunehmen, daß sie der Wahrnehmung der Lebensrealitäten notleidender Menschen dient.

---

[132] Vgl. **Volp, R.**: Ästhetik als Anfrage gegenüber einer Kirche in der Defensive, 279-282.

[133] **Gadamer, H.-G.**: Hermeneutik I. Wahrheit und Methode, 88.

Auch selbstverständliche Elemente der Liturgiepraxis sind dabei einer kritischen Überprüfung zu unterziehen. Die eingebürgerte Form der Kollekte als Einsammeln von Geld z.B. erweist sich hier als höchst problematisch. Sie kann sich nicht nur darin auswirken, daß Geldbesitz zur geheimen Einlaßbedingung für den Gottesdienst wird. Sie läßt auch den Besitz von Geld als Lebensstandard wahrnehmen, den materiell Arme als Gegensatz zu ihrer eigenen Realität empfinden und aufgrund dessen sie sich von dem Sozialgebilde, in welchem dieser Standard kultiviert wird, ausgeschlossen fühlen müssen. Daran ändert auch nichts die Tatsache, daß solche Kollekten vielfach als diakonisches Engagement der Gemeinde konzipiert sind. Vielmehr entlarvt sich hier das konventionelle Verständnis der Diakonie in seinem fürsorgerlichen Charakter, der die Notleidenden im Objektstatus behält und mit dem sich die diakonisch Tätigen akkurat nicht dem von den Notleidenden auf sie zukommenden Anspruch unterstellen, sondern umgekehrt die Hilfe von sich aus definieren und Notleidende dem Anspruch unterstellen, diese Hilfe zu akzeptieren. Wird auf die Kollekte als Symbolhandlung zur Gabenbereitung oder als Zeichen des Beitrags der einzelnen zum Gemeindeleben dennoch Wert gelegt, dann verlangt die Forderung der diakonischen Strukturierung der Liturgie zumindest solche Formen, die gewährleisten, daß sich Notleidende gleichberechtigt und frei von dem Gefühl, eine Sonderrolle einzunehmen, daran beteiligen können. In einer solchen symbolischen Handlung wäre eine Lebensrealität wahrnehmbar, welche Notleidende in ihren Hoffnungen ersehnen, nämlich ihre Befreiung zu der Möglichkeit, sich nach eigenen Fähigkeiten und Maßgaben am sozialen Geschehen zu beteiligen und sich dabei anerkannt fühlen zu können.

In ähnlicher Weise wären die musikalischen Elemente wie auch die liturgische Sprache zu überdenken. Musikalisch anspruchsvolle Chorgesänge oder fachterminologisch geprägte Texte können den Eindruck vermitteln, ein bestimmter Grad bezüglich des Bildungs- bzw. Lebensstilniveaus sei Bedingung für eine gelungene Teilnahme am gottesdienstlichen Handeln. Scheinbare Unverfänglichkeiten dürfen hier in ihrer Signalwirkung nicht unterschätzt werden. Anspruchsvolle Orchesteraufführungen, bei denen die Gottesdienstteilnehmenden überwiegend zuhören, sind strukturiert als Wechselspiel von Darbietung und genießendem Konsum, ein Modus, der bei Notleidenden aufgrund des Mangels an Möglichkeiten des beliebigen Konsums von Genußangeboten eher ausgeschlossen ist. Auf diesem Hintergrund bekommt der gemeinsame Gesang der Gottesdienstlieder nicht nur den Ausdrucksgehalt der "participatio actuosa" an der Liturgie, sondern Symbolwert dafür, daß im christlichen Gottesdienst Menschen, die unter Ausgrenzung und Nichtanerkennung leiden, einen Ort ihrer gleichberechtigten Teilhabe und Anerkennung finden.

Von Bedeutung für die ästhetische Gestaltung einer diakonischen Liturgie ist schließlich die bewußte Vergegenwärtigung der notverursachenden, unterdrückerischen Lebenszusammenhänge, seien sie persönlich-individuell oder strukturell-politisch bedingt. Das in der Liturgie gefeierte Heilsgeheimnis von Leid, Tod und Auferstehung Jesu Christi kann für die Menschen nur existentielle Bedeutung erlangen bzw. behalten, wenn es in der Liturgie als etwas erschlossen wird, das seine Entsprechung in der Lebenswirklichkeit der Menschen findet. Insofern ist die Gestaltung der Liturgie mit Symbolen oder

Texten, welche z.B. die Anklage politischer Unterdrückungsverhältnisse oder die Hoffnung auf Befreiung zum Inhalt haben, nicht eine Verzweckung oder Verfremdung der Liturgie, sondern die Füllung des in ihr Gefeierten mit Erfahrungswirklichkeit. Erst durch das Wahrnehmen-Lassen von Lebenswirklichkeiten wird die Liturgie authentisch, weil sie erst dadurch *Sym-bol*, "Zusammenballung" von Wirklichkeit, Träger von Bedeutung für den Menschen, nicht aber *Dia-bol*, "Auseinanderwerfung" von Wirklichkeit, irritierende Bedeutungsauflösung zu Lasten des Menschen ist.[134]
Der revidierte Anspruch der Ästhetik als Gestaltungsprinzip einer diakonischen Liturgie bedeutet also die Forderung, Liturgie so zu gestalten, daß in ihren Symbolen und Zeichenhandlungen die Lebensrealitäten der Notleidenden, sowohl ihre Leiden wie auch ihre Hoffnungen, wahrnehmbar werden und in der Verknüpfung mit Tod und Auferstehung Jesu Christi eine hoffnungsvolle Deutung erfahren. Ästhetik als Prinzip einer diakonischen Liturgie zielt zum einen darauf, daß Nicht-Notleidende an Notleidende und deren Not erinnert bzw. zu deren Wahrnehmung angehalten werden, und zum anderen darauf, daß sich Notleidende mit all ihren Lebensrealitäten, d.h. frei vom Zwang zu Verstellungen, in der Gemeinde integriert und anerkannt fühlen können. Eine solche Liturgie wird zum Ort der antizipatorischen Erfahrung von Solidarität, in der bisher Privilegierte und bisher Notleidende nach und durch Beseitigung von Not und Ungerechtigkeit zu einer neuen Gemeinschaft zusammenfinden.

8.2.2.2 Schichtenübergreifende Liturgie

Die Versuchung ist groß, gerade liturgische Praxisformen für die "gewöhnlichen" Gemeindemitglieder und für die verschiedenen Gruppen notleidender Gemeindemitglieder gesondert zu "veranstalten". Es erscheint angebrachter, "normale" Gottesdienste und zusätzlich dazu je nach Umständen gesonderte Gottesdienste etwa für Alte, für Behinderte oder auch für Obdachlose anzusetzen. Eine scheinbar zwingende Plausibilität erhalten solche Aufteilungen in dem Argument, man könne dadurch bei der liturgischen Gestaltung den spezifischen Bedürfnissen der verschiedenen Gruppen besser gerecht werden.
Unter dem Postulat, daß auch Notleidende nicht mit Angeboten der Gemeinde, auch nicht mit gut gemeinten Angeboten versorgt werden, sondern daß sie gleichberechtigt Subjekte des Gemeindelebens sein können sollen, ist dieses Praxismuster jedoch aufzugeben. Die Separierung der Notleidenden als gesonderte Gottesdienst-"Gemeinden" trennt die Gemeinde wieder in die privilegierte Gottesdienstgemeinde der "Normalen" und die abgesonderte Gruppe der Notleidenden. Das Denkschema, wonach die Notleidenden die "Sonderfälle", die "Sorgenkinder", die "Ränder" oder die eigentlich nicht zur Gemeinde Gehörigen seien, wird dadurch verstärkt. Wenn aber die Gemeinde als christ-

---

[134] Vgl. zur Unterscheidung von Symbol und Diabol **Stenger, H.**: Verwirklichung des Lebens aus der Kraft des Glaubens, 105-129. - Dort wird in ähnlicher Weise wie hier für eine Ästhetik als Kunst der Wahrnehmung von Lebenswirklichkeit plädiert (vgl. ebd. 106).

liche Gemeinde unter der Option für die Armen und unter dem Anspruch der Verantwortung für den Anderen steht, dann muß sie diese Anforderung auch in ihrem "gewöhnlichen" Gemeindegottesdienst, dort, wo sie sich als christliche Gemeinde versammelt und erlebt, erfüllen. Der Gemeindegottesdienst muß so gestaltet werden, daß sich die verschiedenen Gruppen Notleidender darin integriert und angenommen fühlen können. Nicht-Notleidende und Notleidende sollen im Gottesdienst zu einer neuen Gemeinschaft zusammenfinden, in der die alten ungerechten oder aufgezwungenen Unterschiede wenigstens ansatzhaft überwunden werden. Entsprechend der inneren Struktur des Prinzips der Option für die Armen bedeutet dies, daß Gottesdienste vorrangig unter der Überlegung stehen müssen, wie in ihnen die Integration Notleidender in eine Gemeinschaft gleichberechtigter Gemeindemitglieder geschehen kann. Und das beinhaltet, daß eben die Gestaltung des Gottesdienstes aller Gemeindemitglieder vorrangig nach denen ausgerichtet werden muß, in deren Lebenssituation diese Gleichberechtigung verletzt ist. Sicher ist diese Zusammenführung Nicht-Notleidender und Notleidender in den liturgischen Feiern, also die Gestaltung der Liturgie als symbolisch dichter Ausdruck einer neuen Gemeinschaft, in der sich bisher Notleidende und bisher Privilegierte zusammenfinden, nicht einfach und oft nur ansatzhaft möglich. Wo aber dieser Anspruch als solcher negiert wird, wo eine Ausgrenzung Notleidender bewußt in Kauf genommen wird, um - geleitet von den Maßstäben einer bürgerlichen "Normalität" - die Liturgie frei zu halten von der Konfrontation mit irritierenden, störenden, verunsichernden Lebensrealitäten benachteiligter Menschen, da kann es sich nicht mehr um Liturgie im Geiste Jesu und unter der Verantwortung vor Gott handeln, d.h. da ist Liturgie überhaupt keine Liturgie. Mit der diakonischen Strukturierung der Liturgie ist also die Überwindung einer schichtenspezifischen Liturgie zu einer schichtenübergreifenden Liturgie gefordert. Sollten etablierte Gemeindemitglieder, Privilegierte oder die bestehende "normale" Gottesdienstgemeinde das als unangenehm, belastend oder störend empfinden, dann ist der darin gegebene Konflikt nicht durch eine Fortführung der Absonderung Notleidender an den Rand der Gemeinde und darin durch den Verrat des christlich-fundamentalen Prinzips der Option für die Armen zu lösen. Die zu behebende Störung ist in diesem Fall auf seiten der Privilegierten bzw. der "Normalen" gegeben. Die Lösung des Konflikts bedarf also einer Veränderung auf seiten der Nicht-Notleidenden.

8.2.2.3 Veränderung und Entgrenzung der Gottesdienstgemeinschaft

Die Ausrichtung der Liturgie als schichtenübergreifende Liturgie kann nicht bedeuten, daß man versucht, die Notleidenden in ihrem Erscheinungsbild, ihren Denk- und Sprachmustern, ihren Lebensinteressen usw. solange den Privilegierten und "Normalen" anzugleichen, bis sie von letzteren als "integriert" betrachtet werden. Die Option für die Armen, die in einer diakonischen Liturgie verwirklicht werden soll, verlangt vielmehr die gegenteilige Bewegung. Solidarisierung mit den Notleidenden in der Liturgie bedeutet, daß Nicht-Notleidende gerade auch mit und in ihrem Gottesdienst sich an die

Seite der Notleidenden stellen, d.h. sich an die Lebensorte der Notleidenden begeben, sich an den Denk- und Sprachmustern der Notleidenden ausrichten und sich dem Anspruch der Befreiung Notleidender aus ihrer Not unterstellen. Eine diakonische Liturgie verändert also nicht die Notleidenden nach den Bedürfnissen der "normalen Gottesdienstgemeinde", sondern die "normale Gottesdienstgemeinde" nach den Bedürfnissen der Notleidenden.

Der Anspruch der diakonischen Strukturierung stellt die Liturgie unter das Prinzip der Unbegrenztheit und Absichtslosigkeit. Schichtenübergreifende Gestaltung der Liturgie heißt auch, daß Christinnen und Christen ihre Gottesdienste nicht als Erlebnisorte des introvertierten Gemeinschaftsgefühls und - dadurch bedingt - der Abgrenzung gegenüber einem "Außen" konzipieren. Die diakonische Strukturierung der Liturgie impliziert, daß Gottesdienste als Orte der Öffnung der Gemeinde erlebbar sind. Diesbezüglich bedürfen die bestehenden Zugangsbedingungen zu den Gottesdiensten einer kritischen Überprüfung und konsequenten Revision. Unter dem Maßstab des Handelns Jesu und der Verantwortung für den Anderen bekommt das Postulat, marginalisierten Menschen einen Raum zum erfüllten Leben zu bieten und sie in ihrem Anders-Sein anzuerkennen, auch für die Liturgie das entscheidende Gewicht. Dieses Postulat darf durch und in gottesdienstlichen Formen, auch in der Eucharistie, nicht verletzt werden. Andere, bisher entscheidende Aspekte, wie z.B. die konfessionelle Zugehörigkeit oder eine Lebensführung gemäß den institutionalisierten Moralvorstellungen, behalten zwar die ihnen zukommende Relevanz, dürfen aber nicht absolut gesetzt werden und müssen hinter diesem Postulat zurückstehen. Das heißt konkret: Die Möglichkeit, daß sich ein Mensch in der Feier des Gottesdienstes integriert, anerkannt oder in seinem Leben gestärkt fühlt und dabei ansatzweise die Befreiung aus seinem Randdasein erfährt, muß mehr Gewicht zugesprochen bekommen als z.B. die Frage, ob er konfessionelles Mitglied der jeweiligen Kirche ist oder ob er nach einer Scheidung wieder geheiratet hat.[135]

Die drei dargestellten exemplarischen Ansatzpunkte einer diakonischen Liturgie wurden vor allem in Hinblick auf die Feier von Gottesdiensten der Gemeinde formuliert. Ein weiterer Ansatzpunkt wäre etwa die Frage der diakonischen Strukturierung von Sakramentenfeiern zu den Lebenswenden.[136] Hier ginge es darum, daß "die Sakramente ihre befreiende Kraft entfalten und ... darauf hindeuten, daß auch die Gemeinde ein handgreiflich erfahrbares Zeichen der Nähe des menschenfreundlichen Gottes sein sollte und sein kann: Zeichen der Solidarität Gottes mit den Menschen und Zeichen der Solidarität der Menschen untereinander."[137] Die Frage der diakonischen Strukturierung von Sakramentenfeiern wäre also die Frage danach, wie Sakramente zu "Zeichen neuen, befreiten Lebens"[138] werden können.[139] In ähnlicher Weise stünde eine Revision der Bewertung der Volksfrömmigkeit an, die als symbolische Artikulation der

135 Vgl. **Fuchs, O.**: Heilen und befreien, 189 f.

136 Vgl. **Schuster, H.**: Sakrament und Diakonie.

137 **Kerstiens, F.**: Neuer Wein in alte Schläuche, 9.

138 Ebd. 15.

139 Vgl. ähnlich **Floristan, C.**: Sakramente als Befreiung.

Lebenserfahrungen und -bedürfnisse von Menschen wahrgenommen werden und so zu einer erneuerten Sinngebung gelangen könnte.

8.2.3 Zur diakonischen Strukturierung der Verkündigung

Mit dem Grundvollzug der Verkündigung werden zunächst die klassischen Verkündigungssituationen wie Predigt oder kirchenamtliche Lehräußerungen assoziiert. Sollten jedoch die vier Grundvollzüge als Ordnungsprinzip gemeindlicher Praxis Sinn haben, legt es sich angesichts der realen Ausdifferenzierung gemeindlicher Praxis nahe, mit dem Grundvollzug Verkündigung alle Bildungsvorgänge, die unter dem Ziel der christlichen Deutung von Lebenswirklichkeit stehen, in den Blick zu nehmen. Die Forderung der diakonischen Strukturierung der Verkündigung findet dann ihren konsequenten Ausdruck in der Konzeption von "Bildung als Praxis der Freiheit"[140]. Angeregt durch und in Anlehnung an dieses Bildungskonzept von Paulo Freire sollen im folgenden Implikationen der Diakonie für die Verkündigungspraxis benannt werden.

8.2.3.1 "wirkliches Wort"

Wenn die Verkündigung diakonisch sein soll, dann kann das nur bedeuten, daß in der Verkündigung selbst Menschen in Not Heilung und Befreiung erfahren sollen. Eine Verkündigung ist nicht schon dadurch diakonisch, daß sie über das Heil und über die Befreiung von Gott her redet, sondern dadurch, daß sie von diesem Heil und dieser Befreiung durch Gott so redet, daß Heil und Befreiung Wirklichkeiten im Leben der Menschen werden. Die Verkündigung ist dann diakonisch, wenn die in ihr ausgesprochenen Worte in diesem Sinn *wirkliche Worte* sind. "Ein wirkliches Wort sagen heißt daher, die Welt verändern"[141] in Richtung Heil und Befreiung für die Menschen. Wo die Verkündigung sich nicht diesem Anspruch unterstellt, wo sie zum Selbstzweck erhoben wird, wo sie als Vermittlung von Inhalten dient, die unabhängig von der Lebensrealität bzw. gegen die Bedürfnisse der Menschen definiert sind, da bringt das verkündigte Wort keinen Wandel der Verhältnisse, da bleibt die Verkündigung "unechtes Wort ... Es wird dann zu einem leeren Wort, das nicht mehr in der Lage ist, die Welt zu kritisieren"[142].
Was mit dem Postulat, daß die Verkündigung "wirkliches Wort" sein muß, gemeint ist, wird an einer Situation deutlich, die ich im Rahmen einer von mir durchgeführten Firmvorbereitung erlebt habe. In einer der Gruppen war ein Mädchen, das aus gestörten Familienverhältnissen stammte, in der Schule schwach war und aufgrund dieser Kombination marginalisierender Faktoren sowohl in der Klasse als auch bei den Jugend-

---

[140] **Freire, P.**: Pädagogik der Unterdrückten. - Das Zitat gibt den Untertitel dieses Werkes wieder.

[141] Ebd. 71.

[142] Ebd.

lichen der Gemeinde an den Rand gedrängt wurde. Dieses Mädchen kam auch nur unregelmäßig zum Sonntags- und Schulgottesdienst, nicht zuletzt deshalb, weil sie einen öfteren Gottesdienstbesuch gegen Mutter und Geschwister hätte durchsetzen müssen. Der Pfarrer drohte ihr an, sie nicht zur Firmung zuzulassen, wenn sich ihre Gottesdienstdisziplin nicht bessern würde. Von diesem Zeitpunkt an war auch in der Firmkatechesegruppe die randständige Rolle des Mädchens endgültig verfestigt. Die anderen Gruppenmitglieder sahen in ihr den negativen Extrempol ihrer Gruppe, d.h. dasjenige Gruppenmitglied, bei dem vermeintlich das ganze Gruppenunternehmen "Firmvorbereitung" zu scheitern drohte und von dem man sich um so mehr abgrenzen mußte, je mehr man der gemeinsamen Sache "Firmung" sichergehen wollte.
Für das Mädchen hatte diese Verkündigungssituation der Firmkatechese eine deutlich undiakonische Struktur. Der Pfarrer betrieb in dieser Situation Verkündigung als Durchsetzung einer unabhängig von der betroffenen Person definierten und normierenden Lehre, nämlich der sogenannten Sonntagspflicht. Damit wurde die Firmkatechese ein zusätzlicher Faktor ihrer Ausgrenzung. Durch die Verkündigung hat sich für sie an ihrer zwangvollen marginalisierten Lebenslage gerade nichts verändert. Verkündigung blieb hier "unechtes, leeres Wort". Notwendig hingegen wäre in dieser Situation für das Mädchen gewesen, daß sich der Pfarrer mit der Lebenslage des Mädchens auseinandersetzt und daß er ihr wie auch der Gruppe gegenüber statt des Gedankens der Sonntagspflicht den im Vergleich dazu fundamentaleren christlichen Gedanken der Gemeinschaft, der Aufhebung von Ausgrenzung und der darin spürbaren Anerkennung von Menschen unabhängig von ihren Lebensgegebenheiten zur Sprache bringt. Wäre das Anliegen der Integration und Anerkennung des Mädchens in dieser Situation ernstgenommen und bewußt als Kontrasterfahrung zu den anderweitigen Mechanismen ihrer Nicht-Wertschätzung vermittelt worden, dann wäre die Verkündigung der Firmkatechese für das Mädchen "wirkliches Wort" geworden. Die Verkündigung hätte sich in ihrem Leben ausge*wirkt* in einer tatsächlichen Veränderung ihrer Lebenssituation. Sie hätte die Firmkatechese erfahren können als Raum zum freieren, geglückteren Leben und als Ort der Überwindung ihrer sonstigen zwanghaften Lebenseinschränkungen.
In Hinblick auf das konkrete Praxisfeld Katechese bedeutet folglich das Verständnis der Verkündigung als "wirkliches Wort" eine Umkehrung der Zielbestimmung der Katechese: Katechese darf nicht konzipiert werden als Indoktrination von abstrakten Inhalten des christlichen Glaubens und als Überprüfung, wie die Lebensrealitäten der Menschen diesen Lehrinhalten entsprechen können. Katechese muß so angelegt sein, daß benachteiligte Menschen in ihr einen Ansatzpunkt sehen können, sich aus ihrer zwangvollen Lebenssituation zu lösen und sich in eine förderliche Gemeinschaft zu integrieren. Kognitiv zu erfassende Glaubensinhalte sind dabei keineswegs obsolet. Aber sie stehen unter dem Kriterium eben der Befreiung der Menschen aus notvollen Lebenssituationen. Sie sind so auszuwählen, zu bestimmen und zur Sprache zu bringen, daß sie den Prozeß der Lösung aus zwangvollen Lebensverhältnissen deuten und voranbringen. Die Inhalte einer Katechese sind dann nicht primär an einem Katechismus auszurichten, sondern eben an den Bedürfnissen der jeweiligen Menschen. Speziell und exemplarisch für die Firmkatechese stünde es an, die in den gängigen Handreichungen oft und penetrant in

den Mittelpunkt gestellte Frage, was die Firmlinge in Zukunft zum Gemeindeleben beitragen möchten, zu ersetzen durch Fragen z.B. nach Plänen der Lebensgestaltung, nach Berufsabsichten, nach Fähigkeiten und Vorlieben. Mit der Bestimmung der Inhalte der Firmvorbereitung und in der Art, sie zur Sprache zu bringen, wäre den Firmkandidatinnen und -kandidaten zu vermitteln, daß dort, wo vom Geist Gottes die Rede ist, es vorrangig um das Gelingen ihres eigenständigen Lebenskonzeptes und nicht um das Funktionieren eines vorgegebenen Sozialisationsverlaufes, um Freisetzung und nicht um Vereinnahmung geht.
Wieder auf einer allgemeinen Ebene formuliert, läßt eine diakonische Strukturierung der Verkündigung alle christlich motivierten Bildungsprozesse verstehen "als Nachdenken über den Glauben an Gott im Sinne einer Praxis, durch die die Menschen ihre Geschichte gestalten. ... Nachdenken über den Glauben darf dann nicht mehr reduziert werden auf das Nachdenken über Inhalte der Glaubenslehre."[143] "Das Grundanliegen der Bildung als Grundfunktion einer Gemeinde besteht vor diesem Hintergrund darin, die Glieder der Gemeinde zu befähigen, die wirtschaftlichen, politischen und kulturell-weltanschaulich-religiösen Verhältnisse und Praktiken aufgrund der Option für die Armen, Ohnmächtigen und Unmündigen aus deren Optik zu analysieren und im Licht des Evangeliums zu beurteilen, um zu einer Veränderungspraxis hin auf das Reich Gottes zu gelangen."[144]

8.2.3.2 "Dialog"

"Nun heißt zwar das wirkliche Wort sagen - was gleichbedeutend ist mit Arbeit, Praxis - die Welt verwandeln, aber dieses Wort sagen ist nicht Privileg einiger weniger Menschen, sondern das Recht eines jeden. Also kann keiner ein wirkliches Wort allein sagen, noch kann er es *für* andere sagen in einem präskriptiven Akt, der die anderen ihres Wortes beraubt.
Dialog ist die Begegnung zwischen Menschen, vermittelt durch die Welt, um die Welt zu benennen. Daher kann Dialog sich nicht ereignen zwischen solchen, die die Welt benennen wollen, und solchen, die eine solche Benennung nicht wünschen - zwischen solchen, die anderen Menschen das Recht, ihr Wort zu sagen, verwehren, und solchen, deren Recht zu reden ihnen verwehrt worden ist. Die, denen das Grundrecht verweigert wurde, ihr Wort zu sagen, müssen dieses Recht zunächst wiedergewinnen und die Fortsetzung dieses entmenschlichenden Übergriffs verhindern.
Wenn es also dadurch zu einer Verwandlung der Welt kommt, daß Menschen ihr Wort sagen und die Welt benennen, dann drängt sich der Dialog auf als die Weise, durch die Menschen ihrem Sinn als Menschen gerecht werden. So ist der Dialog eine existentielle Notwendigkeit. Da nun der Dialog jene Begegnung ist, in der die im Dialog Stehenden ihre gemeinsame Aktion und Reflexion auf die Welt richten, die es zu verwandeln und

---

143 **Eigenmann, U.**: Am Rand die Mitte suchen, 101.
144 Ebd. 103.

zu vermenschlichen gilt, kann dieser Dialog nicht auf den Akt reduziert werden, daß eine Person Ideen in andere Personen einlagert. ... Weil Dialog Begegnung zwischen Menschen ist, die die Welt benennen, darf er keine Situation bilden, in der einige Menschen auf Kosten anderer die Welt benennen. Vielmehr ist er ein Akt der Schöpfung. Er darf nicht als handliches Instrument zur Beherrschung von Menschen durch andere dienen. Die Herrschaft, die der Dialog impliziert, ist die Beherrschung der Welt durch die im Dialog Befindlichen. Er ist die Eroberung der Welt um der Befreiung der Menschen willen."[145]

Dieses Zitat von Paulo Freire ist absichtlich in dieser Ausführlichkeit wiedergegeben, weil es in treffender Weise eine weitere Implikation der diakonischen Strukturierung der Verkündigung zum Ausdruck bringt. Eine diakonische Verkündigung sperrt sich gegen ein Konzept, in dem einige wenige, die dazu privilegiert sind, Inhalte monologisch vorgeben und von anderen die Annahme dieser Inhalte als Gehorsamspflicht einfordern können. Verkündigung ist als Dialog zwischen den Menschen zu konzipieren, die in der Verkündigungssituation aufeinander treffen. Dies ist die zwingende Konsequenz aus den hier konstatierten fundamentalen Maßgaben, der Verantwortung für den Anderen nach dem Maß des Unendlichen und dem Handeln Jesu als Vergegenwärtigung der Reich-Gottes-Verhältnisse. Der Gedanke der Verantwortung für den Anderen basiert auf dem Bewußtsein, daß vor jedem Handeln des Ich der Anspruch des Anderen an das Ich steht. Diakonie, verstanden als Verantwortung für den Anderen, impliziert gerade das unhintergehbare Beziehungsverhältnis, in dem als erstes ein indispensabler Anspruch vom Anderen her auf das Ich trifft, das Ich also "an-gesprochen" wird, und in dem das Ich auf diesen Anspruch antwortet, indem es sich ihm unterstellt. Auf die Verkündigung bezogen, heißt dies, daß die Menschen, denen etwas verkündigt werden soll, zunächst und vorrangig selbst als "an-sprechende" Menschen anerkannt und befähigt werden sollen.[146] Auf der anderen Seite hat die Orientierung am Handeln Jesu gezeigt, daß die Vergegenwärtigung der auf Menschlichkeit bedachten Reich-Gottes-Verhältnisse in sich danach verlangt, daß Menschen, vorrangig Notleidende, ihren Willen bekunden können. Das beinhaltet das Postulat, daß die betroffenen Menschen selbst an der Definition der Praxisgestalt, welche die Reich-Gottes-Botschaft annehmen soll, bestimmend mitwirken. Jesu erster Akt gegenüber dem notleidenden Bartimäus (Mk 10,46-52) ist eine Frage, mit der er sich dem Anspruch des Bartimäus unterstellt, mit der er den Bartimäus ermutigt, seine Welt und sein Bedürfnis zu benennen, und mit der er sich öffnet für eine dialogische Beziehung, in der das, was am Ende der Begegnung steht,

---

145 **Freire, P.**: Pädagogik der Unterdrückten, 72.

146 Daß die Behauptung des Dialogs als Prinzip der Diakonie sich nicht ganz stimmig verhält zum Verständnis der Diakonie bei Emmanuel Lévinas, der die Diakonie bewußt vom Buberschen Dialog-Prinzip abzuheben versucht (vgl. **Lévinas, E.**: Dialog, 82), kann an dieser Stelle vernachlässigt werden. Die Einforderung des Dialogs als Prinzip der Diakonie ist nämlich gegen die Tendenz der bevormundenden, angleichenden Vereinnahmung des Anderen durch das Ich gerichtet bzw. beinhaltet die Anerkennung des Anderen als Anderen und die Ausrichtung des Handelns des Ich am Bedürfnis des Anderen, also die Subjektion des Ich unter den Anderen, und ist so selbst wieder im Sinne des Lévinasschen Kernanliegens zu verstehen.

dem Lebensbedürfnis des Bartimäus gerecht wird.
Die Verkündigung steht unter dieser Maßgabe und darf die hier angezeigte Beziehungsstruktur nicht verletzen. Die diakonische Strukturierung der Verkündigung bedeutet in dieser Hinsicht, daß alle christlich motivierten Bildungsprozesse prinzipiell so angelegt sein müssen, daß sich die vom jeweiligen Inhalt betroffenen Menschen mit ihren Erfahrungen, Fragen, Situationsdefinitionen, Bedürfnissen, Sprach- und Denkmustern, Handlungsformen usw. darin einbringen und so den Inhalt des Bildungsvorgangs von sich aus definieren können. Selbst bei denjenigen Praxisformen der Verkündigung, die, wie z.B. eine Predigt oder die lehramtliche Darlegung einer Glaubenslehre, von ihrer Eigenart her auf den ersten Blick eine monologische Struktur nahelegen, ist diesem Prinzip des Dialogs Genüge zu leisten. Wer nämlich das Privileg hat, in solchen Situationen zeitweise alleine bzw. in einer ihm vorbehaltenen Form reden und folglich Inhalte bestimmen zu können, muß sich um so bewußter der selbstkritischen Anforderung unterstellen, diese Inhalte nicht gegen das Bedürfnis der Menschen nach einem menschenwürdigen Menschsein durchzusetzen und in seinem Reden die Lebensrealitäten der Menschen wahrzunehmen, die Erfahrungen und den Willen der betroffenen Menschen zunächst als normierende Ansprüche an sich selbst zu akzeptieren und sie so zur Sprache zu bringen, daß die hörenden oder lesenden Menschen einen förderlichen Impuls für ihren Weg in Richtung einer befreiteren, menschenwürdigeren Lebenspraxis erhalten.
Konkret für die Predigtpraxis ergibt sich vor diesem Hintergrund die Konsequenz, daß ein beliebtes Muster des Predigens, nämlich die Selbstthematisierung kirchlicher Funktionsträger und Institutionen bzw. ihrer Bedürfnisse, korrigiert werden muß. Mit dem Begriff der Selbstthematisierung ist gemeint, daß Predigten vielfach dazu verwendet werden, angesichts der Diskrepanzen zwischen gesellschaftlichen Entwicklungen bzw. Tendenzen der persönlichen Lebensführung einerseits und den Vorstellungen der institutionalisierten Kirche bzw. deren Selbststabilisierungsinteressen andererseits letztere zu verteidigen. Das heißt: Predigten werden als Gelegenheiten gesehen, daß kirchliche Funktionsträger ihre Rolle, ihre davon bestimmten Bedürfnisse wie auch institutionelle Instanzen der Kirche (Lehren, Strukturen, Ämter, Institutionen usw.) thematisieren und gegen Infragestellungen von seiten der Gesellschaft wie auch einzelner Personen apologetisch in Schutz nehmen. Die teils hysterische und kritikunfähige Reaktion mancher kirchlicher Kräfte auf die in den öffentlichen Medien geäußerte Kritik an bestimmten Zuständen oder Vorgängen in der Kirche ist ein Beleg für dieses Handlungsmuster. Unter der Maßgabe der diakonischen Strukturierung ist jedoch darin geradezu ein Mißbrauch der Verkündigungssituation Predigt zu sehen, da hier institutionalisierte Instanzen der Kirche ihre privilegierte Machtposition, in einer bestimmten Situation monologisch reden zu können, für die eigennützige Selbstthematisierung mit dem Ziel der Selbststabilisierung mißbrauchen. Die diakonische Struktur der Verkündigung bedingt jedoch, daß eine Predigt nicht für die Selbstbestätigung des Predigenden da ist, sondern der Thematisierung von Lebensrealitäten und Lebensbedürfnissen der in der jeweiligen Verkündigungssituation begegnenden Menschen dienen muß.
Um die Brisanz dieser Spannung zwischen monologischer und dialogischer Verkün-

digung, zwischen systemstabilisierender Selbstthematisierung der Kircheninstanzen und der Thematisierung der Lebenswirklichkeiten der Menschen in der Verkündigung aufzuzeigen, seien nochmals Ausführungen von Paulo Freire herangezogen. Wie dringend notwendig - im buchstäblichen Sinn der Notabwendung - die Umkehr zu einer dialogischen Verkündigung ist, wird erkennbar, wenn man die Bedeutung der Verkündigung reflektiert vor dem Hintergrund der Unterscheidung Freires zwischen einer unterdrückerischen Bildung in der Manier des Bankiers-Ausbilders und der echten, befreienden Bildung des "humanistischen Revolutionärs", d.h. dessen, der die Verhältnisse im Sinne des armen Menschen wandeln will.
Freire schreibt: "Echte Bildungsarbeit wird nicht von A *für* B oder von A *über* B vollzogen, sondern vielmehr von A *mit* B, vermittelt durch die Welt - eine Welt, die beide Seiten beeindruckt und herausfordert und Ansichten oder Meinungen darüber hervorruft. Diese Ansichten, von Ängsten, Zweifeln, Hoffnungen oder Hoffnungslosigkeiten durchsetzt, implizieren beachtliche Themen, auf deren Grundlage der Programminhalt des Bildungsvorgangs aufgebaut werden kann. ... Wir können nicht einfach zum Arbeiter - in der Stadt oder auf dem Land - gehen, um ihm im Bankiers-Stil Kenntnisse zu vermitteln oder ihm das Modell des guten Menschen aufzunötigen, das in einem Programm enthalten ist, dessen Inhalt wir selbst organisiert haben. Viele politische und pädagogische Pläne sind gescheitert, weil ihre Autoren nur aus ihrer eigenen persönlichen Wirklichkeitsschau heraus geplant und den Menschen in der Situation überhaupt nicht in Rechnung gestellt haben (es sei denn als Objekt ihrer Aktion).
Für den echt humanistischen Erzieher wie den echten Revolutionär ist die Wirklichkeit, die von ihnen mit anderen Menschen zusammen verwandelt werden muß, Gegenstand des Handelns, nicht aber der Mensch selbst. Unterdrücker behandeln Menschen in der Absicht, sie zu indoktrinieren und einer Wirklichkeit anzupassen, die als solche unangetastet bleiben soll. Leider verfallen jedoch auch revolutionäre Führer oft dem Bankiers-Ansatz bei der Planung des Programminhalts von oben nach unten in ihrem Wunsch, die Unterstützung des Volkes für die revolutionäre Aktion zu gewinnen. Sie kommen zum Landarbeiter oder zu den Massen in den Städten mit Projekten, die vielleicht ihrer eigenen Sicht der Welt korrespondieren, nicht aber der des Volkes. Sie vergessen, daß ihr entscheidendes Ziel darin besteht, mit dem Volk für die Wiedergewinnung der dem Volk gestohlenen Humanität zu kämpfen, nicht aber, 'das Volk für sich zu gewinnen'. Eine solche Phrase gehört nicht in den Wortschatz revolutionärer Führer, sondern in den der Unterdrücker. Die Rolle des Revolutionärs besteht darin, zu befreien und zusammen mit dem Volk befreit zu werden, nicht aber es 'zu gewinnen'.
In ihrer politischen Aktivität benützen die herrschenden Eliten das Bankiers-Konzept dazu, um die Passivität unter den Unterdrückten zu fördern, die dem 'überfluteten' Zustand des Bewußtseins der letzteren entspricht, und sie benutzen diese Passivität, um ihr Denken mit Slogans zu füllen, die noch mehr Furcht vor der Freiheit schaffen. ... Man kann keine positiven Ergebnisse von einem pädagogischen oder politischen Aktionsprogramm erwarten, das die besondere Sicht der Welt nicht respektiert, die das Volk pflegt. Ein solches Programm ist nichts anderes als kulturelle Invasion.
Ausgangspunkt für die Organisierung des Programminhalts einer pädagogischen oder

politischen Aktion muß die gegenwärtige existentielle und konkrete Situation sein. Sie muß also die Bedürfnisse des Volkes reflektieren. Indem man bestimmte grundlegende Widersprüche aufgreift, muß man diese existentielle, konkrete und aktuelle Situation dem Volk als Problem darstellen, das herausfordert und eine Antwort verlangt, nicht bloß auf der intellektuellen Ebene, sondern auf der Ebene des Handelns.
Wir dürfen nie bloß über die gegenwärtige Situation reden, wir dürfen nie den Menschen Programme überstülpen, die wenig oder nichts mit ihren eigenen Sorgen, Zweifeln, Hoffnungen und Befürchtungen zu tun haben - Programme, die manchmal die Furcht des unterdrückten Bewußtseins bloß noch vermehren."[147]

Damit ist in exzellenter Weise das Anliegen einer diakonischen Strukturierung der Verkündigung beschrieben. Die Spannung zwischen einer unterdrückerischen und einer befreienden Bildung ist die Spannung, in der sich eine diakonische Verkündigung im Sinne der diakonischen Gestaltung aller christlich motivierten Bildungsprozesse von einer "Verkündigung" abheben muß, in der Inhalte indoktriniert werden, in der Lehren vorgegeben und gegenüber dem bzw. gegen das Volk durchgesetzt werden und in der sich die privilegierten und machtbesitzenden Kräfte der Kirche durch ihre stabilisierende Selbstthematisierung selbst, nicht aber den Menschen zum Anliegen der Verkündigung machen. Dialog als Prinzip einer diakonischen Verkündigung bedeutet, daß die Aufgabe aller Bildungsprozesse darin besteht, Raum zu geben dafür, daß die Menschen sich mit ihren Lebenswirklichkeiten artikulieren können, daß sie darüber mit anderen Menschen, auch mit denen, welche die dezidierte Rolle des Verkündigenden bzw. Bildenden innehaben, in Austausch treten können und daß sie dadurch hilfreichen Beistand und Ermutigung für den Weg der Befreiung aus ihren Notlagen erfahren.

Wie aktuell und situationsadäquat dieses Postulat für die kirchliche Praxis in Mitteleuropa ist, zeigt ein nüchterner Blick auf das kirchliche Engagement in den Medien. In einer oft unbedachten Begeisterung darüber, daß sich in der neuen Vielfalt der Medienlandschaft neue Verkündigungschancen für die Kirche - gerade in diesem Metier verkürzend identifiziert mit den amtlichen Instanzen - auftun[148], wird vergessen, wie schnell die kirchliche Präsenz in den Medien und die Anstrengungen der kirchlichen Instanzen, mit bestimmten Sendungen Zuschauer "zu gewinnen" bzw. Leute "zu erreichen", zu aufnötigenden Belehrungen, zu einer weiteren Bewußtseinsüberflutung bzw. zu einer neuen Spielart der "kulturellen Invasion" entarten können. Ein markantes Beispiel dafür ist die von der Kirche mit 1,6 Millionen DM bezuschußte Krimiserie "Schwarz greift ein" des Privatsenders SAT 1. In ihr wird mit der Gestalt der Titelfigur - ein als Fahnder agierender Pfarrer - ein positives Bild vom konservativ-klerikal orientierten Priester und von einer hierarchistisch auf diesen fixierten Gemeinde gezeichnet. Die einschlägig interessierten kirchlichen Instanzen suggerieren damit beim Publikum auf eine unbewußte, gerade dadurch aber um so bewußtseinsbildendere Weise eine Plausibilität der traditionellen Präsentationsformen der Kirche, z.B. der Hervorhebung des kirchlichen Amtsträgers durch die schwarze Priesterkleidung. Entscheidende und

---

147 **Freire, P.**: Pädagogik der Unterdrückten, 76-79.

148 Vgl. exemplarisch **Schmied, G.**: Kanäle Gottes?

wirkliche Lebensthemen und -probleme der in der Sendung in Erscheinung tretenden Personen und Gesellschaftsschichten, z.B. Drogen, sexuelle Unterdrückung, AIDS, werden nicht oder nur in ihrer Funktionalität hinsichtlich der systemstabilisierenden Profilierung des amtskirchlichen Repräsentanten behandelt. Die Lebensrealitäten des Milieus, in dem die Serie spielt, werden instrumentalisiert für das Ansinnen, die von ihnen sicher erregte Aufmerksamkeit des Publikums umzumünzen in einen Attraktivitätsgewinn für die Kirche.[149]
Bei einem solchen Vorgehen geschieht das, was mit "kultureller Invasion" oder "Kolonialisierung der Lebenswelten" angezeigt ist: Durch Ausnutzung gesellschaftlicher Machtpositionen werden über den wirkungsvollen Mechanismus des Unterhaltungsangebots und -konsums Bewußtseinsbildungsprozesse auf seiten der Gesellschaftsmitglieder zugunsten der Selbststabilisierungsinteressen kirchlicher Instanzen umgelenkt. In einem solchen Vorgehen sind die einschlägigen kirchlichen Instanzen nicht mehr zu unterscheiden etwa von einem Industriekonzern, der Fußballmannschaften sponsert und durch Werbeaufdrucke auf den Trikots das Publikum der Fußballspiele für die eigenen Produkte zu gewinnen sucht. Aus der Perspektive einer diakonisch strukturierten Verkündigung nach dem Prinzip des Dialogs ist dieser Modus der Gestaltung von Bildungsprozessen strikt abzulehnen, weil es hier gerade nicht zu einer eigenständigen Artikulation der Themen bzw. Definition der Ziele durch die betroffenen Menschen selbst kommt.

8.2.3.3 "generatives Thema"

Bei der Bestimmung, von welcher Art die Themen befreiender Bildungsprozesse sein müssen, geht Paulo Freire aus von der anthropologischen Verfaßtheit des Menschen als eines *existierenden* Wesens. Im Gegensatz zu Tieren ist der Mensch in seinem Da- und Sosein nicht einfach verfangen, er kann es gestalten. Er kann aus sich herausgehen und sich anderen Wirklichkeiten zuwenden. Er kann die Welt als ein dem eigenen Ich gegenübergestelltes Objekt erkennen und so Entscheidungen treffen darüber, wie er sich dieser Welt gegenüber verhält. Er kann über den jeweiligen Zeit-Ort-Punkt hinausgehend Ziele setzen und kann Wirklichkeiten entsprechend diesen Zielen verändern.[150]
Der Mensch als existierendes Wesen überwindet die Grenzen seines augenblicklichen Da- und Soseins und "entwirft sich", macht von sich und der ihn umgebenden Welt Entwürfe. So erfaßt der Mensch Dinge, die weit über seine augenblickliche Situation hinausgehen, und schafft immerzu neues Wissen über Dinge, Zustände und Situationen, die über seine ihn je augenblicklich begrenzende Situation, seine "Grenzsituation"[151] hinausweisen. "Als verwandelnde und schöpferische Wesen bringen Menschen in ihrem ständigen Verhältnis zur Wirklichkeit nicht nur materielle Güter - berührbare Objekte -

149 Vgl. **Fuchs, O.**: "Schwarz greift ein" - Fernsehpfarrer als Kirchenwerbung?

150 Vgl. **Freire, P.**: Pädagogik der Unterdrückten, 81.

151 Ebd. 82.

hervor, sondern auch soziale Institutionen, Ideen und Konzepte. Durch ihre fortgesetzte Praxis schaffen sie gleichzeitig die Geschichte und werden sie historisch soziale Wesen."[152] Die Menschen finden sich so zusammen unter der unendlichen und immer wachsenden Gesamtheit dessen, was sie von sich aus entwerfen, und auch der Gesamtheit dessen, was sie an der Verwirklichung ihrer Entwürfe und Ideen hindert. Diese Gesamtheit an "Themen", mit denen sich Menschen beschäftigen (können), sind das "thematische[s] Universum"[153], unter dem sich Menschen zu einer Epoche der Geschichte zusammenfinden. Die Themen dieses thematischen Universums nennt Freire *generativ*, "weil sie (was immer sie auch enthalten und welche Aktion auch immer sie hervorrufen mögen) die Möglichkeit enthalten, in viele mögliche Themen weiter entfaltet zu werden, die ihrerseits nach der Durchführung neuer Aufgaben verlangen"[154].
Bereits an dieser Stelle ergibt sich eine wichtige Implikation für die Verkündigung als eine diakonische Verkündigung. Eine Verkündigung, die dem Wesen des Menschen gerecht werden will, muß realisieren, daß die Lebenswirklichkeiten, die "Themen" der Menschen unabschließbar sind. Eine Verkündigung, die sich im Dienst des Menschen und seines menschenwürdigen Menschseins stehend begreift, muß sich verstehen als Ort, an dem potentiell alle Lebensthemen des Menschen zur Sprache kommen können. Der alleinige Maßstab dafür ist, welche Themen die am jeweiligen Bildungsprozeß beteiligten Menschen je für sich als *notwendig* erachten können. Das Bestreben hingegen, die Inhalte der Verkündigung in Form von definierten Sätzen festzulegen und sie einzugrenzen auf einen katalogartig aufgelisteten, allgemein und längerfristig verbindlich vorgeschriebenen Themenbestand, und erst gar die Vorstellung, einen solchen definierten, d.h. abgegrenzten Wissensbestand zur Basis oder zum Ausgangspunkt von Bildung zu machen, wird dem Wesen und der Würde des Menschen nicht gerecht und ist so unvereinbar mit einer diakonischen Verkündigung. Das hat z.B. konkret zur Konsequenz, daß die mit der Erwartung einer einheitlichen Akzeptanz veröffentlichten Katechismen, selbst wenn man sich damit einen Impuls für die eigene Verkündigungspraxis erhoffen würde, im Grunde gar nicht als Grundlage, zumindest nicht als Ausgangspunkt oder als Programm der Verkündigungs- bzw. Bildungspraxis herangezogen werden dürften. Denn noch unabhängig von der Frage, ob die Inhalte eines Katechismus für die Verkündigung geeignet erscheinen, und auch unabhängig von der Frage, ob die beteiligten Menschen mit bestimmten Inhalten übereinstimmen oder nicht, widerspricht ein solcher Katechismus aufgrund seiner Eigenart, *Katechismus*, d.h. einheitlicher Themenbestand zu sein, der inneren Logik einer diakonischen Verkündigung. Eine diakonische Verkündigung ist offen für die Vielfalt der Lebensthemen der Menschen. Sie ist ein *generatives* Feld: In ihr werden Themen nicht definiert und vorgegeben, sondern in ihr entstehen Themen.
Nun meint aber das Theorem "generatives Thema" nicht einfach nur, daß aus Themen neue Themen entstehen. Wenn es die Wesensauszeichnung des Menschen als eines

---

152 Ebd. 83.

153 Ebd. 84.

154 Ebd., Anm. 19.

existierenden Wesens ist, daß er über seine je gegebene Situation hinaus Zugriff auf die Welt nimmt, sich entwirft in die Zukunft hinein und dadurch Ideen von Wirklichkeiten schafft, die seine jeweilige Situation übersteigen, dann bedeutet dies, daß der Mensch auch darauf angelegt ist, die Spannung zwischen seiner gegebenen Situation und seiner entworfenen Situation bewußt zu erkennen. Ist die gegebene Situation belastend und werden die in den Ideen projektierten Zustände erhofft, dann wird die Spannung schmerzlich spürbar und die von ihrer Situation belasteten Menschen drängen auf eine Überwindung der Spannung zwischen belastendem Jetzt und erhofftem Noch-Nicht. "Begreifen letztere eines Tages diese Situation als Grenze zwischen Sein und Menschlicher-Sein und nicht mehr als Grenze zwischen Sein und Nichts, dann beginnen sie ihre zunehmend kritischen Aktionen darauf abzustellen, die unerprobte Möglichkeit, die mit diesem Begreifen verbunden ist, in die Tat umzusetzen."[155] Themen sind also auch in dem Sinn *generativ*, daß sie bei den Menschen ein handlungsleitendes Bewußtsein entstehen lassen. Dadurch, daß eine Spannung zwischen gegebener und erhoffter Situation besteht, und dadurch, daß die Spannung bzw. die beiden Situationen zum Thema werden, d.h. bewußt artikuliert werden, entsteht beim Menschen ein Bewußtsein dafür, daß er sich überhaupt in einer bestimmten Situation befindet, dafür, was ihn in dieser Situation in seinem Menschsein belastet, und dafür, daß es andere Situationen gibt, die seinem Bedürfnis nach einem menschlicheren Menschsein gerechter werden. Und es entsteht gleichzeitig ein Bewußtsein dafür, daß und auf welchen Wegen sich der Mensch durch eigene Aktivität von der alten Situation absetzen und auf die erhoffte Situation hin bewegen kann. Thematisierungen von Lebenswirklichkeiten, die das bewirken, sind generativ in dem Sinn, daß sie nicht nur Wissen über Situationen vermitteln, sondern in der Lebenssituation der Menschen selbst etwas in Gang setzen, etwas entstehen lassen. Hier ist das formuliert, was Freire an anderer Stelle "conscientizaçao"[156] nennt. Es ist die Bezeichnung für einen "Lernvorgang, der nötig ist, um soziale, politische und wirtschaftliche Widersprüche zu begreifen und um Maßnahmen gegen die unterdrückerischen Verhältnisse der Wirklichkeit zu ergreifen."[157] Die Konzientisation[158] ist nicht Wissensvermittlung und auch nicht einfach Bewußtseinsbildung. Als konstitutives Motiv enthält sie die Aktivierung der betroffenen Menschen zu eigenem befreiendem Handeln. Man könnte sie als "aktivierende Bewußtseinsbildung" begreifen, also als Prozeß der Bewußtseinsbildung, der für den betroffenen Menschen zugleich den Impetus beinhaltet, die zwangvolle Lebenssituation nach eigener Maßgabe bzw. auf dem Wege eigenen Handelns zu überwinden.

Vor dem Hintergrund dieses Verständnisses von generativen Themen bewährt sich eine diakonische Verkündigung darin, daß sie Themen so behandelt, daß dadurch bei den Menschen tatsächlich Prozesse in Gang gesetzt oder bestärkt werden, Prozesse, bei

---

155 Ebd. 85.

156 Ebd. 25.

157 Ebd., Anm. 1.

158 Der eingedeutschte Terminus ist hier übernommen von **Almeida Cunha, R. d.**: Pädagogik als Theologie, 64.

denen sich Menschen aus zwangvollen, entwürdigenden Zuständen befreien können und zu einem stimmigen Leben finden. Dabei sind nicht nur Veränderungen in den Lebenssituationen der primär von Not betroffenen Menschen angesagt, sondern auch Veränderungen in den Lebenssituationen der sekundär Betroffenen, also der Menschen, deren Situation in einem Zusammenhang mit derjenigen der Notleidenden steht. Für Bildungsprozesse jeder Art hat dies zur Konsequenz, daß Not, Notleidende und das Selbsterleben Notleidender nicht mehr im Modus einer distanzierten Bearbeitung eines Sachthemas thematisiert werden können, nach deren Beendigung die Teilnehmenden unverändert in ihre unveränderten Kontexte zurückgehen könnten. Generativ werden die Themen der Notleidenden bzw. die Zusammenhänge von Themen anderer Menschen mit den zwangvollen Lebenssituationen Notleidender dann, wenn der jeweilige Bildungsprozeß basiert auf Begegnungen mit Notleidenden und wenn in diesem Begegnungsgeschehen bei Notleidenden wie bei Nicht-Notleidenden die jeweiligen Betroffenheiten, die primären und die sekundären, bzw. die Zusammenhänge der verschiedenen Lebenssituationen bewußt gemacht werden können. Erst auf der Basis eines solchen Bewußtseins bezüglich der eigenen Verstrickung in die Notsituation (und nicht nur eines Wissens über die Situation) kann erhofft werden, daß Lebensprozesse der Veränderung in Gang kommen - bei den Notleidenden in Richtung auf Befreiung von Not, bei den Nicht-Notleidenden in Richtung auf Beseitigung der Zustände, die die Not der Anderen verursachen oder die Befreiung daraus verhindern. Im Gegensatz zu einem distanziert angeeigneten Wissen ist ein solches in der Beziehungsnähe verwurzeltes Bewußtsein nicht mehr so leicht zu überspringen oder auszublenden.

Mit dem Postulat der diakonischen Verkündigung ist also an die christlich motivierten Bildungsprozesse der Anspruch gestellt, Inhalte bewußt so zu thematisieren, daß die betroffenen Menschen, vorrangig aber auch und gerade Notleidende, in die Bildungsprozesse integriert werden oder - noch besser - daß Bildungsprozesse bewußt in die Lebenskontexte der betroffenen Menschen hinein verlagert werden.

8.2.4 Zur diakonischen Strukturierung der Koinonia

Der Grundvollzug der Koinonia ist Ausdruck jener Dimension, welche die Gemeinden daraufhin anlegt, daß die Menschen in ihnen ihr christliches Leben als Leben in Gemeinschaft erfahren können. Die Identifizierung der Koinonia als Gemeinschaftsbildung bzw. als Leben von Gemeinschaft ist bewußt ungenau gehalten, da sie damit den theologischen Diskussionsstand um diesen Begriff widerspiegelt. Man tut sich schwer zu sagen, was "Koinonia" eigentlich bedeutet, und diesbezügliche Antwortversuche kommen oft nicht über die bloße Übersetzung des griechischen "koinonia" in das deutsche "Gemeinschaft" hinaus. Um so verdienstvoller sind die mittlerweile vorliegenden praktisch-theologischen Versuche, dem Koinoniabegriff eine inhaltliche Kontur zu geben.[159] Danach hat sich der Gebrauch des Koinoniabegriffs eingependelt auf die Idee der Gemeinde als geschwisterliche, solidarische Gemeinschaft mit den beiden Komponenten, Menschen zu einer von Gleichberechtigung gekennzeichneten Gemeinschaft zu integrieren und in dieser Gemeinschaft die Gemeinschaft Gottes mit den Menschen erfahrbar zu machen.

8.2.4.1 Raum zum Leben

Die Ungeklärtheit des Begriffs ist wohl ein entscheidender Grund dafür, daß der Koinoniabegriff auch für problematische Interessen vereinnahmt wird. Der Ruf nach Gemeinschaft erfolgt nicht selten mit einer harmonisierenden Tendenz, welche die Gemeinde mit einem ideologisierten Gemeinschaftsideal belegt, um in ihr eine soziale Nische der Konfliktfreiheit und der umfassenden Homogenität zu suchen. In Hinblick auf Ortskirchen wie auf die Gesamtkirche wird gelegentlich - synonym oder alternativ zum Koinoniabegriff, in der begrifflichen Abgrenzung dazu aber meist diffus - die Idee der "communio" als ekklesiologische Programmatik propagiert. Deren Bedeutungsschwerpunkt hat sich mittlerweile gegenüber dem ursprünglichen Anliegen der Verbindung (nicht Aufhebung!) von Vielfalt zu einer Einheit bzw. der konstruktiven Kommunikation zwischen den vielfältigen Kräften der Kirche verlagert hin zu einem disziplinären Begriff der anpassenden Einbindung. Diesem eignet die Intention, Divergenzen, Pluralität und Heterogenität im Binnenbereich der Kirche entweder bewußtseinsmäßig auszublenden, in die Uniformität herrschaftsförmig vorgegebener Muster einzuebnen oder zumindest als eine möglichst schnell zu beseitigende Fehlentwicklung zu brandmarken. Dadurch bekommt die Einforderung von Gemeinschaft einen bedenklichen domestizierenden und unterdrückenden Impetus, der z.B. die konstruktive Austragung von Konflikten theologischer, kirchenpolitischer oder kirchendisziplinärer Art hemmt und in der Situation solcher Konflikte von den etablierten kirchlichen Kräften gegen die an Macht unterlegene Konfliktseite zur Geltung gebracht wird.
Im Gegenzug dazu läßt sich ein erster Ansatzpunkt der diakonischen Strukturierung der Koinonia benennen. Die Idee der Koinonia sperrt sich gegen jegliche Versuche, die Ausdifferenzierung einer Vielfalt von Lebensformen, Handlungsmustern, Erfahrungen, Meinungen, Sprechweisen usw. im Raum christlicher Gemeinden und der Kirche insgesamt zu unterbinden. Wenn die Diakonie als fundamentale Dimension christlicher Praxis bedeutet, daß Menschen in dieser christlichen Praxis aus zwanghaften Lebensverhältnissen zu einem "Leben in Fülle" entsprechend ihrer Würde vor Gott befreit werden und daß vorrangig Notleidene in der christlichen Praxis Solidarität in und Befreiung aus ihrer Not erfahren können, dann kann dies für die Koinonia nur bedeuten: Im Grundvollzug der Koinonia geht es darum, daß christliche Gemeinden und die Kirche insge-

159 Vgl. **Kuhnke, U.**: Koinonia; **Stoltenberg, G.**: Ekklesiogenese, 83 f.; **Steinkamp, H.**: Diakonie - Kennzeichen der Gemeinde, 84-100; **ders.**: Diakonie in der Kirche der Reichen, 299 f.; **Rösch, W.**: Geschwisterliche Gemeinschaft; **Schulz, E.**: Koinonia: Sammlung der Zerstreuten.

samt sich als Gemeinschaft zeigen, in denen Menschen einen *Raum zum Leben* finden. Hier stellt sich freilich die Frage, wie die programmatische Formel "Raum zum Leben" für das Selbstverständnis von Gemeinden angesichts gegenwärtiger Lebensrealitäten inhaltlich zu füllen ist, damit sie nicht zu einem wohlfeilen Schlagwort verkommt. Menschen von heute zeigen, daß ihnen das Leben sehr wichtig ist. Sie haben Sehnsucht nach Leben. Sie wollen etwas er-leben und wollen ihr Leben als "eigenes Leben"[160] leben. Das darf gerade nicht mit billiger Bedürfnisbefriedigung gleichgesetzt werden. Die Ausführungen zur Individualisierung (s. 2.2.1) und Kolonialisierung der Lebenswelt (s. 2.2.2) haben gezeigt, welche Anstrengungen und Gefährdungen es bedeutet, das Leben bewußt als eigenes Leben gestalten zu können, aber auch zu müssen. Die damit verbundenen Ambivalenzen sind unübersehbar.

Es bilden sich neue kreative Formen des Lebens und Bewegungen, die sich die Förderung bzw. Bewahrung von Lebensmöglichkeiten zum Anliegen machen und dabei eine Vielfalt an Lebensstilen ausbilden. Jugendliche eignen sich Kritikfähigkeit und Selbstbewußtsein an, so daß sie ein eigenbestimmtes Lebenskonzept entwerfen können. Alte Menschen empfinden ihr Alter weniger als Auslaufphase denn als einen weiteren Lebensabschnitt, den es zu gestalten gilt, in dem sie ihre Fähigkeiten einsetzen und sich bisher vernachlässigten Bedürfnissen widmen können.

Allerdings muß man sich hüten, hinter diesen Erscheinungen eines neuen Bewußtseins bzw. kreativer Formen des Zusammenlebens der Menschen die gegenteilige Wirklichkeit auszublenden. Die skandalösen Formen der Lebensvernichtung wie Kriege, wirtschaftliche Ungerechtigkeit oder Umweltzerstörung sind augenfällig. Ihre Logik setzt sich jedoch im Alltag, in den "kleinen Lebenswelten" der Menschen fort. Menschen leiden darunter, daß sich ihre Beziehungen zu Familienangehörigen und Freunden aufgelöst oder erst gar nicht stabil entwickelt haben. Sie erleben sich als "Einzelkämpfer", auf sich allein gestellt; Risiken wie Arbeitslosigkeit oder Krankheit bekommen sie bei zunehmendem Verlust des Schutzes sozialer Bindungen in ihrer ganzen Wucht zu spüren. Das Leben der Menschen heute wird schließlich auch behindert, gerade weil es so viele Lebensangebote gibt. Die Menschen müssen konsumieren, müssen nicht nur etwas leisten, um sich etwas leisten zu können, sondern müssen - zumindest im Bewußtsein vieler - auch zeigen, was sie sich leisten können, um sich anerkannt zu fühlen. Und sie müssen das konsumieren, was ihnen angeboten wird. Bei dem alltäglichen Bombardement mit Angeboten der Lebensgestaltung handelt es sich vielfach um Lebensschablonen, uniform vorgefertigt an den unsichtbaren Fließbändern der Freizeitindustrie, des Dienstleistungsmarktes und der religiösen Sinnproduktion. So werden die Menschen heute zusehends zu bloßen Verbrauchern künstlich erzeugter und von außen aufgesetzter Lebensmuster (gemacht), hinter denen - reichlich paradox angesichts der vielen Möglichkeiten individueller Lebensgestaltung - die je eigene, individuelle Färbung von Persönlichkeit und Lebensweg bis zur Unkenntlichkeit verblaßt.

Was kann also die Programmatik "Raum zum Leben" für das Selbstverständnis christlicher Gemeinden bedeuten? Sicher nicht, daß die Gemeinden im vermeintlichen Gegen-

---

160 Vgl. **Beck, U./Vossenkuhl, W./Ziegler, U.E./Rautert, T.**: Eigenes Leben.

satz zur scheinbar dekadenten Gesellschaft ein heiler Hort gelingenden Lebens wären. Auch in christlichen Gemeinden gibt es das Gefälle zwischen Privilegierten und Benachteiligten. Auch christliche Gemeinden überhäufen die Menschen mit vorgefertigten Angeboten und erweisen sich damit lediglich als einer der vielen Konsumanbieter, welcher die Menschen mit dem Interesse der eigenen Bestandssicherung umwirbt.
"Raum zum Leben" bedeutet zunächst, was eine Gemeinde gerade *nicht* sein soll. Eine Gemeinde soll den Menschen nicht ein Potpourri vorgefertigter Aktivitäten und Erlebnisse anbieten, um damit zum "Mitmachen" - und auch das heißt: zum Konsumieren - anzuwerben; denn damit hätte sich nichts daran geändert, daß Menschen zu Objekten der Vorstellungen anderer gemacht werden. Eine Gemeinde soll sich nicht - auch wenn das modern klingt - als Dienstleistungsunternehmen gebärden, das sich mit seinen "Produkten" auf dem Markt der Möglichkeiten durchzusetzen versucht; allzu leicht versickern nämlich solche Gemeinden in der eigenen Trivialität zwischen Tennisclub und Esoterikwelle.
"Raum zum Leben" heißt: Gemeinden und ihre Funktionsträgerinnen und -träger müssen ernst nehmen, daß der Gott, auf den sie sich berufen, ein "Freund des Lebens" (Weish 11,26) - nicht der Leistung - ist, und daß Jesus, dem sie nachfolgen, für den Menschen das "Leben in Fülle" (Joh 10,10) - nicht nur einen Ausschnitt davon - will. Die erste Erfahrung, welche Menschen in Gemeinden machen, soll nicht lauten: "Da muß ich etwas tun.", sondern: "Es darf mich geben." "Raum zum Leben" heißt, daß Menschen entsprechend und mit ihren vielfältigen Individualitäten in gegenseitiger Anerkennung leben können. "Raum zum Leben" heißt, daß die Ausbildung einer Pluralität an Lebensformen, Handlungsmustern, Erfahrungen, Meinungen und Sprechweisen bewußt gefördert wird, um der wesensbedingten und somit positiv zu wertenden Heterogenität menschlicher Existenzen gerecht zu werden. "Raum zum Leben" heißt schließlich auch, daß die Menschen, die in ihren Lebensmöglichkeiten eingeschränkt sind, entweder - wenn die Einschränkung auf Ungerechtigkeit beruht - im Raum dieser Gemeinschaft Lebensmöglichkeiten einklagen und wiedererlangen können oder - wenn die Einschränkung schicksalhaft-irreversibel ist - gerade auch mit ihrer Einschränkung und dem dadurch bedingten Anderssein anerkannt sind.

8.2.4.2 Strukturelle Integration

Die christlichen Gemeinden sind gesellschaftliche Gebilde. Sie existieren nur als Gemeinden *in* der Gesellschaft. Für sie gibt es kein soziales Reservat. Als gesellschaftlich verfaßte Sozialformen müssen sie ihren Platz in der jeweiligen Gesellschaft suchen, kenntlich machen und auch verteidigen. Um dies zu gewährleisten, bauen Gemeinden Strukturen auf: Personalausstattung, Gebäude, Teilhabe an der steuerlichen Finanzierung, rechtliche Bestimmungen, Kooperationsformen mit Kommunen, Staat und anderen gesellschaftlichen Instanzen, Mitwirkung in den Medien und vieles andere mehr. Wird die Praxis der Gemeinden dominiert von dem Handlungs- und Denkmuster der Selbststabilisierung der Kirche, dann verselbständigen sich tendenziell auch diese Strukturen.

Ihre Erhaltung wird zum Selbstzweck erhoben, weil man glaubt, mit der Verfestigung der Strukturen und der dadurch bedingten Bewahrung der jeweils gesellschaftlich-geschichtlichen Erscheinungsform der Kirche die Kirche als solche zu bewahren. Übersehen wird dabei weithin, daß akkurat bei einer derartigen Ideologisierung der Strukturen die inhaltliche Bestimmung der gesellschaftlichen Präsenz der Kirche und damit eben ein Stück Identität der Kirche bereits verlorengegangen ist. Wichtig wird allein, *daß* die Strukturen bewahrt werden, nicht mehr, *wofür* sie geschaffen und eingesetzt werden sollen. Aus diakonischer Perspektive ist diese Ideologisierung der Bewahrung von Strukturen deshalb brisant, weil sie sich auch gegen Menschen richtet und dabei gerade gegen solche, die sich ohnehin schon in einer prekären sozialen Situation befinden. So wie Notleidende als Belastung für das gesellschaftliche Leben insgesamt stigmatisiert werden, so kann sich auch in christlichen Gemeinden auf verschiedene, oft subtile Weise ein Denkmuster einschleichen, in dem notleidende Menschen als Belastung für das Gemeindeleben empfunden und Distanzierungen ihnen gegenüber vorgenommen werden. Das Muster ist z.B. zu beobachten, wenn Gemeinden zögern, sich öffentlich für eine gerechtere Sozialpolitik, etwa für eine bessere Absicherung von Arbeitnehmerinnen und Arbeitnehmern, einzusetzen, weil sie befürchten, damit die in der Gemeinde ansässigen Unternehmer zu brüskieren, infolgedessen deren finanzielle Gunst zu verlieren und so manche Gemeindeausstattungen nicht mehr halten zu können.

Dieses Muster der ideologisierten Bewahrung von Strukturen als Selbstzweck gilt es umzukehren. Gemeinden müssen unzweifelhaft Strukturen ausbilden. Aber diese Strukturen haben instrumentellen Charakter. Das heißt: Gemeinden dürfen sie nicht einfach erhalten, sondern müssen sie einsetzen für Zwecke, die aus den wesenskonstitutiven Bestimmungen einer christlichen Gemeinde erwachsen. Eine diakonische Strukturierung der Gemeinde als Koinonia bedeutet dann, daß ihre Strukturen für die heilend-befreiende, lebensfördernde Integration Notleidender eingesetzt werden. Aus der strukturellen Ausgrenzung muß eine strukturelle Integration Notleidender werden.

Wie diese strukturelle Integration konkrete Gestalt gewinnen kann, wird am Beispiel einer evangelischen Kirchengemeinde in Mainz deutlich. Diese baute in einem Wohnviertel eine neue Kirche. Gleichzeitig und unmittelbar neben der Kirche wurde ein Behindertenwohnheim errichtet. Diese zeitliche wie auch örtliche Verknüpfung der beiden Gebäude hat zwei integrative Komponenten: Während Behindertenwohnheime oft mit dem zynischen Argument der Wohnqualität in Wohngegenden verhindert und an den Rand von Städten und Gemeinden abgedrängt werden, nimmt hier die Kirchengemeinde die Behinderten mit sich in die Gesellschaft dieses Wohnviertels hinein. Die Gemeinde nützt hier ihre strukturellen Möglichkeiten - Grundbesitz, Kooperation mit der Stadt, gesellschaftliche Absicherung des Baus durch das Recht auf freie Religionsausübung, staatliche Förderung, Anerkennung bei der Bevölkerung -, um den Behinderten Lebensraum, gesellschaftliche Wahrnehmung, Beteiligung am Sozialleben und in all dem Anerkennung zu vermitteln. Andererseits ist durch die örtliche Anordnung der Gebäude symbolisiert, daß man sich in der Diakonie nicht an den Rand der Gemeinde, sondern in ihr Zentrum begibt. Die Gemeinde ist bereits in ihrer Struktur darauf angelegt, daß die Gemeindemitglieder ein Bewußtsein für die Integration Notleidender ausbilden, weil sie dort, wo sie in signifikanter Weise als Gemeinde zusammenkommen, unweigerlich Notleidenden begegnen und diese als zur Gemeinde gehörig erleben.

8.2.4.3 Abschied vom "Fernstehenden"-Schema

In christlichen Gemeinden - gleich ob sogenannter "konservativer" oder sogenannter "progressiver" Couleur - wird fast durchwegs mit dem Schema der Unterscheidung zwischen "Kirchennahen" und "Fernstehenden" operiert. "Fernstehende" ist die Stereotypisierung all der Menschen, die nicht an den standardisierten Praxisformen der Gemeinde teilnehmen. Die Ausführungen zur Marginalisierung (s. 4.2.2) haben gezeigt, daß sich gerade notleidende Menschen als "Fernstehende" der Gemeinden erleben oder zu solchen stigmatisiert werden, weil christliche Gemeinden oftmals aufgrund ihrer eigenen Ausgrenzungsmechanismen die gesellschaftliche Marginalisierung der Notleidenden reproduzieren. Damit werden diese Menschen auch in den Gemeinden mit dem Image der defizitären Lebensform, d.h. der schuldhaften Distanzierung bzw. der sozialen Abweichung, behaftet.
Hier ist ein kirchenzentriertes, oder besser: kircheninstanzenzentriertes Schema der Wahrnehmung von Menschen wirksam, das in der Konzeption gemeindlicher Praxis eliminiert werden muß. Eliminiert muß es werden, weil ihm die theologische Legitimität fehlt. Bei jeder Wahrnehmung eines Menschen ist zu realisieren, daß dieser Mensch *als Mensch* in einer ursprünglichen, von kirchlichen Instanzen nicht zu verneinenden und auch nicht herzustellenden Beziehung zu Gott steht. Jeder Mensch befindet sich als Mensch in einer unmittelbaren Nähe zu Gott und zwar deshalb, weil Gott von sich aus diese Nähe stiftet und diesen Menschen annimmt. Allein diese unhintergehbare Nähe eines jeden Menschen zu Gott ist für die Wertschätzung gegenüber Menschen entscheidend und nicht die Nähe zu kirchlichen Instanzen oder kirchlich-institutionalisierten Lebensformen. Somit darf aber auch in der Beziehungsgestaltung zwischen Menschen in der Gemeinde allein die unhintergehbare Nähe eines jeden Menschen zu Gott handlungsleitend sein. Die gängige Rede von den "Fernstehenden" ist zu überwinden, weil sie zum einen diese unverrechenbare Nähe des Menschen zu Gott aus dem Bewußtsein verdrängt und weil zum anderen die Konstatierung einer Nähe oder Ferne des Menschen zu kirchlichen Instanzen kein Recht hat gegenüber der Nähe des Menschen zu Gott. Nähe und Ferne eines Menschen zu kirchlichen Instanzen dürfen für die Begegnung mit und Beziehung zu diesem Menschen keine Bedeutung haben.
An diesem alltäglichen, konkreten Problem gemeindlicher Praxis wird die Virulenz des so abstrakt-philosophisch klingenden Motivs der Verantwortung für den Anderen spürbar: Die Verantwortung für den Anderen als Anspruch des Unendlichen verbietet es, daß der Andere eingepaßt wird in ein von Menschen geschaffenes Schema. Die Unendlichkeit der Verantwortung für den Anderen bedeutet, daß eine Unterscheidung wie die zwischen Nähe und Ferne zu Kircheninstanzen die Verantwortung für einen Menschen nicht relativieren darf. Der Verantwortliche wird von Gott her an den Anderen

verwiesen. Das gilt gleichermaßen für die Funktionsträger kollektiver und institutionalisierter Instanzen der Kirche. Auch sie unterstehen unausweichlich der Verantwortung für den Anderen. Nicht der Andere, der in der kirchlichen Praxis begegnende Mensch, hat sich den Instanzen einzupassen, sondern die Instanzen müssen dem Menschen gerecht werden. Wenn es in der kirchlichen Praxis um Nähe und Ferne geht, dann in der Form, daß sich die kirchlichen Instanzen fragen müssen, inwiefern sie den Menschen nahe oder fern stehen.

8.2.5 Zur Wahrnehmung der Diakonie in der Gemeinde

Entsprechend der Intention, die Diakonie nicht als separates Feld, sondern als durchgängige Dimension der gesamten kirchlichen Praxis aufzuzeigen, war es vor allem erforderlich, in Hinblick auf die gemeindliche Praxis Ansatzpunkte für eine diakonische Strukturierung der drei anderen Grundvollzüge - Liturgie, Verkündigung und Koinonia - zu benennen. Im Sinne einer gewissen Konsequenz zum Konzept der *vier* Grundvollzüge sollen nun noch abschließend einige wenige schlaglichtartige Überlegungen dazu angestellt werden, welche Postulate sich für die Wahrnehmung des expliziten Grundvollzugs der Diakonie in den Gemeinden ergeben.

8.2.5.1 Wovor zu warnen ist

Ansatzpunkte für eine Praxis der Diakonie in den Gemeinden ergeben sich natürlich bereits dadurch, daß man die verschiedenen, kritisch dargestellten Problemlagen des Verhältnisses zwischen Diakonie und Gemeinde, wie sie in der faktischen Praxis beobachtbar sind (s. 4.2), in positiv-konzeptionelle Folgerungen umsetzt. An dieser Stelle soll noch einmal auf diese Problemlagen zurückgegriffen werden, um anhand dreier Beispiele aufzuzeigen, wie eine Wahrnehmung der Diakonie in den Gemeinden gerade nicht zu konzipieren ist.
Es kann sicher nicht darum gehen, euphorisch ein "Feuerwerk" diakonischer Aktivitäten mit einschlägigen Ausschüssen, Hilfsaktionen, Vorträgen usw. abzubrennen. Eine solche bloße Maximierung von Aktivitäten wäre in mehrfacher Hinsicht bedenklich. Sie liefe Gefahr, nur eine additive Kosmetik für Gemeinden zu sein, die ansonsten ihre Strukturen, Mentalitäten und Lebensstile unverändert läßt. Zweitens hätte eine bloße, bedrängende Einforderung von Aktivität den kontraproduktiven Effekt, daß die Diakonie als lästige Pflicht empfunden wird, die eher zu Dispensierungsversuchen veranlaßt, als ein handlungsleitendes Bewußtsein ermöglicht. Drittens unterläge die lediglich quantitative Erhöhung diakonischer Aktivitäten schnell der Tendenz, sie für die Selbstprofilierung der Gemeinde zu vereinnahmen, indem sich die Gemeinde darin als eine "aktive Gemeinde" präsentiert. Das würde dem fundamentalen Prinzip widersprechen, daß die Diakonie interesselos geschehen muß. Schließlich und vor allem aber würde eine bloße Maximierung der diakonischen Aktivitäten unter Beibehaltung der konventionellen

Strukturen und Handlungsmuster den Objektstatus Notleidender zementieren. Nicht sie wären es nämlich, die dabei in einem höheren Maße und auf der Basis eines größeren Freiheitsraumes nach eigener Maßgabe aktiv werden und so als Subjekte gemeindlicher Praxis in Erscheinung treten können. Immer noch wären es vor allem die etablierten Gemeindemitglieder, die die Aktivitäten tragen und die die Subjektrolle um so mehr für sich beanspruchen müssen, je mehr die diakonische Aktivität als Zugewinn für die Selbstzufriedenheit bzw. Profilierung der Gemeinde als einer (auch diakonisch) aktiven Gemeinde verbucht werden soll.

Auch ist davor zu warnen, die Diakonisierung der Gemeinde über die Forderung einer höheren Beteiligung der sogenannten "Laien" am Gemeindeleben zu propagieren. Auch wenn die eigenständige Partizipation aller Gemeindemitglieder am Praxisgeschehen der Gemeinde ein wichtiges Anliegen ist und auch wenn natürlich die "Laien", insofern sie sich als Christinnen und Christen verstehen, ohne Abstriche mit dem Anspruch der Diakonie belegt sind, so wäre es doch ein Irrweg, die Diakonie als Domäne der "Laien" zu deklarieren. Die Diakonie käme aus der lähmenden Fessel der "Heilsdienst-Weltdienst"-Dichotomie bzw. der Amt-Laie-Spannung nicht heraus. Ihre bewußtseinsbildende Marginalisierung an den Rand der Gemeinde wäre verfestigt.

Schließlich gilt es einer Versuchung zu widerstehen, die insbesondere unter dem Eindruck der aktuellen Klagen über die vermeintliche oder wirkliche Krise des Glaubens bzw. der Kirche besteht. Die Diakonisierung der Gemeinde darf nicht motiviert werden als "missionarische Chance". Die Diakonie darf nicht dazu funktionalisiert werden, daß mit ihr gleichsam "durch die Hintertür" eine größere Akzeptanz kirchlicher Lehrinhalte und Moralvorschriften, eine Stabilisierung bzw. Erhöhung der Mitgliederzahlen oder allgemein eine engere Anbindung der Menschen an die kirchlichen Instanzen zu erreichen versucht wird. Auch ein solches Ansinnen widerspräche dem Prinzip der Interesselosigkeit der Diakonie und nähme nicht ernst, daß die Diakonie in sich Zeugnis vom Unendlichen bzw. ansatzhafte Vergegenwärtigung der Reich-Gottes-Zustände ist und folglich ihre ekklesiologische Dignität aus sich heraus hat und nicht aufgrund zusätzlicher Verzweckungen.

8.2.5.2 Rückgewinnung der diakonischen Identität des Amtes

Die sogenannte "Erneuerung des Diakonats" hat - wie oben dargestellt (s. 4.2.1.2) - die Marginalität der Diakonie in den Gemeinden eher verstärkt als beseitigt. Unabhängig davon aber ist nicht nur eine Revision des Diakonats, sondern eine Neuorientierung hinsichtlich der kirchlichen Ämter insgesamt notwendig. Selbst dort, wo ständige Diakone entgegen den liturgischen Fixierungen in den kirchenamtlichen Aufgabenbeschreibungen ihre Rolle dezidiert über eine diakonische Praxis profilieren wollen, wäre es problematisch, die Diakonie allein den Diakonen zuzuschreiben und sie so erneut zu delegieren. Das verbietet sich bereits aufgrund des theologischen Verständnisses der drei Ordinationen Bischofsweihe, Priesterweihe und Diakonenweihe: "Was nicht selten als für den diakonalen Dienst charakteristisch reklamiert wird, die Bereitschaft, 'den Armen und Kranken, den Heimatlosen und Notleidenden zu helfen', gilt jedoch für den Bischof und die Presbyter genauso"[161].

Die theologische Grundlage für die Zuschreibung der Diakonie an das Amt in seiner Gesamtheit findet sich in zwei Aussagen der Kirchenkonstitution des Zweiten Vatikanum: "Wie aber Christus das Werk der Erlösung in Armut und Verfolgung vollbrachte, so ist auch die Kirche berufen, den gleichen Weg einzuschlagen, um die Heilsfrucht den Menschen mitzuteilen. ... So ist die Kirche, auch wenn sie zur Erfüllung ihrer Sendung menschlicher Mittel bedarf, nicht gegründet, um irdische Herrlichkeit zu suchen, sondern um Demut und Selbstverleugnung auch durch ihr Beispiel auszubreiten. Christus wurde vom Vater gesandt, 'den Armen frohe Botschaft zu bringen, zu heilen, die bedrückten Herzens sind' (Lk 4,18), 'zu suchen und zu retten, was verloren war' (Lk 19,10). In ähnlicher Weise umgibt die Kirche alle mit ihrer Liebe, die von menschlicher Schwachheit angefochten sind, ja in den Armen und Leidenden erkennt sie das Bild dessen, der sie gegründet hat und selbst ein Armer und Leidender war. Sie müht sich, deren Not zu erleichtern, und sucht Christus in ihnen zu dienen." (LG 8) Die hier vorgenommene Bestimmung der Kirche als diakonische, d.h. den Menschen, vorrangig den Notleidenden dienende Kirche setzt sich fort in der Bestimmung des Amtes, welches vom Konzil konsequent auf seine ekklesiologische Basis, das Volk Gottes gestellt und an die dort gegebene Identität der Kirche eben als diakonische Kirche zurückgebunden wird: "Um Gottes Volk zu weiden und immerfort zu mehren, hat Christus der Herr in seiner Kirche verschiedene Dienstämter eingesetzt, die auf das Wohl des ganzen Leibes ausgerichtet sind. Denn die Amtsträger, die mit heiliger Vollmacht ausgestattet sind, stehen im Dienste ihrer Brüder, damit alle, die zum Volke Gottes gehören und sich daher der wahren Würde eines Christen erfreuen, in freier und geordneter Weise sich auf das nämliche Ziel hin ausstrecken und so zum Heile gelangen." (LG 18)

Der inflationäre, doppelbödige und domestizierende Gebrauch der Begriffe Dienst, Dienstämter, Dienstgemeinschaft usw. hat leider bewirkt, daß man im kirchlich-theologischen Diskurs die Rede vom Dienst schnell als Allgemeinplatz registriert und darüber hinwegliest. Um so notwendiger ist es, Aussagen wie die eben zitierten genau in Augenschein zu nehmen und sich ihren Gehalt bewußt zu machen. Was hier vom Konzil ausgesagt wird, ist nichts anderes als dies: Wenn sich die Kirche auf den als Jesus unter uns lebenden Christus beruft und wenn sich die Amtsträger konsequent von dieser Kirche her verstehen, sich in die Identität der Kirche als Volk Gottes einordnen, dann besteht das Wesen des Amtes darin, daß es dem Menschen und seinem Mensch-sein-Können zu dienen hat. Das Verständnis des Amtes als Dienstamt darf nicht verharmlosend abgedämpft werden, sondern erreicht seine Tiefe erst dort, wo konsequent ernstgenommen und eingelöst wird, daß das Amt in der Diakonie seine Identität, sein Wesenskonstitutivum findet.[162]

Die Diakonie ist also jene konstitutive Dimension, die dem kirchlichen Amt als solchem und nicht nur einer Ausfaltungsgestalt des Amtes eignet. So wie die Ausfaltung des

---

161 **Kleinheyer, B.**: Ordinationen und Beauftragungen, 58.

162 Vgl. **Dupuy, B.D.**: Theologie der kirchlichen Ämter, 488 f.

Ordo in ein Bischofsamt und ein Priesteramt keineswegs bedeutet, daß etwa nur der Bischof Leitungsfunktionen und nur der Priester Verkündigungsfunktionen wahrnehmen würde, so kann auch die Aufgabe der Diakonie nicht in ausschließlicher Weise dem Diakonat zugeordnet werden. So wie Bischöfe und Priester selbstverständlich Liturgie, Verkündigung und die Stiftung von Gemeinschaft zu ihren Aufgaben zählen und die Identität des Amtes in Gefahr sehen, wenn eine dieser Aufgaben vernachlässigt, negiert oder von anderen in Frage gestellt wird, so sollten sie auch die Diakonie als eine wesentliche Aufgabe ihres Amtes ernstnehmen und sich bewußt machen, welch gravierende Destruktion der Identität des kirchlichen Amtes bereits gegeben ist, wenn die Diakonie im Selbstverständnis und in der praktischen Ausgestaltung des Amtes fast gänzlich ausfällt. Die dagegenzusetzende Forderung lautet ganz einfach: Priester und Bischöfe müssen in ihrem Bereich selbst Träger einer konkreten diakonischen Praxis sein. Einige deutsche Bischöfe gaben vor kurzer Zeit ein Beispiel für das hier Gemeinte: Sie traten ein für die grundsätzliche Möglichkeit und Notwendigkeit, unter bestimmten Bedingungen und nach Ausschöpfung aller anderen Wege abgelehnten Asylbewerbern "Kirchenasyl" zu gewähren. Sie äußerten diese Position zudem nicht nur als Privatpersonen, sondern verteidigten sie als Amtsträger der Kirche in der Öffentlichkeit und gegenüber politischen Kräften. Für einen Bischof sollte es also ein im guten Sinne gewöhnlicher Bestandteil seiner alltäglichen Arbeit sein, daß er z.B. mit Behinderten, Arbeitslosen, Asylbewerbern, Obdachlosen oder Psychiatriepatienten zusammenkommt, mit ihnen spricht und sich für ihre Belange einsetzt, ohne daß daraus immer gleich ein exotisches Ereignis oder ein Öffentlichkeitsauftritt mit Pressephoto wird.[163] Ähnliches ist für die Rolle des Priesters zu fordern. Der Priester verfehlt die Identität seines Amtes, wenn er seine Rolle auf "das Sakrale", also auf Gottesdienste, Sakramentenfeiern und Predigten, reduziert oder reduzieren läßt. Er soll, wie es in der oben zitierten syrischen Kirchenordnung heißt (s. 4.2.1.2), zusammen mit dem Diakon in die Häuser der Kranken gehen und sie besuchen. Er ist dafür, daß Arbeitslose, Sozialhilfeempfangende, Alleinerziehende oder Suchtkranke in der Gemeinde die Möglichkeit zum Gespräch, zur Reflexion ihrer Situation, zu Solidarisierungen und zu Initiativen der Überwindung ihrer Notlage bekommen, genauso verantwortlich wie für regelmäßige Beichtgelegenheiten, für den Sonntagsgottesdienst oder für die Vertretung der Gemeinde nach außen.

Erst auf der Basis dieser Rückgewinnung der diakonischen Identität des kirchlichen Amtes insgesamt ist es sinnvoll und auch notwendig, eine "erneute Erneuerung" des ständigen Diakonats vorzunehmen. Das Rollenkonzept der ständigen Diakone muß aus seiner liturgischen Verengung herausgeführt und mit dezidiert diakonischen Aufgaben gefüllt werden. Man wird der Identität des kirchlichen Amtes und speziell des Diakonats nicht gerecht, wenn man den Priester einseitig liturgisch definiert und dann die Identität des Diakonenamtes zu konstituieren versucht mit rubrizistischen Festschreibun-

163 Hier muß allerdings angemerkt werden, daß diese Stereotypisierung des diakonischen Engagements von Bischöfen oder Priestern zum aufsehenerregenden Sonderfall weniger von diesen selbst kultiviert, als von den öffentlich wirksamen Wahrnehmungsschemata genährt wird.

gen dessen, was von den priesterlichen Tätigkeiten der Diakon auch machen darf und was er im Unterschied zum Priester nicht mehr tun darf. Damit entartet der Diakon zur bloßen Diminutivform eines ohnehin fragwürdigen Priesterbildes. Für eine wirkliche Erneuerung des Diakonats käme es darauf an, daß der konkreten, dezidiert diakonischen Praxis die gleiche ekklesiologische Dignität zugesprochen wird wie der liturgischen und verkündigenden Praxis und daß sie von den Diakonen bzw. von den Bewerbern für das Diakonenamt auch wirklich als wesentliche Aufgabe eingefordert wird. Dann wäre die Voraussetzung dafür geschaffen, daß einerseits die Diakone nicht mehr problematische Identitätsanleihen bei einem liturgisch fixierten Priesterbild holen müssen bzw. der Diakonat nicht mehr für das Ausleben unerfüllter priesterlicher Phantasien mißbraucht werden kann und daß andererseits die Diakone tatsächlich ihre Amtsidentität in der diakonischen Praxis fundiert sehen bzw. ihre explizite diakonische Tätigkeit nicht mehr als Abweichung oder gar als Delinquenz erleben müssen. Die Identität des Diakonenamtes ist im Rahmen der für den gesamten Ordo geltenden Gemeinsamkeiten eigenständig zu definieren. Die Basis dieser eigenständigen Amtsidentität ist in der dezidierten diakonischen Praxis zu sehen. Wenn die Diakonie als durchgängige Dimension der christlichen Praxis und somit als konstitutive Dimension des kirchlichen Amtes insgesamt anerkannt ist, dann erst ist der Rahmen gegeben, in dem die Identität des Diakons so zur Geltung und zur Wirkung kommen kann, wie sie seit den Ursprüngen dieses Amtes vorgegeben ist: Der Diakon soll Kranke pflegen und sich um Fremde kümmern; er soll als "Auge der Kirche" die Häuser und Ufer nach Notleidenden absuchen und die Gemeinden darauf hinweisen, wer Hilfe braucht. Er tut das also nicht, um die übrigen Kräfte der Gemeinde davon zu entlasten, sondern vielmehr, um sie an die Diakonie als ihre Aufgabe zu erinnern. Gerade in seiner diakonischen Praxis ist er "das Sinnbild der ganzen Kirche".[164] Der Diakon repräsentiert in seiner diakonischen Praxis in personifizierter, sakramentaler, sinnfälliger Weise etwas, das Sache der ganzen Kirche und speziell auch aller Amtsträger ist. Wenn die Kirche den Diakonat als *Amt* ausfaltet, dann erfordert es das theologische Verständnis des Amtes, die damit bezeichnete Praxis nicht zu separieren und zu isolieren auf einen kleinen Bereich der Kirche. Der Diakonat als Amt ist die von der Kirche selbst gegebene, einklagbare Garantie, daß sie in ihrer Gesamtheit die Diakonie als konstitutive Bestimmung ihrer selbst begreift, nämlich Sakrament des Heils für die Welt, "Mittel" zum Heilsein der Menschen zu sein.[165]

---

164 Vgl. die in Punkt 4.2.1.2 zitierte syrische Kirchenordnung aus dem 5. Jahrhundert, dort zitiert nach **Zerfaß, R.**: Wenn Gott aufscheint in unseren Taten, 95-97.

165 Vgl. **Fuchs, O.**: Heilen und befreien, 202-206.

8.2.5.3 Ernstnahme der "gewöhnlichen Diakonie"

Die Fixierung der gemeindlichen Praxis auf die offiziösen Funktionsträgerinnen und -träger, die tendenzielle Delegierung der Diakonie an Institutionen wie auch die Verknüpfung der Diakonie mit anderen Interessen und Zweckbestimmungen haben zur Folge, daß mit der Diakonie überwiegend institutionalisierte, öffentlich wahrnehmbare bzw. bewußt auf den Raum der Gemeinde hingeordnete Aktivitäten assoziiert werden. Dahinter verschwindet die in einem ungeahnten Ausmaß praktizierte alltägliche Diakonie in den privaten Räumen der Familien und zwischenmenschlichen Beziehungen. Diese "ge-wöhnliche", in den - örtlichen wie psychosozialen - "Wohnungen" der Menschen angesiedelte Diakonie tritt im kollektiven Bewußtsein von Gemeinden meist nicht in Erscheinung, weil sie unauffällig, uninteressant, für das selbstprofilierende Streben einer Gemeinde wenig ergiebig ist. Die Banalität und die Belastung etwa der langfristigen Pflege eines Familienangehörigen bleiben im Privaten, weil in den Aktivitätsmustern, in den Präsentationsformen und in den "Erfolgs"-Kategorien der meisten Gemeinden dafür kein Platz vorgesehen ist. Eine solche Diakonie ist zu anstrengend, um zu begeistern, zu unangenehm, um einladend zu wirken, zu gewöhnlich, um damit anerkennende Aufmerksamkeit für sich selbst oder die Gemeinde erheischen zu können. Die Praxis der Gemeinden ist zudem vielfach so angelegt, daß die betroffenen Menschen, Pflegende wie Gepflegte, daran gerade nicht teilnehmen können. Nicht selten werden solche Lebensrealitäten bewußt oder unbewußt vom gemeinsamen Erfahrungsfeld einer Gemeinde ferngehalten, um die gewünschte Erbaulichkeit des Gemeindelebens nicht zu stören.
Hier kann die Wahrnehmung der Diakonie in der Gemeinde dergestalt geschehen, daß eine solche Diakonie tatsächlich *wahrgenommen* wird. Die alltägliche, gewöhnliche, banale, anstrengende Diakonie in den Familien oder in den sonstigen privaten sozialen Beziehungen, wie z.B. zwischen Nachbarn, Arbeitskollegen oder Freunden, die - wie Ottmar Fuchs sie nennt - "'verstreute' Diakonie"[166] muß als Realität der betroffenen Menschen wahrgenommen, als authentische Diakonie - unabhängig von der moralischen oder religiösen Konstitution der betroffenen Menschen - ernstgenommen und in ihrer christlichen Dignität bzw. ekklesiologischen Relevanz geachtet werden. Wie wenig selbstverständlich und wie schwierig das ist, zeigt ein Beispiel aus meiner Heimatgemeinde: Vier Frauen pflegten eine gemeinsame Freundin, die an Krebs litt. Sie ermöglichten damit der alleinstehenden Freundin, ihre letzten Lebenswochen daheim zu verbringen. Die vier Frauen besuchten nur äußerst selten den Gemeindegottesdienst und galten somit als "Fernstehende" am Rand der Gemeinde. Ihr Engagement hatte keine Chance, in der Gemeinde als Diakonie wahrgenommen zu werden. Es galt als private Hilfe ohne christliche Signatur, ohne Relevanz für die Gemeinde und somit ohne Wert für die Konstitution des christlichen Selbstverständnisses der Gemeindemitglieder. Wer aber wollte in Abrede stellen, daß die Praxis der Frauen Diakonie war und daß diese Diakonie wichtiger war als so mancher Aktivismus "treuer" Gemeindemitglieder?

---

[166] Ebd. 152.

Es geht bei der Forderung, solche gewöhnliche Diakonie wahrzunehmen, keinesfalls darum, sie indiskret zur Schau zu stellen oder auf der Ebene der Gemeinde ein "vikariierendes Leben" (s. 8.1.3.7) zu führen. Es geht auch nicht darum, diese Praxis für die Gemeinde zu vereinnahmen, um sie als Leistung der Gemeinde verbuchen zu können, oder darum, diese Diakonie mit den sie tragenden Menschen in die Muster der Gemeinde einzupassen. Es geht darum, die gewöhnliche Diakonie als authentisch christliche Diakonie wahrzunehmen und dadurch sowohl die betroffenen Menschen, die Notleidenden wie die Helfenden, ernstzunehmen als auch die in dieser Praxis gegebene ansatzhafte Verwirklichung der guttuenden, menschlichen Zustände des Reiches Gottes wertzuschätzen. Die Gemeinde ist dann nicht mehr die Größe, von der aus eine solche Diakonie - sei es zustimmend, sei es abwertend - definiert werden könnte. Die Gemeinde muß sich vielmehr umgekehrt von dieser gewöhnlichen Diakonie und ihren Subjekten her definieren und fragen, ob sie für sie einen förderlichen, zwangfreien und schützenden Freiraum abgibt.

8.3 Das Postulat einer diakonischen Kirche: Vorrangige Option für die Armen

"Wir müssen nun aber eine neue Anklage gegen die gewöhnliche praktische Theologie erheben, die Anklage, *ganze Teile, ja Hauptteile völlig übersehen zu haben. ...* Da fehlt vor allem die Theorie oder Wissenschaft des *Kirchenregimentes* oder der *kirchlichen Tätigkeiten, welche sich unmittelbar auf einen größeren Komplex von Gemeinden und die ganze Kirche vermittelst der diesfallsigen Organe, der Bischöfe, Erzbischöfe und des Papstes beziehen.*"[167] Diese vor über 150 Jahren von dem katholischen praktischen Theologen Anton Graf geäußerte Kritik an der Praktischen Theologie scheint bis heute ohne Wirkung geblieben zu sein. Wenn man sich die Themen der gängigen praktisch-theologischen Veröffentlichungen und Lehrveranstaltungen ansieht, fällt auf, daß die Reflexion auf die Praxisebene der Gemeinde bzw. auf das seelsorgerliche Begegnungsgeschehen mit einzelnen Personen bzw. mit spezifischen Gruppierungen dominiert. Über diese Praxisebenen hinausgehende Zusammenhänge finden nur schwerlich Eingang in die praktisch-theologische Reflexion. Übergemeindliche Praxisebenen der Kirche werden kaum zum Gegenstand einer kritischen Wahrnehmung und einer praxistheoretischen Konzeption gemacht. Es erscheint nicht angesagt, daß sich die Praktische Theologie z.B. mit der Praxis von Bischöfen, von diözesanen und überdiözesanen Institutionen, von übergemeindlichen Verbänden, von kirchlichen Hilfswerken oder weltweit tätigen Organisationen der Kirche beschäftigt. Gleichwohl ist das, was auf diesen Ebenen der Kirche geschieht, Praxis. Und es ist oft genug eine Praxis, die reflexionsbedürftig und kritikwürdig ist.
Die folgenden Ausführungen wollen diesem Defizit wenigstens zum Teil begegnen. Es geht hierbei um die Frage, welche praxistheoretischen Implikationen sich aus der vorgenommenen theologischen Bestimmung der Diakonie für die Praxisebene der Kirche als ganzer ergeben. Ziel ist es also, exemplarische Ansätze dafür zu benennen, wie die Kirche als solche und in ihren größeren Wirkzusammenhängen als eine *diakonische Kirche* in Erscheinung treten kann.

8.3.1 Die Wahrheit der Kirche unter dem Anspruch des Reiches Gottes

In der Frage nach der Kirche stoßen soziologische und theologische Bestimmungen aufeinander. Auf der einen Seite ist die Kirche ein gesellschaftliches Gebilde, das gemäß den soziologischen Gesetzen gesellschaftlicher Systeme "naturgemäß" darauf ausgerichtet ist, sich einen gesellschaftlichen Platz zu erkämpfen und sich darin selbst zu stabilisieren. Auf dem Nährboden dieser unbefragten soziologischen Quasi-Selbstverständlichkeit kann sich ein theologisches Denken ausbreiten, das die gesellschaftlich in Erscheinung tretende Kircheninstitution mit der Kirche als solcher und ganzer gleichsetzt, das die Selbststabilisierung dieser institutionalisierten Gestalten der Kirche auch

[167] **Graf, A.**: Kritische Darstellung des gegenwärtigen Zustandes der Praktischen Theologie, 82.

zu einem theologischen Prinzip erhebt und das die loyale Stützung des Selbststabilisierungsstrebens der Institutionen als unabweisbaren Anspruch eines christlichen Existenzvollzugs einfordert.
Dieses Denkmuster übersieht die grundsätzliche Vorläufigkeit und ständige Reformbedürftigkeit einer jeden institutionalisierten Präsentationsform der Kirche - seien es Lehren, Amtsstrukturen, Handlungsformen oder personelle Zuordnungen. Mit der Erhebung des Selbststabilisierungsinteresses der Kircheninstitutionen zum theologischen Prinzip wird die theologische Identität der Kirche vom Mechanismus ihres soziologischen Funktionierens überdeckt. Es bleibt unbeachtet, daß das Zur-Wirklichkeit-werden-Lassen des Reiches Gottes als Kern der Praxis Jesu und als unhintergehbarer Maßstab christlicher Existenz auch für die institutionalisierte Kirche Gültigkeit hat. Die Instanzen der Kirche, mithin ihre Ausformungen des Amtes, ihre Normen, ihre Lehren, ihre Praxisschemata, sind nicht das Letzte; sie sind hintergehbar und müssen "hintergangen" werden in dem Sinn, daß die institutionalisierte Kirche selbst noch einmal im Reich Gottes ihr letztgültiges Kriterium, ihr fundamentales theologisches Prinzip findet. Nie darf die jeweils geschichtliche, kontingente Gestalt der institutionalisierten Kirche mit dem Reich Gottes identifiziert werden.[168] Sie findet vielmehr das Kriterium ihrer permanenten kritischen Selbstreflexion in der Frage, ob sie ihrem Anspruch gerecht wird, dem Zur-Wirklichkeit-werden-Lassen des Reiches Gottes zu dienen. Die Anzeichen der Reich-Gottes-Vergegenwärtigung in der konkreten Existenz der Menschen sind die Realitäten, die die Kirche als *wahre Kirche* kennzeichnen. Die Kirche erweist ihre Wahrheit darin, daß in ihr die "Mühseligen und Beladenen" die bevorzugten "Adressaten" der guten Nachricht vom Reich Gottes sind. Das kann entsprechend der orthopraktischen Struktur der Reich-Gottes-Botschaft nur heißen, daß das Leben der notleidenden Menschen den vorrangigen Ort der Reich-Gottes-Praxis der Kirche bildet.
In Konsequenz dazu erweist sich die Kirche als wahre Kirche,

- wenn sie nicht nur individuelle Glaubenshaltungen pflegt, sondern auf die Veränderung der Gesellschaft hin zur Befreiung Notleidender aus ihrer Not hinarbeitet;
- wenn sie sich nicht gegenüber der Welt abgrenzt, sondern gemäß der Universalität des Reiches Gottes für die Zusammenführung der Menschen zu einer von menschenwürdigem und gleichberechtigtem Menschsein gekennzeichneten Menschheit in Dienst nehmen läßt;
- wenn sie in ihrer Praxis die gegenseitige Achtung der Menschen als Menschen und die Aufhebung diskriminierender Schranken verwirklicht;
- wenn sie innerhalb ihrer selbst nicht die Herrschaft der einen über die anderen, sondern die Gemeinschaft von verschieden-vielfältigen, aber gleichgeachteten und gleichberechtigten Gläubigen zum primären Kennzeichen macht;
- wenn sie als Ort der Versöhnung auf Gewaltanwendung verzichtet, diese Versöhnung aber nicht nur proklamiert, sondern praktiziert durch Zuwendung zu Ausgestoßenen und durch Einklage von Gerechtigkeit für Unterdrückte;

---

168 Vgl. **Duquoc, C.**: Kirchen unterwegs, 32.

- und wenn sie schließlich bei all dem nicht ihren eigenen Vorteil sucht, sondern Benachteiligung in Form von Haß, Verfolgung oder auch Nichtbeachtung und Geringschätzung in Kauf zu nehmen bereit ist. [169]

Die Unterstellung der Kirche unter den Anspruch des Reiches Gottes ist der Prüfstein ihrer Wahrheit. Dieser Wahrheit verleiht die Kirche konkrete Gestalt, wenn sie sich als eine Kirche im Dienst der Menschen, vorrangig der notleidenden Menschen erweist. Damit ist das Postulat formuliert, das im theologischen Diskurs im Theorem der *vorrangigen Option für die Armen* seinen Ausdruck gefunden hat.

8.3.2 Die inhaltliche Konturierung der Option für die Armen in den Generalversammlungen des lateinamerikanischen Episkopats in Medellin und Puebla

8.3.2.1 Die implizite Rede von der Option für die Armen in Medellin (1968)

Die II. Generalversammlung des lateinamerikanischen Episkopats 1968 in Medellin gilt allgemein aufgrund der damals verabschiedeten Beschlüsse als die Geburtsstunde der "Option für die Armen", obwohl die Formulierung als solche in den Texten von Medellin nicht vorkommt.[170] Der Sache nach wurde aber in Medellin genau diese Option getroffen. Was sich in der Praxis vieler Gemeinden und Initiativen angesichts der Unrechtsstrukturen und der Armut, unter denen der weitaus größte Teil der lateinamerikanischen Bevölkerung leidet, bereits in den Jahren vor Medellin an Bewußtsein und Handlungsmaximen entwickelt hatte, wurde bei dieser Generalversammlung von den Bischöfen auf die Ebene des Lehramts gehoben und als ihre eigene Verpflichtung wie auch als diejenige der ganzen Kirche in Lateinamerika deklariert. Die entscheidenden Aussagen finden sich im Kapitel 14 des Schlußdokuments unter dem Titel "Armut der Kirche".[171] Um erkennbar zu machen, daß bereits in Medellin, wenn auch nicht alle, so doch entscheidende Postulate grundgelegt wurden, die später die essentialen Aspekte der ausdrücklichen Rede von der Option für die Armen in den Gemeinden, in den lehramtlichen Verlautbarungen und in der (befreiungs-)theologischen Literatur bildeten, sei im folgenden ein ausführliches exzerpierendes Zitat dieses Kapitels 14 wiedergegeben.

"Der lateinamerikanische Episkopat darf angesichts der ungeheuren sozialen Ungerechtigkeiten in Lateinamerika nicht gleichgültig bleiben; Ungerechtigkeiten, die die Mehrheit unserer Völker in einer schmerzhaften Armut halten, die in sehr vielen Fällen an unmenschliches Elend grenzt. ... Es erhebt sich ein stummer Schrei von Millionen von Menschen, die von ihren Hirten eine Befreiung erbitten, die ihnen von keiner Seite

---

[169] Vgl. **Pottmeyer, H.J.**: Die Frage nach der wahren Kirche, 232-234.

[170] Vgl. **Collet, G.**: "Den Bedürftigsten solidarisch verpflichtet", 76; **Bedford-Strohm, H.**: Vorrang für die Armen, 151-157.

[171] Vgl. **Sekretariat der Deutschen Bischofskonferenz (Hg.)**: Die Kirche Lateinamerikas, 115-120.

gewährt wird. ...
Wir müssen unterscheiden:

a) Die Armut als Mangel an den Gütern dieser Welt ist als solche ein Übel. ...
b) Die geistige Armut ist das Thema der Armen Jahves und die Haltung der Öffnung zu Gott, ...
c) Die Armut als Engagement, das die Bedingungen der Armen dieser Welt freiwillig und aus Liebe annimmt, ... folgt damit dem Beispiel Christi, ...

In diesem Zusammenhang nimmt eine arme Kirche folgende Haltung ein:

- Sie klagt den ungerechten Mangel der Güter dieser Welt und die Sünde an, die ihn hervorbringt;
- sie predigt und lebt die geistige Armut als Haltung der geistigen Kindschaft und Öffnung zu Gott;
- sie verpflichtet sich selbst zur materiellen Armut. Die Armut der Kirche ist eine unveränderliche Größe in der Heilsgeschichte. ...

Nachdem wir dies alles gesagt haben, muß mit Nachdruck betont werden, daß das Beispiel und die Lehre Christi, die beängstigende Lage von Millionen Armen in Lateinamerika und die dringenden Ermahnungen des Papstes und des Konzils die lateinamerikanische Kirche vor eine Herausforderung und eine Aufgabe stellen, denen sie nicht ausweichen kann und auf die sie mit Sorgfalt und Kühnheit - der Dringlichkeit der Zeit angemessen - Antwort geben muß. Christus, unser Erlöser, liebt nicht nur die Armen, sondern 'er, der reich war, machte sich arm', lebte in Armut, konzentrierte seine Sendung darauf, daß er den Armen ihre Befreiung verkündete und gründete seine Kirche als Zeichen dieser Armut unter den Menschen. ... Die Kirche in Lateinamerika spürt angesichts der Bedingungen der Armut und der Unterentwicklung des Kontinents die Dringlichkeit, diesen Geist der Armut in Gesten, Haltung und Normen auszudrükken, die sie zu einem leuchtenderen und echteren Zeichen ihres Herrn macht. ... Die Armut der Kirche und ihrer Mitglieder in Lateinamerika muß Zeichen und Verpflichtung sein, Zeichen des unschätzbaren Wertes des Armen in den Augen Gottes, und Verpflichtung zur Solidarität mit denen, die leiden. ... Der besondere Auftrag des Herrn, 'den Armen die Frohe Botschaft zu verkünden', muß uns zu einer Verteilung der Kräfte und des apostolischen Personals führen, die den ärmeren und bedürftigeren und aus irgendwelchem Grunde ausgeschlossenen Sektoren wirklichen Vorrang gibt, ... Wir müssen das Gewissen zur solidarischen Verpflichtung mit den Armen, zu der die Nächstenliebe uns führt, schärfen. Diese Solidarität bedeutet, daß wir uns ihre Probleme und Kämpfe zu eigen machen und für sie zu sprechen wissen. ...
Wir möchten, daß unser Wohnstil und Lebensstil bescheiden sind, unsere Kleidung einfach, unsere Werke und Institutionen funktionsgerecht, ohne Pomp und Prunksucht. Wir richten an die Priester und Gläubigen die Bitte, uns eine Behandlung zukommen zu lassen, die unserer Sendung als Väter und Hirten entspricht, denn wir möchten auf die Ehrentitel verzichten, die einer früheren Zeit angehören. ...
Diese echten Beispiele der Entsagung und geistigen Freiheit werden Anlaß dafür sein, daß auch die anderen Mitglieder des Gottesvolkes entsprechendes Zeugnis der Armut geben. Eine aufrichtige Umkehr muß die individualistische Mentalität in eine andere,

die der sozialen Gesinnung und Sorge für das Gemeinwohl, wandeln."[172]
Diese Passage aus dem Beschluß der lateinamerikanischen Bischöfe läßt folgende Wesenselemente der - damals noch implizit getroffenen - Option für die Armen erkennen:

1) *Der gesellschaftliche Kontext kirchlicher Praxis wird bewußt wahrgenommen.* Diese Wahrnehmung nimmt die Realität, die zu einem bestimmten Handeln in der Kirche führt, nämlich die Armut, als eine "*soziale* Ungerechtigkeit" wahr. Armut wird also nicht als individuelles Schicksal definiert und bearbeitet, sondern als *Folge gesellschaftlicher, von politischen Instanzen verursachter Bedingungen.*

2) Den Impuls zu einem veränderten Handeln der Kirche angesichts der Armut setzen nicht die kirchlich-theologischen Instanzen, sondern der "stumme Schrei von Millionen von Menschen, die von ihren Hirten Befreiung erbitten", so daß man sagen kann, "daß, bevor die Kirche eine Option für die Armen getroffen hat, diese eine solche für die Kirche getroffen haben"[173]. Am Anfang des Engagements der Kirche steht also nicht eine Erkenntnis oder eine Entscheidung der kirchlich-etablierten Kräfte, die diese noch einmal selbstgefällig als eigenständige, freiwillige oder heroische Leistung verbuchen könnten. *Am Anfang steht vielmehr die Artikulation der Armen*, mit der diese auf ihre Lage aufmerksam machen bzw. Befreiung davon einfordern und die die kirchlich-etablierten Kräfte nur als ein In-Verantwortung-gerufen-Werden verstehen dürfen, im Zuge dessen sie ihr bisheriges diesbezügliches schuldhaftes Versagen bekennen und dem sie sich als eine Verpflichtung ohne jeden eigennützigen Effekt zu unterstellen haben.

3) *Armut wird differenziert definiert und bewertet*, so daß "Armut als Mangel an Gütern dieser Welt", die biblisch geforderte "geistige Armut als Offenheit gegenüber Gott und als Ungebundenheit gegenüber irdischen Dingen" und die "Armut als solidarisches Engagement mit den Armen nach dem Vorbild Jesu Christi" nicht mehr gegeneinander ausgespielt werden dürfen und die Verpflichtung zum Engagement gegen reale Not nicht mehr verharmlost werden kann. Die Differenzierung der Armut ermöglicht vielmehr eine dezidierte und grundlegende Profilierung der heilsgeschichtlichen Identität der Kirche als einer "armen Kirche", die geradezu verpflichtet ist, gegen ungerechte, materielle Armut anzukämpfen, und dazu die Haltung der geistigen Armut annehmen wie auch von sich aus materiell arm werden muß. Speziell die materielle Armut wird differenziert definiert als Übel und als Anforderung. Sie wird aber eben differenziert, so daß die Anforderung zur Aufhebung der Armut als Übel und die Anforderung zur Verwirklichung der Armut als Solidarität nicht gegenseitig paralysiert werden können. Es wird unterschieden nach dem Hintergrund und nach den Trägern der Armut. Die Verpflichtung zur Aufhebung der Armut, die durch soziale, ungerechte Bedingungen aufgezwungen und von hier und jetzt konkret armen Menschen erlitten wird, steht nicht im Widerspruch zur, sondern im Bedingungszusammenhang mit der Anforderung zur freiwillig gewählten materiellen Armut von kirchlich-etablierten Kräften, von Institutio-

172 Ebd. 115-119.

173 **Collet, G.**: "Den Bedürftigsten solidarisch verpflichtet", 74, Anm. 27.

nen wie von Personen, die bislang reich sind.
4) Das "Beispiel und die Lehre Christi" sowie "die beängstigende Lage von Millionen Armen" bedingen eine unausweichliche Herausforderung der Kirche. *Theologische Maßgabe und soziale Realität werden aufeinander bezogen*, um daraus gemeinsam den Handlungsauftrag der Kirche abzuleiten.
5) Die Inkarnation Gottes in Jesus, der selbst arm war, und die Konzentration der Praxis Jesu auf die Zusage von Befreiung für Notleidende aus ihrer Not bedeuten den Auftrag der Kirche, die sich auf Jesus beruft, selbst durch Armut und Solidarität mit Armen Zeugnis für Jesus Christus abzulegen und die Würde der Armen vor Gott im eigenen Handeln zu ratifizieren. Die Option der Kirche für die Armen findet also ihren *theologischen Grund in der vorgängigen Option Gottes für die Armen und in der Option der Gläubigen für Jesus Christus.*
6) Die so theologisch begründete Entscheidung für die Armen erfordert, daß bei der Verteilung der praktischen Ressourcen der Kirche dem Engagement mit den Armen und gegen die Armut ein "wirklicher", ein real erkennbarer und einklagbarer Vorrang gegenüber anderen Praxisformen eingeräumt wird. Gefordert ist also "das klare *Setzen von praktisch-pastoralen Prioritäten* [Hervorhebung durch Verf. - H.H.]"[174].
7) Die Verpflichtung zur Solidarität mit den Armen bedeutet die Anforderung, sich deren "Probleme und Kämpfe zu eigen zu machen". Option für die Armen kann also nicht bedeuten, daß die Kirche und ihre Kräfte ihren Reichtum und ihre Privilegien aufrechterhalten und von dieser Position aus sich in wohlwollender Gesinnung dem Problem der Armut zuwenden, dabei aber immer noch die Armut als separiertes Problem der "anderen" Menschen begreifen. Option für die Armen bedeutet vielmehr, daß *die kirchlichen Kräfte selbst die Position wechseln und an die Seite der Armen treten*, so daß sie die Armut - wenn auch mit einer anderen, komplementären Betroffenheit und mit einem anderen Erlebnisgrad - als eigenes Problem und den Kampf dagegen als eigenen Kampf definieren können und müssen.
8) Die Option für die Armen erfordert von den kirchlichen Kräften eine *Änderung des Lebensstils.* Materieller Reichtum (Wohnstil und Lebensstil) soll von Bescheidenheit und soziale Privilegierung (Ehrentitel) soll von der Unterstellung unter den Anspruch der Sendung Jesu Christi abgelöst werden.
9) Das Zeugnis der Armut kann bewirken, daß auch "die anderen Mitglieder des Gottesvolkes entsprechendes Zeugnis der Armut geben". Diese anderen Mitglieder sind die (noch) Reichen und Privilegierten. Die Option für die Armen bedeutet also keine exklusive Beschränkung der kirchlichen Praxis auf die Armen, aber eben auch keine unkritische Anerkennung von Reichtum als beliebige, gleichermaßen akzeptable Lebensform. *Es geht der Option für die Armen auch um die Reichen, insofern diese zur Solidarität mit den Armen bekehrt werden sollen.*
10) Und schließlich erfordert die Option für die Armen eine "*aufrichtige Umkehr von einer individualistischen Mentalität zu einer sozialen Gesinnung*". In ihrem Engagement für die Armen ist der Kirche also abverlangt, umzukehren von einer Behebung der

174 Ebd. 76.

Armut für den je einzelnen Menschen zu einer kritischen, politisch ambitionierten Beseitigung der sozialen Ursachen von Armut.[175]

8.3.2.2 Die explizite Rede von der Option für die Armen in Puebla (1979)

Bald schon nach der Versammlung in Medellin ging die Reflexion der dort formulierten Aspekte einer wirklichen Solidarisierung der Kirche mit den Armen in die ausdrückliche Rede von der "Option für die Armen" über. Giancarlo Collet datiert die erste ausdrückliche Verwendung des Theorems auf das 3. Nationale Treffen der peruanischen Priesterbewegung (ONIS) in Lima vom 9. bis 14. November 1970.[176] Dort wurde nach einer kritischen Gesellschaftsanalyse, welche die faktischen Mechanismen des kapitalistischen Wirtschaftssystems als Ursache der Armut in Lateinamerika erkennen ließ, gefragt, wie angesichts des ungerechten Handelns Unterdrückender gegenüber Unterdrückten noch das Prinzip der *universalen* christlichen Liebe gewahrt werden könne. Die Antwort darauf fand man in der Erkenntnis, daß Universalität nicht unentschiedene Allgemeingültigkeit bedeutet. Die Universalität der christlichen Liebe hat sich - so ist die damals vertretene Position zu verstehen - vielmehr zu bewähren und zu konkretisieren durch eine Liebe vorrangig zu den Ärmsten und Entrechteten, also darin, daß die Liebe jenen bevorzugt entgegengebracht wird, denen sie ansonsten bevorzugt vorenthalten wird, den Armen.[177] Die Universalität der christlichen Liebe wird demnach gerade darin verwirklicht gesehen, daß mit einer Option für die Armen die ansonsten weithin beobachtbare Begrenztheit der Liebesbereitschaft, die sich ihrerseits auswirkt in einer Privilegierung einiger weniger Gesellschaftsmitglieder, aufgebrochen wird und daß mit der Option für die Armen die Universalität der Liebe dort behauptet wird, wo sie ansonsten eben verletzt wird, d.h. gegenüber den Notleidenden. Das Prinzip der Universalität der Liebe ist also nicht Ausdruck einer Nivellierung der Liebe auf ein Durchschnittsmaß der Allgemeingültigkeit, sondern ist ein kritisches Prinzip, das die Liebe dort einfordert, wo Menschen eine liebevolle Zuwendung versagt bleibt.

Auch die chilenischen Bischöfe bezeichneten 1971 in einem Arbeitsdokument die Option für die Armen als die angemessene und notwendige Antwort auf die Spannung zwischen der Universalität der Liebe und dem Konflikt zwischen den Unterdrückten und den Unterdrückern, und sie rechtfertigten die Bevorzugung der Armen mit der Bevorzugung der Armen bei Jesus.[178] In ähnlicher Weise plädierten die peruanischen Bischöfe für die Option für die Armen mit dem verteidigenden Hinweis, daß die Option für die Armen auch eine Form der Liebe gegenüber Unterdrückern sei, insofern auch

---

175 Zur Vorgeschichte der Option für die Armen als theologisches Prinzip der Kirche vgl. **Boff, L./Boff, C.**: Wie treibt man Theologie der Befreiung?, 81-86; **Eigenmann, U.**: Politische Praxis des Glaubens, 45-48, 102-111.

176 Vgl. **Collet, G.**: "Den Bedürftigsten solidarisch verpflichtet", 76.

177 Vgl. ebd. 76 f.

178 Vgl. ebd. 77.

diese von den Mechanismen ihrer unterdrückenden Lebensverhältnisse unterdrückt seien.[179]

Auffallend ist hier, daß offenbar von Beginn an das Motiv der Option für die Armen unter Rechtfertigungsdruck stand und durch vermittelnde Interpretationen hinsichtlich der universalen, d.h. allen Menschen geltenden Liebe und speziell hinsichtlich der Stellung der Kirche gegenüber den Privilegierten konsensfähig gemacht werden mußte. Eine Schlüsselrolle in der Entwicklung des Theorems nimmt die III. Vollversammlung des lateinamerikanischen Episkopats in Puebla 1979[180] ein, in deren Schlußdokument die Option für die Armen gemeinsam mit der Option für die Jugendlichen als vorrangig bezeichnet wird. Hier kam die Ausbildung der Option für die Armen als theologisches Prinzip zu einem gewissen Abschluß, weil die dezidierte Formulierung "Option für die Armen", die im Anschluß an die oben erwähnten Versammlungen in den 70er Jahren auch von der befreiungstheologischen Literatur profiliert worden ist, zur offiziellen lehramtlichen Sprachregelung des Episkopats erhoben worden ist. Gleichzeitig war aber Puebla auch der Ausgangspunkt für eine zweite Phase der Diskussion. In dieser machte sich einerseits die Tendenz bemerkbar, den ursprünglichen provokanten Gehalt der Option durch die Konstatierung weiterer Optionen[181] bzw. durch die Charakterisierung als "vorrangig" und somit "nicht ausschließlich" zu nivellieren; andererseits setzte in der Gegenrichtung dazu eine verstärkte Profilierung bzw. Weiterentwicklung des Theorems ein, z.B. die Erweiterung der Frage nach den materiell Armen um die Frage nach den kulturell Anderen, etwa den Indianern oder den Afro-Amerikanern.

Das Schlußdokument von Puebla verweist auf die "vorrangige und solidarische Option für die Armen"[182]. Damit beruft es sich auf das vorhergehende Dokument von Medellin. Was anschließend als "vorrangige Option für die Armen" bestimmt wird, läßt sich folgendermaßen zusammenfassen:

Gefordert ist eine *Umkehr der gesamten Kirche mit dem Ziel der umfassenden Befreiung Armer* (1134). Die *bewußte Wahrnehmung der sozialen Realität* läßt erkennen, daß eine überwiegende Mehrheit der Bevölkerung im Gegensatz zu einer zunehmend reichen Minderheit unter *zunehmender Verarmung und Verelendung* leidet. Die Armut ist nicht nur durch den *Mangel an materiellen Gütern*, sondern auch durch den *Ausschluß von der gleichberechtigten Gestaltung des gesellschaftlichen Lebens* und der politischen Ent-

---

[179] Vgl. ebd.

[180] Vgl. **Sekretariat der Deutschen Bischofskonferenz (Hg.)**: Die Evangelisierung Lateinamerikas in Gegenwart und Zukunft.

[181] Diese Tendenz zeichnete sich bereits in Puebla ab mit der Aufnahme der Option für die Jugendlichen und erreichte ein gewisses Extremmaß in Zusammenhang mit der IV. Generalversammlung des lateinamerikanischen Episkopats 1992 in Santo Domingo, in deren Vorfeld eine Vielzahl von neuen Optionen, unter anderem für die Neu-Evangelisierung und für die neuen religiösen Gruppen, gefordert worden ist. (Vgl. **Conselho Episcopal Latino-Americano**: Nova Evangelização, 198-208.)

[182] **Sekretariat der Deutschen Bischofskonferenz (Hg.)**: Die Evangelisierung Lateinamerikas in Gegenwart und Zukunft, 193. - Die einschlägigen Ausführungen finden sich im Dokument unter den Nummern 1134-1165. Im folgenden Referat werden die entsprechenden Nummern in Klammern angegeben.

scheidungsprozesse, d.h. als soziale Armut, gekennzeichnet (1135). Die Kirche sieht es als ihre Verpflichtung an, *diese Lebenssituation als Produkt sozialer Ungerechtigkeit anzuklagen*, auch wenn sie dadurch selbst Nachteile in Kauf nehmen muß (1136/1138). Den Grund findet diese Forderung einer Umkehr zu und eines Engagements mit den Armen in dem Anspruch der *Identifizierung mit Christus*, der sich selbst mit den Armen identifizierte und dessen Engagement ein Engagement für die Bedürftigsten war (1140/1141). Allein daraus muß ein *Recht der Armen auf eine bevorzugende Zuwendung*, unabhängig von ihrer moralischen oder religiösen Verfaßtheit, abgeleitet werden (1142). "Daher ist der Dienst an den Armen vorrangiger, wenn auch nicht ausschließlicher Bestandteil unserer Nachfolge Christi." (1145) Der beste Modus der Verwirklichung dieser Option ist die Evangelisierung, die einerseits den Armen befähigt, sich als Kind Gottes zu verwirklichen, und ihn aus Ungerechtigkeit befreit, die aber andererseits die Armen selbst als ihre Subjekte begreift, insofern sie die Kirche zur Umkehr zu den Werten des Evangeliums veranlassen (1145/1147). Nach christlichem Verständnis darf Armut nicht nur als Mangel an den vergänglichen Gütern dieser Welt definiert werden. Als *evangelische Armut* stellt sie auch eine von Bescheidenheit und Offenheit für Gott gekennzeichnete und vom Evangelium geforderte Lebensform dar (1148-1152). Ziel der vorrangigen Option für die Armen ist die *Verkündigung Christi*, die die Bewahrung der menschlichen Würde, Befreiung aus Not und Hinführung zur Gemeinschaft mit Gott und den Menschen beinhaltet (1153). Angesichts der Ungerechtigkeitsverhältnisse bedeutet die Option für die Armen vor allem die Sorge um ein *würdiges geschwisterliches Zusammenleben und den Aufbau einer gerechten Gesellschaft* (1154). Dazu bedarf es eines Wandels der Vorstellungen von einem geglückten Leben: Die Mentalität eines konsumorientierten Individualisten muß bei Armen wie bei Reichen von der *Mentalität der Armut als Solidarität mit den Armen* abgelöst werden (1155/1156). Das erreicht die Kirche durch eine *Umkehr zu einem einfachen Lebensstil* und einem ehrlichen *Vertrauen auf den Herrn*, so daß sie das Bild einer authentischen Armut bietet, aufgrund der sich die Armen in der Kirche wirklich beteiligen und in ihrem Wert anerkannt fühlen können (1157/1158). Als *konkrete pastorale Folgerungen* ergeben sich daraus die Verurteilung der Armut, die Anklage der die Armut verursachenden Mechanismen, die Solidarisierung auch mit gleichgesinnten Menschen außerhalb der Kirche, die Unterstützung der Bestrebungen von Arbeitern um gerechte Arbeitsbedingungen und die Anerkennung bzw. Förderung anderer Rassen und Kulturen (1159-1164).

8.3.2.3 Der inhaltliche Ertrag

Die auffallenden Übereinstimmungen in der inhaltlichen Konturierung der Option für die Armen zwischen den beiden Dokumenten[183] belegen die Kontinuität zwischen Medellin und Puebla. Allerdings fallen auch zwei Unterschiede auf.
Erstens wird im Dokument von Puebla im Unterschied zu dem von Medellin die Evan-

[183] Die entsprechenden Stellen im Referat zum Puebla-Dokument sind kursiv gedruckt.

gelisierung als eine durchgängige, programmatische Formel, gerade auch zur Erläuterung der vorrangigen Option für die Armen, verwendet. Dies kann mit der Intention verbunden sein, die Option für die Armen theologisch genauer zu profilieren und ihr somit mehr Wirkung zu verleihen. Es kann aber auch die Rede von der Option für die Armen anfällig machen für paralysierende Umdeutungen, etwa dergestalt, daß man ein vorrangiges Engagement für die Armen in einer nur instrumentalistischen Sicht befürwortet und - in einer bedauerlichen Verkennung des Evangelisierungsverständnisses von "Evangelii nuntiandi" - in den Rahmen missionarischer Bemühungen um eine effektivere Belehrung der Menschen mit kognitiven Glaubensinhalten bzw. um die Rekrutierung von Kirchenmitgliedern einordnet. Die Bestimmung des Evangelisierungsbegriffs durch das Puebla-Dokument selbst bleibt in dieser Hinsicht zwiespältig. Zwar kennzeichnet es unter Berufung auf "Evangelii nuntiandi" die Evangelisierung mit folgenden Elementen:

"- Die vollständige Befreiung der alten und neuen Kulturen unseres Kontinents, indem wir der Religiosität unserer Völker Rechnung tragen (vgl. EN 18,20);
- Die Förderung der Würde des Menschen und die Befreiung von aller Art von Knechtschaft und Götzendienst (vgl. EN 29 ff.);
- Die Notwendigkeit, daß die Entscheidungszentren, die Quellen der Inspiration und die sozialen und politischen Lebensmodelle von der Kraft des Evangeliums durchdrungen werden (vgl. EN 19)."[184]

Gleichzeitig beschreibt es aber den Prozeß der Evangelisierung derart, daß die Verkündigung der frohen Botschaft als Predigt und Katechese, die Bekehrung der Herzen, der Eintritt in die Gemeinschaft der Gläubigen, Gebet, Sakramente und schließlich die Aussendung von Missionaren[185], nicht mehr aber die Anklage sozialer Ungerechtigkeiten und die Befreiung der Menschen aus Armut als die wesentlichen Punkte der Evangelisierung erscheinen. Deshalb ist es möglich, daß die Evangelisierung "bei Studenten, Soldaten, Arbeitern, jungen Menschen, im Bereich der sozialen Kommunikationsmittel usw."[186], also bei gesellschaftlichen Gruppen und Metiers, die nicht per se deckungsgleich mit den armen Schichten sind, als besonders dringlich gefordert wird.[187] Das Motiv der Option für die Armen wird durch den Gebrauch des Evangelisierungsbegriffs in Puebla zumindest anfälliger für eine Umdeutung zuungunsten des Anliegens der Befreiung aus Not.

Damit deckt sich der zweite zu beobachtende Unterschied, der nur als eine allgemeine Einschätzung wiedergegeben werden kann. Die Ausführungen zur "vorrangigen Option für die Armen" im Puebla-Dokument vermitteln den Eindruck deutlich ausgleichender und konsensorientierter Formulierungen. Ein Indiz dafür ist z.B., daß dem Bemühen, die Armut in positiver Diktion als christliche Tugend der Weltungebundenheit aufzuweisen,

---

[184] **Sekretariat der Deutschen Bischofskonferenz (Hg.)**: Die Evangelisierung Lateinamerikas in Gegenwart und Zukunft, 76 f.

[185] Vgl. ebd. 78.

[186] Ebd. 79.

[187] Vgl. ebd.

ein ganzer Abschnitt gewidmet ist.[188] Das geht auf Kosten der Konkretheit und Deziディertheit der Forderung nach Abschaffung materieller bzw. sozialer Armut, von denen noch die Aussagen von Medellin gekennzeichnet waren.
Ungeachtet dieser Unterschiede[189] lassen sich zusammenfassend folgende Aspekte als die inhaltliche Kontur der in Medellin und Puebla propagierten "(vorrangigen) Option für die Armen" benennen:
1) Es gibt einen bedrohlich anwachsenden Teil der Menschheit, der unter einer menschenunwürdigen, existenzbedrohenden Armut leidet.
2) Die Armut ist nicht als individuelles Schicksal, sondern als Folge ungerechter Strukturen in Wirtschaft und sozialem Leben zu analysieren, was zugleich bedeutet, daß diese sündhaften Gesellschaftsstrukturen wie auch der Platz von Christen und Kirchen darin selbstkritisch aufgedeckt werden müssen.
3) Diese gesellschaftliche Realität gilt es bewußt wahrzunehmen und zwar derart, daß man sich vom Schrei der Armen nach Befreiung verpflichten läßt und - nach einem Positionswechsel an die Seite der Armen - deren Probleme als eigene Probleme erkennt.
4) Das so neu gebildete Bewußtsein nimmt den Gott Jesu Christi als einen Gott des "Lebens in Fülle" wahr, der sich vorrangig den Armen zuwendet und ihnen eine unbedingt zu bewahrende Würde verleiht.
5) Die Berufung auf den Gott Jesu Christi erfordert, daß dessen Option für die Armen nachvollzogen wird; bei der Gestaltung des persönlichen Lebens und der kirchlichen Praxis muß den Armen eine reale Priorität eingeräumt werden, indem ihnen und ihrer Befreiung bei der Verteilung emotionaler Zuwendung, politischer Kapazitäten wie auch personeller, institutioneller, finanzieller, rationaler und ähnlicher Ressourcen der Vorrang zukommt.
6) Armut muß differenziert definiert werden a) als ungerechte, aufgezwungene materielle bzw. soziale Armut, die den Menschen in unwürdige Verhältnisse treibt und gegen die angekämpft werden muß, b) als geistige Armut im Sinne einer tugendhaften Weltungebundenheit und Offenheit für Gott und c) als freiwillig gewählte materielle Armut im Sinne eines solidarischen Engagements mit den Armen gegen die Armut.
7) Den bislang Reichen und Privilegierten bzw. der Kirche ist eine radikale Umkehr abverlangt hin zum sozialen bzw. politischen Engagement im Dienst der Armen mit dem Ziel, Strukturen der Ungerechtigkeit abzubauen bzw. anzuklagen und alle Kräfte zugunsten der Befreiung von Armen zu unterstützen.
8) Das zieht für die Christen und die Kirche, insbesondere für die etablierten Kräfte der Kirche, die Forderung nach sich, den Lebensstil zu ändern und auf nicht notwendige Güter bzw. auf Privilegien zu verzichten.
9) Reiche werden in diesem Engagement für die Armen nicht ausgeschlossen. Es geht

[188] Vgl. ebd. 195 (Nr. 1148-1152).

[189] Die in Puebla vorgenommene Präzisierung der Option als *vorrangige* Option wurde hier nicht erwähnt, da sie, insofern Medellin noch nicht ausdrücklich von der "Option für die Armen" sprach, auch nicht als von Medellin zu unterscheidende Verwendung des Terminus aufgefaßt werden kann, und da die inhaltliche Aussageintention des "vorrangig" selbst noch divergierend beurteilt wird (s. 8.3.3.2).

in der Option für die Armen auch um die Reichen, insofern diese zur Solidarität mit Notleidenden und somit zu einem Leben nach dem Willen Gottes bekehrt werden sollen.
10) Daß von den Armen Prozesse initiiert werden, in deren Verlauf Christen wie auch die Kirche als Gesellschaftsgebilde ihrem Auftrag besser gerecht werden, weist sie, die Armen, selbst als Subjekte der Option für die Armen aus. Das erfordert die Anerkennung ihrer spezifischen Kultur, ihrer Charismen und ihrer Lebensform gerade auch in ihrem Anderssein.[190]

8.3.3 Terminologische Implikationen der "vorrangigen Option für die Armen"

Von Anfang an war die Rede von der "vorrangigen Option für die Armen" verbunden mit Anstrengungen, sie mit dem Anspruch der Universalität christlicher Liebe apologetisch zu vermitteln. Daran wird ersichtlich, daß die explizite Forderung einer *vorrangigen* Option für die Armen von Anfang an Widerstand auslöste. Dabei zeigt sich, daß die Befürwortung und die Unterstützung der in der Option für die Armen enthaltenen Postulate solange uneingeschränkt anhalten, als sie noch im Sinne des allgemeinen Gebots der Liebe zwischen den Menschen und insbesondere gegenüber den Notleidenden interpretiert werden können. Im Rahmen des universalen Liebesgebots - dessen unkritische Propagierung *über* weiterhin bestehende soziale Unterschiede *hinweg* freilich auf die Stabilisierung derselben hinausläuft - findet die Forderung der Zuwendung zu den Armen als christliche Tugend mit zweifelsfreier Plausibilität ungeteilte Zustimmung und zwar auch noch dort, wo diesbezügliche soziale und politische (aber noch systemkonforme, nicht systemkritische) Aktivitäten stattfinden. Widerstand hingegen rührt sich, wenn sich unter dem Begriff der "vorrangigen Option" eine neue Form und Qualität der Liebe gegenüber den Armen abzeichnet, nämlich eine Liebe, die das Engagement für die Aufhebung unterdrückerischer Verhältnisse miteinschließt und so auch bereit ist zur Kritik an den Kräften und Personen, die Ungerechtigkeiten verursachen.
Die Option für die Armen intendiert nicht eine Liebe zu den Armen auf der Basis eines möglichst breit akzeptierten Kompromisses zwischen den Interessen aller Gesellschaftsgruppen, sondern die bewußtseinsbildende Analyse gesellschaftlicher Ungerechtigkeit als Ursache von Armut, die Anklage der Unrechtsmechanismen bzw. ihrer Träger und Nutznießer und den parteilichen Einsatz für die Befreiung der Unterdrückten gegen die Interessen der Unterdrücker. Die Eigenart der Option als bewußte Inkaufnahme und bewußtes Austragen von Konflikten wird jedoch abgelehnt von einer konfliktvermeidenden Harmonisierung christlicher Liebe, wodurch die Träger der Option für die Armen in eine weitere gesellschaftliche bzw. binnenkirchliche Konfliktlinie eingespannt werden, nämlich in den Widerstreit zwischen einer reformistischen Denkrichtung, die das bestehende Gesellschaftssystem systemimmanent verbessern will, und einer revolu-

---

[190] Vgl. auch die Zusammenfassung in **Collet, G.**: "Den Bedürftigsten solidarisch verpflichtet", 82-84.

tionären Denkrichtung, die auf eine grundlegende Umwandlung der Strukturen des Gesellschaftssystems hintendiert.[191]

Diese spannungsvollen, divergierenden Positionen bezüglich des Theorems erfordern es, genauer zu fragen, was nun eigentlich ausgesagt wird, wenn von dieser Option die Rede ist. Es geht also um eine nähere Betrachtung der terminologischen Implikationen des Theorems "vorrangige Option für die Armen" - nicht, um es einer kompromißförmigen (und somit kompromittierenden) Interpretation zu unterziehen, sondern um Sicherheit im Umgang mit dem Theorem, gerade auch in der kontroversen Verteidigung desselben, zu erhalten.

8.3.3.1 "Option"

Option bedeutet freie Wahl, die Möglichkeit also, sich *für* etwas zu entscheiden und - darin implizit - andere Möglichkeiten nicht zu berücksichtigen. Wer sein Handeln unter eine Option stellt, räumt demnach bei der Konzeption und Durchführung seines Handelns bestimmten Personen bzw. bestimmten Sachen eine Priorität ein, der gegenüber andere Personen oder Sachen zurückstehen bzw. sich selbst unterordnen müssen. Das Treffen von Optionen ist die Bekundung der Präferenzen, mit denen ein Engagement erfolgt. Folglich lassen sich mit Hartmut Heidenreich zwei Funktionen der Option benennen: Die Option gibt erstens eine Handlungsperspektive an, die das Handeln zielgerichtet verlaufen läßt. Sie begrenzt zweitens die Vielfalt der Handlungsmöglichkeiten auf einige wenige. Sie wählt die wirklich *notwendigen* Handlungen aus, d.h. solche, die erforderlich sind, um in der jeweiligen Situation die gegebene Not zu beheben oder Bedürfnisse zu befriedigen.[192] Und sie beschränkt die Vielfalt der Handlungsmöglichkeiten auch auf die *möglichen* Handlungen, indem sie die Handlungskonzeption angesichts der Anforderungen in einer bestimmten Situation an den Möglichkeiten und Voraussetzungen der jeweils handelnden Personen ausrichtet und so vor Überforderung bewahrt.[193] Allerdings ist "Option" in diesem Verständnis noch ein formaler, neutraler Begriff. Auf dieser Ebene ist der Begriff noch gleichermaßen verwendbar für die Option für die Armen wie auch für die Option etwa eines Wirtschaftskonzerns für eine bestimmte Investition.

Die Bestimmung dessen, was eine Option bedeutet, muß also fortgesetzt werden für solche Optionen, die darüberhinaus inhaltlich gefüllt sind, d.h. die als Ausdruck oder Konsequenz einer bestimmten vorgegebenen, von der jeweiligen Situation unabhängigen Überzeugung, Weltanschauung oder eben Glaubenshaltung getroffen werden. Aus dem formal-neutralen Handlungsregulativ "Option" wird dann eine inhaltlich normierte und normierende Option, die nicht mehr kontingent ist. Die Option für die Armen ist eine Option im letzteren Sinn, da sie Ausdruck der christlichen Glaubensüberzeugung ist,

---

191 Vgl. **Boff, C./Pixley, J.**: Die Option für die Armen, 135.

192 Vgl. **Heidenreich, H.**: "Evangelisierung in Europa", 32.

193 Vgl. ebd. 32 f.; **Fuchs, O.**: Heilen und befreien, 47.

daß die vorrangige Zuwendung Gottes zu den Armen auch zwischen Menschen eine vorrangige Zuwendung zu Armen erfordert. Erst für solche inhaltlich gefüllten Optionen ist dann eine Funktionsbestimmung der Option zutreffend, wie sie Hermann Steinkamp - als Alternative zu Hartmut Heidenreichs Unterscheidung gedacht - vornimmt.[194] Danach hat eine Option die Funktion eines erkenntnisleitenden Interesses, das bewußt oder unbewußt bezüglich eines Handelns Vorentscheidungen nahelegt und so dem Handeln eine den vorgegebenen Maximen entsprechende Richtung gibt. Sie hat zweitens den Charakter einer existentiellen Glaubensentscheidung, da sie die Handlungen begrenzt auf solche, die die Not der Menschen wenden und diese zu einem erfüllteren Leben hinführen, und da sie damit solche Handlungen auswählt, die - derart inhaltlich spezifiziert gedacht als Befreiung der Menschen aus Not - in sich ein Postulat des Glaubens sind. Und drittens hat eine Option eine handlungsleitende Funktion, da sie ermöglicht, eine Praxis als orthopraktisch, d.h. als mit den zugrundegelegten Prinzipien übereinstimmend, bzw. als nicht orthopraktisch zu beurteilen.
Wird also von der "Option für die Armen" gesprochen und wird die Praxis der Christen bzw. der institutionellen Formen der Kirche unter diese Option gestellt, dann wird diese Praxis nach der Grundperspektive der vorrangigen Zuwendung Gottes zu den Armen mit dem Ziel ihrer Befreiung und der daraus erwachsenden analogen Verpflichtung der Christinnen und Christen ausgerichtet. Hinsichtlich der erkenntnisleitenden Interessen in der Praxisanalyse und Zielformulierung, der räumlichen, emotionalen und intellektuellen Assoziierung, des Einsatzes personeller, finanzieller, emotionaler, institutioneller und rationaler Ressourcen und in vielen anderen Aspekten wird den Armen bei der Konzeption christlicher Praxis Priorität eingeräumt. Das bedeutet umgekehrt, daß die Zuwendung zu den Privilegierten entsprechend eingeschränkt bzw. ebenfalls unter der Maßgabe der Option für die Armen neu definiert und auf die neue Basis entweder der kritischen Anklage oder der gemeinsamen Revision der bisherigen Sozialstrukturen gestellt wird.
Damit ist ein nicht ins Belieben gestelltes, sondern einklagbares Kriterium gegeben, das die Praxis von Christen und Kirchen kritisierbar macht[195], zumal für die von Armut direkt Betroffenen, und dies - entgegen dem binnenkirchlichen Ansinnen der Immunisierung gegen Fremdkritik - selbst dann, wenn sich die Betroffenen nicht zu den Kirchenmitgliedern oder Christen zählen. Innerhalb speziell der diakonischen Praxis wirkt sich diese Funktion der Option für die Armen als einklagbares Kriterium z.B. dahingehend aus, daß das diakonische Handeln allein nach der Not der Notleidenden zu bestimmen ist und nicht nach den - für die Armen zynischen - Kriterien ausgewählt werden darf, was unter einer bestimmten Hinsicht, etwa Prestigegewinn, Zuwachs an sozialer Stabilität oder Mitgliedschaft, den größten Effekt bringt oder was die angenehmere, "schönere", leichter zu handhabende, weniger strapaziöse Not ist.

---

194 Vgl. **Steinkamp, H.**: Sozialpastoral, 74.

195 Vgl. **Fuchs, O.**: "Umstürzlerische" Bemerkungen, 18.

8.3.3.2 "vorrangig"

Eine Option als "vorrangig" zu bezeichnen ist eigentlich eine Tautologie. Das Setzen einer Option ist ja bereits die Bekundung einer Präferenz. Die Bezeichnung einer Option als vorrangig ist folglich nur die Behauptung der Vorrangigkeit eines Vorrangigen. Das ist auch der Grund dafür, daß es eigentlich der Bedeutung des Begriffs "Option" widerspricht, für einen Praxiszusammenhang so viele Optionen zu setzen bzw. Optionen so umfassend-allgemein zu formulieren, daß alle Beteiligten konfliktfrei zustimmen können. Gerade dadurch geht der Charakter der Optionalität, der entschiedenen Prioritätensetzung mit den Funktionen der Handlungsperspektive, der Handlungsbegrenzung, der Glaubensentscheidung und der orthopraktischen Überprüfbarkeit verloren. Dennoch bedarf die Präzisierung "vorrangig" einer inhaltlichen Klärung, da sie in der theologischen Diskussion um die Option für die Armen mittlerweile üblich und in den feststehenden Terminus integriert ist und da sich an ihr weitere, teils umdeutende, teils konkretisierende Interpretationen des Theorems entzünden.
Der von Anfang an gegebene Rechtfertigungsbedarf gegenüber dem Postulat der Universalität christlicher Liebe veranlaßte dazu, vereinzelt schon vor Puebla[196], in und nach Puebla aber dann im Sinne einer offiziellen Sprachregelung von einer "*vorrangigen* Option für die Armen" zu sprechen. Die Bewertung dieser Präzisierung "vorrangig" erweist sich als schwierig. Der Kontext legt nahe, die Präzisierung als Relativierung bzw. Abschwächung des theologischen, sozialen und politischen Sinns der Option als einer Glaubensentscheidung[197] zu interpretieren. Sie wurde eingeführt unter dem Druck der Anfrage, wie sich die Option für die Armen vertrage mit dem Anspruch, daß die liebevolle Zuwendung nicht nur einer Gruppe, sondern allen Menschen, also nicht nur den Armen, sondern auch den Mittelschichtangehörigen und - trotz aller Einsicht in Ungerechtigkeitszusammenhänge - den Reichen gelten müsse. Von diesem Entstehungskontext her trägt die Präzisierung "vorrangig" die Aussage- bzw. Auslegungsintention "nicht ausschließlich" mit sich. Das Puebla-Dokument bestätigt diese Interpretation bereits dadurch, daß es neben die "vorrangige Option für die Armen" bereits eine "vorrangige Option für die Jugendlichen"[198] setzt und dadurch die Eindeutigkeit der Vorrangigkeit aufhebt bzw. die Möglichkeit eröffnet, mit dem Hinweis auf die Option für die Jugendlichen die Konsequenz der Option für die Armen abzuschwächen.[199]
Den deutlichsten Anhaltspunkt für diese Interpretation bietet Puebla aber dadurch, daß es resümierend zum Kapitel "Vorrangige Option für die Armen" selbst von der "vor-

---

196 Vgl. **Collet, G.**: "Den Bedürftigsten solidarisch verpflichtet", 78.

197 Vgl. **Eicher, P.**: Option für die Armen, 132.

198 Vgl. **Sekretariat der Deutschen Bischofskonferenz (Hg.)**: Die Evangelisierung Lateinamerikas in Gegenwart und Zukunft, 198-203 (Nr. 1166-1205).

199 Vgl. **Sekretariat der Deutschen Bischofskonferenz (Hg.)**: Instruktion der Kongregation für die Glaubenslehre über einige Aspekte der "Theologie der Befreiung", 13.

rangigen, aber nicht ausschließlichen Liebe zu den Armen"[200] spricht. Das "vorrangig" ist hier nicht nur als ein "nicht ausschließlich" domestiziert. Der konturierte Begriff der "Option" ist zudem durch den (an dieser Stelle) unkonturierten, allgemeingültigen Begriff "Liebe" ersetzt.[201]

Diese Interpretation der Vorrangigkeit hat für die Verwendung des Theorems der vorrangigen Option für die Armen entscheidende Konsequenzen, aufgrund deren der ursprüngliche Gehalt des Theorems paralysiert werden kann. Die Ausweitung der einen "vorrangigen Option" auf mehrere "vorrangige Optionen" führt eine andere Logik in die Setzung von Optionen ein. Das heißt: Die Setzung einer Option ist nicht mehr geleitet von der Überlegung, welche Menschen besonders in Not sind und damit vorrangig, also vor allen anderen des Engagements der Kirche bzw. der Christen bedürfen. Mit der Öffnung der Optionensetzung auf eine Vielfalt von Optionen hin ist umgekehrt der Überlegung ein Weg gebahnt, welche "passenden" Optionen aus dem Spektrum der vielen möglichen Optionen gesetzt werden müssen, um einen bestimmten Bedarf auf seiten der christlich bzw. kirchlich handelnden Personen, insbesondere der Institutionen und etablierten Kräfte der Kirche, zu decken. Mit der einen eindeutigen Option für die Armen trifft die Kirche eine Wahl, mit der sie ihre Position wechseln und sich auf die Armen hinordnen muß. Mit der Wahl mehrerer Optionen bleibt zwar der äußere Vorgang der Optionensetzung gleich, die innere Logik kippt jedoch um: Die Kirche behält ihre Position und ordnet mit der Überlegung, welche Menschen welche Bedeutung für die Kirche haben, diese Menschen auf sich hin.

Deutlich wird dies an der im Puebla-Dokument angegebenen Begründung der Doppeloption für die Armen und für die Jugendlichen. Die vorrangige Option für die Jugendlichen ist demnach begründet in der "Hoffnung der Kirche ... in der Jugend Lateinamerikas ein wirkliches Potential ihrer Evangelisierung in der Gegenwart und der Zukunft"[202] zu finden, so daß "die Evangelisierung der lateinamerikanischen Jugend ... nicht nur deren umfassendes Streben nach Selbstverwirklichung erfüllen, sondern auch die Bewahrung eines kraftvollen Glaubens auf unserem Kontinent garantieren"[203] wird. Mit dieser Aussicht wird dann die Doppeloption für Arme und Jugendliche begründet: "Die Armen und die jungen Menschen sind also der Reichtum und die Hoffnung der Kirche in Lateinamerika und daher ist ihre Evangelisierung vorrangig."[204] Die Doppeloption wird getroffen, weil die Armen und Jugendlichen eine

---

[200] **Sekretariat der Deutschen Bischofskonferenz (Hg.)**: Die Evangelisierung Lateinamerikas in Gegenwart und Zukunft, 197 (Nr. 1165).

[201] Überraschenderweise läßt sich die gleiche sprachliche Figur auch bei Befreiungstheologen selbst finden. Clodovis Boff und Jorge Pixley erläutern das "vorrangig" ebenfalls derart, "daß diese Option nicht exklusiv für die Armen sein bzw. *nicht den Nichtarmen vorenthalten* [Hervorhebung durch Verf. - H.H.] bleiben darf. ... Ihre [sc. der Kirche - H.H.] Liebe zu den Armen ist demnach Vorliebe, nicht einzige Liebe." (**Boff, C./Pixley, J.**: Die Option für die Armen, 147).

[202] **Sekretariat der Deutschen Bischofskonferenz (Hg.)**: Die Evangelisierung Lateinamerikas in Gegenwart und Zukunft, 201 (Nr. 1186).

[203] Ebd. 191 (Nr. 1131).

[204] Ebd. (Nr. 1132).

Hoffnung für die Kirche darstellen. Damit ist die Logik von "Gaudium et spes" bzw. von "Evangelii nuntiandi" eigentlich auf den Kopf gestellt. Nach diesen Dokumenten muß die Kirche sich vielmehr als eine *Hoffnung für die Menschen, insbesondere für die Armen* bewähren. In ihnen wird es als Pflicht der Kirche dargestellt, die Erwartungen und Bestrebungen der Menschen von heute zu verstehen, aufzugreifen und "in einer jeweils einer Generation angemessenen Weise auf die bleibenden Fragen der Menschen nach dem Sinn des gegenwärtigen und des zukünftigen Lebens ... Antwort [zu] geben" (GS 4). Dieses Engagement der Kirche, gefaßt im Begriff der Evangelisierung, zielt nach "Evangelii nuntiandi" auf die Umwandlung der Menschheit in Richtung einer Befreiung aller Menschen aus Not[205].
Die Option für die Armen wird weiterhin durch dieses Verständnis der Präzisierung "vorrangig" entpolitisiert. Die Möglichkeit, daß die Option für die Armen domestiziert bzw. sogar punktuell außer Kraft gesetzt wird durch die Konstatierung und Verwirklichung anderer Optionen, raubt ihr den Charakter einer wirklichen, unbedingt verpflichtenden Parteinahme für die Armen, die auch dann noch durchgehalten wird, wenn die Befreiungsinteressen der Armen auch auf dem Weg des politischen Kampfes um eine Veränderung des gesellschaftlichen Systems gegen die Interessen der Privilegierten vertreten werden müssen. Der Hinweis der Privilegierten auf die auch ihnen geltende Liebe und auf den auch ihnen zustehenden Platz in der Kirche läßt den politischen Einsatz der Kirche *gegen* ihre Interessen als theologische Illegalität erscheinen.[206]
Schließlich bedeutet die dargelegte Interpretation des "vorrangig" eine Umdeutung der Option für die Armen dahingehend, daß sie wieder nur in ein Handeln der Kirche *für die Armen*, nicht aber in ein Handeln der Armen als Subjekte ihrer eigenen Befreiung und speziell auch als Subjekte der Kirche umgesetzt wird. Wie oben erwähnt, bringt ja die Vervielfältigung der Optionen mit sich, daß mit dem Setzen der Option kein Positionswechsel mehr vollzogen wird. Wenn die Kirche sich den "Freiraum" erhalten will, angesichts der gesellschaftlichen Gruppen Optionen für mehrere Gruppen zu treffen, dann setzt sie implizit voraus, daß sie sich nicht mit einer Gruppe besonders identifiziert oder auf deren Seite stellt. Die Kirche wird als eine gesellschaftliche Größe verstanden, die den verschiedenen gesellschaftlichen Gruppen gegenübersteht und *in* dieser Gegenüberstellung wahlweise ihre situativen Präferenzen bekundet. Jedes Engagement der Kirche zugunsten der Armen bleibt dann notwendig ein Engagement *für* die Armen, nicht aber die von Instanzen der Kirche initiierte und unterstützte Aufrichtung der Armen als Subjekte ihres eigenen Befreiungskampfes. In letzter Konsequenz bewirkt dieses Denkmuster der Gegenüberstellung von Kirche und Armen sogar die bewußtseinsmäßige Exkommunikation der Armen als Glieder der Kirche, weil sie qua ihrer

---

205 Vgl. **Sekretariat der Deutschen Bischofskonferenz (Hg.)**: Apostolisches Schreiben "Evangelii nuntiandi", 20-28.

206 Vgl. **Eicher, P.**: Option für die Armen, 132. - Eicher verweist in diesem Zusammenhang auf die Marxismuskritik der Kongregation für die Glaubenslehre gegenüber der Befreiungstheologie (vgl. **Sekretariat der Deutschen Bischofskonferenz [Hg.]**: Instruktion der Kongregation für die Glaubenslehre über einige Aspekte der "Theologie der Befreiung", 14-24).

gesellschaftlichen Marginalität auch am Rand der Kirche angesiedelt werden und ihr authentisches Kirche-Sein durch Integrationsleistungen über ihren Befreiungskampf hinaus nachzuweisen gezwungen sind. Auf diesem Hintergrund erweist sich die Präzisierung der Option für die Armen als einer "vorrangigen" Option als Quelle ihrer "Trivialisierung"[207] bzw. ihrer Verharmlosung.

Die Herleitung der Aussageintention der Präzisierung "vorrangig" aus deren Verwendungs- und Entstehungskontexten hat freilich auch gezeigt, daß die Bewertung der Präzisierung tatsächlich vom Kontext ihrer jeweiligen Thematisierung abhängig ist. Und es läßt sich feststellen, daß das Puebla-Dokument auch einen Anhaltspunkt für eine nicht verharmlosende Interpretation des "vorrangig" gibt. Am hermeneutisch entscheidenden Punkt, nämlich an der Stelle, wo die Option für die Armen theologisch verankert wird als Nachfolge in der Identifizierung und Solidarisierung Jesu Christi mit den Armen, kommt es zur ersten und somit für die Interpretation maßgeblichen Präzisierung "vorrangig": "Wenn wir uns dem Armen nähern, um ihn zu begleiten und ihm zu dienen, so tun wir, was Christus uns lehrte, als er, arm wie wir, unser Bruder wurde. Daher ist der Dienst an den Armen vorrangiger, wenn auch nicht ausschließlicher Bestandteil unserer Nachfolge Christi."[208] Hier wird das "vorrangig" nicht eigentlich auf den Stellenwert der Option für die Armen[209] im Vergleich zu etwaigen anderen Optionen bezogen, sondern auf den Stellenwert der Option für die Armen als *eines* Bestandteils unter vielen Bestandteilen der gesamten Nachfolge Christi. Bei genauer Lektüre kann also aus dieser Formulierung nicht herausgelesen werden, daß die Option für die Armen zwar vorrangig sei, daß es aber daneben noch andere Optionen geben könne oder solle. Gesagt wird eigentlich, daß die Option für die Armen neben anderen Bestandteilen der Nachfolge Jesu Christi (nicht als eine neben vielen möglichen Optionen) einen vorrangigen Platz in der Nachfolge Jesu Christi einnimmt. Es wird zwar weder gesagt noch verneint, daß die Option für die Armen ausschließlich zu denken ist. Aber es ist nur von dieser einen Option die Rede. Die Präzisierung "vorrangig" hat hier also nicht, zumindest nicht die dezidierte Aussageintention einer Relativierung der Option für die Armen gegenüber anderen Optionen, sondern die gegenteilige Intention ihrer Verschärfung: Die Option für die Armen ist *die* Option der Nachfolge Jesu Christi, die permanent gilt, und ihre Vorrangigkeit bedeutet, daß ihr dort, wo sie mit anderen - für sich genommen durchaus gewichtigen - Komponenten der Nachfolge Jesu Christi kollidiert, der Vorrang eingeräumt wird.

Das der Diakonie zugrundeliegende Fundamentalprinzip der Verantwortung für den Anderen nach dem Maß des Unendlichen läßt nur eine Interpretation der "vorrangigen Option für die Armen" im Sinne des Entscheidungsanspruchs und der Entscheidungshilfe zu. Der Arme ist derjenige, von dessen Angesicht das handelnde Subjekt mit dem

---

[207] **Eicher, P.**: Option für die Armen, 133.

[208] **Sekretariat der Deutschen Bischofskonferenz (Hg.)**: Die Evangelisierung Lateinamerikas in Gegenwart und Zukunft, 194 f. (Nr. 1145).

[209] Die Identifizierung von "Dienst an den Armen" und "Option für die Armen" ergibt sich an dieser Stelle zwingend aus dem Zusammenhang.

- im Vergleich zu nichtarmen, privilegierten Anderen - jeweils höheren Verantwortungsanspruch getroffen wird. Die Verantwortung für den armen Anderen läßt eine Relativierung der Option für die Armen durch Optionen für andere Andere nicht zu, da die Option nicht die gleichermaßen gültige Entscheidung für die Verantwortung bezüglich der unbegrenzt vielen Anderen bedeutet, sondern eben die Entscheidung für jeweils den Anderen, der aus Gründen der Gerechtigkeit der Solidarität dringender bedarf. Die Option drückt also die Entschiedenheit der Entscheidung für jemanden und der darin implizierten Entscheidung gegen jemanden oder etwas aus. Der Gedanke der Verantwortung für den Anderen macht die Option zur unbedingten Option. Die Präzisierung "vorrangig" bedeutet somit den verpflichtenden Anspruch, sich grundsätzlich und im je konkreten Fall tatsächlich entsprechend der Option für die Armen zu entscheiden.

8.3.3.3 "für"

Es gibt Versuche, die Formulierung "Option für die Armen" durch die Formulierung "Option der Armen" zu ersetzen. Dahinter verbirgt sich die Intention, bereits in der Terminologie der Option jegliche paternalistische "für"-Struktur auszuschließen[210], welche die Armen in die Rolle der Objekte eines fürsorgerlichen Engagements für sie einspannen würde, nicht aber eigenständige Subjekte ihrer Befreiungspraxis sein ließe. In der Tat ist damit eine Intention der Option für die Armen ausgedrückt. Im Zuge der Option sollen ja die Kirche und die einzelnen Christinnen und Christen ihre Position wechseln, aus der Gegenüberstellung zu den Armen an die Seite der Armen treten, so daß die christlich-kirchliche Praxis statt ein Handeln *für* ein Handeln *mit* den Armen wird. Darin sind folgende Intentionen enthalten: Die Probleme der Armen sollen die Probleme der Kirche und das Handeln der Kirche soll das Handeln der Armen werden. Das Engagement für die Befreiung aus Armut soll in wechselseitiger Anerkennung der solidarischen Nicht-Armen und der Armen als Subjekte geschehen. Und schließlich sollen die jeweils zu treffenden Entscheidungen, näherhin die konkreten Implikationen der Option für die Armen, gemeinsam mit den betroffenen Armen definiert und umgesetzt werden.[211] Insofern aus der Option *für die* Armen zunehmend eine Option *der* Armen werden soll, ist in letzterer Formulierung eine wirklich zutreffende Zielsetzung ausgedrückt. Aber es ist eben eine Zielformulierung, und es wäre ein Irrtum, den Gebrauch dieser Formulierung schon für die Verwirklichung des Ziels zu halten und deshalb die erstere Formulierung abzulehnen. Der verpflichtende Anspruch, der mit der Option für die Armen für die Nicht-Armen formuliert ist, darf nicht idealistisch übersprungen oder überblendet werden, indem der Gedanke, daß die Nicht-Armen eine Option *für* die Armen treffen müssen, auf der semantischen Ebene gestrichen und somit nicht mehr bewußtgehalten wird. Es gilt also weiterhin, die hier diskutierte Option als

---

210 Vgl. **Bedford-Strohm, H.**: Vorrang für die Armen, 195-199.

211 Vgl. **Heidenreich, H.**: "Evangelisierung in Europa", 33; **ders.**: Option - die Gretchenfrage evangelisatorischer Pastoral, 120.

eine Option *für* die Armen einzufordern, um deutlich zu machen, daß einerseits nicht einfach alle Christinnen und Christen sich als "irgendwie" Arme definieren und so eine "Option der Armen" für sich selbst beanspruchen dürfen und daß andererseits die Option aus der Perspektive der Nicht-Armen eine Option ist, die sie für andere, nämlich für die Armen, zu treffen haben und die ihnen entsprechende Veränderungen ihres Status quo abverlangt.

8.3.3.4 "Arme"

Die Selbstverständlichkeit, mit der weithin von der Option für die Armen gesprochen wird, überdeckt die Fraglichkeit, wer denn nun eigentlich zu den Armen gehört.[212] Mit der Zunahme der Verwendung des Theorems nimmt auch die Diffusion im Verständnis des Theorems und im Umgang mit ihm zu. Norbert Mette macht in Anschluß an Gustavo Gutiérrez z.B. "auf die Gefahr einer verhängnisvollen Verwechslung aufmerksam, nämlich zu meinen, daß, wer mit den Armen verbunden zu sein versuche, damit selbst auch ein Armer - als Nicht-Armer - sei"[213]. Andererseits besteht die Versuchung, daß die Option für die Armen als griffige, konfliktträchtige und folglich Aufmerksamkeit erweckende Formel von seiten Nicht-Armer für egologische Interessen mißbraucht wird. So ist eine Vereinnahmung dieses Theorems auch dort zu befürchten, wo es von Nicht-Armen verwendet wird, um im gesellschaftlichen Leben politische Interessen durchzusetzen bzw. dem politischen Gegner Versäumnisse vorzuwerfen, oder wo es speziell von Theologinnen und Theologen zur fachlichen Profilierung bzw. zur Kritik anderer kirchlicher Kräfte herangezogen wird. Da diese Rezeptionen weitgehend unabhängig von den Armen selbst geschehen, die Armen also an der Definition der Option eigentlich nicht beteiligt sind, erweisen sie sich als zumindest fragwürdig.[214]

8.3.3.4.1 Negativ-Abgrenzungen

Die gesellschaftliche Realität, auf deren Hintergrund die Option für die Armen getroffen wird, veranlaßt zu einer ersten negativ formulierten Antwort auf die Frage, wer die Armen sind. Sie lautet: "nicht alle."[215] Ausgangspunkt ist die Realität von Unterdrükkungs- bzw. Benachteiligungsmechanismen, welche die Menschen spalten in unterdrückende und unterdrückte, in benachteiligende und benachteiligte, in armmachende und arm gemachte Menschen. Diese Spaltung und das Bestreben derer, die sich auf der

212 Vgl. **Klein, S.**: Theologie und empirische Biographieforschung, 56-58.

213 **Mette, N.**: Vorrangige Option für die Armen, 134.

214 Vgl. ebd. 135. - Damit ist eine Pardoxie angezeigt, der auch die hier vorgetragenen Reflexionen zur Option für die Armen unterliegen, ohne daß hier zugleich eine Auflösung dieses Widerspruchs möglich wäre.

215 **Rottländer, P.**: Option für die Armen, 82.

Schattenseite dieser Spaltung befinden, aus ihrer Lebenslage freizukommen, ist der "Sitz im Leben" der vorrangigen Option für die Armen und somit ein konstitutiver Bestandteil ihrer Bedeutung. All diejenigen Versuche sind folglich von vornherein obsolet, die darauf hinauslaufen, durch die Behauptung eines Irgendwie-arm-Seins aller Menschen eben alle oder beliebig viele Menschen als Begünstigte der Option für die Armen zu definieren und so für die Nicht-Armen den herausfordernden kritischen Anspruch der Option abzufedern. Die Option für die Armen kann nicht alle Menschen als Arme sehen, weil sie aufgrund ihres Sitzes im Leben, d.h. in der Realität der gesellschaftlichen Mechanismen, durch den Gebrauch des Begriffes "Arme" in sich ein Verweis darauf ist, daß es auf der anderen Seite Menschen gibt, die für armmachende, benachteiligende, unterdrückende Strukturen verantwortlich sind. Und sie kann auch nicht in dem Sinn alle Menschen als Arme sehen, daß sie zugunsten aller Arten von Armut, also auch der geistigen Armut vor Gott und der frei gewählten Armut als Solidarität[216], getroffen wird. Denn die Option für die Armen bedeutet in sich die Anforderung, Arme aus ihrer Lebenslage zu befreien. Es macht keinen Sinn, eine Befreiung der geistig Armen und der solidarisch Armen aus ihrer jeweils spezifischen Armut zu verlangen.
Eine weitere Negativ-Abgrenzung ergibt sich zur anderen Seite hin. Die Armen der Option für die Armen sind sicher nicht nur die Armen in der Kirche oder die sich als Christen bekennenden Armen, sondern auch die nichtchristlichen Armen. Peter Rottländer sieht darin noch "eine große Herausforderung der Theologie ..., die theologische Begründung der Option für die Armen auch im Blick auf nichtchristliche Arme zu realisieren - und zwar so, daß diese nicht schließlich doch christlich vereinnahmt oder in einer Konzeption 'unsichtbar' gemacht werden, in der die Unterscheidung von Armen und Nicht-Armen theologisch irrelevant geworden ist"[217]. So radikal sich dieses Problem stellt, so kategorisch muß es aus dem Weg geräumt werden. Die kategorische Kürze ist dabei deshalb angesagt, weil auch vermieden werden muß, daß mit lang - angelegten, viele Argumente aufführenden Begründungen der Eindruck erweckt wird, als ob es auf seiten derer, die die nichtchristlichen Armen nicht als die vollkommen gleichberechtigten Begünstigten der Option für die Armen ansehen, entsprechend viele und gewichtige Gegenargumente gäbe, die erst entkräftet werden müßten.
Die Frage nach dem Recht der nichtchristlichen Armen auf ihre nicht vereinnahmende Berücksichtigung bei der Option für die Armen provoziert die Gegenfrage: Welcher Grund wäre von seiten des theologischen Selbstverständnisses der Christinnen und Christen anzuführen, der es rechtfertigen würde, einem nichtchristlichen Armen das mit der Option verbundene Engagement zu versagen? Die Antwort muß kategorisch lauten: Es gibt keinen Grund für die Ausgrenzung nichtchristlicher notleidender Menschen aus der christlich motivierten Option für die Armen. Die aus dem Angesicht des Anderen und vorrangig aus dem Angesicht des notleidenden Anderen entspringende Verantwortung befindet sich in der Spur des unendlichen Gottes und zwar gleichermaßen bei Christen wie bei Nichtchristen. Bei Christen wie bei Nichtchristen ist diese Verantwor-

---

216 Vgl. **Sekretariat der Deutschen Bischofskonferenz (Hg.)**: Die Kirche Lateinamerikas, 116.

217 **Rottländer, P.**: Option für die Armen, 83.

tung ein Anspruch von Gott her. Sie gilt unbedingt. Sie gilt nach dem Maß des Unendlichen, nicht nach dem Maß des beanspruchten Menschen. Somit ist sie der Verfügungsgewalt des Menschen entzogen, auch jenem Verfügungswillen, der sich darin ausdrückt, daß Christen ihr Handeln gegenüber Mitmenschen nach deren Christlichkeit und Nichtchristlichkeit ausrichten wollen oder daß Christen in ihrem Handeln gegenüber Nichtchristen einen Effekt zugunsten der Christlichkeit erreichen wollen. Auch ein nichtchristlicher Armer ist als ein armer Anderer ein vorrangiger Ort der Spur Gottes, d.h. ein vorrangiger Ort, an dem die Anwesenheit Gottes zwar nicht erfaßt, aber erspürt werden kann. Dies verleiht auch dem nichtchristlichen Armen eine Würde von Gott her, also eine unendliche Würde, die nicht durch ein endliches Kalkül des Menschen verletzt werden darf, auch nicht durch die Frage nach der Christlichkeit dieses notleidenden Menschen. Die Option für die Armen gilt den Armen. Die Unterscheidung, ob es sich um christliche oder nichtchristliche Arme handelt, erübrigt sich nicht nur, sondern verbietet sich aus dem Wesen der Verantwortung gegenüber dem nichtchristlichen Armen heraus. Die Armen der Option für die Armen sind also sicher nicht alle Menschen. Es sind aber sicher auch nicht nur die christlichen Armen.

8.3.3.4.2 Materiell Arme?

Nach diesen Negativ-Abgrenzungen steht aber immer noch die positive Antwort aus auf die Frage, wer die Armen sind. Der Entstehungs- und Verwendungskontext der Rede von der Option für die Armen legt nahe, daß mit den Armen die materiell Armen gemeint sind, denen aufgrund der wirtschaftlichen, politischen und sozialen Strukturen Mittel der Lebensausstattung und -versorgung vorenthalten werden. Gerade in diesem Entstehungskontext der Option für die Armen, in der lateinamerikanischen Befreiungstheologie, ist jedoch die auf die ökonomischen Bedingungen fixierte Definition der Armut und der Armen einer Kritik unterzogen worden. Es wurde erkannt, daß die Wahrnehmung des Armen ihn nicht nur in seiner ökonomischen Defizitlage erfassen darf, weil die Wahrnehmung des Menschen grundsätzlich nicht auf die Bestimmung seiner ökonomischen Lage reduziert werden darf. Auch der Arme ist als ganzer Mensch wahrzunehmen, der trotz und auch wegen seiner Armut eigene Sichtweisen seiner Existenz, eigenes Lebensgefühl, eigene Werte, eigene Kultur, eigene Traditionen, eigene Maßstäbe usw. hat und der deshalb als menschliches Wesen zu respektieren ist, dessen Existenz zwar von materiellen Defiziten gekennzeichnet und bedroht sein mag, aber nicht gänzlich mit den Maßstäben der materiellen Ausstattung erfaßt werden kann.[218] Diese Einsicht führt im Gegenzug zu dem Bewußtsein dafür, daß innerhalb der aufge-

---

[218] Vgl. **Boff, C./Pixley, J.**: Die Option für die Armen, 143 f.; **Mette, N.**: Option für die Anderen als Andere, 327. - Paulo Süß spricht davon, daß man durch den Austritt aus dem binären Erklärungssystem von wirtschaftlicher Unterdrückung und Armut, das auf der einen Seite nur die Unterdrücker und auf der anderen Seite den Armen nur als Unterdrückten sieht, die Kultur der Armen erkennen und so zu einer positiven Qualifizierung der Armen (nicht der Armut) kommen könne (vgl. **Reiseprotokoll der Studienreise für Pastoraltheologen nach Brasilien**, 53).

zwungenen, erlittenen Armut differenziert und neben der materiellen Armut noch andere Typen einer solchen Armut und so auch andere Arme wahrgenommen werden müssen. Damit kommen die Menschen in den Blick, die nicht oder nicht nur durch materielle Unterversorgung, sondern durch andere Mechanismen und Bedingungen benachteiligt bzw. marginalisiert sind. Die Frage nach der Option für die Armen stellt sich auch als eine Frage z.B. nach Behinderten, nach Kranken, nach Angehörigen anderer Kulturen und Rassen, nach sexistisch unterdrückten Frauen usw. dar.[219]

8.3.3.4.3 "Option für die Anderen?"

Im Rahmen der Frage danach, wer mit den Armen gemeint sein kann, hat sich seit einiger Zeit in Abwandlung des bisherigen Theorems die Rede von einer *Option für die Anderen* herausgebildet.[220] Diese Formulierungsvariante hat zwei Nachteile und zwei Vorteile.

Eine erste Gefahr besteht darin, daß die Formulierung "Option für die Anderen" so verstanden und gebraucht wird, als wäre die Option eben auf die anderen Menschen und somit, weil vom jeweiligen Subjekt aus betrachtet alle Menschen andere Menschen sind, potentiell auf alle Menschen und auf jeden Menschen zu beziehen. Damit wäre wiederum eine Ausweitung der Option gegeben, die sie in ihren Konturen unscharf und in ihrer Operationalisierung kraftlos machen würde und die in sich im Widerspruch zum Gedanken der Optionalität stünde. Allerdings könnte sich ein derartiges Verständnis der "Option für die Anderen" ohnehin nicht auf deren Entstehungs- und Verwendungszusammenhänge berufen. Diese erlauben nämlich gerade nicht eine Interpretation dieser Optionsformulierung im Sinne einer Beliebigkeit. Dort, wo die Formel "Option für die Anderen" von den lateinamerikanischen Theologien hergeleitet[221] bzw. von diesen selbst verwendet wird[222], ist mit ihr die Intention verbunden, die einseitig materiell-ökonomische Definition der Armut und der Armen zu überwinden und auch solche Menschen in die Option einzubeziehen, die aufgrund ihrer Zugehörigkeit zu anderen Kulturen oder Rassen benachteiligt sind. Im lateinamerikanischen Kontext sind damit vor allem Indianer, Schwarze oder die kulturellen Nachkommen der afrikanischen Sklaven im Blickpunkt. Im europäischen Kontext ist vor allem an kulturell-religiöse Randgruppen (z.B. "Zigeuner") oder an die Opfer der Migrationsströme (z.B. Asylanten, Gastarbeiter) zu denken. Der Option für die Anderen geht es also um andersartige

---

[219] Vgl. **Rottländer, P.**: Option für die Armen, 82.

[220] Vgl. exemplarisch **Mette, N.**: Caritas, 288; **ders.**: Option für die Anderen als Andere; **Steinkamp, H.**: Sozialpastoral, 75-77; **Luther, H.**: "Ich ist ein Anderer", 83; **Sobrino, J.**: Die Vernichtung der Anderen.

[221] Vgl. **Mette, N.**: Option für die Anderen als Andere.

[222] Vgl. Süss, Paulo: Thesen zu Entkolonisierung und Solidarität, 26; in: Christliche Initiative Romero: Werkmappe 1492-1992, Münster 1991, 25-27, hier zitiert nach **Mette, N.**: Option für die Anderen als Andere, 330.

Andere und es geht ihr um das Anderssein der Anderen, d.h. um die Möglichkeit, daß diese Anderen ihre Identität bewahren. Damit bleibt aber die Option für die Anderen eine Option für die Armen. Denn mit der Tatsache, daß man in einer Gesellschaft einer fremden, besser gesagt: einer von den etablierten Kräften als fremd stigmatisierten Gruppe angehört, ist mit deutlicher Signifikanz eine Benachteiligung, meist eben auch in der Form materiell-ökonomischer Armut, verbunden. Daß die Option für die Anderen eine Option für die Armen ist, bestätigt sich auch dort, wo sich die Behauptung einer Vorrangigkeit der Anderen auf den unbedingten Anspruch der Verantwortung für den Anderen, wie er bei Emmanuel Lévinas formuliert ist, beruft.[223] Auch bei Lévinas ist die Verantwortung für den Anderen nicht der Beliebigkeit preisgegeben. Der Andere ist Anderer vor allem in seiner Nacktheit und Schutzlosigkeit. Die Verantwortung für den Anderen ist dort am drückendsten zu spüren, wo sich das Anderssein am tiefsten in das Angesicht eingeprägt hat: bei den "Witwen und Waisen", bei den Menschen mit "runzeliger Haut". Im Entscheidungsfall, im Zusammentreffen des Anderen mit Dritten, ist dem je andersartigeren Anderen, dem Notleidenden der Vorrang einzuräumen. Vor diesem Hintergrund ist die Option für die Anderen nicht als eine ausweitende Relativierung der Option für die Armen mißzudeuten, sondern stellt vielmehr deren Präzisierung dar, indem sie bislang vernachlässigte Arme wahrnimmt.[224]

Die zweite mögliche Gefahr der Formulierung "Option für die Anderen" ist gegeben bei ihrer Verknüpfung mit dem Theorem "Kirche für andere"[225]. Gewährsquelle dafür ist die viel zitierte Aussage Dietrich Bonhoeffers: "Die Kirche ist nur Kirche, wenn sie für andere da ist."[226] Die Aussageabsicht Bonhoeffers und derer, die in Anschluß an ihn von der "Kirche für andere" sprechen, besteht darin zu verdeutlichen, daß eine diakonische Kirche unter der Option für die Armen sich nicht zum Selbstzweck erheben und ihre Ressourcen nicht für die Stabilisierung ihrer eingefahrenen Vollzugsformen bzw. für die Bedürfnisbefriedigung ihrer etablierten Mitglieder und Funktionsträger einsetzen darf. Sie hat sich zu verausgaben für die armen und marginalisierten Anderen. Und sie bewährt sich nur dann als Kirche, "wenn sie Hilfsbedürftigen hilft und Helfern helfen hilft und wenn sie Unterdrückte befreit und Befreiern befreien hilft, gleichgültig, um welche 'anderen' es sich dabei handelt"[227]. Die "anderen" sind also die Notleidenden. Nun findet diese Identifizierung der Notleidenden als "andere" der Kirche tatsächlich

---

223 Vgl. **Luther, H.**: "Ich ist ein Anderer", 83. - Daß hier eine Differenz insofern besteht, als Emmanuel Lévinas von *dem* Anderen in der Singularform redet, während in der Formulierung "Option für *die* Anderen" die Pluralform verwendet wird, ist bedingt durch die spezifische Form der Thematisierung des Anderen in der Lévinasschen Philosophie, deren Basismotiv die Verantwortung des Subjekts vor dem jeweils gegenüberstehenden anderen Menschen - und nicht vor einer Gesamtheit anderer Menschen - ist. Gleichwohl bildet die Sicht des Anderen bei Lévinas einen wichtigen Impuls für die Problematisierung des Verhältnisses zu den Anderen im kollektiven Sinn anderer Kulturen (vgl. dazu vor allem die Schriften von Enrique Dussel, z.B. **Dussel, E.**: Herrschaft und Befreiung, 24 f.).

224 Vgl. **Mette, N.**: Option für die Anderen als Andere, 327.

225 Vgl. **Fuchs, O.**: Kirche für andere; **Steinkamp, H.**: Sozialpastoral, 75-77.

226 **Bonhoeffer, D.**: Widerstand und Ergebung, 193.

227 **Fuchs, O.**: Kirche für andere, 281.

Rückhalt in der Realität der Kirche, zumindest in den kirchlichen Verhältnissen der Bundesrepublik Deutschland bzw. der "westlichen" Nationen. Die Kirche bestätigt hier in sich tendenziell die gesellschaftliche Marginalisierung der Armen. Sie ist eine Kirche der Mittelschicht bzw. des "gehobenen" Bildungsbürgertums, in der gesellschaftlich Marginalisierte nur unter erschwerten Bedingungen Platz finden. Insofern sind die Armen die "anderen" der Kirche, befinden sich die Armen woanders als in der Kirche und bilden die Armen eine tendenziell von den Kirchenmitgliedern zu unterscheidende Gesellschaftsgruppe. Die Anderen sind die Nicht-Integrierten, die Abweichenden, die "Problemfälle". Die Armen als die Anderen zu bezeichnen kann so die bedenkliche Konnotation einer Abwertung enthalten: Die Anderen sind die, von denen man sich abgrenzt, weil sie vermeintlich einen defizitären Lebensstand repräsentieren.[228]

Die Identifizierung der Armen als "andere der Kirche" wird aber auch problematisch, wenn sie von einer analytisch-praxiskritischen Aussage umkippt zu einer konzeptionell-normativen Aussage, d.h. wenn gesagt wird: "Kirche für andere" meint "ganz entschieden (auch) die wirklich 'anderen', also alle, die nicht zur Kirche (im Sinn der institutionellen und konfessorischen Glaubensgemeinschaft) gehören"[229], und wenn dadurch das Mißverständnis ausgelöst wird, die Option für die Anderen meine einfachhin alle die, die nicht zur institutionellen Kirche gehören. Die immens wichtige Stoßrichtung dieser Formulierung "Kirche für andere", daß nämlich die Kirche in ihrer diakonischen Praxis tatsächlich nicht nach der Kirchenzugehörigkeit der betreffenden Menschen fragen darf, wäre gerade dadurch paralysiert, weil ein wahrlich ernstzunehmender, aber eben möglichst zu beseitigender Auswuchs kirchlicher Praxis, die strukturelle Ausgrenzung Armer aus der Kirche, im (unberechtigten) Rückkehrschluß zum Kriterium der Option gemacht wird in dem Sinn, daß die Option für die Anderen den Nichtkirchenmitgliedern gelten müsse. Damit käme jedoch die Option in eine Schieflage: Alle Armen, die in der Kirche institutionell integriert sind, wären nicht im Blick der Option; auf der anderen Seite wäre übersehen, daß auch von den Nichtkirchenmitgliedern nicht alle arm im Sinne der Option sind. Die "wirkliche Andersheit", die bei der Option für die Anderen bzw. für die Armen in Anschlag zu bringen ist, meint also *nicht* "alle, die nicht zur Kirche gehören", sondern ist konstituiert durch das Armsein des Menschen, meint also die wirklich Armen, sei es in Form ökonomischer Armut, sei es in Form kultureller, rassistischer, sexistischer oder ähnlicher Marginalisierung oder sei es auch in Form schicksalhafter Beeinträchtigung. Auf der Grundlage dieses Optionskriteriums ist es gleichgültig, ob die betreffenden Menschen in die Kirche institutionell eingebunden sind oder nicht.

Umgekehrt kann sich die Sprachregelung "Kirche für andere" insofern bedenklich auswirken, als sie durch ihren Gebrauch bewußtseinsbildend wirkt. D.h. durch die

---

228 Auf diese Nuance der Rede vom Anderen hat Jon Sobrino in Hinblick auf das macro-strukturelle Verhältnis zwischen Europa und der "Dritten (!) Welt" aufmerksam gemacht (vgl. **Sobrino, J.**: Die Vernichtung der Anderen, 122).

229 **Fuchs, O.**: Kirche für andere, 281.

unreflektierte Verwendung der Formulierung und durch die darin implizierte Identifizierung der Armen als "andere der Kirche" kann sich bei Kirchenmitgliedern wie bei den Armen um so virulenter das Bewußtsein einnisten, daß Arme eben diejenigen sind, die man außerhalb der Kirche findet, und daß folglich in der Nichtintegration der Armen in der Kirche eine ekklesiologische "Normalität" zu sehen sei. Eine bewußtseinsbildende Integration der Armen fiele dadurch um so schwerer. Vor allem aber würde dadurch ausgeblendet, daß die Armen als diejenigen, denen sich Gott vorrangig zuwendet und die er vorrangig zu seinem Volk erwählt, unabhängig von einer institutionalisierten Einbindung *qua ihrer Existenz als Arme* und *qua ihrer Würde als Menschen* (und nicht erst aufgrund einer Integration in den Sozialzusammenhang etablierter Kirchenmitglieder) eine wichtige Komponente des Volk-Gottes-Seins repräsentieren. Es könnte um so weniger realisiert werden, daß die Armen selbst, sofern sie sich bewußt als Christinnen und Christen verstehen und diesem Christsein die gemeinschaftsstiftenden Ausdrucksformen einer Kirche geben, authentisch und - gemäß der Option Gottes für die Armen - prädestiniert Kirche bilden, so daß sich die Fragerichtung umdreht und die privilegierten Kirchenmitglieder ihrerseits als "die anderen" in Bezug auf die Kirche der Armen zu betrachten sind.

Die Vorteile der (Re-)Formulierung "Option für die Anderen" können in Abhebung von diesen Nachteilen um so kürzer, aber um so dezidierter und gewichtiger genannt werden. Die einseitig materiell-ökonomische Definition der Armut und der Armen wird durch den Bezug der Option auf die Anderen gesprengt. Entsprechend dem Postulat der ganzheitlichen Sicht des Menschen wird auch Armut als eine vielschichtige, komplexe Lebenslage begriffen, die neben der ökonomischen Dimension auch - und vielleicht gerade als deren vorgängige Ursachen - die Dimensionen kultureller Überfremdung, sozialer Ausgrenzung, rassistischer Diskriminierung, moralischer Stigmatisierung und ähnlicher Marginalisierungen enthält. Diejenigen, die aufgrund ihrer vom gesellschaftlichen Standard abweichenden Lebensführung, Lebenssituation oder kulturellen Identität in den Prozessen gesellschaftlichen Zusammenlebens nicht nur benachteiligt, sondern auch vergessen, d.h. erst gar nicht wahrgenommen sind, und deren Vergessensein sich durch die Fixierung der Armutsfrage auf die ökonomische Dimension eher verschärfen würde, werden mit "den Anderen" bewußt wahrgenommen.

Der zweite Vorteil der Formulierung "Option für die Anderen" besteht in ihrer inhaltlichen Stoßrichtung, daß es bei der Option für die Armen nicht nur um eine assistentialistische Hilfe für Arme geht, mit der man diese möglichst dem Niveau der eigenen Lebenshaltung annähern und insofern, wenn auch unbewußt, dem eigenen Lebenskonzept angleichen, im Lévinasschen Sinn "identifizieren" will. Die Option für die Anderen ruft ins Bewußtsein, daß eine Option wirklich eine Umkehr, einen Positionswechsel auf seiten der optierenden Menschen erfordert. Diese haben nicht von ihrer privilegierten Position aus die Operationalisierung der Option zu definieren und entsprechend etwas *für* die Armen zu tun. Sie müssen erkennen, daß eben der Arme als der Andere es ist, der von seiner Position aus den Bedarf definiert, welcher mit der Umsetzung der Option erfüllt werden soll, und der selbst Subjekt der daraus entstehenden Prozesse ist, bei denen sich die Optierenden, bislang privilegierten Menschen an die Seite und unter den

Anspruch dieses Armen zu stellen haben. Damit enthält die Option für die Anderen den für die unbedingte Achtung der Würde des Anderen entscheidenden Impetus, den Anderen gerade als *Anderen* zu schätzen und - freilich nach Maßgabe durch den Anderen selbst, nicht nach Beliebigkeit des Optierenden - den Anderen in der Bewahrung seines Andersseins zu unterstützen. Dabei dürfte eigentlich in letzter Konsequenz die Bewahrung des Andersseins des Anderen nicht noch einmal kompromittiert und entschärft werden, indem sie motiviert wird mit dem Hinweis, in der Bewahrung der Andersheit des Anderen sei ein Zugewinn für die Stabilisierung des Eigenen enthalten. Dieses Denkmuster ist etwa dort gegeben, wo man die Bewahrung der Andersheit des Anderen von seiten der Kirche und der Theologie dadurch bekräftigt, daß im Anderen eine Chance, ein spezifisches Charisma oder eine personale Bereicherung für das kirchlich-gemeindliche Leben gegeben sei. Eine bevorzugte Zuwendung zu den Armen, die aus sogenannten "pastoralen Gründen" geschieht[230], bei der die Armen betrachtet werden als ein Feld, "auf dem die Saat des Wortes mehr und bessere Frucht bringt"[231], und die die Armen lediglich als "Evangelisierungspotential"[232] wahrnimmt, muß selbst noch einmal als eine subtile Form der Instrumentalisierung der Armen kritisiert werden. Resümierend kann festgestellt werden: Die Option für die Armen und die Option für die Anderen sind nicht alternativ zu verstehen. Die Option für die Anderen bleibt - als Präzisierung, nicht als Relativierung - eine Option für die Armen. Deshalb wird hier dafür plädiert, beide Formulierungen stehen zu lassen und, je nach den Präferenzen im inhaltlichen Kontext, parallel zu verwenden.

8.3.3.4.4 Arme - die in ihrer Würde Verletzten?

Es zeigt sich nach diesen Problematisierungen, daß die Antwort auf die Frage, wer nun eigentlich die in der Option für die Armen bzw. für die Anderen gemeinten Menschen sind, gar nicht so leicht fällt. Es sind nicht nur die materiell-ökonomisch Armen, sicher aber auch nicht einfach alle Menschen. Es sind nicht nur die Armen innerhalb der Kirche, aber auch nicht einfach die Nichtkirchenmitglieder. Selbst die häufige Umschreibung, daß die Option für die Armen jenen Menschen gilt, "deren Würde verletzt wird"[233], ist, obwohl es sich um eine der aussagekräftigsten Bestimmungen handelt, mit Bedacht zu verwenden. Daß in der Armut die Würde des Menschen verletzt wird, weil andere Menschen ihre Macht so einsetzen, daß sie jenem Menschen Lebensmöglichkeiten entziehen und darin ihrer Nichtachtung ihm gegenüber Ausdruck geben, ist sicher eine der wichtigsten Erklärungsfiguren in Zusammenhang mit der Option für die Armen, weil in ihr Armut nicht nur als gesellschaftliches, sondern auch als theologisch relevantes Faktum, und der Kampf gegen Armut nicht nur als beliebiges Streben des

---

230 Vgl. **Boff, C./Pixley, J.**: Die Option für die Armen, 149.

231 Ebd.

232 Ebd. 150.

233 **Heimbach-Steins, M.**: Gottes "Option für die Armen", 11.

Menschen, sondern als theologisches Postulat qualifiziert wird. Gleichwohl wäre es problematisch zu sagen, die in der Option gemeinten Armen seien diejenigen, deren Würde als Mensch eingeschränkt oder verletzt ist. Damit wäre zum einen denjenigen Armen, deren Armut in einer schicksalhaft aufgezwungenen, nie gänzlich eliminierbaren Lebensbeeinträchtigung, nicht aber in den Folgen eines gewaltsamen oder unterdrückerischen Aktes anderer Menschen besteht, also z.B. den Behinderten oder den lebenslang Kranken, zugemutet, sich aufgrund der nicht abzuändernden Lebenslage als Menschen mit defizitärer Würde zu fühlen. Hier greift die - aufgrund ihrer hypertrophen Aversion gegen den Heilungsanspruch ansonsten fragwürdige - Kritik Ulrich Bachs: Man darf die Marginalisierung der Behinderten und Kranken nicht noch einmal dadurch theologisch verdoppeln und sanktionieren, daß man das Freisein von allem Defizitären, das Schönsein der Menschen, das Etwas-leisten-Können, das Zuversichtlich-Sein theologisch zum Ideal des gottgefälligen Lebens hochstilisiert und in Konsequenz dazu Behinderte, Kranke oder auch Alte als vor Gott defizitär, "weniger würdig" stigmatisiert.[234] Zum anderen kann selbst dann, wenn Menschen tatsächlich durch Unterdrückungsmechanismen in ihrer Würde verletzt und damit zu armen Menschen werden, mit Blick auf diese Armen nicht einfach gesagt werden, daß sie als Menschen in ihrer Würde verletzt seien. Auch hier ist eine Perspektivendifferenz zu berücksichtigen: Was in Hinblick auf die unterdrückenden, armmachenden Kräfte der Gesellschaft als Verletzung der Würde des Armen im Sinne einer Nicht-Ernstnahme seiner Würde verurteilt werden muß, kann in Hinblick auf den Armen selbst nicht umgemünzt werden in die "Wesensaussage", daß der Arme als solcher in seiner Würde eingeschränkt sei. Der Akt der Unterdrückung ist eine Verletzung der Würde des Armen. Aber der Arme weist deswegen keinen Mangel in seiner Würde als Person auf. Er ist nach wie vor und gerade als Armer ein Mensch von unbedingter, nicht relativierbarer, nicht einschränkbarer Würde.

8.3.3.4.5 Der Arme zwischen Definition und Bedeutung

Als behelfsmäßige Bestimmung läßt sich abschließend formulieren: Die in der Option für die Armen gemeinten Armen sind diejenigen Menschen, denen durch eine unterdrückerische Praxis anderer Menschen, durch benachteiligende Mechanismen des gesellschaftlichen Lebens oder durch schicksalhafte Beeinträchtigungen eine Einschränkung ihrer Lebensmöglichkeiten aufgezwungen ist.[235] Mit dieser Bestimmung bleibt vieles offen. Sie ist aber bewußt nur behelfsmäßig formuliert. Es stellt sich nämlich die Frage, ob man mit einer genauen Definition der "Armen" dem Problem der Option und den Armen selbst gerecht würde. An dieser Stelle ist an die Unterscheidung zwischen Sagen und Gesagtem bei Emmanuel Lévinas zu erinnern (s. 7.1.4.1). Die Beanspru-

[234] Vgl. **Bach, U.**: Boden unter den Füßen hat keiner, 98-113.

[235] Vgl. dazu die Bestimmung von Heinrich Bedford-Strohm, der die mit der Option gemeinten Armen zu fassen versucht als die Menschen, die von fehlender Teilhabe an wirtschaftlichen und sozialen Prozessen der Gesellschaft gekennzeichnet sind (vgl. **Bedford-Strohm, H.**: Vorrang für die Armen, 169).

chung zur Verantwortung, die dem Subjekt aus dem Angesicht des Armen entgegenkommt, ist ein "Sagen", ein Bedeuten des Armen für den optierenden Menschen. Der Arme "bedeutet" etwas. In seiner Person bedeutet er für seine Mitmenschen, herausgefordert zu sein, ihm zu helfen. Mit dieser Bedeutung können (und müssen) die damit beanspruchten Menschen irgendwie umgehen. Sie können sie bewußt wahrnehmen und artikulieren, sie könne sie aber auch verdrängen oder bewußt leugnen. Aber sie können sie nicht "aus der Welt schaffen", als ob nichts gewesen wäre. Selbst das Leugnen ist noch eine Folge und somit eine Manifestation der Bedeutung. Die Bedeutung des einen für den anderen Menschen, speziell des Armen für seine Mitmenschen, entzieht sich der Verfügungsgewalt der beteiligten Menschen. Sie läßt sich von den Intentionen der Menschen nie derart einholen, daß sie ausschließlich Objekt des Gestaltungswillens der Menschen wäre. Mit einer Definition dessen, wer "Armer" ist, wäre der Arme hingegen ein "Gesagtes", etwas "Begriffenes", etwas in die Vorstellungskategorien Eingepaßtes. Die Lévinassche Unterscheidung von Sagen und Gesagtes will nun aber verdeutlichen, daß das Gesagte das Sagen nie völlig erfassen kann, daß das Ansinnen, die Bedeutung und das Sein eines Menschen zum sprachlich-thematisierenden Ausdruck zu bringen, nie der wirklichen Bedeutung dieses Menschen für seine Mitmenschen gerecht wird. Wer also die "Armen" der Option für die Armen sind, kann nicht hinreichend in allgemeingültiger Form aus-"gesagt" werden. Wer "Armer" ist und was der "Arme" bedeutet, muß sich zu großen Anteilen erst darin zeigen, was in einer bestimmten Situation in der Beziehung zwischen bestimmten Menschen die Bedeutung des Armen für den Nicht-Armen (oder einen anderen Armen) ist. Die Bedeutung des Armen kommt in dem zum Tragen, was derjenige, der die Option für die Armen trifft, als existentielle, ihn in seiner Person angehende Bedeutung der konkreten Menschen, vor deren Angesicht er die Option trifft, erkennt. Hier kann es dann zu divergierenden Antworten kommen, da die Bedeutungen, die Menschen füreinander haben und spüren, nicht einheitlich sind. Dieses Problem stellt sich bei "ein-deutig" Armen noch nicht, also bei solchen, deren Bedeutung als Arme für die anderen Menschen so offensichtlich und unabweisbar ist, daß sie als eine für alle geltende Bedeutung erkannt ist. Schwieriger wird es bei Menschen, deren Bedeutung als Arme nicht so ins Auge springt. Dann kann es sein, daß ein von einem anderen als arm wahrgenommener Mensch von einem Dritten als nicht arm wahrgenommen wird. Dabei ist mit dieser Veranschlagung einer Divergenz in der Bedeutung des Armen für andere Menschen nicht einer Beliebigkeit das Wort geredet, in der sich die Menschen "ihre" Armen aussuchen könnten. Die Bedeutung eines Menschen für einen anderen gilt unbedingt. Sie stellt einen Anspruch dar, welcher der Verfügung des anderen entzogen ist. Und der Mensch hat die Verantwortung, diese beanspruchende Bedeutung des Anderen für sich wahrzunehmen, auch dort, wo es sich um eine belastende Bedeutung handelt.

Mit diesen Hinweisen ist die Frage, wer die mit der Option gemeinten Armen sind, nicht beantwortet. Aber es zeigt sich, daß die Frage, wer die Armen sind, nicht allein davon bestimmt sein darf, was die über die Option reflektierenden Menschen in ihrem rationalen Vermögen mit der Abstraktion einer Allgemeingültigkeit über die Armen "definitiv" aussagen können. Die Antwort auf diese Frage wird im je konkreten Fall

auch davon bestimmt, was der je konkrete Mensch für je bestimmte andere Menschen bedeutet bzw. was der je konkrete Mensch bei anderen Menschen als je konkrete Bedeutung für sich erkennt.
In diesen Überlegungen ist schließlich auch eine Erklärung gegeben für etwas, das ansonsten als Lücke der hier angestellten Reflexionen empfunden werden müßte. Die hier vorliegende Untersuchung operiert nämlich mit einem ungenauen Begriff von Notleidenden bzw. Armen. Es wurde nur am Anfang der Untersuchung (s. 1.3.2) kurz in einer provisorischen Erläuterung gesagt, wer mit den Notleidenden bzw. den Armen gemeint ist. Nicht aber kam es zu einer genauen Definition derselben. Der Verzicht auf eine solche Definition ist nach den zuletzt dargelegten Gedanken zu verstehen als Ausdruck der Diskretion gegenüber der Bedeutung eines notleidenden Menschen, die nie gänzlich festgeschrieben, festgelegt oder abgemessen werden könnte.

8.3.3.4.6 "Und wenn es keine Armen mehr gibt?"

Auf dem Höhepunkt der lehramtlichen Auseinandersetzungen um die Theologie der Befreiung argumentierte der damalige Vorsitzende der Deutschen Bischofskonferenz Joseph Kardinal Höffner gegen die Option für die Armen. Unter anderem griff er dazu die Frage Alfredo Fierros auf: "Was wird geschehen, wenn die Unterdrückung verschwindet, wenn es keine Menschen mehr zu befreien gibt?"[236]. Vermutet wird also ein innerer Widerspruch der Option für die Armen, weil sie gegen etwas, nämlich die Armut, ankämpft, dessen Bestehen sie selbst voraussetzen müsse, um als Postulat sinnvoll zu sein. Die Frage, was sein wird, "wenn es einmal keine Armen mehr gibt"[237], und ob dann die Option für die Armen, jetzt noch als konstitutives Prinzip des christlichen Glaubens behauptet, einmal obsolet sein könnte, stellt, wenn auch als hypothetische Überlegung, tatsächlich ein theoretisches Problem der theologischen Diakonietheorie dar. Wie soll etwas als konstitutiv für den christlichen Glauben gelten, von dem man sich, zumindest theoretisch, auch vorstellen kann, daß es bei entsprechenden Veränderungen gesellschaftlicher Gegebenheiten einfach nichtig wird?
Die Antwort auf diese Frage ist wohl unter anderem in anthropologischen Überlegungen zu suchen. Die Vorstellung einer von Unterdrückung und Leiden freien Menschheit ist eben hypothetisch, ihr entspricht keine Wirklichkeit. Die Überlegung, daß sie einmal Wirklichkeit werden könnte, kann zum einen nicht als Argument gegen die aktuellen Versuche, mit der tatsächlich gegebenen Wirklichkeit von Unterdrückung und Leiden umzugehen, ins Feld geführt werden, weil das Wirkliche mehr Recht als das Unwirkliche hat. Zum anderen verkennt sie die Verfaßtheit von Mensch und Welt. Beide sind nun einmal "endlich", begrenzt. Ihre Möglichkeiten lassen sich nicht beliebig erweitern. Wenn aber einerseits die Möglichkeiten begrenzt sind und andererseits es zu den

[236] Fierro, Alfredo: El Evangelio Beligerante, Estela 1975, 251, hier zitiert nach **Höffner, J.**: Soziallehre der Kirche oder Theologie der Befreiung?, 35.

[237] **Boff, C./Pixley, J.**: Die Option für die Armen, 136.

Grunddaten menschlichen Lebens gehört, Lebensmöglichkeiten auch wirklich wahrzunehmen und anzueignen - sei es um des puren Überlebens willen, sei es um der Befriedigung des "natürlich-menschlichen" Erfolgsstrebens willen -, dann wird es immer wieder die Erfahrung geben, daß Menschen bei ihrer Suche nach Lebensmöglichkeiten an Grenzen stoßen und ersehnte Lebensmöglichkeiten entbehren müssen. Nun kann der Mensch Lebensmöglichkeiten nicht beliebig ausweiten oder ersetzen, und es ist auch kein Regulativ erkennbar, das im Rahmen dieser Lebensmöglichkeitenbegrenzung irgendwann für einen permanenten gerechten Ausgleich zwischen allen Menschen sorgen würde. Erkennbar und nachweisbar ist vielmehr der Mechanismus der Macht, in dem Lebensmöglichkeiten bei den einen entsprechend ihrem Willen vermehrt und bei anderen gegen ihren Willen analog dezimiert werden. "Die im allgemeinen als konkrete Entbehrung verstandene Armut wird jedenfalls als Dimension in der geschichtlichen Wirklichkeit der Menschen weiterbestehen. Der Mensch ist auf dieser Welt immer ein Wesen, das leiden und sterben *kann*."[238]
Diese Argumentation will keineswegs Armut und Unterdrückung als gleichsam anthropologische Normalitäten verharmlosen und legitimieren. Sie will lediglich nachweisen, daß das Postulat der Option für die Armen nicht mit scheinbar schlüssigen, aber auf einer Irrealität aufbauenden Überlegung aus den Angeln gehoben werden kann. Wird nun aber diese irreal konstruierte Überlegung herangezogen, um die reale Anstrengung der Option für die Armen als Bearbeitung bestehender und zudem für viele Menschen zerstörerischer Wirklichkeiten zu desavouieren, dann nimmt sie, weil sie diese Wirklichkeiten gegen das Lebensgefühl der von ihnen betroffenen Menschen überspringt, zynischen Charakter an.

8.3.4 Zur Operationalisierung der Option für die Armen

Wenn die Option für die Armen als Postulat einer diakonischen Kirche behauptet wird, dann stellt sich die Frage, wo dieses Postulat als Ausdruck einer Realität erfahrbar werden kann, in welche Einzelpostulate einer Operationalisierung es sich ausfalten kann und soll. Es stellt sich also die Frage danach, "was zu lernen wäre".

8.3.4.1 Bewußtseinsbildender Perspektivenwechsel

In den einleitenden Problematisierungen dieser Untersuchung stellte sich bereits die Dichotomie von Wissen und Bewußtsein als Last diakonischer Praxis heraus. Der Maler, der angesichts eines ertrinkenden Menschen einen Rettungsring malt, zeigt, daß zwischen Wissen und Bewußtsein zu unterscheiden ist, daß Wissen um eine Notlage noch nicht unbedingt zum Einsatz für die Beseitigung der Notlage führt und daß ein über das Wissen hinausgehendes Handeln in einer Notlage und zugunsten eines Notlei-

[238] Ebd. 136 f.

denden ein Gespür für die existentielle Relevanz der Notlage, eben ein Bewußtsein erfordert. Der erwähnte Maler müßte sich selbst in die Notsituation des Ertrinkenden hineinbegeben, er müßte "am eigenen Leib" ähnliche Situationen erlebt haben, er müßte sich wenigstens in das Erleben der Situation aus der Perspektive des Ertrinkenden hineindenken können, um zu einem der Notsituation angemessenen Handeln zu kommen.

Die Option für die Armen erfordert einen solchen Perspektivenwechsel. Es geht dabei nicht einfach und nur um einen Erkenntniszugewinn, sondern um eine grundlegend andere Art der Erkenntnisgewinnung überhaupt. Deshalb nennt Norbert Mette in Anschluß an Gregory Baum diesen Perspektivenwechsel einen "epistemologische[n]"[239]. Die für die Option für die Armen notwendigen Erkenntnisse können nicht mehr dadurch gewonnen werden, daß man von einer Außenperspektive auf die Notsituation und die Notleidenden sieht, sich "darüber" ein Wissen aneignet und von diesem Wissen Handlungskonsequenzen ableitet. Unabhängig von der Frage der Authentizität des Wissens, also unabhängig von dem Problem, daß die Außenperspektive eine Notsituation schief oder verfälscht wahrnehmen lassen kann, wird eine so gebildete Erkenntnis der Option für die Armen deshalb nicht gerecht, weil sie ständig zur Disposition gestellt werden kann. Die Außenperspektive kann nämlich, da sie eben außerhalb des jeweils wahrgenommenen Kontextes und somit frei davon angesiedelt ist, je nach Bedürfnis oder Interesse des Wahrnehmenden gewendet werden, so daß in ihrem Blickfeld etwas anderes auftaucht. Das Erkannte läge damit im Belieben des Optierenden bzw. Erkennenden. Ein wesentliches Element der Option, die auf der Verantwortung für den Anderen beruhende Verbindlichkeit, wäre nicht gegeben. Die Option erfordert dagegen eine Erkenntnisbildung aus der Perspektive der Notleidenden. Den Optierenden ist abverlangt, sich in die Notsituation hineinzubegeben, die Notsituation, wenn auch anders als die primär Betroffenen selbst, so doch als eigene Situation zu erleben in dem Sinn, daß eigene Verstrickungen in Schuldzusammenhänge, komplementäre Betroffenheiten oder eben auch eigene zwanghafte und bedrohliche Notlagen aufgedeckt werden. Die auf diesem Wege gewonnene Erkenntnis ist nicht mehr zur Disposition zu stellen. Es handelt sich nicht mehr um eine kontingente Erkenntnis, die mit den von ihr implizierten Handlungsanforderungen als zwar so möglich, aber nicht notwendig, sondern auch anders möglich erscheinen würde. Mit dem Perspektivenwechsel von der Gegenüberstellung zu den Notleidenden weg in die Notsituation hinein und an die Seite der Notleidenden ist also ein Modus der Erkenntnisgewinnung intentiert, der dem Optierenden die aus der Notsituation erwachsenden Handlungsanforderungen als *je seine* Handlungsanforderungen erkennen läßt. Für den optierenden Menschen gibt es dann, weil er ja in der Situation steht und die Situationen nicht beliebig wechseln kann, keine Alternative mehr zur Erfüllung jener Handlungsanforderungen, die aus der Notsituation und aus der Beanspruchung durch die Notleidenden erwachsen. Der Perspektivenwechsel läßt aus einem gegenüber Handlungsanforderungen noch indifferenten Wissen ein das eigene Handeln beanspruchendes und leitendes Bewußtsein werden. Die Diakonie ist dann in

239 **Mette, N.**: Vorrangige Option für die Armen, 141.

ihrer Grundstruktur nicht mehr zu konzipieren als ein Engagement, das von einem "Außen" in eine Notsituation hineinwirkt, sondern als ein der Verantwortung für den Notleidenden geschuldetes Handeln, das der Betroffenheit in der Notsituation selbst erwächst. Die kritische Reflexionsfrage einer Konzeption diakonischer Praxis auf allen Ebenen, auch in Form diakonischer Einrichtungen, muß dann lauten, ob die Notleidenden selbst die jeweiligen Handlungsträger und Erscheinungsformen der Diakonie als Menschen an ihrer Seite bzw. als eine ihnen wohltuende Form gemeinsamen Handelns erleben.

Dieser in der Option für die Armen geforderte bewußtseinsbildende Perspektivenwechsel hat vielfache Bezugspunkte. Drei solcher Bezugspunkte seien exemplarisch genannt. Der Perspektivenwechsel bezieht sich erstens auf die Wahrnehmung der gesellschaftlichen Realität: "Die Option ist zuallererst eine bestimmte Perspektive, die Welt zu sehen. Sie hält uns dazu an, die Gesellschaft aus der Perspektive ihrer Opfer zu lesen. Gewöhnlich betrachten wir die Gesellschaft oder irgendeinen gesellschaftlichen Text aus der Perspektive unserer Freunde und Kollegen; dies erscheint uns natürlich. Wir diskutieren über das, was in der Gesellschaft geschieht, mit denen, die uns nahe stehen. Wenn wir zufällig zu einer privilegierten Klasse gehören, tendieren wir dazu, die Welt von dieser Perspektive aus zu interpretieren. Was die Option für die Armen von Mittelklasse-Angehörigen verlangt, ist, ihre eigene Klassenperspektive aufzugeben und die Gesellschaft von unten her zu lesen, durch die Augen der Leute auf der Schattenseite der Gesellschaft oder an ihrem Rand ..."[240]

Der Perspektivenwechsel bezieht sich zweitens auf die Begründung ethischer Normen. Die Option für die Armen verlangt eine kritische Überwindung der konventionellen, in Theologie und Lehramt der Kirche verbreiteten Form der Normenbegründung, in der von einem (vermeintlich) unabhängig von konkreten Kontexten definierten, über den jeweiligen Kontexten stehenden und folglich allgemeingültigen Normenkodex ausgegangen und von dieser kontextlosen, übergeordneten Instanz dann Normen für das Handeln in je konkreten Kontexten abgeleitet werden. Diese Form der Normenbegründung übersieht, daß sie entgegen eigenem Selbstverständnis gerade in der Definition eines scheinbar ungeschichtlich beschreibbaren Rechtsbestandes durchaus auch und notwendig kontextgebunden ist, daß sie vielfach auf idealisierten Grundannahmen beruht, daß sie die im Kontext einer Notsituation gegebenen Zusammenhänge von Unterdrückung und Unterdrücktsein zu wenig wahrnimmt, daß sie damit individualistisch, d.h. gegenüber den strukturellen Ursachen von Not tendenziell wirkungslos, bleibt und somit eher konfliktverdrängend als konfliktlösend wirkt. Der Perspektivenwechsel der Option für die Armen erfordert hingegen eine bewußte Anerkennung der unausweichlichen Kontextualität einer jeden Normenbegründung. Ist diese Anerkennung gegeben, wird klar, daß der Weg der Normenfindung und -begründung selbst noch einmal normierenden Vorgaben untersteht. Im Fall der Entwicklung von Normen für das Handeln in Notsituationen und für das Handeln mit Armen ist dann verlangt, die Entwicklung

---

240 Baum, G.: Compassion and Solidarity. The church for Others, Montréal u.a. 1987, 28 f., hier zitiert nach **Mette, N.**: Vorrangige Option für die Armen, 142.

dieser Normen bewußt im Kontext der Notleidenden anzusiedeln, so daß die Notleidenden selbst im Prozeß der Normenfindung, Normendefinition und Normenbegründung ihre Erfahrungen zur Sprache bringen und die Normen so als *ihre* Normen begreifen können. Der Verpflichtungscharakter der Normen ergibt sich dann aus ihrem Charakter als einer unter den Bedingungen der Gleichberechtigung formulierten, die Autonomie und Freiheit der Betroffenen ernstnehmenden und in der Solidarität der Lebensgemeinschaft aller Beteiligten verwurzelten Handlungsorientierung, nicht mehr jedoch aus der - ideologieanfälligen - Behauptung der Autorität einer übergeordneten Instanz.[241]
Der Perspektivenwechsel bezieht sich drittens auf die Auslegung der biblischen Botschaft. Das Lesen biblischer Texte aus der Sicht der Notleidenden ist ein neues Lesen, d.h. ein Lesen mit neuer Qualität. Das existentielle Bedrohtsein des Menschen in der Notsituation läßt den in der Bibel geschilderten Gott als einen Gott auf der Seite der Notleidenden erkennen. Beim Lesen biblischer Texte ist es nicht mehr - wie aus der Perspektive einer privilegierten, sicheren und selbstbestimmten Lebensposition heraus - gleichgültig, ob dieser Gott jemand ist, vor dem die realen, alltäglichen Lebensverhältnisse der Menschen bedeutungslos sind, oder ob er sich Menschen in bestimmten Lebenssituationen mit Vorliebe zuwendet. Die Frage nach Gott entwickelt sich zu einer Frage von existentieller Bedeutung, weil der Gott der Bibel sich auf dem Hintergrund menschlicher Not erweist als jemand, der in sich die Option für die Armen getroffen hat: "Er vollbringt mit seinem Arm machtvolle Taten: Er zerstreut, die im Herzen voll Hochmut sind; er stürzt die Mächtigen vom Thron und erhöht die Niedrigen. Die Hungernden beschenkt er mit seinen Gaben und läßt die Reichen leer ausgehen." (Lk 1,51-53) Bei der Lektüre und Auslegung der biblischen Botschaft aus der Sicht der Armen wird erkennbar, daß die Hoffnung auf das Reich Gottes und der Kampf um ein menschenwürdiges Leben etwas miteinander zu tun haben und daß gerade die Orte und die Formen der Selbstmitteilung Gottes es verbieten, durch dualisierende Unterscheidungen zwischen Glaube und Politik, zwischen christlichem und alltäglichem Leben, zwischen diakonisch und sozial, zwischen sakral und profan das Bewußtsein für die lebensrettende Relevanz der Beziehung zu Gott zu verjenseitigen und so zu paralysieren.[242]
Ein solches neues Lesen der biblischen Texte aus der Perspektive der Armen macht aber auch deutlich, daß die Zuwendung Gottes zu den Menschen gerade in ihren realen Lebensverhältnissen nicht in eine wohlwollende, unkritische, den gesellschaftlichen Status quo legitimierende Anerkennung ebendieser realen Lebensverhältnisse umgemünzt werden darf. Der Gott der Bibel ist kein Gott, der dazu mißbraucht werden dürfte, bei denjenigen, die ihre Lebenssituation privilegiert ausgestattet haben, die "spirituellen Lücken", die von den irdischen Privilegien hinterlassen werden, zu füllen, ohne die Strukturen der Unter- und Überprivilegierung, der Spaltung von Armut und Reichtum anzutasten. Der Gott der Bibel ist ein Gott universaler Liebe. Die Universalität der Liebe Gottes heißt aber nicht, daß sich der Mensch in seiner Liebe gegenüber den anderen Menschen entlastet fühlen dürfte. Sie fordert Liebe vielmehr ein gerade

---

241 Vgl. **Eicher, P.**: Option für die Armen, 147 f.

242 Vgl. ebd. 131.

dort, wo sie verletzt ist. Der biblische Gott erweist sich dann *wegen* seiner Liebe als Gott der Gerechtigkeit und als Gott der vorrangigen Liebe zu Armen. "Wenn wir die Geschichte 'von unten' betrachten, vernehmen wir in der christlichen Botschaft zuallererst Gottes Gericht über die Welt. Für Leute, die in Unterdrückung gehalten sind, ist das Evangelium vor allem die Zusage von Bejahung; aber für Leute, die mit der dominanten Kultur verbündet sind - so wie wir -, ist das Evangelium Gericht, bevor es neues Leben anbietet."[243] Die Bibellektüre aus der Sicht der Armen vermittelt so in einem durchaus schmerzhaften Prozeß des Umdenkens ein Bewußtsein dafür, daß vom biblischen Gott nicht authentisch gesprochen werden kann ohne Einsatz für Gerechtigkeit in den realen Lebensverhältnissen der Menschen, daß die Verwirklichung sozialer Gerechtigkeit durch den Kampf gegen Unterdrückung und Benachteiligung nicht nur ein politisches, sondern auch ein theologisches Postulat ist, daß die soziale Bewahrung der Würde des Menschen in sich die Wahrnehmung der christlich-diakonischen Verantwortung für den Menschen ist.[244]

Konkrete Konsequenzen ergeben sich aus dem Postulat des bewußtseinsbildenden Perspektivenwechsels insbesondere für die Theologie bzw. für die theologische Ausbildung. In den praxiskritischen Ausführungen wurde der Mangel an Kontextualität der Theologie als ein entscheidender Grund für die Diakonievergessenheit der Theologie und infolgedessen der theologisch Ausgebildeten erkannt (s. 4.2.7.2.4). Die daraus sich konsequent ergebende Forderung lautet: Die Theologie muß eine Verlagerung erfahren, im Zuge der sie - wenigstens teil- und zeitweise - aus den relativ abgeschirmten Sonderkontexten der Universitäten bzw. Akademien heraustritt und in den Kontexten des alltäglichen Lebens der Menschen, auf dem Hintergrund der Brüche, Belastungen und Gefährdungen, aber auch der Freuden, Hoffnungen und Kräfte des alltäglichen Lebens der Menschen betrieben wird. Damit ist keineswegs dem lehramtlich-domestizierenden Trend des Abzugs der Theologie von den staatlichen Universitäten das Wort geredet. Gemeint ist vielmehr, daß Theologinnen und Theologen, die nach wie vor Theologie auf wissenschaftlich anspruchsvolle Weise an wissenschaftlichen Einrichtungen betreiben sollen und müssen, sich Lebensfelder suchen, in denen sie sich kontinuierlich mit Menschen aus der breiten Masse der nicht privilegierten bzw. nicht etablierten Gesellschaftsschichten, mit unscheinbaren, "einfachen" Menschen wie auch mit benachteiligten, stigmatisierten Menschen in gemeinsamen Situationen vorfinden.

Der bewußtseinsbildende Perspektivenwechsel bedeutet für Theologinnen und Theologen, daß für die Aneignung ihres Wissens über die Lebensrealitäten der Menschen nicht nur die Regel gilt, dieses Wissen über die theoretische Form hinaus auch in unmittelbaren Begegnungen mit den von der jeweiligen Lebensrealität betroffenen Menschen zu bilden. Der Perspektivenwechsel bedeutet zudem, daß auch diese Begegnung mit Betroffenen auf eine bestimmte Weise geschehen muß. Der gängige Modus der punktuellen Exkursion von "Universitätsleuten" in die Lebenswelten Betroffener hinein bzw.

---

243 Baum, G.: Compassion and Solidarity. The church for Others, Montréal u.a. 1987, 87, hier zitiert nach **Mette, N.**: Vorrangige Option für die Armen, 144.

244 Vgl. **Mette, N.**: Vorrangige Option für die Armen, 143 f.

der punktuellen Einladung Betroffener in eine universitäre Lehr- und Lernsituation allein genügt nicht. Formuliert ist vielmehr die Idee, daß Theologinnen und Theologen selbst in Feldern leben, wo sie auf eine "natürliche", unverkrampfte Weise, d.h. nicht im Stil einer geplanten Sondersituation, sondern in der Weise des Alltagsgeschehens mit Menschen zu tun haben, die auf der "Schattenseite" der Gesellschaft leben. Bewußtseinsbildender Perspektivenwechsel meint demnach, daß Theologinnen und Theologen eine Überschneidungsfläche ihrer Lebenswelt mit der Lebenswelt "kleiner Leute" bzw. notleidender Menschen suchen, daß sie in alltagsweltlichen Situationen solchen "einfachen", vom gesellschaftlichen Reichtum und Prestige ausgeschlossenen Menschen begegnen, daß sie mit ihnen - wo es authentisch möglich ist - eine Beziehung aufbauen, daß sie sich mit ihnen über die aus den Alltagssituationen erwachsenden Themen und über ihren gemeinsamen Bezug zu diesen Themen verständigen, daß sie mit ihnen gemeinsame Lebensanforderungen bewältigen, daß sie deren Plausibilitäten zu erkennen und zu verstehen suchen, daß sie deren Lebensbedürfnisse mit den eigenen in Einklang zu bringen gehalten sind. Für einen solchen Positionswechsel von Theologinnen und Theologen in die Lebenskontexte der "einfachen" bzw. der notleidenden Menschen hinein sind viele Möglichkeiten denkbar: das bewußte Wohnen in einem Arbeiterviertel oder in einem Mietshaus, die Mitarbeit in Selbsthilfegruppen benachteiligter Menschen, regelmäßiger "natürlicher" Kontakt mit Menschen aus sozialen Brennpunkten, gemeinsame Freizeitaktivitäten, ehrenamtliches Engagement in sozialen oder politischen Organisationen, befristete Mitarbeit in Industriebetrieben. Die entscheidende Frage für Theologinnen und Theologen lautet dann nicht mehr, wie sie die vorher formulierten theologischen Inhalte in diese Kontexte hineintragen können. Entscheidend für die Entwicklung einer diakonischen Theologie aus dem Kontext der Menschen ist, wie die Theologinnen und Theologen das, was sie dort erfahren - die Artikulationen der Menschen, ihre Lebenskonzepte, die alltäglichen Belastungen, die gemeinsam zu suchende Sprachebene, die auf dieser gemeinsamen Ebene ausgetauschten Lebensthemen, die erspürten Ängste und Hoffnungen -, in die wissenschaftliche Theologie Eingang finden lassen können. Die theologische Aussage, daß das Leben der Menschen der Ort der Selbstmitteilung Gottes ist, weil die Menschen als Menschen die Adressaten der Zuwendung Gottes sind, ist erst dann voll ernstgenommen, wenn die Rede von Gott, die Theologie, aus der Perspektive des alltäglichen Lebens der Menschen erfolgt. Der Alltag der Menschen, der Ort all dessen, was das Leben der Menschen ausmacht, ist der vorrangige theologiegenerative Ort und nicht die künstlichen, vom Alltag der Menschen abgehobenen Orte der Universitätstheologie oder des kirchlichen Lehramts. Dabei haben Universitätstheologie und Lehramt durchaus, auch in ihrer Distanz zum Alltagsgeschehen, eine wichtige Funktion. Diese Funktion besteht aber nicht darin, theologisches Wissen gleichsam in einer Laborsituation zu produzieren und den Menschen normierend vorzugeben, sondern darin, die Theologie gleich einem verborgenen Schatz aus dem Feld der alltäglichen Lebenspraxis und des Lebenswissens der Menschen zu heben. Die Theologie muß aus dem Kontext der Menschen, vorrangig der notleidenden Menschen, heraus formuliert werden. Erst dann kann die Theologie - im Idealfall - von den Menschen in diesen Kontexten als Artikulation ihrer Lebenserfahrungen verstanden werden. Erst dann sind

die Menschen Subjekte der Theologie, in der es um sie selbst gehen soll.
Konsequenzen ergeben sich aus der Option für die Armen und dem darin enthaltenen Postulat des bewußtseinsbildenden Perspektivenwechsels auch für die theologische Ausbildung. Hierzu sind exemplarisch zwei Aspekte zu benennen.
Das Konzept der Priesterseminare bedarf einer Revision. Die Priesterseminare in ihrer konventionellen und noch weit verbreiteten Form bilden künstliche Sozialgebilde und psychosoziale Schonräume. Sie schirmen die Priesteramtskandidaten, etwa durch das Privileg der Befreiung von der Wehr- bzw. Zivildienstpflicht, von belastenden, irritierenden Konfrontationen mit bestimmten Lebensrealitäten ab und dispensieren von vielen Anforderungen der alltäglichen Lebensbewältigung, z.B. von den Anstrengungen einer eigenen Haushaltsführung. Damit eignet ihnen die Tendenz, die Priesteramtskandidaten während ihrer Ausbildung von vielen Wirklichkeiten des alltäglichen Lebens der Menschen wegzuführen, anstatt sie bewußt damit zu konfrontieren. Der bewußtseinsbildende Perspektivenwechsel verlangt jedoch von künftigen Priestern akkurat die Konfrontation mit Lebenswirklichkeiten. Sie müssen sich, um eine destruktive Realitätsferne zu vermeiden, ihre Kompetenzen auf dem Nährboden alltäglicher Lebenserfahrungen aneignen. Sie müssen ihre Rollen und Kompetenzen in denjenigen Kontexten ausbilden, in denen sie sie später auch in eine berufliche Praxis umsetzen sollen. Mögliche Konkretisierungen könnten darin bestehen, daß Priesteramtskandidaten bereits während des Studiums den Ort ihres bewußtseinsbildenden Alltagslebens verlagern. Das könnte dadurch geschehen, daß sie etwa in einer Wohngemeinschaft oder alleine in einer Wohnung, aber eben unter alltäglichen Bedingungen wohnen oder daß sie vor bzw. während des Studiums bewußt eine Berufstätigkeit ausüben. Die Priesterseminare wären dabei nicht einfach abzuschaffen, sondern erhielten - freilich unter der Voraussetzung einer fundierten Selbstverständnisklärung - die Funktion von Orten der regelmäßigen, zeitweisen Zusammenkunft der Studierenden mit ihren Begleitern zum Zwecke der - dann aber um so intensiveren und bewußter gestalteten - Erfahrungsreflexion und Entscheidungsbegleitung.
Bei all dem zeichnet sich bereits - und das wäre der zweite Aspekt - die konsequente Implikation für die Organisation und den Inhalt des theologischen Studiums ab. Dieses wäre zu reformieren dahingehend, daß die Aneignung kognitiver theologischer Inhalte von Beginn an und kontinuierlich auf dem Hintergrund einer Praxiserfahrung geschieht, die der Einbindung der Studierenden in alltagsweltliche Kontexte entstammt. Das Theologiestudium darf nicht einfach das in den Traktaten der theologischen Fächer abgelagerte Wissen vermitteln - mehr oder weniger unbekümmert darüber, ob und wie die Studierenden später zu ihrer Berufserfahrung kommen. Es ist Aufgabe des Theologiestudiums, den Studierenden Erfahrungen zu vermitteln, ihnen Raum für die Reflexion von Erfahrungen zu geben und das theologische Lehrwissen so auszuwählen, zu organisieren und zur Sprache zu bringen, daß es Erfahrungen artikulieren, deuten und verarbeiten hilft. Eine mögliche Konkretisierung dessen könnte darin bestehen, daß ein "Langzeitpraktikum", d.h. eine etwa zwei bis drei Jahre dauernde, studienbegleitende Einbindung der Studierenden in ein Praxisfeld, z.B. in Form einer ehrenamtlichen oder nebenamtlichen Tätigkeit, als verbindlicher Bestandteil in das Studium aufgenommen

wird. Die Bestimmung solcher Praxisfelder müßte nach dem Kriterium erfolgen, daß die Studierenden darin tatsächlich in Beziehung zu Menschen treten müssen, daß sie mit deren Lebensrealitäten konfrontiert werden und daß sie in ihrer kommunikativen Kompetenz beansprucht werden. Für eine derartige studienbegleitende Praxiseinbindung sprechen folgende Überlegungen. Die Studierenden wären gehalten, sich relativ früh und auch anhaltend berufsähnlichen Anforderungen auszusetzen und ihre Eignung dafür zu überprüfen. Im Unterschied zu den bereits üblichen Kurzzeitpraktika, die für Praktizierende wie für Praktikumsstellen den Charakter der Sondersituation haben, ist bei Langzeitpraktika mit realistischeren Praxisbedingungen zu rechnen: Rollen müssen so eingeübt werden, daß sie über eine längere Zeit durchgehalten werden können; Konflikte müssen eingegangen und ausgetragen werden; das eigene Handeln muß längerfristig konzipiert werden; die unangenehmen oder unwägbaren Elemente des jeweiligen Praxisfeldes können nicht auf eine "Zeit danach" verschoben, sondern müssen dort bewältigt werden, wo sie sich einstellen. Schließlich böte ein solches Langzeitpraktikum einen Erfahrungshorizont, in dem das theoretische Theologiestudium einen Ort seiner existentiellen Verwurzelung, seiner Bewährung wie auch seiner innovativen Weiterentwicklung finden kann. Wenn auch der Anspruch, die in einem solchen Feld gewonnenen Erfahrungen in die Bildung und Vermittlung theologischen Wissens eingehen zu lassen, allen theologischen Disziplinen gilt, so wären doch speziell die praktisch-theologischen Fächer herausgefordert, in der Konzeption ihres Lehrbetriebs die kritisch-auswertende und konstruktiv-anregende Reflexion dieser Praxiserfahrungen dezidiert und verbindlich, etwa in Form von regelmäßigen Reflexionskolloquien, vorzusehen.

8.3.4.2 Solidarisierung

Sich mit Notleidenden solidarisch zu erklären geht - nicht selten mit dem Unterton des Heroischen - leicht von den Lippen. Oft genug steht dabei die Phantasie eines "Etwas-für-die-Armen-Tuns" vor Augen, wobei die Richtigkeit und die Zustimmungswürdigkeit der eigenen Vorstellungen von diesem "Etwas" meist unreflektiert vorausgesetzt werden. Auf diese Weise fallen entscheidende Komponenten dessen, was Solidarisierung mit Notleidenden bedeuten kann und bedeuten muß, unter den Tisch. Solidarisierung ist etwas anderes als Fürsorge, in der die Nicht-Armen aus ihrer Position heraus in paternalistisch-fürsorglichem Gehabe die Notleidenden unterstützen[245], gerade dadurch aber auf paradoxe Weise deren unterdrückenden Abhängigkeitsstatus zementieren würden. Sich mit den Notleidenden zu solidarisieren beinhaltet den *Positionswechsel*, der in den oben dargelegten Postulaten des bewußtseinsbildenden Perspektivenwechsels (s. 8.3.4.1) bereits zum Ausdruck kam. Dieses Sich-an-die-Seite-der-Armen-Stellen darf wiederum nicht geschehen, um selbstzufrieden ein "eigenes Arm-Sein" behaupten zu können. Sich an die Seite der Notleidenden zu stellen ist notwendig, um zu vermeiden, daß die Diakonie die Gestalt eines entmündigenden Assistentialismus annimmt. Würde die

---

245 Vgl. **Steinkamp, H.**: Diakonie in der Kirche der Reichen, 298.

Diakonie konzipiert aus dem Bewußtsein einer Gegenüberstellung zu den Notleidenden heraus, dann bliebe sie in dem Denkmuster verfangen, daß die Überwindung der Not nur in einem einseitigen Sich-Verändern der Notleidenden und in deren Angleichung an den Status der Nicht-Armen bestünde. Solidarisierung verlangt jedoch zunächst eine Veränderung auf seiten derer, die die Diakonie konzipieren und vollziehen wollen, eine Hinordnung dieser Menschen auf die notleidenden Anderen. Die Diakonie erweist sich folglich dann als solidarisch, wenn sie so strukturiert ist, daß in ihr zwar Not überwunden bzw. Verhältnisse der Ungerechtigkeit zu gerechten Verhältnissen ausgeglichen werden, daß in ihr aber zugleich die Notleidenden - freilich nach eigenen Maßstäben und nach freiem Willen - ihr Anderssein, ihre Individualität und ihre Identität bewahren können. Solidarisierung bildet die Komponente der Diakonie, in der zum Ausdruck kommt, daß die Verantwortung für den Anderen nur dann hinreichend wahrgenommen ist, wenn durch die Bewahrung des Anderen in seinem Anderssein die Achtung vor seiner uneinholbaren, unvereinnahmbaren Würde eingelöst ist. Auf diesem Hintergrund sind die folgenden konkretisierenden Postulate der Solidarisierung zu verstehen.

Die Diakonie ist unter der Maßgabe der Selbsthilfe zu konzipieren.[246] Der Fixpunkt der Diakonie ist nicht die Professionalität der diakonisch Handelnden. Die Diakonie darf nicht unter der Maßgabe praktiziert werden, das Bedürfnis der Professionellen, ihre Professionalität möglichst mit allen Trümpfen auszuspielen, zu befriedigen. Maßgabe der Diakonie ist das Prinzip der Selbsthilfe der Notleidenden. Dadurch ist die Professionalität keineswegs für obsolet erklärt. Die Ausführungen zur Unhintergehbarkeit institutionalisierter Diakonie (s. 4.2.3.3) zeigten, daß professionelle Kompetenz nicht blauäugig desavouiert und ihre Notwendigkeit nicht mit einer naiven Sicht von Selbsthilfe idealistisch übersprungen werden darf. Aber Professionalität ist selbst noch einmal übergeordneten Kriterien unterstellt. Eines davon findet sich eben im Postulat der Selbsthilfe der Notleidenden, in deren Dienst sie zu stehen hat. Die Umsetzung professioneller Kompetenz muß wechseln von einem paternalistischen "für" zu einem partizipativen "mit" der Notleidenden.[247] Dieses Prinzip ist auch dort durchzuhalten, wo Notleidende aufgrund der Einschränkungen ihrer Lebensmöglichkeiten teilweise oder permanent zur Selbsthilfe nicht fähig sind, etwa bei Schwerstbehinderten. Hier ist das Prinzip der Selbsthilfe als Prinzip der Wahrung der Eigenständigkeit des Notleidenden ein kritisches Korrektiv der Fremdhilfe, welches diese an die Achtung der Würde des Notleidenden erinnert. Wo Selbsthilfe nicht möglich ist, hat sie also, wenngleich utopisch, als kritisches Prinzip reale Relevanz. Daß die Diakonie als praktizierte Option der Christinnen und Christen für die Notleidenden solidarisch sein soll, bedeutet folglich, daß Eigeninitiative und Selbsthilfemaßnahmen der Notleidenden nicht als eine zufällige, wohlwollend zugestandene, im günstigen Fall förderliche, im ungünstigen Fall hinderliche "Nebenerscheinung" der von den professionellen Helfenden vordefinierten Diakonie angesehen werden dürfen, sondern selbst authentische und sogar vorrangige

---

[246] Vgl. ebd.

[247] Vgl. **Bach, U.**: Boden unter den Füßen hat keiner, 91-97; **Boff, C./Pixley, J.**: Die Option für die Armen, 237; **Mette, N.**: Vorrangige Option für die Armen, 152.

"Phänotypen" der Diakonie bzw. deren Ziele sind. Initiativen der Selbsthilfe Notleidender müssen - sofern sie nicht selbst gegen Leben und Würde anderer Menschen gerichtet sind - auch noch dort gefördert werden, wo sie bestimmten, von den Helfenden mitgebrachten Vorstellungen widersprechen.

Damit sind weitere Implikationen der Bestimmung der Diakonie als Solidarisierung mit den Notleidenden angedeutet. *Die Notleidenden selbst sind als Subjekte der in der Diakonie zu treffenden Option zu begreifen.* Daß diese Option eine Option *für* die Armen ist, bedeutet gerade nicht, daß ihre Operationalisierung die Struktur eines Handelns *für* die Armen hat. Sie ist charakterisiert durch die Bereitschaft derer, die sie treffen, sich den Vorstellungen der Notleidenden zu unterstellen. In diesem Fall ist also das "für" gerade der konsequente Ausdruck für die Unterstellung der Nicht-Armen bzw. der Helfenden unter den ihnen geltenden Anspruch von seiten der Notleidenden. Wie also diese ihre soziale Wirklichkeit definieren und was diese als Handlungsbedarf anmelden, hat normierende Bedeutung für die Operationalisierung der Option durch die Nicht-Notleidenden. Die Kennzeichnung der Diakonie als solidarisch erinnert daran, daß die ihr zugrundeliegende Option bzw. die Formen der Umsetzung dieser Option in konkrete Handlungen nur gemeinsam mit den Notleidenden in Kommunikation mit ihnen definiert werden können.[248] Die Brisanz dieser Forderung wird spürbar, wenn es etwa gilt, sich mit dem eigenen diakonischen Engagement bestimmten Erwartungen der Notleidenden bezüglich politischer Maßnahmen zur Durchsetzung ihrer Interessen zur Verfügung zu stellen, die diakonische Praxis also bewußt als politisches Engagement auf der Plattform der gesellschaftlichen Öffentlichkeit und in Auseinandersetzung mit gesellschaftlichen Kräften zu konzipieren. Solidarisierung impliziert die Verabschiedung von eventuellen Idealbildern einer individualistischen, auf dem Hintergrund einer dualistischen Kirche-Welt-Spaltung apolitisch verstandenen Diakonie. Freilich gilt das Postulat dann auch umgekehrt: Eine diakonische Hilfe, die fixiert ist auf die Durchführung politischer Maßnahmen zur kritischen Umgestaltung der Gesellschaftsstrukturen muß sich in Frage stellen lassen, wenn die Notleidenden selbst bei der Entscheidungsfindung zu diesem politischen Befreiungsengagement zu wenig beteiligt sind. Und wenn Notleidende sich bei einem politischen Engagement anderer in ihrer individuellen Notlage nicht ernstgenommen fühlen bzw. die Bearbeitung der Not gerade auch als Bearbeitung ihrer je individuellen Not einklagen, dann müssen sich die - meist aus einer abgesicherten Position heraus agierenden - Protagonisten politischer Aktivitäten davor hüten, diese Notleidenden als unkritisch, apolitisch, reaktionär usw. abzuqualifizieren bzw. im eigenen Sinn manipulieren zu wollen. Unter dem Anspruch der Solidarisierung sperrt sich also die Diakonie nicht nur gegen einen individualisierenden, sondern auch gegen einen politisierenden Paternalismus.[249]

Solidarisierung mit den Notleidenden muß sich in Konsequenz dazu in der *Bereitschaft zu einem Teilen mit den Notleidenden* bewähren, das diesen Namen verdient, einem

---

[248] Vgl. **Fuchs, O.**: Heilen und befreien, 46 f.

[249] Vgl. **Boff, C./Pixley, J.**: Die Option für die Armen, 238; **Bedford-Strohm, H.**: Vorrang für die Armen, 196 f.

Teilen, das nicht in der großzügigen Geste besteht, vom eigenen materiellen oder ideellen Reichtum etwas abzugeben, sondern in dem der diakonisch Handelnde auch von dem Notleidenden anzunehmen bereit ist.[250] Hier ist vor allem daran zu denken, daß Menschen in diakonischen Praxisfeldern bei entsprechender Offenheit von den Notleidenden nicht unwesentliche Impulse erhalten können, ihre eigene Lebenseinstellung und -praxis zu überdenken und zu korrigieren, Gegebenheiten des Lebens sinnvoll zu deuten und im rechten Verhältnis zu bewerten oder die Interessen der eigenen Lebensführung zu verlagern bzw. überhaupt erst in einer bestimmten Richtung bewußt zu verfolgen.
Wird die Solidarisierung auf der Grundlage der bisher genannten Postulate - Positionswechsel an die Seite der Notleidenden, Hilfe zur Selbsthilfe, Ernstnahme der Notleidenden als Subjekte der diakonischen Option, wirkliches Teilen - verstanden und praktiziert, dann bedingt sie schließlich als weiteres Postulat die *Bereitschaft, gegebenenfalls die den Notleidenden geltenden Vorbehalte auch auf die eigene Person zu ziehen und in Konflikt mit Menschen oder Instanzen einzutreten*, mit denen man bislang verbunden war, die aber den Schritt der Solidarisierung nicht akzeptieren und auch selbst nicht vollziehen wollen. Die Bereitschaft zur konflikthaften, weil optionalen und Kritik übenden Klärung bestehender Beziehungen, im Extremfall mit dem Ergebnis einer Distanzierung, ist sowohl von Einzelpersonen im Blick auf ihr soziales Umfeld wie auch von der Kirche als ganzer im Blick auf ihre symbiotische Verflechtung mit anderen, unter Umständen auch unterdrückerischen Gesellschaftssystemen erwartet.[251]

8.3.4.3 Politisierung

"Politisierung" gilt innerhalb der kirchlich-theologischen Sprachregelungen als ein negativ belegter Begriff. Er wird als Vorwurf verwendet, wo auf dem Hintergrund einer dualistischen Spaltung zwischen Kirche und Gesellschaft, Glaube und Leben, sakral und profan, religiös und politisch Versuche abgewehrt bzw. diskreditiert werden sollen, die

---

[250] Vg. **Mette, N.**: Vorrangige Option für die Armen, 147.

[251] Vgl. ebd. 149. - Das Postulat der Solidarisierung findet eine spezifische Ausformulierung im Konzept der "ökumenischen Solidarität" (vgl. **Raiser, K.**: Diakonie in weltweiter Perspektive; **ders. [Hg.]**: Ökumenische Diakonie - Eine Option für das Leben), das insbesondere in Hinblick auf die weltweit angelegten Problemlagen und Konflikte bezüglich sozialer, wirtschaftlicher und politischer Gerechtigkeit bzw. in Hinblick auf das weltweit angelegte diakonische Wirken der Kirchen angesichts der Ungerechtigkeitsverhältnisse formuliert worden ist. Als Kern des Konzepts der "ökumenischen Solidarität" werden - praktisch gleichlautend zu dem hier vorgetragenen Verständnis - folgende Kriterien genannt: 1) Verteidigung des Kampfes der von Ungerechtigkeit Betroffenen um Gerechtigkeit als legitime Vertretung ihrer eigenen Lebensinteressen; 2) Bereitschaft, sich der Erfahrung der Armen zu stellen und die Notsituation aus ihrer Perspektive wahrzunehmen; 3) Stärkung der Eigenständigkeit und der Handlungsfähigkeit der Notleidenden durch Unterstützung der von ihnen selbst getragenen Initiativen; 4) Respekt vor der Integrität der Notleidenden als eigenverantwortliche Subjekte ihrer diakonischen Praxis; 5) Bereitschaft, Kritik, Anfeindungen und Verdächtigungen wegen der Solidarisierung mit Notleidenden auf sich zu ziehen. (Vgl. **Raiser, K.**: Diakonie in weltweiter Perspektive, 203)

Überzeugungen des christlichen Glaubens in politische Maximen und Handlungen umzusetzen. Ein solches Ansinnen wird von einschlägig interessierten Kräften aus dem kirchlichen wie politischen Bereich mit dem Begriff der "Politisierung" als unzulässiger Umgang mit Glaubensinhalten gebrandmarkt und - bei entsprechender Machtkonstellation - unterbunden.

Die Option für die Armen entlarvt dieses Verständnis von "Politisierung" als kollektiven Selbst- und Fremdbetrug seiner Protagonisten und fordert geradezu eine Politisierung christlicher Glaubensüberzeugungen in dem Sinn, daß die Überzeugungen der Christinnen und Christen eine erkennbare, spürbare Ausformung in einem adäquaten politischen, gesellschaftsgestaltenden Handeln bekommen müssen, um authentisch bzw. "wirk-lich" zu sein. Die Politisierung von Glaubensüberzeugungen als illegitimen Umgang mit dem christlichen Glauben abtun kann nur, wer sich bei der Konzeption christlicher Praxis in einer politikneutralen, den Mechanismen gesellschaftlichen Zusammenlebens enthobenen Sphäre, frei von jeder gesellschaftsrelevanten Position dünkt. Das aber ist eine Fiktion. Mit dieser Fiktion soll einerseits die Bequemlichkeit, sich den Konsequenzen der christlichen Glaubensüberzeugungen im Politischen zu entziehen, als christliche Tugend kaschiert werden. Auf der anderen Seite wirkt sie selbst eminent gefährlich in die politischen Mechanismen hinein, weil sie als Behauptung einer Indifferenz des Christlichen gegenüber dem Politischen, d.h. als eine Art Selbstlähmung des christlichen Glaubens, um so anfälliger wird für eine Vereinnahmung durch die politisch machtvollen Instanzen.

Die Option für die Armen verlangt einen Positionswechsel und macht damit indirekt deutlich, daß es eine derartige fiktive politische Positionslosigkeit nicht gibt. Wer den Positionswechsel an die Seite der Armen nicht vollzieht, befindet sich deswegen nicht im politischen Niemandsland, sondern verbleibt eben auf der politisch-gesellschaftlichen Position, die der Position der Armen gegenübersteht. Die Position *gegenüber* den Armen ist aber unter den Verhältnissen der ungerechten Verteilung von Lebensmöglichkeiten notwendig eine Position *gegen* die Armen. Es ist die Position der Privilegierten, die - beabsichtigt oder unbeabsichtigt, bewußt oder unbewußt - Nutzen für ihre Lebensmöglichkeiten ziehen aus der Tatsache, daß auf die andere Seite hin Lebensmöglichkeiten versagt bleiben.

Deutlich wird dieser Zusammenhang an einer Argumentation Joseph Höffners gegen die Theologie der Befreiung.[252] Wie bereits oben erwähnt (s. 8.3.3.4.6) geht Höffner aus von der Fragestellung, ob die Theologie der Befreiung mit ihrem Eintreten für Unterdrückte nicht in sich unstimmig sei, weil sie sich selbst erübrigen würde, wenn es einmal keine Unterdrückte zu befreien gibt. Er argumentiert damit gegen die vorrangige Option für die Armen, also gegen das Postulat, daß sich Christen und die Kirche insgesamt in einer bewußten Entscheidung vorrangig an den Armen ausrichten. Dazu beschreibt er die gesellschaftliche Konstellation Deutschlands in der zweiten Hälfte des 20. Jahrhunderts als einen Bevölkerungsblock mit einem schmalen Segment sehr Reicher, einem schmalen Segment von Randgruppen und einer breiten Mittelschicht. Und

[252] Vgl. **Höffner, J.**: Soziallehre der Kirche oder Theologie der Befreiung?, 35.

er zieht daraus den Schluß, "daß sich in der entwickelten Industriegesellschaft ein mittelständischer Lebenszuschnitt durchsetzt und daß die breite Mittelschicht die tragende Kraft im Staat wird. Die Folgen wären verhängnisvoll, wenn die Kirche die Mittelschicht gleichsam 'ausstoßen' würde."[253] Ein Versuch der theologischen Rechtfertigung dieser Sichtweise erfolgt mit dem Hinweis: "Eine Änderung des gesellschaftlichen Systems verbindet die Menschen an sich nicht enger mit Christus, noch macht dies sie an sich besser und heiliger. Gerade in den modernen Wohlstandsgesellschaften werden die Menschen von schweren Lebenskrisen erschüttert. Wohlstand ist nicht dasselbe wie menschliches Glück, erst recht nicht dasselbe wie das Heil in Jesus Christus."[254]

Abgesehen davon, daß diese Aussage sachlich nicht mehr richtig ist, weil sich schon seit längerer Zeit auch in den "entwickelten" Industrieländern des Nordens nicht die Nivellierung auf einem Mittelschichtsniveau, sondern das zunehmende Auseinanderklaffen von Reichen und Armen durchsetzt, läßt sich an dieser Aussage ablesen, daß es keine politikneutrale Position der Kirche und der Christen gibt. Die Ablehnung der Option für die Armen wird hier begründet mit der angeblichen Notwendigkeit, die Kirche durch Solidarisierung mit der Mehrheit der Gesellschaft zu stabilisieren, und mit der angeblichen Indifferenz des Engagements in der Gesellschaft hinsichtlich der Christlichkeit der Christen. Die bestehende gesellschaftliche Konstellation wird als Chance der Kirche ausgegeben, und zugleich wird aufgefordert, diese Chance wahrzunehmen. Es wird also, wenn auch indirekt, für die Stabilisierung der bestehenden gesellschaftlichen Strukturen plädiert. Das ist eine politische Position und ein politisches Engagement in Form der ideellen Unterstützung der machthabenden Gesellschaftskräfte.

Die Weigerung, christliche Überzeugungen umzusetzen in ein politisches Engagement zugunsten der Befreiung Notleidender, ist also in sich ein politisches Engagement zugunsten der Nicht-Notleidenden. Der Vorwurf der ungerechtfertigten Politisierung des Glaubens ist auf diesem Hintergrund sinnlos. Um so schlüssiger ist der Anspruch der Option für die Armen, die Politisierung christlicher Glaubensüberzeugungen nicht nur als Möglichkeit zuzulassen, sondern als eine diesen selbst inhärente Tendenz einzufordern. Lehramtlich-theologischer Beleg für dieses Verständnis ist der im Zweiten Vatikanum vorgenommene grundlegende Wandel im Selbstverständnis der Kirche. Kirche ist nicht mehr die "Societas perfecta", die "perfekte", in sich stehende und sich selbst genügende Sondergesellschaft, die der profanen Gesellschaft als ihrem feindlichen Pendant gegenüberstünde und sich von dieser abgrenzen müsse.[255] Kirche begreift sich als eine, die "gerade in dieser Welt besteht und mit ihr lebt und wirkt" (GS 40), die ihre Aufgabe in der Welt von heute als Hilfe für den einzelnen Menschen (GS 41) wie auch für die menschliche Gemeinschaft (GS 42) begreift, "um der menschlichen Gemeinschaft zu Aufbau und Festigung nach göttlichem Gesetz behilflich zu sein" (GS 42). Dementsprechend ist die Kirche bewußt als Teil der Gesellschaft zu begreifen,

253 Ebd.

254 Ebd. 36.

255 Vgl. **Pesch, O.H.**: Das Zweite Vatikanische Konzil, 61.

dessen Praxis per se gesellschaftsrelevanten Charakter hat und politisch wirkt. Die Frage ist also nicht, *ob* die Politisierung christlicher Glaubensüberzeugungen legitim ist, sondern *welche* Politisierung den christlichen Glaubensüberzeugungen gerecht wird. Damit ist auch deutlich gemacht, daß das Argument, die Kirche dürfe sich nicht in das gesellschaftspolitische Geschehen hineinbegeben, um die notwendige kritische Distanz gegenüber der Gesellschaft nicht zu verlieren, nicht stichhaltig ist. Gerade dadurch, daß sich die Kirche in eine politikfreie, gesellschaftsferne Sphäre zurückzieht, würde sie ihr kritisches Potential der Gesellschaftsgestaltung unwirksam bzw. für die gesellschaftlichen Kräfte irrelevant machen. Mit dieser Eigenlähmung würde die Kirche um so mehr zum Spielball gesellschaftlicher Kräfte und müßte sich von diesen ihren Platz zuweisen lassen, weil sie selbst darauf verzichtet, einen politischen Platz, eine Position einzunehmen. Das "gebotene Gegenüber von Kirche und Welt"[256] im Sinne einer kritischen Beurteilung wird vielmehr dadurch eingehalten, daß sich die Kirche in das gesellschaftliche Geschehen hineinbegibt und ihr kritisches, am Menschen und an dessen Würde orientiertes Potential zur Wirkung kommen läßt.

Die Option für die Armen definiert die Stoßrichtung der notwendigen Politisierung. An der Seite und aus der Perspektive der Armen ist nur eine Politisierung in Berufung auf die Vorliebe Gottes für Arme und Unterdrückte und unter der Maßgabe der Bewahrung der Menschenwürde als Einlösung der Würde des Menschen vor Gott denkbar. Die politische Relevanz des christlichen Glaubens erfordert die Anklage von Ungerechtigkeiten, die Aufdeckung und Beseitigung der dahinterstehenden strukturellen Ursachen, die Befähigung der Betroffenen zu eigenständigem Engagement für ihre Befreiung, die Beteiligung Nicht-Armer bzw. Solidarisch-Armer an Aktionen zur Befreiung aus aufgezwungener Armut und auch die Bereitschaft zur selbstkritischen Aufdeckung eigener Verflochtenheiten in Ungerechtigkeitsstrukturen.[257] "Es handelt sich bei der Option für die Armen also um den strukturellen, kollektiven, umwandelnden, befreienden oder gar revolutionären Aspekt des lebendigen Evangeliums. Einfacher ausgedrückt, geht es hier um die Frage sozialer Gerechtigkeit, um die 'Liebe in weitreichenden Beziehungen' oder um die 'Makrocaritas'."[258] Insofern ist die Option für die Armen das Synonym für eine Diakonie, die ihre politisch-gesellschaftskritische Dimension bewußt profiliert und in den Dienst der Befreiung Notleidender aus ihrer Not stellt.

Damit ist eine Umkehr der Kirche in der Grundstruktur ihrer Diakoniekonzeption angesagt. Der Unterscheidung zwischen einer "caritativen" und einer "politischen" Diakonie darf keine konzeptionelle Bedeutung mehr zukommen, wenn damit gemeint ist, daß es eine Diakonie gäbe, die bewußt unpolitisch zu gestalten ist. Die diakonische Hilfe muß kritisch überprüft werden dahingehend, ob sie auf die Bearbeitung individueller Notlagen eingeschränkt ist und ob sie durch eine bewußte individualistische Programmatik instrumentalisiert wird zur Unterbindung einer systemisch-strukturellen Bearbeitung der Noterzeugungszusammenhänge. Die Option für die Armen und der in

---

256 **Ludwig, H.**: Kompetenz der Betroffenheit, 264.

257 Vgl. **Mette, N.**: Vorrangige Option für die Armen, 150 f.

258 **Boff, C./Pixley, J.**: Die Option für die Armen, 133.

ihr enthaltene Anspruch der Politisierung verlangen die Revision einer derart individualistisch ideologisierten Diakonie[259], im Zuge der die Bearbeitung individueller Notlagen eingebettet wird in eine Teilnahme der Kirche am politischen Kampf um gerechte Verhältnisse und um Beseitigung der strukturellen Ursachen von Not. Eine diakonische Behindertenhilfe wird dann nach wie vor bestrebt sein, durch therapeutische, pädagogische oder finanziell-materielle Hilfen die individuelle Notlage zugunsten des behinderten Menschen zu bearbeiten. Sie wird es aber auch als ihre Aufgabe begreifen, gesellschaftliche Benachteiligungen und Diskriminierungen Behinderter, etwa im Bereich der Arbeitsmarktpolitik, der Gesundheitsvorsorge oder der lebenspraktischen Gestaltung des öffentlichen Lebens, anzuklagen und für ihre Abstellung zu kämpfen. Die diakonische Hilfe für HIV-Infizierte wird nach wie vor Beratungs- und Pflegemaßnahmen leisten. Sie wird sich aber auch an Maßnahmen zur gesellschaftlichen Bewußtseinsbildung, zur Prävention und zur Beseitigung von Diskriminierungen der Betroffenen, gerade auch bei den sogenannten "Risikogruppen", beteiligen. Eine diakonische Schuldenberatung wird nach wie vor Entschuldungspläne für je einzelne Personen entwickeln und unterstützen. Sie wird aber auch den Umgang der politischen und ökonomischen Instanzen mit dem Arbeitslosigkeits- (nicht: Arbeitslosen-)Problem, die Aushöhlung der Sozialpolitik durch die Interessen der Inhaber wirtschaftlicher Macht oder auch zynische Auslassungen des politisch-ökonomischen Establishments gegen Notleidende, wie z.B. den vom CDU-Politiker Helmut Kohl geäußerten Vorwurf des "kollektiven Freizeitparks" oder die von der FDP propagierte Bevorzugung der "Besserverdienenden" bzw. der "Leistungsfähigen", kritisieren. Eine diakonische Hilfe für Bevölkerungen armer Länder wird nach wie vor Projekte zur Lebensstandardverbesserung durchführen. Sie wird aber auch die Ursachen der Armut dieser Länder, z.B. die gelenkte Verschuldungspolitik der reichen Länder, das Wirken diktatorischer Systeme bzw. deren Zusammenwirken mit "demokratischen Systemen" der reichen Länder, die Ausbeutung natürlicher Ressourcen und die damit gegebene Zerstörung von Lebensgrundlage und -versorgung in den armen Ländern, anprangern.

Das christliche Verständnis von Sünde ist analog in seiner individualistischen Verengung zu kritisieren und auf die Dimension der sozialen Sünde auszuweiten, so daß nicht nur die individuelle Verfehlung einer einzelnen Person, sondern auch kollektive, die Menschenwürde verletzende Verhältnisse, Strukturen und Mechanismen als sündhafte Praxis dechiffrierbar werden.[260] Werden noterzeugende Ungerechtigkeiten auf diese Weise nicht nur als gesellschaftsorganisatorische Fehlerscheinung, sondern als theologisch zu qualifizierende Absonderung vom Willen Gottes bewußt gemacht, dann ist einsichtig, daß der politische Kampf gegen Ungerechtigkeit keine beliebige Möglichkeit, sondern ein Gebot christlicher Existenz ist.

Wollen Kirche und Christen in ihrer Diakonie authentisch bleiben, dann ist schließlich auch eine Umkehr nötig hinsichtlich der Frage, angesichts welcher Verhältnisse Diakonie zu konzipieren ist. Erkenntnisleitend darf nicht mehr das Interesse sein, wie sich die

---

[259] Vgl. **Eicher, P.**: Option für die Armen, 150.

[260] Vgl. ebd.

Diakonie dem Standard der gesellschaftlichen Machtsysteme, etwa hinsichtlich materieller Ausstattung oder der Teilhabe am ideologisierten Fortschrittsprozeß, einpassen kann. Das Erkenntnisinteresse der Diakoniekonzeption ist in bewußter Konfrontation mit den Lebensverhältnissen der Notleidenden zu definieren, um dann auf dieser Basis Aktivitäten vorzunehmen.[261] In diesem Sinn hat bereits das Hineingehen in den Lebenskontext der Notleidenden die Qualität einer politischen Aktion, weil damit die politische Virulenz der jeweiligen Wahrnehmungsperspektive erkennbar bzw. zugunsten der Befreiung aus Not eingesetzt wird. Aufgabe einer diakonischen Kirche ist es dann, ihre Mitlieder und vor allem ihre institutionalisierten Funktionsträger bewußt zur Begegnung mit Notleidenden zu veranlassen, sie mit den von Not gekennzeichneten Lebensverhältnissen zu konfrontieren und ihnen dadurch die Möglichkeit zu geben, von dieser geänderten Wahrnehmungsperspektive aus ein kritisches Bewußtsein gegenüber Mißständen auszubilden. Es ist denkbar, daß auf diesem Wege Nicht-Arme ihre bisherige Position als Eingebundenheit ihrer selbst in Unrechtsverhältnisse erkennen und ihren Positionswechsel an die Seite der Armen auch als eigene Befreiung aus ihrer Verstrickung in noterzeugende Strukturen empfinden. Die Option für die Armen kann also aufgrund der von ihr intendierten Aufdeckung politischer Zusammenhänge befreiende Wirkung auch für die bisher Unterdrückenden oder Reichen haben[262]. Eine solche Befreiung bemißt sich zwar nach dem Maß der von den jeweiligen Personen selbst zu gewährleistenden Bewußtseinsveränderung, die ihnen von niemandem abgenommen werden kann. Sie zeigt aber auch, daß die Option für die Armen nicht als moralisierende Leistungsanforderung an die Nicht-Armen oder gar als Aversion gegen sie als Personen zu vermitteln ist. Die Option für die Armen hat gegenüber den Nicht-Armen eine integrative Funktion: Sie will sie nach dem Maß ihrer Bekehrung in den Befreiungsprozeß integrieren.[263] So gedeutet ist die Option für die Armen nicht Bedrohung, sondern ebenfalls frohe Botschaft für Nicht-Arme.

8.3.4.4 Verzicht auf Reichtum und Privilegien

Die in Medellin vorgenommene Differenzierung der Armut, welche Armut dreifach begreift als aufgezwungenen Mangel an Lebensgütern, als geistige Armut im Sinne der Haltung der Offenheit gegenüber Gott und als freiwillig angenommene Armut im Sinne des Engagements der Solidarisierung[264], ist nicht nur von Bedeutung hinsichtlich einer adäquateren Analyse des Phänomens der Armut. Sie hat auch eine normierende Funktion: Mit der Differenzierung der Armut wurde in Medellin gleichzeitig eine Selbstverpflichtung der Kirche ausgesprochen, die Haltung einer *armen Kirche* einzunehmen. Dabei verhindert die differenzierte Sicht, daß der Anspruch der geistigen und

---

[261] Vgl. ebd. 131.

[262] Vgl. ebd. 148.

[263] Vgl. **Boff, C./Pixley, J.**: Die Option für die Armen, 152.

[264] Vgl. **Sekretariat der Deutschen Bischofskonferenz (Hg.)**: Die Kirche Lateinamerikas, 116.

solidarischen Armut instrumentalisiert wird, um aufgezwungene Armut an Lebensgütern zu kaschieren. Eine arme Kirche hat sich vielmehr darin zu bewähren, daß sie ungerechten Mangel an Lebensgütern und dessen Ursachen anklagt, daß sie sich aber selbst die Haltung der geistigen Armut vor Gott aneignet - was übrigens nicht zuletzt heißt, daß sie auf ein unbedachtes, umfassendes und damit einengendes Begreifen-Wollen Gottes in Form menschlicher Lehren und auf die verabsolutierte Bindung der Menschen an diese Lehren verzichtet - und sich selbst solidarisch zur materiellen Armut verpflichtet.[265]

Soll die Praxis von Christinnen und Christen und die Praxis der institutionalisierten Formen des Christentums, der Kirchen, in ihren verschiedenen Ebenen unter der Option für die Armen stehen, dann gilt es, diese Vorgabe des Dokuments von Medellin ernst zu nehmen. In Konsequenz dazu besteht eine weitere Maxime einer diakonischen Kirche schließlich in der einfachen, in ihrer Einfachheit aber um so radikaler und konkreter zu verstehenden Forderung: Die Kirche - und das heißt vor allem: die kollektiven Instanzen wie auch die etablierten Mitglieder in ihr - muß ärmer werden.

Diese Forderung erfährt bekannterweise Widerspruch - in bedachter Form durch das Gegenargument, die Kirche brauche gerade wegen ihres Engagements eine ausreichende Ausstattung, in platitüdenhafter Form durch den Vorwurf einer blauäugigen Sozialromantik. Diese Widerstände verkennen die Brisanz der Spannung zwischen einer reichen Kirche und notleidenden Menschen, in der sich letztere aufgrund ihres Armseins von dieser Kirche ausgeschlossen fühlen. Dadurch erweisen sie sich als das, was sie der Forderung nach einer armen Kirche zu sein vorwerfen: als eine Naivisierung der Wahrnehmung von Lebensrealitäten. Das Treffen von Optionen bedeutet wesentlich das Treffen von Entscheidungen und darin den Vollzug von Veränderungen im eigenen Leben. Die obigen Ausführungen zum bewußtseinsbildenden Perspektivenwechsel zeigten, daß die mit der Option für die Armen verbundenen Veränderungen in einem Positionswechsel weg von der Seite der Privilegierten hin an die Seite der Notleidenden in die Notsituation hinein bestehen. So wie der christliche Glaube insgesamt nicht von einem "Außen" in die Realität der Menschen indoktriniert werden kann, sondern einer Inkulturation, einer Verwurzelung in der Alltagswelt der Menschen bedarf, so kann die diakonische Praxis zugunsten Notleidender unter der Option für die Armen nicht als eine Dienstleistung von außen in die Lebensrealität der Armen hinein konzipiert werden. Sie bedarf ebenso einer "Inkulturation". Wer diakonische Praxis konzipiert, muß sie aus einer Lebensgemeinschaft mit den jeweiligen Notleidenden heraus konzipieren. Lebensgemeinschaft mit Notleidenden heißt: "Annahme einer der Armut entsprechenden Lebensweise, physisches Näherrücken durch Wohnen und Arbeiten unter dem Volk, pastorale Inkulturation in die Welt der Armen, Lebens- und Kampfgemeinschaft mit den Unterdrückten"[266]. Die Authentizität der Diakonie verlangt deren Verwurzeltsein in der Lebensrealität der Armen. Dazu muß die diakonische Praxis ihren Ausgang nicht zuerst vom Wissen *über* die Notsituation, sondern vom Betroffensein *in* der Notsituation

265 Vgl. ebd.

266 **Boff, C./Pixley, J.**: Die Option für die Armen, 151.

und vom dadurch gebildeten Bewußtsein nehmen. Insofern wäre auch eine Erweiterung des bekannten Dreischritts der Konzeption christlicher Praxis "Sehen-Urteilen-Handeln" notwendig. In der diakonischen Praxis und deren Konzeption ist das "Sehen" bereits der zweite Schritt. Ihm voraus muß der Schritt gehen, mit dem der diakonisch Handelnde in die Notsituation hineingeht und sich von der Betroffenheit und dem Bewußtsein der Notleidenden affizieren läßt.

Ist die erkenntnistheoretische Notwendigkeit des Sich-hinein-Begebens in die Lebensrealität der Armen, also die Notwendigkeit der Selbstverpflichtung zu solidarischer Armut an Lebensgütern erkannt, dann wird auch deutlich, daß der Kampf gegen aufgezwungene Armut nicht einfach in einer Verdoppelung des Reichtums bestehen kann, der neben den bisher Reichen auch die bisher Armen reich sein ließe. Dies würde allein schon an der Unmöglichkeit scheitern, die zur Verfügung stehenden Lebensgüter einfach zu vervielfachen. Die Wahrnehmung dieser Unmöglichkeit wäre freilich noch keine ausreichende, tragfähige Motivation zu einem Verzicht auf Reichtum und Privilegien auf seiten der bislang Reichen. Eher ist zu vermuten, daß es - bliebe es bei dem bloßen Hinweis auf die Knappheit der Lebensgüter - zu Versuchen einer Stabilisierung der Verteilungsrelationen zugunsten der Reichen aus Angst vor Verlust an Gütern kommen würde. Allerdings ist die Knappheit der Lebensgüter ohnehin nicht der eigentliche Grund der in der Option für die Armen geforderten Änderung der Lebensweise mit dem Ziel der Annäherung an die Notleidenden. Der Grund für die Forderung, daß Kirche und Christen arm werden, ist darin zu suchen, daß der Gott der Bibel und des christlichen Glaubens sich selbst als ein Gott auf der Seite der Notleidenden zeigt und gerade als armer Mensch Mensch geworden ist. "Der Anfang unserer Befreiung bestand darin: Er, der im Licht, im Reichtum und in der Herrlichkeit Gottes (Jo 17,5) war, wollte mit den Kleinen, den Armen, den Erniedrigten leben ... Er wurde ein kleines, schwaches Kind, wurde in einer Arbeiterfamilie geboren und hat selbst mit eigener Hand gearbeitet. Er wuchs in einem Volk unter fremder Besatzung auf, unter Behörden, die es mit der Unterwerfung genau nahmen; er lernte den Hunger kennen, die Not, die Verdächtigung, die Indizierung durch die heiligsten Instanzen, den Widerspruch und schließlich die Situation der völligen Hilflosigkeit eines Angeklagten, der ohne die Möglichkeit der Verteidigung den Beschuldigungen, den Schlägen, der Geißelung und der furchtbaren, vor allem an Sklaven vollzogenen Kreuzigung ausgesetzt war. Wenn man über die Umstände des 'seligen Leidens' Christi nachsinnt, kann man nur denken, daß Jesus all das auf sich genommen hat, um ganz *mit* den so zahlreichen armen Leuten zu sein, die zu allen Zeiten geschlagen, gehängt, gekreuzigt worden sind ..."[267] Das Arm-Werden der Kirche und der Christen, ihre "Karriere nach unten"[268] ist also keine sozialromantische Überbeanspruchung des Solidaritätsideals, sondern der Nachvollzug der Zuwendung Gottes zu den Menschen.[269]

Sicher ist bei dieser Forderung, daß Kirche und Christen arm werden sollen, die Abtrift

---

[267] **Congar, Y.M.J.**: Für eine dienende und arme Kirche, 112 f.

[268] **Mette, N.**: Vorrangige Option für die Armen, 145.

[269] Vgl. ebd. 145 f.

in befremdende Überforderungen oder ins Irreale, welche eine Dispensierung von dieser Forderung wieder um so legitimer erscheinen ließe, zu vermeiden. Das Arm-Werden darf selbst nicht noch einmal ideologisiert werden. So macht es z.B. keinen Sinn, wenn Menschen aus Mitteleuropa meinen, ihre Solidarität mit Menschen aus Lateinamerika dadurch zeigen zu müssen, daß sie ebenfalls ganzjährig barfuß in Sandalen gehen, und dabei ihre Gesundheit schädigen. Auch findet das Arm-Werden dort eine Grenze, wo es die Wahrnehmung von Verantwortungen gegenüber anderen Menschen verunmöglichen würde. Armut ist keine Sache des Heldentums und auch nicht eine Sache der gekünstelten Lebensführung. Aber dies ist nur die eine Seite und zudem nicht die problematische. Das Problem besteht, wie der abwiegelnde Vorwurf der Sozialromantik zeigt, vielmehr darin, ob und wie bewußtgemacht werden kann, was die Forderung des Arm-Werdens für die christliche Glaubenspraxis und die Vollzugsformen der Kirche in ihren letzten und konkreten Konsequenzen bedeutet. In Hinblick darauf ist die Überschrift dieses Punktes "Verzicht auf Reichtum und Privilegien" bewußt formuliert. Sie hätte ja auch "Arm-Werden" oder "Arme Kirche" lauten können. Daß nicht letztere Formulierungen gewählt worden sind, bedeutet keine Verharmlosung, als ob es eigentlich nicht so sehr um die Verpflichtung der Kirche zu wirklicher Armut, sondern vor allem um den Verzicht auf einen extremen, in anderen gesellschaftlichen Milieus kultivierten, in der gängigen Kirchengestalt aber ohnehin nicht beobachtbaren Reichtum ginge. Die Überschrift zielt vielmehr ausdrücklich auf die Verhältnisse der Kirche - zumindest bundesrepublikanischen Zuschnitts - und will die Forderung einer armen Kirche gerade in ihrer Konsequenz für die Kirche hierzulande zum Ausdruck bringen. Die in der Gesellschaft der Bundesrepublik Deutschland eingebettete Kirche ist nun einmal keine nur mittelmäßig begüterte oder gar arme Kirche, die sich vom Reich-Sein nur im Sinne eines außerhalb ihrer selbst bei anderen gesellschaftlichen Größen gegebenen Phänomens abzugrenzen bräuchte. Die Kirche hierzulande ist eine reiche, privilegierte Kirche, und der überwiegende Teil ihrer signifikant in Erscheinung tretenden Mitglieder gehört den wohlhabenderen oder zumindest den sozial gesicherten Schichten an. In vielen ihrer Vollzugs- und Präsentationsformen hat die Kirche in Deutschland ein intellektuelles, soziales, materielles, finanzielles, ästhetisches bzw. lebensstilbezogenes Niveau erreicht, das es notleidenden Menschen unmöglich macht, sich dieser Kirche - gleich ob katholischer oder evangelischer Konfession - zugehörig zu fühlen. Für einen Arbeiter am Fließband ist es undenkbar, selbst wenn er Lust dazu hätte, eine durchschnittliche Bildungsveranstaltung der Kirche mit Gewinn zu besuchen. Diese bewegen sich nämlich überwiegend im engen Horizont derjenigen, die sich zur Schicht der sogenannten "Gebildeten" zählen, und setzen ein Maß an frei verfügbarer Zeit bzw. an Flexibilität in der Arbeitszeitgestaltung voraus, das der Arbeiter aufgrund seiner benachteiligenden Arbeitsbedingungen einfach nicht hat. Für eine arbeitslose Frau mit Kindern ist es unmöglich, auch wenn ihr das guttäte, an Besinnungstagen teilzunehmen, weil die Tagungsgebühren in den nobel ausgestatteten Bildungshäusern der Kirche für sie unerschwinglich sind. Für Menschen, die unter Wohnungsnot und überhöhten Mietpreisen leiden, sind die Geldbeträge und der Ausstattungsluxus, die für so manche kirchlichen Häuser aufgewendet werden, ein Ärgernis erregender Skandal, der auf seiten

der verantwortlichen kirchlichen Funktionsträger eine erschreckende Gespürlosigkeit gegenüber der Lebensrealität der Menschen verrät. Für Familien, zumal für solche, die mit geringem Einkommen haushalten müssen, ist das Reden eines kirchlichen Funktionsträgers über die theologische und gesellschaftliche Bedeutung der Familie unglaubwürdig, wenn sie sehen, daß dieser bei Autokauf, Versicherungen, Mietpreisen und ähnlichen Alltagsbelastungen Privilegien genießt. Die Banalität dieser Beispiele - eine Banalität, die aus der Perspektive einer konventionellen theologischen Rede als unangemessen empfunden werden mag - spricht nicht gegen, sondern für die hier verfolgte Intention, den Status einer reichen und privilegierten Kirche zu veranschaulichen. Denn es handelt sich um alltägliche und somit auf seiten der Benachteiligten wie der Privilegierten nachhaltig bewußtseinsbildende Gegebenheiten. Gerade wegen ihrer alltäglichen Banalität wird an diesen Beispielen deutlich: Die Option für die Armen und die darin enthaltene Verpflichtung zur Armut als solidarisches Engagement für die Armen gegen ihre soziale und materielle Armut haben auch für die Kirche in Deutschland reale, konkrete Bedeutung. Sie verlangen von der Kirche, näherhin von ihren Instanzen und Funktionsträgern, tatsächlich und konsequent auf diese und ähnliche Reichtümer bzw. Privilegien zu verzichten. Die Option für die Armen verlangt von der Kirche den Mut zur "Karriere nach unten".
Freilich muß auch dieses Arm-Werden der Kirche auf die rechte Weise geschehen. Es geht nicht darum, mit dem Arm-Werden selbst noch einmal eine der Eigenprofilierung dienende Leistung zu vollbringen. Es geht nicht darum, eine in einem anderen gesellschaftlichen Kontext gegebene Armut nachzubilden, nur weil sie besonders markant ins Auge fällt. Es geht nicht darum, in der Verwirklichung des Armutsideals heldenhaft zu sein. All das wären Verwirklichungen von Armut, die egologisch nach einem irgendwie gearteten Effekt "für sich" suchen und sei es lediglich in Form des Gefühls, sich von den anderen Menschen abzuheben. Die Verwirklichung des Arm-Seins der Kirche muß selbst gleichsam auf eine "arme" Weise geschehen: einfach, ohne Aufdringlichkeit und Künstlichkeit. Es geht ja in Wirklichkeit nicht einmal um das Arm-Werden an sich. Es geht darum, daß sich die Menschen in der Kirche, insbesondere die signifikanten Mitglieder der Kirche, im jeweiligen Kontext und mit den dem jeweiligen Kontext angemessenen Lebensformen an die Seite der Notleidenden stellen, sich selbst affizieren lassen von der Notsituation und in dieser Betroffenheit Bewußtsein ausbilden. Das sind die Voraussetzungen, um dann gemeinsam mit den Notleidenden - die dann nicht mehr die "anderen" der Kirche, nicht einmal deren "Partner", sondern eben ihre authentischen Träger sind - die Notsituation selbst und die Optionen zur Überwindung der Notsituation definieren zu können. Im Arm-Werden der Kirche müssen sich die privilegierten Mitglieder der Kirche in den *Alltag* der Notleidenden, in all das, was das Leben der Notleidenden ausmacht, in ihr Denken und Fühlen, in ihr Bewußtsein und ihre Lebensstrategien, in ihre Freuden und Ängste, hineinbegeben und dürfen nicht das Besondere, d.h. keine neue Sonderwelt, suchen. Erst dann ist das Arm-Werden der Kirche das, was es sein soll: die von egologischen Motivationen möglichst freie Unterstellung unter den Anspruch der Verantwortung, der den (bislang) nichtarmen Menschen in der Kirche aus den Angesichtern der Notleidenden entgegenschlägt.

Das Arm-Werden der Kirche kann dann z.B. heißen, daß die etablierten Funktionsträger der Kirche auf Privilegien hinsichtlich ihrer Lebensführung verzichten und sich bewußt den Lebensbedingungen aussetzen, wie sie etwa bei einer sogenannten "Arbeiterfamilie" mit Kindern gegeben sind. Revisionsbedürftig ist weiterhin der Stil der Selbstpräsentation der Kirche in der Ausstattung ihrer Einrichtungen und im Ambiente ihrer Aktivitäten. Deren Gestaltung darf ihre Maßgabe nicht darin finden, daß sich die Kirche dem Annehmlichkeits-, Konsum- und Noblesseniveau derjenigen Gesellschaftsschichten angleicht, die die Definitionsmacht über solche Standards haben. Orientierungsmarke für die Kirche muß vielmehr sein, daß sich die Angehörigen der "mittleren" und "unteren" Gesellschaftsschichten in ihrer Ausstattung und in ihrem Praxisambiente wohlfühlen können. Insbesondere das Unwesen der Ausstattung kirchlicher Häuser (Tagungshäuser, Pfarrheime usw.) durch hochdotierte Künstler und mit teuren Materialien, kaschiert mit dem Anspruch des Ästhetischen, ist nicht zu vertreten, wenn man aufrichtig von einer Ernstnahme der sogenannten "einfachen" bzw. der notleidenden Menschen reden will. Hier hätte die Ausstattung kirchlicher Häuser durch "einfache" Handwerkerinnen und Handwerker durchaus Symbolwert für die Beheimatung der "einfachen" Menschen in der Kirche. Das bedeutet gerade nicht, daß in den Einrichtungen der Kirche einfach die oft unmenschlichen Lebensverhältnisse der Notleidenden reproduziert werden sollen. Die Gewährleistung gepflegter Lebensverhältnisse in der Kirche ist nämlich auch Ausdruck des Gespürs für die Würde der in der Kirche lebenden Menschen, gerade auch derer, die ansonsten unter unwürdigen Verhältnissen leben müssen. Aber eine menschenwürdige Gestaltung der Lebensverhältnisse ist etwas anderes als eine von Reichtum gekennzeichnete Lebenshaltung. Prunk ist kein Symbol der Menschenwürde. Deshalb verbietet sich alles Prunkvolle für eine Kirche, die diakonisch sein will.

SCHLUSS: ES GEHT UM DEN MENSCHEN - EINE GESCHICHTE

Der vorangegangene Teil 8 ist bewußt - im Unterschied zu den anderen Teilen der Untersuchung - nicht mit einem Resümee abgeschlossen worden. Ein Resümee hat den Charakter des Zusammenfassens, des Abschließens, und es würde deshalb der Eigenart der hier vorgestellten "Ansatzpunkte einer Praxistheorie der Diakonie" nicht entsprechen. Diese sind offen formuliert, dazu bestimmt, je nach den Erfordernissen einer Praxissituation ergänzt, erweitert, weiterentwickelt oder auch verändert zu werden.
Am Schluß dieser Untersuchung möchte ich vielmehr den Blick noch einmal auf die hier angestellten Reflexionen insgesamt und auf das darin artikulierte Anliegen lenken. Angesichts der Fülle der zur Sprache gekommenen Aspekte wäre es dabei kaum ergiebig, den Inhalt der Untersuchung nochmals, wenn auch komprimiert, zu wiederholen. Statt dessen soll das Genre theologischer Rede gewechselt und anhand einer Geschichte das, was in der vorliegenden Untersuchung gesagt werden sollte, ein letztes Mal zum Ausdruck gebracht werden.[1]

Die Rettungsstation

An einer gefährlichen Küste, die schon vielen Schiffen zum Verhängnis geworden war, befand sich vor Zeiten eine kleine, armselige Rettungsstation. Das Gebäude war nicht mehr als eine Hütte, und dazu gehörte nur ein einziges Boot; aber die Handvoll Freiwilliger versah unentwegt ihren Wachdienst und wagte sich tags wie nachts unermüdlich und ohne Rücksicht auf ihr eigenes Leben hinaus, um Schiffbrüchige zu bergen. Dank diesem bewundernswerten kleinen Stützpunkt wurden so viele Menschen gerettet, daß er bald überall bekannt wurde. Viele der Erretteten und andere Leute aus der Umgebung waren nun auch gern bereit, Zeit, Geld und Energie zu opfern, um die Station zu unterstützen. Man kaufte neue Boote und schulte neue Mannschaften. Die kleine Station wuchs und gedieh.
Vielen Gönnern dieser Rettungsstation gefiel das ärmliche und schlecht ausgerüstete Gebäude nicht mehr. Die Geretteten benötigten doch einen etwas komfortableren Ort als erste Zuflucht. Deshalb wurden die provisorischen Lagerstätten durch richtige Betten ersetzt und das erweiterte Gebäude mit besserem Mobiliar ausgestattet. Doch damit erfreute sich die Rettungsstation bei den Männern zunehmender Beliebtheit als

---

[1] Die Geschichte heißt "Die Rettungsstation". Ich habe sie erstmals vor mehreren Jahren im Rahmen meiner Tätigkeit in der kirchlichen Jugendarbeit gehört und dort auch immer wieder als deutende Erzählung verwendet. Erst als ich mich in Hinblick auf die Wiedergabe der Geschichte in dieser Untersuchung nach der Quellenlage erkundigte, stieß ich darauf, daß die Geschichte schon einmal vorher in einem praktisch-theologischen Werk veröffentlicht worden ist (vgl. **Clinebell, H.J.**: Modelle beratender Seelsorge, 9 f.). Ich habe mich dennoch entschlossen, die Geschichte hier nachzuerzählen, weil sie an dieser Stelle nicht einfach die Wiederholung einer "alten Geschichte", sondern die Deutung der eigenen Ausführungen ist. Hier wird sie zitiert nach **Bleeser, P.**: Geschichten für Sinndeuter, 23-25.

Aufenthaltsort; sie richteten sich noch gemütlicher ein, da sie ihnen als eine Art Clubhaus diente. Immer weniger Freiwillige waren bereit, mit auf Bergungsfahrt zu gehen. Also heuerte man für die Rettungsboote eine eigene Besatzung an. Immerhin schmückte das Wappen des Seenotdienstes noch überall die Räume, und von der Decke des Zimmers, in dem gewöhnlich der Einstand eines neuen Clubmitglieds gefeiert wurde, hing das Modell eines großen Rettungsbootes.
Etwa zu dieser Zeit scheiterte vor der Küste ein großes Schiff, und die angeheuerten Seeleute kehrten mit ganzen Bootsladungen frierender, durchnäßter und halbertrunkener Menschen zurück. Unter den schmutzigen und erschöpften Schiffbrüchigen befanden sich Schwarze und Orientalen. In dem schönen Clubhaus herrschte das Chaos. Das Verwaltungskomitee ließ deshalb gleich danach Duschkabinen im Freien errichten, damit man die Schiffbrüchigen vor Betreten des Clubhauses gründlich säubern könne.
Bei der nächsten Versammlung gab es eine Auseinandersetzung unter den Mitgliedern. Die meisten wollten den Rettungsdienst einstellen, da er unangenehm und dem normalen Clubbetrieb hinderlich sei. Einige jedoch vertraten den Standpunkt, daß Lebensrettung die vorrangige Aufgabe sei und daß man sich ja schließlich auch noch als "Lebensrettungsstation" bezeichne. Sie wurden schnell überstimmt. Man ließ sie wissen, daß sie, wenn ihnen das Leben all dieser angetriebenen schiffbrüchigen Typen so wichtig sei, ja woanders ihre eigene Rettungsstation aufmachen könnten. Das taten sie dann auch.
Die Jahre gingen dahin, und die neue Station wandelte sich genauso wie die erste. Sie wurde zu einem Clubhaus, und so kam es zur Gründung gar einer dritten Rettungsstation. Doch auch hier wiederholte sich die alte Geschichte. Wenn man heute diese Küste besucht, findet man längs der Uferstraße eine beträchtliche Reihe exklusiver Clubs. Immer noch wird sie vielen Schiffen zum Verhängnis; nur - die meisten Schiffbrüchigen ertrinken.

Die Geschichte spricht für sich. Sie muß nicht ausgelegt werden. Nur ein Hinweis sei angebracht. Es mag die Versuchung bestehen, die Rettungsstationen als Hilfeeinrichtungen vorschnell nur mit den Einrichtungen der institutionalisierten Diakonie zu identifizieren. Das würde den Sinn der Geschichte und ihrer Rezeption an dieser Stelle nicht treffen. Die Rettungsstationen meinen die Kirche als ganze. Die Kirche als solche muß sich fragen, ob sie mit ihren Gemeinden und ihren sonstigen Sozialformen Clubheime baut oder Orte anbietet, wo Menschen gerettet werden. Die Geschichte ist die Geschichte von einer diakonischen Kirche. Und das ist die einfache Lehre, die für eine diakonische Kirche daraus zu ziehen ist: Es geht um den Menschen.

LITERATURVERZEICHNIS

Abel, Peter: Miteinander leben und Hoffnung teilen - diakonische Pastoral mit Gruppen. Studien zu einer Methode der diakonischen Arbeit am Beispiel der Begleitung Pflegender bei Burnout (= Studien zur Theologie und Praxis der Seelsorge 15), Würzburg 1994.

Abesamis, Carlos H.: Eine gute Nachricht für die Armen; in: Concilium 24 (1988) 271-276.

Adlhoch, Walter: Die neue Gestalt katholischer Gemeindecaritas; in: Lebendige Seelsorge 21 (1970) 191-197.

Akten Papst Paul VI.: Apostolisches Schreiben. Motuproprio. Allgemeine Richtlinien für die Erneuerung des ständigen Diakonates in der Lateinischen Kirche. Revidierte Übersetzung. Mit einem Kommentar von Herbert Vorgrimler (= Nachkonziliare Dokumentation Band 9), Trier 1968.

Alberigo, Giuseppe/Congar, Yves/Pottmeyer, Hermann J. (Hg.): Kirche im Wandel. Eine kritische Zwischenbilanz nach dem Zweiten Vatikanum, Düsseldorf 1982.

Albert, Jürgen: Diakonik - Geschichte der Nichteinführung einer praktisch-theologischen Disziplin; in: Pastoraltheologie 72 (1983) 164-177.

Albert, Jürgen: Von der Apologetik zur offenen Diakonie; in: Wege zum Menschen 37 (1985) 250-257.

Albert, Jürgen: Vorwort; in: Philippi, Paul: Diaconica. Über die soziale Dimension kirchlicher Verantwortung. Hg. v. Jürgen Albert, Neukirchen-Vluyn ^{2}1989, V-VI.

Albert, Jürgen/Philippi, Paul: Diakonie. III. Diakoniewissenschaft/Diakonik; in: Krause, Gerhard/Müller, Gerhard (Hg.): Theologische Realenzyklopädie, Band VIII, Berlin/New York 1981, 656-660.

Algermissen, Konrad: Diakonie; in: Höfer, Josef/Rahner, Karl (Hg.): Lexikon für Theologie und Kirche. Begründet von Dr. Michael Buchberger. Zweite, völlig neu bearbeitete Aufl., Dritter Band, Freiburg 1959, 325-327.

Almeida Cunha, Rogerio de: Pädagogik als Theologie. Paulo Freires Konzept der Konzientisation als Ansatz für eine Glaubensreflexion lateinamerikanischer Christen; in: Castillo, Fernando (Hg.): Theologie aus der Praxis des Volkes. Neuere Studien zum lateinamerikanischen Christentum und zur Theologie der Befreiung, München/Mainz 1978, 61-124.

Ambaum, Horst/Thien, Ulrich: Ein Zeugnis für die Caritas: Armutsbekämpfung noch unzureichend, Münster 1993 (unveröffentlichtes Manuskript).

Ambaum, Horst/Thien, Ulrich: Schöne Worte sind zu wenig. Caritasverband in der Kritik; in: Publik-Forum 22 (1993) Nr.8, 63 f.

Amberger, Joseph: Pastoraltheologie. Erster bis dritter Band. Vierte und abermals verbesserte Aufl., Regensburg/New York/Cincinnati 1883-1886.

Ammer, Heinrich u.a.: Handbuch der Praktischen Theologie. Erster bis dritter Band, Berlin 1975.

Amoroso Lima, Alceu: Gesamtblick über die Pastoralkonstitution "Gaudium et Spes"; in: Baraúna, Guilherme (Hg.): Die Kirche in der Welt von heute. Untersuchungen und Kommentare zur Pastoralkonstitution "Gaudium et Spes" des II. Vatikanischen Konzils. Deutsche Bearbeitung von Viktor Schurr, Salzburg 1967, 32-48.

Anacker, Ulrich: Subjekt; in: Krings, Hermann/Baumgartner, Hans Michael/Wild, Christoph (Hg.): Handbuch Philosophischer Grundbegriffe. Studienausgabe Band 5, München 1974, 1440-1449.

Anjos, Marcio Fabri dos: Option für die Armen und moraltheologische Reflexion; in: Theologie der Gegenwart 32 (1989) 163-177.

Ansprache Papst Johannes' XXIII. zur Eröffnung des Zweiten Vatikanischen Konzils (11. Oktober 1962); in: Kaufmann, Ludwig/Klein, Nikolaus: Johannes XXIII. Prophetie im Vermächtnis, Fribourg/Brig [2]1990, 116-150.

Anzenbacher, Arno: Einführung in die Philosophie, überarb. und erw. Neuaufl., Wien 1992.

Apel, Karl-Otto: Transformation der Philosophie. Band 1: Sprachanalytik, Semiotik, Hermeneutik. Band 2: Das Apriori der Kommunikationswissenschaft, Frankfurt a.M. 1973.

Arbeitsgruppe Soziologie: Denkweisen und Grundbegriffe der Soziologie. Eine Einfürhung, Frankfurt a.M. [8]1988.

Arens, Edmund: Christopraxis. Grundzüge theologischer Handlungstheorie (= Quaestiones disputatae 139), Freiburg i.Br. 1992.

Arens, Edmund (Hg.): Gottesrede - Glaubenspraxis. Perspektiven theologischer Handlungstheorie, Darmstadt 1994.

Arens, Edmund: Kommunikative Handlungen. Die paradigmatische Bedeutung der Gleichnisse Jesu für eine Handlungstheorie, Düsseldorf 1982.

Aristoteles: Metaphysik. Schriften zur Ersten Philosophie. Übersetzt und hg. v. Franz F. Schwarz, Stuttgart 1970.

Aristoteles: Die Nikomachische Ethik. Übersetzt und mit einer Einführung und Erläuterungen versehen von Olof Gigon, München 1991.

Aristotelis opera. Ed. Academia Regia Borussica. Editio altera quam curavit Olof Gigon. Volumen alterum, Berlin 1960.

Arnold, Franz Xaver/Klostermann, Ferdinand/Rahner, Karl/Schurr, Viktor/Weber, Leonhard M. (Hg.): Handbuch der Pastoraltheologie. Praktische Theologie der Kirche in ihrer Gegenwart, Bände I-V, Band V: Lexikon der Pastoraltheologie, hg. v. Klostermann, Ferdinand/Rahner, Karl/Schild, Hansjörg, Freiburg i.Br. 1964-1972.

Arnold, Franz Xaver/Rahner, Karl/Schurr, Viktor/Weber, Leonhard M.: Vorwort; in: Dies. (Hg.): Handbuch der Pastoraltheologie. Praktische Theologie der Kirche in ihrer Gegenwart. Band I, Freiburg i.Br. 1964, 5 f.

Auer, Alfons: Der Mensch als Subjekt; in: zur debatte 21 (1991) Nr.1, 7 f.

Auer, Johann: Die Kirche - Das allgemeine Heilssakrament (= Kleine Katholische Dogmatik, Band VIII, hg. v. Johann Auer und Joseph Ratzinger), Regensburg 1983.

Auer, Johann: Die Welt - Gottes Schöpfung (= Kleine Katholische Dogmatik, Band III, hg. v. Johann Auer und Joseph Ratzinger), Regensburg [2]1983.

Axtmann, Heinz: Leitung und Diakonie; in: Lebendige Seelsorge 38 (1987) 331-335.

Bach, Ulrich: "Aber auf Dein Wort!" Plädoyer für eine diakonische Kirche; in: Concilium 24 (1988) 330-335.

Bach, Ulrich: Der behinderte Mensch als Thema der Theologie; in: Moltmann, Jürgen: Diakonie im Horizont des Reiches Gottes. Schritte zum Diakonentum aller Gläubigen, Neukirchen-Vluyn [2]1989, 92-105.

Bach, Ulrich: Der behinderte Mensch - ein Geschöpf Gottes. "Gott will, daß dieses Leben im Rollstuhl mein Leben ist" - Bekenntnis oder Häresie?; in: Pastoraltheologie 71 (1982) 372-385.

Bach, Ulrich: Boden unter den Füßen hat keiner. Plädoyer für eine solidarische Diakonie, Göttingen [2]1986.

Bach, Ulrich: Dem Traum entsagen, mehr als ein Mensch zu sein. Auf dem Wege zu einer diakonischen Kirche, Neukirchen-Vluyn 1986.

Bach, Ulrich: Diakonie - ein Auftrag für Könner? Kritische Anfragen; in: Wissenschaft und Praxis in Kirche und Gesellschaft 67 (1978) 242-251.

Bach, Ulrich: "Gesunde" und "Behinderte". Gegen das Apartheidsdenken in Kirche und Gesellschaft. Mit einer Einführung von Theodor Strohm, Gütersloh 1994.

Bach, Ulrich: "Heilende Gemeinde"? Versuch, einen Trend zu korrigieren, Neukirchen-Vluyn 1988.

Bach, Ulrich: Die Heirat Behinderter. Eine evangelische theologische Überlegung; in: Wissenschaft und Praxis in Kirche und Gesellschaft 66 (1977) 242-251.

Bach, Ulrich: Kreuzes-Theologie und Behinderten-Hilfe; in: Pastoraltheologie 73 (1984) 211-224.

Bach, Ulrich: Mut zu einer behinderten Diakonie; in: Diakonisches Werk der Evangelischen Kirche in Deutschland (Hg.): Diakonie. Jahrbuch 86/87 des Diakonischen Werkes der EKD, Stuttgart 1987, 26-38.

Bach, Ulrich: "Zur Freiheit hat uns Christus befreit" (Gal 5,1). Thesen zu einer abendländischen Befreiungs-Theologie; in: Junge Kirche 49 (1988) 478-481.

Backes, Gertrud: Frauen und soziales Ehrenamt. Zur Vergesellschaftung weiblicher Selbsthilfe, Augsburg 1987.

Bärlehner, Franz Xaver: Die Entwicklung der karitativen Wohlfahrtspflege in Bayern unter besonderer Berücksichtigung des Kreises Niederbayern und der Städte München, Augsburg, Bamberg, Würzburg, Nürnberg, Regensburg, Passau, Landshut und Straubing, Nürnberg 1927.

Bäumler, Christof: Gemeinde als kritisches Prinzip einer offenen Volkskirche. Zur Transformation einer "Kirche für das Volk" zu einer "Kirche des Volkes"; in: Müller, Gotthold (Hg.): Rechtfertigung, Realismus, Universalismus in biblischer Sicht (Festschrift für Adolf Köberle), Darmstadt 1978, 245-266.

Bäumler, Christof: Kommunikative Gemeindepraxis. Eine Untersuchung ihrer Bedingungen und Möglichkeiten, München 1984.

Bäumler, Christof: Praktische Theologie - ein notwendiges Element der wissenschaftlichen Theologie?; in: Theologia Practica 9 (1974) 72-84.

Bäumler, Christof: Zwischen Theorie und Praxis. Praktische Theologie im Streit der Disziplinen; in: Lutherische Monatshefte 11 (1972) 283-286.

Bahr, Hans-Eckehard: Kontingenz im Koffer. Was wir der funktionalen Theorie gegenwärtiger Religion danken; in: Theologia Practica 10 (1975) 220-224.

Bahrdt, Hans Paul: Schlüsselbegriffe der Soziologie. Eine Einführung mit Lehrbeispielen, München ^{4}1990.

Baraúna, Guilherme (Hg.): Die Kirche in der Welt von heute. Untersuchungen und Kommentare zur Pastoralkonstitution "Gaudium et Spes" des II. Vatikanischen Konzils. Deutsche Bearbeitung von Viktor Schurr, Salzburg 1967.

Barth, Karl: Die kirchliche Dogmatik. Vierter Band: Die Lehre von der Versöhnung. Dritter Teil. Zweite Hälfte, Zollikon/Zürich 1959.

Barz, Heiner: Postmoderne Religion am Beispiel der jungen Generation in den Alten Bundesländern. Mit einem Vorwort von Thomas Luckmann. Teil 2 des Forschungsberichts "Jugend und Religion" im Auftrag der Arbeitsgemeinschaft der Evangelischen Jugend in der Bundesrepublik Deutschland (aej), Opladen 1992.

Barz, Heiner: Religion ohne Institution? Eine Bilanz der sozialwissenschaftlichen Jugendforschung. Mit einem Vorwort von Georg Schmid. Teil 1 des Forschungsberichts "Jugend und Religion" im Auftrag der Arbeitsgemeinschaft der Evangelischen Jugend in der Bundesrepublik Deutschland (aej), Opladen 1992.

Bastian, Hans-Dieter: Fabeln der Dogmatiker. Wie wird die praktische Theologie theoriefähig?; in: Evangelische Kommentare 6 (1973) 207-211.

Bastian, Hans-Dieter: Praktische Theologie und Theorie; in: Theologia Practica 9 (1974) 85-96.

Bauer, Josef: Caritas im Sozialstaat; in: Theologisch-praktische Quartalschrift 138 (1990) 43-48.

Bauer, Rudolph/Dießenbacher, Hartmut: Einführung; in: Dies. (Hg.): Organisierte Nächstenliebe. Wohlfahrtsverbände und Selbsthilfe in der Krise des Sozialstaates, Opladen 1984, VII-XV.

Bauer, Rudolph/Dießenbacher, Hartmut (Hg.): Organisierte Nächstenliebe. Wohlfahrtsverbände und Selbsthilfe in der Krise des Sozialstaates, Opladen 1984.

Bauer, Walter: Wörterbuch zum Neuen Testament. 6. völlig neu bearbeitete Aufl. Hg. v. Kurt Aland und Barbara Aland, Berlin/New York 1988.

Baum, Gregory: Opfer der Wohlstandsgesellschaft in Nordamerika; in Concilium 24 (1988) 265-270.

Baumgartner, Isidor: Heilende Seelsorge in Lebenskrisen, Düsseldorf 1992.

Baumgartner, Isidor: Pastoralpsychologie. Einführung in die Praxis heilender Seelsorge, Düsseldorf 1990.

Baumgartner, Isidor: Theologie und Psychologie beratender Seelsorge (private Vorlesungsmitschrift WS 86/87).

Bausch, Hubert: Von den Leitbildern zum Leitbild; in: Caritas 93 (1992) 276-280.

Bayerlein, Walter: Spannung zwischen Kirche und Welt. Zur Bedeutung katholischer Laien-Verbände; in: Passauer Bistumsblatt 51 (1986) Nr.35, 6.

Beck, Ulrich: Eigenes Leben - eigene Armut. Wo verläuft die Grenze zwischen Risiko- und Gefahrenbiographie?; in: Ders./Vossenkuhl, Wilhelm/Ziegler, Ulf Erdmann/Rautert, Timm: Eigenes Leben. Ausflüge in die unbekannte Gesellschaft, in der wir leben, München 1995, 48-51.

Beck, Ulrich: Jenseits von Stand und Klasse? Soziale Ungleichheiten, gesellschaftliche Individualisierungsprozesse und die Entstehung neuer sozialer Formationen und Identitäten; in: Kreckel, Reinhard (Hg.): Soziale Ungleichheiten (= Soziale Welt. Sonderband 2), Göttingen 1983, 35-74.

Beck, Ulrich: Risikogesellschaft. Auf dem Weg in eine andere Moderne, Frankfurt a.M. 1986.

Becker, Josef: Die Organisation des Caritas-Verbandes als Einrichtung des kirchlichen Liebesdienstes; in: Theologie und Glaube 60 (1970) 43-54.

Becker, Joseph: Die Caritas in den Dokumenten des II. Vatikanums; in: Nordhues, Paul in Verbindung mit Joseph Becker und Paul Bormann (Hg.): Handbuch der Caritasarbeit. Beiträge zur Theologie, Pastoral und Geschichte der Caritas mit Überblick über die Dienste in Gemeinde und Verband, Paderborn 1986, 190-194.

Becker, Jürgen: Emmanuel Levinas. Anstöße für eine Moraltheologie unserer Zeit, Frankfurt a.M./Bern/Las Vegas 1977.

Becker, Jürgen: Im Angesicht des Anderen - Gott erfahren, Frankfurt a.M./Bern 1981.

Becker, Jürgen: Jesus von Nazaret, Berlin/New York 1996.

Becker, Thomas: Leitbild lernt laufen; in: Caritas 93 (1992) 247.

Becker, Thomas: Profil der Caritas; in: Caritas 91 (1990) 98-99.

Becker, Thomas: Zeit für ein Leitbild; in: Caritas 92 (1991) 538.

Bedford-Strohm, Heinrich: Vorrang für die Armen. Auf dem Weg zu einer theologischen Theorie der Gerechtigkeit, Gütersloh 1993.

Behse, G.: Kompetenz. VI. Sprach-Kompetenz und kommunikative Kompetenz; in: Ritter, Joachim/Gründer, Karlfried (Hg.): Historisches Wörterbuch der Philosophie, Band 4, Basel/ Stuttgart 1976, 923-933.

Beirat der Konferenz der deutschsprachigen Pastoraltheologen: Zur Zukunft der Seelsorge: "Suchet zuerst das Reich Gottes und seine Gerechtigkeit ..." (Mt 6,33). Erklärung des Beirats der Konferenz der deutschsprachigen Pastoraltheologen, Würzburg 1993 (Manuskript).

Bellebaum, Alfred: Hilflose Helfer. Zur Soziologie helfender Berufe; in: Caritas 81 (1980) 84-98.

Benjamin, Walter: Über den Begriff der Geschichte; in: Ders.: Gesammelte Schriften. Unter Mitwirkung von Th.W. Adorno und G. Scholem hg. v. R. Tiedemann und H. Schweppenhäuser, Band I,2, Frankfurt a.M. ²1978, 691-704.

Berger, Peter L.: Kirche ohne Auftrag am Beispiel Amerikas, Stuttgart 1962.

Berger, Peter L.: Zur Dialektik von Religion und Gesellschaft. Elemente einer soziologischen Theorie, Frankfurt a.M. 1988.

Berger, Peter L.: Der Zwang zur Häresie. Religion in der pluralistischen Gesellschaft, Frankfurt a.M. 1980.

Berger, Peter L./Luckmann, Thomas: Die gesellschaftliche Konstruktion der Wirklichkeit. Eine Theorie der Wissenssoziologie, Frankfurt a.M. 1980.

Bertsch, Ludwig: Der ekklesiologische Ort der Diakonie; in: Deutscher Caritasverband (Hg.): Der ekklesiologische Ort der Diakonie - Zur gemeindebildenden Funktion und Bedeutung der Diakonie heute. Protokoll eines Symposions der Fortbildungs-Akademie des DCV in Zusammenarbeit mit dem Referat Caritas und Pastoral des DCV (= DCV-materialien 5), Freiburg i.Br. 1985, 6-9.

Bertsch, Ludwig: [Diskussionsbeitrag - "Zur theologischen Begründung diakonischen Handelns";] in: Deutscher Caritasverband (Hg.): Der ekklesiologische Ort der Diakonie - Zur gemeindebildenden Funktion und Bedeutung der Diakonie heute. Protokoll eines Symposions der Fortbildungs-Akademie des DCV in Zusammenarbeit mit dem Referat Caritas und Pastoral des DCV (= DCV-materialien 5), Freiburg i.Br. 1985, 40 f., 44 f., 53.

Betto, Frei: Prophetische Diakonie: Der Beitrag der Kirche zur Gestaltung der Zukunft des Menschen; in: Concilium 24 (1988) 289-294.

Beyer, Heinrich/Nutzinger, Hans G. unter Mitarbeit von: Holger Fischer: Erwerbsarbeit und Dienstgemeinschaft. Arbeitsbeziehungen in kirchlichen Einrichtungen - Eine empirische Untersuchung - Mit einem Nachwort von Günter Brakelmann, Bochum 1991.

Beyer, Hermann Wolfgang: diakonéo, diakonía, diákonos; in: Kittel, Gerhard (Hg.): Theologisches Wörterbuch zum Neuen Testament, Zweiter Band, Stuttgart 1935, 81-93.

Beyreuther, Erich: Geschichte der Diakonie und Inneren Mission in der Neuzeit, Berlin ³1983.

Biemer, Günter: Der Dienst der Kirche an der Jugend. Grundlegung und Praxisorientierung (= Handbuch kirchlicher Jugendarbeit, Band 1), Freiburg i.Br. 1985.

Biemer, Günter/Siller, Pius: Grundfragen der Praktischen Theologie, Mainz 1971.

Bien, G.: Praxis, praktisch. I Antike; in: Ritter, Joachim/Gründer, Karlfried (Hg.): Historisches Wörterbuch der Philosophie, Band 7, Basel 1989, 1277-1287.

Bierhoff, Hans Werner: Psychologie hilfreichen Verhaltens, Stuttgart/Berlin/Köln 1990.

Bischofssynode: Berufung und Sendung der Laien in Kirche und Welt zwanzig Jahre nach dem II. Vatikanischen Konzil. Lineamenta, Vatikan 1985.

Biser, Eugen: Die Anwesenheit des Heils. Eine kritische Reflexion; in: Theologische Quartalschrift 148 (1968) 129-152.

Bittler, Anton (Hg.): Frommer Mißbrauch? Zur Problematik katholisch-klerikaler Hilfen und Helfer, Tübingen 1993.

Blasberg-Kuhnke, Martina: Lebensweltliche Kommunikation aus Glauben - Zur koinonischen Struktur des Religionsunterrichts der Zukunft; in: Sekretariat der Deutschen Bischofskonferenz (Hg.): Religionsunterricht 20 Jahre nach dem Synodenbeschluß. Dokumentation des Symposions vom 23. bis 25. März 1993 in Bergisch Gladbach/Bensberg (= Arbeitshilfen 111), Bonn 1993, 105-127.

Bleeser, Peter (Hg.): Geschichten für Sinndeuter, Düsseldorf 1981.

Bleistein, Roman: Individualisierung; in: Stimmen der Zeit, 208 (1990) 361 f.

Bleistein, Roman: Rückkehr in die Diakonie; in: Stimmen der Zeit, 195 (1977) 721 f.

Bloth, Peter C.: Auf dem Weg zu einer diakonischen Gemeinde. Theologische Identifikationen, Stuttgart 1986.

Bloth, Peter C.: Zur theologischen Diakonie-Forschung; in: Theologische Rundschau 57 (1992) 83-95.

Bloth, Peter C./Daiber, Karl-Fritz/Kleemann, Jürg/Roepke, Claus-Jürgen/Schröer, Henning/Stählin, Traugott/Wegenast, Klaus (Hg.): Handbuch der Praktischen Theologie. Band 2: Praxisfeld: Der einzelne/Die Gruppe, Band 3: Praxisfeld: Gemeinden, Band 4: Praxisfeld: Gesellschaft und Öffentlichkeit, Gütersloh 1981/1983/1987.

Bock, Teresa: Ehrenamtliche Arbeit in der Caritas; in: Nordhues, Paul in Verbindung mit Joseph Becker und Paul Bormann (Hg.): Handbuch der Caritasarbeit. Beiträge zur Theologie, Pastoral und Geschichte der Caritas mit Überblick über die Dienste in Gemeinde und Verband, Paderborn 1986, 213-220.

Bock, Teresa: Entwicklung der Caritas-Armutsuntersuchung; in: Caritas 93 (1992) 536-537.

Boeckler, Richard: Mitfühlen vollbringt das Wunder einer Verwandlung. Caritas, agape, Nächstenliebe; in: Diakonie. Zeitschrift des Diakonischen Werkes 18 (1992) 27-28.

Boeckler, Richard: Ohne theologischen Aufbruch keine Diakonie von morgen. Gesichtspunkte für die diakonisch-theologische Arbeit der Zukunft; in: Philippi, Paul/Strohm, Theodor (Hg.): Theologie der Diakonie. Lernprozesse im Spannungsfeld von lutherischer Überlieferung und gesellschaftlich-politischen Umbrüchen. Ein europäischer Forschungsaustausch, Heidelberg 1989, 228-232.

Börsch, Ekkehard: Von der Macht in der helfenden Beziehung. Sozialethische Überlegungen zur Praxis sozialen Helfens, München 1981.

Boff, Clodovis: Theologie und Praxis. Die erkenntnistheoretischen Grundlagen der Theologie der Befreiung, München/Mainz 1983.

Boff, Clodovis/Pixley, Jorge: Die Option für die Armen (= Bibliothek Theologie der Befreiung: Gotteserfahrung und Gerechtigkeit), Düsseldorf 1987.

Boff, Leonardo: Basisgemeinden: Neue Kirche für neue Gesellschaft. Zum fünften Treffen der kirchlichen Basisgemeinden Brasiliens (Caninde, Juli 1983); in: Orientierung 47 (1983) 184-187.

Boff, Leonardo: Kleine Sakramentenlehre, Düsseldorf ^{5}1982.

Boff, Leonardo: Die Neuentdeckung der Kirche. Basisgemeinden in Lateinamerika, Mainz 1980.

Boff, Leonardo/Boff, Clodovis: Wie treibt man Theologie der Befreiung?, Düsseldorf 1986.

Bohren, Rudolf: Unsere Kasualpraxis - eine missionarische Gelegenheit?, München ^{5}1979.

Bolte, Karl Martin/Hradil, Stefan: Soziale Ungleichheit in der Bundesrepublik Deutschland, Opladen ^{6}1988.

Bonhoeffer, Dietrich: Widerstand und Ergebung. Briefe und Aufzeichnungen aus der Haft. Hg. v. Eberhard Bethge, Gütersloh ^{13}1985.

Bopp, Linus: Zwischen Pastoraltheologie und Seelsorgewissenschaft. Eine Einführung in die pastoraltheologischen Grund-Sätze und die seelsorgewissenschaftlichen Grund-Fragen, München 1937.

Borgmann, Karl: Caritas; in: Höfer, Josef/Rahner, Karl (Hg.): Lexikon für Theologie und Kirche. Begründet von Dr. Michael Buchberger. Zweite, völlig neu bearbeitete Aufl., Zweiter Band, Freiburg i.Br. 1958, 941-947.

Bornkamm, Günther: Jesus von Nazareth, ^{14}1988.

Bourbeck, Christine/Wendland, Heinz-Dietrich (Hg.): Diakonie zwischen Kirche und Welt. Studien zur diakonischen Arbeit und Verantwortung in unserer Zeit (= Studien zur Evangelischen Sozialtheologie und Sozialethik, Band III), Hamburg 1958.

Bovon, François: Das Evanglium nach Lukas. 1. Teilband Lk 1,1-9,50 (= EKK III/1), Zürich/-Neukirchen-Vluyn 1989.

Brachel, Hans-Ulrich von: Subjekt werden. Theologische und psychologische Reflexionen zu einer Theorie innovatorischen Handelns. Zur interdisziplinären Grundlagendiskussion Praktischer Theologie und ihre Weiterführung in therapeutischen Bereichen, Münster 1985.

Brandt, Hans Jürgen: Grundzüge der Cariasgeschichte; in: Nordhues, Paul in Verbindung mit Joseph Becker und Paul Bormann (Hg.): Handbuch der Caritasarbeit. Beiträge zur Theologie, Pastoral und Geschichte der Caritas mit Überblick über die Dienste in Gemeinde und Verband, Paderborn 1986, 142-158.

Braun, Hans: Ehrenamtliche Arbeit der Caritas-Konferenzen einst und jetzt; in: Deutscher Caritasverband (Hg.): Caritas '91. Jahrbuch des Deutschen Caritasverbandes, Freiburg i.Br. 1990, 430-437.

Braun, Hans: Neue Tendenzen ehrenamtlicher Arbeit; in: Deutscher Caritasverband (Hg.): Caritas '90. Jahrbuch des Deutschen Caritasverbandes, Freiburg i.Br. o.J., 43-48.

Brecht, Bertolt: Geschichten vom Herrn Keuner, Frankfurt a.M. 1971.

Brem-Gräser, Luitgard: Handbuch der Beratung für helfende Berufe. Band 1: A. Allgemeine Grundlagen psycho-sozialer-pädagogischer Beratung. B. Beratungsrelevante Sonderphänomene, München/Basel 1993.

Broch, Thomas: Ein Erscheinungsbild für die Caritas; in: Caritas 94 (1993) 147-149.

Broch, Thomas: Falsch etikettiert; in: Caritas 94 (1993) 103.

Broch, Thomas: Positionierung in der Öffentlichkeitsarbeit; in: Caritas 93 (1992) 285-289.

Browning, Don: Auf dem Wege zu einer Fundamentalen und Strategischen Praktischen Theologie; in: Nipkow, Karl Ernst/Rössler, Dietrich/Schweitzer, Friedrich (Hg.): Praktische Theologie und Kultur der Gegenwart. Ein internationaler Dialog, Gütersloh 1991, 21-42.

Brox, Norbert: Diakonie in der frühen Kirche. "Die Erde zum Himmel machen"; in: Concilium 24 (1988) 277-281.

Brückner, Margit: Gemeinwesenarbeit; in: Eyferth, Hanns/Otto, Hans-Uwe/Thiersch, Hans (Hg.): Handbuch zur Sozialarbeit/Sozialpädagogik, Neuwied/Darmstadt 1987, 415-429.

Brugger, Walter/Fisseni, Hermann-Josef: Persönlichkeit; in: Brugger, Walter (Hg.): Philosophisches Wörterbuch, Freiburg i.Br. ^{14}1976, 287-289.

Brunkhorst, Hauke: Systemtheorie; in: Lenzen, Dieter/Mollenhauer, Klaus (Hg.): Enzyklopädie Erziehungswissenschaft. Band 1: Theorien und Grundbegriffe der Erziehung und Bildung, Stuttgart 1983, 193-213.

Buber, Martin: Ich und Du; in: Ders.: Das dialogische Prinzip, Heidelberg ^{5}1984, 5-136.

Bubner, Rüdiger: Was ist Kritische Theorie?; in: Apel, Karl-Otto u.a.: Theorie, Diskussion, Hermeneutik und Ideologiekritik, Frankfurt a.M. 1971, 160-209.

Bühler, Hans Harro: Die katholischen sozialen Einrichtungen der Caritas in der Bundesrepublik Deutschland Stand 1.1.1987; in: Deutscher Caritasverband (Hg.): Caritas '89. Jahrbuch des Deutschen Caritasverbandes, Freiburg i.Br. 1988, 21-31.

Bühler, Hans Harro: Die katholischen sozialen Einrichtungen der Caritas in der Bundesrepublik Deutschland 1980-1990; in: Deutscher Caritasverband (Hg.): Caritas '92. Jahrbuch des Deutschen Caritasverbandes, Freiburg i.Br. 1991, 319-336.

Bühler, Hans Harro: Die katholischen sozialen Einrichtungen der Caritas in der Bundesrepublik Deutschland Stand 1.1.1990; in: Caritas 92 (1991) 372-380.

Busch, Johannes: Dienstgemeinschaft. Ein Begriff, der zu theologischem Nachdenken anregt; in: Sauer, Gerd/Bach, Ulrich/Eisermann, Siegbert (Hg.): Wer in der Liebe bleibt. Grundlagen und Praxis einer Diakonischen Kirche. Christoph Theurer zum 60. Geburtstag zugeeignet, Stuttgart 1986, 97-106.

Campbell, Alastair V.: Nächstenliebe mit Maß. Helferberufe - christlich gesehen, Göttingen 1986.

Caritas: Themenheft Ehrenamtliches Engagement 96 (1995) Heft 5.

Caritas-Konferenzen Deutschlands: Kriterien der Zugehörigkeit von Helfergruppen zum Verband der Caritas-Konferenzen Deutschlands - eine Arbeitshilfe der CKD, Freiburg i.Br. 1981.

Caritasverband für die Diözese Münster (Hg.): Arme haben keine Lobby. Caritas-Report zur Armut, Freiburg i.Br. 1987.

Casper, Bernhard: Denken im Angesicht des Anderen - Zur Einführung in das Denken von Emmanuel Levinas; in: Henrix, Hans Hermann (Hg.): Verantwortung für den Anderen - und die Frage nach Gott. Zum Werk von Emmanuel Levinas, Aachen 1984, 17-36.

Casper, Bernhard: Illéité. Zu einem Schlüssel"begriff" im Werk von Emmanuel Levinas; in: Philosophisches Jahrbuch 91 (1984) 273-288.

Casper, Bernhard: Der Zugang zu Religion im Denken von Emmanuel Lévinas; in: Philosophisches Jahrbuch 95 (1988) 268-277.

Casper, Bernhard/Rümmele, Doris: "Geisel für den anderen". Der jüdische Philosoph Emmanuel Lévinas. Film von Bernhard Casper und Doris Rümmele. Eine Sendung des Südwestfunks Baden-Baden, III. Programm vom 12.03.1982, 22.50 Uhr.

Cattin, Yves: Die Metapher Gott; in: Concilium 28 (1992) 319-329.

Christliche Diakonie - Grundsätze der Sachkommission III; in: Synode 1972/Heft 3, 45 ff.

Clinebell, Howard J.: Modelle beratender Seelsorge. Mit einem Nachwort von Helmut Harsch, München Mainz 1971.

Collet, Giancarlo: "Den Bedürftigsten solidarisch verpflichtet". Implikationen einer authentischen Rede von der Option für die Armen; in: Furger, Franz (Hg.): Jahrbuch für Christliche Sozialwissenschaften, Band 33, Münster 1992, 67-84.

Collet, Giancarlo: Im Armen Christus begegnen. Einleitung; in: Ders. (Hg.): Der Christus der Armen. Das Christuszeugnis der lateinamerikanischen Befreiungstheologen, Freiburg i.Br. 1988, 7-22.

Colson, Jean: Diakon und Bischof in den ersten drei Jahrhunderten der Kirche; in: Rahner, Karl/Vorgrimler, Herbert (Hg.): Diaconia in Christo. Über die Erneuerung des Diakonates, Freiburg i.Br. 1962, 23-30.

Colson, Jean: Der Diakonat im Neuen Testament; in: Rahner, Karl/Vorgrimler, Herbert (Hg.): Diaconia in Christo. Über die Erneuerung des Diakonates, Freiburg i.Br. 1962, 3-22.

Concilium: Themenheft Diakonie: Kirche für andere, 24 (1988) Heft 4.

Congar, Yves M.J.: Für eine dienende und arme Kirche, Mainz 1965.

Congar, Yves: Der Laie. Entwurf einer Theologie des Laientums, Stuttgart 1957.

Conselho Episcopal Latino-Americano (CELAM): Nova Evangelização - Promoção humana - Cultura cristã. Jesus Cristo ontem, hoje e sempre (Hb 13,8). Documento de Trabalho, São Paulo 1992.

Cordes, Paul Josef: Pastoralassistenten und Diakone. Zum Beschluß der Bischöfe über die "Ordnung der pastoralen Dienste"; in: Stimmen der Zeit 195 (1977) 389-401.

Cosmao, Vincent: Der soziale Dienst des Glaubens; in: Eicher, Peter (Hg.): Neue Summe Theologie. Band 3: Der Dienst der Gemeinde, Freiburg i.Br. 1989, 305-323.

Cremer, Inés: Nächstenliebe oder Ausbeutung? Zur Ambivalenz ehrenamtlicher Arbeit von Frauen; in: Dies./Funke, Dieter (Hg.): Diakonisches Handeln. Herausforderungen - Konfliktfelder - Optionen, Freiburg i.Br. 1988, 135-143.

Cremer, Inés/Funke, Dieter (Hg.): Diakonisches Handeln. Herausforderungen - Konfliktfelder - Optionen, Freiburg i.Br. 1988.

Csipai, Arno: Diakonie als Ausdruck christlichen Glaubens in der modernen Welt, Gütersloh 1971.

Csoklich, Fritz: Ein kirchlicher Flächenbrand. Im katholischen Österreich hängt der Haussegen schief; in: Herder-Korrespondenz 46 (1992) 214-217.

Daecke, Sigurd Martin: Wissenschaftstheoretische Einführung; in: Klostermann, Ferdinand/ Zerfaß, Rolf (Hg.): Praktische Theologie heute, München/Mainz 1974, 308-321.

Dahm, Karl-Wilhelm: Beruf: Pfarrer. Empirische Aspekte zur Funktion von Kirche und Religion in unserer Gesellschaft, München [2]1972.

Dahm, Karl-Wilhelm: Gesellschaftliche Bestimmung von Unbestimmbarem: Niklas Luhmann; in: Ders./Drehsen, Volker/Kehrer, Günter (Hg.): Das Jenseits der Gesellschaft. Religion im Prozeß sozialwissenschaftlicher Kritik, München 1975, 269-279.

Dahm, Karl-Wilhelm/Drehsen, Volker/Kehrer, Günter (Hg.): Das Jenseits der Gesellschaft. Religion im Prozeß sozialwissenschaftlicher Kritik, München 1975.

Daiber, Karl-Fritz: Diakonie und kirchliche Identität. Studien zur diakonischen Praxis in einer Volkskirche, Hannover 1988.

Daiber, Karl-Fritz: Die diakonische Anstalt als Dienstgemeinschaft; in: Wege zum Menschen 44 (1992) 193-204.

Daiber, Karl-Fritz: Diskreditiert die Beratungsarbeit die Kirche? Kirchensoziologische Überlegungen zur Beratungsarbeit; in: Wege zum Menschen 35 (1983) 148-157.

Daiber, Karl Fritz: Grundriß der Praktischen Theologie als Handlungswissenschaft, München/ Mainz 1977.

Dalferth, Ingolf U./Jüngel, Eberhard: Person und Gottebenbildlichkeit; in: Böckle, Franz/ Kaufmann, Franz-Xaver/Rahner, Karl/Welte, Bernhard (Hg.): Christlicher Glaube in moderner Gesellschaft, Teilband 24, Freiburg i.Br./Basel/Wien 1981, 57-99.

Dallmann, Hans-Ulrich: Die Systemtheorie Niklas Luhmanns und ihre theologische Rezeption, Stuttgart 1994.

"Das Prophetische ist das Ethische": Ein Podiumsgespräch von Hans Hermann Henrix mit Bernhard Casper, Emmanuel Levinas, Marco M. Olivetti, Adriaan Peperzak und Stephan Strasser; in: Henrix, Hans Hermann (Hg.): Verantwortung für den Anderen - und die Frage nach Gott. Zum Werk von Emmanuel Levinas, Aachen 1984, 88-97.

Degen, Johannes: Diakonie als Agentur im Wohlfahrtsstaat; in: Concilium 24 (1988) 319-323.

Degen, Johannes: Diakonie als soziale Dienstleistung, Gütersloh 1994.

Degen, Johannes: Diakonie im Sozialstaat; in: Theologia Practica 20 (1985) 235-250.

Degen, Johannes: Diakonie im Widerspruch. Thesen zur Geschichte und Zukunft der Diakonie; in: Wissenschaft und Praxis in Kirche und Gesellschaft 67 (1978) 252-259.

Degen, Johannes: Diakonie im Widerspruch. Zur Politik der Barmherzigkeit im Sozialstaat, München 1985.

Degen, Johannes: Diakonie und Restauration. Kritik am sozialen Protestantismus in der BRD, Neuwied/Darmstadt 1975.

Degen, Johannes: Vom "Pathos des Helfens". Zur Säkularisierung des Helfens im entwickelten Sozialstaat; in: Schibilsky, Michael (Hg.): Kursbuch Diakonie, Neukirchen-Vluyn 1991, 27-37.

Degen, Johannes: Wem bin ich Nächster - Wie bin ich Nächster?; in: Pastoraltheologie 71 (1982) 198-215.

Dekret über das Apostolat der Laien; in: Das Zweite Vatikanische Konzil. Konstitutionen, Dekrete und Erklärungen. Lateinisch und deutsch. Kommentare. Teil II (= Lexikon für Theologie und Kirche. Zweite, völlig neu bearbeitete Aufl., Band 13), Freiburg i.Br. 1967, 585-701.

Dekret über Dienst und Leben der Priester; in: Das Zweite Vatikanische Konzil. Konstitutionen, Dekrete und Erklärungen. Lateinisch und deutsch. Kommentare. Teil III (= Lexikon für Theologie und Kirche. Zweite, völlig neu bearbeitete Aufl., Band 14), Freiburg i.Br. 1968, 127-239.

Delahaye, Karl: Die zukünftige Gestalt kirchlicher Diakonie; in: Deutscher Caritasverband (Hg.): 75 Jahre Deutscher Caritasverband. Festschrift des DCV, Freiburg i.Br. 1972, 309-315.

Delp, Alfred: Das Schicksal der Kirchen; in: Ders.: Gesammelte Schriften. Hg. v. Roman Bleistein, Band IV, Frankfurt a.M. 1984, 318-323.

Deneke, Diether: Forderungen und Erwartungen eines Politikers an die Diakonie; in: Meurer, Siegfried (Hg.): Diakonie und gesellschaftliche Veränderung, Wuppertal 1973, 137-147.

Derbolav, J.: Handeln, Handlung, Tat, Tätigkeit; in: Ritter, Joachim/Gründer, Karlfried (Hg.): Historisches Wörterbuch der Philosophie, Band 3, Basel/Stuttgart 1974, 992-994.

Derrida, Jacques: Gewalt und Metaphysik. Essay über das Denken Emmanuel Levinas'; in: Ders.: Die Schrift und die Differenz. Übersetzt von Rodolphe Gasche, Frankfurt a.M. ^{2}1985, 121-235.

Deufel, Konrad: Sozialstaat und christliche Diakonie; in: Böckle, Franz/Kaufmann, Franz-Xaver/Rahner, Karl/Welte, Bernhard (Hg.): Christlicher Glaube in moderner Gesellschaft, Teilband 15, Freiburg i.Br. 1982, 121-177.

Deuringer, Karl: Die katholische Caritas in der Neuzeit; in: Krimm, Herbert (Hg.): Das diakonische Amt der Kirche, Stuttgart ^{2}1965, 421-466.

Deutscher Caritasverband (Hg.): 1897-1972 - 75 Jahre Deutscher Caritasverband, Freiburg i.Br. 1972.

Deutscher Caritasverband (Hg.): Diakonische Praxis und Praktische Theologie - Zur gesellschaftlichen Wirksamkeit der Diakonie. Dokumentation des Symposions vom 21. bis 23. Mai 1986 in Freiburg (= DCV-materialien 10), Freiburg i.Br. 1987.

Deutscher Caritasverband (Hg.): Der ekklesiologische Ort der Diakonie - Zur gemeindebildenden Funktion und Bedeutung der Diakonie heute. Protokoll eines Symposions der Fortbildungs-Akademie des DCV in Zusammenarbeit mit dem Referat Caritas und Pastoral des DCV (= DCV-materialien 5), Freiburg i.Br. 1985.

Deutscher Caritasverband (Hg.): Ehrenamt und Selbsthilfe. Redaktion: Fritz Boll, Elisabeth Buschmann (= Themen der sozialen Arbeit, Band 2), Freiburg i.Br. 1986.

Deutscher Caritasverband (Hg.): Zeit für ein Leitbild, Freiburg i.Br. 1994.

Deutscher Caritasverband e.V. (Hg.): Zwischen versorgter Gemeinde und entsorgender Sozialarbeit. Dokumentation des Symposions "Christliche Diakonie zwischen System und Lebenswelten" vom 13. bis 15. März 1989 (= DCV-materialien 15), Freiburg i.Br. 1990.

Dewe, Bernd/Ferchhoff, Wilfried/Sünker, Heinz: Alltagstheorien; in: Eyferth, Hanns/Otto, Hans-Uwe/Thiersch, Hans (Hg.): Handbuch zur Sozialarbeit/Sozialpädagogik, Neuwied/Darmstadt 1987, 56-72.

Diakonisches Werk der EKD (Hg.): Diakonie 88/89. Jahrbuch, Stuttgart 1989.

Dieck, Margret: Alte Frauen in West-Europa; in: Deutscher Caritasverband (Hg.): Caritas '91. Jahrbuch des Deutschen Caritasverbandes, Freiburg i.Br. 1990, 49-58.

Die Not der Gegenwart und der Dienst der Kirche. Arbeitspapier der Synode; in: Gemeinsame Synode der Bistümer in der Bundesrepublik Deutschland. Ergänzungsband: Arbeitspapiere der Sachkommissionen. Offizielle Gesamtausgabe II, Freiburg i.Br. ^{3}1981, 103-157.

Dietzfelbinger, H.: Diakonie als Dimension der Kirche; in: Ulrich, Heinrich-Hermann (Hg.): Diakonie in den Spannungsfeldern der Gegenwart. Herausforderung und Antwort (Festschrift für Theodor Schober), Stuttgart 1978, 112-118.

Dirks, Walter: Die Samariter und der Mann aus Samaria. Vom Umgang mit der Barmherzigkeit, Freiburg i.Br. 1985.

Döring, Diether/Hanesch, Walter/Huster, Ernst-Ulrich: Armut als Lebenslage. Ein Konzept für Armutsberichterstattung und Armutspolitik; in: Dies. (Hg.): Armut im Wohlstand, Frankfurt a.M. 1990, 7-27.

Döring, Diether/Hanesch, Walter/Huster, Ernst-Ulrich (Hg.): Armut im Wohlstand, Frankfurt a.M. 1990.

Dörner, Klaus: Aufgaben diakonischer Ethik. Die Wende von der Professionalität zur Kompetenz aller Betroffenen; in: Schibilsky, Michael (Hg.): Kursbuch Diakonie, Neukirchen-Vluyn 1991, 39-51.

Dogmatische Konstitution über die göttliche Offenbarung; in: Das Zweite Vatikanische Konzil. Konstitutionen, Dekrete und Erklärungen. Lateinisch und deutsch. Kommentare. Teil II (= Lexikon für Theologie und Kirche. Zweite, völlig neu bearbeitete Aufl., Band 13), Freiburg i.Br. 1967, 497-583.

Dogmatische Konstitution über die Kirche; in: Das Zweite Vatikanische Konzil. Konstitutionen, Dekrete und Erklärungen. Lateinisch und deutsch. Kommentare. Teil I (= Lexikon für Theologie und Kirche. Zweite, völlig neu bearbeitete Aufl., Band 12), Freiburg i.Br. 1966, 137-347.

Dormeyer, Detlev: Jesus der Lehrer. Das Verhältnis von Verkündigung und Diakonie bei Jesus von Nazareth; in: Deutscher Caritasverband (Hg.): Caritas '86. Jahrbuch des Deutschen Caritasverbandes, Freiburg i.Br. 1985, 9-22.

Drehsen, Volker: Ausgewählte Ergänzungsbibliographie zur gegenwärtigen Theoriebildung in der deutschen Religionssoziologie; in: Daiber, Karl-Fritz/Luckmann, Thomas (Hg.): Religion in den Gegenwartsströmungen der deutschen Soziologie, München 1983, 225-256.

Dreier, Wilhelm: Zur Struktur der Kirche und ihres Heilsdienstes im Hinblick auf unsere christliche Weltverantwortung. Ein Beitrag zur gegenwärtigen Diskussion aus theologischer und sozialwissenschaftlicher Sicht; in: Generalsekretariat des Zentralkomitees der deutschen Katholiken (Hg.): Berichte und Dokumente 6, Bonn-Bad Godesberg 1970, 3-41.

Dreier, Wilhelm: Caritasarbeit für eine alternative Lebensweise christlicher Gemeinden, Freiburg i.Br. 1979.

Drewermann, Eugen: Das Markusevangelium. Zweiter Teil: Mk 9,14 bis 16,20, Olten/Freiburg i.Br. 1988.

Duden "Etymologie": Herkunftswörterbuch der deutschen Sprache. 2., völlig neu bearbeitete und erweiterte Aufl. von Günther Drosdowski (Duden Band 7), Mannheim/Wien/Zürich 1989.

Düsing, Edith: Intersubjektivität und Selbstbewußtsein. Behavioristische, phänomenologische und idealistische Begründungstheorien bei Mead, Schütz, Fichte und Hegel, Köln 1986.

Düsterfeld, Peter: Predigt und Kompetenz. Hermeneutische und sprachtheoretische Überlegungen zur Fundierung einer homiletischen Methode, Düsseldorf 1978.

Dupont, Jacques: Die Kirche und die Armut; in: Baraúna, Guilherme (Hg.): De ecclesia. Beiträge zur Konstitution "Über die Kirche" des Zweiten Vatikanischen Konzils. Deutsche Ausgabe besorgt von O. Semmelroth SJ, J.G. Gerhartz SJ und H. Vorgrimler. Band 1, Freiburg i.Br./Frankfurt a.M. 1966, 313-345.

Dupuy, Bernhard D.: Theologie der kirchlichen Ämter; in: Feiner, Johannes/Löhrer, Magnus (Hg.): Mysterium Salutis. Grundriß heilsgeschichtlicher Dogmatik, Band IV/2, Einsiedeln/ Zürich/Köln 1973, 488-525.

Duquoc, Christian: Kirchen unterwegs. Versuch einer ökumenischen Ekklesiologie. Mit einem Vorwort von Johannes B. Brantschen, Freiburg (Schweiz) 1985.

Duquoc, Christian: Von der Frage "Wer ist Gott?" zur Frage "Wo ist Gott?"; in: Concilium 28 (1992) 282-288.

Dussel, Enrique: Herrschaft und Befreiung. Ansatz, Stationen und Themen einer lateinamerikanischen Theologie der Befreiung, Freiburg (Schweiz) 1985.

Ebertz, Michael N.: Deutscher Caritasverband Konstanz 1990 (Manuskript).

Ebertz, Michael N.: Leitbilder katholischer Krankenhäuser; in: Caritas 93 (1992) 258-270.

Ebertz, Michael N.: Schwerpunkt: Wohlfahrtsverbände im Gesundheitswesen. Editorial; in: Medizin. Mensch. Gesellschaft 12 (1987) 84-89.

Ebertz, Michael N.: Vom Schicksal zur Wahl kirchlicher Religiosität; in: Religionsunterricht an höheren Schulen 34 (1991) 146-154.

Ebertz, Michael N./Schmid Josef: Zum Stand der Wohlfahrtsverbände-Forschung. Sozialwissenschaftliche Fragestellungen, Erkenntnisfortschritte und Defizite; in: Caritas 88 (1987) 289-313.

Eder, Franz Xaver: Das Selbstverständnis kirchlicher Liebestätigkeit; in: Klerusblatt 71 (1991) 125-126.

Eicher, Peter (Hg.): Neues Handbuch theologischer Grundbegriffe. Erweiterte Neuausgabe in 5 Bänden, München 1991.

Eicher, Peter: Option für die Armen; in: Ders. (Hg.): Neues Handbuch theologischer Grundbegriffe. Erweiterte Neuausgabe, Band 4, München 1991, 128-151.

Eicher, Peter/Mette, Norbert (Hg.): Auf der Seite der Unterdrückten? Theologie der Befreiung im Kontext Europas, Düsseldorf 1989.

Eigenmann, Urs: Am Rand die Mitte suchen. Unterwegs zu einer diakonischen Gemeindekirche der Basis, Fribourg/Brig 1990.

Eigenmann, Urs: Politische Praxis des Glaubens. Dom Helder Camaras Weg zum Anwalt der Armen und seine Reden an die Reichen, Freiburg (Schweiz)/Münster 1984.

Elias, Norbert: Die Gesellschaft der Individuen, Frankfurt a.M. 1991.

Elias, Norbert: Was ist Soziologie?, Weinhein/München ^{5}1986.

Emeis, Dieter: Zur unorganisierten Diakonie des Alltags; in: Lebendige Katechese 7 (1985) 36-38.

Endruweit, Günter: Theorie - Empirie - Praxis; in: Ders. (Hg.): Moderne Theorien der Soziologie. Strukturell-funktionale Theorie. Konflikttheorie. Verhaltenstheorie. Ein Lehrbuch, Stuttgart 1993, 5-22.

Equipo Pastoral de Bambamarca: Vamos Caminando. Machen wir uns auf den Weg! Glaube. Gefangenschaft und Befreiung in den peruanischen Anden. Deutsche Fassung hg. v. der Bambamarca-Gruppe (Tübingen), Freiburg (Schweiz)/Münster 1983.

Erdmann, Eva: Die Macht unserer Kirchenväter. Über "Die Geständnisse des Fleisches"; in: Wege zum Menschen 47 (1995) 53-60.

Erharter, Helmut/Kirchmayr, Alfred/Lange, Josef (Hg.): Prophetische Diakonie. Impulse und Modelle für eine zukunftsorientierte Pastoral, Wien 1977.

Erikson, Erik H.: Identität und Lebenszyklus. Drei Aufsätze, Frankfurt a.M. 1973.

Ernst, Josef: Caritas. A. Biblisch; in: Eicher, Peter (Hg.): Neues Handbuch theologischer Grundbegriffe. Erweiterte Neuausgabe, Band 1, München 1991, 245-256.

Erster Themenvorschlag; in: Synode Heft 2/1970 3-12.

Esterbauer, Reinhold: Transzendenz-"Relation". Zum Transzendenzbezug in der Philosophie Emmanuel Levinas', Wien 1992.

Esterbauer, Reinhold: Die Zeit Gottes und der Messias. Zur Eschatologie im Denken Emmanuel Levinas'; in: Wissenschaft und Glaube 4 (1991) 65-83.

Erwachsenenbildung: Themenheft "Armut", 39 (1993) Heft 4, 151-198.

Eyferth, Hanns: Geschichte: Von der Armenpflege zum Sozialstaat; in: Ders./Otto, Hans-Uwe/ Thiersch, Hans (Hg.): Handbuch zur Sozialarbeit/Sozialpädagogik, Neuwied/Darmstadt 1987, 430-438.

Feige, Andreas: Kirchenmitgliedschaft in der Bundesrepublik Deutschland. Zentrale Perspektiven empirischer Forschungsarbeit im problemgeschichtlichen Kontext der deutschen Religions- und Kirchensoziologie nach 1945, Gütersloh 1990.

Feldhoff, Norbert/Dünner, Alfred (Hg.): Die verbandliche Caritas. Praktisch-theologische und kirchenrechtliche Aspekte, Freiburg i.Br. 1991.

Festing, Heinrich: Neue (vergessene) Felder des Apostolats. Einführung; in: Sekretariat der Deutschen Bischofskonferenz/Generalsekretariat des Zentralkomitees der deutschen Katholiken (ZdK) (Hg.): Die Zukunft des Glaubens. Gemeinsame Studientagung der Deutschen Bischofskonferenz und des Zentralkomitees der deutschen Katholiken (ZdK) vom 16. bis 18. November 1988, Bonn 1988, 56-62.

Fiedler, Peter: Jesus und die Sünder, Frankfurt a.M./Bern 1976.

Finkielkraut, Alain: Die Weisheit der Liebe, Reinbek bei Hamburg 1989.

Fischer, Henry/Greinacher, Norbert/Klostermann, Ferdinand: Die Gemeinde (= Pastorale. Handreichung für den pastoralen Dienst. Hg. im Auftrag der Deutschen Bischofskonferenz von der Konferenz der deutschsprachigen Pastoraltheologen), Mainz 1970.

Fischer, Klaus P.: Der Mensch als Geheimnis. Die Anthropologie Karl Rahners, Freiburg i.Br. 1973.

Fischer, Michael: Zur gegenwärtigen Diskussion um die Diakonie - Stand und Perspektiven; in: Cremer, Inés/Funke, Dieter (Hg.): Diakonisches Handeln. Herausforderungen - Konfliktfelder - Optionen, Freiburg i.Br. 1988, 13-24.

Floristan, Casiano: Sakramente als Befreiung; in: Erharter, Helmut/Kirchmayr, Alfred/Lange, Josef/Müller, Josef (Hg.): Prophetische Diakonie. Impulse und Modelle für eine zukunftsorientierte Pastoral, Wien 1977, 292-310.

Floristán, Casiano: Teología práctica. Teoría y praxis de la acción pastoral (= Lux mundi 68), Salamanca ^{2}1993.

Forster, Karl: Das Apostolat der katholischen Laien und ihr Anteil am gemeinsamen Priestertum in der Kirche; in: Lebendiges Zeugnis 33 (1978) Heft 4, 58-71.

Forster, Karl: Klerikalismus und Eigenständigkeit des Weltdienstes in katholischer Sicht; in: Ders.: Glaube und Kirche im Dialog mit der Welt von heute. Zweiter Band: Kirche und Welt, Würzburg 1982, 285-300.

Forster, Karl: Die Sendung des Laien; in: Ders.: Glaube und Kirche im Dialog mit der Welt von heute. Erster Band: Glaube - Kirche - pastoraler Dienst, Würzburg 1982, 495-510.

Frank, Manfred: Subjekt, Person, Individuum; in: Ders./Haverkamp, Anselm (Hg.): Individualität, München 1988, 3-20.

Franz, Albert: Der soziale Katholizismus in Deutschland bis zum Tode Kettelers, M.Gladbach 1914.

Franz, Egon: Politische Diakonie. Die gesellschaftliche Funktion der Kirche (= Evangelische Zeitstimmen 34), Hamburg 1968.

Freire, Paolo: Pädagogik der Unterdrückten. Bildung als Praxis der Freiheit. Mit einer Einführung von Ernst Lange, Reinbek bei Hamburg 1993.

Fremde Heimat Kirche. Ansichten ihrer Mitglieder. Studien- und Planungsgruppe der EKD. Erste Ergebnisse der dritten EKD-Umfrage über Kirchenmitgliedschaft, Hannover 1993.

Freyer, Thomas: Die Öffnung der Transzendenz. Thesen zum Logos der Theologie anhand der Philosophie von Emmanuel Lévinas; in: Zeitschrift für Katholische Theologie 114 (1992) 140-152.

Freyer, Thomas: Die Transzendenz Gottes und der Logos der Theologie. Anmerkungen zum Theologiebegriff Karl Barths im Hinblick auf die Gottrede in der Philosophie von Emmanuel Levinas; in: Zeitschrift für dialektische Theologie 7 (1991) 91-101.

Fries, Heinrich: Wandel des Kirchenbildes und dogmengeschichtliche Entfaltung; in: Feiner, Johannes/Löhrer, Magnus (Hg.): Mysterium Salutis. Grundriß heilsgeschichtlicher Dogmatik. Band IV/1: Das Heilsgeschehen in der Gemeinde, Einsiedeln/Zürich/Köln 1972, 223-285.

Frisch, Hermann-Josef: Leitfaden Gemeindepastoral, Düsseldorf 1992.

Frutaz, Amato P. : Diakonie; in: Höfer, Josef/Rahner, Karl (Hg.): Lexikon für Theologie und Kirche. Begründet von Dr. Michael Buchberger. Zweite, völlig neu bearbeitete Aufl., Dritter Band, Freiburg i.Br. 1959, 324 f.

Fuchs, Gotthard: Kulturelle Diakonie; in: Concilium 24 (1988) 324-329.

Fuchs, Ottmar: Ämter für eine Kirche der Zukunft. Ein Diskussionsanstoß, Luzern 1993.

Fuchs, Ottmar: Assoziationen zum Verhältnis von theologischer Lehre und diakonischer Tat. Freundliche Erwiderung auf den Beitrag von D. Dormeyer; in: Caritas 87 (1986) 143-159.

Fuchs, Ottmar: Bei euch aber soll es nicht so sein! (Lk 22,26). Bibel-theologische Überlegungen zum diakonalen Umgang mit hilfs- bzw. befreiungsbedürftigen anderen und Fremden; in: Baumgartner, Konrad/Langer, Michael (Hg.): Mit Außenseitern leben. Eine Herausforderung für die Christen, Regensburg 1988, 227-249.

Fuchs, Ottmar: Dabeibleiben oder weggehen? Christen im Konflikt mit der Kirche, München 1989.

Fuchs, Ottmar: Diakonia: Option für die Armen; in: Konferenz der bayerischen Pastoraltheologen (Hg.): Das Handeln der Kirche in der Welt von heute. Ein pastoraltheologischer Grundriß, München 1994, 114-144.

Fuchs, Ottmar: "Ehre gebührt dem, der Ehre gibt ..." Laudatio für Paulo Suess; in: Orientierung 57 (1993) 221-226.

Fuchs, Ottmar: Die einigende Verantwortung des kirchlichen Amtes für die Gottes- und Nächstenliebe in der Kirche; in: Schifferle, Alois (Hg.): Miteinander. Für die vielfältige Einheit der Kirche. Festschrift für Anton Hänggi, Freiburg i.Br. 1992, 309-323.

Fuchs, Ottmar: Einübung der Freiheit. Unfertige Nachgedanken zu Ulrich Bachs Hinweisen auf eine abendländische Befreiungs-Theologie; in: Schibilsky, Michael (Hg.): Kursbuch Diakonie, Neukirchen-Vluyn 1991, 245-252.

Fuchs, Ottmar: Ernstfall Diakonie. Christliches Handeln als Verkündigung; in: Theologisch-praktische Quartalschrift 133 (1985) 223-230.

Fuchs, Ottmar: Evangelisierungsversuche; in: Pastoraltheologische Informationen 8 (1988) 109-122.

Fuchs, Ottmar (Hg.): Die Fremden, Düsseldorf 1988.

Fuchs, Ottmar: Heilen und befreien. Der Dienst am Nächsten als Ernstfall von Kirche und Pastoral, Düsseldorf 1990.

Fuchs, Ottmar: Im Brennpunkt: Stigma. Gezeichnete brauchen Beistand, Frankfurt a.M. 1993.

Fuchs, Ottmar: Individualisierung und Institution. Theologische Reflexionen zu Umfrageergebnissen in der Bundesrepublik; in: Stimmen der Zeit 208 (1990) 545-555.

Fuchs, Ottmar: Jugend und Liturgie im Horizont der Evangelisierung; in: Liturgisches Jahrbuch 37 (1987) 156-187.

Fuchs, Ottmar: Kirche für andere: Identität der Kirche durch Diakonie; in: Concilium 24 (1988) 281-289.

Fuchs, Ottmar: Die Kirche im Erstfall der Diakonie; in: Albus, Michael/Zulehner, Paul M. (Hg.): Nur der Geist macht lebendig. Zur Lage der Kirche in Deutschland nach 20 Jahren Konzil und 10 Jahren Synode, Mainz 1985, 38-52.

Fuchs, Ottmar: Kirchliche Gemeinde und Caritas im Selbstvollzug der Diakonie: Christliches Leben mit HIV-infizierten und aidskranken Menschen; in: Caritas 88 (1987) 319-332.

Fuchs, Ottmar: Kirchlicher Umgang mit den Medien; in: Concilium 29 (1993) 518-524.

Fuchs, Ottmar: Krise der Theologie: Krise der Theolog(inn)en?; in: Cremer, Inés/Funke, Dieter (Hg.): Diakonisches Handeln. Herausforderungen - Konfliktfelder - Optionen, Freiburg i.Br. 1988, 56-71.

Fuchs, Ottmar: Plädoyer für eine diakonale Pastoral. Beispiel "Aids"; in: Bibel und Kirche 43 (1988) 17-23.

Fuchs, Ottmar: Prophetische Kraft der Jugend? Zum theologischen und ekklesiologischen Ort einer Altersgruppe im Horizont des Evangeliums, Freiburg i.Br. 1986.

Fuchs, Ottmar: Der Religionsunterricht als Diakonie in der Kirche?; in: Katechetische Blätter 114 (1989) 848-855.

Fuchs, Ottmar: "Schwarz greift ein" - Fernsehpfarrer als Kirchenwerbung?; in: Communicatio Socialis 28 (1995) 130-142.

Fuchs, Ottmar (Hg.): Theologie und Handeln. Beiträge zur Fundierung der Praktischen Theologie als Handlungstheorie, Düsseldorf 1984.

Fuchs, Ottmar: Theologische Aspekte zur Interaktion mit psychiatrischen Patienten; in: Wege zum Menschen 40 (1988) 87-95.

Fuchs, Ottmar: "Umstürzlerische" Bemerkungen zur Option der Diakonie hierzulande; in: Deutscher Caritasverband e.V. (Hg.): Caritas '85. Jahrbuch des Deutschen Caritasverbandes, Freiburg i.Br. o.J., 18-40.

Fuchs, Ottmar: Der Wert des Lebens oder wie wertvoll ist das Leben?; in: Caritas 86 (1985) 65-78.

Fuchs, Ottmar: Wie kommt Caritas in die Theologie?; in: Caritas 91 (1990) 11-22.

Fuchs, Ottmar: "Wie verändert sich das Verständnis von Pastoraltheologie und Theologie überhaupt, wenn die Diakonik zum Zug kommt?"; in: Pastoraltheologische Informationen 10 (1990) 175-202.

Fuchs, Ottmar: Zur Frage nach dem legitimatorischen oder evangelisatorischen Charakter kirchlicher Diakonie; in: Deutscher Caritasverband (Hg.): Diakonische Praxis und Praktische Theologie - Zur gesellschaftlichen Wirksamkeit der Diakonie. Dokumentation des Symposions vom 21. bis 23. Mai 1986 in Freiburg, Freiburg i.Br. 1987, 55-72.

Fucks, Heinrich: Die curriculare Integration der Diakonie - Das Diakonie-Curriculum des Diakoniewissenschaftlichen Instituts der "Evangelisch Theologischen Fakultät Heidelberg"; in: Pastoraltheologische Informationen 10 (1990) 97-106.

Fürst, Walter: Pastorale Diakonie - Diakonische Pastoral. Eine Zauberformel für die Bewährung der Kirche in der modernen Gesellschaft?; in: Feldhoff, Norbert/Dünner, Alfred (Hg.): Die verbandliche Caritas. Praktisch-theologische und kirchenrechtliche Aspekte, Freiburg i.Br. 1991, 52-80.

Fürst, Walter: Praktisch-theologische Urteilskraft. Auf dem Weg zu einer symbolisch-kritischen Methode der Praktischen Theologie, Zürich/Einsiedeln/Köln 1986.

Füssel, Kuno: Der imaginäre Andere. Ideologiekritische Beobachtungen zur Intersubjektivität; in: Brachel, Hans-Ulrich von/Mette, Norbert (Hg.): Kommunikation und Solidarität. Beiträge zur Diskussion des handlungstheoretischen Ansatzes von Helmut Peukert in Theologie und Sozialwissenschaften, Freiburg (Schweiz)/Münster 1985, 101-116.

Funk, Heide: Weibliches Ehrenamt im Patriarchat; in: Müller, Siegfried/Rauschenbach, Thomas (Hg.): Das soziale Ehrenamt. Nützliche Arbeit zum Nulltarif, Weinheim/München ²1992, 119-126.

Funk, Rudolf: Sprache und Transzendenz im Denken von Emmanuel Lévinas. Zur Frage einer neuen philosophischen Rede von Gott, Freiburg i.Br./München 1989.

Funke, Alex: Diakonie und Universitätstheologie - eine versäumte Begegnung; in: Pastoraltheologie 72 (1983) 152-164.

Gabriel, Karl: Christentum zwischen Tradition und Postmoderne, Freiburg i.Br. 1992.

Gabriel, Karl: Christliche Diakonie im gesellschaftlichen Kontext - Thesen; in Deutscher Caritasverband (Hg.): Diakonische Praxis und Praktische Theologie - Zur gesellschaftlichen Wirksamkeit der Diakonie. Dokumentation des Symposions vom 21. bis 23. Mai 1986 in Freiburg (= DCV-materialien 10), Freiburg i.Br. 1987, 4-10.

Gabriel, Karl: Hat der Caritasverband in der Kirche einen politischen Auftrag als Anwalt der Armen?; in: Caritas 90 (1989) 102-108.

Gabriel, Karl: Lebenswelten unter den Bedingungen entfalteter Modernität. Soziologische Anmerkungen zur gesellschaftlichen Situation; in: Pastoraltheologische Informationen 8 (1988) 93-106.

Gabriel, Karl: Nachchristliche Gesellschaft heute! Christentum und Kirche vor der entfalteten Moderne; in: Diakonia 19 (1988) 27-34.

Gabriel, Karl: Die neuzeitliche Gesellschaftsentwicklung und der Katholizismus als Sozialform der Christentumsgeschichte; in: Ders./Kaufmann, Franz-Xaver (Hg.): Zur Soziologie des Katholizismus, Mainz 1980, 201-225.

Gabriel, Karl: Optionen der verbandlichen Caritas im Wandel der sozialstaatlich organisierten Gesellschaft; in: Caritas 93 (1992) 250-258.

Gabriel, Karl: Verbandliche Caritas im Postkatholizismus; in: Caritas 91 (1990) 575-584.

Gabriel, Karl: Die verbandliche Caritas im Spannungsfeld von Kirche und Gesellschaft. Entwicklungslinien und Zukunftsperspektiven; in: Katholische Fachhochschule Norddeutschland Osnabrück und Vechta durch Karl Gabriel und Paul Ludwig Sauer (Hg.): Diakonie - Gemeinde - Sozialarbeit (= Person, Gruppe, Gesellschaft, Band 16), Hildesheim 1990, 43-63.

Gabriel, Karl: Von der "vordergründigen" zur "hintergründigen" Religiosität: Zur Entwicklung von Religion und Kirche in der Geschichte der Bundesrepublik; in: Hettlage, Robert (Hg.): Die Bundesrepublik. Eine historische Bilanz, München 1990, 255-279.

Gabriel, Karl: Zur Sozialform des neuzeitlichen Katholizismus; in: Orientierung 50 (1986) 153-157.

Gadamer, Hans-Georg: Hermeneutik I. Wahrheit und Methode. Grundzüge einer philosophischen Hermeneutik, Tübingen ^{6}1990.

Gärtner, Heribert W.: Zwischen Management und Nächstenliebe. Zur Identität des kirchlichen Krankenhauses, Mainz 1994.

Gaidetzka, Petra: Caritas-Konferenzen Deutschlands. Ehrenamt der Zukunft; in: Deutscher Caritasverband (Hg.): Caritas '91. Jahrbuch des Deutschen Caritasverbandes, Freiburg i.Br. 1990, 345-348.

Gaillot, Jacques: "Eine Kirche, die nicht dient, dient zu nichts". Erfahrungen eines Bischofs, Freiburg i.Br. ^{3}1992.

Gaillot, Jacques: Die Option für die Armen; in: Concilium 22 (1986) 491-494.

Galli, Mario von/Moosbrugger, Bernhard: Das Konzil und seine Folgen, Luzern/Frankfurt a.M. ^{3}1967.

Ganoczy, Alexandre: Zur Theorie der Caritas-Praxis; in: Deutscher Caritasverband e.V. (Hg.): Caritas '79. Jahrbuch des Deutschen Caritasverbandes, Freiburg i.Br. o.J., 37-44.

Garhammer, Erich: Plädoyer für eine diakonische Kirche. Anmerkungen zu einer Festschrift; in: Anzeiger für die Seelsorge 99 (1990) 179-182.

Garhammer, Erich: Die Sicht des Laien in der Pastoraltheologie. Vom Objekt zum Subjekt der Seelsorge; in: Theologisch-praktische Quartalschrift 135 (1987) 213-218.

Geisthardt, Günter: Skizze der Religionstheorie Niklas Luhmanns; in: Welker, Michael (Hg.): Theologie und funktionale Systemtheorie. Luhmanns Religionssoziologie in theologischer Diskussion, Frankfurt a.M. 1985, 16-25.

Gemeinsame Synode der Bistümer in der Bundesrepublik Deutschland. Beschlüsse der Vollversammlung. Offizielle Gesamtausgabe I, Freiburg i.Br. ^{5}1982.

Gemeinsame Synode der Bistümer in der Bundesrepublik Deutschland. Ergänzungsband: Arbeitspapiere der Sachkommissionen. Offizielle Gesamtausgabe II, Freiburg i.Br. ^{3}1981.

Gemoll, Wilhelm: Griechisch-deutsches Schul- und Handwörterbuch, München/Wien ^{9}1965.

Generalsekretariat des Deutschen Caritasverbandes e.V. (Hg.): Caritasverband in Kirche, Staat und Gesellschaft. Ein Positionspapier des Deutschen Caritasverbandes zu Selbstverständnis und Auftrag verbandlich organisierter Caritas im heutigen kirchlichen und gesellschaftlichen Kontext, Freiburg i.Br. 1983.

Gessel, Wilhelm: Zur Einheit von Leitung, Eucharistie, Diakonie und Predigt. Analyse praktischer Erfahrungen der Alten Kirche; in: Lebendige Seelsorge 38 (1987) 309-315.

Geulen, Dieter: Sozialisationstheorie; in: Eyferth, Hanns/Otto, Hans-Uwe/Thiersch, Hans (Hg.): Handbuch zur Sozialarbeit/Sozialpädagogik, Neuwied/Darmstadt 1987, 957-973.

Glatzer, Wolfgang/Hübinger, Werner: Lebenslagen und Armut; in: Döring, Diether/Hanesch, Walter/Huster, Ernst-Ulrich (Hg.): Armut im Wohlstand, Frankfurt a.M. 1990, 31-55.

Gnilka, Joachim: [Diskussionsbeitrag - "Zur theologischen Begründung diakonischen Handelns";] in: Deutscher Caritasverband (Hg.): Der ekklesiologische Ort der Diakonie - Zur gemeindebildenden Funktion und Bedeutung der Diakonie heute. Protokoll eines Symposions der Fortbildungs-Akademie des DCV in Zusammenarbeit mit dem Referat Caritas und Pastoral des DCV (= DCV-materialien 5), Freiburg i.Br. 1985, 41 f., 56 f.

Gnilka, Joachim: Das Evangelium nach Markus. 1. Teilband Mk 1-8,26 (= EKK II/1), Zürich/ Einsiedeln/Köln/Neukirchen-Vluyn 1978.

Gnilka, Joachim: Das Evangelium nach Markus. 2. Teilband Mk 8,27-16,20 (= EKK II/2), Zürich/Einsiedeln/Köln/Neukirchen-Vluyn 1979.

Gnilka, Joachim: Jesus von Nazaret. Botschaft und Geschichte, Freiburg i.Br. 1993.

Goffman, Erving: Asyle. Über die soziale Situation psychiatrischer Patienten und anderer Insassen, Frankfurt a.M. 1973.

Goffman, Erving: Stigma. Über Techniken der Bewältigung beschädigter Identität, Frankfurt a.M. ^{9}1990.

Goldstein, Horst: Option; in: Ders.: Kleines Lexikon zur Theologie der Befreiung, Düsseldorf 1991, 163-166.

Graf, Anton: Kritische Darstellung des gegenwärtigen Zustandes der Praktischen Theologie; in: Zottl, Anton/Schneider, Werner (Hg.): Wege der Pastoraltheologie. Texte einer Bewusstwerdung. 19. Jahrhundert. Praxis als Wissenschaft. A. Graf, J. Amberger, Eichstätt 1986, 36-137.

Greinacher, Norbert: Praktische Theologie als kritische Theorie kirchlicher Praxis in der Gesellschaft; in: Theologische Quartalschrift 168 (1988) 283-299.

Greinacher, Norbert: Reformierte Volkskirche oder Gemeindekirche?; in: Diakonia 6 (1975) 106-110.

Greinacher, Norbert: Das Theorie-Praxis-Problem in der Praktischen Theologie; in: Klostermann, Ferdinand/Zerfaß, Rolf (Hg.): Praktische Theologie heute, München/Mainz 1974, 103-118.

Greinacher, Norbert/Mette, Norbert: "Rückkehr der Kirchen in die Diakonie" - Vermächtnis und Auftrag; in: Concilium 24 (1988) 255-257.

Greiner, Sebastian: Funktionale Religionstheorie und christlicher Glaube; in: Münchener Theologische Zeitschrift 43 (1992) 183-195.

Grimm Jakob und Wilhelm: Subject; in: Grimm Jakob und Wilhelm: Deutsches Wörterbuch. Zehnter Band IV. Abteilung. Bearbeitet von der Arbeitsstelle des Deutschen Wörterbuches (Nachdruck Band 20), München 1984, 811-814.

Gripp, Helga: Jürgen Habermas. Und es gibt sie doch - Zur kommunikationstheoretischen Begründung von Vernunft bei Jürgen Habermas, Paderborn/München/Wien/Zürich 1984.

Grundsätze zur christlichen Diakonie; in: Synode Heft 3/1972, 45-48.

Grundsätze zur Ordnung der pastoralen Dienste; in: Sekretariat der Deutschen Bischofskonferenz (Hg.): Zur Ordnung der pastoralen Dienste (= Die deutschen Bischöfe 11), Bonn 1977, 5-20.

Günther, Walther/Link, Hans Georg: Liebe. agapáo; in: Coenen, Lothar/Beyreuther, Erich/ Bietenhard, Hans (Hg.): Theologisches Begriffslexikon zum Neuen Testament, Band II/1, Wuppertal 1969, 895-901.

Gutachten des Beirats für Kultur des ZdK zur Weiterbildung in katholischer Trägerschaft und zu einem kooperativen System der Weiterbildung; in: Generalsekretariat des Zentralkomitees der deutschen Katholiken (Hg.): Berichte und Dokumente 19, Bonn-Bad Godesberg 1973.

Gutiérrez, Gustavo: Theologie der Befreiung. Mit einem Vorwort von Johann Baptist Metz, München/Mainz [6]1982.

Haag, Herbert: Jericho; in: Höfer, Josef/Rahner, Karl (Hg.): Lexikon für Theologie und Kirche, Fünfter Band, Freiburg i.Br. 1986, 896-898.

Habbel, Torsten: Der Dritte stört. Emmanuel Levinas - Herausforderung für Politische Theologie und Befreiungsphilosophie. Mit einem Exkurs zum Verhältnis zwischen E. Levinas und M. Buber, Mainz 1994.

Habbel, Torsten: Emmanuel Levinas: Philosophie im Angesicht des Anderen. Ein Forschungsbericht; in: Theologische Revue 90 (1994) 187-200.

Habermas, Jürgen: Dialektik der Rationalisierung; in: Ders.: Die Neue Unübersichtlichkeit. Kleine Politische Schriften V, Frankfurt a.M. 1985, 167-208.

Habermas, Jürgen: Können komplexe Gesellschaften eine vernünftige Identität ausbilden?; in: Ders.: Zur Rekonstruktion des Historischen Materialismus, Frankfurt a.M. 1976, 92-126.

Habermas, Jürgen: Die Krise des Wohlfahrtsstaates und die Erschöpfung utopischer Energien; in: Ders.: Die Neue Unübersichtlichkeit. Kleine Politische Schriften V, Frankfurt a.M. 1985, 141-163.

Habermas, Jürgen: Die Neue Unübersichtlichkeit. Kleine Politische Schriften V, Frankfurt a.M. 1985.

Habermas, Jürgen: Technik und Wissenschaft als "Ideologie", Frankfurt a.M. 1968.

Habermas, Jürgen: Theorie des kommunikativen Handelns. Band 1: Handlungsrationalität und gesellschaftliche Rationalisierung. Band 2: Zur Kritik der funktionalistischen Vernunft, Frankfurt a.M. 1981.

Habermas, Jürgen/Luhmann, Niklas: Theorie der Gesellschaft oder Sozialtechnologie - Was leistet die Systemforschung? (= Theorie-Diskussion), Frankfurt a.M. 1971.

Hacke, Axel: Die elende Nachbarschaft; in: Süddeutsche Zeitung vom 27./28. Juli 1991, 3.

Haeffner, Gerd: Subjektivismus; in: Rahner, Karl (Hg.): Herders Theologisches Taschenlexikon, Band 7, Freiburg i.Br. 1973, 161-163.

Hämer, Andreas: Rehabilitation von unten. Der Platz der Körperbehinderten im Aufgabenfeld der Kirche, München/Mainz 1978.

Hämer, Andreas/Kempf, Eugen: Thesen, Fragen und Deutungen zu Modellen; in: Pastoraltheologische Informationen 8 (1988) 140-145.

Hämer, Andreas/Kempf, Eugen: Thesen, Fragen und Erfahrungen zur Analyse der Situation; in: Pastoraltheologische Informationen 8 (1988) 57-63.

Häring, Bernhard: Neue Wege, neue Ausblicke; in: Baraúna, Guilherme (Hg.): Die Kirche in der Welt von heute. Untersuchungen und Kommentare zur Pastoralkonstitution "Gaudium et Spes" des II. Vatikanischen Konzils. Deutsche Bearbeitung von Viktor Schurr, Salzburg 1967, 536-544.

Haferkamp, Hans/Schmid, Michael (Hg.): Sinn, Kommunikation und soziale Differenzierung. Beiträge zu Luhmanns Theorie sozialer Systeme, Frankfurt a.M. 1987.

Halder, Alois: Ontologie-Ethik-Dialogik. Zum Problem der Mitmenschlichkeit im Ausgang von Emmanuel Lévinas; in: Philosophisches Jahrbuch 91 (1984) 107-118.

Hallermann, Bernhard: Die Caritas als Franchisingorganisation?; in: Caritas 93 (1992) 281-284.

Halter, Hans: Widerspruch zwischen katholischer Soziallehre und kirchlicher Praxis; in: Diakonia 22 (1991) 151-159.

Hammans, Herbert: Weltdienst und Heilsdienst. Anmerkungen zur Verwendung eines Begriffspaares in neueren kirchenamtlichen Äußerungen; in: Zeitschrift für katholische Theologie 107 (1985) 399-414.

Hanesch, Walter u.a.: Armut in Deutschland, hg. v. Deutschen Gewerkschaftsbund und dem Paritätischen Wohlfahrtsverband -Gesamtverband- in Zusammenarbeit mit der Hans-Böckler-Stiftung, Reinbek bei Hamburg 1994.

Hanesch, Walter (Hg.): Sozialpolitische Strategien gegen Armut, Opladen 1995.

Hanselmann, Johannes/Hild, Helmut/Lohse, Eduard (Hg.): Was wird aus der Kirche? Ergebnisse der zweiten EKD-Umfrage über Kirchenmitgliedschaft, Gütersloh ^{4}1987.

Hanssler, Bernhard: Kulturelle Diakonie. Das Schöpferische in der Lehre des Cusanus; in: Internationale katholische Zeitschrift "Communio" 13 (1984) 64-73.

Harney, Klaus: Sozialarbeit als System - Die Entwicklung des Systembegriffs durch N. Luhmann im Hinblick auf eine Funktionsbestimmung sozialer Arbeit; in: Zeitschrift für Soziologie 4 (1975) 103-114.

Harnisch, Wolfgang: Die Gleichniserzählungen Jesu. Eine hermeneutische Einführung, Göttingen ^{2}1990.

Hartmann, Gert: Der therapeutische Beitrag der Theologie; in: Wege zum Menschen 44 (1992) 65-72.

Hartung, Marianne: Sozialpädagogische Beratung in der Gemeinde, Stuttgart 1983.

Hase, Hans-Christoph von: Der Auftrag heute; in: Krimm, Herbert (Hg.): Das diakonische Amt der Kirche, 2. überarbeitete Aufl., Stuttgart 1965, 555-606.

Hase, Hans-Christoph von: Diakonie. IV. Arbeitsfelder heutiger Diakonie; in: Krause, Gerhard/Müller, Gerhard (Hg.): Theologische Realenzyklopädie, Band VIII, Berlin/New York 1981, 660-679.

Hase, Hans Christoph von: "Innere Mission"; in: Höfer, Josef/Rahner, Karl (Hg.): Lexikon für Theologie und Kirche. Begründet von Dr. Michael Buchberger. Zweite, völlig neu bearbeitete Aufl., Fünfter Band, Freiburg i.Br. 1960, 682-684.

Haslinger, Herbert: Sich selbst entdecken - Gott erfahren. Für eine mystagogische Praxis kirchlicher Jugendarbeit, Mainz 1991.

Haslinger, Herbert: Was ist Mystagogie? Praktisch-theologische Annäherung an einen strapazierten Begriff; in: Knobloch, Stefan/ders. (Hg.): Mystagogische Seelsorge. Eine lebensgeschichtlich orientierte Pastoral, Mainz 1991, 15-75.

Haslinger, Herbert: "Was willst du, daß ich dir tun soll?" Vom lebendigmachenden Umgang Jesu mit Außenseitern - Eine Anfrage an unsere Kirche; in: Knobloch, Stefan/ders. (Hg.): Mystagogische Seelsorge. Eine lebensgeschichtlich orientierte Pastoral, Mainz 1991, 248-265.

Hauck, Detlef: Fragen nach dem Anderen. Untersuchungen zum Denken von Emmanuel Levinas mit einem Vergleich zu Jean-Paul Sartre und Franz Rosenzweig, Essen 1990.

Hauser, Richard: "Armut hat meist ein ganzes Bündel an Ursachen". Ein Gespräch mit Professor Richard Hauser über Armut in der Bundesrepublik; in: Herder-Korrespondenz 46 (1992) 118-124.

Hauser, Richard: Material zum Vortrag über "Armut in Deutschland - Ergebnisse einer Analyse", im Rahmen der Fachtagung "Die Option für die Armen - ihre Bedeutung für die deutsche Kirche im europäischen Prozeß" der Katholischen Akademie Rabanus Maurus 13. bis 15. März 1991 in Mainz (unveröffentlicht).

Hauser, Richard/Hübinger, Werner: Arme unter uns. Teil 1: Ergebnisse und Konsequenzen der Caritas-Untersuchung. Hg. v. Deutschen Caritasverband, Freiburg i.Br. 1993.

Haustein, Manfred: Personale oder strukturelle Diakonie; in: Theologische Literaturzeitung 115 (1990) 401-410.

Havel, Václav: Briefe an Olga. Betrachtungen aus dem Gefängnis, Reinbek bei Hamburg 1989.

Heidegger, Martin: Sein und Zeit, Tübingen [16]1986.

Heidenreich, Hartmut: Diakonische Option als kritisches Prinzip von pastoraler Supervision und Gemeindeberatung?; in: Cremer, Inés/Funke, Dieter (Hg.): Diakonisches Handeln. Herausforderungen - Konfliktfelder - Optionen, Freiburg i.Br. 1988, 184-198.

Heidenreich, Hartmut: "Evangelisierung in Europa". Zur Thematik der Tagung der Konferenz deutschsprachiger Pastoraltheologen in Wien 1987; in: Pastoraltheologische Informationen 8 (1988) 25-39.

Heidenreich, Hartmut: Handlungstheorie und Handlungsrisiko. Versuch einer pädagogischen Mikroanalyse zum pädagogischen Paradox; in: Brachel, Hans-Ulrich von/Mette, Norbert (Hg.): Kommunikation und Solidarität. Beiträge zur Diskussion des handlungstheoretischen Ansatzes von Helmut Peukert in Theologie und Sozialwissenschaften, Freiburg (Schweiz)/ Münster 1985, 254-271.

Heidenreich, Hartmut: Mitarbeiterinnen und Mitarbeiter in Jugendverbänden; in: Böhnisch, Lothar/Gängler, Hans/Rauschenbach, Thomas (Hg.): Handbuch Jugendverbände. Eine Ortsbestimmung der Jugendverbandsarbeit in Analysen und Selbstdarstellungen, Weinheim/München 1991, 272-281.

Heidenreich, Hartmut: Mosaiksteine zum Evangelisierungsprozeß; in: Pastoraltheologische Informationen 8 (1988) 173-183.

Heidenreich, Hartmut: Option - die Gretchenfrage evangelisatorischer Pastoral; in: Diakonia 19 (1988) 118-121.

Heimbach-Steins, Marianne: Gottes "Option für die Armen". Vorgabe einer evangeliumsgemäßen Ethik; in: Theologie der Gegenwart 36 (1993) 3-12.

Heimbrock, Hans-Günter: Diakonie als Element des Gemeindeaufbaus; in: Theologia Practica 22 (1987) 318-332.

Heimbrock, Hans-Günter: Motivation zur Diakonie; in: Diakonie. Zeitschrift des Diakonischen Werkes 17 (1991) 168-175.

Heinrichs, Johannes: Theorie welcher Praxis? Theorie-Praxis-Vermittlung als die Grundaufgabe Praktischer Theologie; in: Bertsch, Ludwig (Hg.): Theologie zwischen Theorie und Praxis. Beiträge zur Grundlegung der Praktischen Theologie, Frankfurt a.M. 1975, 9-85.

Helbrecht-Jordan, Ingrid: Soziales Ehrenamt - ein auslaufendes Modell?; in: Wege zum Menschen 44 (1992) 10-18.

Helbich, Peter/Seibert, Horst/Thiele, Friedrich: Die soziale Arbeit der Kirche. Ein Diakonie-Lexikon, Gütersloh 1982.

Heller, Andreas: Warenbeziehungen und wahre Beziehungen. Zum gesellschaftlichen Hintergrund heutiger Beziehungskultur; in: Landesstudio Vorarlberg (Hg.): Studioheft. 9. Ausgabe Mai 1988, 39-55.

Hemmerle, Klaus: Weltdienst - Heilsdienst. Zur spirituellen Orientierung des organisierten Laienapostolats; in: Lebendiges Zeugnis 31 (1976) Heft 3, 62-69.

Henke, Thomas: Ein Fach zwischen den Stühlen. Wo steht heute die Pastoraltheologie?; in: Herder-Korrespondenz 47 (1993) 197-203.

Henkys, Jürgen: Die Praktische Theologie (Einführung); in: Ammer, Heinrich u.a.: Handbuch der Praktischen Theologie. Erster Band, Berlin 1975, 11-56.

Henrix, Hans Hermann: Einführung; in: Ders. (Hg.): Verantwortung für den Anderen - und die Frage nach Gott. Zum Werk von Emmanuel Levinas, Aachen 1984, 9-16.

Henrix, Hans Hermann: Geisel sein für den Anderen. Eine Brüderlichkeit "jenseits des Bürgerlichen"; in Theologie der Gegenwart 30 (1987) 89-98.

Henrix, Hans Hermann (Hg.): Verantwortung für den Anderen - und die Frage nach Gott. Zum Werk von Emmanuel Levinas, Aachen 1984.

Hentschel, Markus: Das Heilige bei Lévinas; in: Mayer, Michael/ders. (Hg.): Lévinas. Zur Möglichkeit einer prophetischen Philosophie (= Parabel. Schriftenreihe des Evangelischen Studienwerkes Villigst, Band 12), Gießen 1990, 195-221.

Herkenrath, Norbert: Menschengemachte Armut und die Option für die Armen. Das Beispiel Lateinamerika; in: Erwachsenenbildung 39 (1993) 177-179.

Herkommer, Sebastian: Sozialstaat und Klassengesellschaft. Zur Reproduktion sozialer Ungleichheit im Spätkapitalismus; in: Kreckel, Richard (Hg.): Soziale Ungleichheiten (= Soziale Welt. Sonderband 2), Göttingen 1983, 75-92.

Herr, Theodor: Arbeitgeber Kirche - Dienst in der Kirche. Biblische und theologische Grundlagen, Paderborn 1985.

Herr, Theodor: Die kirchliche Dienstgemeinschaft und der Auftrag der Caritas; in: Nordhues, Paul in Verbindung mit Joseph Becker und Paul Bormann (Hg.): Handbuch der Caritasarbeit. Beiträge zur Theologie, Pastoral und Geschichte der Caritas mit Überblick über die Dienste in Gemeinde und Verband, Paderborn 1986, 443-453.

Herrmann, Horst: Die Caritas-Legende. Wie die Kirchen die Nächstenliebe vermarkten, Hamburg 1993.

Herrmann, Horst: Die Kirche und unser Geld. Daten-Tatsachen-Hintergründe, Hamburg 1990.

Heß, Klaus/Coenen, Lothar: Dienen; in: Coenen, Lothar/Beyreuther, Erich/Bietenhard, Hans (Hg.): Theologisches Begriffslexikon zum Neuen Testament, Wuppertal 1967, 185-194.

Heyl, Andreas von: Praktische Theologie und Kritische Theorie. Impulse für eine praktisch-theologische Theoriebildung (= Praktische Theologie heute, Band 15), Stuttgart 1994.

Hieber, Astrid: Der Wandel des Ehrenamts; in: Wege zum Menschen 44 (1992) 2-10.

Hild, Helmut (Hg.): Wie stabil ist die Kirche? Bestand und Erneuerung. Ergebnisse einer Meinungsbefragung, Gelnhausen/Berlin 1974.

Hirschmann, Johannes: Diakonie - Aufgabe der ganzen Gemeinde. Erster Arbeitsbericht aus der Sachkommission III; in: Synode Heft 8/1971 (28.Dezember 1971) 21-26.

Hobelsberger, Hans: Gemeinde in "modernisierter Moderne" - ein pastoral-soziologischer Versuch (unveröffentlichtes Manuskript).

Hochstaffl, Josef: Die Aufgaben der Seelsorge. Handreichung zu einem Plan pastoraler Tätigkeitsfelder, München 1979.

Hochstaffl, Josef: Praktisch-theologische These über den Weg zu einem realistischen Berufsbild für Laienseelsorger; in: Ders. (Hg.): Von Beruf Gemeindereferent. Aufnahme eines Bestandes - Perspektive einer Zukunft, Paderborn 1985, 75-130.

Höffner, Joseph Kardinal: Soziallehre der Kirche oder Theologie der Befreiung. Eröffnungsreferat bei der Herbstvollversammlung der Deutschen Bischofskonferenz. Fulda, 24. September 1984 (= Der Vorsitzende der Deutschen Bischofskonferenz 11), Bonn 1984.

Höhn, Hans-Joachim: Kirche und kommunikatives Handeln. Studien zur Theologie und Praxis der Kirche in der Auseinandersetzung mit den Sozialtheorien Niklas Luhmanns und Jürgen Habermas' (= Frankfurter theologische Studien, Band 32), Frankfurt a.M. 1985.

Höhn, Hans-Joachim: Religion und funktionale Systemtheorie. Zur theologischen Auseinandersetzung mit der Religionstheorie Niklas Luhmanns; in: Theologie und Glaube 76 (1986) 38-69.

Hoekendijk, Johannes Christiaan: Die Zukunft der Kirche und die Kirche der Zukunft, Stuttgart/Berlin ²1965.

Hoffmann, Paul: Das Reich und die Armen in der Verkündigung Jesu; in: Religionsunterricht an höheren Schulen 36 (1993) 242-244.

Hoffmann, Paul/Eid, Volker: Jesus von Nazareth und eine christliche Moral. Sittliche Perspektiven der Verkündigung Jesu (= Quaestiones disputatae 66), Freiburg i.Br. 1975.

Hofmeier, Johann: Seelsorge und Seelsorger. Eine Untersuchung zur Pastoraltheologie Johann Michael Sailers, Regensburg 1967.

Holl, Adolf: Jesus in schlechter Gesellschaft, München ³1977.

Hollstein-Brinkmann, Heino: Soziale Arbeit und Systemtheorien, Freiburg i.Br. 1993.

Hollweg, Arnd: Diakonie und Caritas; in: Klostermann, Ferdinand/Zerfaß, Rolf (Hg.): Praktische Theologie heute, München/Mainz 1974, 500-511.

Hollweg, Arnd: Gruppe - Gesellschaft - Diakonie. Praktische Erfahrung und theologisches Erkennen, Stuttgart 1976.

Hollweg, Arnd: Trendwende in der Diakonie; in: Pastoraltheologie 73 (1984) 196-211.

Horkheimer, Max: Nachtrag; in: Ders.: Traditionelle und kritische Theorie. Fünf Aufsätze, Frankfurt a.M. 1992, 261-269.

Horkheimer, Max: Traditionelle und kritische Theorie. Fünf Aufsätze, Frankfurt a.M. 1992.

Horkheimer, Max/Adorno, Theodor W.: Dialektik der Aufklärung. Philosophische Fragmente, Frankfurt a.M. 1988.

Horn, Friedrich Wilhelm: Diakonische Leitlinien Jesu; in: Schäfer, Gerhard K./Strohm, Theodor (Hg.): Diakonie -biblische Grundlagen und Orientierungen. Ein Arbeitsbuch zur theologischen Verständigung über den diakonischen Auftrag, Heidelberg 1990, 109-126.

Houtman, A.M.A.: Machtaspekte in der helfenden Beziehung, Freiburg i.Br. 1978.

Hradil, Stefan: Schicht, Schichtung und Mobilität; in: Korte, Hermann/Schäfers, Bernhard (Hg.): Einführung in die Hauptbegriffe der Soziologie (= Einführungskurs Soziologie. Hg. v. Hermann Korte und Bernhard Schäfers. Band I), Opladen 1992.

Huber, Wolfgang: Kirche, München ²1988.

Hübinger, Werner: Armut in der Bundesrepublik Deutschland; in: Caritas 92 (1991) 59-69.

Hunt, Morton: Das Rätsel der Nächstenliebe. Der Mensch zwischen Egoismus und Altruismus, Frankfurt a.M./New York 1992.

Husserl, Edmund: Die Krisis der europäischen Wissenschaften und die transzendentale Phänomenologie (= Husserliana Band VI, hg. v. W. Bremel), Den Haag 1954.

Huster, Ernst-Ulrich: Lebenslänglich arm oder reich; in: Caritas 95 (1994) 66-73.

Huster, Ernst-Ulrich: Neuer Reichtum und alte Armut, Düsseldorf 1993.

Iben, Gerd: Strukturelle Armut - auch bei uns; in: Diakonia 22 (1991) 168-178.

Institut für Religionssoziologie der Kirchlichen Hochschule Berlin: Was die Menschen wirklich glauben, Berlin 1993 (unveröffentlichte Auswertungsmaterialien).

Internationale Theologenkommission/Lehmann, Karl: Theologie der Befreiung, Einsiedeln 1977.

Irenäus von Lyon: Adversus haereses liber I. Gegen die Häresien Buch 1; in: Irenäus von Lyon: Epideixis. Adversus haereses. Darlegung der apostolischen Verkündigung. Gegen die Häresien I. Übersetzt und eingeleitet von Norbert Brox (= Fontes Christiani Band 8/1), Fraiburg i.Br. 1993, 113-357.

Jacobi, Brigitte: Identitätsbildung - Integration widersprüchlicher Bedürfnisse und Erfahrungen innerhalb des Lebenslaufes; in: Verband katholischer Einrichtungen für Körperbehinderte in Deutschland e.V. (Hg.): Identität in der Krise? Mitarbeiter im caritativen Dienst zwischen beruflichen, kirchlichen und persönlichen Ansprüchen, Freiburg i.Br. 1988, 6-23.

Jäger, Alfred: Diakonie als christiches Unternehmen. Theologische Wirtschaftsethik im Kontext diakonischer Unternehmenspolitik, Gütersloh ⁴1993.

Jäger, Alfred: Diakonische Unternehmenspolitik. Analysen und Konzepte kirchlicher Wirtschaftsethik, Gütersloh 1992.

Jäger, Alfred: Modernes Management in der Diakonie - Chancen und Gefahren; in: Wege zum Menschen 44 (1992) 204-213.

Jakob, Gisela: Zwischen Dienst und Selbstbezug. Eine biographieanalytische Untersuchung ehrenamtlichen Engagements, Opladen 1993.

Jedin, Hubert/Repgen, Konrad (Hg.): Handbuch der Kirchengeschichte, Band I-VII, Freiburg i.Br. 1985.

Jeremias, Joachim: Neutestamentliche Theologie. Erster Teil: Die Verkündigung Jesu, Gütersloh [4]1988.

Jüngel, Eberhard: Das Verhältnis der theologischen Disziplinen untereinander; in: Ders./ Rahner, Karl/Seitz, Manfred: Die Praktische Theologie zwischen Wissenschaft und Praxis, München 1968, 11-45.

Jugendwerk der Deutschen Shell (Hg.): Jugend '92. Lebenslagen, Orientierungen und Entwicklungsperspektiven im vereinigten Deutschland. Band 1: Gesamtdarstellung und biographische Porträts. Redaktion: Imbke Behnken/Arthur Fischer, Opladen 1992.

Junge, Hubertus: Aufbruch oder Rückzug? Stellung und Auftrag der Caritas im heutigen Sozialstaat; in: Herder-Korrespondenz 45 (1991) 126-131.

Kaefer, Herbert: Religion und Kirche als soziales System. N. Luhmanns soziologische Theorien und die Pastoraltheologie, Freiburg i.Br. 1977.

Kaiser, Jochen-Christoph: Die zeitgeschichtlichen Umstände der Gründung des Deutschen Caritasverbandes am 9. November 1897; in: Manderscheid, Michael/Wollasch, Hans-Josef (Hg.): Lorenz Werthmann und die Caritas. Aufgegriffenes und Liegengelassenes der Verbandsgründung im Jahr 1897. Dokumentation eines Kolloquiums der Fortbildungs-Akademie des Deutschen Caritasverbandes vom November 1987. Hg. im Auftrag des Deutschen Caritasverbandes, Freiburg i.Br. 1989, 11-29.

Kaiser, Matthäus: Die Laien; in: Listl, Joseph/Müller, Hubert/Schmitz, Heribert (Hg.): Handbuch des katholischen Kirchenrechts, Regensburg 1983, 184-189.

Kalilombe, Patrick: Die Diakonie im universalen Kontext - aus afrikanischem Blickwinkel gesehen; in: Concilium 24 (1988) 314-319.

Kamphaus, Franz: Caritas und Gemeinde. Fastenhirtenbrief an die Gemeinden des Bistums Limburg 1993, Limburg 1993.

Kamphaus, Franz: Von der Exegese zur Predigt. Über die Problematik einer schriftgemäßen Verkündigung der Oster-, Wunder- und Kindheitsgeschichten, Mainz 1968.

Karlstetter, Stefan: Kirche im bürgerlichen Diesseits oder: Die nicht begriffene theologische Relevanz der Armut; in: Lebendige Seelsorge 21 (1970) 179-182.

Karrer, Leo: Aufbruch der Christen. Das Ende der klerikalen Kirche, München 1989.

Karrer, Leo (Hg.): Handbuch der praktischen Gemeindearbeit, Freiburg i.Br. 1990.

Karrer, Leo: Laie/Klerus; in: Eicher, Peter (Hg.): Neues Handbuch theologischer Grundbegriffe, Band 2, München 1984, 363-374.

Kasper, Walter: Einleitung zum Beschluß "Die pastoralen Dienste in der Gemeinde"; in: Gemeinsame Synode der Bistümer in der Bundesrepublik Deutschland. Beschlüsse der Vollversammlung. Offizielle Gesamtausgabe I, Freiburg i.Br. [5]1982, 581-596.

Kasper, Walter: Ort und Funktion der Seelsorge- und Laienräte in der Kirche; in: Generalsekretariat des Zentralkomitees der deutschen Katholiken (Hg.): Berichte und Dokumente 3, Bad Godesberg 1969.

Kasper, Walter: Die Wissenschaftspraxis der Theologie; in: Kern, Walter/Pottmeyer, Hermann J./Seckler, Max (Hg.): Handbuch der Fundamentaltheologie. 4. Traktat Theologische Erkenntnislehre. Schlußteil Reflexion auf Fundamentaltheologie, Freiburg i.Br. 1988, 242-277.

Kasper, Walter/Lehmann, Karl: Die Heilssendung der Kirche in der Gegenwart (= Pastorale. Handreichung für den pastoralen Dienst. Einleitungsfaszikel. Hg. im Auftrag der Deutschen Bischofskonferenz von der Konferenz der deutschsprachigen Pastoraltheologen), Mainz 1970.

Katholische Frauengemeinschaft Deutschlands - Zentralverband e.V. (Hg.): kfd-Mitglieder-Umfrage '91. Eine Analyse der Mitgliederstruktur nach verbandlichen und sozialen Aspekten. Forschungsbericht an die Katholische Frauengemeinschaft Deutschlands Zentralverband e.V. Erstellt von Barbara Bau-van der Straeten/Dr. Angelika Schmidt-Koddenberg, Köln 1992.

Kaufmann, Franz Xaver: Bewußtseins-Struktur: Empirische Vermessung religiöser und ethischer Einstellungen; in: Ders./Kerber, Walter/Zulehner, Paul M.: Ethos und Religion bei Führungskräften. Eine Studie im Auftrag des Arbeitskreises für Führungskräfte in der Wirtschaft, München, München 1986, 13-120.

Kaufmann, Franz Xaver: Christentum und Wohlfahrtsstaat; in: Ders.: Religion und Modernität. Sozialwissenschaftliche Perspektiven, Tübingen 1989, 89-119.

Kaufmann, Franz Xaver: Kirchliche Institutionen und Gegenwartsgesellschaft; in: Alberigo, Giuseppe/Congar, Yves/Pottmeyer, Hermann J. (Hg.): Kirche im Wandel. Eine kritische Zwischenbilanz nach dem Zweiten Vatikanum, Düsseldorf 1982, 65-72.

Kaufmann, Franz Xaver: Religion und Modernität. Sozialwissenschaftliche Perspektiven, Tübingen 1989.

Kehl, Medard: Die Kirche. Eine katholische Ekklesiologie, Würzburg 1992.

Keller, Max: Theologie des Laientums; in: Feiner, Johannes/Löhrer, Magnus (Hg.): Mysterium Salutis. Grundriß heilsgeschichtlicher Dogmatik. Band IV/2: Das Heilsgeschehen in der Gemeinde - Gottes Gnadenhandeln, Einsiedeln/Zürich/Köln 1973, 393-421.

Kern, Walter: Atheismus, Marxismus, Christentum. Beiträge zur Diskussion, Innsbruck ^{2}1979.

Kern, Walter: Das spezifisch Christliche ist das allgemein Menschliche. Annäherungen an diese These; in: Hilberath, Bernd Jochen (Hg.): Erfahrung des Absoluten - absolute Erfahrung? Beiträge zum christlichen Offenbarungsverständnis. Josef Schmitz zum 65. Geburtstag, Düsseldorf 1990, 132-149.

Kersten, Joachim/Wolffersdorff-Ehlert, Christian von: Jugendstrafvollzug; in: Eyferth, Hanns/Otto, Hans-Uwe/Thiersch, Hans (Hg.): Handbuch zur Sozialarbeit/Sozialpädagogik, Neuwied/Darmstadt 1987, 594-610.

Kerstiens, Ferdinand: Neuer Wein in alte Schläuche. Sakramente der Befreiung, Düsseldorf 1994.

Kerstiens, Ferdinand: Über die Chancen sozialer Lernprozesse in der Gemeinde; in: Karrer, Leo (Hg.): Handbuch der praktischen Gemeindearbeit, Freiburg i.Br. 1990, 215-229.

Kessler, Michael: Das Versprechen der Schlange. Religion und Religionskritik bei Erich Fromm und den Frankfurtern; in: Ders./Funk, Rainer (Hg.): Erich Fromm und die Frankfurter Schule, Tübingen 1992, 131-160.

Kiss, Gabor: Einführung in die soziologischen Theorien II. Vergleichende Analyse soziologischer Hauptrichtungen, Opladen ^{3}1977.

Kiss, Gabor: Grundzüge und Entwicklung der Luhmannschen Systemtheorie. 2., neu bearbeitete Aufl., Stuttgart 1990.

Kissling, Christian: Die Theorie des kommunikativen Handelns in Diskussion; in: Freiburger Zeitschrift für Philosophie und Theologie 37 (1990) 233-252.

Kleger, H.: Praxis, praktisch III. Kant bis 20. Jh.; in: Ritter, Joachim/Gründer, Karlfried (Hg.): Historisches Wörterbuch der Philosophie, Band 7, Basel 1989, 1295-1307.

Klehr, Franz Josef: Den Anderen denken. Philosophisches Fachgespräch mit Emmanuel Levinas, Stuttgart 1991.

Klein, Franz: Die Caritasdienstgemeinschaft; in: Nordhues, Paul in Verbindung mit Joseph Becker und Paul Bormann (Hg.): Handbuch der Caritasarbeit. Beiträge zur Theologie, Pastoral und Geschichte der Caritas mit Überblick über die Dienste in Gemeinde und Verband, Paderborn 1986, 454-456.

Klein, Franz: Katholische Caritas im Normensystem sozialer Hilfen; in: Stimmen der Zeit 191 (1973) 380-392.

Klein, Stephanie: Theologie und empirische Biographieforschung. Methodische Zugänge zur Lebens- und Glaubensgeschichte und ihre Bedeutung für eine erfahrungsbezogene Theologie, Stuttgart 1994.

Klein, Wolfgang: Diakonisch handeln heißt solidarisch handeln. Sozialethische Überlegungen zur Verschränkung von Liturgie, Verkündigung und Diakonie; in: Katholische Fachhochschule Norddeutschland Osnabrück und Vechta durch Karl Gabriel und Paul Ludwig Sauer (Hg.): Diakonie - Gemeinde - Sozialarbeit (= Person -Gruppe - Gesellschaft, Band 16), Hildesheim 1990, 27-36.

Kleinert, Ulfried: Zur Rolle der Kirche zwischen Bürgerinitiativen und Staatsautorität; in: Wissenschaft und Praxis in Kirche und Gesellschaft 66 (1977) 266-278.

Kleinheyer, Bruno: Ordinationen und Beauftragungen, in: Meyer, Hans Bernhard/Auf der Maur, Hansjörg/Fischer, Balthasar/Häußling, Angelus A./ders. (Hg.): Gottesdienst der Kirche. Handbuch der Liturgiewissenschaft. Teil 8: Sakramentliche Feiern II, Regensburg 1984, 7-65.

Klessmann, Michael: Von der Annahme der Schatten. Diakonie zwischen Anspruch und Wirklichkeit; in: Schibilsky, Michael (Hg.): Kursbuch Diakonie, Neukirchen-Vluyn 1991, 113-125.

Klingenberg, E.: Der Kompetenz-Begriff im römischen, gemeinen und kanonischen Recht; in: Ritter, Joachim/Gründer, Karlfried (Hg.): Historisches Wörterbuch der Philosophie, Band 4, Basel/Stuttgart 1976, 918 f.

Klinger, Elmar: Armut: Eine Herausforderung Gottes. Der Glaube des Konzils und die Befreiung des Menschen, Zürich 1990.

Klinger, Elmar (Hg.): Christentum innerhalb und außerhalb der Kirche, Freiburg i.Br. 1976.

Klinger, Elmar: Der Glaube an den Menschen - eine dogmatische Aufgabe. Karl Rahner als ein Wegbereiter des Zweiten Vatikanischen Konzils; in: Theologie und Glaube 75 (1985) 229-238.

Klinger, Elmar: Kirchenbildung - die Aufgabe der Pastoral; in: Pastoraltheologische Informationen 11 (1991) 203-212.

Klinger, Elmar: Der Laienkatholizismus - die Kirche der Laien. Das Problem der Rezeption des Konzils in Deutschland; in: Ders./Zerfaß, Rolf (Hg.): Die Kirche der Laien. Eine Weichenstellung des Konzils, Würzburg 1987, 15-24.

Klinger, Elmar: Politik und Theologie. Eine deutsche Stellungnahme zu Puebla; in: Theologie und Glaube 71 (1981) 184-207.

Klinger, Elmar/Zerfaß, Rolf (Hg.): Die Kirche der Laien. Eine Weichenstellung des Konzils, Würzburg 1987.

Klostermann, Ferdinand: Das christliche Apostolat, Innsbruck 1962.

Klostermann, Ferdinand: Kommentar zu: Dekret über das Apostolat der Laien "Apostolicam actuositatem"; in: Das Zweite Vatikanische Konzil. Konstitutionen, Dekrete und Erklärungen. Lateinisch und deutsch. Kommentare. Teil II (= Lexikon für Theologie und Kirche. Zweite, völlig neu bearbeitete Aufl., Band 13), Freiburg i.Br. 1967, 602-699.

Klostermann, Ferdinand: Kommentar zu: Dogmatische Konstitution über die Kirche "Lumen gentium", Viertes Kapitel; in: Das Zweite Vatikanische Konzil. Konstitutionen, Dekrete und Erklärungen. Lateinisch und deutsch. Kommentare. Teil I (= Lexikon für Theologie und Kirche. Zweite, völlig neu bearbeitete Aufl., Band 12), Freiburg i.Br. 1966, 260-283.

Klostermann, Ferdinand: Die pastoralen Dienste heute. Priester und Laien im pastoralen Dienst. Situation und Bewältigung, Linz/Passau/Wien 1980.

Klostermann, Ferdinand: Priester für morgen, Innsbruck/Wien/München 1970.

Klostermann, Ferdinand: Prinzip Gemeinde. Gemeinde als Prinzip des kirchlichen Lebens und der Pastoraltheologie als der Theologie dieses Lebens (= Wiener Beiträge zur Theologie, Band XI), Wien 1965.

Klostermann, Ferdinand: Veränderung in der Kirche als theologisches und praktisches Problem; in: Ders./Zerfaß, Rolf (Hg.): Praktische Theologie heute, München/Mainz 1974, 638-650.

Klostermann, Ferdinand: Zur neuen "Ordnung der pastoralen Dienste" in der Bundesrepublik Deutschland; in: Diakonia 9 (1978) 12-18.

Klostermann, Ferdinand: Zur neuen "Ordnung der pastoralen Dienste" in der Bundesrepublik Deutschland; in: Pastoraltheologische Informationen (1978) Folge 6, 22-59.

Knobloch, Stefan: Ist die Kirche in Deutschland Anwalt der Armen?; in: Trierer Theologische Zeitschrift 99 (1990) 217-235.

Knobloch, Stefan: Wieviel ist ein Mensch wert? Einzelseelsorge - Grundlagen und Skizzen, Regensburg 1993.

Kobusch, Th.: Objekt; in: Ritter, Joachim/Gründer, Karlfried (Hg.): Historisches Wörterbuch der Philosophie, Band 6, Basel/Stuttgart 1984, 1026-1052.

Koch, Kurt: Menschliche und kirchliche Schönheit der Liturgie. Gottesdienst als soteriologisches und ekklesiologisches Ereignis; in: Schifferle, Alois (Hg.): Miteinander. Für die vielfältige Einheit der Kirche. Festschrift für Anton Hänggi, Freiburg i.Br. 1992, 103-121.

Koch, Kurt: Solidarität mit den Leiden und Nöten der Menschen; in: Karrer, Leo (Hg.): Handbuch der Praktischen Gemeindearbeit, Freiburg i.Br. 1990, 230-245.

Koch, Traugott: Rezension: Peukert, Helmut, Wissenschaftstheorie - Handlungstheorie - Fundamentale Theologie. Analysen zu Ansatz und Status theologischer Theoriebildung; in: Wissenschaft und Praxis in Kirche und Gesellschaft 66 (1977) 188-190.

Köcher, Renate: Religiös in einer säkularisierten Welt; in: Noelle-Neumann, Elisabeth/dies.: Die verletzte Nation. Über den Versuch der Deutschen, ihren Charakter zu ändern, Stuttgart 1987.

Kötter, Herbert: Armut - Erscheinungsformen und Strukturen. Fortschreitende Pauperisierungstendenzen und Folgerungen für gesellschaftliche Entwicklungsstrategien; in: Fliethmann, Thomas/Lücking-Michel, Claudia (Hg.): Im Dienst der Armen. Entwicklungsarbeit als Selbstvollzug der Kirche (= Schriften des Instituts für christliche Sozialwissenschaften der Westfälischen Wilhelms-Universität Münster, Band 26), Münster 1992, 1-16.

Kohl, Christoph: Amtsträger oder Laie? Die Diskussion um den ekklesiologischen Ort der Pastoralreferenten und Gemeindereferenten, Frankfurt a.M. 1987.

Korte, Hermann: Einführung in die Geschichte der Soziologie (= Einführungskurs Soziologie. Hg. v. Hermann Korte und Bernhard Schäfers. Band II), Opladen 1992.

Kohler, Marc Edouard: Kirche als Diakonie. Ein Kompendium. Mit sechs Illustrationen von Bruno Sommer, Zürich 1991.

Krabbe, Bernhard: Bibliographie zur Thematik "Caritas der Gemeinde"; in: Caritas 80 (1979) 292-295.

Kramer, Johannes: Der Ständige Diakonat und pastorale Dienste; in: Pastoraltheologische Informationen (1978) Folge 6, 93-118.

Kramer, Hannes/Manderscheid, Michael: Zur Differenzierung der Begriffe Caritas, Caritasarbeit der Gemeinde, Caritasverband aus der Sicht der Situation in der BRD; in: Lebendige Seelsorge 27 (1976) 382.

Kramer, Hannes/Stappel, Bernhard: Gemeindeorientierung des Deutschen Caritasverbandes und Mitwirkung beim Aufbau der Caritasarbeit in den Gemeinden; in: Referat Caritas und Pastoral im Deutschen Caritasverband (Hg.): Materialien zur Zwischenbilanz Caritas und Pastoral. 1966-1986, Freiburg i.Br. ^{2}1988, 202-260.

Krappmann, Lothar: Identität; in: Lenzen, Dieter unter Mitarbeit von Friedrich Rost (Hg.): Pädagogische Grundbegriffe. 1: Aggression - Interdisziplinarität, Reinbek bei Hamburg 1989, 715-719.

Krappmann, Lothar: Identität in Interaktion und Sozialisation. Unter welchen Bedingungen können Menschen als identische Subjekte handeln?; in: Stachel, Günter u.a. (Hg.): Sozialisation - Identitätsfindung - Glaubenserfahrung. Referate und Protokolle des zweiten Kongresses der "Arbeitsgemeinschaft Katholischer Katechetikdozenten", Zürich/Einsiedeln/Köln 1979, 147-152.

Krappmann, Lothar: Soziologische Dimensionen der Identität. Strukturelle Bedingungen für die Teilnahme an Interaktionesprozessen, Stuttgart ^{4}1975.

Krause, Detlef/Schäuble, Gerhard: Jenseits von Klasse und Schicht. Verteilung von Lebenschancen zwischen traditionellem Reduktionismus und aktueller Formenvielfalt. Eine empirische Analyse zur sozialen Gruppierung der Haushalte in der Bundesrepublik Deutschland, Stuttgart 1988.

Krause, Gerhard: Hat die Praktische Theologie wirklich die Konkurrenz der Pastoraltheologie überwunden?; in: Theologische Literaturzeitung 95 (1970) 721-732.

Kreckel, Reinhard: Politische Soziologie der sozialen Ungleichheit, Frankfurt a.M. 1992.

Kreckel, Reinhard (Hg.): Soziale Ungleichheiten (= Soziale Welt. Sonderband 2), Göttingen 1983.

Krewani, Wolfgang Nikolaus: Einleitung: Endlichkeit und Verantwortung; in: Lévinas, Emmanuel: Die Spur des Anderen. Untersuchungen zur Phänomenologie und Sozialphilosophie. Übersetzt, hg. und eingeleitet von Wolfgang Nikolaus Krewani, Freiburg i.Br./München ^{2}1987, 9-51.

Krewani, Wolfgang Nikolaus: Emmanuel Lévinas. Denker des Anderen, Freiburg i.Br./München 1992.

Krieg, Cornelius: Wissenschaft der Seelenleitung. Eine Pastoraltheologie in vier Büchern. Erstes Buch: Die Wissenschaft der speziellen Seelenführung; Zweites Buch: Katechetik oder Wissenschaft vom kirchlichen Katechumenate; Drittes Buch: Homiletik oder Wissenschaft von der Verkündigung des Gotteswortes, Freiburg i.Br. 1904/1907/1915.

Krimm, Herbert: Der Diakonat in der frühkatholischen Kirche; in: Ders. (Hg.): Das diakonische Amt der Kirche, 2. überarbeitete Aufl., Stuttgart 1965, 106-132.

Krimm, Herbert (Hg.): Das diakonische Amt der Kirche, 2. überarbeitete Aufl., Stuttgart 1965.

Krimm, Herbert: Erneuerung im 19. Jahrhundert?; in: Ders. (Hg.): Das diakonische Amt der Kirche, 2. überarbeitete Aufl., Stuttgart 1965, 347-379.

Kriz, Jürgen: Grundkonzepte der Psychotherapie. Eine Einführung, Weinheim ^{3}1991.

Krockauer, Rainer: Kirche als Asylbewegung. Diakonische Kirchenbildung am Ort der Flüchtlinge (= Praktische Theologie heute, Band 11), Stuttgart 1993.

Kroh, Werner: Christlicher Glaube in der Gesellschaft: Diesseits von Fundamentalismus und bürgerlicher Religion; in: Diakonia 22 (1991) 160-168.

Küng, Hans: Die Kirche, München ^{3}1985.

Kuhnke, Ulrich: Koinonia. Zur theologischen Rekonstruktion der Identität christlicher Gemeinde, Düsseldorf 1992.

Kuper, Bernd-Otto: Arbeitnehmer im kirchlichen Dienst. Eine Stellungnahme aus der Sicht des Deutschen Caritasverbandes; in: Stimmen der Zeit 195 (1977) 626-634.

Lamb, Matthew L.: Kommunikative Praxis und Theologie. Jenseits von Nihilismus und Dogmatismus; in: Arens, Edmund (Hg.): Habermas und die Theologie. Beiträge zur theologischen Rezeption, Diskussion und Kritik der Theorie kommunikativen Handelns, Düsseldorf 1989, 241-270.

Lang, Oliver: Die Reichen und ihre Steueroasen; in: Caritas 95 (1994) 59-66.

Langfeldt-Nagel, Maria: Helfen als Beruf; in: Langfeldt, Hans-Peter: Psychologie. Grundlagen und Perspektiven, Neuwied/Kriftel/Berlin 1993, 411-420.

Lebert, Stephan: Keine Chance für "Dödelköpfe, Schnurrbärte und Trevirahosen". Wo die Scharfrichter der Nacht das Wort haben; in: Süddeutsche Zeitung Nr.24/1988 vom 30./31. Januar 1988, 21.

Lechner, Martin: Pastoraltheologie der Jugend. Geschichtliche, theologische und kairologische Bestimmung der Jugendpastoral einer evangelisierenden Kirche (= Studien zur Jugendpastoral 1), München 1992.

Lehmann, Karl: Anmerkungen zu Sinn und Gebrauch des Subsidiaritätsprinzips; in: Caritas 91 (1990) 112-117.

Lehmann, Karl: Caritas der Gemeinde; in: Caritas 75 (1974) 61-76.

Lehmann, Karl: Caritas der Gemeinde; in: Völkl, Richard (Hg.): Caritative Diakonie der Kirche (= Der Christ in der Welt. Eine Enzyklopädie. XIII. Reihe: Christentum und Kultur, Band 7), Aschaffenburg 1976, 38-56.

Lehmann, Karl: Caritas der Gemeinde (Thesen). Grundsatzreferat zur Einführung in die Fachthematik bei der 3. Vertreterversammlung des Deutschen Caritasverbandes am 5. Oktober in Braunschweig, o.O. o.J. (unveröffentlichtes Manuskript).

Lehmann, Karl: Caritas - Seismograph des Gemeindelebens. Interview mit Karl Lehmann zum Abschluß der III. Vertreterversammlung des Deutschen Caritasverbandes; in: Caritas in Nordrhein-Westfalen 1973, Heft 6, 453-457.

Lehmann, Karl: Chancen und Grenzen der neuen Gemeindetheologie; in: Internationale katholische Zeitschrift "Communio" 6 (1977) 111-127.

Lehmann, Karl: Gemeinde; in: Böckle, Franz/Kaufmann, Franz Xaver/Rahner, Karl/Welte, Bernhard (Hg.): Christlicher Glaube in moderner Gesellschaft, Teilband 29, Freiburg i.Br. 1982, 5-65.

Lehmann, Karl: Heilende Gemeinschaft. Zusammenleben mit behinderten Menschen; in: Deutscher Caritasverband e.V. (Hg.): Caritas '84. Jahrbuch des Deutschen Caritasverbandes, Freiburg i.Br. 1983, 51-56.

Lehmann, Karl: Nochmals: Caritas und Pastoral. Referat bei der Sitzung des Zentralen Deutschen Caritasverbandes am 14.10.1986 in Wiesbaden-Naurod; in: Caritas 88 (1987) 3-12.

Lehmann, Karl: Pastoral und Caritas gehören eng zusammen. Interview mit Karl Lehmann; in: Caritas in Nordrhein-Westfalen 1980, Heft 1, 10-14.

Lehmann, Karl: Signale der Zeit - Spuren des Heils, Freiburg i.Br. 1983.

Lehmann, Karl: Theologische Reflexionen zur Integration von Pastoral und Caritas; in: Caritas 80 (1979) 242-248.

Lehmann, Karl: Das Theorie-Praxis-Problem und die Begründung der Praktischen Theologie; in: Klostermann, Ferdinand/Zerfaß, Rolf (Hg.): Praktische Theologie heute, München/Mainz 1974, 81-102.

Lehmann, Karl: Was ist eine christliche Gemeinde?; in: Internationale katholische Zeitschift "Communio" 1 (1972) 481-497.

Lehmann, Karl: Zur Theologie der Gemeindeleitung; in: Pastoraltheologische Informationen (1970) 2-31.

Lehmann, Knut: Der Markt löst die Probleme nicht. Kritische Anmerkungen zur Privatisierungsdebatte; in: Caritas 95 (1994) 300-311.

Lehner, Markus: Das Bett des Prokrustes. Systematisierungsversuche in der Pastoraltheologie; in: Orientierung 58 (1994) 41-45.

Leibfried, Stephan/Voges, Wolfgang (Hg.): Armut im modernen Wohlfahrtsstaat (= Sonderheft 32/1992 der Kölner Zeitschrift für Soziologie und Sozialpsychologie), Opladen 1992.

Leisering, Lutz/Voges, Wolfgang: Erzeugt der Wohlfahrtsstaat seine eigene Klientel? Eine theoretische und empirische Analyse von Armutsprozessen; in: Leibfried, Stephan/Voges, Wolfgang (Hg.): Armut im modernen Wohlfahrtsstaat (= Sonderheft 32/1992 der Kölner Zeitschrift für Soziologie und Sozialpsychologie), Opladen 1992, 446-472.

Lemhöfer, Lutz: Gericht Gottes? Die zynische "Theologie" der Charismatischen Bewegung; in: Publik Forum 22 (1993) Nr.8, 58.

Lenk, Hans: Handlung(stheorie); in: Seiffert, Helmut/Radnitzky, Gerard (Hg.): Handlexikon zur Wissenschaftstheorie, München 1989, 119-127.

Lesch, Walter: Alterität und Gastlichkeit. Zur Philosophie von Emmanuel Lévinas; in: Fuchs, Ottmar (Hg.): Die Fremden, Düsseldorf 1988, 128-143.

Lesch, Walter: Ethische Argumentation im jüdischen Kontext. Zum Verständnis von Ethik bei Emmanuel Levinas und Hans Jonas; in: Freiburger Zeitschrift für Philosophie und Theologie 38 (1991) 443-469.

Lesch, Walter: Fragmente einer Theorie der Gerechtigkeit. Emmanuel Lévinas im Kontext zeitgenössischer Versuche einer Fundamentalethik (Habermas, Lyotard, Derrida); in: Mayer, Michael/Hentschel, Markus (Hg.): Lévinas. Zur Möglichkeit einer prophetischen Philosophie (= Parabel. Schriftenreihe des Evangelischen Studienwerks Villigst, Band 12), Gießen 1990, 164-176.

Lesch, Walter: Sprache und Ethik bei Emmanuel Lévinas. Zu einer Studie von Thomas Wiemer; in: Orientierung 53 (1989) 4-7.

Leudesdorff, René: Diakonie; in: Otto, Gert (Hg.): Praktisch-theologisches Handbuch, Hamburg 1970, 102-130.

Lévinas, Emmanuel: Außer sich. Meditationen über Religion und Philosophie. Hg. und aus dem Französischen von Frank Miething, München/Wien 1991.

Lévinas, Emmanuel: Dialog; in: Böckle, Franz/Kaufmann, Franz Xaver/Rahner, Karl/Welte, Bernhard (Hg.): Christlicher Glaube in moderner Gesellschaft, Teilband 1, Freiburg i.Br./ Basel/Wien 1981, 61-85.

Levinas, Emmanuel: Ethik und Unendliches. Gespräche mit Philippe Nemo. Hg. v. Peter Engelmann, Wien ²1992.

Lévinas, Emmanuel: Éthique et infini. Dialogues avec Philippe Nemo, Paris 1982.

Lévinas, Emmanuel: Gott und die Philosophie; in: Casper, Bernhard (Hg.): Gott nennen. Pänomenologische Zugänge, Freiburg i.Br./München 1981, 81-123.

Levinas, Emmanuel: Humanisme de l'autre homme, Montpellier 1972.

Levinas, Emmanuel: Der Humanismus des anderen Menschen, Hamburg 1989.

Levinas, Emmanuel: Interview mit Prof. Emmanuel Levinas am 11.6.1981 in Paris; in: Casper, Bernhard/Rümmele, Doris: "Geisel für den anderen". Der jüdische Philosoph Emmanuel Lévinas. Film von Bernhard Casper und Doris Rümmele. Eine Sendung des Südwestfunks Baden-Baden, III. Programm vom 12.03. 1982, 22.50 Uhr (Manuskript).

Lévinas, Emmanuel: Jenseits des Seins oder anders als Sein geschieht. Aus dem Französischen übersetzt von Thomas Wiemer, Freiburg i.Br./München 1992.

Lévinas, Emmanuel: Die Spur des Anderen. Untersuchungen zur Phänomenologie und Sozialphilosophie. Übersetzt, hg. und eingeleitet von Wolfgang Nikolaus Krewani, Freiburg i.Br./München ²1987.

Lévinas, Emmanuel: Totalität und Unendlichkeit. Versuch über die Exteriorität. Übersetzt von Wolfgang Nikolaus Krewani, Freiburg i.Br./München 1987.

Levinas, Emmanuel: Über die Idee des Unendlichen in uns; in: Henrix, Hans Hermann (Hg.): Verantwortung für den Anderen - und die Frage nach Gott. Zum Werk von Emmanuel Levinas, Aachen 1984, 37-41.

Levinas, Emmanuel: Über die Intersubjektivität. Anmerkungen zu Merleau-Ponty; in: Métraux, Alexandre/Waldenfels, Bernhard (Hg.): Leibhaftige Vernunft. Spuren von Merleau-Pontys Denken (= Übergänge. Texte und Studien zu Handlung, Sprache und Lebenswelt, hg. v. Richard Grathoff und Bernhard Waldenfels, 15), München 1986, 48-55.

Lévinas, Emmanuel: Wenn Gott ins Denken einfällt. Diskurse über die Betroffenheit von Transzendenz. Übersetzt von Thomas Wiener. Mit einem Vorwort von Bernhard Casper, Freiburg i.Br./München 1985.

Lévinas, Emmanuel: Die Zeit und der Andere. Übers. und mit einem Nachwort von Ludwig Wenzler, Hamburg ²1989.

Lévinas, Emmanuel: Zwischen uns. Versuche über das Denken an den Anderen. Aus dem Französischen von Frank Miething, München/Wien 1995.

Liese, Wilhelm: Geschichte der Caritas. Band I und II, Freiburg i.Br. 1922.

Lingscheid, Rainer/Wegner, Gerhard (Hg.): Aktivierende Gemeindearbeit, Stuttgart/Berlin/ Köln 1990.

Lodde, Rolf: Option für die Armen - Konsequenzen für die Prioritätensetzung in der Caritasarbeit; in: Caritas 94 (1993) 384-387.

Löser, Werner: "Universale concretum" als Grundgesetz der oeconomia revelationis; in: Kern, Walter/Pottmeyer, Hermann J./Seckler, Max (Hg.): Handbuch der Fundamentaltheologie. Band 2: Traktat Offenbarung, Freiburg i.Br. 1985, 108-121.

Lorenz, Heinz: Heil und Heilung. Gedanken zur Grundlegung der Diakonie; in: Pastoraltheologie 70 (1981) 483-499.

Lorenz, Heinz: Diakonie; in: Verkündigung und Forschung; Beihefte zu "Evangelische Theologie" 35 (1990) 36-58.

Lotz, Johannes B.: Person; in: Brugger, Walter (Hg.): Philosophisches Wörterbuch, Freiburg i.Br. ¹⁴1976, 285-287.

Ludwig, Heiner: Kompetenz der Betroffenheit. Die Bedeutung der kirchlichen und gesellschaftlichen Basis für die Integration von Diakonie und Pastoral; in: Caritas 80 (1979) 260-265.

Ludwig, Heinrich: Überlegungen zur Notwendigkeit einer Caritas in der Gemeinde in der gegenwärtigen Gesellschaft; in: Lebendige Seelsorge 27 (1976) 389-393.

Lück, Helmut E.: Hilfeverhalten; in: Frey, Dieter/Greif, Siegfried (Hg.): Sozialpsychologie. Ein Handbuch in Schlüsselbegriffen, München/Weinheim ²1987, 187-191.

Luhmann, Niklas: Formen des Helfens im Wandel gesellschaftlicher Bedingungen; in: Ders.: Soziologische Aufklärung. 2. Aufsätze zur Theorie der Gesellschaft, Opladen 1975, 134-149.

Luhmann, Niklas: Funktion der Religion, Frankfurt a.M. 1982.

Luhmann, Niklas: Gesellschaft; in: Ders.: Soziologische Aufklärung 1. Aufsätze zur Theorie sozialer Systeme, Opladen ⁶1991, 137-153.

Luhmann, Niklas: Institutionalisierte Religion gemäß funktionaler Soziologie; in: Concilium 10 (1974) 17-22.

Luhmann, Niklas: Läßt unsere Gesellschaft Kommunikation mit Gott zu?; in: Ders.: Soziologische Aufklärung. 4. Beiträge zur funktionalen Differenzierung der Gesellschaft, Opladen 1987, 227-235.

Luhmann, Niklas: Moderne Systemtheorien als Form gesamtgesellschaftlicher Analyse; in: Habermas, Jürgen/ders.: Theorie der Gesellschft oder Sozialtechnologie - Was leistet die Systemforschung?, Frankfurt a.M. 1971, 7-24.

Luhmann, Niklas: Die Organisierbarkeit von Religionen und Kirchen; in: Wössner, Jakobus (Hg.): Religion im Umbruch. Soziologische Beiträge zur Situation von Religion und Kirche in der gegenwärtigen Gesellschaft, Stuttgart 1972, 245-285.

Luhmann, Niklas: Religion als System. Thesen; in: Dahm, Karl-Wilhelm/ders./Stoodt, Dieter: Religion - System und Sozialisation, Darmstadt/Neuwied 1972, 11-13.

Luhmann, Niklas: Sinn als Grundbegriff der Soziologie; in: Habermas, Jürgen/ders.: Theorie der Gesellschaft oder Sozialtechnologie - Was leistet die Systemforschung?, Frankfurt a.M. 1971, 25-100.

Luhmann, Niklas: Soziale Systeme. Grundriß einer allgemeinen Theorie, Frankfurt a.M. 1987.

Luhmann, Niklas: Soziologie als Theorie sozialer Systeme; in: Ders.: Soziologische Aufklärung 1. Aufsätze zur Theorie sozialer Systeme, Opladen [6]1991, 113-136.

Luhmann, Niklas: Systemtheoretische Argumentationen. Eine Entgegnung auf Jürgen Habermas; in: Habermas, Jürgen/ders.: Theorie der Gesellschaft oder Sozialtechnologie - Was leistet die Systemforschung?, Frankfurt a.M. 1971, 291-405.

Luhmann, Niklas/Breuer, Ingeborg: Die Selbstbeobachtung des Systems. Ein Gespräch mit dem Soziologen Niklas Luhmann; in: Frankfurter Rundschau vom 5. Dezember 1992, ZB2.

Luhmann, Niklas/Pannenberg, Wolfhart: Die Allgemeingültigkeit der Religion. Diskussion über Luhmanns Religionssoziologie; in: Evangelische Kommentare 11 (1978) 350-357.

Lukatis, Ingrid/Lukatis, Wolfgang: Jugend und Religion in der Bundesrepublik Deutschland; in: Nembach, Ulrich (Hg.): Jugend und Religion in Europa, Frankfurt a.M. 1987, 107-144.

Lukatis, Ingrid/Lukatis, Wolfgang: Protestanten, Katholiken und Nicht-Kirchenmitglieder. Ein Vergleich ihrer Wert- und Orientierungsmuster; in: Daiber, Karl-Fritz (Hg.): Religion und Konfession. Studien zu politischen, ethischen und religiösen Einstellungen von Katholiken, Protestanten und Konfessionslosen in der Bundesrepublik Deutschland und in den Niederlanden, Hannover 1989, 17-71.

Lukatis, Ingrid/Wesenick, Ulrich (Hg.): Diakonie - Außenseite der Kirche. Sozialarbeit im Kirchenkreis zwischen Anspruch und Wirklichkeit, Gelnhausen/Berlin/Stein 1980.

Luther, Henning: Alltagssorge und Seelsorge: Zur Kritik am Defizitmodell des Helfens; in: Wege zum Menschen 38 (1986) 2-17.

Luther, Henning: Diakonische Seelsorge; in: Wege zum Menschen 40 (1988) 475-484.

Luther, Henning: "Ich ist ein Anderer". Zur Subjektfrage in der Praktischen Theologie; in: Ders.: Religion und Alltag. Bausteine zu einer Praktischen Theologie des Subjekts, Stuttgart 1992, 62-87.

Luther, Henning: Religion, Subjekt, Erziehung. Grundbegriffe der Erwachsenenbildung am Beispiel der Praktischen Theologie Friedrich Niebergalls, München 1984.

Luther, Henning: Rezension zu: Emmanuel Levinas: Die Spur des Anderen. Untersuchungen zur Phänomenologie und Sozialphilosophie/ders.: Die Zeit und der Andere; in: Wege zum Menschen 39 (1987) 122 f.

Luther, Henning: Subjektwerdung zwischen Schwere und Leichtigkeit - (auch) eine ästhetische Aufgabe?; in: Neue Zeitschrift für systematische Theologie und Religionsphilosophie 33 (1991) 183-198.

Luther, Henning: Wahrnehmen und Ausgrenzen oder die doppelte Verdrängung - Zur Tradition des seelsorgerlich-diakonischen Blicks; in: Theologia Practica 23 (1988) 250-266.

Luther, Henning: Die Zwiespältigkeit des Alltags. Perspektiven der neueren Diskussion zu "Alltag" und "Lebenswelt": ein Literaturbericht; in: Wege zum Menschen 38 (1986) 436-458.

Luz, Ulrich: basileia, basileia, Reich, Herrschaft; in: Balz, Horst/Schneider, Gerhard (Hg.): Exegetisches Wörterbuch zum Neuen Testament, Band 1, Stuttgart/Berlin/Köln/Mainz 1980, 481-491.

Luz, Ulrich: Das Evanglium nach Matthäus. 1. Teilband Mt 1-7 (= EKK I/1), Zürich/Einsiedeln/Köln/Neukirchen-Vluyn 1985.

Luz, Ulrich: Das Evanglium nach Matthäus. 2. Teilband Mt 8-17 (= EKK I/2), Zürich/Braunschweig/Neukirchen-Vluyn 1990.

Maier, Hans: Politische Theologie? Einwände eines Laien; in: Stimmen der Zeit 183 (1969) 73-91.

Maier, Hans: Probleme der Neuverfassung des deutschen Katholizismus; in: Ders.: Katholizismus und Demokratie (= Schriften zu Kirche und Gesellschaft, Band I), Freiburg i.Br. 1983, 174-184.

Mainzer Bistumsnachrichten Nr.1/1993 vom 7.1.1993.

Manderscheid, Hejo: Diakonie im Sozialstaat - kritische Anfragen; in: Pastoraltheologische Informationen 10 (1990) 25-38.

Manderscheid, Hejo: Kirchliche und gesellschaftliche Interessen im Kindergarten. Ein pastoraltheologischer Beitrag zur Frage nach dem katholischen Profil. Mit einem Vorwort von Rolf Zerfaß, Freiburg i.Br./Basel/Wien 1989.

Manderscheid, Michael: Caritas der Gemeinde und Caritasverband. Thesen und Reflexionen zur Gemeindeorientierung der Caritasarbeit; in: Lebendige Seelsorge 27 (1976) 393-401.

Manderscheid, Michael: Einleitung; in: Völkl, Richard: Nächstenliebe - Die Summe der christlichen Religion? Beiträge zu Theologie und Praxis der Caritas. Ausgewählt und eingeleitet von Michael Manderscheid, Freiburg i.Br. 1987, 6-20.

Manderscheid, Michael/Kramer, Hannes: Programmatik und Praxis von Gemeindeorientierung des Caritasverbandes - Erfahrungen und Aporien; in: Deutscher Caritasverband e.V. (Hg.): Zwischen versorgter Gemeinde und entsorgender Sozialarbeit. Dokumentation des Symposions "Christliche Diakonie zwischen System und Lebenswelten" vom 13. bis 15. März 1989 (= DCV-materialien 15), Freiburg i.Br. 1990, 6-11.

Margull, Hans Jochen: Theologie der missionarischen Verkündigung. Evangelisation als ökumenisches Problem, Stuttgart 1959.

Marsch, Michael: Miteinander Sein. Überlegungen zur Behinderten-Seelsorge; in: Internationale katholische Zeitschrift "Communio" 19 (1990) 130-139.

Matthes, Joachim (Hg.): Kirchenmitgliedschaft im Wandel. Untersuchungen zur Realität der Volkskirche. Beiträge zur zweiten EKD-Umfrage "Was wird aus der Kirche?", Gütersloh ^{2}1991.

Matthes, Joachim: Der soziologische Aspekt der institutionellen Diakonie; in: Die innere Mission 51 (1961) 251.

Mayer, Michael/Hentschel, Markus (Hg.): Lévinas. Zur Möglichkeit einer prophetischen Philosophie (= Parabel. Schriftenreihe des Evangelischen Studienwerks Villigst, Band 12), Gießen 1990.

Mayer-Scheu, Josef: Vom "Behandeln" zum "Heilen". Die Aufgabe von Theologie und Seelsorge im Krankenhaus; in: Ders./Kautzky, Rudolf (Hg.): Vom Behandeln zum Heilen. Die vergessene Dimension im Krankenhaus, Wien/Göttingen 1980, 74-180.

Mennes, Ludger: Ehrenamtlich - Hauptamtlich - Verantwortlich. Überlegungen zum Verhältnis von Beruf und Ehrenamt im diakonischen Dienst der Kirchen (Diplomarbeit an der Bayrischen Julius Maximilians-Universität Würzburg, Katholisch-theologische Fakultät, Pastoraltheologie), Würzburg 1988 (Manuskript).

Merkel, Helmut: Die Gottesherrschaft in der Verkündigung Jesu; in: Hengel, Martin/Schwemer, Anna Maria (Hg.): Königsherrschaft Gottes und himmlischer Kult im Judentum, Urchristentum und in der hellenistischen Welt, Tübingen 1991, 119-161.

Merklein, Helmut: Die Gottesherrschaft als Handlungsprinzip. Untersuchung zur Ethik Jesu (= Forschung zur Bibel 34), Würzburg ^{3}1984.

Merklein, Helmut: Jesu Botschaft von der Gottesherrschaft. Eine Skizze (= SBS 111), Stuttgart ^{2}1989.

Merklein, Helmut: Jesus, Künder des Reiches Gotes; in: Kern, Walter/Pottmeyer, Hermann Josef/Seckler, Max (Hg.): Handbuch der Fundamentaltheologie. 2. Traktat Offenbarung, Freiburg i.Br. 1985, 145-174.

Merklein, Helmut: Die Jesusgeschichte - synoptisch gelesen (= SBS 156), Stuttgart 1994.

Mette, Norbert: Caritas. B. Praktisch-systematisch; in: Eicher, Peter (Hg.): Neues Handbuch theologischer Grundbegriffe. Erweiterte Neuausgabe, Band 1, München 1991, 256-291.

Mette, Norbert: Gemeinde werden durch Diakonie; in: Karrer, Leo (Hg.): Handbuch der praktischen Gemeindearbeit, Freiburg i.Br. 1990, 198-214.

Mette, Norbert: Die kirchliche und politische Dimension der Caritas; in: Bogensberger, Hugo/Zauner, Wilhelm (Hg.): Perspektiven des Sozialstaates 2000, St.Pölten/Wien 1990, 53-66.

Mette, Norbert: Kirchliches Handeln als "Kontingenzbewältigungspraxis"? Zur Diskussion über die kirchlich distanzierte Religiosität; in: Bertsch, Ludwig/Schlösser, Felix (Hg.): Kirchliche und nichtkirchliche Religiosität. Pastoraltheologische Perspektiven zum Phänomen der Distanzierung von der Kirche, Freiburg i.Br. 1978, 70-87.

Mette, Norbert: Luhmann; in: Weger, Karl-Heinz (Hg.): Religionskritik von der Aufklärung bis zur Gegenwart. Autoren-Lexikon von Adorno bis Wittgenstein, Freiburg i.Br. ^{4}1988, 204-207.

Mette, Norbert: Option für die Anderen als Andere - in der Sicht des Schlußdokuments von Santo Domingo; in: Diakonia 24 (1993) 327-330.

Mette, Norbert: "Pastoralmacht". Praktisch-theologische Anmerkungen zu einem Theorem M. Foucaults; in: Wege zum Menschen 47 (1995) 76-83.

Mette, Norbert: Praktische Theologie; in: Bitter, Gottfried/Miller, Gabriele (Hg.): Handbuch religionspädagogischer Grundbegriffe, Band 2, München 1986, 552-560.

Mette, Norbert: Praktische Theologie als Handlungswissenschaft. Begriff und Problematik; in: Diakonia 10 (1979) 190-203.

Mette, Norbert: Das Problem der Methode in der Pastoraltheologie. Methodologische Grundlagen in den Handbüchern des deutschsprachigen Raumes; in: Pastoraltheologische Informationen 11 (1991) 167-187.

Mette, Norbert: Solidarität mit den Geringsten. Gemeindeaufbau durch tätigen Zeugendienst; in: Concilium 24 (1988) 301-306.

Mette, Norbert: Sozialpastoral; in: Diakonia 22 (1991) 145-151.

Mette, Norbert: Sozialpastoral; in: Eicher, Peter/ders. (Hg.): Auf der Seite der Unterdrückten?, Düsseldorf 1989, 234-265.

Mette, Norbert: Soziologisch aufgeklärte (praktische) Theologie? Bemerkungen zur Bedeutung der Soziologie für die Erarbeitung einer Praktisch-theologischen Hermeneutik; in: Zilleßen, Dietrich/Alkier, Stefan/Koerrenz, Ralf/Schroeter, Harald (Hg.): Praktisch-theologische Hermeneutik. Ansätze - Anregungen -Aufgaben, Rheinbach/Merzbach 1991, 265-275.

Mette, Norbert: Vom Säkularisierungs- zum Evangelisierungsparadigma; in: Diakonia 21 (1990) 420-429.

Mette, Norbert: Von der Anwendungs- zur Handlungswissenschaft. Konzeptionelle Entwicklungen und Problemstellungen im Bereich der (katholischen) Praktischen Theologie; in: Fuchs, Ottmar (Hg.): Theologie und Handeln. Beiträge zur Fundierung der Praktischen Theologie als Handlungstheorie, Düsseldorf 1984, 50-63.

Mette, Norbert: Vorrangige Option für die Armen - eine Herausforderung für Christen und Gemeinden in der Wohlstandsgesellschaften; in: Collet, Giancarlo/Rechsteiner, Justin (Hg.): Vergessen heißt Verraten. Erinnerungen an Oscar A. Romero zum 10. Todestag, Wuppertal 1990, 133-156.

Mette, Norbert: Was bedeutet das Konzept von "System und Lebenswelt" für eine "Praktisch-Theologische Theorie der Gemeindediakonie"?; in: Deutscher Caritasverband e.V. (Hg.): Zwischen versorgter Gemeinde und entsorgender Sozialarbeit. Dokumentation des Symposions "Christliche Diakonie zwischen System und Lebenswelten" vom 13. bis 15. März 1989 (= DCV-materialien 15), Freiburg i.Br. 1990, 40-45.

Mette, Norbert: Zwischen Reflexion und Entscheidung. Der Beitrag Karl Rahners zur Grundlegung der praktischen Theologie; in: Trierer Theologische Zeitschrift 87 (1978) 26-43; 136-151.

Mette, Norbert/Blasberg-Kuhnke, Martina: Kirche auf dem Weg ins Jahr 2000. Zur Situation und Zukunft der Pastoral, Düsseldorf 1986.

Mette, Norbert/Schäfers, Michael: Christliche Praxis in der Zivilgesellschaft. Pastoraltheologische Überlegungen; in: Orientierung 57 (1993) 135-139.

Mette, Norbert/Steinkamp, Hermann: Sozialwissenschaften und Praktische Theologie, Düsseldorf 1983.

Metz, Johann Baptist: Die Dritte Welt und Europa. Theologisch-politische Dimensionen eines unerledigten Themas; in: Stimmen der Zeit 211 (1993) 3-9.

Metz, Johann Baptist: Glaube in Geschichte und Gesellschaft. Studien zu einer praktischen Fundamentaltheologie, Mainz [4]1984.

Metz, Johann Baptist: Jenseits bürgerlicher Religion. Reden über die Zukunft des Christentums, München/ Mainz [4]1984.

Metz, Johann Baptist: Karl Rahner - ein theologisches Leben. Theologie als mystische Biographie eines Christenmenschen heute; in: Stimmen der Zeit 192 (1974) 305-316.

Metz, Johann Baptist: Objekt, Objektivismus; in: Höfer, Josef/Rahner, Karl (Hg.): Lexikon für Theologie und Kirche. Begründet von Dr. Michael Buchberger. Zweite, völlig neu bearbeitete Aufl., Siebter Band, Freiburg i.Br. 1962, 1082 f.

Metz, Johann Baptist: Die Rede von Gott angesichts der Leidensgeschichte der Welt; in: Stimmen der Zeit 210 (1992) 311-320.

Metz, Johann Baptist: Subjekt, Subjektivismus; in: Höfer, Josef/Rahner, Karl (Hg.): Lexikon für Theologie und Kirche. Begründet von Dr. Michael Buchberger. Zweite, völlig neu bearbeitete Aufl., Neunter Band, Freiburg i.Br. 1964, 1135 f.

Metz, Johann Baptist: Zukunft aus dem Gedächtnis des Leidens. Eine gegenwärtige Gestalt der Verantwortung des Glaubens; in: Concilium 8 (1972) 399-407.

Metz, Johann Baptist: Zur Theologie der Welt, Mainz [4]1979.

Meueler, Erhard: Wie aus Schwäche Stärke wird. Vom Umgang mit Lebenskrisen, Reinbek bei Hamburg 1987.

Meueler, Erhard: Die Türen des Käfigs. Wege zum Subjekt in der Erwachsenenbildung, Stuttgart 1993.

Meueler, Erhard: Hauptsache: Selbstbestimmt. Über Sozialformen und Methoden einer subjektorientierten Erwachsenenbildung (unveröffentlichtes Manuskript).

Meurer, Siegfried: Motivation der Diakonie; in: Ders. (Hg.): Diakonie und gesellschaftliche Veränderung, Wuppertal 1973, 57-70.

Meyer, Olaf: "Politische" und "Gesellschaftliche Diakonie" in der neueren theologischen Diskussion, Göttingen 1974.

Miebach, Bernhard: Soziologische Handlungstheorie. Eine Einführung, Opladen 1991.

Missalla, Heinrich: Politische Diakonie; in: Klostermann, Ferdinand/Zerfaß, Rolf (Hg.): Praktische Theologie heute, München/Mainz 1974, 512-524.

Missionszentrale der Franziskaner (Hg.): Theologie der Befreiung. Anliegen - Streitpunkte - Personen. Materialien und Texte für die Erwachsenen-Bildung, Bonn [2]1987.

Mollenhauer, Klaus: Theorien zum Erziehungsprozeß. Zur Einführung in erziehungswissenschaftliche Fragestellungen, München 1972.

Moltmann, Jürgen: Diakonie im Horizont des Reiches Gottes. Schritte zum Diakonentum aller Gläubigen, Neukirchen-Vluyn [2]1989.

Moltmann, Jürgen: Kirche in der Kraft des Geistes. Ein Beitrag zur messianischen Ekklesiologie, München [2]1989.

Moreira, Alberto: Orthodoxie zum Schutz der Armen?; in: Concilium 23 (1987) 336-339.

Müller, Alois: Religion als Kontingenzbewältigungspraxis?; in: Concilium 26 (1990) 370-376.

Müller, Burkhard: Ein Helfer ist zu nichts nütze. Ein Beitrag zur sozialpädagogischen Ethik; in: Wege zum Menschen 41 (1989) 180-192.

Müller, Johannes: Weltweite Armutswanderungen - eine neue internationale Frage; in: Erwachsenenbildung 39 (1993) 173-176.

Müller, Josef: Pastoraltheologie. Ein Handbuch für Studium und Seelsorge, Graz/Wien/Köln 1993.

Müller, Max/Vossenkuhl, Wilhelm: Person; in: Krings, Hermann/Baumgartner, Hans Michael/Wild, Christoph (Hg.): Handbuch Philosophischer Grundbegriffe. Studienausgabe, Band 4, München 1973, 1059-1070.

Müller, Siegfried/Rauschenbach, Thomas (Hg.): Das soziale Ehrenamt. Nützliche Arbeit zum Nulltarif, Weinheim/München ²1992.

Müller-Römheld, Walter (Hg.): Bericht aus Vancouver 1983. Offizieller Bericht der Sechsten Vollversammlung des Ökumenischen Rates der Kirchen. 24. Juli bis 10. August 1983 in Vancouver (Kanada), Frankfurt a.M. 1983.

Müller-Weißner, Uli/Volz, Rainer: "Etwas, was man Leben nennt" - Skizzen aus einem Gemeindeentwicklungsprojekt; in: Lingscheid, Rainer/Wegner, Gerhard (Hg.): Aktivierende Gemeindearbeit, Stuttgart/Berlin/Köln 1990, 65-76.

Münchmeier, Richard: Gemeinschaft als soziale Ressource. Von der symbolischen Bedeutung des Ehrenamtes für den Sozialstaat; in: Müller, Siegfried/Rauschenbach, Thomas (Hg.): Das soziale Ehrenamt. Nützliche Arbeit zum Nulltarif, Weinheim/München ²1992, 57-69.

Mues, Else: Aufgaben der caritativen Fachverbände heute; in: Deutscher Caritasverband (Hg.): 1897-1972. 75 Jahre Deutscher Caritasverband, Freiburg i.Br. 1972, 179-183.

Muñoz, Ronaldo: Fragen zur evangelischen Option für die Armen; in: Castillo, Fernando (Hg.): Die Kirche der Armen in Lateinamerika. Eine theologische Hinführung, Freiburg (Schweiz) 1987, 122-133.

Nachbauer, Kurt: Berufliche Mitarbeit in der Caritas - Bedingungen, Bedarf, Motive; in: Caritas 91 (1990) 389-397.

Nell-Breuning, Oswald von: Baugesetze der Gesellschaft. Gegenseitige Verantwortung - hilfreicher Beistand, Freiburg i.Br. 1968.

Nell-Breuning, Oswald von: "Dienste in der Kirche"; in: Stimmen der Zeit 195 (1977) 491-494.

Nell-Breuning, Oswald von: Kirchliche Dienstgemeinschaft; in: Stimmen der Zeit 195 (1977) 705-710.

Neufeld, Karl H.: Läßt sich Glaubenswahrheit absichern? Die begrenzte Aufgabe des kirchlichen Lehramts; in: Herder-Korrespondenz 45 (1991) 183-188.

Neuhaus, Gerd: Transzendentale Erfahrung als Geschichtsverlust? Der Vorwurf der Subjektlosigkeit an Rahners Begriff geschichtlicher Existenz und eine weiterführende Perspektive transzendentaler Theologie, Düsseldorf 1982.

Neukamm, Karl-Heinz: Einleitende Überlegungen: Herausgeforderte Diakonie; in: Philippi, Paul/Strohm, Theodor (Hg.): Theologie der Diakonie. Lernprozesse im Spannungsfeld von lutherischer Überlieferung und gesellschaftlich-politischen Umbrüchen. Ein europäischer Forschungsaustausch (= Veröffentlichungen des Diakoniewissenschaftlichen Instituts an der Universität Heidelberg. Hg. v. Theodor Strohm, Band 1), Heidelberg 1989, 13-20.

Neuner, Josef/Roos, Heinrich: Der Glaube der Kirche in den Urkunden der Lehrverkündigung. Neubearbeitet von Karl Rahner und Karl-Heinz Weger, Regensburg ¹¹1983.

Neuner, Peter: Der Laie und das Gottesvolk, Frankfurt a.M. 1988.

Niebergall, Friedrich: Praktische Theologie. Lehre von der kirchlichen Gemeindeerziehung auf religionswissenschaftlicher Grundlage. Erster Band: Grundlagen. Die ideale und die empirische Gemeinde. Aufgaben und Kräfte der Gemeinde. Zweiter Band: Die Arbeitszweige. Gottesdienst und Religionsunterricht. Seelsorge und Gemeindearbeit, Tübingen 1918/19.

Nielsen, Helge Kjoer: Heilung und Verkündigung. Das Verständnis der Heilung und ihres Verhältnisses zur Verkündigung bei Jesus und in der ältesten Kirche, Leiden/New York/ Kopenhagen/Köln 1987.

Nientiedt, Klaus: Caritas: Auf der Suche nach einem neuen Selbstverständnis; in: Herder-Korrespondenz 47 (1993) 177-179.

Nientiedt, Klaus: Verpaßte Chancen; in: Herder-Korrespondenz 47 (1993) 595-597.

Nissen, Hans-Peter: Einkommensverteilung und Armut; in: Nohlen, Dieter/Nuscheler, Franz (Hg.): Handbuch der Dritten Welt. Band 1: Grundprobleme, Theorien, Strategien, Bonn [3]1992, 213-230.

Nocke, Franz-Josef: Allgemeine Sakramentenlehre; in: Schneider, Theodor (Hg.): Handbuch der Dogmatik, Band 2, Düsseldorf 1992, 188-225.

Nohlen, Dieter: Armut; in: Ders. (Hg.): Lexikon Dritte Welt. Länder, Organisationen, Theorien, Begriffe, Personen, Reinbek bei Hamburg 1993, 58 f.

Noormann, Harry: Armut in Deutschland. Christen vor der neuen Sozialen Frage, Stuttgart 1991.

Noppel, Constantin: Aedificatio corporis Christi. Aufriß der Pastoral, Freiburg i.Br. 1937.

Nordhues, Paul: Diakonie oder Caritas?; in: Theologie und Glaube 84 (1994) 98-100.

Nordhues, Paul: Lebendige Gemeinde - Liebende Gemeinde; in: Lebendige Seelsorge 27 (1976) 374-381.

Nordhues, Paul in Verbindung mit Joseph Becker und Paul Bormann (Hg.): Handbuch der Caritasarbeit. Beiträge zur Theologie, Pastoral und Geschichte der Caritas mit Überblick über die Dienste in Gemeinde und Verband, Paderborn 1986.

Die Not der Gegenwart und der Dienst der Kirche. Arbeitspapier; in: Gemeinsame Synode der Bistümer in der Bundesrepublik Deutschland. Ergänzungsband: Arbeitspapiere der Sachkommissionen. Offizielle Gesamtausgabe II, Freiburg i.Br. [3]1981, 103-157.

Notz, Gisela: Frauen im sozialen Ehrenamt. Ausgewählte Handlungsfelder: Rahmenbedingungen und Optionen, Freiburg i.Br. 1989.

Nübel, Hans Ulrich: Die neue Diakonie: Teilhabe statt Preisgabe. Mitarbeiterinnen und Mitarbeiter kommen zu Wort, Freiburg i.Br. 1994.

Obermeier, Otto-Peter: System, Systemtheorie; in: Görres-Gesellschaft (Hg.): Staatslexikon. Recht - Wirtschaft - Gesellschaft. 7., völlig neu bearbeitete Aufl. Fünfter Band, Freiburg i.Br. 1989, 416-420.

Oehler, K.: Subjekt und Objekt; in: Galling, Kurt (Hg.): Die Religion in Geschichte und Gegenwart. Handbuch für Theologie und Religionswissenschaft. Dritte, völlig neu bearbeitete Aufl., Sechster Band, Tübingen 1962, 448-451.

Oelmüller, Willi: Durch Grenzerfahrungen herausgefordert. Philosophie der unbefriedigten Aufklärung heute; in: Herder-Korrespondenz 47 (1993) 134-140.

Oesterle, Kurt: Mehr Laubhütte als feste Burg. Vier Talmud-Lesungen des Philosophen Emmanuel Lévinas; in: Süddeutsche Zeitung Nr. 302 Silvester/Neujahr/Sonntag, 2. Januar 1994, 19.

Olivetti, Marco M.: Philosophische Fragen an das Werk von Emmanuel Levinas; in: Henrix, Hans Hermann (Hg.): Verantwortung für den Anderen - und die Frage nach Gott. Zum Werk von Emmanuel Levinas, Aachen 1984, 42-70.

Olivetti, Marco M.: Sich in seinem Namen versammeln. Kirche als Gottesnennung; in: Casper, Bernhard (Hg.): Gott nennen. Phänomenologische Zugänge, Freiburg i.Br./München 1981, 189-217.

Olk, Thomas: Zwischen Hausarbeit und Beruf. Ehrenamtliches Engagement in der aktuellen sozialpolitischen Diskussion; in: Müller, Siegfried/Rauschenbach, Thomas (Hg.): Das soziale Ehrenamt. Nützliche Arbeit zum Nulltarif, Weinheim/München [2]1992, 19-36.

Oppen, Dietrich von: Wo soll das alles hinführen? Beiträge zur Suche nach dem Selbstverständnis diakonischer Arbeit von heute und morgen; in: Diakonie 2 (1976) 144 ff.

Oppl, Hubert: Lebensweltliche Perspektiven in der Sozialarbeit; in: Deutscher Caritasverband e.V. (Hg.): Zwischen versorgter Gemeinde und entsorgender Sozialarbeit. Dokumentation des Symposions "Christliche Diakonie zwischen System, und Lebenswelten" vom 13. bis 15. März 1989 (= DCV-materialien 15), Freiburg i.Br. 1990, 12-15.

Oppl, Hubert: Mehr Markt für soziale Dienstleistungen; in: Caritas 95 (1994) 292-300.

Ortmann, Friedrich: Über die Erwartbarkeit von Hilfe. Zur Ökonomie des Helfens im Sozialstaat; in: Müller, Siegfried/Rauschenbach, Thomas (Hg.): Das soziale Ehrenamt. Nützliche Arbeit zum Nulltarif, Weinheim/München [2]1992, 37-50.

Otto, Gert: Grundlegung der Praktischen Theologie, München 1986.

Otto, Gert: Handlungsfelder der Praktischen Theologie, München 1988.

Otto, Gert: Praktische Theologie als Kritische Theorie religiös vermittelter Praxis - Thesen zum Verständnis einer Formel; in: Klostermann, Ferdinand/Zerfaß, Rolf (Hg.): Praktische Theologie heute, München/Mainz 1974, 195-205.

Otto, Gert: Praktische Theologie als kritische Theorie religiös vermittelter Praxis in der Gesellschaft. Zur Einleitung und Standortbestimmung; in: Ders. (Hg.): Praktisch-theologisches Handbuch, Hamburg [2]1975, 9-31.

Otto, Gert: Selbstverständnis, Systembildung und Darstellungsform der Praktischen Theologie; in: Theologia Practica 19 (1984) 202-221.

Päschke, Bernd: Praktische Theologie als kritische Handlungswissenschaft; in: Theologia Practica 6 (1971) 1-13.

Pankoke, Eckart: Ehre, Dienst und Amt. Zur Programmgeschichte "ehrenamtlichen" Engagements; in: Müller, Siegfried/Rauschenbach, Thomas (Hg.): Das soziale Ehrenamt. Nützliche Arbeit zum Nulltarif, Weinheim/München [2]1992, 207-222.

Pankoke-Schenk, Monika: Moderne Not als institutionelle Herausforderung kirchlicher Sozialarbeit. Sozialwissenschaftliche Aspekte caritativen Engagements, dargestellt am Beispiel des "Sozialdienstes katholischer Frauen", Bochum 1975 (Manuskript).

Pannenberg, Wolfhart: Person; in: Galling, Kurt (Hg.): Die Religion in Geschichte und Gegenwart. Handwörterbuch für Theologie und Religionswissenschaft. Dritte, völlig neu bearbeitete Aufl., Fünfter Band, Tübingen 1961, 230-235.

Pannenberg, Wolfhart: Person und Subjekt. Zur Überwindung des Subjektivismus im Menschenbild und im Gottesverständnis; in: Neue Zeitschrift für systematische Theologie und Religionsphilosophie 18 (1976) 133-148.

Pannenberg, Wolfhart: Religion in der säkularen Gesellschaft. Niklas Luhmanns Religionssoziologie; in: Evangelische Kommentare 11 (1978) 99-103.

Pannenberg, Wolfhart: Wissenschaftstheorie und Theologie, Frankfurt a.M. 1987.

Papaderos, Alexandros: Eucharistie und Diakonie in orthodoxer Sicht; in: Diakonia 26 (1995) 176-182.

Parsons, Talcott: Das System moderner Gesellschaften. Mit einem Vorwort von Dieter Claessens, Weinheim/München 1985.

Passauer Bistumsblatt 57 (1992) Nr.20.

Pastorale Konstitution über die Kirche in der Welt von heute; in: Das Zweite Vatikanische Konzil. Konstitutionen, Dekrete und Erklärungen. Lateinisch und deutsch. Kommentare. Teil III (= Lexikon für Theologie und Kirche. Zweite, völlig neu bearbeitete Aufl., Band 14), Freiburg i.Br. 1968, 241-592.

Peperzak, Adriaan: Der Andere und die Metaphysik. Emmanuel Levinas als Kritiker der westlichen Ontologie; in: Halder, Alois/Kienzler, Klaus/Möller, Joseph (Hg.): Religionsphilosophie heute. Chancen und Bedeutung in Philosophie und Theologie (= Beiträge zur Theologie und Religionswissenschaft. Experiment Religionsphilosophie III), Düsseldorf 1988, 104-116.

Peperzak, Adriaan: Die Bedeutung des Werkes von Emmanuel Levinas für das christliche Denken. Gedanken zu einer Religion des Erwachsenen; in: Henrix, Hans Hermann (Hg.): Verantwortung für den Anderen - und die Frage nach Gott. Zum Werk von Emmanuel Levinas, Aachen 1984, 71-87.

Pesch, Otto Hermann: Frei sein aus Gnade. Theologische Anthropologie, Freiburg i.Br. 1983.

Pesch, Otto Hermann: Das Zweite Vatikanische Konzil (1962-1965). Vorgeschichte - Verlauf - Ergebnisse - Nachgeschichte, Würzburg 1993.

Pesch, Rudolf: Die Apostelgeschichte. 1.Teilband Apg 1-12 (= EKK V/1), Zürich/Einsiedeln/Köln/Neukirchen-Vluyn 1986.

Pesch, Rudolf: Die Diakonie der Gemeinde nach dem Neuen Testament, Freiburg i.Br. o.J.

Peter, Anton: Befreiungstheologie und Transzendentaltheologie. Enrique Dussel und Karl Rahner im Vergleich (= Freiburger Theologische Studien, Band 137), Freiburg i.Br. 1988.

Peters, Annette: Aktivierung zur Selbsthilfe. Aktionsuntersuchungen für diakonische Gemeinden; in: Lingscheid, Rainer/Wegner, Gerhard (Hg.): Aktivierende Gemeindearbeit, Stuttgart/Berlin/Köln 1990, 77-86.

Peukert, Helmut: Kommunikative Freiheit und absolut befreiende Freiheit. Bemerkungen zu Karl Rahners These über die Einheit von Nächsten- und Gottesliebe; in: Vorgrimler, Herbert (Hg.): Wagnis Theologie. Erfahrungen mit der Theologie Karl Rahners, Freiburg i. Br. 1979, 274-283.

Peukert, Helmut: Kritische Theorie und Pädagogik; in: Zeitschrift für Pädagogik 30 (1983) 195-217.

Peukert, Helmut: Tradition und Transformation. Zu einer pädagogischen Theorie der Überlieferung; in: Religionspädagogische Beiträge Nr. 19/1987, 16-34.

Peukert, Helmut: Universale Solidarität - Verrat an Bedrohten und Wehrlosen?; in: Diakonia 9 (1978) 3-12.

Peukert, Helmut: Was ist eine praktische Wissenschaft? Handlungstheorie als Basistheorie der Humanwissenschaften: Anfragen an die Praktische Theologie; in: Fuchs, Ottmar (Hg.): Theologie und Handeln. Beiträge zur Fundierung der Praktischen Theologie als Handlungstheorie, Düsseldorf 1984, 64-79.

Peukert, Helmut: Wissenschaftstheorie - Handlungstheorie - Fundamentale Theologie. Analysen zu Ansatz und Status theologischer Theoriebildung, Frankfurt a.M. ^{2}1988.

Peukert, Ursula: Interaktive Kompetenz und Identität. Zum Vorrang sozialen Lernens im Vorschulalter, Düsseldorf 1979.

Pfaff, Anita B.: Feminisierung der Armut durch den Sozialstaat?; in: Leibfried, Stephan/Voges, Wolfgang (Hg.): Armut im modernen Wohlfahrtsstaat (= Sonderheft 32 der Kölner Zeitschrift für Soziologie und Sozialpsychologie), Opladen 1992, 421-445.

Pfaffenberger, Hans: Ehrenamtliche Mitarbeiter in der Sozialarbeit/Sozialpädagogik; in: Schwendtke, Arnold (Hg.): Wörterbuch der Sozialarbeit und Sozialpädagogik, Heidelberg/Wiesbaden ^{3}1991, 68 f.

Philippi, Paul: Christozentrische Diakonie. Ein theologischer Entwurf, Stuttgart ^{2}1975.

Philippi, Paul: Communio curatorum. Die theologische Grundlage des christlichen Dienstes an den Behinderten im Lichte des dienenden Jesus Christus und der dienenden Kirche, auf Grund von Lukas 4,18-19; in: Sauer, Gerd/Bach, Ulrich/Eisermann, Siegbert (Hg.): Wer in der Liebe bleibt. Grundlagen und Praxis einer Diakonischen Kirche. Christoph Theurer zum 60. Geburtstag zugeeignet, Stuttgart 1986, 87-96.

Philippi, Paul: Diaconica. Über die soziale Dimension kirchlicher Verantwortung. Hg. v. Albert, Jürgen, Neukirchen-Vluyn [2]1989.

Philippi, Paul: Diakonie. I. Geschichte der Diakonie; in: Krause, Gerhard/Müller, Gerhard (Hg.): Theologische Realenzyklopädie, Band VIII, Berlin/New York 1981, 621-644.

Philippi, Paul: Diakonik - Diagnose des Fehlens einer Disziplin; in: Pastoraltheologie 72 (1983) 177-186.

Philippi, Paul: Der systematische Ort der Diakonie in der Theologie; in: Schober, Theodor/- Seibert, Horst (Hg.): Theologie - Prägung und Deutung der kirchlichen Diakonie, Stuttgart 1982, 36-43.

Philippi, Paul: Thesen zur Ortsbestimmung der Diakonie in der Theologie; in: Ders./Strohm, Theodor (Hg.): Theologie der Diakonie. Lernprozesse im Spannungsfeld von lutherischer Überlieferung und gesellschaftlich-politischen Umbrüchen. Ein europäischer Forschungsaustausch, Heidelberg 1989, 209-224.

Philippi, Paul/Strohm, Theodor (Hg.): Theologie der Diakonie. Lernprozesse im Spannungsfeld von lutherischer Überlieferung und gesellschaftlich-politischen Umbrüchen. Ein europäischer Forschungsaustausch, Heidelberg 1989.

Pirich, Gustav: Franz Giftschütz (1748-1788) - der erste Wiener Pastoraltheologe. Theologische Grundlinien in Leben und Werk unter dem Einfluß des Jansenismus, der katholischen Aufklärung und des Ultramontanismus (= Studien zur Theologie und Praxis der Seelsorge 9), Würzburg 1992.

Pittroff, Franz Christian: Anleitung zur praktischen Gottes Gelahrtheit nach dem Entwurfe der Wiener Studienverbesserung verfasset, und zum Gebrauche akademischer Vorlesungen eingerichtet; in: Zottl, Anton/Schneider, Werner (Hg.): Wege der Pastoraltheologie. Texte einer Bewußtwerdung. 18. Jahrhundert: F.St. Rautenstrauch, F.Ch. Pittroff, J.M. Sailer. Grundlegung und Entfaltungen, Eichstätt 1987, 59-104.

Plaschke, Jürgen: Corporate-Identity als Konzept non-direktiver Personalführung; in: Caritas 92 (1991) 223-227.

Pollack, Detlef: Religiöse Chiffrierung und soziologische Aufklärung. Die Religionstheorie Niklas Luhmanns im Rahmen ihrer systemtheoretischen Voraussetzungen mit einem Vorwort von Eilert Herms, Frankfurt a.M. 1988.

Pompey, Heinrich: Not der Menschen unserer Zeit - als Wegzeichen Gottes für den Ständigen Diakonat; in: Arbeitsgemeinschaft Ständiger Diakonat in der Bundesrepublik Deutschland (Hg.): Dokumentation 11 - Jahrestagung 1994. Thema: "Die Not der Menschen in unserer Zeit als Wegzeichen Gottes für den Ständigen Diakonat" - Ausbildung und Einsatz des Ständigen Diakons - Heiligkreuztal, Holzkirchen 1994.

Pompey, Heinrich: Das Profil der Caritas und die Identität ihrer Mitarbeiter/-innen; in: Deutscher Caritasverband (Hg.): Caritas '93. Jahrbuch des Deutschen Caritasverbandes, Freiburg i.Br. 1992, 11-26.

Pompey, Heinrich: Die "Soziale Pastoral" der Dritten Welt als Herausforderung für das diakonisch-caritative Engagement einer Gemeinde; in: Biemer, Günter/Casper, Bernhard/ Müller, Josef (Hg.): Gemeinsam Kirche sein. Theorie und Praxis der Communio. Festschrift der Theologischen Fakultät der Universität Freiburg i.Br. für Erzbischof Dr. Oskar Saier, Freiburg i.Br. 1992, 410-442.

Porsch, Felix: Der Dienst der Versöhnung. Eine neutestamentliche Reflexion über den gemeinsamen Horizont von Caritas und Pastoral; in: Caritas 80 (1979) 248-253.

Pottmeyer, Hermann Josef: Die Frage nach der wahren Kirche; in: Kern, Walter/ders./Seckler, Max (Hg.): Handbuch der Fundamentaltheologie. 3. Traktat Kirche, Freiburg i.Br. 1986, 212-241.

Pottmeyer, Hermann J.: Kontinuität und Innovation in der Ekklesiologie des II. Vatikanums. Der Einfluß des I. Vatikanums auf die Ekklesiologie des II. Vatikanums und Neurezeption des I. Vatikanums im Licht des II. Vatikanums; in: Albergio, Giuseppe/Congar, Yves/ders. (Hg.): Kirche im Wandel. Eine kritische Zwischenbilanz nach dem Zweiten Vatikanum, Düsseldorf 1982, 89-110.

Pruner, Johannes Evang.: Lehrbuch der Pastoraltheologie. Erster Band: Das Priesteramt; Zweiter Band: Das Vorsteheramt. Zweite verbesserte und vermehrte Aufl./Dritte Aufl., völlig neu bearbeitet von Joseph Seitz, Paderborn 1904/1922.

Raabe, Stephan: Katholische Soziallehre und Caritaswissenschaften an den Hochschulen des deutschen Sprachgebiets. Lehrstühle, Personen, Daten - Von den Anfängen bis zur Gegenwart; in: Jahrbuch für christliche Sozialwissenschaften, 32 (1991) 393-427.

Raalten, Frans van: Versuch zu einer neuen Grundlage der Ethik; in: Neue Zeitschrift für systematische Theologie und Religionsphilosophie 11 (1969) 245-268.

Radlbeck, Regina: Der Personbegriff in der Trinitätstheologie der Gegenwart - untersucht am Beispiel der Entwürfe Jürgen Moltmanns und Walter Kaspers (= Eichstätter Studien. Neue Folge Bans XXVII), Regensburg 1989.

Raffelt, Albert/Rahner, Karl: Anthropologie und Theologie; in: Böckle, Franz/Kaufmann, Franz-Xaver/Rahner, Karl/Welte, Bernhard (Hg.): Christlicher Glaube in moderner Gesellschaft, Teilband 24, Freiburg i.Br./Basel/Wien 1981, 5-55.

Ragaz, Leonhard: Die Gleichnisse Jesu. Seine soziale Botschaft, Gütersloh [2]1979.

Rahner, Karl: Die anonymen Christen; in: Ders.: Schriften zur Theologie VI, Zürich/Einsiedeln/Köln 1965, 545-554.

Rahner, Karl: Atheismus und implizites Christentum; in: Ders.: Schriften zur Theologie VIII, Einsiedeln/Zürich/Köln 1967, 187-212.

Rahner, Karl: Das Christentum und die nichtchristlichen Religionen; in: Ders.: Schriften zur Theologie V, Zürich/Einsiedeln/Köln 1962, 136-158.

Rahner, Karl: Christlicher Humanismus; in: Ders.: Schriften zur Theologie VIII, Einsiedeln/Zürich/Köln 1967, 239-259.

Rahner, Karl: Der Diakon. Dogmatische Vorbemerkungen für eine richtige Fragestellung über die Wiedererneuerung des Diakonats; in: Ders.: Sendung und Gnade. Beiträge zur Pasoraltheologie, Innsbruck 1959, 275-285.

Rahner, Karl: Ekklesiologische Grundlegung; in: Arnold, Franz Xaver/ders./Schurr, Viktor/Weber, Leonhard M. (Hg.): Handbuch der Pastoraltheologie. Praktische Theologie der Kirche in ihrer Gegenwart, Band I, Freiburg i.Br. 1964, 117-148.

Rahner, Karl: Die Freiheit des Kranken in theologischer Sicht; in: Ders.: Schriften zur Theologie XII, Zürich/Einsiedeln/Köln 1975, 439-454.

Rahner, Karl: Geist in Welt. Zur Metaphysik der endlichen Erkenntnis bei Thomas von Aquin, München 1957 (Innsbruck/Leipzig 1939).

Rahner, Karl: Grundentwurf einer theologischen Anthropologie; in: Arnold, Franz Xaver/ders./Schurr, Viktor/Weber, Leonhard M. (Hg.): Handbuch der Pastoraltheologie. Praktische Theologie der Kirche in ihrer Gegenwart, Band II/1, Freiburg i.Br. 1966, 20-38.

Rahner, Karl: Grundkurs des Glaubens. Einführung in den Begriff des Christentums, Freiburg i.Br. 1976.

Rahner, Karl: Die grundlegenden Imperative für den Selbstvollzug der Kirche in der gegenwärtigen Situation; in: Arnold, Franz Xaver/ders./Schurr, Viktor/Weber, Leonhard M. (Hg.): Handbuch der Pastoraltheologie. Praktische Theologie der Kirche in ihrer Gegenwart, Band II/1, Freiburg i.Br. 1966, 256-276.

Rahner, Karl: Heilsauftrag der Kirche und Humanisierung der Welt; in: Ders.: Schriften zur Theologie X, Zürich/Einsiedeln/Köln 1972, 547-567.

Rahner, Karl: Hörer des Wortes. Zur Grundlegung einer Religionsphilosophie. Neu bearbeitet von J.B. Metz, München ²1969.

Rahner, Karl: Hungern für Biafra; in: Ders.: Kritisches Wort. Aktuelle Probleme in Kirche und Welt, Freiburg i.Br. 1970, 160-167.

Rahner, Karl: Pastorale Dienste und Gemeindeleitung; in: Ders.: Schriften zur Theologie XIV, Zürich/Einsiedeln/Köln 1980, 132-147.

Rahner, Karl: Potentia oboedientialis; in: Ders. (Hg.): Herders Theologisches Taschenlexikon, Band 6, Freiburg i.Br. 1973, 61-63.

Rahner, Karl: Die praktische Theologie im Ganzen der theologischen Disziplinen; in: Ders.: Schriften zur Theologie VIII, Einsiedeln/Zürich/Köln 1967, 133-149.

Rahner, Karl: Praktische Theologie und kirchliche Sozialarbeit; in: Schriften zur Theologie VIII, Einsiedeln/Zürich/Köln 1967, 667-688.

Rahner, Karl: Strukturwandel der Kirche als Aufgabe und Chance, Freiburg i.Br. 1972.

Rahner, Karl: Theologische Bemerkungen zum Problem der Freizeit; in: Ders.: Schriften zur Theologie IV, Einsiedeln/Zürich/Köln ⁵1967, 455-483.

Rahner, Karl: Die theologische Dimension der Frage nach dem Menschen; in: Ders.: Schriften zur Theologie XII, Zürich/Einsiedeln/Köln 1975, 387-406.

Rahner, Karl: Theologische und pastoraltheologische Vorüberlegung; in: Arnold, Franz Xaver/ders./Schurr, Viktor/Weber, Leonhard M. (Hg.): Handbuch der Pastoraltheologie. Praktische Theologie der Kirche in ihrer Gegenwart, Band I, Freiburg i.Br. 1964, 216-219.

Rahner, Karl: Die Träger des Selbstvollzugs der Kirche; in: Arnold, Franz Xaver/ders./Schurr, Viktor/Weber, Leonhard M. (Hg.): Handbuch der Pastoraltheologie. Praktische Theologie der Kirche in ihrer Gegenwart, Band I, Freiburg i.Br. 1964, 149-215.

Rahner, Karl: Über den Begriff des Geheimnisses in der katholischen Theologie; in: Ders.: Schriften zur Theologie IV, Einsiedeln/Zürich/Köln ⁵1967, 51-99.

Rahner, Karl: Über die Einheit von Nächsten- und Gottesliebe; in: Ders.: Schriften zur Theologie VI, Zürich/Einsiedeln/Köln ²1968, 277-298.

Rahner, Karl: Die Unfähigkeit zur Armut in der Kirche; in: Ders.: Schriften zur Theologie X, Zürich/Einsiedeln/Köln 1972, 520-530.

Rahner, Karl: Wer ist dein Bruder?, Freiburg i.Br. 1981.

Rahner, Karl/Greinacher, Norbert: Religion und Kirche in der modernen Gesellschaft; in: Arnold, Franz Xaver/Rahner, Karl/Schurr, Viktor/Weber, Leonhard M. (Hg.): Handbuch der Pastoraltheologie. Praktische Theologie der Kirche in ihrer Gegenwart, Band II/1, Freiburg i.Br. 1966, 222-233.

Rahner, Karl/Vorgrimler, Herbert (Hg.): Diaconia in Christo. Über die Erneuerung des Diakonats, Freiburg i.Br. 1962.

Rahner, Karl/Vorgrimler, Herbert/Kramer, Johannes: Zur Erneuerung des Diakonats in Deutschland; in: Stimmen der Zeit 180 (1967) 145-153.

Raiser, Konrad: Diakonie in weltweiter Perspektive. Der Ruf zum solidarischen Teilen; in: Schibilsky, Michael (Hg.): Kursbuch Diakonie, Neukirchen-Vluyn 1991, 197-207.

Raiser, Konrad: "Dies tut zu meinem Gedächtnis". Zur theologischen Begründung ökumenischer Diakonie; in: Sauer, Gerd/Bach, Ulrich/Eisermann, Siegbert (Hg.): Wer in der Liebe bleibt. Grundlagen und Praxis einer Diakonischen Kirche. Christoph Theurer zum 60. Geburtstag zugeeignet, Stuttgart 1986, 79-86.

Raiser, Konrad (Hg.): Ökumenische Diakonie - eine Option für das Leben. Beiträge aus der Arbeit des ÖRK zur theologischen Begründung ökumenischer Diakonie (= Beiheft zur Ökumenischen Rundschau Nr.57), Frankfurt a.M. 1988.

Ratzinger, Georg: Geschichte der kirchlichen Armenpflege, Freiburg i.Br. ²1884.

Ratzinger, Joseph: Kommentar zum Prooemium, I. und II. Kapitel der dogmatischen Konstitution über die göttliche Offenbarung; in: Das Zweite Vatikanische Konzil. Konstitutionen, Dekrete und Erklärungen. Lateinisch und deutsch. Kommentare, Teil II (= Lexikon für Theologie und Kirche. Zweite, völlig neu bearbeitete Aufl., Band 13), Freiburg i.Br. 1967, 504-528.

Rauchfleisch, Udo: Beziehungen in Seelsorge und Diakonie. Mit einem Geleitwort von Rolf Zerfaß, Mainz 1990.

Rauchfleisch, Udo: Psychologische Probleme der "helfenden" Berufe; in: Wege zum Menschen 35 (1983) 77-82.

Rauschenbach, Thomas: Das Ehrenamt im Jugendverband. Historisches Relikt oder unverzichtbarer Bestandteil?; in: Böhnisch, Lothar/Gängler, Hans/ders. (Hg.): Handbuch Jugendverbände. Eine Ortsbestimmung der Jugendverbandsarbeit in Analysen und Selbstdarstellungen, Weinheim/München 1991, 282-294.

Rauschenbach, Thomas/Müller Siegfried/Otto, Ulrich: Vom öffentlichen und privaten Nutzen des sozialen Ehrenamtes; in: Müller, Siegfried/Rauschenbach, Thomas (Hg.): Das soziale Ehrenamt. Nützliche Arbeit zum Nulltarif, Weinheim/München ^{2}1992, 223-242.

Rauscher, Anton: Die Anforderungen der Kirche an die Mitarbeiter im caritativen Dienst; in: Nordhues, Paul in Verbindung mit Joseph Becker und Paul Bormann (Hg.): Handbuch der Caritasarbeit. Beiträge zur Theologie, Pastoral und Geschichte der Caritas mit Überblick über die Dienste in Gemeinde und Verband, Paderborn 1986, 457-461.

Rauscher, Anton (Hg.): Armut im Wohlfahrtsstaat (= Mönchengladbacher Gespräche 8), Köln 1987.

Rautenstrauch, Franz Stephan: Tabellarischer Grundriß der in deutscher Sprache vorzutragenden Pastoraltheologie; in: Zottl, Anton/Schneider, Werner (Hg.): Wege der Pastoraltheologie. Texte einer Bewußtwerdung. 18. Jahrhundert: F.St. Rautenstrauch, F.Chr. Pittroff, J.M. Sailer. Grundlegung und Entfaltung, Eichstätt 1987, 27-34.

[Redaktion:] Die profane Sozialhilfe und die Stellung der Kirche dazu; in: Arnold, Franz Xaver/Rahner, Karl/Schurr, Viktor/Weber, Leonhard M. (Hg.): Handbuch der Pastoraltheologie. Praktische Theologie der Kirche in ihrer Gegenwart, Band II/2, Freiburg i.Br. 1966, 391-402.

Redecker, F.v.: Der Kompetenz-Begriff im öffentlichen Recht; in: Ritter Joachim/Gründer, Karlfried (Hg.): Historisches Wörterbuch der Philosophie, Band 4, Basel/Stuttgart 1976, 920 f.

Reese-Schäfer, Walter: Luhmann zur Einführung, Hamburg 1992.

Referat Caritas und Pastoral im Deutschen Caritasverband (Hg.): Materialien zur Zwischenbilanz Caritas und Pastoral. 1966-1986, Freiburg i.Br. ^{2}1988.

Reichmann, Maria: Caritas-Konferenzen (CKD); in: Nordhues, Paul in Verbindung mit Joseph Becker und Paul Bormann (Hg.): Handbuch der Caritasarbeit. Beiträge zur Theologie, Pastoral und Geschichte der Caritas mit Überblick über die Dienste in Gemeinde und Verband, Paderborn 1986, 221-231.

Reicke, Siegfried: Das deutsche Spital und sein Recht im Mittelalter. Erster Teil: Das deutsche Spital. Geschichte und Gestalt, Stuttgart 1932 (Nachdruck: Amsterdam 1970).

Reiseprotokoll der Studienreise für Pastoraltheologen nach Brasilien 08. bis 27.09. 1992 (unveröffentlichtes Manuskript).

Reiser, Marius: Die Gerichtspredigt Jesu. Eine Untersuchung zur eschatologischen Verkündigung Jesu und ihrem frühjüdischen Hintergrund, Münster 1990.

Reiter, Josef: Der andere Blick. Die ethische Transformation der Metaphysik bei Emmanuel Levinas (Referat-Mitschrift Mainz 1993).

Reiter, Josef: Der "Humanismus des anderen Menschen": eine Einführung in das Denken von Emmanuel Levinas; in: Theologie und Philosophie 59 (1984) 356-378.

Reiter, Josef: Levinas; in: Weger, Karl-Heinz (Hg.): Argumente für Gott. Gott-Denker von der Antike bis zur Gegenwart. Ein Autoren-Lexikon, Freiburg i.Br. 1987, 217-219.

Reiter, Josef: Das unbewältigte Gute. Der "offene Anspruch" praktischer Autonomie im neuzeitlichen Philosophieren; in: Halder, Alois/Kienzler, Klaus/Möller, Joseph (Hg.): Spuren der Erlösung. Religiöse Tiefendimensionen neuzeitlichen Denkens (= Beiträge zur Theologie und Religionswissenschaft. Experiment Religionsphilosophie II), Düsseldorf 1986, 78-123.

Rendtorff, Trutz: Gesellschaft ohne Religion? Theologische Aspekte einer sozialtheoretischen Kontroverse (Luhmann/Habermas), München 1975.

Rendtorff, Trutz: Religion - Umwelt der Gesellschaft. Theoretische Voraussetzungen der Deutung des empirischen Verhältnisses von Kirche und Gesellschaft; in: Matthes, Joachim (Hg.): Erneuerung der Kirche. Stabilität als Chance? Konsequenzen aus einer Umfrage, Gelnhausen/Berlin 1975, 57-81.

Renninger, Johann Baptist: Pastoraltheologie. Hg. v. Franz Adam Göpfert, Freiburg i.Br. 1893.

Reuter, Dieter: Der neuralgische Dritte Weg. Zu den rechtlichen Grundlagen kirchlicher Arbeitsverhältnisse; in: Herder-Korrespondenz 48 (1994) 194-200.

Rich, Arthur: Die Weltlichkeit des Glaubens. Diakonie im Horizont der Säkularisierung, Zürich/Stuttgart 1966.

Richard, Pablo: Die Anwesenheit und Offenbarung Gottes in der Welt der Unterdrückten; in: Concilium 28 (1992) 299-306.

Richter, Horst E.: Lernziel Solidarität, Reinbek bei Hamburg 1979.

Richter, Horst-Eberhard: Der Gotteskomplex. Die Geburt und die Krise des Glaubens an die Allmacht des Menschen, Reinbek bei Hamburg 1987.

Riedel, Christoph: Subjekt und Individuum. Zur Geschichte des philosophischen Ich-Begriffes, Darmstadt 1989.

Rief, Josef: Diakonischer Dienst der Kirche an der Gesellschaft; in: Lebendige Seelsorge 21 (1970) 197-206.

Riehmeier, Dorothée: Eine Mehrheit - wie eine Minderheit behandelt. Frauen im Ehrenamt der Kirche. Hg. vom Frauenreferat der Evangelischen Kirche von Westfalen, Bielefeld 1991.

Röckle, Gerhard (Hg.): Diakonische Kirche. Sendung - Dienst - Leitung. Versuche einer theologischen Orientierung, Neukirchen-Vluyn 1990.

Rösch, Wolfram: Geschwisterliche Gemeinschaft. Eine praktisch-theologische Untersuchung der Entwicklung des Koinonia-Gedankens in der Auseinandersetzung mit dem Communio-Begriff des Zweiten Vatikanums, (Diplomarbeit am Seminar für Praktische Theologie, Abt. Pastoraltheologie des Katholisch-Theologischen Fachbereichs der Universität Mainz), Mainz 1993.

Rössler, Dietrich: Grundriß der Praktischen Theologie, Berlin/New York 1986.

Rötzer, Florian: Philosoph im Blindflug. Niklas Luhmanns "Wissenschaft der Gesellschaft"; in: Die Zeit Nr.13, 22. März 1991.

Rohmann, Klaus: Thesen zur Frage der Ämter in der Kirche unter besonderer Berücksichtigung des sozialen Dienstes; in: Hochstaffl, Josef (Hg.): Von Beruf Gemeindereferent. Aufnahme eines Bestandes - Perspektive einer Zukunft, Paderborn 1985, 131-141.

Roos, Lothar: Die gesellschaftliche Diakonie der Kirche; in: Lebendige Seelsorge 24 (1973) 106-110.

Roos, Lothar: Kirchlichkeit und gesellschaftliche Diakonie der Kirche; in: Forster, Karl (Hg.): Befragte Katholiken. Zur Zukunft von Glaube und Kirche. Auswertungen und Kommentare zu den Umfragen für die Gemeinsame Synode der Bistümer in der Bundesrepublik Deutschland, Freiburg i.Br. 1973, 220-232.

Roscam Abbing, Pieter Johan: Diakonie. II. Theologische Grundprobleme der Diakonie; in: Krause, Gerhard/Müller, Gerhard (Hg.): Theologische Realenzyklopädie, Band VIII, Berlin/New York 1981, 644-656.

Rottländer, Peter: Option für die Armen. Erneuerung der Weltkirche und Umbruch der Theologie; in: Schillebeeckx, Edward (Hg.): Mystik und Politik. Theologie im Ringen um Geschichte und Gesellschaft. Johann Baptist Metz zu Ehren, Mainz 1988, 72-88.

Rückert, Markus: Diakonie und Ökonomie. Verantwortung, Finanzierung, Wirtschaftlichkeit, Gütersloh 1990.

Ruhfus, Martin: Diakonie - Lernen der Gemeinde. Grundzüge einer diakonischen Gemeindepädagogik, Rothenburg 1991.

Ruhfus, Martin: Die Gesellschaft geht auf Distanz. Von Diakonie und missionarischem Gemeindeaufbau; in: Lutherische Monatshefte 27 (1988) 33-38.

Ruschke, Werner Max: Diakonische Theologie - ein neues Paradigma theologischen Denkens?; in: Pastoraltheologische Informationen 10 (1990) 65-76.

Sachße, Christoph: Ehrenamtlichkeit, Selbsthilfe und Professionalität. Eine historische Skizze; in: Müller, Siegfried/Rauschenbach, Thomas (Hg.): Das soziale Ehrenamt. Nützliche Arbeit zum Nulltarif, Weinheim/München [2]1992, 51-55.

Sailer, Johann Michael: Vorlesungen aus der Pastoraltheologie. Erster bis Dritter Band. Fünfte, revidierte und vermehrte Aufl., Sulzbach 1835.

Salamun, Kurt (Hg.): Was ist Philosophie? Neuere Texte zu ihrem Selbstverständnis, Tübingen 1980.

Sauer, Gerd/Bach, Ulrich/Eisermann, Siegbert (Hg.): Wer in der Liebe bleibt. Grundlagen und Praxis einer Diakonischen Kirche. Christoph Theurer zum 60. Geburtstag zugeeignet, Stuttgart 1986.

Sauer, Hanjo: Erfahrung und Glaube. Die Begründung des pastoralen Prinzips durch die Offenbarungskonstitution des II. Vatikanischen Konzils (= Würzburger Studien zur Fundamentaltheologie, hg. v. Elmar Klinger, Band 12), Frankfurt a.M. 1993.

Sauer, Martin: Ein kleines Stück der Vision Jesu. Diakonie und ihre Mitarbeiterinnen und Mitarbeiter; in: Schibilsky, Michael (Hg.): Kursbuch Diakonie, Neukirchen-Vluyn 1991, 309-322.

Schäfer, Gerhard K.: Entwicklungen und theologische Begründungszusammenhänge der Diakonie. Gesichtspunkte zu einer komparativen Analyse der Länderstudien im Rahmen des Europäischen Forschungsaustausches; in: Philippi, Paul/Strohm, Theodor (Hg.): Theologie der Diakonie. Lernprozesse im Spannungsfeld von lutherischer Überlieferung und gesellschaftlich-politischen Umbrüchen. Ein europäischer Forschungsaustausch, Heidelberg 1989, 149-174.

Schäfer, Gerhard K.: Gottes Bund entsprechen. Studien zur diakonischen Dimension christlicher Gemeindepraxis (= Veröffentlichungen des Diakoniewissenschaftlichen Instituts an der Universität Heidelberg, Band 5), Heidelberg 1994.

Schäfers, Bernhard: Gesellschaftlicher Wandel in Deutschland. Ein Studienbuch zur Sozialstruktur und Sozialgeschichte der Bundesrepublik. 5., völlig neu bearbeitete und erweiterte Aufl., Stuttgart 1990.

Schäffler, Erwin A.: Und keiner blieb in seiner Not allein. Lebendige Gemeinde durch soziales Engagement, München 1994.

Scharbert, Josef: Ausgewählte Themen der Theologie des Alten Testaments mit ausführlicher Bibliographie. I. Teil: Gott im Alten Testament (= Skripten des Lehrstuhls für Theologie des Alten Testaments Heft 5), München 1982 (Manuskript).

Schaub, Franz: Die katholische Caritas und ihre Gegner, M.Gladbach 1909.

Scheffczyk, Leo: Die Theologie und die Wissenschaften, Aschaffenburg 1979.

Schenke, Ludger: Die Botschaft Jesu, Mainz 1992 (unveröffentlichtes Manuskript).

Scheuermann, Audomar: Caritas und Politik - Recht und Raum freier kirchlicher Wohlfahrtspflege; in: Nordhues, Paul in Verbindung mit Joseph Becker und Paul Bormann (Hg.): Handbuch der Caritasarbeit. Beiträge zur Theologie, Pastoral und Geschichte der Caritas mit Überblick über die Dienste in Gemeinde und Verband, Paderborn 1986, 476-481.

Schibilsky, Michael: Dialogische Diakonie. Eine Einleitung; in: Ders. (Hg.): Kursbuch Diakonie, Neukirchen-Vluyn 1991, 5-24.

Schibilsky, Michael: Ethik der Menschenwürde. Das Menschenbild in der Diakonie - Gegenwärtige Herausforderungen; in: Ders. (Hg.): Kursbuch Diakonie, Neukirchen-Vluyn 1991, 209-227.

Schibilsky, Michael (Hg.): Kursbuch Diakonie, Neukirchen-Vluyn 1991.

Schibilsky, Michael: Vorwort; in: Ders. (Hg.): Kursbuch Diakonie, Neukirchen-Vluyn 1991, VII f.

Schick, Manfred: Diakonie; in: Drehsen, Volker/Häring, Hermann/Kuschel, Karl-Josef/Siemers, Helge in Zusammenarbeit mit Manfred Baumotte (Hg.): Wörterbuch des Christentums, Gütersloh/Zürich 1988, 247.

Schick, Manfred: Diakoniewissenschaft; in: Drehsen, Volker u.a. (Hg.): Wörterbuch des Christentums, Gütersloh/Zürich 1988, 247 f.

Schille, Gottfried: Konfliktlösung durch Zuordnung. Der Tischdienst der Sieben nach Apostelgeschichte 6; in: Schäfer, Gerhard K./Strohm, Theodor (Hg.): Diakonie - biblische Grundlagen und Orientierungen. Ein Arbeitsbuch zur theologischen Verständigung über den diakonischen Auftrag, Heidelberg 1990, 243-259.

Schillebeeckx, Edward: Christus und die Christen. Die Geschichte einer neuen Lebenspraxis, Freiburg i.Br. 1977.

Schillebeeckx, Edward: Jesus. Die Geschichte von einem Lebenden, Freiburg i.Br. 1975

Schillebeeckx, Edward: Menschen. Die Geschichte von Gott, Freiburg i.Br. 1990.

Schillebeeckx, Edward: Die typologische Definition des christlichen Laien; in: Baraúna, Guilherme (Hg.): De ecclesia. Beiträge zur Konstitution "Über die Kirche" des Zweiten Vatikanischen Konzils. Deutsche Ausgabe besorgt von O. Semmelroth SJ, J.G. Gerhartz SJ und H. Vorgrimler. Zweiter Band, Freiburg i.Br./Frankfurt a.M. 1966, 269-288.

Schilling, Hans: Kritische Thesen zur "Gemeindekirche"; in: Diakonia 6 (1975) 78-99.

Schleiermacher, Friedrich: Kurze Darstellung des theologischen Studiums zum Behuf einleitender Vorlesungen. Kritische Ausgabe hg. v. Heinrich Scholz, Darmstadt 1969.

Schleiermacher, Friedrich: Die praktische Theologie nach den Grundsätzen der evangelischen Kirche im Zusammenhange dargestellt. Aus Schleiermachers handschriftlichem Nachlasse und nachgeschriebenen Vorlesungen hg. v. Jacob Frerichs (= Friedrich Schleiermacher's literarischer Nachlaß. Zur Theologie. Achter Band), Berlin 1850 (Nachdruck Berlin/New York 1983).

Schleinzer, Friedrich/Schwaiger, Bernhard/Weichbold, Viktor: Forschungsprojekt: Soziale Erwartungen an Seelsorger. Eine Untersuchung zur sozialen Kompetenz von Priestern anhand einer Themenanalyse ihrer seelsorglichen Gespräche; in: Pastoraltheologische Informationen 12 (1992) 457-466.

Schmidbauer, Wolfgang: Psychologie. Lexikon der Grundbegriffe, Reinbek bei Hamburg 1991.

Schmidbauer, Wolfgang: Helfen als Beruf. Die Ware Nächstenliebe. Überarbeitete und erweiterte Neuausgabe, Reinbek bei Hamburg 1992.

Schmidbauer, Wolfgang: Hilflose Helfer. Über die seelische Problematik der helfenden Berufe. Überarbeitete und erweiterte Neuausgabe, Reinbek bei Hamburg 1992.

Schmidberger, Franz: "Es geht ganz zentral um Lehrfragen". Ein Gespräch mit Franz Schmidberger; in: Herder-Korrespondenz 42 (1988) 417-424.

Schmidt, Alfred: Praxis; in: Krings, Hermann/Baumgartner, Hans Michael/Wild, Christoph (Hg.): Handbuch Philosophischer Grundbegriffe, Studienausgabe Band 4, München 1973, 1107-1138.

Schmidt, Eva Renate: Ehrenamtliche Arbeit von Frauen. Den Männern die Ehre, den Frauen die Schattenarbeit?; in: Wege zum Menschen 44 (1992) 18-26.

Schmidt, Reinhard K.W.: Zur Konstruktion von Sozialität durch Diakonie. Eine Untersuchung zur Systemgeschichte des diakonischen Werkes, Frankfurt a.M./München 1976.

Schmidt-Lauber, Hans-Christoph: Gottesdienst und Diakonie; in: Ameln, Konrad/Sauer-Geppert, Waldtraud Ingeborg/Völker, Alexander (Hg.): Jahrbuch für Liturgik und Hymnologie. 28. Band, Kassel 1984, 1-11.

Schmidt-Lauber, Hans-Christoph: Die Zukunft des Gottesdienstes. Von der Notwendigkeit lebendiger Liturgie, Stuttgart 1990.

Schmidt-Rost, Reinhard: Seelsorge zwischen Amt und Beruf. Studien zur Entwicklung einer modernen evangelischen Seelsorgelehre seit dem 19. Jahrhundert (= Arbeiten zur Pastoraltheologie. Hg. v. Peter Cornehl und Friedrich Wintzer, Band 22), Göttingen 1988.

Schmidtchen, Gerhard: Katholiken im Konflikt; in: Forster, Karl (Hg.): Befragte Katholiken - Zur Zukunft von Glaube und Kirche, Freiburg 1973, 164-184.

Schmidtchen, Gerhard: Umfrage unter Priesteramtskandidaten. Studien- und Lebenssituation, Amtsverständnis, Berufsmotive, Einstellung zu Kirche und Gesellschaft. Forschungsbericht des Instituts für Demoskopie Allensbach über eine im Auftrag der Deutschen Bischofskonferenz durchgeführte Erhebung, Freiburg i.Br. 1975.

Schmidtchen, Gerhard: Was den Deutschen heilig ist. Religiöse und politische Strömungen in der Bundesrepublik Deutschland, München 1979.

Schmidtchen, Gerhard: Zwischen Kirche und Gesellschaft. Forschungsbericht über die Umfragen zur Gemeinsamen Synode der Bistümer in der Bundesrepublik Deutschland, Freiburg i.Br. 1972.

Schmied, Gerhard: Kanäle Gottes? Katholische Kirche in der Medienzange, Opladen 1991.

Schmithals, Walter: Das Evangelium nach Markus. Kapitel 9,2-16,18 (= ÖTK 2/2), Gütersloh/Würzburg 1979.

Schmitt, Karl Heinz: Vom Teilnehmer zum Subjekt. Mündigkeit und Lebensweltorientierung im Lernen Erwachsener; in: Katechetische Blätter 117 (1992) 4-13.

Schmitz, Josef: Das Christentum als Offenbarungsreligion im kirchlichen Bekenntnis; in: Kern, Walter/Pottmeyer, Hermann Josef/Seckler, Max (Hg.): Handbuch der Fundamentaltheologie. 2. Traktat Offenbarung, Freiburg i.Br. 1985, 15-28.

Schmitz-Elsen, Josef: Aufgaben und Probleme verbandlich organisierter Caritas; in: Pastoratheologische Informationen 10 (1990) 17-23.

Schneck, Ernst: Diakonie als Zeugnis = Verkündigung durch Diakonie. Zur Bedeutung der Diakonie für eine evangelisierende Kirche; in: Heinz, Andreas/Lentzen-Deis, Wolfgang/ders. (Hg.): Wege der Evangelisierung. Heinz Feilzer zum 65. Geburtstag, Trier 1993, 207-224.

Schneider, Gerhard: Das Evanglium nach Lukas. Kapitel 1-10 (= ÖTK 3/1); Kapitel 11-24 (= ÖTK 3/2), Gütersloh/Würzburg [2]1984.

Schneider, Gert: Gemeindewerdung von Diakonie oder Diakonisierung von Gemeinde?; in: Cremer, Inés/Funke, Dieter (Hg.): Diakonisches Handeln. Herausforderungen - Konfliktfelder - Optionen, Freiburg i.Br. 1988, 144-153.

Schneider, Gert: Grundbedürfnisse und Gemeindebildung. Soziale Aspekte für eine menschliche Kirche. Mit einem Vorwort von Hermann Steinkamp, München/Mainz 1982.

Schneider, Nikolaus: Diakonische Kirche als Kirche Jesu Christi. Integration von Diakonie und kirchlicher Praxis; in: Schibilsky, Michael (Hg.): Kursbuch Diakonie, Neukirchen-Vluyn 1991, 361-369.

Schober, Theodor: Diakonie, kirchliche; in: Ruh, Ulrich/Seeber, David/Walter, Rudolf (Hg.): Handwörterbuch religiöser Gegenwartsfragen, Freiburg i.Br. 1986, 79-83.

Schober, Theodor: Diakonisches Werk; in: Görres-Gesellschaft (Hg.): Staatslexikon. Recht - Wirtschaft - Gesellschaft. 7., völlig neu bearbeitete Aufl. Zweiter Band, Freiburg i.Br. 1986, 38-40.

Schober, Theodor (Hg.): Gesellschaft als Wirkungsfeld der Diakonie. Welt. Kirche. Staat (= Handbücher für Zeugnis und Dienst der Kirche, Band IV), Stuttgart 1981.

Schober, Theodor (Hg.): Haushalterschaft als Bewährung christlichen Glaubens. Gnade und Verpflichtung. Ludwig Geißel zum 65. Geburtstag gewidmet (= Handbücher für Zeugnis und Dienst der Kirche, Band V), Stuttgart 1981.

Schober, Theodor (Hg.): Das Recht im Dienst einer diakonischen Kirche. Freiheit und Bindung. Wolfgang Güldenpfennig zum 75. Geburtstag gewidmet (= Handbücher für Zeugnis und Dienst der Kirche, Band III), Stuttgart 1980.

Schober, Theodor/Kunst, Hermann/Thimme, Hans (Hg.): Ökumene. Gemeinschaft einer dienenden Kirche. Lernen. Verstehen. Wagen (= Handbücher für Zeugnis und Dienst der Kirche, Band VII), Stuttgart 1983.

Schober, Theodor/Seibert, Horst (Hg.): Theologie - Prägung und Deutung der kirchlichen Diakonie. Lehren. Erfahren. Handeln. Hans Christoph von Hase zum 75. Geburtstag gewidmet (= Handbücher für Zeugnis und Dienst der Kirche, Band VI), o.O. o.J.

Schober, Theodor/Thimme, Hans (Hg.): Gemeinde in diakonischer und missionarischer Verantwortung. Auftrag. Anspruch. Wirklichkeit. Heinrich-Hermann Ulrich zum 65. Geburtstag gewidmet (= Handbücher für Zeugnis und Dienst der Kirche, Band II), Stuttgart 1979.

Schöfthaler, Traugott: Religion paradox: Der systemtheoretische Ansatz in der deutschsprachigen Religionssoziologie; in: Daiber, Karl-Fritz/Luckmann, Thomas (Hg.): Religion in den Gegenwartsströmungen der deutschen Soziologie, München 1983, 136-156.

Scholz, Frithard: Freiheit als Indifferenz. Alteuropäische Probleme mit der Systemtheorie Niklas Luhmanns, Frankfurt a.M. 1981.

Schott-Winterer, Andrea: Wohlfahrtsdefizite und Unterversorgung; in: Döring, Diether/Hanesch, Walter/Huster, Ernst-Ulrich (Hg.): Armut im Wohlstand, Frankfurt a.M. 1990, 56-78.

Schottroff, Luise: Das Magnifikat und die älteste Tradition über Jesus von Nazareth; in: Evangelische Theologie 38 (1978) 298-313.

Schottroff, Luise/Stegemann, Wolfgang: Jesus von Nazareth - Hoffnung der Armen, Stuttgart ^{3}1990.

Schreuder, Osmund: Die strukturell-funktionale Theorie und die Religionssoziologie; in: Matthes, Joachim (Hg.): Internationales Jahrbuch für Religionssoziologie, Band II, Köln/Opladen 1966, 99-132.

Schröer, Henning: Forschungsmethoden in der Praktischen Theologie; in: Klostermann, Ferdinand/Zerfaß, Rolf (Hg.): Praktische Theologie heute, München/Mainz 1974, 206-224.

Schröer, Henning: Reizwort Dogmatik. Wie werden praktische Theorien theologiefähig?; in: Evangelische Kommentare 7 (1974) 223-230.

Schüch, Ignaz: Handbuch der Pastoraltheologie. Neu hg. v. Virgil Grimmich. 11., verbesserte und vermehrte Aufl., Innsbruck 1899.

Schüssler Fiorenza, Elisabeth: "Der Dienst an den Tischen". Eine kritische feministisch-theologische Überlegung zum Thema Diakonie; in: Concilium 24 (1988) 306-313.

Schüssler Fiorenza, Elisabeth: Zu ihrem Gedächtnis ... Eine feministisch-theologische Rekonstruktion der christlichen Ursprünge. Aus dem amerikanischen Englisch übersetzt von Christine Schaumberger, München/Mainz 1988.

Schütz, Alfred/Luckmann, Thomas: Strukturen der Lebenswelt, Band 1, Frankfurt a.M. 1979.

Schütz, Hans-Georg: Mobile Standort-Bestimmung. Diakonie zwischen Kirche und Gesellschaft; in: Schibilsky, Michael (Hg.): Kursbuch Diakonie, Neukirchen-Vluyn 1991, 127-142.

Schulz, Ehrenfried: "Die Diakonie nimmt uns ins Wort". Pastoraltheologische Erwägungen zum Proprium sozial-caritativen Handelns (Referat bei der Jahreskonferenz 1988 des Caritasverbandes für die Diözese Hildesheim e.V.), Hildesheim 1988.

Schulz, Ehrenfried: Im Auftrag des Menschenfischers. Gemeindepastoral im Jahr 2000, München 1993.

Schulz, Ehrenfried: Koinonia: Sammlung der Zerstreuten; in: Konferenz der bayerischen Pastoraltheologen (Hg.): Das Handeln der Kirche in der Welt von heute. Ein pastoraltheologischer Grundriß, München 1994, 145-161.

Schulz, Heinz-Manfred: Wenn du mit meinen Augen siehst. Christliche Gemeinde und Minderheiten, Mainz 1980.

Schulz, Heinz-Manfred/Körber, Manfred/Richter, Maria/Leder, Thomas: Kleine Schritte zum Leben. ... unser Weg im Frankfurter Bahnhofsviertel; in: Baumgartner, Konrad/Langer, Michael (Hg.): Mit Außenseitern leben. Eine Herausforderung für die Christen, Regensburg 1988, 18-31.

Schulze, Gerhard: Die Erlebnisgesellschaft. Kultursoziologie der Gegenwart, Frankfurt a.M. 1992.

Schuster, Heinz: Emotionen statt Argumente; in: Diakonia 6 (1975) 200 f.

Schuster, Heinz: Die Geschichte der Pastoraltheologie; in: Arnold, Franz Xaver/Rahner, Karl/Schurr, Viktor/Weber, Leonhard M. (Hg.): Handbuch der Pastoraltheologie. Praktische Theologie der Kirche in ihrer Gegenwart, Band I, Freiburg i.Br. 1964, 40-92.

Schuster, Heinz: Sakrament und Diakonie; in: Erharter, Helmut/Kirchmayr, Alfred/Lange, Josef/Müller, Josef (Hg.): Prophetische Diakonie. Impulse und Modelle für eine zukunftsorientierte Pastoral, Wien 1977, 273-291.

Schuster, Heinz: Wesen und Aufgabe der Pastoraltheologie als praktischer Theologie; in: Arnold, Franz Xaver/Rahner, Karl/Schurr, Viktor/Weber, Leonhard M. (Hg.): Handbuch der Pastoraltheologie. Praktischen Theologie der Kirche in ihrer Gegenwart, Band I, Freiburg i.Br. 1964, 93-114.

Schutz, Roger/Thurian, Max: Die Kirche für die Welt; in: Baraúna, Guilherme (Hg.): Die Kirche in der Welt von heute. Untersuchungen und Kommentare zur Pastoralkonstitution "Gaudium et Spes" des II. Vatikanischen Konzils. Deutsche Bearbeitung von Viktor Schurr, Salzburg 1967, 530-535.

Schwarz, Peter: Braucht der Deutsche Caritasverband ein Leitbild?; in: Caritas 93 (1992) 271-276.

Schweizer, Eduard: Jesus Christus im vielfältigen Zeugnis des Neuen Testaments, Gütersloh ^{5}1979.

Sedlatschek, G.: Leserbrief; in: Glaube und Leben. Kirchenzeitung für das Bistum Mainz, Nr. 36 vom 5. September 1993, 49 (1993) 21.

Seeber, David: Caritas: Herausforderung durch die neuen Bundesländer; in: Herder-Korrespondenz 45 (1991) 109-112.

Seeber, David: Verlegenheiten. Ist das Prinzip "Rückgabe vor Entschädigung" unumstößlich?; in: Herder-Korrespondenz 46 (1992) 200 f.

Seibert Horst: Diakonie - Hilfehandeln Jesu und soziale Arbeit des Diakonischen Werkes. Eine Überprüfung der gegenwärtigen Diakonie an ihrem theologischen und sozialen Anspruch, Gütersloh ^{2}1985.

Seibert, Horst: Kirche - Diakonie - Gesellschaft. Einige Wechselwirkungen zwischen Diakonie und gesellschaftlichen Prozessen; in: Diakonie 6 (1980) 55 ff.

Seibert, Horst: Perspektiven der Diakonie; in: Schick, Manfred/ders./Spiegel, Yorick (Hg.): Diakonie und Sozialstaat. Kirchliches Hilfehandeln und staatliche Sozial- und Familienpolitik, Gütersloh 1986, 409-427.

Seiler, Dietrich: Person - Rolle - Institution; in: Wege zum Menschen 43 (1991) 199-215.

Sekretariat der Deutschen Bischofskonferenz (Hg.): Apostolisches Schreiben "Evangelii nuntiandi" Seiner Heiligkeit Papst Pauls VI. an den Episkopat, den Klerus und alle Gläubigen der Katholischen Kirche über die Evangelisierung in der Welt von heute (= Verlautbarungen des Apostolischen Stuhls 2), Bonn 1975.

Sekretariat der Deutschen Bischofskonferenz (Hg.): Apostolisches Schreiben Familiaris Consortio von Papst Johannes Paul II. an die Bischöfe, die Priester und die Gläubigen der ganzen Kirche über die Aufgaben der christlichen Familie in der Welt von heute (= Verlautbarungen des Apostolischen Stuhls 33), Bonn 1981.

Sekretariat der Deutschen Bischofskonferenz (Hg.): Arbeitsvertragsrecht in der Kirche. Die Beteiligung der Mitarbeiter an der Schaffung und Fortentwicklung arbeitsvertragsrechtlicher Regelungen (KODA) (= Arbeitshilfen 16), Bonn 1980.

Sekretariat der Deutschen Bischofskonferenz (Hg.): Erklärung der deutschen Bischöfe zum kirchlichen Dienst. Grundordnung des kirchlichen Dienstes im Rahmen kirchlicher Arbeitsverhältnisse (= Die deutschen Bischöfe 51), Bonn 1993.

Sekretariat der Deutschen Bischofskonferenz (Hg.): Erklärung zum kirchlichen Dienst (= Die Deutschen Bischöfe 35), Bonn 1983.

Sekretariat der Deutschen Bischofskonferenz (Hg.): Die Evangelisierung Lateinamerikas in Gegenwart und Zukunft. Schlußdokument der III. Vollversammlung des lateinamerikanischen Episkopats in Puebla (= Stimmen der Weltkirche 8), Bonn 1979.

Sekretariat der Deutschen Bischofskonferenz (Hg.): Instruktion der Kongregation für die Glaubenslehre über die christliche Freiheit und die Befreiung. 22. März 1986 (= Verlautbarungen des Apostolischen Stuhls 70), 2. verb. Aufl., Bonn 1986.

Sekretariat der Deutschen Bischofskonferenz (Hg.): Instruktion der Kongregation für die Glaubenslehre über einige Aspekte der "Theologie der Befreiung" (= Verlautbarungen des Apostolischen Stuhls 57), 2. verb. Aufl., Bonn 1984.

Sekretariat der Deutschen Bischofskonferenz (Hg.): Die Kirche Lateinamerikas. Dokumente der II. und III. Generalversammlung des Lateinamerikanischen Episkopates in Medellin und Puebla (= Stimmen der Weltkirche 8), Bonn 1979.

Sekretariat der Deutschen Bischofskonfernz (Hg.): Nachsynodales Apostolisches Schreiben "Christifideles laici" von Papst Johannes Paul II. über die Berufung und Sendung der Laien in Kirche und Welt (= Verlautbarungen des Apostolischen Stuhls 87), Bonn 1988.

Sekretariat der Deutschen Bischofskonferenz (Hg.): Rahmenordnung für Ständige Diakone in den Bistümern der Bundesrepublik Deutschland (= Die deutschen Bischöfe 50), Bonn 1994.

Sekretariat der Deutschen Bischofskonferenz (Hg.): Zur Ordnung der pastoralen Dienste (= Die deutschen Bischöfe 11), Bonn 1977.

Semrau, Peter: Entwicklung der Einkommensarmut; in: Döring, Diether/Hanesch, Walter/ Huster, Ernst-Ulrich (Hg.): Armut im Wohlstand, Frankfurt a.M. 1990, 111-128.

Sidekum, Antonio: Die Lévinassche Ethik im Lichte der Philosophie der Befreiung; in: Mayer, Michael/Hentschel, Markus (Hg.): Parabel. Lévinas. Zur Möglichkeit einer prophetischen Philosophie (= Schriftenreihe des Evangelischen Studienwerks Villigst, Band 12), Gießen 1990, 178-193.

Sidler, Nikolaus: Diakonie, christliche; in: Klostermann, Ferdinand/Rahner, Karl/Schild, Hansjörg (Hg.): Lexikon der Pastoraltheologie (= Arnold, Franz Xaver/Rahner, Karl/Schurr, Viktor/Weber, Leonhard M. [Hg.]: Handbuch der Pastoraltheologie. Praktische Theologie der Kirche in ihrer Gegenwart, Band V), Freiburg i.Br. 1972, 89 f.

Simon, Josef: Ende der Herrschaft? Zu Schriften von Emmanuel Lévinas in deutschen Übersetzungen; in: Allgemeine Zeitschrift für Philosophie 10 (1985) 25-48.

Simon, Werner: Religiöse Erziehung im Kontext gesellschaftlicher Individualisierung; in: Religionsunterricht heute Heft 1-2 (1993) 1-12.

Sobrino, Jon: Der Gott des Lebens wird sichtbar bei Jesus von Nazaret; in: Assmann, Hugo/ Hinkelammert, Franz J./Pixley, Jorge V./Richard, Pablo/ders.: Die Götzen der Unterdrükkung und der befreiende Gott. Mit einem Nachwort von Georges Casalis, Münster 1984, 63-110.

Sobrino, Jon: Die "Lehrautorität" des Volkes Gottes in Lateinamerika; in: Concilium 21 (1985) 269-274.

Sobrino, Jon: Die Vernichtung der Anderen - Erinnerung der Opfer. Prophetisch-utopische Überlegungen; in: Concilium 28 (1992) 120-125.

Sørensen, Annemette: Zur geschlechtsspezifischen Struktur von Armut; in: Leibfried, Stephan/ Voges, Wolfgang (Hg.): Armut im modernen Wohlfahrtsstaat (= Sonderheft 32 der Kölner Zeitschrift für Soziologie und Sozialpsychologie), Opladen 1992, 345-366.

Speckert, Manfred/Batkiewicz, Robert: Geld für Diakonie und Caritas; in: Diakonia 26 (1995) 126-132.

Spiegel, Yorick: Diakonie im Sozialstaat; in: Erk, Wolfgang/ders. (Hg.): Theologie und Kirchenleitung (Festschrift Martin Fischer), München 1976, 96-114.

Spiegel, Yorick: Einleitung. Kirche in der Klassengesellschaft; in: Ders. (Hg.): Kirche und Klassenbindung, Frankfurt a.M. 1974, 7-42.

Spiegel, Yorick: Die neue Unübersichtlichkeit. Jürgen Habermas und die Krise des Wohlfahrtsstaates; in: Schibilsky, Michael (Hg.): Kursbuch Diakonie, Neukirchen-Vluyn 1991, 229-235.

Spiegel, Yorick: Praktische Theologie als empirische Theologie; in: Klostermann, Ferdinand/ Zerfaß, Rolf (Hg.): Praktische Theologie heute, München/Mainz 1974, 178-194.

Spiegel, Yorick: Sozialwissenschaftliche Forschungsmethoden in der Praktischen Theologie; in: Klostermann, Ferdinand/Zerfaß, Rolf (Hg.): Praktische Theologie heute, München/Mainz 1974, 225-243.

Spiegelhalter, Franz: Das Geld der Caritas; in: Deutscher Caritasverband (Hg.): 1897-1972. 75 Jahre Deutscher Caritasverband, Freiburg i.Br. 1972, 187-197.

Spijker, A.M.J.M. Herman van de: Diakonie oder "in Holzschuhen gehen". ("op klompen lopen", "alles en sabots"); in: Pastoraltheologische Informationen 10 (1990) 203-210.

Spijker, A.M.J.M. Herman van de: Narzißtische Kompetenz - Selbstliebe - Nächstenliebe. Sigmund Freuds Herausforderung der Theologie und Pastoral, Freiburg i.Br. 1993.

Stählin, Gustav: Die Apostelgeschichte (= NTD 5), Göttingen [7]1980.

Statistisches Bundesamt (Hg.): Statistisches Jahrbuch 1993 für die Bundesrepublik Deutschland, Wiesbaden 1993.

Statistisches Bundesamt (Hg.): Statistisches Jahrbuch 1994 für die Bundesrepublik Deutschland, Wiesbaden 1994.

Stauffer, Ethelbert: agapáo, agapé, agapetós; in: Kittel, Gerhard (Hg.): Theologisches Wörterbuch zum Neuen Testament, Erster Band, Stuttgart 1933, 20-55.

Steckhan, Volker: Kirchenmitgliedschaft in der Großstadt; in: Matthes, Joachim (Hg.): Kirchenmitgliedschaft im Wandel. Untersuchungen zur Realität der Volkskirche. Beiträge zur zweiten EKD-Umfrage "Was wird aus der Kirche?", Gütersloh [2]1991, 231-247.

Steinbeck, Johannes: System der praktischen Theologie, I./II. Band, Leipzig 1928/1932.

Steinkamp, Hermann: Alphabetisierung in der Ersten Welt - Gemeindediakonie und Basisinitiativen; in: Kleinert, Ulfried (Hg.): Mit Passion und Profession: Zukunft der Gemeindediakonie. Markierungen und Perspektiven, Neukirchen-Vluyn 1992, 45-61.

Steinkamp, Hermann: "Das Andere" der Institution. Zu Phänomen und Begriff der Institution bei C. Castoriadis; in: Wege zum Menschen 44 (1992) 179-187.

Steinkamp, Hermann: Basisbewegungen und bürgerliches Subjekt; in: Christen für den Sozialismus, Gruppe Münster (Hg.): Zur Rettung des Feuers, Münster 1981, 126-131.

Steinkamp, Hermann: Die Bedeutung der Konstitution "Gaudium et spes" für Praxis und Theologie christlich-kirchlicher Diakonie; in: Pastoraltheologische Informationen 11 (1991) 213-228.

Steinkamp, Hermann: Christliche Diakonie angesichts der "Krise des Helfens"; in: Deutscher Caritasverband (Hg.): Caritas '88. Jahrbuch des Deutschen Caritasverbandes, Freiburg i.Br. 1987, 9-18.

Steinkamp, Hermann: Deformationen durch Arbeitslosigkeit. Praktisch-theologische Perspektiven zu einer Theologie der Arbeit; in: Weg zum Menschen 43 (1991) 132-144.

Steinkamp, Hermann: Diakonie als "kirchliche Zweitstruktur"; in: Deutscher Caritasverband (Hg.): Diakonische Praxis und Praktische Theologie - Zur gesellschaftlichen Wirksamkeit der Diakonie. Dokumentation des Symposions vom 21. bis 23 Mai 1986 in Freiburg (= DCV-materialien 10), Freiburg i.Br. 1987, 34-39.

Steinkamp, Hermann: Diakonie in der Kirche der Reichen und in der Kirche der Armen; in: Concilium 24 (1988) 295-301.

Steinkamp, Hermann: Diakonie - Kennzeichen der Gemeinde. Entwurf einer praktisch-theologischen Theorie, Freiburg i.Br. 1985.

Steinkamp, Hermann: Gemeindestruktur und Gemeindeprozeß. Versuch einer Typologie; in: Greinacher, Norbert/Mette, Norbert/Möhler, Wilhelm (Hg.): Gemeindepraxis. Analysen und Aufgaben, München/Mainz 1979, 77-89.

Steinkamp, Hermann: Gleich-geschaltet oder Gleiche vor Gott; in: Kramer, Hannes/Thien, Ulrich (Hg.): Gemeinde und Soziale Brennpunktarbeit. Soziotope von Not und Hoffnung, Freiburg i.Br. 1989, 205-214.

Steinkamp, Hermann: Narzißtische Kirchenkultur oder diakonische Kirche? Diakonie oder Gemeindeberatung?; in Schibilsky, Michael (Hg.): Kursbuch Diakonie, Neukichen-Vluyn 1991, 265-276.

Steinkamp, Hermann: Das Samariter-Gleichnis - Inspiration für heutige Identität des Sozialarbeiters; in: Deutscher Caritasverband e.V. (Hg.): Caritas '85. Jahrbuch des Deutschen Caritasverbandes, Freiburg i.Br. o.J., 9-17.

Steinkamp, Hermann: Die ´Seele´ - "Illusion der Theologen". Michel Foucaults Bestimmung der ´Seele´ als Anfrage an die Seelsorge; in: Wege zum Menschen 47 (1995) 84-93.

Steinkamp, Hermann: Selbst "wenn die Betreuten sich ändern". Das Pastoralprinzip als Hindernis für Gemeindebildung; in: Diakonia 19 (1988) 78-89.

Steinkamp, Hermann: Sozialpastoral, Freiburg i.Br. 1991.

Steinkamp, Hermann: Zum Beispiel: Wahrnehmung von Not. Kritische Anfragen an den gegenwärtigen Entwicklungsstand einer praktisch-theologischen Handlungstheorie; in: Fuchs, Ottmar (Hg.): Theologie und Handeln. Beiträge zur Fundierung der Praktischen Theologie als Handlungstheorie, Düsseldorf 1984, 177-186.

Steinkamp, Hermann: Zum Verhältnis von Praktischer Theologie und Humanwissenschaften; in: Deutscher Caritasverband e.V. (Hg.): Caritas '84. Jahrbuch des Deutschen Caritasverbandes, Freiburg 1983, 64-72.

Steinkamp, Hermann: Zwischen Serice-Kirche und Samariter-Funktion: Religionssoziologische Anmerkungen zum Gestaltwandel von Telefonseelsorge; in: Wege zum Menschen 35 (1983) 292-302.

Stenger, Hermann: Dienen ist nicht nur dienen. Ein Beitrag zur Redlichkeit pastoralen Handelns; in: Lebendige Seelsorge 34 (1983) 82-87.

Stenger, Hermann: Verwirklichung des Lebens aus der Kraft des Glaubens. Pastoralpsychologische und spirituelle Texte, Freiburg i.Br. [2]1989.

Stephan, Cora: Emma in den Wechseljahren. Ein vorläufiger Abgesang auf die Frauenbewegung; in: Nuber, Ursula (Hg.): Wir wollten alles ... was haben wir nun? Eine Zwischenbilanz der Frauenbewegung, Zürich 1993, 24-31.

Stockmeier, Peter: Kirche unter den Herausforderungen der Geschichte; in: Kern, Walter/Pottmeyer, Hermann Josef/Seckler, Max (Hg.): Handbuch der Fundamentaltheologie. 3. Traktat Kirche, Freiburg i.Br. 1986, 122-152.

Stollberg, Dietrich: Helfen heißt Herrschen. Zum Problem seelsorgerlicher Hilfe in der Kirche; in: Krämer, Helmut (Hg.): Wort und Dienst. Jahrbuch der Kirchlichen Hochschule Bethel. Neue Folge, 15. Band 1979, Bethel 1979, 167-173.

Stoltenberg, Gundelinde: Ekklesiogenese. Bausteine für eine mystagogische Praxis der Kirche; in: Knobloch, Stefan/Haslinger, Herbert (Hg.): Mystagogische Seelsorge. Eine lebensgeschichtlich orientierte Pastoral, Mainz 1991, 76-105.

Strasser, Stephan: Emmanuel Levinas: Ethik als erste Philosophie; in: Waldenfels, Bernhard: Phänomenologie in Frankreich, Frankfurt a.M. 1983, 218-265.

Strasser, Stephan: Jenseits von Sein und Zeit. Eine Einführung in Emmanuel Levinas' Philosophie, Den Haag 1978.

Strohm, Theodor: Gemeinwesenarbeit; in: Bäumler, Christof/Mette, Norbert (Hg.): Gemeindepraxis in Grundbegriffen. Ökumenische Orientierungen und Perspektiven, München/Düsseldorf 1987, 196-207.

Strolz, Walter: Denken aus jüdischem Ursprung. Zum zweiten Hauptwerk von Emmanuel Levinas; in: Herder-Korrespondenz 47 (1993) 153-156.

Strolz, Walter: Für den anderen sein. Zur Philosophie von Emmanuel Lévinas; in: Herder-Korrespondenz 41 (1987) 240-243.

Strolz, Walter: Philosophie der Verantwortung für den Anderen. Eine Einführung in das Denken von Emmanuel Levinas; in: Neue Zeitschrift für Systematische Theologie und Religionsphilosophie 30 (1988) 131-148.

Süssmuth, Rita: Ehrenamtliche Tätigkeit - eine lohnende Herausforderung für Männer und Frauen; in: Deutscher Caritasverband (Hg.): Ehrenamt und Selbsthilfe (= Themen der sozialen Arbeit, Band 2), Freiburg i.Br. 1986, 92-108.

Sustar, Alois: Diakonie in einer erneuerten Pastoral; in: Diakonia 9 (1978) 77-91.

Tafferner, Andrea: Gottes- und Nächstenliebe in der deutschsprachigen Theologie des 20. Jahrhunderts (= Innsbrucker theologische Studien, Band 37), Innsbruck/Wien 1992.

Taureck, Bernhard: Französische Philosophie im 20. Jahrhundert. Analysen, Texte, Kommentare, Reinbek bei Hamburg 1988.

Taureck, Bernhard: Lévinas zur Einführung, Hamburg 1991.

Tenhumberg, Heinrich: Miteinander unterwegs. Bischöfliches Wort an die Mitarbeiter in der Jugendpastoral. Hg. v. Sekretariat der Deutschen Bischofskonferenz, Bonn 1979.

Theißen, Gerd: Die Legitimitätskrise des Helfens und der barmherzige Samariter. Ein Versuch, die Bibel diakonisch zu lesen; in: Röckle, Gerhard (Hg.): Diakonische Kirche. Sendung - Dienst - Leitung. Versuche einer theologischen Orientierung, Neukichen-Vluyn 1990, 46-76.

Theißen, Gerd: Urchristliche Wundergeschichten. Ein Beitrag zur formgeschichtlichen Erforschung der synoptischen Evangelien (= Studien zum Neuen Testament, Band 8), Gütersloh [6]1990.

Themenvorschlag für die konstituierende Vollversammlung; in: Synode Heft 1/1971, 3-18.

Thesen, Manfred: Wozu brauchen wir Diakonie?; in: Klerusblatt 72 (1992) 7-8.

Theurich, Henning: Gemeindediakonie; in: Bloth, Peter C/Daiber, Karl-Fritz/Kleemann, Jürg/Roepke, Claus-Jürgen/Schröer, Henning/Stählin, Traugott/Wegenast, Klaus (Hg.): Handbuch der Praktischen Theologie, Band 3, Gütersloh 1983, 497-511.

Thieme, Frank: Kaste, Stand, Klasse; in: Korte, Hermann/Schäfers, Bernhard (Hg.): Einführung in Hauptbegriffe der Soziologie, Opladen 1992, 127-144.

Thien, Ulrich: Caritas und die Option für die Armen; in: Diakonia 22 (1991) 179-183.

Thimme, Hans: Mission und Diakonie; in: Ulrich, Heinrich-Hermann u.a. (Hg.): Diakonie in den Spannungsfeldern der Gegenwart. Herausforderung und Antwort. Festschrift zum 60. Geburtstag von Präsident Dr. Theodor Schober, Stuttgart 1978, 261-268.

Thimme, Hans: Überlegungen zur missionarisch-diakonischen Struktur der Kirche. Theologische Voraussetzungen; in: Sauer, Gerd/Bach, Ulrich/Eisermann, Sigbert (Hg.): Wer in der Liebe bleibt. Grundlagen und Praxis einer Diakonischen Kirche. Christoph Theurer zum 60. Geburtstag zugeeignet, Stuttgart 1986, 47-54.

Thinnes, Petra: Sozialstatistik zum kirchlichen und religiösen Leben in der Bundesrepublik Deutschland; in: Kaufmann, Franz Xaver/Schäfers, Bernhard (Hg.): Religion, Kirchen und Gesellschaft in Deutschland. Gegenwartskunde Sonderheft 5/1988, Opladen 1988, 203-217.

Thomas von Aquin: Summa Theologiae. Cura et studio Sac. Petri Caramello. Cum textu ex recensione Leonina, Turin/rom 1952.

Thürnau, Fritz: Ehrenamtliche Helfer; in: Kreft, Dieter/Mielenz, Ingrid (Hg.): Wörterbuch Soziale Arbeit. Aufgaben, Praxisfelder, Begriffe und Methoden der Sozialarbeit und Sozialpädagogik, Weinheim/Basel ^{3}1988, 146-149.

Treibel, Annette: Einführung in soziologische Theorien der Gegenwart (= Einführungskurs Soziologie. Hg. v. Hermann Korte und Bernhard Schäfers. Band III), Opladen 1993.

Turre, Reinhard: Diakonik. Grundlegung und Gestaltung der Diakonie, Neukirchen-Vluyn 1991.

Uhlhorn, Gerhard: Die Christliche Liebesthätigkeit. Zweite verbesserte Aufl., Stuttgart 1895.

Ullrich, Lothar: Hypostatische Union; in: Beinert, Wolfgang (Hg.): Lexikon der katholischen Dogmatik, Freiburg i.Br. 1987, 276-282.

Ulrich, Heinrich-Hermann (Hg.): Diakonie in den Spannungsfeldern der Gegenwart. Herausforderungen und Antwort (= Handbuch für Zeugnis und Dienst der Kirche, Band I), Stuttgart ^{2}1979.

Ven, Johannes A. van der: Kontextuelle Ekklesiologie, Düsseldorf 1995.

Ven, Johannes A. van der: Practical Theology: from Applied to Empirical Theology; in: Journal of Empirical Theology 1 (1988) 7-27.

Vergauwen, Guido: Jesus Christus - Universalitität einer historischen Person; in: Katechetische Blätter 118 (1993) 80-97.

Vergauwen, Guido: Jesus Christus - Universalität einer historischen Person; in: Müller, Joachim (Hg.): Neuevangelisierung Europas. Chancen und Versuchungen, Freiburg (Schweiz) 1993, 50-100.

Vergauwen, Guido: Die Verantwortung für den Anderen; in: Diakonia 24 (1993) 295-304.

Vinay, Tullio: Die politische Diakonie der Kirche. Hg. v. Jürgen Moltmann, Tübingen 1987.

Völkl, Richard: Barmherzigkeit in unserer Zeit; in: Deutscher Caritasverband (Hg.): Caritas '82. Jahrbuch des Deutschen Caritasverbandes, Freiburg i.Br. 1981. 61-69.

Völkl, Richard: Caritas; in: Klostermann, Ferdinand/Rahner, Karl/Schild, Hansjörg (Hg.): Lexikon der Pastoraltheologie, Freiburg i.Br. 1972, 79-83.

Völkl, Richard: Caritas als Grundfunktion der Kirche; in: Arnold, Franz Xaver/Rahner, Karl/Schurr, Viktor/Weber, Leonhard M. (Hg.): Handbuch der Pastoraltheologie, Praktische Theologie der Kirche in ihrer Gegenwart, Band I, Freiburg i.Br. 1964, 385-412.

Völkl, Richard: Caritas der Gemeinde im Neuen Testament; in: Lebendige Seelsorge 27 (1976) 382-388.

Völkl, Richard: Caritas der Gemeinde. Neutestamentliche Grundlegung, hg. vom DCV, Freiburg i.Br. 1976.

Völkl, Richard: Caritas, Diakonie I: (kath.) Caritas; in: Görres-Gesellschaft (Hg.): Staatslexikon. Recht - Wirtschaft - Gesellschaft. 7., völlig neu bearbeitete Aufl. Erster Band, Freiburg i.Br. 1985, 1078-1082.

Völkl, Richard: Caritas - nur "fromm" oder nur "tüchtig"?; in: Caritas 65 (1964) 311-318.

Völkl, Richard: Caritaswissenschaft; in: Klostermann, Ferdinand/Rahner, Karl/Schild, Hansjörg (Hg.): Lexikon der Pastoraltheologie, Freiburg i.Br. 1972, 83.

Völkl, Richard: Der caritative Auftrag der Kirche; in: Caritas 67 (1966) 1-9.

Völkl, Richard: Caritative Diakonie als Auftrag der Kirche; in: Krautscheidt, Joseph/Marre, Heiner (Hg.): Essener Gespräche zum Thema Staat und Kirche 8, Münster 1974, 9-24.

Völkl, Richard: Caritative Diakonie der Kirche (= Der Christ in der Welt, XIII. Reihe: Christentum und Kultur, Band 7), Aschaffenburg 1976.

Völkl, Richard: Caritative Diakonie - nicht Liebhaberei von Gruppen, sondern Grundfunktion der Gemeinde; in: Lebendige Seelsorge 24 (1973) 91-96.

Völkl, Richard: Christ und Welt nach dem Neuen Testament, Würzburg 1961.

Völkl, Richard: Christlicher Lebensvollzug; in: Arnold, Franz Xaver/Rahner, Karl/Schurr, Viktor/Weber, Leonhard M. (Hg.): Handbuch der Pastoraltheologie. Praktische Theologie der Kirche in ihrer Gegenwart, Band I, Freiburg i.Br. 1964, 366-385.

Völkl, Richard: Diakonie und Caritas in den Dokumenten der deutschsprachigen Synoden. Hg. vom DCV, Freiburg i.Br. 1977.

Völkl, Richard: Dienst für die Armen als Dienst für Christus - ein Grundmotiv caritativen Helfens; in: Caritas '80 Jahrbuch des Deutschen Caritasverbandes, Freiburg i.Br 1979, 57-78.

Völkl, Richard: Exkurs: Die "Kirche der Liebe (ecclesia caritatis)" nach den Dokumenten des Vaticanum II; in: Das Zweite Vatikanische Konzil. Konstitutionen, Dekrete und Erklärungen. Lateinisch und deutsch. Kommentare. Teil III (= Lexikon für Theologie und Kirche. Zweite, völlig neu bearbeitete Aufl., Band 14), Freiburg i.Br. 1968, 580-586.

Völkl, Richard: Fünf Thesen zu "Caritas und Pfarrgemeinde"; in: Deutscher Caritasverband im Auftrag der Deutschen Bischofskonferenz (Hg.): Caritas und Pfarrgemeinde. Dokumentation des Studientages der Deutschen Bischofskonferenz Februar 1983, o.O. o.J., 16 f.

Völkl, Richard: Geistliches Leben und Caritas der Gemeinde; in: Deutscher Caritasverband (Hg.): Caritas '79. Jahrbuch des Deutschen Caritasverbandes, Freiburg i.Br. 1978, 202-209.

Völkl, Richard: Inhalte und Ziele aus der Sicht der Caritaswissenschaft; in: Caritas 83 (1982) 147-151.

Völkl, Richard: Kirchliche Caritas in der heutigen Welt; in: Arnold, Franz Xaver/Rahner, Karl/Schurr, Viktor/Weber, Leonhard M. (Hg.): Handbuch der Pastoraltheologie. Praktische Theologie der Kirche in ihrer Gegenwart, Band II/2, Freiburg i.Br. 1966, 403-423.

Völkl, Richard: Nächstenliebe - Die Summe der christlichen Religion? Beiträge zu Theologie und Praxis der Caritas. Ausgewählt und eingeleitet von Michael Manderscheid, Freiburg i.Br. 1987.

Völkl, Richard: Spezifisch christlicher Dienst am Nächsten - ein Problem heutiger Pastoral; in: Caritas 80 (1979) 254-259.

Völkl, Richard: Theologische Überlegungen zu Caritas der Gemeinde; in: Deutscher Caritasverband (Hg.): Caritas '83. Jahrbuch des Deutschen Caritasverbandes, Freiburg i.Br. 1982, 19-26.

Völkl, Richard: Zum "sozial-caritativen" Handeln der Kirche; in: Jahrbuch der Caritaswissenschaft 1968, 11-24.

Völkl, Richard: Zur Einheit von pastoraler und caritativer Diakonie; in: Kontakte. Jahrbuch der Theologen des Collegium Borromäum 18 (1983) 31-38.

Völkl, Richard: Zur Terminologie der caritativen Tätigkeit; in: Deutscher Caritasverband (Hg.): Caritas '74, Jahrbuch des Deutschen Caritasverbandes, Freiburg i.Br. o.J., 17-24.

Völkl, Richard: Zur Terminologie der Diakonie; in: Deutscher Caritasverband (Hg.): Der ekklesiologische Ort der Diakonie - Zur gemeindebildenden Funktion und Bedeutung der Diakonie heute. Protokoll eines Symposions der Fortbildungs-Akademie des DCV in Zusammenarbeit mit dem Referat Caritas und Pastoral des DCV (= DCV-materialien 5), Freiburg i.Br. 1985, 9-11.

Völkl, Richard: Zusammenfassende Thesen zu "Theologische Überlegungen zu Diakonie und Diakonat" (Manuskript), Freiburg i.Br. o.J.

Volp, Rainer: Ästhetik als Anfrage gegenüber einer Kirche in der Defensive. Beobachtungen zum Gestaltungsproblem der Religion; in: Zilleßen, Dietrich/Alkier, Stefan/Koerrenz, Ralf/Schroeter, Harald (Hg.): Praktisch-theologische Hermeneutik. Ansätze - Anregungen - Aufgaben, Rheinbach/Merzbach 1991, 277-294.

Vorgrimler, Herbert: Kommentar; in: Akten Papst Paul VI.: Apostolisches Schreiben. Motuproprio. Allgemeine Richtlinien für die Erneuerung des ständigen Diakonats in der Lateinischen Kirche. Revidierte Übersetzung. Mit einem Kommentar von Herbert Vorgrimler (= Nachkonziliare Dokumentation Band 9), Trier 1968, 7-23.

Vorgrimler, Herbert: Kommentar zu: Dogmatische Konstitution über die Kirche "Lumen gentium". Drittes Kapitel, Art. 29; in: Das Zweite Vatikanische Konzil. Konstitutionen, Dekrete und Erklärungen. Lateinisch und deutsch. Kommentare. Teil I (= Lexikon für Theologie und Kirche. Zweite, völlig neu bearbeitete Aufl., Band 12), Freiburg i.Br. 1967, 256-259.

Vorgrimler, Herbert: Vom "Geist des Konzils"; in: Richter, Klemens (Hg.): Das Konzil war erst der Anfang. Die Bedeutung des II. Vatikanums für Theologie und Kirche, Mainz 1991, 25-52.

Vorstand des Deutschen Katecheten-Vereins: Gemeindekatechese an ihren Grenzen? Einladung zum aufrechten und aufrichtenden Dialog; in Katechetische Blätter 117 (1992) 368-374.

Voß, Josef: Caritas als Wesensäußerung der Kirche im Zusammenhang gesellschaftlicher und sozialpolitischer Herausforderungen; in: Caritas 91 (1990) 405-419.

Vries, Hent de: Theologie im pianissimo + zwischen Rationalität und Dekonstruktion. Die Aktualität der Denkfiguren Adornos und Levinas', Kampen 1989.

Vries, Josef de: Subjekt; in: Brugger, Walter (Hg.): Philosophisches Wörterbuch, Freiburg i.Br. ^{14}1976, 383-385.

Vries, Josef de: Subjektiv; in: Brugger, Walter (Hg.): Philosophisches Wörterbuch, Freiburg i.Br. ^{14}1976, 385.

Wagner, Heinz: Ein Versuch der Integration der Diakonie in die Praktische Theologie; in: Pastoraltheologie 72 (1983) 186-194.

Wagner Karl: Wer wird wohin integriert? Erfahrungen und Anfragen eines Seelsorgers zum Anliegen der Integration behinderter Menschen; in: Katechetische Blätter 117 (1992) 733-738.

Wahl, Heribert: Diakonie: Wiederentdeckte Grunddimension kirchlichen Handelns. Perspektiven und Optionen für eine "diakonische Theologie"; in: Pastoraltheologische Informationen 13 (1993) 155-173.

Wahl, Heribert: Empathie als diakonische Praxis der Kirche. Ein selbstpsychologischer Beitrag zur praktischen Ekklesiologie und Theorie der Seelsorge; in: Schulz, Ehrenfried/Brosseder, Hubert/ders. (Hg.): Den Menschen nachgehen. Offene Seelsorge als Diakonie in der Gesellschaft. Hans Schilling zum 60. Geburtstag von Freunden, Schülern und Kollegen, St. Ottilien 1987, 79-99.

Wahl, Heribert: "Stell dich in die Mitte" - Subjekt werden in der Kirche. Psychoanalytische Bausteine zu einer anthropologisch fundierten Kriteriologie; in: Theologie in der Gegenwart 33 (1990) 153-160.

Walf, Knut: Lakunen und Zweideutigkeiten in der Ekklesiologie der II. Vatikanums; in: Alberigo, Giuseppe/Congar, Yves/Pottmeyer, Hermann J. (Hg.): Kirche im Wandel. Eine kritische Zwischenbilanz nach dem Zweiten Vatikanum, Düsseldorf 1982, 195-207.

Weber, Max: Soziologische Grundbegriffe, 6., erneut durchgesehene Aufl. mit einer Einführung von Johannes Winckelmann, Tübingen 1984.

Weder, Hans: Die Gleichnisse Jesu als Metaphern. Traditions- und redaktionsgeschichtliche Analysen und Interpretationen, Göttingen ^{4}1990.

Wegner, Gerhard: Auf den Menschen kommt es nicht an. Niklas Luhmann und die Funktion der Kirche; in: Lutherische Monatshefte 30 (1991) 368-370.

Weiland, René: Ethisch denken mit Emmanuel Levinas; in: Die neue Gesellschaft/Frankfurter Hefte 1995, 169-173.

Weimer, Martin: Das Verdrängte in der Hirtenmetapher. Kritische Reflexionen zu Foucaults Begriff des "Pastorats"; in: Wege zum Menschen 47 (1995) 61-76.

Weiser, Alfons: Die Apostelgeschichte. Kapitel 1-12 (= ÖTK 5/1), Gütersloh/Würzburg 1981.

Weiser, Alfons: diakonéo, diakonía, diákonos; in: Balz, Horst/Schneider, Gerhard (Hg.): Exegetisches Wörterbuch zum Neuen Testament, Band I, Stuttgart/Berlin/Köln ^{2}1992, 726-732.

Weismayer, Josef: Weltoffenheit und Weltverantwortung. Spirituelle Impulse der Pastoralkonstitution; in: Kremer, Jacob (Hg.): Aufbruch des Zweiten Vatikanischen Konzils heute. Geleitwort von Franz Kardinal König, Innsbruck/Wien 1993, 103-129.

Weitmann, Alfred: Schluß mit der Aufspaltung von Seelsorge und Caritas!; in: Lebendige Seelsorge 21 (1970) 186-190.

Wellhöfer, Peter R.: Grundstudium Sozialpsychologie. Für Sozialberufe, Psychologen und Soziologen. 2. völlig überarbeitete Aufl., Stuttgart 1988.

Welsch, Wolfgang: Unsere postmoderne Moderne. Dritte, durchgesehene Aufl., Weinheim 1991.

Welte, Bernhard: Person und Welt. Überlegungen zur Stellung der Person in der modernen Gesellschaft; in: Schavan, Annette/ders. (Hg.): Person und Verantwortung. Zur Bedeutung und Bergründung von Personalität, Düsseldorf 1980, 9-25.

Wendland, Heinz-Dietrich: Diakonie zwischen Kirche und Welt; in: Bourbeck, Christine/ders. (Hg.): Diakonie zwischen Kirche und Welt. Studien zur diakonischen Arbeit und Verantwortung in unserer Zeit (= Studien zur Evangelischen Sozialtheologie und Sozialethik, Band III), Hamburg 1958, 17-36.

Wendland, Heinz-Dietrich: Die Kirche in der revolutionären Gesellschaft. Sozialethische Aufsätze und Reden, Gütersloh 1967.

Wenzler, Ludwig: Anders denken. Grundgedanken des Philosophen Emmanuel Levinas (Referat-Mitschrift Mainz 1993).

Wenzler, Ludwig: Berührung durch Trennung. Die Zeitstruktur des religiösen Verhältnisses bei Emmanuel Lévinas; in: Philosophisches Jahrbuch 100 (1993), 301-316.

Wenzler, Ludwig: Einleitung: Menschsein vom Anderen her; in: Levinas, Emmanuel: Humansimus des anderen Menschen, Hamburg 1989, VII-XXVII.

Wenzler, Ludwig: Emmanuel Levinas; in: Nida-Rümelin, Julian (Hg.): Philosophie der Gegenwart in Einzeldarstellungen. Von Adorno bis V. Wright, Stuttgart 1991, 323-331.

Wenzler, Ludwig: Hinübergehen in die Zeit des Anderen. Die Feier des Festes zwischen Totalität und Unendlichkeit; in: Casper, Bernhard/Sparn, Walter (Hg.): Alltag und Transzendenz. Studien zur religiösen Erfahrung in der gegenwärtigen Gesellschaft, Freiburg i.Br./München 1992.

Wenzler, Ludwig: Nachwort. Zeit als Nähe des Abwesenden. Diachronie der Ethik und Diachronie der Sinnlichkeit nach Emmanuel Levinas; in: Levinas, Emmanuel: Die Zeit und der Andere. Übersetzt und mit einem Nachwort versehen von Ludwig Wenzler, Hamburg ²1989.

Wenzler, Ludwig: Die Spur Gottes im Denken. Die Öffnung des Bewußtseins durch das Unendliche bei Emmanuel Levinas (Referat-Mitschrift Mainz 1993).

Wenzler, Ludwig (Hg.): Die Stimme in den Stimmen. Zum Wesen der Gotteserfahrung, Düsseldorf 1992.

Wenzler, Ludwig: Zeichen und Antlitz. Ontologische Destruktion und ethische Einsetzung des Subjekts nach Emmanuel Levinas; in: Wissenschaft und Glaube 1 (1988) 138-152.

Werbick, Jürgen: Heutige Herausforderungen an ein Konzept des Religionsunterrichts; in Katechetische Blätter 118 (1993) 451-465.

Werbick, Jürgen: System und Subjekt; in: Böckle, Franz/Kaufmann, Franz-Xaver/Rahner, Karl/Welte, Bernhard (Hg.): Christlicher Glaube in moderner Gesellschaft, Teilband 24, Freiburg i.Br./Basel/Wien 1981, 101-139.

Werners, Hans: Option für die Armen - was heißt das für uns?; in: Cremer, Inés/Funke, Dieter (Hg.): Diakonisches Handeln. Herausforderungen - Konfliktfelder - Optionen, Freiburg i.Br. 1988, 174-183.

Weß, Paul: Gemeindekirche - Ort des Glaubens. Die Praxis als Fundament und als Konsequenz der Theologie, Graz/Wien/Köln 1989.

Weth, Rudolf: Diakonie; in: Bäumler, Christof/Mette, Norbert (Hg.): Gemeindepraxis in Grundbegriffen. Ökumenische Orientierungen und Perspektiven, München/Düsseldorf 1987, 116-126.

Weth, Rudolf: Kirche in der Sendung Jesu Christi. Missionarische und diakonische Existenz der Gemeinde im nachchristlichen Zeitalter, Neukirchen-Vluyn 1993.

Wiedenhofer, Siegfried: Ekklesiologie; in: Schneider, Theodor (Hg.): Handbuch der Dogmatik, Band 2, Düsseldorf 1992, 47-154.

Wiedenhofer, Siegfried: Politische Theologie, Stuttgart/Berlin/Köln/Mainz 1976.

Wiederkehr, Dietrich: Ekklesiologie und Kirchen-Innenpolitik. Protokoll einer Re-lecture der Kirchenkonstitution von Vaticanum II; in: Pastoraltheologische Informationen 12 (1992) 367-392.

Wiederkehr, Dietrich: Grundvollzüge christlicher Gemeinde; in: Karrer, Leo (Hg.): Handbuch der praktischen Gemeindearbeit, Freiburg i.Br. 1990, 14-38.

Wiederkehr, Dietrich: "Volk Gottes": theologische und kirchliche Hausaufgaben nach Vaticanum II; in: Diakonia 23 (1992) 294-303.

Wiener, Josef/Erharter, Helmut (Hg.): Diakonie der Gemeinde. Caritas in einer erneuerten Pastoral. Österreichische Pastoraltagung 28. bis 30. Dezember 1977, Wien 1978.

Willke, Helmut: Systemtheorie. Eine Einführung in die Grundprobleme der Theorie sozialer Systeme, 3. überarbeitete Aufl., Stuttgart/New York 1991.

Windisch, Hubert: Sprechen heißt lieben. Eine praktisch-theologische Theorie des seelsorgerlichen Gesprächs (= Studien zur Theologie und Praxis der Seelsorge 1), Würzburg ²1989.

Wohlmuth, Josef: Gott - das letzte Wort vor dem Verstummen. Gotteserfahrung bei Karl Rahner und Emmanuel Levinas; in: Wenzler, Ludwig (Hg.): Die Stimme in den Stimmen. Zum Wesen der Gotteserfahrung, Düsseldorf 1992, 51-73.

Worms, Bernhard: Das Verhältnis zwischen dem Handeln des Staates und der Diakonie der Kirche unter sich wandelnden Bedingungen; in: Evangelische Akademie Mülheim/Ruhr - Haus der Begegnung: Kirche im Gespräch mit den Parteien (1.Teil). SPD: Die Zukunft der Arbeit in den achziger Jahren. CDU: Diakonie und Sozialstaat (= Begegnungen 1/84), Mülheim 1984, 117-122.

Zauner, Wilhelm: Caritas - Diakonie - Pastoral. Probleme und Aufgaben; in: Wiener, Josef/ Erharter, Helmut (Hg.): Diakonie der Gemeinde. Caritas in einer erneuerten Pastoral, Wien 1978, 149-151.

Zauner, Wilhelm: Diakonie als pastorale Tätigkeit; in: Erharter, Helmut/Kirchmayr, Alfred/ Lange, Josef/Müller, Josef (Hg.): Prophetische Diakonie. Impulse und Modelle für eine zukunftsorientierte Pastoral, Wien 1977, 147-159.

Zauner, Wilhelm: Diakonie und Pastoral. Über Rolle und Funktion der Diakonie in der heutigen pastoralen Theologie und Praxis; in: Caritas 80 (1979) 237-242.

Zentralvorstand des Deutschen Caritasverbandes: Arme unter uns. Der Deutsche Caritasverband bezieht Position; in: Caritas 93 (1992) 441-471.

Zerfaß, Rolf: 12 Thesen zur Funktion der Caritas und ihrer Einrichtungen für die Kirche; in: Pastoraltheologische Informationen 10 (1990) 10-12.

Zerfaß, Rolf: Der Beitrag des Caritasverbandes zur Diakonie der Gemeinde; in: Caritas 88 (1987) 12-27.

Zerfaß, Rolf: Beratung - ein Zankapfel zwischen Caritas und Pastoral?; in: Baumgartner, Konrad/Müller, Wunibald (Hg.): Beraten und begleiten - Handbuch für das seelsorgliche Gespräch, Freiburg i.Br. 1990, 31-41.

Zerfaß, Rolf: Diakonie als inneres Moment der Verkündigung. Beispiel: Der katholische Kindergarten; in: Barwig, K./Seif, K.P. (Hg.): Muslime unter uns. Ein Prüfstein für christliches Handeln, München 1983, 142-161.

Zerfaß, Rolf: [Diskussionsbeitrag: "Zur theologischen Begründung diakonischen Handelns";] in: Deutscher Caritasverband (Hg.): Der ekklesiologische Ort der Diakonie - Zur gemeindebildenden Funktion und Bedeutung der Diakonie heute. Protokoll eines Symposions der Fortbildungs-Akademie des DCV in Zusammenarbeit mit dem Referat Caritas und Pastoral des DCV (= DCV-materialien 5), Freiburg i.Br. 1985, 33-40, 43 f.

Zerfaß, Rolf: "Einer trage des anderen Last" (Gal 6,2). Theologische Überlegungen zu den Kirchlichkeitskriterien der Caritas in Deutschland (BRD); in: Cremer, Inés/Funke, Dieter (Hg.): Diakonisches Handeln. Herausforderungen - Konfliktfelder - Optionen, Freiburg i.Br. 1988, 116-134.

Zerfaß, Rolf: Die Funktion der Caritas und ihrer Einrichtungen für die Kirche; in: Franke, Thomas/Knapp, Markus/Schmid, Johannes (Hg.): Creatio ex amore. Beiträge zu einer Theologie der Liebe. Festschrift für Alexandre Ganoczy zum 60. Geburtstag, Würzburg 1988, 154-176.

Zerfaß, Rolf: Herrschaftsfreie Kommunikation - eine Forderung an die kirchliche Verkündigung?; in: Weber, Wilhelm (Hg.): Macht - Dienst - Herrschft in Kirche und Gesellschaft, Freiburg i.Br. 1974, 81-106.

Zerfaß, Rolf: Inhalte der Praktischen Theologie; in: Biemer, Günter/Biesinger, Albert (Hg.): Theologie im Religionsunterricht. Zur Begründung der Inhalte des Religionsunterrichts aus der Theologie, München 1976, 92-107.

Zerfaß, Rolf: Kirchliche Praxis im Horizont der Gottesherrschaft oder: Der Selbstvollzug der Kirche in Wort, Sakrament und sozialem Dienst. Eine Einführung in die Grundfragen der Praktischen Theologie (unveröffentlichtes Vorlesungsmanuskript WS 1986/87, Würzburg).

Zerfaß, Rolf: Die Laienfrage ist allgegenwärtig; in: Klinger, Elmar/ders. (Hg.): Die Kirche der Laien. Eine Weichenstellung des Konzils, Würzburg 1987, 7-14.

Zerfaß, Rolf: Lebensnerv Caritas. Helfer brauchen Rückhalt, Freiburg i.Br. 1992.

Zerfaß, Rolf: Organisierte Caritas als Herausforderung an eine nachkonziliare Theologie; in: Schulz, Ehrenfried/Brosseder, Hubert/Wahl, Heribert (Hg.): Den Menschen nachgehen. Offene Seelsorge als Diakonie in der Gesellschaft. Hans Schilling zum 60. Geburtstag von Freunden, Schülern und Kollegen, St. Ottilien 1987, 321-348.

Zerfaß, Rolf: Praktische Theologie als Handlungswissenschaft; in: Klostermann, Ferdinand/ders. (Hg.): Praktische Theologie heute, München/Mainz 1974, 164-177.

Zerfaß, Rolf: Praktische Theologie als Handlungswissenschaft. Seward Hiltner: Preface to pastoral theology - eine Alternative zum Handbuch der Pastoraltheologie; in: Theologische Revue 69 (1973) 89-98.

Zerfaß, Rolf: Das Proprium der Caritas als Herausforderung an die Träger; in: Deutscher Caritasverband (Hg.): Caritas '93. Jahrbuch des Deutschen Caritasverbandes, Freiburg i.Br. 1992, 27-40.

Zerfaß, Rolf: Die psychisch Kranken als Herausforderung an Kirche und Caritas; in: Caritas 82 (1981) 17-30.

Zerfaß, Rolf: Unterwegs zu einer evangelisatorischen Diakonie; in: Deutscher Caritasverband (Hg.): Diakonische Praxis und Praktische Theologie - Zur gesellschaftlichen Wirksamkeit der Diakonie. Dokumentation des Symposions vom 21. bis 23. Mai 1986 in Freiburg (= DCV-materialien 10), Freiburg i.Br. 1987, 111-126.

Zerfaß, Rolf: Volk Gottes unterwegs - die Vision des II. Vatikanum; in: Konferenz der bayerischen Pastoraltheologen (Hg.): Das Handeln der Kirche in der Welt von heute. Ein pastoraltheologischer Grundriß, München 1994, 21-31.

Zerfaß, Rolf: Wenn Gott aufscheint in unseren Taten; in: Zulehner, Paul M.: Das Gottesgerücht. Bausteine für eine Kirche der Zukunft, Düsseldorf 1987, 95-106.

Zerfaß, Rolf/Poensgen, Herbert: Predigt/Verkündigung; in: Bäumler, Christof/Mette, Norbert (Hg.): Gemeindepraxis in Grundbegriffen. Ökumenische Orientierungen und Perspektiven, München/Düsseldorf 1987, 354-368.

Ziebertz, Hans-Georg: Sozialarbeit und Diakonie. Eine empirisch-theologische Studie zu Identitäts- und Legitimationsproblemen kirchlicher Sozialberufe, Weinheim 1993.

Ziebertz, Hans-Georg: Sozialarbeit und diakonisches Handeln - Offene Fragen bei der Suche nach dem christlichen Proprium; in: Caritas 91 (1990) 564-575.

Zirker, Hans: Caritas als Grundfunktion der Kirche; in: Caritas 90 (1989) 532-542.

Zirker, Hans: Ekklesiologie, Düsseldorf 1984.

Zöller, Paul: Krisen als Chancen nutzen. Thesen zur Situation und zu den Perspektiven caritativer Organisationen; in: Pastoraltheologische Informationen 10 (1990) 213-224.

Zulehner, Paul Michael: Ekklesialer Atheismus? Erste Ergebnisse einer Allensbacher Umfrage 1986; in: Orientierung 50 (1986) 220-223.

Zulehner, Paul Michael: Heirat - Geburt - Tod. Eine Pastoral zu den Lebenswenden, Wien 1976.

Zulehner, Paul Michael: Pastoraltheologie. Band 1: Fundamentalpastoral. Kirche zwischen Auftrag und Erwartung, Düsseldorf 1989.

Zulehner, Paul Michael: Pastoraltheologie. Band 2: Gemeindepastoral. Orte christlicher Praxis, Düsseldorf 1989.

Zulehner, Paul Michael/Denz, Hermann/Beham, Martina/Friesl, Christian: Vom Untertan zum Freiheitskünstler. Eine Kulturdiagnose anhand der Untersuchungen "Religion im Leben der Österreicher 1970 bis 1990" - "Europäische Wertestudie - Österreichteil 1990", Wien, 1991.

Zwiefelhofer, Hans: Zum Begriff der Dependenz; in: Rahner, Karl/Modelen, Christian/ders. (Hg.): Befreiende Theologie. Der Beitrag Lateinamerikas zur Theologie der Gegenwart, Stuttgart/Berlin/Köln/Mainz 1977, 34-45.